100 Jahre modernes Aktienrecht

ZGR-Sonderheft

Zeitschrift für Unternehmens- und Gesellschaftsrecht

herausgegeben von

Robert Fischer †, Reinhard Goerdeler,
Marcus Lutter, Herbert Wiedemann

Sonderheft 4

Walter de Gruyter · Berlin · New York

Werner Schubert / Peter Hommelhoff

Hundert Jahre modernes Aktienrecht

Eine Sammlung von Texten und Quellen
zur Aktienrechtsreform 1884
mit zwei Einführungen

Walter de Gruyter · Berlin · New York · 1985

Dr. jur. Werner Schubert
o. Professor an der Universität Kiel
Dr. jur. Peter Hommelhoff
o. Professor an der Universität Bielefeld

CIP-Kurztitelaufnahme der Deutschen Bibliothek

Hundert Jahre modernes Aktienrecht : e. Sammlung von Texten u. Quellen zur Aktienrechtsreform 1884 mit 2 Einf. / von Werner Schubert u. Peter Hommelhoff. – Berlin ; New York : de Gruyter, 1985.
(Zeitschrift für Unternehmens- und Gesellschaftsrecht : Sonderheft ; 4)
ISBN 3-11-009687-0

NE: Zeitschrift für Unternehmens- und Gesellschaftsrecht / Sonderheft; Schubert, Werner [Hrsg.]

Printed in Germany
Satz und Druck: Saladruck, Berlin 36
Bindearbeiten: Verlagsbuchbinderei Dieter Mikolai, Berlin 10

Vorwort

Am 28. Juni 1984 jährte sich zum 100. Male der Gesetzesbeschluß, der zur Geburtsstunde eines modernen Aktienrechtes auf deutschem Boden wurde: die Annahme des „Gesetzes betreffend die Kommanditgesellschaft auf Aktien und die Aktiengesellschaft" im deutschen Reichstag. Seither gibt es die unabdingbare Trennung von Vorstand und Aufsichtsrat, die scharfe Ausprägung der Aufsichtsratsüberwachung und die Organhaftung für Pflichtverstöße, gibt es die strenge Gründerhaftung sowie manches Minderheitenrecht und individuelle Aktionärsrecht, das uns heute – wie etwa das Anfechtungsrecht – selbstverständlich erscheint. Seither haben wir auch die bekannten Schwierigkeiten mit der actio pro socio: sie ist damals bewußt abgelehnt worden und wir wissen nach drei weiteren Aktienrechtsreformen noch immer nicht, ob das ein richtiger Entschluß war. Sicher aber war es richtig, die Aktiengesellschaft damals nicht abzuschaffen, wie es *Ihering* immerhin vorgeschlagen hatte.

Richtige Entscheidungen erweisen ihre Klugheit erst in der zeitlichen Distanz und in Kenntnis der Alternativen, die zur Debatte standen. Klug war die damalige Entscheidung des Gesetzgebers, dem Staat keine wirtschaftliche Verantwortung für das Gelingen einer Gründung aufzubürden, klug aber auch seine Entscheidung, durch den Zwang zur Selbstkontrolle, Hilfe zur Selbsthilfe sicherzustellen.

Die Prinzipien des Gesetzgebers von 1884, seine „Philosophie" in den Worten der Verfasser dieses Buches, haben sich bewährt. Sie als Basis unseres geltenden Rechtes zu kennen, ist unabdingbar, sollen sie nicht unvermerkt verlorengehen. Die Herausgeber freuen sich daher über das Werk von *Schubert* und *Hommelhoff* zu diesem Geburtstag, eine Arbeit, die weitgehend unveröffentlichtes Material zur damaligen Reformdebatte zugänglich macht, eine Analyse ihrer Gründe vorlegt und Bewährtes von weniger Bewährtem zu scheiden weiß.

Unser herzlicher Dank gilt der Rudolf Siedersleben'sche Otto Wolff-Stiftung, die durch einen Druckkostenzuschuß das Erscheinen dieses Buches verständnisvoll gefördert hat.

Reinhard Goerdeler Marcus Lutter Herbert Wiedemann

Inhaltsverzeichnis

Die Entstehung des Aktiengesetzes vom 18. Juli 1884

von

WERNER SCHUBERT

Inhaltsübersicht

I. Einführung

Die vorliegende Edition zum Aktiengesetz vom 18. 7. 1884 bringt außer den Gesetzestexten von 1870 und 1884 und dem Aktenstück Nr. 21 des Reichstags (V. Legislaturperiode, IV. Session 1884; Reichstagsvorlage einschließlich Begründung)[1] eine Auswahl bisher unveröffentlichter oder wenig bekannter Quellen zum Gesetz von 1884. Hierzu gehört zunächst die preußische Denkschrift von 1876, die den Ausgangspunkt der Reformüberlegungen im Reichsjustizamt bildete. Dann folgt das vom Reichsjustizamt angeforderte Gutachten des Reichsoberhandelsgerichts vom März 1877, das, von kleineren Auslassungen abgesehen[2], vollständig mitgeteilt wird. Den nächsten größeren Quellenkomplex

[1] Von einer Wiedergabe der „Statistische(n) Übersicht" (Anlage B; S. 389–413 in Bd. 3 der Stenographischen Berichte über die Verhandlungen des Reichstags, 5. Legislaturperiode, 4. Session, Berlin 1884) wurde abgesehen.

[2] Vgl. hierzu unten S. 157f. die dem Gutachten vorangestellte Übersicht. Der Text der Abänderungsvorschläge wird vollständig wiedergegeben.

bilden der Ministerialentwurf von Anfang 1882, der aus den allerdings noch nicht abgeschlossenen Verhandlungen zwischen dem Reichsjustizamt und dem Reichsamt des Innern hervorgegangen ist, und die Protokolle über die Beratungen einer Sachverständigenkommission im Frühjahr 1882, der als bekannteste Mitglieder der Handelsrechtler Levin *Goldschmidt* und der Kathedersozialist Adolf *Wagner* angehörten. Diese Verhandlungen, die zu einer Umarbeitung des Entwurfs führten, geben einen guten Einblick in die Reformüberlegungen der Ministerialbürokratie, der Justiz, der Wirtschaft (Banken, Handel, Industrie), der Wissenschaft und der Nationalökonomie. Das den Protokollen der Sachverständigenkonferenz zeitlich nachfolgende, sehr disparate Quellenmaterial konnte bis auf die Reichstagsvorlage aus Platzgründen nicht mehr aufgenommen werden, so daß vor allem die Quellen über die Verhandlungen im Bundesrat und in der Reichstagskommission fehlen. Die Abweichungen der Reichstagsvorlage gegenüber der Bundesratsvorlage[3] lassen sich anhand der Ende 1883 auch im Buchhandel erschienenen Ausgabe der Bundesratsvorlage einschließlich der Denkschrift[4] unschwer feststellen. Über die Verhandlungen in der Reichstagskommission unterrichtet in erster Linie der Kommissionsbericht, der allerdings im Vergleich zu anderen Berichten aus dieser Zeit wenig aussagekräftig und nicht sehr übersichtlich abgefaßt ist[5]. Da mithin die Quellenedition nur einen Teil des vorhandenen umfangreichen Quellenmaterials erschließt, ist es in erster Linie Aufgabe der folgenden Abhandlung, über die unveröffentlichten Quellen im einzelnen zu berichten. In diesem Zusammenhang soll vor allem der Inhalt des ersten Referentenentwurfs vom Juli 1880 näher beschrieben werden, da dieser zusammen mit dem Gutachten des Reichsoberhandelsgerichts den Ausgangspunkt der Reformüberlegungen im Reichsjustizministerium darstellte. Auf die zeitgenössische Reformdiskussion der Jahre 1873–1884 und auf detailliertere rechtsdogmatische Fragestellungen kann nur am Rande eingegangen werden.

II. Erste Vorschläge zur Reform des Aktienrechts (1873)

Die durch die Gründerkrise auf dem Gebiete des Aktienwesens hervorgerufenen Mißstände hatten die strukturellen Schwächen der Aktienrechtsnovelle von

[3] Drucksache des Bundesrats Nr. 74 vom 7. 9. 1883 (Session 1883).

[4] Entwurf eines Gesetzes, betreffend die Kommanditgesellschaften auf Aktien und die Aktiengesellschaften nebst Begründung und Anlagen, Berlin 1883, 524 Seiten (Bd. 4 des Archivs für Theorie und Praxis des Allgemeinen Deutschen Handels- und Wechselrechts).

[5] Vgl. den im Aktenstück Nr. 128 enthaltenen Kommissionsbericht (5. Reichstag, 4. Session 1884) z. B. mit dem Bericht der Kommission zur Beratung des Entwurfs einer Rechtsanwaltsordnung (3. Reichstag, 2. Session 1878; auch bei M. *Siegel*, Die gesammten Materialien zu der Rechtsanwaltsordnung vom 1. Juli 1878, Leipzig 1883, S. 400 ff.).

1870[6] schneller offenbar werden lassen, als man bei den Beratungen dieses Gesetzes hatte voraussehen können. Die parlamentarische Diskussion über eine erneute Reform des Aktienrechts wurde bereits im Februar 1873 mit der Forderung der nationalliberalen Fraktion des preußischen Abgeordnetenhauses eröffnet, eine Kommission zur Untersuchung der Frage einzusetzen[7], „in welchem Maaße die Seitens der Staats-Verwaltung bei Ertheilung von Eisenbahnkonzessionen den Unternehmern auferlegten Nachweisungen und Bürgschaften thatsächlich die Erfüllung derjenigen Zwecke gesichert haben, welche die hierüber bestehenden Gesetze und allgemeinen Verwaltungsnormen, insbesondere Behufs authentischer Feststellung und Beschaffung des Herstellungs-Kapitals zu erreichen beabsichtigen; ob und in welchem Maaße die Verträge und Vorgänge bei der Ausführung der Bauprojekte mit den gesetzlichen Vorschriften, allgemeinen Verwaltungsnormen und den Nachweisungen der Unternehmer thatsächlich übereingestimmt haben“. Da die Eisenbahnkonzessionen fast ausnahmslos Aktiengesellschaften betrafen, ging es bei der verlangten Untersuchung auch um Fragen des Aktienrechts. Die Regierung kam einer Abstimmung über diesen Antrag zuvor, indem sie am 14. 2. 1873 die Einsetzung einer entsprechenden Kommission ankündigte. Diese Kommission legte ihren Bericht bereits unter dem 12. 11. 1873 vor[8] und unterbreitete in diesem Zusammenhang auch eine Reihe von Vorschlägen zur Abänderung des Aktienrechts. So sollte es verboten sein, vor Volleinzahlung des Aktienkapitals Inhaberaktien auszugeben. Auf der anderen Seite sollte als Erleichterung unter bestimmten Voraussetzungen eine Unterpari-Emission zulässig sein. Alle Vorschriften, „welche im öffentlichen Interesse aufgestellt“ worden waren, sollten „durch ausdrückliche Bestimmungen, welche Strafe androhen oder die zivilrechtliche Verantwortlichkeit feststellen, gegen Zuwiderhandlung und Umgehung (Delikt)“ geschützt werden[9]. Ferner hatte die Aktiengesellschaft für eine „selbständige Kontrole“ Sorge zu tragen, „besonders durch die Bestellung von Revisoren, welche in keinerlei

[6] Die Mißstände sind unten bei *Hommelhoff,* S. 55 f. und im Gutachten des Reichsoberhandelsgerichts unten S. 160 ff. näher beschrieben. – Zur Entstehung der Novelle von 1870 vgl. B. *Großfeld,* Aktiengesellschaft, Unternehmenskonzentration und Kleinaktionär, 1969, S. 139 ff.; *Schubert,* in: ZGR, 1981, S. 292 ff.; vgl. auch G. *Landwehr,* Die Organisationsstrukturen der Aktienunternehmen. Statutenpraxis in Preußen bis zur Aktienrechtsnovelle von 1870, in: Scherner/Willoweit (Hrsg.), Vom Gewerbe zum Unternehmen, 1982, S. 251 ff. und N. *Horn,* in: Recht und Entwicklung der Großunternehmen im 19. und 20. Jahrhundert (hrsg. von N. Horn und J. Kocka), Kritische Studien zur Geschichtswissenschaft, Bd. 40, 1979, S. 123 ff.

[7] Aktenstück Nr. 160 (8. 2. 1873) des Hauses der Abgeordneten in: Sten. Berichte über die Verhandlungen des Hauses der Abgeordneten, 1872/73, Bd. 2, S. 750. – Zur Einsetzung der Kommission, Sten. Berichte, aaO., Bd. 2, S. 1031.

[8] Aktenstück Nr. 11 des Hauses der Abgeordneten, in: Sten. Ber. 1873/74, Anlagenband 1, S. 24 ff.; Vorschläge S. 135.

[9] Aktenstück Nr. 11, aaO. (Fn. 8), S. 136; hieraus auch die folgenden Zitate.

Verbindung mit der Verwaltung stehen und berechtigt sind, das Einschreiten des Richters zu bestimmten Zwecken der Revision und zu Sicherheitsmaßregeln zu bewirken". Der einzelne Aktionär sollte das Recht haben, Schadensersatzansprüche der Gesellschaft gegen die Gesellschaftsorgane geltend zu machen und bei Verdacht „gesetzwidriger Geschäftsführung" die Einsetzung besonderer Revisoren durch den Richter zu beantragen.

Die Mißstände im „Aktiengesellschaftswesen" galten in der öffentlichen Diskussion als ein bedeutsamer Teilbereich der sozialen Frage. Das „Characteristische unserer heutigen socialen Frage" bestand nach *Wagner* darin[10], „daß die *Hauptsätze* unserer ganzen wirthschaftlichen Rechtsordnung, namentlich die eigentlichen *Privat*rechtssätze vom Eigenthum und von den Contracten mehr oder weniger ‚in Frage gestellt' und die unserem öffentlichen Wirthschaftsrecht... zu Grunde liegenden Principien der freien Concurrenz, des radicalen Individualismus und der Nichteinmischung des Staats, kurz dass die practischen Consequenzen der Smith'schen Theorie angegriffen und verworfen werden." Bereits ein Jahr nach seiner Gründung befaßte sich der *Verein der Socialpolitik* im Oktober 1873 mit dem „Aktiengesellschaftswesen". Grundlage der Beratungen waren Gutachten von *Wiener, Goldschmidt* und *Behrend*[11] sowie ein Referat von *Wagner*. Die vom Verein beschlossenen Resolutionen, deren Teile I und II im wesentlichen auf Wagner zurückgehen, lauten[12]:

„I. Zur Steuer der Mißstände im Actiengesellschaftswesen ist außer auf die Reform des Actienrechts auf eine Einengung des Gebiets der Actiengesellschaften Werth zu legen, indem an Stelle der letzteren *öffentliche Unternehmungen* des Staats, der Provinz, des Bezirks, des Kreises, der Gemeinde treten. Dies ist besonders wünschenswerth auf dem Gebiete *allgemeiner* volkswirthschaftlicher Angelegenheiten, namentlich im *Verkehrswe-*

[10] A. *Wagner* im Anschluß an das im Verein für Socialpolitik gehaltene Referat, in: Jahrbücher für Nationalökonomie und Statistik, hrsg. v. B. Hildebrandt und J. Conrad, Bd. 21 (1873), S. 333.

[11] Veröffentlicht als Bd. 1 der Schriften des Vereins für Socialpolitik unter dem Titel: „Zur Reform des Aktiengesellschaftswesens", Leipzig 1873 (insgesamt 90 Seiten). Am ausführlichsten ist das Gutachten von *Behrend*. Heinrich *Wiener* (1834–1897), von 1854–1866 im preuß. Staatsdienst tätig, 1867–1874 Rechtsanwalt und Notar, 1874–1896 Rat am ROHG/RG (zum Schluß Senatspräsident). – Jacob Friedrich *Behrend* (1833–1907), zunächst Gerichtsassessor, seit 1864 auch Privatdozent, 1870 ordentlicher Professor, 1889 Reichsgerichtsrat. Außer mit Werken zur deutschen Rechtsgeschichte ist Behrend vor allem durch ein unvollendet gebliebenes Lehrbuch zum Handelsrecht (1880–1896; Bd. 1) bekannt geworden. Behrend hat 1894 für das Reichsjustizamt ein Gutachten zur Revision der gesellschaftsrechtlichen Teile des ADHGB erstattet. Über *Goldschmidt* vgl. Neue Deutsche Biographie, Bd. 6 (1964), S. 617 f. (R. *Dietz*) m. w. N.

[12] Verhandlungen des Vereins für Socialpolitik am 12. und 13. October (Schriften des Vereins für Socialpolitik, Bd. IV), 1874, S. 138 f. – Zum Verein für Socialpolitik allgemein *Plessen*, Die Wirksamkeit des Vereins für Socialpolitik von 1872–1890. Studien zum Katheder- und Staatssozialismus (Beiträge zur Geschichte der Sozialwissenschaften, Heft 3), 1975, bes. S. 73 ff.

sen und bei den Anstalten für *locale wirthschaftliche Gemeinschaftsbedürfnisse,* wo die öffentliche Unternehmung *möglichst ausschließlich* statt jeder privatwirthschaftlichen anzuwenden ist. Außerdem findet dieselbe auch im *Bank- und Versicherungswesen* neben Erwerbsgeschäften und Genossenschaften oft eine passende Thätigkeit. – II. Die Actiengesellschaft ist sonst eine *berechtigte* und der modernen Volkswirthschaft vielfach unentbehrliche privatwirthschaftliche Unternehmungsform auf dem Gebiete der einzelnen Productionszweige. Sie soll deshalb ein Gegenstand des *gemeinen Rechts* und ihre Errichtung nicht von besonderer Staatsgenehmigung, sondern blos von der Erfüllung von Normativbedingungen abhängig sein. Obgleich die Actiengesellschaft nur für gewisse Unternehmungen wirthschaftlich zweckmäßig zu sein pflegt, so soll doch im Allgemeinen ihre Anwendung rechtlich zulässig sein, wo nicht bestimmte Gebiete der öffentlichen Unternehmung vorbehalten bleiben. Die wirthschaftliche Verschiedenartigkeit der Unternehmungen ist jedoch auch im Actienrecht durch Specialbestimmungen zu berücksichtigen."

Am heftigsten umstritten gewesen war in der Diskussion der I. Teil der Resolution, die sich mit der Frage befaßte, ob der Staat den sozialpolitischen Folgen rein privatwirtschaftlich betriebener Versorgung, nämlich der Bildung von Monopolen mit überhöhten Preisen, durch verstärkte Gründung öffentlicher Unternehmen begegnen sollte[13].

Wie Teil II der Resolution zeigt, hielt die überwiegende Mehrheit der Eisenacher Versammlung die Aktiengesellschaft aus volkswirtschaftlichen Gründen für notwendig. Dem „Erwerbs- und Speculationsprincip" sollte hinreichender Spielraum verbleiben[14]. Ein Übermaß von Schutzvorschriften lehnte man ab, da man hierdurch, so *Wiener,* die „Unternehmungen constant mit dem Makel der Verdächtigkeit" belasten und „anständige Leute von der Initiative" abschrekken würde[15]. Wiener warnte davor, „daß man sich auf den Standpunkt stellt: ‚das Actiengesellschaftsgründen muß als nothwendiges Uebel geduldet werden, aber es ist und bleibt ein despectirliches Geschäft'; und ein System schafft, welches im Anklang an einen bekannten Strafrechtsparagraphen mit den Worten anfängt: ‚Wer den polizeilichen Vorschriften zuwider gewerbsmäßig – Actiengesellschaften gründet oder verwaltet'."

Der III. Teil der Resolution nahm schließlich zu mehreren Einzelfragen Stellung[16]:

„Es bedarf einer Revision der deutschen Actiengesetzgebung im Sinne der Herstellung voller Oeffentlichkeit und Verantwortlichkeit; insbesondere sind hierbei folgende Grundsätze aufzustellen: 1) Erzwingung voller Oeffentlichkeit in Betreff der wesentlichen Gründungshergänge, und Herstellung voller Verantwortlichkeit der Gründer der Actiengesellschaft gegenüber für falsche Angaben; 2) Aufhebung der Bestimmung, wonach die Zeichner nach Zahlung von 40 % der ferneren Verbindlichkeit entlassen werden können; 3) Controle der Geschäftsführung durch ein von den Verwaltungsorganen unabhängiges verantwortliches Organ; 4) Anspruch der Minorität auf Untersuchung der Geschäftsfüh-

[13] Vgl. Verh. S. 90 ff. (Korreferate zum Referat von Wagner), S. 105 ff.
[14] Verh., aaO., S. 73 (Wagner).
[15] Verh., aaO., S. 101.
[16] Verh., aaO., S. 139.

rung durch den Richter bei bescheinigtem Verdacht von Unregelmäßigkeiten; 5) Anerkennung eines Klagerechts des einzelnen Actionärs bei Verletzung der gesetzlichen und statutarischen Gesellschaftsnormen; 6) Eine Erhöhung des Grundcapitals darf vor Volleinzahlung der alten Actien nicht stattfinden; 7) Es ist unstatthaft, daß bei der Emission neuer, sog. junger Actien, den Gründern irgend ein mit der gleichen Berechtigung aller jeweiligen Actionäre im Widerspruch stehendes Vorrecht gewährt werde."

Diese Vorschläge stellen einen Kompromiß zwischen den Anträgen der juristischen Gutachter und denen *Wagners* dar. Nach den Vorschlägen Wagners[17] sollten für die Gründungsprospekte amtliche Formulare geschaffen werden, die nach dem Ermessen des Registerrichters abgeändert werden durften. Mindestens vierteljährlich hatten Banken, Gründungsbanken und Versicherungsanstalten und alljährlich alle anderen Aktiengesellschaften „genaue, nach einem amtlichen Schema specifizirte Bilanzen und Gewinn- und Verlustconti aufzustellen und zu veröffentlichen"[18]. Die bei den deutschen Aktiengesellschaften übliche Verschmelzung des Aufsichtsrats mit dem Verwaltungsrat sollte beseitigt werden und die Zahl der Vorstands- und Aufsichtsratsstellen, die jemand gleichzeitig bekleiden konnte, auf eine „mäßige maximale Zahl" beschränkt werden. Als „empfehlenswerth"[19] hatte Wagner die „Einführung staatlicher Controlämter für das Actiengesellschaftswesen" bezeichnet, die „nach den Hauptarten der Unternehmungen einzutheilen" waren. Die „Controlämter" sollten die Aufgaben der Registerrichter übernehmen und über die „Wahrung des Princips der Oeffentlichkeit" wachen sowie die „Schemata der Bilanzen und Gewinn- und Verlustconti" aufstellen, die „Ausweise begutachten und jährlich über die Lage der Actiengesellschaften Bericht" erstatten sowie die nach ihren Erfahrungen erforderlichen gesetzlichen Reformen beantragen.

Bereits am 29.8.1873 hatte die *1. und 2. Abteilung des 11. DJT* empfohlen, „zur thunlichsten Verhinderung unsolider Begründung oder mißbräuchlicher Verwaltung von Aktiengesellschaften"[20] die gesetzlichen Bestimmungen vor allem in folgenden Punkten zu ändern: Die Gründer einer Aktiengesellschaft sollten verpflichtet sein, die „für die Begründung wichtigsten Angaben, namentlich diejenigen über nicht in Geld bestehende Einlagen, mittelst unterschriftlich vollzogener Propekte" kundzugeben und für jede von ihnen veranlaßte Täuschung in den Prospekten, über das Vorhandensein und den Wert der Aktienzeichnungen sowie über die geleisteten Einzahlungen gesamtschuldnerisch ver-

[17] Verh., aaO., S. 53 ff.
[18] Vgl. Verh., aaO., S. 56.
[19] Verh., aaO., S. 57; hieraus auch das folgende Zitat.
[20] Verh. 21. DJT (Hannover), Bd. 2, S. 71 ff., 134 ff. (hieraus auch die folgende Zitate). Referent war der bekannte Hamburger Rechtsanwalt und Reichstagsabgeordnete Isaac *Wolffson* (1817–1895). 1871–1881 Abgeordneter für die Nationalliberalen und Mitglied der Justizkommission des Reichstags (1875/76). 1890–1895 Mitglied der 2. BGB-Kommission (über ihn *Jahnel*, in: Schubert, Die Beratungen des BGB. Materialien zur Entstehungsgeschichte des BGB, 1978, S. 109 f.).

antwortlich sein. Die Möglichkeit, die Zeichner von Inhaberaktien zu liberieren, sollte aufgehoben und die Gerichte ermächtigt werden, jederzeit „auf Antrag einzelner Aktionäre, wenn wichtige Gründe vorliegen, die Mittheilung einer Bilanz oder sonstige Aufklärung der Bücher und Papiere anzuordnen, auch eine Untersuchung der Geschäftsführung zu veranlassen". Auch sollte dem einzelnen Aktionär, soweit dies seinem Interesse entsprach, ein Klagerecht „auf Innehaltung der gesetzlichen und statutarischen Vorschriften über Geschäftsführung, Bilanz und Gewinnvertheilung" gewährt werden. Keine Mehrheit hatte der Antrag des Referenten Wolffson gefunden, für jede Aktiengesellschaft das Vorhandensein eines „bei der Geschäftsführung unbetheiligten Organs für die Revision der Bilanzen" vorzuschreiben[21].

III. Die preußische Initiative zur Reform des Aktienrechts (1873/1876)

Da in der Kommission zur Untersuchung des Eisenbahnkonzessionswesens nur ein Teil der Mängel des Aktienrechts zur Sprache kommen konnte, hatten Lasker und zahlreiche andere Abgeordnete der Nationalliberalen Partei bereits am 27.3.1873 eine Anfrage an den Reichskanzler gerichtet, ob Mißbräuche, „welche im Zusammenhange mit dem jetzigen Zustande und der üblichen Handhabung der Gesetze über das Aktienwesen bei der Gründung und Verwaltung von Aktiengesellschaften obwalten und zur Schädigung der Interessen des

[21] Verh. 21. DJT, Bd. 2, S. 135 f. – Der 15. DJT in Leipzig (1880) befaßte sich mit der Frage, inwieweit die dem einzelnen Aktionär gegenüber der Generalversammlung zustehenden Rechte erweitert werden sollten (Verh. 15. DJT, Bd. 2, S. 153 ff.). – Vgl. ferner in den Annalen des Deutschen Reiches für Gesetzgebung, Verwaltung und Statistik, hrsg. von G. Hirth und M. Seydel, Jg. 1873, S. 605 ff., das Gutachten der Handelskammer Chemnitz, in dem als Endziel die völlige Beseitigung des Aktienrechts gefordert wurde, und das im Jg. 1874, S. 366 ff. wiedergegebene Gutachten der Handelskammer Leipzig (auch bei *Hecht*, Das Börsen- und Actienwesen der Gegenwart und die Reform des Actien-Gesellschafts-Rechts, 1874, S. 157 ff., 175 ff.). Bei *Hecht*, S. 186 ff. sind ferner folgende Gutachten wiedergegeben: Handelskammer Augsburg (30. 10. 1873), Handelskammer Bremen (3. 10. 1873), Handelskammer Breslau (26. 9. 1873), Aelstesten der Kaufmannschaft von Elbing (18. 7. 1873), Handelskammer Hamburg (Oktober 1873), Handelskammer Köln (Juli 1873), Vorsteheramt der Königsberger Kaufmannschaft (September 1873), Vorsteher der Stettiner Kaufmannschaft (30. 9. 1873), Handelskammer Mannheim (20. 10. 1873), Aeltesten der Kaufmannschaft zu Berlin (17. 11. 1873), Beschlüsse des Ausschusses des Vereins zur Wahrung der gemeinsamen wirtschaftlichen Interessen in Rheinland und Westfalen (7. 10. 1873), Handelskammer Elberfeld (Juli 1873). – Von besonderem Gewicht dürfte das umfangreiche Gutachten der Berliner Kaufmannschaft (*Hecht*, aaO., S. 298 ff.) gewesen sein, das sich für einen nur sehr maßvollen Ausbau der Normativbestimmungen der Novelle von 1870 aussprach (u. a. Ablehnung einer Prospekthaftung oder größeren Öffentlichkeit der Gründungen, statt dessen Einsetzung von Revisoren 12 Monate nach Eintragung der Gesellschaft und obligatorische jährliche Revision durch Revisoren; keine Verschärfung der Verantwortlichkeit des Aufsichtsrats unter Belassung seiner bisherigen Kompetenzen).

Publikums gereichen"[22], zur Kenntnis der Reichsregierung gekommen seien und ob und in welcher Weise sie Abhilfe schaffen wolle. Nachdem *Delbrück* für das Reichskanzleramt am 4.4.1873 dem Reichstag zugesichert hatte, der Sache nachzugehen[23], wurden bereits am 7.4.1873 sämtliche Bundesregierungen ersucht, über etwaige Mißstände, welche seit Inkrafttreten der Novelle von 1870 „bei der Gründung, der Verwaltung und dem geschäftlichen Betriebe von Aktienunternehmungen wahrgenommen" worden seien, „Mittheilung zu machen und hiermit allenfallsige Vorschläge zur künftigen Abschaffung derartiger Mißstände auf legislativem Wege zu verbinden"[24]. Zusätzlich richtete der preußische Handelsminister Achenbach eine noch detailliertere Anfrage an sämtliche Handelskammern und kaufmännische Korporationen[25].

Der *Handelsminister* unterbreitete unter dem 27.11.1873 in einem ausführlichen Votum[26] dem preußischen Staatsministerium als Ergebnis der Enquête Vorschläge zur Abänderung des Aktienrechts. Diese Vorschläge sind zusammen mit einem Votum des Justizministers von 1874 die Grundlage für die bereits erwähnte, 1876 dem Bundesrat übermittelte preußische Denkschrift. Sie beruhen im wesentlichen auf einer Auseinandersetzung mit den Vorschlägen der Handelskammern, den Beschlüssen des Juristentages und des Vereins für Socialpolitik sowie den Anregungen der Eisenbahnenquête-Kommission. Das Gutachten setzte sich zunächst mit den Bedenken auseinander, die vor allem von den Handelskammern in Hamburg und Bremen gegen eine sofortige Reform des Aktienrechts vorgebracht worden waren. Nach Meinung dieser und anderer Handelskammern sollte man sich hüten, allein oder auch nur überwiegend die Aktienrechtsnovelle von 1870 für die Mißstände verantwortlich zu machen. Vielmehr bestehe nunmehr die Gefahr, durch weitere Normativbestimmungen die „freie Bewegung des Verkehres"[27] zu beschränken. Achenbach sah in diesen Erwägungen lediglich eine dringende Mahnung zu vorsichtigem und maßvollem Vorgehen[28]: „Weder eine Rückkehr zum Concessions-System, noch sonst ein principieller Bruch mit der Vergangenheit noch eine Alles umfassende Revision der Gesetzgebung über Actiengesellschaften überhaupt", könne

[22] Aktenstück Nr. 30 des Reichstags (1. Legislaturperiode, 4. Session), in: Sten. Berichte 1873, Bd. 3, S. 154.

[23] Sten. Beriche, 1873, Bd. 2, S. 224. Im übrigen sei auf die Reichstagsdebatte, insbesondere auf die aufsehenerregende Rede von Lasker, nachdrücklich hingewiesen.

[24] Zitiert nach der bayr. Antwort vom 30.5.1874 (Bayr. HStA München, MJu 17037). Bayern setzte sich für nur sehr geringfügige Reformen des Aktienrechts ein (Sachgründung, Gründerhaftung). Die Mindestnominalhöhe sollte für alle Aktienarten einheitlich 200 Mark betragen.

[25] Abschrift der Anfrage vom 28.5.1873 im HStA München, MJu 17037.

[26] Geh.StA Berlin-Dahlem, Rep. 84 a, Nr. 10445, S. 351 ff.

[27] Geh. StA Berlin-Dahlem, Rep. 84 a, Nr. 10455, S. 356.

[28] Geh.StA Berlin-Dahlem, Rep. 84 a, Nr. 10445, S. 357–359.

„schon jetzt in Frage kommen und selbst bei dem weiteren Ausbau und der anzustrebenden Vervollkommnung der geltenden Normativ-Bestimmungen wird man sich auf diejenigen wichtigeren Punkte zu beschränken haben, deren unzulängliche Regelung durch die bisherigen Erfahrungen außer Zweifel gestellt ist. Es mag sein, daß die Bestimmungen, zu denen man auf diesem Wege gelangt, in gewissem Sinne den ihnen schon zur Zeit von den Gegnern prognosticirten Character eines bloßen Gelegenheitsgesetzes an sich tragen und in nicht zu ferner Zeit ebenfalls wieder als reformbedürftig sich erweisen werden, indem das Bedürfniß entweder nicht erschöpft, oder auch wohl in einer oder der anderen Beziehung überschritten wird. Demohngeachtet wird man, sei es auch nur um dem schwer gekränkten allgemeinen Rechtsbewußtsein auch von dieser Seite her die verlangte Genugthuung zu gewähren, flagranten Mißständen gegenüber alsbald den allein möglichen Weg der Gesetzgebung zu beschreiten haben, und nicht erst eine weitere Klärung der Bedürfnißfrage, eine günstigere Situation der nächstbetheiligten Verkehrskreise und ein unbefangeneres Urtheil des Publikums, abwarten dürfen."

Auch in England und Frankreich habe die Gesetzgebung

„in dieser Materie nur Schritt für Schritt, oft wechselnd und schwankend, bis zu den heute daselbst bestehenden Rechtszuständen vordringen können. Zum Theil erklärt sich dies dort, wie bei uns, aus den Schwierigkeiten, welche die Natur des Gegenstandes bietet, zum Theil aber auch gerade aus der besonderen Natur des Systems der Normativbestimmungen überhaupt. Erst durch die Erfahrungen, welche sich aus der practischen Handhabung solcher Gesetze ergeben, wird hier die freie Grenzlinie zwischen einem Zu-Wenig und einem Zu-Viel nach allen Seiten hin so klar gelegt, daß das Richtige überall sicher getroffen werden kann, und von diesem Gesichtspunkt aus wird auch der beliebte Vorwurf einer experimentirenden Gesetzgebung im vorliegenden Falle nicht gescheut werden dürfen."

Die Hauptmißstände ließen sich nach Ansicht des Handelsministers darauf zurückführen, daß die Gründer die Gründung einer Aktiengesellschaft nur als ein Mittel zur Realisierung des Gewinnes betrachtet und das Unternehmen, sobald dieser Zweck erreicht gewesen sei, preisgegeben hätten. Der Minister unterbreitete unter anderem folgende Abänderungsvorschläge[29]: Verpflichtung des Erstzeichners, die übernommenen Aktien ohne Liberierungsmöglichkeit voll einzuzahlen, Erhöhung des Grundkapitals erst nach Volleinzahlung der früher ausgegebenen Aktien, Verbot der Vereinbarung besonderer Vorteile zugunsten der Gründer bei der Ausgabe neuer Aktien und Ausschließung von Mißbräuchen bei den qualifizierten Gründungen. Abgelehnt wurde die Schaffung eines besonderen Revisionsorgans neben dem Aufsichtsrat. Dessen Verantwortlichkeit sollte allerdings zu einer allgemeinen Haftung des Inhalts ausgedehnt werden, „daß die Mitglieder des Aufsichtsraths der Gesellschaft gegenüber wegen jeder selbst kulposen Verletzung der ihnen obliegenden Pflichten persönlich und solidarisch mit der Maßgabe haften, daß der Richter auch hier nach freiem Ermessen über etwaige Schadensersatz-Ansprüche zu entscheiden hat"[30]. Eine Trennung von Verwaltung und Aufsicht wurde nur insoweit befürwortet,

[29] Wegen weiterer Vorschläge vgl. die im Quellenteil vollständig abgedruckte Denkschrift.
[30] Geh.StA Berlin-Dahlem, Rep. 84 a, Nr. 10445, S. 385.

als eine Delegation von Aufsichtsratsmitgliedern in den Vorstand verboten werden sollte. Die Position der Generalversammlung sollte dadurch gestärkt werden, daß ihr bestimmte Befugnisse unentziehbar vorbehalten bleiben sollten. Gegen eine Verfälschung des Mehrheitswillens sollten Schutzvorkehrungen getroffen werden. Der einzelne Aktionär sollte das Recht haben, nach vergeblicher Anrufung der Generalversammlung, Ersatzansprüche gegen die Gesellschaftsorgane geltend zu machen, wenn diese schuldhaft das Gesetz oder das Statut verletzt hatten. Eine Minderheit von Aktionären, die ein Fünftel des Grundkapitals vertrat, sollte bei Verdacht einer Gesetzes- oder Statutenverletzung eine Untersuchung der entsprechenden Vorgänge fordern dürfen.

Im Gegensatz zum Handelsminister bezeichnete der *Justizminister Leonhardt* in seinem Votum vom 5.5.1874[31] ein Vorgehen des Gesetzgebers als „nicht dringlich“:

„Die Neubegründung von Aktiengesellschaften stockt, wie auch der Herr Handels-Minister bestätigt, zu Zeit und begegnet unüberwindlichen Schwierigkeiten oft selbst in solchen Fällen, in welchen die Herstellung von Anlagen durch eine Aktiengesellschaft im allgemeinen Interesse wünschenswerth sein würde. Die hervorgetretenen Uebelstände aber, für welche eine Abhülfe im Wege der Gesetzgebung in Anspruch genommen wird, haben die öffentliche Stimmung in solcher Weise aufgeregt, daß ich es nur für gerathen erachten kann, mit besonderer Vorsicht zu Werke zu gehen, damit nicht mit Beseitigung mancher Schäden, welche vielleicht auch auf anderem Wege als auf dem der Aenderung bestehender Gesetze geheilt werden können, zugleich die Lebensbedingungen der Aktiengesellschaften zerstört werden, ohne deren Bildung zahlreiche Unternehmungen von hervorragender volkswirthschaftlicher Bedeutung nicht hätten ins Leben treten können. Auch die bei der Geschäftsführung bestehender Aktiengesellschaften hervorgetretenen Uebelstände scheinen mir, abgesehen von der eingehend zu erörternden Frage, in wieweit die Gesetzgebung in die Rechtsverhältnisse bestehender Gesellschaften eingreifen kann, eine schleunige Hülfe der Gesetzgebung nicht zu erfordern, da diese Uebelstände, vorzugsweise mit den unberechtigten Ansprüchen der s. g. Gründer zusammenhängend, insbesondere durch die angeregte Aufmerksamkeit der Aktionäre zur Zeit wenigstens in den Hintergrund gedrängt zu sein scheinen.“

Eine Liberierung der Zeichner wollte der Justizminister nur unter den für die Herabsetzung und Rückzahlung des Grundkapitals unzulässigen Bedingungen gestatten. Abgelehnt wurde ein Verbot der Ausgabe neuer Aktien zur Volleinzahlung der bisher ausgegebenen Aktien. Auch eine Bevorzugung der Erstzeichner sollte nicht ausgeschlossen sein. Als Schutzmaßnahme sollte lediglich vorgesehen werden, die Kapitalerhöhung der Generalversammlung zwingend zu übertragen. Für die qualifizierten Gründungen lehnte das Votum die vom Handelsminister vorgeschlagene Prospekthaftung ab. Zum Schutz der Aktien-

[31] Geh.StA Berlin-Dahlem, Rep. 84 a, Nr. 10445, S. 401; die folgenden Zitate S. 401 f. – Ferner liegt noch ein Gutachten des preußischen Innenministers vom 5. 8. 1874 vor, das aber keine weiteren Vorschläge mehr enthielt (Geh.StA Berlin-Dahlem, Rep. 84 a, Nr. 10445, S. 429 ff.).

zeichner „gegen Verheimlichungen und Übereilungen“[32] sollte der Zeichenschein insoweit die entsprechenden Vereinbarungen des Gesellschaftsvertrags wörtlich wiedergegeben. Am Verbot der Unterpariemission neuer Aktien sollte festgehalten werden. – Nach Ansicht des Justizministers konnte der „Gedanke des Gesetzes“[33], „nach welchem die Bildung des Aufsichtsraths obligatorisch ist“, nur dann zur Ausführung gelangen, „wenn der Aufsichtsrath von der Verwaltung gänzlich ausgeschlossen wird, so daß der Vorstand frei von der Zustimmung des Aufsichtsraths zu handeln befugt ist, und wenn er in gewissen Fällen nicht mit der im Allgemeinen gestatteten Selbständigkeit handeln soll, ihm für diese Fälle andere Personen, etwa ein Verwaltungsrath, beigegeben werden müsse“. Es konnte deshalb seiner Ansicht nach in Frage kommen, „ob nicht die Aufsicht in der Art geübt werden soll, daß die Verwaltung nur in bestimmten Zeitabschnitten revidirt wird, also statt der Bestellung des Aufsichtsraths die Ernennung von Revisoren zugelassen werden kann“[34]. Im übrigen sollte eine Übertragung von Rechten der Generalversammlung an den Aufsichtsrat ausgeschlossen sein. Im Gegensatz zum Handelsminister wollte der Justizminister die Kompetenz der Generalversammlung nicht durch die „größere oder geringere Wichtigkeit des Gegenstandes“ bestimmen, sondern sie auf alle inneren Angelegenheiten der Gesellschaft erstrecken[35]. Mit den Vorschlägen zu den Individualrechten war der Justizminister im wesentlichen einverstanden. Über Art. 209 b hinaus sollte im Gesetz festgestellt werden[36], „daß kein Aktionär in der Generalversammlung oder im Vorstande der Gesellschaft durch Theilnahme an der Abstimmung zur Dechargeleistung für seine eigene Verwaltung oder zu Statutenänderungen, welche ihm einen besonderen Vortheil gewähren, oder zu dem Abschlusse eines Vertrages mitwirken darf, bei welchem er selbst als Mitkontrahent oder durch Theilnahme an den Vortheilen eines Mitkontrahenten außer der Gesellschaft selbst betheiligt ist.“

Noch bevor das Staatsministerium eine Entscheidung traf, befaßte sich der *Justizausschuß des Bundesrates* auf Wunsch des Reichskanzleramts mit der Frage, ob eine Abänderung des Aktienrechts mit der Revision des Handelsgesetzbuchs verbunden werden sollte oder nicht[37]. In seinem Gutachten vom 9. 6. 1874 über die Aufstellung eines BGB-Entwurfs kam der Ausschuß zu dem Ergebnis, daß „ein Bedürfniß zu schleuniger Abhülfe und zu außerordentlichen Maßregeln“ nicht bestehe und man deshalb bis zu einer Neufassung des HGB

[32] Geh.StA Berlin-Dahlem, Rep. 84 a, Nr. 10445, S. 410 f; vgl. ferner im einzelnen die Denkschrift.
[33] Geh.StA Berlin-Dahlem, Rep. 84 a, Nr. 10445, S. 416 f.
[34] Geh.StA Berlin-Dahlem, Rep. 84 a, Nr. 10445, S. 417 f.
[35] Geh.StA Berlin-Dahlem, Rep. 84 a, Nr. 10445, S. 417 f.
[36] Geh.StA Berlin-Dahlem, Rep. 84 a, Nr. 10445, S. 420.
[37] Hierzu *Schubert*, in: *Schubert/Schmiedel/Krampe*, Quellen zum Handelsgesetzbuch von 1897, 1985, Bd. 1 (Einleitung).

warten solle[38]. Das Plenum des Bundesrates billigte diesen Vorschlag am 22. 6. 1874[39], womit die Reform des Aktienrechts zunächst auf unbestimmte Zeit verschoben war. Hiermit wollte sich das preußische Abgeordnetenhaus nicht zufriedengeben und forderte deshalb am 29. 3. 1876 die Staatsregierung am Ende der Debatte über die Ergebnisse der Eisenbahnenquête-Kommission aufgrund eines Antrags von Lasker und v. Köller auf[40], „dahin zu wirken, daß die Reform der Gesetze über das Aktienwesen im Sinne a) eines besseren Schutzes aller im öffentlichen Interesse gegebenen Gesetzesvorschriften; b) der verstärkten Verantwortlichkeit aller bei Gründung, Leitung und Beaufsichtigung des Unternehmens betheiligten Personen; c) einer selbständigeren und wirksameren Controle über die Verwaltung; d) der leichteren Verfolgbarkeit der Uebertretungen der im öffentlichen Interesse gegebenen Vorschriften durch die Reichsgesetzgebung baldigst in Angriff genommen werden".

Diese Resolution nahm der *Handelsminister* zum Anlaß, in einem Votum vom 27. 4. 1876[41] die Staatsregierung zu ersuchen, beim Bundesrat den Antrag zu stellen, „daß, unabhängig von der Revision des Handelsgesetzbuches und unbeschadet der mit dieser demnächst zu verbindenden generellen Revision des gesammten Handelsgesellschaftsrechts, ein Zwischengesetz erlassen werde, welches einer Wiederkehr der unter der Herrschaft des Gesetzes vom 11. Juni 1870 bisher wahrgenommenen Ausschreitungen bei der Gründung, der Verwaltung und dem geschäftlichen Betriebe von Actienunternehmungen thunlichst entgegen zu wirken geeignet" erscheine. Das „Zwischengesetz" sollte so beschaffen sein, daß dessen größter Teil in das noch zu revidierende HGB übernommen werden konnte. Soweit dies nicht erreichbar war, sollten „aus dem Wechsel der Gesetzgebung und den Abweichungen dem Verkehre keine wesentlichen Nachtheile oder Belästigungen erwachsen"[42]. Der *Justizminister* schloß sich in einem Votum vom 13. 7. 1876[43] dem Antrage des Handelsministers aus politischen Gründen an, da es nicht ausgeschlossen sei, daß vor Abschluß der Revision des HGB „der auf dem wirthschaftlichen Verkehr zur Zeit ruhende Druck einem freieren Aufschwunge weichen" werde, und zu befürchten sei, daß „mit dem dann sich regenden Unternehmungsgeist die früheren oder ähnliche Ausschreitungen sich erneuern"[44] würden. Sofern man das Aktienrecht nicht rechtzeitig abändere, werde die öffentliche Meinung die Übelstände, die „bei einem Aufle-

[38] Bericht des Justizausschusses vom 9. 6. 1874 (Drucksache Nr. 78/1874 des Bundesrates bei *Schubert,* aaO. [Fn. 20], S. 196 f. Verfasser dieses Gutachtens ist v. Liebe; über diesen *Schubert,* aaO., S. 113).

[39] Protokoll des Bundesrates § 328 / 1874 unter Ziff. 6 (*Schubert,* aaO., S. 199).

[40] Sten. Berichte über die Verhandlungen des Hauses der Abgeordneten, 1876, Bd. 2, S. 915 (Antrag Nr. 141 in Anlagenband 2, S. 954).

[41] Geh.StA Berlin-Dahlem, Rep. 84 a, Nr. 10445, S. 493 ff. (S. 468 f. das folgende Zitat).

[42] Geh.StA Berlin-Dahlem, Rep. 84 a, Nr. 10445, S. 509 ff.

[43] Geh.StA Berlin-Dahlem, Rep. 84 a, Nr. 10445, S. 510 f.

[44] Geh.StA Berlin-Dahlem, Rep. 84 a, Nr. 10445, S. 511 f.

ben des Verkehrs auf dem Gebiet des Aktienwesens sich wiederholen oder neu auftreten mögen, im weitesten Umfange der Unterlassung zur Last legen, und für diese in erster Linie die Regierungen verantwortlich machen"[45]. Das *Staatsministerium* trat dem Antrage des Handelsministers am 7.9.1876 bei. Maßgebend hierfür war vor allem die Erwägung, daß, wenn der Bundesrat noch länger zögere, mit einer Initiative des Reichstags zu rechnen war, was „politisch und materiell"[46] unerwünscht sein würde. Entsprechend den bisher vorgelegten Voten sollte dem Bundesrat eine Denkschrift zugeleitet werden, in welcher die Punkte, die den Inhalt des Gesetzes bilden sollten, präzisiert und mit ausreichenden Erläuterungen versehen werden sollten. Der preußische Antrag wurde zusammen mit der in der vorliegenden Edition wiedergegeben „Denkschrift" dem Bundesrat am 17.11.1876 übermittelt. Die Denkschrift beruht auf den Voten des Handelsministers von 1873 und des Justizministers von 1874. Sofern beide Voten differierten, wurden in den meisten Fällen die Vorschläge nebeneinander gestellt.

IV. Die Verhandlungen im Bundesrat über den preußischen Antrag vom 17.11.1876

Der preußische Antrag, unabhängig von einer Revision des HGB ein Zwischengesetz zu erlassen, „welches eine Wiederkehr der Ausschreitungen bei der Gründung, der Verwaltung und dem geschäftlichen Betriebe von Aktienunternehmungen thunlichst entgegenzuwirken geeignet erscheint"[47], wurde am 8.2.1877 in den *vereinigten Ausschüssen des Bundesrates für Justiz sowie für Handel und Verkehr* beraten. Der Braunschweiger Jurist *v. Liebe*[48], der zugleich als Referent fungierte, sprach sich „entschieden für eine Vertagung der Reform und Verbindung derselben mit der generellen Revision des Handelsgesetzbuchs aus. Daß Cautelen der Aktien-Gesetzgebung nicht ausreichen würden, das Publikum vor Benachtheiligung zu schützen, wenn dieses nicht selbst seine Interessen überwache, habe man sich schon 1870 nicht verhehlt. Allgemeine Cautelen, wie sie der Code enthalte, seien bei uns nicht durchzuführen, neue *spezielle* Cautelen würden aber nicht helfen. Der Grund des Schwindels liege auch nicht in dem Mangel an Cautelen, sondern in der Gewissenlosigkeit der Gründer und in der Gewinnsucht und Leichtgläubigkeit des Publikums. Aufgabe der Actionaire sei es, sich in den *Statuten* der Gesellschaft die nöthigen

[45] Geh.StA Berlin-Dahlem, Rep. 84 a, Nr. 10445, S. 511 f.
[46] Protokoll der Sitzung vom 7.9.1876 in Geh.StA Berlin-Dahlem, Rep. 84 a, Nr. 10445, S. 516.
[47] Vgl. hierzu den Bericht von *Krüger* (Hanseatische Gesandtschaft) vom 8.2.1877, StA Hamburg, Cl. I. Lit T, No. 9 c, vol. 6 b, Fasc. 3); ferner den Bericht von Landgraf nach München (Bayr.HStA MJu 17037) und den amtlichen Bericht in der Drucksache Nr. 18/1876–77 des Bundesrates.
[48] Über v. Liebe vgl. Fn. 38.

Garantien gegen Ausbeutung zu verschaffen". Es wäre bedenklich, „an dem bestehenden Gesetze von neuem zu rütteln. Schon das Gesetz von 1870 habe auffallende Disparitäten zuwege gebracht. Wolle man eingreifen, so müsse man die Gesetzgebung über das Actienwesen überhaupt, ja vielleicht die ganze Lehre vom Gesellschaftswesen reformiren. Eine solche Reform durch ein Zwischengesetz herbeizuführen, sei nicht räthlich, die Schwindelperiode sei vorüber, man könne also bis zur Revision des Handelsgesetzbuchs warten"[49]. Demgegenüber verteidigte *Jacobi*[50] den preußischen Antrag, da die Zeit für eine Reform nach Überwindung der „Schwindelperiode" günstig sei. Die Abschreckung des Publikums dauere nur eine verhältnismäßig kurze Zeit: „Es sei deshalb unerläßlich, denjenigen Schäden vorzubeugen, die sich nach Maßgabe der Erfahrung herausgestellt hätten." Für das Königreich Sachsen erklärte Held, daß man sich nicht ganz ablehnend verhalten wolle, obwohl eine Reform nicht gerade unabdingbar sei. Immerhin aber sei die volle Vertragsfreiheit „wegen der politischen und sozialen Folgen bedenklich". Selbst wenn sich bei den Vorarbeiten herausstellen würde, daß „eine partielle Reform ihrem Zwecke nach nicht entsprechen würde", sei es „politisch nothwendig", „wenigstens den guten Willen nach außen zu bethätigen". Der hanseatische Gesandte *Krüger*[51] unterstützte den Antrag von v. Liebe, indem er zunächst darauf hinwies, daß die Revision des HGB bereits in wenigen Jahren in Angriff genommen werden könne: „Der Erlaß eines Zwischengesetzes werde demnach weder durch ein praktisches Bedürfniß, noch durch Gründe der Zweckmäßigkeit geboten. Der Ausdruck einer augenblicklichen Stimmung aber, wie sie sich in dem preußischen Landtage manifestirt habe, sei für die Gesetzgebung kein hinreichendes Motiv. Der allein richtige Weg sei, die Revision des Handelsgesetzbuchs *früher* als bisher beabsichtigt in Angriff zu nehmen und *gleichzeitig* mit dem Civilgesetzbuch zum Abschluß zu bringen." Die anderen im Ausschuß vertretenen Staaten votierten im Sinne des preußischen Antrags, für den Jacobi noch geltend machte, daß die „Ausbildung des Actienwesens" noch verhältnismäßig neu sei. Das Institut sei „entwicklungsfähig und deshalb einer legislatorischen Einwirkung besonders bedürftig". Das Gegenargument, daß man gerade unter solchen Verhältnissen die Rechtsentwicklung zunächst dem Leben selbst überlassen müsse, vermochte, so *v. Liebe*,

[49] Dies und das folgende nach dem Bericht von *Krüger*, aaO. (Fn. 47).

[50] Vertreter des preußischen Handelsministers (später Mitglied der Aktienrechtskommission von 1882).

[51] Über Krüger vgl. *Jahnel* bei Schubert, aaO. [Fn. 20], S. 113. – Friedrich Krüger (1819–1896) stammt aus Lübeck, wo er sich nach dem Studium der Rechtswissenschaften als Rechtsanwalt niedergelassen hatte. 1856 trat er in den diplomatischen Dienst der Hansestädte, die er von 1866 bis zu seinem Tode in Berlin vertrat. In den Ausschüssen des Bundesrates setzte er sich zeitlebens für eine konsequent liberale Position ein. Seine zahlreichen Berichte über die Ausschußverhandlungen, die in den Staatsarchiven in Hamburg, Bremen und Lübeck verwahrt werden, sind für die Erforschung der Reichsgesetzgebung unentbehrlich.

die Majorität nicht umzustimmen. Nach seiner Überzeugung war für die Mittelstaaten wesentlich das „politische Moment bestimmend, Preußen gefällig zu sein“[52]. Der vom *Plenum des Bundesrats* am 13.3.1877 angenommene Antrag der Ausschüsse ging dahin, „den Herrn Reichskanzler zu ersuchen, den Entwurf eines Gesetzes ausarbeiten und vorlegen zu lassen, welches, unabhängig von der Revision des Handelsgesetzbuchs und unbeschadet der mit dieser demnächst zu verbindenden generellen Revision des gesammten Handelsgesellschaftsrechts, den Ausschreitungen bei der Gründung, der Verwaltung und dem geschäftlichen Betriebe von Aktienunternehmungen entgegenzuwirken geeignet ist“. Der Inhalt des neuen Gesetzes wurde im einzelnen nicht näher umschrieben, um damit eine für die Arbeit „möglicherweise recht lästige und nachtheilige Schranke“[53] zu vermeiden.

V. Das Gutachten des Reichsoberhandelsgerichts über eine Reform des Aktienrechts

Noch bevor das Staatsministerium über den Antrag des Handelsministers entschieden hatte, hatte das Reichskanzleramt das Reichsoberhandelsgericht am 31.7.1876 um ein Gutachten darüber gebeten, ob und inwieweit das bestehende Recht sich als derart unzureichend erwiesen habe, daß „der Erlaß eines Zwi-

[52] Nach dem amtlichen Bericht der Kommission, S. 3 hatte die Minorität (Braunschweig und Hansestädte) noch vorgebracht: „Habe man das Bevormundungsprincip verlassen, so müsse man erwarten, daß die Gesellschaften vermöge ihrer Autonomie statutarisch solche Sicherheit böten, die auch Vorsichtigeren genügte, oder daß das Publikum sich der Theilnahme enthalten werde. Gehe man im Wege des Gesetzes mit allgemeinen Vorschriften vor, so sei die Gefahr, daß man – da die Gesellschaften nach Umfang, nach Beschaffenheit des Gegenstandes, selbst nach Persönlichkeit der Gründer sehr verschieden seien – Vorschriften gebe, die in vielen Fällen unnöthig, in andern sogar eine lästige und drückende Fessel seien. Die Möglichkeit von Mißbräuchen und Vereitelungen der Absicht des Gesetzgebers werde durch neue Detailvorschriften kaum ausgeschlossen. Neue Strafvorschriften seien mißlich. Man befinde sich meist auf der Grenze zwischen Kriminalität und der moralischen Verwerflichkeit. Allgemein gehaltene Strafvorschriften können wirksam sein, aber zu weit führen und seien auch nicht durchzusetzen. Speziellere ließen durch scharfe Bezeichnung der Grenze des Verbotenen Spielraum für das, was eben auszuschließen sei.“ Wenn man eine Reform in Angriff nehme, werde man sich bald „überzeugen, daß es nicht auf einzelne Zusätze und Abstriche, sondern auf Umarbeitung der ganzen Materie ankomme. Eine Redaktionsweise, die sich dem Handelsgesetzbuch anpasse und dessen Geschlossenheit nicht störe, sei jedenfalls nothwendig: die Prüfung, wie sich das Neue in das Bestehende einfüge, könne man sich nicht ersparen. Dabei werde man finden, daß die Aufgabe einen weiteren Umfang gewinne. Die Kommanditgesellschaften auf Aktien könnten schon zur Ausgleichung jetzt vorhandener nicht motivirter Verschiedenheit schwerlich unberührt bleiben und werde sogar in Frage kommen, ob man nicht das Genossenschafts- und das Gesellschaftsrecht überhaupt zu revidiren habe. Mit Recht habe die bekannte Keyssner'sche Schrift vor einem bloßen Nothgesetze gewarnt und eine vorsichtige Durcharbeitung der Gesetzgebung über das Gesellschaftswesen verlangt...“ (S. 4 f.).

[53] Bericht, aaO. (Fn. 52), S. 6.

schengesetzes geboten oder wünschenswerth" erscheine[54]. Nachdem der preußische Antrag im Bundesrat vorlag, sollte das ROHG nunmehr über die nach seinen Erfahrungen „bei der Gründung, Verwaltung und dem geschäftlichen Betriebe von Aktienunternehmungen hervorgetretenen Übelstände und die geeignetsten Mittel zur Abhülfe derselben" berichten[55]. Hierbei sollte die preußische Denkschrift vom November 1876 zur Grundlage dienen. Das ROHG erstattete sein Votum unter dem 31.3.1877. In dem Übersendungsschreiben wies der Präsident dieses Gerichts, *Eduard Pape*[56], zunächst darauf hin, daß man über die in der preußischen Denkschrift hervorgehobenen Punkte hinausgegangen sei, weil man überzeugt gewesen sei, „daß nur von einer organischen umfassenden Revision des Aktiengesellschaftsrechts, mindestens in dem unserem Gutachten zu Grunde liegenden Umfange diejenigen Wirkungen zu erwarten" seien, „behufs deren Erzielung der Erlaß eines Zwischengesetzes in Anregung gekommen ist"[57]. Es liege „in der Natur des Gegenstandes, daß nicht von der einen oder anderen Cautelar-Vorschrift oder auch nur von mehreren allein, sondern nur von einem Zusammenwirken einer Gesammtheit von Vorschriften, welche einem einheitlichen System entstammen, der Erfolg einer Verhütung der Wiederkehr der beklagten Mißbräuche bei der Gründung, der Verwaltung und dem geschäftlichen Betriebe der Aktienunternehmungen zu erwarten" sei: Eine „Auseinanderhaltung der erforderlichen Vorschriften nach ihren Eigenschaften als wichtige oder minder wichtige, als solche, welche flagranten Ausschreitungen entgegen wirken und solche, welche hauptsächlich nur durch systematische Folgerichtigkeit geboten wären, erscheint uns daher unthunlich". Eine Revision des Aktienrechts sei „in vielen Partien von der Lösung weittragender Fragen des Obligationenrechts überhaupt abhängig". Auch das Recht der Kommanditgesellschaften auf Aktien müsse in die Reformüberlegungen mit einbezogen werden. Es führe demnach jeder auch nur „partielle Revisionsversuch", wenn er „rationell bewirkt" werden solle, auf eine „Prüfung der Grundprinzipien des Handelsgesellschaftsrechts überhaupt" und es erscheine „sehr zweifelhaft, ob ohne eine solche gleichzeitige Revision dieser Grundprinzipien eine folgerichtige und förderliche gesetzgeberische Ordnung einer bestimmten Gesellschaftsform ausführbar ist."

Von vielleicht „noch größerem Belange", so heißt es weiter in dem Begleitschreiben des ROHG, sei die Erwägung,

[54] Vgl. ZStA Potsdam, Reichsjustizamt, Nr. 2859, Bl. 62. – Der Auftrag sollte dazu dienen, Argumente zur Bekämpfung des preuß. Antrags zu sammeln.

[55] ZStA Potsdam, Reichsjustizamt, 2859, Bl. 107. – Am 6.12.1876 hatte der zuständige Referent *Hagens* in einer Aktennotiz festgehalten, daß er nach wie vor den Erlaß eines Zwischengesetzes für bedenklich halte. Das ROHG solle nunmehr über das Bedürfniß nach einem solchen Gesetz und über die materiellen Einzelheiten votieren.

[56] Über *Pape* vgl. Jahnel bei Schubert, aaO. (Fn. 20), S. 79 f.

[57] Dieses Zitat und die folgenden Zitate aus dem Original des Schreibens im ZStA Potsdam, Reichsjustizamt, Nr. 2859, Bl. 121 ff.

„daß es sich bei der neuen gesetzlichen Regelung des Aktiengesellschaftsrechts in letzter Instanz wesentlich um wirthschaftliche Fragen handelt, in Betreff deren, wenn sie auch in Folge der Ereignisse der letzten Jahre in erhöhtem Maaße in Fluß gekommen, zur Zeit eine entscheidende Klärung noch nicht als erreicht zu erachten" sei: „Sieht man selbst von der das ganze Gründungswesen beherrschenden und noch durchaus nicht als erledigt zu erachtenden Frage der wirthschaftlichen Unvermeidlichkeit der Unter-Pari-Emission ab, so ist bei fast jeder einzelnen Detailbestimmung streitig, wieweit in Cautelarvorschriften und Normativbestimmungen zur Verhütung von Mißbräuchen gegangen werden kann, ohne die nöthige Aktionsfreiheit und die Möglichkeit gesunden Functionirens der Gesellschaften zu gefährden. – Ob der Gesetzgeber in einem Zeitpunkt, wie dem jetzigen, in welchem die Eindrücke der Gründungsepoche noch mit großer Unmittelbarkeit wirken, besonders befähigt sein möchte, hier die richtige Grenze zu finden, läßt sich füglich sehr bezweifeln. – Alle diese Bedenken würden schweigen müssen, wenn in der That zwingende Gründe für eine Inangriffnahme der Reform in nächster Zeit vorlägen. Die herbe Lehre, welche das Publikum mittelst der Ergebnisse der Periode der Ueberspekulation erhalten hat, wird noch für lange Jahre nachwirken. Mag auch die Zuversicht berechtigt sein, daß der auf dem wirthschaftlichen Verkehr zur Zeit lastende Druck vor Ablauf des für das Zustandekommen des deutschen Civilgesetzbuchs und die damit zu verbindende Revision des Handelsgesetzbuchs bemessenen Zeitraums schwinden wird, so ist nach den Erfahrungen über den Verlauf und die Wiederkehr wirthschaftlicher Krisen die Wiederkehr einer auch nur annähernd gleichen Versuchung ungemessener Speculation, wie sie in der abgelaufenen Epoche zu Tage getreten, innerhalb des gedachten Zeitraums nicht zu befürchten. Träte sie wider Erwarten ein, so setzte dies das Wirken so anomaler wirthschaftlicher Verhältnisse voraus, wie sie bei einer jetzt vorzunehmenden Gesetzesarbeit nicht in Berechnung gezogen werden können, denen gegenüber daher auch auf eine ausreichende Widerstandsfähigkeit des jetzt zu erlassenden Gesetzes nicht zu rechnen wäre. – Viel höher veranschlagen wir die Gefahr, daß eine unter dem Eindruck der Hergänge in der Gründungsperiode jetzt ins Werk gesetzte coerzitive Gesetzgebung späterhin, wenn für einen Aufschwung des wirthschaftlichen Verkehrs wieder die Möglichkeit gegeben ist, schon mit Rücksicht auf die Zeit ihrer Entstehung, gerade als eine Fessel dieses Aufschwungs bezeichnet werden und man so in die Bahn einlenken möchte, das Aktiengesellschaftsrecht einer steten Wandelung je nach der augenblicklichen wirthschaftlichen Zweckmäßigkeit zu unterwerfen. – Anscheinend zögert man auch in anderen Staaten, die Reformarbeiten in dieser Materie abzuschließen und das Schicksal des Oesterreicherischen Reformwerks, welches, mit Umsicht und Eifer eingeleitet und vom Abgeordnetenhause mit erheblichen Mehrheiten acceptirt, aber von den großen Capitalassociationen lehaft bekämpft, die weiteren für die Erhebung zum Gesetz erforderlichen Stadien nicht zu überwinden vermochte, ist sicherlich nicht zum kleinsten Theile Erwägungen, wie den hier vertretenen, zuzuschreiben."

Diese Erwägungen, so abschließend das Schreiben, seien es, die das Gericht dazu geführt hätten, „die Erforderlichkeit wie die Zweckmäßigkeit des Erlasses eines Zwischengesetzes in der gedachten Materie zur Zeit zu verneinen".

Das *Gutachten des ROHG*[58] zerfällt in zwei Abschnitte: 1. „Gründung der Aktiengesellschaft" und 2. „Geschäftsführung der Aktiengesellschaft", wobei

[58] Eine Metallographie des Gutachtens befindet sich im ZStA Potsdam, Reichsjustizamt, Nr. 2859, Bl. 125–199 (148 Seiten). Über das Zustandekommen des Gutachtens und dessen Verfasser ist nichts bekannt. Mitbeteiligt gewesen sein dürfte Wiener, zumal man später auf dessen Teilnahme an den Beratungen von 1882 verzichtet hatte.

die jeweiligen Änderungsvorschläge in das Gesamtsystem des Aktienrechts eingeordnet und unter Einbeziehung der Judikatur des ROHG sehr detailliert erläutert werden. In einleitenden Abschnitten werden die bei der Gründung von Aktiengesellschaften hervorgetretenen Mißstände im einzelnen beschrieben und als die „wesentlichsten" bezeichnet, die „überhaupt im Aktienwesen zu Tage getreten" seien[59]. Gleichwohl, so das Gutachten, könne man „für diese Erscheinungen nicht das Gesetz vom 11. Juni 1870 vorzugsweise verantwortlich machen wollen"[60]. Nach Meinung des Gerichts waren die „Principien" des Gesetzes von 1870 „im Allgemeinen richtig", so daß sich eine Reform darauf beschränken sollte, „eine kräftigere und reifere Ausgestaltung der einzelnen Normen, wie insbesondere ihre Stellung unter schärfere und sie möglichst überall deckende Verantwortlichkeitsfolgen" zu versuchen. Abgelehnt wurde das englische „Constructionsprinzip"[61], nach welchem „schon im Stadium des Projects 7 Personen, von denen jede eine Aktie gezeichnet hat, für das Unternehmen die Rechtspersönlichkeit verliehen und es der so errichteten Gesellschaft überlassen wird, das weitere Kapital durch Actienzeichnungen zu erlangen." Auch hierdurch werde nicht verhindert, daß die Aktien durch Zwischenhändler vertrieben würden. Man müsse sich hüten, ohne weiteres „fremde Gesetzesbestimmungen für Panaceen gegen heimische Mißbräuche zu erachten"[62]. Wegen der Vorschläge zur Gründung von Aktiengesellschaften im einzelnen sei auf den Quellenteil verwiesen.

Der zweite Teil des Gutachtens wird eingeleitet durch die im Quellenteil wiedergegebenen allgemeinen Ausführungen zu der Frage, wie die Kompetenzen der einzelnen Organe der Aktiengesellschaft gegeneinander abgegrenzt werden sollten und wie der Aufsichtsrat auszugestalten war. Keine Zustimmung fanden Vorschläge, den Aufsichtsrat auf die Aufsicht zu beschränken. Statt dessen wurde vorgeschlagen, ihm lediglich eine „kontinuirliche Mitgestion" oder Mitwirkung bei der Vertretung der Gesellschaft zu versagen[63]. Im Gesellschaftsvertrag sollte der Umfang der Mitwirkung an der Geschäftsführung im einzelnen festgelegt werden. Dagegen sprach sich das Gutachten gegen eine obligatorische Bestellung von Bilanzrevisoren aus, wie dies vom Verein für Socialpolitik vorgeschlagen worden war. Schließlich sollte die Übermacht zahlreicher Aufsichtsräte dadurch eingeschränkt werden, daß eine Reihe von Kompetenzen zwingend der Generalversammlung zugewiesen wurde. Im Abschnitt des Gutachtens über die Verantwortlichkeit des Vorstandes wird ein unmittelbares Klagerecht des einzelnen Aktionärs auf Schadensersatz ebenso abgelehnt wie

[59] S. 3 des Gutachtens.
[60] S. 6 f. des Gutachtens.
[61] S. 8 des Gutachtens.
[62] S. 7 des Gutachtens.
[63] Vgl. unten S. 200 ff.

eine allgemeine Haftpflicht der Vorstandsmitglieder den Gläubigern gegenüber für schuldhafte Geschäftsführung. Die Bestellung der Aufsichtsratsmitglieder sollte jederzeit widerruflich sein, da nach Ansicht des ROHG kein Grund vorlag, die Generalversammlung in dieser Beziehung zu beschränken. Ferner wurde vorgeschlagen, für den Aufsichtsrat ein Substitutionsverbot vorzusehen, um Mißbräuchen entgegenzuwirken. Die Vorschläge zur Verantwortlichkeit des Aufsichtsrats, die nach Ansicht des ROGH unzureichend geregelt war, sollten dazu dienen, die allgemeine Überwachungspflicht im Anschluß an das französische Recht zu präzisieren. Im Abschnitt des Gutachtens über die Generalversammlung wurde vorgeschlagen, jeder Aktie ein Stimmrecht zu gewähren. Für Satzungsänderungen, von Beschlüssen über eine Kapitalerhöhung abgesehen, sollte eine Mehrheit von ⅔ der abgegebenen Stimmen erforderlich sein, wobei eine widersprechende Minderheit von zwei Prozent, wenn es auf deren Stimme ankam, sollte abgefunden werden dürfen, um ein Veto „aus eigennütziger Absicht" auszuschließen. Das Recht einer Minderheit von 10 Prozent des Grundkapitals, die Einberufung einer Generalversammlung zu verlangen, sollte in Zukunft nicht mehr eingeschränkt werden dürfen. Einer Minorität von ⅓ der in der Generalversammlung vertretenen stimmberechtigten Aktionäre sollte das Recht zustehen, die Vertagung von Beschlüssen über die Genehmigung der Bilanz und die Entlastung der Gesellschaftsorgane zu fordern. – Eine Reihe neuer Bestimmungen bringt der Abschnitt des Gutachtens über die Auflösung der Gesellschaft und deren Liquidation. – Die vorgeschlagenen kurzen Verjährungsfristen sollten insbesondere das partikulare Recht vereinheitlichen und gleichzeitig die Verantwortlichkeit der Beteiligten zeitlich beschränken. Der in der vorliegenden Edition vollständig wiedergegebene § 17 des Gutachtens befaßt sich mit den Individualrechten und bringt Vorschläge über die gerichtliche Anordnung einer Revision der Geschäftsführung auf Antrag von Aktionären, die den zehnten Teil des Grundkapitals repräsentierten, über die Anfechtung von Generalversammlungsbeschlüssen und über die Geltendmachung von Ansprüchen der Gesellschaft.

Bei den einzelnen Reformvorschlägen hat das ROHG jeweils angedeutet, inwieweit diese auch für die KGaA gelten sollten. Insgesamt gesehen wies das ROHG staatliche Eingriffe in die Autonomie der Aktiengesellschaften und Differenzierungen nach dem Gegenstand des Unternehmens, wie sie der Verein für Socialpolitik für nützlich gehalten hatte, zurück. Im Vertrauen auf die korrigierende Funktion der Judikatur lehnte es weiterhin allzu starke Beschränkungen der Vertragsfreiheit ab, ohne daß man aber den Vorschlägen den Vorwurf der Schwächlichkeit machen kann. Im übrigen war das ROHG weit davon entfernt, das Heil in beschränkenden Vorschriften zu suchen, wie sie dann zum Teil für die Ministerialentwürfe kennzeichnend waren. Die Bedeutung des Gutachtens ist darin zu sehen, daß es dem Reichsjustizamt ein dogmatisch praktikables, durch die Judikatur bereits teilweise erprobtes Modell zur Weiterentwicklung des Aktienrechts auf der Basis des Gesetzes von 1870 zur Verfügung stellte. Für den heutigen Leser macht es zudem in plastischer Weise die Kontinuität deutlich, in der das Aktienrecht von 1884 steht.

VI. Die Vorarbeiten im Reichsjustizamt und der Referentenentwurf vom Juni 1880

Obwohl mit dem Beschluß des Bundesrates ein eindeutiger Auftrag an das *Reichsjustizamt* vorlag, behandelte man dort die Reform des Aktienrechts zunächst sehr dilatorisch und begnügte sich mit einer Zusammenstellung der Äußerungen der Bundesregierungen und der ausländischen Gesetzgebung sowie mit dem Beschaffen statistischen Materials. Nachdem der Reichskanzler unter dem 9.12.1877 um eine Beschleunigung der Arbeiten gebeten hatte, stellten die zuständigen Referenten unter dem 8.2.1878 in einer Aktennotiz fest[64], die Reform der Aktiengesetzgebung gehöre nicht zu den „dringlicheren Aufgaben" des Reichsjustizamts. Die „Wiederkehr einer Periode ungemessener Gründung von Aktienunternehmungen und ungemessener Betheiligung bei solchen in naher Zukunft" sei nicht zu besorgen. Der Erlaß hiergegen gerichteter Kautelarvorschriften erscheine nicht dringend, wie man sich auch hüten möge, „die Dringlichkeit einer Aktiengesetzreform zum Axiom zu erheben". Die öffentliche Meinung sei noch befangen „in leidenschaftlichen Stimmungen entgegengesetzter Strömungen": auf der einen Seite herrsche Zorn gegen die Gründer, auf der anderen Zorn gegen die Gründerprozesse. Im Interesse einer „ruhigen vorurtheilsfreien Beurtheilung der Reform" werde es zu wünschen sein, „daß die leidenschaftliche Erregtheit der jetzigen Zeit sich lege". Erlasse man jetzt ein „noch so maßvoll gehaltenes coercitives Gesetz" so werde bei dem überwiegenden Teil der Bevölkerung die Vorstellung erzeugt, als ob jenes Gesetz eine „Fessel" des Aufschwungs sei: „Es wird durchweg eine gefährliche Unruhe und das unheilvolle Verlangen erweckt, je nach der augenblicklichen wirthschaftlichen Lage das Aktiengesellschaftsrecht einer steten Wandlung zu unterwerfen". Das Gesetz werde sich nicht damit befassen dürfen, „nur die einzelnen offen gelegten Lücken und Mittel, deren in der Vergangenheit die Gewinnsucht sich bedient hat, zu beseitigen". Diese werde sonst in der Zukunft leicht neue Wege zu finden wissen. Das neue Gesetz werde vielmehr versuchen müssen, „die richtigen wirthschaftlichen und rechtlich maßgebenden Prinzipien" zu treffen. In dieser Beziehung aber sei eine entscheidende Klärung der maßgebenden Fragen noch nicht erreicht. Es sei bei fast jeder Bestimmung noch streitig, „wieweit in Kautelarvorschriften zur Verhütung von Mißbräuchen gegangen werden kann, ohne die Möglichkeit eines gesunden Funktionirens der Gesellschaften zu gefährden". Man solle die Versuche der Judikatur, „das richtige Maß

[64] ZStA Potsdam, Reichsjustizamt, Nr. 2859, Bl. 207 ff. (*Hagens* und *Gutbrod*); hieraus die folgenden Zitate.

civilrechtlicher und strafrechtlicher Verantwortlichkeit der Gründer, ersten Zeichner, der Vorstands- und Aufsichtsrathsmitglieder zu finden und festzustellen", nicht durch den frühzeitigen Erlaß eines neuen Gesetzes stören.

Auch das *preußische Handelsministerium*, das mit der Beschaffung des statistischen Materials befaßt war, mahnte das Reichsjustizamt wiederholt zur Eile. In einem Schreiben vom 4.10.1879[65] an den neuen preußischen Handelsminister Karl von Hofmann wies der Staatssekretär des Reichsjustizamts *Friedberg* darauf hin, daß ihm noch immer hinreichendes statistisches Material fehle. Entgegen Achenbach glaube er, diesem „eine erhebliche Bedeutung für die Illustration auch einzelner Reformvorschläge beilegen zu können und in ihnen sogar einen bestimmten Anhalt für die Richtung der zu machenden Vorschläge zu gewinnen". Er sei nach wie vor der Ansicht, daß eine Reform zum gegenwärtigen Zeitpunkt nicht dringend sei, und halte deshalb den Beschluß des Bundesrates für verfehlt: „Der Epoche sich übersteigender unwirthschaftlicher Speculationen ist eine Epoche schweren wirthschaftlichen Niedergangs gefolgt; die Erregung über den bei Gründungen seitens der Gründer wie der Aktionäre verübten Schwindel hat gewechselt mit einer gleichen Erregung über ungerechtfertigte Verfolgungen und Anfeindungen Betheiligter". Bei der Befangenheit, in welcher hierdurch die Kritik sich befinde, sei eine Klärung der Anschauungen über die Ziele einer gesetzgeberischen Reform noch keineswegs erfolgt; alle wichtigen Fragen seien bestritten. Erst allmählich begännen wissenschaftliche Untersuchungen und die Judikatur, den Boden für eine Reform vorzubereiten: „Diesen Gesundungs-Prozeß durch ein Zwischengesetz zu unterbrechen, erscheint mir bedenklich. Ein Gesetz, welches noch unter dem Eindruck der früheren Erfahrungen der Gründerperiode erlassen und deshalb die Tendenz verfolgen würde, dem Verkehr strenge Fesseln aufzuerlegen, dürfte in der Periode eines wirthschaftlichen Aufschwungs leicht als Hinderniß desselben empfunden werden, bald zu dem Verlangen entgegengesetzter Reformen und somit zu gefährlichen Schwankungen in der Gesetzgebung und der wirthschaftlichen Entwicklung führen". Zum Abschluß seines Schreibens wies aber Friedberg darauf hin, daß „mit zunehmender Zeit" seine Bedenken schwänden und er den Auftrag des Bundesrats auch durchführen wolle. Aber nichts dränge, vorbereitende Arbeiten etwa aus Zeitmangel aufzugeben, zumal eine Wiederkehr der Spekulationsepoche nicht zu erwarten sei.

Erst nachdem Hermann *von Schelling*[66] den zum preußischen Justizminister avancierten Heinrich von Friedberg, der sich von den Idealen der frühen, liberal-individualistischen Reichsgesetzgebung nicht hatte trennen können, Ende Oktober 1879 als Staatssekretär des Reichsjustizamts abgelöst hatte, konnte sich auch

[65] Vgl. hierzu die Akte des preuß. Handelsministers im ZStA Merseburg, Rep. 120a, A XII, 5 Nr. 1, vol. 10; hieraus die folgenden Zitate.

[66] Über v. Schelling vgl. *Jahnel*, aaO. (Fn. 20), S. 71 f.

das Reichsjustizamt der neuen, von Bismarck seit 1878/79 betriebenen neuen Wirtschafts- und Sozialpolitik nicht mehr entziehen. Auf ein erneutes Mahnschreiben des Handelsministers stellte von Schelling den baldigen Beginn der Arbeiten in Aussicht[67]. Am 23.6.1880 lag dann ein von den Hilfsarbeitern *Deegen* und *Kayser*[68] aufgestellter Gesetzentwurf, der sich auf das Recht der Aktiengesellschaften beschränkte, vor[69]. Da dieser Entwurf, der noch stark den Vorschlägen des ROHG verpflichtet ist, die Grundlage der weiteren Beratungen darstellt, soll im folgenden zunächst sein Inhalt referiert werden.

Nach Art. 207 Abs. 1 Satz 1 sollten Inhaberaktien auf einen Betrag von mindestens 1000 Mark lauten[70]. Sollte von einem Aktionär eine „auf das Grundkapital anzurechnende Einlage, welche nicht in baarem Gelde besteht", gemacht oder eine „Anlage oder ein sonstiges Vermögensstück von der zu entrichtenden Gesellschaft übernommen"[71] werden, so waren die hierfür erforderlichen Angaben in den Gesellschaftsvertrag aufzunehmen. Diese Angaben waren, sofern der Gesellschaftsvertrag nicht zwischen allen Aktionären geschlossen wurde, zu veröffentlichen und in den Zeichnungsschein aufzunehmen[72]. Nach der Zeichnung des Grundkapitals hatte eine Generalversammlung die Mitglieder des Aufsichtsrats zu wählen, welche die im Gesellschaftsvertrag getroffenen Festsetzungen zu prüfen hatte[73]. Anschließend hatte eine weitere Generalversammlung die entsprechenden Bestimmungen des Gesellschaftsvertrags zu genehmigen.

[67] v. Schelling am 6.12.1879 (ZStA Potsdam, Reichsjustizamt, Nr. 2859).

[68] Über Deegen ließ sich nichts ermitteln. Dr. Paul *Kayser* (geb. 9.8.1845; gest. 13.2.1898) war zunächst preuß. Stadtrichter (1875), 1879 Landrichter, 1880 Regierungsrat und ständiger Hilfsarbeiter im Reichsjustizamt, 1884 Geheimer Rat im Reichsversicherungsamt, 1885 vortragender Rat im Ausw. Amt, 1890 Direktor der Kolonialabteilung, 1894 Ministerialdirektor, 1896–1898 RG-Rat. – In der Folgezeit hat *Hagens* (über diesen *Schubert,* aaO. [Fn. 20], S. 53) das Gesetzgebungsvorhaben als Referent betreut.

[69] ZStA Potsdam, Reichsjustizamt, Nr. 2859, Bl. 232 ff.

[70] Die Mindestnominalhöhe sollte für Namensaktien 150 Mark (bei Versicherungsgesellschaften 300 Mark) betragen. – Der Gesellschaftsvertrag mußte von mindestens sieben Aktionären (Gründern) geschlossen werden.

[71] Vgl. Art. 209 a des Entwurfs. Diese Regelung sollte sich auch auf sonstige Vergütungen und Zuwendungen an Aktionäre und Dritte beziehen.

[72] Art. 209 b des Entwurfs. Die Gründer sollten nach Abs. 2 für die Richtigkeit und Vollständigkeit der in der Bekanntmachung enthaltenen Angaben solidarisch haften. Vgl. ferner Art. 215 a: „Jedes Angebot von auszugebenden oder bereits ausgegebenen Aktien, welches innerhalb der ersten drei Jahre nach Eintragung der Gesellschaft in das Handelsregister mittels Bekanntmachung in öffentlichen Blättern erfolgt, muß den Namen, Wohnort und Stand der Gründer, sowie die in Art. 209 b Ziff. 1 bis 3 bezeichneten Angaben, und im Falle des Art. 224 a Ziff. 7 den von der Generalversammlung beschlossenen Emissionskurs enthalten. Bezieht sich das Angebot auf Aktien, welche bereits gezeichnet oder ausgegeben sind, so muß in der Bekanntmachung auch der Name, Wohnort und Stand des Veräußerers der Aktien angegeben werden."

[73] Art. 209 b des Entwurfs; die im folgenden genannte Regelung in Art. 209 e.

Die Gründerhaftung war in folgenden zwei Bestimmungen geregelt[74]: Art. 212 a. „Gründer, welche zum Nachweise der Deckung des Grundkapitals Zeichnungen von Personen verwenden, von welchen ihnen hätte bekannt sein müssen, daß dieselben zur Erfüllung der durch die Zeichnung übernommenen Verpflichtungen unfähig sind, haften der Gesellschaft persönlich und solidarisch für die Einzahlung des Nominalbetrages der gezeichneten Aktien". – Art. 212 b. „Ist durch eine nicht in baarem Gelde bestehende Einlage eines Aktionärs oder durch die Uebernahme einer Anlage oder eines sonstigen Vermögensstückes die Gesellschaft geschädigt worden, so haften die Gründer persönlich und solidarisch, wenn ihnen bei Anwendung der Sorgfalt eines ordentlichen Kaufmannes nicht hätte unbekannt sein können, daß durch die von ihnen mit dem Aktionär oder dem Eigenthümer der Anlage oder des Vermögensstückes getroffenen Vereinbarungen die Gesellschaft geschädigt werden mußte. – Solidarisch mit den Gründern haftet jeder Dritte, welcher unter Kenntniß dieser Thatsache zur Errichtung der Gesellschaft mitgewirkt hat. Die Zeichnung von Aktien wird als eine solche Mitwirkung nicht angesehen. ..." – In Art. 212 c war dann die in Art. 213 f des Gesetzes ähnlich geregelte Nachgründung behandelt: „Werden von dem Vorstande der Gesellschaft innerhalb eines Jahres Verträge der in Art. 209 a bezeichneten Art über Anlagen oder sonstige Vermögensstücke oder über Bewilligung besonderer Vortheile an einen Aktionär geschlossen, so bedürfen dieselben, Verträge über Vermögensstücke jedoch nur, sofern der Uebernahmepreis den zehnten Theil des Grundkapitals erreicht, zu ihrer Gültigkeit der Genehmigung der Generalversammlung. Die dieselben genehmigende Mehrheit muß mindestens ein Viertheil der sämmtlichen Aktionäre begreifen und der Betrag ihrer Antheile mindestens ein Viertheil des gesammten Grundkapitals darstellen. Der Aufsichtsrath ist vor der Beschlußfassung zu hören..." – Die Anmeldung der Aktiengesellschaft zur Eintragung in das Handelsregister sollte durch den Vorstand und die Gründer erfolgen (Art. 210 a Abs. 2).

Neu gegenüber der Novelle von 1870 war die Regelung, daß jede Aktie ihrem Inhaber ein Stimmrecht gewähren sollte, stimmrechtslose Aktien also ausgeschlossen sein sollten (Art. 224 Abs. 2). Gestärkt wurde die Kompetenz der Generalversammlung, deren Beschlußfassung nicht entzogen werden konnten (Art. 224 a): die Wahl und Ergänzung des Aufsichtsrats und die an dessen Mitglieder zu gewährende Vergütung, die Genehmigung der mit den Mitgliedern des Vorstandes abzuschließenden Dienstverträge (einschließlich der ihnen im Falle vorzeitigen Ausscheidens zu gewährenden Entschädigung), die Genehmigung „der Anstellung von Gesellschaftsbeamten, welchen neben dem Gehalte oder an Stelle desselben ein Theil des jährlichen Reingewinnes zugesichert wird", die Genehmigung der Jahresbilanz und der Gewinnverteilung sowie die Entlastung des Vorstandes, die Erhöhung und Herabsetzung sowie die teilweise

[74] Hauptvorschlag.

Zurückzahlung des Grundkapitals, die Festsetzung des Emissionspreises bei Erhöhung des Grundkapitals, die Aufnahme von „Anleihen" und die Genehmigung des Verzinsungs- und Tilgungsplanes. Abänderungen des Gesellschaftsvertrages sollten, anders als nach dem bisherigen Recht, nur mit mindestens der Hälfte des Grundkapitals von der Generalversammlung beschlossen werden dürfen (Art. 215). Zur Abänderung des Gegenstandes des Unternehmens und zu der Fusion mit anderen Aktiengesellschaften war weiterhin Einstimmigkeit notwendig mit der Möglichkeit abweichender statutarischer Bestimmungen. In diesem Fall war aber eine qualifizierte Mehrheit erforderlich (Art. 215 Abs. 3).

Eine Abschwächung gegenüber dem bisherigen Recht sollte Art. 215 Abs. 4 bringen, wonach die Aktiengesellschaft eigene Aktien weder erwerben noch zum Pfande nehmen *sollte.* Nach Art. 239 c war von dem jährlichen Reingewinn mindestens der zwanzigste Teil zur Bildung eines Reservefonds zu verwenden, bis der letztere den zehnten Teil des Grundkapitals erreicht hatte. Die Verwendung des Reservefonds „seitens der Gesellschaft zu anderen Zwecken als zur Ergänzung verloren gegangenen Grundkapitals" sollte während des Bestehens der Gesellschaft unzulässig sein. In Art. 216 Abs. 2 war für die Stammprioritäten bestimmt, daß, wenn die Satzung nichts Abweichendes enthielt, „weder ein Anspruch auf Nachzahlung der in einem Jahre nicht erzielten Dividenden aus dem Reingewinne späterer Jahre noch im Falle der Auflösung der Gesellschaft ein Vorzugsrecht bei der Vertheilung des Gesellschaftsvermögens begründet" sein sollte. – Nach Art. 222 sollten der Erstzeichner und jeder ihm folgende Aktionär bis zu drei Jahren seit der Übertragung des Anrechts auf einen Dritten für die Volleinzahlung der Aktie haften. Eine Befreiung der Aktionäre, wie sie Art. 222 der Novelle von 1870 vorgesehen hatte, sollte nicht mehr möglich sein. In Art. 225 b war festgelegt, daß der Aufsichtsrat, der unverändert aus mindestens drei Aktionären zu bestehen hatte, alle drei Monate eine genaue Prüfung der Verwaltung vornehmen mußte. Mitglieder des Aufsichtsrats durften nicht „zugleich Mitglieder des Vorstandes oder eines dem letzteren beigeordneten Verwaltungsrathes sein"; auch sollten sie nicht „in anderer Weise an der Geschäftsführung" teilnehmen dürfen (Art. 225 c)[75]. Neu war ferner die Generalklausel des Art. 225 d Abs. 1: „Die Mitglieder des Aufsichtsrathes haben bei Erfüllung der ihnen obliegenden Verpflichtungen die Sorgfalt eines ordentlichen Kaufmannes anzuwenden." – Art. 226 b gewährte Aktionären, die mindestens den zwanzigsten Teil des Grundkapitals innehatten, das Recht, eine Untersuchung von eventuellen Unredlichkeiten bei der Gründung oder der Geschäftsführung zu verlangen. Eine Untersuchung sollte durch die Kammer für Handelssachen oder durch ein von dieser beauftragtes Mitglied des Gerichts erfolgen. Die gleiche Anzahl von Aktionären sollte unter bestimmten Voraussetzungen auch berechtigt sein, eventuelle Ansprüche der Gesellschaft gegen die Gründer,

[75] Eine Übertragung der Obliegenheiten auf Stellvertreter war nach Abs. 4 ausgeschlossen.

den Vorstand oder den Aufsichtsrat geltend zu machen. – Nach Art. 227 a Abs. 1 sollte die Bestellung der Vorstandsmitglieder zu jeder Zeit widerruflich sein. Jedes Vorstandsmitglied hatte der Gesellschaft mit deren Aktien Sicherheit zu leisten. Verzicht durch die Generalversammlung war zulässig (Art. 227 b). – Art. 231 a Abs. 2 übertrug die Grundsätze des Art. 97 ADHGB auch auf die Vorstandsmitglieder.

Nach Art. 239 a war die ordentliche Generalversammlung zu vertagen und eine neue nach Ablauf eines Monats zu berufen, „wenn mindestens der dritte Theil der erschienenen Aktionäre unter Bemängelung bestimmter Ansätze der Bilanz die Aussetzung der Beschlußfassung über dieselbe und über die Entlastung des Vorstandes" verlangte. Gleichzeitig konnte von den Aktionären, welche für die Vertagung gestimmt hatten, die Wahl besonderer Revisoren zur Prüfung der bemängelten Ansätze vorgeschrieben werden[76]. Die Grundsätze für die Aufstellung der Bilanz (Art. 239 b) entsprechen bereits im wesentlichen denen des Art. 185 a des Entwurfs von 1882[77]. – Der Vorsitzende der General-

[76] Nach Art. 237 Abs. 3 sollte das Handelsgericht, wenn der Vorstand dem Verlangen einer Minderheit von 10 Prozent des Gesamtkapitals auf Einberufung einer Generalversammlung nicht entsprach, die Befugnis haben, gegen den Vorstand Ordnungsstrafen zu verhängen oder die Aktionäre selbst zur Einberufung einer Generalversammlung zu ermächtigen.

[77] Vgl. Art. 239 b: „Für die Aufstellung der Bilanz sind folgende Vorschriften maßgebend: 1. kurshabende Papiere dürfen höchstens zu dem Kurswerthe, welchen dieselben am Tage der Bilanzaufstellung haben, niemals aber höher als zu dem Durchschnittskurse der letzten drei Monate vor diesem Tage angesetzt werden; 2. andere zur Veräußerung bestimmte Vermögensstücke sind zum Marktpreise oder in Ermangelung eines solchen zum gemeinen Werthe am Tage der Bilanzaufstellung, aber niemals höher, als zu dem Anschaffungs- oder Herstellungspreise anzusetzen; 3. Anlagen, Grundstücke und sonstige Gegenstände, welche nicht zur Weiterveräußerung bestimmt sind, sondern dauernd dem Geschäftsbetriebe der Gesellschaft dienen sollen, sind niemals höher, als zu dem Anschaffungs- oder Herstellungspreise anzusetzen. – Sie dürfen ohne Rücksicht auf den gemeinen Werth zu diesem Betrage angesetzt werden, sofern ein der Abnutzung gleichkommender Betrag in Abzug gebracht oder ein entsprechender Erneuerungsfonds gebildet wird; 4. die Kosten der Organisation und Verwaltung dürfen nicht unter die Aktiva aufgeführt werden, müssen vielmehr ihrem vollen Betrage nach in der Jahresrechnung als Ausgabe erscheinen. Es kann jedoch durch den Gesellschaftsvertrag oder durch einen Beschluß der Generalversammlung bestimmt werden, daß Kosten, welche für die Einrichtung oder Erweiterung des Geschäftsbetriebes entstehen oder einen bleibenden Ertrag zu sichern bestimmt sind, auf einen Zeitraum von höchstens fünf Jahren derartig vertheilt werden, daß in der Rechnung eines jeden Jahres nur ein Fünftel dieser Kosten als Ausgabe erscheint; 5. der Betrag des Grundkapitals unter Hervorhebung der erfolgten Einzahlungen und der vorhandenen Rückstände, sowie der Betrag des Reservefonds und des etwa im Gesellschaftsvertrage vorgeschriebenen Erneuerungsfonds sind unter die Passiva aufzunehmen; 6. der aus der Vergleichung sämmtlicher Aktiva und sämmtlicher Passiva sich ergebende Gewinn oder Verlust am Schlusse der Bilanz besonders angegeben werden. – Im Uebrigen finden die Bestimmungen des Art. 31 Anwendung."

versammlung sollte, sofern der Gesellschaftsvertrag nicht etwas anderes vorsah, von der Generalversammlung gewählt werden (Art. 236). Art. 238 d eröffnete dem Vorstand, dem Aufsichtsrat und jedem Aktionär unter bestimmten Voraussetzungen die Möglichkeit, einen Generalversammlungsbeschluß wegen Verletzung des Gesetzes oder des Gesellschaftsvertrages anzufechten. Art. 239 sah in Abs. 1 S. 2 die später sehr umstrittene Semestralbilanz vor, worunter eine halbjährliche summarische Übersicht über die Vermögenslage der Gesellschaft zu verstehen war[77a]. – Nach Art. 242 sollte die Auflösung einer Aktiengesellschaft auch durch ein richterliches Urteil erfolgen dürfen. Neu war schließlich die Verjährungsnorm des Art. 248 a, die dann im Entwurf von 1882 nicht mehr enthalten ist.

VII. Der Entwurf des Reichsjustizamts vom Dezember 1880 und erste Verhandlungen mit dem Reichsamt des Innern

Der Referentenentwurf vom Juni 1880 wurde im *Reichsjustizamt* in zwei Lesungen endgültig festgestellt[78] und am 3. 12. 1880 dem *Reichskanzleramt* übersandt. In dem Übersendungsschreiben[79] heißt es, daß man auf die 1870 beseitigte staatliche Genehmigung zur Errichtung von Aktiengesellschaften nicht mehr zurückkommen könne, „weil sie erfahrungsmäßig das Publikum nicht vor unsoliden Unternehmungen zu schützen vermocht hat, wohl aber dasselbe zu dem Glauben verleitet, daß es durch die staatliche Prüfung der eigenen Prüfung überhoben sei". Der Entwurf bleibe deshalb auf dem vom Gesetz von 1870 betretenen Boden der Aufstellung gesetzlicher Normativbestimmungen für die Errichtung und Geschäftsführung der Gesellschaften und suche durch eine Verschärfung dieser Bestimmungen den auf dem Gebiete des Aktienwesens hervorgetretenen Mißständen entgegenzuwirken. Der Entwurf übertrug die für die Aktiengesellschaft gegebenen Bestimmungen weitgehend auch auf die Kommanditgesellschaft auf Aktien, um zu verhindern, daß die Neugründungen auf diese Gesellschaftsform wegen eventuell weniger strenger Bestimmungen auswichen, ließ aber im Gegenzug in Abweichung vom ADHGB auch Inhaberaktien zu. Der Mindestnominalbetrag war für Inhaberaktien auf 5000 Mark, für Namensaktien auf 1000 Mark festgelegt (Art. 173 a, 207 a). Für ein gemeinnützi-

[77a] Nach der Begründung sollte diese „Rohbilanz" einen „das Verhältniß des Vermögens und der Schulden thunlichst darstellenden Abschluß" bringen, soweit dies ohne erhebliche Störung des Geschäftsbetriebs, insbesondere ohne eine eingehende Inventur möglich war. Im übrigen sollte diese Rohbilanz nur eine rein informatorische Bedeutung haben.

[78] Vgl. hierzu die einzelnen Entwurfsfassungen einschließlich eines Teils der Anträge in den Akten des Reichsjustizamts, ZStA Potsdam, Nr. 2860.

[79] ZStA Potsdam, Reichsjustizamt, Nr. 2860, Bl. 135 ff.; hieraus die folgenden Zitate.

ges Unternehmen, ohne daß dieser Begriff im einzelnen definiert wurde, konnte, wenn das Grundkapital weniger als eine Million Mark betrug, der Reichskanzler „nach Anhörung der Ausschüsse des Bundesraths für Handel und Verkehr und für Justizwesen die Ausgabe von Aktien, welche auf Namen lauten, zu einem geringeren, jedoch mindestens zweihundert Mark erreichenden Betrage zulassen" (Art. 173 a Abs. 2). Neu gegenüber dem Entwurf vom Juni 1880 war die in Art. 209 f getroffene Regelung, daß zur Prüfung des Hergangs der Gründung durch den Aufsichtsrat und den Vorstand, sofern deren Mitglieder zugleich Gründer waren, Stellvertreter bestellt werden mußten. Die Anmeldung zum Handelsregister mußte auch von sämtlichen Mitgliedern des Aufsichtsrats unterzeichnet sein (Art. 210 Abs. 3). Hatten nicht alle Gründer die Aktien übernommen, hatte das Handelsgericht nach der Anmeldung der Gesellschaft zur Eintragung in allen Fällen eine unter seiner Leitung stehende Generalversammlung sämtlicher Aktionäre einzuberufen (Art. 210 a). – Im übrigen sei für das Gründungsrecht auf den in dieser Edition vollständig wiedergegebenen Entwurf von 1882 verwiesen, der insoweit mit der Vorlage vom Dezember 1880 übereinstimmt. Insbesondere ist die Gründerverantwortlichkeit in beiden Entwürfen gleich geregelt (Art. 213 a, 213 b). Nach Art. 223 konnte eine Minderheit von 20 Prozent des Grundkapitals diese Ansprüche gegen die Gründer auch gegen den Willen der Generalversammlung geltend machen. Neu war Art. 215 a von 1880/82 über die Erhöhung des Grundkapitals, während Art. 224 a (unentziehbare Kompetenz der Generalversammlung) nicht übernommen wurde. Nach Art. 221 konnten Mitglieder des Vorstandes und des Aufsichtsrates nicht zu Stimmrechtsbevollmächtigten bestellt werden. Die Einsetzung von Revisoren sollte von einer Kapitalbeteiligung von 10 Prozent und nicht mehr wie nach dem Entwurf vom Juni 1880 von 20 Prozent des Grundkapitals abhängig sein. Neu gegenüber dem Juni-Entwurf war ferner, daß die Gesellschaftskasse einmal im Monat durch ein Mitglied des Aufsichtsrats zu untersuchen war. Die Aufsichtspflicht war den einzelnen Mitgliedern des Aufsichtsrats auferlegt. Gestrichen war die Bestimmung des Juni-Entwurfs, wonach die Mitglieder des Aufsichtsrats „nicht in anderer Weise an der Geschäftsführung betheiligt sein durfen" (vgl. Art. 225 b). Der Vorstand sollte, mangels abweichender Satzungsbestimmungen, aus mindestens drei von der Generalversammlung zu wählenden Mitgliedern bestehen (Art. 227 Abs. 2). Die Anordnung einer Sicherheitsleistung war in Art. 227 a beibehalten, wohingegen Art. 227 a Abs. 1 des Entwurfs von 1870, wonach die Bestellung der Vorstandsmitglieder zu jeder Zeit widerruflich sein sollte, im neuen Entwurf nicht mehr zu finden ist. Die Einberufung einer Generalversammlung sollte bereits von Aktionären, die 5 Prozent des Grundkapitals repräsentierten, verlangt werden können. Unverändert geblieben ist die Verpflichtung des Vorstandes, eine Semestral-Rohbilanz zu veröffentlichen.

Das Reichskanzleramt übermittelte am 7. 6. 1881 dem Reichsjustizamt ein ausführliches Votum des *Reichsamts des Innern* (Abteilung für wirtschaftliche

Angelegenheiten) vom 22.4.1881[80]. Hiernach war man mit der Tendenz des Entwurfs einverstanden, zwar die Mißstände zu beseitigen, aber andererseits die Gründung von Kapitalgesellschaften nicht zu sehr zu erschweren: „Hierbei wird sich die Gesetzgebung von vornherein bescheiden müssen, daß Mittel, welche die mit dem Aktienwesen verbundenen Uebelstände ganz auszuschließen geeignet wären, überhaupt nicht erfindbar sind und daß die Ueberspekulation sowie die Ausbeutung des Leichtsinns und der Leichtgläubigkeit, auf dem Gebiete des Aktienwesens lahm gelegt, doch auf anderen Gebieten des geschäftlichen Lebens bestehen bleiben und da vielleicht in geeigneten Zeiten um so stärker hervortreten würden." Allerdings wurde angezweifelt, ob es zweckmäßig sei, die KGaA zu privilegieren. Da diese Gesellschaftsform für Gründer und deren Genossen „künftig mit erheblich geringerer Verantwortlichkeit verbunden sein würde", würde hierin eine Versuchung liegen, „die weniger beschränkende Form der Kommanditgesellschaft gerade in den Fällen zu wählen, in denen von vornherein ein unsolides Gebahren beabsichtigt wird."

Beide Reichsämter waren sich darüber einig[81], den Entwurf durch „Sachverständige des wirthschaftlichen Gebiets" und, da es sich auch um spezifisch juristische Fragen handelte, auch durch juristische Sachverständige begutachten zu lassen. Aus diesem Grunde verzichtete einerseits das Reichsamt des Innern auf eine Reihe von Änderungswünschen, wie andererseits das Reichsjustizamt bereitwillig folgende Modifikationen des Entwurfs zugestand: Für die Vergleiche und Verzichtsleistungen wurde in Art. 213 c eine Sperrminorität geschaffen. Das Erfordernis der Sicherheitsleistung durch den Vorstand sollte entfallen. Die Überwachung des Vorstandes durch den Aufsichtsrat wurde nicht, wie der Entwurf von 1880 vorsah, den einzelnen Mitgliedern des Aufsichtsrats, sondern dem Aufsichtsrat als Organ übertragen, um keine Unruhe in die Verwaltung zu bringen. Schließlich wurde in Art. 239 a die Entlastung des Vorstandes erschwert.

Sämtliche Änderungen wurden in einer Neufassung des Entwurfs, der dann auch den weiteren Beratungen zugrunde gelegt wurde, Anfang 1882 zusammengefaßt.

VIII. Die Sachverständigenkonferenz vom Frühjahr 1882.

Nach längeren Verhandlungen zwischen dem *Reichsjustizamt* und dem *Reichsamt des Innern* standen Anfang 1882 die an die Sachverständigen zu

[80] ZStA Potsdam, Reichsamt des Innern, Nr. 1, Bl. 17 ff. (gez. *Bötticher;* Referent war der Geh. Finanzrat *Schmidt*), hieraus die folgenden Zitate.

[81] Vgl. hierzu den Briefwechsel beider Ämter im ZStA Potsdam, Reichsamt des Innern, Nr. 1, Bl. 53 ff. (am 30. 12. 1881 fand eine abschließende Besprechung zwischen den Vertretern beider Ämter statt).

richtenden Fragen[82] fest, die anhand des abgeänderten Entwurfs[83] von Anfang 1882 beraten werden sollten. Die Sachverständigenkonferenz wurde zum 24.3.1882 einberufen und schloß ihre Beratungen am 8.4.1882 ab. Der Kommission gehörten an:

1. *Adelbert Gottlieb Delbrück* (1822–1890), Mitbegründer und erster Aufsichtsratsvorsitzender der Deutschen Bank; Mitbegründer des Deutschen Industrie- und Handelstages (von 1870–1885 erster Vorsitzender dieses Gremiums)[84],

2. *George Heinrich Embden* (1839–1907; Rechtsanwalt in Hamburg), 1872–1877 Sekretär und Consulent der Handelskammer Hamburg; danach als Rechtsanwalt tätig[85],

3. *Levin Goldschmidt* (1829–1897), seit 1875 Professor an der Universität Berlin[86],

4. *Karl Rudolf (von) Jacobi* (1828–1903), 1881/86 Direktor der preußischen Zentralbodenkreditanstalt (vorher im preußischen Handelsministerium beschäftigt, zuletzt als dessen Unterstaatssekretär), von 1886 an im unmittelbaren Reichsdienst[87],

5. *Hugo Keyssner* (1827–1905), seit 1849 im preuß. Justizdienst, 1861 Stadtrichter in Berlin, 1873 Kammergerichtsrat (im handelsrechtlichen Senat). Verfasser zahlreicher Arbeiten zum Handels- und zum Aktienrecht. Mitherausgeber der ZHR[88],

6. *Richard Koch* (1834–1900), Geheimer Oberfinanzrat bei der Reichsbank seit 1876; 1890 dessen Präsident. Autor zahlreicher Arbeiten insbesondere zum Bank- und Börsenrecht[89],

[82] Unten S. 263 ff. abgedruckt.

[83] Diese überarbeitete Fassung des Entwurfs wird in der vorliegenden Edition vollständig wiedergegeben.

[84] Über Delbrück vgl. NDB, Bd. 3 (1975), S. 576 ff. *(Zabel)*. Delbrück veröffentlichte 1884 eine scharfe Kritik an der Bundesratsvorlage des Aktienrechtsentwurfs (vgl. unten bei Fn. 139).

[85] Die Angaben beruhen auf einem Schreiben der Handelskammer Hamburg (Commerzbibliothek) an den Verfasser. Embden war der Sohn eines Maklers und hatte nach Besuch der Gelehrtenschule des Johanneums in Hamburg und Heidelberg, Berlin und Göttingen Rechtswissenschaft studiert. 1863 ließ er sich in Hamburg als Rechtsanwalt nieder. Kurze Zeit war er auch Mitglied der Hamburger Bürgerschaft. Von Embden und Arndt stammt der Bericht über die Verhandlungen des 9. Congresses deutscher Volkswirte in Hamburg (1867). Embden nahm auch an der Eisenacher Tagung des Vereins für Socialpolitik (1873) teil und vertrat hier einen sehr liberalen Standpunkt (vgl. Verhandlungen, aaO. [Fn. 12], S. 111 ff.).

[86] Über *Goldschmidt* vgl. ADB, Bd. 6 (1964), S. 617 f. (R. *Dietz*).

[87] Jacobi hatte 1868 im preuß. Handelsministerium die erste Fassung der Aktienrechtsnovelle von 1870 aufgestellt und dann zusammen mit dem Justizministerium das weitere Gesetzgebungsvorhaben als Referent betreut (vgl. *Schubert*, ZGR, 1981, S. 292 ff.).

[88] Über *Keyssner* vgl. u. a. *Wolf*, in: ZHR, Bd. 75 (1906), S. 319 ff.

[89] Über *Koch* u. a. *Riesser*, in: 52. Jahresbericht über die Wirksamkeit der Jur. Gesellschaft zu Berlin 1910/11, S. 88 ff.

7. *Emil Russell* (1835–1927), 1876–1900 Geschäftsinhaber der Berliner Disconto-Gesellschaft. Nichtständiges Mitglied der 2. BGB-Kommission[90],

8. *Friedrich von Schauss* (1832–1893; Dr. jur.) gehörte dem ersten Vorstand der Süddeutschen Bodencreditbank an (ab 1871). Mitglied der Bayerischen Kammer der Abgeordneten (ab 1869); Mitbegründer der Nationalliberalen Partei in München, die er im Reichstag von 1871–1884 als Abgeordneter vertrat[91],

9. *Hermann von Sicherer* (gest. 1901), seit 1871 Professor an der Universität München. Der Schwerpunkt seines schriftstellerischen Werkes liegt zwar auf dem Staatskirchenrecht, doch galt von Sicherer auch als hervorragender Kenner des Handelsrechts. 1887 nahm Sicherer an den Beratungen der Sachverständigenkommission des Reichsjustizamts zur Revision des Genossenschaftsrechts teil[92],

10. *Adolph Wagner* (1835–1917), seit 1870 Professor für Nationalökonomie in Berlin. Mitbegründer des Vereins für Socialpolitik (Vertreter der sog. staatssozialistischen Richtung). 1882/85 Mitglied des preuß. Abgeordnetenhauses für die Christlich-Soziale Partei. Wagner erstattete auf der Eisenacher Tagung des Vereins für Socialpolitik 1873 ein grundlegendes Referat über das Aktienwesen. Bahnbrechend war weiterhin sein Werk über die Zettelbanken-Aktiengesellschaften (Notenbanken)[93].

Von Seiten der Ministerialbürokratie nahmen an den Sitzungen teil: v. Bötticher (Staatssekretär des Innern; nur an der 1. Sitzung), von Schelling (Staatssekretär des Reichsjustizamts; als Vorsitzender), vom Reichsamt des Innern: Eck (Unterstaatssekretär), Schmidt (Geheimer Finanzrat), vom Reichsjustizamt: Hanauer (Direktor), Meyer (Oberregierungsrat), Hagens[94], Lenthe sowie die Verfasser des Referentenentwurfs vom Juni 1880 Deegen und Kayser (letzterer zugleich Schriftführer der Kommission).

Da in der vorliegenden Edition die Protokolle der Kommission vollständig wiedergegeben werden, erübrigt sich eine detaillierte Inhaltsangabe und Ana-

---

[90] Über *Russell* vgl. *Jahnel* bei Schubert, aaO. (Fn. 20), S. 105 f.

[91] Schauss (auch Schauß), Sohn eines Münchener Advokaten, war nach dem Studium der Philosophie und Rechtswissenschaft (Erlangen, Heidelberg und München) zunächst als Staatsanwalt (ab 1856) tätig, bevor er 1862 sich als Rechtsanwalt niederließ. Von 1869 bis 1892 Mitglied des bayerischen Abgeordnetenhauses. Im Reichstag gehörte er dem rechten Flügel der Nationalliberalen Partei an, deren Fraktion er 1879 verließ. Schauss galt als unkritischer Bismarckanhänger (über ihn vgl. J. Fr. *Frey*, Dr. Friedrich von Schauß, ein bayerischer Nationalliberaler der Bismarckära. Ein Beitrag zur Münchner Stadtgeschichte, Münchner historische Diplomarbeit [masch.]; *Achterberg*, Süddeutsche Bodenkreditbank. Ein Jahrhundert Werden und Wirken, Frankfurt a. M. [o. J.], S. 22, 38, 52).

[92] Vgl. den Nachruf von *v. Bechmann* in DJZ 1901, S. 451.

[93] Über Wagner vgl. R. *Stucken*, in: Handwörterbuch der Sozialwissenschaften, Bd. 11 (1961), S. 470 ff.

[94] Über Hagens vgl. *Schubert*, aaO. (Fn. 20), S. 53 m. w. N.

lyse. Die meisten der Anträge verfolgten das Ziel, eine Reihe von Normativbestimmungen zu beseitigen oder zumindest abzuschwächen. So wurde befürwortet, die Mindestnominalhöhe der Inhaberaktien erheblich herabzusetzen. Auch die Mindestzahl der Gründer sollte reduziert werden. Art. 213 b (Haftung der Emissionshäuser) sollte entsprechend einem Antrag von Russell geändert werden. In der Generaldiskussion über die Stellung des Aufsichtsrats wurde es von der überwiegenden Mehrheit abgelehnt, den Aufsichtsrat von jeglicher Verwaltungstätigkeit auszuschließen und ihm lediglich eine Kontrollfunktion zu belassen. Diese könne er nur durchführen, wenn er enge Fühlung mit der Verwaltung habe. Einstimmig verworfen wurde das in § 225 b enthaltene Verbot der Mitgliedschaft in einem dem Vorstand beigeordneten Verwaltungsrat. Ferner sollte nach einem einstimmigen Beschluß die Verpflichtung zu einer monatlichen Prüfung der Gesellschaftskasse entfallen. Auf Antrag von Goldschmidt wurde ferner beschlossen, die Mindestzahl der Aufsichtsratsmitglieder von fünf auf drei herabzusetzen. Art. 227 Abs. 2, wonach die Generalversammlung die Vorstandsmitglieder zu wählen hatte, sofern der Gesellschaftsvertrag nichts anderes vorsah, sollte gestrichen werden. Auch die vorgesehene Mindestzahl von drei Mitgliedern sollte entfallen. Die im Art. 239 Abs. 1 vorgesehene Semestralbilanz wurde nur von Wagner und Koch verteidigt. Keine Mehrheit fanden Anträge, wonach der Reichskanzler Bilanzformulare aufstellen oder wenigstens die Befugnis hierzu haben sollte. Die Möglichkeiten der Verwendung des Reservefonds sollten erweitert werden. Keine Chance hatten die Anträge bzw. Anregungen von Wagner, für einzelne Arten von Aktiengesellschaften unterschiedliche Vorschriften aufzustellen und allgemein die Bilanzbestimmungen zu erweitern. Auf der anderen Seite war auch Wagner kein kompromißloser Verteidiger der strengen Normativbestimmungen des Entwurfs. Im übrigen verhinderten Wagner und Koch, mitunter aber auch andere der Wirtschaft ferner stehende Sachverständige eine völlige Aufweichung des Entwurfs. Einige der in der Minderheit gebliebenen Anträge konnten erst in der Reichstagskommission durchgesetzt werden.

IX. Die endgültige Feststellung des Aktienrechtsentwurfs

Nach Abschluß der Beratungen arbeitete das *Reichsjustizamt* den Entwurf um, wobei es die meisten Mehrheitsbeschlüsse der Kommission berücksichtigte[95]: So wurde der Mindestnominalbetrag der Inhaberaktien auf 2000 Mark herabgesetzt sowie die Zahl der Gründer auf fünf und die der Aufsichtsratsmitglieder auf drei ermäßigt. Entfallen sollte ferner die Semestralbilanz; der Reser-

[95] Vgl. hierzu das Schreiben des Reichsjustizamts vom 20. 5. 1883 an den Staatssekretär des Innern v. Bötticher, den umgeänderten Entwurf und die „Zusammenstellung der in der Kommission gefaßten Beschlüsse und derjenigen Anregungen, deren Erwägung in Aussicht genommen ist" (ZStA Potsdam, Reichsjustizamt, Nr. 2862, Bl. 197 ff.).

vefonds sollte auch für außerordentliche Verluste verwendet werden dürfen. Eine Reihe weiterer Anregungen wurden entweder überhaupt nicht[96] oder nur in den Motiven[97] berücksichtigt.

Das *Reichsamt des Innern* meldete unter dem 28.7.1882 einige Bedenken gegen den neugefaßten Entwurf[98] an. Bemängelt wurde vor allem, daß das Reichsjustizamt die Minoritäts- und Einzelvoten fast ganz unberücksichtigt gelassen hatte: „Die Sachverständigen bilden kein Kollegium und ihre Ansichten können nur deshalb, weil sie von der Mehrheit gebilligt sind, einen besonderen Werth nicht in Anspruch nehmen, dazu kommt, daß die juristischen Sachverständigen über die wirthschaftlichen Fragen und die wirthschaftlichen Sachverständigen über die juristischen mitgestimmt haben und daß voraussichtlich sich in vielen Fällen ein anderes Resultat der Abstimmung ergeben haben würde, wenn der Gegenstand nicht wegen der Nähe des Pfingstfestes[99] in einem beschleunigten Tempo hätte durchberathen werden müssen und besonders, wenn noch eine zweite Lesung des Entwurfs hätte vorgenommen werden können." Was die Sachverständigen selbst betreffe, so führte der Staatssekretär des Reichsamts des Innern weiter aus, sei ihm deren Befähigung zur „Abgabe eines unbefangenen Urtheils in wirthschaftlichen Dingen bis zu einem gewissen Grade zweifelhaft geworden; jedenfalls hat die formal juristische Auffassung die wirthschaftliche stark überwogen. Die wirthschaftlichen Sachverständigen waren überwiegend Juristen und diejenigen, welche die Handhabung der Praxis der Aktiengesellschaft im Geschäftsleben kennen gelernt haben, standen in ihrer Majorität auf dem Boden, daß die Freiheit des Einzelnen auf dem Gebiete des Aktienwesens so wenig als möglich beschränkt werden dürfe." Es wolle ihm

[96] Es handelt sich hierbei um die Anregungen zu: Art. 209 Ziff. 3 (Reichsanzeiger als obligatorisches Publikationsorgan), Art. 213 a Abs. 2 (Einschränkung der Gründerhaftung), Art. 213 b (Haftung der Emissionshäuserr etc.), Art. 224, Art. 237 (Ersetzen des Handelsgerichts durch die Kammer für Handelssachen bzw. das Landgericht; der Entwurf hatte die Terminologie des ADHGB, das nur Handelsgerichte kannte, beibehalten wollen, obwohl das GVG von 1879 lediglich Kammern für Handelssachen zugestanden hatte.), Art. 225 a (Abs. 3: „Die Mitglieder des ..." zu streichen), Art. 226 (subsidiäre Haftung des Aufsichtsrats), Art. 238 (Vorkehrungen zu treffen, „daß die Berufungsfrist nicht durch statutarische Bestimmungen über die Legitimation der stimmenden Aktionäre mittelst Deponirung der Aktien pp. illusorisch gemacht werde") und zu Art. 249 (die Bestimmung auf den Tatbestand der Ziff. 2 im § 266 StGB zu beschränken).

[97] Es handelte sich um Anregungen zu: Art. 209 d (Verpflichtung zur Übernahme der gezeichneten Aktien), Art. 209 e (die Worte einzufügen: „oder ein anderes Verfahren"), Art. 215 a (die bei der Gründung bezüglich der Einlagen und Zeichenscheine gemachten Vorschriften auf die Erhöhung des Grundkapitals auszudehnen), Art. 180 d (die Zustimmung sämtlicher Komplementare zu Statutenänderungen als zwingende Vorschrift aufzustellen) und zu Art. 191.

[98] ZStA Potsdam, Reichsjustizamt, Nr. 2862, Bl. 208 ff.; hieraus die folgenden Zitate.

[99] Gemeint sein dürfte das Osterfest (Anm. des. Verf.).

scheinen, „als ob sie dabei dem Umstande zu wenig Rechnung getragen haben, daß es sich darum handelt, die vorliegende Rechtsmaterie auf der bisherigen Grundlage – der Aufstellung allseitig bindender Normativbestimmungen – auszubilden."

In den folgenden Monaten wurde zwischen beiden Ämtern bis Januar 1883 korrespondiert[100], um eine Einigung über die noch umstrittenen Fragen zu erzielen. Hierbei wurden folgende Entscheidungen getroffen: Der Mindestnominalbetrag von Inhaberaktien wurde erneut auf 5000 Mark festgesetzt. Maßgebend hierfür war, so das Reichsamt des Innern, der Schutz des „kleineren Kapitals"[101]: „Jede Erschwerniß in der Placirung der Aktien im Publikum dürfte von Einfluß auf den Umfang und das Tempo der Gründungen sein, während leichtsinnige, lediglich auf Ausbeutung des Publikums spekulirende Gründungen sich in demselben Maße vermehren ließen, in welchem sich das Publikum für die an den Markt strömenden Papiere aufnahmefähig erweist." Das „Gründen im Uebermaß und das Gründen schlechter Gesellschaften" habe grundsätzlich schwere wirtschaftliche Schäden im Gefolge. – Art. 173 a Abs. 2 S. 1 (geringerer Mindestnominalbetrag bei garantierter Zinshöhe) geht auf das Reichsamt des Innern zurück. Nicht berücksichtigt wurde der Wunsch einiger Sachverständiger, im Falle der Kapitalreduzierung eine geringere Mindestnominalhöhe der Aktien zuzulassen. Auf Wunsch des Reichsamts des Innern wurde der Reichsanzeiger zum obligatorischen Publikationsorgan bestimmt und als Art. 185 a Abs. 2[102] die Bestimmung aufgenommen, daß der Reichskanzler ermächtigt sein sollte, für gewisse Arten von Unternehmungen Bilanzformulare aufzustellen. Die Ziff. 2 und 3 des Art. 185 a (Bewertung bestimmter Vermögensgegenstände) sollten erneut obligatorisch sein[103]. Organisationskosten sollten nicht mehr als Aktiva geführt werden dürfen (vgl. Art. 185 a Ziff. 4). Auf Wunsch des Reichsamts des Innern wurde die vom Reichsjustizamt befürwortete Zulassung von Inhaberaktien bei der KGaA wieder beseitigt. Um die Gründung von KGaA

[100] Vgl. dazu ZStA Potsdam, Reichsjustizamt, Nr. 2862, 2863 (insbesondere Schreiben des Reichsjustizamts vom 28. 9. 1882 an das Reichsamt des Innern, Antwort des Reichsamts des Innern vom 10. 11. 1882 und das abschließende Schreiben des Reichsjustizamts vom 18. 1. 1883 an das Reichsamt des Innern).

[101] Schreiben des Reichsamts des Innern vom 28. 7. 1882, aaO. (Fn. 98), unter Ziff. 1; hieraus auch die folgenden Zitate.

[102] Vgl. hierzu Art. 185 a Abs. 2 der Reichstagsvorlage, wonach auf Beschluß des Bundesrates von diesem Gremium die Bilanzformulare aufzustellen waren.

[103] Nach dem Vorschlag des Reichsjustizamts sollten nach dem Gesellschaftsvertrag Abweichungen von der gesetzlichen Regelung zulässig sein. Ferner war folgende Regelung vorgesehen: „Ingleichen kann durch denselben zugelassen werden, daß Kosten der ersten oder der mit einer Erhöhung des Gesammtkapitals verbundenen Organisation, welche einen dauernden Ertrag zu sichern bestimmt sind und den zehnten Theil des Gesammtkapitals oder der Erhöhung nicht überschreiten, auf mehrere, jedoch höchstens auf fünf Jahre vertheilt werden."

nicht zu sehr zu erleichtern, griff das Reichsamt des Innern den Vorschlag auf, den persönlich haftenden Gesellschafter zu einer Einlage zu verpflichten. Als Mindestbeteiligung verlangte der neue Entwurf 10 Prozent und nicht, wie das Reichsamt des Innern vorgeschlagen hatte, 20 Prozent des Grundkapitals.

Über den abgeänderten Entwurf fanden am 2. und 3.7.1883[104] im Reichsjustizamt Besprechungen mit dem Reichsamt des Innern und Vertretern des preußischen Handels- und Justizministeriums statt. Hierbei wurde der Entwurf in nur noch wenigen Punkten untergeordneter Bedeutung abgeändert.

X. Der Entwurf im Bundesrat

Am 7.9.1883 wurde der abgeänderte Entwurf in den *Bundesrat* eingebracht[105] und hier am 22. und 26.2.1884 in den *Ausschüssen für Handel und Verkehr und für Justizwesen* beraten[106]. Die in § 173a (Zulassung von Aktien, welche die Mindestnominalhöhe unterschritten) vorgesehene Ausnahmegenehmigung wurde auf Antrag Württembergs der „Landeszentralbehörde in Uebereinstimmung mit dem Reichskanzler" übertragen. Bayern hatte beantragt, die Entscheidung ganz in die Hände der Bundesstaaten zu legen. In Art. 174a wurde auf Antrag des *Referenten Kastner (Bayern)* die obligatorische Beteiligung des persönlich haftenden Gesellschafters einer KGaA je nach der Höhe des Grundkapitals gestaffelt. Die Aufstellung eventueller Bilanzformulare sollte durch den Bundesrat und nicht durch den Reichskanzler erfolgen. Überpariemissionen sollten bereits für das Gründungsstadium zulässig sein, wobei der den Nominalbetrag übersteigende Gewinn voll in den Reservefonds einzustellen war (Antrag von Hessen-Darmstadt). Nach dem neu eingefügten Art. 185b Abs. 2 sollte der Reservefonds zu einem kleinen Teil auch zur Deckung von außerordentlichen Verlusten verwendet werden dürfen. Über die langwierigen Verhandlungen über die Mindestnominalhöhe der Inhaberaktien heißt es im Bericht von *v. Raesfeld*[107]: „Über die Bemessung der zuzulassenden Mindestbeträge der Aktien

[104] Vgl. hierzu die metallographierten Protokolle im Geh.StA Berlin-Dahlem, Rep. 84a, Nr. 10445, S. 417ff.

[105] Bundesratsdrucksache Nr. 74/1883–84 (auch im Buchhandel erschienen als Bd. 44 des Archivs für Theorie und Praxis des Allgemeinen Deutschen Handels- und Wechselrechts, hrsg. von F. B. Busch, 1883, 524 Seiten mit Anlagen).

[106] Vgl. hierzu die Berichte von v. Raesfeldt (Bayern) vom 23. und 26.2.1884 einschließlich Anlagen (Bayr. HStA, MJu 17038). Wegen der Änderungen vgl. die Drucksache Nr. 20 der Bundesratssession von 1883/84 (26.2.1884).

[107] Vgl. Fn. 106. – Ferner sei noch auf folgende weitere Änderungen hingewiesen: Die Frist von drei Monaten zur Erhebung der Nichtigkeitsklage wurde auf Antrag Hessens auf einen Monat reduziert und derjenige für schadensersatzpflichtig erklärt, dem bei der Erhebung der Klage eine bösliche Handlungsweise zur Last fiel (vgl. die neu gefaßten Art. 190a und b, 222). Unter den gleichen Voraussetzungen sollte eine Schadensersatzpflicht auch dann gegeben sein, wenn von der in Art. 222a RTVorl. vorgesehenen Minderheit eine Revision verlangt wurde, ein Recht, das nach den Beschlüssen des

bestand Meinungsverschiedenheit und wurde lebhaft diskutiert. Die Vertreter des Reichsjustizamts hielten die Sätze der Vorlage aufrecht und wollten äußersten Falls bei den Aktien auf Inhaber von 5000 auf 3000 Mark herabgehen, zumal den Bestrebungen des Reichstags auf Herabdrückung der Mindestbeträge noch ein gewisser Spielraum zu belassen sei. Die sächsischen Bevollmächtigten, welchen sich der badische und der hanseatische anschloß, beantragten, den Mindestbetrag für die Aktien auf Inhaber ebenso wie für jene auf Namen auf 1000 M. festzusetzen. In der Mitte stand der Referenten-Antrag, den Mindestbetrag für Aktien auf Inhaber auf 2000 M. herabzusetzen, mit der rationellen Begründung, daß dadurch das bisherige Verhältniß zwischen Namens- und Inhaber-Aktien wiederhergestellt würde. Bei der Abstimmung ergab sich für den weitestgehenden sächsischen Antrag eine Minderheit von 4 Stimmen (2 Sachsen, 1 Baden, 1 Lübeck), für den Antrag des Referenten eine Mehrheit von 9 Stimmen gegen 4 (2 Preußen, 1 Braunschweig, 1 Sachsen-Weimar), über den Satz der Vorlage war hiernach nicht mehr abzustimmen." In 2. Lesung beantragte Hamburg, den Nominal-Betrag auf 1000 M. herabzusetzen. Hierfür stimmten nur Bayern, Baden, Lübeck und Hamburg, so daß es beim Beschluß 1. Lesung blieb. Von Hamburg und Lübeck wurden ferner Art. 209 f Satz 2 (Stellvertreter für Mitglieder des Vorstandes, die zugleich Gründer sind, zum Zwecke der Gründungsprüfung) und Art. 210 Abs. 2 (Leitung der vom Gericht einzuberufenden Generalversammlung durch dieses selbst) vergeblich bekämpft.

Die 75 von den Ausschüssen beschlossenen, in ihrer Gesamtheit nicht unerheblichen Detailänderungen hatten in erster Linie zum Ziel, die Verwaltung zu stärken und den Minderheitenschutz einzuschränken. In der *Plenarabstimmung* am 1.3.1884 stimmte *Hamburg*, das sich im Ausschuß noch gegen die Art. 174 a und 204 Abs. 1 Satz 2 gewandt hatte, gegen die gesamte Vorlage. Hierzu erklärte der Hamburger Bevollmächtigte[108], „daß seine Regierung – bei voller Anerkennung der Zweckmäßigkeit zahlreicher im Gesetzentwurf enthaltener Bestimmungen – doch gegenüber manchen Vorschriften desselben so ernste Bedenken hege, daß sie dem Entwurf in der vorliegenden Fassung nicht zuzustimmen vermöge. Namentlich könne sie das schwerwiegende Bedenken nicht unterdrükken, daß das Maaß der den Mitgliedern des Vorstandes und des Aufsichtsraths hinsichtlich der Prüfung der Gründervorgänge und der Ueberwachung der

Bundesrates für die Kommanditisten einer KGaA nicht mehr ohne weiteres bestehen sollte (Streichung des Art. 190 b BRVorl.; im übrigen vgl. Art. 223 Abs. 2 RTVorl.). Neu ist auch die Bestimmung des Art. 191 Abs. 4, wonach der Widerruf eines Aufsichtsratsmandats nur mit einer Mehrheit von drei Vierteln des in der Generalversammlung vertretenen Grundkapitals sollte erfolgen dürfen. Wegen weiterer Einschränkungen vgl. die Art. 180 d Abs. 1 und 3, 213 e und Art. 239 a RTVorl. gegenüber der BRVorl. In den Art. 184 a, 215 d wurde die Nichtigkeit des Ankaufs eigener Aktien durch die Gesellschaft angeordnet.

[108] § 89 der Bundesratsprotokolle von 1884 (S. 45 f.); hieraus die folgenden Zitate.

Geschäftsführung auferlegten Verantwortlichkeit in Verbindung mit der ihnen zugewiesenen Beweislast den Erfolg haben könne, gerade die geeignetsten und vertrauenswürdigsten Kräfte aus der Verwaltung der Gesellschaft fern zu halten". Der Bevollmächtigte *Lübecks* und *Bremens* erklärte, „daß die von ihm vertretenen Regierungen, obschon mehrere Bestimmungen des Gesetzentwurfs, insbesondere die den Mitgliedern des Vorstandes und des Aufsichtsraths der Aktiengesellschaft sowie den Emissionshäusern auferlegte Haftungsverbindlichkeit, und die den Ersteren zugewiesene Beweislast zu ernsten Bedenken Anlaß gäben, und die Besorgniß nicht abzuweisen sei, daß die angesehenen und vertrauenswürdigen Elemente aus den kommerziellen und industriellen Kreisen von der Leitung der Aktiengesellschaft sich ferne halten würden, doch mit Rücksicht auf die Beschlüsse des Reichstags vom 29. März 1876 und des Bundesraths vom 13. März 1877 der Vorlage des Gesetzentwurfs an den Reichstag nicht entgegen treten wollten.".

XI. Der Entwurf im Reichstag

Nachdem einige Teile der Begründung abgeändert worden waren, gelangte der vom Bundesrat verabschiedete Entwurf am 7. 3. 1884 an den Reichstag[109], der ihn am 24. 3. 1884 in *1. Lesung*[110] beriet. Hier wurde von nationalliberaler und linksliberaler Seite beanstandet, daß der Entwurf gekennzeichnet sei von „einem Geiste gewissen Argwohns, gewissen Mißtrauens gegen alle, welche mit einer Aktiengesellschaft in irgend einer Beziehung stehen, wie ein solcher bisher auf keinem Gebiete der Gesetzgebung"[111] üblich gewesen sei. *Büsing (NL)* und *Horwitz (F)*, kritisierten insbesondere die ihrer Ansicht nach ungerechtfertigte Ausweitung der Haftung der Gründer und Organe der Gesellschaft und den Minoritätenschutz. Von der Mehrheit wurde befürchtet, daß einerseits die vom Entwurf vorgeschlagenen Maßnahmen im Ernstfall keinen Schutz vor Mißbräuchen darstellen würden, andererseits aber die Wirtschaft in ihrer Bewegungsfreiheit zu sehr beengen würden. *Hartmann (Konservative Partei)* und *Bamberger (Z)* bezeichneten die Aktiengesellschaften als notwendiges Übel[112]. Wenn sie aber in der Volkswirtschaft die ihr zugeordnete Funktion erfüllen sollten, dürfe man sie nicht zu sehr beschränken. *Reichensperger (Z)*, dem die Vorlage noch nicht

[109] Aktenstück Nr. 221 des Reichstags (5. Legislaturperiode / 4. Session), in: Stenographische Berichte über die Verhandlungen des Reichstages, Bd. 3, S. 215 ff.; im vorliegenden Band abgedruckt.

[110] Sten. Berichte, aaO. (Fn. 109), Bd. 1, S. 198 ff. – Die Parteizugehörigkeit der Abgeordneten wird wie folgt gekennzeichnet: NL für Nationalliberale Partei, F für Fortschrittspartei (Freisinn), Z für Zentrum.

[111] Sten. Berichte, aaO. (Fn. 109), Bd. 1, S. 206 (*Büsing;* NL); vgl. im übrigen auch die Rede des Abgeordneten *Horwitz* (F), S. 198 ff.

[112] Vgl. Sten. Berichte, aaO. (Fn. 109), S. 214 ff., 213 f.; zu der im folgenden genannten Rede des Abgeordneten *Reichensperger* S. 209 ff.

weit genug ging, prangerte vor allem das Tantieme- und Cliquenwesen bei der Besetzung der Vorstands- und Aufsichtsratsposten an.

Am Ende der Sitzung wurde der Entwurf einer Kommission von 21 Mitgliedern[113] überwiesen, die unter dem Vorsitz von *v. Uechtritz-Steinkirch (Konservative Partei)* 22 Sitzungen abhielt. Die Beratungen gestalteten sich außerordentlich schwierig, da die liberalen Parteien und die Presse den Entwurf zunächst überwiegend ablehnten. Als in der Sitzung vom 14.5.1884 von einigen Kommissionsmitgliedern angezweifelt wurde, ob es gelingen werde, daß die Kommission ihre Aufgabe erledigte, gab der Staatssekretär *v. Schelling* die Erklärung ab, „daß die verbündeten Regierungen, insbesondere aber auch der Herr Reichskanzler, den er erst gestern gesprochen habe, großen Wert auf das Zustandekommen des Gesetzes in dieser Session legen“[114]. Nachdem es auch in der am 11.6.1884 abgeschlossenen zweiten Lesung nicht gelungen war, den Entwurf soweit abzuändern, daß seine Annahme durch das Plenum als gesichert gelten konnte, versuchten die Regierungskommissare in einer Besprechung mit je einem Mitglied der in der Kommission vertretenen Fraktionen, die noch bestehenden Differenzen zu beseitigen. Die hier erzielte Einigung wurde in der darauffolgenden Sitzung der Kommission vom 13.6.1884 genehmigt und die so abgeänderte Vorlage einstimmig gebilligt, um dessen Durchsetzung im Plenum zu erleichtern. Über die Kommissionsverhandlungen unterrichtet der in den Reichstagsdrucksachen veröffentlichte Kommissionsbericht[115] aus der Feder des Abgeordneten *v. Heydemann*. In diesem sehr knappen und wenig übersichtlichen, wohl unter großem Zeitdruck abgefaßten Bericht sind nicht einmal, wie sonst allgemein üblich, alle in der Kommission gestellten Anträge mit vollem Wortlaut

[113] Der Kommission gehörten in wechselnder Zusammensetzung an: v. Uechtritz-Steinkirch (Konservative Partei; Staatsanwalt in Breslau); Heydemann (Nationalliberale Partei [NL]; Landgerichtsrat in Güstrow; Berichterstatter); von und zu Aufseß (Freisinn [F]; Oberregierungsrat); Beisert (F; Syndikus der Kaufmannschaft Berlin); Büsing (NL; Rechtsanwalt und Bankdirektor in Schwerin); Dieden (Zentrum [Z]; Rentner und Weingutsbesitzer); Feustel (NL; Bankier in Bayreuth); Geiger (Z; Landgerichtsrat aus Bayern); Goldschmidt (F; Professor in Berlin); Hartmann (Konservative Partei; Staatsanwalt am Landgericht Plauen); Horwitz (F; Rechtsanwalt und Notar in Berlin); v. Kehler (Z; Chefredakteur, Legationsrat a.D. in Berlin); Kochhann (Z; Amtsgerichtsrat in Berlin); v. Köller (Konservative Partei; Landrat in Cammin); Lipke (F; Rechtsanwalt in Berlin); Dr. Majunke (Z; Schriftsteller); Dr. Meyer (Halle; F; Schriftsteller); v. Pilgrim (Reichspartei); Dr. Porsch (Z; Rechtsanwalt und Konsistorialrat in Breslau); Rademacher (F; Amtsrichter); v. Schelscha (Z; Rittergutsbesitzer in Oberschlesien); Träger (F; Rechtsanwalt und Notar in Nordhausen); Reichensperger (Z; Obertribunalsrat a.D.); v. Vequel/Westernach (Z; Gutsbesitzer).
Sitzungen der Kommission: 1. Lesung vom 24.4. bis 27.5.1884 (18 Sitzungen); 2. Lesung: 10. und 11.6.1884; 3. Lesung: 13.6.1884; Feststellung des Berichts: 17.6.1884.

[114] Bericht von Kastner vom 14.5.1884 (Bayr.HStA MJu 17038).

[115] Aktenstück Nr. 128 in Sten.Berichte, aaO. (Fn. 109), Bd. 4, 1009ff.

aufgeführt[116]. Auch fehlen zumeist nähere Angaben über die Abstimmungen. Deshalb soll im folgenden auf die Kommissionsberatungen anhand der für den internen Gebrauch gedruckten Anträge und der Berichte von *Kastner (Bayern)* näher eingegangen werden[117].

In 1. und 2. Lesung lagen Anträge vor, die Mindestnominalhöhe der Inhaberaktien auf 1000 Mark zu ermäßigen[118]. Diese sowie noch weitergehende Anträge wurden zunächst abgelehnt. Erst in der abschließenden Sitzung vom 13.6.1884 wurde die Mindestnominalhöhe für Inhaber- und Namensaktien auf einen Antrag von *Beisert (F)* hin einheitlich auf 1000 Mark festgelegt. Ferner wurden, ebenfalls auf Antrag von *Beisert*, für die KGaA auch Inhaberaktien gestattet, nachdem in 1. Lesung ein entsprechender Antrag mit 8 gegen 8 Stimmen abgelehnt worden war. Für vinkulierte Namensaktien wurde bereits in 1. Lesung ein Mindestnominalbetrag von 200 Mark festgesetzt (Antrag von *Meyer/Halle, F.;* 12 gegen 6 Stimmen), wozu in 2. Lesung noch weitere Kautelen beschlossen wurden. Keine Mehrheit fanden in 1. und 2. Lesung die Anträge von Zentrumsabgeordneten, die in Art. 173a Abs. 2, 207a Abs. 2 vorgesehenen Ausnahmegenehmigungen (Unterschreiten des Mindestnominalwertes) nur durch die Landeszentralbehörden erteilen zu lassen. Erst in 3. Lesung wurde auf Antrag von *Porsch (Z)* beschlossen, dem Bundesrat die Zuständigkeit zu übertragen. Der zunächst mit 10 gegen 8 Stimmen auf Antrag von *Büsing (NL)* beschlossene Zusatz, eine Ausnahmegenehmigung auch für den Fall zuzulassen, daß „zur Beseitigung der Unterbilanz einer Aktiengesellschaft sich die Herabsetzung des Grundkapitals durch Abminderung des Maximalbetrags der Aktien empfiehlt", wurde in 3. Lesung auf Wunsch der Reichsregierung wieder fallen gelassen.

Die Änderungen der Art. 209–209f (Gründung) beruhen fast ausnahmslos auf Anträgen von *Beisert (F)*, der sich auf die ausführliche Kritik *Wieners*[119] stützte, die dieser zur Bundesratsvorlage veröffentlicht hatte. Der einleitende, von der Kommission im wesentlichen angenommene Antrag von Beisert zu Art. 209 Abs. 1 lautet: „Der Inhalt des Gesellschaftsvertrages (Statut) muß durch mindestens fünf Personen, welche Aktien übernehmen, in gerichtlicher oder notarieller

[116] Dies hängt vor allem damit zusammen, daß die Beratungen wenig konzentriert gewesen waren. Man hatte mit den Bestimmungen über die Aktiengesellschaft begonnen und hierzu die einschlägigen Normen des Rechts der KGaA miteinbezogen. Erst zum Schluß wurden dann die restlichen Bestimmungen aus dem Recht der KGaA beraten.

[117] Beides befindet sich im Bayr. HStA, MJu 17038. Die Anträge (Nr. 1–11) liegen als Manuskript gedruckt vor. Ferner ist mit zu berücksichtigen die Zusammenstellung der Beschlüsse der IX. Kommission in erster Lesung (als Manuskript gedruckt; Bayr. HStA, aaO.). – Die amtlichen, handschriftlich geführten Protokolle der Reichstagskommission befinden sich im ZStA Potsdam, Reichstag Nr. 797.

[118] Antrag von *Beisert* (F). Weitere Anträge von *Lipke* (F): 400 Mark für beide Aktienarten; *Träger/Horwitz* (F): 500 Mark.

[119] Vgl. *Wiener,* Der Aktiengesetz-Entwurf. Betrachtungen und Vorschläge, 1884, besonders S. 12ff.

Verhandlung festgestellt werden. Als Uebernehmer von Aktien ist auch derjenige anzusehen, welcher sich zu einer nicht in baarem Gelde bestehenden Einlage auf das Grundkapital gegen Gewährung von Aktien verpflichtet. Derselbe muß an der Feststellung des Inhaltes des Gesellschaftsvertrages in der bezeichneten Verhandlung theilnehmen. Alle an dieser Feststellung sich betheiligenden Uebernehmer von Aktien gelten als Gründer der Gesellschaft und haben sich als solche in der Verhandlung zu bezeichnen. In der Verhandlung ist zugleich der Betrag der von jedem Gründer übernommenen Aktien anzugeben"[120]. Ebenfalls auf *Beisert* und *Wiener* geht die Änderung des Art. 209d (Zeichnungsschein) zurück.

Dagegen wurde mit 9 gegen 9 Stimmen folgender Antrag von *Beisert* zu Art. 209f abgelehnt[121]: „Im Falle von Einlagen oder Uebernahmen der im Art. 209b, Abs. 2 bezeichneten Art haben die Gründer einen schriftlichen Bericht über die Gründung abzufassen, in welchem der Gründungshergang richtig und vollständig von ihnen vorzutragen ist. In dem Bericht haben die Gründer insbesondere den Inhalt der von ihnen in Hinzielung auf den Erwerb der Gesellschaft geschlossenen Vorverträge, die Dauer der Besitzzeit desjenigen, welcher die Einlage macht oder das Vermögensstück überläßt, oder die früheren Erwerbs- oder Herstellungspreise des Gegenstandes der Einlage oder der Uebernahme aus den letzten zwei Jahren abzugeben." Einstimmig angenommen wurde dagegen eine dem Art. 209h HGB (1884) entsprechende Regelung auf Antrag von *v. Uechtritz*. Keine Mehrheit fand der Antrag von *Lipke (F)*, die Mitglieder des Vorstandes von der Gründungsprüfung zu dispensieren. Die in Art. 209f S. 1 vorgesehene Übertragung der Gründungsprüfung an Stellvertreter wurde auf Antrag von *Porsch (Z)* dadurch ersetzt, daß diese besonderen Revisoren übertragen wurde. Anträge, die Verpflichtung, den auf jede Aktie eingeforderten Betrag in bar zu entrichten, zu lockern, wurde bis auf geringfügige Erleichterungen abgelehnt (Art. 210 Abs. 3). Die für die Sukzessivgründung in Art. 210a vorgesehene Einberufung und Leitung der Generalversammlung durch den Richter wurde entgegen einem Antrag von *Beisert (F)* mit 10 gegen 8 Stimmen beibehalten. Die zu den Art. 213c beschlossenen Änderungen (Haftung der Emissionshäuser) enthalten nach dem Kommissionsbericht keine sachlichen Änderungen[122] und gehen auf Anträge von *Büsing* und *Heydemann (NL)* zurück. Die Verjährungsnorm des Art. 213e HGB beruht auf einem Antrag von *Meyer/Halle*, der damit eine Anregung von Wiener aufgriff. Aufgrund eines Antrags von *Büsing (NL)* zu Art. 215a wurde gegen drei Stimmen eine Unterpariemission unter allen Umständen ausgeschlossen.

[120] Gedruckter Antrag Nr. 2.
[121] Gedruckter Antrag Nr. 2 (abgeändert; vgl. Bericht von Kastner vom 1. 5. 1884).
[122] Vgl. Bericht, aaO. (Fn. 115), S. 1013.

Für die Nichtigkeitsklage wurde auf Antrag von *Porsch (Z)* die Möglichkeit geschaffen, dem Aktionär auf Verlangen der Gesellschaft durch das Gericht die Leistung einer Sicherheit aufzuerlegen (Art. 222, 190 a). Die in Art. 222 a vorgesehenen Maßnahmen (Untersuchung des Herganges bei der Gründung und bei der Geschäftsführung oder Liquidation auf Antrag einer Minderheit) wurde geringfügig beschränkt[123]. Die Änderungen in Art. 223 Abs. 2 (Geltendmachung von Ansprüchen durch eine Minderheit) gehen auf *Porsch (Z)* und *Horwitz (F)* zurück. Der Antrag von *Beisert,* die Geltendmachung von Ansprüchen gegen die Mitglieder des Vorstandes und Aufsichtsrats durch Aktionäre überhaupt auszuschließen, wurde abgelehnt. – Der Antrag von *Horwitz,* im Gesetz ausdrücklich festzustellen, daß der Aufsichtsrat nur aus physischen Personen bestehen sollte, wurde als selbstverständlich nicht weiter verfolgt. Der im Bericht näher erläuterte Antrag[124] zu den Art. 191, 192 (Zusammensetzung und Wahl des Aufsichtsrats) stammt von *Reichensperger (Z).* Art. 225 a Abs. 1 S. 2 (Möglichkeit zeitweiliger Delegation von Aufsichtsratsmitgliedern in den Vorstand) geht auf einen Antrag von *Kochhann* zurück, der mit 9 gegen 7 Stimmen angenommen wurde. Die in Art. 226 Abs. 1 Satz 2 ausdrücklich normierte Beweislastregelung wurde auf Antrag von *Porsch* gestrichen, ohne daß sich damit an den allgemeinen Beweisgrundsätzen etwas ändern sollte[125]. Zu Art. 185 a Ziff. 1 lag der von der Mehrheit abgelehnte Antrag vor, den in die Bilanz einzusetzenden Wert von Wertpapieren und börsengängigen Waren auf den Börsen- oder Marktpreis zur Zeit der Bilanzaufstellung zu beschränken; Abs. 2 (Bilanzformulare) wurde mit 9 gegen 6 Stimmen gestrichen. Die in Art. 185 b Abs. 2 vorgesehene Möglichkeit, den Reservefonds zu einem kleinen Teil auch zur Deckung außerordentlicher

[123] Erfordernis des Aktienbesitzes (Anträge von *Horwitz/Hartmann*); zeitliche Beschränkung des Hergangs *(Heydemann/Beisert)* und Hinterlegung *(Büsing).* Abgelehnt wurde der Antrag von *Büsing,* die Anteilsquote auf 20 Prozent zu erhöhen. Ferner lag noch vor der Antrag des Abgeordneten *Meyer,* dem Art. 222 a folgende Fassung zu geben: „Im Wege der Klage kann verlangt werden, daß zur Prüfung eines Herganges bei der Gründung, Geschäftsführung oder Liquidation der Gesellschaft Revisoren ernannt werden. Zur Anstellung der Klage befugt sind Aktionäre, deren Aktien zusammen den fünften Theil des Grundkapitals darstellen; diese Aktien sind bei Anstellung der Klage gerichtlich zu hinterlegen. Die Klage ist gegen den Vorstand und Aufsichtsrath zu richten. Zuständig für die Klage ist ausschließlich das Landgericht, in dessen Bezirk die Gesellschaft ihren Sitz hat. – Auf Einsetzung von Revisoren hat das Gericht zu erkennen, sofern nachgewiesen wird, daß bei dem Hergange Unredlichkeiten oder grobe Verletzungen des Gesetzes oder des Gesellschaftsvertrages stattgefunden haben. – Die hinterlegten Aktien haften der Gesellschaft für allen Schaden, der ihr aus Anstellung der Klage erwachsen ist, falls die Klage zurückgenommen oder abgewiesen wird. Die Höhe dieses Schadens wird durch den Schätzungseid der Vertreter der verklagten Gesellschaft nachgewiesen."

[124] Bericht, aaO. (Fn. 115), S. 1018.

[125] Vgl. Bericht, aaO. (Fn. 115), S. 1020.

Verluste einzusetzen, wurde beseitigt. Zu Art. 185 b Abs. 1 Ziff. 2 wurde der Antrag von *Meyer (F)* abgelehnt, ein eventuelles Agio vorab zur Deckung der Organisationskosten zu verwenden.

Die Änderungen in Art. 240 Abs. 2 (Erweiterung der Pflicht des Vorstandes, die Eröffnung des Konkurses zu beantragen) gehen auf Anträge von *Reichensperger/Porsch* zurück. Die Ergänzung des Art. 242 Ziff. 2 (Auflösung der Gesellschaft auf Beschluß der Generalversammlung) beruht auf Anträgen von *v. Uechtritz* und *Büsing*. Keine Billigung fand der Antrag von *Büsing* zu Art. 244 Abs. 2 (Ernennung anderer Liquidatoren). Der Antrag, die Minorität auf den zehnten Teil des Grundkapitals zu erhöhen, wurde mit 9 gegen 7 Stimmen abgelehnt[126]. – In 2. Lesung wurde die Mindesteinlage des persönlich haftenden Gesellschafters einer KGaA auf Antrag von *Büsing* auf den 50. Teil des Grundkapitals ermäßigt[127]. Der neu eingefügte Art. 206 a (Umwandlung einer Aktiengesellschaft in eine KGaA) beruht auf einem Antrag von *Meyer*[128].

Die von der Kommission erheblich, wenn auch nicht in ihrer grundsätzlichen Zielrichtung abgeänderte Vorlage wurde mit einem Bericht vom 17. 6. 1884 dem Plenum des Reichstags vorgelegt. Dieses beriet hierüber in 2. Lesung am 23. 6. 1884 und in 3. Lesung am 28. 6. 1884[129]. Nach dem Protokoll vom 28. 6. 1884 wurde der Entwurf in der Gesamtabstimmung mit „großer Mehrheit"[130] angenommen. Für die Majorität war entscheidend, daß die Vorlage so, „wie sie aus der Kommission hervorgegangen ist, eine gute, eine die Geschäftswelt nicht schädigende, eine sehr wohl von derselben zu tragende"[131] war. Auch das Zentrum, dem die Beschlüsse der Kommission teilweise zu weit gegangen waren, hatte darauf verzichtet, im Plenum noch Abänderungsanträge zu stellen[132], um das auch von ihm befürwortete Zustandekommen des Gesetzes nicht zu gefährden. Nachdem der Bundesrat dem Entwurf in der vom Reichstag beschlossenen Fassung zugestimmt hatte, wurde das am 18. 7. 1884 vom Kaiser ausgefertigte Gesetz am 31. 7. 1884 im Reichsgesetzblatt veröffentlicht.

126 Die Änderungen in Art. 244 gehen im übrigen auf einen Antrag von *Lipke* (F) zürück.

127 Vgl. Art. 174 a des Entwurfs und des Gesetzes. Die Ermäßigung der Fünfjahresfrist in Art. 181 der Reichstagsvorlage auf eine Dreijahresfrist geht auf *Porsch* (Z) zurück. Der Abg. Heydemann hatte zwei Jahre beantragt.

128 Die Strafbestimmung des Art. 249 f. HGB geht auf einen Antrag von *Horwitz* zurück.

129 Sten. Berichte aaO. (Fn. 109), S. 956 ff., 1148 ff.; Fassung des Entwurfs nach der 2. Lesung in: Sten. Berichte, aaO., Bd. 3, Aktenstück Nr. 164.

130 Sten. Berichte, aaO. (Fn. 109), S. 1163; Fassung des Entwurfs nach der 3. Lesung in: Sten. Berichte, aaO., Bd. 3, Aktenstück Nr. 195.

131 So der Abgeordnete *Büsing* in Sten. Berichte, aaO. (Fn. 109), S. 965.

132 Vgl. die Rede von *Porsch* (Z), Sten. Berichte, aaO (Fn. 109), S. 960. Demgegenüber hatte *Lipke* (F) erneut den Antrag gestellt, die Mindestnominalhöhe auf 400 Mark zu ermäßigen.

XII. Abschließende Schlußbetrachtung

Das Gesetz von 1884, in gleichem Maße ein Werk der Ministerialbürokratie und des in der Kommission von 1882 und dem Reichstag vertretenen wirtschaftlichen Sachverstandes, steht in der Kontinuität der Novelle von 1870, dessen Grundsätze konsequent ausgebaut wurden. Systemsprengenden Reformen, wie sie in der Literatur zum Teil verlangt worden waren, hatte man schließlich eine Absage erteilt[133]. Obwohl das Gesetz nicht unbeeinflußt ist von der sozialpolitischen Bewegung auf dem Gebiete der Gesetzgebung und die ersten Entwurfsfassungen erst nach der „konservativen Reichsgründung" von 1878/79, die zu einer teilweisen Entmachtung des Liberalismus führte[134], entstanden, bleibt es im ganzen gesehen hinter den zeitgenössischen sozialpolitischen Forderungen, wie sie vor allem im Verein für Socialpolitik diskutiert worden waren, zurück, wobei allerdings zu berücksichtigen ist, daß selbst in diesem Gremium eine grundlegende Auseinandersetzung mit dem Aktienwesen unterblieben war. Am weitesten war die Analyse von einem Außenseiter, dem konservativen Reichstagsabgeordneten Franz *Perrot,* in mehreren Schriften, wenn auch mit unzulänglichen Mitteln, vorangetrieben worden[135]. Hier wurde etwa die Frage erörtert, welche

[133] Vgl. auch die Beurteilung des Gesetzes durch *Hachenburg,* in: Düringer/Hachenburg, HGB-Kommentar, Bd. III 1, 1934, S. 6; Th. *Raiser,* in: Jb. für Rechtssoziologie und Rechtstheorie (hrsg. von M. Rehbinder und H. Schelsky), Bd. 3, 1974, S. 145; *Raisch,* Unternehmensrecht, Bd. 2 (Aktien- und Konzernrecht), 1974, S. 25 f. – Hingewiesen sei noch auf ein wenig bekanntes Urteil von *Lehmann* aus dem Jahre 1914: „Die 2. Aktiennovelle von 1884 ist eines der merkwürdigsten Gesetze des 19. Jahrhunderts. Unschön im Äußern, entbehrend jeder Rechtseleganz, von drakonischer Härte und Strenge, atmet sie Mißtrauen gegenüber der Aktiengesellschaft. Und doch, wie eine strenge Erziehung für manchen ungeratenen Sohn außerordentlich gut ist, so hat auch dieses strenge Gesetz die Aktiengesellschaft augenscheinlich aufgehoben" (in: Verhandlungen der Mitteleuropäischen Wirtschafts-Konferenz in Budapest 1914, Budapest 1914, S. 172).

[134] Hierzu M. *Stürmer,* Das ruhelose Reich. Deutschland 1866–1918, 1983, S. 208 ff.

[135] Vgl. Franz *Perrot* (geb. 1833 in Trier; gest. 1891; Abgeordneter des Reichstags für die Konservative Partei; Dr. phil.): Ein parlamentarisches Votum über das Aktienwesen (Heft 2/3 der Sammlung von Vorträgen für das Deutsche Volk; Bd. 11 [hrsg. von W. Frommel und Friedrich Pfaff]), 1884. – Vgl. auch das in der Literaturübersicht aufgeführte Werk von Perrot aus dem Jahre 1875. – Eine ebenfalls tief eindringende Analyse des Aktienrechts brachte W. *Oechelhäuser,* Die Nachtheile des Aktienwesens und die Reform der Aktiengesetzgebung, 1878: Nach Oechelhäuser hatte die moderne Aktiengesetzgebung „der Speculation den Weg in das Innere des wirthschaftlichen Lebens weit stärker als früher möglich geöffnet" (S. 18). Neben dem Schaden, den die Aktionäre selbst erlitten hätten, sei als weiterer Nachteil der Aktiengesellschaft die „übertriebene und vielfach unsolide Konkurrenz mit dem Privatgewerbe" hinzugekommen (S. 23): „Nicht die solide Aktiengesellschaft an sich, sondern nur die speculative Aktiengesellschaft, oder vielmehr das Eindringen der Speculation in das Aktienwesen, ist es, wodurch das Privatgewerbe so unrechtmässig und so tief geschädigt wird" (S. 30). Als Hauptziel der Reform bezeichnete Oechelhäuser eine weitgehende

Auswirkungen das Bestehen von Aktiengesellschaften und deren rechtliche Ausgestaltung auf die Volkswirtschaft und die sozialen und moralischen Zustände eines Volkes haben konnte. Perrot ging dabei besonders von den Interessen des Mittelstandes aus und wies auf folgende Schattenseiten des Aktienwesens hin[136]: Dieses fördere gleichzeitig „ungesunde Kapitalkumulierung und andererseits Ausbeutung größter Kreise der Bevölkerung". Mit der größeren Verbreitung des Aktienwesens seien „periodisch wiederkehrende heftige und tief eingreifende Erschütterungen des gesamten Wirtschaftslebens" verknüpft, deren Folgen die ganze Bevölkerung, namentlich aber die Arbeiterbevölkerung träfen. Mit der Gründung zahlreicher Aktiengesellschaften seien regelmäßig „hochgehender Börsenschwindel, ungesunde Agiotage und allgemeine, aber unregelmäßige und ungleichmäßige Steigerung der Preise und Löhne verknüpft".

Die bisherige 200jährige Praxis im Aktienwesen sei nicht imstande gewesen, die Vorgänge der Gründung von Aktiengesellschaften im Durchschnitt und in der Majorität der Fälle zu gesunden wirtschaftlichen Vorgängen zu gestalten. Die periodisch eintretenden Gründungs- und Schwindelkrisen, welche bis jetzt mit dem Aktienwesen untrennbar verknüpft gewesen seien, hätten die nachteiligsten und bedauerlichsten Wirkungen auf die gesamte Arbeiterbevölkerung ausgeübt[137]. Die „durch das Aktienwesen und die mit demselben verknüpften

Erschwerung „speculativer Gesellschaftsbildungen" (S. 40), vor allem durch Erhöhung des Mindestnominalbetrages der Aktien auf 10 000, mindestens aber auf 5000 Mark, Beseitigung der Inhaberaktien, Erhöhung der Einzahlungsquote auf 25 Prozent, gesamtschuldnerische Haftung der Zeichner und ihrer Zessionare für den vollen Betrag ihrer Zeichnungen, Prüfung der Gesellschaftsgründung durch eine „unabhängige Control-Kommission". Als weiteres Ziel einer Reform betrachtete Oechelhäuser die „Herstellung der einfachsten und besten Organisation" für die Erfüllung der wirtschaftlichen Aufgaben einer Aktiengesellschaft. Der Vorstand sollte mit dem Aufsichtsrat in ein Kollegium verschmolzen werden, das aus einer „Minderzahl vollziehender und einer Mehrzahl nicht vollziehender Mitglieder" bestehen sollte. Daneben sollte eine vom Handelsrichter zumindest teilweise zu ernennende unabhängige Prüfungskommission bestehen (wegen weiterer Vorschläge vgl. S. 85 f.). Die bekannte Kritik von *Ihering*, Der Zweck im Recht, 5. Aufl. 1916, S. 173 (1. Aufl. des Bd. 1, 1877), enthielt dagegen keine detaillierten Änderungsvorschläge. Ihering hatte u. a. ausgeführt, er könne seine Überzeugung nicht unterdrücken, „daß, so hoch man auch die vortheilhaften Wirkungen für den Verkehr anschlagen möge, dennoch des Unsegens, welchen die Aktiengesellschaften über uns gebracht haben, ungleich mehr ist als des Segens". Die Aktiengesellschaft sei in ihrer jetzigen Gestalt eine der „unvollkommensten und verhängnisvollsten Einrichtungen unseres ganzen Rechts; das meiste Ungemach, welches in den letzten Jahren auf dem Gebiete des Verkehrslebens über uns hereingebrochen ist, stammt entweder direkt aus dieser Quelle oder steht wenigstens mit ihr in engster Verbindung". Das Aktienwesen habe einen „tief demoralisierenden, die Grundsätze von Ehre und Ehrlichkeit im innersten Mark vergiftenden Einfluß" ausgeübt.

136 Zum folgenden *Perrot*, Votum, S. 36 ff.; hieraus auch die folgenden Zitate.

137 Gemeint waren Lohnsenkungen und Arbeitslosigkeit.

Börsenmanöver gebotenen zahlreichen Möglichkeiten, sich auf höchst zweifelhaften Wegen in großem Maßstabe zu bereichern auf Kosten Anderer, aber ohne daß der Staatsanwalt wirksam dazwischen treten kann", bildeten eine Quelle „grenzenloser Demoralisierung fast aller Schichten der Bevölkerung". Wie und auf welchen Wegen sich „diese demoralisierende Wirkung des Aktienwesens auf die Presse, auf das Geschäftsleben, ja mehr oder minder auf das gesamte öffentliche Leben übertrage", sei namentlich im Anschluß an die Gründerkrise vielfach erörtert worden. Zur Leitung zahlreicher Aktienunternehmen würden selbst die Ministerien ihrer fähigsten Beamten beraubt und letztere zumeist mit Gehältern ausgestattet, welche die ihrer Minister weit hinter sich ließen. Die großen Aktiengesellschaften, welche über immense Kapitalien verfügten, würden „Staaten im Staate", und die wachsenden Geldinteressen der Aktiengesellschaften entwickelten sich zu „Geld*mächten*, welche ihr Geldinteresse nicht nur neben, sondern zuletzt *über* das allgemeine Staatsinteresse" stellten. Über den Einfluß des Aktienwesens auf „Qualität und Quantität der Produktion" fehlten noch eingehendere Untersuchungen. Ebenfalls noch sehr wenig beleuchtet seien die „Nachtheile, welche die Anwendung des Aktienwesens auf die verschiedenen Arten des Großbetriebes speziell im Gefolge gehabt habe und seiner Natur nach" haben müsse[138].

Im Gegensatz zu der späteren sehr wohlwollenden Beurteilung des Gesetzes von 1884 hat die zeitgenössische Kritik die Entwürfe von 1883 und 1884 außerordentlich scharf kritisiert und sie zum Teil sogar gänzlich zurückgewiesen. Vor allem die der Wirtschaft nahestehenden Kritiker warfen den Entwürfen vor allem ihre Praxisferne vor. Nach Adelbert *Delbrück*, 1882 Mitglied der Sachverständigenkommission, waren die Reformvorschläge deswegen „verfehlt und unverbesserlich"[139], weil sie „auf falscher Grundlage" beruhten und „aus einer irrigen Auffassung von der Bedeutung der Generalversammlung, von den dieser zufallenden Aufgaben und von dem Verhältniß derselben zu den anderen Gesellschaftsorganen" hervorgegangen seien. Indem der Entwurf die Gesamheit der Aktionäre zum eigentlichen Willensorgan der Gesellschaft erkläre und auf diesem Gedanken das ganze Gesetz aufbaue, werde dem toten Kapital eine „ungebührliche Bedeutung" und „ein Einfluß" gegeben, die es „der Natur der Sache nach"[140] nicht haben könne. Würden die auf dem Gebiete der Kapital-

[138] Im weiteren Verlauf seines Werkes befaßte sich *Perrot* mit der „angeblichen Unentbehrlichkeit" der Aktiengesellschaft und der Entwicklung des Aktienwesens in England, Frankreich und den USA. Das Aufkommen der sozialen Frage hänge eng mit der Entwicklung des Aktienwesens zusammen (vgl. S. 112).

[139] A. *Delbrück*, Bemerkungen zu dem Entwurf eines Gesetzes, betreffend Commanditgesellschaften auf Actien und Actiengesellschaften (Volkswirtschaftliche Zeitfragen, Vorträge und Abhandlungen hrsg. von der Volkswirthschaftlichen Gesellschaft in Berlin und der ständigen Deputation des Kongresses Deutscher Volkswirte, Heft 39), 1983.

[140] *Delbrück*, aaO., S. 17.

assoziation „thätigen Kräfte zurückgedrängt und herabgesetzt, werden die Vereinigungen zu gemeinsamen Unternehmungen, die durchzuführen der Einzelne nicht reich genug bei uns ist, erschwert", so würden sich die Folgen in nicht allzu langer Zeit auf allen Gebieten zeigen, und zwar „in allen Schichten der Bevölkerung bis hinauf in die höchsten Regionen". Nicht die „Fülle des Besitzes" mache den Reichtum der Nation aus, sondern die „Fülle der erwerbenden Kräfte". Daß der Entwurf auf jeder Seite der ausführlichen Motive und zwischen jeder Zeile des Gesetzes Mißtrauen „gegen den thätigen, unternehmenden Geschäftsmann" predige, dies sei der „Fehler, der diese Arbeit richtet"[141]. – Überall, so *Esser II*, werde darauf Bedacht genommen, den Kapitalanleger zu schützen, die Errichtung von Aktiengesellschaften und KGaA möglichst zu hemmen und deren Geschäftsführung enge Fesseln anzulegen[142]. Die wirtschaftliche Bedeutung der Aktiengesellschaft spiele für den Entwurf nur eine untergeordnete Rolle. Nicht nur jede Gründung werde als verdächtig „mit einer gewissermaßen polizeilichen Strenge" behandelt und überwacht, sondern das Mißtrauen werde auch noch auf die Geschäftsführung übertragen[143]: In das System des Entwurfs passe dies deshalb, „weil derselbe sich die leitenden und controlirenden Organe der errichteten Gesellschaft als von den Gründern abhängig denkt; diese Organe bestehen nach der Ansicht des Gesetzgebers nur aus vorgeschobenen Personen, welche zunächst das Interesse der Gründer im Auge halten. Wenn dem wirklich so wäre, so würde man freilich besser thun, die Actienunternehmen ohne Rücksicht auf ihre guten und ersprießlichen Seiten einfach zu unterdrücken"[144]. – *Loewenfeld* verwahrte sich gegen eine Tendenzgesetzgebung „zur Züchtigung der Geschäftswelt"[145]. Der Entwurf sei „juristisch tüchtig" gearbeitet, gesetzge-

[141] *Delbrück*, aaO., S. 38.

[142] Robert *Esser* II (Köln), Der Entwurf eines Gesetzes, betreffend Kommanditgesellschaften auf Aktien und Aktiengesellschaften unter besonderer Berücksichtigung der vom Deutschen Handelstage dazu gestellten Fragen, 1884, 80 Seiten; hieraus auch das folgende Zitat.

[143] *Esser* II, aaO., S. 73.

[144] Als Reformmaßnahmen schlug *Esser* II vor, als Mindestgrundkapital einer Aktiengesellschaft mindestens 500 000 Mark vorzusehen. Der Vorstand sollte aus mindestens zwei Personen bestehen. Im übrigen sollte der Aufgabenbereich des Aufsichtsrates und des Vorstandes scharf voneinander getrennt werden und letzterer nicht zu einem die Beschlüsse des Aufsichtsrats ausführenden Organ degradiert werden dürfen.

[145] H. *Loewenfeld*, Der Entwurf des neuen Actiengesetzes in seinen Grundzügen betrachtet, Berlin 1884. Loewenfeld, Autor eines gewichtigen Werkes über das Aktienrecht aus dem Jahre 1878, trat insbesondere für die Schaffung nennwertloser Aktien (vor allem bei Sachgründungen) ein. Der Aufsichtsrat sollte gegenüber der Generalversammlung gestärkt werden und nicht jederzeit absetzbar sein. Die Miete von Aktien zu Stimmrechtszwecken sollte verboten sein. Im übrigen setzte er sich dafür ein, detaillierte Bilanzformulare durch das Gesetz aufzustellen. Die vom Entwurf zugelassene Unterparieemission bei Erhöhung des Grundkapitals bezeichnete er wegen der restriktiven Dividendenregelung als völlig ungeeignetes Mittel, neue Aktionäre anzuwerben.

berisch erscheine er „unzureichend"[146]: „Zweck und Mittel sind in ihm an Qualität meistens weit von einander verschieden. Sein Zusammenhang mit der Praxis ist ein so mangelhafter, daß er so häufig, wie kein anderer in neuerer Zeit bekannt gewordener Gesetzesvorschlag gute Intentionen durch die Art, wie sie zum Vollzuge gebracht werden, in ihr Gegentheil verkehrt". Er wolle „Schutzmaßregeln gegen die Ausschreitungen bei Gründungen herstellen" und gäbe zu diesem Zweck Vorschriften, „welche das Gründungsgeschäft dem Lumpenthum anheimgeben". Er wolle das „Vertrauen zu den Actiengesellschaften durch erhöhte Verantwortlichkeit ihrer Organe heben", und weise „diesen letzteren einen Standpunkt an, der jeden anständigen und vorsichtigen Mann von der Theilnahme an der Verwaltung fern halten muß". Er wolle das „Cliquenwesen innerhalb der Verwaltungsorgane abschaffen, und etablirt dafür das Cliquenwesen im Bereich der Actionäre, wie es bisher in keinem Staate ermöglicht" worden sei. „Er gewährt eine Unzahl von Verteidigungmitteln gegen die Gewissenlosigkeit im Bereiche der Verwaltung, und liefert dafür der Gewissenlosigkeit außerhalb der Verwaltung Mittel in die Hände, durch welche die Actiengesellschaften zum Spielball der unlautersten Interessen gemacht werden können... Er begehrt im ganzen für die Thätigkeit im Bereich der Actiengesellschaft Offenheit, Redlichkeit und Treue, und öffnet wider seinen Willen dem Erpresserthum und der Treulosigkeit einen Spielraum, wie die durch die vortreffliche Praxis der letzten Jahre glücklich verdrängte Clique dunkler Ehrenmänner sie sich gewiß nicht hat träumen lassen".

Am schärfsten gingen die Beschlüsse des Deutschen Handelstages mit den Entwürfen ins Gericht, der am 2. und 3.4.1884 folgende Resolutionen faßte[147]: Für die „Gesellschafts-Gründung" sei eine „größere Offenlegung des Sachverhalts und eine rechtlich scharf umgrenzte Verantwortlichkeit zu schaffen":

[146] *Loewenfeld*, aaO., S. 73 f.

[147] Zitiert nach V. *Ring*, Das Reichsgesetz, betreffend die Kommanditgesellschaft auf Aktien und die Aktiengesellschaften, 2. Aufl., 1888, S. 18 f. – Für eine detaillierte Analyse der Beschlüsse des Handelstages müßten noch die gedruckten Protokolle über die Verhandlungen des Handelstages am 2. und 3.3.1884 herangezogen werden. Grundlage der Beratungen war ein Bericht über die eingegangenen Äußerungen der Handelskammern (veröffentlicht in den Annalen des Deutschen Reichs für Gesetzgebung, Verwaltung und Statistik, hrsg. von Hirth und Seydel, Jg. 1884, S. 265 ff.). Hiernach war u. a. fast allgemein und besonders scharf die Möglichkeit der Schaffung amtlicher Bilanzformulare „als ein unerhörter Eingriff in die Vertragsfreiheit" verworfen worden: „Das ganze wirthschaftliche Dasein der Gesellschaft würde damit der Staatsbehörde auf Gnade und Ungnade Preis gegeben werden. Ein eigenes wirthschaftliches Interesse daran, wie die Gesellschaften ihre Bilanz aufstellen, habe auch der Staat gar nicht, so lange jene nur damit im Rahmen des Gesetzes blieben. Die Vorschrift wolle nur auf einem Umwege die bereits durch die Erfahrung verurtheilte Staatsaufsicht wieder einführen. Es liege die Gefahr nahe, daß die Vorschrift dahin führen könne, für die zu einer Zeit etwa mißliebigen Gesellschaften ein Formular für die Bilanz und

„Die hierauf abzielenden Bestimmungen des vorliegenden Entwurfs bedürfen indeß im Einzelnen wesentlicher Modifikationen, wenn sie den beabsichtigten Erfolg sichern und nicht andererseits schädlich wirken sollen." Der zweite Teil der Resolution machte „ernste Bedenken gegen verschiedene in dem Entwurfe über die Verwaltung der Aktien-Gesellschaften getroffenen Bestimmungen" geltend, „insbesondere gegen die den Organen derselben (Vorstand, Aufsichtsrath und Generalversammlung) zugewiesene rechtliche Lage, die in ihrem Erfolge dahin führen wird, daß es an der persönlichen und sachlichen Voraussetzung für einen guten und stetigen Gang der Verwaltung fehlen wird". Demgegenüber hob der Handelstag hervor, „daß der ganz überwiegende Schwerpunkt für die gedeihliche Entwickelung der Aktienunternehmungen in der Auswahl geeigneter Persönlichkeiten für die Verwaltung, sowie in der Theilnahme geeigneter Persönlichkeiten an der Leitung und Aufsicht zu suchen"

sei. Werde diese

„Theilnahme in Frage gestellt, so kann in der Häufung von Sicherheitsvorschriften dafür um so weniger ein Ersatz gefunden werden, als dieselben mehrfach über das zunächst gewollte und berechtigte Ziel hinaus einwirken und somit gerade diejenigen Interessen schädigen würden, welche man zu schützen beabsichtigt."

Schließlich bezeichnete der Handelstag eine Umarbeitung des Entwurfs „in den angedeuteten Richtungen" für erforderlich:

„Er fühlt sich um so mehr verpflichtet, dieselbe zu beantragen, als von dem Inkrafttreten des unveränderten Entwurfs... eine sehr bedenkliche *Lähmung des Unternehmungsgeistes* und des gesammten Volkswohlstandes, somit vor Allem eine *wesentliche Verschlechterung der Lage der arbeitenden und erwerbenden Klassen* zu befürchten ist. Zufolge einer wirthschaftlichen und technischen Entwickelung, welche unabhängig von der staatlichen Gesetzgebung sich vollzieht, kann eine große Zahl von Unternehmungen nicht mehr durch Einzelne, sondern nur noch durch die Verbindung großer Kapitalassociationen mit der zur Leitung berufenen Intelligenz begründet und konkurrenzkräftig erhalten werden. Demzufolge erscheinen alle Maßregeln der Gesetzgebung, durch welche *diese* Formen der wirthschaftlichen Thätigkeit *vorzugsweise* ungünstig behandelt werden, um so bedenklicher, als die Entwickelung des Gesellschaftsrechts seither nicht zu Gestaltungen geführt hat, welche den verschiedenartigen Bedürfnissen der gewerblichen Association besser entsprechen."

In den Verhandlungen des Handelstags[147a] war es zu scharfen Auseinandersetzungen gekommen zwischen dem Referenten *Russell,* der bereits an der Sachverständigenkonferenz von 1882 teilgenommen hatte, und den beiden

Gewinn- und Verlustrechnung aufzustellen, welches diese Gesellschaften in ihrer Existenz und Ertragsfähigkeit äußerst gefährden und mit der Zeit der Vernichtung überliefern könne" (S. 283). Ferner sind in den Annalen wiedergegeben das Gutachten der Handelskammer *Hamburg* (S. 121 ff.), des *„Vereins zur Mittheilung der gemeinsamen wirthschaftlichen Interessen im Rheinland und Westfalen"* (S. 139 ff.), der Handelskammern zu *Leipzig* und zu *Breslau* (S. 235 ff., 253 ff.) und das Gutachten der *Handels- und Gewerbekammer für Oberbayern* (für das bayerische Innenministerium; S. 247 ff.).

147a Verhandlungen des Deutschen Handelstages vom 2. und 3. 4. 1884 (Mittheilungen an die Mitglieder, Jg. 1884); hieraus S. 7, 4, 10, 17 und 28 die folgenden Zitate.

Regierungskommissaren *Hagens* und *Schmidt,* die das Gesetzesprojekt als Referenten betreut hatten. Russell warf dem Entwurf vor, daß dieser sich in seinen Bestimmungen über die Verwaltung der Aktiengesellschaften „von einem Geiste des Mißtrauens gegen die Organe der Gesellschaft leiten lasse", und sprach in diesem Zusammenhang von dem „Mißtrauen des *Juristen,* der glaubt, Vorschriften treffen zu müssen, um bestimmte Uebelstände zu beseitigen, und der hierbei vielleicht diejenige Tragweite, welche die von ihm vorgeschlagenen Bestimmungen für die gesunde Verwaltung haben werden, nicht vollständig übersieht". Der Jurist lerne wirtschaftliche Dinge wesentlich vom pathologischen Standpunkt aus kennen: „speciell das Acienwesen kommt dem Juristen nur in denjenigen practischen Fällen zur Kenntniß, wo irgend etwas krank ist, sei es krank in krimineller Hinsicht, sei es – was Gott sei Dank der häufigere Fall ist – krank durch Unklarheiten in civilrechtlicher Hinsicht." Der Jurist sei zwar im Stande, geeignete Maßregeln vorzuschlagen, die „den *betreffenden* Uebelstand und den *betreffenden* Zweifel beseitigen". Aber da „höre der Bereich des Juristen auf. Wenn man sich aber weiter fragt: wie wirken die zur Beseitigung der Zweifel vorgeschlagenen Bestimmungen für diejenigen Theile des wirthschaftlichen Lebens, die nicht krank, die gesund sind, so ist die Beantwortung der Frage eine reine Erfahrungssache, die in der Regel nur der Geschäftsmann richtig zu bemessen im Stande ist, welcher die Wirksamkeit des Gesetzes und die Tragweite der einzelnen vorgeschlagenen Bestimmungen auch auf die nicht bedenklichen Seiten unseres wirthschaftlichen Lebens zu beurtheilen vermag". Die von Russell und nach ihm von Bueck geübte Kritik bezog sich im wesentlichen auf folgende Regelungen: Art. 208 a (unterschiedliche Höhe des Nominalbetrages für Inhaber- und Namensaktien), Art. 174 a (Kapitalbeteiligung des persönlich haftenden Gesellschafters bei der KGaA), Art. 209 f Abs. 1 (Gründungsprüfung durch Vorstand und Aufsichtsrat mit eventueller Bestellung von Stellvertretern für die Gründer; statt dessen wurde in Anlehnung an die Prospekt-Theorie ein Gründerbericht und eine mildere Haftung des Aufsichtsrats verlangt), Art. 225, 226 (Aufgaben des Aufsichtsrats; verlangt wurde eine Abmilderung der Haftung und der Wegfall der Beweislastregelung; hingewiesen wurde in diesem Zusammenhang vor allem darauf, daß der Aufsichtsrat nicht einem Vermögensverwalter gleichzustellen sei). Ferner wurde eine Einschränkung der Minoritätenrechte verlangt. Hierzu wurde von Hagens und Schmidt entgegnet, daß man entgegen einer weit verbreiteten Strömung „der Vorliebe für Individualrechte" nicht gefolgt sei und es dem Entwurf gerade als Verdienst anzurechnen sei, „da, wo Ausschreitungen und Mißbräuche der Minoritätsrechte vorkommen können, zum Schutze der Gesellschaft und der Verwaltung eingetreten zu sein". Schließlich wurde die starke „Dehnbarkeit" der Strafbestimmungen bemängelt, die nach den von Russell zitierten Gutachten der Industrie- und Handelskammer Hannover den Eindruck machten, „als wenn alle bei den Actiengesellschaften betheiligten Personen (abgesehen natürlich von den Actionairen und dem Publikum) nicht allein zu den Unordentlichsten und Nachlässigsten, sondern auch zu den gemeingefährlichsten und verwegensten Mitgliedern der menschlichen Gesellschaft gehörten, welche nur durch die äußerste Strenge in Ordnung gehalten werden könnten". Im übrigen hatten Hagens und Schmidt Gelegenheit, die Motive des Gesetzgebers offener darzulegen, als dies in der amtlichen Begründung, hatte geschehen können. Insbesondere machte Schmidt auch auf die sozialpolitische Aufgabe der Aktiengesetzgebung aufmerksam. Danach sollte vor allem das schnelle Gründen von Aktiengesellschaften und die damit oft verbundene Überproduktion mit allen ihren Folgen für die Lohn- und Beschäftigungspolitik verhindert werden: Hierin liege auch eine „Streitursache der Socialdemokratie". Man werde es deshalb billigen müssen, daß die gesetzlichen Bestimmungen „dahin zu wirken suchen, das Tempo der Gründungen mäßiger und geregelter zu machen. Nicht die Gründungen sollen aufgehoben werden, nicht vernünftige Capitalassociationen sollen verhindert werden, es muß aber dahin gestrebt werden, daß die Gründungen bedächtiger und besser werden, und es mag auch dahin gewirkt werden, daß die Gründungen etwas gründlicher und langsamer von Statten gehen". Die bereits erwähnte, gegenüber der ursprünglichen Fassung bereits abgemilderte Resolution wurde bis auf den Schlußteil, gegen den die Industrie- und Handelskammer Offenbach stimmte, einstimmig angenommen, ein Votum, das die Reichstagskommission maßgeblich mitbestimmt haben dürfte.

Die scharfe Kritik der Presse und der Wirtschaft sollte allerdings nicht darüber hinwegtäuschen, daß die Mehrzahl der Kritiker trotz Ablehnung zahlreicher Einzelbestimmungen in den Entwürfen eine „geeignete Grundlage für den Abschluß der Reformbestrebungen durch das Gesetz[148]" gesehen hat. Die von ihnen vorgelegten Verbesserungsvorschläge, allen voran die außerordentlich scharfsinnige Kritik von *Wiener*, aber auch die Vorschläge von *Renaud*, *Goldschmidt* und *Ring*[149] haben die Diskussion in der Reichstagskommission maßgeblich mitbestimmt und gefördert. Diese und andere Kritiken verdienen es, zur Charakterisierung und Auslegung des Gesetzes von 1884 neben der amtlichen Begründung und dem Kommissionsbericht mit herangezogen zu werden. Die Feststellung von *Gareis*, die Entwürfe strebten keinen Systemwechsel gegenüber der Novelle von 1870 an[150], gilt in noch größerem Maße für das Gesetz von 1884. Mit dem Ausbau der gesetzlichen Normativ- und Kautelarbestimmungen für die Gründung und Verwaltung der Aktiengesellschaften sowie mit der Stärkung der Generalversammlung hat das deutsche Aktienrecht sich von der engen Bindung an die ausländischen Vorbilder frei gemacht und somit ein eigenständiges

148 *Wiener*, Der Aktiengesetz-Entwurf, Betrachtungen und Vorschläge, 1884, S. 4.
149 Vgl. die Nachweise im Literaturverzeichnis.
150 Vgl. *Gareis*, in: Schmollers Jahrbücher für Gesetzgebung, Verwaltung und Volkswirthschaft, 8. Jg. (NF), S. 425 ff.

Gepräge erhalten, ohne daß man bei der Vorbereitung des Gesetzes das französische, belgische und englische Aktienrecht im geringsten vernachlässigt hätte[151]. So sehr das neue Aktiengesetz auch staatlichen Reglementierungen eine Absage erteilte, so macht die scharfe Kritik der Wirtschaft auf der anderen Seite deutlich, daß das Aktienrecht hinfort auch gesellschafts- und sozialpolitische Ordnungsvorstellungen zu berücksichtigen hatte. Daß man diese Ziele mit den Mitteln der „Eigenkontrolle" verwirklichen wollte, macht die bleibende Bedeutung des Aktiengesetzes von 1884 aus.

Das Gesetz von 1884 wies nicht nur „mehr oder minder utopische Ziele"[152] zurück, sondern auch grundlegende Neuerungen, wie die von Delbrück vorgeschlagene Beseitigung sämtlicher restriktiver Bestimmungen oder die von *Wagner* und *Esser II* empfohlene Beschränkung des Aufsichtsrats auf Überwachungsfunktionen unter gleichzeitiger Stärkung des Vorstandes. So ist das Gesetz ein Kompromiß zwischen den „mächtigen gegenüberstehenden wirthschaftlichen Strömungen", d. h. zwischen den sozialpolitisch motivierten Versuchen, vor allem den Aktionär als Kapitalanleger zu schützen, und den Wünschen der Wirtschaft, im Aktienrecht die für die wirtschaftliche Entwicklung von ihr für erforderlich gehaltene Flexibilität zu sichern. Gleichwohl sollten die scharfen Auseinandersetzungen in der Schlußphase des Gesetzes nicht vergessen lassen, daß die Meinungsunterschiede zwischen der Wirtschaft und der Ministerialbürokratie lediglich Fragen der praktischen Ausgestaltung des im Grundsatz von beiden bejahten überkommenen Aktienrechts betrafen. Denn auch die Ministerialbürokratie wollte, wie *Hommelhoff* in seinem Beitrag im einzelnen nachweist, in erster Linie die Eigenverantwortlichkeit der Organe der Aktiengesellschaft stärken, nicht aber zur Staatsaufsicht und Staatskontrolle zurückkehren. Daß das neue Aktienrecht insoweit keinen Systemwechsel herbeiführen wollte, beweist nichts besser als die Tatsache, daß sich die Wirtschaft nach den allerdings im Detail nicht unerheblichen Abänderungen durch die Reichstagskommission mit dem Gesetz sehr schnell abgefunden hat[153].

151 Vgl. dazu die Anlage A im Aktenstück Nr. 21.

152 *Goldschmidt*, in: ZHR, Bd. 30 (1884), S. 74; das folgende Zitat auf S. 75.

153 Zu den Wirkungen des Gesetzes von 1884 vgl. Th. *Hergenhahn*, Das Reichsgesetz, betreffend die Kommandit-Gesellschaften auf Aktien und die Aktiengesellschaften, vom 18. Juli 1884, Berlin 1891, S. XXV–LV. – Hinzu kommt allerdings noch, daß der Wirtschaft mit der GmbH ab 1892 eine Gesellschaftsform zur Verfügung stand, für welche die strengen Normativbestimmungen des Aktienrechts nicht galten (zur Entstehung des GmbH-Gesetzes vgl. *Schubert*, in: Quaderni Fiorentini, Bd. 11/12, 1982/83, S. 589 ff.).

Chronologie der Entstehung des Aktiengesetzes von 1884

März/April	**1873**	Anfrage der nationalliberalen Fraktion des Reichstags an den Reichskanzler, ob und in welcher Weise er Abhilfe gegen die Mißstände im Aktienrecht schaffen wolle.
April/Mai		Umfrage des Reichs und des preußischen Handelsministers über eventuelle Mißstände auf dem Gebiete des Aktienwesens bei den Bundesregierungen und den Handelskammern.
27. November		Votum des preußischen Handelsministers Achenbach zur Reform des Aktienrechts.
5. Mai	**1874**	Votum des preußischen Justizministers Leonhardt zur Reform des Aktienrechts.
22. Juni		Beschluß des Bundesrates, die Reform des Aktienrechts nur in Verbindung mit einer Revision des Allgemeinen Deutschen Handelsgesetzbuchs in Angriff zu nehmen.
29. März	**1876**	Resolution des preußischen Hauses der Abgeordneten, die Staatsregierung möge auf eine Reform des Aktienrechts hinwirken.
7. September		Beschluß des preußischen Staatsministeriums aufgrund von Voten des Handels-, Justiz- und Innenministers, über den Bundesrat eine Reform des Aktienrechts zu beantragen.
17. November		Preußischer Antrag (einschließlich Denkschrift) zur Reform des Aktienrechts im Bundesrat.
Februar/März	**1877**	Beratungen im Bundesrat über den preußischen Antrag, der am 13. 3. 1877 mehrheitlich angenommen wurde.
31. März		Gutachten des Reichsoberhandelsgerichts zur Reform des Aktienrechts.
23. Juni	**1880**	Erster Aktienrechtsentwurf des Reichsjustizamts (Verfasser: Deegen und Kayser).

3. Dezember		Übersendung des im Reichsjustizamt revidirten Aktienrechtsentwurfs an den Reichskanzler (Reichsamt des Innern). Anschließend Verhandlungen des Reichsjustizamts mit dem Reichsamt des Innern über eine vorläufige Fassung des Entwurfs.
24. März–8. April	**1882**	Beratungen einer Sachverständigenkommission über den im Januar 1882 zwischen dem Reichsjustizamt und dem Reichsamt des Innern festgestellten Aktienrechtsentwurf anhand von 15 Fragen.
Mai–Januar	**1882/83**	Endgültige Feststellung des Aktienrechtsentwurf durch die beteiligten Reichsämter.
2./3. Juli	**1883**	Beratungen des Reichsjustizamts und des Reichsamts des Innern mit Vertretern des preußischen Handels- und Justizministeriums.
7. September		Einbringung des Entwurfs im Bundesrat. Veröffentlichung des Entwurfs einschließlich Begründung.
Februar/März	**1884**	Verhandlungen in den Ausschüssen des Bundesrates und Verabschiedung der Vorlage am 1. 3. 1884.
7. März		Einbringung des Entwurfs im Reichstag.
24. März		1. Lesung im Reichstag.
24. April–17. Juni		1.–3. Lesung der Vorlage in der 9. Reichstagskommission (21 Mitglieder).
23. Juni		2. Lesung im Reichstagsplenum.
29. Juni		3. Lesung im Reichstagsplenum. Annahme des Gesetzes.
18. Juli		Ausfertigung des Gesetzes durch den Kaiser. – Veröffentlichung im Reichsgesetzblatt am 31. 7. 1884.

Eigenkontrolle statt Staatskontrolle
– rechtsdogmatischer Überblick zur Aktienrechtsreform 1884 –

von

Peter Hommelhoff

Inhaltsübersicht*

* Die Ausarbeitung ist Rechtsanwalt Dr. Walter Hasche zum 23. Dezember 1984 in freundschaftlicher Verehrung gewidmet.

Die Aktienrechtsreform von 1884 verdient nicht nur das Interesse des Rechtshistorikers, sondern auch und vor allem die Aufmerksamkeit all' derjenigen, die sich mit dem aktuellen und künftigen Gesellschafts- und Unternehmensrecht beschäftigen. Welch' Fülle an Argumenten und Anregungen in den Materialien zum damaligen Reformgesetz noch weitgehend unentdeckt verborgen liegt, ist jüngst wieder deutlich geworden: Die über das Anfechtungsrecht hinausreichende allgemeine Aktionärsklage verdankt ihre Wiedergeburt in diesen Tagen auch und nicht zuletzt der Beschäftigung mit den rechtshistorischen Wurzeln der Anfechtungsklage, wie sie das Aktiengesetz 1884 gesetzt hatte. Erschlossen werden muß dies Gesetz deshalb rechtshistorisch *und* rechtsdogmatisch. Hierauf zielt diese Abhandlung im folgenden ab; sie beschränkt sich dabei auf das Gründungsrecht (unter II), die Organisationsverfassung (unter III) und auf die Individual- und Minderheitsrechte (unter IV). Die bilanzrechtlichen Bestimmungen des Reformgesetzes hatten dagegen noch nicht das Gewicht, das es gerechtfertigt hätte, sie im Zusammenhang dieser Abhandlung aufzubereiten. Statt dessen habe ich ein anderes und weitergehendes Ziel verfolgt: In einer Zeit, in der sich die europäische Ministerialbürokratie anschickt, das geltende Unternehmens- und Gesellschaftsrecht zu wesentlichen Teilen versteckt in ihrem Schoße fortzuentwickeln, sollte noch einmal der fruchtbare Dialog nachgezeichnet werden, den die Ministerien, das Reichs-Oberhandelsgericht und die Sachverständigen aus Praxis und Wissenschaft in den Jahren bis 1884 geführt hatten. Die Ergebnisse dieses Dialogs und ihr weitgehender Erfolg sprechen für sich (dazu unter V).

I. Rechtspolitisches Grundkonzept

Als mit der Aktienrechtsnovelle von 1870 das Konzessions-System aufgegeben und stattdessen das Normativ-System eingeführt wurde[1], war man sich durchaus über die Gefahr im klaren, daß mit der Abkehr vom Erfordernis staatlicher Genehmigung Schwindelgründungen Tür und Tor geöffnet würden[2]. Diese Befürchtung hatte sich dann sehr schnell und in ungeahntem Ausmaß bestätigt: Neugründungen trieben die Zahl der Aktiengesellschaften schon im Zeitraum bis 1873 auf das Vierfache der bis zur Novelle errichteten Gesellschaften empor; von ihnen verschwand nahezu jede dreizehnte bald wieder durch Konkurs und sogar nahezu jede dritte Aktiengesellschaft im Wege der Liquidation[3]. Die Verluste, welche die Aktionäre dabei und im Rahmen von Kapitalher-

[1] Die unterschiedlichen Impulse zur Abkehr vom Konzessions-System sind dargestellt bei *Goldschmidt*, Die Reform des Aktiengesellschaftsrechts, S. 69 ff.; *Reich*, Die Entwicklung des deutschen Aktienrechts, S. 257 ff.

[2] Motive zur Aktienrechtsnovelle 1870, Drucksache des Reichstags des Norddeutschen Bundes, I. Legislaturperiode 1870, Nr. 158, S. 15; siehe auch *Renaud*, Entwurf eines Reichsgesetzes, S. 1 f.

[3] Siehe die Zahlenangaben in der Allgemeinen Begründung, unten S. 408–411.

absetzungen erlitten hatten, dürften sich auf mehr als eine halbe Milliarde Mark summiert haben. Deshalb scheint das „düstere Bild" in der Allgemeinen Begründung zur Aktienrechtsreform 1884[4] „von einem schwindelhaften Emporschießen der Aktienunternehmungen und ihrem unaufhaltsamen Zusammensturz" keineswegs überzeichnet. Diesen Ereignissen verdanken die „Gründerjahre" ihren Namen; ob ihre Ursache aber wirklich – wie der Abgeordnete *Lasker* behauptete[5] – im neuen Normativ-System gesehen werden muß, mag dahinstehen. Jedenfalls stellten die Entwurfsverfasser des Gesetzes von 1884[6] außerrechtliche Momente in den Vordergrund: den mächtigen Aufschwung des Wirtschaftslebens während und im Gefolge des Krieges von 1870/71[7]; die allgemeine, alle Bevölkerungsschichten ergreifende Spekulationsbereitschaft und die Gewinnsucht eines leichtgläubigen Anlegerpublikums[8]. Gegründet wurde vielfach nicht, um unternehmerische Aktivitäten mit Risikokapital zu unterstützen, sondern allein mit dem Ziel, Aktien als Börsenware zu schaffen und zu verkaufen[9]. Daneben erkannten die Entwurfsverfasser rechtsformspezifische Nachteile und Gefahren – vornehmlich in der Person des Aktionärs: Dieser lasse sich weniger vom langfristigen Interesse an sachlicher Förderung des Unternehmens leiten als vielmehr vom Interesse des Augenblicks an Dividende, Kursstand und Verkäuflichkeit der Aktien[10] – ein Argument, das sich als roter Faden durch die Geschichte des deutschen Aktienrechts zieht[11].

[4] Siehe unten S. 411; einen knappen und informativen Überblick über die damals geübten Praktiken gibt ROHG, Gutachten, unten S. 160f.; siehe auch noch *Hergenhahn*, Aktiengesetz, S. XVIII f.; Düringer/*Hachenburg*, Einl. I, Anm. 2; *Löwenfeld*, Das Recht der Actien-Gesellschaft, S. 6 f.

[5] Verhandlungen des Deutschen Reichstages 1873, S. 213, 215; siehe dazu auch noch *Renaud*, Entwurf eines Reichsgesetzes, S. 3 f.; kritisch zu dieser Sicht damals insbesondere *Goldschmidt*, Reform des Aktiengesellschaftsrechts, S. 76.

[6] Allgemeine Begründung, unten S. 412.

[7] Darauf wies insbesondere der Sachverständige *Wagner*, Protokolle, unten S. 298 hin; vgl. auch die Schilderung von Düringer/*Hachenburg*, Einl. I, Anm. 2.

[8] Die Aufgabe des Gesetzgebers, die Spekulation in Aktien zu bekämpfen, stellten namentlich die Sachverständigen *Delbrück*, *Wagner*, *Embden* und *Russell*, Protokolle, unten S. 316, 317, 325, 327 in den Vordergrund; skeptisch gegenüber der Möglichkeit, die Spekulation zu verhindern, jedoch *Goldschmidt*, Reform des Aktiengesellschaftsrechts, S. 76 f., 79 f.

[9] Allgemeine Begründung, unten S. 412; in diesem Sinne hatte sich auch schon ROHG, Gutachten, unten S. 160 geäußert.

[10] Allgemeine Begründung, unten S. 412; zum Desinteresse des Aktionärs bereits *Löwenfeld*, Das Recht der Actien-Gesellschaften, S. 11 ff. sowie der Sachverständige *Wagner*, Protokolle, unten S. 317; daran hat sich bis heute nichts geändert: Düringer/*Hachenburg*, Einl. I Anm. 114; *Kübler*, Gesellschaftsrecht, 1981, S. 172 f.

[11] 1937 legitimierte dies Argument die Entmachtung der Aktionäre (siehe Amtliche Begründung zum Aktiengesetz, abgedruckt bei *Matthes*, Aktienrecht, 1937, S. 175), 1965 die Teilautonomie der Verwaltungsorgane bei der Verwendung des Jahresüberschusses (Begründung RegE zu § 58 AktG, abgedruckt bei *Kropff*, Textausgabe AktG, 1965, S. 75; siehe noch *Kronstein*/*Claussen*, Publizität und Gewinnverteilung im neuen

Mit diesen beiden Momenten – mit dem Augenblicksinteresse der Aktionäre und mit den außerrrechtlichen Hauptursachen für Schwindelgründungen – begründeten die Entwurfsverfasser 1884 die lediglich beschränkten Einwirkungsmöglichkeiten des Gesetzes; dies könne bloß eine gewisse Schranke setzen, um unsolider Gründung und Verwaltung von Aktiengesellschaften entgegenzuwirken[12]. Selbstbescheidung prägte mithin das rechtspolitische Grundkonzept der Aktienrechtsreform, ohne daß man jedoch dem Reformgesetzgeber deshalb den Vorwurf machen könnte, die Versäumnisse von 1870 nicht wettgemacht zu haben[13]. Auch diesem Nachweis mögen die folgenden Darlegungen dienen:

1. Zur Abschaffung der Aktiengesellschaft

Ruhig und gelassen replizierten die Entwurfsverfasser auf den Vorschlag, im Wege radikaler Abhilfe die Rechtsform der Aktiengesellschaft wieder zu beseitigen[14]. In Erinnerung ist dazu der Aufruf *Rudolf von Iherings* geblieben: „Die Verheerungen, die (die Aktiengesellschaften) im Privatbesitz angestiftet haben, sind ärger, als wenn Feuers- und Wassernoth, Mißwachs, Erdbeben, Krieg und feindliche Occupation sich verschworen hätten, den Nationalwohlstand zu ruiniren[15]." Aber an die Abschaffung der Rechtsform „Aktiengesellschaft" war

Aktienrecht, 1960, S. 128 ff.) und heute wird es erneut verwendet, um den „ungeschriebenen Hauptversammlungszuständigkeiten" (*Ulmer*, AG 1975, 15) entgegenzutreten (so besonders nachdrücklich *Beusch*, Festschrift für Werner, 1984, S. 14 f.), denen der Bundesgerichtshof im „Seehafenbetriebs"-Urteil (BGHZ 83, 122, 131) zum Durchbruch verholfen hat (siehe *Lutter*, Die Rechte der Gesellschafter beim Abschluß fusionsähnlicher Unternehmensverbindungen, 1974; *Timm*, Die Aktiengesellschaft als Konzernspitze, 1980).

[12] Allgemeine Begründung, unten S. 412; zustimmend *Goldschmidt*, Reform des Aktiengesellschaftsrechts, S. 76 ff.; *Wiener*, Aktiengesetz-Entwurf, S. 24 f.

[13] So aber *Großfeld*, Die rechtspolitische Beurteilung der Aktiengesellschaft, S. 249; freilich bezieht sich G. hier vornehmlich auf die übersehene Konzernproblematik; zum Verständnis seines Vorwurfs ist es erforderlich, seine früheren Überlegungen (Aktiengesellschaft, Unternehmenskonzentration und Kleinaktionär, 1968, S. 147 ff.) mit heranzuziehen; auf gewisse Schwächen des Entwurfs hat aber auch schon *Goldschmidt*, Reform des Aktiengesellschaftsrechts, S. 74 hingewiesen; differenzierend *Renaud*, Entwurf eines Reichsgesetzes, S. 314 f.; sehr positiv dagegen die Beurteilung von Düringer/ *Hachenburg*, Einl. I, Anm. 3.

[14] Einer der nachdrücklichsten Verfechter dieses Gedankens (*Perrot*, Votum über das Aktienwesen, S. 115) begründete ihn mit der Erwägung, wozu die Aktiengesellschaft nützlich sei, das könne mindestens ebenso gut auf anderen Wegen erreicht werden. – Immerhin hatte in diesem Sinne schon die Commission der Handels- und Gewerbekammer zu Chemnitz 1872 gegutachtet. Dem traten allerdings andere Handelskammern (zum Ganzen siehe *Hecht*, Das Börsen- und Aktienwesen, S. 157 ff.) sowie *Wagner*, Actiengesellschaftswesen, S. 67, 68 f. mit Nachdruck entgegen: Man schütte das Kind mit dem Bade aus.

[15] *Jhering*, Zweck im Recht, 2. Aufl. 1884, S. 223; wohl die Dramatik dieses Vergleichs hat Düringer/*Hachenburg*, Einl. I, Anm. 2 zu der mokanten Frage veranlaßt, ob der große Jurist wohl selbst von den Ereignissen der Gründerperiode betroffen worden sei.

im Ernst nicht zu denken[16]. Sie verwirklicht in nahezu idealer Weise ein zweistufiges Konzept: Auf der ersten wird Risikokapital in einer Vielzahl kleinerer Beiträge für große und kapitalintensive Unternehmen und Vorhaben gesammelt; und auf der zweiten Stufe wird den Anlegern die Möglichkeit eröffnet, sich schnell, unkompliziert und unauffällig von ihrem Engagement wieder zu lösen, ohne daß der Aktionärswechsel das Eigenkapital der Gesellschaft berührt[17]. Dies Konzept war für die deutsche Volkswirtschaft, die sich nach dem Krieg 1870/71 in breiter Front zu unternehmerischem Wagnis und zur Expansion durch Wettbewerb aufgeschwungen hatte, unverzichtbar und ist es noch heute, wie die aktuelle Diskussion um eine verbesserte Eigenkapitalausstattung aller Unternehmen unabhängig von ihrer Rechtsform und ihrer Größe erweist[18].

Zur Abschaffung der Aktiengesellschaft als Rechtsform und zur gesamtwirtschaftlichen Bedeutung der Aktie als Instrument der Unternehmensfinanzierung äußerten sich die Entwurfsverfasser zunächst nur versteckt und zurückhaltend[19]. Sie standen offenbar auf diesem Standpunkt: Die Aktiengesellschaft braucht nicht abgeschafft zu werden, weil die Mißstände des Aktienwesens bereinigt werden können; dies freilich nur beschränkt mit den Mitteln des Aktienrechts. In der Hauptsache muß Abhilfe an der Börse geschaffen werden[20]. Oder um den Gedanken mit moderneren Begriffen zu formulieren: Man setzte damals in mittlerer Sicht vor allem auf das Kapitalmarktrecht und nur begrenzt auf das

[16] Das zeitgenössische juristische Schrifttum ist über diesen Generaleinwand nahezu einhellig mit Schweigen hinweggegangen; von juristischer Seite haben hierauf wohl nur *Goldschmidt*, Reform des Aktiengesellschaftsrechts, S. 73 f. und *Wiener*, Actiengesellschaftswesen, S. 91 f. repliziert.

[17] Eingehend zur Finanzierungsfunktion der Aktie *Kübler*, Gesellschaftsrecht, S. 158 ff.; *Lambsdorff*, ZGR 1981, 1; siehe auch noch *Hueck*, Gesellschaftsrecht, 18. Aufl. 1983, S. 171; aus finanzwissenschaftlicher Sicht: *Jansen*, Kapitalstrukturentscheidungen bei bilanzorientierter Finanzplanung, 1978, S. 101 ff., insbesondere S. 103; *Süchting*, Finanzmanagement, 3. Aufl. 1980, S. 50 ff.

[18] Siehe *Reuter*, Welche Maßnahmen empfehlen sich, insbesondere im Gesellschafts- und Kapitalmarkt, um die Eigenkapitalausstattung langfristig zu verbessern?, Gutachten B für den 55. Deutschen Juristentag, 1984; *K. Schmidt*, JZ 1984, 771; *Peltzer*, WM 1984, Sonderbeilage Nr. 7 zu Heft 38.

[19] Aufschlußreich sind diese Wendungen aus der Allgemeinen Begründung: „In den Grenzen des Entwurfs wird dieser Vorschlag (zur Abschaffung der Aktiengesellschaft) der Erwähnung nur insoweit bedürfen..." (unten S. 413); mit dieser Passage nahm die Begründung zu der weiter voranstehenden Überlegung Bezug, daß es nicht Aufgabe des Aktiengesetzes sein könne, Übelständen an der Börse zu begegnen, die zwar ungesund, aber vermeidlich seien (unten S. 412).

[20] Dazu die Ausführungen des Sachverständigen *Russell*, Protokolle, unten S. 330; siehe auch *Russell* und *Wagner*, Protokolle, unten S. 383; anders dagegen *Klein*, Die neueren Entwicklungen, S. 57; siehe noch *Horn*, Aktienrechtliche Unternehmensorganisation, S. 175.

Gesellschaftsrecht. Folgerichtig wurde deshalb, wenn auch durch weitere Impulse angestoßen[21], 1896 ein neues Börsengesetz erlassen[22].

Ein beinahe flammendes Bekenntnis zur Rechtsform „Aktiengesellschaft" findet sich in der Allgemeinen Begründung erst an späterer Stelle[23]. Sie sei als Sammelstelle großer Kapitalien unverzichtbar[24]: für öffentliche Unternehmungen wie den Bau von Eisenbahnen und anderen Verkehrswegen, von Gasanstalten und die Anlage von Wasserleitungen ebenso wie für private Gewerbe – z. B. die Einrichtung großer Kreditinstitute oder anderer „kühne(r) und gewagte(r) Unternehmen..., für welche der Einzelne ... eigene Kapitalien in größerem Umfang nicht verwenden mag". Damit waren neben der Finanzierungsfunktion zugleich zwei weitere Funktionen der Aktie angesprochen: die der Risikobegrenzung und die der Risikostreuung.

2. *Typenwahlfreiheit*

Eingehend setzten sich die Entwurfsverfasser mit der rechtspolitischen Forderung auseinander, die Aktiengesellschaft von Rechts wegen nur für bestimmte Zwecke zur Verfügung zu stellen; sie mithin zwar nicht total, aber doch sektoral abzuschaffen[25].

a) Während die einen die Aktiengesellschaft auf öffentliche Unternehmen beschränkt wissen wollten, plädierten wiederum andere dafür, der öffentlichen Hand die Betätigung in dieser privatrechtlichen Rechtsform gerade zu verwehren[26]. Im Kern ging es darum, welche Schlüsse aus den Erfahrungen gezogen werden sollten, die mit der Finanzierung von Eisenbahnvorhaben gesammelt worden waren[27]: Wer die Aktiengesellschaft für öffentliche Unternehmen reservieren wollte, kehrte bei Lichte besehen wieder zum Konzessions-System mit seinen kennzeichnenden Elementen zurück: Prüfung für alle Gesellschaftsgründungen schlechthin und Erlaubnis lediglich für solche Unternehmungen und Vorhaben, die das allgemeine Wohl fördern[28].

Andere plädierten umgekehrt dafür, öffentliche Aufgaben allein in öffentlich-rechtlichen Organisationsformen zu erfüllen, die Aktiengesellschaft also dafür

[21] Dazu näher *Bremer*, Grundzüge des deutschen und ausländischen Börsenrechts, 1969, S. 26 ff.; *Schwark*, Börsengesetz, 1976, Einleitung S. 22 ff.

[22] Zum Problem des erst durch das BörsenG eingeführten obligatorischen Emissions-Prospekts unten S. 67 f.

[23] Siehe unten S. 413.

[24] Düringer/*Hachenburg*, Einl. I, Anm. 1; vor diesem Hintergrund ist auch die Äußerung des Sachverständigen *Jacobi*, Protokolle, unten S. 291 zu sehen.

[25] Siehe insbesondere die Äußerung des Sachverständigen *Wagner*, Protokolle, unten S. 384.

[26] Siehe Allgemeine Begründung, unten S. 413.

[27] Dazu den dem preußischen Abgeordnetenhaus erstatteten Bericht der Spezialkommission zur Untersuchung des Eisenbahn-Konzessionswesens, Stenographischer Bericht des Hauses der Abgeordneten, 1873/74, Bd. I, S. 125.

[28] So zutreffend *Reich*, Die Entwicklung des deutschen Aktienrechts, S. 272.

zu sperren[29]. Sie ließen sich dabei von der Überlegung leiten, die Aktiengesellschaft sei naturgemäß auf eine höchstmögliche Rendite und auf Spekulation hin angelegt; deshalb dürfe diese Rechtsform dort keine Verwendung finden, wo Gesichtspunkte der Sozialpolitik und des gemeinen Nutzens das Übergewicht behalten müßten, damit die Benutzer der öffentlichen Einrichtung nicht ausgebeutet würden.

Diese Anregungen, der Aktiengesellschaft (negativ) gewisse Aktivitätsbereiche zu versperren oder ihr (positiv) bestimmte Betätigungen gesetzlich zuzuweisen, hatte das Reformgesetz nicht aufgegriffen[30]. Die hierzu vorgetragene Begründung läßt erneut erkennen, wie trefflich die Entwurfsverfasser die nur begrenzte Leistungsfähigkeit des Gesetzgebers und der Gerichte einzuschätzen wußten. Die gleichfalls in diesem Punkt gebotene Selbstbescheidung des Gesetzgebers begründeten sie so:

b) Der Registerrichter wäre überfordert, wenn er an Hand gesetzlich vorgegebener Abgrenzungskriterien entscheiden sollte, ob die geplante Aktivität dem öffentlichen oder gemeinen Nutzen dienen werde oder lediglich wirtschaftlichen Zwecken. Für dieses Urteil seien wirtschaftliche und rechtliche Erwägungen maßgeblich und deshalb könne es auch nur eine Verwaltungsbehörde im konkreten Einzelfall finden[31].

Wegen befürchteter Abgrenzungsschwierigkeiten auf die Ordnung eines regelungsbedürftigen Problems zu verzichten, kann rechtspolitisch nicht sonderlich überzeugen; namentlich dann nicht, wenn der Regelungsbedarf dringend ist. Und immerhin hatte es sich damals nach 1870 in einer Reihe von Fällen als mißlich erwiesen, Leistungen der Daseinsvorsorge von Aktiengesellschaften erbringen zu lassen[32]. Somit erscheint der Rechtfertigungsgrund der Entwurfsverfasser als eher schwach; aber, recht besehen, gründete das Argument der Abgrenzungsschwierigkeiten doch sehr viel tiefer: Hätte man es nämlich einer Verwaltungsbehörde übertragen, den Unternehmenszweck, den eine Aktiengesellschaft verfolgen will, zu beurteilen, so wäre man damit automatisch, aber unvermerkt, wie die Entwurfsverfasser klar erkannt hatten, zum 1870 abgeschafften Konzessions-System zurückgekehrt: Freigabe der Gesellschaftsgrün-

[29] Grundlegend *Wagner*, Actiengesellschaftswesen, S. 71 ff. sowie die Entschließung des *Vereins für Socialpolitik*, Verhandlungen von 1873, S. 148 f.; im übrigen ist es nicht ohne Reiz festzustellen, daß manches Argument aus der heutigen Debatte um die „Privatisierung öffentlicher Leistungen" (dazu etwa *Bischoff/Nickusch*, Privatisierung öffentlicher Aufgaben, 1977; *Graf Vitzthum*, AöR 104 [1969], 580) schon 1873 vorgetragen worden ist.

[30] Zustimmend *Goldschmidt*, Reform des Aktiengesellschaftsrechts, S. 74.

[31] Allgemeine Begründung, unten S. 413.

[32] So berichtet etwa *Wagner*, Actiengesellschaftswesen, S. 78 von der Berliner Omnibus AG; einerseits habe diese 1872 nach starker Dotation des Reservefonds 14 % Dividende gezahlt, andererseits sich aber geweigert, weniger frequentierte Omnibuslinien einzurichten.

dung erst dann, wenn die Behörde zur Überzeugung gelangt ist, daß der beabsichtigte Unternehmenszweck weder öffentlich noch sonstwie gemeinnützig ist. – Staatskontrolle sollte nicht erneut, auch nicht auf Umwegen versteckt, eingeführt werden[33].

c) Dies rechtspolitische Credo kam vor allem in dem zweiten Ansatz zum Tragen, mit dem die Entwurfsverfasser ihre Ablehnung begründeten, den Betätigungsbereich für Aktiengesellschaften einzuschränken: Zwar gebe es Gebiete, auf denen die Aktiengesellschaft – gemeint war wohl: die mit öffentlichem Unternehmen – dem ihr überlegenen Privatgewerbe[34] lediglich eine schädliche Konkurrenz bereiten könne. Aber dennoch sei „der Gesetzgeber nicht in der Lage, den Umfang einer jeden Industrie und die Form, in welcher sie wirthschaftlich betrieben werden soll, richtig und dauernd festzustellen."[35] Was sich heute noch gut einzelkaufmännisch unternehmen lasse, sei vielleicht schon morgen bei veränderten Verhältnissen besser als Aktiengesellschaft zu organisieren.

Erweckt die Begründung bis zu dieser Stelle lediglich den Eindruck, der Gesetzgeber sollte sich allein wegen der beschränkten Leistungsfähigkeit von Gesetzen zurückhalten, so markiert der nächste Gedanke der Entwurfsverfasser bereits den Übergang zum entscheidenden Gesichtspunkt, zur allgemeinen Handlungsfreiheit und zur Privatautonomie:

> „Die Wahl der wirthschaftlichen Form, in welcher der Gegenstand eines Unternehmens zu bestreiten ist, muß ... in jedem einzelnen Falle den betheiligten Persönlichkeiten überlassen bleiben[36]."

Mit der „Wahl durch die betheiligten Persönlichkeiten" war ein zentrales noch immer geltendes Prinzip des Gesellschaftsrechts wohl zum ersten Mal angesprochen worden: die „Typenwahlfreiheit", also die Freiheit, zwischen den Gesellschaftsformen, welche die Gesetze anbieten, frei wählen zu können[37]. Diese Wahlfreiheit wird in der rechtspolitischen Diskussion um zwingende Rechts-

[33] Zu dieser Gefahr siehe die Sachverständigen *Goldschmidt, Koch,* Protokolle, unten S. 291.

[34] Hier klingt der Gedanke der „wirtschaftlichen Inferiorität der Aktiengesellschaft" (*Großfeld,* Die rechtspolitische Beurteilung der Aktiengesellschaft, S. 247; vgl. auch den Bericht bei *Horn,* Aktienrechtliche Unternehmensorganisation, S. 142) an; siehe noch die Passage der Allgemeinen Begründung, unten S. 413.

[35] Allgemeine Begründung, unten S. 413.

[36] Allgemeine Begründung, unten S. 413.

[37] Zu den gesellschaftsrechtlichen Freiheiten näher *Rittner,* Wirtschaftsrecht, 1979, S. 127 ff.; bemerkenswert aber auch die schon von *Goldschmidt,* Reform des Aktiengesellschaftsrechts, S. 77 erhobene Forderung, den „Wettbewerb unter den Gesellschaftsformen" möglichst nicht zu verzerren; hieran muß aktuell der Gesetzgeber erinnert werden, wenn er sich anschickt, die Kapitalgesellschaft & Co aus dem Regelungsbereich des BilanzrichtlinieG auszusparen (dazu zuletzt *Kübler,* NJW 1984, 1857, 1863 f.

form- oder Strukturvorgaben für bestimmte Großunternehmensträger[38] eine wichtige Rolle spielen müssen.

3. Ausbau des Normativ-Systems

Da die Abschaffung der Aktiengesellschaft ebensowenig in Betracht kam wie ihre Beschränkung auf bestimmte Betätigungsbereiche, war die Generalrichtung der Aktienrechtsreform vorgezeichnet: Das 1870 eingeführte Normativ-System mußte abgesichert, ausgebaut und verfeinert werden.

a) Auf diesen Weg war die Reformdiskussion im ministeriellen Bereich schon 1876 eingeschwenkt, als der preußische Justizminister in seinem Votum an das Staats-Ministerium bemerkte, man dürfe die Ausschreitungen im Aktienwesen weder auf die Beseitigung der staatlichen Konzession noch auf die fehlende Beaufsichtigung der Aktiengesellschaften von Staats wegen zurückführen. Und als Preußen im November 1876 im Bundesrat beantragte, die Reform des Aktienrechts von der des Handelsgesetzbuches abzukoppeln[39], waren Antrag und beigefügte Denkschrift zwar in dem Sinne abgefaßt, das Normativ-System an vielen Stellen und tiefgreifend zu verbessern; aber eben nur zu verbessern und nicht durch ein anderes System zu ersetzen. So ging auch das Reichs-Oberhandelsgericht in seinem großen Gutachten vom März 1877 davon aus, daß eine Rückkehr zur Staatsgenehmigung der Aktiengesellschaften wohl nicht beabsichtigt sei[40]. Damit waren die Weichen offenbar endgültig in Richtung auf eine bloße Fortschreibung des Normativ-Systems gestellt.

Dabei verdient die Tatsache, daß man sich überhaupt anschickte, das Normativ-System zu verbessern, heute kaum noch Erwähnung. Zwar war vor allem von seiten Hamburgs der Standpunkt vertreten worden, man solle den Aktienmarkt ohne staatliche Eingriffe sich selbst überlassen; mit der Zeit würden die düpierten Anleger, durch eigenen und fremden Schaden klug geworden, schon die nötige Vorsicht walten lassen, um sich von Schwindelunternehmen fernzuhalten[41]. Aber dieser aus dem Selbstverständnis eines weltweit Handel treibenden Gemeinwesens erwachsene Standpunkt fand keinen rechten Anklang.

b) Beachtlich sind dagegen noch heute die Gründe, mit denen die Entwurfsverfasser das Einschreiten des Gesetzgebers rechtfertigten[42]: Zwar hätten in

[38] Siehe unten S. 93.

[39] Dazu näher oben *Schubert*, S. 11 ff.

[40] ROHG, Gutachten, unten S. 163; siehe aber auch schon die Resolution Teil III des Vereins für Socialpolitik von 1873, über die oben *Schubert*, S. 5 f. berichtet.

[41] Siehe vor allem *Embden* in: Verhandlungen des Vereins für Socialpolitik von 1873, S. 111 ff., insbes. S. 113 (zur Erwiderung des preußischen Handelsministers Achenbach und zur eher Hamburg zuneigenden Position des Justizministers Leonhardt siehe oben *Schubert*, S. 8 ff.); E. war Sekretär der Handelskammer Hamburg und nahm später an der Sachverständigenkonferenz vom März/April 1882 teil (siehe unten S. 288).

[42] Allgemeine Begründung, unten S. 415/416; die Darlegungen sind wohl nicht zuletzt als Replik auf die gegenüber einer Gesetzesreform sehr kritischen Erwägungen des ROHG (siehe den von *Schubert*, oben S. 16 f. auszugsweise wiedergegebenen Begleitbrief des Gerichtspräsidenten Pape) zu verstehen.

erster Linie die Beteiligten ihre eigene Sorgfalt walten zu lassen, um sich gegen Täuschung und Irrtum, Illusion und Leichtsinn zu schützen[43]. Dabei jedoch dürfe der Staat die Beteiligten nicht allein lassen, sondern habe der Sorgfalt Vorschub zu leisten und ihr schützend zur Seite zu stehen[44]. Ohne besondere Schutzmittel seien weder das Publikum noch der einzelne in der Lage, die Gründer der Aktiengesellschaft und ihre Verwaltung zu kontrollieren und auf sie in ausreichendem Maße einzuwirken.

Die Verpflichtung des Staates, diese Schutzmittel bereitzustellen, begründeten die Entwurfsverfasser im wesentlichen mit zwei Argumenten[45]: Der Staat habe dem Publikum bei der Abwehr von Übervorteilungen möglichst zu helfen und dafür zu sorgen, „daß nicht seine Einrichtungen von Leuten mißbraucht werden, welche mit einer die Grenzen des civilen und kriminellen Unrechts streifenden Gewandtheit die Formen des Gesetzes zu einer Umgehung desselben zu verwerthen wissen"[46]. Während dies erste Argument noch allgemeiner Gesetzgebungspolitik entsprang, nahm das zweite direkt Bezug auf die Aktiengesellschaft und ihre Gefahren:

> „Wenn die Gesetzgebung dem Kapital eine Form verleiht, durch welche es mit vereinigten Kräften seine Macht frei entfalten kann, so hat sie auch die Pflicht, dieser Macht die nöthigen Schranken aufzuerlegen. Freilich nur, um zu verhindern, daß das Publikum derselben nicht zur Beute werde[47]."

Damit erstrebten die Entwurfsverfasser nicht allein Individualschutz zugunsten der einzelnen Aktionäre; vielmehr wollten sie zugleich institutionelle Vorkehrungen treffen, um die Attraktivität der Aktie wiederzubeleben:

> „Das Vertrauen in die bestehende Aktiengesetzgebung ist tief erschüttert; durch Änderung derselben muß das Vertrauen wieder hergestellt werden, damit nicht bei auflebendem Aktienverkehre die vorsichtigen und besseren Elemente der Gesellschaft sich von ihm fern halten, die leichtsinnigen und schlechteren dagegen ihm sorglos zuströmen[48]."

[43] Das Bild des guten Aktionärs und Hausvaters persifliert *Klein*, Die neueren Entwicklungen, S. 25.

[44] So auch *Goldschmidt*, Reform des Aktiengesellschaftsrechts, S. 77.

[45] Zur Verantwortung des Gesetzgebers in diesem Bereich siehe auch ROHG, Gutachten, unten S. 183 f.

[46] Allgemeine Begründung, unten S. 415; die ausgeprägte Furcht vor Umgehungen zeigt sich auch in den Äußerungen der Sachverständigen *Embden* und *Delbrück*, Protokolle, unten S. 306 f.

[47] In diesem letzten Satz liegt offensichtlich eine Absage an die Vorstellung, der Gesetzgeber habe der Macht der Aktiengesellschaften als solcher, namentlich ihrer Macht im Wettbewerb, aber vielleicht auch ihrer Macht im Verhältnis zum Staat und zu seinen Einrichtungen entgegenzuwirken. Zur rechtspolitischen Fragwürdigkeit einer solchen Enthaltsamkeit vgl. *Großfeld*, Die rechtspolitische Beurteilung der Aktiengesellschaft, S. 236 ff.

[48] Allgemeine Begründung, unten S. 408.

Man dachte also schon vor hundert Jahren in Kategorien des Kapitalmarkts[49] und seines Schutzes und versuchte, seinen Störungen *auch* mit den Mitteln des Aktienrechts, also mit denen des Gesellschaftsrechts zu begegnen – eine sehr moderne Konzeption mit teilweisen Überlagerungen und wechselweisen Bezügen zwischen Gesellschafts- und Kapitalmarktrecht[50].

II. Gründungsrecht

Zentrales Anliegen des Reformgesetzes von 1884 war es, das Gründungsrecht der Aktiengesellschaft umfassend und durchgreifend zu verbessern. Dieser Schwerpunkt kommt sinnfällig in dem breiten Raum zum Ausdruck, den die intensiven Erwägungen zum Gründungsrecht in der Allgemeinen Begründung einnehmen[51].

1. *Hauptmängel des überkommenen Rechts*

Unter dem Konzessions-System des Aktienrechts von 1870 wurde das anlagewillige Publikum in vielen Fällen zur Hingabe von Kapital an Gesellschaften verleitet, deren Aktien kaum das Papier wert waren, auf dem die Mitgliedschaftsrechte verbrieft waren. Daß den Kapitalanlagen kein hinreichender Gegenwert entsprach, hatte im wesentlichen drei Gründe[52]:

- Bei Bargründungen saugten die Initiatoren die Leistungen der Kapitalanleger auf dem Wege des Gründungsaufwands in weitem Umfange aus der Gesellschaft ab und lenkten diese Mittel in ihre eigenen Taschen. Noch unverfrorener waren Gründer, die sich sofort nach der Handelsregister-Anmeldung ihre eingezahlte Mindesteinlage zurückgeben ließen.
- Bei Sachgründungen legten die Initiatoren häufig Gegenstände, etwa ein Grundstück oder auch ein Unternehmen zu schwindelhaft überhöhtem Wert in die Gesellschaft (Illationsgesellschaft) ein, gaukelten auf diese Weise dem anlagewilligen Publikum ein vorhandenes, aber in Wahrheit nur fiktives Gesellschaftsvermögen vor[53] und „verkauften" so den Anlegern mittelbar die Sacheinlagen zu enorm überhöhten Preisen.

[49] Kapitalmarktrechtliche Anstöße konstatiert *Wiedemann*, Gesellschaftsrecht, 1980, Band I, S. 477 f. erst für einen sehr viel späteren Zeitpunkt.

[50] Siehe *Hopt*, Gutachten für den 51. Deutschen Juristentag, 1976, G 71 ff., *Mertens*, Referat zum 51. Deutschen Juristentag, P 44, 49 und Beschlüsse des 51. Deutschen Juristentages, Abteilung Anlegerschutz, Beschlüsse IV, abgedruckt in: Deutscher Juristentag, Verhandlungen des 51. DJT (1976), Band II, P 208.

[51] In gleicher Weise eingehend hat sich auch ROHG, Gutachten, unten S. 160–199 mit den Gründungsproblemen beschäftigt.

[52] Siehe hierzu Allgemeine Begründung, unten S. 412, 414, 425 einen anschaulichen Überblick über die unterschiedlichsten praktizierten Auswüchse bei der Gründung von Aktiengesellschaften gibt ROHG, Gutachten, unten S. 160 ff.

[53] Eingehend Amtliche Begründung, unten S. 414, 435 f.; ROHG, Gutachten, unten S. 183 f. kennzeichnet derartige Manipulationen denn auch zutreffend als den folgenschwersten Fall einer Unterpari-Emission.

- Den Kapitalanlegern wurden unternehmerische Chancen der Aktiengesellschaft auf dem Markt vorgespiegelt, welche die Initiatoren im günstigsten Fall nicht ausreichend überprüft, im ungünstigsten dagegen schlicht erdichtet hatten. Um diese fehlenden unternehmerischen Chancen ging es nämlich in der Sache, wenn in der damaligen Reformdebatte darauf hingewiesen wurde, den Gründern sei es häufiger allein darum gegangen, Aktien als Börsenware zu schaffen und zu verkaufen; man habe ohne Rücksicht darauf gegründet, ob ein Bedürfnis für das Unternehmen vorgelegen habe oder nicht[54].

Dies sind offenbar klassische Erscheinungsformen des Gründungsschwindels, wie die modernen Probleme der Publikums-Abschreibungsgesellschaften erweisen[55].

Erleichtert wurden diese und noch andere Täuschungen der Kapitalanleger durch das bis zur Aktienrechtsreform geltende Recht; seine Mängel sah die Allgemeine Begründung in drei wesentlichen, überdies zusammenwirkenden Momenten[56]:

- in der nur unzureichenden Überprüfung des Gründungsvorgangs;
- in der fehlenden Eigenständigkeit der Aktiengesellschaft vor ihrer Entstehung und in der dadurch bedingten Unfähigkeit der Vorgesellschaft, ihre eigenen Interessen gegenüber den widerstreitenden Interessen der Gründer und sonstigen Initiatoren zu wahren; und schließlich
- in der Tatsache, daß diese maßgeblichen Initiatoren sich vor dem Anlegerpublikum verborgen halten und deshalb für die Täuschungen nicht zur Verantwortung gezogen werden konnten.

2. *Das Lösungskonzept des Reformgesetzes*

Um den geschilderten Täuschungen der Kapitalanleger möglichst Einhalt zu gebieten, entwickelten die Entwurfsverfasser drei miteinander kombinierte Schutzmechanismen: *Publizität* der Gründung, *Autonomie* der Vorgesellschaft und Ausbau der Gründungs*verfahren.* Dabei hatte die Ausgestaltung der Verfahren sicherlich das größte Gewicht; sie aber bauten auf dem Publizitäts- und dem Autonomie-Prinzip auf und hätten ohne diese nicht oder zumindest nicht mit so durchschlagendem Erfolg verwirklicht werden können.

[54] Allgemeine Begründung, unten S. 412; ROHG, Gutachten, unten S. 160; nähere Darlegungen hierzu auch bei *Löwenfeld,* Das Recht der Actien-Gesellschaften, S. 8 f.

[55] Vgl. *Hopt,* Gutachten, a. a. O. (Fn. 50), G 35 f.; *Mertens,* a. a. O. (Fn. 50), P 23 f.; *Uwe H. Schneider,* a. a. O., P 117 f.; aus der neueren Rechtsprechung siehe dazu die Entscheidungen BGHZ 71, 284; 76, 231; 77, 172; 79, 337; 83, 222; 84, 141.

[56] Siehe die knappe Auflistung unten S. 431.

a) Der Hergang der Gründung sollte in allem durchsichtiger werden[57]. Diesem Streben nach mehr *Publizität* diente eine ganze Reihe von Einzelmaßnahmen: So waren als erstes die Gründer namentlich zu erfassen und festzuhalten (Artt. 209 I, 209 c HGB). Sie mußten außerdem den Gesellschaftsvertrag festgestellt haben, bevor externe Anleger Aktien übernehmen konnten (Art. 209 e II Nr. 1 HGB); später ließ sich das Statut nur mit Zustimmung sämtlicher Aktionäre, also nicht länger durch bloßen Gründerentscheid wieder abändern (Art. 210 a IV HGB). Überdies schrieb das Reformgesetz einen deutlich aussagekräftigeren Mindestinhalt für den Gesellschaftsvertrag vor (Art. 209 HGB). Diese Bestimmungen sollten insgesamt dem bis dahin verbreiteten Mißstand abhelfen, daß gründerferne Zeichner Aktien einer Gesellschaft übernahmen, deren Zweck und Gestalt überhaupt noch nicht festgelegt waren[58]. Im Interesse der Publizität waren im Statut schließlich Gründungsaufwand und Gründervorteile aufzulisten (Art. 209 b I/III HGB) und für jeden Gründer die übernommenen Aktien auszuweisen (Art. 209 d HGB). Die Sachgründung mußte als solche aus dem Gesellschaftsvertrag ersichtlich sein (Art. 209 b II HGB); in ihm war auch die Person des Sacheinlegers zu benennen – sämtlich Vorschriften, die nahezu unverändert bis auf den heutigen Tag gelten (§§ 23 ff. AktG).

b) Um die *Selbständigkeit der Gesellschaft* gegenüber den Gründern auch im Stadium vor der Registereintragung zu stärken, konfrontierte das Aktiengesetz von 1884 die Gründer mit einem institutionellen Gegengewicht innerhalb der Gesellschaft[59]: mit dem Gründungsvorstand und dem Gründungsaufsichtsrat, die schon vor der Registeranmeldung besetzt worden sein mußten (Art. 209 f HGB). Ihre Aufgabe war es, den Hergang der Gründung zu prüfen (Art. 209 h I 1 HGB). Anders als normalerweise die Verwaltungsorgane, namentlich der Vorstand, hatten sie keine aktiv leitend-gestaltende Funktion, sondern lediglich eine nachvollziehend-kontrollierende[60]. Sämtliche Organmitglieder waren mit ihrem Namen, Stand und Wohnort bekannt zu machen (Art. 210 c I Nr. 3 HGB); sie wurden mithin als Träger besonderer Verantwortung der Öffentlichkeit vorgeführt.

c) Im Mittelpunkt des neuen Gründungsrechts, ja der gesamten Aktienrechtsreform von 1884 standen die ausgefeilten Bestimmungen über die *Gründungsverfahren* in den drei Gründungsformen: Simultan-, Sukzessiv- und Sachgründung. Unabhängig von formspezifischen Unterschieden im einzelnen zeichneten sich die Gründungsverfahren schon unter dem Aktienrecht von 1870 durch drei

[57] Das Bemühen um eine verbesserte Transparenz des Gründungsaktes war auch ein wesentliches Anliegen des ROHG, vgl. Gutachten, unten S. 168 ff., 173 ff., 179 f., 180 ff.; sehr viel zurückhaltender demgegenüber der Sachverständige *Delbrück*, Protokolle, unten S. 314.

[58] Amtliche Begründung, unten S. 437, 433.

[59] Amtliche Begründung, unten S. 431!

[60] Dazu Amtliche Begründung, unten S. 441.

wesentliche Stationen aus, die freilich erst das Reformgesetz von 1884 einander zwingend zeitlich nachgeschaltet hatte[61]:

- die Feststellung des Gesellschaftsvertrages durch die Gründer;
- die Übernahme sämtlicher Aktien und
- die Eintragung der Gesellschaft in das Handelsregister.

Diesen Dreiklang ließ der Gesetzgeber von 1884 unverändert, mußte ihn aber erheblich verfeinern, um den bis dahin zutage getretenen schweren Störungen[62] erfolgreich zu begegnen[63].

3. Prospektverzicht

Mit diesem Regelungsprogramm hatten die Entwurfsverfasser lediglich einen Teil der Schwindelursachen angegriffen, nämlich die Auszehrungen des Gesellschaftsvermögens durch Gründungsaufwand oder überbewertete Sacheinlagen[64], nicht hingegen Täuschungen über die unternehmerischen Chancen der Gesellschaft. Sollte man die Investitionsentscheidung der Kapitalanleger auch insoweit absichern? Hiervon hatten die Entwurfsverfasser im Ergebnis abgeraten[65]:

Im Verlaufe der Reformdiskussion war nach dem Vorbild ausländischer Rechtsordnungen vorgeschlagen worden, zur Aktienübernahme dürfe nur aufgrund eines öffentlichen Prospekts mit gesetzlich vorgegebenem Mindestinhalt aufgefordert werden. Aber mit der Bestimmung des Prospektinhalts – so gaben die Entwurfsverfasser zu bedenken – wäre der Gesetzgeber überfordert[66]: Allgemeingültige Vorgaben für alle Aktiengesellschaften schlechthin könnten die für die Kapitalanleger notwendigen Aufschlüsse nicht liefern, und spezielle Vorgaben für Unternehmen bestimmter Art – gedacht war wohl an branchenspezifische Prospektformulare – würden dem Gesetzgeber eine unannehmbare Verantwortung aufbürden. Er würde durch solche gesetzlichen Vorgaben den Schein gesetzlicher Fürsorge hervorrufen, für die er, der Gesetzgeber nicht einstehen könnte[67]. Die Entwurfsverfasser sahen die nur begrenzte Leistungsfähigkeit der Gesetzgebung und wollten unter allen Umständen verhindern, daß sich das Publikum hierüber ein falsches Bild mache – eine für die gesetzliche Formulie-

[61] Zweifel an der Möglichkeit, eine solche Reihenfolge auch tatsächlich durchzusetzen: *Ring*, Entwurf, S. 99 f.

[62] Amtliche Begründung, unten S. 431, 437.

[63] Die Einzelheiten dürften u. a. maßgeblich auf die detaillierten Vorschläge ROHG, Gutachten, unten S. 173 ff. zurückzuführen sein.

[64] Zur möglichen Doppelwirkung der neuen Vorschriften auch zu Lasten solider Unternehmen: *Renaud*, Entwurf eines Reichsgesetzes, S. 315.

[65] Allgemeine Begründung, unten S. 438.

[66] Ebenfalls skeptisch gegenüber der Möglichkeit, den Mißständen im Aktienwesen über einen Prospekt entgegenzuwirken: *Goldschmidt*, Reform des Aktiengesellschaftsrechts, S. 86.

[67] So auch mit knapper Begründung ROHG, Gutachten, unten S. 184, 191; übereinstimmend *Goldschmidt*, Reform des Aktiengesellschaftsrechts, S. 86.

rung des Testats (§ 167 AktG, § 278 HGB i. d. F. des BilanzrichtlinieG-Entwurfs) beherzigenswerte Einstellung.

In der Allgemeinen Begründung zum Aktiengesetz 1884 trat an dieser Stelle – wie aber auch an manch' anderer – die „Philosophie" der Aktienrechtsreform deutlich zutage: Wer sich an einer Aktiengesellschaft beteiligen will, soll sich in eigener Verantwortung entscheiden; der Gesetzgeber kann und will ihm diese Verantwortung nicht abnehmen[68]. Die Verantwortung der Gesetzgebung ist eine andere: Sie hat durch die Vorgabe bestimmter Informationen und Verfahren möglichst gute Voraussetzungen für die eigenverantwortliche Entscheidung der Anleger zu schaffen.

Diese Zurückhaltung gegenüber Emissionsprospekten konnte der Gesetzgeber jedoch nur kurze Zeit aufrecht erhalten. Schon im Entwurf eines Börsengesetzes von 1895 schwenkte er in die entgegengesetzte Richtung ein und schrieb für Wertpapiere, die an der Börse eingeführt werden sollten, einen zu veröffentlichenden Prospekt vor (§ 38 II BörsenG). Erhellend für die hier vollzogene Kehrtwendung ist diese Passage der Entwurfsbegründung zum BörsenG[69]: Der Prospektzwang bilde die Grundlage für die Vorschriften über die Haftung des Emittenten. Und: Das Vertrauen in die Richtigkeit und Vollständigkeit der im Prospekt enthaltenen Mitteilungen sei für den Erwerb der Papiere bestimmend[70]. – Auf das gegenläufige Konzept des Aktiengesetzes 1884 ist der Entwurf zum Börsengesetz mit keiner Silbe eingegangen.

4. Simultanbargründung

Grundmuster für die Ausgestaltung sämtlicher Gründungsverfahren war das Verfahren der Simultanbargründung, d. h. die Gründung, bei der die Gründer – und nicht sonstige Dritte – sämtliche Aktien gegen bare Einlagen übernehmen. Hier mußte das Gesetz vor allem sicherstellen, daß das übernommene Grundka-

[68] Dies auch schon die Konzeption ROHG, Gutachten, unten S. 183, 190; zustimmend *Goldschmidt*, Reform des Aktiengesellschaftsrechts, S. 77. – Eine Konzentration möglichst auf nur sachverständige Anleger versuchte das Gesetz u. a. durch die hohen Mindestnennbeträge von 1000 bzw. 200 Mark zu erreichen (Art. 207 a HGB); dazu Allgemeine Begründung, unten S. 420 ff.; siehe auch die intensive Diskussion unter den Sachverständigen, Protokolle, unten S. 293 ff. sowie den Bericht von *Schubert*, oben S. 33, 34 f., 38; zustimmend *Ring*, Entwurf, S. 74 ff.; zur Gefahr eines Anlegerpools: *Goldschmidt*, a. a. O., S. 79 f.

[69] Reichstag, Stenographische Berichte, 9. Legislaturperiode – IV. Session 1895/97, Erster Anlageband, Aktenstück Nr. 14, S. 23.

[70] Der Prospektentwurf des Emittenten muß es deshalb erlauben, dessen wirtschaftliche Lage zu beurteilen (*Schwark*, Börsengesetz, 1976, § 36, Anm. 15; näher *ders.*, Anlegerschutz durch Wirtschaftsrecht, 1979, S. 191 f.); konkretisiert worden ist diese Anforderung durch §§ 6 ff. ZulassungsVO (abgedruckt bei *Schwark*, BörsenG, Anh. III 1); aus der Rechtsprechung dazu BGH NJW 1982, 2823, 2824 – BuM. – Zur Prospektprüfung: *Institut der Wirtschaftsprüfer*, Stellungnahme WFA 1/1983, Wpg. 1983, 124; siehe auch *Hammer*, Wpg. 1982, 651.

pital real aufgebracht wird und außerdem hinreichend gesichert ist[71]. Dies Programm verwirklichte der Reformgesetzgeber durch eine ausgebaute materielle Selbstkontrolle der Gesellschaft einerseits und durch die ergänzende, aber vornehmlich formale Kontrolle des Registerrichters andererseits.

a) Die Eigenkontrolle des Gründungshergangs und der Aufbringung des Grundkapitals hat das Aktiengesetz 1884 in Konsequenz seines Autonomie-Konzepts[72] besonderen Prüfungsorganen, nämlich Gründungsvorstand und -aufsichtsrat übertragen und damit den Gründern selbst entzogen[73]. Andererseits sollten die Gründer aus ihrer Hauptverantwortlichkeit für die Gründung nicht entlassen werden. Als die zumeist maßgebenden Initiatoren des geplanten Unternehmens hat der Reformgesetzgeber sie deshalb nicht daran hindern wollen, in eines der beiden Gründungsorgane einzutreten. Um jedoch sein Autonomie-Konzept nicht zu verwässern, mußte er dafür Sorge tragen, daß sich die Gründer nicht an der gesellschaftsinternen Prüfung beteiligten. Der Entwurf vom März 1884 hatte zu diesem Zweck Stellvertreter für diejenigen Organmitglieder, die zugleich Gründer waren, vorgesehen (Art. 209f I 2 HGBE)[74]; das Gesetz selbst verwirklichte eine andere Lösung: Es schrieb für diesen und zwei andere Fälle die Prüfung durch besondere Revisoren vor (Art. 209 I 2 HGB)[75].

Das *gesellschaftsinterne Prüfungsverfahren* begann mit der Erklärung der Gründer. Bei der Simultangründung ohne Sacheinlagen beschränkten sich diese Angaben auf die Vorlage der förmlichen Urkunde (Art. 209 I HGB), in der die Übernahme der sämtlichen Aktien festgehalten war (Art. 209d HGB). Hinsichtlich der realen Aufbringung des Grundkapitals kam eine Gründer-Erklärung nicht in Betracht, weil diese die Mindesteinlage auf jede Aktie zuzüglich Aufgeld der Gesellschaft bar zu Händen ihres Vorstands leisten mußten (arg. Art. 210 III HGB), mithin die Sammlung des bei der Anmeldung vorgeschriebenen Mindestkapitals nicht Sache der Gründer war. Bei dieser einfachsten Form der Bargründung brauchten Vorstand und Aufsichtsrat lediglich zu prüfen, *ob* das gesamte Grundkapital rechtswirksam übernommen und von welchen Personen es jeweils übernommen worden war. Zu der anderen Frage, ob die Zahlungsfähigkeit der

[71] Amtliche Begründung, unten S. 442.

[72] Siehe oben II 2b (S. 66).

[73] Skeptisch gegenüber der Effizienz dieses neuen Systems *Wiener*, Aktiengesetz-Entwurf, S. 21.

[74] Zur Stellvertreter-Lösung: Amtliche Begründung, unten S. 441; kritisch dazu *Wiener*, Aktiengesetz-Entwurf, S. 22, der zu Recht und mit durchschlagendem Erfolg die Frage aufgeworfen hatte, wer wohl die Verantwortung eines Stellvertreters auf sich nehmen werde, ohne in Beziehungen zu den Gründern zu stehen; siehe auch den Bericht von *Schubert*, oben S. 39.

[75] Kritisch zur fehlenden Normierung der Rechtsfolgen Düringer/*Hachenburg*, Einl. I Anm. 6.

Gründer für den Einlagerest zu beurteilen sei, haben sich die Entwurfsverfasser nicht geäußert. Trotz der Überschaubarkeit dieser einfachen Prüfung hatten die gesellschaftsinternen Prüfungsorgane einen schriftlichen Prüfungsbericht[76] zu erstatten (Art. 209h III HGB) und diesen zusammen mit den übrigen Eintragungsunterlagen bei der Registeranmeldung einzureichen (Art. 210 II Nr. 3 HGB). Dieser Prüfungsbericht hatte trotz der zusätzlichen und maßgeblichen Erklärung über die Aufbringung des Mindestkapitals (Art. 210 III HGB) eigenständige Bedeutung: Mit ihm führten Vorstand und Aufsichtsrat gegenüber dem Registerrichter den Nachweis, daß sie ihren gesetzlichen Prüfungspflichten in vollem Umfange nachgekommen waren[77]. Institutionengeschichtlich hat sich der schriftliche Prüfungsbericht der Gründungsorgane im nachhinein als eine vorzügliche „Erfindung" erwiesen; denn in ihm hatte der Reformgesetzgeber ein Instrument geschaffen, das für den Prüfungsbericht des Abschlußprüfers (§ 166 AktG), den Bericht des Aufsichtrats an die Hauptversammlung (§ 171 II AktG) sowie ganz allgemein dem aktienrechtlichen Berichtswesen (vgl. etwa §§ 90, 176 I AktG) zum Vorbild diente.

b) *Qualifiziert* ausgestaltet war das gesellschaftsinterne *Prüfungsverfahren*, falls bis zur Registeranmeldung Gründungsaufwand angefallen war, namentlich falls die Gründer für ihre Gründungstätigkeit besondere Zuwendungen erhalten haben oder ihnen sonstige Vorteile zugesagt worden sein sollten. Der Zulässigkeit solcher Belohnungen hat sich der Reformgesetzgeber mit der vernünftigen Erwägung nicht versperren wollen, daß von niemandem Mühe und Sorgen um Gottes Lohn erwartet werden könnten und anderenfalls das Entgelt nur auf illegitimen Schleichwegen hereingeholt würde[78]. Allerdings hat das Gesetz dazu zwingen wollen, solche und andere Vorteile, die zu Lasten des Grundkapitals gehen, für alle ersichtlich aufzudecken; deshalb waren solche Vorteile nur dann rechtsbeständig, wenn sie und die Person des Vorteilsberechtigten in den Gesellschaftsvertrag aufgenommen waren (Art. 209b II HGB). Entsprechendes galt für den sonstigen Gründungsaufwand (Art. 209b III HGB).

Auf das gesellschaftsinterne Prüfungsverfahren hatten sich Vorteile und Gründungsaufwand wie folgt ausgewirkt: Über sie hatten die Gründer eine

[76] *Renaud*, Entwurf eines Reichsgesetzes, S. 314 kritisierte in diesem Zusammenhang das allgemeine Mißtrauen gegen die Verwaltung; *Goldschmidt*, Reform des Aktiengesellschaftsrecht, S. 85 problematisierte, daß die Prüfungsorgane auf Informationen der Gründer angewiesen seien.

[77] Siehe schon die entsprechenden Vorschläge ROHG, Gutachten, unten S. 179f.

[78] Amtliche Begründung, unten S. 434f.; zustimmend *Renaud*, Entwurf eines Reichsgesetzes, S. 287; siehe aber auch schon ROHG, Gutachten zu § 6; dies differenziert wohl erstmals zwischen effektiv entstandenen und damit sofort abzugsfähigen Gründungskosten und bloßen Provisionen für das Risiko der Gründertätigkeit; dies reine Unternehmerrisiko könne im Hinblick auf einen effektiven Schutz des Grundkapitals ausschließlich über besonders eingeräumte Gesellschafter-Sonderrechte, wie z. B. einen Gewinnvoraus vergütet werden.

spezifizierte Übersicht zu erstellen und den gesellschaftsinternen Prüfungsorganen vorzulegen; das waren neben Vorstand und Aufsichtsrat zusätzlich die besonderen Revisoren, falls sich Gründer selbst einen besonderen Vorteil im Gesellschaftsvertrag ausbedungen hatten (Artt. 209h I, 209b I HGB). Aus der Übersicht mußten Art und Höhe der Vergütung und deren Empfänger im einzelnen hervorgehen[79]. Aufgabe der gesellschaftsinternen Prüfungsorgane war es, die Richtigkeit und Vollständigkeit der in der Übersicht enthaltenen Angaben zu überprüfen. Verfälschungen hatten die Entwurfsverfasser in mancher Hinsicht befürchtet: fiktive oder (umgekehrt) nicht aufgelistete Ausgaben, übersetzte Zahlungen an Dritte und anderes mehr. Um dem vorzubeugen, sollte sogar das Porto gesondert ausgewiesen werden. Auch darüber, zu welchen Ergebnissen die Übersichtsprüfung geführt hatte, mußten sich die Prüfungsorgane im Prüfungsbericht detailliert äußern (Artt. 209h III/II, 209b I HGB). Die Übersicht der Gründer über die Berechnung des Gründungsaufwands war zusammen mit den übrigen Eintragungsunterlagen bei der Anmeldung zum Handelsregister einzureichen (Art. 210 II Nr. 1 HGB).

c) Dies ausgefeilte System gesellschaftsinterner Eigenkontrolle hatte das Reformgesetz durch ein ganzes Bündel zivil- und strafrechtlicher Sanktionen abgesichert[80], die den Gründern, sonstigen bei der Gründung mitwirkenden Personen sowie den Mitgliedern von Vorstand und Aufsichtsrat auferlegt worden waren (Artt. 213a ff., 249 HGB). Die *zivilrechtlichen Haftungsbestimmungen*, die in ihrer Grundstruktur bis heute fortgelten (§§ 46 ff. AktG) und noch jüngst in die GmbH-Novelle 1980 (§ 9a GmbHG) übernommen worden sind, verdienen unter drei Aspekten rechtsdogmatisches Interesse:

Zum ersten schuf das Aktiengesetz von 1884 für Pflichtverstöße derjenigen, denen es im Rahmen der Gesellschaftsgründung bestimmte Pflichten auferlegte[81], eigenständige aktienrechtliche Anspruchsgrundlagen und ersparte den Beteiligten damit den Rückgriff auf allgemeine und deshalb notwendig unscharfe Rechtsbehelfe des bürgerlichen Rechts.

Zum zweiten wurde damals zum ersten Mal der bis heute das Recht der Kapitalgesellschaften beherrschende Gedanke der Haftungskanalisierung[82] verwirklicht: Schadenersatzansprüche wegen irgendwelcher Verstöße gegen Gründungspflichten stehen allein der Gesellschaft und nicht den einzelnen Aktionären

[79] Näher zu den Anforderungen an den Inhalt der Übersicht: Amtliche Begründung, unten S. 442.

[80] Siehe dazu auch schon die zahlreichen Vorschläge ROHG, Gutachten, unten S. 170, 180, 187, 195 ff.

[81] Zu den Pflichten im einzelnen: Amtliche Begründung, unten S. 448.

[82] Zur aktuellen Diskussion um das Prinzip der Haftungskanalisierung: *Großfeld*, Aktiengesellschaft, Unternehmenskonzentration und Kleinaktionär, 1968, S. 211 ff.; *Mertens*, Festschrift für Rob. Fischer, 1979, S. 466 f., 474 f.; Hachenburg/*Mertens*, GmbHG, 7. Aufl. 1979, § 43, Anm. 104.

zu[83]. Wenn nämlich die Gesellschaft einen Schaden erleide und auf diesem Wege mittelbar zugleich die Gesamtheit der Aktionäre, dann solle der Schaden möglichst aller Aktionäre und nicht bloß der der anspruchsführenden ausgeglichen werden. Andernfalls bliebe der Schaden bei der Gesellschaft selbst und bei den übrigen Aktionären ohne Ausgleich. Diesen Zusammenhang zwischen dem Prinzip der Haftungskanalisierung und dem aktienrechtlichen Gleichbehandlungsgebot (heute: § 53 a AktG) haben die Entwurfsverfasser schon damals deutlich gesehen und ausformuliert. Soweit einzelne Aktionäre einen weitergehenden und nicht mittelbar über die Gesellschaft ausgeglichenen Schaden erlitten haben sollten, sei es ihnen unbenommen, unmittelbar und auf bürgerlichrechtliche Behelfe gestützt, gegen die Organmitglieder etc. vorzugehen[84].

Zum dritten schließlich verwirklichte das Aktiengesetz von 1884 sein Autonomie-Konzept[85] ebenfalls an dieser Stelle und zwar dadurch, daß es diese aktienrechtlichen Ausgleich- und Schadenersatzansprüche während einer dreijährigen Sperrfrist der Disposition der Beteiligten entzog und in dieser Zeit Vergleiche und Verzichte ausschloß (Art. 213 d HGB). Aber auch danach waren Verzichte und Vergleiche nur mit Zustimmung der Generalversammlung wirksam und gegen das Veto einer 20%igen Minderheit überhaupt nicht[86].

e) Im Zusammenhang mit der Haftung der Gründer, Organmitglieder usf. ist noch dies bemerkenswert: Trotz seiner Ablehnung einer besonderen Prospektpflicht[87] konnte der Reformgesetzgeber nicht an der Tatsache vorbeigehen, daß in vielen Fällen die Aktien in Gründung befindlicher oder eben entstandener Gesellschaften von *Emissionshäusern* öffentlich zum Kauf angeboten wurden[88]. Dies waren nach Ansicht der Entwurfsverfasser Anteile an einer rechtlich, aber noch nicht wirtschaftlich selbständigen Gesellschaft. Deshalb auferlegte das Reformgesetz diesen Emittenten bis zum Ablauf von zwei Jahren nach Entstehung der Gesellschaft eine besondere und zusätzliche Prüfungspflicht zum

[83] Dazu Amtliche Begründung, unten S. 447 f.; eingehend auch ROHG, Gutachten, unten S. 213 ff., 228 f.; zustimmend *Ring*, Entwurf, S. 94.

[84] Der Sachverständige *Goldschmidt*, Protokolle, unten S. 321 schlug eine aktienrechtliche Anspruchsgrundlage zugunsten geschädigter Aktionäre für konkret beschriebenes Fehlverhalten vor; die Entwurfsverfasser haben diesen Vorschlag nicht aufgegriffen (siehe *Goldschmidt*, Reform des Aktiengesellschaftsrechts, S. 84); einen Schadenersatzanspruch des einzelnen Aktionärs gegen die Mitglieder der Verwaltungsorgane hatte zuvor schon ROHGE 19, 179 abgelehnt (konsequent deshalb auch ROHG, Gutachten, unten S. 34 X).

[85] Siehe oben II 2 b (S. 66).

[86] Kritisch gegenüber dieser Vetoposition: *Ring*, Entwurf, S. 101.

[87] Siehe oben II 3 (S. 67 f.).

[88] Auf diese Problematik geht ROHG, Gutachten, unten S. 160, lediglich allgemein ein, ohne aber konkrete Lösungsvorschläge zu unterbreiten; intensiv wurde diese Frage dagegen unter den Sachverständigen (Protokolle, unten S. 315 ff.) erörtert.

Schutze des Publikums (Art. 213 b HGB)[89]. Seinem Umfang nach deckte sich dieser gesetzliche Prüfungsauftrag, der sich noch heute im § 47 Nr. 3 AktG findet, mit dem der Gesellschaftsorgane, blieb aber in seiner Intensität teilweise hinter diesem zurück. Emittenten, welche ihre Prüfungspflichten vorsätzlich oder fahrlässig verletzten, hafteten der Gesellschaft auf Schadenersatz. Die einzelnen Aktionäre wurden auf bürgerlich-rechtliche Behelfe verwiesen.

5. *Sachgründung*

Seine stärkste Wirkung sollte das System der gesellschaftsinternen Eigenkontrolle bei der Sachgründung entfalten, also bei der Gründungsform, bei der nicht sämtliche Einlagen in bar, sondern ganz oder teilweise in anderen Vermögensgegenständen erbracht werden. Denn mit den sog. Illationsgesellschaften war nach 1870 der größte Mißbrauch getrieben worden[90]. In seinem Kern zielte das durchgreifend verbesserte Gründungsrecht mit seinen organisatorischen Kautelen und Pflichtkatalogen auf gerade diese Form, auf die Sachgründung ab. Hier hatte das Reformgesetz durch zwei kombinierte Mittel die Situation bereinigen wollen: durch den Zwang, die Sacheinlage in allen relevanten Einzelheiten aufzudecken, und eben durch das Verfahren gesellschaftsinterner Prüfung. Beide Mittel sollten dazu beitragen, daß die Sacheinlage möglichst zu angemessenen Bedingungen, also nicht unter Wert hereingenommen wurde[91].

a) Für die *Publizität der Sacheinlage* sorgte der Gesetzgeber auf demselben Wege wie bei dem Sondervorteil: Diese besondere Einlage mußte in den Gesellschaftsvertrag aufgenommen und in drei Richtungen näher festgelegt werden: hinsichtlich der Person des einlageberechtigten Aktionärs, des Gegenstands der Einlage sowie der Aktien, die dem Aktionär im Gegenzuge für seine Sacheinlage gewährt werden sollten (Art. 209 b II HGB) – sämtlich Angaben, die noch heute bei der Sachgründung einer Aktiengesellschaft (§ 27 I AktG) oder GmbH (§ 5 IV 1 GmbHG) gelten. Gegen naheliegende Umgehungsversuche wurde diese Vorgabe schon 1884 auf die Sachübernahme erstreckt.

Dagegen wurden damals noch nicht mit der gebotenen Deutlichkeit die Sanktionen im Gesetzestext für den Fall ausformuliert, daß die Sacheinlage nicht oder nicht ordnungsgemäß im Statut fixiert worden war. Das Gesetz sprach bloß davon, jedes Abkommen über den Einlagengegenstand sei dann der Gesellschaft gegenüber unwirksam (Art. 209 b IV HGB). Die für die Gesellschaft überhaupt erst hilfreiche und deshalb wesentliche Sanktion, die aus § 27 III 2 AktG und § 9 I GmbHG geläufige Inferentenhaftung, war unmittelbar weder aus dem Geset-

[89] Amtliche Begründung, unten S. 451; grundsätzlich zustimmend *Goldschmidt*, Reform des Aktiengesellschaftsrechts, S. 85; ablehnend dagegen *Renaud*, Die neueren Entwicklungen, S. 314; *Ring*, Entwurf, S. 98 ff.

[90] Siehe oben II 1 (S. 64); dazu der Sachverständige *von Sicherer*, Protokolle, unten S. 303.

[91] So auch schon das Konzept ROHG, Gutachten, unten S. 186 ff., 190.

zestext, noch aus seiner Begründung[92], sondern allenfalls im Wege der Interpretation zu erschließen[93].

b) Gegenüber der Reichstagsvorlage vom März 1884 hatte der Gesetzgeber das *Verfahren der Eigenkontrolle* noch erheblich verschärft. So hatte der Entwurf darauf verzichten wollen, den Gründern ausdrücklich aufzugeben, den Prüfungsorganen die für die Prüfung notwendigen Tatsachen mitzuteilen und Unterlagen zu übermitteln. Das würden die Gründer – so meinten die Entwurfsverfasser – im eigenen Interesse schon von sich aus tun[94]. Hierüber ist der Gesetzgeber weit hinausgegangen[95] und hat die Gründer verpflichtet, eine eigene, von ihnen sämtlich zu unterzeichnende Erklärung über die Sacheinlage bzw. Sachübernahme vorzulegen (Art. 209g HGB) – den Vorläufer des Gründungsberichts nach § 32 I AktG. In dieser Erklärung hatten sie den im Gesellschaftsvertrag festgelegten Wert zu begründen und als angemessen zu rechtfertigen. Darüber hinaus war die Wertentwicklung darzulegen, die der Einlagegegenstand in den vorangegangenen zwei Jahren genommen hatte[96].

Verstärkt wurde außerdem der Kreis der Prüfungsorgane: Sollten Sacheinlage oder Sachübernahme von einem Vorstands- oder Aufsichtsratsmitglied geleistet werden, so waren in die Prüfung zusätzlich besondere Revisoren einzuschalten. Ziel der Prüfung sollte es insoweit sein festzustellen, „ob die Höhe der (für die einzubringenden oder zu überlassenden Gegenstände) gewährten Beträge unter den gegebenen Verhältnissen angemessen sind und daher gerechtfertigt erscheinen"[97]. Mit dieser Regelung setzte der Reformgesetzgeber großes Vertrauen in die Prüfungstätigkeit des Gründungsvorstands und -aufsichtsrats. Die heute für die Aktiengesellschaft in jedem Fall vorgeschriebene, also unabhängig von der Person des Sacheinlegers obligatorische Zusatzprüfung durch den Gründungs-

[92] Siehe Allgemeine Begründung, unten S. 437.

[93] Von einer Inferentenhaftung ging auch schon ROHG, Gutachten, unten S. 187, 194ff. aus; es hat dann allerdings noch zwanzig Jahre gedauert, bis das Reichsgericht in einem Urteil (RGZ 36, 108, 113) zum ersten Mal die Inferentenhaftung in der GmbH aussprechen konnte; zur Inferentenhaftung in der AG vgl. *Crisolli*, ZHR 93 (1929), 226, 238f.

[94] Allgemeine Begründung, unten S. 443.

[95] Einfluß hatte wohl auch in diesem Punkt die vehemente Entwurfskritik von *Wiener*, Aktiengesetz-Entwurf, S. 24f.; dieser hatte allerdings den Prüfungsbericht von Vorstand und Aufsichtsrat durch den Bericht der Gründer ersetzen wollen; so auch schon der Sachverständige *Russell*, Protokolle, unten S. 297.

[96] Dies hatte der Sachverständige *Delbrück*, Protokolle, unten S. 304 angeregt; reserviert demgegenüber *Ring*, Entwurf, S. 88f.; kritisch auch Düringer/*Hachenburg*, Einl. I Anm. 71f., der eine Trennung zwischen der Einbringung eines Unternehmens und der einzelner Gegenstände befürwortete; denn bei einem Unternehmen komme es für dessen Wert vor allem auf die Rentabilität an und die werde in der Praxis nicht von den an der Gesellschaft Beteiligten bewertet, sondern von den in die Gründung eingeschalteten Banken.

[97] Allgemeine Begründung, unten S. 443.

prüfer (§ 33 II Nr. 4 AktG) ist erst 1897 eingeführt worden[98]. – Dagegen hat die GmbH-Novelle 1980 die obligatorische Prüfung der Sachgründung durch einen Gründungsprüfer nicht übernommen[99] und ist insoweit wieder ein Stück zum Konzept des Jahres 1884 zurückgekehrt.

Nach den Bestimmungen des Aktiengesetzes 1884 mußten die Prüfungsorgane in ihrem Prüfungsbericht schriftlich darüber berichten, wie und mit welchen Ergebnissen sie die Angaben in der Gründer-Erklärung[100] auf ihre Richtigkeit und Vollständigkeit hin überprüft hatten (Artt. 209h III/II, 209g HGB). Die Erklärung der Gründer war mitsamt den der Sacheinlage bzw. Sachübernahme zugrundeliegenden Verträgen beim Handelsregister einzureichen (Art. 210 II Nr. 1 HGB)[101].

6. *Sukzessivgründung*

Vor weitere, partiell über die Sicherung der realen Kapitalaufbringung hinausgehende Probleme sah sich der Reformgesetzgeber bei der Sukzessivgründung gestellt, also bei der Gründungsform, bei der die Gründer nur einen Teil der Aktien selbst übernehmen, während der Rest dann später von anderen gezeichnet wird[102].

a) Unter dem alten Aktienrecht von 1870 waren *Unzuträglichkeiten* vor allem in zwei Richtungen festgestellt worden:

Viele Zeichner hatten mit der Gesellschaft, diese vertreten durch ihre Gründer, vereinbart, daß sie aus der Zeichnung nicht in Anspruch genommen werden sollten. Ein solches Übereinkommen war zwar, wie das Reichs-Oberhandelsgericht in mehreren Entscheiden festgestellt hatte[103], unwirksam; aber dennoch hatten die unter dem Einfluß der Gründer stehenden Gesellschaftsorgane die mit der Zeichnung versprochenen Einlagen tatsächlich überhaupt nicht eingefordert oder wenigstens erst zu einem Zeitpunkt, in dem die von den ersten Zeichnern übernommenen Aktien an der Börse untergebracht waren[104]. Dadurch war die Aufbringung des Grundkapitals hintertrieben, zumindest aber in starkem Maße gefährdet worden.

[98] Eingehend zur Begründung Denkschrift zum Entwurf eines Handelsgesetzbuchs, Reichstag, Stenographische Protokolle, 9. Legislaturperiode, IV. Session 1895/97, Aktenstück Nr. 632, S. 3200. – Mit der neuen Regelung hatte der Gesetzgeber des HGB in der Sache den Bedenken entsprochen, die zum Entwurf des Aktiengesetzes 1884 schon *Goldschmidt*, Reform des Aktiengesellschaftsrechts, S. 85 vorgetragen hatte.

[99] Der Gesetzgeber hat die Sachgründung der GmbH nicht zu stark verkomplizieren und verteuern wollen; siehe Ausschußbericht Bundestags-Dr. 8/3908, S. 70.

[100] Siehe oben S. II 4 a (S. 69 f.).

[101] Siehe dazu auch schon ROHG, Gutachten, unten S. 186 f.

[102] In der Praxis hatten sich die Gründer nicht selten selbst ein Bezugsrecht für die zweite Tranche schon bei der Gründung eingeräumt: *Ring*, Entwurf, S. 83 f.

[103] ROHGE 7, 158, 160 f.; 7, 433, 437; 9, 68, 69; 20, 270, 275.

[104] Allgemeine Begründung, unten S. 437 f.; ROHGE 19, 227.

Verbreiteten Mißhelligkeiten waren bei der Sukzessivgründung aber auch die späteren Zeichner ausgesetzt gewesen. Sie hatten zumeist ohne volle Kenntnis dessen gezeichnet, worauf sie sich durch ihre Verpflichtung eingelassen hatten. Denn es hätte in ihrer Initiative gelegen, sich über die wesentlichen Bestimmungen des Gesellschaftsvertrages zu informieren; dazu aber waren sie nicht selten schon deshalb außer Stande gewesen, weil der Gesellschaftsvertrag im Augenblick ihrer Zeichnung noch gar nicht rechtsverbindlich abgeschlossen oder aber nach der Zeichnung noch von den Gründern geändert worden war.

b) Diesen Übelständen bei der Sukzessivgründung hat der Reformgesetzgeber durch ein Paket von vier Lösungsinstrumenten entgegenzuwirken versucht:

- durch das Gebot, den Gesellschaftsvertrag *vor* der Zeichnung rechtsverbindlich abzuschließen und ihn nur unter qualifizierten Voraussetzungen später abändern zu können[105];
- durch einen formalisierten Zeichnungsschein mit gesetzlich vorgegebenem Inhalt;
- durch den Auftrag an Gründungsvorstand und -aufsichtsrat, den Hergang der Gründung gesellschaftsintern zu kontrollieren; und
- durch die konstituierende Generalversammlung.

Soweit es die reale Aufbringung des Grundkapitals betraf, hat das Aktiengesetz von 1884 also auf das *allgemeine* Instrumentarium für alle Gründungsformen schlechthin zurückgegriffen, um den *besonderen* Problemen bei der Sukzessivgründung zu begegnen[106]. Speziell auf diese Gründungsform zielten mithin außer der Fixierung des Gesellschaftsvertrages nur der formalisierte Zeichnungsschein und die konstituierende Generalversammlung ab.

c) Mit dem *Zeichnungsschein* übermittelte der Zeichner der Gesellschaft sein Angebot, ihr als Gesellschafter beizutreten. Unter den Angaben, die der Schein zur Information der Zeichner zwingend enthalten mußte (Art. 209 c/e HGB), verdienen namentlich die Angaben zum Inhalt des Gesellschaftsvertrages – diese deckten sich mit dessen obligatorischem Mindestinhalt (Art. 209 II HGB) –, die Angaben zu Sondervorteilen, Sacheinlagen und sonstigem Gründungsaufwand (Art. 209 b HGB) sowie die Angaben über die Gesamteinlagepflicht für die gezeichneten Akten und die darauf bereits festgesetzten Einzahlungen (Art. 209 e II Nr. 3 HGB) besondere Erwähnung[107]. – Auf diese Weise wurden die Zeichnungswilligen in die Lage versetzt, das mit der Zeichnung entstehende Risiko eigenverantwortlich abzuschätzen und sich zu entscheiden[108]. Zusätzlich warnte der Gesetzgeber durch eine deklaratorische Gesetzesbestimmung (Art. 209 e IV HGB): Jede nicht im Zeichnungsschein enthaltene Beschränkung sei gegenüber

[105] Siehe oben II 2 a (S. 66).

[106] So sahen es die Entwurfsverfasser auch selbst; siehe ihren „Rückblick": Allgemeine Begründung, unten S. 447.

[107] Vgl. hierzu auch die detaillierten Vorschläge ROHG, Gutachten, unten S. 186.

[108] *Ring*, Entwurf, S. 86 befürchtete, der umfangreiche Katalog der Pflichtangaben werde in der Praxis dazu führen, daß die Zeichner den Schein ungelesen unterschrieben.

der Gesellschaft unwirksam; der Zeichner war ihr also nach dem Inhalt des Scheins unbedingt verpflichtet[109].

Die Gründer hatten nach näherer Bestimmung des Art. 210 II Nr. 2 HGB ein Verzeichnis sämtlicher von ihnen angenommener Aktionäre aufzustellen. Dies Aktionärsverzeichnis war sodann zusammen mit einem Duplikat der jeweiligen Zeichnungsscheine dem Gründungsvorstand und -aufsichtsrat vorzulegen (arg. Art. 209 h II HGB) und anschließend dem Registergericht einzureichen (Art. 210 II Nr. 2 HGB)[110].

d) Zeichnungsschein und Aktionärsverzeichnis waren nach dem Konzept des Reformgesetzes die Mittel, um zunächst und vor allem gesellschaftsintern die *Zahlungsfähigkeit* der einzelnen Zeichner zu *kontrollieren* und um auf diesem Wege die reale Aufbringung des Grundkapitals zu sichern. Diese spezielle Prüfungsaufgabe wiesen die Entwurfsverfasser als ersten den Gründern selbst zu[111] und anschließend den Gesellschaftsorganen[112]. Dementsprechend hatten sich die Gründer in ihrer Erklärung gegenüber Gründungsvorstand und -aufsichtsrat u. a. zur Zahlungsfähigkeit der von ihnen akzeptierten Zeichner zu äußern[113] und in gleicher Weise die Gesellschaftsorgane in ihrem Prüfungsbericht an das Handelsregister (Art. 209 h III HGB).

e) Anders als bei der Simultangründung bedurfte es bei der Sukzessivgründung außer der Aktienübernahmen noch einer weiteren Entschließung der Aktionäre, bevor die Gesellschaft durch Eintragung ins Handelsregister endgültig entstehen konnte: Die Aktionäre mußten in einer *konstituierenden Generalversammlung* mit mindestens 25 % der Stimmen und des Kapitals die Errichtung der Gesellschaft beschließen (Art. 210 a HGB)[114].

In dieser Generalversammlung sollte der Schwerpunkt der Sukzessivgründung liegen; mit ihrer Anordnung wollte der Gesetzgeber die Gesamtheit der Aktionäre, die sich bis dahin regelmäßig noch nicht kannten, in ihrer Stellung gegenüber den Gründern stärken. Überdies sollte die Aktionärsgesamtheit Gelegenheit erhalten, aufgrund zwischenzeitlich verbesserter Informationen wieder vom Gründungsvorhaben abzurücken[115]. Zu den Gegenständen verbesserter

[109] So schon die Empfehlung ROHG, Gutachten, S. 175 f. – die beschränkte Heilung von Zeichnungsmängeln nach Art. 209 e III 2 HGB ging offenbar auf die Kritik *Wieners*, Aktiengesetz-Entwurf, S. 19 ff. zurück.

[110] Dies hatte der Sachverständige *von Sicherer*, Protokolle, unten S. 308 vorgeschlagen.

[111] Allgemeine Begründung, unten S. 440.

[112] Allgemeine Begründung, unten S. 443.

[113] ROHG, Gutachten, unten S. 177 empfiehlt insoweit lediglich, die *Ernstlichkeit* der Zeichnung durch die Gründer prüfen zu lassen.

[114] ROHG, Gutachten, unten S. 177 hatte insoweit vorgeschlagen, daß die Zeichnerversammlung durch Mehrheitsbeschluß – negativ – erklären sollte, sie widerspreche der Gesellschaftserrichtung *nicht*.

[115] *Ring*, Entwurf, S. 90 plädierte dafür, das Recht zur Abstandnahme auch den Gründern zu eröffnen.

Information zählten die Entwurfsverfasser etwa Person und Leistungsfähigkeit der anderen Aktionäre, veränderte wirtschaftliche Verhältnisse und vor allem das Ergebnis, zu dem die Gesellschaftsorgane im Rahmen ihrer gesellschaftsinternen Prüfung gelangt waren[116]. Deshalb verpflichtete das Reformgesetz die Prüfungsorgane, den in der konstituierenden Versammlung zusammengetretenen Aktionären über die Prüfung zu berichten und das Ergebnis ihrer Prüfung anhand der Unterlagen zu erläutern (Art. 210a III 1 HGB). Wohl um den Einfluß der Gründer in der konstituierenden Generalversammlung zurückzudrängen, aber auch, um die Gesellschaftsorgane zur Berichterstattung anzuhalten[117], wurde die Leitung der Generalversammlung in die Hände des Registerrichters gelegt (Art. 210a II HGB)[118].

Insbesondere wegen dieses Erfordernisses einer konstituierenden Generalversammlung hat sich die Sukzessivgründung später als überaus kompliziert, zeitaufwendig und teuer erwiesen. Die Praxis hat sich in der Folgezeit deshalb ganz auf die Simultangründung verlegt, so daß der Gesetzgeber des Aktiengesetzes 1965, aber erst er, keinen Anlaß mehr sah, diese Gründungsform beizubehalten[119]. Dennoch hat das Aktiengesetz 1884 die besonderen Zwecke, die es mit seinen Bestimmungen über die Sukzessivgründung verfolgt hatte, alles in allem erreicht: Später zeichnende Aktionäre konnten nicht länger so leicht düpiert werden.

7. *Die Aktienliberierung und ihre Beseitigung*

Um die reale Aufbringung des Grundkapitals sicherzustellen, genügte es nicht allein, die gesellschaftsinterne Eigenkontrolle des Gründungshergangs einzuführen. Sie konnte nur erfolgreich sein, wenn zugleich eine andere Möglichkeit beseitigt wurde, die das Aktienrecht von 1870 bis dahin geboten hatte: die sog. Aktienliberierung. Damit hatte es folgende Bewandtnis:

a) Auf die gezeichnete Einlage brauchte der Aktionär bei der Aktienübernahme zunächst nur mindestens 40% zu leisten. Von der Zahlung dieser Mindesteinlage konnte der Aktionär unter keinen Umständen befreit werden; sehr wohl aber von der Zahlung der noch ausstehenden 60%[120]. Sah der Gesellschaftsvertrag eine solche Freistellung (Liberierung) vor, so wurde das

[116] Allgemeine Begründung, unten S. 440.

[117] Begründung zu Artt. 210a, 210b HGB, unten S. 498.

[118] Kritisch gegenüber dem Richter als Versammlungsleiter *Wiener*, Aktiengesetz-Entwurf, S. 27f.; einen weiteren Vorteil sahen die Entwurfsverfasser (Allgemeine Begründung, unten S. 446) in der Möglichkeit des die Versammlung leitenden Richters, Unstimmigkeiten in den Anmeldungsunterlagen sofort aufzuklären und zu beseitigen.

[119] Siehe Begründung RegE zu § 37 AktG, *Kropff*, Textausgabe AktG 1965, S. 57; die Praxis hatte sich schon sehr bald nach der Aktienrechtsreform von dieser Gründungsart abgewendet: *Klein*, Die neueren Entwicklungen, S. 24.

[120] Zur gesetzlichen, aber eben dispositiven Ausgangslage des damaligen Rechts: Allgemeine Begründung, unten S. 424.

Risiko des Aktionärs dementsprechend begrenzt: Sollte das Unternehmen scheitern, so verlor er zwar seine bisherige Einlageleistung, aber auch nicht mehr; wegen des noch ausstehenden Restbetrages konnte er nicht in Anspruch genommen werden. Auf diese Weise wurde den Gesellschaftsgläubigern ein überhöhtes und in Wahrheit nicht realisierbares Haftkapital vorgespiegelt[121]. – Zugleich war diese nicht voll eingezahlte Aktie als Inhaberpapier frei handelbar. Das heizte die spekulative Gründung und den Handel in solchen teileingezahlten Spekulationspapieren enorm an; denn: Mehr als den Verlust seines Kaufpreises mußte niemand befürchten[122].

b) Da der Reformgesetzgeber die unseriösen Schwindelgründungen zu Zwekken der Aktienspekulation eindämmen wollte[123], mußte er an dieser Stelle durchgreifende Abhilfe schaffen. Darauf zielte er mit einer dreifachen Strategie[124]: Einerseits beseitigte er die (fakultative) Haftungsbeschränkung des Aktionärs (Artt. 219 II, 184a II4/III HGB) und andererseits erschwerte er die Umlauffähigkeit des noch nicht voll eingezahlten Mitgliedschaftsrechts, indem er die Ausgabe von Aktienurkunden vor Volleinzahlung verbot (Art. 215c III 1 HGB). Wegen der Unbeschränkbarkeit der Haftung mußte der Inhaber eines nur teileingezahlten Mitgliedschaftsrechts nun ein erheblich höheres Risiko einkalkulieren. Hinzu kam, daß er auch nach der Veräußerung seines Rechts noch zwei Jahre lang mit seiner Inanspruchnahme rechnen mußte[125] – für den Fall nämlich, daß der Erwerber (oder dessen Nachmänner) die restliche Einlage nicht erbringen sollte[126]. Dafür haftete er als Vorinhaber des Rechts subsidiär (Artt. 219 II, 184b HGB).

Trotz der unbeschränkten Haftung des Aktionärs und seiner Vormänner hatte das Aktiengesetz von 1884 das Mitgliedschaftsrecht selbst als Befriedigungsobjekt erhalten, auf das die Gesellschaft außerhalb der Zwangsvollstreckung, also unter erleichterten Voraussetzungen und damit schnell zugreifen konnte: Der nichtzahlende Aktionär konnte seines Mitgliedschaftsrechts und der bereits geleisteten Einzahlung für verlustig erklärt und das Recht dann verkauft oder im

[121] Siehe Allgemeine Begründung, unten S. 425.

[122] Zu den marktpsychologischen Wirkungen der Aktienliberierung: ROHG, Gutachten, unten S. 166 und im Anschluß an dieses Allgemeine Begründung, unten S. 425; noch geringer war das Risiko der Aktionäre bis dahin in den Hansestädten: Sie mußten nur für 25 % des gezeichneten Betrages einstehen; siehe *Reich*, Die Entwicklung des deutschen Aktienrechtes, S. 261; die positiven Wirkungen des Liberierungssystems betonte dagegen noch einmal *Wiener*, Aktiengesetz-Entwurf, S. 10.

[123] Diese Hauptstoßrichtung hatte schon ROHG, Gutachten, unten S. 171 gewiesen.

[124] Zum Zusammenspiel der drei Elemente: Allgemeine Begründung, unten S. 426f.

[125] Das ROHG, Gutachten, S. 170f. hatte für eine dreijährige Frist plädiert. Kritisch gegenüber der kurzen Zwischenfrist auch der Sachverständige *von Sicherer*, Protokolle, unten S. 338.

[126] *Ring*, Entwurf, S. 80 forderte, daß vor dem Rückgriff die Zwangsvollstreckung erfolglos versucht sein müsse.

Wege öffentlicher Versteigerung verwertet werden, sofern die noch ausstehende Einlage sich nicht bei einem der Vormänner hatte eintreiben lassen (Artt. 219 II, 184 a II, 184 b IV HGB).

c) Diese Neuregelung hat sich im Laufe der Zeit als ausgesprochen erfolgreich erwiesen. Sie gilt in ihrer Grundstruktur im Aktienrecht noch heute (§§ 63 ff. AktG) und wurde in ihren wesentlichen Zügen für die GmbH übernommen (§§ 19 ff. GmbHG)[127]. Andererseits sollte die praktische Wirkkraft dieser Kapitalaufbringungsregeln nicht überschätzt werden. Gründungen mit unseriös geringem Startkapital finden sich noch heute in großer Zahl – allerdings kaum bei Aktiengesellschaften, um so mehr dafür im Bereich der mit dem gesetzlichen Mindeststammkapital versehenen Gesellschaften mbH[128]. Was vor hundert Jahren die „liberierte Aktiengesellschaft" mit ihrem eingegrenzten Gesellschafterrisiko war, ist heute vielfach die GmbH: die Organisationsform für den schnellen unternehmerischen Versuch und sei es um den Preis, das eingesetzte Kapital, aber eben auch nur dies zu verlieren[129]. Durchschlagende und fortdauernde Wirkung hat das Aktiengesetz 1884 jedoch in dieser Hinsicht gehabt: Als Börsenware lassen sich teileingezahlte Aktien seitdem nicht mehr schaffen[130].

8. *Formalisierte Staatskontrolle*

Die unhaltbaren Zustände im Aktienwesen zu bereinigen, war das erste und vordringliche Ziel des Gesetzgebers von 1884. Nicht weit dahinter verfolgte er aber noch ein zweites: Nicht im Wege staatlicher Aufsicht und staatlichen Eingriffs für eine durchgreifende Verbesserung der Verhältnisse zu sorgen, sondern diese möglichst von denjenigen selbst heilen zu lassen, die an der Gesellschaftsgründung beteiligt und an ihr interessiert waren. Vor allem deshalb baute der Gesetzgeber das Prüfungssystem zunächst und mit Nachdruck *innerhalb* der Aktiengesellschaft aus: Die Eigenverantwortlichkeit der Gründungsbeteiligten war die eine Seite dieses Systems; die andere die Ablehnung einer über das bisherige Maß hinausgehenden staatlichen Verantwortung. Es war (und ist immer noch) das *eine* System.

[127] Der Gesetzgeber des GmbH-Gesetzes hat die Wirksamkeit der aktienrechtlichen Regelung in der Praxis offenbar nicht noch einmal überprüft, sondern das aktienrechtliche System unbesehen übernommen.

[128] Nach der amtlichen Statistik entfielen im Jahre 1982 mehr als 50 % aller Insolvenzen auf die Rechtsform der GmbH. Dies entspricht einer Häufigkeit von rd. 223 Insolvenzen je 10 000 Unternehmen. Weitere knapp 10 % aller Konkurse stellt die GmbH & Co KG; vgl. im einzelnen Wirtschaft und Statistik, Heft 2/1983, S. 87, 89. Eine umfassende Untersuchung der Insolvenzanfälligkeit der GmbH und GmbH & Co KG auch im Vergleich zu anderen Unternehmensformen hat unlängst *Neubert*, Rechnungslegung und Publizität der GmbH, Diss. rer. pol. Kiel, 1982, S. 198 ff. vorgelegt; siehe dazu auch *Strobel*, BB 1981, 1742.

[129] Dies hatte schon vor 50 Jahren Düringer/*Hachenburg*, Einl. I, Anm. 70 beobachtet.

[130] Siehe die vorsichtig abwägende Prognose von *Wiener*, Aktiengesetz-Entwurf, S. 12.

Dies Konzept haben die Entwurfsverfasser[131] ihrer Aufgabenbeschreibung für den Registerrichter[132] vorangestellt: Seine Aufgabe werde in ihrem Wesen gegenüber dem bisherigen Recht in keiner Weise geändert. Er habe lediglich die *formellen* Voraussetzungen der Registereintragung zu prüfen, die der Entwurf allerdings in ihren Einzelheiten erweitert und präzisiert habe. – Die richterliche Prüfung lief damit über weite Strecken auf eine Kontrolle hinaus, ob die zu materieller Prüfung berufenen Gesellschaftsorgane und sonstigen Instanzen ihren gesetzlichen Pflichten nachgekommen waren. Der Richter war aber nicht als übergeordnete Instanz über die gesellschaftsinternen Prüfer, nicht zum Oberprüfer berufen. Seine Prüfung erschöpfte sich in einer Reihe formeller Feststellungen: Liegen die gesetzlich vorgeschriebenen Erklärungen und liegt der Prüfungsbericht mit den in ihm erwähnten Urkunden vor? Der Registerrichter hatte lediglich zu prüfen und sicherzustellen, *daß* die vorgeschriebenen Eigenkontrollen in der Gesellschaft stattgefunden hatten, dagegen war es nicht seine Aufgabe, selbst den Prüfungsbericht inhaltlich zu würdigen[133]. – Ein bestechend einfaches, aber wirkungsvolles Konzept: Das Gericht hat nur dafür zu sorgen, daß diejenigen, die die Gründung und ihren Hergang am besten durchschauen, selbst die Prüfung durchführen, über ihre Prüfung berichten und an dem festgehalten werden können, was sie berichtet haben.

Mit welcher Sorgfalt die Entwurfsverfasser darauf bedacht waren, den Richter vor materieller Prüfung zu bewahren, lassen klar ihre Erwägungen erkennen, ob im Publikum auch nicht der Anschein einer solchen materiellen Prüfung erweckt werde[134]. Das aber sei selbst bei der Sukzessivgründung nicht zu befürchten: Wenn hier der Registerrichter die konstituierende Generalversammlung leite, so werde den teilnehmenden Aktionären mit aller Deutlichkeit die bloß formelle Prüfungstätigkeit des Registerrichters vor Augen geführt und damit würden die Aktionäre zugleich zu eigener Prüfung angehalten.

9. *Das zweckentsprechende Eigenkapital*

Wenn man sich noch einmal im Rückblick vergegenwärtigt, mit wie großem Regelungsaufwand der Reformgesetzgeber die Übernahme und reale Aufbringung des Grundkapitals hat sicherstellen wollen, so verwundert es eigentlich, daß er sich nicht mit einer anderen, logisch vorangehenden Frage beschäftigt zu haben scheint: mit der nach der *Höhe* des Grundkapitals. Zum Grundkapital und seiner Höhe traf das Aktiengesetz 1884 lediglich die Anordnung, daß sie zum zwingenden Mindestinhalt des Gesellschaftsvertrages gehöre (Art. 209 II

131 Allgemeine Begründung, unten S. 445.

132 Den Einzelrichter hielt *Goldschmidt*, Reform des Aktiengesellschaftsrechts, S. 84 für überfordert und plädierte deshalb für die Einschaltung eines gerichtlichen Kollegialorgans.

133 Siehe dazu auch die Vorschläge ROHG, Gutachten, unten S. 176 ff., 186 ff., 195 ff., 198.

134 Allgemeine Begründung, unten S. 446.

Nr. 3 HGB). Die Höhe selbst blieb vollständig ungeregelt[135]; ein Mindestnennbetrag des Grundkapitals wurde erst 1923 durch die Goldbilanzverordnung eingeführt[136].

a) Und dennoch läßt eine versteckte Stelle erkennen, daß die Entwurfsverfasser bestimmte Vorstellungen über die Grundkapital-Höhe hatten – bei ihrer Auseinandersetzung nämlich mit dem sog. englischen System. Danach brauchte nur jeder der sieben Gründer eine Aktie zu übernehmen, die Gesellschaft wurde rechtsfähig und konnte nun versuchen, das restliche Kapital einzusammeln. Gegen die Rechtsfähigkeit der Vorgesellschaft wandten die Entwurfsverfasser ein[137]:

„Darin aber, daß nicht erst der eigentlichen Aktiengesellschaft, sondern schon der Gründergesellschaft die Rechtspersönlichkeit verliehen wird, von der es völlig zweifelhaft ist, ob sie jemals in der Lage sein wird, das statutenmäßige Grundkapital durch Unterbringung der Aktien zu erlangen, kann ein Segen nicht gefunden werden. Grundkapital und Gesellschaftszweck dienen einem unlöslichen Zusammenhange; zeigt es sich, daß das erstere nicht aufgebracht werden kann, so ist der letztere meist unerreichbar; die Gründung war dann völlig verfehlt und die Gesellschaft selbst ohne Existenzberechtigung. Denjenigen, welche Aktien zeichnen oder kaufen, bevor das für den Zweck erforderliche Kapital gedeckt ist, fehlt es an jeder Sicherheit.

Mithin ging man damals bei der Beratung des Aktiengesetzes 1884 von zwei Annahmen aus:

- zwischen dem Grundkapital der Aktiengesellschaft und ihrem Gesellschaftszweck besteht ein unauflöslicher Zusammenhang; und
- die Aktiengesellschaft hat keinerlei Existenzberechtigung, wenn es ihr nicht gelingen sollte, das im Gesellschaftsvertrag festgelegte Grundkapital aufzubringen.

Diese Annahmen erlauben den (vorsichtigen) Schluß, daß die Entwurfsverfasser die Funktionen des Grundkapitals anders als heute üblich sahen; wohl so:

b) Wenn die Gründer im Gesellschaftsvertrag ein bestimmtes Grundkapital festlegen, dann bestimmen sie damit den Betrag an Eigenkapital, der nach ihrer, der Gründer Überzeugung erforderlich ist, um die geplante Unternehmung oder das beabsichtigte Vorhaben in Gang zu bringen. Die Gründer legen also in der Grundkapitalziffer den für notwendig gehaltenen Fonds an Betriebsmitteln fest. In welchem Umfang die Betriebsmittel notwendig sind, hängt vom Zweck der Gesellschaft ab. Deshalb müssen beide – der Unternehmensgegenstand (Art. 209 II Nr. 2 HGB) und die Grundkapital-Höhe (Art. 209 II Nr. 3 HGB) – schon bei

[135] Allerdings hatte der Sachverständige *Jacobi*, Protokolle, unten S. 291 diesen Problemkreis mit seiner Forderung berührt, für gemeinnützige Unternehmen nicht das Grundkapital nach oben zu begrenzen.

[136] Zur geschichtlichen Entwicklung des Mindestgrundkapitals vgl. Begründung RegE zu § 7 AktG 1965, *Kropff*, Textausgabe AktG, S. 22.

[137] Allgemeine Begründung, unten S. 415.

der Errichtung der Gesellschaft festgelegt sein[138]. Hieraus kann nämlich jedermann, der Aktien übernimmt, ersehen, ob die Gesellschaft in ausreichendem Maße finanziert oder wegen unzureichender Kapitalausstattung dem baldigen Untergang geweiht sein wird. Um die Höhe des Grundkapitals braucht sich der Gesetzgeber nicht sonderlich zu sorgen; Gründer und Zeichner werden selbst darauf achten, daß die Gesellschaft nicht mit völlig unzureichendem Grundkapital versehen wird. Andernfalls laufen sie Gefahr, ihre sogleich zu erbringenden Einzahlungen (Art. 210 III 2 HGB/§ 36 a I AktG) zu verlieren.

Sieht man die Ausführungen in der Allgemeinen Begründung so, dann gilt: Das Grundkapital ist in seiner ersten Funktion Betriebsmittelfonds; oder anders formuliert: Das Aktiengesetz 1884 basiert auf dem Gedanken des zweckentsprechenden Grundkapitals. Seinen Niederschlag hat dies Prinzip im Vollzeichnungsgebot gefunden (Artt. 209 d, 210 II Nr. 2 HGB/§ 29 AktG): Im Rechts- und Geschäftsverkehr soll die Aktiengesellschaft nicht schon dann als rechtsfähiges Gebilde auftreten können, wenn noch ganz unsicher ist, ob sich das für den beabsichtigten Gesellschaftszweck erforderliche Eigenkapital zusammenbringen läßt. Rechtsfähig soll die Gesellschaft erst in dem Augenblick werden, in dem von ihrer Finanzierung her betrachtet mit hinreichender Gewißheit das Gelingen des Projekts zu erwarten steht. Dieser Grad an Gewißheit ist erreicht, wenn sämtliche Aktien übernommen, auf sie die gesetzlich vorgeschriebenen Mindestzahlungen geleistet und der ganze Gründungsvorgang materiell von den Gründungsorganen und formell vom Registerrichter überprüft worden ist.

c) Das Grundkapital ist in erster Linie Betriebsmittelfonds und nicht etwa Haftungsfonds zugunsten der Gesellschaftsgläubiger. Deren Interessen hatten die Entwurfsverfasser an dieser Stelle, an der sie die Aufbringung des zweckentsprechenden Grundkapitals und die Vollzeichnung erörterten, überhaupt nicht in den Blick genommen[139]. Hier ging es allein um den Schutz der Aktionäre und vor allem um den des Kapitalmarkts; dieser sollte nicht „mit nutzlosen Aktien überschwemmt" werden[140].

Zum Schutze der Gläubiger fungiert das Grundkapital erst in zweiter Linie: Ihre Interessen sind an die zweckbezogene Finanzierungsentscheidung der

[138] Aufschlußreich für die Vorstellungen der Entwurfsverfasser ist vor allem ein Vergleich mit ROHG, Gutachten, unten S. 164 und der entsprechenden Passage: Dort wird nur eher zufällig einmal auf „das ganze für den Zweck erforderliche Kapital" abgestellt. – Siehe aber auch die für die Behandlung eigenkapitalersetzender Gesellschafterdarlehen grundlegende Entscheidung BGHZ 31, 258, 268 – Lufttaxi: „Das bedeutet nicht, daß das haftende Kapital ganz ohne Rücksicht auf das für die satzungsmäßigen Gesellschaftszwecke benötigte Kapital festgesetzt werden dürfte."

[139] Tendenziell anders dagegen in der Besonderen Begründung zu Art. 209 (unten S. 496); hier heißt es, das bestimmte Grundkapital bilde den alleinigen Träger aller Rechte und Verbindlichkeiten der Gesellschaft.

[140] Amtliche Begründung, unten S. 416; vgl. hierzu auch ROHG, Gutachten, unten S. 165 ff.

Gründer und der übrigen Aktionäre angekoppelt, werden *mit*geschützt. Deren Interessen daran, eine existenzfähige Gesellschaft zu gründen, wird für den Gläubigerschutz fruchtbar gemacht. Sein funktionaler Nachrang wirkt, so gesehen, segensreich: Schicken sich die Gründer an, den Haftungsfonds zu Lasten der Gläubiger zu minimieren, so laufen sie zugleich Gefahr, den Betriebsmittelfonds derart zu schmälern, daß die Kapitalanleger vor der Aktienübernahme zurückschrecken.

Namentlich für die aktuelle Diskussion über die Kapitalausstattung der GmbH mag dies ein erwägenswerter Gedanke aus der Aktienrechtsreform 1884 sein: Den Gesellschaftsgläubigern steht als garantiertes und deshalb geschütztes Haftkapital (wertmäßig) gerade der Teil des Gesellschaftsvermögens zur Verfügung, der nach Ansicht der Gesellschafter erforderlich ist, um das Unternehmen gemäß dem Gesellschaftszweck betreiben zu können.

d) Den aus dem Grundkapital gebildeten Betriebsmittelfonds der Aktiengesellschaft hat der Reformgesetzgeber noch weiter stärken wollen und deshalb zwingend vorgeschrieben, daß die Gesellschaft einen *Reservefonds* bilden müsse (Artt. 239 b, 185 b HGB)[141]. Zusätzlicher Zweck dieser Zwangsreserve war es, bei Überpari-Emissionen das Agio gegen Ausschüttungen zu sperren. Hierin lag das antispekulative Moment des Reservefonds: Aufgelder sind keine geeignete Grundlage für Dividenden und können nur allzu leicht, insbesondere im Rahmen von Kapitalerhöhungen dazu benutzt werden, den Aktionären Scheingewinne vorzuspiegeln, die sie in Wahrheit selbst geleistet haben[142].

Erste Aufgabe des obligatorischen Reservefonds war es jedoch, die innere Finanzkraft der Gesellschaften zu stärken. Ihre Erträge sollten nicht sofort und in vollem Umfang an die Aktionäre ausgeschüttet, sondern zunächst wenigstens teilweise zu dem Zwecke verwendet werden, um über das Grundkapital hinaus einen zweiten sichernden Ring um das Gesellschaftsvermögen herum zu legen[143]. Verluste sollten nicht gleich zur Überschuldung und damit zum Konkurs der Gesellschaft führen, sondern zuerst vom Reservefonds und dann vom Grundkapital abgepuffert werden[144]. So gesehen läßt sich die Vorgabe des obligatorischen Reservefonds als Grundsatz ordnungsgemäßer Unternehmensfinanzierung interpretieren.

141 Der Gedanke, das Haftkapital zusätzlich durch einen obligatorischen Reservefonds zu schützen, ist in der Besonderen Begründung zu Art. 185 a, 185 b, 185 c ausdrücklich angesprochen (siehe unten S. 492); das Schrifttum hat zu dieser Funktion, soweit ersichtlich, nicht Stellung genommen (siehe etwa *Simon*, ZHR 29 [1884], 445, 481).

142 Allgemeine Begründung, unten S. 476.

143 Plastisch wurde dies Kapital von einigen Sachverständigen (Protokolle, unten S. 364) als „Grundkapital-Garantiefonds" bezeichnet; gegen eine solche Kennzeichnung waren jedoch andere Sachverständige (Protokolle, unten S. 364 f.).

144 Siehe *Lutter/Hommelhoff*, ZGR 1979, 31, 55 f.; insoweit übereinstimmend *Immenga*, ZIP 1983, 1405, 1411, der jedoch diese Rücklage ausschließlich gesellschaftsbezogen als Betriebsmittelfonds und nicht zugleich gläubigerbezogen als Haftungsfonds sehen will.

Anders als für das eher statische Grundkapital war für den Reservefonds schon 1884 eine dynamische Entwicklung konzipiert: Er mußte nicht sofort bei der Gründung gebildet und aufgefüllt werden, sondern war aus den jährlichen Reinerträgen zu speisen – und zwar solange, bis 10% des Grundkapitals im Reservefonds zusätzlich angesammelt waren. Seinem primären Sicherungszweck entsprechend durfte dieser Fonds nur mit dem Ziel aufgelöst werden, Verluste zu decken. Deckungsfähig waren Grundkapital-verkürzende Bilanzverluste, aber auch sonstige außergewöhnliche Verluste, sogar wenn sie nicht zu einer Bilanz-Unterdeckung geführt haben sollten. Mit dieser zweiten Zwecksetzung wollte der Gesetzgeber die Voraussetzungen für kontinuierliche Dividendenzahlungen in den Jahren nach Eintritt des außergewöhnlichen Verlustes schaffen und damit allzu heftige Kursschwankungen vermeiden helfen[145]. War der Reservefonds durch solche Auflösungen unter die 10%-Grenze gerutscht, so mußte er in den nachfolgenden Jahren wieder aufgebaut werden[146].

e) Unter dem Gesichtspunkt ordnungsmäßiger Unternehmensfinanzierung ist noch folgendes aufschlußreich: Der Gesetzgeber ging davon aus, daß der Reservefonds nicht als „bloße Buchoperation“ gebildet werde, sondern daß die Gesellschaft dem Fonds entsprechende liquide Mittel bereithält[147]. Damit wurde vor hundert Jahren die *Liquiditätsvorsorge* problematisiert – ein Themenbereich, der erst in diesen Tagen für das Recht „wiederentdeckt“ worden ist[148]. Freilich hatte der Gesetzgeber von 1884 die Liquiditätsvorsorge nicht selbst vorschreiben wollen, sondern dem Satzungsgeber einen entsprechenden Regelungsauftrag erteilt (Artt. 239b, 185c II HGB). Ins Handelsgesetzbuch von 1897 wurde dieser Auftrag dann nicht mehr übernommen. Über die Gründe für diesen Verzicht schweigt sich die Denkschrift zum HGB-Entwurf aus[148a].

III. Organisationsverfassung

Die Erfahrungen, die unter dem Aktienrecht von 1870 in vielen Fällen mit dem Verhalten von Gründern gesammelt werden mußten, veranlaßten den Reformgesetzgeber 1884 dazu, ebenfalls die Organisationsverfassung der Aktiengesellschaft zu reformieren. Dabei schälten sich mit der Stärkung der Generalversammlung und der Präzisierung der Aufsichtsratsfunktionen eigenständig gewichtige Einzelziele heraus.

145 Allgemeine Begründung, unten S. 477; siehe dazu auch das Votum der Sachverständigen, Protokolle, unten S. 364f.

146 Dies ging auf eine Anregung des Sachverständigen *Goldschmidt*, Protokolle, unten S. 365 zurück.

147 Allgemeine Begründung, unten S. 477 a. E.

148 *Uwe H. Schneider*, ZGR 1984, 497, 532ff.; *Geßler*, ZHR 140 (1976), 433, 439; *Hommelhoff*, WM 1984, 1105, 1112f.

148a Siehe Denkschrift, a. a. O. (Fn. 98), S. 3211.

1. Unzuträglichkeiten unter dem alten Recht

In der damaligen Praxis war es nicht nur während der Gründungsphase, sondern auch nach der Aufnahme des Geschäftsbetriebes nicht selten zu Mißwirtschaft und dazu gekommen, daß Vorstand und Aufsichtsrat die Gesellschaft und ihre Aktionäre bewußt benachteiligten. Das war und ist selbst durch intensivste Regelung nicht völlig zu vermeiden[149]. Den Reformgesetzgeber hat deshalb auch ein anderer Umstand auf den Plan gerufen: die Unfähigkeit der Aktionäre, vermutete Mißstände aufzuklären und erkannten aus eigener Macht abzuhelfen. Diese Unfähigkeit fand ihre Erklärung nicht nur in der noch heute beklagten Neigung der Aktionäre, sich nur wenig um die Angelegenheiten der Gesellschaft zu kümmern, sondern nicht zuletzt auch in der damaligen Rechtslage: Das Aktienrecht von 1870 hatte der Generalversammlung eh' nur wenige Aufgaben und Entscheidungen zugewiesen und diese wenigen dann auch noch zur Disposition des Gesellschaftsvertrages gestellt. Daher hatten die Aktionäre in manchen Gesellschaften keinerlei Einfluß auf die Besetzung von Vorstand und Aufsichtsrat; ja, nicht selten war ihnen sogar die Änderung des Gesellschaftsvertrages entzogen. Und da Aktionäre und Generalversammlung weitgehend kompetenzlos waren, flossen ihnen und konsequent der weiteren Öffentlichkeit keine oder allenfalls unsichere und geschönte Informationen zu: „Was den Aktionären und der Öffentlichkeit von der Geschäftslage der Gesellschaft mitgetheilt werden mußte, war undurchsichtig, dürftig und trügerisch[150]."

In diesem verschleierten Vakuum konnten sich die wahren Initiatoren der Gesellschaft, ihre Gründer, frei und ungehemmt entfalten – sei es mit Sitz im Vorstand oder Aufsichtsrat, sei es in einem Verwaltungsrat[150a] oder auch von außen. Insgesamt eine Situation, wie sie noch heute in manchen Abschreibungsgesellschaften in der Rechtsform der GmbH & Co anzutreffen ist. Damals kamen noch weitere Unzuträglichkeiten hinzu: mangelnde Trennung zwischen den einzelnen Organfunktionen, nämlich zwischen der geschäftsleitenden Funktion auf der einen Seite und der kontrollierend-überwachenden auf der anderen; unpräzise Beschreibung der Organpflichten und unzureichende Sanktionierung von Pflichtverstößen; die völlig ungeklärte Stellung des Verwaltungsrates.

2. Das Lösungskonzept

Ziel des Aktiengesetzes von 1884 war es, innerhalb der Gesellschaften die organisatorischen Voraussetzungen für gesellschaftsinterne Selbsthilfe zu schaffen; die Beteiligten sollten Mißhelligkeiten selbst vorbeugen und trotzdem eingetretene mit eigenen Mitteln bereinigen können. Wenn es auch hier im Rahmen der Organisationsverfassung nicht ausdrücklich formuliert wurde, so war die „Philosophie" dennoch dieselbe wie bei der Gründung: Unmittelbar und

[149] Dazu die Erklärungsversuche von *Klein*, Die neueren Entwicklungen, S. 37.
[150] Allgemeine Begründung, unten S. 414; hierzu äußerte sich ROHG nicht.
[150a] Siehe unten III 5 c (S. 93 f.).

selbst konnten und sollten staatliche Stellen den Unzuträglichkeiten nicht entgegenwirken[151]. Folgerichtig hatte der Reformgesetzgeber die insgesamt fünf Lösungsansätze erneut als Mittel zur Eigenhilfe konzipiert:

- Stärkung sämtlicher Gesellschaftsorgane gegenüber den Gründern
- insbesondere: Stärkung der Generalversammlung
- Abgrenzung der Organfunktionen
- Präzisierung und Absicherung der Überwachungspflicht des Aufsichtsrats
- Ausbau der Organhaftung für Aufsichtsratsmitglieder

Für die Organhaftung aktivierte der Gesetzgeber überdies das Eigeninteresse der Gesellschaftsgläubiger. Im einzelnen:

3. Stärkung der Generalversammlung

Sein Programm, die Stellung sämtlicher Gesellschaftsorgane gegenüber den Gründern zu verstärken, verwirklichte der Reformgesetzgeber vornehmlich über den Ausbau und die Absicherung der Aktionärskompetenzen[152]. Ihr gesellschaftsinterner Machtzuwachs sollte zugleich Vorstand und Aufsichtsrat zugute kommen. Außerdem versprach sich der Gesetzgeber von verstärkten Kompetenzen der Generalversammlung Anreize für eine breitere und intensivere Teilnahme der Aktionäre an dieser Versammlung[153].

a) Deshalb wurde der Generalversammlung die unentziehbare und unaufgebbare Kompetenz zugewiesen, die *Mitglieder des Aufsichtsrats zu wählen* (Artt. 224, 191 I HGB). Für die offenbar beliebten Formen der Delegation oder Kooptation blieb kein Raum[154]. Von der zwingenden Wahlkompetenz der Aktionäre erwarteten die Entwurfsverfasser, daß sie die Autorität des Aufsichtsrats verstärken und den Einfluß der Gründer eindämmen werde[155]. Dem Gründereinfluß wirkte das Reformgesetz noch auf einem zweiten Wege entgegen: Die Amtszeit des ersten Aufsichtsrats – zumeist mit dem Gründungsaufsichtsrat identisch – endete spätestens ein Jahr nach Entstehung der Gesellschaft; während dieses Jahres konnte die Amtsperiode der Ratsmiglieder weder verlängert, noch erneuert werden (Artt. 224, 191 II HGB)[156]: Der Aufsichtsrat *mußte* am Ende der Periode von einer Generalversammlung neu gewählt werden, von der

[151] Diametral entgegengesetzter Ansicht war der Sachverständige *Wagner*, Protokolle, unten S. 385, der die Einrichtung öffentlicher Kontrollämter forderte; siehe dazu auch oben *Schubert*, S. 6; zur weiteren Diskussion um die Institution des Aktienamtes vgl. *Deutscher Anwaltverein*, Zur Reform des Aktienrechts, 1929, I. Teil, S. 89 f.; *Richter*, Die Sicherung der aktienrechtlichen Publizität durch ein Aktienamt, 1975, passim.

[152] Zustimmend auch *Ring*, Entwurf, S. 125.

[153] Allgemeine Begründung, unten S. 464; zu den institutionellen Voraussetzungen: *Ring*, Entwurf, S. 128; *Wiener*, Aktiengesetz-Entwurf, S. 81.

[154] Für eine kooptative Restzuständigkeit aber *Wiener*, Aktiengesetz-Entwurf, S. 80, um die praktischen Schwierigkeiten einer ansonsten notwendigen außerordentlichen Hauptversammlung zu vermeiden.

[155] Allgemeine Begründung, unten S. 458; siehe auch *Ring*, Entwurf, S. 121.

[156] Siehe dazu die Anregungen von *Ring*, Entwurf, S. 122.

anzunehmen war, daß sie nicht länger unter dem dominanten Einfluß der Gründer stand[157].

Aber abgesichert werden sollte die Stellung der Aufsichtsratsmitglieder nur gegenüber den Gründern, nicht gegenüber den Aktionären. Denn gegen den Willen der Gesellschaft – und den setzten die Entwurfsverfasser mit dem Willen der Aktionärsgesamtheit gleich[158] – dürfe kein Aufsichtsratsmitglied im Amt verbleiben[159]. Deshalb konnten Aufsichtsratsmitglieder frei und jederzeit vor Ablauf ihrer ordentlichen Amtsperiode abberufen werden (Artt. 224, 191 IV HGB)[160] – allerdings nur mit qualifiziertem Votum, um Zufallsmehrheiten und Aktionärsverschwörungen vorzubeugen[161]. Kritisch anzumerken ist jedoch dies: Wie verträgt sich diese starke Rückbindung der Aufsichtsratsmitglieder ausschließlich an das fortdauernde Vertrauen der Aktionäre mit der anderen Funktion des Aufsichtsrats, *auch* die Interessen der Gesellschaftsgläubiger wahrzunehmen[162]? Aber wie dem auch sei: Diese Rückbindung ist noch immer geltendes (§ 103 I 1 AktG) und vor allem in Konzerntochtergesellschaften höchst wirksames Recht.

b) Die *Wahl der Vorstandsmitglieder* hat das Aktiengesetz von 1884 trotz seines Ziels, die Stellung der Generalversammlung zu stärken, nicht dieser zugewiesen; bei der Besetzung des Vorstands gehe es nämlich um die technische Befähigung seiner Mitglieder und diese Entscheidung könne keiner größeren Versammlung mit wechselnder Zusammensetzung übertragen werden[163]. Aus diesem Befund hat der Reformgesetzgeber jedoch nicht den Schluß gezogen, dem Aufsichtsrat die Personalkompetenz *zwingend* zuzuweisen; das tat erst das Aktiengesetz 1937[164]. 1884 hatte der Gesetzgeber zu dieser Frage überhaupt keine eigene Bestimmung vorgegeben[165] und damit dem Satzungsgeber den obligatorischen Auftrag erteilt, die Besetzung des Vorstands im Gesellschaftsvertrag selbst zu regeln[166]. Offenbar ganz im Banne der Vorstellung einer

[157] Allgemeine Begründung, unten S. 459.

[158] A. A. ROHG, Gutachten, unten S. 199 f., das von einer möglichen Divergenz zwischen dem Willen der Aktionärsgesamtheit und dem der Gesellschaft ausging.

[159] Allgemeine Begründung, unten S. 459.

[160] So auch ROHG, Gutachten, unten S. 224, 229.

[161] Siehe dazu die Anregung von *Wiener*, Aktiengesetz-Entwurf, S. 80 f.

[162] Allgemeine Begründung, unten S. 463.

[163] Allgemeine Begründung, unten S. 458.

[164] Im Referentenkommentar *Schlegelberger/Quassowski*, Aktiengesetz 1937, § 75, Anm. 1 heißt es zur Begründung lapidar, die Bestellung des Vorstandes werde ausschließlich in die Hände des Aufsichtsrats gelegt, weil dieser hierfür geeigneter als die Hauptversammlung sei.

[165] Die Frage, wer die Vorstandsmitglieder wählen solle, wurde schon in der Sachverständigenkonferenz, Protokolle, unten S. 357 kontrovers diskutiert.

[166] Allgemeine Begründung, unten S. 458; daß dieser Regelungsauftrag obligatorisch war, stellte später § 182 II Nr. 4 HGB 1897 klar.

omnipotenten Generalversammlung formulierten die Entwurfsverfasser sehr zurückhaltend: Eine Vertragsbestimmung, welche die Vorstandswahl dem Aufsichtsrat übertrage, ordne nichts Unzulässiges an[167]. – Die Vorstandsmitglieder blieben damals – wie heute noch die GmbH-Geschäftsführer (§ 38 I GmbHG) – frei und jederzeit abberufbar (Art. 227 III HGB); alles Weitere einschließlich der Zuständigkeit für die Abberufung überließ das Gesetz auch insoweit dem Gesellschaftsvertrag.

4. Der Grundsatz der Verbandssouveränität

Die Entwurfsverfasser hatten die Stellung der Generalversammlung nicht nur als Problem ihrer zwingenden Einzelkompetenzen gesehen; vielmehr erörterten sie die Position der Aktionäre sehr viel grundsätzlicher unter einem immer noch aktuellen und bis heute nicht ausdiskutierten Aspekt[168]: unter dem der Selbstentmündigung der Aktionäre und ihrer Grenzen.

a) In allen das Wesen der Gesellschaft berührenden Angelegenheiten müsse die Entscheidung der Generalversammlung vorbehalten bleiben. Die Entscheidungsmacht in diesem Bereich dürfe den Aktionären weder durch den Gesellschaftsvertrag entzogen werden, noch dürften diese sich selbst ihrer Macht insoweit entäußern[169]. Diesen Gedanken eines unverzichtbaren Kerns an Verbandssouveränität stützten die Entwurfsverfasser auf eine rechtsdogmatische und eine rechtspraktische Erwägung[170]:

Die Aktiengesellschaft sei die organisierte Gesamtheit der Aktionäre und deshalb könne die Aktiengesellschaft ihren Willen auch nur in der Generalversammlung der Aktionäre finden. Oder anders formuliert: Einzelnen Aktionären, anderen Gesellschaftsorganen oder gar gesellschaftsexternen Dritten stehe die Entscheidung über Wesensfragen der Gesellschaft nicht zu und dürfe ihnen auch nicht, sogar nicht von den Aktionären übertragen werden. – Von dieser Sicht der Dinge sind Gesetzgebung, Rechtsprechung und Lehre schon lange abgerückt. Der enumerative Katalog der Hauptversammlungskompetenzen (§ 119 AktG) und die Machtverschiebungen in der konzernierten Gesellschaft haben den Blick auf die Souveränitätsfrage verstellt. Vielleicht kann man das umstrittene „Seehafenbetriebs"-Urteil[171] mit seiner Stärkung und Sicherung der Aktionärskompe-

[167] So auch ROHG, Gutachten, unten S. 205.

[168] Zum Grundsatz der Verbandssouveränität: *Flume*, Allgemeiner Teil des Bürgerlichen Rechts, Erster Band, Zweiter Teil, Die juristische Person, 1983, S. 189; *Wiedemann*, Festschrift für Schilling, 1973, S. 111 ff.; neuestens *Hommelhoff*, ZHR 148 (1984), 118, 120 ff.; *Ulmer*, Festschrift für Werner, 1984, S. 911; siehe auch *Priester*, Festschrift für Werner, S. 656.

[169] ROHG, Gutachten, unten S. 205 f. stellte einen Katalog nicht übertragbarer Beschlußgegenstände auf.

[170] Allgemeine Begründung, unten S. 464.

[171] BGHZ 83, 122, 131.

tenzen im Konzern auch als einen Schritt zurück zur schon weitgehend abgeschriebenen Verbandssouveränität im Aktienrecht interpretieren[172].

Den zweiten Grund für die in ihrem Kern unaufgebbare Entscheidungsmacht der Aktionäre sahen die Entwurfsverfasser von 1884 rechtspraktisch, verbanden ihn dafür aber mit öffentlichen Interessen: Den Aktionären müsse die Möglichkeit zum Eingriff und zur Abhilfe für den Fall verbleiben, daß die Gesellschaftsorgane zum Nachteil der Gesellschaft handelten. Sie dürften nicht gezwungen werden, „ruhig zu(zu)sehen, wie gegen das Interesse der Gesellschaft lediglich zum Nutzen einzelner Koterien gewirthschaftet" werde[173]. So gesehen ist die unverzichtbare Verbandssouveränität zugleich ein Mittel, um die Verwaltungsorgane der Gesellschaft zu kontrollieren und davon abzuhalten, zum Nachteil der Gesellschaft zu handeln[174].

b) In kluger Selbstbeschränkung hatten die Entwurfsverfasser erkannt, daß sich das Verbot der Selbstentmündigung nicht in reiner Form im Gesetz verwirklichen lasse; vielmehr müsse auf Gesichtspunkte der Zweckmäßigkeit gleichfalls Rücksicht genommen werden[175]. Der Gesetzgeber von 1884 stand mithin vor der Aufgabe, zwischen diesen beiden Prinzipien abzuwägen.

Überhaupt keinen Raum für Zweckmäßigkeitserwägungen sah er bei den Zuständigkeiten für die Änderung des Gesellschaftsvertrages (Art. 215 I HGB) und für Veränderungen des Grundkapitals (Artt. 215 a, 248 HGB); denn dabei handele es sich um Fragen der gesellschaftlichen Grundverfassung[176].

Dagegen war von bloßen Zweckmäßigkeitsüberlegungen die Entscheidung des Gesetzgebers geprägt, der Generalversammlung u. a. die Zuständigkeit für Haftungsverzichte und -vergleiche, für die Nachgründung[177] und für die Bilanzgenehmigung zu übertragen. Freilich überrascht es, daß die Entwurfsverfasser ebenfalls die Wahl und Abberufung der Aufsichtsratsmitglieder als bloße Zweckmäßigkeitsentscheidung eingestuft hatten[178]. War doch die Besetzung des

[172] Zur Würdigung des Urteils unter dem Aspekt der Aktionärsrechte siehe *Großfeld/Brondics*, JZ 1982, 589; *Martens*, ZHR 147 (1983), 377, 401 ff.; *Rehbinder*, ZGR 1983, 92, 103 ff.; *Sünner*, AG 1983, 169, 170 f.; *Werner*, ZHR 147 (1983) 429, 437; *H. P. Westermann*, ZGR 1984, 352, 377 ff.

[173] Allgemeine Begründung, unten S. 464.

[174] Gleichfalls unter dem Aspekt der *Verwaltungskontrolle* ist ein Vergleich zwischen der Begründung zum Aktiengesetz 1884 und den einschlägigen Passagen des „Seehafenbetrieb"-Urteils (BGHZ 83, 122, 126 f., 134 f.) aufschlußreich.

[175] Ebenso ROHG, Gutachten, unten S. 205.

[176] Hieraus zog der Sachverständige *Goldschmidt*, Protokolle, unten S. 322 den Schluß, daß der Gesellschaftsvertrag nicht mit einer einfachen Generalversammlungsmehrheit geändert werden könne.

[177] Für diese und andere Entscheidungen, für die ein qualifiziertes Votum der Generalversammlung vorgesehen war, forderte der Sachverständige *Russell*, Protokolle, unten S. 320 f. eine Fortsetzung des Verfahrens, in dessen zweiter Phase mit einfacher Mehrheit sollte votiert werden können.

[178] So allerdings auch ROHG, Gutachten, unten S. 205.

Aufsichtsrats nach dem eigenen Verständnis der Verfasser das zentrale Instrument, um die Verwaltungsorgane zu kontrollieren und sie aus dem Einflußbereich der Gründer herauszulösen[179]. Mit der Notwendigkeit von Eingriff und Abhilfe war das Selbstaufgabe-Verbot begründet worden. Deshalb hätte man den Einfluß der Generalversammlung auf den Aufsichtsrat konsequent der gesellschaftlichen Grundverfassung zuschlagen müssen, für die Gesichtspunkte der Zweckmäßigkeit keine Rolle spielen können.

5. Der Aufsichtsrat

Das zweite große Anliegen im Bereich der Organisationsverfassung war es 1884, die Überwachungsfunktion des Aufsichtsrats klarzustellen und die Pflichten seiner Mitglieder zu präzisieren.

a) Unter dem Aktiengesetz 1870 hatten viele Aufsichtsräte ihre Aufgabe weniger in der Funktion gesehen, den Vorstand in seiner Tätigkeit zu überwachen, als vielmehr darin, zusammen mit dem Vorstand die wesentlichen unternehmerischen Entscheidungen zu fällen. Vorstand und Aufsichtsrat agierten nicht selten als zusammengesetztes, aber einheitliches Entscheidungsorgan[180]. Das gab manchem Gründer, der sich einen Platz im Aufsichtsrat verschafft hatte, die Möglichkeit, direkten Einfluß auf die Geschäftsführung zu nehmen. Außerdem war verbreitet als drittes Verwaltungsorgan neben Vorstand und Aufsichtsrat ein besonderer Verwaltungsrat eingerichtet worden. Ihn hatte das Aktienrecht 1870 zwar erwähnt (Art. 231 II 2 2. HS HGB), aber weder seine Zusammensetzung, noch seine Funktionen geregelt[181].

Wegen ihrer engen Einbindung in die Geschäftsführung waren viele Aufsichtsräte ihrer gesetzlichen Überwachungsaufgabe nicht mit der gebotenen Intensität nachgekommen[182]. Ein anderer Grund für das Versagen der Aufsichtsratsüberwachung hatte darin gelegen, daß Ratsmitglieder ihr Amt häufig nur als tantiemeträchtige Sinekure betrachtet und ihre Überwachungspflichten zum Nachteil der Gesellschaft gröblich vernachlässigt hatten[183].

Aus diesen Gründen sah sich der Reformgesetzgeber vor vier Teilaufgaben gestellt:

- die Organe Vorstand und Aufsichtsrat voneinander zu trennen;
- die Funktionen des Aufsichtsrats zu präzisieren und gegen konkurrierende Tätigkeiten anderer Organe abzuschirmen;
- die Überwachungspflichten zu verschärfen und
- Pflichtverstöße in besonderer Weise zu sanktionieren.

[179] Siehe oben S. 87 f.

[180] An dieser Praxis hatte sich freilich in manchen Gesellschaften auch nach der Aktienrechtsnovelle nichts geändert: *Klein,* Die neueren Entwicklungen, S. 37.

[181] Siehe hierzu auch die Äußerungen der Sachverständigen *Embden* und *Jacobi,* Protokolle, unten S. 351 ff.

[182] Zu diesem Mißstand vgl. auch die ausführliche Stellungnahme ROHG, Gutachten, unten S. 200 ff.

[183] Allgemeine Begründung, unten S. 461.

b) Für die *Trennung zwischen Vorstand und Aufsichtsrat* hat das Aktiengesetz 1884 nur eher mittelbare Zeichen gesetzt[184]: Es verbot die gleichzeitige Zugehörigkeit einer Person zu beiden Organen und sperrte den Zugang zum Aufsichtsrat für ehemalige Vorstandsmitglieder, solange ihnen noch nicht Entlastung erteilt war (Art. 225 a HGB). Mit dieser Regelung hat das Gesetz zwar die gemeinsame Tätigkeit beider Organe nicht ausdrücklich untersagt; diese weitere Folge ergab sich jedoch aus Sinn und Zweck der neuen Bestimmung[185].

Um die Überwachungsfunktion des Aufsichtsrats zu präzisieren, sah sich der Gesetzgeber vor die Frage gestellt, ob und ggf. mit welchen Mitteln er dem Organ die Teilhabe an der Unternehmensleistung verwehren sollte. Das aber lehnten die Entwurfsverfasser im wesentlichen mit der Begründung ab, ohne jede Beteiligung an der Verwaltungstätigkeit des Vorstands könne der Aufsichtsrat diesen überhaupt nicht effektiv überwachen[186]. Eine reine Überwachung sei letztlich allein in der Weise denkbar, daß die Geschäftsführung im Formalen, namentlich in der Buchführung, kontrolliert werde[187]. Diese Art der Überwachung sei wenig effektiv und vor allem ungeeignet, Mißgriffe des Vorstands vorbeugend abzuwehren[188]. Um den Aufsichtsrat hierzu in Stand zu setzen, müßte man ihm das Recht konzedieren, gewisse Handlungen des Vorstands seiner Zustimmung zu unterwerfen[189]. Aber damit würde man bei Lichte besehen den Aufsichtsrat an der Entscheidung des Vorstands maßgeblich beteiligen. Wenn nämlich der Aufsichtsrat ein zustimmungspflichtiges Vorstandsvorhaben ablehne, dann hindere er ihn zwar nur an diesem Vorhaben, ohne ihn zu einem anderen zwingen zu können[190]. Aber aus den Erwägungen, mit denen der Aufsichtsrat seine Ablehnung begründe, werde der Vorstand seine Schlüsse ziehen und damit letzten Endes trotzdem vom Aufsichtsrat positiv gesteuert. Außerdem sei der Aufsichtsrat nicht gehindert, allgemeine Direktiven für den Geschäftsbetrieb zu erlassen.

[184] Es mag sein, daß dies auf den breiten Widerstand in der Sachverständigenkommission (Protokolle, unten S. 350 f.) zurückzuführen ist.

[185] Siehe dazu Allgemeine Begründung, unten S. 461; so lehnte auch ROHG, Gutachten, unten S. 204 f. ein durchgängiges Mitwirkungsrecht des Aufsichtsrats an der Geschäftsführung ab.

[186] Allgemeine Begründung, unten S. 460; grundsätzlich zustimmend *Goldschmidt*, Reform des Aktiengesellschaftsrechts, S. 86 f.; siehe auch die vor dem rechtshistorischen Hintergrund entwickelte Problemskizze von *Horn*, Aktienrechtliche Unternehmensorganisation, S. 150 ff.

[187] Die Formulierung scheint durch die Äußerung ROHG, Gutachten, unten S. 225, 229 nahegelegt worden zu sein.

[188] ROHG, Gutachten, unten S. 202 f. bezweifelte sogar, ob sich für eine solche rein formale Prüfungstätigkeit des Aufsichtsrats überhaupt auf Dauer qualifizierte Unternehmerpersönlichkeiten finden lassen würden.

[189] So schon der Sachverständige *Embden*, Protokolle, unten S. 351 ff.

[190] So die damalige Gesetzeslage, die allerdings zur Disposition des Satzungsgebers stand: OLG Hamburg, ZHR 35 (1898), 247.

Es ist offensichtlich, daß die Entwurfsverfasser damit bereits die Problematik des Zustimmungsvorbehalts aus § 111 IV 2 AktG, der erst zusammen mit dem grundsätzlichen Geschäftsführungsverbot (§ 111 IV 1 AktG) 1937 in das Aktienrecht aufgenommen wurde, in ihrer vollen Breite dargelegt hatten. Diesen Ausgangspunkt und die Rechtsentwicklung bis 1937 noch einmal in Erinnerung zu rufen, mag in einer Situation nützlich sein, in der von europäischer[191] und von gewerkschaftlicher[192] Seite vorgeschlagen wird, einen Mindestkatalog von Zustimmungsvorbehalten im Gesetz zu fixieren: Dabei geht es kaum um Überwachung, als vielmehr und vor allem um Mitentscheidung.

Aber wie dem auch sei: Die Entwurfsverfasser zogen aus diesen Überlegungen 1884 den Schluß, man dürfe die Überwachung – die Hauptaufgabe des Aufsichtsrates – auch nicht an der Praxis vorbei doktrinär überspitzen[193]. Sie hatten es deshalb dem Satzungsgeber überlassen wollen zu bestimmen, welche Funktionen dem Aufsichtsrat außer seiner gesetzlichen Überwachungsaufgabe zusätzlich übertragen werden sollten (Art. 225 III HGB)[194]. Damit blieb es den Aktionären unbenommen, das Organ Aufsichtsrat in ihrer Gesellschaft statutarisch zum Verwaltungsrat alter Prägung umzuformen. Die Entwurfsverfasser hatten sogar Raum für ein aus zwei Abteilungen zusammengesetztes Organ gesehen: Während die eine den Vorstand berate, habe die andere ihn zu überwachen[195]. Freilich – wie ein System reibungslos und effektiv funktionieren sollte, in dem die einen Aufsichtsratsmitglieder kontrollieren, was die anderen Ratsmitglieder dem Vorstand vorgeschlagen haben, blieb ebenso offen wie die Frage, wie sich dies mit dem gleichfalls verfolgten Prinzip der Organ- und Funktionentrennung sollte vereinbaren lassen.

c) Die im Gesetz ausdrücklich vorgesehene Möglichkeit, den Aufsichtsrat funktional zum Verwaltungsrat umzubilden, erlaubte es nach der Ansicht der Entwurfsverfasser, den *Verwaltungsrat* als besonderes *weiteres Organ* neben Aufsichtsrat und Vorstand abzuschaffen[196]. Ein solcher Verwaltungsrat würde mit dem Aufsichtsrat bloß in schädliche Konkurrenz treten, würde diesem die besten Männer rauben und den Aufsichtsrat damit um Ansehen und Einfluß

[191] Art. 12 des geänderten Vorschlags einer 5. EG-(Struktur-)Richtlinie, Bulletin der Europäischen Gemeinschaften, Beilage 6/83.

[192] § 6 des DGB-Entwurfs, abgedruckt in: Die Mitbestimmung 1983, 130; RdA 1983, 40; dazu *Chmielewicz*, DBw 1983, 237; *Langenberg*, DB 1984, 1765; *Th. Raiser*, DBw 1983, 17; *Schwark*, AG 1983, 353.

[193] So ausdrücklich auch ROHG, Gutachten, unten S. 201 und *Goldschmidt*, Reform des Aktiengesellschaftsrechts, S. 87.

[194] Diese Regelung ging auf einen Vorschlag des Sachverständigen *Jacobi*, Protokolle, unten S. 354 zurück.

[195] Dazu der Sachverständige *Goldschmidt*, Protokolle, unten S. 353.

[196] Allgemeine Begründung, unten S. 460 f.

bringen[197]. Die Entwurfsverfasser befürchteten damals die innerliche und unvermerkte Aushöhlung des Aufsichtsrats[198] – ein Problem, das zusammen mit anderen erneut eine gewisse Aktualität bei der Kompetenzabgrenzung zwischen dem Aufsichtsratsplenum und den Ausschüssen in unserer Zeit gewonnen hat[199].

d) Somit hatte das Aktiengesetz von 1884 die Überwachungsfunktion nicht institutionell durch ein grundsätzliches Mitgeschäftsführungs-Verbot an den Aufsichtsrat abgesichert. Betont wurde diese Aufgabe vielmehr durch eine Verschärfung der Überwachungspflichten[200]. Regelungsadressat waren also die Organmitglieder und nicht das Organ; oder anders und überspitzt formuliert: Haftung statt Organisation.

Dabei fand die Verschärfung der *Aufsichtsratspflichten* im gesetzlichen Aufgabenkatalog einen eher schwachen Niederschlag. Gegenüber der neutraleren Formulierung des Aktienrechts von 1870 „Der Aufsichtsrath überwacht die Geschäftsführung..." (Art. 225 a I HGB) hieß es nun im reformierten Recht lediglich: „Der Aufsichtsrath hat den Vorstand bei seiner Geschäftsführung ... zu überwachen..." (Art. 225 I HGB). Bedeutsamer war dagegen die zweite Änderung der Aufgabenbeschreibung: Aus dem bloßen Informations*recht* des Aufsichtsrats[201] formte das Aktiengesetz 1884 eine Informations*pflicht*[202]. Außerdem erweiterte das Gesetz die Einsichts- und Untersuchungsrechte des Gesamtaufsichtsrats und gab ihm auch die Möglichkeit, diese Befugnis an einzelne Ratsmitglieder zu delegieren (Art. 225 I 2 HGB)[203].

Weitergehend hatten die Entwurfsverfasser die Pflichten nicht im Gesetz selbst intensivieren und präzisieren wollen, weil sich für die Überwachung keine allgemeinen Regeln aufstellen ließen. Alles Nähere hänge von der konkreten Gesellschaft und ihren Verhältnissen im Einzelfall ab[204]. Es wäre freilich ein Irrtum anzunehmen, der Reformgesetzgeber habe in dem Bereich, den er nicht selbst normiert hatte, keinerlei Überwachungspflichten begründen wollen. Dagegen spricht die Formulierung in der Begründung, es müßten die Verhält-

[197] Diese Befürchtung hatte der Sachverständige *Jacobi*, Protokolle unten S. 352 f. vorgetragen.

[198] So schon der Sachverständige *Keyssner*, Protokolle, unten S. 351.

[199] Dazu näher BGHZ 83, 106, 114 ff. – Siemens; OLG Hamburg AG 1984, 248, 250 f. – *Beiersdorf*; Zur parallelen Problemlage zwischen Aufsichtsrat und Gesellschafterversammlung in der mitbestimmten GmbH: BGH AG 1984, 48, 49 f. – Reemtsma.

[200] Hierzu ausführlich ROHG, Gutachten, unten S. 224 ff.

[201] „Er kann sich von dem Gange der Angelegenheiten der Gesellschaft unterrichten."

[202] „... hat ... sich ... zu informieren"; aus dem Gesetzestext ist die Informationspflicht des Aufsichtsrats erst mit dem Aktiengesetz 1937 verschwunden; damit jedoch haben die Verfasser dieses Gesetzes die Informationspflicht als solche nicht aufheben wollen; sie verstanden das Recht des Aufsichtsrats auf Berichterstattung (§ 95 II AktG 1937 = § 90 III AktG 1965) als Pflichtrecht: Der Aufsichtsrat *hat* pflichtgemäß Berichterstattung zu verlangen (vgl. *Schlegelberger/Quassowski*, § 95 AktG, Anm. 16).

[203] Zustimmend *Ring*, Entwurf, S. 123.

[204] Allgemeine Begründung, unten S. 461 vor 4.

nisse des Einzelfalls darüber entscheiden, inwieweit die Folgen zu vertreten seien, falls der Aufsichtsrat die notwendigen oder zweckmäßigen Revisionen unterlassen habe. Die Entwurfsverfasser ließen sich also offenbar von der Vorstellung eines Überwachungs*ermessens* leiten, das die Ratsmitglieder pflichtgemäß auszuüben hatten[205]. Damit klingt schon in den Vorarbeiten zum Aktiengesetz 1884 ein immer noch aktuelles Grundproblem des Gesellschaftsrechts an: ob und inwieweit die Tätigkeit der Gesellschaftsorgane verrechtlicht werden darf und muß[206].

e) Verschärft werden sollten die Aufsichtsratspflichten nach dem Konzept der Entwurfsverfasser vor allem auf dem Wege über ein effektives System der *Organhaftung* zu Lasten der Aufsichtsratsmitglieder[207]. So wurde im Aktiengesetz 1884 zum ersten Mal der allgemeine, noch heute in §§ 116, 93 II AktG enthaltene Schadenersatzanspruch der Gesellschaft gegenüber den Organmitgliedern kodifiziert (Art. 226 I HGB)[208]. Ihn betrachteten die Entwurfsverfasser nicht als wirkliche Neuschöpfung[209], sondern lediglich als deklaratorische Verlautbarung einer Anspruchsgrundlage im Aktienrecht, die schon längst im Auftragsrecht, also im Bereich des bürgerlichen Rechts akzeptiert sei[210]. Ebenfalls aus dem Recht des Auftrags stammte die Umkehr der Darlegungs- und Beweislast dafür, daß das Organmitglied seine Pflichten ordnungsgemäß erfüllt hat[211]; diese Lastumkehr ist also mitnichten aktienrechtsspezifisch[212]. Die Tatsache, daß die Aufsichtsratsmitglieder gegenüber der Gesellschaft haften sollten, aber nicht gegenüber den Aktionären und die damit verbundene Haftungskanalisierung[213], blieb an dieser Stelle ohne weitere Erörterung.

[205] So bereits ROHG, Gutachten, unten S. 226, das darauf abstellte, was „ein sorgfältiger Mann unter den gegebenen Umständen zur Abwendung der Folgen und Vermeidung der Wiederkehr für geeignet und ausreichend erachtet".

[206] Auf die Gefahr einer zu starken Verrechtlichung weisen zu Recht *Grunewald*, ZHR 146 (1982), 649, 651; *Th. Raiser*, NJW 1984, 1520, 1521; *Rittner*, AcP 183 (1983), 295, 305 hin; hier muß in der Tat das rechte Maß gewahrt bleiben, wie gerade die Begründung zur Aktienrechtsreform 1884 zeigt.

[207] *Wiener*, Aktiengesetz-Entwurf, S. 98 kennzeichnete dies System als gut, vollständig und klar.

[208] Unter welchen Voraussetzungen im einzelnen ein Aufsichtsratsmitglied haften soll, wurde von ROHG, Gutachten, unten S. 226 ff. ausführlich erörtert.

[209] So auch *Wiener*, Aktiengesetz-Entwurf, S. 98.

[210] Allgemeine Begründung, unten S. 462 f.

[211] Die Last der Vorstands- und Aufsichtsratsmitglieder, im Streitfall ihr ordnungsgemäßes Verhalten nachzuweisen, war bereits vor der Novellierung ständige Rechtsprechung des ROHG; vgl. für den Vorstand: ROHGE 19, 215; für den Aufsichtsrat: ROHGE 6, 215; 7, 306; 8, 35; 11, 348; 11, 405; 12, 385; 14, 401; 15, 439; 17, 238; 19, 215.

[212] Daraus zogen *Goldschmidt*, Reform des Aktiengesellschaftsrechts, S. 86 und *Wiener*, Aktiengesetz-Entwurf, S. 98 den Schluß, die Umkehr der Darlegungs- und Beweislast brauche überhaupt nicht im Gesetz geregelt zu werden.

[213] Siehe oben II 4 c (S. 71 f.).

Ergänzt wurde der allgemeine Schadenersatzanspruch des Art. 226 I HGB durch einen Katalog konkreter Verstöße gegen Einzelpflichten zur Kapitalerhaltung. Sie waren mit einem Erstattungsanspruch sanktioniert; die Aufsichtsratsmitglieder mußten also unabhängig davon Ersatz leisten, ob ihre Pflichtverletzung die Gesellschaft geschädigt hatte oder nicht[214]. Diesen Erstattungsanspruch (also nicht den allgemeinen Schadenersatzanspruch) konnte jeder einzelne Gesellschaftsgläubiger mit dem Verlangen geltend machen, an ihn selbst, beileibe nicht an die Gesellschaft zu zahlen (Art. 226 III 1 HGB). Die Gesellschaftsgläubiger konnten mithin aus einem fremden Recht außerhalb der Zwangsvollstreckung Leistung an sich selbst verlangen. Voraussetzung auf seiten des Gläubigers war bloß der Nachweis, daß die Gesellschaft ihn nicht befriedige. Mit diesem selbständigen Verfolgungsrecht[215] hatte der Reformgesetzgeber dem Gesellschaftsgläubiger den umständlichen Weg ersparen wollen, zunächst einen Titel gegen die Gesellschaft zu erstreiten, um sich dann anschließend im Rahmen der Zwangsvollstreckung den gepfändeten Anspruch der Gesellschaft gegen ihr Aufsichtsratsmitglied überweisen zu lassen[216]. Die Gesellschaftsgläubiger sollten möglichst gleiche Chancen haben, das Aufsichtsratsmitglied in Anspruch nehmen zu können; ihre Chancen sollten offensichtlich nicht von den Unwägbarkeiten der Zwangsvollstreckung abhängen.

Pflichtvergessene Aufsichtsratsmitglieder handelten somit unter der Drohung, von Gesellschaftsgläubigern in unüberschaubarer Vielzahl in Anspruch genommen zu werden, sofern ihr Säumen das Grundkapital berührte. Der Präventiv-Effekt dieser Regelung ist unverkennbar – zumindest in der Theorie. Warum die Organhaftung für Aufsichtsratsmitglieder rechtspraktisch so weitgehend leergelaufen ist, darüber läßt sich wohl nur spekulieren: Ist es beim von Gläubigern verfolgbaren Erstattungsanspruch die Kompliziertheit der Regelung; beim allgemeinen Schadenersatzanspruch das Risiko, daß sich das Aufsichtsratsmitglied doch noch innerhalb der Ermessensgrenzen bewegt hat[217]? Oder ist es angesichts der Schadensdimensionen regelmäßig schlicht unsinnig, wegen eines relativ kleinen Teilbetrages die Organmitglieder zu verklagen?

IV. Individualrechte und Minderheitenschutz

Die Aktienrechtsreform von 1884 hat eine Reihe von Individual- und Minderheitenrechten neu eingeführt oder sie doch in ihrer überkommenen Gestalt und Funktion konkreter beschrieben. Zwischen diesen Rechten und der revidierten

[214] Allgemeine Begründung, unten S. 463; zustimmend *Wiener*, Aktiengesetz-Entwurf, S. 99 f.

[215] Dies ging wohl auf einen Vorschlag *Wieners*, Aktiengesetz-Entwurf, S. 100 f. zurück.

[216] ROHG, Gutachten, unten S. 228 ff. ging von einem eigenen und unmittelbaren Anspruch gegen die Aufsichtsratsmitglieder aus.

[217] BGHZ 75, 96, 107 f. – Herstatt (zur Aufsichtsratshaftung); nicht immer liegen die Dinge so verhältnismäßig einfach wie im Fall BGH NJW 1980, 1629 – Schaffgottsch.

Organisationsverfassung lassen sich Verbindungslinien ziehen. Denn die Individual- und Minderheitenrechte sollten mit dazu beitragen, das Gewicht der Aktionäre in der Gesellschaft zu stärken.

1. Die einzelnen Individual- und Minderheitsrechte

Den Individual- und Minderheitsrechten stand der Reformgesetzgeber sehr reserviert gegenüber[218]. Zur Aufnahme ins Gesetz hat er sich deshalb nur bei einigen wenigen durchringen können, die überdies in Rechtsprechung und Literatur schon weitgehend anerkannt, also bloß noch zu kodifizieren und näher auszugestalten waren[219]:

a) Die größte Bedeutung kam dabei dem Recht des einzelnen Aktionärs zu, gesetz- und statutenwidrige Beschlüsse der Generalversammlung *anzufechten* (Artt. 222, 190 a HGB)[220]. Dies Anfechtungsrecht, das der Aktionär frei von der Anfechtungsbefugnis des Vorstands und seiner Ausübung wahrnehmen konnte, wurde deutlich individualistisch-aktionärsbezogen begründet[221]: Beschlüsse einer nicht gehörig berufenen Generalversammlung oder Beschlüsse, welche die Grenzen ihrer Zuständigkeit überschritten usf., bräuchten diejenigen Aktionäre, welche sich ihnen nicht unterworfen hätten, als einen sie bindenden Willen der Gesellschaft nicht gelten zu lassen. Freilich oblag nicht es dem anfechtenden Aktionär zu behaupten, durch den Generalversammlungsbeschluß in seinen eigenen Rechten verletzt worden zu sein[222].

Im einzelnen war die Anfechtungsklage in ihren Voraussetzungen, Grundzügen und Rechtsfolgen schon damals so ausgestaltet, wie sie sich noch heute im geltenden Recht findet. Hingewiesen sei lediglich auf zwei Besonderheiten: Bei der Anfechtungsklage des Aktionärs war passiv legitimiert – anders als nach geltendem Recht (§ 246 II 1 AktG) – der Vorstand als Vertreter der Gesellschaft, also nicht diese selbst (Artt. 222, 190 a II 1 HGB); bei der Klage des Vorstands war der Aufsichtsrat als passiv Legitimierter berufen. Außerdem sah das Gesetz

[218] Dazu gleich näher unten IV 3 (S. 101 f.).

[219] So auch ROHG, Gutachten, unten S. 255; daß insbesondere das Anfechtungsrecht schon längst anerkannt war, betonten auch *Ring*, Entwurf, S. 129; *Wiener*, Aktiengesetz-Entwurf, S. 110.

[220] Kritisch zu den Einzelheiten dieses Rechts *Ring*, Entwurf, S. 129 ff.; zu den Versuchen der Verwaltungsorgane, das Anfechtungsrecht „abzukaufen": Düringer/*Hachenburg*, Einl. I, Anm. 84; siehe auch noch *Lutter*, ZGR 1978, 347.

[221] Die nachfolgende Begründungspassage entstammte der Entscheidung ROHGE 7, 105; offensichtlich war den Entwurfsverfassern entgangen, daß sich das Urteil in seiner Begründungsrichtung nicht vollständig mit ihren eigenen Erwägungen deckte (siehe unten IV 2 a, S. 99).

[222] Es ist anzunehmen, daß auch das *ROHG* keine eigene Betroffenheit des anfechtenden Aktionärs verlangte; denn hierzu nahm das Gericht in seinem Gutachten nicht Stellung; vgl. unten S. 255 ff.

einen Schadenersatzanspruch der Gesellschaft für unberechtigt und böslich angestrengte Anfechtungsklagen vor[223].

b) Einer 20%igen Minderheit hatte der Reformgesetzgeber das Recht eröffnet, die *Verfolgung von Ersatzansprüchen* gegen Gründer, Mitglieder des Vorstands und Aufsichtsrats oder gegen Liquidatoren verlangen zu können (Art. 223 HGB)[224]. Ein solches Minderheitenrecht schien den Entwurfsverfassern notwendig, um möglichen Kollusionen zwischen den Schädigern und der Aktienmehrheit vorzubeugen[225]. Dem einzelnen Aktionär das Verfolgungsrecht zu überantworten, lehnten die Verfasser mit Nachdruck ab: Das wäre nicht nur unlogisch; es würde überdies in der Gesellschaft die völlige Anarchie eröffnen, wenn jeder der zahlreichen Aktionäre mit seiner ganz eigenen Auffassung von dem, was der Gesellschaft zum Schaden gereiche, gegen Organmitglieder Klage erheben könnte.

Zugunsten einer 10%igen Aktienminderheit wurde die Befugnis eingeführt, unter bestimmten Voraussetzungen bei Gericht die *Einsetzung von Revisoren* betreiben zu können (Art. 222a HGB)[226].

c) Besonders nachteilig hat sich die gegenüber Individual- und Minderheitsrechten sehr restriktive Grundhaltung der Entwurfsverfasser dort ausgewirkt, wo es darum ging, den Aktionären stärkeren Einfluß auf die Generalversammlung und ihren Ablauf zu eröffnen[227]. Nachteilig wirkte diese Haltung zwar noch nicht so sehr beim Recht einer 5%igen Minderheit, die *Einberufung der Generalversammlung* verlangen zu können (Art. 237 I HGB); dies Recht hatte man in der Tat nicht gut jedem einzelnen Aktionär eröffnen können. Störend war hingegen die immer noch verhältnismäßig hohe Schwelle des bloßen Minderheitenrechts für die *Ergänzung der Tagesordnung* (Art. 237 II HGB). Die hierzu damals vorgetragenen Argumente[228] – Störung des Vertrauens der Gesellschaft zu

[223] So auch schon ROHG, Gutachten, unten S. 255 sowie der Sachverständige *Keyssner*, Protokolle, unten S. 347; dieser Schadenersatzanspruch ist durch das AktG 1965 abgeschafft worden; denn der Anfechtungskläger werde ungerechtfertigt benachteiligt; es fände sich sonst nirgends eine derartige Regelung, die wirklich sanktionswürdigen Anfechtungsklagen ließen sich über § 826 BGB erfassen.

[224] Auf diesen Fragenkreis war das ROHG nicht eingegangen; kritisch zur gesetzlichen Lösung *Renaud*, Der Entwurf eines Reichsgesetzes, S. 298 f.

[225] Allgemeine Begründung, unten S. 469; kritisch gegenüber der praktischen Wirksamkeit dieses Rechts *Ring*, Entwurf, S. 135, weil die Quote von 20% zu hoch sei.

[226] Zu den entsprechenden detaillierten Vorschlägen ROHG, Gutachten, unten S. 254 f.; kritisch zu den Einzelheiten dieses Rechts *Ring*, Entwurf, S. 131 ff.

[227] Insoweit, aber auch nur insoweit erscheint der Vorwurf *Wiedemanns*, Gesellschaftsrecht, Band I, S. 364 f. von der überraschend illiberalen Tendenz der Aktienrechtsreform 1884 bei den Individual- und Minderheitsrechten berechtigt; tendenziell ähnlich wohl auch *Horn*, Aktienrechtliche Unternehmensorganisation, S. 160; dazu gleich näher unten IV 3 (S. 101 f.).

[228] Allgemeine Begründung, unten S. 472.

ihren Organen, Gefährdung des Kredits der Gesellschaft, Kosten – können heute nicht mehr überzeugen (arg. §§ 126 f. AktG).

2. *Zur Funktion der Aktionärsrechte*

Nach allem scheint es damals bei der Aktienrechtsreform 1884 lediglich um zwei Fragen gegangen zu sein: Welche einzelnen Maßnahmen sollten unabhängig vom Einverständnis der Aktienmehrheit durchgeführt werden können? Und: Welche Maßnahmen sollte der einzelne Aktionär betreiben können und für welche anderen sollte eine (qualifizierte) Aktienminderheit erforderlich sein? Zwar standen diese beiden Fragen und die mit ihnen verbundenen Differenzierungen im Zentrum der rechtspolitischen Erwägungen; hinter ihnen war jedoch in der Gesetzesbegründung eine weitere Differenzierung angelegt: die nach den *Funktionen* der Individual- und Minderheitsrechte; sie dienten nach dem Verständnis der Entwurfsverfasser in unterschiedlicher Weise drei Zwecken:

- der Notgeschäftsführung zugunsten der Gesellschaft oder
- der Repräsentanz der Gesamtheit aller Aktionäre oder
- der Sicherstellung mitgliedschaftlicher Befugnisse.

a) Als *Notgeschäftsführer* zugunsten der Gesellschaft trat der einzelne Aktionär nach Ansicht der Entwurfsverfasser bei der Anfechtungsklage auf. In diesem Fall verfolgte er Rechte der Gesellschaft und handelte primär in deren Interesse, nahm also keine eigenen Rechte wahr und war auch nicht auf den unmittelbar eigenen Vorteil bedacht[229]. Das eigene Recht und die eigenen Interessen des Aktionärs sollten bloß reflektorisch geschützt und bewahrt werden[230]. Die Rechte und Interessen der Gesellschaft wahrzunehmen, war (und ist) Aufgabe der dafür zuständigen Gesellschaftsorgane, Vorstand und Aufsichtsrat, aber nicht die einzelner Aktionäre. Für ihr Wirken konnte in Gesellschaften mit ordnungsgemäßen internen Abläufen – und das war nach der Vorstellung der Entwurfsverfasser für die Masse aller Gesellschaften zu unterstellen – kein Raum sein; einzelne Aktionäre oder Aktionärsgruppen konnten nur in „nothgedrungenen Ausnahmen" anstelle der zuständigen Verwaltungsorgane wirken, nicht hingegen in der regelmäßigen Organisation der Gesellschaft[231]. Die Trennung zwischen der gesellschaftsbezogenen Notgeschäftsführung und der Tätigkeit im unmittelbar eigenen Interesse der Aktionäre fand ihren rechtsdogmatischen

[229] Allgemeine Begründung, unten S. 466; so schon die Sachverständigen *Goldschmidt* und *Koch*, Protokolle, unten S. 346; zustimmend *Ring*, Entwurf, S. 129; noch einmal scharf herausgestellt auch von *Klein*, Die neuere Entwicklungen, S. 45 sowie in jüngerer Zeit von *Lutter*, NJW 1969, 1873, 1877 f.

[230] Diese allgemeine Begründung stand in einem gewissen Widerspruch zur speziellen Begründung für die Anfechtungsklage (siehe oben IV 1 a bei Fn. 221, S. 97).

[231] Allgemeine Begründung, unten S. 471.

Niederschlag darin, daß die Entwurfsverfasser in der Befugnis zur Notgeschäftsführung keinen Teil des Mitgliedschaftsrechts erblickten[232].

b) Von der Notgeschäftsführung für die Gesellschaft zu unterscheiden war die *Repräsentanz der Gesamtheit der Aktionäre* durch einzelne Aktionäre oder Aktionärsgruppen[233]. Von der Vorstellung einer solchen Repräsentanz ließen sich die Entwurfsverfasser beim Recht auf Verfolgung von Ersatzansprüchen und auf Einsetzung von Revisoren[234] leiten. Denn hier könne nicht in jedem Fall damit gerechnet werden, daß die in der Generalversammlung organisierte Aktionärsgesamtheit stets im Interesse der Gesellschaft und ihrer sämtlichen Aktionäre handeln würde. Deshalb hatte das Reformgesetz für ausgewählte Fälle eine Sonderkompetenz der Aktienminderheit begründet. Diese wirkte wie folgt:

Wenn in der zur Entscheidung aufgerufenen Generalversammlung der Wille der (wie auch immer zusammengesetzten) Aktienminderheit von dem der Aktionärsmehrheit abwich, dann dominierte nicht der Wille der Mehrheit, sondern der der Minderheit. Als Entscheid der Gesamtheit aller Aktionäre galt, was die Minderheit beschlossen hatte: Zwangsrepräsentanz *der* Aktionäre durch die Aktienminderheit – und zwar nicht nur negativ durch deren Veto, sondern auch aktiv gestaltend: Die Aktienminderheit sollte bestimmte Maßnahmen – wie etwa die Verfolgung von Ersatzansprüchen – positiv betreiben oder betreiben lassen können, selbst wenn dem die Mehrheit der Aktionäre widersprach.

Rechtsdogmatisch haben die Entwurfsverfasser die Repräsentanz der Aktionärsgesamtheit nicht als mitgliedschaftsrechtliche Befugnis eingeordnet und sie damit funktional in unmittelbare Nähe zur Notgeschäftsführung gerückt.

c) Mitgliedschaftsrechtlicher Natur waren nach Auffassung der Entwurfsverfasser erst die Befugnisse, die das Reformgesetz der Aktienminderheit eingeräumt hatte, um die einzelnen Aktionäre in die Lage zu versetzen, ihre eigenen Rechte im eigenen Interesse auszuüben. Denn das Minderheitsinteresse könne durchaus einmal von dem der Gesellschaft und dem der Gesellschaftermehrheit abweichen[235]. Bei diesen mitgliedschaftlichen Befugnissen handelte es sich um die Rechte auf Einberufung der Generalversammlung und auf Ergänzung der Tagesordnung[236], also um *Hilfsrechte* zur Absicherung von Mitverwaltungsrechten der Aktionäre. Erst bei dieser Gruppe von Befugnissen ist der Anschluß an die aktuelle Diskussion um die materiellen Individual- und Minderheitenrechte gewonnen[237].

[232] Zur heutigen Einordnung des Notgeschäftsführungsrechts: *Lutter*, AcP 180 (1980), 84, 132 ff.

[233] Siehe Allgemeine Begründung, unten S. 469 f.

[234] Siehe oben IV 1 b (S. 98).

[235] Siehe *Klein*, Die neueren Entwicklungen, S. 48.

[236] Vgl. oben IV 1 c (S. 98).

[237] Siehe dazu statt aller *Wiedemann*, Gesellschaftsrecht, Band I, S. 357 ff.; 404 ff.

3. Das rechtspolitische Grundkonzept

Vor dem Hintergrund dieser funktionalen Differenzierungen läßt sich nunmehr das rechtspolitische Grundkonzept angemessen würdigen, welches das Aktiengesetz 1884 bei den Individual- und Minderheitsrechten verwirklicht hatte:

a) Aus gesetzlichen Einzel- und Minderheitsbefugnissen könnten – so befürchteten die Entwurfsverfasser – eine Vielzahl von Unzuträglichkeiten für die Gesellschaft und das gute Funktionieren ihrer Organe erwachsen[238]: Sie würden die Energie und eine verantwortliche Tätigkeit von Vorstand und Aufsichtsrat lähmen; könnten das Vertrauen der Gesellschaft zu ihren Organen gefährden[239] und die tüchtigeren Elemente aus den Verwaltungsorganen zurückscheuchen – qualifizierte Geschäftsleute übernähmen gar nicht erst die Stellung von Mitgliedern des Vorstands und Aufsichtsrats, wenn sie gewärtigen müßten, von jedem der zahlreichen Aktionäre mit Klage bedroht oder belangt zu werden[240]; Einzel- und Minderheitsbefugnisse könnten den Aktionären den Anreiz nehmen, durch Ausübung ihrer Mitgliedschaftsrechte Einfluß zu gewinnen; gefährdeten den Halt der Gesamtorganisation; könnten eine völlige Anarchie eröffnen und Erpressungen aller Art Vorschub leisten; überdies seien Einzel- und Minderheitsbefugnisse mehr oder minder geeignet, Kredit und Ansehen der Gesellschaft in Mitleidenschaft zu ziehen[241].

b) Aus alledem zogen die Entwurfsverfasser diesen Schluß; Individualrechte – und das heißt in der Sache: Notgeschäftsführungs- und Repräsentationsbefugnisse – könnten allein dann und auch nur insoweit in Betracht kommen, wie die geschilderten Gefahren und Unzuträglichkeiten für das gesunde Funktionieren der Gesellschaft ausgeschlossen erschienen[242]. Der ungestörte Fortgang des gesellschaftlichen Lebens war also absolut vorrangig. Oder umgekehrt formuliert: Beeinträchtigungen und Unverträglichkeiten, die über Notgeschäftsführungs- und Repräsentationsbefugnisse hätten erfolgreich bekämpft werden können, sollten hingenommen werden, sofern von solchen Befugnissen Beeinträchtigungen für das gesunde Funktionieren der Gesellschaft zu befürchten waren.

Es ist nicht auszuschließen, daß diese für Notgeschäftsführungs- und Repräsentationsbefugnisse immerhin diskussionswürdige Grundposition die Ent-

[238] Allgemeine Begründung, unten S. 466; so auch schon ROHG, Gutachten, unten S. 253, 257 sowie der Sachverständige *Jacobi*, Protokolle, unten S. 347. Besondere Beeinträchtigungen befürchtete *Wiener*, Aktiengesetz-Entwurf, S. 110 namentlich von den Schadenersatzansprüchen gegen Gesellschaftsorgane und vom Antrag auf Einsetzung eines Sonderprüfers; übereinstimmend Düringer/*Hachenburg*, Einl. I, Anm. 86.

[239] Allgemeine Begründung, unten S. 472.

[240] Allgemeine Begründung, unten S. 469; so auch *Renaud*, Der Entwurf eines Reichsgesetzes, S. 300; *Wiener*, Aktiengesetz-Entwurf, S. 110 f.

[241] Allgemeine Begründung, unten S. 468, 472.

[242] Allgemeine Begründung, unten S. 466.

wurfsverfasser in gleicher Weise oder zumindest ohne wesentliche Abstriche geleitet hatte, als es um die ganz andere Frage der mitverwaltungsrechtlichen Hilfsbefugnisse[243], also um genuin mitgliedschaftsrechtliche Befugnisse ging. Dafür sprechen nicht bloß gewisse Passagen in der Entwurfsbegründung, sondern vor allem die Tatsache, daß ein Auskunftsrecht des einzelnen Aktionärs in diesem Zusammenhang noch nicht einmal erwähnt wurde[244] – und dies trotz des allgemeinen Bestrebens der Entwurfsverfasser, die Gesellschaftsverhältnisse durchsichtiger werden zu lassen. Für diese Zurückhaltung beim *mitgliedschaftsrechtlichen Individual- und Minderheitenschutz* verdient die Aktienrechtsreform 1884 wahrlich Kritik. Denn ihre Zurückhaltung hat „Spätfolgen" noch im geltenden Recht. Man denke nur an die hohen Hürden, die das Aktiengesetz für das Verlangen nach gesonderter Entlastung (§ 120 I 2 AktG), für die Abstimmungsreihenfolge bei der Aufsichtsratswahl (§ 137 AktG) und für den Antrag auf gerichtliche Ersetzung eines befangenen Abschlußprüfers (§ 163 II 1 AktG) aufgestellt hat: In Publikumsgesellschaften sind diese Minderheitsrechte noch heute ins Wasser geschrieben. Damit sie tatsächlich wirken können, müßten ihre Schwellenwerte deutlich herabgesetzt, wenn nicht gar die Minderheits- zu Individualrechten umgebildet werden.

V. Fortwirkungen der Aktienrechtsreform 1884

Würdigt man das Aktiengesetz von 1884 vor dem Hintergrund der Erfahrungen, die mit seinen Regelungen in den vergangenen einhundert Jahren gesammelt worden sind und die Anlaß zu Abänderungen und Fortschreibungen gaben, so wird man dem Reformgesetzgeber wohl bescheinigen müssen, ein treffliches Grundkonzept unterschiedlich erfolgreich, aber eben doch stets erfolgreich in konkrete Einzelregelungen umgesetzt zu haben. Besonders harmonisch ist dabei die Verknüpfung zwischen Grundkonzept und Einzelregelung im Bereich des Gründungsrechts gelungen und auch die seinerzeit kodifizierten Individual- und Minderheitenrechte sind fast unverändert und um nur Weniges ergänzt bis auf den heutigen Tag überkommen. Als fortschreibungsbedürftig – und zwar immer weiterer Fortentwicklung bedürftig – hat sich die Organisationsverfassung der Aktiengesellschaft erwiesen. Diese Tatsache jedoch darf nicht den Blick darauf verstellen, daß die wesentlichen Grundlagen für die mittlerweile ausgereifte und heute deshalb – zumindest für die konzernfreie Aktiengesellschaft – allseits akzeptierte Organisationsverfassung schon 1884 gelegt worden waren. – Zu diesen drei Regelungsbereichen noch ein wenig näher:

[243] Siehe oben IV 2 c (S. 100).

[244] Der Auskunftsanspruch des einzelnen Aktionärs ist erst durch § 112 AktG 1937 eingeführt worden, um die bis dahin ganz unübersichtliche Rechtsprechung zu kodifizieren. Allerdings hatte auch schon ROHG, Gutachten, unten S. 247 einzelne Informationsrechte gesehen, nämlich das Recht auf Aushändigung einer Bilanzabschrift sowie auf Einsicht in die Protokolle der Generalversammlung.

1. Gründungsrecht

Lediglich marginale Fortschreibungen haben sich im Laufe der Jahrzehnte für das Gründungsrecht als notwendig erwiesen; noch einmal zu erwähnen sind der obligatorische Bericht der Gründer über den Hergang der Gründung (§ 32 I AktG – Gründungsbericht) und die Einschaltung besonderer Gründungsprüfer bei jeder Sachgründung schlechthin (§ 33 II Nr. 4 AktG). Als stärkste Veränderung gegenüber der Aktienrechtsreform von 1884 fällt die Aufgabe der Sukzessivgründung ins Auge. Alles übrige jedoch, und das ist nahezu ohne jeden Abstrich die Masse des damals entwickelten Gründungsrechts, hat sich offenbar sehr gut bewährt. Diese Bewertung erleidet auch keine Abstriche durch die Feststellung, daß Aktiengesellschaften zumeist nicht auf dem Wege der Gründung, sondern auf dem anderen der Umwandlung entstehen (z. B. §§ 376 ff. AktG, §§ 50 ff. UmwG). Denn die Schutzbestimmungen des Gründungsrechts finden ihre parallele Wiederholung im Recht der verschiedenen Umwandlungsformen.

Der Erfolg des 1884 eingeführten Gründungsrechts ist um so höher einzuschätzen, als nicht nur der deutsche Gesetzgeber seine wesentlichen Regeln, wenn auch angemessen „entfeinert“, noch 1980 für die GmbH fruchtbar gemacht hat; beachtlich ist vielmehr und vor allem die Anerkennung, die das Gründungsrecht von 1884 innerhalb der europäischen Gemeinschaft gefunden hat: Sein Konzept wurde Grundlage der 2. EG-(Kapital-)Richtlinie[245] und auf diesem Wege in die nationalen Rechte der übrigen Mitgliedsstaaten „exportiert“.

2. Organisationsverfassung

Sehr viel weniger erfolgreich erscheinen dagegen im Rückblick die organisationsrechtlichen Regelungen des Aktiengesetzes 1884: Das damals kodifizierte Konzept für die Aufsichtsratsüberwachung hat sich bekanntlich nicht bewährt[246]. Die Aufsichtsratsfrage beschäftigte den Gesetzgeber noch weitere fünfzig Jahre, bis ihm in der Notverordnung von 1931 und namentlich mit der obligatorischen Prüfung des Jahresabschlusses durch den professionellen Wirtschaftsprüfer ein in so hohem Maße tragfähiges Gesamtkonzept gelungen war, daß dem Organ Aufsichtsrat später noch eine weitere Funktion auferlegt werden konnte: die unternehmerische Mitbestimmung der Arbeitnehmer. Und ebenfalls die Berufung der Generalversammlung zum obersten Organ der Aktiengesellschaft mitsamt der kompetenziellen Stärkung der Aktionäre – der zweite Lösungsansatz des Reformgesetzes von 1884 – wurde mit dem Aktiengesetz von 1937 vollständig aufgegeben, nachdem sich die Praxis schon längere Zeit zuvor von diesem Organisationsmodell abgewendet und die Stellung der Verwaltungs-

[245] Dazu *Lutter*, Festschrift für Ferid, 1978, S. 599; zur Umsetzung der 2. Richtlinie ins deutsche Recht: *Hüffer*, NJW 1979, 1065.

[246] Siehe den Überblick bei *Wiethölter*, Interessen und Organisation der Aktiengesellschaft im amerikanischen und deutschen Recht, 1961, S. 288 ff. m. w. N.

organe nachdrücklich ausgebaut hatte. Deshalb scheint die nun hundert Jahre zurückliegende Aktienrechtsreform auf dem Gebiet der Organisationsverfassung keine heute noch verwertbaren Erkenntnisse mehr liefern zu können. – So aber ist es nicht:

Um die Selbständigkeit der Aktiengesellschaft vornehmlich gegenüber ihren Gründern sicherzustellen, hatte es der Reformgesetzgeber von 1884 unternommen, die drei Gesellschaftsorgane mit den Mitteln des Organisationsrechts in ein ausgewogenes und den praktischen Bedürfnissen entsprechendes Verhältnis zueinander zu bringen. Mit Blick auf dies Ziel waren nicht nur Verzerrungen und Vermischungen zwischen den einzelnen Organen zu beseitigen; diese mußten zugleich für ihre jeweiligen Funktionen und Kompetenzen ertüchtigt und – das gilt vor allem für den Aufsichtsrat – gegen konkurrierende Tätigkeiten anderer Organe abgeschirmt werden. Dies auf Gesellschaftsautonomie vornehmlich in der Gründungs- und Nachgründungsphase abzielende Regelungsprogramm hatte zugleich die Ansätze für gerade das System geschaffen, dem die aktienrechtliche Organisationsverfassung ihre allgemeine und fortdauernde Leistungsfähigkeit verdankt: die Ansätze für das so erfolgreiche System von „checks and balances" der Organe in der Aktiengesellschaft mit ihren nach außen sichtbaren Aufgabenträgern.

Zugegeben: für die weitere Existenz der Gesellschaft nach ihrer Gründung blieb dies System von 1884 noch in starkem Maße überprüfungs-, abänderungs- und ergänzungsbedürftig und zwar hauptsächlich für den Aufsichtsrat – dies aber nicht zuletzt deshalb, weil das Reformgesetz mit seiner Ermächtigung an den Satzungsgeber, den Aufsichtsrat zum Verwaltungsrat umbilden zu können, seinem eigenen Konzept – der nach außen sichtbaren Trennung der Funktions- und Verantwortungsbereiche – nicht konsequent treu geblieben war. All' dies jedoch kann die Leistung des Reformgesetzgebers nicht schmälern: Von ihm stammen die Systemansätze, deren Wirkkraft im Konzern es nun zu überprüfen gilt[247].

Und auch in einem zweiten Punkt könnte das Aktiengesetz 1884 mit seinen organisationsrechtlichen Bestimmungen Aufschlüsse für das aktuell fortzuentwickelnde Konzernrecht bieten: Intensivierte Organpflichten und schärfste Haftungsbestimmungen verbessern die Funktionsfähigkeit der Gesellschaftsorgane allenfalls marginal. Steigern kann der Gesetzgeber das gute Funktionieren der Gesellschaften und ihrer Organe im Schwerpunkt nur durch organisationsrechtliche Rahmenbedingungen: durch abgestimmte Organkompetenzen, zweck- und größenspezifisch differenzierte Mitwirkungs- und Kontrollrechte sowie durch ein hinreichend, aber nicht überzogen aufgefächertes Informations-System. Pflichten und Haftung sichern die Organfunktionen demgegenüber in

[247] Dazu erste Überlegungen bei *Hommelhoff,* Die Konzernleitungspflicht, 1982, S. 220 ff. m. w. N.

aller Regel lediglich am Rande ab. Deshalb lassen sich die außenstehenden Aktionäre und Gläubiger einer faktisch konzernierten Aktiengesellschaft über ein Bündel von Verhaltenspflichten[248] kaum angemessen schützen: Die organisationsrechtlichen Rahmenbedingungen der §§ 311 ff. AktG greifen zu kurz.

3. Individual- und Minderheitenrechte

Dem Minderheitenschutz wird aktuell ein sehr viel höherer Stellenwert beigemessen als zur Zeit der Aktienrechtsreform 1884. Dennoch gehen die ins Gesetz geschriebenen Individual- und Minderheitenrechte nicht weit über die vor hundert Jahren kodifizierten hinaus. Eine Ausweitung dieser wenigen Behelfe wurde erst in jüngster Zeit intensiver diskutiert[249]; nun aber, da die allgemeine Aktionärsklage im „Seehafenbetriebs"-Urteil anerkannt ist[250], steht die Diskussion ganz im Banne eines individualistisch-mitgliedschaftsrechtlichen Verständnisses der Individual- und Minderheitenrechte. Die künftigen Argumentationsrichtungen lassen sich bereits ahnen: Während die einen die Mitgliedschaft des Aktionärs in immer neuen Rechtspositionen konkretisieren wollen, bestreiten die anderen die individuelle Betroffenheit der Aktionäre, denen es allein um Dividende, Kurssteigerungen, Bezugsrechte und Gratisaktien zu tun sei. Bevor sich die weitere Diskussion derart verengt, könnte es für die Erfassung der Aktionärsklage hilfreich sein, sich auf die sehr viel breiter gelagerten Ansätze des Reformgesetzes von 1884 zurückzubesinnen: Im System der sich selbst verwaltenden Aktiengesellschaft ist die Aktionärsklage das letzte, aber zugleich notwendige Element, um die gesellschaftsinterne, also staatsfreie Eigenkontrolle in dieser Rechtsform sicherzustellen.

*

Fernab aller rechtsdogmatischen Einzelheiten verdienen vor allem jedoch die Verfasser des Aktiengesetz-Entwurfs, das Reichs-Oberhandelsgericht und die Sachverständigen Respekt und Bewunderung. Sie haben in langem und intensivem Gedankenaustausch wesentliche Grundlagen für unser modernes Kapitalgesellschaftsrecht gelegt: Im Aktiengesetz von 1884 schufen sie ein Jahrhundertwerk.

[248] Ausgeprägt *Geßler*, Festschrift für H. Westermann, 1974, S. 155 ff.
[249] Zuerst *Knobbe-Keuk*, Festschrift für Ballerstedt, 1975, S. 244 ff.
[250] Siehe oben III 4 a (S. 89 f.).

Texte und Quellen zum Aktiengesetz

I. Art. 173–249a des Allgemeinen Deutschen Handelsgesetzbuchs in der Fassung des Gesetzes vom 11. 6. 1870

Zweiter Abschnitt.
Von der Kommanditgesellschaft auf Aktien insbesondere.

Art. 173.* Das Kapital der Kommanditisten kann in Aktien oder Aktienantheile zerlegt werden.

Die Aktien oder Aktienantheile müssen auf Namen lauten. Sie müssen auf einen Betrag von mindestens *funfzig*[1]) Vereinsthalern gestellt werden, wenn nicht die Landesgesetze nach Maassgabe der besonderen örtlichen Bedürfnisse einen geringeren Betrag gestatten. Aktien oder Aktienantheile, welche auf Inhaber lauten, oder welche auf einen geringeren als den gesetzlich bestimmten Betrag gestellt werden, sind nichtig. Die Ausgeber solcher Aktien oder Aktienantheile sind den Besitzern für allen durch die Ausgabe verursachten Schaden solidarisch verhaftet.

Die vorstehenden Bestimmungen gelten auch von Promessen und Interimsscheinen.

Art. 174.* *Eine*[2]) *Kommanditgesellschaft auf Aktien gilt*

---

1) So nach dem Gesetze v. 11. Juni 1870.

2) So nach dem Gesetze v. 11. Juni 1870, durch dessen §. 2 das Erforderniss staatlicher Genehmigung für Kommanditgesellschaften auf Aktien und Aktiengesellschaften, sowie die staatliche Beaufsichtigung derselben ausdrücklich aufgehoben ist.

* (Entnommen aus: R. Schröder [Hrsg.], Das Allgemeine Deutsche Handelsgesetzbuch und die Allgemeine Deutsche Wechselordnung, 6. Aufl., 1884, S. 34–53.

Die kursiv gesetzten Worte sind Zusätze oder Änderungen aufgrund des Gesetzes vom 11. 6. 1870. Die durch dieses Gesetz geänderten Artikel sind durch ein Sternchen gekennzeichnet.)

als Handelsgesellschaft, auch wenn der Gegenstand des Unternehmens nicht in Handelsgeschäften besteht.

Ueber die Errichtung und den Inhalt des Gesellschaftsvertrages muss eine gerichtliche oder notarielle Urkunde aufgenommen werden. Zur Aktienzeichnung genügt eine schriftliche Erklärung.

Art. 175.* Der Gesellschaftsvertrag muss enthalten:

1) den Namen, Vornamen, Stand und Wohnort jedes persönlich haftenden Gesellschafters;
2) die Firma der Gesellschaft und den Ort, wo sie ihren Sitz hat;
3) den Gegenstand des Unternehmens;
4) die Zeitdauer des Unternehmens, im Fall dasselbe auf eine bestimmte Zeit beschränkt sein soll;
5) die Zahl und den Betrag der Aktien und Aktienantheile;
6) die Bestimmung, dass ein Aufsichtsrath von mindestens *drei* Mitgliedern aus der Zahl der Kommanditisten durch Wahl derselben bestellt werden müsse;
7) die Form, in welcher die Zusammenberufung der Generalversammlung der Kommanditisten geschieht;
8) die Form, in welcher die von der Gesellschaft ausgehenden Bekanntmachungen erfolgen, sowie die öffentlichen Blätter, in welche dieselben aufzunehmen sind.

Art. 176.* Der Gesellschaftsvertrag muss bei dem Handelsgericht, in dessen Bezirk die Gesellschaft ihren Sitz hat, in das Handelsregister eingetragen und im Auszuge veröffentlicht werden.

Der Auszug muss enthalten:

1) das Datum des Gesellschaftsvertrages;
2) den Namen, Vornamen, Stand und Wohnort jedes persönlich haftenden Gesellschafters;
3) die Firma der Gesellschaft und den Ort, wo sie ihren Sitz hat;
4) die Zahl und den Betrag der Aktien und Aktienantheile;
5) die Form, in welcher die von der Gesellschaft ausgehenden Bekanntmachungen erfolgen, sowie die öffentlichen Blätter, in welche dieselben aufzunehmen sind.

Ist in dem Gesellschaftsvertrage bestimmt, dass das Austreten eines oder mehrerer persönlich haftender Gesellschafter die Auflösung der Gesellschaft nicht zur Folge habe (Art. 199), so ist auch diese Bestimmung zu veröffentlichen[1]).

Art. 177. Der Anmeldung Behufs der Eintragung in das Handelsregister muss beigefügt sein:

1) die Bescheinigung, dass der gesammte Betrag des Kapitals der Kommanditisten durch Unterschriften gedeckt ist;
2) die Bescheinigung, dass mindestens ein Viertheil des von jedem Kommanditisten gezeichneten Betrages von ihm eingezahlt ist;
3) der Nachweis, dass der Aufsichtsrath nach Inhalt des Ver-

---

[1]) Zusatz des Gesetzes v. 11. Juni 1870.

trages (Art. 175, Ziff. 6) in einer Generalversammlung der Kommanditisten gewählt ist.

Die Anmeldung muss von sämmtlichen persönlich haftenden Gesellschaftern vor dem Handelsgerichte unterzeichnet oder in beglaubigter Form eingereicht werden. Die der Anmeldung beigefügten Schriftstücke werden bei dem Handelsgerichte in Urschrift oder in beglaubigter Abschrift aufbewahrt.

Art. 178.* Vor erfolgter Eintragung in das Handelsregister besteht die Kommanditgesellschaft als solche nicht. Die *vor der Eintragung* ausgegebenen Aktien oder Aktienantheile sind nichtig. Die Ausgeber sind den Besitzern für allen durch die Ausgabe verursachten Schaden solidarisch verhaftet.

Wenn vor erfolgter Eintragung im Namen der Gesellschaft gehandelt worden ist, so haften die Handelnden persönlich und solidarisch.

Art. 179. Die Vorschriften der Art. 152 und 153 sind auch bei der Kommanditgesellschaft auf Aktien zu befolgen; die Anmeldung muss die im Art. 176, Ziffer 1—5 bezeichneten Angaben enthalten. Das Handelsgericht hat die persönlich haftenden Gesellschafter zur Befolgung dieser Vorschriften von Amtswegen durch Ordnungsstrafen anzuhalten.

Art. 180. Wenn ein Gesellschafter eine Einlage macht, welche nicht in baarem Gelde besteht, oder wenn er sich zu seinen Gunsten besondere Vortheile ausbedingt, so muss in einer Generalversammlung der Kommanditisten die Abschätzung und Prüfung der Zulässigkeit angeordnet und in einer späteren Generalversammlung die Genehmigung durch Beschluss erfolgt sein.

Der Beschluss wird nach der Mehrheit der in der Versammlung anwesenden oder durch Vollmacht vertretenen Kommandisten gefasst; jedoch muss diese Mehrheit mindestens ein Viertheil der sämmtlichen Kommanditisten begreifen und der Betrag ihrer Antheile zusammen mindestens ein Viertheil des Gesammtkapitals der Kommanditisten darstellen. Der Gesellschafter, welcher die Einlage macht oder sich besondere Vortheile ausbedingt, hat bei der Beschlussfassung kein Stimmrecht.

Ein gegen den Inhalt dieser Bestimmung geschlossener Vertrag hat keine rechtliche Wirkung.

Art. 181. Für die gesellschaftlichen Kapitalantheile, welche auf die Einlagen der persönlich haftenden Gesellschafter fallen, oder welche denselben als besondere Vortheile ausbedungen sind, dürfen keine Aktien ausgegeben werden; diese Kapitalantheile dürfen von den persönlich haftenden Gesellschaftern, so lange die letzteren in diesem ihrem Rechtsverhältnisse zur Gesellschaft stehen, nicht veräussert werden.

Art. 182. Die Aktien oder Aktienantheile sind untheilbar.

Sie müssen mit genauer Bezeichnung des Inhabers nach Namen, Wohnort und Stand in das Aktienbuch der Gesellschaft eingetragen werden.

Sie können, sofern nicht der Gesellschaftsvertrag ein Anderes bestimmt, ohne Einwilligung der übrigen Gesellschafter auf andere Personen übertragen werden.

Die Uebertragung kann durch Indossament geschehen.

In Betreff der Form des Indossaments kommen die Bestimmungen der Art. 11—13 der Allgemeinen Deutschen Wechselordnung zur Anwendung.

Art. 183. Wenn das Eigenthum der Aktie auf einen Anderen übergeht, so ist dies, unter Vorlegung der Aktie und des Nachweises des Ueberganges, bei der Gesellschaft anzumelden und im Aktienbuche zu bemerken.

Im Verhältnisse zu der Gesellschaft werden nur diejenigen als die Eigenthümer der Aktien angesehen, welche als solche im Aktienbuche verzeichnet sind.

Zur Prüfung der Legitimation ist die Gesellschaft berechtigt, aber nicht verpflichtet.

Art. 184. So lange der Betrag einer Aktie nicht vollständig eingezahlt ist, bleibt der ursprüngliche Zeichner zur Einzahlung des Rückstandes an die Gesellschaft verpflichtet; die Gesellschaft kann ihn dieser Verbindlichkeit nicht entlassen.

Art. 185. Die persönlich haftenden Gesellschafter sind verpflichtet, dem Aufsichtsrath und den Kommanditisten spätestens in den ersten sechs Monaten jedes Geschäftsjahres eine Bilanz des verflossenen Geschäftsjahres vorzulegen.

Art. 186. Die Rechte, welche den Kommanditisten gegenüber den persönlich haftenden Gesellschaftern nach dem Gesellschaftsvertrage oder nach den Bestimmungen des vorigen Abschnitts in Beziehung auf die Führung der Geschäfte, die Einsicht und Prüfung der Bilanz, die Bestimmung der Gewinnvertheilung, die Auflösung oder Kündigung der Gesellschaft und die Befugniss, das Ausscheiden eines persönlich haftenden Gesellschafters zu verlangen, zustehen, werden von der Gesammtheit der Kommanditisten in der Generalversammlung ausgeübt.

Die Beschlüsse der Generalversammlung werden durch den Aufsichtsrath ausgeführt, wenn nicht im Gesellschaftsvertrage ein Anderes bestimmt ist.

Art. 187. Die Generalversammlung der Kommanditisten wird durch die persönlich haftenden Gesellschafter oder durch den Aufsichtsrath berufen, sofern nicht nach dem Gesellschaftsvertrage auch andere Personen dazu befugt sind.

Art. 188. Eine Generalversammlung der Kommanditisten ist ausser den im Gesellschaftsvertrage ausdrücklich bestimmten Fällen zu berufen, wenn dies im Interesse der Gesellschaft erforderlich erscheint.

Die Generalversammlung muss auch dann berufen werden, wenn dies von einem Kommanditisten oder einer Anzahl von Kommanditisten, deren Aktien zusammen den zehnten Theil des Gesammtkapitals der Kommanditisten darstellen, in einer von ihnen unterzeichneten Eingabe unter Angabe des Zwecks und der Gründe verlangt wird. Ist im Gesellschaftsvertrage das

Recht, die Berufung einer Generalversammlung zu verlangen, an den Besitz eines grösseren oder eines geringeren Antheils am Gesammtkapitale geknüpft, so hat es hierbei sein Bewenden.

Art. 189. Die Berufung der Generalversammlung hat in der durch den Gesellschaftsvertrag bestimmten Weise zu erfolgen.

Der Zweck der Generalversammlung muss jederzeit bei der Berufung bekannt gemacht werden. Ueber Gegenstände, deren Verhandlung nicht in dieser Weise angekündigt ist, können Beschlüsse nicht gefasst werden; hiervon ist jedoch der Beschluss über den in einer Generalversammlung gestellten Antrag auf Berufung einer ausserordentlichen Generalversammlung ausgenommen.

Zur Stellung von Anträgen und zu Verhandlungen ohne Beschlussfassung bedarf es der Ankündigung nicht.

Art. 190. Soweit nicht der Gesellschaftsvertrag ein Anderes bestimmt, werden die Beschlüsse der Generalversammlung der Kommanditisten mit einfacher Stimmenmehrheit gefasst, und jede Aktie gewährt dem Inhaber Eine Stimme.

Art. 191. Der Aufsichtsrath kann das erste Mal nicht auf länger als Ein Jahr, später nicht auf länger als fünf Jahre gewählt werden.

Insoweit die Wahl auf einen längeren Zeitraum geschieht, ist dieselbe ohne rechtliche Wirkung.

Art. 192. Den Mitgliedern des ersten Aufsichtsrathes darf eine Vergütung für die Ausübung ihres Berufs nur durch einen nach Ablauf des ersten Geschäftsjahres einzuholenden Beschluss der Generalversammlung der Kommanditisten bewilligt werden.

Ist die Vergütung früher, oder in einer anderen als der vorstehenden Weise bewilligt, so ist diese Festsetzung ohne rechtliche Wirkung.

Art. 193. Der Aufsichtsrath überwacht die Geschäftsführung der Gesellschaft in allen Zweigen ihrer Verwaltung; er kann sich von dem Gange der Angelegenheiten der Gesellschaft unterrichten, die Bücher und Schriften derselben jederzeit einsehen und den Bestand der Gesellschaftskasse untersuchen.

Er hat die Jahresrechnungen, die Bilanzen und die Vorschläge zur Gewinnvertheilung zu prüfen und darüber alljährlich der Generalversammlung Bericht zu erstatten.

Art. 194. Der Aufsichtsrath ist ermächtigt, gegen die persönlich haftenden Gesellschafter die Prozesse zu führen, welche die Generalversammlung beschliesst.

Jeder Kommanditist ist befugt, als Intervenient in den Prozess auf seine Kosten einzutreten.

Handelt es sich um die eigene Verantwortlichkeit des Aufsichtsrathes, so kann letzterer ohne und selbst gegen den Beschluss der Generalversammlung gegen die persönlich haftenden Gesellschafter klagen.

Art. 195. Wenn die Kommanditisten selbst in Gesammtheit und im gemeinsamen Interesse gegen die persönlich haftenden

Gesellschafter auftreten wollen, oder gegen die Mitglieder des Aufsichtsrathes einen Prozess zu führen haben, so werden sie durch Bevollmächtigte vertreten, welche in der Generalversammlung gewählt werden.

Falls aus irgend einem Grunde die Bestellung von Bevollmächtigten durch Wahl in der Generalversammlung gehindert wird, kann das Handelsgericht auf Antrag die Bevollmächtigten ernennen.

Jeder Kommanditist ist befugt, als Intervenient in den Prozess auf seine Kosten einzutreten.

Art. 196. Die Gesellschaft wird durch die persönlich haftenden Gesellschafter berechtigt und verpflichtet; sie wird durch dieselben vor Gericht vertreten.

Zur Behändigung von Vorladungen und anderen Zustellungen an die Gesellschaft genügt es, wenn dieselbe an einen der zur Vertretung befugten Gesellschafter geschieht.

Die Bestimmung des Art. 167 in Betreff des Kommanditisten, welcher für die Gesellschaft Geschäfte schliesst, findet bei der Kommanditgesellschaft auf Aktien keine Anwendung.

Art. 197. Die Einlagen können den Kommanditisten, so lange die Gesellschaft besteht, nicht zurückgezahlt werden.

Zinsen von bestimmter Höhe können für die Kommanditisten nicht bedungen noch ausbezahlt werden; es darf nur dasjenige unter sie vertheilt werden, was sich nach der jährlichen Bilanz, und, wenn im Gesellschaftsvertrage die Innehaltung eines Reservekapitals bestimmt ist, nach Abzug desselben als reiner Ueberschuss ergiebt.

Die Kommanditisten haften für die Verbindlichkeiten der Gesellschaft, wenn und insoweit sie diesen Bestimmungen entgegen Zahlungen von der Gesellschaft empfangen haben; sie sind jedoch nicht verpflichtet, die in gutem Glauben bezogenen Dividenden zurückzuzahlen.

Art. 198.* Jede Abänderung des Gesellschaftsvertrages bedarf zu ihrer Gültigkeit der notariellen oder gerichtlichen Abfassung.

Der abändernde Vertrag muss in gleicher Weise, wie der ursprüngliche Vertrag, in das Handelsregister eingetragen und im Auszuge veröffentlicht werden (Art. 176, 179).

Der abändernde Vertrag hat keine rechtliche Wirkung, bevor derselbe bei dem Handelsgericht, in dessen Bezirk die Gesellschaft ihren Sitz hat, in das Handelsregister eingetragen ist.

Art. 199. *Eine Uebereinkunft, durch welche das Austreten eines oder mehrerer persönlich haftender Gesellschafter bestimmt wird, steht der Auflösung der Gesellschaft gleich. Zu derselben bedarf es der Zustimmung einer Generalversammlung der Kommanditisten.*

Es kann jedoch durch den Gesellschaftsvertrag oder durch einen denselben abändernden Vertrag (Art. 198) bestimmt werden, dass das Austreten eines oder mehrerer persönlich haftender

Gesellschafter die Auflösung der Gesellschaft dann nicht zur Folge habe, wenn mindestens noch ein persönlich haftender Gesellschafter bleibt. In Ansehung der Eintragung in das Handelsregister finden die Bestimmungen des Art. 129 Anwendung.

Art. 200. Wenn ein Kommanditist stirbt, oder in Konkurs verfällt, oder zur Verwaltung seines Vermögens rechtlich unfähig wird, so hat dies die Auflösung der Gesellschaft nicht zur Folge. Der Art. 126 findet in Bezug auf die Privatgläubiger eines Kommanditisten keine Anwendung. Im Uebrigen gelten die Artikel 123 bis 128 auch für die Kommanditgesellschaft auf Aktien.

Art. 201. Die Auflösung der Gesellschaft muss, wenn sie nicht in Folge der Eröffnung des Konkurses über die Gesellschaft[1]) geschieht, in das Handelsregister eingetragen werden.

Diese Eintragung muss selbst dann geschehen, wenn die Gesellschaft durch Ablauf der Zeit, für welche sie eingegangen war, beendigt wird.

Art. 202. Bei der Auflösung einer Kommanditgesellschaft auf Aktien, welche ausser dem Falle der Eröffnung des Konkurses erfolgt, darf die Vertheilung des Vermögens unter die Gesellschafter nicht eher vollzogen werden, als nach Verlauf eines Jahres, von dem Tage an gerechnet, an welchem die Auflösung der Gesellschaft in das Handelsregister eingetragen ist. Die aus den Handelsbüchern der Gesellschaft ersichtlichen oder in anderer Weise bekannten Gläubiger sind durch besondere Erlasse aufzufordern, sich zu melden; unterlassen sie dies, so ist der Betrag ihrer Forderungen gerichtlich niederzulegen.

Das letztere muss auch in Ansehung der noch schwebenden Verbindlichkeiten und streitigen Forderungen geschehen, sofern nicht die Vertheilung des Gesellschaftsvermögens bis zu deren Erledigung ausgesetzt bleibt, oder den Gläubigern eine angemessene Sicherheit bestellt wird.

Art. 203.* Eine theilweise Zurückzahlung des Kapitals der Kommanditisten kann nur vermöge einer Abänderung des Gesellschaftsvertrages erfolgen.

Die Zurückzahlung kann nur unter Beobachtung derselben Bestimmungen geschehen, welche für die Vertheilung des Gesellschaftsvermögens im Falle der Auflösung maassgebend sind (Art. 201, 202).

Art. 204. Die Mitglieder des Aufsichtsrathes sind gleich den persönlich haftenden Gesellschaftern solidarisch zur Erstattung geleisteter Zahlungen verpflichtet, wenn mit ihrem Wissen und ohne ihr Einschreiten

1) Einlagen an die Kommanditisten zurückgezahlt, oder
2) Zinsen oder Dividenden gezahlt sind, welche nicht aus dem auf die Aktien fallenden Gewinne entnommen wurden, oder
3) die Vertheilung des Gesellschaftsvermögens oder eine theil-

---

[1]) Vgl. Anm. zu Art. 122.

weise Zurückzahlung des Kapitals der Kommanditisten ohne Beobachtung der gesetzlichen Bestimmungen (Art. 202, 203) erfolgt ist.

Art. 205. Die Liquidation erfolgt, sofern der Gesellschaftsvertrag nicht ein Anderes bestimmt, durch sämmtliche persönlich haftende Gesellschafter und eine oder mehrere von der Generalversammlung der Kommanditisten gewählte Personen.

Art. 206. *Die persönlich haftenden Mitglieder und die Mitglieder des Aufsichtsrathes werden mit Gefängniss bis zu drei Monaten bestraft:*

1) wenn sie vorsätzlich Behufs der Eintragung des Gesellschaftsvertrages in das Handelsregister falsche Angaben über die Zeichnung oder Einzahlung des Kapitals der Kommanditisten machen;

2) wenn durch ihre Schuld länger als drei Monate die Gesellschaft ohne Aufsichtsrath geblieben ist, oder in dem letzteren die zur Beschlussfähigkeit erforderliche Zahl von Mitgliedern gefehlt hat;

3) wenn sie in ihren Darstellungen, in ihren Uebersichten über den Vermögensstand der Gesellschaft oder in den in der Generalversammlung gehaltenen Vorträgen wissentlich den Stand der Verhältnisse der Gesellschaft unwahr darstellen oder verschleiern.

Wird in den Fällen zu 2 und 3 festgestellt, dass mildernde Umstände vorhanden sind, so ist auf Geldstrafe bis zu Eintausend Thalern zu erkennen.

Dritter Titel.

Von der Aktiengesellschaft.

Erster Abschnitt.

Allgemeine Grundsätze.

Art. 207.* Eine Gesellschaft ist eine Aktiengesellschaft, wenn sich die sämmtlichen Gesellschafter nur mit Einlagen betheiligen, ohne persönlich für die Verbindlichkeiten der Gesellschaft zu haften.

Das Gesellschaftskapital wird in Aktien oder auch in Aktienantheile zerlegt.

Die Aktien oder Aktienantheile sind untheilbar.

Dieselben können auf Inhaber oder auf Namen lauten.

Art. 207a. *Die Aktien oder Aktienantheile müssen, wenn sie auf Namen lauten, auf einen Betrag von mindestens funfzig Vereinsthalern, wenn sie auf Inhaber lauten, auf einen Betrag von mindestens Einhundert Vereinsthalern gestellt werden. Bei Versicherungsgesellschaften müssen auch solche Aktien oder Aktienantheile, welche auf Namen lauten, auf einen Betrag von mindestens Einhundert Vereinsthalern gestellt werden.*

Aktien oder Aktienantheile, welche auf einen geringeren Betrag gestellt werden, sind nichtig. Die Ausgeber solcher Aktien oder Aktienantheile sind den Besitzern für allen durch die Ausgabe verursachten Schaden solidarisch verhaftet.

Der Nominalbetrag der Aktien oder Aktienantheile darf während des Bestehens der Gesellschaft weder vermindert noch erhöht werden.

Die vorstehenden Bestimmungen gelten auch von Promessen und Interimsscheinen.

Art. 208.* *Eine Aktiengesellschaft gilt als Handelsgesellschaft, auch wenn der Gegenstand des Unternehmens nicht in Handelsgeschäften besteht.*

Ueber die Errichtung und den Inhalt des Gesellschaftsvertrages (Statuts) muss eine gerichtliche oder notarielle Urkunde aufgenommen werden.

Zur Aktienzeichnung genügt eine schriftliche Erklärung.

Art. 209.* Der Gesellschaftsvertrag muss insbesondere bestimmen:

1) die Firma und den Sitz der Gesellschaft;
2) den Gegenstand des Unternehmens;
3) die Zeitdauer des Unternehmens, im Falle dasselbe auf eine bestimmte Zeit beschränkt sein soll;
4) die Höhe des Grundkapitals und der einzelnen Aktien oder Aktienantheile;
5) die Eigenschaft der Aktien, ob sie auf Inhaber oder auf Namen gestellt werden sollen, ingleichen die etwa bestimmte Zahl der einen oder der anderen Art, sowie die etwa zugelassene Umwandlung derselben;
6) *die Bestellung eines Aufsichtsrathes von mindestens drei, aus der Zahl der Aktionaire zu wählenden Mitgliedern*;
7) die Grundsätze, nach welchen die Bilanz aufzunehmen und der Gewinn zu berechnen und auszuzahlen ist, sowie die Art und Weise, wie die Prüfung der Bilanz erfolgt;
8) die Art der Bestellung und Zusammensetzung des Vorstandes und die Formen für die Legitimation der Mitglieder desselben und der Beamten der Gesellschaft;
9) die Form, in welcher die Zusammenberufung der Aktionaire geschieht;
10) die Bedingungen des Stimmrechts der Aktionaire und die Form, in welcher dasselbe ausgeübt wird;
11) die Gegenstände, über welche nicht schon durch einfache Stimmenmehrheit der auf Zusammenberufung erschienenen Aktionaire, sondern nur durch eine grössere Stimmenmehrheit oder nach anderen Erfordernissen Beschluss gefasst werden kann;
12) die Form, in welcher die von der Gesellschaft ausgehenden Bekanntmachungen erfolgen, sowie die öffentlichen Blätter, in welche dieselben aufzunehmen sind.

Art. 209a. *Nach der Zeichnung des Grundkapitals hat eine Generalversammlung der Aktionaire auf Grund der ihr vorzulegenden Bescheinigungen durch Beschluss festzustellen, dass das*

Grundkapital vollständig gezeichnet, und dass mindestens zehn Prozent, bei Versicherungsgesellschaften mindestens zwanzig Prozent, auf jede Aktie eingezahlt sind, sofern nicht der Gesellschaftsvertrag zwischen den sämmtlichen Aktionairen abgeschlossen und darin die Erfüllung jener Erfordernisse anerkannt ist.

Ueber den Beschluss ist eine gerichtliche oder notarielle Urkunde aufzunehmen.

Art. 209b. *Wenn ein Aktionair eine auf das Grundkapital anzurechnende Einlage macht, welche nicht in baarem Gelde besteht, oder wenn Anlagen oder sonstige Vermögensstücke von der zu errichtenden Gesellschaft übernommen werden sollen, so ist in dem Gesellschaftsvertrage der Werth der Einlage oder des Vermögensstücks festzusetzen und die Zahl der Aktien oder der Preis zu bestimmen, welche für dieselben gewährt werden. Jeder zu Gunsten eines Aktionairs bedungene besondere Vortheil ist im Gesellschaftsvertrage gleichfalls festzusetzen.*

Nach der Zeichnung des Grundkapitals muss in den Fällen, welche in dem vorstehenden Absatz bezeichnet sind, sofern nicht der Gesellschaftsvertrag zwischen den sämmtlichen Aktionairen abgeschlossen ist, die Genehmigung des Vertrages in einer Generalversammlung der Aktionaire durch Beschluss erfolgen.

Die den Vertrag genehmigende Mehrheit muss mindestens ein Viertheil der sämmtlichen Aktionaire begreifen und der Betrag ihrer Antheile mindestens ein Viertheil des gesammten Grundkapitals darstellen. Der Gesellschafter, welcher die betreffende Einlage macht oder sich besondere Vortheile ausbedingt, hat bei der Beschlussfassung kein Stimmrecht.

Ueber den Beschluss ist eine gerichtliche oder notarielle Urkunde aufzunehmen.

Art. 209c. *Die Zusammenberufung der Generalversammlung erfolgt in den Fällen der Art. 209a und 209b nach den Bestimmungen, welche der Gesellschaftsvertrag über die Zusammenberufung der Generalversammlung enthält.*

Art. 210.* Der Gesellschaftsvertrag muss bei dem Handelsgericht, in dessen Bezirk die Gesellschaft ihren Sitz hat, in das Handelsregister eingetragen und im Auszuge veröffentlicht werden.

Der Auszug muss enthalten:

1) das Datum des Gesellschaftsvertrages;
2) die Firma und den Sitz der Gesellschaft;
3) den Gegenstand und die Zeitdauer des Unternehmens;
4) die Höhe des Grundkapitals und der einzelnen Aktien oder Aktienantheile;
5) die Eigenschaft derselben, ob sie auf Inhaber oder auf Namen gestellt sind;
6) die Form, in welcher die von der Gesellschaft ausgehenden Bekanntmachungen erfolgen, sowie die öffentlichen Blätter, in welche dieselben aufzunehmen sind.

Ist im Gesellschaftsvertrage eine Form bestimmt, in welcher der Vorstand seine Willenserklärungen kundgiebt und für die

Gesellschaft zeichnet, so ist auch diese Bestimmung zu veröffentlichen.

Art. 210 a. *Der Anmeldung Behufs der Eintragung in das Handelsregister muss beigefügt sein:*

1) die Bescheinigung, dass der gesammte Betrag des Grundkapitals durch Unterschriften gedeckt ist;

2) die Bescheinigung, dass mindestens zehn Prozent, bei Versicherungsgesellschaften mindestens zwanzig Prozent, des von jedem Aktionair gezeichneten Betrages eingezahlt sind;

3) der Nachweis, dass der Aufsichtsrath nach Inhalt des Vertrages in einer Generalversammlung der Aktionaire gewählt ist;

4) betreffenden Falls die gerichtliche oder notarielle Urkunde über die in den Artikeln 209 a und 209 b bezeichneten Beschlüsse der Generalversammlung.

Die Anmeldung muss von sämmtlichen Mitgliedern des Vorstandes vor dem Handelsgericht unterzeichnet oder in beglaubigter Form eingereicht werden. Die der Anmeldung beigefügten Schriftstücke werden bei dem Handelsgericht in Urschrift oder in beglaubigter Abschrift aufbewahrt.

Art. 211.* Vor erfolgter Eintragung in das Handelsregister besteht die Aktiengesellschaft als solche nicht. *Die vor der Eintragung ausgegebenen Aktien oder Aktienantheile sind nichtig. Die Ausgeber sind den Besitzern für allen durch die Ausgabe verursachten Schaden solidarisch verhaftet.*

Wenn vor erfolgter Eintragung in das Handelsregister im Namen der Gesellschaft gehandelt worden ist, so haften die Handelnden persönlich und solidarisch.

Art. 212.* Bei jedem Handelsgerichte, in dessen Bezirk die Aktiengesellschaft eine Zweigniederlassung hat, muss dies Behufs der Eintragung in das Handelsregister angemeldet werden.

Die Anmeldung muss *von sämmtlichen Mitgliedern des Vorstandes vor dem Handelsgericht unterzeichnet oder in beglaubigter Form eingereicht werden und* die in Artikel 210 Absatz 2 und 3 bezeichneten Angaben enthalten. Das Handelsgericht hat die Mitglieder des Vorstandes zur Befolgung dieser Vorschriften von Amtswegen durch Ordnungsstrafen anzuhalten.

Art. 213. Die Aktiengesellschaft als solche hat selbstständig ihre Rechte und Pflichten; sie kann Eigenthum und andere dingliche Rechte an Grundstücken erwerben; sie kann vor Gericht klagen und verklagt werden.

Ihr ordentlicher Gerichtsstand ist bei dem Gerichte, in dessen Bezirk sie ihren Sitz hat.

Art. 214.* Jeder Beschluss der Generalversammlung, welcher die Fortsetzung der Gesellschaft oder eine Abänderung der Bestimmungen des Gesellschaftsvertrages zum Gegenstande hat, bedarf zu seiner Gültigkeit der notariellen oder gerichtlichen Beurkundung.

Ein solcher Beschluss muss in gleicher Weise wie der ursprüngliche Vertrag in das Handelsregister eingetragen und veröffentlicht werden (Art. 210, 212).

Der Beschluss hat keine rechtliche Wirkung, bevor derselbe bei dem Handelsgericht, in dessen Bezirk die Gesellschaft ihren Sitz hat, in das Handelsregister eingetragen ist.

Art. 215.* Die Abänderung des Gegenstandes der Unternehmung der Gesellschaft kann nicht durch Stimmenmehrheit beschlossen werden, sofern dies nicht im Gesellschaftsvertrage ausdrücklich gestattet ist.

Dasselbe gilt von dem Falle, wenn die Gesellschaft durch Uebertragung ihres Vermögens und ihrer Schulden an eine andere Aktiengesellschaft gegen Gewährung von Aktien der letzteren aufgelöst werden soll.

Die Aktiengesellschaft darf eigene Aktien nicht erwerben. Sie darf eigene Aktien auch nicht amortisiren, sofern dies nicht durch den ursprünglichen Gesellschaftsvertrag oder durch einen, den letzteren abändernden, vor Ausgabe der Aktien gefassten Beschluss zugelassen ist.

Zweiter Abschnitt.

Rechtsverhältniss der Aktionaire.

Art. 216. Jeder Aktionair hat einen verhältnissmässigen Antheil an dem Vermögen der Gesellschaft.

Er kann den eingezahlten Betrag nicht zurückfordern und hat, so lange die Gesellschaft besteht, nur einen Anspruch auf den reinen Gewinn, soweit dieser nach dem Gesellschaftsvertrage zur Vertheilung unter die Aktionaire bestimmt ist.

Art. 217.* Zinsen von bestimmter Höhe dürfen für die Aktionaire nicht bedungen, noch ausbezahlt werden; es darf nur dasjenige unter sie vertheilt werden, was sich nach der jährlichen Bilanz und, wenn im Gesellschaftsvertrage die Innehaltung eines Reservekapitals bestimmt ist, nach Abzug desselben als reiner Ueberschuss *über die volle Einlage* ergiebt. *Die Aktionaire können bis zur Wiederergänzung des durch Verlust verminderten Gesammtbetrages der Einlagen Dividenden nicht beziehen.*

Jedoch können für den im Gesellschaftsvertrage angegebenen Zeitraum, welchen die Vorbereitung des Unternehmens bis zum Anfange des vollen Betriebes erfordert, den Aktionairen Zinsen von bestimmter Höhe bedungen werden.

Art. 218. Der Aktionair ist in keinem Falle verpflichtet, die in gutem Glauben empfangenen Zinsen und Dividenden zurückzugeben.

Art. 219. Der Aktionair ist nicht schuldig, zu den Zwecken der Gesellschaft und zur Erfüllung ihrer Verbindlichkeiten mehr beizutragen, als den für die Aktie statutenmässig zu leistenden Beitrag.

Art. 220. Ein Aktionair, welcher den Betrag seiner Aktie nicht zur rechten Zeit einzahlt, ist zur Zahlung von Verzugszinsen von Rechtswegen verpflichtet.

Im Gesellschaftsvertrage können für den Fall der verzögerten Einzahlung des gezeichneten Aktienbetrages oder eines Theils desselben Konventionalstrafen ohne Rücksicht auf die sonst stattfindenden gesetzlichen Einschränkungen festgesetzt werden; auch kann bestimmt werden, dass die säumigen Aktionaire ihrer Anrechte aus der Zeichnung der Aktien und der geleisteten Theilzahlungen zu Gunsten der Gesellschaft verlustig gehen.

Art. 221. Ist im Gesellschaftsvertrage keine besondere Form, wie die Aufforderung zur Einzahlung geschehen soll, bestimmt so geschieht dieselbe in der Form, in welcher die Bekanntmachungen der Gesellschaft nach dem Gesellschaftsvertrage überhaupt erfolgen müssen (Art. 209, Ziff. 11).

Jedoch kann in keinem Falle ein Aktionair seines Anrechts verlustig erklärt werden, wenn nicht die Aufforderung zur Zahlung mindestens dreimal in den hierzu bestimmten öffentlichen Blättern (Art. 209, Ziff. 11), das letzte Mal wenigstens vier Wochen vor dem für die Einzahlungen gesetzten Schlusstermine, bekannt gemacht worden ist. Wenn die Aktien auf Namen lauten und ohne Einwilligung der übrigen Aktionaire nicht übertragbar sind, so kann die Bekanntmachung dieser Aufforderungen durch besondere Erlasse an die einzelnen Aktionaire statt der Einrückungen in die öffentlichen Blätter erfolgen.

Art. 222.* Wenn die Aktien oder Aktienantheile auf Inhaber gestellt werden, so kommen folgende Grundsätze zur Anwendung:

1) Die Ausgabe der Aktien darf vor Einzahlung des ganzen Nominalbetrages derselben nicht erfolgen; ebensowenig dürfen über die geleisteten Partialzahlungen Promessen oder Interimsscheine, welche auf Inhaber lauten, ausgestellt werden.
2) Der Zeichner der Aktie ist für die Einzahlung von 40 Prozent des Nominalbetrages der Aktie unbedingt verhaftet; von dieser Verpflichtung kann derselbe weder durch Uebertragung seines Anrechts auf einen Dritten sich befreien, noch Seitens der Gesellschaft entbunden werden; wird der Zeichner der Aktie, wegen verzögerter Einzahlung, seines Anrechts aus der Zeichnung verlustig erklärt (Art. 220), so bleibt er dessenungeachtet zur Einzahlung von 40 Prozent des Nominalbetrages der Aktie verpflichtet.
3) Im Gesellschaftsvertrage kann bestimmt werden, dass und unter welchen Maassgaben nach erfolgter Einzahlung von 40 Prozent die Befreiung des Zeichners von der Haftung für weitere Einzahlungen zulässig sei, und dass im Falle der eingetretenen Befreiung über die geleisteten Einzahlungen Promessen oder Interimsscheine, welche auf Inhaber lauten, ausgestellt werden dürfen.

Diejenigen Landesgesetze, welche die Höhe der Einzahlung (Art. 222, Ziffer 2 und 3) auf 25 Prozent des Nominalbetrages der Aktie herabgesetzt haben, werden hierdurch nicht berührt.

Art. 223. Wenn die Aktien auf Namen lauten, so kommen

die bei der Kommanditgesellschaft auf Aktien gegebenen Bestimmungen über die Eintragung der Aktien in das Aktienbuch der Gesellschaft und über die Uebertragung derselben auf Andere (Art. 182, 183) auch hier zur Anwendung.

So lange der Betrag der Aktie nicht vollständig eingezahlt ist, wird der Aktionair durch Uebertragung seines Anrechts auf einen Anderen von der Verbindlichkeit zur Zahlung des Rückstandes nur dann befreit, wenn die Gesellschaft den neuen Erwerber an seiner Stelle annimmt und ihn der Verbindlichkeit entlässt.

Auch in diesem Falle bleibt der austretende Aktionair auf Höhe des Rückstandes für alle bis dahin von der Gesellschaft eingegangenen Verbindlichkeiten noch auf ein Jahr, vom Tage des Austritts an gerechnet, subsidiarisch verhaftet.

Art. 224. Die Rechte, welche den Aktionairen in den Angelegenheiten der Gesellschaft, insbesondere in Beziehung auf die Führung der Geschäfte, die Einsicht und Prüfung der Bilanz und die Bestimmung der Gewinnvertheilung zustehen, werden von der Gesammtheit der Aktionaire in der Generalversammlung ausgeübt.

Jede Aktie gewährt dem Inhaber Eine Stimme, wenn nicht der Gesellschaftsvertrag ein Anderes festsetzt.

Art. 225. *Die für den Aufsichtsrath einer Kommanditgesellschaft auf Aktien in den Art. 191 und 192 gegebenen Bestimmungen finden auch auf den Aufsichtsrath einer Aktiengesellschaft Anwendung.*

Art. 225a. *Der Aufsichtsrath überwacht die Geschäftsführung der Gesellschaft in allen Zweigen der Verwaltung; er kann sich von dem Gange der Angelegenheiten der Gesellschaft unterrichten, die Bücher und Schriften derselben jederzeit einsehen und den Bestand der Gesellschaftskasse untersuchen.*

Er hat die Jahresrechnungen, die Bilanzen und die Vorschläge zur Gewinnvertheilung zu prüfen und darüber alljährlich der Generalversammlung der Aktionaire Bericht zu erstatten.

Er hat eine Generalversammlung zu berufen, wenn dies im Interesse der Gesellschaft erforderlich ist.

Art. 225b. *Die Mitglieder des Aufsichtsrathes sind persönlich und solidarisch zum Schadensersatz verpflichtet, wenn mit ihrem Wissen und ohne ihr Einschreiten:*

1) *Einlagen an die Aktionaire zurückgezahlt, oder, der Bestimmung des Artikels 215, Absatz 3 entgegen, eigene Aktien der Gesellschaft erworben oder amortisirt worden sind;*
2) *Zinsen oder Dividenden gezahlt sind, welche nach Maassgabe der Bestimmungen des Artikels 217 nicht gezahlt werden durften;*
3) *die Vertheilung des Gesellschaftsvermögens oder eine theilweise Zurückzahlung oder eine Herabsetzung des Grundkapitals ohne Beobachtung der gesetzlichen Bestimmungen (Art. 245 und 248) erfolgt ist.*

Art. 226. Handelt es sich um die Führung von Prozessen gegen die Mitglieder des Vorstandes oder des Aufsichtsrathes, so kommen die für die Kommanditgesellschaft auf Aktien gegebenen Bestimmungen (Art. 194, 195) auch hier zur Anwendung.

Dritter Abschnitt.

Rechte und Pflichten des Vorstandes.

Art. 227. Jede Aktiengesellschaft muss einen Vorstand haben (Art. 209, Ziffer 8)[1]. Sie wird durch denselben gerichtlich und aussergerichtlich vertreten.

Der Vorstand kann aus einem oder mehreren Mitgliedern bestehen; diese können besoldet oder unbesoldet, Aktionaire oder Andere sein.

Ihre Bestellung ist zu jeder Zeit widerruflich, unbeschadet der Entschädigungsansprüche aus bestehenden Verträgen.

Art. 228. Die jeweiligen Mitglieder des Vorstandes müssen alsbald nach ihrer Bestellung zur Eintragung in das Handelsregister angemeldet werden. Der Anmeldung ist ihre Legitimation beizufügen.

Sie haben ihre Unterschrift vor dem Handelsgerichte zu zeichnen, oder die Zeichnung derselben in beglaubigter Form einzureichen.

Das Handelsgericht hat die Mitglieder des Vorstandes zur Befolgung dieser Vorschriften von Amtswegen durch Ordnungsstrafen anzuhalten.

Art. 229. Der Vorstand hat in der durch den Gesellschaftsvertrag bestimmten Form seine Willenserklärungen kundzugeben und für die Gesellschaft zu zeichnen. Ist nichts darüber bestimmt, so ist die Zeichnung durch sämmtliche Mitglieder des Vorstandes erforderlich.

Die Zeichnung geschieht in der Weise, dass die Zeichnenden zu der Firma der Gesellschaft oder zu der Benennung des Vorstandes ihre Unterschrift hinzufügen.

Art. 230. Die Gesellschaft wird durch die von dem Vorstande in ihrem Namen geschlossenen Rechtsgeschäfte berechtigt und verpflichtet; es ist gleichgültig, ob das Geschäft ausdrücklich im Namen der Gesellschaft geschlossen worden ist, oder ob die Umstände ergeben, dass es nach dem Willen der Kontrahenten für die Gesellschaft geschlossen werden sollte.

Art. 231. Der Vorstand ist der Gesellschaft gegenüber verpflichtet, die Beschränkungen einzuhalten, welche in dem Gesellschaftsvertrage oder durch Beschlüsse der Generalversammlung für den Umfang seiner Befugniss, die Gesellschaft zu vertreten, festgesetzt sind.

Gegen dritte Personen hat jedoch eine Beschränkung der Befugniss des Vorstandes, die Gesellschaft zu vertreten, keine

---

[1] Das Allegat muss jetzt „Art. 209 Ziffer 8" und im Art. 221 „Ziffer 12" lauten, was bei der Novelle v. 11. Juni 1870 übersehen ist.

rechtliche Wirkung. Dies gilt insbesondere für den Fall, dass die Vertretung sich nur auf gewisse Geschäfte oder Arten von Geschäften erstrecken, oder nur unter gewissen Umständen oder für eine gewisse Zeit oder an einzelnen Orten stattfinden soll, oder dass die Zustimmung der Generalversammlung, eines Verwaltungsrathes, eines Aufsichtsrathes oder eines anderen Organes der Aktionaire für einzelne Geschäfte erfordert ist.

Art. 232. Eide Namens der Gesellschaft werden durch den Vorstand geleistet.

Art. 233. Jede Aenderung der Mitglieder des Vorstandes muss bei Ordnungsstrafe zur Eintragung in das Handelsregister angemeldet werden.

Dritten Personen kann die Aenderung nur insofern entgegengesetzt werden, als in Betreff dieser Aenderung die im Art. 46 in Betreff des Erlöschens der Prokura bezeichneten Voraussetzungen vorhanden sind.

Art. 234. Der Betrieb von Geschäften der Gesellschaft, sowie die Vertretung der Gesellschaft in Bezug auf diese Geschäftsführung kann auch sonstigen Bevollmächtigten oder Beamten der Gesellschaft zugewiesen werden. In diesem Falle bestimmt sich die Befugniss derselben nach der ihnen ertheilten Vollmacht; sie erstreckt sich im Zweifel auf alle Rechtshandlungen, welche die Ausführung derartiger Geschäfte gewöhnlich mit sich bringt.

Art. 235. Zur Behändigung von Vorladungen und anderen Zustellungen an die Gesellschaft genügt es, wenn dieselbe an ein Mitglied des Vorstandes, welches zu zeichnen oder mitzuzeichnen befugt ist, oder an einen Beamten der Gesellschaft, welcher dieselbe vor Gericht zu vertreten berechtigt ist, geschieht.

Art. 236. Die Generalversammlung der Aktionaire wird durch den Vorstand berufen, soweit nicht nach dem Gesellschaftsvertrage auch andere Personen dazu befugt sind.

Art. 237. Eine Generalversammlung der Aktionaire ist, ausser den im Gesellschaftsvertrage ausdrücklich bestimmten Fällen, zu berufen, wenn dies im Interesse der Gesellschaft erforderlich erscheint.

Die Generalversammlung muss auch dann berufen werden, wenn dies ein Aktionair oder eine Anzahl von Aktionairen, deren Aktien zusammen den zehnten Theil des Grundkapitals darstellen, in einer von ihnen unterzeichneten Eingabe unter Angabe des Zwecks und der Gründe verlangen. Ist in dem Gesellschaftsvertrage das Recht, die Berufung einer Generalversammlung zu verlangen, an den Besitz eines grösseren oder eines geringeren Antheils am Grundkapital geknüpft, so hat es hierbei sein Bewenden.

Art. 238. Die Berufung der Generalversammlung hat in der durch den Gesellschaftsvertrag bestimmten Weise zu erfolgen.

Der Zweck der Generalversammlung muss jederzeit bei der Berufung bekannt gemacht werden. Ueber Gegenstände, deren

Verhandlung nicht in dieser Weise angekündigt ist, können Beschlüsse nicht gefasst werden; hiervon ist jedoch der Beschluss über den in einer Generalversammlung gestellten Antrag auf Berufung einer ausserordentlichen Generalversammlung ausgenommen.

Zur Stellung von Anträgen und zu Verhandlungen ohne Beschlussfassung bedarf es der Ankündigung nicht.

Art. 239.* Der Vorstand ist verpflichtet, Sorge zu tragen, dass die erforderlichen Bücher der Gesellschaft geführt werden. Er muss den Aktionairen spätestens in den ersten sechs Monaten jedes Geschäftsjahres eine Bilanz des verflossenen Geschäftsjahres vorlegen *und solche innerhalb dieser Frist in der Form und in den öffentlichen Blättern, welche für die Bekanntmachungen der Gesellschaft in dem Gesellschaftsvertrage bestimmt sind, veröffentlichen.*

Zur Entlastung des Vorstandes bei Legung der Rechnung können Personen nicht bestellt werden, welche auf irgend eine Weise an der Geschäftsführung Theil nehmen.

Dieses Verbot bezieht sich nicht auf die Personen, welchen die Aufsicht über die Geschäftsführung zusteht.

Art. 239a. *Für die Aufstellung der Bilanz sind folgende Vorschriften maassgebend:*

1) *kurshabende Papiere dürfen höchstens zu dem Kurswerthe, welchen dieselben zur Zeit der Bilanzaufstellung haben, angesetzt werden;*
2) *die Kosten der Organisation und Verwaltung dürfen nicht unter die Aktiva aufgeführt werden, müssen vielmehr ihrem vollen Betrage nach in der Jahresrechnung als Ausgabe erscheinen;*
3) *der Betrag des Grundkapitals und des etwa im Gesellschaftsvertrage vorgeschriebenen Reserve- oder Erneuerungsfonds ist unter die Passiva aufzunehmen;*
4) *der aus der Vergleichung sämmtlicher Aktiva und sämmtlicher Passiva sich ergebende Gewinn oder Verlust muss am Schlusse der Bilanz besonders angegeben werden.*

Art. 240.* Ergiebt sich aus der letzten Bilanz, dass sich das Grundkapital um die Hälfte vermindert hat, so muss der Vorstand unverzüglich eine Generalversammlung berufen und dieser davon Anzeige machen.

Ergiebt sich, dass das Vermögen der Gesellschaft nicht mehr die Schulden deckt, so muss der Vorstand hiervon dem Gericht Behufs der Eröffnung des Konkurses Anzeige machen.

Art. 241. Die Mitglieder des Vorstandes sind aus den von ihnen im Namen der Gesellschaft vorgenommenen Rechtshandlungen Dritten gegenüber für die Verbindlichkeiten der Gesellschaft persönlich nicht verpflichtet.

Mitglieder des Vorstandes, welche ausser den Grenzen ihres Auftrages oder den Vorschriften dieses Titels oder des Gesellschaftsvertrages entgegen handeln, haften persönlich und solidarisch für den dadurch entstandenen Schaden. Dies gilt insbesondere, wenn sie der Bestimmung des Art. 217 entgegen an die Aktionaire Dividenden oder Zinsen zahlen, oder wenn sie zu einer Zeit noch Zahlungen leisten, in welcher ihnen die Zahlungsunfähigkeit der Gesellschaft hätte bekannt sein müssen.

Vierter Abschnitt.

Auflösung der Gesellschaft.

Art. 242.* Die Aktiengesellschaft wird aufgelöst:

1) durch Ablauf der im Gesellschaftsvertrage bestimmten Zeit;
2) durch einen notariell[1]) oder gerichtlich beurkundeten Beschluss der Aktionaire;
3) durch Eröffnung des Konkurses[2]).

Wenn die Auflösung einer Aktiengesellschaft aus anderen Gründen erfolgt, so finden die Bestimmungen dieses Abschnitts ebenfalls Anwendung.

Art. 243. Die Auflösung der Gesellschaft muss, wenn sie nicht eine Folge des eröffneten Konkurses ist, durch den Vorstand, bei Ordnungsstrafe, zur Eintragung in das Handelsregister angemeldet werden: sie muss zu drei verschiedenen Malen durch die hierzu bestimmten öffentlichen Blätter (Art. 209, Ziffer 12) bekannt gemacht werden.

Durch diese Bekanntmachung müssen zugleich die Gläubiger aufgefordert werden, sich bei der Gesellschaft zu melden.

Art. 244. Die Liquidation geschieht durch den Vorstand, wenn nicht dieselbe durch den Gesellschaftsvertrag oder einen Beschluss der Aktionaire an andere Personen übertragen wird.

Es kommen die bei der offenen Handelsgesellschaft über die Anmeldung und das Rechtsverhältniss der Liquidatoren gegebenen Bestimmungen auch hier zur Anwendung, mit der Maassgabe, dass die Anmeldungen Behufs der Eintragung in das Handelsregister durch den Vorstand zu machen sind.

Die Bestellung der Liquidatoren ist jederzeit widerruflich.

Art. 245[3]). Das Vermögen einer aufgelösten Aktiengesell-

---

[1]) Die Novelle v. 11. Juni 1870 irrthümlich: „notariellen".

[2]) Vgl. Konk.-O. f. d. Deutsche Reich, §. 193: „Ueber das Vermögen einer Aktiengesellschaft findet das Konkursverfahren ausser dem Falle der Zahlungsunfähigkeit in dem Falle der Ueberschuldung statt. Nach Auflösung einer Aktiengesellschaft ist die Eröffnung des Verfahrens so lange zulässig, als die Vertheilung des Vermögens nicht vollzogen ist. §. 194. Zu dem Antrage auf Eröffnung des Verfahrens ist ausser den Konkursgläubigern jedes Mitglied des Vorstandes und jeder Liquidator berechtigt. Wird der Antrag nicht von allen Mitgliedern des Vorstandes oder allen Liquidatoren gestellt, so ist derselbe zuzulassen, wenn die Zahlungsunfähigkeit oder Ueberschuldung glaubhaft gemacht wird. Das Gericht hat die übrigen Mitglieder oder Liquidatoren nach Maassgabe des §. 97 Abs. 2, 3 zu hören."

[3]) In Oesterreich abgeändert durch VO v. 21. Juni 1873 (RGB Nr. 114) Art. 1: „Wenn eine Aktiengesellschaft nach eingetretener Wirksamkeit dieser kaiserlichen Verordnung, ausser dem Falle des Konkurses, aufgelöst wird, darf die Vertheilung des nach Befriedigung oder Sicherstellung der Gläubiger der Gesellschaft erübrigenden Gesellschaftsvermögens, beziehungsweise die Vereinigung dieses Vermögens mit dem Vermögen einer anderen Gesellschaft, schon nach Ablauf von drei Monaten, von dem Tage an gerechnet, an

schaft wird nach Tilgung ihrer Schulden unter die Aktionaire nach Verhältniss ihrer Aktien vertheilt.

Die Vertheilung darf nicht eher vollzogen werden, als nach Ablauf eines Jahres, von dem Tage an gerechnet, an welchem die Bekanntmachung in den hierzu bestimmten öffentlichen Blättern (Art. 243) zum dritten Male erfolgt ist.

In Ansehung der aus den Handelsbüchern ersichtlichen oder in anderer Weise bekannten Gläubiger und in Ansehung der noch schwebenden Verbindlichkeiten und streitigen Forderungen kommen die bei der Kommanditgesellschaft auf Aktien gegebenen Bestimmungen (Art. 202, Absatz 2 und 3) zur Anwendung.

Mitglieder des Vorstandes und Liquidatoren, welche diesen Vorschriften entgegen handeln, sind persönlich und solidarisch zur Erstattung der geleisteten Zahlungen verpflichtet.

Art. 246. Die Handelsbücher der aufgelösten Gesellschaft sind an einem von dem Handelsgerichte zu bestimmenden sicheren Orte zur Aufbewahrung auf die Dauer von zehn Jahren niederzulegen.

Art. 247.* Bei der Auflösung einer Aktiengesellschaft durch Vereinigung derselben mit einer anderen Aktiengesellschaft (Art. 215) kommen folgende Bestimmungen zur Anwendung:

1) Das Vermögen der aufzulösenden Gesellschaft ist so lange getrennt zu verwalten, bis die Befriedigung oder Sicherstellung ihrer Gläubiger erfolgt ist.
2) Der bisherige Gerichtsstand der Gesellschaft bleibt für die Dauer der getrennten Vermögensverwaltung bestehen; dagegen wird die Verwaltung von der anderen Gesellschaft geführt.
3) Der Vorstand der letzteren Gesellschaft ist den Gläubigern für die Ausführung der getrennten Verwaltung persönlich und solidarisch verantwortlich.
4) Die Auflösung der Gesellschaft ist zur Eintragung in das Handelsregister bei Ordnungsstrafe anzumelden.
5) Die öffentliche Aufforderung der Gläubiger der aufgelösten Gesellschaft (Art. 243) kann unterlassen oder auf einen späteren Zeitpunkt verschoben werden. Jedoch ist die Vereinigung der Vermögen der beiden Gesellschaften erst in dem Zeitpunkte zulässig, in welchem eine Vertheilung des Vermögens einer aufgelösten Aktiengesellschaft unter die Aktionaire erfolgen darf (Art. 245).

Art. 248.* Eine theilweise Zurückzahlung des Grundkapitals an die Aktionaire *oder eine Herabsetzung desselben* kann nur auf Beschluss der Generalversammlung erfolgen.

Die Zurückzahlung *oder Herabsetzung* kann nur unter Beobachtung derselben Bestimmungen erfolgen, welche für die Vertheilung des Gesellschaftsvermögens im Falle der Auflösung maassgebend sind (Art. 243, 245).

---

welchem die Bekanntmachung in den hierzu bestimmten öffentlichen Blättern mit Angabe dieses abgekürzten Termines zum dritten Male erfolgt ist, vollzogen werden."

Die Mitglieder des Vorstandes, welche dieser Vorschrift entgegen handeln, sind den Gläubigern der Gesellschaft persönlich und solidarisch verhaftet.

Fünfter Abschnitt.
Schlussbestimmungen.

Art. 249. *Die Mitglieder des Aufsichtsrathes und des Vorstandes werden mit Gefängniss bis zu drei Monaten bestraft:*

1) wenn sie vorsätzlich Behufs der Eintragung des Gesellschaftsvertrages in das Handelsregister falsche Angaben über die Zeichnung oder Einzahlung des Grundkapitals machen;

2) wenn durch ihre Schuld länger als drei Monate die Gesellschaft ohne Aufsichtsrath geblieben ist, oder in dem letzteren die zur Beschlussfähigkeit erforderliche Zahl von Mitgliedern gefehlt hat;

3) wenn sie in ihren Darstellungen, in ihren Uebersichten über den Vermögensstand der Gesellschaft oder in den in der Generalversammlung gehaltenen Vorträgen wissentlich den Stand der Verhältnisse der Gesellschaft unwahr darstellen oder verschleiern.

Wird in den Fällen zu 2 und 3 festgestellt, dass mildernde Umstände vorhanden sind, so ist auf Geldstrafe bis zu Eintausend Thalern zu erkennen.

Art. 249a. *Die Mitglieder des Vorstandes werden mit Gefängniss bis zu drei Monaten bestraft, wenn sie der Vorschrift des Artikels 240 zuwider dem Gericht die Anzeige zu machen unterlassen, dass das Vermögen der Gesellschaft nicht mehr die Schulden deckt.*

Die Strafe tritt nicht ein, wenn von ihnen nachgewiesen wird, dass die Anzeige ohne ihr Verschulden unterblieben ist.

Deutsches Reich.

Antrag Preußens beim Bundesrath,

betreffend die

Reform der Aktiengesetzgebung

nebst

der denselben motivirenden Denkschrift.

Berlin, 1877.

Unter dem 27. März 1873 brachte der Abgeordnete Lasker im Reichstag eine Interpellation folgenden Inhalts ein:

1. Sind die Mißbräuche, welche im Zusammenhange mit dem jetzigen Zustande und der üblichen Handhabung der Gesetze über das Aktienwesen bei der Gründung und Verwaltung von Aktiengesellschaften obwalten und zur Schädigung der Interessen des Publikums gereichen, zur Kenntniß der Reichsregierung gekommen?
2. Gedenkt die Reichsregierung den Uebelständen Abhülfe zu verschaffen? Beabsichtigt sie zu diesem Zwecke eine Abänderung der jetzt bestehenden Gesetze herbeizuführen und dem Reichstag hierüber eine Vorlage zu machen?

Die Reichsregierung erkannte die bemerkenswerthen Uebelstände an, welche auf dem Gebiete des Aktienwesens hervorgetreten waren und richtete an die einzelnen Bundesregierungen das Ersuchen um Mittheilung ihrer Ansichten sowohl über die hervorgetretenen Mißstände, als in Beziehung auf die Richtung, in welcher Abhülfe zu gewähren sei. Als diese Aeußerungen vorlagen, waren inzwischen die Einleitungen zur Ausarbeitung eines Deutschen Civilgesetzbuchs, welche sich auch auf eine allgemeine Revision des Handelsgesetzbuchs und der in demselben enthaltenen Bestimmungen über die Aktiengesellschaften zu erstrecken hat, getroffen. Die sich aus dieser Sachlage ergebende Frage: ob die wegen eventueller Aenderung des Aktienrechts eingeleiteten Verhandlungen bis zur allgemeinen Revision des Handelsgesetzbuchs zu sistiren seien, wurde in der Sitzung des

Bundesraths vom 22. Juni 1874 bejaht. Man ging von der Ansicht aus, daß, so sehr der Gegenstand der Aufmerksamkeit werth sei, so wenig es gerathen scheine, sofort mit besonderen gesetzlichen Maßregeln einzuschreiten. Die eingetretenen schlimmen Folgen seien nicht mehr rückgängig zu machen und nach der hoffentlich in der Hauptsache überstandenen Krisis sei die Lage im Augenblick nicht der Art, daß rasche Maßregeln nöthig wären. Es könne sich ohnehin nicht empfehlen, gerade unter dem Eindrucke einer überstandenen Kalamität ein gesetzgeberisches Werk zu unternehmen.

Inzwischen hat in Preußen das Haus der Abgeordneten in der Sitzung vom 29. März d. J. bei Gelegenheit der Berathung über den Bericht der Spezialkommission zur Untersuchung des Eisenbahnkonzessionswesens eine Aufforderung an die Staatsregierung gerichtet, dahin zu wirken, daß die Reform der Gesetze über das Aktienwesen im Sinne

a) eines besseren Schutzes aller im öffentlichen Interesse gegebenen Gesetzesvorschriften,

b) der verstärkten Verantwortlichkeit aller bei Gründung, Leitung und Beaufsichtigung des Unternehmens betheiligten Personen,

c) einer selbständigeren und wirksameren Kontrole über die Verwaltung,

d) der leichteren Verfolgbarkeit der Uebertretungen der im öffentlichen Interesse gegebenen Vorschriften

durch die Reichsgesetzgebung baldigst in Angriff genommen werde.

In der That ist die Sachlage gegenwärtig eine andere, als zur Zeit des Beschlusses des Bundesraths vom 22. Juni 1874. Seit diesem Beschlusse hat ein Zeitablauf von mehr als zwei Jahren eine Minderung der einer gesetzgeberischen Thätigkeit nicht günstigen Aufregung der öffentlichen Meinung herbeigeführt und, namentlich auch in Folge der durch die Rechtsprechung auf dem Gebiet sowohl des bürgerlichen Rechts wie des Strafrechts gewonnenen Ergebnisse, in mehrfachen Beziehungen eine Klärung der Anschauungen vorbereitet. Wenn andererseits noch für die nächste Zukunft der Druck, welcher einen freieren Aufschwung des wirthschaftlichen Verkehrs zur Zeit darniederhält, das Bedürfniß einer Reform minder dringlich erscheinen lassen mag, so hat man doch nicht nur auf die Möglichkeit sich gefaßt zu halten, sondern man darf es wohl auch mit einiger Zuversicht erwarten, daß dieser Zustand nicht allzu lange mehr fortbestehen wird. Die verschiedenen Nationen haben den Prozeß des Mißtrauens durchgemacht und die Krisis geht vielleicht schon bald ihrer letzten Abwickelung entgegen. Hebt sich aber früher oder später der Unternehmungsgeist wieder, so wird auch zu den früheren oder ähnlichen Ausschreitungen neue Versuchung und neue Gelegenheit gegeben sein. Hiergegen aber die erforderlichen Schranken und Garantieen aufzurichten, soweit dies mittelst Gesetzes überhaupt möglich ist, wird nicht erst dem Augenblick überlassen werden dürfen, in welchem die Wendung sich vollzieht und die neuen Bestimmungen sich praktisch wirksam erweisen sollen. Geschähe dies, so würde die öffentliche Meinung die Uebelstände, welche bei einem Aufleben des Verkehrs auf dem Gebiete des Aktienwesens sich wiederholen oder neu auftreten mögen, im weitesten Umfange der Unterlassung zur Last legen und für diese in erster Linie die Regierungen verantwortlich machen.

Hinzu kommt, daß für das Zustandekommen eines deutschen Civilgesetzbuchs und der damit verbundenen Revision des Handelsgesetzbuchs ein längerer, mit zehn Jahren vielleicht nicht zu weit bemessener Zeitraum in Aussicht zu nehmen ist. Daß hierzwischen wieder Verhältnisse eintreten werden, welche das Bedürfniß nach einer Reform der Aktiengesetzgebung nicht abweisen lassen, ist mit Bestimmtheit anzunehmen. Die gebührende Rücksicht auf die formelle Lage der weitergreifenden Verhandlungen über die Revision des Handelsgesetzbuchs wird in der Weise möglich und empfehlenswerth sein, daß sich das Zwischengesetz nur die Aufgabe stellt, einer Wiederkehr der Ausschreitungen bei der Gründung, der Verwaltung und dem geschäftlichen Betriebe von Aktienunternehmungen thunlichst entgegenzuwirken. Ein solches Gesetz wird der anderweiten definitiven Regelung nicht in unerwünschter Weise vorgreifen und die freie Bewegung des Gesetzgebers bei Gelegenheit der allgemeinen Revision nicht beeinträchtigen. Es wird keine unüberwindlichen Schwierigkeiten bieten, das Zwischengesetz in der Art anzulegen, daß der größte Theil desselben prinzipiell unverändert auch in das revidirte Handelsgesetzbuch übergehen kann und daß, soweit dies dennoch nicht erreichbar wäre, aus dem Wechsel der Gesetzgebung und den Abweichungen dem Verkehre keine wesentlichen Nachtheile oder Belästigungen erwachsen. Ein solcher Wechsel, der auch in andern Ländern, namentlich in Frankreich und England, stattgefunden hat, erklärt sich aus den Schwierigkeiten, welche die Natur des Gegenstandes bietet und aus der besonderen Natur des Systems der Normativbestimmungen überhaupt. Erst durch die Erfahrungen, welche sich aus der praktischen Handhabung solcher Gesetze ergeben, wird die Grenzlinie zwischen einem Zuwenig und Zuviel allmälig in befriedigender Weise klargelegt. Insofern wird ein Eingehen auf ein Zwischengesetz den allgemeinen Revisionsarbeiten nur förderlich und willkommen sein können.

Der Bundesrath wolle daher seine Zustimmung ertheilen:

> daß unabhängig von der Revision des Handelsgesetzbuchs und unbeschadet der mit dieser demnächst zu verbindenden generellen Revision des gesammten Handelsgesellschaftsrechts ein Zwischengesetz erlassen werde, welches einer Wiederkehr der Ausschreitungen bei der Gründung, der Verwaltung und dem geschäftlichen Betriebe von Aktienunternehmungen thunlichst entgegenzuwirken geeignet erscheint.

Diejenigen Punkte, auf welche sich eine in den bezeichneten Grenzen gehaltene Reform vorzugsweise zu erstrecken haben möchte, sind in der beiliegenden Denkschrift zusammengestellt. Selbstverständlich soll dadurch weiteren Erwägungen nicht vorgegriffen werden. Auf eine genauere Feststellung der angeregten Punkte hat für jetzt verzichtet werden müssen. Aus Anlaß der im Jahre 1873 gegebenen Anregung sind dem Herrn Reichskanzler auch seitens anderer Landesregierungen ausführliche Aeußerungen zugegangen, welche in Betracht gezogen werden müssen, ehe die aufgeworfenen Fragen zum Abschluß gebracht und zu formulirten Gesetzesbestimmungen gestaltet werden können. Vorläufig kam es darauf an, aus dem seitens der preußischen Regierung gesammelten Material bestimmte Gesichtspunkte abzuleiten und für die weiteren Berathungen als beachtenswerth zu bezeichnen.

Denkschrift.

I. Vornehmlich wird dem sogenannten Gründungswesen mit den der Gesetzgebung zu Gebote stehenden Mitteln thunlichst entgegenzutreten sein. Die Hauptquelle der meisten Uebelstände besteht auf diesem Gebiete darin, daß diejenigen Personen, welche den ersten Keim zu einem projektirten Aktienunternehmen legen und die Entwickelung desselben thatsächlich leiten, bis durch den Abschluß der sämmtlichen Vorverhandlungen die formale äußere Lebensfähigkeit hergestellt ist, hierbei — unbekümmert um die wirthschaftliche Berechtigung und das spätere Schicksal des Unternehmens — von keinem anderen Motive, als dem der Sicherung des eigenen Gründerlohnes und der Abwendung jeder weiteren Verantwortlichkeit sich leiten lassen. Das Unternehmen der sogenannten Gründer wird nicht von der Ueberzeugung und der Absicht getragen, einem bestehenden dauernden Verkehrsbedürfniß entgegenzukommen; ihnen dient vielmehr die Gründung nur als ein Mittel zur Realisirung des Gründergewinns und geben sie das Unternehmen selbst, sobald dieser Zweck erreicht ist, je eher, je lieber preis. Daneben scheinen vorzugsweise die Formen und die Mittel und Wege, welche zu einer verstreckten oder sonst mißbräuchlichen Liquidirung des Gründerlohnes benutzt werden, Aufmerksamkeit zu verdienen.

1. In ersterer Beziehung kommt zunächst eine Abänderung des Art. 222 des allgemeinen Handelsgesetzbuchs (Gesetz vom 11. Juni 1870 §. 1) in Frage. Für den daselbst vorgesehenen regelmäßigen Fall, daß die Aktien auf Inhaber gestellt werden, verpflichtet der Art. 222 den Primitivzeichner nur

in Höhe von 40 Prozent oder gar 25 Prozent des Nominalbetrages der Aktie dergestalt unbedingt, daß derselbe von der Verpflichtung weder durch Uebertragung seines Anrechts auf einen Dritten sich befreien, noch seitens der Gesellschaft entbunden werden kann, während im übrigen dem Gesellschaftsvertrage die Bestimmung vorbehalten ist, daß nach Einzahlung 40 oder 25 Prozent der Zeichner von der Haftung für weitere Einzahlungen befreit werden und im Falle der eingetretenen Befreiung auch die bis dahin nicht gestattete Ausgabe von auf den Inhaber lautenden Promessen oder Interimsscheinen erfolgen darf. Die Statuten machen regelmäßig von diesem Vorbehalt Gebrauch und die dazu berufenen Gesellschaftsorgane unterlassen ebensowenig, die Befreiung, sobald sie zulässig ist, eintreten zu lassen. Diese nahe und sichere Aussicht auf eine über die Hälfte der übernommenen Verpflichtung hinausreichende Befreiung befördert auf das bedenklichste die Leichtfertigkeit in der Gründung neuer Unternehmungen und insbesondere in der Zeichnung neu aufgelegter Aktien. Auch lehrt die Erfahrung, daß die Börse gerade an die leichte Waare dieser massenhaften, nicht voll gezahlten sogenannten „liberirten" Aktien bei hochgegriffenen und nicht zur Verwendung gelangenden Grundkapitalien die verderblichste Agiotage anknüpft. Es steht zu erwarten, daß eine zunächst dem Umfange, indirekt aber auch der Zeit nach erweiterte Haftung der Primitivzeichner zu einer gründlicheren, vorsichtigeren Prüfung nicht nur der Grundlagen und der Zukunft des Unternehmens, sondern auch der Solvenz und der Solidität der Zeichner Veranlassung geben wird.

Daneben treten Bedenken, welche sich aus der streng rechtlichen Seite der Sache ergeben. — Die Entlassung erfolgt nach Art. 222 ohne Rücksicht darauf, ob der bisher Verpflichtete aufhört, Aktionär zu sein und ob ein Nachfolger desselben mit den aus der Zeichnung entstandenen Rechten auch die aus derselben entsprungenen Verpflichtungen übernimmt. Es kann dahingestellt bleiben, ob sie eine Herabsetzung des Grundkapitals enthält oder nicht; die Beantwortung dieser Frage kann nach den Umständen des Falles verschieden ausfallen. In jedem Falle enthält die Entlassung eine Beeinträchtigung des Grundkapitals, welche durch die wirkliche Einzahlung des gezeichneten Betrages von Seiten des Inhabers des Interimsscheins zwar wieder ausgeglichen werden kann, aber, wenn dies nicht geschieht, erst aus etwaigen Ueberschüssen der Verwaltung eine Ausgleichung erwarten darf. Die Entlassung des Zeichners kann daher in ihrer Wirkung der Herabsetzung des Grundkapitals gleichstehen und gefährdet wie diese die Rechte der Gläubiger der Gesellschaft. Sie steht außerdem mit dem Inhalt des Handelsregisters und mit der Eintragung der Gesellschaft in dasselbe überhaupt im Widerspruch, da sie mindestens die Zeichnung des Aktienkapitals aufhebt, welche Voraussetzung der Eintragung ist. Daß die Möglichkeit der Entlassung gemäß Art. 222 in dem Gesellschaftsvertrage vorgesehen ist, steht dieser Auffassung nicht im Wege, da die Entlassung, als Herabsetzung des Grundkapitals gedacht, sich durch jenen Vorbehalt von anderen Aenderungen des Gesellschaftsvertrages nur in den Voraussetzungen, aber nicht in den Wirkungen unterscheidet, bei anderer Auffassung aber der Widerspruch mit den Voraussetzungen der Existenz der Gesellschaft durch die Offenlegung desselben nicht gehoben wird. — Allerdings ist der Vorschlag einer entsprechenden Aenderung des Gesetzes — zumal bei den im Jahre 1873 gehörten Handelskammern — bereits manchem Widerspruch begegnet. In den betheiligten Kreisen ist man wenig geneigt, oft auch nicht in der Lage, auf so weit aussehende, in Beziehung auf den Fälligkeitstermin unbestimmte Verbindlichkeiten einzugehen, wie sie die empfohlene Bestimmung in vielen Fällen mit sich bringen würde.

Wird ferner, wie dies in der Konsequenz des Vorschlages liegt, die Ausgabe von auf den Inhaber lautenden Promessen und Interimsscheinen verboten, so tritt eine Erschwerung der Uebertragbarkeit hinzu, welcher der Verkehr ebenfalls nur unwillig sich fügen wird. Für durchgreifend werden indeß diese Bedenken gleichwohl ebensowenig, wie der fernere Einwand zu erachten sein, daß der dem Inhaber im Falle der Nichteinzahlung der späteren Raten gegenwärtig drohende Verlust der geleisteten Partialzahlungen und der Anrechte aus der Zeichnung als eine mindestens ebenso wirksame Bürgschaft angesehen werden müsse, wie die Vollhaftung des ersten Zeichners, wenn man die Möglichkeit eines über diesen in der Zwischenheit hereinbrechenden Vermögensverfalles mit in Anschlag bringe. Der letztere Einwand berührt überhaupt nicht die zunächst nur gegen leichtfertige Gründungen und Aktienzeichnungen gerichteten Intentionen des Vorschlages. Von jenen beiden Verkehrserschwerungen aber wird die erste zum Theil mittelst besonderer zwischen dem Zeichner und dessen Rechtsnachfolger zu vereinbarender Bedingungen der Uebertragung abgewendet werden können; die Entlassung ist auch jetzt nur als eine demnächst erfolgende zulässig, es muß also die Verpflichtung zur Zahlung von vornherein übernommen werden und andererseits steht nichts im Wege, die Zahlungstermine fest und kurz zu bestimmen. — Im übrigen darf nicht unberücksichtigt bleiben, daß das Prinzip der Vollhaftung des Primitivzeichners in mehreren auswärtigen Staaten bereits gesetzliche Anerkennung gefunden hat, ohne, so viel bekannt, den Verkehr geschädigt zu haben. Es gilt dies insbesondere von Holland, England, Amerika und Belgien, während man allerdings in Frankreich (Gesetz vom 23. Juni 1863 und vom 24. Juli 1867 Art. 3, 24) für geboten erachtet hat, jenes früher dort ebenfalls anerkannte Prinzip demnächst wieder aufzugeben, ohne indeß dabei die Befreiung des ersten Zeichners in dem Umfange zuzulassen, welchen das allgemeine Deutsche Handelsgesetzbuch statuirt. Soweit, wie das letztere, ist hierin wohl überhaupt keine andere Gesetzgebung gegangen. Auch das preußische Gesetz vom 3. November 1838 (§. 2) enthielt engere Bestimmungen.

In Frage könnte endlich kommen, ob nicht im Zusammenhange mit der Aenderung des Art. 222 auch für den im Art. 223 vorgesehenen Fall, daß die Aktien auf Namen lauten, abweichende Bestimmungen zu treffen sein werden. In dieser Beziehung gelten jedoch überhaupt andere Grundsätze und namentlich scheint ein hinlänglicher Schutz schon in der Schlußbestimmung des Art. 223 zu liegen, wonach der ausscheidende Aktionär noch ein Jahr lang in Höhe des Rückstandes subsidiarisch verhaftet bleibt.

Hiernach würde

eine Verschärfung der unbedingten Haftung der Primitivzeichner von Inhaberaktien dahin in Frage kommen, daß dieselben für die volle Summe des gezeichneten Nominalbetrages verhaftet sind, und damit die Zulässigkeit der Ausstellung von Interimsscheinen auf den Inhaber in Wegfall zu bringen wäre.

Die Entlassung der Zeichner würde nur etwa unter gleichen Voraussetzungen erfolgen dürfen, wie die Herabsetzung und Rückzahlung des Grundkapitals (Art. 248). Auch in diesem Falle werden die mit einem geringeren Nominalbetrage auszugebenden Aktien mindestens die im Art. 207a vorgeschriebene Minimalhöhe behalten müssen.

2. Nicht selten ist in die Statuten der Vorbehalt aufgenommen, daß bei demnächst stattfindender Ausgabe neuer — sogenannter junger — Aktien die ersten Zeichner oder auch nur allein die Gründer einen beträchtlichen Theil, wenigstens die Hälfte al pari vorweg zu übernehmen berechtigt sind, gleichviel ob sie alsdann noch die zuerst gezeichneten Aktien besitzen oder nicht. Es sind dann noch, bevor die alten Aktien voll eingezahlt worden, weitere Emissionen herbeigeführt, über die in der Regel allein der Aufsichtsrath zu beschließen hat. Es ist hervorgehoben, daß hierbei die Absicht wesentlich dahin gerichtet gewesen sei, auf diese Weise einen Theil des Gründergewinns zu realisiren, daß zu diesem Behufe das Aktienkapital anfänglich absichtlich niedrig bemessen und demnächst die Kurse der alten Aktien zeitweise künstlich in die Höhe geschraubt worden. Dies hat die von vielen Organen des Handelsstandes unterstützte Erwägung nahe gelegt, ob nicht derartige Manipulationen in Zukunft durch ein gesetzliches Verbot überhaupt auszuschließen sein möchten. Dem ist entgegengehalten, daß es Fälle gebe, in denen eine alsbaldige Erhöhung des Grundkapitals gerechtfertigt wäre, z. B. wenn schon während der Bauzeit bei günstiger Lage

des Marktes das Grundkapital als zu niedrig gegriffen sich erweist, und daß es an sich nicht ungerechtfertigt sei, denjenigen, welche durch ihr Geschick, ihre Bemühungen und Aufwendungen ein Unternehmen ins Leben rufen, besondere Vortheile neben den nach Verhältniß ihrer Aktienbetheiligung zustehenden zu gewähren. Sei dies richtig, dann scheine es ferner weit angemessener, die Gewährung dieser Vortheile von einer günstigen Entwickelung des Unternehmens abhängig zu machen, als dieselben von vornherein zu fixiren, und richtiger, sie durch weitere Betheiligung an dem Unternehmen zu gewähren, als durch eine aus dem Grundkapital zu entnehmende Summe. Die Haftung des Zeichners für den ganzen gezeichneten Betrag stehe an sich schon der allzuleichtfertigen Benutzung des Vorbehalts hindernd im Wege. Außerdem aber scheine es richtiger, dem Mißbrauch dadurch entgegenzutreten, daß die Erhöhung des Grundkapitals dem einseitigen Einflusse der Betheiligten entzogen werde. Es kommen hierbei die unbedingte Uebertragung gewisser Geschäfte an die Generalversammlung der Aktionäre und die allgemeine Ausschließung aller für sich Interessirten von den Beschlußfassungen der Generalversammlung in Frage, auf welche weiter unten zurückgekommen wird.

Einverständniß besteht darüber, daß ein Verbot, das Grundkapital durch Ausgabe neuer Aktien zu erhöhen, bevor das zuerst bestimmte Aktienkapital voll eingezahlt worden, auf Versicherungsgesellschaften nicht auszudehnen sein würde, da diese einen Theil des Aktienbetrages, für welchen Wechsel hinterlegt werden, nur als Garantiekapital behandeln. Inwieweit im übrigen zu den in Vorschlag gebrachten Verbotsbestimmungen zu schreiten sein möchte, wird der näheren Prüfung anheimgestellt.

3. Für diejenigen Unternehmungen, bei welchen die Gründer darauf angewiesen sind, den beabsichtigten Gewinn, wenn nicht ausschließlich, doch zunächst und vorzugsweise mittelst Ausbringung der Aktien über pari zu realisiren, sind weitere gegen Mißbrauch und Ausschreitungen bei Gründungen gerichtete Vorschläge nicht zu machen. Einen über jene Grenze erheblich hinausgehenden Emissionskurs zu bewilligen, ist das Publikum im all-

gemeinen wenig geneigt. Vor allem aber — und das dürfte entscheidend sein — liegt in der Bestimmung eines solchen Kurses die Nöthigung, mit dem Verlangen des Gründergewinnes und mit dem projektirten Umfange desselben von vornherein unumwunden hervorzutreten. Will das Publikum mit dem vollen Bewußtsein von der ihm zu Gunsten der Gründer angesonnenen Leistung dennoch auf die Offerte eingehen, so hat die Gesetzgebung so wenig die Macht wie den Beruf, dem zu wehren.

Auf weitere Mittel der Abwehr wird erst für diejenigen Fälle Bedacht genommen werden müssen, wenn:

entweder nicht in baarem Gelde bestehende, auf das Grundkapital anzurechnende Einlagen — sogen. Apports — von einem Aktionär gemacht werden —

oder Anlagen oder sonstige Vermögensstücke von der zu errichtenden Gesellschaft übernommen werden sollen —

oder zu Gunsten eines Aktionärs ein besonderer Vortheil bedungen wird.

(Allgemeines Deutsches Handelsgesetzbuch Artikel 209 b.)

Die größere Gefahr liegt hier darin, daß diese besonderen Stipulationen die mannigfaltigste Gelegenheit bieten, den Gründergewinn — in des Wortes weitester Bedeutung — bis in das Ungemessene zu steigern und namentlich ihn dem Publikum gegenüber zu verschleiern. Erfahrungsmäßig knüpfen sich denn auch erst an diese Fälle, welche als die der „qualificirten" Gründungen bezeichnet werden können, die weitaus gefährlichsten Operationen der Gründer. Notorisch sind, um nur einige der nächstliegenden Fälle als illustrirende Beispiele zu erwähnen, die maßlosen Uebervortheilungen, welche das Publikum von Seiten der Gründer bei der Umwandlung bestehender Einzelunternehmungen — besonders Fabriken — in die Form der Aktiengesellschaft erfahren hat; nicht minder notorisch die bis zu dem Doppelten und Dreifachen des wahren Werthes künstlich hinaufgeschraubten Summen, zu welchen besonders Grundstücke von Bau- und anderen Aktiengesellschaften zum unabwendbaren Ruin der Aktionäre übernommen oder in Anrechnung auf das Grundkapital eingebracht sind. Es wäre nicht gerecht, für diese Vorgänge, in denen ein gleich schwerer Mißstand in wirthschaftlicher, wie in sozialer Beziehung zu erblicken ist, allein die Gründer verantwortlich machen zu wollen. Das Publikum kam ihnen auf halbem Wege entgegen und die Motive waren auf seiner Seite sittlich kaum minder verwerflich, wie auf Seiten der Gründer.

Die Gesetzgebung kann indeß direkt nur den letzteren, von welchen als Offerenten die Initiative ausgeht, entgegentreten — und zwar wird die Aufgabe darin zu bestehen haben, daß dem Publikum möglichst umfassende, sichere und rechtzeitige Gelegenheit gegeben wird, die wesentlichen Grundlagen des Unternehmens, vor allem den gesammten wirklichen Inhalt jener besonderen Stipulationen — einschließlich der den Gründergewinn betreffenden Bedingungen — kennen zu lernen, und über den wahren Werth der Proposition sich schlüssig zu machen.

Bei den Vorgängen in den Jahren 1872/73 ist regelmäßig der wahre Sachverhalt in ein gewisses Dunkel gehüllt, welches zum großen Schaden der Betheiligten sich später aufklärte, ohne daß in allen Fällen oder auch nur regelmäßig eine absichtliche Täuschung sich nachweisen läßt. Die nach §. 209b. erforderlichen Beschlüsse der Generalversammlung haben ihren Zweck nicht erfüllt. Sie sind ohne Werth, wenn die Generalversammlung die nöthige thatsächliche Aufklärung nicht erhält, und überflüssig, wenn diese Aufklärung den Zeichnern der Aktien rechtzeitig gegeben ist. Daß eine Generalversammlung die Genehmigung des Vertrags versagt habe, ist wohl in keinem Falle vorgekommen.

Wie die hiernach erforderliche bessere Aufklärung der Thatsachen zu gewinnen ist, dafür lassen sich verschiedene im einzelnen und in der Formulirung genau abzuwägende Vorschriften denken. Unter anderm ist in Vorschlag gekommen:

a) An Stelle des schwankenden vieldeutigen Begriffs des Gründers wäre ein greifbarer, verantwortlicher Faktor zu gestellen und zu bestimmen, daß in den Fällen der qualifizirten Gründung der Gesellschaftsvertrag von mindestens sieben Personen, welche auch bei Betheiligung mehrerer als Gründer allein verantwortlich zu machen wären, geschlossen werden müsse.

b) Alle für die Beurtheilung der Grundlagen, des Vermögensbestandes und der Gewinnaussichten des Unternehmens wesentlichen Vereinbarungen, alle für etwaige Werthangaben maßgebenden thatsächlichen Unterlagen und alle direkt oder indirekt für Rechnung des Unternehmens irgend einem Betheiligten zugestandenen Leistungen, insoweit sie auf Uebernahme von Vermögensstücken oder Bevorzugung einzelner Aktionäre sich beziehen oder hiermit im Zusammenhange stehen, wären dreimal in Intervallen von etwa je acht Tagen unter der Namensunterschrift sämmtlicher Gründer durch diejenigen öffentlichen Blätter bekannt zu machen, welche in dem Gerichtsbezirke des demnächstigen Gesellschaftssitzes zu den im Art. 13 des allgemeinen Deutschen Handelsgesetzbuchs vorgeschriebenen Bekanntmachungen benutzt werden.

c) Bevor dies geschehen, dürfte weder von irgend einer anderen Seite eine Aufforderung zur Betheiligung bei dem Unternehmen an das Publikum gerichtet, noch die im Abs. 2 des Art. 209 b. vorgeschriebene Generalversammlung abgehalten, noch der Gesellschaftsvertrag in das Handelsregister eingetragen werden.

Auch hätten alle späteren öffentlichen Aufforderungen zur Betheiligung an dem Unternehmen, sowie die Einladungen zu jener Generalversammlung diejenigen öffentlichen Blätter speziell zu bezeichnen, welche den obligatorischen Prospekt (b.) enthalten.

d) In den gemäß Art. 210 des allgemeinen Deutschen Handelsgesetzbuchs zu veröffentlichenden Auszug aus dem Gesellschaftsvertrage wäre zugleich der in letzterem angegebene Werth der Apports und der zu übernehmenden Vermögensstücke, sowie die Zahl der Aktien und der Preis, welche für dieselben gewährt werden, desgleichen jeder zu Gunsten eines Aktionärs bedungene besondere Vortheil aufzunehmen.

e) Ein gleichartiger Prospekt (b.) hätte unter der Namensunterschrift und Verantwortlichkeit sämmtlicher Mitglieder des Vorstandes und des Aufsichtsraths zu ergehen, wenn binnen Jahresfrist nach der Eintragung des Gesellschaftsvertrages in das Handelsregister Vermögensstücke übernommen werden sollen.

f) Die Unterzeichner der obligatorischen Prospekte hätten für die Richtigkeit und Vollständigkeit ihrer Angaben civil- und kriminalrechtlich zu haften.

Ueber etwaige Schadensersatzansprüche hätte der Richter nach freiem Ermessen zu entscheiden. Eine Entlassung von der Haftung für dieselben würde vor Ablauf von etwa drei Jahren nicht stattzufinden haben.

g) Endlich wäre eine Strafbestimmung auch gegen diejenigen außerhalb der vorgeschriebenen Prospekte ergehenden öffentlichen Aufforderungen zur Betheiligung bei Aktienunternehmungen zu richten, welche entweder vor dem Prospekt erlassen oder verbreitet werden (c) oder mittelst Vorspiegelung falscher oder Unterdrückung wahrer Thatsachen irrthümliche Vorstellungen über die Grundlagen, den Vermögensstand und die Gewinnaussichten des Unternehmens zu erregen oder zu unterhalten geeignet sind.

Hiergegen ist darauf aufmerksam gemacht, daß der obligatorischen Aufstellung eines Prospekts kein Werth beigelegt werden dürfe, wenn nicht zugleich mit Effekt vorgeschrieben werden könne, daß derselbe mehr enthalte, als nach Art. 209 und 209 b. Abs. 1 der Gesellschaftsvertrag enthalten muß. Wie ein solcher Prospekt erzwungen werden solle, oder ob etwa die Errichtung der Gesellschaft von einer gewissen Ausführlichkeit des Prospekts abhängig gemacht werden könne, sei nicht einzusehen. Ebensowenig könne es sich empfehlen, eine strafrechtliche Verantwortlichkeit bestimmter Personen auf etwas anderes zu gründen, als auf die nach dem allgemeinen Strafrechte entscheidenden Momente, zu denen die freiwillige Uebernahme der Verantwortlichkeit nicht gehöre. Das Verbot, öffentliche Aufforderungen zur Aktienzeichnung vor Bekanntmachung des Prospekts zu erlassen, würde gleichfalls nicht leicht wirksam werden, da es durch Zeitungsnachrichten, welche keine unmittelbare Aufforderung enthalten, allzuleicht umgangen werden könne. Welcher Zusammenhang endlich zwischen der Bekanntmachung des Prospekts und der Eintragung der Gesellschaft in das Handelsregister bestehe, sei nicht für alle Fälle zu erkennen, da der Prospekt nur für den Fall der öffentlichen Aufforderung zur Aktienzeichnung bekannt gemacht werden solle und die nach Art. 309 b. zu berufende Generalversammlung nur dann erforderlich sei, wenn der Gesellschaftsvertrag nicht zwischen sämmtlichen Aktionären geschlossen sei.

Es sei daher vorzuziehen, die Vorschriften des Art. 209 b. in anderem Sinne weiter zu entwickeln. Nach Abs. 1 desselben seien die hier fraglichen Verabredungen in den Gesellschaftsvertrag aufzunehmen. Es möge sich darüber streiten lassen, welche Folgen für die Verbindlichkeit der Aktienzeichnungen eintreten, wenn derartige Verabredungen getroffen, aber nicht in den Gesellschaftsvertrag aufgenommen sind und nichtsdestoweniger nach Errichtung der Gesellschaft von dem Vorstande zur Ausführung gebracht werden. Jedenfalls aber scheine der unter Aufnahme der Verabredungen geschlossene Vertrag auch für die Aktienzeichner nicht einer nochmaligen Genehmigung zu bedürfen, wenn nur die Aktienzeichnung wirklich als Beitritt zu dem Vertrage angesehen werden könne. Dies sei nur zulässig, wenn die Genehmigung eine bestimmte Bezugnahme auf den Vertrag enthalte. Ohne diese aber könne auch der Beschluß einer Generalversammlung, deren Befugnisse nur auf dem geschlossenen Vertrage beruhen, die Zustimmung des Zeichners zu dem Vertrage nicht ersetzen, am wenigsten die Zustimmung zu den hier fraglichen außergewöhnlichen Vertragsbestimmungen. Es scheine hiernach zweckentsprechender, statt des im Art. 209 b. erforderten

Beschlusses der Generalversammlung zur Gültigkeit der Aktienzeichnung zu verlangen, daß die Zeichenscheine eine Bezugnahme auf den vorher festzustellenden Gesellschaftsvertrag und außerdem wörtlich den Inhalt desselben bezüglich der hier fraglichen Verabredungen enthalten. Diese Art der Sicherung der Aktienzeichner gegen Uebereilung und Verheimlichung verhindere zugleich die vielfach beliebte Trennung des Gesellschaftsvertrages in mehreren Verhandlungen und erstrecke sich in keinem Falle auf diejenigen Aktionäre, welche den Gesellschaftsvertrag mit abgeschlossen hätten und gegenwärtig nach Art. 209 b. dennoch im Stande seien, sich durch Abstimmung in der Generalversammlung von demselben wieder zu befreien. Die Aufnahme der bezüglichen Verabredungen in das Handelsregister und in den bekannt zu machenden Auszug des Vertrages würde sich hieran leicht anschließen.

Selbstverständlich könne auf diesem Wege eine Sicherung nur gegen solche Verabredungen erzielt werden, welche Bedingung des Gesellschaftsvertrages seien. Dagegen werde insbesondere die Uebernahme von Vermögensstücken nach Errichtung der Gesellschaft auf diesem Wege nicht getroffen. In dieser Beziehung würde sich eine Sicherung gegen derartige Uebernahmen nur in Verbindung mit den gegen Beschlüsse der Gesellschaft dem einzelnen Aktionär überhaupt etwa zu gebenden Schutzmitteln finden lassen.

4. Eine Vorsorge könnte noch in den Fällen in Betracht kommen, in denen der Gegenstand eines Aktienunternehmens (Eisenbahnen, Versicherungsunternehmen) einer staatlichen Genehmigung bedarf (Art. 249 a. §. 3 des Handelsgesetzbuchs). Es könnte angemessen erscheinen, die definitive Entscheidung über Ertheilung der Konzession der Zeit nach hinter die Konstituirung der Gesellschaft zu legen oder zu bestimmen,

> daß die Statuten solcher Gesellschaften oder die Nachträge zu denselben in das Handelsregister erst eingetragen werden dürfen, nachdem die Zeichenscheine nebst einem Zeugniß der konzessionirenden Verwaltungsbehörde

darüber, daß auf Grund ihrer das Anlagekapital als nachgewiesen angenommen sei, dem Richter vorgelegt worden.

5. Das in dem bestehenden Gesetze begründete Verbot der Ausgabe von Aktien auf den Inhaber vor Einzahlung des ganzen Nominalbetrages ist vielfach beschwerend gefunden. Anzuerkennen ist auch, daß dieses Verbot den Gesellschaften schwer zu überwindende Schwierigkeiten namentlich in dem Falle bereiten kann, wenn bei niedrigem Kursstande der alten Aktien mit einer weiteren Emission vorgegangen werden soll. Indessen die Zulassung der Ausgabe von Aktien unter pari würde nicht nur thatsächlich vielfach Täuschungen herbeiführen, sie würde auch absichtlich zu diesem Behuf benutzt werden. Jene Schwierigkeiten können dadurch überwunden werden, daß die neuen Aktien in der Form von Prioritätsaktien ausgegeben werden, welchen der zu vertheilende Gewinn bis zu einem gewissen Grade vorweg zu statten kommt. Die Begünstigung der neuen Aktionäre kann auch, ohne Einräumung einer Priorität, durch Gewährung eines größeren Gewinnantheils für die neuen Aktien bei gleichem Nominalbetrage aller Aktien oder durch Gewährung eines gleichen Gewinnantheils für alle Aktien bei geringerem Nominalbetrage der neuen Aktien erfolgen. Diese letztere Form entspricht der Sache nach genau der Emittirung neuer Aktien unter dem Nominalbetrage; nur ist der den Betrag des Grundkapitals ergebende Emissionskurs fest und ersichtlich. Doch würde vielleicht die Verschiedenheit des Nominalbetrages oder der Berechtigung der neuen Aktien dem Umlaufe derselben hinderlich sein und bei Bestimmung eines geringeren Nominalbetrages die gesetzliche Grenze desselben (Art. 207 a) im Wege stehen. Man würde deshalb etwa, um den Umgehungen des bestehenden Rechts vorzubeugen, für den Fall der Erhöhung des Aktienkapitals gestatten können, daß der entsprechende Betrag des Grundkapitals in eine größere Zahl mit den älteren Aktien gleichberechtigter Aktien zerlegt würde, auf welchen ohne Angabe eines Nominalbetrages nur die Zahl der auf die Erhöhung des Kapitals ausgefertigten

Aktien und deren Gleichberechtigung mit den älteren Aktien anzugeben wäre. Für solche Aktien bedürfte selbstverständlich das Verbot der Ausgabe vor Einzahlung des Nominalbetrages einer Modifikation, welche überdies schon durch die Zulassung anderer als in Geld bestehender Einlagen der Aktionäre (Art. 209 b) erforderlich wird.

6. Der Artikel 210 a des Handelsgesetzbuchs erfordert, daß der Anmeldung behufs der Eintragung in das Handelsregister eine Bescheinigung beigegeben werde, wonach mindestens 10 Prozent, bei Versicherungsgesellschaften wenigstens 20 Prozent, des von jedem Aktionär gezeichneten Betrages eingezahlt seien. Diese Kontrole ist als eine, wenn auch beschränkte Prüfung der Solidität der Gesellschaft anzusehen, zu welcher der das Handelsregister führende Beamte außer Stande ist; er wird allzuleicht durch nichtssagende Bescheinigungen hintergangen. Im besten Fall findet er, daß die zu gründende Gesellschaft den einzuzahlenden Betrag in den Büchern eines oder mehrerer Bankhäuser hat, wobei dann noch immer fraglich bleibt, ob hiermit dem Gebot der Einzahlung wirklich genüge geschehen ist. Ebenso gewährt der Beschluß der Generalversammlung, durch welchen festgestellt werden soll, daß die vorgeschriebene Einzahlung erfolgt sei (Art. 209 a), nicht eine wirkliche Kontrole, sondern oft nur den schädlichen Schein einer solchen. Es könnte deshalb richtiger sein, den Vorstand, welcher ohne jene Einzahlung den Geschäftsbetrieb beginnt, oder die Eintragung der Gesellschaft in das Handelsregister herbeiführt, verantwortlich zu machen und allenfalls die Eintragung der Gesellschaft in das Register von der bloßen Erklärung, daß die Einzahlung erfolgt sei, abhängig zu machen.

7. Die Vorschriften über den Nachweis der Zeichnung des Grundkapitals zu verschärfen, dürfte insoweit wünschenswerth se n, daß im Zusammenhange mit der unbedingten Verhaftung der Zeichner für den einzuzahlenden Betrag die Vorlegung der Zeichenscheine und eines von dem Vorstand unterzeichneten und bei dem Handelsregister verbleibenden Verzeichnisses für erfor-

derlich erklärt wird, welches über Namen, Stand und Wohnort der Zeichner, sowie über die gezeichneten Beträge Auskunft giebt.

II. Nicht mindere Schäden, als sie bei der Gründung von Aktiengesellschaften hervorgetreten sind, hat die Geschäftsführung der Aktiengesellschaften offen gelegt. Ein Hauptgrund liegt theils in der Geschäftsunkenntniß, theils in der Indolenz der Aktionäre, welchen im Wege der Gesetzgebung nicht abgeholfen werden kann. Wohl aber wird darauf hinzuwirken sein, daß jedes einzelne durch das Gesetz vorgesehene Organ der Gesellschaft den Intentionen des Gesetzes gemäß auch faktisch funktionirt, vor allem eines Hinausgehens über die ihm angewiesenen Grenzen seiner Aufgabe und eines Uebergriffs in die Funktionsgebiete der übrigen Organe sich enthält. Die hiermit bereits angedeuteten Vorwürfe treffen in erster Reihe den Aufsichtsrath. Sein Beruf besteht gesetzlich in der Ueberwachung der Geschäftsführung. Thatsächlich aber gestaltet sich das Verhältniß meist dahin, daß entweder die Mitglieder eine über den Bezug der Tantieme hinausgehende Thätigkeit überhaupt kaum entwickeln, oder der Aufsichtsrath sowohl dem Vorstande wie der Generalversammlung gegenüber soweit übergreift, daß in seinen Händen der Schwerpunkt der gesammten Leitung des Unternehmens liegt und damit eine der Verwaltung selbständig und unbefangen gegenüberstehende Kontrole überhaupt aufhört. Den Aktionären geht vielfach die Möglichkeit ab, berechtigte Interessen zur Geltung zu bringen, wenn einmal Sonderinteressen einzelner zur Herrschaft gelangt sind, und die Beseitigung dieser Mißstände erfordert das Eingreifen der Gesetzgebung.

Das gesetzliche Gebot der Bildung eines Aufsichtsraths bildet für die hierauf bezüglichen Maßregeln den gesetzlichen Vorgang. Der Aufsichtsrath ist bereits als ein nicht auszuschließendes Grundrecht der Aktionäre gebildet. Man braucht auf dem damit eingeschlagenen Wege nur fortzugehen, um den Interessen der Aktionäre gegen die ihnen von den eigenen Organen der Gesellschaft drohenden Gefahren zu Hülfe zu kommen.

Von diesen Gesichtspunkten aus kommen folgende Punkte in Betracht.

8. Ueber die civilrechtliche Haftbarkeit der Mitglieder des Aufsichtsraths und des Vorstandes bestimmen die Artikel 225b, 241, 248 des Handelsgesetzbuchs. Daneben ist eine Haftung gegen die Gesellschaft aus der vertragsähnlichen oder wirklich vertragsmäßigen Uebernahme ihrer Pflichten herzuleiten. Gleichwohl wird eine Prüfung nicht auszuschließen sein, ob und in welcher Weise etwa diese Haftbarkeit, sei es der Gesellschaft, sei es Dritten gegenüber — auch für den Fall einer nur kulposen Verletzung — auszudehnen sein möchte; namentlich möchte sich eine Bestimmung empfehlen, wonach der Richter auch hier nach freiem Ermessen über etwaige Schadensersatzansprüche zu entscheiden hat.

9. Was die strafrechtliche Haftung anlangt, so regelt sich dieselbe zur Zeit für die Mitglieder des Aufsichtsraths nach Artikel 249, für die des Vorstandes nach eben diesem und dem folgenden Artikel des allgemeinen Deutschen Handelsgesetzbuchs. Auch diese Bestimmungen scheinen nicht weit genug zu gehen. Sie werden auszudehnen sein auf alle Fälle einer das öffentliche Interesse berührenden Gesetzesverletzung. Nur beispielsweise ist in dieser Beziehung an das Verbot des Erwerbes und der Amortisation eigener Aktien zu erinnern (allgemeines Deutsches Handelsgesetzbuch Artikel 215).. Dasselbe wird zur Zeit als ein lex imperfecta angesehen werden müssen.

10. Bei den seit dem Gesetze von 1870 gebildeten Aktiengesellschaften hat sich der Aufsichtsrath vielfach als Verwaltungsrath gestaltet, welcher einerseits den Vorstand in seiner Aktion beschränkt und andererseits wichtige Funktionen der Generalversammlung an sich zieht. Bei der Berathung des Gesetzes von 1870 waren die Anschauungen über die Bedeutung des Aufsichtsraths nicht völlig klar gewesen. Schon damals aber wurde der Aufsichtsrath vielfach als Verwaltungsrath aufgefaßt. Der Aufsichtsrath bestand schon vor dem Gesetze von 1870 bei

den Kommanditgesellschaften auf Aktien. Bei diesen beruhte er auf dem Gedanken, daß der persönlich haftende Gesellschafter, welcher ein selbständiger Theil der Gesellschaft ist, sich eine fortdauernde Aufsicht gefallen lassen muß. Ist nun auch bei der Aktiengesellschaft keineswegs derselbe Gedanke zu Grunde zu legen, da der Vorstand ebenso wie der Aufsichtsrath nur Organ der Gesellschaft ist, so bleibt doch immer dies, daß neben dem Vorstande ein Aufsichtsorgan bestehen soll.

Von diesen Betrachtungen ausgehend, ist in Erwägung gekommen, ob nicht der Gedanke des Gesetzes, nach welchem die Bildung des Aufsichtsraths obligatorisch ist, nur dann zur Ausführung gelange, wenn letzterer von der Verwaltung gänzlich ausgeschlossen werde, so daß der Vorstand frei von der Zustimmung des Aufsichtsraths zu handeln befugt sei, und wenn er in gewissen Fällen nicht mit der im allgemeinen gestatteten Selbständigkeit handeln soll, ihm für diese Fälle andere Personen, etwa ein Verwaltungsrath beigegeben werden müsse. Eine fortlaufende Kenntnißnahme von der Verwaltung bilde zwar eine erhebliche Erleichterung gehöriger Aufsicht, diese Kenntnißnahme schlage aber allzuleicht in eine wirkliche Theilnahme an der Verwaltung in der Art um, daß der Vorstand an die Zustimmung des Aufsichtsraths sich binde oder gebunden werde. Unter dieser Voraussetzung werde aber die vom Gesetz gewollte Aufsicht aufgegeben.

Von der anderen Seite wird auf den schon angedeuteten Gesichtspunkt Gewicht gelegt, daß namentlich bei größeren Unternehmungen und komplizirten Verwaltungen eine vollkommen erschöpfende und zuverlässige Revision kaum möglich sei, ohne daß der Revisor mehr oder minder leitende Fühlung mit der Verwaltung behalte. Auch wird darauf hingewiesen, daß dem zunächst zur Verwaltung berufenen Vorstande mit Rücksicht auf die Schwerfälligkeit der Aktion der Generalversammlung nicht die letztere allein ohne jede Zwischenstelle gegenübergestellt sein dürfe — eine Erwägung, die event. wiederum auf die Einschiebung eines dritten Organs hinführen könnte.

Eins möchte unbedingt untersagt werden können und müssen — das ist: die Delegation von Aufsichtsrathsmitgliedern in den Vorstand. Es kommt vor, daß auf diesem Wege der Vorstand als selbständiges Organ geradezu verschwindet und der Aufsichtsrath schließlich nur noch seine eigene Verwaltung „überwacht", daß — mit anderen Worten — der „Aufsichtsrath" allen Intentionen und der ganzen Anlage des Gesetzes zuwider, sich schließlich zu einem förmlichen „Verwaltungsrath" gestaltet.

11. Es gilt ferner, die Stellung der Gesellschaftsorgane, namentlich des Aufsichtsraths gegenüber der Generalversammlung, thunlichst an die im Gesetze beabsichtigten Grenzen zu binden. Die Uebertragung von Rechten der Generalversammlung an die Gesellschaftsorgane ist als eines der Mittel üblich geworden, um unberechtigte Sonderinteressen dauernd zur Herrschaft in der Gesellschaft zu bringen. Sie hat dem Handelsgesetzbuche von vornherein durchaus fern gelegen. Diese Uebertragung ist es vorzugsweise, welche das nur zur Aufsicht bestellte Organ unwillkürlich zur Theilnahme an der Verwaltung treibt, indem der Vorstand in dem Widerspruche des Aufsichtsraths den Widerspruch der Generalversammlung, und noch mehr in der Zustimmung des Aufsichtsraths zu einzelnen Verwaltungsakten die Zustimmung der Generalversammlung zu finden glaubt und sich selbst durch Gehorsam gegen die „Beschlüsse" des Aufsichtsraths zu decken sucht. Werden die Gesellschaftsorgane auf die in ihren gesetzlichen Funktionen begründeten Schranken zurückgewiesen, so läßt sich wenigstens einiger Erfolg auch nach der Seite hin hoffen, daß die Generalversammlungen aus ihrer bisherigen Bedeutungslosigkeit heraustreten. Letztere ist von den schwersten Unzuträglichkeiten begleitet gewesen, während es der Gesetzgebung an der Möglichkeit fehlt, hiergegen mit entschieden durchgreifenden direkten Mitteln einzuschreiten.

Es wird hiernach die Entscheidung in gewissen Fragen unter allen Umständen in den Händen der Generalversammlung zu belassen sein, so daß dieselbe weder durch Statut noch durch besonderen Beschluß anderen Organen übertragen werden darf. Zweifel bestehen, nach welcher Richtung hin diese Fragen des näheren zu bestimmen sind. Es können namentlich die für die finanziellen Schicksale des Unternehmens besonders wichtigen Punkte bezeichnet werden; vor allem die Erhöhung des Grundkapitals, die Bestimmung des dabei einzuhaltenden Emissionskurses und die Aufnahme von Anleihen — in zweiter Linie etwa noch die Dispositionen über den Reservefonds und die Fixirung der den Vorstandsmitgliedern und den Gesellschaftsbeamten zuzubilligenden Tantieme. Man kann andererseits die Grenze nicht sowohl in der größeren oder geringeren Wichtigkeit, sondern in der Natur des Gegenstandes finden: ob derselbe unter die Vertretung der Gesellschaft nach außen oder zu den inneren Angelegenheiten derselben gehört. Zu diesen inneren Angelegenheiten wären dann die Verfassung der Gesellschaft und das Rechtsverhältniß der Gesellschaftsorgane zu rechnen. Durch eine dementsprechende Bestimmung würde nicht blos bei der Errichtung der Gesellschaft ein Damm gegen ungünstige Vertragsschlüsse aufgerichtet, sondern insbesondere auch ein Schutz gegen Aenderungen des Statuts gewährt, dessen insbesondere ältere Gesellschaften um so mehr bedürfen, als den Minoritäten derselben der in dem Erforderniß landesherrlicher Genehmigung liegende Schutz ohne jedes Aequivalent verloren gegangen ist.

12. Im übrigen wird, um die Stellung der Generalversammlung zu heben, nur noch dahin Vorkehrung getroffen werden können, daß der in der Generalversammlung vertretene Mehrheitswille nicht gefälscht, daß er ferner ausreichend formell konstatirt und endlich für alle Betheiligten jederzeit leicht erkennbar gemacht werde. Die beiden letzteren Punkte hängen zum Theil mit denjenigen Vorschlägen zusammen, welche demnächst in Beziehung auf die Erweiterung der Individualrechte der Aktionäre in Betracht gezogen werden sollen. Besonders von diesen Gesichtspunkten aus scheint es wünschenswerth, daß die Beurkundung der Beschlüsse der Generalversammlung in gerichtlicher oder notarieller Form erfolge und die Veröffentlichung der Protokolle — sei es auch nur mittelst Niederlegung derselben bei dem Handelsrichter und Zulassung der Einsicht seitens jedes Betheiligten — als Regel vorgeschrieben werde.

13. Gegen die Fälschung des Mehrheitswillens dürfte nach den Vorgängen des neuesten belgischen (Art. 131) und des französischen Gesetzes von 1867 (Art. 13, 45) der Erlaß einer Strafbestimmung sich empfehlen, welche verhindert, daß, wenn die Stimmenzahl des einzelnen Aktionärs beschränkt oder das Stimmrecht desselben ausgeschlossen ist, nicht durch Vertheilung oder Uebertragung seines Aktienbesitzes die Vorschriften des Statuts oder des Gesetzes umgangen werden; die in den §§. 271, 272 des Strafgesetzbuchs dieserhalb bereits enthaltenen Bestimmungen erscheinen nicht für alle Fälle ausreichend. Dagegen dürfte in dem bestehenden Rechte bereits begründet sein, daß ein in solcher Weise zu Stande gekommener Generalversammlungsbeschluß civilrechtlich unverbindlich ist.

14. Ferner möchte sich eine Bestimmung des Inhalts empfehlen, daß etwa 14 Tage vor der ordentlichen Generalversammlung jedem Aktionär — wenn auch nur auf Verlangen — die Inventur und die Bilanz nebst etwaigen Revisionsbericht zugänglich gemacht werden müssen (französisches Gesetz von 1867 Art. 35). Erfolgt die Mittheilung dieser Vorlagen erst in der Generalversammlung selbst, so ist es in den seltensten Fällen den Aktionären möglich, daraus alsbald die Grundlagen für ein sicheres Urtheil zu gewinnen. Diesem Mangel an Information und an Gelegenheit dazu wird um so mehr vorgebeugt werden müssen, als denselben die übrigen Gesellschaftsorgane nur zu oft zur Geltendmachung ihrer Sonderinteressen auf Kosten der Gesammtheit ausbeuten.

15. Endlich ist noch ein auf die Zusammenberufung der Generalversammlung bezüglicher Vorschlag dahin empfohlen, daß eine gewisse Quote der Aktionäre für berechtigt erklärt wird, eine solche Berufung durch den Richter zu veranlassen, sei es, daß dieser zu der Berufung ermächtigen oder die Organe der Gesellschaft zu derselben nöthigen soll. Es würde hierdurch der Fall betroffen werden, daß die zu der Berufung zunächst berechtigten oder verpflichteten Gesellschaftsorgane einem bezüglichen gesetz- oder statutenmäßigen Antrage überhaupt nicht oder nicht rechtzeitig Folge geben. Durch die in der Praxis hervorge-

tretene Beherrschung der Aktiengesellschaften durch Koterieen, welche sich der Organe der Gesellschaft bemächtigt haben, ist auch die Ausfüllung dieser Lücke des Gesetzes genügend gerechtfertigt. Nur als eine Ergänzung dieser Maßregel würde sodann die Wahl des Vorsitzenden jeder Generalversammlung durch diese unter Leitung desjenigen, welcher die Versammlung berufen hat, zu betrachten sein.

III. Der letzte zu erwähnende Gegenstand betrifft die Individualrechte der Aktionäre. Das allgemeine Deutsche Handelsgesetzbuch gewährt in dieser Beziehung nur ein Minimum, und die Rechtsprechung geht in Uebereinstimmung mit der Theorie, obschon die Meinungen getheilt sind, doch im allgemeinen nicht erheblich weiter zu gunsten der einzelnen Aktionäre. Vom juristischen Standpunkt aus läßt es sich vertheidigen, daß nach außen zwar neben den Rechten der Gesellschaft Individualrechte überhaupt nicht existiren, im Innern der Gesellschaft aber, insbesondere in dem Verhältnisse zu den Organen der Gesellschaft, jeder Aktionär für sich allein und ohne Rücksicht auf den Willen der Gesammtheit, die Rechtmäßigkeit und Zweckmäßigkeit aller Akte der Gesellschaft in Frage ziehen kann. Es scheint jedoch klar, daß diese äußerste Konsequenz, wenn sie auch für die in ihren Rechtsverhältnissen ähnlichen Gewerkschaften zugelassen ist (§. 115 des Berggesetzes vom 24. Juni 1865), mindestens für die handeltreibenden Aktiengesellschaften die denselben nöthige Kraft der Aktion aufs äußerste gefährden würde. Die Aussicht des Einzelnen auf eine schließliche Geltendmachung seiner Sonderrechte könnte auch leicht zu fernerer Abschwächung der ohnehin viel zu geringen Neigung, den in erster Reihe sich darbietenden Weg einer Anrufung der Generalversammlung zu betreten, führen.

Demungeachtet wird nach einigen Richtungen hin eine Erweiterung der Individualrechte befürwortet werden können. Der innere Grund der Beschränkung scheint nämlich da aufzuhören und muß folgeweise auch die Beschränkung selbst ihre Grenze finden, wo die Gemeinschaft nur als Mittel zu einem materiellen

Eingriff in solche Rechte des Einzelnen benutzt wird, welche das Band der Gemeinschaft überhaupt nicht berührt oder umfaßt.

16. Von diesem Gesichtspunkt aus möchte den einzelnen Aktionären das Recht zugestanden werden können, in allen Fällen der Verletzung gesetzlicher oder statutarischer Bestimmungen, Ersatzansprüche wegen des ihnen aus vertretbarer Verschuldung der Gesellschaftsorgane erwachsenen Schadens gegen diese — wenn auch erst nach vergeblich erfolgter Anrufung der Generalversammlung oder unter gewissen sonstigen formellen Beschränkungen — selbständig geltend zu machen.

17. Zur Ausgleichung zwischen dem formalen Gesichtspunkt der Personeneinheit und der Rücksicht auf das materielle Interesse des Einzelnen erscheint es ferner zulässig, daß auch für diejenigen Fälle, in denen eine Verletzung des Gesetzes oder Statuts zwar noch nicht positiv behauptet werden kann, doch aber nach Lage der Umstände als wahrscheinlich anzusehen ist, ein Individualrecht auf nähere Feststellung des Thatbestandes statuirt werde. Aehnliche Bestimmungen finden sich bereits in mehreren ausländischen Gesetzgebungen — u. a. in der englischen (Comp. Act von 1862 Sect. 56 ff.) und in der belgischen (Gesetz vom 28. Mai 1873 Art, 124). Ob und inwieweit es geeignet sein würde, hierfür die Mitwirkung des Gerichts in Anspruch zu nehmen, steht nicht außer Zweifel. Eventuell würde im Anschluß an diese erwähnten Vorgänge das Verfahren etwa in der Art zu regeln sein, daß der Antrag von einem, $\frac{1}{5}$ des Grundkapitals vertretenden Theile der Aktionäre zu stellen und durch nähere Angabe event. auch Bescheinigung derjenigen Thatsachen, auf welchen die Annahme der Verletzung des Gesetzes oder Statuts beruht, zu begründen wäre, daß demnächst unter Mitwirkung der Majorität und Minorität der Aktionäre das Gericht nach summarischer Prüfung und vorläufiger Anhörung des Vorstandes über die Einleitung der Untersuchung zu beschließen, im Falle der Einleitung Richtung und Ziel der Untersuchung zu bezeichnen und einen Kommissar mit der Ausführung zu beauftragen hätte, daß endlich nach Abschluß der Untersuchung von dem Kommissar über das Ergebniß Bericht zu

erstatten und dieser, soweit das Gericht ihn dazu geeignet findet, öffentlich auszulegen wäre.

18. Auch nach einer anderen Seite hat die Berücksichtigung der Aktionäre als einzelne Personen im Gegensatze zu der Gesellschaft im Handelsgesetzbuch nur eine gelegentliche Beachtung gefunden. Die Beschlüsse der Gesellschaft sind nicht Beschlüsse der Aktionäre, sondern der Gesellschaft, kommen aber durch die Mitwirkung der Aktionäre zu Stande. Wenn hiernach formell eine solche Personenverschiedenheit zwischen der Gesellschaft und den Aktionären besteht, daß die Gesellschaft auf Grund eines von den Aktionären gefaßten Beschlusses mit den einzelnen Aktionären kontrahiren kann, sofern es nur gelingt, andere physische Personen als Vorstand der Gesellschaft hinzustellen, so ist doch nicht zu verkennen, daß es nichts weiter als ein grobes Mittel widerrechtlicher Benachtheiligung der Gesellschaft ist, wenn einzelne Aktionäre ihr Stimmrecht benutzen, um sich selbst Sondervortheile zu verschaffen. Das Handelsgesetzbuch schließt die Betheiligten nur im Falle des Art. 209b von der Beschlußfassung aus und befördert hierdurch die Annahme, daß im übrigen der Mißbrauch des Stimmrechts zu eigenem Vortheil erlaubt sei. Es könnte hiernach für wünschenswerth erachtet werden, allgemein festzustellen, daß kein Aktionär in der Generalversammlung oder im Vorstande der Gesellschaft durch Theilnahme an der Abstimmung zur Dechargeleistung für seine eigene Verwaltung oder zu Statutänderungen, welche ihm einen besonderen Vortheil gewähren, oder zu dem Abschlusse eines Vertrages mitwirken darf, bei welchem er selbst als Mitkontrahent oder durch Theilnahme an den Vortheilen eines Mitkontrahenten außer der Gesellschaft selbst betheiligt ist, und daß ein Zuwiderhandeln gegen diese Vorschrift, abgesehen von den Strafvorschriften gegen das Vorschieben anderer Personen zur Stimmabgabe und von der Anfechtbarkeit des gefaßten Beschlusses für allen daraus entstehenden Schaden verantwortlich, vielleicht auch strafbar macht.

IV. Zu berühren ist schließlich die Frage, inwieweit durch die Gesetzgebung in die Rechtsverhältnisse bereits bestehender

Aktiengesellschaften eingegriffen werden kann. Als Grundsatz wird festzuhalten sein, daß die Rechtsverhältnisse jeder bestehenden Gesellschaft eine vertragsmäßige Grundlage haben und daß, soweit diese in Frage kommt, die Gesetzgebung nicht eingreifen soll. Ebenso wird aber anzunehmen sein, daß die Gewährung der Mittel zur Geltendmachung bestehender Rechte diese vertragsmäßige Grundlage nicht berührt und daß der gesetzliche Ausschluß des Mißbrauchs gesetzlicher Rechte als bloße Deklaration des Gesetzes zugelassen werden kann. Inwieweit hiernach die einzelnen zur Erörterung gezogenen Vorschläge auch auf bestehende Aktiengesellschaften anzuwenden sind, wird bei einem jeden derselben besonders zu erwägen sein.

III. Gutachten über die geeignetsten Mittel zur Abhülfe der nach den Erfahrungen des Reichs-Oberhandelsgerichts bei der Gründung, der Verwaltung und dem geschäftlichen Betriebe von Aktienunternehmungen hervorgetretenen Uebelstände[1].

Inhaltsübersicht

[1] Wiedergegeben nach dem metallographierten Exemplar des ZStA Potsdam, Reichsjustizamt, Nr. 2859, Bl. 125–199. Mitgeteilt werden außer den formulierten Abänderungsvorschlägen die §§ 1, 2, 3, 5, 10, 11, 12 und 17 des Gesamtgutachtens. – Das Gutachten trägt die Unterschrift von Pape, des Präsidenten des Reichsoberhandelsgerichts. Wie das Gutachten im einzelnen zustandegekommen ist, läßt sich nicht feststellen. Die folgenden Fußnoten sind, soweit nichts anderes vermerkt ist, den Randbemerkungen des Originals entnommen. Die Ziffern in eckigen Klammern beziehen sich auf die Seitenzählung des Originals. Das Wort „Aktie" und die hiervon abgeleiteten Worte werden im Gegensatz zum Original *einheitlich* mit „c" wiedergegeben. Im übrigen folgt die Edition der Rechtschreibung des Originals. – Die im Gutachten zitierte französische und belgische Aktienrechtsliteratur ist nachgewiesen bei A. *Brandin*, Bibliographie générale des sciences juridiques, politiques, économiques et sociales de 1800 à 1925, t. 1, Paris 1926. – Mit den im Gutachten zitierten Protokollen sind die „Protokolle der Kommission zur Berathung eines allgemeinen deutschen Handelsgesetzbuches" gemeint (hrsg. von J. *Lutz*, 1858–1863; neu hrsg. mit gleicher Seitenzählung von W. *Schubert*, Frankfurt/Main 1984).

[1] Nachdem der Bundesrath am 22. Juni 1874 beschlossen hatte, die durch Interpellation des Abgeordneten Dr. Lasker in der Reichstagssitzung vom 4. April 1873[2] angeregte Revision der Gesetzgebung über die Actiengesellschaften erst mit der bei Aufstellung des Entwurfs eines deutschen bürgerlichen Gesetzbuchs in Aussicht genommenen Revision des Handelsgesetzbuchs zu verbinden, trat derselbe in Folge des Beschlusses des Preußischen Abgeordnetenhauses vom 29. März 1876[3] in eine erneute Erörterung der Frage, ob jene Revision derartig dringlich, daß es des Erlasses eines Zwischengesetzes bedürfe, und das Reichskanzleramt ersuchte am 31. Juli 1876 das Reichs-Oberhandelsgericht um ein auf Grund seiner Erfahrungen zu erstattendes Gutachten darüber, ob und inwieweit das bestehende Recht sich gegenüber den geschehenen Ausschreitungen derart unzureichend erwiesen habe, daß der Erlaß eines Zwischengesetzes geboten oder wünschenswerth erscheine. Da inzwischen die Kgl. Preuß. Staatsregierung einen Antrag, betreffend die Reform der Actiengesetzgebung nebst einer erläuternden Denkschrift beim Bundesrath eingebracht hat, so hat das Reichskanzleramt durch Schreiben vom 7. Dezember 1876 die Frage der Nothwendigkeit oder Opportunität der Reform der Actiengesetzgebung durch

[2] Reichstagsverhandl. de 1873 I S. 213 fg.
[3] Verhandl. des Preuß. Abg. Hauses de 1876 II S. 881 flg.

ein Zwischengesetz für erledigt erklärt und ein anderweitiges Gutachten über die nach seinen Erfahrungen bei der Gründung, der Verwaltung und dem geschäftlichen Betriebe von Actienunternehmungen hervorgetretenen Uebelstände und die geeignetsten Mittel zur Abhülfe derselben unter Berücksichtigung der in der Preußischen Denkschrift angeregten Punkte vom Reichs-Oberhandelsgericht erfordert.

[2] Die Preußische Denkschrift wie das Schreiben des Reichskanzleramtes und die vorangegangenen Berathungen und Beschlüsse des Reichstages, bez. Preußischen Abgeordnetenhauses betreffen lediglich die Frage der Revision der die *Actien*gesellschaften betreffenden Rechtsnormen, so daß die Betrachtung des Verhältnisses der *Commandit*gesellschaften auf Actien streng genommen außerhalb der Aufgabe des Gutachtens zu bleiben hat. Hierfür spricht auch die Erwägung, daß die Kommandit-Actiengesellschaften bereits vor der Actiennovelle vom 11. Juni 1870 im größten Teile Deutschlands der Staatsgenehmigung[4] nicht bedurften, das Gesetz vom 11. Juni 1870, wenn es auch die Staatsgenehmigung für die Kommandit-Actiengesellschaften, soweit solche noch erforderlich, ebenfalls aufhob, doch für diese Gesellschaftsform neue Bestimmungen – abgesehen von Artikel 199 und 206 – nicht gegeben hat, dem Gesetze von 1870 aber wesentlich nur die Unzulänglichkeit seiner zum Ersatz der weggefallenen Staatsaufsicht aufgestellten Normativbestimmungen zum Vorwurf gemacht wird.

In der That erscheint auch die gedachte Gesellschaftsform der Actiencommandite wegen der persönlichen Haftung des Complementars und der Unzulässigkeit der Inhaberactie weniger der Gefahr ausgesetzt, als Mittel zur Schaffung der Agiotage dienender Werthe und zur Erlangung übermäßiger Gründergewinne für Einzelne auf Kosten der Gesellschaft, bez. des Publikums mißbraucht zu werden. Ganz ausgeschlossen erscheint indessen diese Gefahr nicht und eine Reihe von Gesichtspunkten wie z. B. die Abgrenzung der Competenzen der einzelnen Organe der Gesellschaft gegen einander, das Maß der Verantwortlichkeit derselben[5], die Wahrung der Generalversammlungsbeschlüsse gegen Verfälschungen des wirklichen Willens der derzeitigen Actieneigenthümer, die Rechte der Einzelactionäre auf Geltendmachung der Schadensansprüche der Gesell-

[4] In Preußen beseitigt durch Art. 10 des Einf. Ges. zum H. G. B. vom 24. Juni 1861, in Sachsen durch § 55 des Genossenschaftsgesetzes vom 15. Juni 1868, in Oldenburg durch Art. 20, in Dessau durch § 22, in Waldeck durch § 7, in Hamburg durch § 27, in Lübeck durch Art. 14, in Bremen durch § 22 der entsprechenden Einführungsgesetze zum H. G. B., in den Preuß. Erwerbungen von 1866 durch § 38 der Verordnung vom 5. Juli 1867 (Ges.S. S. 1133) und § 1 der Verordnung vom 24. August 1867 (Ges.S. S. 1645), in Baden für Aktiengesellschaften, die nicht Bank-, Kredit- oder Versicherungsgeschäfte betr., durch Art. 32 des Einf. Ges. vom 6. August 1862, in Württemberg ebenso durch Art. 35 des Einf. Ges. vom 13. August 1865.

[5] Der Text ist zum Teil durchgestrichen und lautet in der neuen Fassung „z. B. die Abgrenzung der Competenzen von Aufsichtsrath und Generalversammlung, das Maß der Verantwortlichkeit des Aufsichtsraths …“.

schaft gegen ihre [3] Organe wegen Gesetzes- und Statutenverletzung, trifft für beide Gesellschaftsformen gleichmäßig zu, so daß, wenn zur Zeit an eine Reform der Gesetzgebung gegangen werden soll, dieselbe unseres Erachtens die Commanditactiengesellschaft nicht unberücksichtigt lassen kann. Es wird deshalb bei den einzelnen Reformvorschlägen auch in diesem Gutachten mit angedeutet werden, ob, bez. mit welchen erforderlichen Modifikationen dieselben auch für die Commanditgesellschaft auf Actien anwendbar erachtet werden.

I. Gründung der Actiengesellschaft.

§ 1. Allgemeines.

Wir stehen nicht an, die bei der Gründung von Actiengesellschaften seit der Wirksamkeit des Gesetzes vom 11. Juni 1870 unter der hauptsächlichen Einwirkung besonderer wirthschaftlicher Verhältnisse mit Erfolg begangenen Mißbräuche als die wesentlichsten, die überhaupt im Actienwesen zu Tage getreten, zu bezeichnen. Was in dieser Beziehung klar zu Tage liegt und wiederholt in legislativen Körperschaften, Fachvereinen, Gutachten von Korporationen, Denkschriften, wie schließlich auch in öffentlichen Criminalverhandlungen zur Constatirung gelangt ist, hat auch dem Reichs-Oberhandelsgericht in seiner amtlichen Wirksamkeit nicht entgehen können. An die Stelle der Kapitalsvereinigungen an dem Gedeihen des Unternehmens interessirter und dasselbe zu fester Kapitalsanlage benutzender Personen ist die Bildung von Actiengesellschaften durch sogenannte Syndikate getreten. Die Unternehmungen sind lediglich zum Zwecke der Schaffung von Actien als Börsenwaare, welche dann durch alle Mittel der Agiotage – Consortialbetheiligungsofferten, öffentliche Prospect-Ankündigungen, Börsen-Scheinverkäufe und Rückkäufe, Ankündigung erfolgter Ueberzeichnung, Empfehlungen an die Clientel – ins Publikum geworfen wurden, errichtet werden. Der sogenannte Zweck des Unternehmens war lediglich das Aus- [4] hängeschild und er wurde so unbestimmt bezeichnet, daß eine individualisirte, einem bestimmten Zweck angepaßte Grundverfassung der Gesellschaft unmöglich war, deren Feststellung auch schon die Hast des Augenblicks untersagte. Das Grundkapital wurde lediglich nach dem Maaße augenblicklicher Aufnahmefähigkeit des Geldmarkts für solche Papiere entsprechend der Schätzung der Gründer normirt. Die Gründer machten sofort von der statutarischen Befugniß Gebrauch, sich selbst von 60 % ihrer Zeichnungen zu liberiren, bez. von dem Aufsichtsrath der Gesellschaft liberiren zu lassen. Von den schuldigen 40 % wurden, wenn man zunächst von der gesetzlich erforderlichen Einzahlung von 10 % absieht, die ferneren 30 % sowie weitere Raten nicht nach freiem Ermessen der Gesellschaftsorgane ausgeschrieben, sondern der Eingang hing, da die Gründer selbst die Gesellschaftsorgane bestellt hatten und diese ihnen dienstbar waren, davon ab, ob und wann die Unterbringung der Actien im Publikum gelang. Bis zu diesem Zeitpunkte führte die Gesellschaft ein

Scheindasein, welches durch Betheiligung an neuen Gründungen Seitens der Gesellschaft selbst oder durch ein als Contocurrentverkehr bezeichnetes Börsenspiel mit den patronisirenden Banken, welche die Gründer waren, ausgefüllt wurde. Mitunter wurde geschehene Voll- oder Theil-Einzahlung in der Weise fingirt, daß der Zahlung eine Buchung substituirt wurde, nach welcher das gegründete Institut bei den Gründern in Höhe des angeblich eingezahlten Betrages ein Guthaben hatte. Bei dem Mangel jeder Selbständigkeit der gegründeten Gesellschaft den Gründern gegenüber war dies aber kein Guthaben, über welches hätte entsprechend dem Interesse der Gesellschaft frei disponirt werden können. Vielmehr bildete auch dieses nur die Grundlage eines Geschäftsverkehrs zwischen den Gründerinstituten und der gegründeten Gesellschaft, dessen Bahnen Erstere vorschrieben. Wieder- [5] holt haben auch die Gründer nicht selbst gezeichnet, sondern Figuranten vorgeschoben, die für die gezeichneten Summen aufzukommen nicht in der Lage waren oder, wenn sie es waren, durch besondere Reverse gedeckt wurden, in denen entweder Namens der Gesellschaft versprochen wurde, daß sie aus der Zeichnung nicht in Anspruch genommen werden sollten, oder Seitens der Gründer ein Aufkommen für jene Verbindlichkeit zugesagt wurde. Selbst die Einzahlung der ersten 10 Prozent war wiederholt unterblieben. Um den Nachweis derselben zu liefern, zeigten die Gründer den entsprechenden Betrag vor, nahmen ihn aber sodann wieder an sich. Für alle diese Mißbräuche hat das Reichs-Oberhandelsgericht ausreichend klare Belege in vor ihm verhandelten Prozessen gefunden. Noch neuerdings ist ein Fall zu seiner Kenntniß gelangt, in welchem eine und dieselbe Gründungsbank denselben Geldbetrag für mehrere unmittelbar hintereinander instrumentirte Gründungen immer wieder zum Nachweise der erfolgten Einzahlung der erforderlichen 10 % vorgezeigt hatte.

Das Verfahren bei der Gründung von Eisenbahngesellschaften mit seiner Verquickung von Finanzirung und Bauausführung, sei es in Form der Generalentreprise, sei es durch künstliche Theilung der Interessenten in Finanz- und Bauconsortium, sei es mittels heimlicher Verträge der Gründer mit den anscheinend meist zu diesem Zweck geschaffenen großen Baugesellschaften, ist durch den Bericht der Specialkommission zur Untersuchung des Eisenbahnkonzessionswesens hinreichend bekannt. Auch das Reichs-Oberhandelsgericht hat Gelegenheit gehabt, von diesem System in seinen drei geschilderten Nuancen amtliche Kenntniß zu erlangen.

Als einer der gröbsten Auswüchse des Gründungswesens muß endlich die sogenannte qualifizirte Gründung, die Einbringe-Gesellschaft, be- [6] zeichnet werden, bei der in Form von Käufen oder Illationen, je nach Belieben der Gründer, die sich dabei in die Rolle der Anbietenden und Annehmenden theilen, mittelst der übermäßigsten Uebertaxirungen der Werthe von Etablissements, Terrains, oder Anlagen, ein scheinbares Grundkapital und damit eine ungeheure Menge scheinbarer Werthe in Actien geschaffen worden ist, die dann mittelst trügerischer Prospekte an den Markt gebracht wurde. Es wird auf diese Gesellschaftsform bei den einzelnen Reformvorschlägen noch näher einzugehen sein. Alle diese Gesellschaften, von denen die letztgedachten bei Vergleichung ihres Grundkapitals mit dem wahren Werthe der Einlagen schon am Tage ihrer Entstehung in Unterbilanz waren, rechneten, um die wahre Lage zu verhüllen, in den ersten Jahren fictive Dividenden heraus.

Das geschilderte Verfahren mußte auch die innere Gesundheit derjenigen Institute untergraben, die diese Gründungen vornahmen. Mißlang die sofortige Begebung an das Publikum – und sie ist in vielen Fällen auch mißlungen –, so blieben diese Institute mit großen Obligos gegen das gegründete Institut belastet. Meist hatten sie in dieser Beziehung bei anderen Instituten in Form der Consortialbetheiligung Rückversicherung genommen bez. diesen wieder für deren Gründungen gegeben und auch das von ihnen selbst gegründete und beherrschte Institut veranlaßt[6], solche Rückversicherungen zu geben.

Mit der eintretenden Reaction, der gegenüber sich der wahre Sachverhalt nicht mehr verbergen ließ, trat daher der Ruin oder doch die empfindlichste Antastung der Grundlagen auch jener patronisirenden Institute wie des ganzen Kreises der Versicherer zu Tage.

Offenbar kann man für diese Erscheinungen nicht das Gesetz vom 11. Juni 1870 vorzugs- [7] weise verantwortlich machen wollen. Mit Wegfall der Staatsaufsicht war das Publikum wesentlich auf eigene Prüfung der Solidität der Unternehmungen und des Werths der Actien angewiesen. Wurde einmal mit der Staatsaufsicht gebrochen, so konnte das Gesetz nicht bewirken, daß sich die freigegebene Gesellschaftsform Zwecken, für welche sie absolut ungeeignet, oder für welche nicht das geringste Bedürfniß vorhanden, versagte. Es kann ihm nicht angerechnet werden, wenn gegenüber einer planmäßigen constanten Afteranwendung und Mißhandlung der gedachten Gesellschaftsform, zu welcher sich unter der Einwirkung eines durch die derzeitigen politischen und wirthschaftlichen Verhältnisse gezeitigten Glaubens an ein unbegrenztes wirthschaftliches Leistungsvermögen Einzelne und das große Publikum verbunden hatten, sich die aufgestellten Normativbestimmungen unzulänglich und zum Theil abwegig erwiesen haben. Von einer Verbindung des Publikums mit den Einzelnen darf aber bei der unbegrenzten, kritiklosen Aufnahmefähigkeit[7] desselben für Werthe, wie sie gleichzeitig in Geld neben einander gar nicht vorhanden sein

[6] In den meisten Bilanzen der gründenden Institute jener Jahre findet sich ein höchst erheblicher, räthselhafter Posten – Consortialconto –, der immer als Activum gebucht ist, während es bereits sicherer Verlust aus Consortialgeschäften war.

[7] Die Grundkapitalssummen der allein im Berliner Courszettel notirten Actien- und Commanditactiengesellschaften aus der Zeit von 1870–74 betragen: 401 Millionen Mark Kapitalserhöhungen für alte Banken und Creditinstitute, 800 Millionen Mark neue Bankengründungen, wovon noch 230 Millionen Resteinzahlungen ausstehen, 344 Millionen Mark Bergwerks- und Hüttengesellsch. –, 504 Millionen Mark Industrie-Actien

konnten, vorzugsweise in der Absicht, sich ihrer mit Gewinn wieder zu entledigen, gesprochen werden. – Es bedarf unseres Erachtens wiederholt der Hervorhebung dieser Thatsache, um die Erwartungen des Publikums in Betreff des neuen Reformwerks und seiner Widerstandsfähigkeit gegenüber einer Wiederkehr derselben wirtschaftlichen Erscheinungen auf ein entsprechendes bescheidenes Maß herabzusetzen. Nach unserem Dafürhalten sind die Prinzipien des Gesetzes vom 11. Juni 1870 im Allgemeinen richtig und es kann nur eine kräftigere und reifere Ausgestaltung der einzelnen Normen wie insbesondere ihre Stellung unter schärfere und sie möglichst überalldeckende Verantwortlichkeitsfolgen versucht werden. – Wir gehen dabei von der der übersandten Denk-[8] schrift offenbar zu Grunde liegenden Voraussetzung aus, daß eine Rückkehr zur Staatsgenehmigung der Actiengesellschaften als solcher nicht beabsichtigt wird und daß auch das Grundprinzip der Construction – ein der Regel nach in Geld bestehendes Grundkapital und dessen Zusammenbringung durch Zeichnungen sowie die Einzahlung bestimmter Prozente darauf und eine präventive Prüfung des Vorhandenseins dieser Erfordernisse durch den Registerrichter vor der Existenzberechtigung der Gesellschaft – nicht verlassen werden soll. – Man hat mehrfach das Princip der Zeichnung des ganzen Grundkapitals vor der Entstehung der Gesellschaft als die Quelle alles Uebels geziehen. Weil nach den herrschenden wirthschaftlichen Zuständen, die das Gesetz nicht ändern könne, die Actiengesellschaft nicht unmittelbar mit Erfolg einen Appell an die Kapitalien des Publikums richten könne, vielmehr nur planmäßige Thätigkeit der Zwischenhändler – der großen Bankierinstitute – den Actien die Stätte im Publikum zu bereiten vermöge, müßten diese Zwischenhändler als Zeichner eintreten. Je weitergreifend ihre Verpflichtungen, desto größer sei die Prämie, welche sie sich für das Risiko von der Actiengesellschaft naturgemäß ausbedingen müßten[8], und, da diese nicht offen bedungen werden könne, so greife man zu den berührten zahlreichen Simulationen und Einkleidungen, während andererseits kein Gesetz gegen letztere einen wirksamen Schutz zu verleihen vermöge.

Deshalb wird das Englische Constructionsprinzip befürwortet, nach welchem schon im Stadium des Projects 7 Personen, von denen jede eine Actie gezeichnet hat, für das Unternehmen die Rechtspersönlichkeit verliehen und es der so errichteten Gesellschaft überlassen wird, das weitere Kapital durch Actienzeichnungen zu erlangen. Allein wir vermögen darin, daß bei dieser Conctruction das um Credit angegangene wie das Actien kaufende Publikum Behufs seiner [9] Sicherheit lediglich auf die den Gesellschaftsorganen auferlegte zeitweise Publi-

= Sa. 2109 Millionen Mark. Die Coursdifferenz zwischen Ende 1872 und Ende Oktober 1875 betrug allein 900 Millionen Mark. Vergl. Oechelhäuser, Die wirtschaftliche Krisis, Blatt 42 flg.

[8] Vergl. insbesondere Behrend in den Eisenacher Gutachten Seite 56. Hecht, das Börsen- und Actienwesen Seite 62.

kation[9] ihres Kapitalzuwachses hingewiesen wird, keine ausreichende Sicherheit seiner Interessen zu finden. Auch fehlt es demnach denjenigen Actienzeichnern, welche zeichnen, ohne daß zugleich schon das ganze für den Zweck erforderliche Kapital gedeckt ist, an jeder Sicherheit, da das bloße Recht, sofern das Kapital innerhalb bestimmter Zeit nicht beschafft ist, die Liquidation der Gesellschaft zu verlangen, schwerlich den Erfolg haben kann, daß der eingezahlte Betrag unverkürzt in die Hände des Einzahlers zurückgelangt. Endlich vermögen wir nicht abzusehen, wie, wenn das behauptete wirthschaftliche Gesetz oder die wirthschaftliche Gewöhnung, wonach Actienkapitalien nur durch Zwischenhändler placirt werden können, überhaupt auch bei dem Bedürfniß der entsprechenden Actienunternehmungen existirt, dasselbe außer Anwendung bleiben soll, wenn die mit der Rechtspersönlichkeit ausgestattete unvollkommene Gesellschaft es ist, die ihre Actien bis auf die gezeichneten ersten 7 auf einmal oder successive unterbringen will, zumal sie dies doch auch in einem Zeitpunkt thut, in welchem sie ihre Lage noch in keiner Weise befestigt hat, vielmehr noch die Mittel zur Ausführung ihres Zwecks braucht. Sind in einem Falle die Zwischenhändler unentbehrlich, so sind sie es auch im anderen. Ja wir möchten gerade annehmen, daß die Zwangslage, die Kapitalien aufzubringen, für die bereits entstandene Gesellschaft noch viel größer ist, als für bloße Projectanten. Man muß großes Bedenken haben, ohne Weiteres fremde Gesetzesbestimmungen für Panaceen gegen heimische Mißbräuche zu erachten. Der Satz, unsere Gesetzesvorschriften hätten zu den Syndikaten gedrängt, ignorirt die Thatsache, daß in der abgelaufenen Periode nicht die in Gründung begriffenen Actiengesellschaften sich an die Syndikate gewandt, vielmehr Letztere die Actiengesellschaften Behufs Erlangung von Actienwerthen geschaffen haben. Wir glauben, nicht fehl zu gehen, wenn wir annehmen, daß sich die Ka- [10] pitalienplacierung anderwärts wie bei uns vollzieht, zumal man in England die Gesetzgebung auf diesem Gebiet ebenfalls für höchst verbesserungsbedürftig erachtet[10].

In der That hat denn auch keins der unter den Eindrücken der bereits seit längerer Zeit im Flusse befindlichen Reformbestrebungen entstandenen neuen Actiengesetze, weder das Belgische noch das Ungarische noch der Oesterreichische Entwurf das Englische Princip adoptirt. Alle beruhen auf dem gleichen Princip wie die Deutsche Novelle[11], bez. das Handelsgesetzbuch in Betreff der Kommanditactiengesellschaften. Endlich ziehen wir das bisher in Geltung gewe-

[9] 2 mal im Jahr.

[10] Im Jahre 1876 hat eine Bill das Unterhaus passirt, welche die Gründer zu den ausgedehntesten Prospectangaben verpflichtet.

[11] In Frankreich ist die Gesetzgebung in dieser Materie niemals für längere Zeit in Stillstand gekommen. Dem Gesetze vom 17. Juli 1856 über Commanditactiengesellschaften folgte das Gesetz v. 23. Mai 1863 sur les sociétés à responsabilité limitée, beiden das beide umfassende Gesetz v. 24. Juli 1867. Am 4. April 1875 ist aber anläßlich einer

sene Präventivsystem – die Nachweisungspflicht in Betreff der Erfüllung der Erfordernisse gegenüber dem Registerrichter –, so unvollkommen auch die dem Registerrichter für die Erforschung der Wahrheit zu Gebote stehenden Handhaben sein mögen, dem französisch-belgischen Repressivsystem, welches die Errichtung der Gesellschaft auf Gefahr der Betheiligten ohne Controle zuläßt und dafür bei vices de constitution in ihren Wirkungen höchst complicirte Nullitätserklärungen[12] der Gesellschaft androht, entschieden vor.

[11] *§ 2. Abänderung des Art. 222 H. G. B. (Der Befugniß zur Liberation der ersten Zeichner nach Zahlung von 40 % u. zur Ausgabe von Promessen und Interimsscheinen auf den Inhaber.)*

Mit Recht hebt die Denkschrift in Uebereinstimmung mit dem größten Theile anderweitiger Reformvorschläge die rechtliche Anomalie hervor, welche in Folge der Vorschrift des Art. 222 H. G. B. bei Liberation der ersten Zeichner nach Einzahlung von 40 % und Ausgabe von Interimsscheinen auf den Inhaber darin liegt, daß trotz des publizirten Grundkapitals für die Restzahlungen Niemand mehr haftet. Die statutenmäßigen Caduzirungsrechte der Gesellschaft in Betreff der geleisteten Einzahlungen sind bei schlechtem Stande der Gesellschaft – also gerade dann, wenn der Rückhalt am Kapital am meisten nothwendig – von zweifelhaftem Erfolge. Es ist durchaus nicht sicher, daß, wenn der Zeichner oder sein Rechtsnachfolger die geleisteten Einzahlungen abandonnirt, was ja hauptsächlich nur bei schlechtem Coursstande der Actien, der den Weiterverkauf hindert, geschehen wird, die Gesellschaft durch Begebung einer neuen Actie an Stelle der eingezogenen selbst unter Anrechnung der verfallenen Einzahlungen zu Gunsten des Erwerbers den Restbetrag erlangen kann. Auch kann auf den Umstand, daß durch die statutarische Liberationsbefugniß die Gläubiger wie Actienerwerber auf die Möglichkeit der Verminderung des Grundkapitals aufmerksam gemacht sind, kein Gewicht gelegt werden, da von einer Verminderung des angegebenen Kapitals um einen bestimmten Betrag auch nicht gesprochen werden kann, es vielmehr von vorher gar nicht zu berechnenden Umständen abhängt, ob und inwieweit eine Grundkapitalsverminderung wirklich eintreten wird. Auch erscheint es durchaus angemessen, daß, Gesell-

Interpellation in der Französischen Nationalversammlung über die vorhandenen Mißbräuche durch Justizministerial-Dekret eine Kommission zur Feststellung der erforderlichen Reformen eingesetzt worden. Vergl. Vavasseur, un projet sur la loi des sociétés.

12 Die Nullität kann agendo und excipiendo von jedem Interessenten geltend gemacht werden, aber die Gesellschaft kann sie Dritten nicht entgegenstellen. Danach giebt es Gesellschaften, die nicht klagen, wohl aber verklagt werden können. Wird auf Nullität erkannt, so entsteht unter den Gesellschaftern nach vorherrschender Ansicht société du fait. Die Actionäre haften den Gesellschaftsgläubigern in Höhe ihrer Einlage, die fondateurs haften den Gläubigern an Stelle des vernichteten être moral für alle Schulden, den Actionären nach den civilrechtlichen Grundsätzen über Contractsverletzung und quasi – délit (Art. 1383 Code civil).

schaftsrechte wichtigster Art ausgeübt, Dividenden bezogen werden können, ohne daß irgendeine Sicherheit dafür [12] vorhanden ist, daß auf die Actien später fällig werdende Gesellschaftspflichten erfüllt werden. Noch weit schwerer als diese rechtlichen Bedenken, welche ihre Erledigung schon entweder durch die Aufhebung der Befreiungsbefugniß der ersten Zeichner oder durch die Beibehaltung des Namenspapiers bis zur Vollzahlung mit der Wirkung, daß bei zulässiger freier Uebertragung immer der im Actienbuch eingetragene letzte Erwerber für die ausgeschriebenen Einzahlungen haftet, finden würden, wiegen aber die wirthschaftlichen Bedenken gegen den bisherigen Rechtszustand.

Es kann der Denkschrift in ihrer Ausführung, wie gerade die nahe und sichere Aussicht auf eine sofort ins Werk zu setzende Befreiung in Höhe von mehr als der Hälfte der eingegangenen Verpflichtungen die Leichtfertigkeit in der Gründung neuer Unternehmungen und der Zeichnung neu aufgelegter Actien erheblich begünstigt und wie sich gerade an die massenhaften, nicht voll gezahlten sogenannten liberirten Actien bei hochgegriffenen und nicht zur Verwendung gelangenden Grundkapitalien die verderblichste Agiotage anknüpft, diesseits nur beigestimmt werden. Hier gerade ist einer der wenigen Punkte, bei welchem von einer veränderten Gesetzgebung eine unmittelbare Einwirkung auf einen Verkehrsmißbrauch zu erwarten ist. Es gilt, die ökonomische Bedeutung der Actie im Zustande vor der Vollzahlung zu ändern und dadurch dem Verkehr in Actien dieser Art eine andere Richtung zu geben[13]. Auch aus dem Handelsstande sind, wenn auch die Mehrheit seiner Organe der Aenderung als einer Verkehrserschwerung abhold ist, sehr beachtenswerthe Stimmen zu Gunsten der Aenderung laut geworden, so daß nicht bezweifelt werden kann, daß die nothwendige Verkehrsfreiheit recht wohl damit bestehen kann. Die Argumente der Gegner vermögen wir nicht für stichhaltig zu erachten. Wenn in Folge der Aenderung sich die Sparkraft des Publikums den nicht vollgezahlten Actien nur soweit zuwendet, als sie sich des Besitzes der bei neuen [13] Ratenausschreibungen erforderlichen Zuschußsummen sicher weis, so vermögen wir hierin keinen Nachtheil, sondern gerade einen erstrebenswerthen Vortheil zu finden. Die Erwägungen, daß man es zur Beseitigung der Verkehrserschwerung vorziehen wird, die Gesellschaften vorläufig auf geringere Grundkapitalien, die man voll einzahlen läßt, zu gründen und daran rasch Nachtragsemissionen, an welche sich neue Agiotage knüpft, zu reihen, sowie daß man, um schnell zur Vollactie zu gelangen, die Vollzahlungen ohne wahres Bedürfniß ausschreiben und dadurch die Gesellschaften mit brachliegenden Kapitalien belasten wird, vermögen wir nicht als entscheidende Argumente zu erachten. Das erste Argument enthält das Eingeständniß, daß bei geringerem Grundkapital auch der Umfang der Gefahr der Agiotage geringer. Nachtragsemissionen erfordern das Abwarten einer

[13] Für die Aenderung: Gutachten der Handelskammern zu Leipzig, Breslau, Augsburg und der Kaufmannsältesten zu Berlin in Hecht, Börsen- und Actienwesen Seite 178, 196, 220, 334.

Spanne Zeit. So gering man sie auch zu gestalten vermöchte, immer ist die Conjunctur des Zeitpunkts der Nachtragsemission nicht mehr nothwendig die des Zeitpunkts der ersten, während gerade der angemessenen Benutzung der Augenblicks-Conjunctur vorgebeugt werden soll. Auch werden der Regel nach die Courschancen schlechter sein, wenn bald, nachdem ein Angebot stattgefunden und befriedigt worden, für dasselbe Unternehmen ein neues Angebot an den Geldmarkt erfolgt, als wenn von Anfang an ein Angebot in umfangreicheren Dimensionen stattgefunden hat. Was das zweite Argument anlangt, so erwarten wir aber zunächst, daß die umfangreichere Verantwortlichkeit sowohl die ersten Zeichner abhalten wird, in Höhe zu massenhafter Werthe Verbindlichkeiten zu übernehmen, wie das Publikum, jene Werthe in gedachtem Umfange abzunehmen. Wenn man endlich vom Gesichtspunkte des für die Kapitalienplacirung unvermeidlichen Zwischenhandels davon ausgeht, es dürfe den Zwischenhändlern keine mit ihrer bloß vermittelnden Thätigkeit in Mißverhältniß stehende Last aufgebürdet [14] werden, so bemerken wir hiergegen, daß es sich in erster Reihe um die *Schaffung* der Actien handelt, für welche der Zwischenhandel das Placirungsmittel sein mag, welche aber nicht des Zwischenhandels wegen geschaffen werden sollen. Wer Actien schafft, soll es nur in wirklicher gerechter Würdigung des Unternehmens thuen, und die Nöthigung hierzu wie der Ausdruck dieser Würdigung soll in der Uebernahme der vollen Verantwortung für den ganzen Inhalt der Actionärsverbindlichkeit gefunden werden.

Demnach liegen zum Mindesten keine Gründe vor, einen Rechtszustand aufrecht zu erhalten, durch dessen Herstellung das Deutsche H. G. B. ohnehin über das Maaß der in allen Ländern sonst nicht vollgezahlten Actien eingeräumten Bewegungsfreiheit erheblich hinausgegangen ist. Für den Umfang der Aenderung bieten sich aber die verschiedensten Varianten. In Betracht kommen zeitlich unbegrenzte oder begrenzte Vollzahlungspflicht des ersten Zeichners, bloße Haftung des ersten Zeichners neben Circulation des nicht vollgezahlten Papiers au porteur oder verbunden mit Namenspapiereigenschaft, so daß auch der Papiererwerber der Gesellschaft haftet und endlich im letztgedachten Falle die Haftung der Zwischenerwerber, die sich des Papiers zur Zeit der Ausschreibung der Rate bereits entäußert haben[14].

[14] Die Namensactienqualität bis zur Vollzahlung und die Vollzahlung, aber immer nur des *derzeitigen* Actionärs, statuiren, mit von der Genehmigung der Gesellschaft abhängiger Uebertragbarkeit, das *Englische*, mit freier Uebertragbarkeit das *Bernische* Gesetz. Die Namensactienqualität und Vollhaftung sowohl des *Zeichners* wie des derzeitigen – bei Ausschreibung der Rate – *Actionärs* statuiren das Russische und Holländische Gesetz. Die Namensactienqualität und Vollhaftung sowohl des Zeichners, wie des derzeitigen Actionärs wie aller früheren Actionäre statuirt das Spanische H. G. B. und der Entwurf des Württembergischen H. G. B. – Das letztgedachte Princip haben das italienische und französ. Gesetz, aber mit den erheblichen Modifikationen, daß in *Italien* nach Einzahlung der Hälfte Inhaber-Actien ausgegeben werden können, in *Frankreich* nach Einzahlung der Hälfte, sofern die Statuten es zulassen, die Generalversammlung die Ausgabe

Die verschiedenen Gesetzgebungen, nicht zuletzt übrigens die unsrige, vertreten die verschiedensten, nicht immer einleuchtende Mannigfaltigkeiten. Vergleicht man die Vorschriften unserer Gesetze, so ergiebt sich Folgendes:

Sowohl die Namensactie der Commanditactiengesellschaft wie die Namensactie der Actiengesellschaft ist vor der Vollzahlung frei übertragbar und der Erwerber erlangt die Rechte gegen die Gesellschaft durch Eintragung ins Actienbuch (Art. 182, 183, 223 H. G. B.). Während aber der Zeichner der Namensactie bei der Commanditactiengesellschaft unter keinen Umständen von der Verpflichtung zur Zahlung der ausstehenden Beträge entbunden [15] werden kann, kann es der Zeichner der Namensactie bei der Actiengesellschaft, sofern die Gesellschaft ihn der Verbindlichkeit unter Annahme des neuen Erwerbers an seine Stelle entläßt, mit der Wirkung, daß er auf Höhe des Rückstandes für die bis dahin eingegangenen Gesellschaftsverbindlichkeiten noch ein Jahr vom Austritt ab haftet. Art. 184, 223 eod. – Es haften also bei der Commanditactiengesellschaft für die Vollzahlung unbedingt der Zeichner und der derzeitige im Actienbuche eingetragene Actionär. Ob auch frühere als Actionäre eingetragene Erwerber haften, sagt das Gesetz nicht. Haften sie, so können sie durch Entlassung aus der Verbindlichkeit durch die Gesellschaft liberirt werden, ohne daß ein Residuum ihrer Verpflichtung zurückbleibt.

Bei der Namensactie der Actiengesellschaft haften erster Zeichner, wie alle eingetragenen Nacherwerber. Sie können alle abgesehen vom letzten Erwerber aus der Verbindlichkeit entlassen werden, haften indessen auch in diesem Falle noch ein Jahr, wie oben angegeben, subsidiarisch. – Vergl. Art. 219, 220, 223 eod.

Bei der Inhaberactie haften für die ersten 40 % und, soweit keine Liberation in Betreff des Restbetrages eintritt, für die ganzen 100 % der erste Zeichner, ohne daß er entbunden werden kann[15], und der derzeitige Actionär (vergl. Prot.

von Inhaberactien beschließen kann, von diesem Beschlusse ab aber immer noch 2 Jahre Zeichner und *Alle, die bis zur Beschlußfassung Actienerwerber geworden,* für die zweite Hälfte haften.

Eigenthümlich ist das Princip des Belgischen Gesetzes v. 18. Mai 1875. Es statuirt Namensactienqualität bis zur Vollzahlung, aber freie Uebertragbarkeit, so daß der jedesmalige Cessionar haftet, während Zeichner wie Zwischencessionarien für die rückständigen Einzahlungen anscheinend zwar unbedingt der Gesellschaft haften noch 5 Jahre nach Publication der Cession, soweit es für Zahlung von Gesellschaftsschulden, die *vor* der Publication der Cession – alljährlich sollen nämlich einmal die Liste der derzeitigen Actionäre und ihre noch ausstehenden Beträge publicirt werden – entstanden, erforderlich. Art. 40–42. – Nach Ungar. H. G. B. haftet der Zeichner für 50 % bei Inhaberactien. Nach Oesterr. Ges. Entw. Art. 222 haftet der Zeichner bei Inhaberactien für den Nominalbetrag 2 Jahre unbedingt. Alsdann kann, wenn die Statuten es vorsehen, die Generalversammlung das Erlöschen weiterer Einzahlungspflicht und die Reduction des Grundkapitals um den noch nicht eingezahlten Betrag ohne Beobachtung der sonstigen Sicherheitsvorschriften beschließen.

[15] Am Rand ist angemerkt: „noch 5 Jahre nach Publikation der Cession".

S. 1046). Ueber die Zwischenerwerber schweigt das Gesetzbuch. Diese Verschiedenheiten lassen sich auf klare Gründe nicht zurückführen und enbehren der Folgerichtigkeit.

Betrachtet man die Actie der Actiengesellschaft, welche Inhaberpapier werden soll – den Ausgangspunkt dieser Erörterung –, so ist nach obigen Ausführungen zuförderst von der Vollhaftungspflicht des ersten Zeichners auszugehen, wobei noch dahingestellt bleiben mag, ob sie zeitlich ganz unbeschränkt sein soll. Aus diesem Princip ergiebt sich eine Einschränkung des fortgesetzten Flottirens der nicht vollbezahlten Papiere, selbst [16] wenn man gestatten wollte, daß die gedachten Promessen und Interimsscheine bereits auf Inhaber gestellt werden, weil der Zeichner das Papier nicht weggeben kann, ohne sich vom Käufer wegen des Aufkommens für die Restzahlungen reversiren zu lassen. Wir entscheiden uns aber auch für die Aufrechterhaltung des Papiers als Namenspapier bis zur Vollzahlung, nicht sowohl wegen einer wünschenswerthen formellen Verkehrserschwerung, die bei der Indossabilität des Papiers überwunden werden wird, als vielmehr weil es uns einmal erforderlich erscheint, daß Niemand Gesellschaftsrechte ausübt, der nicht auch den auf dem Gesellschaftsrecht ruhenden Verpflichtungen unterworfen ist, und weil, wenn neben dem Zeichner nicht zugleich der derzeitige Eigenthümer des Actienrechts, der nur bei der Namensactie für die Gesellschaft kenntlich wird, für ausgeschriebene Einzahlungen haftet, die ganze Vorschrift dadurch umgangen werden kann, daß als erste Zeichner vermögenslose Strohmänner auftreten. Alsdann würde bei Beibehaltung der Inhaberpapierqualität das Papier trotz der Vollhaftung des ersten Zeichners, für welche dieser, weil sie ihm nichts verschlägt, seine Reversirung, wenigstens nicht vom Strohmann, fordert, das Papier ganz in der bisherigen Weise circuliren. Eine solche Umgehung in größerem Maßstabe muß insbesondere in einem Falle in Berechnung gezogen werden, in welchem, wie hier ja nicht zu leugnen, ein großer Theil des Handelsstandes die Aenderung als eine nicht genügend motivierte Beschränkung der Verkehrsfreiheit betrachtet und daher leicht auch die loyaldenkenden Interessenten zu einer derartigen Simulation als einer durch die Verhältnisse gebotenen und dem Gesetze zur Last fallenden „Formalität“ sich geneigt finden lassen möchten.

Macht man aber den derzeitigen Actionäreigenthümer für die Einzahlungen verantwortlich, so ergiebt sich von dem Gesichtspunkte aus, daß diese Verant-[17] wortung werthlos ist, wenn es bei drohender Einzahlungsausschreibung dem Actienbesitzer, der vielleicht noch eben in einschneidendster Weise sein Gesellschaftsrecht ausgeübt hat, zusteht, seine Verpflichtung auf einen vermögenslosen Rechtsnachfolger abzuladen, die Nothwendigkeit auch einer Haftung der Zwischencessionarien, deren Statuirung um so weniger Bedenken erregen kann, als diese ja bei ernsthaften Erwerbungen des Actienrechts dem Zeichner unmittelbar oder mittelbar für dessen Vollhaftung werden aufkommen müssen. Als Nacherwerber des ersten Zeichners mit Verpflichtungen gegen die Gesellschaft werden allerdings nur diejenigen betrachtet werden können, welche als solche zum Actienbuche angemeldet sind, da es der Gesellschaft an Mitteln fehlt, die privaten Uebertragungen der Rechte aus der Zeichnung an Andere festzustellen. Der Antrieb, den Eigenthumsübergang zu einem actienbuchmäßigen zu machen, muß darin bestehen, daß nur der actienbuchmäßige Eigenthümer Gesellschaftsrechte ausüben darf und die Ausübung insbesondere von Stimmrechten, worauf noch weiter zurückzukommen, Seitens anderer Personen als der wirklichen Eigenthümer unter Strafvorschrift gestellt wird.

Alle diese Verhältnisse bedürfen der gesetzlichen Regelung. Wir würden ihre Regelung in folgender Weise für angemessen erachten:

„*a)* Auch wenn nach dem Actiengesellschaftsvertrage die Actien auf Inhaber gestellt werden sollten, so kann dies erst nach geschehener Vollzahlung geschehen und dürfen bis dahin Promessen oder Interimsscheine auf den Inhaber nicht ausgegeben werden.

b) Bis zur Stellung auf den Inhaber werden die gedachten Actien als Namensactien behandelt.

c) Sie können, sofern nicht der Gesellschaftsvertrag ein Anderes bestimmt, ohne Einwilligung der Gesellschaft auf Andere übertragen werden. Die Uebertragung kann durch Indossament geschehen.

d) Wenn das Eigenthum der Actie auf einen Anderen übergeht, so ist dies unter Vorlegung des Actieninte- [18] rimsscheins und des Nachweises des Ueberganges bei der Gesellschaft anzumelden und im Actienbuche zu bemerken.

e) Im Verhältnisse zu der Gesellschaft werden nur diejenigen als die Eigenthümer der Actien angesehen, welche als solche im Actienbuche verzeichnet sind.

f) Sowohl der Zeichner wie jeder im Actienbuche eingetragene Actionär haften aber für die Vollzahlung auf die Actie, ein jeder noch für den Zeitraum von drei Jahren vom Zeitpunkte der Anmeldung seiner Eigenthumsabtretung ab und können sie dieser Verbindlichkeit Seitens der Gesellschaft nicht entlassen werden."

Diese dreijährige Frist[16] erscheint uns ein angemessenes mittleres Zeitmaß, welches auch für die Wirksamkeit des Rechts[17] gegen den Zeichner genügt, und seinem Bedürfniß entspricht, sofern die als solide erkannte Gesellschaft in der That weiterer Einzahlungen vorläufig nicht bedarf, nicht auf ungemessene Zeit gebunden zu sein. Nimmt man selbst an, der Zeichner habe sofort nach der Zeichnung sein Recht übertragen – denn, so lange dies nicht geschehen, läuft jene Präclusivfrist nicht – so läßt sich einen dreijährigen Zeitraum hindurch doch das innere Wesen der Gesellschaft schwerlich verbergen, zumal bei dem gesteigerten Interesse, welches an der Kenntniß der wahren Grundlagen die Actiener-

[16] Vergl. Vavasseur, l. c. Art. 3, Seite 28.
[17] Vergl. Art. 127 des Belg. Ges.; 5 Jahre.

werbslustigen wegen ihrer eventuellen eigenen Haftung haben. Denkt man sich die Uebertragung der Actien an loyale und ernstliche Käufer gelungen, so hört damit der Einfluß der Primitivzeichner auf die Gesellschaftsorgane auf und diese werden bei eigener Verantwortung zu erwägen haben, ob sie einen dreijährigen Zeitraum verstreichen lassen sollen, ohne die Zeichner zur Einzahlung anzuhalten. Dazu kommt, daß unter gedachter Voraussetzung auch die Nacherwerber voraussichtlich zahlungsfähig sind. Denkt man aber auch an den Fall, es könnten die ersten Zeichner, weil die Begebung mißlungen, ihre Anrechte an vermögens- [19] lose Personen abtreten, um die Präclusivfrist für ihre eigene Liberirung ins Laufen zu bringen, so erscheint der dreijährige Zeitraum doch genügend, um die Gläubiger in den Stand zu setzen, durch Geltendmachung ihrer Rechte, sofern es nothwendig, das Vorgehen gegen die Zeichner zu erzwingen.

In der That handelt es sich doch nur hauptsächlich darum, die unmittelbar nach Entstehung der Gesellschaft, bez. der Emission eines Actienkapitals, möglichen Geschäfte in Actien in Maaß und Umfang einzuschränken und durch Aenderung ihrer rechtlichen Wirkung sie ungeeignet für ungemessenen Speculationstrieb zu machen, sowie zu verhüten, daß Actiengesellschaften lediglich der Augenblicksconjunctur für Speculationswerthe die Entstehung verdanken. Dazu bedarf es einer Haftung für die Werthsziffer nicht blos der ersten Zeichner, sondern auch der Rechtsnachfolger. Für das Zeitmaaß der Haftung lassen sich ganz bestimmte nothwendige Grenzen nicht aufstellen. Die zeitlich unbeschränkte Haftung erscheint nicht erforderlich und insbesondere würde unseres Erachtens die zeitlich unbeschränkte Haftung der ersten Zeichner neben Nichthaftbarkeit der Zwischenaktionäre dem Zwecke nicht genügend entsprechen.

Auszusprechen würde im Gesetze noch sein, daß die Gesellschaft den Actienrückstand zunächst von dem letzten buchmäßigen Eigenthümer zu fordern und erst bei fruchtloser Aufforderung nach ihrer Wahl an die Vormänner zu gehen hat, gegen letztere aber die gesetzlichen (Art. 220) wie statutenmäßiger Rechte wegen verzögerter Einzahlung[18] erst nach an sie durch besondere Erlasse gerichteter fruchtloser Aufforderung geltend machen kann, wenn auch für die Unterbrechung der dreijährigen Präclusivfrist die Ausschreibung der rückständigen Rateneinzahlung genügt, und daß sie bei Verpflichtung zum Schadensersatz für die Unterlassung von der Erfolglosigkeit der Aufforderung an den letzten buchmäßigen Eigenthümer den Vormännern sofort, soweit thunlich, Nach- [20] richt zu geben hat. Den Bestimmungen des Gesellschaftsvertrages kann die Erleichterung der Lage der Vormänner in der Weise überlassen werden, daß überall da, wo sich die Gesellschaft das Recht vindicirt, bei Zahlungszögerung die geleisteten Einzahlungen für verfallen zu erachten, bedungen werden kann, es sei im Falle des Rückgriffs wegen des Restes gegen die Vormänner nach deren

[18] Hier ist eingefügt: „wie Verzugszinsen, Conventionalstrafen, Caduzirung". (Anm. des Hrsg.).

Wahl entweder ihnen ein die bisherigen Einzahlungen mit umfassendes neues Papier zu geben oder das Papier von der Gesellschaft für ihre Rechnung zu verkaufen, so daß sie nur mit der Differenz zwischen dem Erlöse und der ausstehenden Actienrate zu belasten seien.

Was den Rückgriff des in Anspruch genommenen Actienveräußerers gegen seine Vormänner anlangt, so erscheint uns in dieser Beziehung eine gesetzliche Bestimmung nicht erforderlich. Auch ohne eine solche wird man davon auszugehen haben, daß beim Kauf einer Actie, auf welcher noch eine Einzahlungspflicht des Verkäufers ruht, es stillschweigende lex contractus ist[19], daß der Käufer den Verkäufer in Betreff seiner Schuld gegen die Gesellschaft zu vertreten hat. Der Zweifel, ob diese Vertretungspflicht auch dann bestehen bleibt, wenn der Käufer das Actienrecht abandonnirt oder desselben wegen Zahlungssäumnis für verlustig erklärt ist, ist gegenstandslos, da, so lange das Angriffsrecht der Gesellschaft gegen den Veräußerer besteht, welches allein den Rückgriff begründet, auch der Erwerber unmittelbar und unbefreibar der Gesellschaft haften muß, selbst wenn das ganze Actienrecht nach statutarischer Bestimmung zur Strafe für die Säumigkeit verwirkt sein sollte. Zur Statuirung eines springenden Regresses[20] oder einer Solidarverpflichtung aller Nachmänner gegen den Regredienten sehen wir keinen Anlaß. Jeder Veräußerer mag seinen Nachmann nach Maßgabe seines Vertragsverhältnisses mit ihm belangen.

Wir erachten aber unter Voraussetzung der Aenderung der Bestimmungen über die Inhaberactie für eine verschiedene Behandlung der Inhaberactien, [21] so lange sie hiernach Namensactien sein sollen, und der eigentlichen Namensactien keinen Grund vorhanden. Schon nach jetzigem Recht vermögen wir einen entscheidenden Grund für die verschiedene Behandlung des Zeichners einer Inhaberactie, so lange diese nicht liberirt ist, und des Zeichners einer Namensactie nicht zu erkennen. Läßt man den Art. 223 H. G. B. bestehen, so würde, während bei der Inhaberactie der Zeichner unbedingt und unbefreibar immer oder für eine längere Zeit haften soll, der Zeichner der Namensactie jederzeit so entlassen werden können, daß nur die einjährige subsidiarische Haftbarkeit bleibt. Es wäre also bei der nicht vollgezahlten Namensactie eine viel freiere Beweglichkeit wie bei der nicht vollgezahlten Inhaberactie vorhanden, wenn man insbesondere davon ausgeht, daß in der ersten Zeit der Gesellschaft deren Organe den Primitivzeichnern dienstwillig zur Verfügung stehen, also die geforderte Entlassung unweigerlich aussprechen werden. Es könnte also gerade der Fall eintreten, daß diejenigen Interessenten, welche sich durch die neuen Bestimmungen über die Inhaberactie beengt finden möchten, sich unter den Schutz der Namensactie begeben, erwartend, daß die spätere Abänderung der

[19] Vergl. Renaud. Recht der Act.-Ges. 2. Aufl., Seite 750.

[20] Art. 42 des Belgischen Gesetzes giebt ein Recht des Regredienten gegen ältere Nachmänner in solidum.

vollgezahlten Namensactien in Inhaberactien durch Statutenänderung sich leicht bewirken lassen werde. Dazu kommt, daß die ganze Bestimmung in Betreff der subsidiarischen einjährigen Haftung ebenso dunkel wie wegen des Mißverhältnisses der Kürze der Zeit zu den zu erfüllenden Vorbedingungen des Anspruches unpraktisch ist. Vergl. über die völlig verschiedenen Auffassungen dieser Haftung Renaud, Recht der Actiengesellsch. 2. Aufl. S. 780, Makower, Commentar zum H. G. B., 6. Aufl., S. 205; Zeitschr. f. Handelsr. Bd. XXI S. 609.

Wir möchten deshalb rathen, die Bestimmungen in Betreff der Namensactien bei der Actiengesellschaft mit den in Betreff der Inhaberactien vor der Vollzahlung zu erlassenden in Einklang zu bringen. Selbstverständlich wird dadurch der Festsetzung [22] die Eigenthumsübertragung bez. die Entlassung aus der Verbindlichkeit beschränkenderer statutarischer Bestimmungen nicht präjudizirt.

Besonders zwingende Gründe, bei der Commanditgesellschaft auf Actien zur Zeit eine Aenderung der einschlagenden Bestimmungen vorzunehmen, erachten wir nicht für vorliegend.

Daß eine Entlassung der Zeichner, bez. Actionäre unter den gleichen Voraussetzungen, wie die Herabsetzung, bez. Rückzahlung des Grundkapitals (Art. 248) geschehen kann, vorausgesetzt, daß demnach die Actien die Minimalhöhe des Art. 207a behalten, erachten wir für bereits geltendes Recht. Vergl. unsere Entscheidungen Band XVIII S. 428 und Band XX S. 93.

§ 3. Die Form der Errichtung der Actiengesellschaften.

Das Gesetz bezeichnet bereits durch Art. 207 H. G. B. und 209a der Novelle die beiden Arten der Errichtung des Actiengesellschaftsvertrages, daß entweder sämmtliche Actionäre den Gesellschaftsvertrag simultan verlautbaren, oder daß dies nur einige gethan haben und der Beitritt der anderen mittelst bloßer Zeichnung eines Actienbetrages erfolgt ist. Im ersten Falle haben alle Actionäre die Erfüllung der gesetzlichen Erfordernisse in Betreff der Zeichnung des Grundkapitals und der Einzahlungen anzuerkennen. Im zweiten ist eine Versammlung der Zeichner zu berufen, der die Bescheinigungen über die Erfüllung der Erfordernisse vorzulegen sind und welche durch Beschluß diese Erfüllung als stattgefunden feststellt. Diese beiden Formen als Voraussetzungen der Eintragung der Gesellschaft sind unseres Erachtens beizubehalten. Insbesondere erachten wir auch im zweiten Falle die Versammlung der Zeichner für zweckmäßig[21]. Es handelt sich hier um blos adhärirende Erklärungen, die einen längeren Zeitraum hindurch meist successive in die Hände der Projectanten gelegt werden, denen allein der Betrieb der [23] Sache obliegt, und sie sind oft von besonderen Abmachungen mit den Projectanten begleitet. Jeder solcher Zeichnung inhärirt die Bedingung, daß auch wirklich das ganze Grundkapital durch Zeichnungen aufgebracht wird. Ueber Letzteres wie über die Leistung sämmtlicher erforderlichen Einzahlungen haben nur die Projectanten Kenntniß. Auch ist

[21] Vergl. (preuß.) Denkschrift No. 6, Seite 14.

nicht anzunehmen, daß eine Zeichnung für unbemessene Zeit, wenn sich in solche das Project hinausdehnt und dann die Verhältnisse eine wesentliche Aenderung erfahren haben, gegeben ist. Es ist daher zweckmäßig, daß, wenn die Projectanten das Grundkapital für aufgebracht und die erforderlichen Einzahlungen für erfolgt erachten und zur Konstituirung der Gesellschaft schreiten wollen, dies nicht in einer jeder Controle der Zeichner entgehenden Weise erfolgt, daß sie vielmehr dies zuvörderst unter Vorlegung der Nachweise erklären, diesen die Möglichkeit einer Prüfung ihrer Behauptungen gewähren und daß die Bildung der Gesellschaft unterbleibt, wenn sich die Mehrheit der Zeichner derselben widersetzt. Auch treten durch einen solchen Constituirungsact die in Wahrheit verantwortlichen Personen – vergl. § 4 – klarer hervor. In der That setzen auch die meisten anderen Gesetzgebungen einen solchen Act als nothwendiges Constituirungsmoment fest, vergl. Art. 24 des Französ. Ges. vom 24. Juli 1867, Art. 31, 32 des Belgischen Ges. vom 18. Mai 1873, §§ 151, 154 des Ungarischen Handelsgesetzes, und der Umstand, daß in der abgelaufenen Gründungsperiode dieser Act eine bloße Formalität gewesen, vermag uns nicht zur Aufgabe desselben zu bestimmen, da die Erwartung berechtigt erscheint, daß sich in Zukunft Actiengesellschaften nicht blos im Wege der Gründung, d. i. durch Zeichnung des ganzen Kapitals durch die Gründer, bilden werden, dies auch in der vergangenen Periode nicht immer, insbesondere nicht bei Eisenbahngesellschaften, geschehen ist und auch jener Act nicht immer bedeutungslos gewesen wäre, wenn sich die Interessenten seiner Bedeutung klarer bewußt gewesen wären. Aber das bisherige Gesetz beschränkt sich für diese Formen zu sehr auf dürf- [24] tige Umrisse und läßt ein klares Hervortreten des organischen Zusammenhanges der einzelnen Formvorschriften vermissen. Man sieht nicht klar die Bedeutung der Anerkennung, daß sämmtlichen Erfordernissen genügt ist, in dem Falle der Vollziehung des Gesellschaftsvertrages durch die Actionäre. Man erkennt ferner nicht präcis, wer im zweiten Falle die Personen sind, welche die Versammlung der Zeichner zu berufen haben, da es zur Zeit einen Aufsichtsrath oder Vorstand noch nicht giebt, was es für Bescheinigungen sind, die sie vorzulegen haben, wie sich diese Bescheinigungen zu den Bescheinigungen des Art. 210 a verhalten, welchen rechtlichen Character die Beschlußfassung hat, daß das Grundkapital gezeichnet und die Einzahlung von 10, bez. 20 Prozent auf jeder Actie erfolgt ist, ob insbesondere hierdurch den die Bescheinigungen Vorlegenden eine Verantwortlichkeit abgenommen und auf alle am Beschluß Betheiligten übertragen wird. Insbesondere fehlen feste Vorschriften über die Erfordernisse der Zeichnungen als für die Eintragung der Gesellschaft geeigneten Urkunden. Es ist gewiß zu billigen, wenn der Gesetzgeber es nicht, wenigstens nicht bei der Materie der Actiengesellschaft, unternimmt, die mannigfachen Rechtsverhältnisse, welche im Stadium des Actiengesellschaftsprojects zwischen Projectanten und Subscribenten möglich sind, gesetzlich zu ordnen. Es muß aber alsdann auch die Zeichnung, welche das Fundament der Actiengesellschaft ist, aller Spuren des möglichen besonderen Vertragsverhältnisses entkleidet und zu einem Formalact gemacht werden. Soll der Registerrichter durch die Eintragung eine Garantie dafür auch nur annähernd geben, das wirklich das Grundkapital durch rechtlich wirksame Zeichnungen gedeckt ist, so muß er in die Lage versetzt werden, aus Gesellschaftsvertrag, Zeichnungsschein und Protokoll über die Zeichnerversammlung sicher die unbedingte und rechtlich wirksame Willenscongruenz aller betheiligten Factoren zu erkennen.

Wiederholt und gerade in Fällen, in denen sich das Publicum an der Gesellschaft bereits im Stadium der Er- [25] richtung betheiligte, haben sich die Vereinigungen mittelst hypothetischer Beitrittserklärungen vollzogen. Es ist zum Theil gezeichnet worden, ehe ein Statut vereinbart war, und man hat diese Vereinbarung den Gründern überlassen, ohne sich noch eine ausdrückliche nachträgliche Genehmigung vorzubehalten. – Es ist auf ein Statut hin gezeichnet, zugleich aber die Aenderung des Statuts dem Mehrheitsbeschlusse der Versammlung der Zeichner vorbehalten worden.

Man hat im Voraus diejenigen Abänderungen des Statuts genehmigt, welche die Staatsbehörde oder der Registerrichter fordern würde. In allen diesen Fällen haben nach Errichtung der Gesellschaft zahlreiche Zeichner Einwendungen gegen die Zahlungsverbindlichkeit wegen der Ungültigkeit derartiger Unterwerfung unter Statutsfestsetzungen anderer Interessenten, im letztgedachten Falle wegen der Einschaltung zwar vom Staat genehmigter, aber nicht geforderter Zusätze, erhoben und diese Einwendungen haben zum Theil für begründet erachtet werden müssen. Vergl. Entscheidungen des Reichs-Oberhandelsgerichts Band VII S. 266; Band X S. 326; Bd. XI S. 372, 375; Bd. XVIII S. 354 und in Sachen Schurich/Adler vom 5. October 1875 Rep. 940/76.

In anderen Fällen war insofern eine Lücke, als die Zeichnerversammlung in einer die Zeichner nicht bindenden Form berufen war. Vergl. Entscheidungen des Reichs-Oberhandelsgerichts Bd. XVIII S. 35, ein Fall aus dem Genossenschaftsrecht, aber analog.

Unter der Rubrik: „Transitorische Bestimmungen" enthielten die meisten Statuten derartige Vorbehalte einer Statutenänderung und des Verhältnisses, bez. Mitwirkungsrechts der Zeichner zu der endgültigen Statutenfeststellung und der Zeichnungsschein nahm auf die Statuten Bezug.

Dem Registerrichter kann nicht zugemuthet werden, die subtilen Fragen der Rechtsgültigkeit derartiger Vorbehalte, bez. des Eintritts der vorbehaltenen Bedingungen zu Lasten der Gesellschaft oder der Zeichner zu entscheiden. Weigern sich Zeichner, nach Ein- [26] tritt der vorbehaltenen Bedingungen dem endgültigen Statut, wie es eingetragen werden soll, ihre unbedingte ausdrückliche Zustimmung zu geben, so steht den Projectanten der Rechtsweg gegen sie offen. Aber der Registerrichter hat diese Frage nicht zu entscheiden, noch hat auf seine Entscheidung hin die errichtete Gesellschaft diesen Prozeß später zu übernehmen. Stellt man den Satz präcis auf, daß nur die Zeichnung, die unbedingte ausdrückliche Zustimmung zu dem Statut in seiner definitiven Gestalt enthält, zur Eintragung geeignet ist, so werden sich die Interessenten auch die für die Sicherheit der Actiengesellschaft nothwendige Consequenz klar machen, daß sie durch Ausstellung des Zeichnungsscheines gegen die Gesellschaft eine unbedingte, lediglich nach Maßgabe des Inhalts des Scheins zu beurtheilende Verbindlichkeit eingehen und sich wegen sonstiger Nebenberedungen nur an die Projectanten halten können.

In Folge jener Vorkommnisse existiren Gesellschaften, denen ganze große Kategorien von Zeichnern als nicht gebunden entfallen sind, und dies wirkt ganz erheblich auch auf die Rechtsstellung solcher Zeichner, bez. Actionäre ein, die sich auf eine gleiche für sie zutreffende Befreiung nicht berufen können, aber nun Einzahlungen an eine Gesellschaft mit ganz verändertem Grundkapital leisten sollen.

Wir schlagen die Adoptirung folgender Grundsätze vor:

„*a)* Die Errichtung einer Actiengesellschaft setzt die Vereinigung von mindestens sieben Actionären, die Deckung des Grundkapitals durch Einzahlungsverpflichtungen und die Einzahlung von mindestens zehn, bei Versicherungsgesellschaften von mindestens zwanzig Prozent auf jede Actie voraus.

b) Der Actiengesellschaftsvertrag kann zwischen sämmtlichen Actionären in gerichtlicher oder notarieller Form abgeschlossen werden. In diesem Falle gelten alle Actionäre als Gründer der Gesellschaft. Sie haben im Gesellschaftsvertrage oder in einer besonderen gerichtlichen oder notariellen Nachtrags-Urkunde zu erklären, daß und in welcher Weise die Erfordernisse in Betreff der Auf- [27] bringung des Grundkapitals und der Einzahlungen erfüllt sind, sowie daß die übernommenen Verbindlichkeiten ernstliche und keine Abmachungen stattgefunden haben, welche darauf abzielten, die dem Gesellschaftsvertrage entsprechende freie Verfügung der Gesellschaft über die ausstehenden Actienbeträge wie über die geleisteten Einzahlungen zu vereiteln oder zu beeinträchtigen. Sie haben der Urkunde ein unterschriebenes Verzeichniß der auf Jeden entfallenden Actien wie der geleisteten Einzahlungen beizufügen.

c) Die Actiengesellschaft kann aber auch in der Weise errichtet werden, daß dem von mehreren Actionären gerichtlich oder notariell verlautbarten Actiengesellschaftsvertrage andere Actionäre mittelst schriftlicher Zeichnung beitreten. – Die Zeichnung muß alsdann außer der Anzahl und dem Nominalwerth der zu übernehmenden Actien noch besonders enthalten: das Datum der den Actiengesellschaftsvertrag in seiner endgültigen Feststellung enthaltenden Urkunden, die Namen der Gründer der Gesellschaft, die Firma der Gesellschaft, den Gegenstand des Unternehmens, die Höhe des Grundkapitals, die besonderen, Gründern, Actionären oder anderen Personen zu gewährenden Vortheile, den Zeitraum, bis zu dessen Ablauf spätestens die Gründer die Generalversammlung der Zeichner zur Beschlußfassung über die Erfüllung der gesetzlichen Erfordernisse und zur Wahl der ersten Gesellschaftsorgane, soweit diese Wahl den Zeichnern zusteht, zu berufen haben, sowie die Form, in welcher diese Berufung zu geschehen hat.

Entbehrt die Zeichnung eines dieser Erfordernisse oder ist sie an Bedingungen oder Vorbehalte geknüpft, so ist sie zum Nachweise der Aufbringung des entsprechenden Theils des Grundkapitals nicht geeignet. – In der entsprechend den Bestimmungen der Zeichnungen zu berufenden Generalversammlung der Zeichner haben die Gründer unter Vorlegung sämmtlicher Zeichnungen und einer die gesammten Zeichner mit Namen, Stand, Wohnort, Actienbetrag und Summe der auf jede Zeichnung geleisteten Einzahlung enthaltenden, von ihnen vollzogenen Liste zu erklären, daß das Grundkapital gezeichnet und die gesetzlich erforderlichen oder die etwa höheren durch [28] den Gesellschaftsvertrag vorgeschriebenen Einzahlungen geleistet sind. Zugleich haben sie die unter Nr. b) vorgesehene besondere Versicherung über die Ernstlichkeit der Zeichnung und das Nichtvorhandensein von besonderen Abmachungen abzugeben.

Die Versammlung hat durch Mehrheitsbeschluß zu erklären, daß sie der Errichtung der Gesellschaft nicht widerspreche. – Der Mehrheitsbeschluß wird Mangels besonderer aus den Zeichnungen ersichtlicher Bedingungen nach der Kopfzahl der erschienenen oder durch beglaubigte Vollmacht vertretenen Zeichner gefaßt. – Ueber die Verhandlung ist eine gerichtliche oder notarielle Urkunde aufzunehmen."

Aus Obigem ergiebt sich, daß die Statutenerrichtung der Zeichnung voraufgehen muß, wodurch aber nicht ausgeschlossen, daß nicht bei nachträglicher Aenderung des Statuts auf dem Zeichnungsschein noch die nachträgliche Genehmigung der Aenderung beurkundet werden kann.

Wie in § 4 näher ausgeführt werden wird, erachten wir die Erklärung sämmtlicher Actionäre, daß den gesetzlichen Erfordernissen genügt sei, in dem zuerst vorgesehenen Falle der Gesellschaftserrichtung, die gleiche Erklärung der Gründer im zweitgedachten Falle nicht blos für Erklärungen im Interesse der derzeitig Betheiligten, sondern für die Basis der Verantwortlichkeit der Gesellschaft selbst wie Dritten gegenüber. Der Begriff „Gründer" wird ebenfalls in § 4 näher erörtert werden.

Das Erfordernis von mindestens 7 Actionären – es ist die Zahl des Französischen und Belgischen Rechts – erscheint, wenn auch alle solche Zahlen mehr oder weniger willkürlich sind, insofern angemessen, als für eine Vereinigung einer allzu kleinen Personenzahl die Form der Actiengesellschaft kein Bedürfniß ist, der Actiengesellschaftserrichtung lediglich durch kleine Syndikate kein Vorschub zu leisten ist und eine größere Perso- [29] nenzahl mehr Raum für die Beurtheilung des Charakters und der Solidität des Unternehmens giebt. Wird der Gesellschaftsvertrag von sämmtlichen Actionären geschlossen, so enthält er oder die vorgesehene Nachtragsurkunde die verbindlichen, von allen Theilen acceptirten Zeichnungserklärungen. Ob nebenbei noch besondere Zeichnungsscheine unterschrieben werden, erscheint gleichgültig.

Wenn für den im Falle der Errichtung der Gesellschaft in der zweiten Art wesentlichen Zeichnungsschein das Erforderniß besonderer Hervorhebung bestimmter Details des Gesellschaftsvertrages aufgestellt ist, so geschieht dies, damit diese besonderen Bestimmungen, welche bei bloßer allgemeiner Allegirung des Gesellschaftsvertrages nicht besonders berücksichtigt werden, den Subscribenten vor seiner Entschließung besonders zum Bewußtsein gebracht werden. Bei der Behandlung der Apports im § 4 wird sich die Erforderlichkeit auch einer besonderen Hervorhebung ergeben. In Betreff der Formen der Berufung der Zeichner-Versammlung wird die Bezugnahme auf die einschlägigen Bestimmungen des Gesellschaftsvertrages über die Berufung von Generalversammlungen genügen. Die Festsetzung des terminus ad quem für die Zeichnerversammlung erledigt das Bedenken der Weiterverfolgung des Projects auf Grund von Zeichnungen, die unter ganz anderen Verhältnissen ertheilt waren. Auf Grund von Versammlungsbeschlüssen nach diesem Termin wird der Registerrichter daher nicht eintragen dürfen, wenn nicht alle Zeichner in der Versammlung anwesend gewesen sind und der Errichtung zugestimmt haben. Soll das Unternehmen, abgesehen von diesem Falle, noch nach jener Zeit verfolgt werden, so wird es neuer Zeichnungen bedürfen. Indem die Versammlung nur erklärt, daß sie der Errichtung nicht widerspreche, wird die nach den Verhältnissen allein mögliche Stellung der Zeichner, die nur offensichtliche Unregelmäßigkeiten wahrzunehmen in der Lage sind, und die Verantwortung bei den Producenten der Belege lassen, zu erkennen gegeben. Wird der gedachte Beschluß nicht gefaßt, so ist damit das Project gescheitert. Die Abstimmung nach Köpfen [30] und nicht nach Actienbesitz entspricht dem Art. 180 H. G. B. Dagegen liegt unseres Erachtens kein Grund vor, den Gründern, welche ebenfalls Actionäre sein müssen[22], da nur solche den Gesellschaftsvertrag *errichten* können, das Stimmrecht zu versagen.

Aus dem Zeichnungsschein in Verbindung mit dem Statut und der Urkunde über die Zeichnerversammlung, welchen die Belege in Betreff der Bekanntmachung der Versammlung beizufügen sein werden, kann der Registerrichter leicht erkennen, ob die nicht erschienenen Zeichner verbindlich geladen sind und daher den Beschluß gelten lassen müssen.

Die gedachten Grundsätze erscheinen uns auf die Commanditgesellschaft auf Actien übertragbar. In dem französischen und belgischen Gesetze werden die Pflichten und Verantwortlichkeiten, die bei der Gründung der Actiengesellschaft den fondateurs auferlegt sind, bei der Commanditaktiengesellschaft dem gérant auferlegt. Dies erscheint richtig, wenn man den zukünftigen persönlich haftenden Gesellschafter als den Urheber des Unternehmens der Kapitalsvereinigung, der sich um societätsmäßige Betheiligung des Großkapitals an seiner Thätigkeit bewirbt, zu betrachten hat.

[22] Anders das Belgische Gesetz Art. 32.

Die Sache hat sich aber meist ganz anders entwickelt. Die Initiative ist auch hier meist vom Kapital ausgegangen und sie hat sich nur einer Person als des verantwortlichen Leiters versichert, dessen persönliche Haftung nur von untergeordnetem Werthe, aber wegen der betreffenden Gesellschaftsform nicht zu vermeiden war. Diese unechten Actiengesellschaften sind namentlich in der Zeit des Erfordernisses staatlicher Genehmigung für die Actiengesellschaft vielfach entstanden und bei einer Einschränkung neuer coercitiver Maßregeln auf die Actiengesellschaft kann diese Erscheinung sich wiederholen. Der zukünftige persönlich haftende Gesellschafter wird allerdings den Gesellschaftsvertrag mit vollziehen müssen und er wird in der Regel auch zu denjenigen Personen gehören, welche zu Zeichnungen auffordern und sich über das Vorhandensein der gesetzlichen Erfordernisse [31] Behufs Constituirung der Gesellschaft schlüssig zu machen haben. Aber daß er immer ausschließlich diese Person sein wird, davon kann man nicht ohne Weiteres ausgehen. Daß er nach der Constituirung, wie bei der Actiengesellschaft der Vorstand, die Anmeldung vornimmt, – seine erste Funktion als persönlich haftender Gesellschafter – und die hierfür Vorsorge treffende Strafvorschrift des Artikels 206 H. G. B. motiviren nicht das gänzliche Verschwinden der für die Constituirung der Gesellschaft mit ihm Verantwortlichen.

§ 4. Nachweise beim Registerrichter und Gründerverantwortlichkeit. No. 6 und 7 der Denkschrift.

[36] *a)* Die Anmeldung der Gesellschaft zum Handelsregister erfolgt gemeinschaftlich durch den ersten Vorstand und Aufsichtsrath. Mit derselben sind einzureichen, sofern der Gesellschaftsvertrag von allen Actionären gerichtlich oder notariell vollzogen ist, die Urkunden über die Aufnahme des Gesellschaftsvertrags und die Liste der Actionäre und der von ihnen gemachten Einzahlungen, sofern der Gesellschaftsvertrag durch Zeichnungen zu Stande gekommen, außer der Vertragsurkunde und der Liste der Zeichner und ihrer Einzahlungen das Protokoll über die Zeichnerversammlung und sämmtliche Zeichnungsscheine.

b) In beiden Fällen ist eine Erklärung des Vorstandes und Aufsichtsrathes beizufügen, daß sie die von den Gründern gemachten Angaben für richtig erachten und von denselben die eingezahlten Prozentbeträge ihnen baar übergeben sind.

c) Handelt es sich um eine Gesellschaft, bei welcher der Gegenstand des Actienunternehmens einer staatlichen Genehmigung bedarf, so ist zugleich ein Zeugniß der genehmigenden Verwaltungsbehörde darüber vorzulegen[23], daß auf Grund derselben Gesellschaftsvertragsurkunden, bez. Zeichnungsscheine die Genehmigung ertheilt und insbesondere das Anlagekapital als nachgewiesen erachtet worden.

[23] No. 4 der Denkschrift.

d) Die Zeichnungsscheine werden vom Registerrichter zurückgegeben, dagegen bleiben die sonstigen überreichten Urkunden, insbesondere auch die Zeichner- bez. Actionärlisten bei den Registeracten.

e) Die Gründer haften für die Richtigkeit der ihnen obliegenden Erklärungen solidarisch. Mit ihnen haften solidarisch die Mitglieder des Vorstandes und Aufsichtsrathes, welche vorsätzlich in den ihnen Behufs Eintragung der Gesellschaft obliegenden Erklärungen falsche Angaben gemacht haben, sowie diejenigen, welche wissend, daß der wahre Hergang mit den Erklärungen der Gründer im Widerspruch steht, zur Errichtung der Gesellschaft, sei es auch nur durch Zeichnung mitgewirkt haben, für den durch die unwahren Erklärungen entstandenen Schaden jedem Beschädigten.

f) Inwieweit Mitglieder des Vorstandes und Aufsichtsraths auch für [37] bloße Verletzung der schuldigen Sorgfalt bei ihren Angaben der Gesellschaft wie Dritten auf Schadensersatz haften, ergiebt sich aus den über die Verantwortlichkeit der Gesellschaftsorgane noch später zu treffenden Bestimmungen.

e) Gründer, Mitglieder des Vorstandes und Aufsichtsraths, welche vorsätzlich in den ihnen obliegenden Erklärungen falsche Angaben gemacht haben, sowie die nach Nr. e) unter Kenntniß der Unwahrheit an der Errichtung der Gesellschaft Mitwirkenden unterliegen der Strafe des Betruges (§ 263 Str.Ges.Bchs.).

[39] *§ 5. Die qualifizirten Gründungen oder die Einbringegesellschaft. No. 3 der Denkschrift.*

Diese Form der Gründung bedarf einer um so genaueren Erwägung, als für sie die Aufhebung der Befreiung der Zeichner nach Einzahlung von 40 % meistens ganz einflußlos sein wird. Fast alle diese Gesellschaften erzielen sofort anscheinend vollgezahlte Actien, weil für den Illationspreis der eingebrachten Etablissements etc. Actien gegeben werden, bez. wenn die Objecte nicht inferirt, sondern der in Entstehung begriffenen Gesellschaft verkauft werden, der Kaufpreis mit dem auf die Actien einzuzahlenden Nominalbetrage compensirt wird.

A. B. C. sind Gründer. B. und C. zeichnen das Actienkapital. [40] A. verkauft an die entstehende Actiengesellschaft seine Fabrik. B. und C. kaufen Namens der Actiengesellschaft. Folglich haben A. B. und C. ohne jede Geldaufwendung die gesammten Actien. In den Gesellschaftsbüchern wird das Actienkapital als eingegangen und Behufs Zahlung des Kaufpreises wieder ausgegeben gebucht.

An sich enthält zum Mindesten die ganze Statuirung der auf das Grundkapital anzurechnenden Einlage eine Anomalie. Wenn auch bei der auf baares Grundkapital errichteten Gesellschaft die nachträgliche Verwendung dieses Kapitals auf die Erwerbung von Anlagen und Etablissements nicht ausgeschlossen ist, so kann dies doch nur unter Verantwortlichkeit der Gesellschaftsorgane geschehen, die sich bei Gefahr der Verantwortung, insbesondere auch wegen Untreue –

§266 No. 3 Str.Ges.B. – lediglich durch das Interesse der Gesellschaft bestimmen zu lassen haben.

Im Falle der Gründung durch Illationen aber wird durch den bloßen Consens der Betheiligten zum Gesellschaftsvertrage der Grundkapitalswerth bestimmt, auf dessen Höhe die Einlage angenommen werden soll und doch lassen sowohl der vom Registerrichter zu publicirende Gesellschaftsvertragsauszug – Art. 210 – wie der Actieninhalt jede Spur dieses Hergangs vermissen und lauten auf ein nach baarem Gelde angegebenes Grundkapital.

Dieser Zustand ist erträglich, wenn sich der Gesellschaftsvertrag bereits zwischen Personen, die in Betreff der Höhe des Illationspreises verschiedene Interessen verfolgen, d. i. zwischen Gründern und Publikum, vollzieht. Hier werden diejenigen, welche das Inferendum und seinen Werth acceptiren oder in die käufliche Uebernahme willigen, im eigenen, mit dem Interesse ihrer Rechtsnachfolger congruirenden, Interesse die Angemessenheit prüfen. Diese Art des Zustandekommens des Vertrages hat nach dem Vorgange der französ. Gesetzgebung die Novelle als die vorherrschende vorausgesetzt und auf ihr basiren die den Einwilligenden eine genauere Controle sichernden Bestimmungen des Art. 209 b. Dieselben konnten unter der gedachten Voraussetzung auch einigen Werth haben. Die Gesammtheit der Zeichner konnte in der Generalversammlung näheren Aufschluß über die Werthsgrundlagen und die Details des Erwerbsgeschäftes fordern. War der Beschluß der Zeichner über die Erwerbung durch falsche für die Entschließung wesentliche Angaben herbeigeführt worden, so mochte die entstandene Actiengesellschaft auf den betrüglich erzeugten Generalversammlungsbeschluß die actio oder exceptio doli gegen die Betrügenden stützen. Vergl. Erkenntniß des Preuß. Ob. Trib. vom 13. Februar 1862 in Striethorst, Bd. 46 S. 8. [41] – Aber die ganze Voraussetzung hat sich als irrig erwiesen. Gerade bei derartiger Gesellschaftsbildung sind die Mitglieder einer und derselben Interessengemeinschaft, diejenigen, welche das Etablissement zu Lasten der Actiengesellschaft zu eigenem Vortheil inferirt, bez. an die Gesellschaft verkauft wissen wollten, im Stadium der Gesellschaftserrichtung die einzigen Actionäre gewesen und sie haben qua erste Actionäre das gut geheißen, was sie für ihren Privatvortheil als Gründer erreichen wollten.

Für die Realisirung ihrer Absicht giebt es nach dem bestehenden Gesetze – und dies ist, um den für die Reform richtigen Standpunkt zu gewinnen, von Wichtigkeit – einen Weg, der keine Simulation, keine Umgehung des Gesetzes darstellt und doch in hohem Maße gefährlich ist. Die Personen, welche ein so eben erst vom Besitzer ihnen überlassenes Etablissement mit Aufschlag am Preise zu ihrem Vortheil einer zu gründenden Actiengesellschaft aufbürden wollen, brauchen nur allein die Gesellschaft zu bilden, und[24] in dem unter sich zu

[24] Der Text ist dahin geändert: „indem sie allein die Actien-Gesellschaft bilden". (Anm. des Hrsg.)

schließenden Actiengesellschaftsvertrage Jede ihren Antheil am Etablissement zu dem nach ihrem Belieben normirten höheren Betrage einzulegen. Jeder acceptirt die Einlageofferte des Anderen. Die Gesellschaft entsteht und die Gründer sind sämmtlich in der Lage, die gewünschte Anzahl Actien zur Verfügung zu haben. Kein Gesetz gebietet ihnen, weil sie das Etablissement lediglich zur Gründung einer Gesellschaft an sich gebracht haben, die Differenz zwischen ihrem Erwerbspreise und dem Illationspreise besonders anzugeben. Ihr einziges factisches Hinderniß besteht darin, wenn der Vorbesitzer nur direct der entstehenden Gesellschaft einbringen oder verkaufen will.

Die Gründer haben nun allerdings meist andere Formen gewählt. – Sieht man von dem besonderen Falle ab, daß sie den letzten Besitzer, wenn er darauf einging, vorschoben und mit diesem Namens der Gesellschaft zu höherem Preise, als diesem wirklich zufallen sollte, contrahirten, so haben sie, sich völlig Herren des Sachverhältnisses fühlend, vermöge dessen sie den äußeren Vertragsrahmen nach Belieben construiren konnten, das Verhältnis so construirt, daß ein Theil von ihnen verkaufte oder inferirte und der andere Theil Namens der Gesellschaft kaufte, bez. die Illation annahm, während er natürlich an dem Vortheil des Aufschlages mit Theil nahm. – Ob die rechtliche Ansicht, eine derartige Stipulation sei, weil simulirt, bez. fictiv von den Paciscenten in Vertretung einer und derselben Gründergemeinschaft contrahirt, rechtsungültig, richtig ist[25], mag [42] hier dahingestellt bleiben.

Jedenfalls steht fest[26], daß das Gesetz bisher eine Offenlegung des wirklichen Herganges im Interesse Dritter – und die Vereinbarenden sind über die Simulation ja einig – nicht angeordnet hat. Die Illations- bez. Kaufsabrede wird nach dem Gesetze nicht publicirt. Die im Art. 209 b vorgeschriebene Darlegung im Gesellschaftsvertrage beschränkt sich auf das dürftigste[27]: auf Bestimmung des Werths der Einlage oder des Vermögensstücks und die Zahl der Actien oder den

[25] Der Text ist teilweise durchgestrichen und lautet insoweit „Ob die rechtliche Ansicht, weil eine derartige Stipulation simulirt..., contrahirt, sei auch das in Wahrheit Gewollte, richtig ist..."

[26] Vergl. Entsch. des Preuß. Ob. Trib., Criminalsenat vom 4. Mai 1876 in civil- und criminalrechtl. Entsch. in Gründungssachen, Heft 1, S. 124.

[27] Nach dem französ. Gesetz ist die Sache insofern anders, als dort der Fall der Bildung der Actiengesellschaft entre ceux seulement, qui étaient propriétaires des apports par indivis ein ganz besonderer, gar nicht in die gewöhnliche Schablone gehöriger ist. Wenn daher in Umgehung dieser Construction der Schein einer Interessenverschiedenheit erzeugt wird, und Gründergenossen einen apport genehmigen, als Preis dafür aber einen Theil der Actien erhalten, die auf den apport entfallen, so wird man, da ausdrücklich publicirt wird, ob das Grundkapital en numéraire oder en autres objets besteht und da jede Publication als im Interesse des Publicums, insbesondere auch der Actienerwerber, geschehend angesehen wird, dort ohne Weiteres demjenigen, der nach diesen Hergängen Actien gekauft hat, das Recht geben, aus diesem Hergang einen Schadensersatzanspruch auch gegen die Gründer nach Art. 1382, 1383 code civil geltend zu machen. Vergl. Art. 4, 58 des Ges. vom 24. Juli 1867 u. Vavasseur, projet, S. 81, 82.

Preis, welche dafür gewährt werden. Es braucht demnach nicht gesagt zu werden, wer verkauft oder inferirt und wer acceptirt. Von diesem gestatteten Lakonismus haben auch die Gesellschaften umfassenden Gebrauch gemacht. In den meisten Statuten steht lediglich: „Die Gesellschaft erwirbt die Grundstücke – folgt deren Bezeichnung – für den Preis von pp.". Diese Ausdrucksweise läßt jedes concrete Rechtsverhältniß – ob die Zeichner lediglich im Interesse der Gesellschaft von Dritten zu erwerben überein gekommen sind, ob sie selbst die Einlage machen – unenthüllt. Jeder Dritte kann daraus weder für die eine noch für die andere Alternative Sicheres entnehmen. Erst aus dem Kaufvertrage bez. bei der Illation der Auflassungsverhandlungen ließe sich Näheres entnehmen, also aus Urkunden, die zum Handelsregister gar nicht zu gelangen brauchen, auch nicht als Theile des Gesellschaftsvertrages betrachtet werden können. Das Gesetz denkt nur an die Contrahenten des Actiengesellschaftsvertrages selbst, nicht an den dritten Actienerwerber.

Der ganze rechtliche Gesichtspunkt ist aber auch unfruchtbar, weil nicht abzusehen ist, wie die entstandene Gesellschaft, die dem übereinstimmenden Willen ihrer Errichter entsprechende Simulation, welcher sie ihre eigene Entstehung verdankt, soll anfechten können und welcher Rechtszustand in Folge dieser Anfechtung eintreten sollte.

Demnach kommt es bei uns nach bestehendem Rechte lediglich auf das Verhalten der Gründer beim Vertriebe der durch die Illationen erlangten Actien an. Hier können allerdings Angaben, welche den Irrthum erregen, als sei der Preis, für den die Actiengesellschaft erworben, der an den letzten dauernden Besitzer bezahlte und ihm von unbetheiligten Vertretern des Gesellschaftsinteresses zugebilligte, eine Verantwortlichkeit wegen civil- und criminalrechtlichen Betruges [43] erzeugen und es mag dabei dann die erfolgte Einkleidung des Geschäfts ein Indizium für die betrügerische Absicht beim Vertriebe bilden. Auch kann ohne solche Entstellung der wahren Sachlage der Verkauf in der arglistigen Absicht, werthlose Objecte dem Käufer aufzubürden, eine actio doli erzeugen. Aber durchaus nicht immer erfolgt der Vertrieb durch Prospecte. Sehr häufig äußern sich auch die Prospecte nicht anders über die Normirung des Grundkapitals, als daß sie sagen, die Actiengesellschaft habe für den bezifferten Preis erworben. Die actio doli im weiteren Sinne wird sehr häufig an dem Vorhandensein oder doch dem Vorschützen des guten Glaubens an die Rentabilität des Unternehmens trotz des Gründeraufschlages scheitern. Endlich handelt es sich für den Gesetzgeber nicht blos um die Möglichkeit einer Repression für die begangenen Mißbräuche, sondern darum, deren Begehung vorzubeugen.

Man kann hier nicht das Publikum lediglich darauf verweisen, sich selbst die Information zu verschaffen. Den Gesetzgeber trifft eine Verantwortung, weil die mittelst solcher Manipulationen geschaffenen Papiere als Werthzeichen eines bestimmten Nominalbetrages unter Duldung des Gesetzes circuliren, ohne daß aus ihnen irgendwie die besondere Entstehung kenntlich wäre. Es handelt sich hier eigentlich um den folgenschwersten Fall einer Unterpari-Emission. Das allein Folgerichtige wäre, hier nur die Ausgabe von Actien über Quotenantheile an dem Unternehmen unter Bezeichnung der inferirten oder angekauften Vermögensobjecte zuzulassen. Aber es fehlt die Möglichkeit der Aufstellung von objectiven Merkmalen, welche das richtige Bild des Werths der Vermögensobjecte geben.

Allgemein geht man davon aus, daß hier den Gründern eine weiter greifende Offenbarungspflicht auferlegt werden muß. Ueber den Umfang herrschen die verschiedensten Ansichten. Von den beiden in der Denkschrift wiedergegebenen Vorschlägen ist der eine, worauf dasjenige, was jetzt nach Art. 209 b der Gesellschaftsvertrag enthalten muß, in den Zeichnungsscheinen wiedergegeben sein müsse, für sich allein völlig ungenügend. Sind die Zeichner außerhalb des Gründerkreises Stehende, so kann die Angabe im Zeichnungsschein, angemessen inhaltlich erweitert, einen passenden Ersatz für die in Wegfall zu bringende Werthsapprobation in einer Generalversammlung [44] bieten, und sie ist deshalb nicht zu verwerfen. Aber sie ist kein Mittel gegen den vorhandenen Mißbrauch, denn, wenn die Gesellschaft lediglich unter Gründern und Gründergenossen errichtet wird, so ist nicht ersichtlich, was die spezielle Angabe auf den Zeichnungsscheinen nützen soll. Andererseits erbehrt der andere Vorschlag, wonach die Gründer Behufs Schaffung des Materials für die Information und Verantwortlichkeit in solchem Falle immer einen Prospect veröffentlichen sollen[28], in seiner Allgemeinheit der ausreichenden Bestimmtheit in Betreff des Prospectsinhalts und geht in sonstigen Restriktivbestimmungen zu weit.

Aber richtig erachten wir das ihm zu Grunde liegende Princip, daß es zunächst einer spezialisirteren Angabe des wahren Hergangs, durch welchen sich der Uebergang des betreffenden Objects an die Actiengesellschaft vollzieht und einer Kundbarmachung derselben unter Haftung für ihre Wahrheit bedarf. Es muß ersichtlich werden, daß das Grundkapital nur ein angenommenes ist und es muß jeder täuschende Schein, als sei jene Annahme das Product einer Willensübereinstimmung zwischen Interessentenkreisen, von denen der eine zwar so hoch wie möglich einbringen, der andere aber den Preis soviel als möglich herabsetzen will, in den Fällen, in denen dies nicht der Fall, beseitigt werden.

Wenn A. für sein Etablissement nur 100,000 M. verlangt und es zu diesem Preise B. C. D. E. anstellt, welche eine Actiengesellschaft als alleinige erste Zeichner errichten, um es diesen zu 200,000 M. anzurechnen, so sind unwahre Beurkundungen, welche dahin gehen: „A. verkauft an die Actiengesellschaft für 200,000 M. und B. C. D. E. als erste Zeichner von 200,000 M. Actien sind hiermit einverstanden und sie oder ein von ihnen gewählter Aufsichtsrath oder

[28] Auch der Oesterr. Entw. ordnet nur in Art. 175 a und 209 a eine dreimalige ohne Namensunterschriften stattfindende Veröffentlichung des Werths der Einlage und des dafür zu gewährenden Preises vor der Zeichnung.

Vorstand vollziehen Namens der Actiengesellschaft das Kaufgeschäft mit A." Oder: „B. C. verkaufen an die Actiengesellschaft für 200,000 M. und D. E. als Mitunterzeichner acceptiren dies und vollziehen das Kaufgeschäft mit B. und C. oder lassen es durch einen Vorstand oder Aufsichtsrath vollziehen."

Wahre Beurkundungen würden nur, je nach der Abmachung von B. C. D. E. mit A., sein *entweder:* „A. verkauft für 100,000 M. [45] an die Actiengesellschaft und B. C. D. E., als Zeichner von 100,000 M., acceptiren dies, bedingen sich aber mittelst gegenseitigen Einverständnisses zu Lasten der Gesellschaft fernere 100,000 M. in Actien als Abgeltung für ihre Gründerthätigkeit vor," *oder:* „Wir, B. C. D. E., bilden die Gesellschaft mit einem Grundkapital von 200,000 M. dadurch, daß wir im Wege gegenseitigen Einverständnisses das Etablissement einbringen und der Gesellschaft zum Werthe von 200,000 M. anrechnen, also dafür die 200,000 M. Actien erhalten."

Im letztgedachten Falle zahlen B. C. D. E. dem A. die 100,000 M., die diesem gebühren. Die Beispiele sind absichtlich einfach gewählt. Die vorkommenden Combinationen, wie Inferirung theils – soweit sich die Summe in den Grenzen des wahren Werths des Etablissements hält – gegen baar unter Kreditirung und Hypothezirung, theils in Actien, zuzügliche Zeichnung eines erforderlichen Betriebskapitals durch die Gründer, ändern an dem Grundprincip nichts.

Von einer Qualificirung des Gründeraufschlages als *Kaufpreis,* der durch Bewilligung der Zeichner zu Lasten der Actiengesellschaft zu Stande käme, kann überhaupt nur dann die Rede sein, wenn sich mit den Gründern ernsthafte Zeichner eines so hohen Betrages an Grundkapital verbunden haben, daß aus den von ihnen auf ihre Zeichnungen zu zahlenden Beträgen der Aufschlag bezahlt werden kann. Sind aber nur Gründer, d. i. Personen, welche den Aufschlag lucriren wollen und das Actienkapital allein zeichnen, vorhanden, so kann der Gründeraufschlag nie mit Recht als Kaufpreis stipulirt werden, weil, wie auch die Gründer die Rollen unter einander vertheilen mögen, die Personen, die die Verkaufsofferte zu Lasten der Gesellschaft acceptiren sollen, selbst am sogenannten Kaufpreise participiren und weil keiner von ihnen Actien in der Absicht zeichnet, die Einzahlungen Behufs Zahlung jenes „Kaufpreises" zu leisten und den sogenannten „Verkäufern" den Baarbetrag zuzuwenden, um selbst auf den sich vielleicht als unverkäuflich herausstellenden oder doch nur unter pari verkäuflichen Actien sitzen zu bleiben, weil es vielmehr allerseits, auch Seitens der sogenannten „Verkäufer" nur auf Erlangung des Aufschlags in *Actien* abgesehen ist, von deren Vertriebsergebnissen es erst abhängt, was das Gründerconsortium gewinnt.

Da die Gesellschaft dasjenige, was sie auf Zeichnungen zu emp- [45 a] fangen hätte, als „Kaufpreis" wieder verausgaben müßte, vollzieht sich ohne Zahlung die Aushändigung der Actien und hierauf allein ist es abgesehen. Demnach können also bei der eigentlichen Gründung die Betheiligten in Höhe des Aufschlages von der *Actiengesellschaft* nur Actien und nicht Geld erhalten wollen. Das wahre Rechtsgeschäft ist hier also entweder allseitige Illation oder Stipulirung des Aufschlags in Actien als Gründerprovision.

Bei Klarlegung des wirklichen Herganges würde sich also für jeden aufmerksamen Beurtheiler ergeben, daß der Consens der Betheiligten, welcher die Actiengesellschaft verbindet, ein Consens von lauter Sonderinteressen zu Lasten der Gesellschaft ist.

Haben sich zu den Gründern einzelne ernsthafte Zeichner, aber nicht in Höhe eines solchen Betrages, daß daraus der Aufschlag gedeckt wird, gesellt, so kann auch hier Seitens der Gründer nur Illation bez. Stipulirung der Gründerprovision in Actien das wahre Rechtsgeschäft sein, während Seitens der ernsthaften Zeichner nur eine Baareinlage hinzutritt. Allerdings vollzieht sich hier ein Consens zwischen den Sonderinteressen und einem wirklichen Actionärsinteresse. Um den Werth dieses Consenses bemessen zu können, ist es aber erforderlich, zu wissen, wie hoch die ernsthaften Zeichner interessirt sind.

Aufgabe des Gesetzes muß es sein, da, wo die Grundkapitalsbildung lediglich oder vorwiegend das Ergebniß von Sonderinteressen ist, dies für Jeden, der sehen will, möglichst kenntlich zu machen.

Es bedarf daher der wahrheitsgemäßen specialisirten Darlegung des wirklichen Vorganges im Gesellschaftsvertrage und den Nebenverträgen und der öffentlichen Kundgebung desselben mit der Wirkung, daß für wissentliche Unwahrheiten und Entstellungen, sofern sie von Einwirkung auf die Beurtheilung des Unternehmens sein können, civilrechtliche wie strafrechtliche Verantwortung vorhanden ist.

Wir schlagen daher zunächst, was die Specialisirung des Herganges und dessen Publizität anlangt, folgende Grundsätze vor:

„*a)* Soll eine auf das Grundkapital anzurechnende Einlage, welche nicht in baarem Gelde besteht, gemacht werden, oder sol- [45 b] len Anlagen oder sonstige Vermögensstücke von der zu errichtenden Gesellschaft übernommen werden, so sind im Gesellschaftsvertrage entsprechend dem wahren Hergange die Personen, welche die Einlage machen oder die Vermögensstücke überlassen sollen, die Zahl der Actien oder der Preis, welche dafür denselben gewährt werden sollen, und davon getrennt die besonderen Vortheile, welche außerdem, gleich viel auf welchen Rechtstitel hin zu Lasten des Grundkapitals in Actien oder baarem Gelde Gründern, Actionären oder anderen Personen zufließen sollen, unter Benennung dieser Personen anzugeben.

b) Der Art. 209 b H. G. B. fällt weg.

c) Erfolgt die Errichtung der Gesellschaft durch den Beitritt von Zeichnungen zum Gesellschaftsvertrage, so müssen die Zeichnungsscheine, um den Nachweis der Aufbringung des Grundkapitals liefern zu können, die Angaben ad a ausdrücklich wiedergeben.

d) Vor Eintragung der Gesellschaft im Handelsregister haben die Gründer, deren mindestens drei vorhanden sein müssen, und zu denen im Falle der

Einlagen in Anrechnung auf das Grundkapital jedenfalls auch der Einleger gehören muß, zweimal mit ihren Namensunterschriften in den Gesellschaftsblättern die betreffende Bestimmung des Gesellschaftsvertrages mit den ad a bezeichneten Angaben und einem Zusatze, welcher ersichtlich macht, in welcher Anzahl und zu welchem Kapitalsbetrage außer den namhaft gemachten Personen noch andere erste Actionäre vorhanden sind, zu veröffentlichen.

e) Der erste Vorstand und Aufsichtsrath haben bei der Anmeldung der Gesellschaft zu erklären, daß sie die Angaben ad d der Wahrheit entsprechend erachten und zugleich alle Verträge, welche neben dem Gesellschaftsvertrage zur Ausführung der die Werthseinlage, Übernahme von Vermögensstücken oder Sondervortheile betreffenden Bestimmungen desselben noch erforderlich sind, bereits vollzogen in Urschrift oder beglaubigter Abschrift dem Registerrichter einzureichen. Der Registerrichter beanstandet die Eintragung, wenn er die eingereichten Verträge nicht im Einklage mit den betreffen- [46] den Bestimmungen des Gesellschaftsvertrages oder durch die Verträge jener Bestimmungen nicht vollständig ausgeführt oder die Veröffentlichungen ad d den eingereichten Urkunden nicht entsprechend erachtet.

f) Erfolgt die Eintragung, so sind im Gesellschaftsvertragsauszuge – Art. 210 – die betreffenden Bestimmungen des Gesellschaftsvertrages ad a nebst dem Zusatze ad d mit zu veröffentlichen. Abschriften der eingereichten Verträge bleiben bei den Registeracten.

g) Der betreffende Theil des Gesellschaftsvertragsauszuges sowie die zur Ausführung der Bestimmungen des Gesellschaftsvertrages vollzogenen Verträge sind ihrem ganzen Inhalte nach unter Bezugnahme auf die Veröffentlichungen ad d in vom Registerrichter zu bezeichnenden öffentlichen Blättern innerhalb der ersten drei Monate nach Eintragung der Gesellschaft mindestens zweimal – der Registerrichter kann einen häufigeren Abdruck anordnen – durch den Vorstand und Aufsichtsrath mit den Namensunterschriften ihrer Mitglieder zu veröffentlichen.

h) Vor erfolgter erster Veröffentlichung, über deren Bewirkung der Registerrichter eine Bescheinigung ertheilt, dürfen öffentliche Aufforderungen zum Ankauf der Actien nicht erlassen noch verbreitet werden.

i) Der betreffende Theil des Gesellschaftsvertragsauszuges – ad f – ist in die Actienurkunden wie in die über Partialzahlungen auszustellenden Promessen und Interimsscheine aufzunehmen. Ist dies nicht geschehen, so findet die Bestimmung des Art. 211 Abs. 1 H. G. B. Anwendung.

k) Die Gründer haften für die Richtigkeit und Vollständigkeit der von ihnen zu veröffentlichenden Angaben solidarisch. Mit ihnen zugleich haften solidarisch alle diejenigen, welche unter Kenntniß von in dem Gesellschaftsvertrage oder den Veröffentlichungen enthaltenen Unwahrheiten oder Verschleierungen des wahren Herganges zur Entstehung der Gesellschaft oder auch nur als Contrahenten bei den die Bestimmungen des Gesellschaftsvertrages ad a ausführenden Verträgen mitgewirkt haben, jedem Beschädigten für den durch die Unwahrheiten oder Verschleierungen verursachten Schaden.

Der Actiengesellschaft steht das Recht zu, den Betrag jedes zu Lasten ihres Grundkapitals Gründern, Actionären oder anderen Personen ge- [47] währten und im Gesellschaftsvertrage nicht ausdrücklich hervorgehobenen Vortheils von den zum Schadensersatz Verpflichteten ohne besonderen Schadensnachweis erstattet zu verlangen.

Gründer, welche unwahre oder den wahren Hergang verschleiernde Angaben, die geeignet sind, über den Werth des Unternehmens oder der Actien falsche Vorstellungen hervorzurufen, vorsätzlich machen, sowie diejenigen, welche unter Kenntniß von diesen Unwahrheiten oder Verschleierungen zur Entstehung der Gesellschaft oder als Contrahenten bei den die Bestimmungen des Gesellschaftsvertrages ad a ausführenden Verträge mitwirken, unterliegen der Strafe des Betruges.

l) Die Vorschriften ad a bis k finden auch dann Anwendung, wenn überhaupt, auch ohne daß besondere Werthseinlagen in Anrechnung auf das Grundkapital gemacht oder Anlagen wie sonstige Vermögensstücke übernommen werden, zu Gunsten von Gründern, Actionären oder anderen Personen besondere Vortheile gewährt werden sollen."

Zur Erläuterung dieser Sätze heben wir nochmals kurz hervor, daß mit der bloßen Sicherung der Willensfreiheit und Sachverhaltskenntniß der ersten Zeichner für einen großen Theil der Gesellschaftsbildungen und zwar gerade diejenigen, welche die meisten Mißbräuche aufzuweisen haben, nichts Entscheidendes gewonnen ist, daß wir aber auch den mehrfach aufgestellten Satz[29], das Gesetz habe für die Gesellschaftserrichtung keine Vorschriften zu geben, welche über das Interesse der ersten Betheiligten hinaus lediglich das Interesse späterer Actienerwerber im Auge hätten, in keiner Weise für zutreffend erachten können.

Die gedachten Sätze legen nur die Verpflichtung auf, deutlich und wahr zu sprechen, damit der trügerische Schein einer Kapitalsbildung, wie sie in Wahrheit nicht stattgefunden, beseitigt wird. Sie kulminiren allerdings in der Aufnahme des betreffenden Gesellschaftsvertragsinhalts in die Actie. Es würde demnach in Zukunft in den Fällen der bisherigen qualifizirten Gründung, sofern der Pflicht zur Wahrheit entsprochen wird, in den Actienurkunden, je nach dem concreten Rechtsverhältniß, heißen: „Actie über 100 M. Das Grundkapital von 400,000 M. ist dadurch gebildet, daß die Herren A. B. C. D. E., welche die einzigen ersten Zeichner waren, das Grundstück pp. in die Gesellschaft als auf das Grundkapital anzurechnende Einlage eingebracht und ihr zu 400,000 M. angerechnet haben." Oder: „Das Grundkapital von 400,000 M. ist dadurch gebildet, daß X. das Grundstück pp. als auf das Grundkapital anzurechnende

[29] Gutachten der Berliner Kaufmannsältesten, in Hecht, S. 320.

Anlage zum Preise von 300,000 M. eingebracht hat[30], während A. B. C. D. E., außer X., die einzigen ersten Actionäre, die übrigen 100,000 M. Actien als Provision für ihre Gründerthätigkeit bezogen haben." Setzt [48] man aber eine stattgehabte Vereinigung dieser interessirten Personen mit anderen an diesem Interesse Unbetheiligten im Stadium der Gesellschaftserrichtung voraus, so würde es heißen müssen: „Das Grundkapital von 500,000 M. ist dadurch gebildet, daß eine Einwilligung von 16 Anderen einen Kapitalsbetrag von 100,000 M. vertretenden ersten Actionären X. das Grundstück pp. als Einlage auf das Grundkapital in Höhe von 300,000 M. gemacht, 100,000 M. Actien aber A. B. C. D. E. als Provision für ihre Gründerthätigkeit bezogen haben"; oder: „auf das Grundkapital von 400,000 M. haben 16 erste Actionäre 300,000 M. gezeichnet. Mit ihrer Bewilligung haben A. B. C. D. E. fernere 100,000 M. Actien als Provision für ihre Gründerthätigkeit bezogen und hat die Gesellschaft von Herrn X. das Grundstück pp. für den Preis von 300,000 M. käuflich übernommen."

Man ersieht aus diesen Beispielen, wie in Zukunft nach diesen Vorschlägen nicht mehr, wie es bisher mißbräuchlich geschehen, von den Gründern beliebig zwischen Illation und Verkauf gewählt werden kann. Wer von der Gesellschaft Actien für das Vermögensobject haben will, kann nur inferiren. Wer keine Actien, sondern nur Geld von ihr haben will, kann nur verkaufen. Wird die Gesellschaft nur von Leuten, die an der Gründung auf Kosten der Gesellschaft gewinnen wollen, errichtet, so ist nur die Illation möglich, weil es für den Verkauf an Personen fehlt, die die Summen zeichnen, welche dem Verkäufer zufallen könnten, und die Zeichnung der Summen blos zu dem Zwecke, nicht einzuzahlen, sondern mittelst Transactionen die Schuld aus der Actienzeichnung mit der Forderung auf den Kaufpreis in Anrechnung zu bringen, Simulation wäre. Erfolgt die Errichtung der Gesellschaft bereits unter Hinzuziehung des Publikums, so wird in der Regel ein Verkauf nur möglich sein, wenn soviel Actionäre gewonnen sind, daß ihre Einzahlungen die Deckung für den Kaufpreis abgeben[31].

Die Punkte, in Betreff deren die Spezialisirung stattfinden soll, sind diejenigen, welche zur Aufklärung des bisher dunkel gebliebenen Errichtungsherganges unseres Erachtens die erheblichen sind. Das Publikum erfährt, ob derjenige mit der Gesellschaft contrahirt hat, der notorisch langjähriger Besitzer des Grundstücks ist oder eine dazwischen geschobene Person. Durch die Vorschrift der Trennung des Preises, welcher dieser Person zufließen soll, von den zu Lasten der Gesellschaft für irgend eine Person bedungenen Vortheilen wird ausgespro-

[30] Ob dies überhaupt gestattet sein soll, davon wird weiterhin die Rede sein.

[31] Der letzte Satz ist gestrichen, wobei nicht feststellbar ist, ob dies durch Pape erfolgt ist oder nicht. (Anm. des Hrsg.)

chen[32], daß diejenigen Beträge, welche in den wirklichen Illations- oder Kaufpreis einbegriffen werden, um abredemäßig denjenigen zuzufallen, welche dafür Namens der Gesell- [49] schaft den Einlagewerth oder Kaufpreis berichtigen, kein Kaufpreis sind. Dasselbe gilt aber auch von denjenigen Beträgen, welche Inferent oder Verkäufer auf den Preis aufschlägt, um sie als sogenannte Provision Personen, die zur Errichtung der Gesellschaft mitgewirkt haben, zu gewähren. Hier handelt es sich um keine gewöhnlichen Vermittlerprovisionen, sondern um die Abgeltung der Thätigkeit, durch welche das mit dem Preise belastete Rechtssubject zum Zwecke dieses Belastetseins entstehen soll.

Freilich wird durch diese gebotene Spezialisirung und Kundbarmachung noch nicht der wahre Werth des Unternehmens oder des Einlageobjects kundgegeben. Allein hierüber mögen diejenigen, die daran das Interesse haben, Erkundigungen einziehen. Der Gesetzgebung fehlen hierzu die Mittel. Taxen sind trügerisch. Beim Mangel sicherer Schätzungsgrundsätze und sicherer Experten würde die Gefahr nicht zu vermeiden sein, daß der Schein eines Werths erzeugt wird, im Vertrauen auf welchen das Publikum sich von Neuem einem Gefühl der Sicherheit überläßt, welches nicht berechtigt ist. Auch dem von manchen Seiten hervorgetretenen Vorschlage, zur Angabe des letzten früheren Erwerbspreises und der Besitzzeit des Inferenten oder Verkäufers zu verpflichten, vermögen wir uns nicht anzuschließen. Einmal sind diese Angaben durchaus nicht immer entscheidend. Sodann wäre die Verpflichtung gegenstandslos, wenn es sich z. B. um die Einlagen erlangter Patente oder Concessionen, wie mit Kundschaft betriebener Handelsetablissements handelte. Endlich wäre wohl der Inferent als Mitgesellschafter anzusehen und könnte ihm als solchem eine derartige Angabepflicht auferlegt werden. Aber dem Verkäufer könnte kaum eine solche Verpflichtung auferlegt werden. Die Gründer aber für etwas verantwortlich zu machen, was sie nicht unbedingt wissen müssen, erscheint nicht rathsam. Selbst wenn man sie hier für Verletzung schuldiger Aufmerksamkeit verantwortlich machen wollte[33], so wird da, wo sie auf unsichere Informationen hingewiesen sind, der Fall solcher Verletzung in vielen Fällen nicht nachgewiesen werden und es erscheint bedenklich, wenn bestimmte Angaben, als den Werth bestimmende vom Gesetz aufgestellt werden, bei deren Unrichtigkeit es an verantwortlichen Personen gebricht.

[32] Der Art. 209 b spricht nur von dem zu Gunsten eines *Actionärs* bedungenen besonderen Vortheil. Art. 4 des Französ. Ges. von 1867 spricht vom avantage particulier d'un *associé*. Das Gesetz basirt auf den Motiven des Gesetzes vom 23. Mai 1863, nach welchen nur derjenige fondateur sein sollte, der zugleich associé war, während der Gründer, der nicht associé, nur intermédiaire wäre. Das Belgische Gesetz spricht in Art. 31, 38 von den avantages attribuées aux fondateurs.

[33] Ausgeschlossen bleibt ja die Möglichkeit nicht, daß, wenn Inferenten oder Verkäufer falsche Angaben in wesentlichen Punkten machen, die Gesellschaft selbst das Geschäft wegen Betruges oder wesentlichen Irrthums anficht.

Das Gesetz muß es sich genügen lassen, Offenlegung des Erwerbsherganges in der Weise zu erzwingen daß das Pub- [50] likum ersehen kann, welche Sonderinteressen zur Bildung des Grundkapitals geführt haben, daß es den täuschenden Schein der Werthsziffer durch die Mittheilung der Geschichte ihrer Bildung berichtigt sieht.

Dies ist möglich, muß aber auch für erheblich erachtet werden, da fast alle Ansprüche auf Schadensersatz aus unwahren Prospecten hauptsächlich auf der Ausführung beruhen, man habe den angegebenen Erwerbs- bez. Illationspreis für den dem letzten dauernden Besitzer zugeflossenen erachtet und daraus auf die Werthsangemessenheit geschlossen.

Durch die vorgesehene umfassende Veröffentlichung wird jedem durch erzeugte Täuschungen über den Actienwerth in Folge unrichtiger Vorstellungen über die Bildung der Gesellschaft verletzten Interesse die Möglichkeit eines Schadensanspruches gegen die Urheber der Veröffentlichung gegeben. Es wird Niemandem versagt werden können, sich auf diese Veröffentlichung als für ihn beim Erwerb von Actien oder Creditiren an die Gesellschaft bestimmend oder mitbestimmend zu berufen, zumal wenn diese Veröffentlichung noch durch eine preßpolizeiliche Bestimmung wirksam gemacht wird, wonach erst nach der Veröffentlichung des Auszuges aus dem Gesellschaftsvertrage wie der ausführenden Verträge öffentliche Verkaufsankündigungen – wohl zu scheiden von Aufforderungen zur ersten Zeichnung, bei denen kein Verbot stattfinden, sondern das Correctiv in der Aufnahme der Bedingungen in den Zeichnungsschein liegen soll – stattfinden dürfen. Weiter zu gehen und eine Ueberwachung des Inhalts sonstiger besonderer Prospectankündigungen zu übernehmen, erscheint für den Gesetzgeber weder rathsam noch ausführbar. Ebenso liegt unseres Erachtens kein Anlaß vor, für unwahre und auf Täuschung berechnete Prospectankündigungen ein exceptionelles Strafgesetz zu schaffen. Das gemeine Strafrecht erscheint ausreichend.

Die Einreichung aller zur Ausführung der Illation, des Kaufs oder der Gewährung der Sondervortheile noch erforderlichen Verträge – also natürlich auch deren Abschluß – vor der Eintragung und deren Veröffentlichung ist dringend geboten. Nur hierdurch ist die Kongruenz der Verträge mit den betreffenden Bestimmungen des Gesellschaftsvertrages und die Möglichkeit genauer Kenntniß der Hergänge Seitens des Publikums zu erzielen. Bisher herrschte hier in der Praxis eine vollkommene Regellosigkeit. Der Gesellschaftsvertrag enthielt allerdings bei Illationen häufig zugleich den [51] Illationsvertrag, so daß es außer der summarischen Bestimmung hierüber im Gesellschaftsvertrage noch eine besondere schriftliche Abmachung gar nicht gab. Beim Kauf aber, in Betreff dessen die Bestimmung des Gesellschaftsvertrages, für sich genommen, nur die Bedeutung des Einverständnisses, daß gekauft werden soll, hat, war der Kaufvertrag theils schon vorher mit dem Verkäufer von Namens der zukünftigen Gesellschaftshandelnden aufgenommen worden und wurde dann, sei es von der Generalversammlung, sei es von dem ersten Vorstande genehmigt, theils wurde er erst vom ersten Vorstande abgeschlossen. Vorkehrung dafür, daß er zu den Registeracten gelangen mußte, war nicht getroffen.

In Betreff der Gründer erscheint hier das Erforderniß einer Mehrheit geboten, damit eine etwas breitere Grundlage für die Beurtheilung des Publikums gewonnen ist. Wer eine Einlage in Anrechnung auf das Grundkapital macht, wird in der Regel eine maßgebende Stellung bei der Gründung einnehmen und kann daher wohl vom Gesetz als Mitgründer angesehen werden. Für die veröffentlichten Angaben haben die Gründer civilrechtlich ohne jede Einschränkung einzustehen. Sind sie faktisch wirklich die Gründer, so müssen sie Kenntniß in Betreff jener Punkte haben und den Umstand, daß sie etwa nur vorgeschoben, hat der Gesetzgeber nicht zu berücksichtigen.

Was die Verantwortlichkeit anderer mitwirkenden Personen anlangt, so läßt sich diese nur an eine Mitwirkung unter Kenntniß der objectiven Unwahrheit jener Angaben knüpfen. Dieselbe wird aber diejenigen mit Recht treffen, die, um den ihr Recht constituirenden Ausführungsvertrag mit unrichtigen Angaben des Gesellschaftsvertrages in Einklang zu setzen, in diesem von ihm zu schließenden Vertrage Einkleidungen und Verschleierungen des Rechtsverhältnisses zugelassen haben.

Die Bestimmung, wonach die Gesellschaft selbst ohne besonderen Schadensnachweis den Betrag der verschwiegenen bez. eingekleideten Vortheile von den Schuldigen soll erstattet verlangen dürfen, erscheint als eine practisch geeignete Handhabe zur richtigsten Ausgleichung der Folgen des bezogenen Mißbrauchs. Rechtlich läßt sich dieselbe füglich dadurch rechtfertigen, daß das Verschweigen bez. Einkleiden entweder, wenn die Namens der Gesellschaft Contrahirenden nichts davon wußten, als Betrug gegen die Gesellschaft, wenn sie darum wußten, als Collusion zum Nachtheil der Gesellschaft zu erachten ist und daß in Folge des Verschweigens zu prä- [52] sumiren ist, es würden bei Offenlegung diese Vortheile nicht bewilligt worden, bez. nicht gerechtfertigt gewesen sein. – Diese Rechte der Gesellschaft muß, wie noch bei den Individualrechten auszuführen, auch trotz Verzichts der Gesellschaft der Einzelactionär geltend machen können.

Es entsteht aber die prinzipielle Frage, ob mit dieser Spezialisirung und Kundbarmachung der Hergänge die erforderlichen Reformen erschöpft sind und ob es, sofern nur in diesen Beziehungen den Erfordernissen genügt wird, unbedingt zulässig sein soll, Actiengesellschaften auf ungemessene Einlagewerthsannahmen hin zuzulassen. Offenbar ist schon die Existenz solcher Gesellschaften, deren nominales Grundkapital mit dem wirklichen Werthe des eingebrachten im grellsten Widerspruche steht, ein großer Mißstand und eine Gefahr. Es sind Gesellschaften, die schon mit Unterbilanz entstehen, zum Theil selbst mit einer so großen, daß schon von Anfang an die Vorschrift des Art. 240 des H. G. Bs. anwendbar erschiene, und die daher, ehe sie zu einer vertheilungsfähigen Dividende gelangen können, erst durch Gewinn den in Wahrheit fehlenden

Betrag des Grundkapitals erarbeiten müßten. Statt dessen buchen natürlich die auf Grund dieser Gesellschaftserrichtungen in Function getretenen ersten Gesellschaftsorgane den Einlage- bez. Kaufpreis der Objecte als deren wirklichen Werth und kommen zu falschen Bilanzen und fictiven Dividendenvertheilungen. Diese leisten dann doch der Unterbringung der Actien Vorschub, wie denn überhaupt den verschiedensten Mitteln für solche Unterbringung sich nicht wirksam begegnen läßt. Alles dies geschieht, weil Personen es in der Hand haben, lediglich Behufs ihres Sonderinteresses Gesellschaften mit jeder ihnen bietenden Belastung zu eigenem Vortheil ins Leben zu rufen.

Alle Versuche, das Entstehen solcher Gesellschaften an die Genehmigung von Behörden oder Corporationen[34], welche die Werthsangemessenheit zu prüfen hätten, zu knüpfen, möchten wir als partielle Wiedereinführung der obrigkeitlichen Genehmigung aus den gegen diese selbst sprechenden bekannten Gründen zurückweisen. Fragen kann es sich unseres Erachtens nur, ob nicht ein solches Verfahren irgendeine Verantwortlichkeit der Gesellschaft gegenüber begründen soll.

Zwei Wege bieten sich hier dar. Man kann die Gültigkeit der Verträge von der Genehmigung des ersten Vorstandes und Aufsichtsrathes abhängig machen und diesen die Pflicht, lediglich das Interesse der Gesellschaft wahrzunehmen, bei eigener Verantwortung auferlegen, zumal [53] diese Organe Behufs Buchung und demnächstiger Bilanzirung doch die Werthe abschätzen müssen. Um diese Prüfung und Verantwortung zu einer ernsthaften zu machen, wäre es erforderlich, schon für diesen Fall bei Strafe und Pflicht zur Herausgabe eigenen Vortheils anzuordnen, daß die Mitglieder der prüfenden und genehmigenden Organe kein eigenes, dem Gesellschaftsinteresse zuwiderlaufendes Interesse an jenen Verträgen haben dürften und jene Verantwortlichkeit auch durch eine Anweisung der Generalversammlung zur Genehmigung der Verträge nicht für behoben zu erachten. Dieses Recht der Gesellschaft auf Schadensersatz gegen ihre ersten Organe wäre dann als ein Fundamentalrecht zu qualifiziren, welches eventuell auch der Einzelaktionär geltend machen dürfte.

Allein die Vorschrift wird werthlos, wenn gerade zu diesem Zweck zum ersten Vorstand und Aufsichtsrath vermögenslose, abhängige Personen bestellt werden, die nach ertheilter Genehmigung vom wirklichen Vorstand und Aufsichtsrath abgelöst werden. Zu diesem Verfahren wird die Vorschrift schon deshalb leicht führen, weil die Bestimmung, daß die Mitglieder der genehmigenden Organe kein eigenes Interesse an den Verträgen haben sollen, der Natur der wirklichen Verhältnisse zuwiderläuft, indem gerade die interessirten Personen einen Sitz im ersten Aufsichtsrathe haben wollen.

[34] In der französ. Reformcommission ist das Project aufgetaucht, die Gesellschaften mit Apports von der Genehmigung der örtlichen Handelskammer, in Ermangelung einer solchen des Handelsgerichts, abhängig zu machen. Vergl. Vavasseur, loc. cit. Art. 3.

Vorzuziehen dürfte daher der zweite Weg sein, die Gründer selbst für die Benachtheiligungen des Interesses der Gesellschaft, d.i. für erhebliche Ueberschreitungen des Werths bei den Illations- und Kaufpreisen, wie für übermäßige Vortheilsbewilligungen zu Lasten des Grundkapitals der Gesellschaft, der Gesellschaft gegenüber haftbar zu erklären, und zwar derartig, daß diese Haftung eventuell auch der Einzelactionär geltend machen kann. – In Wahrheit sind derartige Kauf- und Illationsabreden, welche die entstehende Gesellschaft verbinden sollen[35], wenigstens bei der Actiengesellschaft, Geschäfte der Gesellschaft.

Beim Kauf kann hierüber kaum ein Zweifel obwalten. Mag auch das Kaufgeschäft mit dem Gesellschaftsvertrage derartig verbunden werden, daß Letzterer nur unter Voraussetzung des Ersteren bestehen soll, so wird doch durch den von den Gesellschaftern mit einem Dritten oder mit einem Mitgesellschafter bewirkten Kaufsabschluß oder durch die eingegangene Verbindlichkeit zu kaufen, über den dem Kaufpreis entsprechenden Theil des Grundkapitals im Voraus verfügt und daher mit dem Gesellschaftsvertrage zugleich ein Gesellschaftsgeschäft verbunden.

Aber auch die Einbringung und Anrechung auf das Grundkapi- [54] tal ist nicht analog der Einbringung von Sachen in eine offene Handelsgesellschaft zu behandeln, bei welcher der Einlagewerth nur die Antheilsquote des Einbringenden gegenüber den anderen Antheilsquoten bestimmt, während bei der Actiengesellschaft das Fundament in einem in Geld bemessenen Grundkapital besteht, das erhalten, oder wieder ergänzt werden muß und auf welches der Einlagewerth nur angerechnet wird. Deshalb wird die Einlage in Anrechnung auf das Grundkapital auch als Hingabe an Zahlungsstatt bezeichnet. Vergl. Entsch. des Preuß. Ob.-Trib. Bd. 75 S. 170. Hiernach liegen die Elemente einer wirklichen Geschäftsführung für die Gesellschaft in der Gründung einer derartigen qualifizirten Gesellschaft.

In der That kann auch ein redlicher und nicht durch Macht perverser Verkehrsanschauungen irregeleiteter Mann seine Aufgabe bei der Gründung einer Actiengesellschaft nicht anders auffassen, als daß er pflichtmäßig vom Standpunkt des Interesses der Gesellschaft aus die Zweckmäßigkeit der Erwerbe und Vortheilsausbedingungen prüft und diesem Interesse das eigene wie das Dritter subordinirt. Wenn auch die Freiheit, Actiengesellschaften zu schaffen, gewährt ist, so kann es doch nicht als legitime Thätigkeit betrachtet werden, solche Gesellschaften lediglich Behufs Erzeugung von Werthen zu ihren Lasten zu schaffen. Auch ist das Gründen einer Actiengesellschaft keine Thätigkeit, welche ohne Weiteres einen Unternehmergewinn rechtfertigte. Es wird im

[35] Nach gemeinem Recht haftet, qui depraedandi causa ad negotia aliena accedit, dem Geschäftsherrn auf Ausantwortung des gezogenen Vortheils, auch wenn diesen der Geschäftsherr niemals gezogen hätte. Vergl. l. 6 § 3 D. de neg. gest. 3, 5; l. 10 § 3 mandati, 17, 1; l. 46 § 4 de procur. 3,3.

folgenden Paragraphen näher erörtert werden, daß als besondere Vortheile zu Lasten des Grundkapitals überhaupt nur Abgeltungen für der errichteten Gesellschaft zum Vortheil gereichende Leistungen und eine angemessene Vergütung für den Aufwand Behufs der Gründung an Zeit und Geld gewährt werden dürfen.

Demgemäß empfehlen wir die Annahme folgender Grundsätze:

„*m)* Außerdem haften im Falle von nicht in Geld bestehenden Einlagen in Anrechnung auf das Grundkapital oder der Uebernahme von Vermögensstücken Seitens der Gesellschaft oder der Vorbedingung besonderer Vortheile für Gründer, Actionäre oder Andere zu Lasten des Grundkapitals die Gründer solidarisch der Gesellschaft auf Schadensersatz, wenn der Einlage- oder Uebernahmepreis oder der vorbedungene Vortheil über den wahren Werth der Einlagen oder Vermögensstücke oder der nach dem Gesetze vergütungsfähigen Leistungen übermäßig hinausgeht, sofern sie nicht nachweisen, daß ihnen bei dieser Ueberschätzung ein Verschulden nicht zur Last fällt."

Hiernach sollen die Gründer nicht bei jeder Werthsdifferenz selbst [55] im Falle eines den Mandatar verantwortlich machenden Versehens, sondern nur bei einer übermäßigen Werthsüberschätzung, dann allerdings für die ganze Differenz haften. Die Frage der Ueberschätzung ist dem Ermessen des Richters anheimzugeben[36]. Zugleich sind die Gründer von der Verantwortlichkeit frei, wenn sie zu dieser Ueberschätzung trotz Anwendung pflichtmäßiger Aufmerksamkeit gekommen sind. Diese Aufmerksamkeit ist die des ordentlichen Hausvaters, bez. Geschäftsführers. Aus der dem Geschäftsführer, bez. Mandatar analogen Stellung folgt aber, daß die Gründer sich durch deren Nachweis zu exculpiren haben. Darin, daß hiernach die Gründer ihre eigenen Vortheile zu Lasten des Grundkapitals – auf Gründervortheile, die blos in *gesellschaftlichen* Vorzugsrechten, oder auch in Bezugsrechten bei Neuemissionen bestehen, bezieht sich die Vorschrift nicht – mit vom Interesse der Gesellschaft bestimmten Einschränkungen normiren müssen, liegt nichts Anomales, weil es sich um kein Rechtsverhältniß handelt, welches ihnen gestattete, vom Gesichtspunkte ihres größtmöglichen Vortheils auszugehen. Das Bedenken, daß, da in den Bereich der Verantwortlichkeit nur die formellen Gründer – diejenigen, welche nach den Konstituirungsverhandlungen als Gründer aufgetreten sind, – fallen, die Verantwortung möglicherweise vorgeschobene Personen allein trifft, vermindert sich schon dadurch, daß, wie oben ausgeführt, der etwaige Inferent immer als Gründer erachtet werden soll. Das Bedenken ist aber überhaupt nicht allzuhoch anzuschlagen. Der Hauptschaden ist dadurch in der Gründungsperiode veranlaßt worden, daß das Publikum durch hochtönende Namen angezogen wurde, deren Träger keine wahre Verantwortlichkeit zu übernehmen glaubten. Müssen

[36] Vergl. Art. 797 H. G. B. und Prot. zum H. G. B. S. 3064–68, 4266. Dort ist der Ausdruck: „wesentliche Uebersetzung" richtiger. Hier scheint mir Uebermäßigkeit der bessere, das Richtige bedeutende Ausdruck.

unbekannte Namen als Gründer publizirt werden, so ist ein erhebliches Reizmittel beseitigt. Auch erscheint die Annahme berechtigt, daß Oeffentlichkeit und ausdrückliche Verantwortlichkeit, statt zu planmäßiger Umgehung jeder einzelnen Vorschrift, die speziell bei der hier in Rede stehenden durchaus nicht so leicht sein wird, da die Macht der natürlichen Verhältnisse den thatsächlichen Gründer auch in die Stellung des formellen Gründers treiben wird, zu führen, Corrective gegen Gewinnausschreitungen bilden werden. Personen, welche für Dritte die Verantwortlichkeit übernehmen sollten, werden sich besonders in den Kreisen, aus welchen die Gründer genommen werden müßten, um das Unternehmen nach Außen nicht zu sehr zu schädigen, nicht sehr leicht finden lassen.

Es erübrigt noch die Frage, welche Maßregeln denn zu treffen sind, wenn Verträge gedachter Art nicht in den Gesellschaftsvertrag aufgenom- [56] men, vielmehr, obwohl sie für den Gesellschaftszweck unentbehrlich, erst nach Eintragung der Gesellschaft im Handelsregister geschlossen werden. Es kann insbesondere nach dem Zweck der Gesellschaft der Erwerb eines Immobile so unabweislich sein, daß ohne ihn der Gesellschaftszweck gar nicht in Angriff genommen werden kann, und doch kann zuvörderst die Gesellschaft ohne diesen Erwerb errichtet werden, sei es, weil in der That über das zu wählende Grundstück noch nicht Entschluß gefaßt ist, sei es, weil man, um den lästigen Gründungsvorschriften zu entgehen, den Erwerb erst hinterher als Verwaltungsakt vornehmen will.

Im Falle der Einlage in Anrechnung auf das Grundkapital und der besonderen Vortheilsgewährungen aus dem Grundkapital beantwortet sich die Frage sofort. – Sollen, nachdem die Gesellschaft auf Baareinlagen hin und ohne Gründervortheile im Handelsregister eingetragen, nachträglich diese Bestimmungen für das bisherige Grundkapital durch Annahme von Werthseinlagen statt des Geldes und Gewährungen von Vortheilen aus dem Grundkapital geändert werden, so ist dies eine Aenderung des Gesellschaftsvertrages, die übrigens zur Wirksamkeit voraussichtlich der Einwilligung aller Actionäre bedürfen würde. Da es zur Gültigkeit dieser Aenderung wieder der Eintragung bedürfte, so sind die Vorschriften ad a bis l ohne Weiteres anwendbar mit der Modification, daß an Stelle der Gründer der zeitige Vorstand und Aufsichtsrath die Veröffentlichungspflichten und Verantwortlichkeiten haben. Dasselbe wird gelten, wenn es sich um eine Grundkapitalsvermehrung mit den gedachten Bedingungen handelt. An die Stelle der Vorschrift ad m wird in beiden Fällen der Gesellschaft gegenüber die Verantwortlichkeit von Vorstand und Aufsichtsrath für omnis culpa treten, welche als über das Maaß bloßer Verantwortung für einen gewöhnlichen Gestionsact hinausgehend durch den Ausspruch ihrer selbständigen Geltung ohne Deckung vermöge der Anweisung der Generalversammlung und durch das eventuelle Verfolgungsrecht des Einzelactionärs besonders zu qualifiziren ist und für welche das zu gebende allgemeine Verbot einer Geschäftsführung bei eigenem collidirenden Interesse Anwendung finden wird.

Eine Ausweichung gegenüber den Gründungsvorschriften wird in dieser Weise, weil zu complizirt, übrigens kaum stattfinden.

Anders liegt die Sache im Falle der Uebernahme von Vermögensstücken, insbesondere durch Kauf. Hier ist die Gefahr nicht abzuleugnen, daß, obwohl die Gesellschaft nur im Hinblick gerade auf ein bestimmtes Etablissement geschaffen wird, der Ge- [57] sellschaftsvertrag den Gesellschaftszweck verallgemeinert und nach Errichtung der Gesellschaft dann das Etablissement erst gekauft wird. Hier erscheint es erforderlich, auf Erwerbungen, welche wegen der Kürze der Zeit zwischen der Gesellschaftserrichtung und ihrer Vornahme als präsumtiv constituirender Natur zu erachten, die qualifizirte Verantwortlichkeit von Vorstand und Aufsichtsrath zu erstrecken und diesen Organen die Veröffentlichungspflicht in Betreff dieser Verträge aufzuerlegen, zugleich aber auch auszusprechen, daß, sofern erweislich, die Gründer die beschlossene Erwerbung in den Gesellschaftsvertrag aufzunehmen nur zum Zwecke der Umgehung der Vorschriften ad a bis m unterlassen haben, sie einmal jedem Beschädigten für den hieraus entstandenen Schaden, sodann aber auch für die Wahrheit des nachträglich veröffentlichten Erwerbsactes wie der Gesellschaft für die in demselben enthaltene übermäßige Werthsüberschreitung haften. Bei der freien Beweiswürdigung wird die Constatirung der Absicht der Umgehung nicht schwer sein. Es erscheint aber auch consequent, daß, wenn das Gesetz eine derartige Erwerbung für einen so wesentlichen Act erklärt, daß er dem Gesellschaftsvertrage wie dem Zeichnungsschein inferirt sein muß, die Unterlassung für den an der Mittheilung Interessirten das Recht auf Ersatz seines Interesses erzeuget, welches Interesse unter Umständen sehr wohl darin bestehen kann, daß die so verfahrenden Gründer die Actien dem Besitzer abnehmen müssen.

Demnach schlagen wir vor:

„*n)* Die Vorschriften ad a bis l finden auch dann Anwendung, wenn in Abänderung des Gesellschaftsvertrages, soweit dies überhaupt zulässig, nach Eintragung der Gesellschaft im Handelsregister nicht in baarem Gelde bestehende Einlagen in Anrechnung auf das Grundkapital gemacht oder aus demselben besondere Vortheile an Gründer, Actionäre oder Dritte gewährt werden sollen. Die erforderlichen Veröffentlichungen erfolgen hier durch den zeitigen Vorstand und Aufsichtsrath und liegt diesen Organen neben der Verantwortung für die Wahrheit des veröffentlichten Vertragsinhalts die Prüfung der Verträge im Interesse der Gesellschaft bei eigener, durch eine Anweisung der Generalversammlung nicht behobener Verantwortlichkeit gegen die Gesellschaft ob.

o) Werden innerhalb eines Jahres nach Eintragung der Gesellschaft von dieser Anlagen oder sonstige Vermögensstücke übernommen, so bedarf es zur Gültigkeit der betreffenden Verträge der Einreichung derselben beim Registerrichter, welcher nach seinem Ermessen ihre Veröffentlichung durch den Vorstand und Aufsichtsrath anordnet. Gedachte Organe haften auch hier wie ad n –

[58] Hat die Uebernahme von Anlagen oder sonstigen Vermögensstücken erst

nach Eintragung der Gesellschaft stattgefunden, während sie erweislich bereits von den Gründern beschlossen und ihre Aufnahme in den Gesellschaftsvertrag von diesen nur in der Absicht, die Vorschriften ad a bis m zu umgehen, unterlassen war, so haften die Gründer solidarisch für diese Unterlassung jedem durch dieselbe Beschädigten, ferner aber auch, wie im Falle der Aufnahme jener Erwerbung in den Gesellschaftsvertrag, für die Wahrheit des nachträglich veröffentlichten Vertragsinhaltes wie für die in dem Vertrage enthaltene übermäßige Werthsüberschätzung."

Die vorstehenden Grundsätze erscheinen auf die Commanditactiengesellschaft übertragbar. Nur kann, soweit eine Prüfungspflicht, ob die Verträge zu genehmigen, für Vorstand und Aufsichtsrath aufgestellt ist, der Complementar dem Vorstande nicht gleichgestellt werden, weil ersterer nicht lediglich Interessen der Actionäre vertritt. Die Bedingung der Prüfung und Genehmigung würde hier daher auf den Aufsichtsrath zu beschränken sein.

§ 6. *Unterpari-Emission und Gründervortheile. No. 5 und No. 2 der Denkschrift*

[64] „*a)* Als besondere Vortheile zu Lasten des Grundkapitals dürfen nur angemessene Vergütungen für den thatsächlichen Gründungsaufwand gewährt werden.

Provisionen für Zeichnungen auf das Grundkapital oder für Beschaffung von Zeichnungen gehören nicht zum erstattungsfähigen Gründungsaufwand.

b) Dagegen können gesellschaftliche Vorzugsrechte jeder Art bedungen werden.

Bezugsrechte der Gründer oder ersten Zeichner auf Actien neuer Emissionen gelten, insofern ein bestimmter kürzerer Zeitraum für ihre Wirksamkeit nicht angegeben ist, nur für die Dauer von fünfzehn Jahren von der Eintragung der Gesellschaft ab.

c) Die den ersten oder im Laufe des ersten Jahres bestellten Vorstandsmitgliedern oder Gesellschaftsbeamten in Verträgen für den Fall der Aufhebung der Verträge vor Ablauf der normirten Vertragsdauer bewilligten Entschädigungen unterliegen der richterlichen Ermäßigung bei offenbarer Unbilligkeit.

Die Vorschriften ad a und b sind auf die Commanditactiengesellschaft übertragbar.

§ 7. *Nachtragsemissionen, No. 5 der Denkschrift*

[66] *a)* Erhöhungen des Grundkapitals können nur auf Grund Beschlusses der Generalversammlung und nach Vollzahlung auf das bisherige Grundkapital stattfinden. Dem Registerrichter haben vor der Eintragung der Erhöhung Vorstand und Aufsichtsrath die geleistete Vollzahlung auf das bisherige Grundkapital anzuzeigen. Im Uebrigen gelten alle Vorschriften in Betreff der Errichtung der Gesellschaft auch für die Erhöhung des Grundkapitals und liegen alle Verpflichtungen der Gründer auch dem Vorstand und Aufsichtsrath ob.

b) Sind seit der Errichtung der Gesellschaft zwei Jahre verflossen, so kann eine Erhöhung des Grundkapitals auch in der Weise erfolgen, daß zu einem von der Generalversammlung beschlossenen und vor der Eintragung veröffentlichten Emissionskurse eine bestimmte Anzahl unter einander gleichberechtigter Actien ohne Nominalziffer ausgegeben wird. In den Actienurkunden sind die Zahl der überhaupt Behufs der Erhöhung ausgegebenen Actien und das Antheilsverhältniß gegenüber den bisherigen Actien sowie der Emissionscours anzugeben.

Der Emissionscours muß den Art. 207a H. G. B. festgesetzten Mindestbetrag einhalten.

Bezugsrechte von Gründern oder ersten Zeichnern können bei derartigen Kapitalerhöhungen nicht geltend gemacht werden.

Die Vorschriften ad a sind auf die Commanditactiengesellschaft übertragbar. Zur Uebertragung der Vorschriften ad b dürfte kein Bedürfniß vorhanden sein.

§ 8. Bauzinsen

Es bedarf für die Zulässigkeit der Zinsgewährung an Actionäre der Feststellung eines bestimmten kalendermäßigen Endtermins der Vorbereitungszeit im Gesellschaftsvertrage. Bei neuen Emissionen, wie sie § 7 ad b vorsieht, kann nur der Betrag des Emissionscourses zur Verzinsung gelangen.

§ 9. Bekanntmachungen[37]

II. Geschäftsführung der Actiengesellschaft

§ 10. Allgemeines und Abgrenzung der Competenzen der Gesellschaftsorgane, insbesondere Stellung des Aufsichtsraths II. No. 10 und 11 der Denkschrift.

[67] Dem Reichs-Oberhandelsgericht ist wiederholt Gelegenheit gegeben gewesen, auch die erheblichsten Mißbräuche bei der Geschäftsführung der Actiengesellschaften, insbesondere in den von der Denkschrift bezeichneten Richtungen, wahrzunehmen. Nach seiner Auffassung kann aber hier die Aufgabe der Reform im Wesentlichen nur darin beruhen, die Verantwortlichkeit der Gesellschaftsorgane zu verschärfen und klar hinzustellen, einzelne Competenzberichtigungen in Betreff der Grenzen der Functionen der einzelnen Organe vorzunehmen und den Actionären – insbesondere mittelst Ausdehnung der Individualrechte – die Möglichkeit, berechtigte Interessen zur Geltung zu bringen, zu gewähren. Auch die umfassendsten Vorschriften würden die Generalversammlung nicht zu einem Organ machen, bei welchem präsumtiv der beste Wille und die beste Einsicht zu finden ist. Selbst frei von allen den wahren Willen verfälschenden Einflüssen, wird sie, zunächst von dem Wunsche der Courserhaltung und der Dividendenerlangung beseelt, wenigstens in vielen Fällen selbst ein Interesse im Sinne der Verdeckung oder optimistischen Färbung des wahren Zustandes der Gesellschaft bethätigen. Ihr Interesse ist durchaus nicht identisch

[37] Hierzu lagen keine formulierten Vorschläge vor (Anm. des Hrsg.).

mit dem Interesse der Gesellschaft, diese als fortdauerndes selbständiges Rechtssubjekt gedacht. Zu eingreifenden Maßnahmen gegen die zeitigen Vollzugs- und Aufsichtsorgane entschließt sich der Actionär in der Regel auch erst, wenn am Course der Actie nichts mehr zu verderben ist. Wir erachten deshalb im Allgemeinen für die Actiengesellschaften immer noch die Organisation für die zuträglichste, bei welcher einsichtige Vollzugs- und Geschäftsführungsorgane eine gehörige Summe von Macht, gepaart mit entsprechender Verantwortlichkeit, haben.

Was speziell die Stellung des Aufsichtsraths gegenüber dem Vorstand anlangt, so kann nicht geleugnet werden, daß die Stellung des Ersteren als *bloßen* Controllorgans nach der [68] ganzen Entwickelung, welche die Organisation der Actiengesellschaft thatsächlich genommen hat, durch die ihm statutarisch in der Regel übertragene entscheidende Mitwirkung bei der Beschließung besonders wichtiger Geschäftsführungsacte verwirkt ist. Er ist in Wahrheit, wenigstens meistens, ein sogenannter Verwaltungsrath[38] und der Vorstand eine beamtete exekutive Spitze, bez. ein Delegirter des Verwaltungsraths.

Es wird nun von verschiedenen Seiten in dieser Degenerirung des Aufsichtsraths ein Hauptmangel der Organisation gefunden. Man führt aus, der Aufsichtsrath sei als eine völlig selbständige, in die Geschäftsführung nicht implicirte, völlig unparteiische Zwischenstelle zwischen den Geschäftsführern und der Generalversammlung vom Gesetze gedacht. Nur das Vorhandensein einer so qualifizirten Zwischenstelle, welche die Bilanzen und Vorschläge zur Gewinnvertheilung prüfe und darüber der Generalversammlung Bericht erstatte, könne es rechtfertigen, daß ohne weiteres der Generalversammlung mit Ablauf des Geschäftsjahres Genehmigung wie Decharge zugemuthet werde. Es sei Aufgabe des Gesetzgebers, diesem Organ, welches, in die Geschäftsführung selbst verwickelt, nur sich selbst in dem Bericht rechtfertige, aber keine unparteiischen Prüfungen Anderer vornehmen könne, die intendirte Reinheit wiederzugeben, indem man jede Theilnahme des Aufsichtsraths an der Geschäftsführung irgend welcher Art verböte[39].

Will man dies, so würde die Folge sein müssen, da unserem heutigen Vorstande, so wie er in Wahrheit organisirt ist, eine völlig selbständige Verwaltung der Gesellschaftsangelegenheiten insbesondere bei größeren Gesellschaften

[38] Unter dem Begriff „Verwaltungsrath" wird sowohl unser wirklicher Vorstand (so in Frankreich u. Belgien) wie ein besonderes, neben dem Vorstand gesetztes Beirathsorgan, an dessen Beschlüsse der Vorstand nach innen statutarisch gebunden ist, und welches für seine Funktionen Mandatar der Gesellschaft ist (so war es meist in Oesterreich), verstanden.

[39] Dies ist in Art. 225 des Oesterr. Entwurfs nach langer Diskussion im Abg. Hause unter lebhafter Befürwortung des Minister Glaser geschehen. Aber im Art. 227 ist es schon wieder für zulässige Statutenbestimmung erklärt, daß der Aufsichtsrath eine vakant gewordene Vorstandsmitgliedsstelle bis zu nächster Generalversammlung besetzt.

nicht füglich überlassen werden könnte, daß diejenigen an dem Prosperiren der Gesellschaft besonders interessirten Elemente, welche jetzt im Aufsichtsrathe sitzen, entweder mit in den Vorstand treten müßten, in welchem Falle sie dann den jetzigen Vorstand für die laufenden gewöhnlichen Geschäfte delegiren würden, oder daß sie ein neues, dem Vorstand für die innere Geschäftsführung beigegebenes Organ bilden müßten. Uns scheint die ganze Auffassung in Betreff des Vorzuges und der Leistungsfähigkeit des reinen, jeder Verwaltung fern gerückten Controllorgans zu sehr doctrinärer Natur zu sein.

Der Aufsichtsrath der Französischen Commanditactiengesellschaft, welchem der der gleichen Gesellschaft des H. G. B. nachgebildet, ist allerdings ein ständiges Organ, welches lediglich die Bücher, die Course, die Schriften der Gesellschaft, die Jahresrechnungen und die Bilanzen prüft und über Letztere den Bericht an die Generalversamm- [69] lung erstattet[40], welches dem gérant gegenüber aber nicht das mindeste Mitwirkungs- oder Eingriffsrecht, kein Veto selbst bei dessen schädlichsten Handlungen hat, vielmehr immer nur bei Wahrnehmungen solcher Handlungen die Generalversammlung berufen, bez. mit deren Einwilligung die Auflösung der Gesellschaft betreiben kann. Aber diese absolute Enthaltung, welche die schädigendsten Handlungen nicht aufzuhalten vermag, ist nicht das Product einer Absicht des Gesetzgebers, dem Organ seine Reinheit als bloßes Aufsichtsorgan zu wahren. Vielmehr ist sie dort eine unvermeidliche Nothwendigkeit wegen der Selbständigkeit des gérant, der, da er persönlich haftet, in seiner Geschäftsführung frei sein muß.

Außerdem werden zu ihrer Rechtfertigung nur noch die Bestimmungen der Art. 27, 28 des Code de commerce angeführt[41], wonach Commanditisten bei der Gestion bei Vermeidung der persönlichen Verbindlichkeit sich nicht betheiligen sollen. Wie wenig nach französischer Auffassung jene Enthaltung als beabsichtigte Garantie für die Unparteilichkeit der Controlle gemeint ist, geht auch daraus hervor, daß im Belgischen Gesetz für die Commissaires der Actiengesellschaft – ein ständiges, unserem Aufsichtsrath entsprechendes Organ – es ausdrücklich bei entsprechender statutarischer Festsetzung für zulässig erklärt ist, daß sie zusammen mit den administrateurs das conseil général formiren, dessen Befugnisse die Statuten zu bestimmen haben[42]. – Ob nicht bereits der Aufsichtsrath der Deutschen Commanditactiengesellschaft durch die Art. 194, 204, cfr.

[40] Art. 8 u. 9 des Ges. von 1856 und 10, 11 des Ges. von 1867. Das Französ. Princip lautet: le conseil de surveillance a le contrôle, mais il n'a pas la conduite.

[41] Vergl. A. Ledru: Des conseils de surveillance dans les sociétés en commandit par actions, S. 58. und den dort citirten Bericht über das Gesetz von 1856. Vergl. dagegen Art. 196 Abs. 3 des Deutschen H. G. B.

[42] Vergl. Art. 57 des Belg. Ges. J. Guillery, Des sociétés, 2. ed., 3 vol. 1876/83, sagt darüber II, S. 405: C'est une excellente institution, qui initie les commissaires aux détails de l'administration et donne des garanties par l'intervention pour les affaires importantes des personnes dont le contracte n'est pas quotidien.

auch 231 H.G.B., mit materiellen Eingriffsrechten in die Gestion durch das Gesetz ausgestattet und demnach schon kein reines Controllorgan mehr ist, mag hier dahingestellt bleiben. Jedenfalls liegen bei Uebertragung des gedachten Organs auf die Actiengesellschaft, welche als Ersatz für die wegfallende Staatsaufsicht, übrigens ohne optimistische Auffassung über seine Leistungsfähigkeit, erfolgte, innere Gründe zur gedachten Beschränkung nicht vor, da der Vorstand keine selbständigen Interessen zu vertreten hat, sondern nur Werkzeug der Gesellschaft ist. Stellt man aber die Frage, ob man dem Aufsichtsrath zu Gunsten seiner Reinheit als Controllorgan die Mittel zu unmittelbarem, Schädigungen verhindernden Eingreifen, wie namentlich Suspension des Vorstandes, versagen soll, so kann die Verneinung dieser Frage[43] unseres Erachtens keinem Bedenken unterliegen. Die gegentheilige Annahme legte den Actionären den Zwang auf, die Möglichkeit unmittelbarer practischer Vortheile einem theoretischen Gebilde zu opfern. Die Entscheidung scheint [70] umso unbedenklicher, als dem Vorstande das Handels-Gesetz-Buch eine über die Befugnisse nach anderen Gesetzen weit hinausgehende Befugniß, die Gesellschaft zu verpflichten, gegeben ist[44], deren Beschränkung wir wegen der Rechtssicherheit des mit der Gesellschaft contrahirenden Publikums nicht befürworten möchten. Ein ständiges, mit Eingriffsrechten in die Gestion ausgestattetes Organ ist aber kein absolut unbetheiligtes Controllorgan mehr. Indem es den Geschäftsbericht an die Generalversammlung schreibt, schreibt es zugleich seine Rechtfertigung wegen seiner Handlungen und Unterlassungen.

Wir bezweifeln auch sehr, ob ein Organ, welches das ganze Geschäftsjahr hindurch bloß aufpassen und höchstens warnen könnte, dessen einzige wirklich eingreifende Thätigkeit aber nur im Denunziren an zu berufende Generalversammlungen bestände, überhaupt lebensfähig und gedeihlich sein kann und noch mehr, ob sich zu einer solchen Thätigkeit, insbesondere wenn in den Kreis der zu Beaufsichtigenden die jetzt im Aufsichtsrathe befindlichen Intelligenzen und an Unternehmen erheblich betheiligten Kapitalisten treten, einsichtige und angesehene, im Verkehrsleben stehende Männer finden werden.

Eine Veranlassung zur Aufhebung des Organs, weil es thatsächlich sich gegen eine gesetzgeberische, übrigens nicht völlig klar aufgestellte Voraussetzung entwickelt habe, würde aber unseres Erachtens nur dann vorliegen, wenn dasselbe in der Art seiner Entwickelung eine Schwächung der erforderlichen Verantwortlichkeit der Gesellschaftsorgane bewirkt hätte, wenn also z.B. der Vorstand sich in Betreff derjenigen Gestionshandlungen, bei welchen er vom Beschluß des Aufsichtsrathes abhängig, durch diesen Beschluß decken, der

[43] Vergl. Motive zum Entw. der Novelle, Drucks. 4 des Reichstages de 70, S. 650.

[44] Nach französ. und belg. Recht hat der Drittcontrahent die Prüfungspflicht, ob der Vorstand – die mandataires – in den Grenzen der statutar. Befugniß handelt. Freilich wird derselbe in praxi durch den Gesichtspunkt der bona fides im Handelsverkehr vielfach eingeschränkt.

Aufsichtsrath aber sich für diese Beschlüsse auf seine geringere Verantwortlichkeit als bloßer Aufsichtsrath zurückziehen könnte.

Es erscheint uns aber nicht zweifelhaft, daß, soweit der Aufsichtsrath durch Beschlußfassungen über Geschäftsführungsacte sich betheiligt, bez. sich statutenmäßig zu betheiligen hat, er auch wie ein Geschäftsführer, also dem Vorstande gleich haftet. Die Annahme, daß bei Aufhebung des Aufsichtsraths die an ordnungsmäßiger Verwaltung hauptsächlich interessirten Elemente in den Vorstand gehen und damit in eine sich auf die gesammte Geschäftsführung erstrekkende Verantwortlichkeit treten müßten, trifft nicht zu. Sie können in den Vorstand treten und auf Grund statutarischer Befugniß sich diejenigen Personen, welche den Vorstand jetzt bilden [71], für den laufenden gewöhnlichen Geschäftsverkehr substituiren oder nachdem sie dieselben mit in den Vorstand aufgenommen, sie delegiren. Alsdann würden sie auch nur für culpa in eligendo in Betreff der Geschäftsführung dieser Personen haften[45]. Oder sie bilden ein besonderes Nebenorgan, an dessen Beschlüsse der Vorstand nach Innen statutarisch gebunden und dessen Verantwortlichkeit im besten Falle keine andere als die des jetzigen Aufsichtsraths, soweit er in die Geschäftsführung eingreift, ist.

Wir erachten es aber auch zweckmäßig, daß der Aufsichtsrath ein obligatorisches Organ bleibt, da eine wirksame Aufsicht der Verwaltung durch einen mit dieser stete Fühlung unterhaltenden Ausschuß von Actionären ein berechtigtes Postulat ist und dic Verantwortlichkeit insbesondere auch in Betreff der Rechnungsabschlüsse und der Gewinnvertheilung dadurch eine breitere wird.

Nur sind drei Erwägungen dabei practisch zu verwerthen.

Einmal muß man festhalten, daß die Garantien für die Richtigkeit seiner Berichte in Betreff der Jahresrechnung und der Bilanz schon wegen seiner Natur als ständigen Organs keine absolute, unbedingte sind. Deshalb ein drittes Organ als Revisionsorgan nach der Art der in verschiedenen Statuten vorgesehenen erst unmittelbar vor dem Abschluß des Geschäftsjahres in Function tretenden Revisoren, bez. der commissaires der Franzsös. Actiengesellschaft als obligatorisches einzufügen, können wir nicht befürworten. Mit jeder obligatorischen Aufstellung eines neuen solchen Organs übernimmt der Gesetzgeber eine gewisse Gewähr für einen wirklichen Zuwachs an Garantie oder doch an Verantwortlichkeit. Wir hegen aber erhebliche Zweifel, ob für solche ernsthafte Revisionsthätigkeit, welche gegen Ende des Geschäftsjahres das ganze Geschäftsjahr zu umfassen hätte, sich geeignete Leute überall finden lassen, insbesondere, wenn in den ständigen Organen gewiegte Finanzmänner sitzen. Es wird sich nur zu leicht eine Kategorie gewerbsmäßiger Revisoren, entnommen aus dem Kreise der jetzigen gerichtlichen Bücherrevisoren oder Concursverwalter, bilden, welche es sich an der Prüfung der äußerlichen Correctheit genügen läßt. Es mag deshalb

[45] Nach Franz. Gesetz Art. 22 haften die mandataires nur für einen substituirten mandataire *étranger* à la société über die culpa in eligendo hinaus.

den einzelnen sich bildenden Gesellschaften überlassen werden, ob sie ein solches Organ einfügen wollen. Der Gesetzgeber kann unseres Erachtens hier nur durch Statuirung eines Rechts der Minorität auf einmalige Vertagung der Beschlußfassung der Generalversammlung über die Bilanz[46], wie ferner auf eine behördliche Untersuchung der Geschäftslage beim Verdacht von Unregelmäßigkeiten und durch Einschränkungen der Verbindlichkeit der Dechargebeschlüsse [72] die Möglichkeit gewähren, daß sich berechtigte Interessen geltend machen. Hiervon wird weiterhin die Rede sein.

Zweitens erscheint es allerdings in Uebereinstimmung mit der Denkschrift geboten, daß, wenn es den Bestimmungen der Statuten auch weiterhin überlassen werden kann, dem Aufsichtsrath ein Mitwirkungsrecht bei wichtigen Gestionshandlungen einzuräumen, die vielfach bestehende Einrichtung einer continuirlichen Mitgestion des Aufsichtsraths und einer Mitwirkung sogar bei der Vertretung der Gesellschaft zu beseitigen. Die wiederholt in Statuten enthaltene und von Registerrichtern eingetragene Bestimmung, wonach zur Verpflichtung der Gesellschaft die Unterschriften, bez. Mitwirkung von Mitgliedern des Aufsichtsraths neben Vorstandsmitgliedern erfordert werden, ist nach Art. 231 H. G. B. Dritten gegenüber unverbindlich. Vergl. Entscheidungen des Reichs-Oberhandelsgerichts VI S. 132. Aber auch in ihren internen Wirkungen betrachtet, verwischt sie ebenso wie die wiederholt statuirte Vertretung des Vorstandes in Verhinderungsfällen durch Mitglieder des Aufsichtsraths, vermöge deren Aufsichtsrathsmitglieder bald die Vorstandsgeschäfte besorgen, bald wieder in den Aufsichtsrath zurücktreten, jede Grenze zwischen den beiden Organen und implizirt den Aufsichtsrath völlig in den gesammten laufenden Geschäftsverkehr.

3. Ist der Aufsichtsrath in der Regel nicht blos zu einer Mitwirkung bei bestimmten Handlungen innerhalb des Geschäftskreises, der naturgemäß der laufenden Verwaltung anheimfällt, berufen worden, sondern es sind ihm zugleich wiederholt Functionen zugewiesen worden, welche der Generalversammlung naturgemäß angehören, und der Aufsichtsrath ist in solchen Fällen allerdings zu einem alle Gewalten in sich concentrirenden Organ geworden, während für eine solche Delegation gar kein innerer Grund vorhanden ist. Hier muß eine Einschränkung in der Weise statt finden, daß bestimmte Beschlußfassungen der Generalversammlung weder durch Gesellschaftsvertrag noch durch einen von ihr gefaßten speziellen Delegationsbeschluß entzogen werden dürfen. In den Bereich dieser Beschlußfassungen gehören unzweifelhaft alle diejenigen, welche eine Einwirkung auf die Grundverfassung der Gesellschaft haben. Darüber hinaus läßt sich ein den Einzelfall entscheidendes allgemeines Princip nicht aufstellen, weil der Umfang der gewöhnlichen Geschäftsbetriebshandlungen je

[46] Im Original ist hier noch von Pape eingefügt: „wie über die Decharge" (Anm. des Hrsg.).

nach dem Gesellschaftszwecke ein verschiedener ist und weil nicht ausschließlich eine principielle Abgrenzung der Functionen nach abstracten Gesichtspunkten, sondern auch die Geeignetheit der Generalversamm- [73] lung, bestimmte Beschlüsse rationell zu fassen, in Betracht kommt, wenn das Gesetz ihre Uebertragung an den Aufsichtsrath verbieten soll. So würde z. B. vom blos principiellen Gesichtspunkte aus die Wahl des Vorstandes dem Functionsgebiet der Generalversammlung zuzuweisen sein und doch erscheint es in hohem Grade zweifelhaft, ob sie hierfür überall derartig geeignet ist, daß sich ein Verbot der Ueberlassung dieser Wahl an den Aufsichtsrath rechtfertigt. Demnach kann hier nur eine concretere Würdigung der einzelnen wichtigeren Beschlußgegenstände den Maßstab bilden.

Hiernach empfehlen wir die Annahme folgender Grundsätze: „a) Dem Aufsichtsrath oder einzelnen Mitgliedern desselben kann durch den Gesellschaftsvertrag eine Mitwirkung an der Geschäftsführung nur für einzelne, im Vertrage bestimmt zu bezeichnende Geschäfte eingeräumt werden. Eine Mitwirkung bei der Vertretung der Gesellschaft nach Außen ist unstatthaft. Wird ein Mitglied des Aufsichtsraths im Falle einer auch nur zeitweisen Verhinderung eines Vorstandsmitgliedes zu dessen Stellvertreter bestellt, so scheidet es damit engültig aus dem Aufsichtsrathe aus und kann in denselben während der Functionsdauer des betreffenden Aufsichtsraths auch durch Cooptation Seitens desselben nicht wieder gelangen.

b) Der Beschlußfassung der Generalversammlung dürfen weder durch den Gesellschaftsvertrag noch durch einen besonderen Beschluß der Uebertragung der Beschlußfassung an andere Organe folgende Gegenstände entzogen werden:

1. die Abänderung des Gesellschaftsvertrages,
2. die Erhöhung, theilweise Zurückzahlung wie Herabsetzung des Grundkapitals, wenn auch diese Maßregeln bereits im Gesellschaftsvertrage in Aussicht genommen, sowie die Festsetzung des Emissionskurses im entsprechenden Falle der Grundkapitalserhöhung,
3. die Genehmigung der Jahresbilanz und der Vorschläge zur Gewinnvertheilung wie die Dechargeertheilung an den Vorstand unter Verzicht auf die gesetzlichen Ansprüche der Gesellschaft an die Gründer,
4. die Ergänzungswahl von Aufsichtsrathsmitgliedern an Stelle der im Laufe des Geschäftsjahres Ausgeschiedenen mit Ablauf des Geschäftsjahres,
5. die Genehmigung der mit den Mitgliedern des Vorstandes abzuschließenden Dienstverträge und der außerhalb der Dienstverträge erfolgenden Entschädigungsgewährungen an dieselben für den Fall der Lösung des Vertragsverhältnisses sowie [74] aller Anstellungsverträge mit Gesellschaftsbeamten, sobald darin denselben Tantièmen bewilligt werden,
6. die Verwendung im Gesellschaftsvertrage vorgesehener besonderer Gesellschaftsfonds oder Gewinnbeträge, insoweit über diese Verwendung nicht bereits im Gesellschaftsvertrage ausdrückliche Bestimmung getroffen ist,

7. die Aufnahme von Anlehen und die Aufstellung des Tilgungs- und Verzinsungsplans für dieselben.

Personen, welche mit der Gesellschaft Verträge der unter No. 5 vorgesehenen Art schließen, haben die erfolgte Einhaltung der gegebenen Vorschrift zu prüfen und können sich bei ihrer Verletzung nicht auf die Vorschriften der Art. 230, 231 H. G. B. berufen. Die Aufnahme von Anlehen darf – abgesehen von Versicherungsgesellschaften – erst nach erfolgter Vollzahlung des Grundkapitals stattfinden."

Die Fälle ad 2 gehören eigentlich auch unter die Abänderung des Gesellschaftsvertrages. Ihre besondere Hervorhebung ist aber schon deshalb erforderlich, weil häufig derartige Eventualitäten bereits im Gesellschaftsvertrage in Aussicht genommen und in das Ermessen des Aufsichtsrathes gestellt sind. Ohne besondere Hervorhebung möchte die Unzulässigkeit dieser Festsetzungen zweifelhaft erscheinen können. Daß die Generalversammlung allein zur Genehmigung der Bilanz und Dechargeertheilung an den Vorstand zuständig, dürfte nach Art. 224 H. G. B. kaum zweifelhaft sein[47]. Trotzdem bestimmen die Statuten verschiedener eingetragenen Gesellschaften, daß der Aufsichtsrath dem Vorstande Decharge ertheilt. Durch die Bestimmung No. 5 soll der Generalversammlung die Einwirkung, wenn auch nicht auf die Personenwahl der Vorstandsmitglieder, so doch auf den Inhalt der mit ihnen zu schließenden Anstellungsverträge und den Umfang der ihnen in Dienstaufhebungsverträgen zu gewährenden Entschädigungen gewährleistet werden. In Betreff der Anstellungsverträge für andere Beamte kann für die Erheblichkeit des Vertragsverhältnisses ein anderes Kriterium, als das der Gewährung einer Tantième, nicht gefunden werden. Punkt 6 erstreckt sich über den Reservefonds hinaus auf den Fall, daß bestimmte Prozente des Reingewinns statutenmäßig zur nicht speziell bezeichneten Verfügung eines Gesellschaftsorgans gestellt werden. Dies Organ soll immer nur die Generalversammlung sein dürfen. Unter dem Begriff „Anlehen" ad 7 sind im Laufe gewöhnlichen Geschäftsbetriebes vorkommende Vorschußentnahmen nicht zu verstehen. Ausstellung von Schuldbriefen an Ordre oder auf den In- [75] haber, Unterbringung im Wege öffentlicher Ankündigung, allmählige planmäßige Zurückzahlung, hoher Betrag sind Hilfsmittel für ein Erkennen des Unterschiedes. Aber sie sind keine entscheidenden Begriffsmerkmale. Die Unterscheidung muß dem practischen Takt der Interessenten anheimfallen.

Die Vorschriften ad b sind interner Natur und beeinträchtigen das Princip, das die Gesellschaft nach Außen durch alle Rechtsgeschäfte ihres Vorstandes verpflichtet wird, nicht. Eine Ausnahme scheint aber bei Punkt 5 gerechtfertigt. Wer in einem amtlichen Verhältnisse zur Gesellschaft steht und auch wer durch

[47] Der letzte Satzteil ist verbessert in: „dürfte allein naturgemäß sein (vergl. Art. 224, 239 Abs. 2 H. G. B.)."

einen Vertrag in ein solches zu ihr treten will, darf verpflichtet werden, sich um das Vorhandensein der gesetzlichen Erfordernisse, auch wenn sie interner Natur sind, zu bekümmern. Andernfalls können leicht große Unzuträglichkeiten eintreten. Man vergegenwärtige sich den Fall, daß von drei Vorstandsmitgliedern, von denen je zwei die Gesellschaft gültig vertreten, je zwei immer dem Dritten dessen Bezüge erhöhen und daß zwei Vorstandsmitglieder einem Dritten große Entschädigungen bei Entlassung gewähren. Der Begriff der Collusion ist hier ein zu enger, um ausreichende Hilfe zu bieten[48]. – Daß Anlehen erst aufgenommen werden sollen, nachdem die Restzahlungen auf das Grundkapital eingefordert sind, erscheint aus denselben Gründen gerechtfertigt, die zu dem gleichen Gebote bei Nachtragsemissionen führen.

Die Vorschriften erscheinen, abgesehen von b. No. 5 auch auf die Commanditactiengesellschaft übertragbar.

§ 11. Vorstand und Aufsichtsrath. (No. 8 und 9 der Denkschrift):
a) Allgemeines.

Es erscheint wünschenswerth, das Princip, daß Vorstand und Aufsichtsrath das Interesse der Gesellschaft und nur dieses wahrzunehmen haben und daß diese Aemter keine Mittel besitzen dürfen, um Privatvortheile zu erlangen, klar auszusprechen, und zwar nach zwei Richtungen, einmal dahin, daß Mitglieder dieser beiden Organe sich bei Beschlußfassungen für die Gesellschaft, bei welcher sie ein dem Interesse Letzterer entgegenstehendes eigenes Interesse haben[49], nicht betheiligen dürfen, wie auch noch weiter dahin, daß gedachte Mitglieder ohne Genehmigung der Generalversammlung weder für eigene noch für fremde Rechnung mit der Gesellschaft Geschäfte machen oder an von Anderen mit der Gesellschaft gemachten Geschäfte betheiligt sein dürfen. Beide Vorschriften zusammen erfüllen erst den Zweck, denn mit der bloßen Enthaltung der interessirten Mitglieder von der Beschlußfassung ist Nichts gewonnen, sobald in Folge des Einflusses der Interessirten auf ihre Collegen Letztere die Beschlüsse fassen bez. mit den Interessirten die Verträge schlie- [76] ßen.

Demnach schlagen wir die Annahme folgender Grundsätze vor:

„Mitglieder des Vorstandes und Aufsichtsrathes haben sich ihres Amtes in Ansehung aller Geschäfte zu enthalten[50], an denen sie für ihre Person ein dem Gesellschaftsinteresse zuwiderlaufendes eigenes Interesse haben. Auch dürfen dieselben ohne Genehmigung der Generalversammlung mit der Gesellschaft weder für eigene noch für fremde Rechnung Geschäfte schließen noch sich an von Anderen mit der Gesellschaft geschlossenen Geschäften betheiligen.

[48] Vergl. Entsch. des R. O. H. G. Bd. VI S. 134.
[49] Vergl. Art. 40 des französ. Gesetzes de 67 und Art. 50 des Belg. Gesetzes.
[50] Vergl. Art. 40 des französ. Gesetzes de 67 und Bédarride, sociétés, Bd. II No. 471 sowie Art. 50 des belg. Gesetzes.

Die diesen Vorschriften zuwiderhandelnden Mitglieder des Vorstandes und Aufsichtsrathes haben der Gesellschaft auf deren Verlangen die von ihnen durch die gedachten Geschäfte gezogenen Vortheile herauszugeben.

Im Falle des Zuwiderhandelns gegen die zuerst gedachte Vorschrift haften die Zuwiderhandelnden der Gesellschaft außerdem solidarisch für jeden derselben aus den abgeschlossenen Geschäften erwachsenen Schaden."

Der letztgedachte Grundsatz rechtfertigt sich dadurch, daß es sich um verbotswidrig geführte Geschäfte handelt. Die entsprechende Strafvorschrift wird sub d dieses Paragraphen vorgeschlagen werden[51].

b) Verantwortlichkeit des Vorstandes.

Es ist hier die Verantwortlichkeit der Gesellschaft gegenüber von der gegen Dritte zu scheiden.

Das Handelsgesetzbuch hat ein allgemeines Princip über den Umfang der Verantwortung nicht ausgesprochen. In Betreff des Vorstandes befinden sich civilrechtliche Verantwortlichkeitsbestimmungen nur in den Art. 241, 245, 248. Bei Art. 241 ist bestritten, ob die hier ausgesprochene Verantwortlichkeit nur der Gesellschaft oder auch Dritten gegenüber gilt[52]. Die Bestimmung des Art. 241, wonach bei rechtswidriger Zahlung von Zinsen oder Dividenden nur für den dadurch entstandenen *Schaden* gehaftet wird, steht nicht im Einklang mit der entsprechenden Vorschrift des Art. 204 bei Commanditactiengesellschaften, wonach ohne Weiteres die rechtwidrig geleisteten Zahlungen zu erstatten sind. Endlich constirt nicht, ob Dritte, insbesondere Gesellschaftsgläubiger den Vorstand erst in Anspruch nehmen können, nachdem sie vergeblich gegen die Gesellschaft vorgegangen sind.

Faßt man zunächst die Verantwortlichkeit des Vorstandes gegen die *Gesellschaft* ins Auge[53], so herrscht in der Wissenschaft darüber kein Zweifel, daß trotz der nur sporadischen Verantwortlichkeitsbestimmungen des H. G. B. der Vorstand für omnis [77] culpa, für die Aufwendung der Sorgfalt eines ordentlichen Kaufmanns, in seiner Geschäftsführung haftet[54].

Diesen Grad der Aufmerksamkeit im Gesetze besonders festzustellen, liegt unseres Erachtens kein dringender Anlaß vor, wenn dem Richter bei Beurthei-

[51] Dieser Satz ist im Gutachten gestrichen, wobei nicht sicher ist, ob dies durch Pape erfolgt ist.

[52] Für die Haftung auch Dritten gegenüber Entsch. des R. O. H. G. Bd. XIX S. 181. Thöl 5. Aufl. S. 479. Puchelt, Commentar I, S. 490. Anschütz/v. Völderndorff II, S. 533. Renaud, 2. Aufl., S. 618 flg. Dagegen v. Hahn zu Art. 241.

[53] Vergl. Puchelt Anm. 1 zu Art. 204.

[54] Vgl. Renaud S. 601. Behrend im Eisenacher Gutachten S. 88. Art. 225 a, 241 des Oesterr. Gesetzentw.: „vorsätzliche oder fahrlässige Nichterfüllung ihrer Obliegenheiten." Art. 44 des Franz. Ges. v. 1867 und Art. 52 des Belgischen Ges. sowie Bekker, Zeitschrift für Handelsrecht 17, S. 418.

lung der Verantwortlichkeitsfälle freie Würdigung eingeräumt und nur allgemein die Haftbarkeit für Verschulden bei der Geschäftsführung ausgesprochen wird.

Aber es entsteht die Frage, ob Zuwiderhandlungen gegen Bestimmungen des Statuts oder ausdrückliche Vorschriften des Gesetzes einer besonderen Regelung bedürfen, insbesondere hier eine obligatio ex lege zur Erstattung ohne Rücksicht auf Verschulden anzuerkennen ist. Um hierüber eine Klarheit zu erlangen, erscheint es zweckmäßig, sich die Fälle der Verletzungen ausdrücklicher Gesetzesvorschriften zu vergegenwärtigen.

Dem Vorstand liegt insbesondere ob nach den bisherigen und den hier vorgeschlagenen zusätzlichen Vorschriften, *in Betreff der Gründung der Gesellschaft, bez. aller in diesen Bereich zu rechnenden Vorkommnisse:* die Zeichnungen wie die erfolgten Einzahlungen und die Wahrheit der Angaben bei Illations- oder Erwerbsverträgen sowie, falls die Illations- oder Erwerbsverträge erst nach, insbesondere im ersten Jahre nach der Gesellschaftserrichtung geschlossen werden sollen, diese selbst vor zu ertheilender Genehmigung sorgsam zu prüfen, deren entscheidende Bestimmungen zu veröffentlichen, mit Neuemissionen und Anleihen nicht vor Vollzahlung des bisherigen Grundkapitals vorzugehen, bei Emissionen von Actien ohne Nominalziffer den Emissionscours einzuhalten, *in Betreff der Geschäftsführung und Verwaltung:* die Actien nicht vor Einzahlung des Nominalbetrages, bez. des Emissionscourses auszugeben, bis zur geschehenen Vollzahlung halbjährlich den Stand der Einzahlungen wahrheitsgemäß zu veröffentlichen, die Bestimmungen des Statuts einzuhalten (Art. 231), sich jeder Mitwirkung an der Geschäftsführung bei eigenem collidirenden Interesse sowie des Abschlusses von Geschäften mit der Gesellschaft zu enthalten, spätestens immer innerhalb der ersten 6 Monate nach Ablauf eines Geschäftsjahres, aber auch noch vorher bei Verminderung des Grundkapitals um die Hälfte unverzüglich und außerdem, so oft es der gesetzlich oder statutarisch dazu befugte Bruchtheil von Actionären fordert, ordnungsmäßig eine Generalversammlung zu berufen (Art. 239, 240, 237), die Ergänzung des beschlußunfähig gewordenen Auf- [78] sichtsrathes innerhalb drei Monaten nach der Beschlußunfähigkeit herbeizuführen (Art. 249 No. 1), Sorge für die Führung der Bücher der Gesellschaft zu tragen, entsprechend dem wahren Vermögensstand und den wahren Werthen der Gesellschaft und dem Art. 239 a die Jahresbilanz aufzunehmen und die Gewinnvertheilungsvorschläge zu machen (Art. 239 und 239 a), bei allen Darstellungen und Uebersichten über den Vermögensstand der Gesellschaft wie bei den Vorträgen in der Generalversammlung der Wahrheit zu entsprechen (Art. 249 No. 3), die genehmigten Bilanzen zu veröffentlichen (Art. 239), die Statutenänderungsbeschlüsse zur Eintragung einzureichen, sich des Erwerbs von Actien der Gesellschaft für diese, bez. der Amortisation derselben, soweit dies nicht Art. 215 zuläßt, zu enthalten, ebenso sich der Zahlung von Zinsen, soweit sie nicht der Art. 217 zuläßt, wie der Auszahlung nicht wirklich entsprechend richtiger Bilanz vorhandener und von der Generalversammlung zur Auszahlung bestimmter Dividende, zu enthalten (Art. 217, 241), bei der theilweisen Zurückzahlung oder Herabsetzung des Grundkapitals die Vorschriften der Art. 243, 245 einzuhalten (Art. 248)[55], mit eintretender Zahlungsunfähigkeit der Gesellschaft keine Zahlungen mehr zu leisten (Art. 241), im Falle das Vermögen der Gesellschaft nicht mehr die Schulden deckt, hiervon dem Gericht Behufs der Concurseröffnung Anzeige zu machen (Art. 240, 249 a).

Darüber dürften keine Bedenken obwalten, daß bei vorhandener Verantwortlichkeit für Statuten- oder Gesetzesübertretung jeder aus derselben entstandene Schaden, auch derjenige, der nicht vorausgesehen werden konnte, zu ersetzen ist. Aber es fragt sich, ob überhaupt schon mit der objectiven Verletzung des Gesetzes oder Statutes ohne Rücksicht auf subjectives Verschulden die Verantwortlichkeit gegeben sein soll. Unter den aufgeführten Fällen gesetzlicher Gebote und Verbote sind verschiedene, die nur besonders auf die Anwendung pflichtmäßiger Sorgfalt gerichtet sind, bei denen also sicher ohne Verschulden keine Verantwortung ist. Bei anderen, z. B. den Geboten zur Erfüllung bestimmter Formvorschriften, zu Handlungen nach Wahrnehmung gewisser Thatsachen, bez. innerhalb bestimmter Fristen wird bei der Uebertretung immer ein Verschulden vorhanden sein. Bei einer Reihe von Geboten, insbesondere allen, welche die richtige Bilanzirung zum Gegenstand oder zur Voraussetzung haben, ist aber die objective Uebertretung bei voller Gutgläubigkeit und Anwendung pflichtmäßiger Sorgfalt sehr wohl denkbar. Die Bilanz ist objectiv unrichtig, wenn Irrthümer über die Werthe – wohl [79] zu scheiden von den nachträglichen Entwerthungen – stattgefunden haben und diese erscheinen auch bei Anwendung aller Sorgfalt möglich. Immer können beim Handeln auf Grund objectiv unrichtiger Bilanz Kapitalsbeträge als Dividenden gezahlt, zu Unrecht Kapitalsheimzahlungen bei Ungedecktsein der Gläubiger erfolgt sein. Man könnte daran denken wollen, bei der mangelnden persönlichen Haftung, welche die Actiengesellschaft characterisirt, für diese objectiven Verletzungen den Vorstand ohne Rücksicht auf ein Verschulden haftbar zu machen. Wir erachten dies für zu weit gehend. Weder die Gesellschaft noch Dritte können unseres Erachtens mehr fordern, als daß das Grundkapital mit aller Sorgfalt verwaltet werde[56].

[55] Im Falle der gänzlichen Zurückzahlung bei Auflösung – Art. 245 – können die Vorstandsmitglieder nur als Liquidatoren in Betracht kommen.

[56] Kein Gesetz ist bisher weiter gegangen. Vergl. Art. 44 des Französ. Gesetzes von 67, übereinstimmend mit Art. 27 des Französ. Ges. vom 23. Mai 1863, welche beide, wie die Berathungen aufs deutlichste ergeben, eine faute der administrateurs bei der Dividendenvertheilung etc. voraussetzen. Es ist in den Berathungen noch besonders motivirt, weshalb nicht bloß fraude, sondern auch faute verantwortlich mache und dabei erwähnt, daß bei faute minime die administrateurs loszusprechen sind. Vergl. Mauzet, Comment. I. S. 810 flg. 817. Ebenso Art. 52 des Belg. Gesetzes und dazu Guillery comment. I, S. 346 folg. Auch der Art. 241 unseres Handelsgesetzbuchs kann nach seiner Entstehung aus Art. 199, bez. 179 des Preuß. Entwurfs, Protokolle S. 362, nicht anders aufgefaßt werden.

Der objectiven Unverletzlichkeit des Grundkapitals steht die Thatsache gegenüber, daß es verwaltet werden muß, und daß die Pflichten des Verwalters sich in der Anwendung pflichtgemäßer Sorgfalt erschöpfen. Eine besondere Gefahr liegt hierin auch nicht, wenn man berücksichtigt, daß Rechtsirrthümer – in Betreff des Vorhandenseins und der Bedeutung gebietender oder verbietender Gesetze – immer sowie Irrthümer in Betreff der Auslegung der Statuten in der Regel auf ein zu vertretendes Versehen der verantwortlichen Geschäftsführer zurückzuführen sein werden und daß, was die Beweisfrage anlangt, es jedenfalls bei objectiv vorliegender Gesetzes- oder Statuten-Verletzung nicht Sache der Gesellschaft ist, das Verschulden der Vorstandsmitglieder besonders zu beweisen, daß vielmehr aus der Rechenschaftspflicht des Vorstandes seine Pflicht, die Anwendung der pflichtmäßigen Sorgfalt nachzuweisen, folgt. Vergl. Entsch. des R. O. H. G. Bd. XIX S. 215.

Aber die Verletzungen von Gesetz und Statut bedürfen der besonderen Berücksichtigung in zwei Punkten. – Einmal muß der Gesellschaft das Recht zustehen, auch ohne Vorhandensein eines besonderen Schadens die Wiederherstellung des gebrochenen Zustandes zu fordern. Deshalb ist das Princip des Art. 204, und nicht das des Art. 241, bez. 225 b das richtige, selbstverständlich unter Vorbehalt des Rechts, auch den außerdem etwa entstandenen besonderen Schaden vergütet zu verlangen. Insbesondere haben die Vorstandsmitglieder, durch deren Verschulden Grundkapitalsbeträge als Dividenden ausgezahlt, Kapitalsrückzahlungen vor Befriedigung der ungedeckt bleibenden Gläubiger geleistet, Zahlungen bei bereits vorhandener Zahlungsunfähigkeit geleistet, der Gesellschaft durch Ausgabe der Actien vor Einzahlung des Nominalbetrages Theile des Nominalbetrages entzogen sind oder Grundkapital zum Erwerb eigener Actien verwendet worden ist, die Beträge, um [80] welche hierdurch das Grundkapital verkürzt worden ist, einfach auf Erfordern zu ersetzen. Sodann fallen die Verletzungen von Statut und Gesetz ins Gewicht, soweit es sich um den Umfang der Verpflichtungen der einzelnen Vorstandsmitglieder bei collegialisch organisirtem Vorstande handelt. Ist durch Statut oder eine von der Gesellschaft genehmigte Geschäftsordnung eine Theilung der Geschäfte unter die mehreren Vorstandsmitglieder bewirkt, oder ist eine solche Theilung nach der Natur der Verwaltung erforderlich, so haftet jedes Mitglied für Handlungen und Unterlassungen nur innerhalb des ihm zugewiesenen Geschäftskreises. Allein damit ergiebt sich noch nicht der Umfang der Verpflichtungen des einzelnen Vorstandsmitgliedes, wenn innerhalb seines Geschäftskreises ein Beschluß gefaßt, bez. ein Act ausgeführt wird, bei dem er nicht zugegen war, bez. dem er dissentirt hat. Es widerspricht den Voraussetzungen bei Bestellung eines Vorstandscollegii[57], daß unter allen Umständen das einzelne Mitglied durch seine

[57] In der französ. Praxis scheint man anzunehmen, daß das majorisirte Mitglied durch Protest im Berathungsprotokolle gedeckt und auch nicht verantwortlich ist, wenn es

bloße nicht verschuldete Nichtmitwirkung oder einen Protest zu den Vorstandsacten oder sein Austreten aus dem Vorstande exculpirt ist. Die Frage erhebt sich nach heutigem Gesetz auch bei dem Aufsichtsrath, dem in Art. 225 b eine Verantwortung für bestimmte Fälle eines Nichteinschreitens auferlegt ist, ohne daß der Begriff des Einschreitens näher bezeichnet wird. Wenn man unter Einschreiten die Ergreifung der zur Abwendung der Maßregel oder der daraus erwachsenen Nachtheile zu Gebote stehenden Mittel versteht, so steht dem lediglich mit den *gesetzlichen* Befugnissen ausgestatteten Aufsichtsrathe kein anderes Mittel als die Aufnahme des Geschehenen in den an die ordentliche Generalversammlung zu erstattenden Bericht oder die Berufung einer besonderen Generalversammlung – Art. 193, 187 –, dem einzelnen, von den anderen Aufsichtsrathsmitgliedern überstimmten Aufsichtsrathsmitgliede nach heutigem Rechte überhaupt kein Mittel – Protest zu den Acten und Rücktritt sind keine Mittel und die Legitimation des einzelnen Aufsichtsrathsmitgliedes, gerichtliche Inhibitorien gegen Geschäftsführungsmaßregeln zu erwirken, ist zum Mindesten höchst zweifelhaft – zu.

Wir schlagen vor, daß das einzelne Vorstandsmitglied, wenn in seinem Geschäftskreise gesetz- oder statutenwidrige Beschlüsse gefaßt oder Acte ausgeführt werden, und ihm statutenmäßig andere Mittel zur Abwendung nicht zustehen, bei eigener Mitverantwortung, sobald es hiervon Kenntniß erhalten hat oder bei Anwendung pflichtmäßiger Sorgfalt erhalten mußte, zur unverzüglichen Mittheilung an den Aufsichtsrath, oder, sofern [81] dieser nach dem Statut bei der gedachten Maßregel mitwirkt, an eine auf sein Betreiben zu berufende Generalversammlung zu verpflichten ist. Es wird an entsprechender Stelle in Vorschlag gebracht werden, daß dem einzelnen Vorstands- bez. auch dem einzelnen Aufsichtsrathsmitgliede das Recht, die Berufung einer Generalversammlung zu verlangen, gewährt wird.

Nun kann allerdings auch der Zustimmungsbeschluß des Aufsichtsraths oder der Generalversammlung zu einer gesetz- oder statutenwidrigen Maßregel das dissentirt habende Vorsandsmitglied nicht – wenigstens nicht gegenüber dem Individualrecht des Einzelactionärs und Dritten – außer Verantwortung setzen, wenn es hierauf bei der Ausführung der als gesetz- oder statutenwidrig erkannten Maßregeln mitwirkt. Ob dasselbe aber, sofern es nicht vorzieht, nunmehr seine Stellung niederzulegen, durch bloße persönliche Nichtbetheiligung bei der Ausführung jener Maßregel hinreichend gedeckt oder verpflichtet sein soll, noch an die Generalversammlung zu gehen, bez. den Generalversammlungsbeschluß

statutenwidrige Generalversammlungsbeschlüsse nach vergeblichem Protest in jener Versammlung ausführt (Renaud S. 633). Wenigstens sagen dies für den Aufsichtsrath der Commanditaktiengesellschaft Bédarride, Sociétés Bd. I No. 223–225 und Ledru, les conseils de surveillance S. 78, 79 contra Ungar. H. G. B. § 191.

vor Gericht anzufechten, darüber allgemeine Grundsätze aufzustellen möchten wir nicht empfehlen.

Die Pflicht des einzelnen Vorstandsmitgliedes, die gesetz- oder statutenwidrige Maßregel dem Aufsichtsrath, bez. einer Generalversammlung anzuzeigen, tritt ein, auch wenn die Maßregel bereits sofort in Vollzug gesetzt worden ist. In diesem Falle wird man aber auch mit dieser Anzeige die Verpflichtung des Vorstandsmitgliedes, welches selbst zu der Beschlußfassung oder Ausführung der Maßregel nicht mitgewirkt hat und dem auch in Betreff der Nichtmitwirkung eine culpa in omittendo nicht zur Last fällt, für erschöpft erachten müssen. Die Frage erhebt sich nur für den Fall, daß die Maßregel oder auf ihr beruhende fernere Maßregeln erst nach der Anzeige an den Aufsichtsrath, bez. die Generalversammlung ausgeführt werden sollen, und diese Organe die Maßregeln gebilligt haben. Daß diese Billigung, soweit sie außerhalb der gesetzlichen oder statutarischen Kompetenz jener Organe liegt, die Vorstandsmitglieder von der Verantwortung für Ausführung der Maßregeln nicht befreit, wird nicht zu bezweifeln sein. Auch wird diese Verantwortlichkeit in der Regel nicht dadurch behoben werden, daß die einzelnen Vorstandsmitglieder sich bloß der thatsächlichen Mitwirkung bei Ausführung der Maßregel erhalten. Wollen sie, trotzdem die gedachte Maßregel ausgeführt werden soll, im Vorstande bleiben, so werden sie in der Regel auch verpflichtet sein, den gefaßten Be- [82] schluß, eventuell vor Gericht, anzufechten. Zuzugeben wird aber sein, daß, falls sie unter den gedachten Umständen, nachdem sie die Anzeige an das zunächst höhere Organ vergeblich gemacht haben, aus dem Vorstande ausscheiden wollen, sie dann jeder Verantwortlichkeit enthoben sind. Es erscheint nicht zweckmäßig, diese Details im Gesetze zu ordnen. Aber angemessen dürfte es sein, neben der Pflicht des einzelnen Vorstandsmitgliedes trotz seiner Nichtmitwirkung zu der dem Gesetz oder dem Statut widersprechenden Verfügung dieselbe zur Kenntniß des Aufsichtsraths, bez. der Generalversammlung zu bringen, den allgemeinen Satz, daß die Verantwortlichkeit der Vorstandsmitglieder für ihr Zuwiderhandeln gegen Gesetz oder Statut nicht darum wegfällt, weil die Handlung auf einem Generalversammlungsbeschluß beruht, im Gesetze zum Ausdruck zu bringen. Die Solidarität aller schuldbaren Vorstandsmitglieder, gleichviel ob schuldbares Handeln oder culpa in omittendo vorliegt, erscheint gerechtfertigt und die Unzulässigkeit der Einrede der Theilung oder der Vorausklage wird sich aus Art. 281 H. G. B. ergeben. Der Vorstand steht nur der Gesellschaft und nicht dem Einzelactionär gegenüber in einem Vertragsverhältniß. Er kann arglistige Handlungen auch gegen den Einzelactionär begehen und haftet dann diesem auf Grund der actio doli. Aber seine Geschäftsührung erfolgt für die Gesellschaft und nicht für die einzelnen Actionäre. Diesen steht deshalb auch bei Gesetzes- oder Statutenverletzung ein unmittelbares Klagerecht gegen den Vorstand – abgesehen von der actio doli – nicht zu. Diese Annahme beruht auf richtiger Würdigung der Stellung des Einzelactionärs zur Gesellschaft bez. zu deren

Organen und sie ist die in der deutschen Rechtstheorie herrschende[58], sowohl was die Verantwortung des Vorstandes wie die des Aufsichtsrathes anlangt. Es bleibt nur dabei die Frage offen, ob, weil die Mehrheit der Actionäre die Minderheit nur innerhalb des Gesetzes und der Statuten binden kann, und weil jedem Actionär ein unverkürzbares Recht darauf zusteht, daß das Grundkapital nach Gesetz und Statuten verwaltet wird, der Einzelactionär nicht berechtigt sein soll, entweder die Beschlüsse der Generalversammlung, durch welche die Organe der Gesellschaft von der Verantwortung für gesetz- oder statutenwidrige Handlungen entbunden sind, anzufechten und die Gesellschaft zur Geltendmachung dieser Verantwortung zu zwingen, oder – in praktischerer Ausbildung dieses Rechts – sogleich selbst unter Fingirung einer Cession der Gesellschaftsrechte diese Rechte geltend zu machen, wobei wieder [83] die Frage entsteht, ob er auf diesem Wege den durch jene Gesetzes- oder Statutenverletzung entstandenen Schaden, soweit er auf seine Actie entfällt, zur eigenen Disposition geltend machen oder nur die Erstattung des der Gesellschaft entstandenen Schadens zur Gesellschaftskasse fordern kann.

Gleichviel wie diese Fragen de lege lata zu beantworten sind, so läßt sich legislatorisch nur die Ausbildung eines derartigen mittelbaren, vom Rechte der Gesellschaft abgeleiteten Rechts des Einzelactionärs empfehlen, nicht aus dem theoretischen Bedenken, daß es an der Rechtfertigung für Aufstellung eines unmittelbaren Klagerechts fehlt, sondern weil die Gesellschaftsorgane nicht zugleich der Gesellschaft und den Einzelactionären neben einander haftbar sein können, und weil nach dem Rechtsverhältniß zwischen Actionär und Gesellschaft zunächst nur Letzterer die Verfügung über die Ansprüche an die Gesellschaftsorgane zuzustehen hat.

In der That begegnet man auch im französischen und belgischen Gesetz, denen man das Prinzip des *unmittelbaren* Klagerechts auf Schadensersatz Seitens des Einzelactionärs, in Frankreich sowohl im Falle der Gesetzes- und Statutenverletzung wie der Verschuldung bei gewöhnlichen Verwaltungsacten (Art. 44 des Gesetzes von 1867), in Belgien im Falle der Gesetzes- und Statutenverletzung (Art. 52 des Gesetzes vom 18. Mai 1873) vindicirt, bei näherem Einblick in

[58] Vergl. Renaud 2. Aufl. S. 610 flg. 634. v. Hahn Commentar zu Art. 224; Regelsberger Beitr. zur Lehre von der Haftung der Behörden und Beamten der Actiengesellschaften S. 56 No. 36; Weinhagen, Recht der Actiengesellschaften S. 191; Stroy, das deutsche Handelsgesellschaftsrecht S. 240, 256. Auch Bekker, in: Zeitschr. f. Handelsr. Bd. XVII, S. 440. Wenn Jolly in: Zeitschr. f. deutsch. Recht Bd. XI, S. 423, Auerbach, Actienwesen, S. 219 und Anschütz und Völderndorff Commentar Bd. II, S. 515 ein Klagerecht zusprechen, so meinen sie damit nur ein Klagerecht gegen die Gesellschaft bez. wie auch Bekker, ein auf Cession der Rechte der Gesellschaft zurückzuführendes Klagerecht gegen die Organe bei Statuten- oder Gesetzwidrigkeiten. Die Art. 225 b und 241 H. G. B., wenn sie auch eine Verantwortlichkeit Dritten gegenüber enthalten, begreifen unter diesen Dritten den Einzelaktionär als solchen nicht. Vergl. Renaud loc. cit. S. 615., Die Entsch. d. R. O. H. G. Bd. XIX, S. 178 hatte sich nur über das Klagerecht des Einzelaktionärs gegen den Aufsichtsrath auszusprechen.

die Gesetze und die Praxis den erheblichsten Einschränkungen, welche das ganze Princip in Frage zu stellen scheinen. Es kommt zur Feststellung des Princips wesentlich darauf an, wie dieses unmittelbare Klagerecht sich zum Klagerecht der Gesellschaft verhält und wie auf dasselbe der Dechargebeschluß der Generalversammlung einwirkt.

Nun erkennt aber die französische Praxis an, daß wenigstens, soweit es sich um die Verantwortung der administrateurs für Pflichtwidrigkeiten bei der gewöhnlichen Geschäftsführung handelt, die Generalversammlung Herrin der actio mandati in ihrem ganzen Umfange ist und die action individuelle des Einzelactionärs durch ihren Verzicht und ihre Decharge gänzlich beseitigt. Vergl. insbesondere Erkenntniß der Cour de Paris vom 16. April 1870 in Dalloz Rec. pér. 1870, 2. 121 in Sachen c/a Percire und Gen[59].

[84] Noch viel weiter geht das Belgische Gesetz. Die Bilanzgenehmigung der Generalversammlung, die als Dechargebeschluß gilt, deckt alle Verschuldungen der administrateurs in Betreff der gewöhnlichen Geschäftsführung, so daß der Einzelactionär eine action individuelle nur noch mittelst Anfechtung der Bilanz wegen dol, fausse indication oder omission oder des Generalversammlungsbeschlusses wegen Formverletzung geltend machen kann. – Aber auch bei Handlungen en dehors des statuts bindet der Dechargebeschluß alle in der Generalversammlung nicht erschienenen Actionäre, sofern das Befinden über jene Handlungen als Gegenstand der Tagesordnung ausdrücklich bekannt gemacht worden ist. Bei der sehr complicirten Entstehungsgeschichte des entscheidenden Art. 64 ist dabei dunkel, wieweit sich der Begriff der actes en dehors des statuts erstreckt und ob auch den erschienenen und opponirenden Actionären keine action individuelle verbleibt. Während man nach den Vorverhandlungen davon auszugehen hätte, daß statutenwidrige Beschlüsse und Beschlüsse einer Entlassung aus der Verantwortlichkeit wegen begangener statutenwidriger Handlungen auseinander zu halten wären und daß die Generalversammlung zu Beschlüssen der letztgedachten Art immer zuständig sein und die Ansprüche des Einzelactionärs absorbiren sollte, während ferner der Gesetzestext keinen Anhalt dafür bietet, daß die opponirenden, aber durch Mehrheitsbeschluß überwundenen Actionäre ihre action individuelle noch behalten sollten, wird in der Literatur zwischen actes en dehors des statuts und violations des statuts geschieden[59a] und behauptet, die Generalversammlung sei nur insoweit für die Decharge zuständig, als sie es für eine nachträgliche Genehmigung der begangenen statutenwidrigen Handlung sein würde, für eine Maßregel, welche also die Generalversammlung nach Gesetz oder Statut selbst zu beschließen nicht zuständig wäre, könne sie daher auch keine Decharge ertheilen, und ein Dechargebeschluß, für welchen die General-

[59] Die Anmerkung, die das Urteil ausführlich referiert, ist hier weggelassen. (Anm. des Hrsg.).

[59a] Zum Teil durchgestrichen und verändert in: „... wird in der Literatur eine Scheidung zwischen ... statuts vertreten ..." (Anm. des Hrsg.).

versammlung nach diesem Gesichtspunkt nur unter Voraussetzung einer ihr zustehenden Statutenänderung zuständig wäre, müßte denselben Voraussetzungen, an welche die Gültigkeit des Statutenänderungsbeschlusses geknüpft, entsprechen und ist außerdem vom Berichterstatter in der Abgeordnetenkam- [85] mer ohne Widerspruch behauptet worden, die in der Generalversammlung gegen Decharge wegen Statutenwidrigkeiten opponirenden Actionäre erhielten sich ihre Individualklage. Vergl. Art. 52, 64, 127 des Ges., Guillery, Comment. Bd. II S. 378, 379, 458—461, Bd. III S. 416; Sachs, die Revision des Handelsrechts in Belgien, Beilageheft zu Bd. 21 der Zeitschr. f. Handelsrecht, S. 148, 155 flg.

Gleichviel, wie diese Dunkelheiten zu lösen sind, immer sieht man, wie auch unter den Gesetzgebungen, welche das Princip des unmittelbaren Klagerechts des Einzelactionärs gegen die Gesellschaftsorgane aufstellen, dieses Princip auf das Mannigfachste in Folge seiner Collisionen mit dem präponderirenden Recht der Gesellschaft Abschwächungen erleidet.

In der That entspricht es der Stellung des Einzelactionärs zur Gesellschaft, daß das Recht auf Schadloshaltung auch wegen Gesetzes- und Statutenwidrigkeiten als das Recht der Gesellschaft zu erachten. Nur durch die Wiedererlangung des vermöge jener Verletzungen abhanden gekommenen Grundkapitals Seitens der Gesellschaft soll mittelbar der Actionär die Ausgleichung seines Schadens erlangen. Am allerwenigsten darf er jenem Recht der Gesellschaft dadurch entgegenwirken, daß er gleichzeitig seinen besonderen Schaden – etwa die Coursminderung seiner Actie – geltend macht[59b]. Sein Individualrecht kann nur das delegirte Recht der Gesellschaft, wenn diese selbst es nicht geltend machen will, andrerseits aber auch dem Einzelactionär gegenüber nicht befugt erscheint, es aufzugeben, sein.

Die Bedingungen, unter denen, und der Umfang, in welchem die Rechte der Gesellschaft vom Einzelactionär geltend gemacht werden können, werden unter den Individualrechten abgehandelt werden.

Was nun die Verantwortung des Vorstandes gegen dritte Personen, zu denen hiernach der Einzelactionair als solcher nicht gehört, anlangt, so ist hier zuvörderst der Fall auszuscheiden, daß Vorstandsmitglieder Namens der Actiengesellschaft mit einem Dritten contrahiren, obgleich ihnen die Vertretungsbefugniß für die Gesellschaft nicht zusteht und sie deshalb die Gesellschaft nicht verpflichten[60]. Hier ergiebt sich die Haftung derjenigen, die als Mandatare eines

[59b] Dieser Satz ist im Original gestrichen (Anm. des Hrsg.).

[60] Die Unklarheit des Art. 241 Abs. 2 H. G. B. rührt zum Theil daher, daß im Preuß. Entwurfe eine Bestimmung über den Umfang der dem Vorstande beiwohnenden Vertretungsbefugniß nicht enthalten war und sich der Art. 199 Abs. 2 des Entwurfs so verstehen ließ, daß er die Haftung gegen den Drittcontrahenten regelte, wenn der Vorstand wegen Ueberschreitung der gesetzlichen oder statutarischen Grenzen beim Contrahiren mit dem Dritten die Gesellschaft diesem gegenüber nicht verpflichtete. Daß die Bestimmung so verstanden worden ist, darüber vergl. Prot. S. 358.

Geschäftsherrn aufgetreten sind, ohne daß dieser in Wahrheit verpflichtet wurde, dem Drittcontrahenten gegenüber aus allgemeinen Rechtsgrundsätzen.

Es müssen aber auch ferner die vorhandenen Gesellschaftsgläubiger von anderen Dritten geschieden werden. Die Ersteren haben allerdings, da ihnen bei dem Kreditiren an die Actiengesellschaft nur [86] ein Grundkapital haftet, ein unmittelbares Interesse an der sorgfältigen Verwaltung dieses Kapitals und es würde gerechtfertigt erscheinen können, daß, was ihnen an diesem Kapital durch leichtfertige Geschäftsführung seiner Verwalter schwindet, ihnen durch persönliche Haftung dieser Verwalter wieder ergänzt wird. Auch ließe sich eine solche allgemeine Haftung der Vorstandsmitglieder für kulpose Geschäftsführung den Gesellschaftsgläubigern gegenüber aus dem Gesichtspunkte des Rechts derselben, sich den Anspruch der Gesellschaft gegen die Vorstandsmitglieder überweisen zu lassen, rechtfertigen.

Unter den im Art. 241 Abs. 2 H. G. B. für schadensersatzberechtigt erachteten Personen sind die Gesellschaftsgläubiger als mitbegriffen zu erachten, vergl. Protokolle S. 358, wie denn auch die Art. 245, 248 die Haftung den Gläubigern gegenüber, letzterer ganz ausdrücklich. Die Haftung gegenüber den Gesellschaftsgläubigern für den ihnen aus Gesetzes- und Statutenverletzung erwachsenen Schaden – und zwar denen, welche Gläubiger zur Zeit jener Verletzung bereits waren – im Gesetz ausdrücklich auszusprechen, wird kein Bedenken haben. Eine Reihe der gesetzlichen Gebote bezweckt gerade die Sicherung der Gläubiger und dieser Zweck kann auch bestimmten Satzungen des Gesellschaftsvertrages zu Grunde liegen. Dagegen möchten wir nicht befürworten, über diese Grenze hinaus die Vorstandsmitglieder auch für bloße kulpose Geschäftsführung den Gesellschaftsgläubigern für verantwortlich zu erklären. Der hin und wieder aufgetauchte Vorschlag, eine solche Verantwortlichkeit für grobes Versehen oder bösliche Handlungsweise auszusprechen, erscheint uns nicht annehmbar. Für eine sichere Abgrenzung des groben Verschuldens gegenüber anderen Verschuldensgraden fehlt es an sicherem Anhalt. Die Aufrechthaltung derartiger Abstufungen steht nicht im Einklang mit dem Princip der freien richterlichen Würdigung, ob ein verantwortlich machendes Verhalten vorliegt. Der Begriff „bösliche Handlungsweise“ kann nach den Erfahrungen, welche auf dem Gebiete der Art. 396, 427, 610 H. G. B. gemacht sind, nicht als ein glücklich gewählter angesehen werden. Eine Verantwortlichkeit für jedes vom Standpunkte freier richterlicher Würdigung befundene Verschulden den Gläubigern gegenüber greift aber zu weit, wenn man insbesondere erwägt, daß dergleichen Ansprüche in der Regel erst nach geraumer Zeit, wenn das verbliebene Gesellschaftsvermögen zur Deckung als unzureichend sich herausgestellt hat, erhoben werden und daß im Allgemeinen es als ein gerechtfertigtes Verlangen der Gesellschaftsorgane angesehen werden muß, nach ihrer jährlichen Rechnungslegung an die Gesellschaft entlastet zu [87] werden oder bestimmte Monita gezogen zu sehen. Man darf hier den Gesichtspunkt wieder nicht aus den Augen verlieren, daß das Gesetz in eigenen Angelegenheiten sorgsame Personen nicht abschrecken soll, die Functionen der Mitglieder von Gesellschaftsorganen zu übernehmen. Dies geschieht aber, wenn sich dieselben noch nach Jahren Gläubigern gegenüber auf den bloßen Vorwurf kulposer Geschäftsführung vertheidigen sollen. Die Erhaltung des Grundkapitals ist durch ausdrückliche gesetzliche Gebote und Verbote umfassend geschützt. Erwägt man, daß die Geneigtheit der Gesellschaft, die Organe bei groben Pflichtwidrigkeiten in der Geschäftsführung, auch wenn sie nicht Gesetzes- oder Statutenwidrigkeiten sind, zu dechargiren, nicht zu präsumiren ist, so muß man die bloße Haftung des Vorstandes den Gesellschaftsgläubigern gegenüber für Gesetzes- und Statutenverletzung für ausreichend erachten. Von einem Schaden der Gesellschaftsgläubiger kann naturgemäß erst die Rede sein, sobald sie die ihnen zukommenden Beträge aus dem Gesellschaftsfonds nicht erhalten können. Soweit aber die pflichtwidrigen Handlungen der Vorstandsmitglieder in unstatthaften Verwendungen und Verausgabungen von Grundkapital bestehen, muß es den Gesellschaftsgläubigern wie der Gesellschaft zustehen, sofort die Ersetzung des betreffenden Theils des Grundkapitals zu verlangen.

Völlig anderen Gesichtspunkten unterliegt die Verantwortung der Vorstandsmitglieder gegenüber anderen Personen, als schon vorhandenen Gesellschaftsgläubigern. Gewiß können die Handlungen und Erklärungen des Vorstandes, insbesondere diejenigen, welche durch eine vorgeschriebene Veröffentlichung oder eine nicht vermeidliche Oeffentlichkeit dem größeren Publikum zugänglich werden, z. B., die Aufstellungen der Jahresrechnungen, die Gewinnvertheilungsvorschläge, Vorträge in den Generalversammlungen, auf die Entschließung von Personen dahin wirken, daß diese erst in ein Rechtsverhältniß zu der Gesellschaft, sei es durch Actienkauf oder Eintritt in ein Gläubigerverhältniß, treten. Hieraus aber den Satz zu folgern, daß die Vorstandsmitglieder für ihre Handlungen und Erklärungen, auch wenn dieselben nur kulpos begangen, bez. kulpos unrichtig abgegeben, Jedem haften sollten[61], der ein nachweisbares

[61] In dieser Beziehung sind die französischen Erkenntnisse der Cour de Paris, bez. des Cassationshofes in Sachen c/a Pereire und Gen., in Dalloz, Rec. pér. 69. 2. 65. 70. 2. 121 – bereits citirt – 72. 1. 233 von Interesse. Alte Actionäre hatten in Folge einer unrichtigen Bilanz und Dividendenvertheilung auf eine beschlossene Neuemission Actien gezeichnet und forderten wegen dieser Uebernahme neuer Actien von administrateurs Schadensersatz. Derselbe ist ihnen zugesprochen worden und zwar in schwankender Praxis, bald in Höhe des ganzen Erwerbspreises der neuen Actien, bald nur in Höhe der Differenzen, zwischen diesem und dem wahren Werthe. Gerechtfertigt ist die Entscheidung durch Art. 1382 Code civil – dolus –, aber die Gründe lassen erkennen, daß man eventuell auch Art. 1383 – culpa – für ausreichend zur Begründung angesehen hätte, indem man in dortiger Praxis das Requisit der lex Aquilia: – damum corpori datum – ignorirt.

Interesse an der Gesetzmäßigkeit der Handlungen, bez. der Wahrheit der abgegebenen Erklärung hätte, erachten wir für zu weit gehend. Damit würde das bloße Versehen geeignet sein, unübersehbare Verpflichtungen zu erzeugen.

Es soll kein entscheidendes Gewicht darauf gelegt werden, daß [88] nach deutschem gemeinen Rechte die culpose außercontractliche Beschädigung, um eine Verantwortung zu erzeugen, eine Sachbeschädigung sein muß. Vergl. Entsch. des R. O. H. G. Bd. X S. 402. Für maßgebender erachten wir auch hier den bereits geltend gemachten Gesichtspunkt, daß die Uebernahme so umfassender Verpflichtungen die geeignetsten Elemente von dem Eintritt in die Functionen der Gesellschaftsorgane abschrecken müßte.

Wir entscheiden uns hier für eine Verantwortlichkeit lediglich im Falle wissentlicher Verletzung der gesetzlichen Gebote, bez. wissentlich unwahrer Berichterstattungen und Veröffentlichungen. Auch damit tritt bereits eine Verschärfung gegenüber dem bisherigen Rechtszustande ein, denn nicht ohne Weiteres ist jedes wissentliche Entgegenhandeln gegen gesetzliche Gebote, bez. gegen Verpflichtungen zur Wahrhaftigkeit – selbst vom Standpunkte des eventuellen dolus oder des Bewußtseins der Möglichkeit einer Schädigung – zugleich als ein arglistiges Verhalten gegen unbestimmte Interessentenkreise zu qualifiziren. Es kann dies insbesondere dann zweifelhaft werden, wenn das Handeln in der Absicht geschieht, gerade denjenigen, die bereits in einem Rechtsverhältniß zur Gesellschaft stehen, Actionären, wie Gläubigern, zu nützen.

Hiernach schlagen wir die Annahme folgender Grundsätze vor:

„*a)* Die Mitglieder des Vorstands haften solidarisch für jeden der Gesellschaft durch die Geschäftsführung des Vorstandes verursachten Schaden der Gesellschaft sowie für den in Folge eines Zuwiderhandelns gegen die Vorschriften dieses Titels (von der Actiengesellschaft), oder die Bestimmungen des Gesellschaftsvertrages entstandenen Schaden der Gesellschaft und den zur Zeit des Zuwiderhandelns vorhandenen beschädigten Gesellschaftsgläubigern, sofern sich aus ihrer Darlegung ihres Verhaltens nicht ergiebt, daß ihnen ein Verschulden nicht beizumessen ist.

Die Haftung wird dadurch nicht ausgeschlossen, daß die mit dem Gesetze oder mit dem Gesellschaftsvertrage im Widerspruch stehende Handlung auf einem Generalversammlungsbeschlusse beruht.

Ebenso werden Mitglieder des Vorstandes von der Haftung für ein Zuwiderhandeln gegen das Gesetz oder den Gesellschaftsvertrag dadurch allein nicht befreit, daß sie bei dem betreffenden Beschlusse oder der betreffenden Verfügung nicht mitgewirkt oder denselben widersprochen haben, sofern sie nicht unverzüglich, nachdem sie von dem Beschluß oder der Verfügung Kenntniß erlangt haben oder hätten erlangen müssen, davon wie [89] von ihrem Einspruche dem Aufsichtsrathe, oder, falls dieser bei der gedachten Maßregel mitgewirkt hat, einer auf ihr Betreiben zu berufenden Generalversammlung Anzeige gemacht haben.

b) Mitglieder des Vorstandes, welche wissentlich entweder wider Bestimmungen des gedachten Titels handeln oder in ihren Veröffentlichungen, in den der Generalversammlung gemachten Vorlagen oder den in derselben gehaltenen Vorträgen den Stand der Verhältnisse der Gesellschaft unwahr darstellen oder verschleiern, haften auch dritten Personen solidarisch für den denselben erweislich hierdurch entstandenen Schaden.

c) Auch ohne daß es des Nachweises eines besonderen Schadens bedarf, sind die nach Abs. a) verantwortlichen Mitglieder des Vorstandes auf Erfordern der Gesellschaft oder der verletzten Gesellschaftsgläubiger solidarisch zur Ergänzung der dem Gesellschaftsvermögen entzogenen Beträge verbunden, wenn:

1. Actien vor Einzahlung des vollen Nominalbetrages (Art. 222 H. G. B.) oder im Falle von Neu-Emissionen des beschlossenen Emissionscourses ausgegeben,
2. ohne Beobachtung der gesetzlichen Bestimmungen (Art. 245, 248 H. G. B.) Einlagen an die Actionäre zurückbezahlt oder die Actionäre von der Verbindlichkeit für dieselben befreit,
3. Zinsen oder Dividenden gegen die Bestimmung des Art. 217 H. G. B. gezahlt,
4. eigene Actien der Gesellschaft Namens derselben als Pfand angenommen oder mit dem Vermögen der Gesellschaft zu anderen Zwecken als zu einer entsprechend Art. 248 H. G. B. erfolgenden Minderung des Grundkapitals oder einer dem Art. 215 H. G. B. entsprechenden[62] Amortisation, erwerben.
5. Zahlungen zur Zeit bereits vorhandener Zahlungsunfähigkeit der Gesellschaft (Art. 241 Abs. 2) geleistet worden sind."

Die No. 4 führt auf einige Erwägungen in Betreff der Bestimmung des Art. 215 Abs. 3 des H. G. B.: „Die Actiengesellschaft darf eigene Actien nicht erwerben."[63] Diese Vorschrift wird von Vielen bisher als eine lex imperfecta wegen des Mangels einer ausdrücklichen Unwirksamkeitserklärung der betreffenden Geschäfte – eine Schadensersatzandrohung findet sich in Art. 241 und 225 b No. 1 – erachtet. Dieselbe wird andrerseits theils, weil nicht zugleich die Beleihung eigener Actien begreifend, zu eng, theils weil die Annahme von Actien solutionis causa im Exekutionsverfahren, die Annahme von in Actien bestehenden Schenkungen und den bei Actiengesellschaften, die Bankgeschäfte betreiben, unvermeidlichen Commissionsverkehr in eigenen Actien mitbegreifend, für zu weitgehend erachtet.

[90] Das Reichs-Oberhandelsgericht hat die gedachte Bestimmung in seiner Entscheidung Bd. XVII S. 384 für eine lex perfecta, den Erwerbsvertrag unwirksam machende, mit Rücksicht auf den Ausdruck des Gesetzes und seine Stellung

[62] Am Rande dahin berichtigt: Daher Einschaltung der Bestimmungen des Art. 215 H. G. B.

[63] Vergl. Denkschrift No. 9.

im betreffenden Titel erklärt. Aber de lege ferenda erklären wir uns dagegen, daß eine Repressivvorschrift mit dieser Wirkung aufrecht erhalten wird. Die Behaftung des Erwerbsgeschäftes mit civilrechtlicher Ungültigkeit geht über die Aufgabe einer im Wesentlichen in Betreff des Geschäftsbetriebes der behandelten Gesellschaften nur zu Normativbestimmungen veranlaßten Gesetzgebung hinaus und erzeugt erhebliche Unzuträglichkeiten und Verkehrsunsicherheiten. Da die Scheidung zwischen absoluten und relativen Ungültigkeiten keinen sicheren Halt hat und auch der Gleichheit der Contrahentenrechte nicht entspricht, so kommt man dazu, auch dem Gegencontrahenten der Gesellschaft das Recht, sich auf jenes Verbotsgesetz zu berufen, zuzuerkennen. In der That ist dieses Recht auch von Gegencontrahenten der Actiengesellschaften Behufs Beseitigung der Folgen eines Geschäftsverkehrs, der derartige von beiden Seiten unbeanstandet gebliebenen Käufe von eigenen Actien Seitens einer Actiengesellschaft[64] zur ersten Basis gehabt hatte, angerufen worden. Es entsteht daraus eine unerquickliche Kasuistik darüber, ob auch bereits erfüllte Geschäfte als rechtlich nicht existent zu behandeln, ob es einen Unterschied macht, wenn anzunehmen war, es handle die Actiengesellschaft für fremde Rechnung und die Bestimmung leistet in dieser ihrer Wirkung auf das Erwerbsgeschäft einem Treue und Glauben im Geschäftsverkehr widersprechenden Verhalten auf beiden Seiten Vorschub.

Es erscheint ausreichend, wenn das Gesetz auf einen solchen Erwerb Seitens der Gesellschaftsorgane die Verpflichtung dieser Organe zur Beseitigung seiner Wirkungen für die Gesellschaft, wie dies unter No. 4 vorgeschlagen, und eine Strafvorschrift, die noch weiter in Vorschlag gebracht werden wird, setzt. Was den Umfang der hiernach unter die civil- und strafrechtliche Vorschrift zu stellenden Handlungen anlangt, so muß das Beleihen der eigenen Actien mit in den Bereich der Vorschriften gezogen werden, da bei demselben die mannigfachsten Unzuträglichkeiten, insbesondere die Gefahr einer Benutzung Seitens der Gesellschaftsorgane Behufs Stimmausübung in der Generalversammlung, vorhanden sind. Was aber den Erwerb von eigenen Actien anlangt, so hat das Reichs-OberH.-Gericht bereits in Entsch. Bd. XVIII S. 423, Bd. XX S. 93 ausgesprochen, daß der Erwerb als Mittel zum Zweck der unter Beobachtung der Art. 245, 248 zu bewirkenden Grundkapitalsminderung durch Art. [91] 215 nicht untersagt ist. Diese Ausnahme ist hier unter No. 4 ausdrücklich aufgenommen. Da in dieser No. 4 der Erwerb von Actien mit Gesellschaftsvermögen als die zur Remedur verpflichtende Handlung bezeichnet ist, so kann kein Zweifel entstehen, daß weder die Annahme geschenkter Actien noch der Verfall des Actienrechts bei Zahlungssäumniß des Zeichners mit Befugniß, bez. Pflicht der Gesellschaft, die Actie anderweitig zu veräußern, unter die Bestimmung fallen.

[64] Vergl. Urteil des R. O. H. G. I. Sen. in Sachen Davidsohn c/a Wechselstuben-Actien-Gesellschaft v. 13. Juni 1876. Rep. 464/76.

Weitere Ausnahmen zu statuiren, schlagen wir nicht vor. Haben auch die Motive zur Novelle von 1870 für das Verbot vorzugsweise den Gesichtspunkt unstatthafter Minderung, bez. Rückzahlung des Grundkapitals geltend gemacht, so stehen andere Gefahren, wie die unstatthafte Einwirkung auf den Cours der Actien durch Hin- und Hermarchandiren mit denselben, der Bilanzfälschungen und des Benutzens der eigenen Actien zum Mitstimmen, in gleicher Weise im Vordergrunde. Wir vermögen deshalb keinen Mißstand darin zu erblicken, wenn den Wechsler- oder Commissionsbanken der Verkehr in ihren eigenen Actien verschlossen bleibt, zumal durch deren gesetzliche Befugniß, als Selbstcontrahentinnen bei Auftragsertheilungen einzutreten[65], die Scheidung zwischen Commissions- und Propregeschäften und zwischen eigenen Beständen und Commissionsgut vermischt wird. Die Actien, welche im Exekutionsverfahren oder sonst von im Uebrigen vermögenslosen Schuldnern den Actiengesellschaften solutionis causa dargeboten werden, mögen dieselben von den Darbietenden, bez. im Exekutionsverfahren umsetzen lassen. Absichtlich ist daher auch die Erstattungspflicht in Betreff der dem Gesellschaftsvermögen und nicht blos der dem Grundkapital entzogenen Beträge angeordnet, weil auch die Gewinnüberschüsse, z. B. der aus solchen zu bildende Reservefonds nicht in Gesellschaftsactien angelegt werden sollen.

Wenn der Art. 215 weiter Bedingungen für die *Amortisation* von Actien aufstellt, so geschieht dies ebenfalls nur im Interesse der Gesellschaftsgläubiger, da diese Amortisation als eine im Voraus angekündigte Grundkapitalsminderung, welche den Vorschriften des Art. 248 nicht unterliegt, angesehen wird. Vergl. Entsch. des R. O. H. G. Bd. XVIII S. 423. Danach ist also principiell nicht ausgeschlossen, daß, sofern es vor Ausgabe der Actien beschlossen ist, eine Heimzahlung von Actien aus dem Grundkapital selbst, bez. aus Gewinnüberschüssen, die an sich zur Wiederergänzung verloren gegangenen [92] Grundkapitals zu verwenden wären, stattfindet. Will man eine solche Befugniß nicht aufrecht erhalten, so könnte auch diese Bestimmung des Art. 215 einfach gestrichen werden. Es würde sich dann von selbst ergeben, daß nur reine Ueberschüsse zur Amortisation von Actien verwendet werden können. Ob diese Amortisation, wenn sie im Gesellschaftsvertrage nicht vorgesehen, später beschlossen werden kann, darüber im Interesse der Actionäre eine besondere

[65] Der Oesterr. Ges. Entwurf Art. 213 a lautet: „Die Actiengesellschaft darf eigene Actien nicht erwerben oder als Pfand annehmen. Von diesem Verbote findet eine Ausnahme statt: 1. wenn und soweit eine solche Erwerbung zum Behufe einer theilweisen oder gänzlichen Tilgung des Grundkapitals vollzogen wird, 2. wenn und soweit dieselbe im Exekutionswege zur Hereinbringung eigener Forderungen der Gesellschaft erfolgt, 3. wenn dieselbe mit dem Betriebe eines zum Gegenstande des Unternehmens gehörigen Wechslergeschäftes verbunden ist, insoweit sie ein Prozent des Grundkapitals nicht überschreitet. – In den Fällen 2 und 3 müssen die erworbenen Actien mit thunlichster Beschleunigung weiter veräußert und die im Laufe des Jahres erfolgten Erwerbungen und Veräußerungen im Jahresberichte ersichtlich gemacht werden."

Vorschrift zu geben, liegt unseres Erachtens kein Anlaß vor. Es ist dies eine Frage der Zulässigkeit der Statutenänderung. Im Falle dieser Streichung würde als Ausnahme von der Bestimmung obiger No. 4 der Erwerb zur Amortisation von Actien aus Einnahme-Ueberschüssen aufzuführen sein. Wir finden aber keinen zwingenden Anlaß, die Streichung der Vorschrift bezüglich der Amortisation zu befürworten. Ist auch der eigentliche Fall einer Amortisation aus dem Grundkapital ein ungewöhnlicher[66], so liegt doch kein Grund vor, die Gesellschaften unter allen Umständen zu zwingen, auch vorhandene Ueberschüsse statt zur Amortisation zur Ergänzung früher verlorenen Grundkapitals zu verwenden. Zweckmäßig aber erscheint es[67], der betreffenden Bestimmung eine Fassung zu geben, aus der sich ergiebt, daß die Beschränkung nur für Amortisationen aus Grundkapital oder zu dessen Ergänzung erforderlichen Einnahme-Ueberschüssen gilt, da für eine Einschränkung der Zulässigkeit der Amortisation aus reinen Gewinnüberschüssen im Interesse der Gläubiger oder einem sonstigen öffentlichen Interesse kein Anlaß vorliegt, die Actionäre eine solche Amortisation aber im Wege einer Statutenänderung noch nach Ausgabe der Actien beschließen mögen. Im Hinblick auf diese Änderung sind unter No. 4 als Ausnahmen vom Erwerbsverbot neben dem Ankauf zum Zweck der Kapitalsminderung nach Art. 248 einmal der Erwerb zum Zweck der Amortisation aus Grundkapital bei Amortisationsbeschluß vor Ausgabe der Actien und ferner der zum Zweck der Amortisation aus Reingewinnüberschüssen als durch Amortisation, soweit sie nach Art. 215 zulässig[68], getroffen vorausgesetzt.

Wir reihen daher hieran den Vorschlag:

Die Bestimmung des Art. 215 H. G. B. „Die Actiengesellschaft darf eigene Actien nicht erwerben" wird aufgehoben. Das Amortisationsverbot wird dahin gefaßt: [93]

„Die Actiengesellschaft darf eigene Actien weder aus dem Grundkapital noch vor Wiederergänzung verlorenen Grundkapitals aus Gewinnüberschüssen amortisiren, sofern dies nicht durch den ursprünglichen Gesellschaftsvertrag oder durch einen den letzteren abändernden, vor Ausgabe der Actien gefaßten Beschluß zugelassen ist."

Was die Anwendbarkeit dieser Vorschriften auf die Commanditactiengesellschaft anlangt, so bedarf es hier einer besonderen Vorschrift über die Verantwortlichkeit der Complementare den Gesellschaftsgläubigern gegenüber wegen der persönlichen Haftung derselben nicht. Den Commanditactionären haftet der

[66] Die Strafvorschrift des Art. 134 des belgischen Gesetzes lautet: „Seront punis ceux qui aurons sciemment racheté des actions ou parts sociales si ce n'est au moyen d'une prélèvement net sur les bénéfices réels, operés conformément aux statuts ou aux délibérations de l'assemblée générale."

[67] Hier ist handschriftlich eingefügt: „andrerseits." (Anm. des Hrsg.).

[68] Handschriftlich verändert in: „unter Einhaltung der Bestimmungen des Artikels 215 H. G. B. (Anm. des Hrsg.).

Complementar bisher entsprechend Art. 94 H. G. B. für diligentia quam suis. Wir finden keinen Grund, in Betreff der Verantwortlichkeit gegen die Gesellschaft den Complementar in seiner Eigenschaft als geschäftsführenden Gesellschafter anders als den Vorstand einer Actiengesellschaft zu behandeln. Vergl. Art. 94 Abs. 2. Soll einmal freie richterliche Würdigung in Betreff des Vorhandenseins einer Verschuldung stattfinden, so muß sie auch in Betreff der Verschuldung Seitens des Aufsichtsraths bei der Commanditactiengesellschaft gelten und es erscheint dann nicht angemessen, die Verantwortung der Complementare anders zu behandeln.

Damit erweist sich aber die Festhaltung des Begriffs der diligentia quam suis nicht wohl vereinbar. In Betreff der Haftung gegen Dritte sind die Gesichtspunkte bei beiden Gesellschaftsarten die gleichen. Auch die oben ad c vorgeschlagenen Bestimmungen sind, soweit es sich um die Nummern 2, 3 und 4 handelt, auf die Commanditactiengesellschaft übertragbar. Insbesondere ist kein Grund vorhanden, den Erwerb und die Amortisation eigener Actien bei der Commanditactiengesellschaft anders wie bei der Actiengesellschaft zu behandeln.

c) Verantwortlichkeit des Aufsichtsraths.

Zuvörderst dürfte die vorhandene Controverse, ob die Mitglieder des Aufsichtsraths ein wohlerworbenes Recht auf ein Verbleiben im Amte für die statutenmäßige Functionsperiode haben, dahin zu entscheiden sein[69], daß ihre Bestellung jederzeit widerruflich ist. Es liegt kein Grund vor, die Generalversammlung in dieser Beziehung zu beschränken. Die dem Aufsichtsrath zu gewährenden Bezüge sind so accessorischer Natur, daß aus ihrer Gewährung kein Rechtstitel für die Auffassung des Verhältnisses als eines Dienst- oder Beamtenverhältnisses hergeleitet werden kann. Ebenso dürfte der Satz auszusprechen sein, daß ein [94] Mitglied des Aufsichtsraths sich für die Ausübung seiner Functionen keine andere Person substituiren darf. Derartige Substitutionen sind namentlich, wenn Mitglieder offener Handelsgesellschaften in den Aufsichtsrath gewählt wurden, auf Mitgesellschafter wiederholt vorgekommen.

Wie bereits im § 10 ausgeführt, sind die Mitglieder des Aufsichtsraths, soweit sie nach dem Gesellschaftsvertrage zu Geschäftsführungsacten mitzuwirken, bez. die Genehmigung zu ertheilen haben, auch ohne Weiteres für diese Mitwirkung, bez. Genehmigung verantwortlich. Es müssen also auch insoweit alle Bestimmungen, welche über die Verantwortlichkeit des Vorstandes Platz greifen, auf sie Anwendung finden.

Sieht man hiervon ab, so liegt in der Bestellung zum Aufsichtsrathsmitgliede ein Mandat, und zwar im Allgemeinen zur Ueberwachung der Geschäftsführung, speziell aber zu ganz bestimmten Prüfungen und daraufhin zu entwickelnden Thätigkeiten, nämlich zur Prüfung der Jahresrechnungen, Bilanzen und

[69] Vergl. Oesterr. Entw. Art. 191 Abs. 2, Art. 225. Ledru, conseils de surveillance S. 30.

Gewinnvertheilungsvorschläge, worüber sie sodann der Generalversammlung Bericht zu erstatten haben (Art. 225 a), und, wenn die in diesem Gutachten § 4 ad a und b, § 5 ad e, n und o und § 7 ad a gemachten Vorschläge sowie der im § 4 erwähnte Vorschlag einer zweimal im Jahre stattfindenden Publikation des Standes der Einzahlungen bis zur Vollzahlung Seitens des Vorstandes und Aufsichtsraths Gesetz werden, zur Prüfung der erfolgten Zeichnungen und Prozenteinzahlungen bei der Gründung, zur Prüfung der Wahrheit der Gesellschaftsvertragsangaben bei der Einbringegesellschaft, zur Schätzung der Werthsangemessenheit von Einlagen nach Errichtung der Gesellschaft wie von innerhalb Jahresfrist nach der Errichtung zu machenden Erwerbungen, zur Prüfung, ob Vollzahlung auf das bisherige Grundkapital geleistet, vor Neuemissionen, zur Prüfung des Standes der Einzahlungen auf Inhaberactien vor dessen halbjährigen Veröffentlichungen und in allen diesen Fällen zur Abgabe von Erklärungen nach gedachten Prüfungen.

Die bisherigen gesetzlichen Bestimmungen über die Pflichten und die Verantwortlichkeit des Aufsichtsraths sind unzureichend. Die in den Art. 193 und 225 a angeordnete allgemeine Ueberwachungspflicht ist zu unbestimmt. Man weiß nicht, was der Aufsichtsrath in dieser Beziehung vornehmen muß und was er unterlassen darf. Es heißt nur: „Er kann sich von dem Gange der An- [95] gelegenheiten etc. unterrichten." Viel rationeller vermeidet das französ. Gesetz von 1867 jedes Ansprechen einer allgemeinen Ueberwachungspflicht Seitens des conseil de surveillance der Commanditactiengesellschaft und bestimmt, daß die Mitglieder des conseil verifiziren müssen les livres, la caisse, la portefeuille et les valeurs de la société[70]. In der Praxis nimmt man dort an, daß, sofern nicht die Statuten bestimmte Perioden für solche Verification vorschreiben, dieselbe mehrere Male im Jahre und selbstverständlich mindestens einmal unmittelbar vor der Berichterstattung an die die Jahresbilanz prüfende Generalversammlung erfolgen muß. Die allgemeine Ueberwachungspflicht erzeugt den Eindruck, als ob eine permanente Ueberwachung jeder einzelnen Geschäftsthätigkeit stattzufinden hätte.

In der That kann die Thätigkeit des Aufsichtsraths, sofern ihm durch den Gesellschaftsvertrag nicht noch eine besondere Wirksamkeit zugewiesen ist, abgesehen von den einzelnen oben angeführten Prüfungen nur in periodischen Nachprüfungen der stattgehabten Geschäftsführung an der Hand der Bücher und Schriften der Gesellschaft mit Feststellung des vorhandenen Cassenbestandes, des Betrages und der Beschaffenheit der vorhandenen Effecten und sonst vorhandenen Werthe bestehen, an welche sich dann schließlich als wesentlichste Thätigkeit am Ende des Jahres die Prüfung des Inventars und der Bilanz wie der Gewinnvertheilungsvorschläge und der Bericht hierüber an die Generalversammlung reiht.

[70] Art. 10 des französ. Ges. von 67, Ledru l. c. S. 65, Bédarride l. c. I No. 216.

Ergeben die periodischen Prüfungen Unregelmäßigkeiten in der Geschäftsführung oder Gesetz- bez. Statutenwidrigkeiten oder erhält der Aufsichtsrath von dissentirenden Vorstandsmitgliedern, wie es unter Abschnitt b vorgeschlagen ist, von letzteren Kenntniß, so ist es seine Sache, zur Abwendung der aus den betreffenden Maßregeln erwachsenden Schäden oder zur Vermeidung der Wiederkehr solcher Maßregeln Schritte zu thuen. Welche Schritte hier gethan werden müssen, darüber läßt sich allerdings, auch wenn man die besonderen Einwirkungsrechte, die dem Aufsichtsrathe durch die Statuten verliehen sein können, außer Betracht läßt, eine bestimmte gesetzliche Bestimmung nicht treffen. Es kann eine warnende Vorstellung gegenüber dem Vorstande unter Umständen ausreichend, unter Umständen die sofortige Berufung einer Generalversammlung Behufs Kenntnißnahme der Vorgänge und sogar Beschluß über Absetzung des Vorstandes unabweislich sein. Thut der Aufsichtsrath dasjenige, was ein sorgfältiger Mann unter [96] den gegebenen Umständen zur Abwendung der Folgen und Vermeidung der Wiederkehr für geeignet und ausreichend erachten darf, so ist er gedeckt. Insbesondere kann eine Verpflichtung, in gedachten Fällen oder auch nur bei entdeckter Gesetzes- oder Statutenverletzung immer eine Generalversammlung Behufs Kenntnißnahme der Vorfälle zu berufen, nicht ausgesprochen werden. Man darf nicht vergessen, daß diese Einberufungen wegen gefundener Mißbräuche die Gesellschaft erheblich schädigen können. Durch eine solche imperative Vorschrift wird aber der auf seine eigene Deckung bedachte Aufsichtsrath veranlaßt werden, bei jedem Zweifel, ob nicht eine statutarische Vorschrift verletzt ist, die Generalversammlung zu berufen, während diese Berufung doch nur im Falle besonders schwerer Verletzungen unausweichlich erscheint. Der Fall ist von dem in Abschnitt b behandelten völlig verschieden. Dort handelte es sich darum, die Pflichten des geschäftsführenden Vorstandsmitgliedes bei gesetz- oder statutenwidrigen Maßregeln zu bestimmen, und es ist dort in Vorschlag gebracht, daß das einzelne Mitglied durch bloße nachgewiesene Nichtmitwirkung oder Dissens von der Verantwortung nicht frei werde, sofern es nicht von der Sachlage dem nächsten nicht implicirten Gesellschaftsorgane Anzeige mache. Daraus folgt nicht, daß nun jenes mit der Sache befaßte Organ unter allen Umständen sich sofort wieder an das nächste höhere Organ wenden müsse. Ferner ist ein Dissentiren einzelner Aufsichtsrathsmitglieder gegen die zu beschließenden Maßregeln des Einschreitens gegen gesetz- oder statutenwidrige Maßregeln als nicht weit genug greifend nicht wie der Dissens einzelner Vorstandsmitglieder gegen gesetz- oder statutenwidrige Maßregeln zu behandeln. Gesetzt, der Aufsichtsrath beschlösse unzureichende, vom Standpunkte eines sorgfältigen Mannes nicht weit genug gehende Maßregeln, so würde dasjenige Aufsichtsrathsmitglied von der hierdurch begründeten Verantwortlichkeit frei sein, das erweislich mit dem Vorschlage weiter greifender Maßregeln nicht durchgedrungen wäre, ohne daß dieses Mitglied mit seinem Dissens noch an die Generalversammlung zu gehen nöthig gehabt hätte. Ebenso dürfte ein Unterschied dahin anzuerkennen sein, daß, wenn der Aufsichtsrath Maßregeln, [97] die nach seiner Auffassung gesetz- oder statutenwidrig sind, vor die Generalversammlung gebracht, diese aber sie gebilligt hat, dem Aufsichtsrath weitere Verpflichtungen, sie zu verhindern, nicht mehr obliegen[71], während der Vorstand durch ihre Ausführung trotz jenes Billigungsbeschlusses verantwortlich wird.

Insofern wird aber Conformität zwischen den Verpflichtungen des Vorstandes und des Aufsichtsrathes vorhanden sein, als, wenn der Aufsichtsrath durch Mehrheitsbeschluß zur Kenntniß gebrachte Gesetz- oder Statutenwidrigkeiten billigt, also jede Maßregel dagegen ablehnt, das dissentirende Mitglied, um der Verantwortlichkeit enthoben zu werden, den Vorgang zur Kenntniß der auf sein Betreiben zu berufenden Generalversammlung zu bringen haben wird.

Was den Umfang der Verantwortlichkeit anlangt, so erscheint die Bestimmung des Artikels 225 b H. G. B. ungenügend. Will man auch annehmen, daß die daselbst aufgeführten Fälle die Verantwortlichkeit nicht erschöpfen sollen, so giebt doch die Bestimmung für die Annahme Anhalt, daß in den speziell aufgeführten Fällen, insbesondere also in dem Falle unrichtiger Dividendenzahlung wegen unrichtiger Bilanz, die Aufsichtsrathsmitglieder nur für wissentliche Unrichtigkeit[72], nicht für culpa, sowohl der Gesellschaft wie Gesellschaftsgläubigern haften sollen. – Unzweifelhaft sind die Aufsichtsrathsmitglieder in Betreff der ihnen vom Gesetz übertragenen Thätigkeit für omnis culpa haftbar. Es erscheinen daher die bei der Verantwortlichkeit des Vorstandes entwickelten Grundsätze über die Haftung der Gesellschaft den Gesellschaftsgläubigern und Dritten gegenüber auch für die Verantwortlichkeit des Aufsichtsraths anwendbar. Nur ergeben sich von selbst folgende Modifikationen: da der Vorstand die Geschäfte der Gesellschaft führt, so erscheint er von dem Gesichtspunkte der ihm als Mandatar obliegenden Rechenschaftspflicht aus für das mißglückte, Schaden bringende Geschäft verantwortlich, wenn er nicht nachweist, daß er die

[71] Dies wird insbesondere in Frankreich angenommen, wenn der Aufsichtsrath auf die Unrichtigkeiten der Bilanz in seinem Bericht aufmerksam macht und gegen eine Dividendenvertheilung protestiert, die Generalversammlung aber die Bilanz genehmigt und die Vertheilung beschließt. Vergl. Ledru loc. cit. S. 79. Commentar zum Ungar. H. G. B. von v. Schnierer zu § 196 S. 198. Anderer Meinung Puchelt in seiner Zeitschrift f. franz. Civilrecht Bd. VII S. 304.

[72] Vergl. Renaud loc. cit. S. 633. In der That ist dies die Auffassung des Französ. Ges. von 1856 Art. 10, welchem der Art. 225 b entlehnt ist. Auch dort heißt es: „sciemment“ und „en connaisance de cause“. Die Praxis hat auch diese Bestimmung so ausgelegt, daß, während im Allgemeinen das conseil de surveillance für faute der Gesellschaft wie Dritten haftet, die Haftung wegen falscher Bilanzen und falscher Dividendenvertheilung nur im Falle des Wissens stattfindet und diese Einschränkung ist der Grund, aus welchem im Art. 9 Abs. 2 des Ges. von 1867 diese Spezialitäten ganz weggefallen sind und nur gesagt ist: chaque membre du conseil de surveillance est responsable de ses fautes personnelles dans l'exécution de son mandat, conformément aux règles du droit commun. Vergl. Ledru loc. cit. S. 91–94. Mauzet, comment. Bd. I, Seite 691.

erforderliche Diligenz prästirt habe. Vergl. Entsch. des R.O.H.G. Bd.VI S.215; Bd.VII S.306; Bd.VIII S.35; Bd.XI S.348, 405; Bd.XII S.385; Bd.XIV S.401; Bd.XV S.439; Bd.XVII S.238; Bd.XIX S.215.

Dem Aufsichtsrath liegt außer ganz bestimmten Vorprüfungen vor der Ausführung von Gesellschaftsacten, bez. dem [98] Eintritt bestimmter Rechtswirkungen für die Gesellschaft im Allgemeinen nur eine periodische Nachprüfung der Geschäftsführung ob. Letztere kann, unter Umständen, die Möglichkeit gewähren, die Folgen nachtheiliger Geschäftsführung noch abzuwenden oder der Wiederholung gleicher Verschuldungen der Geschäftsführer vorzubeugen. Es kann aber dabei nicht von dem Princip ausgegangen werden, daß der Aufsichtsrath Mangels Diligenznachweises für den Schaden aus der Geschäftsführung des Vorstandes haftet. Vielmehr müssen die Schadensersatz fordernde Gesellschaft, bez. die Gesellschaftsgläubiger dem Aufsichtsrath die Negligenz nachweisen. Nur, wo dem Aufsichtsrath eine Gesellschaftsacten oder Rechtswirkungen für die Gesellschaft vorausgehende causae cognitio obliegt, also bei der Bestätigung der Mehrheit der Gründerangaben vor dem Registerrichter, der Genehmigung von Illationen und Erwerbungen nach der Eintragung, der Erklärung, das bisherige Grundkapital sei vollgezahlt, zwecks Eintragung der Neuemission, und insbesondere bei Prüfung der Bilanz und Berichterstattung darüber, wird, sofern sich objectiv Unrichtigkeit der Prüfungsergebnisse und durch dieselbe Schadenszufügung ergiebt, der Diligenznachweis auch beim Aufsichtsrathe zur Abwendung der Verantwortlichkeit erforderlich sein. Während für den Schaden aus Gesetz- oder Statutenwidrigkeiten Vorstandsmitglieder ohne Weiteres haften, wenn sie von ihrem Einspruch nicht dem Aufsichtsrath bez. der Generalversammlung Kenntniß gegeben haben, können Aufsichtsrathsmitglieder, die nicht in gleicher Weise ihren Einspruch gegen Billigungen des Gesetz- oder Statutenwidrigen Seitens des Aufsichtsraths zur Kenntniß einer Generalversammlung gebracht haben, nur verantwortlich sein, sofern hierdurch präsumtiv die aus jener Maßregel entstandenen Nachtheile vermieden worden wären.

Die Haftung den Gesellschaftsgläubigern gegenüber für Zuwiderhandlungen gegen Gesetz und Statut muß beim Aufsichtsrath als eine Haftung für den durch Verletzung von Gesetz oder Statut herbeigeführten Schaden für den Fall, daß jene Verletzung oder die Nichtbeseitigung der dadurch entstandenen Wirkungen der schuldbaren Nichterfüllung der Obliegenheiten des Aufsichtsraths zuzuschreiben ist, quali- [99] fizirt werden. Wollte man die Haftung für Gesetz- und Statutenwidrigkeiten beim Aufsichtsrath im Sinne einer Haftung für Verletzung der ihm selbst durch Gesetz oder Statut auferlegten Ueberwachungspflichten verstehen, so würde jedes schuldhafte Verhalten seinerseits Gesetz- oder Statutenwidrigkeit sein. Dies ist unter der Haftung für Gesetz- und Statutenwidrigkeiten als Fälle schwererer Verletzungen aber nicht gemeint. Vielmehr soll das Verschulden dann als ein qualifizirtes, auch den Gesellschaftsgläubigern haftbar machendes gelten, wenn dasselbe es verursacht hat, daß eine sonst vermiedene

Verletzung der objectiven Normen des Gesetzes und Statuts stattgefunden hat und daß deren Folgen nicht rechtzeitig beseitigt sind. – Endlich setzt das wissentliche Zuwiderhandeln gegen die Vorschriften des Gesetzes, welches auch gegen Dritte haftbar machen soll, auf den Aufsichtsrath angewendet, mehr voraus, als ein bloßes Unterlassen von Ueberwachungshandlungen im Bewußtsein, daß er zu denselben verpflichtet ist. Es gehört dazu eine wissentliche Unterstützung bez. Förderung einer Gesetzesverletzung, bewirkt durch seine Handlungen oder Unterlassungen.

Hiernach gehen unsere Vorschläge dahin:

„*a)* Die Bestellung der Mitglieder des Aufsichtsrathes ist jederzeit widerruflich.

b) Dieselben können sich für Ausübung ihrer Thätigkeit Vertreter nicht bestellen.

c) Der Aufsichtsrath hat das unbeschränkte Recht der Controlle der Geschäftsführung. Es liegt ihm ob, mindestens am Schlusse jedes Vierteljahres sich vom bisherigen Gange der Angelegenheiten der Gesellschaft unter Einsicht der Bücher und Schriften derselben sowie unter Prüfung des Bestandes der Gesellschaftskasse wie der Bestände an Effecten, Handelspapieren und Waaren zu unterrichten. Nimmt der Aufsichtsrath in seiner Amtswirksamkeit die Interessen der Gesellschaft schädigende Handlungen oder Unterlassungen oder gesetz- oder statutenwidrige Beschlüsse oder Verfügungen wahr, so hat er auf Beseitigung derselben und ihrer Folgen thunlichst hinzuwirken. Er kann jederzeit im Interesse der Gesellschaft, insbesondere, um derselben von den Mißbräuchen Kenntniß zu geben und Beschlüsse zu deren Abstellung zu erwirken, eine Generalversammlung berufen.

Der Aufsichtsrath hat die Jahresrechnungen, die Bilanzen und die Vorschläge zur Gewinnvertheilung zu prüfen und darüber alljährlich [100] der Generalversammlung der Actionäre Bericht zu erstatten.

d) Die Mitglieder des Aufsichtsrathes haften solidarisch für jeden der Gesellschaft in Folge schuldbarer Nichterfüllung der ihnen durch das Gesetz und den Gesellschaftsvertrag auferlegten Verpflichtungen entstandenen Schaden der Gesellschaft und, sofern die schuldbare Nichterfüllung eine Verletzung der Vorschriften dieses Titels oder des Gesellschaftsvertrages oder die Nichtabwendung der Folgen dieser Verletzung verursacht hat, außer der Gesellschaft auch den hierdurch beschädigten Gesellschaftsgläubigern. Im Falle einer Betheiligung des Aufsichtsraths an gesetz- oder statutenwidrigen Beschlüssen oder Verfügungen oder seiner Weigerung, denselben oder ihren Folgen entgegenzuwirken, sind auch diejenigen Aufsichtsrathsmitglieder für die Folgen verantwortlich, welche, ohne selbst jenem Verhalten zugestimmt zu haben, es unterlassen haben, einer unverzüglich zu berufenden Generalversammlung hiervon Kenntniß zu geben.

Auf die verantwortlichen Aufsichtsrathsmitglieder finden auch die in Betreff des Vorstandes ad c) 1–5 gegebenen Bestimmungen Anwendung.

e) Mitglieder des Aufsichtsraths, welche vorsätzlich Zuwiderhandlungen wider die Vorschriften dieses Titels durch ihre Handlungen oder Unterlassungen befördern oder in ihren Veröffentlichungen, in den der Generalversammlung gemachten Vorlagen oder den in derselben gehaltenen Vorträgen wissentlich den Stand der Verhältnisse der Gesellschaft unwahr darstellen oder verschleiern, haften auch dritten Personen solidarisch für den hierdurch denselben erweislich entstandenen Schaden.

f) Ist dem Aufsichtsrath innerhalb der gesetzlichen Grenzen durch den Gesellschaftsvertrag eine Mitwirkung bei der Geschäftsführung zugewiesen, so unterliegen dessen Mitglieder in Betreff dieser Mitwirkung der für Vorstandsmitglieder festgesetzten Verantwortlichkeit."

Die Vorschriften sind auf die Commanditactiengesellschaft ohne Weiteres übertragbar.

Die für Vorstand und Aufsichtsrath erforderlichen Strafvorschriften werden zweckmäßiger an einer anderen Stelle – § 16 –, nachdem die erforderlichen Ordnungsvorschriften im § 12 erörtert sind, behandelt.

§ 12. Die Generalversammlung. No. 12–15 u. No. 18 der Denkschrift.

a) Stimmrecht in der Generalversammlung.

Es handelt sich hier wesentlich darum, Vorschriften zu finden, welche bis zu einem gewissen Grade gewährleisten, daß die Generalversammlungsbeschlüsse der legitime Ausdruck des wirklichen Mehrheitswillens der bei der Gesellschaft Betheiligten sind.

[101] *1.* Die Actiengesellschaft[73] ist in erster Linie eine Vereinigung von Kapitalien, bez. Interessen und nicht von Personen. Daraus ergiebt sich, daß Mangels besonderer Bestimmung des Gesellschaftsvertrages die Höhe des Actienbesitzes

[73] Die Französ. Auffassung wird hier durch umfassende Analogien aus dem suffrage universel beeinträchtigt. Nach dem Gesetz von 1867 ist den Statuten volle Freiheit gelassen. Nur darf bei den Constituirungs-Generalversammlungen kein Aktionär mehr als 10 Stimmen haben, während bei den Constituirungs-Versammlungen der Commanditactiengesellschaft nach Personenmehrheit gestimmt wird. Art. 27 und 4. Ob Mangels statutarischer Bestimmung nach Personenzahl oder Actienbesitz gestimmt wird, darüber herrscht Unsicherheit. Vergl. Bédarride loc. cit. Bd. II No. 399. *Duvergeér,* des sociétés No. 288. Nach dem neuen Französ. Reformproject herrscht volle Vertragsfreiheit für das Stimmrecht in der ordentlichen Generalversammlung. Mangels einer Statutenbestimmung gilt gleiches Stimmrecht aller Aktionäre nach Köpfen. Für außerordentliche Generalversammlung (bei Statutenänderung, Auflösung) gilt vertragsmäßiges Stimmrecht nach Actienbesitz nur insoweit, daß jeder Actionär eine Stimme haben muß und Niemand mehr als zehn Stimmen abgeben darf. Vergl. Vavasseur loc. cit. S. 16. 41 Art. 8 u. 9 – Nach dem belg. Gesetz kann keinem Actionär ein Stimmrecht entzogen werden und Niemand darf für mehr als ⅕ aller Actien oder ⅖ der in der Generalversammlung vertretenen Actien Stimmrecht ausüben. Sonst Vertragsfreiheit Art. 61 und event. Stimmen nach Köpfen. – Auch nach engl. Musterstatut muß jeder Actionär eine Stimme haben. Von 10–100 Actien für je fünf eine Zusatzstimme, von 100 aufwärts für je zehn eine Zusatzstimme.

über den Umfang des Stimmrechtes entscheidet, und daher das Gelten einer Stimme für je eine Actie als das Naturgemäße anzusehen ist, wovon man auszugehen hat. Es kommen nun aber Limitirungen nach Oben und nach Unten in Betracht, nach Oben, weil bei ausschlaggebender Präponderanz großen Actienbesitzes in einer oder mehreren Händen von Berathung und Diskussion mit ihren Zwecken eigentlich nicht die Rede sein kann, nach Unten, weil bei Zerlegung großer Kapitalien in Inhaberactien von kleinem Nominalbetrage, sofern jede Actie stimmberechtigt, die Gefahr sehr folgreicher und stürmischer, daher auch unfruchtbarer, Generalversammlungen zu befürchten stände.

Was die Limitirung nach Oben anlangt, so läßt sich ein allgemeines Princip, mittelst dessen man jedem Falle gerecht zu werden vermöchte, nicht aufstellen. Es lassen sich Kapitalsvereinigungen sehr wohl denken, bei denen es billig ist, daß die großen Actienbesitzer ihren Einfluß auf die Verwaltung ungebrochen nach Verhältniß ihres ganzen Actienbesitzes geltend machen und nicht durch die ein geringeres Actienkapital besitzenden zahlreicheren kleinen Actionäre majorisirt werden. Es ist deshalb hier nach wie vor dem Gesellschaftsvertrage volle Freiheit der Festsetzungen darüber zu lassen, ob nach oben das Stimmrecht limitirt wird und in welchem Umfange. Nur insoweit es sich um besondere, über das Maaß der üblichen Gesellschaftsangelegenheiten hinausgehende Beschlüsse handelt, also bei Statutenänderungen wird zu erwägen sein, ob das Gesetz nicht bestimmte, durch Gesellschaftsvertrag nicht abzuschwächende Garantien gegen eine allzuweit gehende Präponderanz des Actienbesitzes in einer Hand gewähren soll.

Dagegen erscheint es uns nicht angemessen, daß das Stimmrecht durch den Gesellschaftsvertrag einzelnen Actionären soll gänzlich entzogen und an die Voraussetzung des Besitzes einer größeren Anzahl Actien soll geknüpft werden dürfen. Das Stimmrecht in der Generalversammlung ist das einzige Mittel, vermöge dessen der Actionär eine mittelbare Einwirkung auf die Gesellschaftsangelegenheiten ausüben kann. Wer eine Actie [102] erwirbt, wird der Regel nach auch von der Annahme ausgehen, daß ihm damit eine Stimmberechtigung erwachse. Es muß vermieden werden, daß Betheiligungen mit allem Anschein vollkommener Theilnahmerechte circuliren, die sich erst durch Kenntnißnahme vom Gesellschaftsvertrage als unvollkommene Betheiligungen erweisen. Will man auch die betreffende Beschränkung in die Actienurkunden inferiren, so werden doch die Erwerbsgeschäfte häufig vor Einblick in die Actienurkunden geschlossen. Das Recht zur Anwesenheit in den Generalversammlungen – und dies könnte man doch auch dem unvollkommenen Actionär nicht verschränken – ohne Stimmrecht wird diesen Versammlungen unter Umständen erst recht einen turbulenten Character geben und die Ruhe und Fruchtbarkeit der Verhandlungen beeinträchtigen. Der Ausweg der Zulässigkeit einer Vertretung mehrerer Actien durch eine Person, welche die auf die mehreren Actien entfallende eine Stimme führt, ist unbefriedigend und reizt zu Simulationen. Das

Normale ist, daß die Gesellschaft, wenn das Stimmrecht von einer erheblicheren Betheiligung am Grundkapital abhängen soll, diese Betheiligung auch als die Einheit ansieht, in Höhe deren allein sie Actien ausgiebt. Daneben bleibt ja eine Zerlegung dieser Actien in kleinere Actienantheile möglich. Wer eine als Actienantheil bezeichnete Betheiligung erwirbt, muß sich sagen, daß er kein Recht als Vollactionär ausüben kann. Ein Ueberwiegen des Einflusses der Besitzer von mehreren Actien kann durch statutarische Bestimmung über das Stimmrecht gesichert werden, ohne daß deshalb der Besitzer nur einer Actie des naturgemäßen Stimmrechts beraubt zu werden braucht.

Unseres Erachtens ist deshalb der Art. 224 Abs. 2 H. G. B. dahin abzuändern: „Jede Actie gewährt eine Stimme. Im Gesellschaftsvertrage kann festgesetzt werden, daß kein Actionär mehr als eine gewisse Zahl von Stimmen in der Generalversammlung führen darf."

2. Nur der Eigenthümer der Actie, bez. dessen gesetzlicher Vertreter soll ein Stimmrecht ausüben dürfen, sei es in Person oder durch einen Bevollmächtigten. Diese Bestimmung, die wiederholt Behufs Umgehung statutarischer Stimmenlimitirung nach Oben und Benutzung geliehener Actien zu besonderen [103] Zwecken verletzt wird, wird durch eine Strafvorschrift sicher zu stellen sein, die[74], davon absehend, ob der gefaßte Beschluß nach der Mehrheit der dafür Stimmenden ein factiöser ist, sowohl diejenigen, welche als Actionäre in der Generalversammlung aufgetreten sind, ohne es zu sein, wie diejenigen, welche ihnen die Actien zu diesem Zwecke gegeben haben, trifft[75]. Will man die Strafvorschrift blos auf den Fall einer wirklich stattgehabten Fälschung des Mehrheitswillens beschränken, so erschwert man wegen des schwierigen Beweises ihre Anwendbarkeit. Aber bei der Strafbemessung wird ein weiter Spielraum zu lassen sein, weil die Vorschrift neben den flagranten Fällen der Umgehung des statutenmäßigen Stimmenlimitums und der Benutzung von zu Unrecht für die Gesellschaft selbst erworbenen Actien zum Mitstimmen auch den mehr als Ordnungswidrigkeit aufzufassenden Fall begreift, daß Jemand in Wahrheit im Auftrage eines Anderen dessen berechtigte Stimme abgiebt, weil er aber keine Vollmachtsurkunde hat, als Actionär auftritt.

Ueber das Princip kann kein Bedenken obwalten. Man könnte nach allgemeinen Grundsätzen das Bedenken haben, ob nicht der Nießbraucher und der Pfandinhaber von Actien das Stimmrecht, soweit es sich um die gewöhnlichen Gesellschaftsangelegenheiten handelt, auszuüben berechtigt erschiene. Allein hiervon muß bei der Unzulänglichkeit der Mittel für die sichere Feststellung eines solchen Verhältnisses abgesehen werden und es mögen derartig Berechtigte sich, bez. den Eigenthümern die Ausübung des Stimmrechts durch Auftreten als Bevollmächtigte sichern. Daß auf diese Weise ein Pfandrecht an Actien illusorisch

[74] Siehe Art. 13 und 45 des französ. Gesetzes von 1867.

[75] Vergl. Art. 131 des Belg. Ges.

werden möchte, läßt sich nicht behaupten. Es werden diejenigen, welche Actien in Pfand nehmen wollen, sich bei Abschluß des Pfandvertrages die Vollmacht zur Ausübung des Stimmrechts in den Generalversammlungen ertheilen lassen. Nur beim gesetzlichen Pfande, insbesondere dem kaufmännischen Depot in den Händen des Commissionärs kann, falls Differenzen über die Tendenz, nach welcher das Stimmrecht zu benutzen, zwischen Pfandgläubiger und Pfandschuldner vorhanden sind, dadurch das Stimmrecht unausgeübt bleiben müssen. Dies kann aber nicht als ein besonderer Mißstand angesehen werden.

Bei Namensactien und nach den Vorschlägen zu § 2 bei Inhaberactien vor der Vollzahlung sind nur die im Actienbuche eingetragenen Eigenthümer zum Stimmrecht legitimirt. Es genügt danach aber nicht die Eintragung im Actienbuche, sofern der Legitimirte nicht mehr wahrer Eigenthümer ist. Die Strafvorschrift trifft also auch den [104] buchmäßigen Eigenthümer, der ein Stimmrecht ausgeübt hat, ohne in Wahrheit noch Eigenthümer zu sein. Vergl. S. 17 des Gutachtens. Zweckmäßig erscheint es, daß, sofern nicht der Gesellschaftsvertrag es verbietet, das Stimmrecht auch durch Bevollmächtigte ausgeübt werden kann, welche nicht selbst Actionäre sind. Die gegentheilige Bestimmung provocirt geradezu Umgehungen, vermöge deren Personen, die nur Bevollmächtigte sind, als Actieneigenthümer auftreten.

Es kann aber nicht geleugnet werden, daß durch die Bestimmung, wonach nur wahre Eigenthümer der Actien stimmberechtigt sind, den Beschlüssen der Generalversammlung noch nicht der Character von Bethätigungen legitimer Interessen gewährleistet ist. Man wird in der Regel Actien auch lediglich zum Zweck der Erzielung eines bestimmten Beschlusses jederzeit kaufen können und es kann die Majorität in der Generalversammlung durch passagere Actionäre gebildet werden. Als solche sind insbesondere auch die Börsenspeculanten anzusehen, die Actien in Report genommen haben[76].

Nichts destoweniger empfiehlt sich eine gesetzliche Vorschrift – der Gesellschaftsvertrag kann dies selbstverständlich vorsehen –, wonach ein länger andauernder Eigenthumsbesitz Voraussetzung des Stimmrechts, nicht, weil bei der an sich schon vorhandenen Indolenz der Actionäre dieselben nicht von der Vertretung ihrer Interessen in der Generalversammlung noch durch besonders lästige Bedingungen, wie ein Festlegen ihrer Actien für längere Zeit, abgeschreckt werden sollen. Dagegen erscheint es erforderlich, um die bloße Benutzung eines ganz vorübergehenden Eigenthums, welches vielleicht schon im Augenblicke der Stimmabgabe nicht mehr vorhanden ist, zu vermeiden, die Deposition der Actie, auf welche hin das Stimmrecht beansprucht wird, eine bestimmte Frist vor der Versammlung bei der Gesellschaft oder anderen von dieser zu bezeichnenden

[76] Der Reporteur ist Eigenthümer, wie er auch dieselben Actien in der Regel als Rückverkaufsobject am nächsten ultimo liefert. Vergl. Entsch. des R. O. H. G. v. 13. Juni 1876 in Sachen Davidsohn wider Wechselstubenactiengesellschaft Rep. 464/76 und in Frankreich Erkenntniß der Cour de Paris vom 19. April 1875.

Depositionsstellen vorzuschreiben. Hieran hätte sich dann Behufs Vermeidung eines ungebührlichen Einflusses der Gesellschaftsorgane[77] auf das Stimmenverhältniß durch Beschaffung mitstimmender Actien noch nach Ablauf jener Frist, nachdem die Organe aus den geschehenen Anmeldungen ein Urtheil über das Stimmenverhältniß gewonnen, die weitere Vorschrift zu reihen[78], daß der Vorstand noch an dem Tage, an welchem die Anmeldungs- bez. Depositionsfrist abläuft, das Verzeichniß der Deponenten, welches zugleich die Zahl der deponirten Actien unter Angabe ihrer Nummern anzugeben hat, notariell abschließen lassen muß. Dieses Verzeichniß muß bestimmte Tage vor der Generalversammlung am Sitze der Gesellschaft zur Einsicht für jeden Actionär [105] ausgelegt sein. In Verbindung hiermit stände dann die fernere Vorschrift, wonach dem Protokoll über die Generalversammlung ein vom Vorstande unterschriebenes Verzeichniß der erschienenen Actionäre oder ihrer Bevollmächtigten unter Beifügung der Zahl und Nummern der vertretenen Actien beizufügen ist. Diese Vorschriften erscheinen uns zur Controlle der Einschaltung der Depositionsfristen und der Enthaltung der Gesellschaftsorgane von nachträglichen Einwirkungen auf das Stimmverhältniß wesentlich. Die Deponirung selbst wird allerdings vom Notar kaum geprüft und bestätigt werden können. Aber die Generalversammlung wird die Vorlegung der deponirten Actien, bez. der Depositionsbescheinigungen anderer Niederlagestellen fordern können und der Vorstand wird im Falle wissentlicher Unrichtigkeiten in den Verzeichnissen strafrechtlich verantwortlich zu machen sein.

Hiernach schlagen wir vor:

„Stimmberechtigt sind nur die Eigenthümer von Actien, welche bei der Gesellschaft oder bei anderen durch den Gesellschaftsvertrag vorgesehenen oder vom Vorstande der Gesellschaft bekannt gemachten Niederlegungsstellen Behufs Theilnahme an der Generalversammlung hinterlegt sind.

In Ermangelung der Festsetzung eines früheren Termins durch den Gesellschaftsvertrag muß die Hinterlegung bei der Gesellschaft oder die Einreichung der von anderen Niederlegungsstellen ausgestellten Einlieferungsscheine bei derselben bis zwölf Uhr Mittags am vierzehnten Tage vor dem Tage der Generalversammlung erfolgt sein. Nach dem Tage des Ablaufs der Hinterlegungsfrist ist das vom Vorstande zu vollziehende Verzeichniß derjenigen, auf deren Namen die Hinterlegung erfolgt, nach Namen, Stand und Wohnort sowie den Nummern der von ihnen hinterlegten Actien notariell abzuschließen. Das Verzeichniß ist spätestens vom siebenten Tage vor Abhaltung der Generalversammlung ab am Sitze der Gesellschaft zur Einsicht und Abschriftnahme für jeden Actionär auszulegen. – Die stimmberechtigten Actionäre oder deren gesetzliche Vertreter können, sofern der Gesellschaftsvertrag nichts Anderes

[77] Das Franz. Reformproject Art. 9.
[78] Das Franz. Proj. Art. 18 verlangt Deposition 20 Tage vorher.

bestimmt, ihr Stimmrecht auch durch Bevollmächtigte ausüben, welche selbst nicht Actionäre sind."

3. Endlich ist hier auszusprechen die materielle Verhinderung der Ausübung des Stimmrechts bei collidirendem Interesse[79].

„Die Actionäre haben sich der Ausübung ihres Stimmrechts bei al- [106] len Beschlüssen zu enthalten, welche die Gewährung besonderer gesellschaftlicher Vortheile oder Vorrechte an sie, ihre Entlastung von einer der Gesellschaft gegenüber begründeten Verantwortlichkeit oder den Abschluß eines Rechtsgeschäfts Seitens der Gesellschaft, an dessen Vortheilen sie noch in anderer Weise als in ihrer Eigenschaft als Actionäre betheiligt sind, betreffen.

Beruht ein Generalversammlungsbeschluß auf einem Zuwiderhandeln gegen diese Vorschrift, so haften die Zuwiderhandelnden solidarisch jedem durch Ausführung dieses Beschlusses Beschädigten auf Ersatz des entstandenen Schadens."

Es kann hier durch die Ausführung des Beschlusses außer der Gesellschaft und den Gesellschaftsgläubigern auch unmittelbar der Einzelactionär beschädigt sein, indem ein Betrag, der ihm selbst zufallen mußte, durch den Beschluß anderen Actionären zugewendet worden ist. Die Anfechtbarkeit des Beschlusses als gesetzwidrig erscheint selbstverständlich.

b) Zuständigkeit und Beschlußfähigkeit der Generalversammlung.

Der wirthschaftliche Zweck der in der Actiengesellschaft bethätigten Interessengemeinschaft bringt es mit sich, daß auch, wo der Gesellschaftsvertrag selbst einer Bestimmung in dieser Beziehung ermangelt, eine Abänderung des Gesellschaftsvertrages nicht außerhalb der Competenz des sich durch Mehrheitsbeschlüsse bethätigenden Willensorgans der Gesellschaft, der Generalversammlung, liegt. Der Satz: „Der Einzelwille habe sich lediglich auf Grundlage des geschlossenen Vertrages gebunden, stehe aber Aenderungsversuchen in Betreff dieses Vertrages völlig ungebunden gegenüber", verkennt das wirthschaftliche Wesen der eingegangenen Zwecksgemeinschaft und ist auch schon jetzt nicht positives Recht. Vergl. Entsch. des R.O.H.G. Bd.XX S.43 und die dort citirten Schriftsteller. Wer in eine Actiengesellschaft eintritt, erklärt sich eventuell damit bereit, seinen Einzelwillen in Betreff seiner Betheiligung, auch soweit er durch Bestimmungen des Gesellschaftsvertrages nicht ausdrücklich vinkulirt ist, zu Gunsten dem Gesellschaftszwecke und damit allen Actionären zu Gute kommender Aenderungen aufzuopfern. Bei der gegentheiligen Annahme würde das Interesse der Mehrheit, von dem angenommen werden muß, daß es sich mit der Ansicht der Mehrheit deckt, dem Willen des Einzelnen geopfert werden. Es erscheint zweckmäßig, um vielen Unsicherheiten ein Ende zu machen, diesen Satz ausdrücklich auszusprechen und zwar tragen wir kein Bedenken, ihn

[79] Vergl. No.18 der Denkschrift.

insbesondere auch auf Fälle der nachträglichen Erhöhung des Grundkapitals, Ausgabe neuer Actien mit Vorzugsrechten, Abänderung der Zeitdauer der Actiengesellschaft, Verminderung der auszahlbaren Dividende [107] zu Gunsten eines anzulegenden oder höher zu dotirenden Reservefonds für anwendbar zu erachten. Auch die Zulassung der letztgedachten Aenderung im Wege der Statutenänderung, also nicht mit Rückwirkung auf das schon vorher angefallene Dividendenrecht, erachten wir für unbedenklich. Als naturgemäße Grenze für dieses Recht der Aenderung des Gesellschaftsvertrages ergiebt sich aus dem Entwickelten bereits, daß durch die Aenderung weder bereits vorhandene Vorrechte[80] einzelner Actionäre oder Actionärkategorien beseitigt noch Ungleichheiten in Betreff der Rechte und Pflichten der bisherigen Actionäre eingeführt werden dürfen.

Die bisher erörterte Zulässigkeit der Statutenänderung basirt auf der Voraussetzung der Gemeinsamkeit des Zwecks des Unternehmens. Auf der Basis der Uebereinstimmung von Mehrheit und Minderheit über den Zweck des Unternehmens soll die Minderheit sich den Ansichten der Mehrheit über die Mittel zu dessen Förderung unterordnen. Anders liegt die Sache, wenn die Mehrheit überhaupt einen anderen Gesellschaftszweck verfolgen will. Die hier gebotene veränderte Auffassung liegt dem Art. 215 H. G. B. zu Grunde, da auch der Fall der Fusion sich als Fall der Veränderung des Gesellschaftszwecks in der bisherigen concreten Form qualifizirt. Der Art. 215 läßt es zweifelhaft[81], ob hier der einstimmige Beschluß aller Actionäre oder nur aller in der Generalversammlung erschienenen Actionäre erforderlich ist.

Wie diese Frage auf dem Boden des bestehenden Gesetzes zu lösen ist, mag dahingestellt bleiben. Die Stimmeneinhelligkeit der erschienenen Actionäre im Gegensatze zu einer bloßen hochgegriffenen Mehrheit beruht nur dann auf einem Princip, wenn man davon auszugehen hat, daß die Nichterschienenen für dem bekannt gemachten Aenderungsvorschlage zustimmend oder doch sich indifferent verhaltend anzusehen sind. Nun kann man sagen, diese Annahme beruhe auf einer petitio principii, wenn man sich einen Vorschlag auf Aenderung des Gegenstandes des Unternehmens denkt, bei dessen Acceptirung eine von der bisherigen völlig verschiedene Gesellschaft vorhanden wäre. Auf solche dem bisherigen Unternehmen völlig fremde Vorschläge sei kein Actionär veranlaßt, noch besonders bei Vermeidung eines Präjudizes in der Generalversammlung zu reagiren, und es sei nicht gerechtfertigt, daß er, am Erscheinen durch erhebliche Ursachen verhindert, nun plötzlich Actionär einer wegen einer Substitution

[80] Daraus ergibt sich, daß nicht im Wege einer Statutenänderung, bez. nicht ohne Einwilligung aller Actionäre einzelnen von ihnen gestattet werden kann, statt der stipulirten Baareinlagen Sachen einzulegen; vergl. S. 56 in § 5 (wohl nicht im Original des Gutachtens; Anm. des Hrsg.).

[81] Vergl. v. Hahn Comment. zu Art. 215 und Zimmermann in: Busch Archiv Bd. V, S. 122 für die zweite, Renaud loc. cit. S. 514 für die erste Alternative.

eines ganz anderen Gegenstandes des Unternehmens gänzlich anderen Gesellschaft werde. Handle es sich aber um eine solche Abänderung nicht, sondern nur um eine Einschränkung, Aus- [108] dehnung, Modifikation des bisherigen Gegenstandes, so bedürfe es überhaupt keiner Einstimmigkeit, dies könne vielmehr in derselben Weise, wie jede Statutenänderung, geschehen. Für diese Auffassung, entsprechend welcher der Fall der Aenderung des Gegenstandes des Unternehmens völlig außer Betracht zu lassen, kann man die Bestimmung des belgischen Gesetzes Art. 59 in Bezug nehmen[82], nach welchem die Generalversammlung das Recht der Statutenänderung hat, mais sans pouvoir changer l'objet essentiel de la société.

Die ganze Ausführung würde aber unseres Erachtens auf der unrichtigen Voraussetzung beruhen, daß Abänderung des Gegenstandes des Unternehmens und Modifikation, Einschränkung oder Erweiterung desselben klare, eine sichere Auseinanderhaltung in der praktischen Anwendung ermöglichende Gegensätze sind. Es wird sich in der Praxis kaum jemals darum handeln, daß aus einer Gesellschaft für Baumwollspinnerei eine für Gasfabrikation oder aus einer Industriegesellschaft unter Verkauf der Etablissements eine Wechslerbank werden soll. Dagegen kann es sich sehr häufig darum handeln, ob eine Gesellschaft zum Bau und Betrieb zweier Eisenbahnlinien auf die eine Linie verzichten, ob sie, auf den Bau und Betrieb nur einer gerichtet, eine Fortsetzung dieser Linie, welche der ursprünglichen Linie eine andere Bedeutung giebt, übernehmen soll, ob eine Gesellschaft, welche den Betrieb eines Fabrikzweiges zum Gegenstande hat, sich auf den Mitbetrieb eines zweiten soll erstrecken dürfen, ob eine Gesellschaft, welche eine bestimmte Betriebsart zur Voraussetzung hat, diese Betriebsart, weil sie sich unrentabel zeigt, soll ändern können. Ob Alles dies Aenderung des Gegenstandes des Unternehmens, selbst wenn man dafür „Ersetzung des Gegenstandes des Unternehmens durch einen anderen" setzt, oder Modifikation des Gegenstandes ist, erscheint schon vom Standpunkte der begrifflichen Abgrenzung eine schwer zu lösende Frage, wäre aber überhaupt gar nicht abstract, sondern nur unter Würdigung der concreten Intentionen der ursprünglich Betheiligten in Betreff des Wesens und der Wandlungsfähigkeit des Projects gegenüber zukünftigen Ereignissen zu entscheiden. Sehr häufig wird es am Anhalt für Ermittelung einer Intention fehlen, weil die eingetretenen Ereignisse von den Interessenten gar nicht genau ins Auge gefaßt waren. In der That bietet denn auch die aus der Französ. Judikatur stammende Formel: „changer l'objet essentiel de la société" daselbst keinen sicheren Anhalt für die praktische Anwendung[83]. Es ist deshalb nicht abzusehen, warum nicht, statt daß Gesellschaften trotz mangelnden Dissen- [109] ses irgendeines Actionärs in Bezug auf die Modifikation des Gegenstandes des Unternehmens in Folge rigoroser oder

[82] Ebenso Art. 18 des französ. Reformprojects in Vavasseur loc. cit. S. 18. 51 flg.
[83] Vergl. Dalloz Rec. pér. 1853. 1. 44. 1854. 2.30. 1855. 1. 213.

thatsächlich bedenklicher richterlicher Auslegung des gedachten Begriffs zur Auflösung gezwungen werden, weil der bisherige Gegenstand des Unternehmens in der angenommenen Inflexibilität nicht betriebsfähig ist, derselben die Fortexistenz unter dem Gesichtspunkt des Consenses der Interessenten in die Aenderung des Gegenstandes ermöglicht werden soll. Dies kann aber nur dann geschehen, wenn man sich bei gehöriger Ladung aller Interessenten mit dem Consense der Erschienenen begnügt, da das Erscheinen aller Interessenten kaum herbeizuführen ist. Da in der Regel auch die projectirte Aenderung des Zusammenhanges mit dem bisherigen Betrieb nicht entbehren wird, so erscheint auch der Schluß, daß die Nichterschienenen gegen diese Aenderung nichts einzuwenden haben, im Allgemeinen nicht bedenklich. Zudem bietet das einzuführende Recht eines bestimmten Bruchtheils von Actionären, die Auflösung der Gesellschaft aus wichtigen Gründen vor Gericht zu betreiben, ein geeignetes Correctiv gegen eine Substitution sich als ungeeignet erweisender Gesellschaftszwecke. Entsprechend der Veränderung des Gegenstandes des Unternehmens dürfte die Fusion zu behandeln sein.

Läßt man aber demnach im Allgemeinen Statutenänderungen durch Generalversammlungsbeschlüsse, auch ohne daß der Gesellschaftsvertrag sie vorgesehen hat, zu, so erscheint es angemessen, zum Schutz der Minoritäten hier gewisse Garantien gegen Uebereilungen und zuweit gehende Einwirkungen einzelner großen Actienbesitz habender Personen zu geben. Dieselben sollen darin bestehen, daß, wenn bereits in der ersten Generalversammlung endgiltig die Aenderung wirksam soll beschlossen werden können, in derselben ein erheblicher Bruchtheil des Kapitals vertreten sein muß, daß es anderenfalls noch einer zweiten Generalversammlung bedarf, daß, soweit nicht Einstimmigkeit erforderlich, eine besonders qualifizirte Stimmenmehrheit erfordert wird[84] und daß das Maaß der in einer Hand zu vereinigenden Stimmen nach Oben eine Limitation erfährt.

[84] Nach französ. Recht bedarf es zur Statutenänderung der Vertretung der Hälfte des Grundkapitals. Art. 31 des Ges. von 67. Ist dies nicht erreicht, so muß jede neu zu berufende Generalversammlung denselben Bedingungen entsprechen. Der Beschluß wird mit einfacher Stimmenmehrheit gefaßt. Das neue französ. Reformprojekt verlangt ⅔ Stimmenmehrheit. Vergl. Art. 16 Vavasseur l. c. S. 44. Das belg. Gesetz verlangt für erste Generalversammlung die Hälfte des Grundkapitals, läßt Mangels desselben zweite Generalversammlung zu, bei der es gleichgültig, welcher Prozentsatz des Grundkapitals vertreten, erfordert aber immer ¾ Stimmenmehrheit. Beide Gesetze schließen aber die Möglichkeit aus, de changer l'objet essentiel de la société. Das Englische Recht (sect. 50/51 Ges. v. 62) verlangt für die special resolution – Statutenänderung – nur Stimmenmehrheit von ¾ der anwesenden Actionäre und nochmalige Bestätigung in zweiter Generalversammlung nach 14 Tagen bez. 1 Monat mit einfacher Stimmenmehrheit. – Alle Bestimmungen dieser Gesetze gelten trotz laxerer Statutenbestimmungen. – Der Oesterr. Entwurf verlangt Hälfte des Grundkapitals, event. 2. Generalversammlung ohne Rücksicht auf Grundkapital, ⅔ Stimmenmehrheit. Bei Abänderung des Gegenstandes des Unternehmens Einstimmigkeit der Erschienenen. Art. 224 a–d.

Was die Frage anlangt, ob diese Bestimmungen auch dann Anwendung finden sollen, wenn der Gesellschaftsvertrag laxere Bedingungen aufstellt, so sollen die gedachten Normativbedingungen verhüten, daß der Wille einer scheinbaren Mehrheit, aber wirklichen Minderheit, oder einer Mehrheit, die we- [110] gen der Besitzanhäufung von Actien in der einzelnen Hand Sonderinteressen dient, der Gesammtheit aufgedrungen werde. Der Standpunkt materieller Vertragsfreiheit ist zwar der juristisch consequente. Aber seiner Voraussetzung, daß bei der Vertragsschließung Jeder seine Interessen richtig wahrnimmt, entspricht gerade, was die Controlirung des bestimmten Statuteninhalts anlangt, die Wirklichkeit nicht, erfahrungsmäßig tritt kaum irgend Jemand beim Erwerb einer Actie in eine peinliche Prüfung des Statuteninhalts nach der Richtung der Bedingungen der Zulässigkeit ihrer Aenderung ein und die wirkliche Tragweite der einzelnen Aenderung erschließt sich erst, wenn die Aenderung wirklich eintreten soll. Wenn nun Projectanten unter der Herrschaft des neuen Gesetzes gerade im Hinblick auf die neuen Bestimmungen einfach die Statutenänderung unter die durch einfache Mehrheitsbeschlüsse zu erledigenden Zuständigkeiten der Generalversammlung aufnehmen, so wird kaum Jemand bei der Frage der Erwerbung einer Actie dies in Betracht ziehen und damit hängt dann die ganze Wirksamkeit der vom Gesetz zu gebenden Normativbestimmungen von der mehr oder weniger vorsichtigen Statutenredigirung der Projectanten ab. Zwei Einschränkungen des gebietenden Charakters der Normativbestimmungen erscheinen aber angemessen. Einmal wird eine Einschränkung für den Fall der Aenderung des Gegenstandes des Unternehmens und der Fusion in dem Sinne zweckmäßig sein, daß, wenn diese Fälle im Gesellschaftsvertrage ausdrücklich als zulässig vorgesehen sind, sie den allgemeinen gesetzlichen Normativbestimmungen und nicht dem Erforderniß der Einstimmigkeit zu unterstellen sind. Die Einstimmigkeit ist ein lästiges und nur zu häufig Pressionen im Sonderinteresse hervorrufendes Erforderniß und die Actienerwerber mögen sich über die Festsetzung dieser beiden einschneidenden Fälle im Gesellschaftsvertrage unterrichten. Sodann erscheint die Erhöhung des Grundkapitals, sofern die Neuemission nicht bevorrechtet wird, als eine so einfache Maßregel, daß, wenn sie auch eine Aenderung des Gesellschaftsvertrages ist, für ihre Voraussetzungen die statutarischen Bestimmungen unbedingt maßgeblich erachtet werden können.

Es kann nun aber der Gesichtspunkt nicht außer Betracht bleiben, daß unter Umständen auch die Minorität der Majorität Gewalt anthun kann. Unter Umständen kann durch [111] die gedachten Erschwerungen des Zustandekommens einer für die Gesellschaftsvertragsänderungen zuständigen Mehrheit das Schicksal der Gesellschaft an eine Coterie preisgegeben werden, die nur, um in eigennütziger Absicht ein Veto einzulegen, Actien erworben hat. Handelt es sich um eine verschwindende Minderheit, so erscheint es nicht gerechtfertigt, daß diese unter allen Umständen der Mehrheit den unveränderten Fortbestand des Unternehmens oder dessen Auflösung soll aufzwingen können. Ihr rechtmäßiges Verlangen kann hier nur auf die Gestattung ihres Ausscheidens aus der Verbindung gerichtet sein. Es erscheint deshalb angemessen, sofern der Dissens eines verschwindend kleinen Bruchtheils von Actionären die Unzuständigkeit der Mehrheit bewirkt hat, während bei Hinzurechnung der Dissentirenden als beistimmend Zuständigkeit vorhanden wäre, der Mehrheit das Recht zuzuerkennen, sofern die Minderheit auf ihrem Widerspruch beharren will, von den Dissentirenden die Ueberlassung ihrer Actien und zwar nach Wahl der Ueberlassenden zu deren Erwerbspreise oder, sofern die Actien einen in den Coursblättern regelmäßig nachgewiesenen Börsenpreis haben, zum Durchschnittscourse des letzten halben Jahres von der Generalversammlung zu verlangen[85]. Es wird also die Eintragung der Statutenänderung in diesem Falle bei nachgewiesenem Erwerb der dissentirenden Actien, deren Nummern das Generalversammlungsprotokoll ergiebt, oder bei nachgewiesener Deposition derjenigen Summe, deren Deponirung das im Streitfall angerufene und nach Anhörung beider Theile beschließende Gericht als Vorbedingung der Eintragung angeordnet hat, erfolgen können. Es wird aber für Ausübung dieses Rechts, bez. bei Streit über die zu zahlende Summe für Anrufung des Richters Behufs Normirung der zu deponirenden Summe eine kurze Frist zu bestimmen sein.

Für die gewöhnlichen Generalversammlungen das Erforderniß der Vertretung eines bestimmten Grundkapitalstheils vorzuschreiben[86], liegt kein Anlaß vor. Dadurch wird eine lebhaftere Betheiligung an den Generalversammlungen nicht erzwungen. Da der gewöhnliche Functionslauf der Gesellschaft nicht sistirt werden kann, muß man eventuell doch eine zweite Generalversammlung, bei welcher von jenem Erfordernisse abzu- [112] sehen ist, zulassen. Es entstehen also durch die Vorschrift lediglich Verzögerungen.

Hiernach schlagen wir vor:

„Die Generalversammlung kann Abänderungen des Gesellschaftsvertrages beschließen, soweit dieselben nicht eine Beseitigung für einzelne Actionäre oder Actionärklassen einmal begründeter Vorzugsrechte oder die Einführung einer Ungleichheit in den Rechten oder Pflichten der bisherigen Actionäre zum Gegenstande haben.

Zur Beschlußfähigkeit der Generalversammlung für Abänderungen des Gesellschaftsvertrages bedarf es zunächst der Vertretung von mindestens der Hälfte des Grundkapitals. Fehlt es hieran, so ist eine zweite Generalversammlung zu berufen, welche ohne Rücksicht auf die Höhe des vertretenen Grundkapitals beschlußfähig ist. – Die Beschlüsse können in den gedachten Generalversammlungen gültig nur mit einer Mehrheit von mindestens zwei Drittel der abgegebenen Stimmen, wenn es sich aber um Auflösung der Gesellschaft durch

[85] Vergl. Art. 19 des Französ. Reformproj. in Vavasseur l. c. S. 56. Dort ist Bedingung dieser Expropriation, daß nur 1/100 des Grundkapitals dissentirt.

[86] Dies thuen Französ. Gesetz de 67 Art. 29 – 1/4 Grundkapital in erster Generalversammlung – und Oesterr. Entwurf Art. 224 a – 1/6 Grundkapital –.

Uebertragung ihres Vermögens und ihrer Schulden an eine andere Actiengesellschaft gegen Gewährung von Actien der Letzteren oder um die Ersetzung des bisherigen Gegenstandes des Unternehmens durch einen anderen handelt, und nicht bereits der Gesellschaftsvertrag die Zuständigkeit der Generalversammlung für diese Beschlüsse ausdrücklich ausgesprochen hat, nur mit Stimmeneinhelligkeit aller anwesenden oder vertretenen Actionäre gefaßt werden.

Niemand kann bei Beschlüssen über Abänderung des Gesellschaftsvertrages ein Stimmrecht für mehr als ein Fünftel aller ausgegebenen Actien und für mehr als zwei Fünftel aller in der Generalversammlung vertretenen stimmberechtigten Actien ausüben.

Durch den Gesellschaftsvertrag kann die Beschlußfähigkeit der Generalversammlung und die Beschlußfassung in derselben wie der Umfang der Stimmberechtigung der Erschienenen an noch weiter gehende Beschränkungen gebunden werden.

Dagegen können Bestimmungen, welche die hier auf- [113] gestellten Beschränkungen vermindern, nur für die Erhöhung des Grundkapitals durch Ausgabe neuer, nicht bevorrechteter Actien gültig im Gesellschaftsvertrage getroffen werden.

Vertritt die Minderheit, durch deren Abstimmung die Mehrheit nach den Bestimmungen des Gesetzes oder Gesellschaftsvertrages für die Abänderung des Letzteren unzuständig wird, nicht mehr als den fünfzigsten Theil des Grundkapitals, so kann sie der Gültigkeit des gefaßten Beschlusses nicht widersprechen, sobald ihr von der Mehrheit als Uebernahmepreis ihrer vertretenen Actien innerhalb vier Wochen nach der Generalversammlung nach Wahl der Minderheit entweder der von ihr für die Actien gezahlte Erwerbspreis oder, wenn die Actien einen von den Coursblättern regelmäßig nachgewiesenen Cours haben, der Durchschnittscours der letzten sechs Monate von der Generalversammlung angeboten worden ist.

Bei Annahmeweigerung oder Streit über den zu zahlenden Preis entscheidet das von der Mehrheit innerhalb der gedachten vier Wochen anzurufende Handelsgericht am Sitze der Gesellschaft nach Anhörung beider Theile endgültig über die Höhe des Betrages, gegen dessen Hinterlegung die Eintragung des gefaßten Abänderungsbeschlusses erfolgen kann. Die Eintragung des Beschlusses erfolgt auf innerhalb vier Wochen nach der Generalversammlung geführten Nachweis des Erwerbs der Actien der Minderheit durch die Mehrheit oder auf innerhalb vierzehn Tagen nach Verkündung der gerichtlichen Entscheidung geführten Nachweis der gerichtlichen Hinterlegung des durch jenen Bescheid festgesetzten Betrages."

c) Berufung der General-Versammlung (No. 15 der Denkschrift).

Der Art. 237 Abs. 2 H. G. B. – Vergl. auch Art. 188 Abs. 2 H. G. B. – giebt zwar ein Zehntel des Grundkapitals vertretenden Actionären das Recht, bei

Angabe von Zweck und Gründen die Berufung einer Generalversammlung zu verlangen. Abgeschwächt wird aber dieses wichtige Recht wieder durch Anerkennung, daß der Gesellschaftsvertrag dieses Recht von der Voraussetzung der Vertretung eines größeren Antheils am Grundkapital abhängig machen darf. Sodann fehlt [114] es an einer Bestimmung darüber, was geschehen soll, wenn die Gesellschaftsorgane dem Verlangen nicht entsprechen oder seine Erfüllung ungebührlich verzögern. Das gedachte Recht muß aber auch, da unter Umständen die einzelnen Mitglieder des Vorstandes und Aufsichtsrathes zur Ablehnung eigener Verantwortung die Generalversammlung zu berufen verpflichtet sind, jedem dieser Mitglieder eingeräumt werden.

So geboten es endlich erscheint, daß das Recht, die Einberufung einer besonderen Generalversammlung zu verlangen, nicht ohne Weiteres jedem Einzelactionär zusteht, so erscheint doch andrerseits die alljährliche ordentliche Generalversammlung als diejenige Stelle, an welche auch der Einzelactionär Anträge und Beschwerden zur Beschlußfassung vorzubringen berechtigt sein muß, auch wenn sie nicht unmittelbar mit dem Rechnungsabschluß und der Bilanz zusammenhängen. Keine Bestimmung zwingt aber bisher die Gesellschaftsorgane dazu, solche Anträge zur Beschlußfassung auf die Tagesordnung zu setzen. Vergl. Art. 238. Nur der Antrag auf Abänderung des Gesellschaftsvertrages würde von den Gegenständen, welche hiernach auf Verlangen eines Einzelactionärs zur Beschlußfassung der ordentlichen Generalversammlung auf die Tagesordnung zu setzen, auszunehmen sein, da die Bedingungen für die Beschlußfähigkeit der ordentlichen Generalversammlung andere wie bei der die Abänderung des Gesellschaftsvertrages beschließenden sind. Hier gewährt Art. 238 Abs. 2 H. G. B. dem Einzelactionär ausreichende Rechte.

Demnach schlagen wir hier vor:

„Eine Generalversammlung muß auch dann berufen werden, wenn dies ein Actionär oder eine Anzahl von Actionären, deren Actien zusammen den zehnten Theil des Grundkapitals darstellen, oder ein Mitglied des Vorstandes oder Aufsichtsraths in einer von ihnen unterzeichneten Eingabe unter Angabe des Zwecks und der Gründe verlangen. Ist in dem Gesellschaftsvertrage das Recht, die Berufung einer Generalversammlung zu verlangen, für die Actionäre an den Besitz eines geringeren Antheils am Grundkapital geknüpft, so behält es hierbei sein Bewenden.

Die zur Berufung der Generalversammlung Verpflichteten sind hierzu erforderlichen Falls vom Handelsgericht [115], durch Ordnungsstrafen anzuhalten.

Auch kann das Handelsgericht bei genügender Bescheinigung einer Ablehnung oder ungebührlichen Verzögerung der Berufung die Antragsteller zur Berufung der Generalversammlung ermächtigen. Von Actionären gestellte Anträge auf Beschlußfassungen Seitens der alljährlichen ordentlichen Generalversammlung – Art. 239 – sind, soweit sie nicht Abänderungen des Gesellschaftsvertrages zum Gegenstande haben, als Gegenstand der Tagesordnung ohne Rücksicht auf die Höhe des Actienbesitzes des oder der Antragsteller als Gegenstand der Tagesordnung bekannt zu machen, wenn sie vor der Festsetzung des Tages der Generalversammlung oder innerhalb vier Wochen vor diesem Tage, bei den zur Berufung Verpflichteten eingegangen sind."

d) Vorsitz in der Generalversammlung und Form der Generalversammlungsprotokolle (No. 12 und 15 der Denkschrift).

Hier wird vorgeschlagen:

„Die Bestimmung des Vorsitzenden der Generalversammlung erfolgt, ungeachtet entgegenstehender Bestimmungen des Gesellschaftsvertrages durch Wahl der Generalversammlung, welche unter Leitung eines Mitgliedes derjenigen, welche die Generalversammlung berufen haben, in Ermangelung eines Widerspruchs durch Stimmenmehrheit nach der Zahl der erschienenen Personen stattfindet. Ueber die Beschlüsse jeder Generalversammlung ist ein gerichtliches oder notarielles Protokoll aufzunehmen, welchem das Verzeichniß der erschienenen Actionäre und Bevollmächtigten unter Angabe ihres Wohnortes, Namens und Standes und der Anzahl und Nummern der vertretenen Actien und Beifügung der vorgelegten Vollmachten sowie eine Abschrift des Verzeichnisses der bis zum Ablauf der Anmeldungsfrist angemeldeten Actionäre beizufügen sind. Das Protokoll muß außer von denjenigen, welche die Versammlung berufen haben, mindestens von zwei zu diesem Zwecke von der Generalversammlung mit Stimmenmehrheit der erschienenen Personen erwählten Actionären oder Bevollmächtigten derselben unterzeichnet sein."

e) Veröffentlichung der Generalversammlungsbeschlüsse und Eintragung derselben.

„Innerhalb vierzehn Tagen nach jeder Generalversammlung hat der Vorstand eine Ausfertigung des Protocolls über deren Beschlüsse, im Falle der ordentlichen Generalversammlung unter [116] Beifügung einer Abschrift der genehmigten Jahresrechnung und Bilanz zum Handelsregister einzureichen.

Ist in der Generalversammlung eine Aenderung des Gesellschaftsvertrages beschlossen, so hat der Vorstand binnen vier Wochen vom Tage der Generalversammlung ab, die Eintragung der Aenderung im Handelsregister nachzusuchen oder anzuzeigen, daß er oder der Aufsichtsrath die Rechtsgültigkeit des Beschlusses bestreite. Im letztgedachten Falle ist die Eintragung innerhalb acht Tagen von der Rechtskraft eines die Weigerung verwerfenden Erkenntnisses ab nachzusuchen. Der Vorstand ist verpflichtet, jedem Actionär auf Verlangen eine Abschrift des Gesellschaftsvertrages mit dessen Abänderungen und Ergänzungen sowie der genehmigten Jahresrechnungen und Bilanzen gegen Ersatz der Druckkosten zu ertheilen und ihm am Sitze der Gesellschaft Einsicht in die in ein Protocollbuch aufzunehmenden Generalversammlungsprotokolle sowie eine Abschriftnahme derselben zu gestatten."

Diese Bestimmungen sollen Lücken des Gesetzes im Interesse einer erleichterten Kenntnißnahme der Lage der Gesellschaft und einer prompten Eintragung eines veränderten Rechtszustandes ausfüllen. Das Handelsregister muß einen fortlaufenden Ueberblick über die Vermögenslage und den Rechtszustand der Gesellschaft bieten. Auch erscheint es zweckmäßig, daß, während nach dem bisherigen Gesetz es erst – in der Regel in Folge Anregung eines Interessenten – einer Aufforderung des Handelsgerichts zur Einreichung von Verhandlungen, bez. zur Anmeldung von Statutenänderungen bedarf, ohne Weiteres eine Frist läuft, auf deren Verstreichen eine Ordnungsstrafe steht. Ausgeschlossen wird dadurch nicht die Festsetzung fernerer Ordnungsstrafen, wenn auch weitere vom Handelsgericht gesetzte Fristen ohne Erfolg verstreichen. Insbesondere ist es Pflicht des Vorstandes, Beschlüsse der Abänderung des Gesellschaftsvertrages, welche nach Art. 214 H. G. B. erst mit der Eintragung rechtliche Wirkung erhalten, ungesäumt zur Eintragung zu bringen. Erachtet der Vorstand oder Aufsichtsrath derartige Beschlüsse für ungültig, so kann allerdings dieses Organ nicht gezwungen werden, die Ungültigkeitserklärung gegen die Beschließenden im Prozeßwege zur Anerkennung zu bringen. Dies würde zu unnöthigen Prozessen häufig Veranlassung geben, da offensichtlich ungültige Beschlußfassungen von der beschließenden Mehrheit für gültig gehalten werden können. Correcter erscheint es, hier den Gesellschaftsorganen die Verantwortlichkeit für die vorläufige Nichteintragung zu überlassen und es den Interessenten anheimzugeben, gegen die Gesellschaft, vertreten durch den Vorstand, auf Anerkennung der Gültigkeit zu klagen. Es wird aber immerhin zweckmäßig sein, daß die Entschließung des Vorstandes aus einer ungesäumten Erklärung zum Handelsregister den Interessenten erkennbar wird.

[117] f) Die ordentliche Generalversammlung.

Die ordentliche Generalversammlung ist für den Funktionslauf der Actiengesellschaft wegen der Bilanzgenehmigung der wesentlichste Factor. Die Vorschläge in § 10 haben bereits Sorge dafür tragen wollen, daß nur die Generalversammlung die Bilanz und die Gewinnvertheilungsvorschläge genehmigen und die Gesellschaftsorgane entlasten kann, mag sie auch Personen bestellen, welche vom Vorstand die Rechnung entgegennehmen. Nun kann nicht verkannt werden, daß der Wichtigkeit der Wirkungen dieser Beschlüsse der Grad der Aufklärung, welcher den Actionären über das Rechnungswerk ermöglicht wird, wenig entspricht. Zuvörderst muß festgesetzt werden, daß jeder Actionär eine bestimmte Zeit vor der Generalversammlung auf Verlangen eine Abschrift der Bilanz, der Jahresrechnung, des Jahresberichts des Vorstandes wie des Berichts des Aufsichtsraths erhalten muß und das Inventar einsehen darf.

Aber auch in Voraussetzung der hiernach erlangten Information können sich die Actionäre in einer Zwangslage befinden, wenn sie, über unklare Posten der Bilanz erst in der Generalversammlung vielleicht ungenügende Auskunft erhaltend, in dieser Versammlung die Bilanz genehmigen oder die Genehmigung versagen, bezw. eine Veränderung derselben vornehmen sollen. Es erscheint deshalb angemessen, daß, wenn auch nur ein bestimmter Bruchtheil von Actionären, der sich nicht für ausreichend informirt erachtet, die Vertagung der Beschlußfassung fordert, dieselbe erfolgen muß und eine neue Generalversammlung nach Monatsfrist anberaumt wird, daß auch auf Verlangen dieses Bruchtheils von der Versammlung zwei Personen, seien es Actionäre oder Dritte, zum Zwecke der Prüfung der Bilanz und ihrer Grundlagen, insbesondere der vom gedachten Bruchtheil für zweifelhaft erachteten Posten derselben, und zur Berichterstattung in der neuen Generalversammlung gewählt werden. Auf diesem Wege läßt sich in der That, nachdem bereits die Bilanz in der ersten Generalversammlung ventilirt und die Aufmerksamkeit auf bestimmte Punkte gelenkt worden, eine nähere Detaillirung der Posten und eine wirkliche Information ermöglichen.

In der Genehmigung der Jahresrechnung und Bilanz, wie sie vorbehaltlos in der Regel Seitens der Generalversammlung erfolgt, liegen zwei verschiedene Rechtsacte, einmal das Anerkenntniß des Vorhandenseins oder Nichtvorhandenseins eines Gewinnüberschusses nach der Geschäftsführung, wie sie thatsächlich stattgefunden hat. Dieser Act äußert seine [118] Wirksamkeit gegen die Einzelactionäre nicht in dem Sinne, daß diese, sofern ihnen ein Recht auf den wirklich erzielten Jahresgewinn im Gegensatze zu dem von der Generalversammlung festgesetzten zusteht, durch Beschlüsse der Generalversammlung verhindert werden könnten, den erweislich gemachten Reingewinn zu fordern, aber in dem Sinne, daß sie den durch die Bilanzgenehmigung Seitens der Generalversammlung approbirten Reingewinn, soweit er statutengemäß auf die Actionäre entfällt, ohne weiteren Nachweis, daß er wirklich erzielt worden ist, fordern können und es Sache der Gesellschaft, eventuell den Beweis eines Irrthums der Bilanz zu führen[87]. Sodann enthält aber die Genehmigung der Rechnung und der Bilanz die Anerkennung getreuer Geschäftsführung Seitens der Geschäftsorgane oder doch die Entlastung von der Verantwortlichkeit aus der Geschäftsführung, soweit die Geschäftsergebnisse in die Rechnung aufgenommen sind, vorbehaltlich der Anfechtung wegen dolus und Irrthum. Eine Generalversammlung, welche vorbehaltlos eine Bilanz genehmigt, welche unter den Passiven bestimmte Ausgaben oder Geschäftsverluste enthält, erachtet damit jene Ausgaben für justificirt und den Verlust auch den Geschäftsführern gegenüber die Gesellschaft treffend. Diese beiden Rechtsacte muß man außeinanderhalten, wenn man sich über die von manchen Seiten aufgestellte Meinung[88], die alljährlichen Dechargeertheilungen an die Gesellschaftsorgane sollten wegfallen

[87] Vergl. Entsch. d. R. O. H. G. Bd. XIX, S. 274, Bd. XI, S. 119, Bd. XVIII, S. 153; Bd. XIX, S. 143.

[88] So Bamberger auf dem Volkswirthschafts-Kongreß und Hecht loc. cit. S. 123.

und die Gesellschaftsorgane ihre Verantwortlichkeit dauernd tragen, schlüssig machen will. Es ist nicht zu leugnen, daß für den alljährlichen Dechargebeschluß die Grundlage einer genauen Information sehr häufig fehlt. Sehr oft tritt das Material für die Beurtheilung der Geschäftsführung erst später an der Hand nachträglicher Mißerfolge hervor.

Das bisherige Gesetz schreibt eine jährliche Decharge nicht vor. Der Art. 239 Abs. 2 u. 3 H. G. B. kann nicht als eine solche Vorschrift angesehen werden. Die Bilanzgenehmigung behufs Dividendenvertheilung steht mit einer Dechargeertheilung oder auch nur mit einer wirklichen Rechnungsabnahme mit der Pflicht zur Monitur oder Anerkennung in keiner so unlöslichen Verbindung, daß das Eine ohne das Andere unterbleiben müßte. Nach allgemeinen Rechtsgrundsätzen sind drei Akte zu unterscheiden: die Legung der Rechnung, die alljährlich stattfinden muß, die Abnahme derselben, d. i. die Erklärung, ob und welche Posten beanstandet werden, und die Quittungserklärung, – d. i. die Entlastung auf Grund der gelegten oder berich- [119] tigten Rechnung. Die Generalversammlung kann sich sehr wohl darauf beschränken, lediglich auf Grund der gelegten Rechnung eine Dividende festzusetzen, bezw. deren Vertheilung zu beschließen, ohne selbst in eine Rechnungsabnahme einzutreten. Sie prüft die Bilanz lediglich unter dem Gesichtspunkte, ob sie der richtige Ausdruck der factischen Ergebnisse der Geschäftsführung ist, allerdings daher auch, ob die wirklich gemachten Geschäfte auch vollständig angegeben sind, läßt es aber unerörtert, ob nicht die Gesellschaftsorgane für bestimmte Ausgaben als unberechtigt, oder für bestimmte Geschäftsverluste verantwortlich sind. Durch die Einziehung des zu leistenden Ersatzes könnte höchstens noch ein Plus an Dividende entstehen, die geführten Geschäfte bleiben immer, gleichviel wie sie geführt, Geschäfte der Gesellschaft und, wenn sich nachträglich aus einem fortlaufenden Geschäfte, für welches ein erlangter Gewinn in die diesjährige Bilanz aufgenomen, im nächsten Geschäftsjahre Verluste ergeben, für welche die Gesellschaftsorgane wegen eines durch Eingehung des ganzen Geschäfts beseitigten Mangels an Vorsicht verantwortlich sind, so kann von der Gesellschaft nicht das ganze Geschäft zurückgewiesen, sondern nur unter Anrechnung des erlangten Gewinns der Schaden ersetzt verlangt werden, welcher den Actionären des Geschäftsjahres, in welchem der Verlust eingetreten, zukäme.

Es stünde demnach in dieser Richtung dem gesetzlichen Verbot einer Decharge, bezw. einer ausdrücklichen Rechnungsabnahme, so daß die Gesellschaftsorgane während der Verjährungszeit – nach preuß. Recht 5 Jahre von jeder Rechnungslegung ab, vergl. § 154 I 14 A. L. R. – haftbar blieben, nichts entgegen.

Allein andrerseits darf man doch nicht vergessen, daß den Gesellschaftsorganen bei Legung gehöriger Rechnung auch ein Recht auf Abnahme, bez. auf Erklärung, ob und was beanstandet wird, und auf Entlastung, falls keine Monita zu ziehen sind, zur Seite steht und stehen muß. Es kann ihnen nicht zugemuthet werden, sich auf weite Zeiträume hinaus der Belege für ihre Geschäftsführung wie aller sonst erforderlichen Beweismittel zu versichern. Sie können zu diesem Zwecke gerichtliche Abnahme der Rechnung eventuell fordern. Dieses allgemeine Recht kann man für die Verwaltung des Vermögens von Actiengesellschaften nicht aufheben wollen, zumal wenn man erwägt, daß ausscheidende Mitglieder der Gesellschaftsorgane sich die Belege nicht mitnehmen können und daß [120] jede Fortsetzung der Geschäftsführung die Scheidung zwischen den Wirkungen der bisherigen Thätigkeiten und den darauf folgenden erschwert. Hebt man aber dieses Recht nicht auf, so kommt man dazu, entweder die Gesellschaftsorgane zu Rechnungsabnahmeprozessen für jedes Geschäftsjahr zu zwingen oder, falls sie das im Interesse ihrer Geschäftsherrn unterlassen, ihnen dafür Nachweisungspflichten für längst verflossene Geschäftsperioden aufzubürden. Mit offenbar unbilligen Anforderungen wird man aber am wenigsten dem Bedürfniß der Gesellschaften gerecht werden, geeignete Mitglieder ihren Organe zu gewinnen.

Es empfiehlt sich hier als Mittelweg, daß man ebenfalls einem bestimmten Bruchtheil von Actionären das Recht einräumt, die Aussetzung der Rechnungsabnahme, bez. des Entlastungsbeschlusses, sei es im Ganzen oder in Betreff bestimmter Posten bis zur nächsten ordentlichen Generalversammlung – also auf ein Jahr – zu fordern und zu verlangen, daß besondere Revisoren durch Einsicht der Geschäftsbücher und Schriften und Berichterstattung die Beschlußfassung vorbereiten. Dieser Vertagung werden sich dann auch die Gesellschaftsorgane allerdings fügen müssen. Das hier bereits vorgeschlagene Recht der Vertagung der Beschlußfassung der Bilanz auf einen Monat hat eine andere Tendenz. Es soll damit die bessere Prüfung der Bilanz als richtigen Ergebnisses der thatsächlichen Geschäftsführung behufs der Dividendenfestsetzung gewonnen werden.

Endlich bedarf die Vorschrift des Art. 239 Abs. 1 H. G. B. insofern einer Berichtigung, als es die von der Generalversammlung genehmigte Bilanz ist, welche innerhalb bestimmter Frist nach der Genehmigung durch die Gesellschaftsblätter zu veröffentlichen ist.

Hiernach gehen unsere Vorschläge dahin:

„Jedem Actionär ist spätestens vierzehn Tage vor der ordentlichen Generalversammlung auf Verlangen die Bilanz des verflossenen Geschäftsjahres nebst dem Jahresbericht des Vorstandes und dem Bericht des Aufsichtsraths in Abschrift kostenfrei am Sitze der Gesellschaft mitzutheilen, auch das aufgenommene Gesellschaftsinventar und die Jahresrechnung daselbst vorzulegen. Einem in der ordentlichen Generalversammlung gestellten Antrage, die Beschlußfassung über die Genehmigung der Bilanz und der Gewinnvertheilungsvorschläge auszusetzen und zu diesem Zwecke [120] eine neue Generalversammlung zu berufen, muß stattgegeben werden, wenn der Antrag die Zustimmung eines Drittels aller in der Generalversammlung vertretenen Stimmberechtigungen findet.

Es ist alsdann die neue Generalversammlung zu einem nach Monatsfrist stattfindenden, aber nicht über zwei Monate hinaus liegenden Termine zu berufen.

Unter den gleichen Voraussetzungen muß in der Abs. 1 oder 2 erwähnten Generalversammlung einem Antrage auf Aussetzung der Beschlußfassung über die Entlastung der Gesellschaftsorgane in Betreff der gelegten Jahresrechnung oder einzelner Posten derselben und Ueberlassung dieser Beschlußfassung an die nach Ablauf des dem Rechnungsjahr nächstfolgenden Geschäftsjahres stattfindende ordentliche Generalversammlung stattgegeben werden.

Ist im Gesellschaftsvertrage ein besonderes Revisionsorgan nicht vorgesehen und wird mit den gedachten Anträgen zugleich der Antrag auf Wahl von Revisoren zur Prüfung der Bilanz und Jahresrechnung oder der Jahresrechnung behufs Entlastung verbunden, so erfolgt sofort die Wahl zweier Revisoren durch die Generalversammlung. Dieselben brauchen nicht Actionäre zu sein. Sie können von allen Büchern und Schriften der Gesellschaft Einsicht nehmen und haben in den zur Fassung der ausgesetzten Beschlüsse stattfindenden Generalversammlungen über das Ergebniß ihrer Prüfung in Bezug auf jene Beschlußgegenstände Bericht zu erstatten.

Die genehmigte Bilanz ist Seitens des Vorstandes innerhalb vierzehn Tagen nach der Genehmigung in den für die Bekanntmachungen der Gesellschaft durch den Gesellschaftsvertrag bestimmten öffentlichen Blättern zu veröffentlichen."

Die gesammten Vorschläge dieses Paragraphen sind auf die Commanditgesellschaft übertragbar. Selbstverständlich verbleibt die Einschränkung, daß Vertragsänderungen nur mit Genehmigung der Complementare zulässig sind und sich daher die gegebenen Vorschriften lediglich auf die Gültigkeit des Zustimmungsbeschlusses der Commanditisten beziehen.

§ 13. Die Bilanz. (Von einem Abdruck wird abgesehen; es wurde anheimgegeben zu gestatten, die Kosten der Organisation als Aktiva auf 5 Jahre zu verteilen.)

§ 14. Auflösung der Gesellschaft und Liquidation.

[125] „*a)* Ein oder mehrere Actionäre, deren Actien zusammen den zehnten Theil des Grundkapitals darstellen, können die Auflösung der Gesellschaft vor Ablauf der für ihre Dauer bestimmten Zeit und ohne Rücksicht auf einen die Auflösung ablehnenden Beschluß der Generalversammlung im Wege der Klage gegen die Gesellschaft verfolgen, sofern für die Auflösung wichtige Gründe vorhanden sind. – Die Beurtheilung, ob solche Gründe anzunehmen, bleibt dem Ermessen des Richters überlassen.

b) Ungeachtet der Auflösung der Actiengesellschaft kommen bis zur Beendigung der Liquidation in Beziehung auf das Rechtsverhältniß der Actionäre zu einander und zur Actiengesellschaft, der Actiengesellschaft zu Dritten sowie in Beziehung auf die Organe der Actiengesellschaft und ihre Rechte und Pflichten die bisher aufgeführten Vorschriften zur Anwendung, soweit sich nicht aus den nachfolgenden Bestimmungen etwas Anderes ergiebt oder sie mit dem Wesen der Liquidation unvereinbar sind.

c) Die Liquidatoren treten an die Stelle des Vorstandes und unterliegen allen für den Vorstand normirten Vorschriften und Verantwortlichkeiten.

d) Auf den Antrag eines oder mehrerer Actionäre, deren Actien zusammen den zehnten Theil des Grundkapitals darstellen, oder des Aufsichtsraths kann trotz entgegenstehender Bestimmungen des Gesellschaftsvertrages oder Beschlüsse der Generalversammlung die Ernennung von Liquidatoren aus wichtigen Gründen durch den Richter erfolgen.

[126] Der Richter kann Personen zu Liquidatoren ernennen, welche nicht Actionäre sind. Die Bestellung von Liquidatoren durch die Gesellschaft kann Seitens der Generalversammlung jederzeit widerrufen werden. Die Abberufung derselben sowie der vom Richter ernannten durch den Richter kann unter denselben Voraussetzungen, wie die Ernennung Seitens des Richters, stattfinden.

e) Die Ermächtigung zur Veräußerung von unbeweglichen Sachen oder von der Gesellschaft betriebener gewerblicher Anlagen oder Kaufmannshandlungen ohne öffentliche Versteigerung kann den Liquidatoren trotz entgegenstehender Bestimmung des Gesellschaftsvertrages nur durch einen Generalversammlungsbeschluß ertheilt werden, welcher den gesetzlichen Erfordernissen eines Beschlusses auf Abänderung des Gesellschaftsvertrages entspricht. Die Liquidatoren haben sofort beim Beginne der Liquidation eine Bilanz aufzustellen. Ergiebt diese oder eine später aufgestellte Bilanz, daß das Vermögen der Gesellschaft nicht mehr die Schulden deckt, so haben sie sofort die Eröffnung des Konkurses zu beantragen.

f) Dem Aufsichtsrath liegt während der Liquidation in mindestens drei monatlichen Fristen die Prüfung des Abwicklungsgeschäfts sowie der von den Liquidatoren mit Abschluß der Liquidation der Generalversammlung zu legenden Rechnung und die Berichterstattung über diese Rechnung an die Generalversammlung ob.

g) Ueberschreitet die Liquidation die Dauer eines Jahres, so haben die Liquidatoren innerhalb der ersten drei Monate nach Ablauf des Jahres und ebenso beim Verlaufe weiterer Jahre eine Generalversammlung zu berufen und dieser über den Stand der Liquidation Auskunft zu ertheilen. Auch hat in diesen Generalversammlungen der Aufsichtsrath Bericht über seine Prüfung des Standes der Liquidation zu erstatten.

h) Innerhalb vier Wochen nach Abhaltung der Generalversammlung haben die Liquidatoren Ausweise über den Stand der Abwickelung und nach Beendigung der Liquidation über deren Ergebniß durch die Gesellschaftsblätter zu veröffentlichen, auch ein Exemplar der Gesammtrechnung über das Abwickelungsgeschäft unter Angabe der bei der Vertheilung des Vermögens an die Actionäre beobachteten Grundsätze zum Handelsregister einzureichen.

i) Die Liquidatoren haben, selbst wenn sie vom Richter bestellt sind, den Actionären gegenüber bei der Geschäftsführung den durch Generalversammlungsbeschlüsse getroffenen Anordnungen, soweit sie mit dem Gesetz nicht in Widerspruch stehen, Folge zu geben.

Die Vertheilung des nach Deckung der Schulden verbleiben- [127] den Gesellschaftsvermögens unter die Actionäre und die Auseinandersetzung unter denselben erfolgt nach Maßgabe ihrer vertragsmäßigen Antheilsrechte."

§ 15. Verjährung.

[128] Es verjähren innerhalb *fünf* Jahren und zwar:

1. von der Errichtung der Gesellschaft ab alle in diesem Titel vorgesehenen Ansprüche aus der Gründung der Gesellschaft gegen die Gründer auf Ersatz von Schaden, Ergänzung von Gesellschaftsvermögen und Herausgabe von Vortheilen Seitens der Actiengesellschaft, der Gesellschaftsgläubiger und dritter Personen,

2. von dem Tage der Einreichung des die Jahresbilanz genehmigenden Beschlusses der ordentlichen Generalversammlung zum Handelsregister ab alle Ansprüche der ad 1. gedachten Art gegen die Mitglieder des Vorstandes und Aufsichtsraths der bestehenden Gesellschaft auf Grund ihrer Geschäftsführung und Ueberwachung derselben während des abgeschlossenen Geschäftsjahres sowie ihrer Kundgebungen in Bezug auf dasselbe bis zur gedachten Generalversammlung und in derselben Seitens der Actiengesellschaft, der Gesellschaftsgläubiger und dritter Personen.

Es verjähren innerhalb *zwei* Jahren,

3. vom Tage der Zahlung der Zinsen oder Dividenden ab alle Ansprüche wider die empfangenen Actionäre auf Rückgewähr derselben als zu Unrecht bezogen – Art. 218 H. G. B.

4. vom Tage der Einreichung des Protokolls über die beim Abschluß der Liquidation berufene Generalversammlung zum Handelsregister ab alle Ansprüche der ad 1. gedachten Art gegen die Liquidatoren und die Mitglieder des Aufsichtsraths der aufgelösten Gesellschaft auf Grund der Führung und Ueberwachung der Liquidation und der Vertheilung des Gesellschaftsvermögens unter die Actionäre Seitens der Actiengesellschaft, der Gesellschaftsgläubiger, der Actionäre und dritter Personen.

5. vom Tage der verletzenden Ausübung eines Stimmrechts ab alle Ansprüche auf Schadensersatz gegen diejenigen Personen, welche den gesetzlichen Vorschriften zuwider ein Stimmrecht ausgeübt oder zu der Ausübung mitgewirkt haben, Seitens der dadurch Beschädigten. – Ansprüche Dritter, welche auf Vertragsverhältnissen mit den verantwortlichen Personen beruhen, werden durch diese Verjährung nicht betroffen. Auch bleibt, wenn die verantwortlichen Personen wegen eines Verbrechens oder wegen einer mit Gefängniß bedrohten Handlung durch Strafurtheil rechtskräftig verurtheilt werden, diese Verjährung

gegenüber allen aus jener Handlung herzuleitenden Ansprüchen ausgeschlossen[89].

§ 16. Beweisvorschriften in Betreff der Civilverantwortlichkeit und Strafvorschriften.

[129] Als Consequenzen bereits früher vorgenommener Erörterungen und um den aufgestellten Geboten und Verboten die erforderliche Wirkung zu verleihen, erscheinen uns folgende Vorschläge angemessen:

a) Bei allen in diesem Titel vorgesehenen Ansprüchen wider Gründer, Mitglieder des Vorstandes und Aufsichtsrathes, Liquidatoren und Actionäre auf Schadensersatz, Ergänzung des Gesellschaftsvermögens und Herausgabe von Vortheilen entscheidet [130] das Gericht über die Wahrheit der thatsächlichen Behauptungen unter Berücksichtigung des gesammten Inhalts der Verhandlungen nach freier Ueberzeugung. Es hat ebenso unter Würdigung aller Umstände über die Höhe des zu ersetzenden Schadens nach freiem Ermessen zu erkennen[90].

b) Die Mitglieder des Vorstandes werden, insofern sie nach allgemeinen Strafgesetzen keiner strengeren Ahndung unterliegen, mit Gefängniß bis zu einem Jahre bestraft,

1. wenn sie Namens der Gesellschaft Verträge abschließen, an denen sie ein dem Gesellschaftsinteresse zuwiderlaufendes eigenes Interesse haben, oder ohne Genehmigung der Generalversammlung entweder mit der Gesellschaft für eigene oder fremde Rechnung Verträge abschließen, oder an sich von Anderen mit der Gesellschaft geschlossenen Geschäften auf Seiten des Gegencontrahenten der Gesellschaft betheiligen,

2. wenn sie wissentlich

a) ungültige Actien oder Actienantheile (Promessen, Interimsscheine) ausgeben – vergl. § 5 sub i) und l),

b) Actien auf den Inhaber vor Einzahlung des vollen Nominalbetrages ausgeben (Art. 222 Nr. 1), oder mit den Zeichnern Abmachungen treffen, welche darauf abzielen, die diesen obliegende volle Baareinzahlung zu vereiteln oder der Wahrheit zuwider als erfolgt darzustellen,

c) in den ihnen und dem Aufsichtsrath bis zur erfolgten Volleinzahlung von Inhaberactien obliegenden halbjährlichen öffentlichen Bekanntmachungen des Betrages der von jedem Actionär geleisteten Einzahlungen falsche Angaben machen,

d) Actien (Interimsscheine, Promessen) auf eine Erhöhung des Grundkapitals vor Vollzahlung des bisherigen Grundkapitals oder unter dem veröffentlichten Emissionscourse ausgeben – vergl. § 7 sub m,

[89] Dieser Satz ist von Pape im Original gestrichen worden. Im übrigen wurde die Anwendbarkeit der Bestimmungen auf die KGaA befürwortet. (Anm. des Hrsg.)

[90] Gelangt das Gesetz nicht vor der Deutschen Civilprozeßordnung in Wirksamkeit, so ist diese Bestimmung wegen §§ 259, 260 Civil-Prozeß-Ordnung entbehrlich.

e) das Verzeichniß über die behufs Theilnahme an den Generalversammlungen hinterlegten Actien oder das Verzeichniß über die in der Generalversammlung vertretenen Actien falsch aufstellen,

f) eigene Actien der Gesellschaft für dieselbe als Pfand annehmen oder mit dem Vermögen der Gesellschaft zu anderen Zwecken als zu entsprechend Art. 248 H. G. B. erfolgender Minderung des Grundkapitals oder einer nach Art. 215 H. G. B. zulässigen Amortisation erwerben,

g) ohne Beobachtung der gesetzlichen Bestimmungen (Art. 245, 248 H. G. B.) das Grundkapital an die Actionäre ganz oder theilweise zurückbezahlen oder die Actionäre von den Verbindlichkeiten in Betreff rückständiger [131] Einlagen befreien,

h) der Generalversammlung unrichtige Jahresbilanzen vorlegen oder Zinsen oder Dividenden gegen die Bestimmung des Art. 217 H. G. Bs. zahlen,

i) in den der Generalversammlung gemachten Vorlagen oder in den in derselben gehaltenen Verträgen den Stand der Gesellschaft unwahr darstellen oder verschlimmern. – Die gleiche Strafe trifft die Mitglieder des Aufsichtsraths und die Liquidatoren, soweit ihnen Handlungen der gedachten Art zur Last fallen, Mitglieder des Aufsichtsraths auch, wenn sie zu den ad 2 a) bis i) aufgeführten Handlungen, möchten sie auch von den Mitgliedern des Vorstandes unwissentlich begangen sein, wissentlich mitwirken.

c) die Mitglieder des Vorstandes sowie die Liquidatoren werden mit Gefängniß bis zu drei Monaten bestraft,

1. wenn durch ihre Schuld während eines Zeitraums von mehr als drei Monaten die Gesellschaft ohne Aufsichtsrath geblieben ist oder in demselben die zur Beschlußfähigkeit erforderliche Zahl von Mitgliedern gefehlt hat,

2. wenn sie sich beharrlich ohne ausreichenden Grund weigern, dem Auftrage des Handelsgerichts, eine Generalversammlung zu berufen – vergl. insbesondere hier § 12 No. c – oder die Handelsbücher und Schriften zur Einsicht an Revisoren vorzulegen, Folge zu leisten,

3. wenn sie im Falle des Art. 240 Abs. 1 H. G. B. es unterlassen, die unverzügliche Anzeige an eine zu berufende Generalversammlung zu machen oder im Falle des Art. 240 Abs. 2 H. G. B. die Zahlungen nicht einstellen[91].

Die Bestimmung ad No. 2 ist auf die Mitglieder des Aufsichtsraths anwendbar, wenn dem Aufsichtsrath die Berufung der gewöhnlichen Generalversammlungen im Gesellschaftsvertrage übertragen ist.

d) Die Mitglieder des Vorstandes und die Liquidatoren unterliegen Ordnungsstrafen von fünfzehn bis sechshundert Mark, wenn sie es innerhalb der gesetzlich bestimmten Fristen unterlassen, die Generalversammlungen zu berufen – Art. 239 H. G. B., § 12 No. c), § 14 sub f) und g) –, das Verzeichniß der

[91] Der zweitgedachte Fall ad 3 ist im § 260 No. 1 der Deutschen Gemeinschuldordnung vorgesehen und mit derselben Strafe bedroht.

Actionäre, welche ihre Actien hinterlegt, abschließen zu lassen und dasselbe wie die Jahresrechnung, das Inventar und die Bilanz zur Einsicht auszulegen, die vom Gesetz erforderten Nachweise und Bilanzen zu veröffentlichen – Art. 239 H. G. B., § 12 No. a) 2 und f), § 14 sub h), § 16 b), 2 c) –, die Protokolle über die abgehaltenen Generalversammlungen zum Handelsregister einzureichen und die Aenderungen des Gesellschaftsvertrages zur Eintragung anzumelden [132] – § 12 b) – oder wenn sie den in Betreff aller dieser sowie aller sonstigen ihnen obliegenden Verpflichtungen vom Handelsgericht gemachten besonderen Auflagen innerhalb der dafür bestellten Fristen nicht nachkommen. Soweit die Handlungen dem Aufsichtsrath obliegen, unterliegen dessen Mitglieder den gedachten Ordnungsstrafen.

e) Mit Gefängniß bis zu drei Monaten oder mit Geldbuße bis zu 3000 Mark wird bestraft, insofern nicht nach allgemeinen Strafgesetzen eine strengere Ahndung eintritt,

1. wer in einer Generalversammlung dadurch, daß er sich oder einen Dritten fälschlich als Eigenthümer von das Stimmrecht begründenden Actien ausgiebt, ein ihm nicht gebührendes Stimmrecht im eigenen Namen oder im Namen des Dritten ausübt, sowie derjenige, welcher ihm die Actien zu diesem Zwecke überlassen hat,

2. wer als Actionär in Generalversammlungen durch Mitstimmen zu Beschlüssen mitwirkt, welche seine Entlastung von einer der Gesellschaft gegenüber begründeten Verantwortlichkeit oder den Abschluß eines Rechtsgeschäfts Seitens der Gesellschaft, an dessen Vortheilen er in noch anderer Weise als in seiner Eigenschaft als Actionär betheiligt ist, bezwecken,

3. wer wissentlich Bescheinigungen zum Nachweis einer behufs Theilnahme an den Generalversammlungen erfolgten Hinterlegung von Actien der Wahrheit zuwider ausstellt – § 12 No. a) 2. –.

§ 17. Individualrechte. No. 16, 17 der Denkschrift.

[134] An verschiedenen Stellen dieser Vorschläge sind bereits Rechte der Einzelactionäre oder eines Bruchtheils von Actionären zur gesetzlichen Anerkennung vorgeschlagen.

Es bedarf hier nur noch der Erörterung des Rechts eines Bruchtheils von Actionären, beim Verdacht einer Mißwirthschaft eine Revision der Geschäftsführung bei Gericht zu beantragen, sowie des Rechts des Einzelactionärs auf Anfechtung und Inhibirung für ungültig erachteter Generalversammlungsbeschlüsse und auf selbständige Verfolgung der Schadensansprüche der Gesellschaft wider die Gründer und die Gesellschaftsorgane. Es darf hierbei nicht außer Betracht gelassen werden, daß es sich um Rechte handelt, welche in den normalen Functionslauf der Gesellschaften eingreifen und daher ihre Ausübung von bestimmten Cautelen abhängen muß. Als Regel muß der Gesetzgeber annehmen dürfen, daß die den Gesellschaftsorganen verliehenen Machtbefugnisse legal gehandhabt werden und die in den Generalversammlungen sich bethätigenden Mehrheiten legal und im Interesse der Gesellschaft verfahren. Bei entgegengesetzter Voraussetzung wäre es zweckmäßiger, die Gesellschaftsform, statt ihr durch lediglich aus Mißtrauen aufgestellte Hindernisse die gestattete Existenz zu verkümmern, zu beseitigen. Soll auch den Einzelactionären die Möglichkeit der Geltendmachung berechtigter Interessen nicht versagt werden, so darf doch nicht vergessen werden, daß die gewährten Mittel auch zur Schikane und absichtlichen Schädigung der Gesellschaftsinteressen benutzt werden können.

1. In Betreff des *Rechts der Revision der Geschäftsführung* schlagen wir vor:

„Ein Actionär oder mehrere Actionäre, deren Actien zusammen mindestens den zehnten Theil des Grundkapitals darstellen, können, sofern sie die Behauptung glaubhaft zu machen vermögen, daß bei der Errichtung oder Geschäftsführung der Gesellschaft Unredlichkeiten oder gröbliche Verletzungen des Interesses der Actionäre verübt sind, beim Handelsgericht die Vornahme einer Untersuchung der von ihnen behaupteten Thatsachen bei der Geschäftsführung während eines bestimmten Zeitraums beantragen. Sie haben bei Stellung ihres Antrages ihre Actien nebst laufenden Zins- und Dividendenscheinen zu hinterlegen.

Das Gericht entscheidet über den Antrag nach Anhörung des Vorstandes und, sofern auch der Aufsichtsrath [135] seine Zuziehung verlangt, des Aufsichtsrathes der Gesellschaft in mündlicher Verhandlung.

Das Gericht kann die Vornahme der Untersuchung Privatpersonen, welche in dem Verfahren nicht aufgetreten sind, übertragen, oder nach Befinden einen Richter zur Vornahme der Untersuchung mit der Ermächtigung, auch Zeugen, und als solche auch die Mitglieder der Gesellschaftsorgane, sowie Sachverständige eidlich zu vernehmen, beauftragen, auch auf gestellten Antrag nach Befinden gestatten, daß der Untersuchung die Antragsteller oder von ihnen beauftragte Personen beiwohnen.

Das Gericht kann nach Befinden die Anordnung der Untersuchung von der Leistung einer nach freiem Ermessen zu bestimmenden Sicherheit Seitens der Antragsteller wegen des der Gesellschaft aus der Anordnung drohenden Schadens abhängig machen.

Die Entscheidungen des Handelsgerichts sind endgültig.

Eine Ausdehnung der Untersuchung über den Zeitraum von vier Wochen von der Anordnung ab oder auf andere Thatsachen kann nur auf Grund einer neuen Ermächtigung des Gerichts, welcher beim Widerspruch des Gesellschaftsvorstandes eine neue mündliche Verhandlung vorauszugehen hat, erfolgen.

Die ermächtigten Personen sind befugt, im Geschäftslokale der Gesellschaft während der gewöhnlichen Geschäftszeit in Gegenwart des Vorstandes die Bücher der Gesellschaft und alle zur Aufklärung der zu untersuchenden Thatsachen erforderlichen Schriftstücke der Gesellschaft einzusehen. Streitigkeiten über den Umfang des hiernach zustehenden Einsichtsrechts entscheidet das Gericht.

Die ermächtigten Personen haben über ihre Wahrnehmungen dem Gericht schriftlichen Bericht unter Beifügung der aufgenommenen Verhandlungen zu erstatten. Von diesem Bericht nebst Beilagen kann jeder Actionär Einsicht und Abschrift nehmen.

Die hinterlegten Actien sowie ihre noch nicht fälligen Zins- und Dividendenscheine können vor Erledigung der Untersuchung ohne Zustimmung des Vorstandes der Gesellschaft nur im Falle einer Zurücknahme des gestellten Antrages zurückgenommen werden.

Die Antragsteller haften im Falle frevelhafter oder muthwilliger Aufstellung ihrer Behauptungen der Gesellschaft für den derselben schon durch die Stellung des Antrages und die Verhandlung über denselben entstandenen Schaden."

[136] Die Erwägung, daß es sich hier um erhebliche Eingriffe in die freie Verfügung und die Geschäftsführung der Gesellschaft handelt, rechtfertigt, daß die Befugniß hierzu nur den Gerichten und nicht vorhandenen oder besonders zu errichtenden Verwaltungs- oder Controllämtern übertragen wird[92]. Es sind Acte der Gerichtsbarkeit in streitigen Sachen, welche extrahirt werden. Die Abgrenzung des Rechts der Minorität gegenüber der Gesellschaft und ihren legalen Organen fällt in die Sphäre der richterlichen Thätigkeit. Da es sich lediglich um eine Thatbestandsermittelung handelt, welche dann die Actionäre zu Anträgen in der Generalversammlung, Anfechtung von Entlastungsbeschlüssen oder Klagen gegen die Gesellschaftsorgane benutzen mögen, aus welchen aber die um die Untersuchung angegangenen Behörden keine weitere Initiative schöpft, so fällt auch eine etwaige größere Sachkenntniß in Betreff der Gesellschaftsverhältnisse Seitens einer Verwaltungsbehörde nicht ins Gewicht.

2. Was das *Recht der Anfechtung eines Generalversammlungsbeschlusses* anlangt, so kann dieses Recht dem Einzelactionär schon nach heutigem Recht nicht bestritten werden. Es kann sowohl bei Verletzung der wesentlichen Förmlichkeiten in Betreff der Einberufung, Verhandlung und Abstimmung wie bei materieller Unzuständigkeit der Generalversammlung für den Beschluß geltend gemacht werden. Aber es fehlt an Bestimmungen behufs Vermeidung einer Vervielfältigung solcher Anfechtungsprozesse mit etwa verschiedenen Ergebnissen, der Festsetzung einer Frist, innerhalb welcher die Anfechtung allein zulässig, überhaupt an einer organischen Ausbildung der ganzen Materie.

Wir schlagen vor:

„Die Anfechtung eines Beschlusses der Generalversammlung wegen Verletzung wesentlicher Förmlichkeiten oder Ueberschreitung der der Generalversammlung durch Gesetz oder Gesellschaftsvertrag ertheilten Befugnisse im Wege

[92] So auch Art. 123 des Belgischen Gesetzes.

der Klage gegen die Gesellschaft steht jedem Actionär, sowie dem Vorstande [137] und jedem Mitgliede des Vorstandes der Gesellschaft zu.

Ebenso kann jeder Actionär[93] gegen die Gesellschaft auf Aufrechthaltung eines Generalversammlungsbeschlusses klagen, wenn deren Vorstand die Gültigkeit bestreitet.

Auf die Klage auf Ungültigkeitserklärung oder Aufrechthaltung des Beschlusses wird zunächst ein Termin zur Feststellung der streitenden Theile und ihrer Streitgenossen anberaumt. Eine öffentliche Bekanntmachung dieses Termines mit der Aufforderung an alle Actionäre, falls sie als Streitgenossen eines der beiden streitenden Theile in den Prozeß eintreten wollen, bis zu diesem Termine oder in demselben ihren Anschluß zu erklären, erfolgt unter Beifügung einer Klageabschrift durch Anheftung an die Gerichtstafel und im Lokale der Börse, falls eine solche am Sitze des Prozeßgerichts besteht, sowie durch zweimalige Einrückung in die für Bekanntmachungen im Gesellschaftsvertrage vorgesehenen öffentlichen Blätter.

Gehen bis zum Termine noch andere Klagen auf Ungültigkeitserklärung oder Aufrechterhaltung desselben Beschlusses, wenn auch auf andere Gründe gestützt, ein, so werden sie mit der bereits angestellten Klage zum Zwecke gleichzeitiger Verhandlung und Entscheidung verbunden.

Das Gericht stellt in dem Termine die Personen der beiden streitenden Theile und ihrer Streitgenossen sowie ihre Stellung als Kläger oder Beklagte fest.

Wollen Mitglieder des Vorstandes selbt als Kläger die Gültigkeit des Generalversammlungsbeschlusses anfechten, so wird der Gesellschaft für ihre Vertretung im Prozesse Mangels anderer hierzu befugten Vorstandsmitglieder vom Gericht ein Vertreter bestellt.

Gegen die Feststellung des Gerichts ist die sofortige Beschwerde zulässig.

Nach gedachtem Termine kann ein fernerer Beitritt zu einer der Parteien nur mit den Wirkungen der Nebenintervention erfolgen.

Die unter den gemeinschaftlich auftretenden Streitgenossen bestehende Streitgenossenschaft ist eine nothwendige im Sinne des § 59 der Deutschen Civilprozeßordnung. Die Beurtheilung, ob bei der Einberufung der Generalversammlung oder bei den Verhandlungen oder Abstimmun- [138] gen in derselben wesentliche Förmlichkeiten verletzt sind, bleibt dem Ermessen des Gerichts überlassen. Dasselbe hat auch unabhängig von den Ausführungen der Parteien bei seiner Entscheidung zu prüfen, ob der Generalversammlungsbeschluß wider ein Verbotsgesetz verstößt. Das Urtheil, wodurch der Beschluß der Generalversammlung für ungültig erklärt oder aufrechterhalten wird, ist für alle Actionäre, auch die im Prozesse nicht vertretenen, bindend. Durch die Entscheidung

[93] Da jedes Mitglied des Aufsichtsraths Actionär sein muß, ergiebt sich das Anfechtungsrecht der Mitglieder des Aufsichtsraths aus der Actionäreigenschaft.

werden die auf Grund des ungültigen Beschlusses im guten Glauben erworbenen Rechte Dritter nicht berührt.

Mit oder nach Erhebung der Klage auf Ungültigkeitserklärung kann beantragt werden, daß die Ausführung des angefochtenen Beschlusses vorläufig bis zur Entscheidung über dessen Gültigkeit unterbleibe. Ueber diesen Antrag hat das Gericht nach Anhörung des Vorstandes und, sofern auch der Aufsichtsrath seine Zuziehung verlangt, auch des Aufsichtsrathes sofort zu entscheiden und kann demselben, nach seinem Befinden gegen Sicherstellung für den der Gesellschaft aus der Nichtausführung drohenden Schaden, Folge geben.

Gegen einen im Handelsregister eingetragenen Generalversammlungsbeschluß kann ein Antrag auf Ungültigkeitserklärung, sobald drei Monate von der Veröffentlichung der Eintragung ab verflossen sind, nur noch auf Grund eines Verstoßes des Beschlusses wider ein Verbotsgesetz gestellt werden."

Durch diese Vorschriften wird den Interessenten Gelegenheit gegeben, einen Streit über die Gültigkeit eines Generalversammlungsbeschlusses bald und endgültig zu entscheiden. Absichtlich sind Dritte als Interessenten in den Kreis derjenigen, welche an dem Prozesse Theil nehmen und auf welche dessen Ergebniß Wirkung ausüben soll, nicht aufgenommen. Es handelt sich hier lediglich um die Frage der Gültigkeit unter den Actionären.

Dritten gegenüber kann es sich nur darum handeln, ob der Beschluß [139] ihren gesetzlichen oder vertragsmäßigen Rechten gegenüber präjudizierlich ist. In dieser Richtung kann die Entscheidung keine Rechtskraft ausüben und diese Dritten können nicht gezwungen werden, an dem Streit der Actionäre bei Vermeidung der Verbindlichkeit des Urtheils auch gegen sie Theil zu nehmen.

So wünschenswerth es erscheine, die Anfechtbarkeit der Generalversammlungsbeschlüsse an eine kurze Frist zu binden[94], so erscheint uns eine allgemeine Vorschrift in dieser Richtung nicht möglich. Es würde sonst immer eine Anfechtung auch ganz offenbar ungültiger oder verbotswidriger Beschlüsse erforderlich sein, wenn dieselben nicht in Rechtskraft übergehen sollten. Dagegen erscheint, wenn durch Acceptirung der Beschlüsse Seitens der Gesellschaftsorgane und ihre Eintragung im Handelsregister – also bei Aenderungen des Gesellschaftsvertrages – die Präsumtion für die Legalität eingetreten ist, die Frist gerechtfertigt, soweit es sich um Anfechtung wegen Verletzung von Förmlichkeiten oder wegen Statutenwidrigkeiten handelt.

3. Was die *Rechte der Einzelactionäre auf Schadensersatz gegen die Gesellschaftsorgane* anlangt, so ist bereits im § 11 sub b darauf hingewiesen worden, wie das Recht auf Ersatz in erster Reihe der Gesellschaft selbst nur zustehen darf. Als Princip muß demnach festgehalten werden, daß der Einzelactionär mit

[94] Der Oesterr. Gesetzentwurf Art. 224 f. hat 45 Tage von der Beschlußfassung ab, Behrend im Eisenacher Gutachten schlägt 30 Tage vor, S. 77.

eigener Verfolgung von Schadensansprüchen nicht in das normale Verhältniß störend eingreifen darf, vermöge dessen der Vorstand mit Ende jedes Geschäftsjahres der Generalversammlung Rechnung legt und dieser zunächst die Entscheidung zusteht, ob sie ihn, bez. den Aufsichtsrath in Betreff seiner Ueberwachung entlasten will oder nicht. Nur in Anknüpfung an diesen Beschluß über die Entlastung lassen sich die Verfolgungsrechte der Einzelactionäre in geeigneter Weise ordnen.

Versagt die Generalversammlung die Entlastung ganz oder in Rücksicht auf bestimmte Posten, so kommt in Frage, was dem Einzelactionär für Rechte zustehen sollen, wenn die Gesellschaft die hiernach vorbehaltenen Rechte doch nicht verfolgt.

Ertheilt die Generalversammlung die Decharge, so verbleibt der Gesellschaft doch noch das Recht, den Dechargebeschluß aus materiellen Gründen (Betrug des Rechnungslegers, Rechnungsfehler, Omissionen von Geschäften und ihren Ergebnissen) und aus formellen, die Gültigkeit des Zustandekommens des Beschlusses betreffenden Gründen anzufechten.

[140] Auch bei diesen Rechten kann die Frage entstehen, was dem Einzelactionär zusteht, wenn die Gesellschaft sie nicht verfolgt. Die Antwort kann für diese von der Generalversammlung ausdrücklich vorbehaltenen oder ihr trotz des Entlastungsbeschlusses im Wege der Anfechtung zustehenden Rechte nur sein, daß, wenn die Gesellschaft selbst sie innerhalb einer bestimmten Zeit nicht geltend gemacht hat, es dem Einzelactionär zustehen muß, sie Namens der Gesellschaft geltend zu machen und zwar der Regel nach mit der Wirkung, daß das von den verantwortlichen Personen zu Leistende zur Gesellschaftskasse gezahlt wird, der es gebührt und aus welcher es erst unter Umständen im Wege der Nachtragsvertheilung den Einzelactionären zufließen kann. Auszunehmen wird nur der Fall der Anfechtung des Decharge-Generalversammlungsbeschlusses wegen Verletzung der Förmlichkeiten der Beschlußfassung sein. Diese Frage ist nicht zwischen dem Einzelactionär und den dechargirten Organen auszutragen. Vielmehr muß der Einzelactionär entsprechend den Vorschlägen ad 2 gegen die Gesellschaft auf Ungültigkeitserklärung des Beschlusses klagen. Wird hierauf erkannt, so muß die Beschlußfassung der Generalversammlung erwirkt (?) werden.

Von anderen Gesichtspunkten wird die Frage beherrscht, ob es ein Einzelrecht des Actionärs noch in Betreff derjenigen Schadensersatzansprüche der Gesellschaft geben soll, auf welche die Generalversammlung durch ihren Dechargebeschluß in Wahrheit – ohne daß ihr ein Anfechtungsrecht wegen Betruges oder Irrthums zustände – verzichtet hat. Hier jeder abweichenden Einzelmeinung über irgend einen Geschäftsact der Gesellschaftsorgane und eine daraus fließende Verantwortlichkeit derselben das Recht auf Verfolgung eines darauf gegründeten Anspruches zu geben, dürfte zu weit gehen. Von dem Gesichtspunkte aus, daß jeder Actionär allerdings ein Recht darauf hat, daß die

Gesellschaft nach den Gesetzen und dem Gesellschaftsvertrage geleitet werde, wird man demselben nur ein Recht zuerkennen dürfen, trotz des Entlastungsbeschlusses Ersatzansprüche, soweit sie aus Verletzungen ausdrücklicher Vorschriften des Gesetzes oder Gesellschaftsvertrages herzuleiten sind, noch geltend zu machen. Diesen Verletzungen werden, wie dies schon in § 4 No. f S. 36 und 38 und § 5 No. e, n und o S. 45, 57 erwähnt, die Verletzungen schuldiger Sorgfalt Seitens Vorstandes und Aufsichtsraths bei Prüfung der Gründerangaben über Zeichnung und Einzahlung wie über die wesentlichen Momente der [141] Illations- und Ueberlassungsverträge und bei Abschätzung der Werthe im Falle von Illationen nach Errichtung der Gesellschaft, bezw. Erwerbungen innerhalb eines Jahres nach Errichtung als fundamentale Verpflichtungen aus der Gründungszeit gleichzustellen sein.

Was nun aber die Frage anlangt, ob mittels dieser Ansprüche der Einzelactionär Ersatz in dem Umfange, in welchem er der Gesellschaft zustände, zur Gesellschaftskasse oder nach Maßgabe seines individuellen Interesses zur eigenen freien Verfügung soll fordern können, so ist Folgendes zu erwägen:

Dem Einzelactionär steht allerdings nicht das Recht zu, den ganzen Beschluß für nicht geschehen oder ungültig anzusehen[95]. Der Beschluß, von einem Ersatzanspruch wegen einer gesetz- oder statutenwidrigen Handlung abzustehen, ist nicht mit einem gesetz- oder statutenwidrigen Beschluß zu identifiziren. Das Einzelrecht besteht nicht darin, daß ein solcher Beschluß nicht gefaßt werde, sondern darin, daß durch ihn der Schadensanspruch, soweit sein individuelles Interesse daran reicht, nicht beseitigt werde. Die zu erhebende Klage wäre also die delegirte Klage der Gesellschaft, dem Umfange nach bemessen nach dem individuellen Interesse des Einzelactionärs.

Würde der zu zahlende Schadensbetrag nach Inhalt des Jahresabschlusses nur die Dividende der Actionäre vergrößert haben, so würde das individuelle Interesse des Einzelactionärs nur darin bestehen, daß ihm sein Antheil an dieser

[95] In dieser Beziehung herrscht in der französ. und belg. Praxis große Unklarheit. Während man im Allgemeinen unter der action individuelle die Klage auf das eigene Interesse des Einzelactionärs versteht, macht man doch Ausnahmen, wenn – wie es heißt – die action indivisibel ist. Dennoch will Guillery, loc. cit., Bd. III, S. 359–365, vergl. auch II, S. 460 fg., wenn die Generalversammlung die in Competenzüberschreitungen, welche sie gutheißen konnte, bestehenden Statutenwidrigkeiten dechargirt hat, dem daran nicht gebundenen, weil nicht rite geladenen Actionär die action individuelle auf *seinen* Schaden, zur eigenen Verfolgung, wenn aber Statutenwidrigkeiten, welche die Generalversammlung selbst nicht gutheißen konnte, dechargirt wurden, gleichwie behufs Anfechtung der Decharge wegen dolus und omission jedem Actionär nur die action auf Leistung des ganzen Schadensersatzes zur Gesellschaftskasse zuerkennen. Er geht davon aus, daß nur im ersten Falle der Generalversammlungsbeschluß zu berücksichtigen sei, im zweiten nicht.

Summe zur freien Verfügung ausgezahlt werde. Handelt es sich aber nicht um eine bloße Gewinnvermehrung[96] sondern darum, dem Grundkapital oder dem Reservefonds einen Betrag zuzuführen, so kann von einer Theilbarkeit des Interesses nicht gesprochen werden. Das Interesse des Einzelactionärs muß dann immer darin bestehen, daß der ganze Schadensbetrag dem Grundkapital zugeführt werde. Man darf dabei auch nicht unberücksichtigt lassen, daß auch die Gläubiger an der Zuführung des betreffenden Schadensbetrages in das Grundkapital interessirt sind und auch ihnen ein Recht auf Schadensersatz wegen Gesetz- und Statutenwidrigkeiten gegen die Gesellschaftsorgane eingeräumt ist.

Endlich gehört hierher noch das Recht des Einzelactionärs, die Schadensersatzrechte der Gesellschaft gegen die Gründer zu verfolgen, sobald deshalb die Generalversammlung vergeblich angegangen worden.

Es wird für alle diese Rechte als das Regelmäßige auszusprechen sein, daß sie auf Leistung des ganzen Ersatzes zur Gesellschaftskasse gerichtet sind. Zuzulassen wird aber sein, daß, sofern der Verfolgende nachzuweisen vermag, daß ein bestimmter Betrag des Schadensersatzes ihm auf seine Actie [142] zur eigenen Verfügung zufallen würde, er seinen Anspruch auf Leistung dieses Ersatzes an ihn stellen kann, während andererseits im Falle der Verfolgung dechargirten Schadensersatzes wegen Gesetz- und Statutenwidrigkeiten auch den Verfolgten das Recht zustehen soll, beim Nachweis, daß das individuelle Interesse des Verfolgers durch einen ihm zu zahlenden Betrag seine Befriedigung erfährt, die Einschränkung des verfolgten Anspruchs hierauf zu fordern.

Um zu verhüten, daß die Actionäre im Bewußtsein des Schutzes dieser ihrer Interessen erst recht von den Generalversammlungen fern bleiben und es unterlassen, dort zur Bildung der sachgemäßen und dem Gesellschaftsinteresse entsprechender Beschlüsse mitzuwirken, wird auszusprechen sein, daß denjenigen Actionären das Verfolgungsrecht versagt ist, welche ohne Nachweis von Hinderungsursachen den Generalversammlungen, in welchen über die Entlastung bez. Verfolgung entschieden wurde, trotz Kenntniß oder verschuldeter Unkenntniß, daß es sich um die Entscheidung über Ansprüche aus gesetz- oder statutenwidrigen Acten, bez. aus die Gründer verantwortlich machenden Acten handele, fern geblieben sind.

Endlich muß auch hierfür Vorsorge getroffen werden, daß nicht zu verschiedenen Zeiten verschiedene Actionäre das seinem Grunde nach identische Rechte mit in Betreff der Feststellung der Verantwortlichkeit entgegengesetzten Ergebnissen verfolgen.

Hiernach schlagen wir vor:

„*a)* Hat die Gesellschaft die bei der Beschlußfassung über die Entlastung des Vorstandes, der Liquidatoren oder des Aufsichtsrathes von der Generalver-

[96] Im Original ist verbessert in: „Vermehrung des auszuzahlenden Gewinns" (Anm. des Hrsg.).

sammlung gegen diese Organe vorbehaltenen Rechte oder das Recht auf Anfechtung des Entlastungsbeschlusses wegen Betruges, Rechnungsfehler oder aus der Jahresrechnung nicht ersichtlicher Geschäfte nicht innerhalb eines Jahres vom Beschlusse über die Entlastung ab klagend geltend gemacht, so steht dem einzelnen Actionär das Recht zu, diese Rechte Namens der Gesellschaft zu verfolgen.

b) Ebenso kann der einzelne Actionär nach erfolgtem Entlastungsbeschlusse der Generalversammlung und ungeachtet desselben die Rechte der Gesellschaft auf Schadensersatz gegen die gedachten Organe aus innerhalb des Zeitraums, für den die Entlastung ertheilt ist, verübten Verletzungen ausdrücklicher Vorschriften der Gesetze oder des Gesellschaftsvertrages wie der diesen Organen bei der Errichtung der Gesellschaft auferlegten Prüfungspflichten – §§ 4 b und f, § 5 e, n und o – noch innerhalb zweier Jahre nach dem Entlastungsbeschlusse verfolgen.

c) Auf die Verfolgung der in diesem Titel normirten Rech- [143] te der Gesellschaft gegen die Gründer steht dem einzelnen Actionär zu, sobald die Generalversammlung die Verfolgung abgelehnt oder die Gesellschaft die beschlossene Verfolgung nicht innerhalb sechs Monaten nach dem Beschluß zur Ausführung gebracht hat.

d) In allen diesen Fällen steht ein Abkommen der Gesellschaft mit den verantwortlichen Personen über den Schadensersatz der Verfolgung des einzelnen Actionärs nur dann entgegen, wenn durch dasselbe nach dem freien Ermessen des Richters das Interesse der Gesellschaft in ausreichender Weise gewahrt ist.

e) Von der Verfolgung der Ansprüche ad b) und c) sind diejenigen Actionäre ausgeschlossen, welche dem Entlastungs- oder Nichtverfolgungsbeschlusse zugestimmt haben, oder, trotz gehöriger Bekanntmachung der Gegenstände der Beschlußfassung ohne ausreichende Hinderungsgründe in der Generalversammlung nicht erschienen sind.

f) Der Actionär kann nach seiner Wahl Leistung des vollen Ersatzes zur Gesellschaftskasse oder des Antheils am Ersatzbetrage, welcher nachweislich ihm selbst von der Gesellschaft auszuantworten wäre, zu eigenen Händen fordern.

Im Falle ad b) können auch die zur Verantwortung gezogenen Personen beim Falle des Nachweises, daß sich das Interesse des Einzelactionärs auf einen bestimmten geringeren Betrag als den Gesammtschaden der Gesellschaft schätzen lasse, die Beschränkung des Anspruchs hierauf fordern.

g) Auf die Seitens eines Actionärs erhobene Klage wird zunächst Termin zur Feststellung aller Streitgenossen des Klägers angesetzt. Es erfolgt die öffentliche Bekanntmachung dieses Termins mit der Aufforderung an alle Actionäre, falls sie als Streitgenossen des Klägers in den Prozeß eintreten wollen, bis zu diesem Termine oder in demselben ihren Anschluß zu erklären, sowie die Verbindung der Sache mit allen bis [144] zum Termin eingehenden, denselben Anspruch verfolgenden Klagen und die Feststellung der Personen der Streitgenossen des Klägers in derselben Weise und mit denselben Wirkungen wie im Falle des Streits über die Gültigkeit eines Generalversammlungsbeschlusses.

Sind nicht sämmtliche Streitgenossen darüber einverstanden, daß die Ansprüche auf Ersatz des Jedem antheilsweise zustehenden Schadensbetrages zu eigenen Händen zu richten sind, so kann der Anspruch nur auf Ersatz des Schadens zur Gesellschaftskasse gestellt werden. Die betreffenden Anträge können im Laufe der ersten Instanz noch geändert werden. Das ergehende Urtheil ist im Betreff der verklagten Personen sowohl soweit es sie für ersatzpflichtig erklärt oder von der Ersatzpflicht losspricht sowie in Bezug auf den ausgesprochenen Umfang des Ersatzes und seiner Leistung an die Gesellschaftskasse oder die Einzelactionäre für alle Actionäre verbindlich."

Die Vorschriften sind auf die Commanditactiengesellschaften übertragbar.

§ 18. Einwirkung des neuen Gesetzes auf die Rechtsverhältnisse der bisherigen Actiengesellschaft. IV. der Denkschrift.

[147] Die Bestimmungen des neuen Gesetzes finden auch auf die bereits bestehenden Actiengesellschaften und Commanditgesellschaften auf Actien, soweit es sich um ihren Geschäftsbetrieb nach Eintritt der Wirksamkeit des neuen Gesetzes und um die Voraussetzungen und Wirkungen nach diesem Eintritt stattfindender Rechtsacte handelt, Anwendung. Insoweit indessen im Gesellschaftsvertrage die Ausübung des Stimmrechts von dem Besitze von mehr als einer Actie abhängig gemacht ist, bleibt diese Bestimmung auch fernerhin in Gültigkeit.

Die Bestimmungen des neuen Gesetzes über die Entscheidung nach freier richterlicher Ueberzeugung in Betreff der Wahrheit der Parteibehauptungen und der Schadenshöhe bei den näher bezeichneten Schadensansprüchen sowie über die Pflicht der Actionäre zur Streitgenossenschaft nebst ihren Wirkungen bei Streitigkeiten über die Gültigkeit eines Generalversammlungsbeschlusses und bei Verfolgung von Ansprüchen der Gesellschaft durch Einzelactionäre finden auf alle unter der Herrschaft des neuen Gesetzes vor Gericht gebrachten Streitigkeiten der gedachten Art, ohne Rücksicht darauf, ob sich die den Anspruch begründende Thatsache vor oder nach der Wirksamkeit des neuen Gesetzes ereignet hat, Anwendung. Soweit Ansprüche, welche nach dem neuen Gesetz bestimmten Verjährungsvorschrif- [148] ten unterstellt sind, sich auf vor der Wirksamkeit des neuen Gesetzes vorgefallene Thatsachen gründen und nicht nach den bisherigen Gesetzen ein früherer Eintritt der Verjährung begründet ist, verjähren sie mit Ablauf der eingeführten Verjährungsfrist vom Zeitpunkt der Wirksamkeit des neuen Gesetzes ab gerechnet.

IV. Entwurf eines Gesetzes, betreffend die Kommanditgesellschaften auf Aktien und die Aktiengesellschaften (Januar 1882)[1]

§ 1. Die Bestimmungen im zweiten Abschnitte des zweiten Titels und im dritten Titel des Handelsgesetzbuchs, Art. 173 bis 249 a, werden durch nachstehende Bestimmungen ersetzt:

Zweiter Abschnitt
Von der Kommanditgesellschaft auf Aktien insbesondere

Art. 173. Das Gesammtkapital der Kommanditisten kann in Aktien zerlegt werden. – Die Aktien sind untheilbar. – Dieselben können auf Inhaber oder auf Namen lauten.

Art. 173 a. Die Aktien müssen, wenn sie auf Namen lauten, auf einen Betrag von mindestens eintausend Mark, wenn sie auf Inhaber lauten, auf einen Betrag von mindestens fünftausend Mark gestellt werden. – Für ein gemeinnütziges Unternehmen kann, wenn das Gesammtkapital der Kommanditisten weniger als eine Million Mark beträgt, der Reichskanzler nach Anhörung der Ausschüsse des Bundesraths für Handel und Verkehr und für Justizwesen die Ausgabe von Aktien, welche auf Namen lauten, zu einem geringeren, jedoch mindestens zweihundert Mark erreichenden Betrage zulassen. – Die vorstehenden Bestimmungen gelten auch von den über das Aktienrecht ausgegebenen Promessen und Interimsscheinen.

Art. 174 (wie Art. 174 Abs. 1 ADHGB).

Art. 175. Der Inhalt des Gesellschaftsvertrages (Statut) muß durch die persönlich haftenden Gesellschafter in gerichtlicher oder notarieller Verhandlung festgestellt werden. – Der Gesellschaftsvertrag muß enthalten: ... 5. die Art der Aktien, ob sie auf Inhaber oder auf Namen lauten, ingleichen die Zahl der einen oder der anderen Art; ... (Abs. 2 ADHGB ist entfallen).

Art. 175 a. Der Aufnahme in den Gesellschaftsvertrag bedürfen Bestimmungen, nach welchen: 1. das Unternehmen auf eine gewisse Zeit beschränkt wird; 2. eine Umwandlung der Aktien rücksichtlich ihrer Art statthaft ist; 3. über gewisse Gegenstände die Generalversammlung der Kommanditisten nicht schon durch einfache Stimmenmehrheit, sondern nur durch eine größere Stimmen-

[1] Wiedergegeben, soweit vom ADHGB in der Fassung von 1870 abweichend, nach der Akte des Reichsamts des Innern, ZStA Potsdam, Nr. 2, Bl. 146–193. – Absätze sind durch Gedankenstriche kenntlich gemacht.

mehrheit oder nach anderen Erfordernissen Beschluß fassen kann; 4. ein Austreten einzelner persönlich haftender Gesellschafter die Auflösung der Gesellschaft nicht zur Folge hat.

Art. 175 b. Jeder zu Gunsten einzelner Gesellschafter bedungene besondere Vortheil muß in dem Gesellschaftsvertrage unter Bezeichnung des Berechtigten festgesetzt werden. — Werden von persönlich haftenden Gesellschaftern oder von Kommanditisten Einlagen, welche nicht in baarem Gelde bestehen, gemacht oder seitens der zur errichtenden Gesellschaft vorhandene oder herzustellende Anlagen oder sonstige Vermögensstücke übernommen, so müssen die Person des Gesellschafters oder des Kontrahenten, der Gegenstand der Einlage oder der Uebernahme und der Betrag der für die Einlage zu gewährenden Kapitalantheile oder Aktien oder die für den übernommenen Gegenstand zu gewährende Vergütung in dem Gesellschaftsvertrage festgesetzt werden. Von diesen Festsetzungen gesondert ist der Gesammtaufwand, welcher zu Lasten der Gesellschaft an Gesellschafter oder andere als Entschädigung oder Belohnung für die Gründung oder deren Vorbereitung gewährt wird, in dem Gesellschaftsvertrage festzusetzen. – Jedes Abkommen der persönlich haftenden Gesellschafter über die vorbezeichneten Gegenstände, welches nicht die vorgeschriebene Festsetzung in dem Gesellschaftsvertrage gefunden hat, ist der Gesellschaft gegenüber unwirksam.

Art. 175 c. Zur Zeichnung der Aktien genügt eine schriftliche Erklärung (Zeichnungsschein). Der Zeichnungsschein hat zu enthalten: 1. das Datum des Statuts und die in Artikel 175 Abs. 2 und 175 b vorgesehenen Festsetzungen; 2. den Zeitpunkt, mit dessen Eintritt die Zeichnung unverbindlich wird, sofern nicht bis dahin die Errichtung der Gesellschaft beschlossen ist. – Zeichnungsscheine, welche diesen Erfordernissen nicht entsprechen, sind zum Nachweise der Zeichnung des Gesammtkapitals der Kommanditisten ungeeignet.

Art. 175 d. Jede Kommanditgesellschaft auf Aktien muß einen Aufsichtsrath haben. Zur Wahl des ersten Aufsichsraths ist die Generalversammlung der Kommanditisten sofort nach der Zeichnung des Gesammtkapitals von den persönlich haftenden Gesellschaftern zu berufen. – Die Mitglieder des Aufsichtsraths haben den Hergang der Gründung zu prüfen. Die Prüfung hat sich insbesondere auf die Zeichnung und Einzahlung des Gesammtkapitals und die in Art. 175 b vorgesehenen Festsetzungen zu erstrecken. Ueber die Ergebnisse der Prüfung ist schriftlich Bericht zu erstatten.

Art. 175 e. Ueber die Errichtung der Gesellschaft muß in einer durch die persönlich haftenden Gesellschafter zu berufenden Generalversammlung der Kommanditisten Beschluß gefaßt werden. — Vor der Beschlußfassung hat sich der Aufsichtsrath über die Ergebnisse der ihm rücksichtlich der Gründung obliegenden Prüfung auf Grund seines Berichts zu erklären. – Die der Errichtung der Gesellschaft zustimmende Mehrheit der erschienenen Kommanditisten muß mindestens ein Viertheil der sämmtlichen Kommanditisten begreifen und der Betrag ihrer Antheile mindestens ein Viertheil des Gesammtkapitals darstellen. Der im Falle des Artikels 175 b betheiligte Gesellschafter hat hierbei kein Stimmrecht. Die Zustimmung aller erschienenen Kommanditisten ist erforderlich, wenn die in den Artikeln 175, Ziffer 1–5 und 175 a bezeichneten Bestimmungen des Gesellschaftsvertrages abgeändert oder die in Art. 175 b vorgesehenen Festsetzungen zu Lasten der Gesellschaft erweitert werden sollen.

Art. 175 f. Auf die Berufung und Beschlußfassung der in Art. 175 d und 175 e bezeichneten Generalversammlungen finden, soweit nicht in letzterem Artikel ein Anderes bestimmt ist, die Regeln entsprechende Anwendung, welche für die Gesellschaft nach der Eintragung maßgebend sind.

Art. 176. Der Gesellschaftsvertrag muß bei dem Handelsgericht, in dessen Bezirk die Gesellschaft ihren Sitz hat, in das Handelsregister eingetragen werden. – Der Anmeldung behufs der Eintragung in das Handelsregister müssen beigefügt sein: 1. in dem Falle des Art. 175 b die den bezeichneten Festsetzungen zum Grunde liegenden oder zu ihrer Ausführung geschlossenen Verträge und eine Berechnung des Gründungsaufwands, in welcher die Vergütungen nach Art und Höhe und die Empfänger einzeln aufzuführen sind; 2. die zum Nachweise der Zeichnung des Gesammtkapitals der Kommanditisten gehörigen Zeichnungsscheine und ein von den persönlich haftenden Gesellschaftern in beglaubigter Form unterschriebenes Verzeichniß der sämmtlichen Kommanditisten, welches die auf jeden entfallenen Aktien sowie die auf letztere geschehenen Einzahlungen angiebt; 3. die Urkunden über die Bestellung des Aufsichtsraths und der von demselben in Gemäßheit des Art. 175 d erstattete Bericht. – Sind rücksichtlich der eingelegten Gegenstände Ermittelungen angestellt, so sollen auch die hierauf bezüglichen Schriftstücke beigefügt werden. – In der Anmeldung ist die Erklärung abzugeben, daß, soweit nicht auf das Kapital der Kommanditisten anzurechnende Einlagen gemacht sind, mindestens ein Viertheil des auf jede Aktie zu leistenden Betrages eingezahlt und den persönlich haftenden Gesellschaftern baar übergeben sei. – Die Anmeldung muß von sämmtlichen persönlich haftenden Gesellschaftern und sämmtlichen Mitgliedern des Aufsichtsraths vor dem Handelsgerichte unterzeichnet oder in beglaubigter Form eingereicht werden. – Die der Anmeldung beigefügten Schriftstücke bleiben mit Ausnahme der Zeichnungsscheine, welche den persönlich haftenden Gesellschaftern zurückgegeben werden, bei dem Handelsgericht in Urschrift oder in beglaubigter Abschrift zur Einsicht der Kommanditisten niedergelegt.

Art. 177. Der eingetragene Gesellschaftsvertrag ist im Auszuge von dem Handelsgerichte zu veröffentlichen. — Die Veröffentlichung muß enthalten: 1. das Datum des Gesellschaftsvertrages und die in Art. 175 Abs. 2, 175 a Ziffer 1 und 4 und 175 b bezeichneten Festsetzungen; 2. den Namen, Stand und Wohnort der Mitglieder des Aufsichtsraths.

Art. 178. Vor erfolgter Eintragung in das Handelsregister besteht die Kommanditgesellschaft als solche nicht. – Ist vor der Eintragung im Namen der

Gesellschaft verhandelt worden, so haften die Handelnden persönlich und solidarisch.

Art. 179. Die Vorschriften der Artikel 152 und 153 sind auch bei der Kommanditgesellschaft auf Aktien zu befolgen; die Anmeldung muß die in Art. 177 Ziffer 1 und 2 bezeichneten Angaben enthalten.

Art. 180. Der Gesellschaft sind die persönlich haftenden Gesellschafter für die Richtigkeit und Vollständigkeit ihrer Angaben rücksichtlich der Zeichnung und Einzahlung des Kapitals der Kommanditisten, sowie rücksichtlich der in Art. 175 b vorgesehenen Festsetzungen solidarisch verhaftet; sie haben unbeschadet der Verpflichtung zum Ersatze des sonst etwa entstandenen Schadens, insbesondere einen an der Zeichnung des Gesammtkapitals der Kommanditisten fehlenden Betrag zu übernehmen, fehlende Einzahlungen zu leisten und eine Vergütung, welche nicht unter den zu bezeichnenden Gründungsaufwand aufgenommen ist, zu ersetzen. Von dieser Verbindlichkeit ist ein persönlich haftender Gesellschafter befreit, wenn er beweist, daß er ohne Verletzung der Sorgfalt eines ordentlichen Kaufmannes keine Kenntniß von der Unrichtgkeit oder Unvollständigkeit gehabt hat. – Für den Ersatz einer Vergütung, welche nicht unter den zu bezeichnenden Gründungsaufwand aufgenommen ist, haften der Gesellschaft außer den persönlich haftenden Gesellschaftern solidarisch der Empfänger, wenn er zur Zeit des Empfanges wußte, oder nach den Umständen annehmen mußte, daß die Verheimlichung beabsichtigt oder erfolgt war, und jeder Dritte, welcher zur Verheimlichung wissentlich mitgewirkt hat. – Ist die Gesellschaft durch Einlagen oder Uebernahmen der im Art. 175 b bezeichneten Art böslicher Weise von persönlich haftenden Gesellschaftern geschädigt, so sind ihr die letzteren und jeder Dritte, welcher zu der böslichen Handlungsweise wissentlich mitgewirkt hat, solidarisch zum Schadensersatz verpflichtet. – Für einen durch Zahlungsunfähigkeit eines Kommanditisten entstehenden Ausfall haften der Gesellschaft solidarisch die persönlich haftenden Gesellschafter, welche bei der Anmeldung des Gesellschaftsvertrages die Zahlungsunfähigkeit kannten.

Art. 180 a. Wer vor Ablauf von zwei Jahren seit Eintragung des Gesellschaftsvertrages in das Handelsregister ein öffentliches Angebot von Aktien erläßt, um solche in den Verkehr einzuführen, ist der Gesellschaft in gleicher Weise wie ein Mitglied des Aufsichtsraths für die Prüfung der Angaben verantwortlich, welche rücksichtlich der Zeichnung und Einzahlung des Gesammtkapitals der Kommanditisten sowie der in Art. 175 b vorgesehenen Festsetzungen von den persönlich haftenden Gesellschaftern gemacht sind.

Art. 180 b. Vergleiche oder Verzichtleistungen, welche die der Gesellschaft aus der Gründung zustehenden Ansprüche gegen die persönlich haftenden Gesellschafter, die Mitglieder des Aufsichtsraths sowie gegen die in Gemäßheit der Artikel 180 und 180 a verpflichteten Personen betreffen, sind erst nach Ablauf von zwei Jahren seit Eintragung des Gesellschaftsvertrages in das Handelsregister und nur mit Zustimmung der Generalversammlung der Kommanditisten zulässig.

Art. 180c. Werden vor Ablauf von zwei Jahren seit Eintragung des Gesellschaftsvertrages in das Handelsregister seitens der Gesellschaft Verträge geschlossen, durch welche sie vorhandene oder herzustellende Anlagen oder sonstige Vermögensstücke für einen den zehnten Theil des Gesammtkapitals der Kommanditisten übersteigende Vergütung erwerben soll, so bedürfen dieselben zu ihrer Gültigkeit der Zustimmung der Generalversammlung der Kommanditisten. – Vor der Beschlußfassung hat der Aufsichtsrath den Vertrag zu prüfen und über die Ergebnisse seiner Prüfung schriftlich Bericht zu erstatten. – Die Antheile der dem Vertrage zustimmenden Mehrheit der Kommanditisten müssen mindestens ein Vierteil des Gesammtkapitals darstellen. – Der genehmigte Vertrag ist in Urschrift oder in beglaubigter Abschrift mit dem Nachweis über die Beschlußfassung zum Handelsregister einzureichen. – Hat der Erwerb in Ausführung einer vor der Errichtung der Gesellschaft von den persönlich haftenden Gesellschaftern getroffenen Vereinbarung stattgefunden, so kommen in Betreff der Rechte der Gesellschaft auf Entschädigung und in Betreff der ersatzpflichtigen Personen die Vorschriften der Art. 180 und 180b zur Anwendung.

Art. 180d. Jede Bestimmung, welche die Fortsetzung der Gesellschaft oder eine Abänderung des Gesellschaftsvertrages zum Gegenstande hat, bedarf zu ihrer Gültigkeit der notariellen oder gerichtlichen Abfassung; eine Abänderung des Gesellschaftsvertrages kann nicht ohne Beschluß der Generalversammlung der Kommanditisten erfolgen. – Die Bestimmung muß in gleicher Weise wie der ursprüngliche Vertrag in das Handelsregister eingetragen und veröffentlicht werden (Art. 177, 179). Dieselbe hat keine rechtliche Wirkung, bevor sie bei dem Handelsgericht, in dessen Bezirk die Gesellschaft ihren Sitz hat, in das Handelsregister eingetragen ist.

Art. 180e. Eine Erhöhung des Gesammtkapitals der Kommanditisten darf nicht vor der vollen Einzahlung desselben erfolgen. Ueber die Erhöhung hat die Generalversammlung der Kommanditisten zu beschließen. In dem Falle, daß auf die neu auszugebenden Aktien ein anderer als der Nominalbetrag eingezahlt werden soll, ist der Betrag in dem Beschlusse festzusetzen. Bei einer Erhöhung, welche in den ersten zwei Jahren seit Eintragung des Gesellschaftsvertrages in das Handelsregister beschlossen wird, darf ein geringerer als der Nominalbetrag nicht festgesetzt werden. – Zur Zeichnung der Aktien genügt eine schriftliche Erklärung. – Die stattgefundene Erhöhung des Kapitals der Kommanditisten ist behufs der Eintragung in das Handelsregister anzumelden. In der Anmeldung ist zu versichern, daß das bisherige Kapital voll eingezahlt sei. Im Uebrigen finden auf dieselbe die Vorschriften in Art. 176 und 179 entsprechende Anwendung.

Art. 181. Für die Antheile am Gesellschaftsvermögen, welche ... (wie Art. 181 ADHGB).

Art. 181 a. Aktien dürfen nicht vor der vollen Einzahlung des Nominalbetrages oder im Falle des Art. 180e Abs. 1 des festgesetzten Betrages ausgegeben werden. – Promessen und Interimsscheine dürfen nicht auf Inhaber lauten. – Aktien, Promessen und Interimsscheine, welche den vorstehenden Bestimmungen zuwider ausgegeben werden, sind nichtig. Die Ausgeber haften den Besitzern solidarisch für allen durch die Ausgabe verursachten Schaden. – Das gleiche gilt, wenn die Aktien, Promessen oder Interimsscheine auf einen geringeren als den nach Art. 173 a zugelassenen Betrag gestellt sind, oder wenn sie ausgegeben werden, bevor der Gesellschaftsvertrag und im Falle des Art. 180 d die Erhöhung des Gesammtkapitals der Kommanditisten bei dem Handelsgerichte, in dessen Bezirk die Gesellschaft ihren Sitz hat, in das Handelsregister eingetragen ist.

Art. 182. Aktien, welche auf Namen lauten, müssen mit genauer Bezeichnung des Inhabers nach Namen, Wohnort und Stand in das Aktienbuch der Gesellschaft eingetragen werden. – Sie können, sofern nicht der Aktienvertrag ein Anderes bestimmt, ohne Einwilligung der übrigen Gesellschafter auf andere Personen übertragen werden. – Die Uebertragung kann durch Indossament geschehen. – Im Betreff der Form des Indossaments kommen die Bestimmungen der Artikel 11–13 der Allgemeinen Deutschen Wechselordnung zur Anwendung.

Art. 183. Wenn das Eigenthum der auf Namen lautenden Aktie auf einen Anderen übergeht, so ist dies, unter Vorlegung der Aktie und des Nachweises des Ueberganges, bei der Gesellschaft anzumelden und im Aktienbuche zu bemerken. – Im Verhältnisse zu der Gesellschaft werden nur diejenigen als die Eigenthümer der Aktien angesehen, welche als solche im Aktienbuche verzeichnet sind. – Zur Prüfung der Legitimation ist die Gesellschaft berechtigt, aber nicht verpflichtet.

Art. 183 a. Die in Art. 182 und 183 enthaltenen Bestimmungen finden auf die Eintragung der Promessen oder Interimsscheine und auf die Uebertragung derselben auf andere Personen Anwendung.

Art. 184. Ein Kommanditist, welcher den auf die Aktie zu leistenden Betrag nicht zur rechten Zeit einzahlt, ist zur Zahlung von Verzugszinsen von Rechtswegen verpflichtet. Im Gesellschaftsvertrage können für den Fall der verzögerten Einzahlung Konventionalstrafen ohne Rücksicht auf die sonst stattfindenden gesetzlichen Einschränkungen festgesetzt werden. – Ist im Gesellschaftsvertrage keine besondere Form, wie die Aufforderung zur Einzahlung geschehen soll, bestimmt, so geschieht dieselbe in der Form, in welcher die Bekanntmachungen der Gesellschaft nach dem Gesellschaftsvertrage überhaupt erfolgen müssen.

Art. 184 a. Ein Kommanditist, welcher den auf die Aktie zu leistenden Betrag nicht einzahlt, obwohl die Auffordung zur Zahlung mindestens dreimal durch Bekanntmachung in den hierzu bestimmten öffentlichen Blättern, die erste Bekanntmachung mindestens drei Monate und die letzte Bekanntmachung mindestens vier Wochen vor dem für die Einzahlung gesetzten Schlußtermin, stattgefunden hat, ist seiner Anrechte aus der Zeichnung der Aktie und der geleisteten Theilzahlung zu Gunsten der Gesellschaft verlustig zu erklären. Statt der Bekanntmachungen in den öffentlichen Blättern genügt, falls das Aktienrecht nicht ohne Einwilligung der Gesellschaft übertragbar ist, die Bekanntmachung der Aufforderung mit einer vier Wochen übersteigenden Frist durch besonderen Erlaß an den Kommanditisten. – Die den Ausschluß des Kommanditisten bewirkende Erklärung erfolgt mittels Bekanntmachung durch die hierzu bestimmten öffentlichen Blätter. Ueber das Aktienrecht ist eine neue Urkunde auszugeben, welche außer den bisher geleisteten Theilzahlungen den rückständigen Betrag zu umfassen hat. Wegen des Ausfalls, welchen die Gesellschaft an diesem Betrage oder den später eingeforderten Beträgen erleidet, bleibt ihr der ausgeschlossene Kommanditist verhaftet. – Von den vorstehenden Rechtsfolgen kann der Kommanditist seitens der Gesellschaft nicht befreit werden.

Art. 184 b. Der Gesellschaft ist für den von einem ausgeschlossenen Kommanditisten nicht eingezahlten Betrag der letzte und jeder frühere in dem Aktienbuche verzeichnete Rechtsvorgänger verhaftet, ein früherer Rechtsvorgänger, soweit die Zahlung von dessen Rechtsnachfolger nicht zu erlangen ist. Der Rechtsvorgänger erhält gegen Zahlung des rückständigen Betrages die über das Aktienrecht neu auszugebende Urkunde. – Die Haftplicht des Rechtsvorgängers ist auf die innerhalb der Frist von zwei Jahren auf die Aktien eingeforderten Beträge beschränkt. Die Frist beginnt mit dem Tage, an welchem die Uebertragung des Aktienrechts zum Aktienbuche der Gesellschaft angemeldet ist. – Von der vorstehenden Verbindlichkeit können die Rechtsvorgänger seitens der Gesellschaft nicht entbunden werden. – Ist die Zahlung des rückständigen Betrages von Rechtsvorgängern nicht zu erlangen, so kann die Gesellschaft das Aktienrecht an der Börse verkaufen.

Art. 184 c. Die Gesellschaft soll eigene Aktien im geschäftlichen Betriebe weder erwerben noch zum Pfande nehmen.

Art. 185. (wie Art. 185 ADHGB).

Art. 185 a. Für die Aufstellung der Bilanz sind neben den allgemeinen Vorschriften des Artikels 31 folgende Vorschriften maßgebend:

1. Werthpapiere und Waaren, welche einen Börsen- oder Marktpreis haben, dürfen höchstens zu dem Markt- oder Börsenpreise zur Zeit der Bilanzaufstellung, jedoch nicht höher als zu dem Durchschnittspreise des letzten Monats vor diesem Zeitpunke angesetzt werden;

2. andere Vermögensgegenstände sind zum gemeinen Werthe zur Zeit der Bilanzaufstellung, jedoch nicht höher, als zu dem Anschaffungs- oder Herstellungspreise anzusetzen;

3. Anlagen und sonstige Gegenstände, welche nicht zur Weiterveräußerung, vielmehr dauernd zum Geschäftsbetriebe der Gesellschaft bestimmt sind, dürfen zu dem Anschaffungs- oder Herstellungspreise angesetzt werden, sofern ein der

Abnutzung gleichkommender Betrag in Abzug gebracht oder ein derselben entsprechender Erneuerungsfonds in Ansatz gebracht wird;

4. Die Kosten der Organisation und Verwaltung dürfen nicht als Aktiva, müssen vielmehr ihrem vollen Betrage nach in der Jahresrechnung als Ausgabe erscheinen. Durch den Gesellschaftsvertrag oder die Generalversammlung kann zugelassen werden, daß Kosten der Organisation, welche einen dauernden Ertrag zu sichern bestimmt sind, auf mehrere, jedoch höchstens auf fünf Jahre vertheilt werden;

5. der Betrag des Gesammtkapitals der Kommanditisten und eines Reserve- und Erneuerungsfonds sind unter die Passiva aufzunehmen;

6. der aus der Vergleichung sämmtlicher Aktiva und sämmtlicher Passiva sich ergebende Gewinn oder Verlust muß am Schlusse der Bilanz besonders angegeben werden.

Art. 185 b. In dem Falle einer Erhöhung des Gesammtkapitals der Kommanditisten bleibt, auch wenn der für die Aktien festgesetzte Betrag niedriger als der Nominalbetrag ist, dieser für die Aufstellung der Bilanz maßgebend; übersteigt er den Nominalbetrag, so ist der Gewinn vollständig einem Reservefonds zuzuführen, welcher nur zur Deckung eines aus der Bilanz sich ergebenden Verlustes verwendet werden darf.

Art. 186. Die Rechte, welche ... werden in der Generalversammlung durch Beschlußfassung der erschienenen Kommanditisten ausgeübt. – Die Beschlüsse der Generalversammlung ... (wie Art. 186 ADHGB).

Art. 187. Die Generalversammlung der Kommanditisten wird durch die persönlich haftenden Gesellschafter oder durch den Aufsichtsrath berufen, sofern nicht nach dem Gesetze oder dem Gesellschaftsvertrage auch andere Personen dazu befugt sind. – Die Generalversammlung ... (wie Art. 187 ADHGB).

Art. 188. Die Generalversammlung ... (wie Art. 188 Abs. 1 ADHGB) – Wird dem Verlangen nicht entsprochen, so kann das Handelsgericht die Kommanditisten, welche das Verlangen gestellt haben, zur Berufung der Generalversammlung ermächtigen. Mit der Berufung ist die gerichtliche Ermächtigung zu veröffentlichen.

Art. 189 (wie Art. 189 ADHGB).

Art. 190. Die Ausübung des Stimmrechts erfolgt nach den Aktienbeträgen; im Gesellschaftsvertrage kann jedoch ein Höchstbetrag festgesetzt werden, über welchen hinaus ein Kommanditist das Stimmrecht nicht ausüben kann. – Zu Bevollmächtigten können Mitglieder des Aufsichtsraths nicht bestellt werden. – Lauten die Aktien auf Namen, so darf ein Bevollmächtigter nicht mehr als drei Kommanditisten vertreten. Die Vollmacht erfordert zu ihrer Gültigkeit die schriftliche Form. – Der Kommanditist, welcher durch die Beschlußfassung von einer Verpflichtung befreit oder mit welchem ein Rechtsgeschäft abgeschlossen werden soll, hat sich der Abstimmung zu enthalten. – Im Uebrigen ist für die

Bedingungen des Stimmrechts und die Form, in welcher dasselbe auszuüben ist, der Gesellschaftsvertrag maßgebend.

Art. 191. Der Aufsichtsrath besteht, sofern nicht der Gesellschaftsvertrag eine höhere Zahl festsetzt, aus fünf von der Generalversammlung der Kommanditisten zu wählenden Mitgliedern. – Die Wahl des ersten Aufsichtsraths gilt für die Dauer des ersten Geschäftsjahres. – Später kann ... (wie Art. 191 ADHGB). – Die Bestellung zum Mitgliede des Aufsichtsraths kann jederzeit durch die Generalversammlung widerrufen werden.

Art. 192 (wie Art. 192 ADHGB).

Art. 193. Die Mitglieder des Aufsichtsraths haben die Sorgfalt eines ordentlichen Geschäftsmannes anzuwenden. ... (wie Art. 193 Abs. 1 u. 2 ADHGB).

Art. 194–196 (wie Art. 194–196 ADHGB).

Art. 197. Die Einlagen können den Kommanditisten, so lange die Gesellschaft besteht, nicht zurückgezahlt werden. – Zinsen von bestimmter Höhe können für die Kommanditisten nicht bedungen noch ausbezahlt werden; es darf nur dasjenige unter sie vertheilt werden, was sich nach der jährlichen Bilanz als reiner Gewinn ergiebt.

Art. 198. Die Kommanditisten haften für die Verbindlichkeiten der Gesellschaft, wenn und insoweit sie den gesetzlichen Bestimmungen entgegen Zahlungen von der Gesellschaft empfangen haben; sie sind... (wie Art. 197 Abs. 3 ADHGB).

Art. 199. Eine Uebereinkunft, durch welche das Austreten eines oder mehrerer persönlich haftender Gesellschafter bestimmt wird, steht der Auflösung der Gesellschaft gleich. Zu derselben bedarf es der Zustimmung der Generalversammlung der Kommanditisten. – Es kann jedoch durch den Gesellschaftsvertrag oder durch einen denselben abändernden Vertrag bestimmt werden, daß das Austreten eines oder mehrerer persönlich haftender Gesellschafter die Auflösung der Gesellschaft dann nicht zur Folge habe, wenn mindestens noch ein persönlich haftender Gesellschafter bleibt.

Art. 200 (wie Art. 200 ADHGB).

Art. 201 (wie Art. 202 Abs. 1 ADHGB).

Art. 202 (wie Art. 202 Abs. 2, 3 ADHGB).

Art. 203. Eine theilweise Zurückzahlung des Kapitals der Kommanditisten oder eine Herabsetzung desselben kann nur vermöge einer Abänderung des Gesellschaftsvertrages und nur unter Beobachtung derselben Bestimmungen erfolgen, welche für die Vertheilung des Gesellschaftsvermögens im Falle der Auflösung maßgebend sind. – Die gleichen Voraussetzungen gelten für eine Amortisation der Aktien. Ohne Beobachtung dieser Voraussetzungen darf die Gesellschaft ihre Aktien nur aus dem nach der jährlichen Bilanz sich ergebenden Gewinn und nur in dem Fall amortisiren, daß dies durch den ursprünglichen Gesellschaftsvertrag oder durch einen, den letzteren vor Ausgabe der Aktien abändernden Vertrag zugelassen ist.

Art. 204. Die Mitglieder des Aufsichtsraths sind gleich den persönlich haftenden Gesellschaftern solidarisch zum Ersatz verpflichtet, wenn mit ihrem Wissen und ohne ihr Einschreiten

1. Einlagen an die Kommanditisten zurückgezahlt oder der Bestimmung des Art. 184 c entgegen eigene Aktien der Gesellschaft erworben oder zum Pfande genommen sind,
2. Zinsen oder Dividenden gezahlt sind, welche nach den gesetzlichen Bestimmungen nicht gewährt werden durften,
3. die Vertheilung des Gesellschaftsvermögens oder eine theilweise Zurückzahlung des Kapitals der Kommanditisten oder eine Herabsetzung des letzteren oder eine Amortisation von Aktien ohne Beobachtung der gesetzlichen Bestimmungen erfolgt ist.

Die Ersatzpflicht wird in den vorbezeichneten Fällen dadurch nicht aufgehoben, daß die Handlung auf einem gesetz- oder statutenwidrigen Beschluß der Generalversammlung beruht. – Der Ersatzanspruch kann in den Fällen des ersten Absatzes auch von den Gläubigern der Gesellschaft, soweit sie von dieser ihre Befriedigung nicht erlangen können, selbständig geltend gemacht werden.

Art. 205 (wie Art. 205 ADHGB).

Art. 206. Zu dem Antrag auf Ernennung von Liquidatoren durch den Richter sind außer jedem persönlich haftenden Gesellschafter und der Generalversammlung der Kommanditisten auch der Aufsichtsrath sowie Kommanditisten befugt, deren Antheile zusammen den zehnten Theil des Gesammtkapitals darstellen. – Die Abberufung der Liquidatoren kann durch den Richter unter denselben Voraussetzungen, wie die Bestellung erfolgen. Vom Richter ernannte Liquidatoren können nur durch diesen abberufen werden.

Dritter Titel
Von der Aktiengesellschaft

Erster Abschnitt
Allgemeine Grundsätze

Art. 207. Eine Gesellschaft ist eine Aktiengesellschaft, wenn sich die sämmtlichen Gesellschafter nur mit Einlagen betheiligen, ohne persönlich für die Verbindlichkeiten der Gesellschaft zu haften. – Das Einlagekapital (Grundkapital) wird in Aktien zerlegt. ... (wie Art. 207 ADHGB).

Art. 207 a. Auf die Höhe der Aktien sowie der über das Aktienrecht ausgegebenen Promessen und Interimsscheine finden die Bestimmungen des Art. 173 a Anwendung.

Art. 208 (wie Art. 208 Abs. 1 ADHGB).

Art. 209. Der Inhalt des Gesellschaftsvertrages (Statut) muß durch mindestens sieben Aktionäre (Gründer) in gerichtlicher oder notarieller Verhandlung festgestellt werden. In derselben ist zugleich der Betrag der von jedem Gründer übernommenen Aktien anzugeben. – Der Gesellschaftsvertrag muß bestimmen: 1. die Firma und den Sitz der Gesellschaft; 2. den Gegenstand des Unternehmens; 3. die Höhe des Grundkapitals und der einzelnen Aktien; 4. die Art der Aktien, ob sie auf Inhaber oder auf Namen lauten, ingleichen die Zahl der einen oder der anderen Art; 5. die Form, in welcher die von der Gesellschaft ausgehenden Bekanntmachungen erfolgen, sowie die öffentlichen Blätter, in welchen dieselben aufzunehmen sind.

Art. 209 a. Der Aufnahme in den Gesellschaftsvertrag bedürfen Bestimmungen, nach welchen 1. das Unternehmen auf eine gewisse Zeit beschränkt wird; 2. eine Umwandlung der Aktien rücksichtlich ihrer Art statthaft ist; 3. über gewisse Gegenstände die Generalversammlung der Aktionäre nicht schon durch einfache Stimmenmehrheit, sondern nur durch eine größere Stimmenmehrheit oder nach anderen Erfordernissen Beschluß fassen kann.

Art. 209 b. Jeder zu Gunsten einzelner Aktionäre bedungene besondere Vortheil muß in dem Gesellschaftsvertrage unter Bezeichnung des Berechtigten festgesetzt werden. – Werden auf das Grundkapital von Aktionären Einlagen, welche nicht in baarem Gelde bestehen, gemacht oder seitens der zu errichtenden Gesellschaft vorhandene oder herzustellende Anlagen oder sonstige Vermögensstücke übernommen, so müssen die Person des Aktionärs oder des Kontrahenten, der Gegenstand der Einlage oder der Uebernahme und der Betrag der für die Einlage zu gewährenden Aktien oder die für den übernommenen Gegenstand zu gewährende Vergütung in dem Gesellschaftsvertrage festgesetzt werden. – Von diesen Festsetzungen gesondert ist der Gesammtaufwand, welcher zu Lasten der Gesellschaft an Aktionäre oder Andere als Entschädigung oder Belohnung für die Gründung oder deren Vorbereitung gewährt wird, in dem Gesellschaftsvertrage festzusetzen. – Jedes Abkommen der Gründer über die vorbezeichneten Gegenstände, welches nicht die vorgeschriebene Festsetzung in dem Gesellschaftsvertrage gefunden hat, ist der Gesellschaft gegenüber unwirksam.

Art. 209 c. In dem Falle, daß sämmtliche Aktien durch die Gründer übernommen werden, gilt mit der Uebernahme die Gesellschaft als errichtet. – Soweit die Uebernahme nicht schon bei Feststellung des Statuts erfolgt ist, kann sie in einer besonderen gerichtlichen oder notariellen Verhandlung unter Angabe der Beträge, welche die einzelnen Gründer noch übernehmen, bewirkt werden.

Art. 209 d. In dem Falle, daß nicht sämmtliche Aktien durch die Gründer übernommen werden, muß der Errichtung der Gesellschaft die Zeichnung der übrigen Aktien vorhergehen. Zur Zeichnung genügt eine schriftliche Erklärung (Zeichnungsscheine). Der Zeichnungsschein hat zu enthalten: 1. das Datum des Statuts und die im Art. 209 Absatz 2 und 209 b vorgesehenen Festsetzungen; 2. den Namen, Stand und Wohnort der Gründer; 3. den Zeitpunkt, mit dessen Eintritt die Zeichnung unverbindlich wird, sofern nicht bis dahin die Errichtung der Gesellschaft beschlossen ist. – Zeichnungsscheine, welche diesen Erfordernissen nicht entsprechen, sind zum Nachweise der Zeichnung des Grundkapitals ungeeignet.

Art. 209 e. Jede Aktiengesellschaft muß einen Vorstand und einen Aufsichtsrath haben. – Die Bestellung des Vorstandes und des Aufsichtsraths findet in dem Falle, daß die sämmtlichen Aktien von den Gründern übernommen werden, gleichzeitig mit der Errichtung der Gesellschaft oder in einer besonderen gerichtlichen oder notariellen Verhandlung statt. Anderenfalls hat nach der Zeichnung des Grundkapitals die Bestellung des Aufsichtsraths und, sofern der Gesellschaftsvertrag für die Bestellung des Vorstandes nicht einen anderen Zeitpunkt vorsieht, auch diese in einer von den Gründern zu berufenden Generalversammlung zu erfolgen.

Art. 209 f. Die Mitglieder des Vorstandes und des Aufsichtsraths haben den Hergang der Gründung zu prüfen. Zu dem Behufe müssen für Mitglieder, welche zugleich Gründer sind, Stellvertreter bestellt werden. – Die Prüfung hat sich insbesondere auf die Zeichnung und Einzahlung des Grundkapitals und die in Art. 209 b vorgesehenen Festsetzungen zu erstrecken. – Ueber die Ergebnisse der Prüfung ist schriftlich Bericht zu erstatten.

Art. 210. Der Gesellschaftsvertrag muß ... (wie Art. 210 Abs. 1 ADHGB). – Der Anmeldung behufs der Eintragung in das Handelsregister müssen beigefügt sein: 1. in dem Falle des Art. 209 b die den bezeichneten Festsetzungen zu Grunde liegenden oder zu ihrer Ausführung geschlossenen Verträge und eine Berechnung des Gründungsaufwands, in welcher die Vergütung nach Art und Höhe und die Empfänger einzeln aufzuführen sind.

2. In dem Falle, daß nicht alle Aktien von den Gründern übernommen sind, die zum Nachweise der Zeichnung des Grundkapitals gehörigen Zeichnungsscheine und ein von den Gründern in beglaubigter Form unterschriebenes Verzeichniß der sämmtlichen Aktionäre, welches die auf jeden entfallenen Aktien sowie die auf letztere geschehenen Einzahlungen angiebt.

3. Die Urkunden über die Bestellung des Vorstandes und des Aufsichtsraths und der von denselben in Gemäßheit des Art. 209 f erstattete Bericht.

Sind rücksichtlich der eingelegten oder übernommenen Gegenstände Ermittelungen angestellt oder von Mitgliedern des Vorstandes oder des Aufsichtsraths Ausstellungen gegen den im Gesellschaftsvertrage festgesetzten Werth dieser Gegenstände gemacht, so sollen auch die hierauf bezüglichen Schriftstücke beigefügt werden. – In der Anmeldung ist die Erklärung abzugeben, daß, soweit nicht auf das Grundkapital anzurechnende Einlagen gemacht sind, mindestens ein Viertheil des auf jede Aktie zu leistenden Betrages eingezahlt und dem Vorstande baar übergeben sei. – Die Anmeldung muß von sämmtlichen Gründern und Mitgliedern des Vorstandes und Aufsichtsraths vor dem Handelsgericht unterzeichnet oder in beglaubigter Form eingereicht werden. – Die der Anmeldung beigefügten Schriftstücke bleiben mit Ausnahme der Zeichnungsscheine, welche dem Vorstande zurückgegeben werden, bei dem Handelsgericht in Urschrift oder in beglaubigter Abschrift zur Einsicht der Aktionäre niedergelegt.

Art. 210a. In dem Falle, daß die Gründer nicht alle Aktien übernommen haben, beruft das Handelsgericht eine Generalversammlung der in dem Verzeichnisse aufgeführten Aktionäre zur Beschlußfassung über die Errichtung der Gesellschaft. – Die Versammlung findet unter der Leitung des Gerichts statt. – Vorstand und Aufsichtsrath haben sich über die Ergebnisse der ihnen rücksichtlich der Gründung obliegenden Prüfung auf Grund ihres Berichts zu erklären. Jedes Mitglied des Vorstandes und des Aufsichtsraths kann bis zur Beschlußfassung die Unterzeichnung der Anmeldung zurückziehen. – Die der Errichtung der Gesellschaft zustimmende Mehrheit der erschienenen Aktionäre muß mindestens ein Viertheil sämmtlicher Aktionäre begreifen und der Betrag ihrer Antheile mindestens ein Viertheil des gesammten Grundkapitals darstellen. Der im Falle des Artikels 209b betheiligte Aktionär hat hierbei kein Stimmrecht. Die Zustimmung aller erschienenen Aktionäre ist erforderlich, wenn die im Art. 209 Ziff. 1—4 und 209a bezeichneten Bestimmungen des Gesellschaftsvertrages abgeändert oder die im Art. 209b vorgesehenen Festsetzungen zu Lasten der Gesellschaft erweitert werden sollen. – Die Beschlußfassung ist zu vertagen, wenn es von den Aktionären mit einfacher Stimmenmehrheit verlangt wird.

Art. 210b. Auf die Berufung und Beschlußfassung der in Art. 209e und 210a bezeichneten Generalversammlungen finden, soweit nicht in letzterem Artikel ein Anderes bestimmt ist, die Regeln entsprechende Anwendung, welche für die Gesellschaft nach der Eintragung maßgebend sind.

Art. 210c. Der eingetragene Gesellschaftsvertrag ist im Auszuge von dem Handelsgericht zu veröffentlichen. – Die Veröffentlichung muß enthalten: 1. das Datum des Gesellschaftsvertrages und die in Art. 209 Abs. 2 und 209b bezeichneten Festsetzungen; 2. den Namen, Stand und Wohnort der Gründer und die Angabe, ob sie die sämmtlichen Aktien übernommen haben; 3. den Namen, Stand und Wohnort der Mitglieder des Vorstandes und des Aufsichtsraths. – Ist das Unternehmen auf eine bestimmte Zeit beschränkt oder im Gesellschaftsvertrage eine Form bestimmt, ... (wie Art. 210c ADHGB).

Art. 211 (wie Art. 211 Abs. 1 Satz 1 und Abs. 2 ADHGB).

Art. 212 (wie Art. 212 Abs. 1, Abs. 2 Satz 1 ADHGB).

Art. 213 (wie Art. 213 ADHGB).

Art. 213a. Der Gesellschaft sind die Gründer für die Richtigkeit und Vollständigkeit ihrer Angaben rücksichtlich der Zeichnung und Einzahlung des Grundkapitals sowie rücksichtlich der in Art. 209b vorgesehenen Festsetzungen solidarisch verhaftet; sie haben, unbeschadet der Verpflichtung zum Ersatze des sonst etwa entstandenen Schadens, insbesondere einen an der Zeichnung des Grundkapitals fehlenden Betrag zu übernehmen, fehlende Einzahlungen zu leisten und eine Vergütung, welche nicht unter den zu bezeichnenden Gründungsaufwand aufgenommen ist, zu ersetzen. Von dieser Verbindlickeit ist ein

Gründer befreit, wenn er beweist, daß er ohne Verletzung der Sorgfalt eines ordentlichen Geschäftsmannes keine Kenntniß von der Unrichtigkeit oder Unvollständigkeit der Angaben gehabt hat. – Für den Ersatz einer Vergütung, welche nicht unter den zu bezeichnenden Gründungsaufwand aufgenommen ist, haften der Gesellschaft außer den Gründern solidarisch der Empfänger, wenn er zur Zeit des Empfanges wußte, oder nach den Umständen annehmen mußte, daß die Verheimlichung beabsichtigt oder erfolgt war, und jeder Dritte, welcher zur Verheimlichung wissentlich mitgewirkt hat. – Ist die Gesellschaft durch Einlagen oder Uebernahmen der im Art. 209 b bezeichneten Art von Gründern böslicher Weise geschädigt worden, so sind ihr die letzteren und jeder Dritte, welcher zu der böslichen Handlungsweise wissentlich mitgewirkt hat, solidarisch zum Schadensersatze verpflichtet. – Für einen durch Zahlungsunfähigkeit eines Aktionärs entstehenden Ausfall haften der Gesellschaft solidarisch die Gründer, welche bei der Anmeldung des Gesellschaftsvertrages die Zahlungsunfähigkeit kannten.

Art. 213 b. Wer vor Ablauf von zwei Jahren seit Eintragung des Gesellschaftsvertrages in das Handelsregister ein öffentliches Angebot von Aktien erläßt, um solche in den Verkehr einzuführen, ist der Gesellschaft in gleicher Weise wie ein Mitglied des Aufsichtsraths für die Prüfung der Angaben verantwortlich, welche rücksichtlich der Zeichnung und Einzahlung des Grundkapitals sowie der in Art. 209 b vorgesehenen Festsetzungen von den Gründern gemacht sind.

Art. 213 c. Vergleiche und Verzichtleistungen, welche die der Gesellschaft aus der Gründung zustehenden Ansprüche gegen Gründer, Mitglieder des Vorstandes und des Aufsichtsraths, sowie gegen die in Gemäßheit der Art. 213 a, 213 b verpflichteten Personen betreffen, sind erst nach Ablauf von zwei Jahren seit Eintragung des Gesellschaftsvertrages in das Handelsregister und nur mit Zustimmung der Generalversammlung zulässig; sie sind unzulässig, soweit in der Versammlung eine Minderheit, deren Antheile den fünften Theil des Grundkapitals darstellen, Widerspruch erhebt.

Art. 213 d. Werden vor Ablauf von zwei Jahren seit Eintragung des Gesellschaftsvertrages in das Handelsregister seitens der Gesellschaft Verträge geschlossen, durch welche sie vorhandene oder herzustellende Anlagen oder sonstige Vermögensstücke für eine den zehnten Theil des Grundkapitals übersteigende Vergütung erwerben soll, so bedürfen dieselben zu ihrer Gültigkeit der Zustimmung der Generalversammlung. – Vor der Beschlußfassung hat der Aufsichtsrath den Vertrag zu prüfen und über die Ergebnisse seiner Prüfung schriftlich Bericht zu erstatten. – Die Antheile der dem Vertrage zustimmenden Mehrheit müssen mindestens ein Viertheil des Grundkapitals darstellen. – Der genehmigte Vertrag ist in Urschrift oder in beglaubigter Abschrift mit dem Nachweis über die Beschlußfassung zum Handelsregister einzureichen.

Hat der Erwerb in Ausführung einer vor der Errichtung der Gesellschaft von den Gründern getroffenen Vereinbarung stattgefunden, so kommt in Betreff der

Rechte der Gesellschaft auf Entschädigung und in Betreff der ersatzpflichtigen Personen die Vorschriften der Art. 213 a und 213 c zur Anwendung.

Art. 214. Jeder Beschluß der Generalversammlung, welcher die Fortsetzung der Gesellschaft oder eine Abänderung der Bestimmungen des Gesellschaftsvertrages zum Gegenstande hat, muß in gleicher Weise, wie der ursprüngliche Vertrag in das Handelsregister eingetragen und veröffentlicht werden (Art. 210 c, 212). – Der Beschluß hat keine rechtliche Wirkung, bevor derselbe bei dem Handelsgerichte, in dessen Bezirk die Gesellschaft ihren Sitz hat, in das Handelsregister eingetragen ist.

Art. 215. Eine Abänderung von Bestimmungen des Gesellschaftsvertrages kann nicht anders als durch Beschluß der Generalversammlung erfolgen. – Die Abänderung des Gegenstandes der Unternehmung kann nicht durch Stimmenmehrheit beschlossen werden, sofern dies nicht im Gesellschaftsvertrage ausdrücklich gestattet ist. – Dasselbe gilt von dem Falle, wenn die Gesellschaft durch Uebertragung ihres Vermögens und ihrer Schulden an eine andere Aktiengesellschaft gegen Gewährung von Aktien der letzteren aufgelöst werden soll.

Art. 215 a. Eine Erhöhung des Grundkapitals der Gesellschaft darf nicht vor der vollen Einzahlung desselben erfolgen. Für Versicherungsgesellschaften kann der Gesellschaftsvertrag ein Anderes bestimmen.

Ueber die Erhöhung hat die Generalversammlung zu beschließen. In dem Falle, daß auf die neu auszugebenden Aktien ein anderer als der Nominalbetrag eingezahlt werden soll, ist der Betrag in dem Beschlusse festzusetzen. Bei einer Erhöhung, welche in den ersten zwei Jahren seit Eintragung des Gesellschaftsvertrages in das Handelsregister beschlossen wird, darf ein geringerer als der Nominalbetrag nicht festgesetzt werden. – Zur Zeichnung der Aktien genügt eine schriftliche Erklärung. – Die stattgefundene Erhöhung des Grundkapitals ist behufs der Eintragung in das Handelsregister anzumelden. Die Anmeldung hat nach Maßgabe des ersten Absatzes die Angabe zu enthalten, ob das bisherige Grundkapital eingezahlt sei. – Im Uebrigen finden auf dieselbe die Vorschriften in Art. 210 und 212 entsprechende Anwendung.

Art. 215 b. Aktien dürfen nicht vor der vollen Einzahlung des Nominalbetrages oder im Falle des Art. 215 a Abs. 2 des von der Generalversammlung festgesetzten Betrages ausgegeben werden. – Promessen und Interimsscheine dürfen nicht auf Inhaber lauten. – Aktien, Promessen und Interimsscheine, welche den vorstehenden Bestimmungen zuwider ausgegeben werden, sind nichtig. Die Ausgeber haften den Besitzern solidarisch für allen durch die Ausgabe verursachten Schaden. – Das Gleiche gilt, wenn die Aktien, Promessen oder Interimsscheine auf einen geringeren als den nach Art. 207 a zugelassenen Betrag gestellt sind oder wenn sie ausgegeben werden, bevor der Gesellschaftsvertrag und im Falle des Art. 215 a die Erhöhung des Grundkapitals bei dem Handelsgerichte, in dessen Bezirk die Gesellschaft ihren Sitz hat, in das Handelsregister eingetragen ist.

Art. 215 c. Die Aktiengesellschaft soll eigene Aktien im geschäftlichen Betriebe weder erwerben noch zum Pfande nehmen. – Eine Amortisation der Aktien ist zulässig, sofern sie unter Beobachtung der für die Zurückzahlung oder Herabsetzung des Grundkapitals maßgebenden Vorschriften erfolgt. Ohne Beobachtung derselben darf die Gesellschaft ihre Aktien nur aus dem nach der jährlichen Bilanz sich ergebenden Gewinn und nur in dem Falle amortisiren, daß dies durch den ursprünglichen Gesellschaftsvertrag oder durch einen, den letzteren vor Ausgabe der Aktien abändernden Beschluß zugelassen ist.

Zweiter Abschnitt
Rechtsverhältniß der Aktionäre

Art. 216 (wie Art. 216 ADHGB).

Art. 217. Zinsen von bestimmter Höhe dürfen für die Aktionäre nicht bedungen, noch ausbezahlt werden; es darf nur dasjenige unter sie vertheilt werden, was sich nach der jährlichen Bilanz als reiner Gewinn ergiebt. – Jedoch können...

Art. 218 (wie Art. 218 ADHGB).

Art. 219. Die Verpflichtung des Aktionärs, zu den Zwecken der Gesellschaft und zur Erfüllung ihrer Verbindlichkeiten beizutragen wird durch den Nominalbetrag der Aktie und im Falle des Art. 215 a Abs. 2 durch den von der Generalversammlung festgesetzten Betrag begrenzt. – Rücksichtlich der Einzahlung der auf die Aktie zu leistenden Beträge finden die Bestimmungen der Art. 184 bis 184 b auf den Aktionär und die Rechtsvorgänger desselben Anwendung.

Art. 220. Für die Eintragung der Promessen oder Interimsscheine und der auf Namen gestellten Aktien in das Aktienbuch sowie für die Uebertragung derselben auf andere Personen sind die Vorschriften der Art. 182 und 183 maßgebend.

Art. 221. Die Rechte, welche den Aktionären in den Angelegenheiten der Gesellschaft insbesondere in Beziehung auf die Führung der Geschäfte, die Einsicht und Prüfung der Bilanz und die Bestimmung der Gewinnvertheilung zustehen, werden in der Generalversammlung durch Beschlußfassung der erschienenen Aktionäre ausgeübt. – Zu Bevollmächtigten können Mitglieder des Vorstandes und des Aufsichtsraths nicht bestellt werden. – Im Uebrigen kommen rücksichtlich der Bedingungen und der Ausübung des Stimmrechts die Vorschriften im Art. 190 zur Anwendung.

Art. 222. Ein Beschluß der Generalversammlung kann wegen Verletzung der Vorschriften des Gesetzes oder des Gesellschaftsvertrages als ungültig von jedem Aktionär, welcher in der Versammlung gegen den Beschluß Widerspruch zu Protokoll erklärt hat, binnen drei Monaten durch Erhebung der Klage ausschließlich vor dem Landgericht, in dessen Bezirke die Gesellschaft ihren Sitz hat, angefochten werden. – Zur Anfechtung des Beschlusses aus dem Grunde, daß die Berufung der Generalversammlung oder die Ankündigung des Gegenstandes der Beschlußfassung nicht gehörig erfolgt war, ist auch ein nicht erschienener Aktionär berechtigt. – Die Erhebung der Klage ist unverzüglich von dem Vorstand in den für die Bekanntmachungen der Gesellschaft bestimmten Blättern zu veröffentlichen. – Wird ein in das Handelsregister eingetragener Beschluß rechtskräftig für ungültig erklärt, so ist zur Eintragung in gleicher Weise das Urtheil durch den Vorstand einzureichen.

Art. 223. Die Ansprüche der Gesellschaft gegen die Gründer und die übrigen in Gemäßheit der Art. 213 a und 213 b verpflichteten Personen, gegen die Mitglieder des Vorstandes und des Aufsichtsraths, sowie gegen die Liquidatoren sind zu erheben, wenn in der Generalversammlung dies mit einfacher Stimmenmehrheit beschlossen oder von einer Minderheit, deren Antheile den fünften Theil des Grundkapitals darstellen, verlangt wird. Die Erhebung des Anspruchs auf Verlangen der Minderheit muß binnen drei Monaten seit der Generalversammlung erfolgen; die von der Minderheit bezeichneten Personen können durch das Handelsgericht als Bevollmächtigte der Gesellschaft zur Führung des Prozesses ernannt werden. – Im Uebrigen kommen die Bestimmungen der Art. 194 und 195 zur entsprechenden Anwendung.

Art. 224. Auf Antrag von Aktionären, deren Antheile den zehnten Theil des Grundkapitals darstellen, kann das Handelsgericht, sofern glaubhaft gemacht wird, daß bei der Gründung, Geschäftsführung oder Liquidation der Gesellschaft Unredlichkeiten oder grobe Verletzungen des Gesetzes oder des Gesellschaftsvertrages stattgefunden haben, Revisoren zur Prüfung des Herganges ernennen. – Vor der Anordnung sind Vorstand und Aufsichtsrath zu hören. Die Anordnung kann von einer nach freiem Ermessen zu bestimmenden Sicherheitsleistung abhängig gemacht werden. – Der Vorstand hat den Revisoren die Einsicht der Bücher und Schriften der Gesellschaft und die Untersuchung des Bestandes der Gesellschaftskasse wie der Bestände an Effekten, Handelspapieren und Waaren zu gestatten. – Der Bericht über das Ergebniß der Prüfung ist bei dem Handelsgerichte zur Einsicht der Aktionäre niederzulegen.

Art. 225. Die für den Aufsichtsrath … (wie Art. 225 ADHGB).

Art. 225 a. Der Aufsichtsrath hat den Vorstand bei seiner Geschäftsführung in allen Zweigen der Verwaltung zu überwachen und sich von dem Gange der Angelegenheiten der Gesellschaft zu unterrichten. Er kann jederzeit über dieselben Berichterstattung von dem Vorstande verlangen und, selbst oder durch einzelne Mitglieder die Bücher und Schriften der Gesellschaft einsehen, sowie den Bestand der Gesellschaftskasse und die Bestände an Effekten, Handelspapieren und Waaren untersuchen. Er muß mindestens einmal in jedem Monate die Untersuchung der Gesellschaftskasse und mindestens alle drei Monate eine genaue Prüfung der Verwaltung vornehmen. Er hat die Jahresrechnungen, die Bilanzen und die Vorschläge zur Gewinnvertheilung zu prüfen und darüber alljährlich der Generalversammlung der Aktionäre Bericht zu erstatten. – Er hat eine Generalversammlung zu berufen, wenn dies im Interesse der Gesellschaft erforderlich ist. – Die Mitglieder des Aufsichtsraths können die Ausübung ihrer Obliegenheiten nicht anderen Personen übertragen.

Art. 225 b. Die Mitglieder des Aufsichtsraths dürfen nicht zugleich Mitglieder des Vorstandes oder eines dem letzteren beigeordneten Verwaltungsraths sein, auch nicht die Stellvertretung solcher Mitglieder übernehmen. Scheiden aus dem Vorstande Mitglieder aus, so dürfen dieselben nicht vor ertheilter Entlastung in den Aufsichtsrath gewählt werden.

Art. 226. Die Mitglieder des Aufsichtsraths haben die Sorgfalt eines ordentlichen Geschäftsmannes anzuwenden. – Dieselben sind persönlich und solidarisch zum Ersatze verpflichtet, wenn mit ihrem Wissen und ohne ihr Einschreiten: 1. Einlagen an die Aktionäre zurückgezahlt oder, der Bestimmung des Art. 215 a entgegen, eigene Aktien der Gesellschaft erworben, zum Pfande genommen, oder amortisirt worden sind; 2. Zinsen und Dividenden gezahlt sind, welche nach den gesetzlichen Bestimmungen nicht gewährt werden durften; 3. die Vertheilung des Gesellschaftsvermögens ... oder im Falle des Art. 215 Abs. 3 die Vereinigung der Vermögen der beiden Gesellschaften ohne Beobachtung der gesetzlichen Bestimmungen erfolgt ist. – Die Ersatzpflicht wird in den vorbezeichneten Fällen dadurch nicht aufgehoben, daß die Handlung auf einem gesetz- oder statutenwidrigen Beschluß der Generalversammlung beruht. – Der Ersatzanspruch kann in den Fällen des zweiten Absatzes auch von den Gläubigern der Gesellschaft, soweit sie von dieser ihre Befriedigung nicht erlangen können, selbständig geltend gemacht werden.

Dritter Abschnitt
Rechte und Pflichten des Vorstandes

Art. 227. Die Aktiengesellschaft wird durch den Vorstand gerichtlich und außergerichtlich vertreten. – Der Vorstand besteht, soweit der Gesellschaftsvertrag nicht ein Anderes bestimmt, aus drei von der Generalversammlung zu wählenden Mitgliedern. – Die Wahl des ersten Vorstandes gilt für die Dauer des ersten Geschäftsjahres. – Die Bestellung zum Mitgliede des Vorstandes ist zu jeder Zeit widerruflich, unbeschadet der Entschädigungsansprüche aus bestehenden Verträgen.

Art. 228 (wie Art. 228 Abs. 1 und 2 ADHGB).

Art. 229–230 (wie Art. 229–230 ADHGB).

Art. 231 (wie Art. 231 ADHGB) Abs. 2 Satz 2 a. E. lautet: ... der Generalversammlung eines Verwaltungsraths, des Aufsichtsraths, oder eines anderen Organs der Aktionäre erfordert ist.

Art. 231 a. Ein Mitglied des Vorstandes darf ohne Genehmigung der Generalversammlung weder in dem Geschäftszweige der Gesellschaft für eigene Rechnung oder für Rechnung eines Dritten Geschäfte machen noch an einer anderen gleichartigen Gesellschaft als offener Gesellschafter theilnehmen. – Die Bestimmungen des Art. 97 Abs. 1 finden entsprechende Anwendung.

Art. 232–233 (wie Art. 232– 233 ADHGB).

Art. 234. Der Vorstand kann für die Gesellschaft Prokuristen bestellen. Zu der Bestellung ist die Zustimmung des Aufsichtsraths erforderlich, sofern nicht durch den Gesellschaftsvertrag oder durch Beschluß der Generalversammlung ein Anderes bestimmt ist. – Der Betrieb von Geschäften der Gesellschaft... (wie Art. 234 ADHGB).

Art. 235. Zur Behändigung von Vorladungen und anderen Zustellungen an die Gesellschaft genügt es, wenn dieselbe an ein Mitglied des Vorstandes, oder an einen Beamten der Gesellschaft, welcher dieselbe vor Gericht zu vertreten berechtigt ist, geschieht.

Art. 236. Die Generalversammlung der Aktionäre wird durch den Vorstand berufen, soweit nicht nach dem Gesetze oder dem Gesellschaftsvertrage auch andere Personen dazu befugt sind. – Die Generalversammlung ist, außer den im Gesellschaftsvertrage ausdrücklich bestimmten Fällen, zu berufen, wenn es im Interesse der Gesellschaft erforderlich erscheint.

Art. 237. Ein Aktionär oder eine Anzahl von Aktionären, deren Antheile zusammen den zwanzigsten Theil des Grundkapitals darstellen, sind berechtigt, in einer von ihnen unterzeichneten Eingabe unter Angabe des Zwecks und der Gründe die Berufung der Generalversammlung zu verlangen. Ist in dem Gesellschaftsvertrage das Recht, die Berufung der Generalversammlung zu verlangen, an den Besitz eines geringeren Antheils am Grundkapital geknüpft, so hat es hierbei sein Bewenden. – In gleicher Weise haben die Aktionäre das Recht zu verlangen, daß Gegenstände zur Beschlußfassung einer Generalversammlung angekündigt werden. – Wird dem Verlangen nicht entsprochen, so kann das Handelsgericht die Aktionäre, welche das Verlangen gestellt haben, zur Berufung der Generalversammlung oder zur Ankündigung des Gegenstandes ermächtigen. Mit der Berufung oder Ankündigung ist die gerichtliche Ermächtigung zu veröffentlichen.

Art. 238. Die Berufung der Generalversammlung hat in der durch den Gesellschaftsvertrag bestimmten Weise mit einer Frist von mindestens drei Wochen zu erfolgen. – Der Zweck der Generalversammlung soll jederzeit bei der Berufung bekannt gemacht werden. Ueber Gegenstände, deren Verhandlung nicht in der durch den Gesellschaftsvertrag oder durch Art. 237 Abs. 3 vorgesehenen Weise mindestens zwei Wochen vor dem Tage der Generalversammlung angekündigt ist, können Beschlüsse... (wie Art. 238 ADHGB).

Art. 238 a. Jeder Beschluß der Generalversammlung bedarf zu seiner Gültigkeit der gerichtlichen oder notariellen Beurkundung. Die Zuziehung von Zeugen ist nicht erforderlich. – Eine beglaubigte Abschrift der Urkunde ist ohne Verzug nach der Generalversammlung von dem Vorstande zu dem Handelsregister einzureichen.

Art. 239. Der Vorstand ist verpflichtet, Sorge zu tragen, daß die erforderlichen Bücher der Gesellschaft geführt werden. Er hat innerhalb vier Wochen nach Ablauf der ersten Hälfte des Geschäftsjahres einen das Verhältniß des Vermögens und der Schulden thunlichst darstellenden Abschluß (Rohbilanz) in den für die Bekanntmachungen der Gesellschaft bestimmten Blättern zu veröffentlichen. – Der Vorstand muß spätestens in den ersten drei Monaten jedes Geschäftsjahres für das verflossene Geschäftsjahr die Bilanz, die Gewinn- und Verlustrechnung und einen Geschäftsbericht nebst dem Inventar dem Aufsichtsrathe und mit dessen Bemerkungen der Generalversammlung vorlegen. Er hat die Vorlagen mindestens drei Wochen vor der Versammlung in dem Geschäftslokale der Gesellschaft zur Einsicht der Aktionäre auszulegen. Jeder Aktionär ist berechtigt, auf seine Kosten eine Abschrift der Bilanz, so wie der Gewinn- und Verlustrechnung zu verlangen.

Art. 239a. Zur Prüfung der Bilanz können besondere Revisoren bestellt werden. – Die Verhandlung ist zu vertagen, wenn mindestens der dritte Theil der erschienenen Aktionäre es verlangt, auf Verlangen der Minderheit jedoch nur, soweit von ihr bestimmte Ansätze der Bilanz bemängelt werden. In letzterem Falle kann auf Antrag der Minderheit die Ernennung der Revisoren durch das Handelsgericht erfolgen. – Auf die Revisoren findet die Vorschrift des Art. 224 Abs. 3 Anwendung. – Ist die Verhandlung auf Verlangen der Minderheit vertagt, so gilt bezüglich der nicht bemängelten Ansätze der Bilanz die Entlastung des Vorstandes als erfolgt.

Art. 239b. Die Bilanz und die Gewinn- und Verlustrechnung sind mit dem Beschlusse über die Entlastung ohne Verzug von dem Vorstande in den hierzu bestimmten öffentlichen Blättern bekannt zu machen und zu dem Handelsregister einzureichen.

Art. 239c. Die Vorschriften der Art. 185a, 185b über die Bilanz und den Reservefonds finden entsprechende Anwendung. Außer dem Fall einer Erhöhung des Grundkapitals ist von dem jährlichen Reingewinn mindestens der zwanzigste Theil dem zur Deckung von Verlusten bestimmten Reservefonds zuzuführen, bis der letztere den zehnten Theil des Grundkapitals erreicht.

Art. 239d. Soweit nicht die Art. 239 bis 239c andere Vorschriften enthalten, werden die Grundsätze, nach welchen die Bilanz aufzunehmen, der Reservefonds zu bilden und anzulegen ist, und die Prüfung der Bilanz zu erfolgen hat, durch den Gesellschaftsvertrag bestimmt.

Art. 240. Uebersteigt der aus der letzten Bilanz sich ergebende Verlust die Hälfte des Grundkapitals, so muß der Vorstand unverzüglich die Generalversammlung berufen und dieser davon Anzeige machen. – Sobald Zahlungsunfähigkeit der Gesellschaft eintritt oder sich ergiebt, daß ihr Vermögen nicht mehr die Schulden deckt, muß der Vorstand die Eröffnung des Konkurses beantragen.

Art. 241. Die Mitglieder des Vorstandes sind aus den von ihnen im Namen der Gesellschaft vorgenommen Rechtshandlungen Dritten gegenüber für die Verbindlichkeiten der Gesellschaft persönlich nicht verpflichtet. – Die Mitglieder des Vorstandes haben die Sorgfalt eines ordentlichen Geschäftsmannes anzuwenden. – Mitglieder, welche ihre Obliegenheiten verletzen, haften der Gesellschaft solidarisch für den dadurch entstandenen Schaden. Die Haftpflicht wird dadurch nicht aufgehoben, daß die Handlung auf einem gesetz- oder statutenwidrigen Beschluß der Generalversammlung beruht. – In den durch die Ziffer 1 bis 3 des Art. 226 vorgesehenen Fällen, sowie in dem Falle, daß Mitglieder des Vorstandes entgegen der Vorschrift im Art. 240 Abs. 2 Zahlungen leisten, kann der Ersatzanspruch auch von den Gläubigern der Gesellschaft, soweit sie von dieser ihre Befriedigung nicht erlangen können, selbständig geltend gemacht werden.

Vierter Abschnitt
Auflösung der Gesellschaft

Art. 242. Die Aktiengesellschaft wird aufgelöst: 1. durch Ablauf der im Gesellschaftsvertrage bestimmten Zeit; 2. durch einen Beschluß der Aktionäre; 3. durch Eröffnung des Konkurses; 4. durch richterliches Urtheil. – Wenn die Auflösung einer Aktiengesellschaft aus anderen Gründen erfolgt, so finden die Bestimmungen dieses Abschnitts ebenfalls Anwendung.

Art. 242 a. Die Auflösung durch richterliches Urtheil kann erfolgen, wenn die Erreichung des Gesellschaftszweckes unmöglich wird oder wenn andere wichtige Gründe vorliegen. – Die Klage gegen die Gesellschaft kann von Aktionären, deren Antheile den fünften Theil des Grundkapitals darstellen, erhoben werden, sofern die beantragte Auflösung in der Generalversammlung abgelehnt worden ist.

Art. 243. Die Auflösung der Gesellschaft muß, wenn sie nicht eine Folge des eröffneten Konkurses ist, durch den Vorstand zur Eintragung in das Handelsregister angemeldet werden; sie muß zu drei verschiedenen Malen durch die hierzu bestimmten öffentlichen Blätter bekannt gemacht werden. – Durch diese Bekanntmachung müssen zugleich die Gläubiger aufgefordert werden, sich bei der Gesellschaft zu melden.

Art. 244. Die Liquidation geschieht durch den Vorstand, wenn nicht dieselbe durch den Gesellschaftsvertrag oder einen Beschluß der Aktionäre an andere Personen übertragen wird. – Auf den Antrag des Aufsichtsraths oder von Aktionären, deren Antheile zusammen den zwanzigsten Theil des Grundkapitals darstellen, kann aus wichtigen Gründen die Ernennung von Liquidatoren durch den Richter erfolgen. – Die Anmeldung der ersten Liquidatoren zur Eintragung in das Handelsregister ist durch den Vorstand zu machen. – Die Abberufung der Liquidatoren kann durch den Richter unter denselben Voraussetzungen wie die Bestellung erfolgen. Liquidatoren, welche nicht vom Richter ernannt sind, können auch durch die Generalversammlung jederzeit abberufen werden.

Art. 244 a. Auf die Liquidation finden, soweit nicht in diesem Abschnitt ein Anderes bestimmt ist, die für die Liquidation einer offenen Handelsgesellschaft gegebenen Bestimmungen entsprechende Anwendung. – Die Liquidatoren haben die Rechte und Pflichten des Vorstandes. – Sie haben bei Beginn der Liquidation eine Bilanz aufzustellen. Die Veräußerung von unbeweglichen Sachen kann durch die Liquidatoren ohne Genehmigung der Generalversammlung nicht anders, als durch öffentliche Versteigerung bewirkt werden.

Art. 245. Das Vermögen... – Die Vertheilung... – In Ansehung ... (wie Art. 245 Abs. 1–3 ADHGB). – Nach gelegter Schlußrechnung ist die Beendigung der Liquidation von den Liquidatoren in den hierzu bestimmten öffentlichen Blättern bekannt zu machen.

Art. 246. Die Handelsbücher und Schriften der aufgelösten Gesellschaft sind an einem von dem Handelsgerichte zu bestimmenden sicheren Orte zur Aufbewahrung auf die Dauer von zehn Jahren niederzulegen. – Die Aktionäre können zur Einsicht derselben vom Handelsgerichte ermächtigt werden. Das Gleiche gilt für die Gläubiger in Ansehung der Handelsbücher.

Art. 247. Bei der Auflösung... 3. Die Mitglieder des Vorstandes und des Aufsichtsraths der letzteren Gesellschaft sind den Gläubigern der aufgelösten Gesellschaft für die Ausführung der getrennten Verwaltung persönlich und solidarisch verantwortlich, die Mitglieder des Aufsichtsraths soweit eine Vereinigung beider Gesellschaften mit ihrem Wissen und ohne ihr Einschreiten erfolgt ist. 4. ...; 5. ... (wie Art. 247 ADHGB).

Art. 248. Eine theilweise Zurückzahlung des Grundkapitals an die Aktionäre oder eine Herabsetzung desselben kann nur auf Beschluß der Generalversammlung und nur unter Beobachtung derselben Bestimmungen erfolgen, welche für die Vertheilung des Gesellschaftsvermögens im Falle der Auflösung oder Auftheilung maßgebend sind (Art. 243, 245).

Vierter Titel
Strafbestimmungen

Art. 249. Mitglieder des Vorstandes einer Aktiengesellschaft und Liquidatoren einer Handelsgesellschaft, welche nicht zu den Gesellschaftern gehören, werden, wenn sie absichtlich zum Nachtheile der Gesellschaft handeln, wegen Untreue bestraft (Strafgesetzbuch § 266).

Art. 249 a. Mit Gefängniß und zugleich mit Geldstrafe bis zu zwanzigtausend Mark werden bestraft:

1. Persönlich haftende Gesellschafter oder Mitglieder des Aufsichtsraths einer Kommanditgesellschaft auf Aktien sowie Gründer, ... oder des Grundkapitals der Aktiengesellschaft oder der in Art. 175 b oder 209 b vorgesehenen Festsetzungen wissentlich falsche Angaben machen.

2. Diejenigen, welche rücksichtlich der bezeichneten Thatsachen wissentlich falsche Angaben in einem in Art. 180 a oder 213 b vorgesehenen Angebote von Aktien machen.

3. Persönlich haftende Gesellschafter oder Mitglieder des Aufsichtsraths einer Kommanditgesellschaft auf Aktien sowie Mitglieder des Vorstandes und des Aufsichtsraths einer Aktiengesellschaft, welche behufs Eintragung einer Erhöhung des Gesammtkapitals der Kommanditisten oder des Grundkapitals der Aktiengesellschaft in das Handelsregister (Art. 180 g, 215 a) rücksichtlich der Einzahlung des bisherigen oder rücksichtlich der Zeichnung oder Einzahlung des erhöhten Kapitals wissentlich falsche Angaben machen. – Zugleich kann auf Verlust der bürgerlichen Ehrenrechte erkannt werden. – Sind mildernde Umstände vorhanden, so tritt ausschließlich die Geldstrafe ein.

Art. 249 b. Persönlich haftende Gesellschafter, Mitglieder des Aufsichtsraths und Liquidatoren einer Kommanditgesellschaft auf Aktien, sowie Mitglieder des Vorstandes und des Aufsichtsraths und Liquidatoren einer Aktiengesellschaft werden mit Gefängniß bis zu einem Jahre und Geldstrafe bis zu zwanzigtausend Mark bestraft, wenn sie wissentlich ... – Zugleich kann auf Verlust der bürgerlichen Ehrenrechte erkannt werden. – Sind mildernde Umstände vorhanden, so tritt ausschließlich die Geldstrafe ein.

Art. 249 c. Mit Gefängniß bis zu drei Monaten und Geldstrafe bis zu fünftausend Mark werden bestraft:

1. die persönlich haftenden Gesellschafter, die Mitglieder des Aufsichtsraths und die Liquidatoren einer Kommanditgesellschaft auf Aktien, sowie die Mitglieder des Vorstandes und des Aufsichtsraths und die Liquidatoren einer Aktiengesellschaft, wenn länger als drei Monate die Gesellschaft ohne Aufsichtsrath geblieben ist, oder in dem letzteren die zur Beschlußfähigkeit erforderliche Zahl von Mitgliedern gefehlt hat;

2. die Mitglieder des Vorstandes und die Liquidatoren einer Aktiengesellschaft, wenn sie entgegen der Vorschrift des Art. 240 Abs. 2 es unterlassen haben, die Eröffnung des Konkurses zu beantragen. – Sind mildernde Umstände vorhanden, so ist auf die Geldstrafe ausschließlich zu erkennen. – Die Strafe tritt nicht gegen denjenigen ein, welcher nachweist, daß die Bestellung oder Ergänzung des Aufsichtsraths oder der Eröffnungsantrag ohne sein Verschulden unterblieben ist.

Art. 249 d. Mit Gefängniß bis zu einem Jahre und Geldstrafe bis zu zehntausend Mark wird bestraft:

1. wer in öffentlichen Bekanntmachungen falsche Thatsachen vorspiegelt oder wahre Thatsachen entstellt oder unterdrückt, um zur Betheiligung an einem Aktienunternehmen zu bestimmen;

2. wer auf Täuschung berechnete Mittel anwendet, um auf den Kurs von Aktien einzuwirken;

3. wer über die Hinterlegung von Aktienbescheinungen, welche zum Nachweise des Stimmrechts in einer Generalversammlung dienen sollen, wissentlich falsch ausstellt oder verfälscht oder von einer solchen Bescheinigung wissend, daß sie falsch oder verfälscht ist, zur Ausübung des Stimmrechts Gebrauch

macht. – Zugleich kann auf Verlust der bürgerlichen Ehrenrechte erkannt werden. – Sind mildernde Umstände vorhanden, so tritt ausschließlich die Geldstrafe ein.

Art. 249e. Wer sich besondere Vortheile dafür hat gewähren oder versprechen lassen, daß er bei einer Abstimmung in der Generalversammlung von Kommanditisten oder Aktionären in einem gewissen Sinne stimme, wird mit Geldstrafe bis zu dreitausend Mark oder mit Gefängniß bis zu einem Jahre bestraft.

Art. 249f. Mit Geldstrafe bis zu eintausend Mark wird bestraft:

1. wer für die Ueberlassung des Stimmrechts von Kommanditisten oder Aktionären eine Vergütung verspricht oder gewährt;

2. wer in der Absicht, über den im Gesellschaftsvertrage festgesetzten Höchstbetrag hinaus das Stimmrecht auszuüben (Art. 190 Abs. 1, 221 Abs. 3), Aktien einem Anderen zutheilt.

Art. 249g. Die persönlich haftenden Gesellschafter und die Liquidatoren einer Kommanditgesellschaft auf Aktien sind zur Befolgung der in den Art. 179, 185 und 193 Abs. 2 enthaltenen Vorschriften von dem Handelsgerichte durch Ordnungsstrafen anzuhalten. – In gleicher Weise sind die Mitglieder des Vorstandes und die Liquidatoren einer Aktiengesellschaft zur Befolgung der in den Art. 212, 213d Abs. 4, 222 Abs. 3, 224 Abs. 3, 225a Abs. 1, 227 Abs. 2, 228, 233 Abs. 1, 238a Abs. 2, 239 Abs. 2, 239a Abs. 3, 239b, 240 Abs. 1, 243 Abs. 1, 244 Abs. 3 und 247 Ziff. 4 enthaltenen Vorschriften anzuhalten.

§ 2. Die in den Artikeln 173, 173a, 175 bis 177, 180 und 207, 207a, 209 bis 210c, 213a der neuen Fassung enthaltenen Bestimmungen finden auf Gesellschaften, welche vor dem Tage des Inkrafttretens dieses Gesetzes angemeldet sind, aber erst an oder nach diesem Tage zur Eintragung in das Handelsregister gelangen, keine Anwendung, sofern schon vor dem bezeichneten Tage die Voraussetzungen erfüllt sind, an deren Nachweis die bisherigen Bestimmungen die Eintragung knüpfen. – Dasselbe gilt für diese Gesellschaften, sowie für die schon bestehenden Gesellschaften von den Vorschriften der Art. 180a, 180b und 213b bis 213d. – Die Vorschrift in Art. 181a und 215b über die Unzulässigkeit der Ausgabe von Promessen und Interimsscheinen vor der Eintragung des Gesellschaftsvertrages in das Handelsregister findet auf die im ersten Absatze bezeichneten Gesellschaften Anwendung.

§ 3. Auf eine Erhöhung des Gesammtkapitals der Kommanditisten oder des Grundkapitals bestehender Gesellschaften kommen die Bestimmungen dieses Gesetzes nicht zur Anwendung, sofern die geforderte Einzahlung auf das erhöhte Kapital vor dem Inkrafttreten dieses Gesetzes bewirkt ist.

§ 4. Die bestehenden und die in § 2 Abs. 1 bezeichneten Gesellschaften dürfen auf Grund des Artikels 222 Ziff. 3 der alten Fassung von dem Inkrafttreten dieses Gesetzes ab die Zeichner nicht vollständig eingezahlter Aktien von der Haftung für weitere Einzahlung nicht befreien und Promessen oder Interimsscheine,

welche auf Inhaber lauten, nur insoweit aufstellen, als die Befreiung des Zeichners schon vor diesem Tage eingetreten ist.

§ 5. Die in den Art. 191, 225 und 227 der neuen Fassung über die Zahl der Mitglieder des Aufsichtsraths und des Vorstandes getroffenen Bestimmungen finden auf die bestehenden sowie die in § 2 Abs. 1 bezeichneten Gesellschaften mit dem Ablaufe von drei Monaten nach dem Inkrafttreten dieses Gesetzes (x + 3 Monate) Anwendung. Dasselbe gilt von der Bestimmung in Art. 225 b der neuen Fassung. – Die Bestimmungen des Art. 231 a finden auf Mitglieder des Vorstandes, deren Bestellung vor dem Inkrafttreten dieses Gesetzes erfolgt ist, keine Anwendung.

§ 6. Von den in den Art. 185 a, 185 b und 239 bis 239 c der neuen Fassung enthaltenen Vorschriften über Bilanz und Reservefonds finden auf die bestehenden Gesellschaften die Vorschriften rücksichtlich einer Vertheilung von Kosten der Organisation (Art. 185 a Ziff. 4 und 239 c Abs. 1) sowie rücksichtlich eines erhöhten Kapitals (Art. 185 b und 239 c) schon für das bei dem Inkrafttreten des Gesetzes laufende Geschäftsjahr, die übrigen Vorschriften erst vom Beginn des folgenden Geschäftsjahres Anwendung. – Werden in Gemäßheit der Vorschrift in Art. 185 a Ziff. 3 und 239 c dauernd zum Geschäftsbetriebe der Gesellschaft bestimmte Gegenstände unter Zugrundelegung des Anschaffungs- oder Herstellungspreises zu einem Betrage angesetzt, welcher den Werth übersteigt, mit welchem sie in der Bilanz des letzten Geschäftsjahres vor dem ... (x) enthalten sind, so dürfen hierauf beruhende Zinsen oder Dividenden nur unter Beobachtung der Vorschriften gezahlt werden, welche für eine Herabsetzung des Kapitals der Kommanditisten oder des Grundkapitals maßgebend sind.

V. Verhandlungen der Aktienrechtskommission[1]

1. Teilnehmer der Konferenz vom 24. 3. 1882:

1. der Staatssekretär des Reichs-Justizamts *Dr. von Schelling*, als Vorsitzender,
2. der Staatssekretär des Innern, Staatsminister *von Bötticher*, welcher sich im Laufe der Verhandlungen wegen anderweitiger Geschäfte entfernte,
3. ferner vom *Reichsamt des Innern:* der Unterstaatssekretär, Wirkliche Geheime Rath *Eck*,
4. der Geheime Finanzrath *Schmidt*

   vom Reichs-Justizamt:
5. der Direktor *Hanauer*,
6. der Geheime Ober-Regierungsrath *Dr. Meyer*,
7. der Geheime Ober-Regierungsrath *Dr. Hagens*,
8. der Geheime Regierungsrath *Deegen*,
9. der Geheime Regierungsrath *von Lenthe*,
10. der Regierungsrath *Dr. Kayser* als Schriftführer,

    als *Sachverständige:*
11. der Geheime Ober-Finanzrath *Koch*, Mitglied des Reichsbankdirektoriums,
12. der Geheime Kommerzienrath *Delbrück*,
13. der Rechtsanwalt *Dr. Embden* aus Hamburg,
14. der Professor an der Universität Berlin, Geheime Justizrath *Dr. Goldschmidt*,
15. der Unterstaatssekretär a. D. und Präsident der Preußischen Central-Boden-Kreditbank Dr. *Jacobi*,
16. der Kammergerichtsrath *Keyssner*,
17. der Bürgermeister a. D. und Geschäftsführer der Diskontogesellschaft *Russell*
18. der Bankdirektor *Dr. von Schauss* aus München,
19. der Professor an der Universität *Dr. von Sicherer* aus München,
20. der Professor an der Universität Berlin, *Dr. Adolf Wagner.*

[1] Wiedergegeben nach ZStA Potsdam, Reichsamt des Innern, Nr. 1, Bl. 122–123.

2. Fragen an die Sachverständigen[1]

1. Bietet die Einführung der Inhaberaktie für die Kommanditgesellschaft auf Aktien nach Maßgabe des Entwurfs wirthschaftliche Bedenken?

2. Erscheint es, falls die Einführung der Inhaberaktie für die Aktienkommanditgesellschaft nach Maßgabe des Entwurfs erfolgt, vom wirthschaftlichen Standpunkte aus geboten oder doch wünschenswerth, die Uebertragung von Namensaktien durch Indossament auszuschließen?

3. Ist die in den Art. 173 a und 207 a vorgesehene Erhöhung des Nominalbetrages der Aktien angemessen normirt?

4. Ist die in den Art. 173 a, 207 a für die Höhe des Grundkapitals (resp. Gesamtkapitals) gestellte Grenze angemessen bestimmt?

5. Empfiehlt es sich vom wirthschaftlichen Standpunkte aus, die in den Art. 175 b, 209 b Abs. 1 zugelassenen besonderen Vortheile der ersten Gesellschafter, namentlich der Gründer, in gewissen Fällen, insbesondere im Falle einer Neuemission von Aktien zu beschränken?

6. Ist die im Art. 210 vorgesehene Erhöhung des von der Anmeldung des Gesellschaftsvertrags baar einzuzahlenden Betrages von zehn (bei Versichungsgesellschaften zwanzig) Prozent des auf jede Aktie zu leistenden Betrages auf fünf und zwanzig Prozent ausreichend?

7. Sind die bei der Aktiengesellschaft durch Art. 223, 224 zugelassenen Minderheitsrechte auch für die Kommanditgesellschaft auf Aktien einzuführen?

8. Erscheint es wirthschaftlich wünschenswerth, die in den Art. 180 a 213 c, 213 d, 215 a durchgeführte zweijährige Frist für Vergleiche und Verzichtleistungen (Art. 180 c, 213 c) zu erweitern?

9. Erfordert das wirthschaftliche Bedürfniß die Ausschließung der im Art. 215 a zugelassenen Ausgabe neuer Aktien unter pari?

10. Empfiehlt es sich, durch das Gesetz das Verhältniß der in ihrer Berechtigung verschiedenen Aktien (Stammaktien, Stammprioritätsaktien, Prioritätsaktien) zu einander zu regeln und welche Vorschläge sind für den Fall der Bejahung der Frage zu machen?

11. Ist es bedenklich, im Falle des Erwerbs eigener Aktien (Art. 184 c, 215 c) statt der bisherigen Rechtsfolgen lediglich die Verantwortlichkeit der betreffenden Organe (vgl. Art. 204, 226, 241) eintreten zu lassen?

12. Bestehen gegen die Aufstellung und Veröffentlichung einer Semestralbilanz (Art. 239 Abs. 1) Bedenken?

13. Erscheint eine Verlängerung der in Art. 239 Abs. 2 bestimmten dreimonatlichen Frist zur Aufstellung der Bilanz nothwendig?

[1] Wiedergegeben nach einer Metallographie im ZStA Potsdam, Reichsamt des Innern, Nr. 2, Bl. 2–134 (266 Seiten). Die Wiedergabe folgt dem Original, wobei aus Platzgründen einige Straffungen in der Anordnung vorgenommen wurden. Absätze sind durch Gedankenstriche kenntlich gemacht

14. Ist und eventuell nach welcher Richtung ist die in der Art. 185a Ziff. 4, 239c zugelassene bilanzmäßige Vertheilung von Organisationskosten zu beschränken?

15. Empfiehlt es sich, den Handel an der Börse mit Aktien ausländischer Gesellschaften, welche den Vorschriften des Entwurfs über die Errichtung von Aktien- bzw. Kommanditaktiengesellschaften nicht entsprechen, auszuschließen oder zu beschränken?

3. Verhandlungsgegenstände der einzelnen Sitzungen.

1. Sitzung (24. 3. 1882): Art. 173, 173a, 207, 207a
2. Sitzung (25. 3. 1882): Art. 175b, 209a–b
3. Sitzung (27. 3. 1882): Art. 209b–d, 209f–g, 210, 210a
4. Sitzung (28. 3. 1882): Art. 209d–e, 210, 210a–c, 211–213b
5. Sitzung (29. 3. 1882): Art. 213a–d
6. Sitzung (30. 3. 1882): Art. 185, 215, 215a
7. Sitzung (31. 3. 1882): Art. 213b, 213e, 215b–c
8. Sitzung (1. 4. 1882): Art. 182–184b, 190, 191, 216–221
9. Sitzung (3. 4. 1882): Art. 190, 221–224, 225ff.
10. Sitzung (4. 4. 1882): Art. 191, 225–234
11. Sitzung (5. 4. 1882): Art. 237–239c
12./13. Sitzung (6.–7. 4. 1882): Art. 185a–b, 239c–248. Prospekthaftung (Art. 241a, 213b, c), Art. 175, 175e, 180d, 199, 22, 223
14. Sitzung (8. 4. 1884): Art. 181, 191, 193, 198, 249a–f

4. Protokolle

1. Sitzung. Verhandelt Berlin, den 24. März 1882

Der Staatssekretär *Dr. von Schelling* übernimmt den Vorsitz mit dem Bemerken, daß der Staatssekretär des Innern, Staatsminister *von Bötticher* durch anderweitige Amtsgeschäfte verhindert sei, selbst den Vorsitz zu führen. Der Vorsitzende begrüßt die Anwesenden mit dem besonderen Ausdruck des Dankes für das bereitwillige Entgegenkommen der Sachverständigen, von deren Mitwirkung er die gleichen günstigen Ergebnisse hofft, wie sie dereinst die Deutsche Wechselordnung und das Deutsche Handelsgesetzbuch gefördert haben. Der Vorsitzende schlägt vor, von einer allgemeinen Generaldiskussion Abstand zu nehmen und sich bei den Berathungen an die Legalordnung des Entwurfes anzuschließen, dabei aber mit dem dritten, von der Aktiengesellschaft handelnden Titel als dem wichtigsten Theile der Reform zu beginnen, dann zu den Kommanditgesellschaften auf Aktien und endlich zu den Straf- und Uebergangsbestimmungen überzugehen; für die jedesmalige Berathung seien mehrere zusammengehörige Artikel zusammenzufassen und hiermit die entsprechenden, den Sachverständigen zugegangenen Fragen zu verknüpfen.

Da sich gegen diese Vorschläge kein Widerspruch erhebt, stellt der Vorsitzende als ersten Gegenstand *„das Grundkapital und dessen Eintheilung, die Artikel 207, 207a bezw. 173a sowie die Fragen 3 und 4* zur Diskussion.“ – Auf Ersuchen des Vorsitzenden giebt zunächst der Geheime Oberregierungs-Rath *Dr. Hagens* eine kurze Uebersicht über den Standpunkt und über die Bestimmungen des Enwurfs.

In der sich hieran knüpfenden Diskussion zeigte sich ein Einverständniß der Sachverständigen einmal darin, daß der Entwurf die Grundlage des bisherigen Rechts beibehalten und nur soweit Abänderungen getroffen habe, als diese durch die Erfahrungen und das Bedürfniß erforderlich geworden seien, sodann darin, daß der Entwurf von einer Wiedereinführung der staatlichen Genehmigung und Aufsicht Abstand genommen habe. Von letzterem Standpunkt aus bemängelte aber der Geheime Justizrath Professor *Dr. Goldschmidt* die Vorschrift im Absatz 2 des Art. 173a, indem er hervorhob, daß durch dieselbe für die gemeinnützigen Unternehmungen, sofern sie Aktien auf einen geringeren Betrag als 1000 M. stellen wollten, die Konzession des Reichskanzlers wieder eingeführt sei. Dieselbe würde für sich die kleinen Kapitalisten einen bedenklichen Anreiz haben, sich in der Meinung einer durch die Genehmigung des Reichskanzlers gewährleisteten Solidität des Unternehmens diesem anzuschließen. Redner erachtet es für empfehlenswerther, von dieser Konzession ganz abzusehen und im Anschluß an das französische Recht die Befugniß zur Ausstellung eines geringeren Nominalbetrages von einem geringeren Grundkapital abhängig zu machen. Auch der Geheime Ober-Finanzrath *Koch* teilt die gleichen Bedenken, indem er ausführt, daß die fragliche Bestimmung indirekt eine Konzessionirung enthalte, da die Kognition des Reichskanzlers in derselben Weise über das ganze Unternehmen erfolgen müsse, wie früher vor der Novelle von 1870 die Prüfung durch die Landesregierungen. Gegen diese Ausführungen wendet sich zunächst der Unterstaatssekretär a. D. Präsident *Dr. Jacobi,* welcher bemerkt, daß die in Art. 173a Abs. 2 vorgesehene Prüfung eine ganz andere sei, als die, welche der früheren Staatsgenehmigung habe vorausgehen müssen. Zudem werde die Genehmigung des Kanzlers erst erfolgen, wenn sich die zur Gründung des Unternehmens erforderlichen Kapitalisten zusammengefunden hätten, so daß von einer Verleitung und Anlockung des Kapitals keine Rede sein könne. Würde Abs. 2 gestrichen, so wäre eine Reihe der nützlichsten Unternehmungen unmöglich gemacht. Redner erachtet jedoch die Beschränkung des Grundkapitals auf höchstens 1 Million für ungerechtfertigt, da diese Summe für verschiedene gemeinnützige Unternehmungen, wie z. B. für Sekundärbahnen, kleine Kanäle u. dgl. unzureichend sein würde. Diesen Ausführungen schließen sich der Bürgermeister a. D. *Russell* und der Geheime Kommerzienrath *Delbrück* an, welche hervorheben, daß sie unter gemeinnützigen Unternehmungen solche verstehen, welche nicht unmittelbar auf Gelderwerb, sondern in erster Linie auf Förderung des gemeinen Nutzens gerichtet seien. Unternehmungen dieser Art seien aber keineswegs für das kleine Kapital, sondern im Gegentheil für die mehr Bemittelten bestimmt, welche auch ohne direkten Geldgewinn zu einem gewissen Opfer für eine gemeinnützige Sache bereit seien. Professor *Dr. Wagner* tritt eventuell ebenfalls für die Bestimmung des Entwurfs ein, erachtet es aber für zweifelhaft, ob der Ausdruck „gemeinnützig" ausreichend sei, da er z. B. nach seiner Ansicht die Gründung von Zeitungen nicht decke, während er es für gerathen halte, dieselben dem Einfluß des großen Kapitals zu entziehen. Hiergegen weist Bürgermeister a. D. *Russell* unter Exemplifikation auf Frankreich darauf hin, daß gerade Zeitungen, welche mit kleinem Grundkapital gegründet würden, in die Hände der Spekulation übergingen. Professor *Dr. von Sicherer* wünscht, daß, da es sich im Abs. 2 des Art. 173 vorzugsweise um lokale Unternehmungen oder um solche handele, welche auf einem geringeren Gebietskreis beschränkt seien, neben dem Reichskanzler noch das lokale oder provinzielle Element besonders vertreten sei. Geheimer Finanzrath *Schmidt* glaubt eine Uebereinstimmung der Sachverständigen über die Bedeutung der Gemeinnützigkeit annehmen zu können und stellt anheim, ob nicht in das Gesetz die Begriffsbestimmung des gemeinnützigen Unternehmens als eines solchen aufzunehmen sei, bei welchem nicht von vornherein der Erwerbszweck ins Auge genommen werde. Bankdirektor *Dr. von Schauss* erachtet eine Definition für bedenklich, da es sich hier um eine Frage des Ermessens handele, wofür ihm die Prüfung durch den Reichskanzler eine genügende Garantie bilde. Für die Einheit in der Handhabung des Gesetzes sei die Entscheidung des Reichskanzlers nothwendig, welcher sich an die Einzelregierungen oder Lokalbehörden um Auskunft wenden könne. Im Uebrigen beantragt Redner im Abs. 2 statt der Worte „weniger als 1 Million" die Worte „nicht mehr als 1 Million", zu setzen, damit das Grundkapital noch die runde Summe von 1 Million betragen könne. Professor *Dr. von Sicherer* bemerkt, daß er die Betheiligung anderer Behörden nicht als eine politische, sondern als eine technische Frage behandelt habe, und ist ebenso wie der Unterstaatssekretär a. D. *Jacobi* und die anderen Sachverständigen der Meinung, daß es genüge, wenn thatsächlich eine Befragung der betheiligten Regierungen und Lokalbehörden vor der Genehmigung des Reichskanzlers stattfinde.

Bezüglich der regelmäßigen *Höhe des Nominalbetrages der Aktien* fand die Bestimmung des Entwurfes, daß der Betrag der *Namensaktie* auf mindestens 1000 M. festgesetzt werden müsse, die allgemeine Billigung der Sachverständigen. Dagegen machten sich hinsichtlich der Höhe des Nominalbetrages der *Inhaberaktie* und hinsichtlich der Frage inwieweit *Namens-* und zugleich *Inhaberaktien* zuzulassen seien, verschiedene Meinungen geltend.

Der Kammergerichtsrath *Keyssner* hebt hervor, daß bei der Höhe, wie der Entwurf die Inhaberaktie normire, letztere praktisch ein Unicum sein und Alles zur Namensaktie gedrängt werde. Um dies zu vermeiden, müsse die Namensaktie anders gestaltet und dafür Vorsorge getroffen werden, daß nur der im Aktienbuch eingetragene Aktionär in der Generalversammlung auftreten könne.

Jetzt käme es häufig vor, daß auch bei Namensaktien der bloße Inhaber der Urkunde zur Generalversammlung zugelassen werde. Letztere Thatsache wird von dem Rechtsanwalt *Dr. Embden* und dem Geheimen Kommerzienrath *Delbrück* bestritten und von dem *Vorsitzenden* im Einverstädniß mit den sonstigen Anwesenden konstatirt, daß solche Vorkommnisse den klaren Buchstaben des Gesetzes verletzen. Rechtsanwalt *Dr. Embden* ist jedoch ebenfalls der Ansicht, daß der Entwurf künstlich zur Namensaktie dränge, und erachtet, um dies zu vermeiden, eine Bejahung der Frage 2, somit einen Ausschluß des Indossaments für Namensaktien, für angezeigt. Redner führt aber namentlich unter Hinweis auf die Englische Gesetzgebung aus, daß die Agiotage mit der Rechtsform, in welche sich die Aktie kleide, in keiner Verbindung stehe. Geheimer Ober-Finanzrath *Koch* glaubt, daß der Ausschluß des Indossaments für die Namensaktie zum mindesten ohne Wirkung sein würde, wie sich dies früher bei dem Verkehr mit den Antheilscheinen der Preußischen Bank gezeigt habe. Hier seien Blankocessionen durchweg üblich und nach der Rechtsprechung des Preußischen Obertribunals rechtsgültig gewesen. Auch Seitens der übrigen Sachverständigen wird einer Erschwerung des Verkehrs mit Namensaktien entgegengetreten, namentlich weist Bürgermeister a. D. *Russell* darauf hin, daß der Unterschied zwischen Namens- und Inhaberaktien sich nicht sowohl im Umlauf als in dem Verhältniß der Aktionäre zur Gesellschaft zeige und schon von vornherein bei der Gründung, wenn Namensaktien geschaffen werden, ein engeres Verhältniß der Betheiligten bedinge. Nur Professor *Dr. von Sicherer* hält die ausschließliche Zulassung von Namensaktien auch für die Aktiengesellschaft als ein erstrebenswerthes Ziel, da die Ausgabe von Inhaberpapieren lediglich berechtigt sei, wenn für den Inhaber nur Rechte, nicht auch Pflichten begründet werden. Eventuell will Redner das Blankoindossament bei Namensaktien ausgeschlossen wissen. Er weist sodann darauf hin, daß Art. 198 und 217 des Entwurfs auf Inhaberaktien nicht paßten, weil bei diesen eine Rückforderung unrechtmäßig gezahlter Dividenden unmöglich sei. Bei Zulassung von Aktien dieser Art erachtet Redner eine Bestimmung für erforderlich, durch welche eine Kompensation mit den zu Unrecht erhobenen Dividenden ermöglicht werde.

Bezüglich der Höhe des Nominalbetrages der Inhaberaktie herrschte unter den Sachverständigen Einverständniß darüber, daß die von dem Entwurf vorgeschlagene Ziffer zu hoch sei und einen unverhältnißmäßigen Abstand von dem Nominalbetrag der Namensaktie hervortreten lasse. Bei der Diskussion führte, – freilich nicht unwidersprochen – Rechtsanwalt *Dr. Embden* aus, daß die Agiotage nicht durch große Nominalbeträge beschränkt werde, da das spekulirende Publikum sich regelmäßig der Hülfe eines Bankiers bediene und es dem Spekulanten gleichgültig sei, ob er bei diesem Eine Aktie oder 10 von dem gleichen Werth liegen habe. Geheimer Justizrath Professor *Dr. Goldschmidt* giebt zu erwägen, ob eine allzu hohe Normirung des Betrages das Publikum nicht zu einer Kapitalsanlage in ausländischen Werthen oder in Werthen nicht solider alter Aktiengesellschaften hinweisen werde. Rechtsanwalt *Dr. Embden* schlägt als Mindestbetrag 2000 M. vor, ihm schließt sich Geheimer Justizrath Professor *Dr. Goldschmidt* an, während Geheimer Ober-Finanzrath *Koch* und Bankdirektor *von Schauss* denselben auf 3000 M. festgesetzt wissen wollen und Professor *Dr. Wagner* mit Rücksicht auf die wirthschaftlichen Verhältnisse in Deutschland für beide Arten von Aktien einen Betrag von 1000 M. für genügend hält, letzterer Sachverständiger jedoch nur für den Fall, daß sein später zu erwähnender Vorschlag keine Zustimmung finden sollte. An die Diskussion über die Höhe des Nominalbetrages knüpften sich noch folgende Erörterungen:

Bürgermeister a. D. *Russell* erachtet es für erforderlich, daß im Falle einer *Reduktion* des Grundkapitals den Aktiengesellschaften die Möglichkeit gewährt werden müsse, einen geringeren Nominalbetrag festzusetzen, da zu einer Zusammenlegung von Aktien der einzelne Aktionär nicht gezwungen werden könne. Gegen einen Mißbrauch und gegen Umgehung des Gesetzes schütze die Vorschrift über die Vornahme der Reduktion unter den erschwerenden Bestimmungen des Gesetzes. Kammergerichtsrath *Keyssner* hält die Zulassung einer solchen Ausnahme für höchst bedenklich, da hierdurch schon das Gesetz den reduzirenden Gesellschaften einen Makel aufdrücke. Man könne statt der Zusammenlegung andere Wege finden, so namentlich den Ankauf der Aktien zum Zwecke der Reduktion. Für den Russellschen Vorschlag erklären sich besonders der Geheimrath *Delbrück* und der Bankdirektor *von Schauss* in dem namentlich der letztere darauf hinweist, daß man Entgründungen, durch welche begangene Sünden wieder gut gemacht werden sollen, nicht erschweren dürfe und daß ein Ankauf von Aktien nur von Gesellschaften ermöglicht werden könne, welche ein genügendes Baarvermögen besitzen. In gleichem Sinne spricht sich auch der Geheime Justizrath Professor *Dr. Goldschmidt* aus.

Sodann regte Professor Dr. *Wagner* die Frage an, ob nicht eine größere *Spezialisirung der Zwecke* des Unternehmens geboten sei. Er hebt hervor, daß einerseits die Verfolgung gewisser Zwecke in der Form der Aktiengesellschaft überhaupt, andererseits die Kombinirung heterogener Zwecke verboten werden müßte, sowie endlich, daß der Nominalbetrag der Aktie nach den verschiedenen Zwecken abgestuft werden könnte. So habe sich herausgestellt, daß der Verkehr mit Immobilien für Aktiengesellschaften durchaus nicht passe. Ebenso würde sich für Spekulationsbanken, wenn man das kleine Publikum von dem Handel mit Werthen derselben fernhalten wolle, ein Nominalbetrag der Aktie mit 5000 M. empfehlen. Daß eine solche Spezialisirung möglich sei, ergebe die Entwicklung der Englischen Gesetzgebung und die Deutschen Gesetze, welche die besonders konzessionspflichtigen Anstalten, wie Versicherungsgesellschaften, Zettel- und Hypothekenbanken eigenthümlichen Vorschriften unterwerfen. Gegen diesen Vorschlag erklären sich der Bürgermeister a. D. *Russell*, Geheimer Justizrath Professor *Dr. Goldschmidt*, Geheimer Ober-Finanzrath *Koch* und Geheimer Finanzrath *Schmidt*, welche übereinstimmend hervorheben, daß eine gesetzliche Formulirung der Zwecke nicht möglich sei und auch zu praktischen Ergebnissen nicht führen würde. Für die Wirksamkeit der Spekulationsbanken, namentlich der crédits mobiliers, sei die Höhe des Nominalbetrages ihrer Aktien ganz gleichgültig, auch könnten die besten Zwecke in unsolider Weise ausgebeutet werden. Sämtliche Redner vermissen einen positiven Vorschlag Seitens des Antragstellers, den sich dieser für später vorbehält.

Endlich wird auf eine Anfrage des Kammergerichtsraths *Keyssner* durch den Geheimen Oberregierungsrath *Dr. Hagens* konstatirt, daß nach Art. 221 und 190 des Entwurfs jede Aktie eine Stimme haben müsse. – Die Diskussion über den ersten Gegenstand wird hierauf geschlossen. – Unter Zustimmung der Versammlung schlägt der Vorsitzende vor, über die von Professor *Dr. Wagner* angeregte Frage erst dann Beschluß zu fassen, sobald ein formulirter Vorschlag vorliegen würde.

Der Vorsitzende konstatirt sodann das Einverständniß der Sachverständigen, daß der Minimalbetrag bei Namensaktien auf 1000 M. richtig, bei Inhaberaktien auf 5000 M. aber zu hoch bemessen sei, glaubt jedoch die Frage, ob letzterer auf 2000 oder 3000 M. zu normiren sei, als unerheblich für diese Konferenz, nicht zur Abstimmung bringen zu sollen. Er stellt dagegen zur Abstimmung die Frage: ob der Reichskanzler gemäß Art. 173a Abs. 2 die Gemeinnützigkeit des Unternehmens zu prüfen und im Fall des Vorhandenseins die Höhe des Minimalbetrages mit 200 M. zuzulassen habe. – Für die Bejahung ergaben sich 6, für die Verneinung 4 Stimmen. Es wird ferner zur Abstimmung die Frage gestellt: ob bei den gemeinnützigen Unternehmungen die Beschränkung des Grundkapitals auf 1 Million wegzufallen habe. Für die Bejahung ergaben sich 8, für die Verneinung 2 Stimmen.

Sodann erklärt sich im Anschluß an einen Antrag des Geheimen Justizraths Professor *Dr. Goldschmidt* auf Vorschlag des *Vorsitzenden* die Versammlung damit einverstanden, daß die Frage „wegen der Ausnahme von der Höhe des Nominalbetrages bei der Reduktion des Grundkapitals" erst bei der allgemeinen Erörterung über die Reduktion nach den Vorschlägen des Entwurfs ihre Erledigung finden solle.

Der Vorsitzende stellt sodann im Anschluß an den oben erledigten Gegenstand *die Frage 10* zur Diskussion.

Das Bedürfniß zu einer Normirung des Verhältnisses zwischen *Stammaktien* und *Stammprioritäten* wird namentlich von dem Geheimen Finanzrath *Schmidt* befürwortet. Die Gestaltung und der Zweifel seien so mannichfach, daß eine Ordnung durch den Gesetzgeber dringend geboten sei. Auch sei ein erheblicher Mißbrauch damit getrieben, daß bei der Gründung gleichzeitig Prioritäten und Stammprioritäten ausgegeben worden, was jedenfalls untersagt werden müsse. Endlich sei es erforderlich, daß der Käufer einer Aktie klar wisse, welche Rechte er habe, und es empfehle sich, die Verschiedenheit der Aktien durch die Farbe des Papiers oder sonst ein äußeres Zeichen erkennbar zu machen. Der Geheime

Ober-Finanzrath *Koch* hält ein Einschreiten des Gesetzgebers nicht für nützlich, um so weniger als die Ausgabe der Stammprioritäten nicht begünstigt werden dürfe, es sei viel besser, wenn die Gesellschaften zu Anleihen veranlaßt würden. Auch seitens der Sachverständigen *Keyssner, Jacobi, Goldschmidt, Russell, Embden* und *Delbrück* wird übereinstimmend die Ansicht des Geheimen Finanzraths *Schmidt* bekämpft. Es wird hervorgehoben, daß die Vertragsverhältnisse viel zu mannichfaltig seien, als daß sie durch einzelne Vorschriften des Gesetzes richtig getroffen werden könnten. Auch sei der Mißbrauch nicht häufig vorgekommen. Den Gesellschaften dürfe der Weg, wie sie sich Mittel verschaffen wollten, nicht verschlossen werden. Endlich könne auch das Bedürfniß einer gleichzeitigen Ausgabe von Stammaktien und Stammprioritäten bei der Gründung nicht in Abrede gestellt werden, namentlich, wenn es sich um eine Umwandlung eines Privatetablissements in eine Aktiengesellschaft handele, wie solche nicht selten nöthig und erwünscht sei. Auch Professor *Dr. Wagner* sieht in dieser Ausgabe keine Gefahr, hält sie sogar bei den gemeinnützigen Unternehmungen für sehr wünschenswerth, schlägt dagegen vor, daß das Gesetz vorschreiben solle, daß die Statuten der Gesellschaft klare Bestimmungen über die Zinsfrage und die Kapitalsberechtigung enthalten müssen und daß diese Bestimmungen in die Aktienurkunde aufgenommen werden sollen. Kammergerichtsrath *Keyssner* giebt zur Erwägung, ob nicht allgemeine Vorschriften über den Inhalt der Aktienurkunde nach Vorgang anderer Gesetzgebungen zu treffen sein würden, und schlägt bezüglich der Stammprioritäten vor, daß Bestimmungen über die Rechte der Prioritätsaktionäre unter sich und im Verhältniß zur Generalversammlung der Stammaktionäre zu treffen seien. Seitens des Geheimen Ober-Regierungsrath *Dr. Hagens* und der Sachverständigen *Russell, Embden* und *Koch* wird der Vorschlag des Professor *Dr. Wagner* bekämpft, da die gewünschte gesetzliche Vorschrift keinen Erfolg haben werde. Einerseits werde sie eine Klarheit und Zweifellosigkeit der Bestimmungen nicht erzwingen, andererseits sei ihre Aufnahme in die Aktienurkunde für den Käufer der Aktien selten von Bedeutung, da meist durch den Bankier gekauft werde.

Der Vorsitzende konstatirt im Einverständniß mit der Versammlung, daß ein greifbarer Vorschlag von Professor *Dr. Wagner* nicht vorliege, desgleichen die Verneinung der Frage 10 durch die überwiegende Mehrheit der Sachverständigen. Endlich ist die Versammlung mit dem Vorsitzenden dahin einverstanden, „daß die Frage über eine Konstituirung der Prioritätsaktionäre zu einem besonderen corpus“ am Zweckmäßigsten bei dem Abschnitt über die Generalversammlung ihre Erledigung finden werde. – Hierauf wurde die Sitzung geschlossen. – Zur Beglaubigung gez. Dr. Kayser. Regierungsrath.

2. Sitzung. Fortgesetzt Berlin, den 25. März 1882

(Anwesend wie in der vorigen Sitzung mit Ausnahme des Staatssekretärs des Innern, Staatsministers von Bötticher.)

Der *Vorsitzende* eröffnet die Sitzung, indem er die Bestimmungen des Entwurfs *über die Gründung und die Fragen 5 und 6* zur Diskussion stellt und zunächst anheimgiebt, in eine Generaldebatte zu treten und sich über das System zu äußern. Der Geheime Oberregierungsrath *Dr. Hagens* erörtert zunächst die Grundzüge des Entwurfs über die Gründung. In den sich hieranschließenden allgemeinen Erörterungen wird Seitens der Sachverständigen übereinstimmend als ein besonderer Vorzug des Entwurfs die Hervorhebung der Publizität des Gründungshergangs anerkannt. Geheimer Kommerzienrath *Delbrück* wendet sich jedoch insofern gegen die Konstruktion des Entwurfs, als derselbe nach seiner Ansicht zu einer Reihe von Scheinakten nöthige. Alle die einzelnen Akte, welche der Entwurf auseinanderlege und als für sich bestehende Rechtsakte auffasse, fallen bei ernsten Gründungen zusammen. Außerdem verlange der Entwurf allzuviele Personen, bei der Kommanditgesellschaft auf Aktien seien mindestens 6 Personen und bei der im Wege der Simultangründung zu errichtenden Aktiengesellschaft seien sogar 12 erforderlich. Dies werde in einer überaus großen Mehrzahl von Fällen dahin führen, daß zum Schein bei der Gründung Personen betheiligt werden, welche bei dem Unternehmen gar nicht interessirt seien. Eine solche Zuziehung sei entweder Simulation oder Komödie. Der Entwurf verkenne namentlich, indem er bei der Prüfung des Gründungshergangs nicht die Mitglieder des Aufsichtsraths, sondern Stellvertreter betheilige, völlig die Bedeutung des Aufsichtsraths. Im praktischen Leben herrsche eine entgegenstehende Anschauung, denn hier finde man gerade in dem Vermögensinteresse des Aufsichtsraths eine ganz besondere Garantie. Bürgermeister a. D. *Russell* tritt diesen Ausführungen im Allgemeinen bei. Man dürfe, sobald man, wie der Entwurf es thue, den Grundsatz allgemeiner Publizität aufstelle, nicht dann auch die Gründer für suspekt erachten und unter Kriminalaufsicht stellen. Der Verdacht dürfe nicht zum Prinzip erhoben werden, sonst sei es besser, die Aktiengesellschaften ganz zu verbieten. Es sei vollkommen richtig, wenn der Entwurf schon in dem Stadium der Gründung für die Gesellschaft einen Aufsichtsrath aufstelle. Alsdann dürfe man aber nicht die Mitglieder des Aufsichtsraths für verdächtig erklären, sonst würden sich anständige Elemente zu demselben nicht finden. Die stellvertretenden Mitglieder des Aufsichtsraths müßten beseitigt werden, denn da diese bei der Simultangründung nicht aus Aktionären bestehen könnten, so würden Leute gewählt werden, welche zu den Gründern in einem Lohn-, Abhängigkeits- oder Gefälligkeitsverhältniß stehen. Zweckmäßiger sei es, den Gründern selbst die Erstattung des Gründungsberichts aufzuerlegen, damit sich diese selbst darüber klar würden, daß sie nicht bloß in ihrem Privatinteresse, sondern im gemeinsamen Interesse handelten. Auch die Zahl der Gründer sei eine zu große, da in den seltensten Fällen wirklich sieben Interessenten vorhanden seien. Man nöthige somit zu Strohmännern und Scheinakten. Auch der Kammergerichtsrath *Keyssner* hält die von dem Entwurf vorgeschlagene Zahl der bei der Gründung zu betheiligenden Personen für eine zu hohe. Er bezeichnet es als unpraktisch, wenn man außerhalb der Gründung stehende Personen als prüfende Stellvertreter des Aufsichtsraths heranziehe. Es müsse sich auch fragen, ob sich geeignete Personen dazu verstehen würden, sich ohne jedes Interesse eine so schwere Verantwortlichkeit aufzuerlegen, wie sie nach dem Entwurfe mit dieser Prüfung verbunden sei. Das praktische Ergebniß einer solchen Maßregel würde sein, daß man mit dieser Prüfung besoldete Bücherrevisoren beauftragen werde. Bankdirektor *Dr. von Schauss* glaubt die Korrektheit des Systems, welches der Entwurf befolge, nicht angreifen zu sollen. Man müsse Vorschläge, welche schlechte Gründungen verhindern, selbst dann annehmen, wenn durch sie auch hier und da gute Gründungen erschwert würden. Dagegen erachte er das Bedenken wegen der stellvertretenden Aufsichtsrathsmitglieder für begründet, die Stellvertreter würden nur eine Bedeutung haben, wenn ein angemessenes Organ für deren Ernennung vorhanden wäre. Schlechte Gründer würden aber auch schlechte Stellvertreter ernennen. Ebenso mißlich sei es, den Vorstand mit einer Prüfung der Gründung zu betrauen, da er als Angestellter der Gesellschaft gegen die Gründer keine ernste Kritik üben werde.

Für den Entwurf tritt zunächst Geheimer Ober-Finanzrath *Koch* ein, der die Vorschläge des Entwurfs im Prinzip und im Einzelnen billigt und auch darauf hinweist, daß sich die Zahl von 7 Gründern bereits seit Jahren in den Gesetzgebungen Frankreichs und Englands befände. Desgleichen findet Unterstaatssekretär a. D. *Jacobi*, daß der Widerspruch gegen den Entwurf sich nur aus Monitis gegen einzelne Bestimmungen zusammensetze. Der Aufsichtsrath habe die Erwartungen nicht erfüllt, welche der Gesetzgeber der Novelle von 1870 in ihn gesetzt habe; man dürfe daher auch jetzt nicht allzuviel Garantien in diesem Organe sehen. Zu Scheinakten könne der Entwurf nicht verleiten, höchstens ziehe er Leute bei der Gründung heran, die ohne Interesse seien. Redner erachtet diesen Vorschlag für mißlich, weil nicht interessirte Personen keine Sicherheit für eine ordentliche Prüfung böten. Meistens aber würden sie sich für ihre Thätigkeit bezahlen lassen und die Gründung nur dadurch vertheuern. Bezüglich der Publizität gehe freilich der Entwurf noch nicht weit genug, indem er nach der Ausführung in den Motiven S. 197 von der Vorlegung derjenigen Verträge Abstand nehme, durch welche bei der qualifizirten Gründung der Vorbesitzer die einzulegenden oder zu überlassenden Gegenstände an sich gebracht habe. Gerade diese Verträge müßten zur Kenntniß des betheiligten Publikums gebracht werden. Professor *Dr. Wagner* findet es für gerechtfertigt, wenn der Entwurf von der Mißwirthschaft als Regel ausgehe und sich auf den Standpunkt des Mißtrauens stelle. Die bloße Publizität reiche nicht aus, da hauptsächlich nur in Perioden großer wirthschaftlicher Erregung gegründet werde. Diesem Unwesen müssen Hindernisse bereitet werden und das System des Entwurfes stelle hier ganz richtige Grundsätze auf. Die Zahl der verantwortlichen Personen mag sehr groß sein, allein eine gewisse Zahl sei nothwendig.

Zum Schluß empfiehlt der Redner eine Ergänzung der Publizität im Sinne Jacobi's. Geheimer Justizrath, Professor Dr. Goldschmidt erachtet das System des Entwurfes für durchaus korrekt und bezeichnet es als einen besonderen Vorzug, daß derselbe die einzelnen bei der Gründung relevanten Akte in sehr zweckmäßiger Weise auseinanderhalte. Dadurch würden die Hergänge der Gründung zu einer größeren Klarheit gelangen. Namentlich aber sei der obligatorische Prüfungsbericht des Entwurfs ein sehr wichtiges Glied des Systems, wenn es auch schwierig sein möge, die richtigen Personen zu finden. Die Schwierigkeiten lägen hauptsächlich in der Simultangründung, doch würde sich noch ein Ausweg finden lassen. Von Scheinakten könne nach dem Entwurfe keine Rede sein, einerseits würden durch die Verantwortlichkeit bloße Figuranten ausgeschlossen, andererseits müsse man, wenn das Unternehmen bei dem Publikum Erfolg haben solle, auch als Stellvertreter des Aufsichtsrats angesehene und vertrauenswürdige Männer wählen. Was die Prüfung durch den Vorstand betreffe, so habe dieselbe zwar an sich keine allzu große Bedeutung, ergänze aber in höchst zweckmäßiger Weise die Verantwortlichkeit der Interessenten. Ein großer Vorzug endlich bestehe darin, daß in der Generalversammlung auf Grund dieses Berichts noch Einzelne von ihrer Anmeldung zurücktreten und somit eine nicht ganz zweifelsfreie Sache zu Falle bringen können.

Eine besondere Debatte ruft der Unterschied zwischen Simultan- und Successivgründung hervor. Geheimer Kommerzienrath *Delbrück* behauptet, daß bei Annahme des Entwurfs künftighin Successivgründungen gar nicht vorkommen würden. Denn da diese ohne Handelsrichter nicht zu Stande kommen können, so würden die Einzahlungen, welche an den gewählten Vorstand zu erfolgen hätten, lange Zeit brach liegen müssen. Bei der Simultangründung habe der Prüfungsbericht nur im Falle der stellvertretenden Aufsichtsrathsmitglieder einen Sinn und er erübrige sich nebst der zweiten Generalversammlung, wenn jene Stellvertreter fallen gelassen würden. Dann würde allein der ganze Schwerpunkt in den eigentlichen Gründungsakt gelegt werden, was allein richtig sei. Bürgermeister a. D. *Russell* behauptet, daß die Verschiedenheit beider Arten von Gründungen lediglich in der konstituirenden Generalversammlung liege und glaubt nicht, daß deshalb ohne Weiteres die Simultangründung ein Uebergewicht haben werde. Dagegen ist Redner der Ansicht, daß bei der letzteren der Prüfungsbericht als eigene Kritik der Gründer zum bloßen Scheinakt herabsinke. – Nachdem noch Geheimer Oberregierungsrath *Dr. Hagens* namentlich darauf hingewiesen hatte, daß sowohl im Falle der Simultan- wie der Successivgründung der Prüfungsbericht die Grundlage der späteren Verantwortlichkeit bilde, wurde die Generaldebatte von dem Vorsitzenden geschlossen.

In der Spezialdebatte zu den *Art. 209, 209a* herrschte unter den Sachverständigen allgemeines Einverständniß über die Zweckmäßigkeit, wonach die wesentlichen und unwesentlichen Bestandtheile des Statuts geschieden seien. Ebenso herrschte Einverständniß über die Beibehaltung der Ziff. 1 bis 3 in Art. 209. Im

Uebrigen ergab die Debatte folgendes Ergebniß: Geheimer Justizrath, Professor *Dr. Goldschmidt* stellte verschiedene Anträge. Zunächst solle in Absatz 1 des Art. 209 die Zahl der 7 Gründer auf drei herabgesetzt werden. Zu Ziff. 4 erachtete Redner es für unzulässig, daß der Gesellschaft gleich bei der Gründung gestattet werden solle, Namens- und Inhaberaktien auszugeben, besonders da bei der verschiedenen Höhe des Nominalbetrages Zweifel bezüglich des Stimmrechts entstehen würden. Er beantragte deshalb in Ziff. 4 die Worte: „ingleichen" bis „Art" zu streichen. Ebenso seien in Ziff. 5 die Worte: „die Form" bis „sowie" schon nach dem bestehenden Recht überflüssig und deshalb zweifelhaft und daher auch in Wegfall zu bringen. – Professor *Dr. von Sicherer* hält zwar bei Ziff. 4 die Bedenken des Vorredners hinsichtlich des Stimmrechts durch die Art. 221, 190 des Entwurfs für erledigt, stimmt aber ebenfalls dem Antrage Goldschmidt auf Streichung zu, weil ein Bedürfniß zu der gleichzeitigen Schaffung der beiden Arten von Aktien nicht bestehe. Auch bezüglich der Ziff. 5 will Redner die Streichung der ersten Worte, regt aber an, ob es nicht nothwendig sei, die Vorschrift des Handelsgesetzbuchs über die Form der Berufung wiederherzustellen. Kammergerichtsrath *Keyssner* erklärt sich bei Ziff. 4 gegen die Anträge auf Streichung; ein Bedürfniß für beiderlei Aktien könne bestehen, wie z. B. die Aktien der Darmstädter Bank beweisen. Er schlug jedoch für Ziff. 4 folgende Fassung vor: „die Art der Aktien, ob sie auf Inhaber oder auf Namen lauten, desgleichen ob nebeneinander Aktien auf Inhaber oder solche auf Namen vorhanden sind." Durch diese Fassung werde der bisher bestehende Zweifel über die Zulässigkeit beseitigt. Im Uebrigen beantragt Redner die Zahl 7 bei den Gründern stehen zu lassen und regt endlich im Anschluß an eine Bemerkung des Professor *Dr. Wagner* an, ob es nicht zweckmäßig sei, den Reichsanzeiger als ein obligatorisches Organ für die Bekanntmachungen der Aktiengesellschaften zu bezeichnen – eine Anregung, welche auch vom Geheimen Ober-Finanzrath *Koch* als höchst zweckmäßig bezeichnet wird. Professor *Dr. Wagner* führt aus, daß Ziff. 4 eine Lücke bezüglich der Stammprioritäten enthalte und beantragt, in diese Ziffer die Worte einzufügen: „ob von vornherein ein Theil von Aktien als Stammprioritäten ausgegeben werden sollen, und welche Rechte dieselben an Zinsen und Kapitalsantheil gewähren."

Rechtsanwalt *Dr. Embden* beantragt, in Absatz 1 des Art. 209 zwar die Zeichnung des Statuts durch 7 Aktionäre geschehen zu lassen, dagegen unter diesen nur drei als Gründer zu bezeichnen – ein Antrag, der von den Sachverständigen *Russell* und *Delbrück* lebhaft bekämpft wird. Bürgermeister a. D. *Russell* beantragt nur die Zahl der Gründer von 7 in drei zu ändern und es im Uebrigen bei dem Entwurf zu belassen, wobei er namentlich ausführt, daß die Art, wie die Zeichnerversammlung zu berufen sei, sich aus dem Zeichnungsschein ergebe und somit auch der Antrag von Sicherer überflüssig sei. – *Der Vorsitzende* resümirt die Debatte. – Der Antrag *Embden* wird sodann zurückgezogen.

Der Antrag *Goldschmidt,* die Zahl der Gründer von 7 auf drei herabzusetzen, führt bei der Abstimmung zu keinem Ergebniß, indem sich von den Sachverständigen fünf dafür und fünf dagegen erklären. Der *Vorsitzende* stellt deshalb die Frage zur Abstimmung, ob es sich empfehle, die im Entwurf normirte Zahl der Gründer herabzusetzen, was Seitens der Sachverständigen mit Mehrheit bejaht wird. – Zu Ziff. 4 wird der Antrag *Goldschmidt* auf Streichung der Worte „ingleichen u. s. w." zurückgezogen und der Fassungsantrag *Keyssner* von den Sachverständigen mit überwiegender Mehrheit angenommen. – Der Antrag *Wagner* wegen der Stammprioritäten wird für jetzt zurückgezogen. – Zu Ziff. 5 wird der Antrag *Goldschmidt* auf Streichung der ersten Worte „die Form" bis „sowie" zurückgezogen und auch Seitens des Professors *Dr. von Sicherer* auf seinem Antrag nicht mehr bestanden. – Endlich wird der Vorschlag, in dem Reichsanzeiger ein obligatorisches Publikationsorgan zu schaffen, von den Sachverständigen mit überwiegender Mehrheit angenommen. – Der *Vorsitzende* konstatirt im Uebrigen die Annahme des Art. 209. Zu *Art 209 a* wiederholt *Dr. Wagner* seinen Antrag wegen der Stammprioritäten. Derselbe wird von den Sachverständigen *Koch* und *Russell* bekämpft, weil einerseits es unzweckmäßig sei, wenn der Gesetzgeber die Interessenten auf die Schaffung von Prioritäten gleich bei der Gründung verweise und andererseits es gefährlich sei, Stammprioritäten in dem Gesetz zu erwähnen, ohne eine Definition zu geben. Eventuell wäre Art. 216 der Ort zu einem solchen Antrag. Nachdem hierauf Professor *Dr. Wagner* seinen Antrag vorläufig zurückgezogen, konstatirt der *Vorsitzende* die Annahme des Art. 209 a.

Der *Vorsitzende* stellt hierauf *Art. 209 b und Frage 5* zur Debatte: Hinsichtlich des Art. 209 b werden Seitens der Sachverständigen keine Bedenken erhoben.

Bezüglich der Frage 5 empfiehlt Kammergerichtsrath *Keyssner* deren Verneinung namentlich vom juristischen Standpunkt. Er giebt zwar zu, daß sich durch die Schaffung der daselbst genannten Gründerrechte für die Gesellschaften wirthschaftliche Mißstände ergeben können, erachtet es aber nicht für zweckmäßig, daß der Gesetzgeber in die Technik der Statutenerrichtung und in die Vertragsfreiheit eingreife, da den Aktionären diese Vorgänge bekannt seien. Der Geheime Ober-Finanzrath *Koch* schließt sich im ausdrücklichen Auftrage des Bankdirektoriums den Ausführungen des Vorredners an. Die Mißbräuche, welche nach dem bisherigen Recht besonders bei Neuemissionen hervorgetreten seien, hält der Entwurf durch Uebertragung des bezüglichen Beschlusses an die Generalversammlung für beseitigt. Auch seien derartige Gründervortheile nicht unter allen Umständen verwerflich. Geheimer Finanzrath *Schmidt* tritt dieser Auffassung entgegen und glaubt, daß vom wirthschaftlichen Standpunkt jeder Gründervortheil verboten werden müsse. Diese Ansicht wird in ihrer Allgemeinheit von den Sachverständigen *Delbrück, Jacobi, Russell, Wagner, Schauss, Embden* und *Goldschmidt* bekämpft, welche nur für ein gesetzliches Verbot der Gründerbezugsrechte bei Neuemissionen eintreten. Durch ein solches Recht werde in die Gesellschaft schon von ihrem Beginn an ein unruhiges Element gebracht und ein unheilvolles Schwanken gerade in Bezug auf das Grundkapital hervorgerufen. Durch Uebereilung bei der Gründung werde für eine nicht absehbare Zukunft das Schicksal des Unternehmens festgenagelt. Hiergegen biete es nur eine geringe Garantie, wenn der Entwurf den Beschluß über die Neuemission der Generalversammlung zuweise, da dieselbe nicht unabhängig genug sei, um ausreichend die Interessen der Gesellschaft zu wahren. Dagegen dürften andere Vortheile der Gründer bzw. ersten Gesellschafter nicht untersagt werden, wenn man nicht das Zustandekommen höchst nützlicher Unternehmungen vereiteln wolle. Namentlich sei der Bezug einer Superdividende in vielen Fällen geradezu billigenswerth, z. B. wenn ein Erfinder sein Patent einer Aktiengesellschaft zunächst wegen der Kosten und des sonstigen Risikos unentgeltlich überläßt, sich dagegen im Falle des Prosperirens des Unternehmens eine Belohnung aus einer späteren Dividende vorbehält. Geheimer Kommerzienrath *Delbrück* hält es namentlich für bedenklich, wenn das Gründerbezugsrecht bei neuen Neuemissionen nicht wenigstens an einen bestimmten Kurs im Voraus geknüpft werde und giebt zu erwägen, ob es sich nicht empfehlen würde, sämmtliche Gründervortheile für die Zukunft an eine bestimmte Zeit, etwa 20 bis 25 Jahre zu knüpfen, so daß alsdann dieselben durch einfachen Beschluß der Generalversammlung aufgehoben werden könnten. Geheimer Justizrath Professor *Dr. Goldschmidt* hält den letzten Gedanken zwar für sehr beachtenswerth, aber noch nicht für genügend klargestellt, um ihn gesetzgeberisch zu verwerthen. Die in Frage stehenden Vortheile seien zu mannigfach und zu sehr von den thatsächlichen Verhältnissen abhängig, als daß sie sämmtlich durch einige gesetzliche Vorschriften allgemeiner Art gedeckt werden könnten. Jedenfalls müsse hier auf Grund reicher Erfahrungen sehr genau spezialisirt werden.

Der *Vorsitzende* stellt hierauf im Einverständniß mit der Versammlung folgende Fragen zur Abstimmung der Sachverständigen: 1. Empfiehlt es sich vom wirthschaftlichen Standpunkte aus die in den Art. 175 b, 209 b Abs. 1 zugelassenen besonderen Vortheile der ersten Gesellschafter, namentlich der Gründer im Falle einer Neuemission von Aktien a) gänzlich zu beschränken? b) auf Zeit zu beschränken? 2. Empfiehlt es sich vom wirthschaftlichen Standpunkte aus, die übrigen in den Art. 175 b, 209 b Abs. 1 zugelassenen besonderen Vortheile der ersten Gesellschafter namentlich der Gründer a) gänzlich zu beschränken? b) auf Zeit zu beschränken? Die Frage 1 a) wird mit 8 gegen 2 Stimmen bejaht, so daß die Frage 1 b) in Wegfall kommt. Die Frage 2 a) wird einstimmig verneint, die Frage 2 b) wird mit 8 Stimmen gegen 2 Stimmen verneint.

Der Vorsitzende konstatirt das Ergebniß der Abstimmung sowie der Annahme des sonstigen Inhalts des Art. 209 b, zu welchem Niemand das Wort weiter verlangte. Hierauf wurde die Sitzung geschlossen. Zur Beglaubigung gez. Dr. Kayser. Regierungs-Rath.

3. Sitzung. Fortgesetzt, Berlin, den 27. März 1882.

(Anwesend: Der Vorsitzende, die Mitglieder des Reichs-Justizamts und die Sachverständigen. Seitens des Reichsamts des Innern: Geheimer Finanzrath Schmidt.)

Nach Eröffnung der Sitzung durch den Vorsitzenden wird auf Antrag des Professors, *Dr. von Sicherer* noch einmal auf *Art. 209 b* zurückgegriffen, indem Redner aus der allgemeinen Diskussion den von dem Sachverständigen Jacobi gemachten Vorschlag bei Illationsgesellschaften wieder aufnimmt. Die Mißbräuche seien hier im Reichstage besonders hervorgehoben worden und hier müsse der Haupthebel der Reform eingesetzt werden. Fraglich sei, ob nur die Besitzzeit des Inferenten oder auch dessen Erwerbspreis oder auch noch der Erwerbspreis bzw. die Besitzzeit der Vorgänger von den Gründern klar zu legen sei. Fraglich sei sodann, bei welchem Artikel des Entwurfs diese Zusatzbestimmungen ihren Platz zu finden hätten. Eine Einschiebung bei Art. 210 würde die hier in Rede stehenden Thatsachen nicht zur Kenntniß der Zeichner und nicht in den Prüfungsbericht bringen, sondern nur in der konstituierenden Generalversammlung noch geltend gemacht werden können, wo der Zeichner nicht mehr frei sei. Seine Vorschläge seien: „im Falle der Illationsgesellschaft größere Offenlegung und Aufnahme dieser Vorschriften in Art. 209 b."

Unterstaatssekretär a. D. *Jacobi* hält seinen in der Generaldiskussion in Aussicht gestellten Vorschlag bezüglich der Vorverträge aufrecht, wie dies schon im Abgeordnetenhause Seitens des Abgeordneten Miquél als nothwendig bezeichnet worden sei. Eine Aufnahme des einschlagenden Inhalts der Vorverträge in die Zeichnungsscheine sei jedoch für diese belastend und auch für das Publikum oft verwirrend. Die Klarlegung bezüglich der Illation habe in der Generalversammlung einzutreten. Redner stellte hiernach folgende Anträge mit dem Bemerken, daß er die Redaktion derselben nur als einen Versuch betrachte, aus welchem er sich selbst von der Möglichkeit einer Formulirung habe überzeugen wollen: 1. in Art. 209 f den zweiten Satz des ersten Absatzes und den dritten Absatz zu streichen; 2. einen neuen Art. 209 g folgenden Inhalts einzuschieben: „Werden sämmtliche Aktien durch die Gründer übernommen, so muß sich aus den gerichtlichen oder notariellen Verhandlungen (Art. 209 b ff.) ergeben, daß die im Art. 209 f vorgeschriebene Prüfung Statt gefunden hat und im Falle des Art. 209 b, daß allen Gründern sowie den Mitgliedern des Vorstandes und des Aufsichtsraths die vollständigen Verträge vorgelegen haben, welche den bezeichneten Festsetzungen zu Grunde liegen und zu ihrer Ausführung geschlossen sind. Hierzu gehören auch vorbereitende und solche Zwischenverträge, welche Behufs demnächstigen Uebergangs von Einlagen, Anlagen und sonstigen Vermögensstücken auf die Aktiengesellschaft im Namen der letzteren oder im Namen Dritter geschlossen sind. – Die Gründer sowie die Mitglieder des Vorstandes und des Aufsichtsraths haben in den Verhandlungen zu bekunden, daß sie von dem Inhalt dieser Verträge Kenntniß genommen haben. – Der Inhalt mündlicher Verabredungen, welche auf die Festsetzungen und deren Vorbereitung Bezug haben, muß in die Verhandlungen aufgenommen werden." 3. In Art. 210 unter Ziff. 1 einzuschieben: „In dem Falle des Art. 209 b die in dem Art. 209 g bezeichneten Verträge und pp." sodann zu streichen: den Satz: „Sind rücksichtlich pp.". 4. In Art. 210 a folgenden Absatz 3 hinzuzufügen: „Vorstand und Aufsichtsrath haben sich über die Ergebnisse der ihnen rücksichtlich der Gründung obliegenden Prüfung auf Grund eines schriftlichen Berichts zu erklären. Im Falle des Art. 209 b ist in diesem Bericht der Inhalt der Verträge und Verabredungen, welche Art. 209 g bezeichnet, anzugeben. Jedes Mitglied u. s. w.".

Geheimer Kommerzienrath *Delbrück* glaubt nicht eine bestimmte Formulierung, sondern nur Grundsätze aufstellen zu sollen. Die Simultangründung würde die Hauptsache werden und es gelte daher zunächst bezüglich dieser die Grundsätze aufzustellen. Bei derselben aber hätten sich die Gründer schon vor der ersten konstituirenden Generalversammlung über alle Punkte geeinigt. Der Prüfungsbericht sei deshalb der erste wirkliche Akt der Gründung. Hier sei die verlangte Offenlegung vorzunehmen, nicht in dem Statut, sondern in einer besonderen Urkunde. Der Bericht sei auf dem Handelsgericht zu Jedermanns Einsicht niederzulegen. Damit sei allen Bedürfnissen Genüge gethan. Redner stellt folgende Anträge: die Bestimmungen über die s. g. simultanen Gründungen sind im Anschluß an Art. 209 c besonders zu behandeln, insbesondere hinzuzufügen: 1. in den nämlichen Akt oder auch in einer besonderen Urkunde ist der Aufsichtsrath und der Vorstand zu bestellen. 2. In einer von sämmtlichen Gründern, den Aufsichtsräthen und den Vorstandsmitgliedern zu unterzeichnenden Verhandlung ist über den Hergang der Gründung zu berichten, insbesondere über die im Art. 209 b vorgesehenen Festsetzungen. – Sind von Aktionären auf das Grundkapital Einlagen, welche nicht in baarem Gelde bestehen, gemacht oder seitens der Gesellschaft vorhandene oder herzustellende Anlagen oder sonstige Vermögensstücke übernommen, so hat sich der Bericht über die Art des Erwerbes und über die Preise auszulassen, welche in den letzten zwei Jahren etwa für die Vermögensstücke bezahlt sind. 3. Eine Ausfertigung dieses Berichts ist dem Handelsrichter mit der Anmeldung der Gesellschaft einzureichen, eine zweite zu den Akten der Gesellschaft zu nehmen und während der ersten zwei Jahre für Jedermann offen zu legen. 4. Der Anmeldung behufs Eintragung in das Handelsregister ist die Bescheinigung von der erfolgten Einzahlung auf das Grundkapital beizufügen.

Auf Vorschlag des Vorsitzenden sollen in der weiteren Diskussion die Fragen: „ob die Offenlegung weiter als dies im Entwurf geschehen, und ob sie in den Statuten, in dem Prüfungsbericht oder in der Anmeldung zu erfolgen habe", von einander getrennt werden. Bezüglich der *ersten Frage* wünscht Professor *Dr. Wagner,* daß auf die älteren Erwerbspreise der letzten zwei bis drei Jahre zurückgegangen werde. Redner giebt auch anheim, ob es sich nicht empfehle, daß bei Einlagen eine besondere Trennung der Immobiliarstücke von den vorhandenen Vorräten und Fabrikaten anzustreben sei. Die letzteren seien oft absichtlich niedrig angesetzt worden, um für eine nächste kurze Zeit eine große Dividende zu ermöglichen, während man den Preis der Immobiliareinlagen erhöhte.

Unterstaatssekretär a. D. *Jacobi* erachtet einen zweijährigen Zeitraum für ganz willkürlich und die bloße Bezeichnung der Erwerbspreise aus dieser Zeit für ungenügend. Vorliegend dürfe man nicht den Ausdruck zu eng fassen und man müsse alle Verträge, auch die Entschädigungsverträge, welche vorangegangen seien, zur Vorlage bringen. Wolle man eine Prüfung der Vorgänge vor der Gründung, so müsse man auch die Verträge selbst verlangen, sonst werde sich der Bericht in allgemeinen Phrasen auflösen. Bei der früheren Staatsprüfung habe gerade der Mangel dieser Vorakte ein sicheres Eingehen auf die Gründungen unmöglich gemacht. Geheimer Kommerzienrath *Delbrück* hebt noch hervor, daß die Verträge, welche der Gründung voraufgingen, nur die Gründer und diejenigen interessire, welche den Bericht zu machen hätten, nicht aber spätere Aktionäre. Auch enthalte der Antrag Jacobi keine gesetzliche Begriffsbestimmung der „Vorverträge" und würde nur zu Umgehungen führen. Wesentlich dagegen für die Geschicke der Gesellschaft seien die Erwerbspreise; wesentlich sei, daß der Prüfungsbericht ein ernster Akt sei und dies könne er nur sein, wenn er von den Gründern ebenfalls erstattet werde. Bürgermeister a. D. *Russell* schließt sich in allen Stücken den Ausführungen des Vorredners an. Geheimer Oberregierungsrath *Hagens* tritt für den Entwurf ein und führt aus, daß unter „Hergang" der Gründung in Art. 209f der ganze Hergang zu verstehen sei und die Prüfung desselben daher ein Eingehen auf solche von den Kontrahenten der Gesellschaft geschlossenen Vorverträge, welche mit der Gründung im Zusammenhang stehen, in sich schließe, daß somit der Entwurf im Wesentlichen schon enthalte, was von den Antragstellern beabsichtigt sei.

Professor *Dr. Sicherer* glaubt, daß diese Auslegung nicht blos mit dem Wortlaut, sondern noch mehr mit der Bemerkung auf Seite 197 der Motive in Widerspruch stehe. Er wünscht, daß sich das Gesetz, welches dem Prüfenden eine schwere Verantwortlichkeit auflege, auch deutlicher ausdrücke. Redner tritt ebenfalls für Angabe der Erwerbspreise aus den letzten 2 Jahren ein. Geheimer Justizrath, Professor *Dr. Goldschmidt* schließt sich in Bezug auf die Interpretation des Entwurfs dem Vorredner in allen Punkten an, materiell erachtet er eine Prüfung der Vorgänge für nothwendig. Er beantragt, daß sich der Bericht auf sämmtliche Erwerbsverträge der letzten 2 Jahre erstrecke und daß sowohl die Erwerbsakte aus dieser Zeit als auch sämmtliche sonst irgendwie und irgendwann geschlossenen Zwischen- und Vorbereitungsverträge bei der Anmeldung vorgelegt würden. Dem gegenüber weist Geheimer Oberregierungsrath *Dr. Hagens* darauf hin, daß Seite 197 der Motive nur die Pflicht der Kontrahenten zur Vorlegung der Vorverträge oder auch nur zur Angabe der Besitzzeit und Vorpreise zurückgewiesen werde, daß es dagegen eine andere Frage sei, wie weit die Prüfung der Gesellschaftsorgane zur Aufklärung des Gründungshergangs zurückzugehen habe.

Für den Entwurf treten ein: die Sachverständigen *Keyssner, Embden* und *Koch*. Kammergerichtsrath *Keyssner* will den Entwurf in seiner strengsten Auslegung annehmen. Er bezeichnet die Anträge von *Delbrück* und *Jacobi* als eine Rückkehr zur Prospektstheorie und wünscht nicht, daß der Gesetzgeber aus den vorübergehenden Momenten der Gründerzeit allgemeine Rechtsgrundsätze schaffe. Rechtsanwalt *Dr. Embden* erklärt es nach dem Wortlaut des Art. 209f Abs. 2 für zweifelhaft, ob die darin vorgesehene Prüfung der Festsetzungen eine rein formelle oder eine materielle sei. Wäre letzteres der Fall – was eventl. deutlicher zu sagen sein würde –, so decke der Entwurf viel mehr als alle Vorschläge. Die Gegenanträge führten zu einer Kasuistik und diese zu Umgehungen; man werde künftig nicht mehr bloß die Grundstücke, sondern auch noch Rechte, Kundschaften und dergleichen verkaufen, wie denn überhaupt frühere Erwerbspreise zu Täuschungen führten. Geheimer Ober-Finanzrath *Koch* erachtet die Vorschläge Delbrück-Jacobi auch nicht für praktisch, da nicht immer die Gründer in dem Besitz der früheren Erwerbs- und Vorverträge seien, auch biete der Entwurf in seiner Haftbarkeit für bösliche Handlungsweise, für die nicht blos die Gründer, sondern auch die Theilnehmer einzustehen hätten, viel größere Garantien.

Hinsichtlich der *Frage*, an welcher Stelle die größere Offenlegungspflicht in dem Entwurf zu normiren sei, treten folgende Ansichten zu Tage: Geheimer Kommerzienrath *Delbrück* und Bürgermeister a. D. *Russell* erachteten den Bericht hierfür als allein maßgebend. Auch Unterstaatssekretär a. D. *Jacobi* ist der Meinung, daß Statut und Zeichnungsscheine zur Aufnahme solcher Detailbestimmungen ungeeignet seien und dieser Ansicht schließt sich auch Geh. Justizrath, Professor *Dr. Goldschmidt* an. Professor *Dr. von Sicherer* hält es an sich für gleichgültig, in welcher Weise die Publizität erreicht werde, nur müsse dieselbe so rechtzeitig erfolgen, daß den Zeichnern noch ein Rücktrittsrecht zustehen könne. Auch müßte gerade für diese Ausdehnung der Offenlegung die Verantwortlichkeit der Gründer ausgesprochen werden. Der *Vorsitzende* schließt die Debatten und konstatirt zunächst, daß es nicht in der Absicht der Mehrheit der Sachverständigen liege, die Antecedentien der Gründung in den Gesellschaftsvertrag aufzunehmen. Hiernach sei Art. 209b erledigt. Die Debatte habe sich jedoch auf Art. 209f ausgedehnt und hierzu lägen über die Art der Offenlegung verschiedene Anträge vor:

1. Am Einfachsten stelle sich der Antrag des Professors *Dr. Wagner*, welcher die Angabe der Erwerbspreise aus den letzten zwei Jahren verlange. – 2. Durchgreifender seien die Anträge a) des Unterstaatssekretärs a. D. *Jacobi*, der die Vorlage der vorbereitenden und Zwischenverträge verlange und b) des

Geheimen Kommerzienraths *Delbrück*, der zwar keine Vorlegung der Verträge, wohl aber verlange, daß der Bericht sich über die Art des Erwerbes durch die Gesellschaft näher auszulassen und im Falle das Vermögensstück während der letzten 2 Jahre im Besitz gewechselt, die gezahlten Erwerbspreise anzugeben habe. 3. Gemischter Natur sei der Antrag des Geheimen Justizraths, Professor *Dr. Goldschmidt*, welcher alle Erwerbsverträge aus den letzten 2 Jahren und die Vorlegung der sonstigen Zwischen- und Vorverträge wünsche.

Die Abstimmung, bei welcher Bankdirektor *Dr. v. Schauss* fehlte, führte zu folgendem Ergebniß: 1. Der Antrag *Goldschmidt* wurde mit 5 gegen 4 Stimmen abgelehnt. – 2. Der Antrag *Jacobi* wurde mit gleicher Mehrheit verworfen. – 3. Der Antrag *Delbrück* wurde mit 6 Stimmen gegen drei angenommen, wodurch sich der Antrag *Wagner* erledigte. – Der Vorsitzende konstatirte, daß demgemäß nach der Mehrheit der Sachverständigen Art. 209 f im Sinne des Antrags *Delbrück* zu ergänzen sein würde und eröffnet die Diskussion über *„das Gründungsverfahren, insbesondere über die Simultangründung"*.

Geheimer Kommerzienrath *Delbrück* begründet seinen Antrag zu Ziffer 2. Der Bericht müsse von den Gründern, dem Aufsichtsrath und dem Vorstand ausgehen. Es müßten ihn Leute erstatten, welche an der Gründung ein Interesse hätten. Die Stellvertreter, wie sie der Entwurf im Auge habe, würden bloße Strohmänner sein. Geheimer Oberregierungsrath Dr. *Hagens* tritt für den Entwurf ein und macht auf die Hauptdifferenz zwischen diesem und dem Antrag *Delbrück* aufmerksam, welche lediglich in den Stellvertretern gipfele. Bürgermeister a. D. *Russell* unterstützt den Antrag *Delbrück*, da man sonst eine Fiktion schaffe. Die Stellvertreter würden entweder verkappte Gründer oder Strohmänner sein oder Statisten, welche von den Gründern kommandirt würden.

Für den Entwurf treten ein: der Unterstaatssekretär a. D. *Jacobi*, der Geheime Justizrath, Professor *Dr. Goldschmidt* und Professor *Dr. Wagner*, sowie die Sachverständigen *Embden* und *Koch*. Sachverständiger *Jacobi* erachtet es nach der Annahme des Antrags *Delbrück* bezüglich der Erwerbspreise und nach Verwerfung seines eigenen Antrags für nothwendig, die Gründungsakte zu zerlegen und die Garantie durch Stellvertreter nicht zu beseitigen, wenn man nicht die Simultangründung ganz aufgeben wolle. Auch Professor *Dr. Goldschmidt* erachtet die Prüfung durch Stellvertreter für die letzte Stütze der Simultangründung, da ein Bericht der Gründer hier keinen Sinn habe. Da die Zahl derselben nicht mehr 7 sei, so würden sich auch Stellvertreter finden lassen. In demselben Sinn äußerten sich auch die Sachverständigen *Wagner* und *Koch*. Geheimer Finanzrath *Schmidt* vermißt mit dem Fallen der Stellvertreter jede Garantie und meint, daß man dann vielleicht Aktieninspektoren zur Beaufsichtigung der Verwaltung einführen müsse. Rechtsanwalt *Dr. Embden* sieht in den Stellvertretern immerhin eine Garantie, die sich verstärke, wenn die letzteren keine Aktionäre seien. Er will den Entwurf völlig aufrecht erhalten, meint aber, daß die Gegner leicht zu einer besseren Ernennung der Stellvertreter durch den

Handelsrichter gelangen könnten. Professor *Dr. von Sicherer* nimmt den letztgedachten Antrag formell auf und bemerkt, daß, wenn eine Prüfung durch Stellvertreter beliebt werde, auch für einen Inferenten, der nicht Gründer sei, ein Stellvertreter bestellt werden müsse.

Der *Vorsitzende* schließt die Diskussion und konstatirt zunächst, daß der Antrag Delbrück eine formelle Seite habe, indem er wünsche, alle Vorschriften über die Simultangründung in einen Artikel zu konzentriren. Der Vorsitzende glaubt jedoch, diesen rein redaktionellen Antrag nicht zur Abstimmung bringen zu sollen. Ebenso scheide hier Ziff. 4 des Antrages Delbrück aus, da derselbe noch nicht debattirt sei. Der *Vorsitzende* giebt ferner eine Uebersicht über die bestehenden Differenzen: 1. verlange der Antrag Delbrück, daß der Bericht von den Gründern in Gemeinschaft mit Vorstand und Aufsichtsrath erstattet werde, 2. verlange derselbe, daß keine Stellvertreter gewählt würden, 3. solle nach dem Antrage Embden-Sicherer die Ernennung der Stellvertreter durch das Handelsgericht erfolgen. – Bei der Abstimmung, an welcher auch Bankdirektor Dr. von Schauss Theil nimmt, gewann keiner der Anträge eine Mehrheit. – Für die beiden Anträge zu 1 und 2 stimmten nur fünf Sachverständige und fünf dagegen. Für den Antrag 3 waren nur zwei Sachverständige, dagegen stimmten acht. – Der Vorsitzende konstatirt, daß hiernach der Entwurf als weitere Grundlage der Berathungen anzusehen sei. Er konstatirt ferner, daß davon ausgegangen werde, daß auch für ein Mitglied des Vorstandes oder Aufsichtsraths, welches nicht Gründer sei, aber ein Vermögensstück überlassen oder eingelegt habe, ein Stellvertreter zu bestellen, sowie daß die vorliegende Abstimmung bezüglich der Stellvertreter auch für die Successivgründung maßgebend sei.

Die Diskussion wendet sich zu *Art. 209 d.* Auf Antrag des Professors *Dr. von Sicherer* und in besonderer Unterstützung des Geheimen Ober-Finanzraths *Koch* wird beschlossen, „daß die Zeichnungsscheine in duplo ausgestellt werden sollen und daß ein Originalexemplar bei dem Handelsgericht niedergelegt werden müsse." – Professor *Dr. Goldschmidt* kündigt für die nächste Sitzung Anträge zu Art. 209 d bezüglich einer Aufnahme über die gleichzeitige Ausgabe von Stammprioritäten in den Zeichnungsschein sowie bezüglich bedingerer oder beschränkter Zeichnungsscheine an. Die Formulierung behält er sich vor. – Hierauf wurde die Sitzung geschlossen. Zur Beglaubigung gez. Dr. Kayser Regierungsrath.

4. Sitzung. Fortgesetzt, Berlin, den 28. März 1882.

(Anwesend: wie in der zweiten Sitzung.)

Art. 209 d. Nach Eröffnung der Sitzung stellt Geheimer Justizrath, Professor *Dr. Goldschmidt* die von ihm in Aussicht genommenen Anträge, nämlich: 1. zu Ziff. 1 hinzufügen zu wollen: „Ingleichen ob und in welchem Betrage Prioritätsaktien oder Prioritätsobligationen ausgegeben sind;" 2. Abs. 3 folgendermaßen zu fassen: „Zeichnungsscheine, welche diesen Erfordernissen nicht entsprechen oder welche Bedingungen, Voraussetzungen, Vorbehalte, anderweitige Beschränkungen enthalten, sind zum Nachweise pp.". – Auf Vorschlag des *Vorsitzenden* findet über beide Anträge eine getrennte Diskussion statt.

Seitens der Sachverständigen *Keyssner* und *Jacobi* wird dem *ersten Antrage*, soweit er sich auf „Prioritätsobligationen" bezieht, widersprochen, weil einerseits deren Ausgabe nur eine Seite der Finanzirung der Gesellschaft bezeichnen und die Aufnahme hierüber in den Zeichnungsschein kein vollständiges Bild über die wirthschaftlichen Verhältnisse der Gesellschaft darstellen würde, sodann aber auch, weil es an einer gesetzlichen Bestimmung, was „Prioritätsobligation" sei, fehle, und endlich, weil der Goldschmidt'sche Antrag die Gesellschaften auf den nicht gerade empfehlenswerthen Weg der gleichzeitigen Ausgabe von Prioritätsobligationen verweise. Geheimer Finanzrath *Schmidt* macht bemerklich, daß die Ausgabe von Prioritätsobligationen selten und immerhin eine mehr solide Art der Schuldenkontrahirung sei, daß man auch nicht nur diesen Fall, sondern überhaupt solche Bestimmungen aufnehmen müßte, welche das ganze Rechtsverhältniß der Aktionäre darstellten. Nachdem Geheimer Ober-Finanzrath *Koch* für den unveränderten Entwurf mit der Bemerkung eingetreten war, daß ein allzubelasteter Zeichnungsschein überhaupt nicht mehr gelesen werden würde, schließt *der Vorsitzende* die Debatte und konstatirt, daß der Antrag Goldschmidt, „soweit er sich auf Prioritätsaktien beziehe, eine dankenswerthe Ergänzung des Entwurfs sei und auch die Zustimmung der Sachverständigen für sich habe, daß sich dagegen deren Mehrheit dem Theil des Antrages, welcher sich auf Prioritätsobligationen erstrecke, nicht anschließe."

Bezüglich des *Antrags 2* bemerkt der Antragsteller, daß der Entwurf zu zwei Zweifeln Anlaß gebe, welche in den Motiven nicht entschieden seien und auch nur im Gesetz entschieden werden können. Es frage sich einmal, ob Verabredungen, welche nicht in dem Zeichnungsschein enthalten seien, der Gesellschaft gegenüber geltend gemacht werden können. Die Praxis verneine zwar diese Frage, in der Literatur sei dieselbe jedoch nicht unbestritten. Sodann frage es sich nach der Bedeutung von Zusätzen, welche der Zeichnungsschein neben seinem gesetzlichen Inhalte habe, ob diese Zusätze als nicht geschrieben gelten oder der Zeichnungsschein als zum Nachweise des Grundkapitals ungeeignet zu erachten sei. Jedenfalls sei das 2. System, welches sich auch in Art. 617 des Schweiz. Obligationengesetzes findet, das richtige. Der Kammergerichtsrath *Keyssner* glaubt, daß der Antrag Goldschmidt bereits in dem Entwurfe ausgesprochen sei und denselben höchstens näher erläutere, während Unterstaatssekretär a. D. *Jacobi* es vorziehen würde, den Schein auch unter den Kontrahenten für unverbindlich zu erklären. Geheimer Finanzrath *Schmidt* regt noch an, den Antrag Goldschmidt auf alle besonderen neben dem Zeichnungsschein bestehende Reserve auszudehnen, und ihm schließt sich auch Unterstaatssekretär a. D. *Jacobi* an. Geheimer Justizrath, Professor *Dr. Goldschmidt* erachtet eine solche

Ausdehnung für überflüssig, zumal bereits die bestehende Praxis dieselbe anerkenne und dies auch indirekt in seinem jetzigen Antrage enthalten sei. Professor *Dr. von Sicherer* befürwortet jedoch die ausdrückliche Aufnahme einer entsprechenden Bestimmung, die er auch politisch für angemessen hält, worauf Professor *Dr. Goldschmidt* seinen Antrag noch durch folgenden Zusatz erweitert: „Alle den Zeichnungsscheinen nicht inferirten Bedingungen pp. sind der Gesellschaft gegenüber unverbindlich."

Der *Vorsitzende* konstatirt das Einverständniß der Mehrheit der Sachverständigen mit dem erweiterten Antrag, welcher sich von dem Entwurf im Wesentlichen nur redaktionell unterscheide.

Geheimer Justizrath Professor *Dr. Goldschmidt* regt sodann die Frage an, in wie weit der Zeichner durch seine Offerte gebunden sei. Redner erklärt sein Einverständniß mit der Auffassung der Motive (S. 181 ff.), erachtet aber auch hier eine ausdrückliche Entscheidung im Gesetz für erforderlich, zumal im gemeinen Recht die Bedeutung über die bindende Kraft der Offerte noch jetzt sehr bestritten sei. Dieser Auffassung schließen sich auch die Sachverständigen *von Sicherer* und *Koch* an, nachdem konstatirt worden war, daß das Gebundensein der Zeichner nur unter der Voraussetzung, daß die Errichtung der Gesellschaft gemäß Art. 210 a erfolge, angenommen werde. Professor *Dr. Goldschmidt* formulirt seinen Antrag dahin: „Durch einen den gesetzlichen Erfordernissen entsprechenden Zeichnungsschein wird der Zeichner zur Uebernahme der gezeichneten Aktien im Falle der Zutheilung verpflichtet." – Seitens des Bürgermeisters a. D. *Russell* wird behauptet, daß die Frage bereits im Gesetz entschieden sei, was Rechtsanwalt *Dr. Embden* bezweifelt. – Bei der *Abstimmung* wird der Antrag *Goldschmidt* mit Mehrheit angenommen.

Professor *Dr. von Sicherer* beantragt, in *Art. 209 d Ziff. 2* die Worte hinzuzufügen: „und den Betrag der von ihnen gezeichneten Aktien", weil die Zeichner wissen müßten, inwiefern die Generalversammlung durch die Gründer beherrscht werde und der Mehrheit der Zeichner das Rücktrittsrecht thatsächlich entzogen werden kann. Auf die Bemerkung des Bürgermeisters a. D. *Russell,* daß man doch den Gründern nicht verbieten könnte, nach der ursprünglichen Zeichnung noch mehr Aktien zu übernehmen, wird der Antrag zurückgezogen und Art. 209 d für erledigt erklärt.

Bei *Art. 209 e* beantragt Professor *Dr. von Sicherer,* in dem Schlußsatz hinter den Worten „einen anderen Zeitpunkt" noch hinzuzufügen mit Rücksicht auf die Bestimmung in Art. 237: „oder ein anderes Verfahren", weil man sonst glauben könnte, daß der Vorstand nur von der Generalversammlung zu wählen sei. Der *Vorsitzende* bemerkt, daß die Auffassung des Entwurfs von derselben Erwägung ausgehe und daß daher der Antrag in Betracht genommen werden würde.

Art. 210. Geheimer Justizrath Professor *Dr. von Goldschmidt* stellt den Antrag, als neue Ziff. 4 hinzuzufügen: „Sofern das Unternehmen oder der im

Gesellschaftsvertrag festgestellte Nominalbetrag der Aktien der staatlichen (obrigkeitlichen) Genehmigung bedarf, die Genehmigungsurkunde." – Der Antrag soll sich auch auf die Art. 173a Abs. 2 bezeichneten Gesellschaften beziehen und in der Praxis hervorgetretene Zweifel beseitigen. Der Vorsitzende sagt die Inbetrachtnahme dieses Antrages vom Standpunkt des Entwurfes zu. – Geheimer Justizrath Professor *Dr. Goldschmidt* regt die Frage an, ob es sich empfehle, die eingezahlten Summen dem Vorstande ohne jede Instruktion auszuhändigen oder ob nicht dagegen Vorsorge zu treffen sei, daß das Geld nicht zu ungeeigneten Zwecken verwendet werde und ob es sich nicht empfehle, den Vorstand zu verpflichten, die eingezahlten Beträge bei einer Reichsbankstelle zu hinterlegen. Bürgermeister a. D. *Russell* widerspricht dem Vorredner und würde eine solche Maßregel wegen des großen Zinsverlustes für wirthschaftlich sehr nachtheilig halten. Ein Mißbrauch sei ebenso nach Errichtung der Gesellschaft möglich und doch ließen sich hiergegen nicht besondere Kautelen treffen.

Der *dritte Absatz* des Artikels giebt zu verschiedenen Meinungsäußerungen und Anträgen Veranlassung. Bürgermeister a. D. *Russell* und Geheimer Kommerzienrath *Delbrück* wünschen die Beseitigung des ganzen Absatzes; habe derselbe gerichtliche Taxen im Auge, so sei dies eine der ungeeignetsten und zu Täuschungen jeder Art Anlaß gebenden Informationen; sollten aber auch private Nachrichten niedergelegt werden müssen, so würde Niemand sich mehr zu solchen verstehen und der Absatz gerade das Entgegengesetzte von dem, was er wolle, erreichen. Die Hauptsache sei der zu erstattende Bericht, die Grundlagen desselben dürfe man nicht vorgelegt verlangen. Auch würde ein Verschweigen die Vorstands- und Aufsichtsrathsmitglieder strafbar machen. Auch Unterstaatssekretär a. D. *Jacobi* hält den Absatz für überflüssig und schädlich. Die Vorlegung der objektiven Grundlagen des Berichts, der Zwischen- und Vorverträge habe man beseitigt, während man hier das vom subjektiven Ermessen [abhängige Verhalten; Hrsg.] zu einem festen Fundament stempeln wolle. Die von den kaufmännischen Sachverständigen vorgebrachten Gründe seien aber ebenfalls erwägenswerth. Jedenfalls wäre es besser, den ersten Satz an den Schluß zu stellen: „oder sind rücksichtlich der eingelegten pp. Gegenstände von den Mitgliedern des Vorstandes oder des Aufsichtsraths Ermittelungen angestellt, so sollen auch pp."

Geheimer Justizrath Professor *Dr. Goldschmidt* findet es ebenfalls im hohen Grade bedenklich, Interna zur öffentlichen Kenntniß zu bringen, was die ehrenwerthen Elemente zurückschrecken würde. Der Gesetzgeber dürfe nicht in die intimen Beziehungen der Großkaufleute eindringen. Praktisch würde der ganze Passus, weil er das rein subjektive Ermessen entscheiden lasse, überhaupt keinen Werth haben. Geheimer Finanzrath *Schmidt* glaubt die Bedenken dadurch beseitigt, wenn der Passus folgendermaßen gefaßt würde: „Sind Gegenstände auf Grund vorgelegter Gutachten eingelegt oder übernommen worden, so sollen auch diese beigefügt werden." – Gegen diesen Vorschlag wenden sich namentlich die Sachverständigen *Russell* und *Jacobi*, weil er die Tendenz des Absatzes verändere, denn es handele sich in diesem nicht um Vorgänge vor der Gründung, sondern um Prüfung nach derselben. Geheimer Ober-Finanzrath *Koch* hält den Ausdruck „Ermittlungen" für zu weitgehend und würde es vorziehen, wenn statt dieses Wortes gesagt würde: „Sind Gutachten über den Werth der pp. Gegenstände erhoben pp." – Rechtsanwalt Dr. *Embden* findet in dem Passus zweierlei Vorschriften, einmal Ermittelungen des Gesammtvorstandes – und dieses gehe zu weit –, sodann Separatvota der einzelnen Dissidenten und dieses sei zweckdienlich. Nach seiner Auffassung sollte der Passus besser lauten: „Sind von Mitgliedern des Vorstandes oder des Aufsichtsraths Ausstellungen bezüglich der pp. Gegenstände gemacht, so sind dieselben berechtigt, einen Separatbericht beizufügen." – Für den Entwurf treten nur Kammergerichtsrath *Keyssner* und Geheimer Oberregierungsrath *Dr. Hagens* ein, welche auf die instruktionelle Natur der Vorschrift hinweisen, und besonders hervorheben, daß ein Verschweigen keine kriminelle Verantwortlichkeit zur Folge habe. – Der *Vorsitzende* glaubt, daß sich die Einwendungen gegen den Passus dadurch beseitigen ließen, wenn er lediglich als Konsequenz von Art. 209f gefaßt würde, so daß nur die Schriftstücke vorzulegen seien, welche die Grundlagen des Prüfungsberichts bildeten. – Hiergegen wenden sich vorzugsweise die Sachverständigen *Delbrück* und *Goldschmidt*. Beide stellen den Antrag auf Streichung; letzterer will jedoch dem Schlußwort „Bericht" der Ziff. 3 noch hinzufügen: „nebst dessen urkundlichen Grundlagen." – Bei der *Abstimmung* ergeben sich für den Antrag Delbrück nur 2 Stimmen, so daß der Antrag *Goldschmidt* als angenommen gilt.

(Kammergerichtsrath *Keyssner* stellt ferner noch zu diesem Artikel folgende Anträge: 1. Für jeden Oberlandesgerichtsbezirk wird ein Handelsregister, betreffend die Kommanditgesellschaften auf Aktien und die Aktiengesellschaften geführt, welche im Amtsbezirk des Oberlandesgerichts ihren Sitz haben. – Zuständig zur Führung dieses Handelsregisters ist das Handelsgericht (der Amtsrichter) am Sitz des Oberlandesgerichts. – 2. In dem letzten Absatz die Worte „zur Einsicht der Aktionäre" zu streichen. – Er rechtfertigt den ersten Antrag damit, daß durch eine Konzentrirung in der Führung des Handelsregisters Ordnung, Gleichmäßigkeit und Zuverlässigkeit bezüglich der Aktiengesellschaft herbeigeführt würde. – Der zweite Antrag sei nothwendig, da schon jetzt die Beilagen zum Handelsregister wenigstens in Preußen öffentlich seien.

Gegen den 1. Antrag erklären sich die Geheimen Räthe *Koch* und *Dr. Hagens*, weil derselbe einen Eingriff in die Gerichtsorganisation enthalte, die verschiedenen Register von einander trenne und zu beschwerlichen Reisen Anlaß gebe, worauf der Antragsteller von einer formellen Erledigung seines Antrags Abstand zu nehmen bittet. Dagegen herrscht bezüglich des 2. Antrages allgemeines Einverständniß, was von dem *Vorsitzenden* konstatirt wird.)

Derselbe stellt zur Diskussion die *Einzahlungsquote in Verbindung mit Frage*

No. 6. – Geheimer Kommerzienrath *Delbrück* erachtet überhaupt das Erforderniß einer effektiven Einzahlung nicht für zweckmäßig. Er fürchtet den wirthschaftlich nachtheiligen Zinsverlust, da die Eintragungen mit Rücksicht auf Art. 210a längere Zeit in Anspruch nehmen würden. Deshalb solle man lieber die bisherige Quote nicht erhöhen. Seitens der Sachverständigen *Goldschmidt*, *Schauss* und *Koch* wird die effektive Zahlung befürwortet und auch die Höhe von 25 % nicht bemängelt. Es wird namentlich hervorgehoben, daß dadurch die Ernstlichkeit der Zeichnungen und die ökonomische Bereitwilligkeit der Zeichner gefördert werde. Professor *Dr. Goldschmidt* wünscht nur, daß der eingezahlte Betrag sichergestellt und in irgend welcher Weise zinsbar angelegt werde. Geheimer Ober-Finanzrath *Koch* hebt noch hervor, daß namentlich die kaufmännischen Mitglieder, welche bei den Berathungen des Reichsbankdirektoriums zugezogen seien, für diese effektiven Einzahlungen von 25 % eingetreten wären. Professor *Dr. Wagner* würde es auch hier zweckdienlicher finden, wenn nach gewissen Kategorien spezialisirt würde. Man müsse zwischen Versicherungsgesellschaften und nicht spekulativen Banken einerseits und spekulativen Banken und Baugesellschaften andererseits unterscheiden. Wolle man aber generell vorgehen, so seien wegen des Zinsverlustes 10 % genügend. Geheimer Justizrath Professor *Dr. Goldschmidt* weist darauf hin, daß auch hier für die Spezialisirung keine gesetzgeberische Formel gefunden werden könne. Auf Anregung von Professor *Dr. von Sicherer*, daß vielleicht die Volleinzahlung an ein späteres Stadium geknüpft werden könne, beantragt Professor *Dr. Wagner*, daß „10 % sofort und 15 % bei der Eintragung ins Handelsregister eingezahlt werden sollen", zieht jedoch diesen Antrag zu Gunsten des Professors *Dr. von Sicherer* zurück, welcher einen neuen Art. einzuschalten wünscht mit folgendem Inhalt: „Die Einzahlung von 10 % hat bei der Anmeldung zu erfolgen. Ehe die Eintragung in das Handelsregister erfolgt, ist dem Registerrichter nachzuweisen, daß noch weitere 15 % eingezahlt sind." – Geheimer Oberregierungsrath *Dr. Hagens* tritt für den Entwurf ein und bemerkt namentlich, daß der Vorstand nicht verpflichtet sei, das eingezahlte Geld müßig liegen zu lassen, sondern dasselbe pflichtmäßig verwenden oder anlegen könne.

Der *Vorsitzende* weist darauf hin, daß der Antrag *Sicherer* noch verschiedene Ausführungsbestimmungen erforderlich machen würde und auch der Geheime Kommerzienrath *Delbrück* sieht in diesem Antrage nur eine neue Verzögerung der Eintragung, so daß Professor *Dr. von Sicherer* seinen Antrag zurückzieht. Der Vorsitzende konstatirt als allgemeines Einverständniß, daß eine Erhöhung der Quote nicht gewünscht wird und erklärt die Frage 6 und Art. 210 für erledigt.

Bei *Art. 210a* ergiebt sich ein Einverständniß der Sachverständigen über das System des Entwurfs, nur Geheimer Ober-Finanzrath *Koch* hält es für ungeeignet, dem Richter die Leitung der Generalversammlung zu übertragen und würde die Beibehaltung des bisherigen Rechts für wünschenswerth erachten. – Auf eine

Anfrage des Geheimen Justizraths Professor *Dr. Goldschmidt* erklären die Geheimen Räthe *Dr. Hagens* und *Deegen,* daß die Mehrheit sich zunächst nach Köpfen berechne, daß diese aber mindestens den vierten Teil der Aktien besitzen müsse. – Unterstaatssekretär a. D. *Jacobi* giebt zu erwägen, daß, wie bisher eine Gesellschaft nicht zu Stande kommen könne, wenn ein Inferent mehr als 3/4 der Aktien besitze. Geheimer Oberregierungsrath *Dr. Hagens* giebt dies zu, glaubt aber an dem bestehenden Grundsatz nicht rütteln zu sollen. Der *Vorsitzende* konstatirt, daß das Bedenken des Sachverständigen Jacobi nicht getheilt wird. Auf Antrag des Professors *Dr. von Sicherer* wird konstatirt, daß dem einzelnen Zeichner ein Rücktrittsrecht nicht zustehe.

Bei *Art. 210 b* wird eine Erinnerung nicht erhoben.

Zu *Art. 210 c* stellt Kammergerichtsrath *Keyssner* den Antrag: „in Ziff. 3 die Worte ‚und des Aufsichtsraths' zu streichen „weil die Personen desselben wechseln, eine Eintragung nur Täuschungen hervorrufen könne. Nach Vertheidigung des Entwurfs durch Geheimen Oberregierungsrath *Dr. Hagens* wird der Antrag mit 9 gegen 1 Stimme abgelehnt. – Bei Ziff. 1 hält Geheimer Kommerzienrath *Delbrück* es für bedenklich, Namen zu nennen im Falle der Entschädigung für Leistungen z. B. wenn Jemand eine Entschädigung erhalten für gewisse Vorarbeiten und Reisen, die er zum Zweck des Zustandekommens der Gesellschaft gemacht habe. In Uebereinstimmung mit der Mehrheit erklärt Geheimer Oberregierungsrath *Dr. Hagens,* daß in diesem Falle, der zum sogenannten Gründungsaufwand gehöre, eine Nennung des Namens nicht stattfinde, dies werde nur bei Einlagen verlangt; der Begriff einer Einlage setze einen bestimmten Werthgegenstand voraus, welcher als activum in die Bilanz aufgenommen werden könne. – Der *Vorsitzende* erachtet hiermit die Sache für erledigt und glaubt, daß das Bedenken noch in den Motiven klargestellt werden könne.

Bei *Art. 211* bringt Geheimer Justizrath Professor *Dr. Goldschmidt* die Wirkungen einer fehlerhaften Eintragung zur Sprache. Liegen falsche Grundlagen materieller Art vor, so würde durch die formelle Eintragung der Gesellschaft an deren Bestehen nicht gerüttelt und nur durch die Anfechtungsklage des Entwurfs Abhülfe gewährt. Wie aber sei es zu halten, wenn wesentliche Erfordernisse des Statuts fehlten? Die Gesellschaft sei dann nichtig und es müßte für diesen Fall Vorsorge getroffen werden. Redner stellt folgende Anträge: 1. *Abs. 2.* Gleiches gilt, falls die Eintragung auf Grund eines dem Art. 209 nicht entsprechenden Gesellschaftsvertrages erfolgt ist. 2. *Abs. 3.* Ist vor der Eintragung oder nach einer zwar erfolgten aber in Gemäßheit des vorstehenden Absatzes unstatthaften Eintragung im Namen der Gesellschaft u. s. w.

Kammergerichtsrath *Keyssner* schließt sich zwar der Auffassung des Vorredners an, erachtet aber die Anträge für überflüssig. Der erste sei deklaratorisch, der zweite gehe über das Gebiet des Aktienrechts hinaus und müßte allgemein geregelt werden, soweit es sich um Eintragungen handele. Geheimer Ober-Finanzrath *Koch* giebt zu bedenken, daß schon die Nürnberger Konferenzen diese Frage erörtert, aber nicht entschieden haben und befürwortet es, hierbei zu belassen. Geheimer Oberregierungsrath *Dr. Hagens* widerspricht dem Antrage *Goldschmidt.* Die Frage werde nach den Bestimmungen des Entwurfs nur in den seltensten Fällen zur Entscheidung kommen, und eine Tendenz, nach geschehener Eintragung und Veröffentlichung an dem Bestande der Gesellschaft wegen Unvollständigkeit der Statuten zu rütteln, dürfe gesetzgeberisch nicht begünstigt werden. – Bei der *Abstimmung* werden die Anträge *Goldschmidt* gegen 2 Stimmen abgelehnt.

Die *Art. 212 und 213* gegen zu keiner Bemerkung Veranlassung.

Bei *Art. 213 a* behalten sich die Sachverständigen *Goldschmidt* und *von Sicherer* Anträge nach Durchberathung sämmtlicher Vorschriften über die Kautelen der Gründung vor. – Von den Sachverständigen *Goldschmidt* und *Keyssner* wird bemängelt, daß der Entwurf im Abs. 2 den Empfänger einer verheimlichten Aufwendung auch dann verantwortlich mache, wenn er die Verheimlichung nur habe wissen müssen, was weit über das Billigkeitsmaß hinausgehe. Geheimer Rath *Dr. Hagens* macht darauf aufmerksam, daß der Empfänger nach Art. 209 b Abs. 4 zu dem Empfange nicht berechtigt gewesen sei und daß eine Beschränkung der Erstattungspflicht auf den Fall des Wissens wegen der Schwierigkeit des Beweises des letzteren unzureichend erscheine. Unterstaatssekretär a. D. *Jacobi* sieht in der Bestimmung mehr als die Entscheidung einer Beweisfrage und würde nur letztere zulassen. Die Sachverständigen sprechen sich für „die Streichung der Worte ‚oder den Umständen nach annehmen müßte'" mit 5 gegen 4 Stimmen aus; der Sachverständige *Russell* hatte sich entfernt. – Auf Anfrage des Geheimen Kommerzienraths *Delbrück* konstatirt Geheimer Oberregierungsrath *Dr. Hagens,* daß die Worte „jeder Dritte, welcher zur Verheimlichung mitgewirkt hat" eine Denunziationspflicht nicht in sich schließe. Gegen die Bemängelung dieser Vorschrift durch den Fragesteller wird der Entwurf von den Sachverständigen *Embden, Keyssner* und *Jacobi* vertheidigt. Ein Antrag lag nicht vor.

Bei *Art. 213 b* bittet Geheimer Justizrath, Professor *Dr. Goldschmidt,* daß sich zunächst die kaufmännischen Sachverständigen äußern möchten. – Wegen der Wichtigkeit des Gegenstandes wurde jedoch die Sitzung vertagt. – Zur Beglaubigung gez. Dr. Kayser, Regierungsrath.

5. Sitzung. Fortgesetzt, Berlin, den 29. März 1882.

(Anwesend: Der Vorsitzende, die Mitglieder des Reichs-Justizamts und die Sachverständigen. Vom Reichsamt des Innern: Ministerialdirektor Bosse, Geheimer Finanzrath Schmidt.)

Der Vorsitzende stellt *Art. 213 b, die Haftung der Emissionshäuser,* zur Diskussion. Nachdem Geheimer Oberregierungsrath *Dr. Hagens* eine Auseinandersetzung über die Bestimmungen des Entwurfs gegeben hatte, trat eine allgemeine

Erörterung hierüber ein. – Bürgermeister a. D. *Russell* sieht in Art. 213 b einen Kardinalpunkt des Entwurfs; er erachtet ebenfalls eine Verhaftung der Emissionshäuser für nothwendig. Bemerkt wird von ihm thatsächlich, daß in den Gründerjahren nicht gerade zahlreiche Emissionshäuser ersten Ranges Gesellschaften ins Leben gerufen hätten. Wo dies geschehen sei, hätte von Seiten derselben sogar eine noch sorgfältigere Prüfung Statt gefunden, als sie der Entwurf vorschreibe. Dabei wären jene Emissionshäuser meist bei der Gründung selbst betheiligt gewesen. Redner führt aus, daß ein Haus, welches seinen Namen und Ruf zu verlieren habe, immer eine sorgfältige Prüfung werde eintreten lassen, daß aber auch diese gegen Irrthümer und den Eintritt von Wechselfällen nicht schützen könne, wie sich aus einer Reihe namhaft gemachter Beispiele ergebe. Es dürfe deshalb den Emissionshäusern eine allzu scharfe Haftung nicht auferlegt werden, vielmehr wäre es dann überhaupt gerathener, die Emission von Aktien in den ersten zwei Jahren ganz zu verbieten, was aber eine schwere wirthschaftliche Schädigung zur Folge haben würde. Redner erklärt sich damit einverstanden, wenn die Emissionshäuser für die formelle Prüfung der Zeichnungen und Einzahlungen verantwortlich gemacht würden; sollten sie aber auch wie die Mitglieder des Aufsichtsraths für die materielle Richtigkeit der Festsetzungen des Art. 209 b und für die Angemessenheit der Werthe von Einlagen und Uebernahmen einzustehen haben, so würden tüchtige Leute abgeschreckt und dadurch gerade schlechte Gründungen gefördert werden. Der Entwurf stelle weder das Maß der Verantwortlichkeit noch den Begriff des Emissionshauses klar. Solle unter dem letzteren derjenige verstanden werden, welcher den Prospekt erläßt oder zur Subskription einladet, so werde man Beides vermeiden und es würde alsdann die ganze Vorschrift unpraktisch bleiben. Oft geschehe die Einführung ganz anonym an der Börse, indem ein beliebiger Dritter mit seinen Komplizen fiktive Geschäfte in den Aktien mache und dann den Eingang derselben in Kurszettel und Zeitungen herbeiführe. Ebenso geschehe die Einführung durch anonyme Zeitungsreklame. Alle diese Manipulationen lasse der Entwurf außer Acht. Auch dürfe die Prüfung vor dem Publikum nicht auf andere Schultern gewälzt werden. Geheimer Kommerzienrath *Delbrück* schließt sich in allen Punkten dem Vorredner an. Der Entwurf werde, wie er beabsichtige, spätere Aktienerwerber durchaus nicht schützen, da das Publikum ohne nähere Untersuchung der Verhältnisse lediglich nach der Stimmung an der Börse kaufe, welche man künstlich hervorrufen könne. Kein Mensch könne dafür einstehen, daß ein an sich gutes Unternehmen nicht zu Grunde gehe, denn Irrthümer, Veränderung der Konjunkturen seien unvermeidlich. Ein solches Einstehen aber verlange den Entwurf von den Emittenten. Diejenigen von ihnen, welche an der Gründung betheiligt seien, treffe der Entwurf aber überhaupt nicht, und gerade diese seien die Hauptpersonen. Der vorliegende Artikel wie auch Art. 249 d Ziff. 2 lasse dieses wesentliche Moment der Verbindung von Emissionshaus und Gründern vermissen, es müsse ausdrücklich ausgesprochen werden, daß die Emission im unmittelbaren oder mittelbaren Auftrag der Gründer geschehe. Freilich werde auch dies nichts nützen, weil die Umgehung durch die private von dem Vorredner geschilderte Einführung nur zu leicht sei. Den soliden Emissionshäusern aber hefte der Entwurf von vornherein einen Makel an, indem er sie als suspekt hinstelle und somit einen Schatten auf ein an sich absolut nothwendiges Geschäft werfe. Redner will die Emittenten für Alles, was sie wissen, verantwortlich machen, nicht aber auch wegen der geringsten Culpa. Eine solche Verantwortlichkeit gebe der Rachsucht aller Spekulanten, welche Verluste erleiden, einen offenen Spielraum.

Geheimer Ober-Finanzrath *Koch* erachtet gerade vom praktischen Standpunkt den Artikel für ein wesentliches Glied des Entwurfes, damit nicht ein verkappter Gründer die Rolle des Emittenten übernehme. Aber selbst wenn der letztere nicht bei der Gründung hervorgetreten oder betheiligt sei, müsse für ihn eine Verantwortlichkeit konstruirt werden, weil, wie eine Menge von Beispielen beweise, die Zeichner und Aktienerwerber gerade durch den Namen des Emissionshauses angelockt würden und dieses hierfür hohe Provisionen zahlen lasse. Redner findet freilich in der Fassung des Entwurfs verschiedene Mängel. Einerseits lasse diese den Zweifel aufkommen, als ob das Emissionshaus die Beweislast für die Prästation von omnis culpa und von der Angemessenheit der Werthe habe. Deshalb müßten die Worte „wie ein Mitglied des Aufsichtsraths" in Wegfall kommen. Andererseits lasse der Entwurf eine Haftung für die Angaben eines etwaigen Prospektes vermissen. Billigenswerth dagegen sei es, wenn der Entwurf eine Verantwortlichkeit für Zeichnung und Einzahlung einführe. Auch bezüglich der qualifizirten Gründung lasse sich das Einstehen für eine gewisse culpa hinsichtlich der Einlagen und des Gründungsaufwandes nicht entbehren; in der Regel ließen sich die Emissionshäuser alle auf die Gründung bezüglichen Verträge vorlegen und man könne daher ihre Haftung nicht bloß auf das, was sie wissen, sondern auch auf das, was sie wissen mußten, ausdehnen.

Professor *Dr. Wagner* tritt vom wirthschaftlichen Standpunkt für den Entwurf ein. Es sei unrichtig, wenn die kaufmännischen Sachverständigen alle Schuld den untergeordneten Emissionshäusern beimessen. In den Jahren 1871 bis 1873 hätten gerade die großen Emissionshäuser den Takt angegeben und die kleinen wären nachgefolgt. Nicht das vorübergehende Interesse einer wirthschaftlichen Spekulation, sondern das dauernde wirthschaftliche Interesse bedürfe eines Schutzes und dieses werde nur gewahrt, wenn zeitweilige Konjunkturen nicht in dem Umfange ausgenutzt würden, wie dies in den Gründerjahren gerade von den großen Emissionshäusern geschehen sei. Diese hätten bei dem typischen Vorkommen dieser Konjunkturen und der nachfolgenden Krisen die Folgen ihres Verfahrens voraussehen können und sich deshalb eine größere Mäßigung auferlegen müssen. Die Folge des Art. 213 b werde sein, daß langsamer und weniger gegründet werde. Dies letztere sei keineswegs zu beklagen, auch wenn einmal eine gute Gründung verhindert würde. Denn die Verlangsamung der wirtschaftlichen Bewegung verhindere u. A. auch das höchst gefährliche Schwanken der Arbeitslöhne und die dadurch hervortretende, geradezu unerträgliche Unruhe in den wirthschaftlichen Verhältnissen zahlreicher Volksklassen. Redner wünscht jedoch die Haftung noch weiter auszudehnen; einerseits auf diejenigen, welche unter der Hand und mit Hülfe von Maklern Aktien einführten und andererseits auf die Presse; sei es auf die Einsender von Artikeln und Inseraten, sei auf den Redakteur. Geheimer Justizrath, Professor *Dr. Goldschmidt* erachtet es für zweckmäßig, daß der Entwurf gerade den eklatanten Fall der Einführung von Aktien mittels öffentlichen Angebots herausgreife und nicht noch alle anderen Möglichkeiten berühre. Denn die Regel sei das öffentliche Angebot, d. h. die fortgesetzte Gründung. Solche Angebote gingen von den bekanntesten Häusern aus und wären von außerordentlicher Bedeutung. Eben deswegen erscheine ihm auch eine Einschränkung der Haftung auf ein tempus clausum von zwei Jahren nicht angezeigt, zumal Emissionen häufig noch lange Zeit seit der Eintragung erfolgten. Redner erachtet es sodann für nothwendig, daß in dem Gesetz eine Entscheidung über die Beweislast getroffen werde, diese müsse denjenigen, welche das Emissionshaus in Anspruch nähmen, aufgebürdet werden. Hinsichtlich der Haftung selbst, so bestehe Einverständniß darüber, daß sie für dolus in allen Fällen einzutreten habe, aber man müsse auch darüber hinausgehen. Denn wenn die ehrenwerthen Emissionshäuser skrupulös den Hergang der Gründung prüften, so könne man eine sorgfältige Prüfung von allen verlangen. Qualitativ dürfte jedoch die Haftung nicht dieselbe sein; für die Erfüllung der Förmlichkeiten, wie für Zeichnung und Einzahlung, könne man die schärfste Verantwortlichkeit eintreten lassen, wegen den Festsetzungen des Art. 209 b halte er jedoch eine materielle Prüfung für bedenklich, da in kritischen Zeiten die Richter nur allzu geneigt seien, Personen für laxe Handlungen über Gebühr verantwortlich zu machen. Wie nach dieser letztgedachten Richtung die Haftung zu normiren sei, darüber habe sich Redner noch nicht schlüssig machen können.

Die Geheimen Räthe *Schmidt* und *Hagens* vertheidigen den Entwurf. Ersterer sieht die Haftung des Art. 213 b durch Art. 209 f Abs. 2 erläutert und bemerkt, daß auch bloße Zeichenstellen als Emittenten angesehen werden müßten. Letzterer entwickelt, daß die Entwürfe nicht gegen das Prinzip, sondern nur gegen die Fassung des Entwurfs sich richten. Löse man die Haftung der Emittenten in das Einzelne auf, so ergebe sich sofort ein klares Bild. Kammergerichtsrath *Kayssner* will zwischen den beiden Arten der Emissionshäuser unterscheiden, je nachdem dieselben bereits bei der Gründung betheiligt seien oder erst später eintreten. Ersteren Falls solle man die strengste Haftung eintreten lassen, letzteren Falls die Einschränkung im Sinne der Goldschmidt'schen Vorschläge annehmen. Unterstaatssekretär a. D. *Jacobi* will aus der Debatte den Eindruck empfangen haben, als ob Jeder der Anwesenden eine andere Auffassung von den Bestimmungen des

Entwurfs habe und erachtet dies als eine Folge, daß dieselben nicht klar seien. Nach seiner Ansicht dürfe man die Emissionshäuser nur soweit verantwortlich machen, als sie Gründer seien. Darüber hinaus sei die Haftung *schädlich*. Auch sei zu erwägen, daß die Verhältnisse zur Zeit der Emission oft schon andere geworden seien, als bei der Gründung und daß schon aus diesem Grunde die Prüfung der Emittenten anders beurtheilt werden müsse. Solle diese eine rein formelle sein, so sei der Artikel überflüssig, weil dieselbe schon von den Organen der Gesellschaft und dem Registerrichter erfolgt sei, eine materielle Prüfung und Haftung über den Werth der Einlagen überschreite aber jedes Maß. Geheimer Oberregierungsrath *Dr. Hagens* glaubt, daß die erhobenen Zweifel durch eine andere Formulirung zu beseitigen seien, indem bestimmt werden könne, daß der Emittent der Gesellschaft verantwortlich sei: „für die Richtigkeit und Vollständigkeit der Angaben, welche der Gründer rücksichtlich der Zeichnung und Einzahlung des Grundkapitals, sowie rücksichtlich der in Art. 209 b vorgesehenen Festsetzungen gemacht habe, und für eine bösliche Schädigung der Gesellschaft durch Einlagen oder Uebernahmen", sofern ihm bewiesen wird, daß er die Unrichtigkeit oder Unvollständigkeit der Angaben oder die bösliche Schädigung gekannt habe oder bei sorgfältiger Prüfung habe kennen müssen.

Rechtsanwalt *Dr. Embden* erachtet vorliegenden Falls mit dem Sachverständigen *Goldschmidt* ein tempus clausum nicht für angemessen und meint, daß es wie in den anderen Fällen des Entwurfs nicht von der Eintragung, sondern von der ersten Bilanz beginnen müsse, wenn man die Gesellschaften in diesen Beziehungen dem Einfluß der Gründer entziehen wolle.

In der Hauptsache findet Redner den Mangel des Entwurfs darin, daß derselbe hier die Gründung aus dem Auge lasse. Haftbar müßten nur diejenigen Emissionshäuser gemacht werden, welche Aktien ausbieten, nachdem sie schon bei der Gründung das Aufgebot vorbereitet hätten oder welche wissen, daß die Zeichnungen, Einzahlungen und Festsetzungen des Art. 209 b nicht vollständig seien. Eine größere Ausdehnung der Verantwortlichkeit sei unthunlich, weil den Emissionshäusern die Mittel zur Ausübung ihrer Diligenz fehlten, und sie lediglich auf die Angaben der Gründer und der Verwaltungsorgane angewiesen seien, wenn sie nicht selbst mit gegründet hätten. Bürgermeister a. D. *Russell* stimmt der Auffassung des Vorredners bei und ist damit einverstanden, den gründenden Emissionshäusern die volle Verantwortlichkeit aufzuerlegen. Die weiteren Ziele, wie sie sich der Entwurf vorgesteckt zu haben scheine, ließen sich nur durch ein Börsengesetz erreichen, in welchem die Einführung zu einem Formalakt gemacht werde, welchem wie in England eine Prüfung voraufzugehen habe. Professor *Dr. von Sicherer* findet die Fassung des Entwurfs durch die Worte „wie ein Mitglied des Aufsichtsraths" doppelsinnig. Entweder liege darin eine Verweisung auf Art. 226 Abs. 1 oder eine Erweiterung der Thatsachen, für welche die Emittenten einzustehen hätten. Die Haftung des Aufsichtsraths bei der Gründung sei weder im Entwurf noch in den Motiven erwähnt. Bei der letzten Alternative würden aber die Emittenten strenger als die Gründer haften, was jedenfalls inkonsequent sei.

Nachdem seitens der Sachverständigen *Koch* und *Goldschmidt* noch darauf hingewiesen war, daß eine Scheidung der Emittenten in mitgründende und nicht mitgründende gesetzlich nicht zu formuliren sein dürfte und *Dr. Embden* die Formulirung seines Antrages in Aussicht gestellt hatte, wurde auf Antrag des Geheimen Ober-Finanzraths *Koch* beschlossen: „die Berathung bis zur Vorlage anderweitig formulirter Vorschläge auszusetzen." Die Berathung ging sodann auf *Art. 213 c* über. Professor *Dr. von Sicherer* macht darauf aufmerksam, daß hier die Frist länger als in Art. 213 b normirt werden müsse, da sonst den Emittenten gegenüber schon wenige Tage nach Abschluß des schädigenden Rechtsgeschäfts eine Verzichtleistung erfolgen könne – was allgemein von der Versammlung als Uebelstand bezeichnet wurde. Auf Anregung des Geheimen Finanzraths *Schmidt* wird die Diskussion noch besonders auf die Frage gelenkt, ob überhaupt 2 Jahre genügend seien, um die Gesellschaft von der Herrschaft der Gründer zu befreien. Professor *Dr. von Sicherer* verneint diese Frage, während dieselbe von dem Bürgermeister a. D. *Russell* bejaht wird. Letzterer erachtet es für wünschenswerth, daß die *Decharge* aus der Gründung nicht länger hinausgeschoben werde. Unterstaatssekretär a. D. *Jacobi* weist darauf hin, daß bei schlechten Gründungen die Gründer in kürzerer Frist versuchen würden, die Aktien loszuschlagen, daß bei guten Gründungen dagegen dieselben auch noch später in den Händen der Gründer sein würden, was jedoch nicht als Nachtheil betrachtet werden könnte. Nachdem auch noch Ministerialdirektor *Bosse* die Beibehaltung der 2 Jahre im Allgemeinen und die Ausdehnung der Frist auf 3 Jahre im Art. 213 c befürwortet hatte, konstatirt der *Vorsitzende* als Wunsch der Versammlung, „daß die Frist in Art. 213 c länger als in Art. 213 b bemessen werden müsse", und erklärt auch *Frage 8* für erledigt. – Professor *Dr. von Sicherer* giebt noch zu erwägen, ob der fünfte Theil des Grundkapitals nicht zu hoch gegriffen sei, enthält sich jedoch, einen besonderen Antrag zu stellen.

Bei Art. 213 d regt Kammergerichtsrath *Keyssner* an, ob nicht hier wie in Art. 209 e die Namen des Aufsichtsraths zu veröffentlichen seien – eine Anregung, welche nach Vertheidigung des Entwurfs durch Geheimen Oberregierungsrath *Dr. Hagens* keine Unterstützung in der Versammlung findet. – Bürgermeister a. D. *Russell* macht darauf aufmerksam, daß eine Majorität des vierten Theiles vom Grundkapital nicht leicht zu beschaffen sei, daß daher nicht bloß sogenannte Nachgründungen, sondern noch vielmehr sehr legitime und nothwendige Operationen unmöglich gemacht werden würden. Er beantragt, daß, falls sich eine solche Mehrheit nicht finde, eine zweite General-Versammlung berufen werden könne, in welcher ohne Rücksicht auf das vertretene Grundkapital Beschluß gefaßt werden dürfe. Er erachtet es für einen genügenden Schutz, wenn bei der Berufung die General-Versammlung auf diese Folgen hingewiesen würde und ein gültiger Beschluß nur mit einer Mehrheit von ¾ der

Erschienenen gefaßt werden dürfte. Die Geheimen Räthe *Schmidt* und *Hagens* vertheidigen den Entwurf, während Kammergerichtsrath *Keyssner* bei Nachgründungen eine höhere Quote als 1/10 des Grundkapitals für erforderlich erachtet. Geheimer Ober-Finanzrath *Koch* findet das Bedenken des Sachverständigen *Russell* an und für sich begründet und schlägt deshalb vor, daß in der Generalversammlung der Beschluß zu Stande kommen soll, wenn nicht der fünfte Theil des Aktienkapitals Widerspruch erhebt. Bei der *Abstimmung* wird der Antrag *Russell* mit 9 Stimmen gegen 1 angenommen.

Art. 213 a–d begründet Geheimer Justizrath, Professor *Dr. Goldschmidt* den von ihm vorbehaltenen Antrag. Er entwickelt die Grundsätze des bisherigen Rechts in Bezug auf die Ansprüche der Gesellschaft, einzelner Aktionäre und Gläubiger wegen Beschädigung aus der Gründung und stellt dem gegenüber die Bestimmungen des Entwurfs dar. Redner ist damit einverstanden, daß der Gesellschaft selbst die Entschädigung zustehe und daß gewisse Minoritäten die Befugniß hätten, die Rechte der Gesellschaft zu vertreten. Ebenso sei es billigenswerth, wenn die Gesellschaft gegen Vergleiche und Verzichtleistungen geschützt würde. Dagegen schweige der Entwurf von allen Entschädigungsansprüchen Einzelner, wie aus Art. 226, 241 und aus den Motiven S. 224 ff., 346 sich ergebe, mit Absicht. In diesem Schweigen glaubt Redner einen Mangel erblicken zu müssen; vielmehr müsse dem Einzelnen eine Entschädigung gewährt werden, wenn er durch trügerische Prospekte oder Täuschungen bewogen worden sei, sich an dem Unternehmen zu betheiligen. Sein Interesse decke sich nicht mit dem Entschädigungsanspruch der Gesellschaft, da er überhaupt nicht Aktionär sein wolle. Dasselbe gelte von Gläubigern, welche durch Täuschungen dieser Art veranlaßt worden seien, der Gesellschaft zu kreditiren. Redner stellt daher den Antrag, in den Entwurf einen neuen Artikel aufzunehmen als: *Art. 213 e.* „Wer durch unrichtige Angaben oder Verschweigungen in den zur Vorlegung an das Handelsgericht bestimmten Erklärungen oder Urkunden oder in öffentlichen Angeboten böslicher Weise Zeichner oder spätere Erwerber von Aktien oder Gläubiger einer Aktiengesellschaft geschädigt hat, ist dem Beschädigten ersatzpflichtig. – Der Schadensersatz besteht gegen Zeichner oder spätere Erwerber von Aktien in Uebernahme der gezeichneten oder später erworbenen Aktien gegen Erstattung des dafür gezahlten Betrages. – Mehrere Schuldige haften solidarisch. – Unberührt bleiben anderweitige Verpflichtungen zum Schadensersatz nach den Grundsätzen des bürgerlichen Rechts." Antragsteller führt noch an, daß er lieber statt „böslicher Weise" „arglistiger Weise" in seinem Antrag sagen würde, da ersterer Begriff praktisch sich nicht bewährt habe. Er habe denselben nur gewählt, weil derselbe an verschiedenen Stellen im Entwurf erwähnt worden.

Die Berathung wurde hierauf abgebrochen und die Sitzung geschlossen. Zur Beglaubigung gez. Dr. Kayser, Regierungsrath.

6. Sitzung. Fortgesetzt, Berlin, den 30. März 1882.

(Anwesend wie in der vorigen Sitzung.)

Der *Vorsitzende* eröffnet die Sitzung, indem er *Art. 215* zur Diskussion stellt. – Geheimer Justizrath, Professor *Dr. Goldschmidt* erachtet den Absatz 1 für billigenswerth, da er jede Delegation verbiete. Hinsichtlich des Abs. 2 sei es aber zweifelhaft, was die Worte „nicht durch Stimmenmehrheit" zu bedeuten haben. Wenn der Entwurf damit habe ausdrücken wollen, daß es nicht der Zustimmung sämmtlicher Aktionäre bedürfe, so sei dem nur zuzustimmen, es müsse dann aber deutlicher ausgedrückt werden. Bei Abs. 3 gehe das Erforderniß der Stimmeneinhelligkeit zu weit. Nicht gebilligt ferner könne es werden, wenn der Entwurf auch für die einfache Statutenänderungen die bloße Mehrheit in der General-Versammlung für genügend erachte; dies stehe im Gegensatz zu der überwiegenden Mehrzahl der ausländischen Gesetze. Man dürfe die wichtigsten Grundlagen des Gesellschaftsvertrages keineswegs einer bloßen Mehrheit Preis geben. Es müsse deshalb dem Wunsche Ausdruck gegeben werden, „daß es prinzipiell unzulässig sei, wenn Aenderungen des Statuts durch eine bloße Mehrheit der General-Versammlung erfolgen können."

Nachdem zunächst Geheimer Oberregierungsrath *Dr. Hagens* den Entwurf vertheidigt hatte, machten sich in Bezug auf die einzelnen Vorschriften folgende Ansichten geltend: *Zu Abs. 1.* Für den Antrag *Goldschmidt* erklärte sich zunächst Professor *Dr. von Sicherer*, welcher es schon nach allgemeinen Rechtsgrundsätzen für unzulässig erklärte, daß eine bloße Mehrheit der erschienenen Aktionäre über Statutenänderungen befinden könnte. Jedenfalls müsse eine Vorkehrung dafür getroffen werden, daß bei Ankündigung der General-Versammlung auch der Wortlaut der vorzuschlagenden statutarischen Bestimmungen angegeben werde. Bürgermeister a. D. *Russell* erachtet es für richtig, wenn bezüglich der Statutenänderungen eine qualifizirte Mehrheit verlangt werde, wie dies auch schon jetzt die Regel sei. Es sei prinzipiell richtig, wenn für Statutenänderungen die Delegation des Aufsichtsraths unzulässig erklärt werde. Dagegen müsse die Möglichkeit gewahrt werden, daß einem Komité oder dem Aufsichtsrath die Befugniß zu redaktionellen Aenderungen, wie sie namentlich der Handelsrichter für erforderlich erachte, durch die General-Versammlung übertragen werden könne. Anderenfalls müßte bei jedem Anstande des Registerrichters eine neue General-Versammlung berufen werden, was die Verwaltung nur erschweren würde. Redner beantragt deshalb einen Zusatz dahin, „daß die General-Versammlung eine Vollmacht zur Herbeiführung redaktioneller Aenderungen ertheilen könne".

Unterstaatssekretär a. D. *Jacobi* theilt die Auffassung des Vorredners, insofern er die Vornahme redaktioneller Aenderungen durch den Aufsichtsrath ohne Konkurrenz der General-Versammlung für nothwendig erklärt. Er glaubt jedoch, daß schon nach der Fassung des Entwurfs eine solche Delegation nicht ausgeschlossen sei. – Bezüglich der Statutenänderungen würde der Antrag *Goldschmidt* nicht ohne Bedenken sein. Nur bei Erhöhung des Grundkapitals könne man eine qualifizirte Mehrheit verlangen, während alles Uebrige nur Verwaltungsfragen seien. Wolle in den wichtigeren Fällen die Gesellschaft, daß die Entscheidung in anderer Art, als durch bloße Stimmenmehr erfolge, so biete der Art. 209a einen genügenden Ausweg. Kammergerichtsrath *Keyssner* tritt hinsichtlich der Statutenänderungen für den Goldschmidt'schen Antrag ein und bemerkt gegen die Anregung des Professors *Dr. von Sicherer*, daß es schon nach dem Entwurfe der Ankündigung der eigentlichen Statutenveränderung bedürfe, derselbe also überflüssig sei. Bedenken dagegen müsse der Russell'sche Antrag erregen, da sich nicht unterscheiden lasse, was bloße redaktionelle oder auch materielle Änderungen seien. Es würden übrigens Seitens des Registerrichters viel weniger Anstände erhoben werden, da der Entwurf die wesentlichen Erfordernisse des Statuts sehr einschränke.

Zu Abs. 2. Professor *Dr. von Sicherer* wünscht eine größere Klarheit, was unter den Worten „nicht durch Stimmenmehrheit" zu verstehen sei. Unterstaatssekretär a. D. *Jacobi* glaubt, daß sich die nähere Bestimmung dieser Worte bereits in Abs. 1 finde, aus welchem hervorginge, daß nur von den erschienenen Aktionären die Rede sein könne. Dies würde durch die Motive klar zu stellen sein. – Der Geheime Ober-Finanzrath *Koch* wünscht die Schlußworte „sofern dies – ist" zu streichen, da die Praxis in der Frage der Umwandlung sehr lax verfahren sei. Gerade Seitens des Handelsstandes sei die Neigung hervorgetreten, daß die Abänderung des Gegenstandes möglichst erschwert werden möge. Auch widerspreche es dem Wesen des Zweckvermögens, wenn eine Aenderung des Zwecks von einer einfachen Mehrheit der erschienen Betheiligten abhängig gemacht werde. Es wäre daher wünschenswerth, wenn der Entwurf eine Abänderung des Gegenstandes an die Einstimmigkeit aller erschienenen Aktionäre knüpfe. Bürgermeister a. D. *Russell* giebt zu erwägen, daß ein solches Erforderniß jede Abänderung thatsächlich verhindere und daher diejenigen Gesellschaften schädigen werde, bei denen eine solche durch die Verhältnisse z. B. zur Erweiterung ihrer Kreditbasis geboten sei. Rechtsanwalt *Dr. Embden* glaubt, daß der *Koch*'sche Vorschlag nur dahin führen werde, in den Statuten sich möglichst vager Bezeichnungen für den Gegenstand des Unternehmens zu bedienen, und giebt zu erwägen, daß man bei Erlaß subsidiärer Bestimmungen, wie sie Art. 215 im Auge habe, nicht zu sehr die Autonomie der Gesellschaften beschränken dürfe. Auch Kammergerichtsrath *Keyssner* ist gegen jede Abschwächung im Sinne der Koch'schen Vorschläge, damit nicht Gesellschaften von verschiedener Konstruktion neben einander bestehen.

Professor *Dr. Wagner* hält es nicht für genügend, bloß die Abänderung des Gegenstandes des Unternehmens an Kautelen zu knüpfen. Nicht minder wichtig sei es, daß namentlich Banken, welche mit einem beschränkten Wirkungskreis gebildet seien, ohne größere Schwierigkeiten denselben verändere oder einen Geschäftsbetrieb mit geringeren Vorsichtsmaßregeln eintreten lassen können. Er beantragt, hinter die Worte „Gegenstandes der Unternehmung" noch hinzuzufügen: „sowie die Aufhebung (Beseitigung) von statutarischen Beschränkungen des Wirkungskreises der Gesellschaft". – Bürgermeister a. D. *Russell* erachtet diesen Zusatz für überflüssig, da derselbe sich schon aus dem „Gegenstand des Unternehmens" ergebe, doch werde immer der Wortlaut der Statuten entscheidend sein. Geheimer Justizrath, Professor *Dr. Goldschmidt* glaubt, daß hierüber die Entscheidung sehr zweifelhaft sein könne.

Zu Abs. 3. Geheimer Justizrath Professor *Dr. Goldschmidt* bemerkt, daß das Erforderniß der Einhelligkeit bei der Fusion ein zu weit gehendes sei. Ihm schließt sich Geheimer Ober-Finanzrath *Koch* an, während Kammergerichtsrath *Keyssner* für eine Erschwerung eintritt.

Der *Vorsitzende schließt die Debatte und konstatirt: 1.* daß bei Abs. 1 darauf Rücksicht zu nehmen sei, daß eine Vollmacht der Generalversammlung an ein Komité zur Vornahme redaktioneller Aenderungen nicht ausgeschlossen werden dürfe, 2. daß in den Motiven Sorge zu tragen sei, daß in den Worten „nicht durch Stimmenmehrheit" eine Bezugnahme auf die erschienenen Aktionäre ausgedrückt werde, *3.* daß die Aenderung des Gegenstandes des Unternehmens nur durch eine qualifizirte Mehrheit beschlossen werden dürfe. – Der Vorsitzende bringt sodann den Antrag *Goldschmidt,* „daß vorbehaltlich statutarischer Bestimmungen eine Abänderung des Gesellschaftsvertrages nicht durch bloße Mehrheit der erschienenen Aktionäre geschehen dürfe" zur Abstimmung, welche für die Annahme des Antrages eine Mehrheit von 6 gegen 4 Stimmen ergiebt. Es wird konstatirt, daß hierdurch auch die *Wagner*'sche Anregung ihre Erledigung gefunden habe.

Zur Diskussion gelangt sodann *Art. 215 a* und *Frage 9.*

Hierzu stellt Kammergerichtsrath *Keyssner* folgende Anträge: I. Hinter den Worten: „Ueber die Erhöhung hat die General-Versammlung zu beschließen." ist ein *neuer Absatz* einzuschalten: *„Die Ausgabe von Aktien unter dem Nennbetrag (unter Pari) ist unzulässig."* – Im Zusammenhang damit sind zu *streichen:* in Art. 215 a Abs. 2 die Worte: „bei einer Erhöhung, welche in den ersten zwei Jahren seit Eintragung des Gesellschaftsvertrages in das Handelsregister beschlossen wird, darf eine geringere als der Nominalbetrag nicht festgesetzt werden." – *II.* Art. 215 a Abs. 2 Satz 2 ist dahin zu fassen: „In dem Falle, daß auf die neu auszugebenden Aktien ein höherer als der Nennbetrag eingezahlt werden soll, ist der *Mindestbetrag* in dem Beschlusse festzusetzen." – *III.* In Art. 185 b ist der Eingang zu streichen und der Art. 185 b dahin zu fassen: „Uebersteigt im Falle einer Erhöhung des Gesammtkapitals der Kommanditisten der für die Aktien festgesetzte Betrag den Nennbetrag, so ist der Gewinn vollständig einem Reservefonds zuzuführen. – Dieser Reservefonds muß getrennt von dem übrigen Gesellschaftsfonds verwaltet werden. Derselbe darf nur zur Deckung eines aus der Bilanz sich ergebenden Verlustes verwendet werden. Seine Zinsen fließen, sofern das Statut nicht ein anderes bestimmt, zur Gesellschaftskasse."

Der Vorsitzende schlägt eine getrennte Behandlung der Anträge vor und stellt zunächst die Frage der *„Zulässigkeit der Emission unter Pari"* zur Debatte.

Hierbei treten folgende Ansichten hervor: Außer dem Antragsteller *Keyssner* erklärten sich *gegen die Zulässigkeit* der Unterpariemission zunächst Geheimer Ober-Finanzrath *Koch* auf besondere Instruktion des Reichsbank-Direktoriums. Eine solche Emission sei juristisch eine Abnormität *und wirtschaftlich nicht zu rechtfertigen,* da sie das Rechtsverhältnis der Aktionäre zur Gesellschaft verdunkele und die Kreditbasis störe. Die Aussichten, wie der Verlust auszugleichen sei, wären oft sehr geringe, da nicht immer ein Reservefonds vorhanden sei und ein Jahresgewinn erzielt werde. Es rechtfertige sich vielmehr, eine Prioritätsanleihe auszugeben. Endlich bemerkt Redner noch, daß bei Erhöhung des Grundkapitals die Emission unter Pari nach den von ihm gemachten Erfahrungen nur in den seltensten Fällen vorkomme. Jedenfalls aber würde ihre Zulassung als eine Fiktion den Prinzipien des Entwurfs zuwiderlaufen. Geheimer Justizrath, Professor *Dr. Goldschmidt* hat als Grund für die Unterpariemission von den Kaufleuten nur anführen hören, daß die Aktien dadurch eine größere Chance, zu steigen, hätten, was lediglich ein Interesse der Spekulation sei. Mit der Zulassung sei aber nicht bloß eine Verdunkelung der Verhältnisse, sondern auch bei der größten fides eine Täuschung unvermeidlich. Die Unterbilanz, welche entstehe, sei bei Eisenbahnen nicht so bedenklich, weil hier schon die Aktivseite keine wirkliche Schätzung zulasse, anders aber sei es bei Gesellschaften, bei welchen eine richtige Taxirung erfolgen könne und müsse. Redner findet auch keinen Unterschied zwischen den Verhältnissen bei Gründung und bei späterer Erhöhung. Glaube man aber ein wirthschaftliches Bedürfniß für die Zulassung vorhanden, so müsse man hier die Gesellschaftskategorien spezialisiren, strengste Publizität und Genehmigung des Reichskanzlers und des Bundesraths fordern. Rechtsanwalt *Dr. Embden* meint, daß für Eisenbahnen durch Spezialgesetzgebung gesorgt werden könne, für andere Gesellschaften aber kein Bedürfniß vorliege, wenigstens sei ein solches in Hamburg nie empfunden worden. Redner macht noch besonders darauf aufmerksam, daß bei einer Emission unter Pari eine größere Summe von Werthpapieren auf den Markt geworfen würde, als bei einer Anleihe mit prioritätischer Dividende. Eine Ueberfluthung des Spekulationsmarktes sei die Folge. Bezüglich des Reservefonds sei zu erwägen, daß derselbe häufig nur in buchmäßigen Operationen bestehe, also zur Deckung des Disagios nicht geeignet sei. Geheimer Finanzrath *Schmidt* bekämpfte unter besonderer Darlegung der Verhältnisse bei den Eisenbahnen ebenfalls die Emission unter Pari.

Für die Zulassung erklärten sich die nachstehenden Redner: Geheimer Kommerzienrath *Delbrück* führte eine Reihe von Fällen an (u. a. Rheinische Eisenbahn-Aktien Lit. B, Magdeburg. Halberst., Schles. Zinnhütte), in welchen die

Emission unter Pari sogar Seitens der Staatsregierung zugelassen sei. Eine Schädigung für die Gläubiger trete nicht ein, da in der Regel ein Reservefonds zur Ausgleichung des Kursverlustes vorhanden sei. Unterstaatssekretär a.D. *Jacobi* führt an, daß die Zulassung einer Emission unter Pari auch vor der Novelle von 1870 sich als nothwendig und unschädlich herausgestellt habe. Eine Unklarheit könne nach Außen nur eintreten, wenn die Vorgänge den Gläubigern und dem Publikum unbekannt blieben, was jedenfalls nach den Bestimmungen des Entwurfs ausgeschlossen werde. Gerade durch Ausgabe von Prioritäten werde die Börsenspekulation gefördert, weil diese besonders an der Börse eingeführt würden, während dies bei Ausgabe neuer Serien junger Aktien nicht immer der Fall sei. Endlich gelange durch Prioritäten eine Zwiespältigkeit in die Gesellschaft selbst. Bürgermeister a.D. *Russell* macht auf die Unterschiede der Verhältnisse bei der Gründung und bei einer späteren Erhöhung des Grundkapitals aufmerksam und findet die entsprechenden Bestimmungen des Entwurfs durchaus zweckmäßig. Von einer Täuschung und Schädigung durch eine Emission unter Pari könne um so weniger die Rede sein, als die Unterbilanz aus den Publikationen klar erhelle und für den Gläubiger dadurch eine größere Kreditgarantie geschaffen werde, daß durch die Einstellung der vollen Nominalhöhe des vermehrten Grundkapitals Gewinnvertheilungen an die Aktionäre hinausgeschoben werden. Im Fall der Noth sei es unmöglich, gleichwerthige Aktien auszugeben, da Niemand solche zum Nennwerthe nehmen würde, wenn die Stammaktie unter Pari stehe. Der Zwang zu Prioritätsanleihen sei außerordentlich mißlich, weil die Gesellschaften gerade dadurch feste Zinsverpflichtungen übernähmen, ohne Rücksicht ob sie einen Gewinn erzielen würden. Gerade durch das Ausstellen von Grundschuldbriefen sei eine Reihe industrieller Gesellschaften zu Grunde gegangen. Dauernde Anlagen besitze fast jede Gesellschaft und es fänden daher auch auf sie die bei den Eisenbahnen berührten Verhältnisse Anwendung. Professor *Dr. Wagner* will zwischen Gesellschaften, die mit Umlaufkapital und solchen, die mit Anlagekapital arbeiten, unterschieden wissen. Bei letzteren sei eine Emission unter Pari geradezu nothwendig, denn es hänge oft davon die Beendigung nothwendiger Bauten, bei denen eine irrthümliche Veranschlagung nicht zu vermeiden sei, ab. Die Gesellschaften würden auch durch solche Emissionen viel weniger als durch Anleihen mit festem Zinssatz belastet und das Publikum viel weniger in seinen Erwartungen getäuscht, da es bei Anleihen einen festen Zins zu haben glaube, den die Gesellschaften oft nicht in der Lage wären, zu zahlen. Mit den Eisenbahnen müßten auch Bergbau-, Hüttenwerke und Fabriken berücksichtigt werden. Auch gehe es zu weit, wenn im Entwurf das völlige Abschreiben der Unterbilanz verlangt werde, bevor Dividenden vertheilt werden könnten.

Hierauf stellte der *Vorsitzende* die Frage zur Abstimmung: „Soll die Emission neuer Aktien unter Pari gestattet sein?" Für die Bejahung stimmten die 6 Sachverständigen: Delbrück, Jacobi, Russell, von Schauss, von Sicherer und

Wagner, für die Verneinung die 4 Sachverständigen Embden, Goldschmidt, Keyssner und Koch.

Die Diskussion ging sodann zu dem unter II. gestellten Antrag *Keyssner* über, welchen der Antragsteller damit rechtfertigt, daß nur ein Interesse vorliege, wenn die Generalversammlung den *Mindest*betrag festsetze und im Uebrigen ihren Organen freie Hand lasse. In dem gleichen Sinne spach sich auch der Bürgermeister a. D. *Russell* aus. Geheimer Justizrath, Professor *Dr. Goldschmidt* glaubt, daß die Festsetzung des Betrages lediglich eine Sache der Verwaltung sei und beantragt für den Fall der Ueberpariemission, „den Satz 2 ‚In dem Falle – festsetzen' im 2. Absatz zu streichen". – Nachdem sich gegen diesen Antrag Professor *Dr. von Sicherer* ausgesprochen hatte, wurde derselbe abgelehnt und der Antrag *Keyssner* mit einer Mehrheit von 7 Stimmen angenommen. Der Antrag *Keyssner* No. III. wurde im Einverständniß mit dem Antragsteller bis zur Berathung über die Bilanz ausgesetzt.

Die Berathung richtete sich sodann auf die einzelnen Bestimmungen des *Art. 215 a.* Bei *Abs. 1* kam die allgemeine Frage, „ob die Erhöhung des Grundkapitals von der vorherigen Volleinzahlung des bisherigen abhängig zu machen sei", zur eingehenden Besprechung. Die Meinungen über diese Frage traten in Gegensatz zu einander. Am Weitesten ging die Auffassung des Bürgermeisters a. D. *Russell*, welcher die Streichung des ersten Absatzes beantragte. Die Gefahr der Agiotage sei durch den Entwurf beseitigt, weil derselbe die Haftung für die Zeichnung ausspreche und in Verbindung mit den Bestimmungen über die Höhe des Nominalbetrages der einzelnen Aktie der Spekulation mit jungen Aktien jeden Anreiz nehme. Denn erfahrungsgemäß sei die Emission neuer Aktien stets mit einer Liberirung der Zeichner verbunden gewesen. Mit der Beseitigung dieser Gefahr sei aber auch jeder Grund für die Aufrechterhaltung des Verbotes weggefallen. Dasselbe würde die Solidität der Gesellschaft eher schädigen, als fördern; denn es zwinge die Gesellschaften zur Einforderung des gesammten Kapitals und nöthige sie, die Garantien aufzugeben, welche in der Reserve ausstehender Einzahlungen des Zeichners liege. Man schädige namentlich Unternehmungen, welche auf eine allmähliche Einforderung mit dem Fortgang ihrer Operationen angewiesen seien, und nöthige sie von vornherein, entweder mit einem größeren Kapital zu arbeiten oder dasselbe zweckwidrig anzulegen. Es wäre deshalb gerade wünschenswerth, ähnlich wie bei den Gewerkschaften, Aktien zu schaffen, bei welchen nur eine bestimmte Quote eingezahlt werde und der nicht eingeforderte Ueberrest als eine Garantie der Zeichner fortbestehe. Geheimer Kommerzienrath *Delbrück* billigt diese Ausführungen in allen Punkten und weist darauf hin, daß auch das Verbot der Ausgabe von Interimsscheinen auf den Inhaber, wie es im Entwurf vorgesehen sei, die Agiotage verhindern müsse. Es sei unmöglich, von vornherein schon das ganze Grundkapital angemessen zu bestimmen, und es würde die Gesellschaften schädigen, wenn man ihnen die Aufnahme neuer Gelder in günstigen Zeitverhältnissen verschließen und sie erst im Fall des wirklichen Bedürfnisses unter oft ungünstigen Konjunkturen des Geldmarktes darauf verweisen wolle. Redner rechtfertigte noch auf einen Einwurf des Geheimen Oberregierungsrathes *Dr. Hagens* seine Abweichung von dem Gutachten des Berliner Aeltestenkollegiums mit neuerdings gemachten Erfahrungen.

Professor *Dr. Wagner* war zunächst der Ansicht, daß ebenso wie für die Versicherungsgesellschaften auch für Hypotheken-, Depositen- und andere nicht spekulative Banken eine Ausnahme gemacht werden müßte, indem er insbesondere auf die englischen Bankverhältnisse hinweist. Er macht darauf aufmerksam, daß gerade solche Hypothekenbanken, deren Kapital nicht volleingezahlt seien, die solidesten wären, wogegen ein volleingezahltes Kapital sie zu Spekulationen veranlasse, um die Rente für ihre Aktionäre herauszuschlagen. Redner will aber auch keine Einwendungen erheben, wenn der weitergehende Antrag Russell angenommen wird. Seitens der Sachverständigen *Dr. von Schauss* und *Jacobi* wird zunächst aus ihren Erfahrungen bestätigt, daß eine Ausnahme für die Hypothekenbanken empfehlenswerth sei und von Letzterem namentlich noch angeführt, daß die Streichung des ersten Absatzes wegen der dadurch geförderten Solidität allen Gesellschaften zu Gute kommen werde. Kammergerichtsrath *Keyssner* erachtet das Verbot nach der ganzen Konstruktion des Entwurfes für unnöthig. Geheimer Justizrath, Professor *Dr. Goldschmidt* glaubte zunächst, daß ähnliche Institutionen, wie sie das englische Recht namentlich in den companies limited by guarantee hätte, auch in Deutschland eingeführt werden könnten, glaubt aber, daß sie in das System des Entwurfs nicht paßten. Redner spricht sich schließlich für eine Streichung des ersten Absatzes aus. Hierfür erklärt sich auch Professor *Dr. von Sicherer.* Jedoch nur unter der Voraussetzung, daß die Haftung des Zeichners schärfer, als es im Entwurfe geschehen, gefaßt würde, da sonst die Gefahr der Agiotage nicht gänzlich beseitigt sei. Geheimer Finanzrath *Schmidt* glaubt, daß die Konsequenz der Russellschen Auffassung dahin führen müsse, neben der Volleinzahlung noch eine besondere Garantie der Zeichner bei späteren Verlusten der Gesellschaft aufzustellen, was Seitens des *Antragsstellers* in Abrede gestellt wird.

Für den Entwurf treten die Sachverständigen *Koch* und *Embden* ein. Ersterer bemerkt, daß man in England mit den companies limited by guarantee keineswegs gute Erfahrungen gemacht habe und weist darauf hin, daß sich in der Literatur wie in den kaufmännischen Kreisen allgemein die Stimmung für das im Entwurf enthaltene Verbot geltend gemacht habe. Rechtsanwalt *Dr. Embden* erachtet das Verbot schon wegen der Zulassung der Emission unter Pari für nothwendig, weil durch letztere die in dem hohen Nominalbetrag der Aktie liegende Kautel beseitigt sei. Er macht auch noch darauf aufmerksam, daß bei Garantiegesellschaften der Zusammensturz für das Publikum viel gefährlicher sei.

Die *Abstimmung* ergiebt die Annahme des Russell'schen Antrages auf Streichung des ersten Absatzes mit 6 gegen 4 Stimmen: Professor *Dr. von Sicherer* konstatirt, daß er für diesen Antrag nur unter der Voraussetzung einer Schärfung der Zeichnerhaftung zugestimmt habe.

Im Fortgang der Berathung der Art. 215 a giebt Geheimer Justizrath Professor *Dr. Goldschmidt* zu erwägen, ob es sich nicht empfehlen möchte, die Vorschriften bei der Gründung bezüglich der Einlagen und Zeichnungsscheine auf die Erhöhung des Grundkapitals auszudehnen. Nach einer Vertheidigung des Entwurfs durch den Geheimen Oberregierungsrath *Dr. Hagens* bemerkt der *Vorsitzende,* daß „diese Anregung in Erwägung gezogen werden soll". – Der *Vorsitzende* erklärt den Art. 215 a für erledigt und stellt auf die Tagesordnung der nächsten Sitzung die zurückgestellte Berathung über die zu Art. 213 b gestellten Anträge und über den vom Professor Dr. Goldschmidt neu beantragten Art. 213 e, in deren Besitz sich die Versammlung bereits befindet. – Hierauf wurde die Sitzung geschlossen. Zur Beglaubigung. gez. Dr. Kayser, Regierungsrath.

7. Sitzung. Fortgesetzt, Berlin, den 31. März 1882.

(Anwesend wie in der vorigen Sitzung, mit Ausnahme des Staatssekretärs Dr. von Schelling.)

Der Direktor im Reichs-Justizamt Hanauer eröffnet die Sitzung mit dem Bemerken, daß der Staatssekretär Dr. von Schelling durch anderweitige Amtsgeschäfte an der Führung des Vorsitzes verhindert sei.

Es wurden zunächst Art. 213 b in der neuen Fassung nebst dem Antrag Embden zur Berathung gestellt. Dieselben lauten: *I. Art. 213 b* (in neuer Fassung). Wer vor Ablauf von 2 Jahren seit Eintragung des Gesellschaftsvertrages in das Handelsregister ein öffentliches Angebot von Aktien erläßt, um solche in den Verkehr einzuführen, ist der Gesellschaft für die Richtigkeit und Vollständigkeit der Angaben, welche die Gründer rücksichtlich der Zeichnung und der Einzahlung des Grundkapitals sowie rücksichtlich der in Art. 209 b vorgesehenen Festsetzungen gemacht haben und für eine bösliche Schädigung der Gesellschaft durch Einlagen oder Uebernahmen verantwortlich, sofern ihm bewiesen wird, daß er die Unrichtigkeit oder Unvollständigkeit der Angaben oder die bösliche Schädigung gekannt habe, oder bei sorgfältiger Prüfung, wie solche von einem ordentlichen Geschäftsmanne anzuwenden ist, habe kennen müssen. – *II. Art. 213 b* (Embden). Wer vor, bei oder während zweier Jahre nach Eintragung der Gesellschaft in das Handelsregister mit einem Gründer derselben Verträge schließt, welche die Einführung der Aktien in den Verkehr zu fördern geeignet sind, haftet der Gesellschaft gleich einem Gründer, einerlei, für wessen Rechnung die Einführung der Aktien in den Verkehr und einerlei ob dieselbe durch öffentliches Ausgebot oder in anderer Weise erfolgt.

Geheimer Finanzrath *Schmidt* empfiehlt den Antrag I. zur Annahme, jedoch unter Weglassung der Worte „um solche in den Verkehr einzuführen", weil diese Absicht einerseits schwer festgestellt, andererseits vereitelt werden könnte, wenn verschiedene Emissionen nach einander folgten. Der *Vorsitzende* erachtet jedoch diese Worte für wesentlich, weil sich aus denselben der Zusammenhang von Emission und Gründung ergeben soll. Rechtsanwalt *Dr. Embden* vertheidigt seinen Antrag, ohne seine Fassung als maßgebend bezeichnen zu wollen. In seinem Antrag komme der Zusammenhang von Emission und Gründung zu größerer Klarheit, da er einen Vertrag zwischen Emittenten und Gründern vor der Eintragung, bei der Eintragung oder innerhalb zweier Jahre nach derselben verlange. Andererseits treffe er nicht bloß den Fall des öffentlichen Angebots, sondern jede Art der Einführung. Dagegen erachte er es nicht für angemessen, Emissionen zu treffen, die in keinem Zusammenhang mit der Gründung ständen, wie dies z. B. der Fall sei, wenn Jemand Aktien seines Schuldners zum ersten Male in den Verkehr bringe. Professor *Dr. von Sicherer* glaubt, daß der Antrag II leicht umgangen werden könne, wenn der Emittent nicht mit einem der Gründer, sondern mit einer Zwischenperson den Vertrag abschließe. Der Vorzug dieses Antrages bestehe dagegen darin, daß er das Erforderniß des öffentlichen Angebotes beseitige, er würde es daher empfehlen, wenn Antrag I mit den Worten beginne: „Wer Aktien, Promessen oder Interimsscheine in den Verkehr einführt pp.". Im Uebrigen lassen beide Anträge eine Lücke, auf welche Gegenstände sich die Prüfung des Vorstandes und Aufsichtsraths zu beziehen hätten. Ebenso fehle es an einer Bestimmung über die Haftung der sonstigen im Falle eines Angebots etwa gemachten Versprechungen und Angaben, welche sich nicht auf den Gründungshergang bezögen. Geheimer Ober-Regierungsrath *Dr. Hagens* glaubt, daß eine Präzisirung der Haftung des Vorstandes und Aufsichtsrahts für die Prüfung bei dem Gründungshergang keinen Bedenken unterliegen würde, bemerkt, daß das Wort „Aktien" wie in anderen Bestimmungen des Entwurfs das Aktienrecht, also Promessen und Interimsscheine, umfasse, und wendet sich im Uebrigen gegen den Antrag Embden. Geheimer Finanzrath *Schmidt* glaubt, daß das von ihm angeregte Bedenken sich am besten durch Streichung des Wortes „einführen" und Ersetzung desselben durch das Wort „bringen" beseitigen lasse. Bürgermeister a. D. *Russell* glaubt die Fassungsfrage nicht als seine Aufgabe betrachten zu sollen. Er würde für den Antrag I stimmen, wenn die Schlußworte „oder bei sorgfältiger Prüfung pp." fortgelassen würden. Freilich würde der Antrag alsdann seine Bedeutung verlieren, aber weder dieser noch Antrag II könnten vor Umgehungen schützen. Die Verantwortlichkeit der Emittenten könne überhaupt nur durch ein Börsengesetz begründet werden, welches die Einführung der Aktien zu einem Formalakt mache.

Der *Vorsitzende* konstatirt zunächst, daß in der Versammlung über die Bedeutung der Worte „in den Verkehr einführen" Einverständniß herrsche, daß hierdurch ein gewöhnlicher Verkauf nicht getroffen werde, sondern daß es sich um die wirthschaftliche Verwirklichung der Gründung handele.

Geheimer Justizrath, Professor *Dr. Goldschmidt* billigt es, wenn von den Emissionshäusern eine materielle Prüfung verlangt werde, hält diese aber für undurchführbar, weil sie nur von ihnen vorgenommen werden könne, wenn sie bei der Gründung betheiligt seien, da ihnen sonst die für die Prüfung erforderlichen Materialien fehlten. Die Idee Russells, aus der Einführung einen Formalakt zu schaffen, sei zwar empfehlenswerth, könne aber hier nicht zum Austrag gebracht werden. Trotzdem bedürfe es, um die zu befürchtenden Ausschreitungen zu verhüten, hier einer Bestimmung, da diese der Schlußstein der Gründung sei. Redner stellte folgenden Antrag: „Wer vor Ablauf von 2 Jahren seit Eintragung des Gesellschaftsvertrages in das Handelsregister Aktien in den Verkehr einführt, ist der Gesellschaft pp. ... verantwortlich, sofern ihm bewiesen wird, daß er die Unrichtigkeit oder Unvollständigkeit der Angaben oder die bösliche Schädigung gekannt hat oder ohne sein grobes Verschulden habe kennen müssen."

Zur Erläuterung bemerkt der Antragsteller noch: das Erforderniß des groben Verschuldens werde die Emittenten nicht zu schwer belasten, da es Kopf- oder Gewissenlosigkeit bezeichne, wovon Jeder sich frei halten könne. Was man unter „einführen" zu verstehen habe, darüber würden sich bald feste Usancen bilden und man müsse das Vertrauen haben, daß der Richter den Begriff verständig anwenden werde. Die Sachverständigen *Delbrück* und *Russell* bekämpfen den Antrag Goldschmidt, da er einerseits über die Haftung für dolus hinausgehe und in dem Begriff „einführen" viel zu unbestimmt sei. Durch denselben wäre es möglich, einerseits die eigentliche Emission zu umgehen, andererseits gewöhnliche Verkäufe haftbar zu machen.

Der *Vorsitzende* schließt die Debatte und schreitet zur *Abstimmung*. Der Antrag *Embden* wird mit erheblicher Mehrheit abgelehnt.

Der *Vorsitzende* bemerkt sodann, daß der Antrag Goldschmidt sich als ein doppeltes Amendement zu dem Antrag I darstelle, indem er a) das öffentliche Angebot beseitige, b) an Stelle der Sorgfalt eines ordentlichen Geschäftsmannes – grobes Verschulden setze. – Es wir daher zuerst zu Antrag I das Amendement a) zur Abstimmung gebracht und gegen eine Minderheit von 2 Stimmen angenommen. Für den Antrag I mit dem Amendement b) ergeben sich 5 gegen 5 Stimmen, so daß dasselbe für abgelehnt gilt. Ebenso wird Art. 213 b mit dem Amendement a) abgelehnt (6 Stimmen gegen 4 Stimmen) und endlich auch Art. 213 b mit 7 Stimmen gegen drei Stimmen verworfen. – Hierauf erklärt Bürgermeister a. D. *Russell,* daß er die Verantwortlichkeit der Emissionshäuser in möglichst strenger Form wünsche, daß sich aber dieselbe nur durch Bestimmung der Einführung als eines Formalakts erreichen lasse, bei welchem Seitens der Emittenten ein Bericht niedergelegt werden müßte, wie ihn der Antrag *Delbrück,* bezüglich der Gründer gefordert habe. Geheimer Kommerzienrath

Delbrück schließt sich dieser Erklärung an. – Der *Vorsitzende* konstatirt, daß das Resultat der Abstimmung nur formell ein negatives sei, daß materiell dagegen Einverständniß herrsche, die Emissionshäuser verantwortlich zu machen.

Die Berathung wendet sich zu *Art. 213 e,* wie er S. 88/89 vorgeschlagen ist. Geheimer Justizrath, Professor *Dr. Goldschmidt* begründet den Antrag, indem er zunächst unter Hinweis auf das bestehende Recht den Standpunkt des Entwurfs soweit billigt, als er einen Anspruch der Gesellschaft selbst zulasse. Dagegen sei der einzelne Aktionär schutzlos gelassen, wenn er durch Betrug veranlaßt worden sei, der Gesellschaft beizutreten und zu kreditiren. Solchen Schutz gewähre sogar das gemeine Recht, während partikularrechtlich noch eine Ausdehnung auf grobes Verschulden stattfinde. An das bestehende Recht hätten sich die berühmtesten Prozesse des Handelsrechts geknüpft, aber ausschließlich wäre mit der actio doli nur für den ersten Erwerber als Kontrahenten gesorgt worden, während die späteren Abnehmer wegen des schwer zu erbringenden Nachweises des Kausalzusammenhangs schutzlos geblieben seien. Durch Cession des Schadensanspruchs ließe sich aber nur in den seltensten Fällen helfen. Wenn man etwa einwände, daß die späteren Erwerber keinen Schutz verdienten, weil sie vielleicht den betrüglichen Hergang gekannt hätten, so werde der Charakter der öffentlichen Anpreisung übersehen, denn diese sei das eigentlichen Lockmittel, da sie die ganze Stimmung über das Unternehmen mache. Man könne auch nicht einwenden, daß der Schädiger schon durch den Ersatz an die Gesellschaft seiner Verpflichtung nachkomme, denn die Art des Ersatzes sei in beiden Fällen eine verschiedene. Uebrigens sei es sehr zweifelhaft, ob die Gesellschaft geschädigt werde, namentlich brauche das bei betrügerischen Prospekten, auf Grund deren die Gesellschaft Kredit erhalten habe, nicht der Fall zu sein. Wer aber durch Täuschungen veranlaßt sei, der Gesellschaft beizutreten oder zu kreditiren, der werde durch den Ersatz an die Gesellschaft nicht selbst entschädigt. Sein Recht gehe auf Rescission und dieses müsse er unabhängig von der Gesellschaft geltend machen dürfen. Weitergehende Ansprüche, wie sie etwa nach bürgerlichem Recht begründet seien, wolle der Antrag, der ein Minimalrecht schaffe, nicht berühren. Redner führt aus, daß auch das englische und französische Recht eine solche Klage zuließe und daß das neueste Schweizerische Gesetz über Obligationenrecht in den Art. 671 ff. den Anspruch der Gesellschaft und des Einzelnen kumulire. Dies sei auch von dem Reichs-Oberhandelsgericht in seinem Gutachten vertreten worden und eine Forderung der öffentlichen Moral, welche den Betrogenen dem Betrüger gegenüber nicht wehrlos machen dürfe. In Einzelheiten könne man noch ändern, so indem man „böslicher Weise" durch „grobes Verschulden" ersetze oder den Anspruch an eine kurze Verjährungsfrist knüpfe.

Professor *Dr. von Sicherer* will im Allgemeinen den Antrag unterstützen, da derselbe nicht mehr, als das bestehende Recht, gebe. Abs. 4 sei als salvatorische Klausel besonders nothwendig, da die Motive Seite 225 die bisherigen Rechte aufzuheben scheinen. Im Einzelnen macht Redner zu dem Antrage noch folgende Bemerkungen: *Abs. 1* sei zu billigen, soweit er bei der Successiv- und Simultangründung die Gründer den Zeichnern und späteren Erwerbern gegenüber verantwortlich mache. Ebenso richtig sei es, wenn dadurch die Emittenten haftbar gemacht würden, wodurch Art. 209 d seine Ergänzung erhalte. Bedenklich aber sei, wenn die Projektanten und namentlich die Gesellschaftsorgane und diejenigen, welche den Prüfungsbericht erstatteten, den Gläubigern verantwortlich gemacht würden. Dagegen gehe der Absatz nicht weit genug in dem Erforderniß des Verschuldens, vielmehr müßte in einer Verallgemeinerung des französischen Prinzips über dolus, luxuria und culpa lata hinaus gehaftet werden. *Abs. 2* sei zu eng, da er die Rechte der Zwischenerwerber nicht berücksichtige. Redner stellt daher einen *Antrag auf Streichung dieses Absatzes.* Geheimer Ober-Regierungsrath *Dr. Hagens* bekämpft die Anträge, indem er den Entwurf rechtfertigt und denselben dahin erläutert, daß, soweit es sich um solche Angaben der Gründung handele, welche das Gesetz erfordere, und daher ein Schadensanspruch für die Gesellschaft begründet sei, der Einzelne neben diesem keinen Schadensersatz verlangen dürfe, bezüglich sonstiger Angaben aber das bürgerliche Recht nicht berührt werde. Die positive Regelung des Ersatzanspruchs im zweiten Absatze des Antrages sei ungerecht, da die Höhe des Kurses, zu welchem der Erwerber die Aktie gekauft habe, keineswegs auf die trügerischen Angaben zurückgeführt werden müsse. Endlich sei in dem letzten Absatze unklar, ob auch die Haftung für fahrlässig falsche Angaben aufrechterhalten werden solle. Geheimer Ober-Finanzrath *Koch* tritt ebenfalls für den Entwurf gegen den Antrag Goldschmidt ein, welcher durch die gleiche Betonung des Kausalzusammenhangs dem bestehenden Recht gegenüber keine Erleichterung schaffe. Redner erachtet jedoch nach Fall des Art. 213 b eine Bestimmung über die Haftung des Emittenten dem einzelnen Beschädigten gegenüber für erforderlich und stellt demgemäß folgenden Antrag: „Wer ein öffentliches Angebot von Aktien erläßt, ist den Erwerbern und deren Rechtsnachfolgern bei Unrichtigkeit und Unvollständigkeit der dabei gemachten Angaben zum Schadensersatze verpflichtet, wenn er die Unrichtigkeit und Unvollständigkeit gekannt hat oder unter den obwaltenden Umständen hätte kennen müssen."

Auf eine Bemerkung des Geheimen Ober-Regierungsraths *Dr. Hagens,* welcher an sich gegen die Tendenz dieses Antrags nichts einwenden möchte, erwiderte der *Antragsteller,* daß sein Antrag nur ein Ersatz für den gefallenen Art. 213 b wäre und daß er ihn zurückziehen würde, sobald die Gesellschaft selbst einen Anspruch hätte. Von dem gleichen Gesichtspunkt geht auch Unterstaatssekretär a. D. *Jacobi* aus, der darauf hinweist, daß materiell die Verantwortlichkeit der Emissionshäuser gegen die Gesellschaft die Zustimmung der Kommission gefunden habe. Bürgermeister a. D. *Russell* wendet sich sowohl gegen den Antrag Goldschmidt wie gegen den Antrag Koch. Die Gesellschaft sei durch die Minoritätsrechte gegen eine Beschädigung bei der Gründung wirksam geschützt; sei hierfür Ersatz geleistet oder wirksam auf den letzteren verzichtet, so habe der Schädiger sein Unrecht gesühnt und dürfe nicht noch weiter haftbar gemacht werden. Die Konsequenz des Goldschmidt'schen Antrages könne dahin führen, daß obwohl der Gesellschaft nur ein geringfügiger Schaden entstanden sei, der Schädiger durch den ihm auferlegten Rückerwerb der einzelnen Aktien zu hohen Kursen einen den Gesellschaftsschaden übersteigenden Ersatz leisten müsse. Auch Kochs Antrag sei zu unbestimmt, indem er eine Anzeigepflicht einführe, wie sie im kaufmännischen Leben unerhört sei. Redner behält sich vor, einen Antrag über die Einführung der Aktien in den Verkehr in dem von ihm mehrfach geäußerten Sinne einzubringen und werde eben deswegen gegen die beiden vorliegenden Anträge stimmen.

Auf eine Bemerkung des *Vorsitzenden* und des Geheimen Ober-Regierungsraths *Dr. Hagens* ist der Antragsteller *Koch* damit einverstanden, daß die Abstimmung über seinen Antrag so lange ausgesetzt werde, bis durch die Schaffung einer Verantwortlichkeit der Emissionshäuser gegen die Gesellschaft eine neue Grundlage geschaffen sei. – Bei der *Abstimmung* wird das Amendement Sicherer auf Streichung des Abs. 2 in dem Antrage *Goldschmidt* angenommen, dagegen dieser Antrag selbst mit einer Mehrheit von 7 gegen 3 Stimmen abgelehnt.

Bei der Berathung des *Art. 215 b* findet Rechtsanwalt *Dr. Embden* es als eine unbegründete Neuerung, daß auch für Namensaktien besondere Interimsscheine ausgefertigt werden müssen, was Seitens des Kammergerichtsraths *Keyssner* und des Geheimen Ober-Regierungsraths *Dr. Hagens* aus redaktionellen und praktischen Gründen gerechtfertigt wird. – Weitere Bemerkungen werden nicht gemacht, worauf der Vorsitzende die unveränderte Annahme konstatirt.

Derselbe stellt sodann *Art. 215 c in Verbindung mit Frage 11* zur Diskussion. – *Absatz 1.* Von den Sachverständigen erachtet nur Rechtsanwalt *Dr. Embden* die Abschwächung des Verbots, eigene Aktien zu erwerben, gegenüber den Vorschriften des Handelsgesetzbuchs für bedenklich und würde eine Wiederherstellung derselben für erforderlich halten, da sie im Interesse der Gläubiger gegeben seien und eine bloße Verantwortlichkeit der Organe nicht ausreiche. – Andererseits hält der Unterstaatssekretär a. D. *Jacobi* ein Verbot des Pfandnehmens für ungerechtfertigt, weil dasselbe ganz legitime Verhältnisse schädigen könne; man solle den Erwerb zulassen, aber die sofortige Veräußerung anordnen. Diese Auffassung wird von dem Geheimen Justizrath, Professor *Dr. Goldschmidt,* angegriffen und darauf hingewiesen, daß das Verbot des Pfandnehmens nothwendig sei, wenn dem Erwerbsverbote nicht die Spitze abgebrochen werden solle. Uebereinstimmend wird von den Sachverständigen anerkannt, daß der Kommissionshandel von dem Verbot nicht betroffen werden solle. Seitens der Sachverständigen *Russell* und *Delbrück* wird die Befürchtung ausgesprochen, daß der Wortlaut des Gesetzes auch die Einkaufskommission und das kaufmännische Pfandrecht in sich schließe und eine ausdrückliche Ausnahme im Gesetz selbst verlangt. Bezüglich des Retentionsrechts findet diese Auffassung Widerspruch seitens des Geheimen Ober-Finanzraths *Koch,* da der Artikel nur von Pfandnahmen handele. Im Uebrigen befürwortet sowohl dieser Sachverständige als auch Professor *Dr. Goldschmidt* den Ausschluß des Kommissionshandels von diesem Verbote. Letzerer glaubt, daß dieser Gedanke durch Einfügung der Worte „für eigene Rechnung" ausgedrückt werden könnte.

Professor *Dr. von Sicherer* erachtet es für bedenklich, wenn das Gesetz auch an den Erwerb von Promessen und Interimsscheinen keine civilrechtlichen Folgen knüpfe. Dies sei wegen des Art. 219 Abs. 2 in Verbindung mit Art. 184 ff. höchst bedenklich, da es der Gesellschaft möglich gemacht werde, durch den Erwerb der eigenen Aktien die Haftung der Zeichner illusorisch zu machen. Er beantragt, „den Erwerb eigener Promessen und Interimsscheine für nichtig zu erklären".

Geheimer Justizrath, Professor *Dr. Goldschmidt* befürwortet diesen Antrag. Vor der Novelle von 1870 sei der Erwerb liberirter Aktien zulässig gewesen, während noch nicht liberirte Aktien nicht hätten erworben werden können. Die Novelle habe diesen Unterschied verwischt, die Praxis aber jeden Erwerb für nichtig erklärt. Der Entwurf enthalte nur instruktionelle Vorschriften und berge daher die von dem Antragsteller bezeichnete Gefahr in sich. Er giebt aber anheim, ob nicht der Erwerb im Wege der Exekution von dem Verbot ausgeschlossen werden solle. Bürgermeister a. D. *Russell* kann dem Antrage von Sicherer nur zustimmen, wenn auch in diesem Falle die Einkaufskommission nicht von dem Verbote betroffen werde. Eine Nichtigkeit in diesem Absatze wäre um so härter, als der Käufer von dem Verkäufer nicht gekannt zu werden pflegt. Professor *Dr. von Sicherer* befürchtet durch die Gestattung der Ausnahme eine Umgehung zum Zweck unzulässiger Liberirung. Rechtsanwalt *Dr. Embden* theilt diese Befürchtung nicht, da das Blankoindossament der Gesellschaft gestatte, ihren Erwerb rechtlich nicht hervortreten zu lassen, ihr Regreß gegen die Zeichner also auch im Falle der Weiterveräußerung nicht erlöschen werde. Dagegen werde eine solche Vorschrift Gesellschaften zu Spekulationen verleiten.

Der *Vorsitzende* schließt die Debatte und konstatirt, daß die Frage Nr. 11 von den Sachverständigen mit Ausnahme des Rechtsanwalts Dr. Embden verneint werde. Hierauf wird der Antrag *Russells,* „von dem Verbot der Pfandnahme pp. die Einkaufskommission ausdrücklich zu eximiren", mit großer Mehrheit angenommen. – Zum Antrag *von Sicherer,* „den Erwerb eigener Promessen und Interimsscheine für nichtig zu erklären", erhält zunächst das Amendement: „den Kommissionshandel hiervon auszunehmen und ihn zu gestatten", die Zustimmung einer Mehrheit von 7 Stimmen, worauf mit gleicher Mehrheit der Antrag *Sicherer* mit der gedachten Ausnahme angenommen wird. – Zum Absatz 2 fanden sich keine Erinnerungen. Hierauf wurde die Sitzung geschlossen.

Zu Beglaubigung gez. Dr. Kayser, Regierungsrath.

8. Sitzung. Fortgesetzt, Berlin, den 1. April 1882.

(Anwesend wie in der Sitzung vom 30. März 1882.)

Der *Vorsitzende* eröffnet die Sitzung und stellt die *Art. 216–220, 182–184 b* zur Diskussion, indem er anheim giebt, über das System des Entwurfs in eine Generaldebatte zu treten. An derselben betheiligen sich die Sachverständigen *Embden, Keyssner, Goldschmidt, Jacobi, Sicherer, Russell,* indem einzelne von ihnen noch besondere Anträge stellen und ihnen Geheimer Ober-Regierungsrath *Dr. Hagens* erwidert. Auf Ersuchen des *Vorsitzenden* sollen zunächst diese Anträge gesondert diskutirt und dann zu den Bestimmungen des Entwurfs übergegangen werden.

Rechtsanwalt *Dr. Embden* wünscht eine ausdrückliche Bestimmung, wonach gegen den Anspruch der Gesellschaft auf Zahlung der gezeichneten Summe die Einrede der Kompensation und das Retentionsrecht ausgeschlossen werde. – Es sei diese Frage zweifelhaft, ihre Entscheidung im bejahenden Sinne für die Existenz der Gesellschaft von der größten Bedeutung. Kammergerichtsrath *Keyssner* unterstützt diese Auffassung, indem er formell den nachstehenden Antrag stellt: „Eine Aufrechnung (Kompensation) bezw. Retention Seitens der Kommanditisten (Aktionäre), betreffend den zu leistenden Beitrag, ist ausgeschlossen." – Geheimer Ober-Regierungsrath *Dr. Hagens* bemerkt, daß die Auffassung der Antragsteller in der Tendenz mit dem Entwurf übereinstimme, welcher, indem er für die erste Einzahlung in Art. 210 Abs. 4 eine *baare* Einzahlung verlange, jene Einreden ausschlösse.

Geheimer Justizrath Professor *Dr. Goldschmidt* glaubt, daß das System des Entwurfs, dem er im Allgemeinen zustimmt, noch nach zwei Richtungen einer Ergänzung bedürfe, und er beantragt daher folgende Zusätze: 1. Der Veräußerer der Promesse hat gegen den Erwerber ein Klagerecht dahin, daß dieser in das Aktienbuch eingetragen werde. – 2. Zur Feststellung der Nichterlangung der Zahlung genügt es, wenn der Verpflichtete auf die erfolgte schriftliche Zahlungsaufforderung Seitens der Gesellschaft innerhalb einer bestimmten Frist nicht die Zahlung leistet.

Der Antragsteller begründet seine Anträge folgendermaßen: *Zu 1.* Die Erzwingung der Eintragung des Nachmannes sei nothwendig, um dem Verkäufer nicht bloß den Beginn der Liberirungsfrist, sondern auch den Regreß gegen seinen Käufer zu sichern; denn der nicht eingetragene Aktionär habe es in der Hand, sein Aktienrecht aufzugeben und die Aktie kaduziren zu lassen. Aus den Bestimmungen des Entwurfs selbst lasse sich ein solches Klagerecht nicht konstruiren. Durch dasselbe werde zugleich für das Interesse der Gesellschaft gesorgt, welche dadurch mehrere Verhaftete gewinne. – *Zu 2.* Der Entwurf überlasse die Feststellung, daß die Zahlung nicht zu erlangen sei, dem richterlichen Ermessen. Dies sei aber nicht allein entscheidend, vielmehr gälten in dieser Beziehung im Reiche die verschiedensten Rechtsnormen, welche mit den

Grundsätzen der subsidiären Haft, Vorausklage u. s. w. in Verbindung ständen. Es sei unmöglich, vor der Inanspruchnahme des Vormanns die fruchtlose Zwangsvollstreckung gegen den Nachmann zu verlangen, vielmehr empfehle es sich im Anschluß an eine in Hamburg bestehende Uebung, die fruchtlose Interpellation statt der fruchtlosen Exekution zur Voraussetzung zu machen. – *3.* Regt der Redner an, ob es nicht für den Fall, daß auch der schließliche Verkauf des Aktienrechts an der Börse zu keinem Ergebniß führe, und demgemäß ein starker Ausfall an Grundkapital Statt finde, nothwendig sei, a) in der nächsten Jahresbilanz unter spezieller Angabe zu veröffentlichen, wie viel dieser Ausfall am Grundkapital betrage, b) eine Reduktion des Grundkapitals formell eintreten zu lassen, ohne dabei die sonst für eine solche gegebenen Vorschriften des Gesetzes zu beobachten. Gegenüber diesen Anträgen machten sich im Einzelnen folgende Meinungen geltend.

Zu 1. Geheimer Ober-Regierungsrath *Dr. Hagens* erklärt, daß, wenn auch die Rechtsauffassung des Antragstellers richtig sei, der Vorschlag sich nicht realisiren lasse, weil bei dem Handel an der Börse und dem fast regelmäßigen Dazwischentreten von Kommissionshäusern der eigentliche Käufer und Nachmann dem auftraggebenden Verkäufer unbekannt bleiben werde. Was aber den Beginn der Liberirungsfrist betreffe, so genüge es für denselben, wenn der Verkäufer die Uebertragung zum Aktienbuch angemeldet habe, in der Voraussetzung allerdings, daß bis zur Einforderung des Aktienbetrages die Eintragung des Erwerbers auf dessen Antrag nachgefolgt sei. – Für den Antrag erklärten sich Professor *Dr. von Sicherer* ohne Vorbehalt und Kammergerichtsrath *Keyssner*, der jedoch der Meinung war, daß er eigentlich auch aus dem Entwurf selbst gefolgert werden könne. Gegen den Antrag traten die Sachverständigen *Russell* und *Jacobi* ein, welche übereinstimmend darauf hinwiesen, daß ein Kommissionshandel mit nicht vollgezahlten Aktien unmöglich werde und daß auch das Nominationsrecht des Kommissionärs kein geeignetes Auskunftsmittel biete. Ersterer versichert, daß kein Bankhaus sich dazu verstehen könnte, durch Eintragung eine Reihe subsidiärer Haftungen zu übernehmen und daß sich die letzteren, und zwar nicht zum Vortheil des Verkehrs bei dem fortwährenden Uebergang von einer Hand in die andere häufen würden. Man solle es jedem Verkäufer überlassen, für sich selbst zu sorgen und sich vertraglich die Eintragung auszubedingen, ein öffentliches Interesse zur Einführung eines solchen Klagerechts sei nicht vorhanden. Geheimer Kommerzienrath *Delbrück* schließt sich ausdrücklich diesen Ausführungen an und weist durch ein Beispiel nach, daß sich bei der Ausführung eines solchen Börsengeschäfts mit Promessen die Kontrahenten vollkommen fremd blieben, so daß die Einführung eines Klagerechts zu keinem praktischen Ergebniß führen könne. Geheimer Ober-Finanzrath *Koch* hält es für mißlich, die Kontrahenten lediglich auf Abreden oder die Grundsätze von der Gewährleistung zu verweisen, da beides nicht ausreiche. Er regt an, ob der Antrag Goldschmidt sich nicht erübrige, wenn gesetzlich eine

Frist für die Vollzahlung eingeführt werde. Rechtsanwalt *Dr. Embden* glaubt zwar, daß der Antrag den Kommissionshandel deshalb nicht belästigen werde, weil dem Kommissionär in allen Fällen und sicherlich zufolge zuvoriger Abrede mit seinem Auftraggeber freistehe, statt seiner den eigentlichen Kontrahenten zu nennen und so dessen Eintragung in das Aktienbuch zu bewirken. Er giebt aber überhaupt zu bedenken, ob der Entwurf alle Erwartungen über die Namenspromessen erfüllen werde, da dieselben durch die Zulassung des Blankoindossaments der Wahrheit nach Inhaberpapiere würden. Der *Antragsteller* meint, daß etwaige Schwierigkeiten, welche sich aus dem Eintragungszwang für die Kommissionshäuser ergäben, durch Abreden und bald entstehende Börsenusancen beseitigt werden würden.

Zu 2. bemerkte Geheimer Ober-Regierungsrath *Dr. Hagens*, nachdem sich noch Professor *Dr. von Sicherer* ohne Einschränkung für die Annahme ausgesprochen hatte, daß auch der Entwurf die Nichterlangung der Zahlung keineswegs nach den schleppenden Vorschriften des bürgerlichen Rechts über den Eintritt der subsidiären Haft eines Bürgen feststellen wolle, daß demgemäß der Antrag Goldschmidt eine besondere Erwägung verdiene.

Zu 3. findet Geheimer Ober-Regierungsrath *Dr. Hagens* in dem von dem Antragsteller angeregten Falle keine Besonderheit, welche eine ausdrückliche gesetzliche Regelung beanspruchen könne, da die Sache nicht anders liege, als wenn ein großer Theil der Zeichner zahlungsunfähig geworden sei. Unterstaatssekretär a. D. *Jacobi* glaubt, daß die einschläglichen Fälle nicht so häufig seien, um sie durch das Gesetz näher zu bestimmen. Geheimer Kommerzienrath *Delbrück* bemerkt, daß die Anregung Goldschmidts nach seiner Ansicht sich sehr empfehlen würde.

Der *Vorsitzende* konstatirt, daß zu 3 ein besitmmter Antrag nicht vorliege und eine Abstimmung nicht gewünscht werde, zu 2 der Antrag in Erwägung gezogen werden würde, und bringt den Antrag 1 zur Abstimmung. Dieselbe ergiebt Stimmengleichheit (5 gegen 5), so daß der Antrag als abgelehnt gilt.

Professor *Dr. von Sicherer* bemängelt es, daß der Entwurf die Liberirung des Zeichners in einer verhältnismäßig kurzen Zeit ermögliche. Dies könne zwar der Gesellschaft an sich nicht schädlich sein, da ihre Organe innerhalb der zwei Jahre die Einzahlungen einfordern könnten. Dagegen sei diese Vorschrift für die Gläubiger der Gesellschaft von großem Nachtheil, welche gegen eine Befreiung der ihnen immerhin mittelbar haftenden Zeichner kein Mittel hätten. Prinzipaliter wäre es daher gerechtfertigt, die Haftung der Zeichner überhaupt nicht zeitlich zu begrenzen. Eventl. müßte man Vorkehrungen treffen, daß, wie bei der Genossenschaft die Gläubiger von den haftenden Personen Kenntniß erhalten, auch etwa daß die Ausschreibungen zur weiteren Einzahlung bei dem Handelsregister angemeldet würden. Den Zeichner dürfe man ohne den Willen des Gläubigers ebensowenig befreien, als dies nach § 41 des Preußischen Grunderwerbsgesetzes vom 5. Mai 1872 hinsichtlich des verkaufenden Eigenthümers der Fall sei. Redner bemerkt, daß er demgemäß den Antrag auf Streichung des Abs. 2 in Art. 184 b stelle werde.

Gegen diesen Antrag erwidern die Sachverständigen *Russell* und *Keyssner,* daß kein Bedürfniß vorliege, in der angegebenen Weise für die Gläubiger zu sorgen, daß auch dieselben die Kreditfähigkeit der Gesellschaft keineswegs nach den Listen der Zeichner, sondern nach ganz anderen Verhältnissen, wie sie der Verkehr mit sich bringe, beurtheilten. – In Uebereinstimmung mit dem Antragsteller soll der Antrag erst bei Art. 184 b zur Abstimmung gebracht werden.

Die Berathung wendet sich hierauf zu den einzelnen Artikeln des Entwurfs. – Bei *Art. 216* findet sich keine Erinnerung. – Bei *Art. 217* fragt Bürgermeister a. D. *Russell,* ob die Worte, „was sich nach der jährlichen Bilanz als reiner Gewinn ergiebt", die Vertheilung eines nach einer früheren Jahresbilanz als Gewinn erzielten und zu einem Reservefonds genommenen Betrages ausschließen sollen. Nachdem Geheimer Ober-Regierungsrath *Dr. Hagens* erwidert, daß dies nicht die Absicht des Entwurfs sei, wünscht der genannte Sachverständige, indem er dieser Auffassung zustimmt, daß dieselbe durch das Gesetz oder wenigstens durch die Motive zum Ausdruck gebracht werde. – Professor *Dr. von Sicherer* rügt, daß der Entwurf Kontroversen des bestehenden Rechts bald zur Entscheidung bringe, bald nur in den Motiven erledige. Dieses Verfahren könne zu Zweideutigkeiten Anlaß geben und wäre besser zu vermeiden. So wünscht der Redner, daß auch die in den Motiven besprochene und durch die Entscheidung des Reichs-Oberhandelsgerichts berührte Kontroverse über die Zeit der Bauzinsen im Entwurf erledigt werde.

Bei *Art. 218* wurde keine Bemerkung gemacht. – Bei *Art. 219* wurde zum Abs. 1 Seitens der Sachverständigen *Goldschmidt* und *Jakobi* bemerkt, daß zufolge des Beschlusses bei Art. 215 a Abs. 2 die Worte „durch den von der Generalversammlung festgesetzten Betrag" anderweitig zu fassen seien. Ersterer stellt anheim, dafür „rechtsgültig festgesetzten Betrag" zu sagen. – Bei Abs. 2 gelangen *die Art. 184–184 b* zur Erledigung. – Bei Artikel 184 und 184 a findet sich nichts zu erinnern.

Bei *Art. 184 b* wird der Antrag des Professors *Dr. von Sicherer* auf Streichung des zweiten Absatzes zur Abstimmung gebracht, welche gegen denselben eine Mehrheit von 9 Stimmen ergiebt. Nur der Antragsteller hatte für den Antrag gestimmt. Derselbe nimmt Bezug darauf, daß er nur unter Voraussetzung der Annahme dieses Antrages für die Zulassung einer Neuemission vor erfolgter Vollzahlung des bisherigen Grundkapitals gestimmt habe, so daß bei Ablehnung seines Antrags auch jene Zulassung als abgelehnt zu betrachten sei; der *Vorsitzende* konstatirt diese Folge und somit die Wiederherstellung von Art. 215 a Abs. 1.

Den Vorsitz übernimmt Ministerial-Direktor *Hanauer.* – *Geheimer Ober-Finanzrath Koch* wünscht, daß der Entwurf für Versicherungsgesellschaften die Möglichkeit einer Befreiung des ersten Zeichners ausspreche, weil sonst das

Gegentheil angenommen werden müßte. Die Anregung findet keinen Anklang. – Bürgermeister a. D. *Russell* findet es nicht klar ausgedrückt, ob die über das Aktienrecht neu auszugebende Urkunde den gegenwärtig eingeforderten aber nicht gezahlten oder auch den noch nicht eingeforderten Betrag zu enthalten habe. Nach Bejahung der ersten Alternative durch den Geheimen Ober-Regierungsrath *Dr. Hagens* spricht sich auch Professor *Dr. Goldschmidt* für eine präzisere Fassung aus. – Professor *Dr. Wagner* erachtet es nicht für zweckmäßig, daß der Entwurf in allen Fällen den Verkauf an der Börse verlange, da die Aktien kleinerer Gesellschaften sich an der Börse nicht verkaufen ließen. Auf eine Bemerkung des *Vorsitzenden* erklärt sich der Sachverständige damit einverstanden, wenn daneben überhaupt ein öffentlicher Verkauf zugelassen werde.

Bei *Art. 220* wird die Berathung auf die *Artikel 182, 183* und in Folge einer Anregung des Geheimen Finanzraths *Schmidt* auch auf die *Frage Nr. 2* ausgedehnt.

Bezüglich des *Art. 182* giebt Professor *Dr. von Sicherer* seiner Ueberzeugung Ausdruck, daß vorbehaltlich des Kommissionshandels das Blankoindossament bei Promessen und Interimsscheinen auszuschließen sei – eine Anregung, welche von dem Geheimen Finanzrath *Schmidt* dahin befürwortet wird, daß er an Stelle des Indossaments beglaubigte Cession zu setzen wünscht. Geheimer Ober-Regierungsrath *Dr. Hagens* vertheidigt den Entwurf und bestreitet, daß ein wirthschaftliches Interesse vorliege, die Umlaufsfähigkeit der Promessen pp. zu beschränken. Die Sachverständigen *Russell* und *Goldschmidt* schließen sich dieser Auffassung an und verweisen noch darauf, daß abgesehen von der Art der Uebertragung die Namensaktie immer ihre besondere Bedeutung behalte, indem nur der in das Aktienbuch Eingetragene seine Rechte als Aktionär ausüben könne, und diese Aktie eine größere Sicherheit in der Aufbewahrung gewähre. Auch Rechtsanwalt *Dr. Embden* wünscht keine Einführung der Cession, weil diese nur Kosten verursache, dagegen erachtet er die Unterschiede zwischen der Namensaktie und er Inhaberaktie nach Maßgabe des Entwurfs wie des Handelsgesetzbuchs materiell für gering. Nach seiner Ansicht müsse man den Unterschied nicht in Förmlichkeiten setzen, sondern als das Wesen der Namensaktie es aussprechen, daß dieselben nie ohne Zustimmung der Gesellschaft übertragen werden könnten.

Bezüglich der *Frage 2* befürwortet Geheimer Finanzrath *Schmidt* die Bejahung, weil sich sonst der Strom der Gründung in die Kommanditgesellschaft auf Aktien ergießen werde. Diese Meinung wird von den Sachverständigen *Russell, Goldschmidt* und *Schauss* bekämpft. Dieselben führen übereinstimmend aus, daß das Wesen der Aktienkommandite in der Haftung des persönlich haftbaren Gesellschafters liege und daß dieser Unterschied von der Aktiengesellschaft eine Verschiedenheit in der Uebertragbarkeit der Aktien nicht bedinge. Geheimer Justizrath Professor *Dr. Goldschmidt* bezeichnet es gerade als Vorzug des Entwurfes, daß er, indem er die besondere wirthschaftliche Struktur der Kommanditgesellschaft auf Aktien auch juristisch hervortreten lasse, die bisher bestandenen unmotivirten Unterschiede beseitigt habe. Bankdirektor *Dr. von Schauss* glaubt, daß die Aktienkommandite in ihrer persönlichen Haftung nichts Verlockendes für Gründer habe, vielmehr pflege die Form gewählt zu werden, wenn der Geschäftsherr seine Stellung nicht aufgeben, sondern nur reicheres Kapital für ein altes Unternehmen heranziehen wolle. Man müsse deshalb eine solche Form begünstigen und es sei daher billigenswerth, wenn der Entwurf die beiden Formen genähert und dem bisherigen Recht gegenüber die Aktienkommanditgesellschaft vereinfacht habe. – Direktor *Bosse* und Geheimer Finanzrath *Schmidt,* verzichten auf eine Abstimmung über Frage 2 und da sowohl diese Frage wie die Anregung des *Dr. von Sicherer* seitens der Sachverständigen mit Ausnahme lediglich des Rechtsanwalts Dr. Embden eine Unterstützung nicht gefunden hat, so erachtet der Vorsitzende die Frage 2 und jene Anregung als von der Mehrheit der Versammlung abgelehnt.

Zu *Art. 221* wurde keine Bemerkung gemacht, die Berathung jedoch auf *Art. 190, 191* ausgedehnt.

Bei *Art. 190* beantragte Geheimer Kommerzienrath *Delbrück* die Streichung des 2. Absatzes. Es könne eine Verschiedenheit des Interesse des Aufsichtsraths und der einzelnen Aktionäre nicht zugegeben werden. Deswegen müsse auch der Aufsichtsrath das ganze Vertrauen der Aktionäre besitzen und es sei nicht zu verstehen, wie der Gesetzgeber sich ihm gegenüber mißtrauisch zeigen könne. Redner erörtert hierauf die Stellung, welche der Aufsichtsrath im Entwurf gefunden habe, und tadelt es, wenn der Aufsichtsrath von der Verwaltung zurückgedrängt werde; vielmehr müsse man ihm je nach der Individualität der Gesellschaft freie Hand lassen. Aber auch wenn man den Aufsichtsrath zu bloßer Kontrole herabdrücken wolle, so bedeute *Abs. 2* nichts anderes, als daß der Aufsichtsrath nicht vertrauenswürdig sei und das gelte nicht bloß für die Zukunft, sondern auch für die bestehenden Gesellschaften, welche sich dem Art. 221 (190) unterwerfen müßten. Nach Vertheidigung des Entwurfes durch den Geheimen Ober-Regierungsrath *Dr. Hagens* wird die Streichung des Abs. 2 auch von den Sachverständigen *Russell, Koch, Goldschmidt* und *Jacobi* befürwortet, indem diese besonders anführen, daß die Organe der Gesellschaft am Besten mit den Geschicken derselben vertraut und daher auch am meisten geeignet seien, als Vertreter der Aktionäre in der Generalversammlung zu entscheiden. Eine Erschwerung der Bevollmächtigung würde entweder die Generalversammlung jeder Beschlußfähigkeit berauben oder ihr Leute ohne Sachkenntniß zuführen, deren Abstimmung in der ungehörigsten Weise beeinflußt werden könnte. Weniger weit will Bankdirektor *von Schauss* gehen und nur den Vorstand von einer Bevollmächtigung ausschließen, weil dies allerdings dem Dekorum entspreche. Eine sachliche Mißlichkeit sehe er aber auch hier nicht, die Ausschließung des Aufsichtsraths sei dagegen ungerechtfertigt. Professor *Dr. von Sicherer* giebt zu bedenken, daß der Aufsichtsrath ebenfalls Decharge erhalte und daß daher für eine Gleichstellung mit dem Vorstand dasselbe Dekorum spreche. In Uebereinstimmung mit dem Bürgermeister a. D. *Russell* bemerkt der Redner noch, daß bei Streichung des Abs. 2 der Abs. 4 jedenfalls dahin geändert werden müßte, daß der in dem letzteren erwähnte Kommanditist (Aktionär) auch nicht die ihm als Stellvertreter übertragenen Stimmen in dem vorgesehenen Falle, namentlich bei einer Decharge an ihn selbst, ausüben dürfe.

Bankdirekor *Dr. von Schauss* beantragt ferner, die Streichung des ersten Satzes in Abs. 3, da es bedenklich sei, hier eine Grenze lediglich nach der Anzahl der Vertretenen zu ziehen, während die Höhe des vertretenen Kapitals ganz unbegrenzt sei. Der Antrag wird von den Sachverständigen *Russell, Goldschmidt, Jacobi* und *Koch* befürwortet und von diesen bemerkt, daß sich gesetzlich keine praktischen Vorschriften gegen Häufung des Aktienbesitzes in einzelnen Händen treffen ließen, und daß auch das Verbot des Abs. 3 sehr leicht umgangen werden könnte. Professor *Dr. Wagner* vermag nicht zuzustimmen und hält beide Absätze in dem Entwurf für zweckentsprechend. Es müsse verhindert werden, daß die Generalversammlung hauptsächlich aus den verwaltenden Organen bestehe, und wenn schon jetzt diese Praxis vorhanden sei, so werde dieselbe durch die Streichung gesetzlich sanktionirt. Immer müßte eventl. Abs. 3 Satz 1 aufrecht erhalten werden, weil in demselben ein Schutz des kleinen Kapitals gegen die Uebermacht des großen liege. In den Zeitungen würde durch theure Annoncen um Ueberlassung von Aktien ersucht und dies beweise, um wie wichtige Interessen es sich vorliegenden Falls handle.

Der *Vorsitzende* schließt die Debatte und bringt zunächst zur Abstimmung, „ob auch Mitglieder des Vorstandes zu Bevollmächtigten bestellt werden können“, was mit einer Mehrheit von 6 Stimmen bejaht wird. Mit Einstimmigkeit wird sodann die gleiche Frage bezüglich der Mitglieder des Aufsichtsraths bejaht. – Der Vorsitzende konstatirt die Streichung des 2. Absatzes. – Für die Streichung des ersten Satzes in Abs. 3 ergiebt sich eine Mehrheit von 9 Stimmen. Es wird endlich mit einer Mehrheit von 7 Stimmen beschlossen, daß Absatz 4 dahin zu ändern sei, daß der Kommanditist (Aktionär), welcher durch die Beschlußfassung von einer Verpflichtung befreit oder entlastet oder mit welchem ein Rechtsgeschäft abgeschlossen werden soll, auch nicht mit den ihm zur Vertretung überlassenen Aktien an der Abstimmung Theil nehmen dürfe.

Geheimer Justizrath Professor *Dr. Goldschmidt* kommt auf die Frage der Prioritäten zurück und wünscht, daß zwei Fragen durch das Gesetz geregelt würden, wonach einerseits die Ausgabe von Prioritätsaktien von einem qualifizirten Mehrheitsbeschluß abhängig gemacht werde und andererseits die Prioritätsaktionäre zu einem von den übrigen abgesonderten Corpus konstituirt würden. – Er beantragt demgemäß: 1. Auf den Beschluß, Prioritätsaktien oder Prioritätsobligationen auszugeben, finden dieselben Vorschriften wie bezüglich einer Statutenänderung Anwendung. 2. Die den Prioritätsaktionären zustehenden Rechte können ihnen nicht anders entzogen oder geschmälert werden, als unter Zustimmung der Mehrheit einer gesonderten Generalversammlung dieser Prioritätsaktionäre. Auf die Generalversammlung der letzteren findet Art. 190 Anwendung.

Bürgermeister a. D. *Russell* billigt den ersten Antrag, soweit es sich um Prioritätsaktien handelt, hält ihn aber bezüglich der Prioritätsobligationen für schädlich. Wenn die Gesellschaft einmal Schulden habe, so dürfe man ihr die Kontrahirung neuer Schulden zur Bezahlung der vorhandenen nicht erschweren, sonst zwinge man sie zur Liquidation, die unter solchen Umständen die Aktionäre noch mehr schädige. Dem zweiten Antrage stimmt Redner zu und verspricht sich wenigstens für die Zukunft von demselben eine angemessene Regelung des Verhältnisses der Aktionäre und der Prioritätsaktionäre in den Statuten der einzelnen Gesellschaften.

Wegen vorgerückter Zeit wird eine Vertagung der Debatte beschlossen. – Bürgermeister a. D. Russell überreicht einen Antrag wegen Regelung der Haftung der Emissionshäuser. Derselbe soll vervielfältigt und an die Mitglieder der Versammlung vertheilt werden. Hierauf schließt der Vorsitzende die Sitzung. – Zur Beglaubigung. gez. Dr. Kayser, Regierungsrath.

9. Sitzung. Fortgesetzt, Berlin, den 3. April 1882.

(Anwesend: der Staatssekretär Dr. von Schelling und die Mitglieder des Reichs-Justizamts wie vorher, vom Reichsamt des Innern nur der Geheime Finanzrath Schmidt und die Sachverständigen mit Ausnahme des Geheimen Kommerzienraths Delbrück)

Die Berathung wurde bei *Art. 221* über die in der vorigen Sitzung gestellten Anträge des Geheimen Justizraths, Professor *Dr. Goldschmidt* fortgesetzt und die Diskussion zunächst auf die 2. Frage der Emission von *Stammprioritätsaktien* beschränkt. – Geheimer Ober-Finanzrath *Koch* bekämpft den Antrag, weil er, soweit es sich um statutarische Rechte von Stammprioritätsaktionären handele, bereits in Art. 209 b und 215 seine Erledigung gefunden habe, und weil es nicht zweckmäßig sei, im Gesetz die Gesellschaften auf die Schaffung solcher Aktien geradezu hinzuweisen. Auch Geheimer Ober-Regierungsrath *Dr. Hagens* erklärt es für mißlich, in dem einen Ausdruck „Prioritätsaktien“ die verschiedenartigsten Verhältnisse zusammenzufassen und glaubt, daß der Antrag Goldschmidt, wenn er die Ausgabe von Stammprioritäten lediglich den Beschlüssen über Statutenänderungen unterwerfen wolle, nur eine Frage der Redaktion sei. Auf eine weitere Bemerkung des Kammergerichtsraths *Keyssner* über die Tragweite des Antrags erläutert ihn der *Antragsteller* dahin, daß es der gesetzlich zu qualifizirenden Mehrheit bedürfen solle, wenn in dem Statute der besondere Fall der Ausgabe von Prioritätsaktien eine ausdrückliche Regelung nicht gefunden habe. Nachdem Bürgermeister a. D. *Russell* darauf hingewiesen hatte, daß es zweifelhaft sein könnte, ob die Ausgabe von Stammprioritätsaktien stets unter den Begriff einer Statutenänderung zu subsumiren sei, und aus diesem Grunde sich eine ausdrückliche Bestimmung im Gesetz empfehle, wurde der Antrag *Goldschmidt* bezüglich der Stammprioritäten mit großer Mehrheit angenommen.

Der weitere Antrag, bezüglich der *Stammprioritätsobligationen* wurde vom Antragsteller *zurückgezogen* und im Einverständniß mit der Versammlung von einer Debatte über denselben Abstand genommen. – Der *Vorsitzende* stellte sodann den zweiten Antrag *Goldschmidt* über die Regelung des Rechtsverhältnisses der Prioritätsaktionäre zur Diskussion, indem er im Falle einer Annahme die Stellung der Vorschrift im Entwurf weiterer Erwägung vorbehielt.

Der Antrag wurde von den Geheimräthen *Koch* und *Dr. Hagens* bekämpft. *Ersterer* bemerkt, daß man bei der Vielgestaltung der in Frage kommenden Verhältnisse deren Regelung den Statuten überlassen müsse, und daß es oft sehr streitig sein könnte, wann eine itio in partes Statt zu finden habe. *Letzterer* wies darauf hin, daß, soweit es sich um wirkliche Sonderrechte handele, wie z. B. um eine Verringerung der statutarisch festgestellten Vor- oder Superdividende der Entwurf durch den Antrag abgeschwächt werde, da ersterer es bei dem bestehenden Recht belasse und jedem Einzelnen im Falle der Verletzung ein besonderes Klagerecht gebe. Soweit es sich aber auf die Mitgliedschaftsrechte erstrecke, würde über die Frage, wann eine Beeinträchtigung anzunehmen sei, vielfach gestritten werden, da die Rechte der Prioritätsaktionäre oft mittelbar berührt würden, z. B. wenn es sich um Beschlüsse der Generalversammlung auf Abschreibungen von Aktiven oder auf Zuschreibung zum Reservefonds handle. Die Bildung besonderer Verbände innerhalb der Generalversammlung sei nicht zu begünstigen, liege auch nicht in der Tendenz der bisherigen Gesetzgebung. Zu erwägen sei aber angesichts des Art. 190 Abs. 1 die Frage, ob in den Statuten bestimmt werden könne, daß Klassen von Aktionären, deren Aktien an einem gewissen Gegenstande des Unternehmens keinen Antheil gewähren, in diesen Angelegenheiten kein Stimmrecht haben sollen.

Bürgermeister a. D. *Russell* erachtet es für wünschenswerth, wenn der Gesetzgeber die vom Antragsteller angeregte Frage entscheide. Um jedoch dem geltend gemachten Bedenken zu begegnen, empfehle sich etwa folgende Fassung: „Wenn durch einen Beschluß auf Abänderung des Gesellschaftsvertrages mit Einschluß des Falles einer Erhöhung oder Reduktion des Grundkapitals das Rechtsverhältniß der Prioritätsaktionäre zu den Stammaktionären alterirt werden sollte, so bedarf es der Zustimmung einer besonderen Generalversammlung der Stammprioritätsaktionäre, nachdem vorher die Generalversammlung sämmtlicher Aktionäre mit Einschluß der Prioritätsaktionäre diesen Beschluß angenommen hat." – Redner hebt namentlich hervor, wie nach dem bestehenden Recht, wenn es sich um die statutarischen Rechte der Prioritätsaktionäre handle, es zu einer Aufhebung oder Aenderung der Einstimmigkeit sämmtlicher Prioritätsaktionäre bedürfe und wie dadurch in gewissen Fällen die wirthschaftliche Existenz der Gesellschaft gefährdet werden könne. Besonders wäre es unbillig, wenn bei einer Reduktion der Stammaktien nicht gleichzeitig eine Reduktion der Prioritätsaktien erfolgen könne, weil diese sonst eine ganz unbegründete Erhöhung ihrer Berechtigungen in einzelnen Fällen erlangen würden. Zweifelhaft sei es ferner, ob nach dem bestehenden Recht nicht schon in der Erhöhung des Stammkapitals eine Beeinträchigung der Prioritätsaktionäre liege, also deren einstimmiger Genehmigung bedürfe. Diese Fälle müsse der Gesetzgeber regeln. Geheimer Justizrath Professor *Dr. Goldschmidt* erklärt, daß der von ihm gestellte Antrag nur in dem Sinne der Russell'schen Erklärung aufzufassen sei. Unterstaatssekretär a. D. *Jacobi* befürwortet den Antrag in dieser Beschränkung und bemerkt, daß darunter keineswegs die Ausübung von Mitgliedschaftsrechten insbesondere die bilanzmäßige Feststellung der Dividenden falle, vielmehr hierbei eine itio in partes nicht Statt finden dürfe.

Geheimer Finanzrath *Schmidt* wünscht, den Antrag auf alle Arten von Aktionären, denen besondere Rechte zugesichert seien, auszudehnen, sofern diese durch einen Beschluß der Generalversammlung aufgehoben oder illusorisch gemacht werden sollte. Diese Fassung wird von den vorgedachten beiden Sachverständigen für zu weitgehend erklärt, im Uebrigen aber gegen die Ausdehnung auf alle Arten von sonderberechtigten Aktionären kein Einwand erhoben.

Der *Vorsitzende konstatirt* die Zustimmung der Versammlung zu dem Antrag *Russell-Goldschmidt* mit dem ausdrücklichen Bemerken, daß „die Erhöhung und Reduktion des Grundkapitals von demselben getroffen werden soll."

Bei dem Fortgang der Berathung stellt zu *Art. 190 Abs. 1* Kammergerichtsrath *Keyssner* folgenden Antrag: „Die Ausübung des Stimmrechts erfolgt nach den Aktienbeträgen. Das hiernach jeder Aktie zustehende Stimmrecht kann nicht beschränkt werden, namentlich ist es unzulässig, in dem Gesellschaftsvertrage einen Höchstbetrag festzusetzen, über welchen hinaus ein Kommanditist das Stimmrecht nicht ausüben kann." – Salva redactione – Er will in diesem Antrag nur eine Ausführung der Grundsätze des Entwurfs, wonach *jede* Aktie eine Stimme haben solle, sehen und macht geltend, daß die von dem Entwurf zugelassene Ausnahme eine Umgehung ermögliche. Der Antrag wird nur noch von Rechtsanwalt Dr. Embden vertheidigt, welcher ausführt, daß die Statuten lieber klar die Herrschaft des Großkapitals aussprechen, als den Schein erwecken sollten, als ob ein Uebergewicht desselben nicht vorhanden sei, während sich dieses thatsächlich nicht beseitigen lasse. Von den Geheimräthen *Schmidt* und *Dr. Hagens*, sowie von den Sachverständigen *Russell, Jacobi, Goldschmidt* und *Wagner* wird dagegen der Antrag bekämpft und darauf hingewiesen, daß es ein Unterschied sei, ob das Gesetz das Uebergewicht des Großkapitals sanktionire, oder ob dasselbe nur gegen das Gesetz sich geltend machen könne sowie daß sonst namentlich bei Kommanditgesellschaften und in Fällen, wo ein Aktionär einen unveräußerlichen Antheil an dem Grundkapital habe, von vornherein ein nicht zu beseitigendes Uebergewicht desselben eingeführt werde.

Professor *Dr. von Sicherer* findet auch noch, daß Abs. 1 nicht deutlich genug zum Ausdruck bringe, daß *jeder* Aktionär eine Stimme haben solle und den Fall verhindere, daß bei größerem Aktienbesitz eine Verringerung des Stimmrechts namentlich in einem von vornherein fest bestimmten Verhältniß eintreten könne – ein Fall, der keineswegs ausgeschlossen werden sollte.

Bei der Abstimmung wird der Antrag *Keyssner* mit überwiegender Mehrheit *abgelehnt* und die Anregung *von Sicherer angenommen.* – Geheimer Finanzrath *Schmidt* drückt den Wunsch aus, daß im Gesetz ausgesprochen werde, daß „die Vollmachten stellvertretender Stimmführer zu den Gesellschaftsakten genommen werden." – Dies wird von den Sachverständigen *von Sicherer* und *Koch,* von Letzterem namentlich unter Hinweis auf die Verhältnisse der Reichsbank befürwortet. Da sich ein Einwand nicht erhebt, so konstatirt der *Vorsitzende* die Annahme der von dem Geheimen Finanzrath *Schmidt* gegebenen Anregung. – Auf Anregung des Professors *Dr. von Sicherer* wird konstatirt, daß Abs. 4 des Art. 190 sich auch auf den Fall bezieht, wenn der Komplementar der Kommanditgesellschaft auf Aktien gleichzeitig als Kommanditist stimmberechtigte Aktien besitzt. – Endlich will Professor *Dr. von Sicherer,* ohne einen förmlichen Antrag zu stellen, nur noch die Frage anregen, ob es sich nicht empfehle, eine Bestimmung zu treffen, wonach derjenige Aktionär, welcher sich nicht im Besitze der bürgerlichen Ehrenrechte befindet, von der Ausübung des Stimmrechts in Person auszuschließen sei. – Eine Debatte knüpft sich hieran nicht.

Der *Vorsitzende* erklärt Art. 221 für erledigt.

Bei *Art. 222* hält Professor *Dr. Wagner* es für bedenklich, daß durch Abs. 1 in Verbindung mit dem Abs. 1 des Art. 221 der einzelne Aktionär bei erheblichem Jahresgewinne eine größere Ansammlung des Reservefonds, als statutarisch vorgesehen sei, verhindern könne. Geheimer Ober-Regierungsrath *Dr. Hagens* giebt zu erwägen, daß dies nur dann der Fall sein würde, wenn statutarisch etwa bestimmt sein sollte, daß nicht mehr als eine gewisse Quote oder Summe zum Reservefonds abgeführt werden dürfe und der Rest vertheilt werden müsse. Die Sachverständigen *von Sicherer, Russell* und *Goldschmidt* erachten das Bedenken nicht für durchschlagend, da entweder schon durch die Statuten selbst oder doch durch eine diese abändernden Beschluß gegen den gerügten Mißbrauch Vorsorge getroffen werden könnte.

Geheimer Justizrath Professor *Dr. Goldschmidt* und Geheimer Ober-Finanzrath *Koch* erklären ihre ausdrückliche Zustimmung zu dem System des Entwurfs und heben besonders hervor, daß sie in den Bestimmungen keine Sonder- oder Individualrechte der einzelnen Aktionäre erblickten, sondern Rechte der Gesellschaft, welche nur Namens derselben, wie eine Popularklage, von dem Einzelnen oder von einer gewissen Minderheit ausgeübt würden. Letzterer giebt nur noch zu erwägen, ob nicht gegen chikanöse Prozesse gewisse Vorkehrungen, so besonders durch Sicherheitsleistung zu treffen seien – eine Anregung, welche hier nur vom Unterstaatssekretär a. D. *Jacobi* unterstützt wird, der es überhaupt für bedenklich erachtet, die Anfechtung des Beschlusses der General-Versammlung durch den Einzelnen gesetzlich zu sanktioniren. Dem bestehenden Recht gegenüber sei dies zwar keine Neuerung, aber in der praktischen Ausübung eine Schärfung. Gegenüber einer solchen Vorschrift werde der Vorstand, wenn eine Anfechtungsklage angestellt werde, Bedenken tragen, den Beschluß auszuführen und es könne dadurch die Gesellschaft in sehr erheblicher Weise eine Schädigung erleiden.

Zu den *einzelnen Absätzen* ergab die Berathung folgendes Ergebniß. Zu *Abs. 1* hielt Professor *Dr. Goldschmidt* für erforderlich, hinter das Wort „Klage" noch die Worte „oder Widerklage" zu setzen, nahm jedoch einen schon gestellten Antrag zurück, nachdem Geheimer Oberregierungsrath *Dr. Hagens* denselben mit Hinweis auf C. P. O. § 33 für überflüssig erklärt hatte. – *Abs. 2* gab zu Erinnerungen keine Anlaß. – Bei *Abs. 3* stellte Bürgermeister a. D. *Russell* den Antrag auf Streichung, weil mit einer solchen Veröffentlichung Mißbrauch getrieben werden könnte, was vom Kammergerichtsrath *Keyssner* bestritten wird. Der Sachverständige *Russell* behielt sich vor, bei Art. 241 einen Antrag dahin zu stellen, daß der Vorstand nicht behindert sein sollte, trotz der Klageerhebung den Beschluß auszuführen. – Bei *Abs. 4* wünschte Professor *Dr. von Sicherer* mit Rücksicht auf Art. 238 a Abs. 2, daß auch solche Urtheile zu den Akten des Handelsregisters eingereicht werden sollten, welche sich auch auf andere als zur Eintragung gelangte Generalversammlungsbeschlüsse bezögen, – eine Anregung, welche Geheimer Ober-Regierungsrath *Dr. Hagens* befürwortet. – Der *Vorsitzende* erklärt, daß die Anregung des Professors *Dr. von Sicherer* Berücksichtigung finden werde und bringt den auf Streichung des Abs. 3 gerichteten Antrag zur Abstimmung, welcher abgelehnt wird. Geheimer Finanzrath *Schmidt* giebt noch zur Erwägung, ob es sich nicht empfehle, bei Art. 221 eine Fassung zu wählen, welche bestehenden Gesellschaften eine Regelung des Verhältnisses der Prioritätsaktionäre im Sinne des von der Versammlung gefaßten Beschlusses ermögliche. – Kammergerichtsrath *Keyssner* widerräth diesem Vorschlag Statt zu geben. – Hiernach ist Art. 222 erledigt.

Zur *Art. 223* stellt Kammergerichtsrath *Keyssner* folgenden Antrag: „Die Aktien der vorgedachten Minderheit sind bis zur Beendigung des Rechtsstreits zu hinterlegen. – Auf Antrag kann auf einen nach freiem Ermessen des Gerichts zu bestimmenden Schadensersatz (Buße) erkannt werden." Antragsteller bemerkt auf eine Anfrage des Professors *Dr. von Sicherer*, daß die Buße der Gesellschaft zufallen solle, wie überhaupt sein Antrag bestimmt sei, dem außerordentlichen, der Minderheit gewährten Recht gegen Mißbrauch gewisse Schranken zu setzen und namentlich die Aktionäre der Minderheit während der Dauer des Prozesses an die Geschicke der Gesellschaft zu fesseln. Gegen den Antrag wandte sich zunächst Geheimer Ober-Regierungsrath *Dr. Hagens*, indem er die Quote von ⅕ für eine genügend hohe Kautel bezeichnete, auch bemerklich machte, daß, wenn die Organe der Gesellschaft klagten, sich jedenfalls eine Hinterlegung erübrigen dürfte; der Antrag bezüglich der Buße errege prozessuale Bedenken.

Lediglich zustimmend äußerten sich die Sachverständigen *Jacobi* und *Koch*, welche jedoch wünschten, daß in Konsequenz dieses Antrages und aus den vom Antragsteller erörterten Gründen die Vorschrift der Hinterlegung auf Art. 222 ausgedehnt würde. Im Uebrigen machten sich folgende Anschauungen geltend: Für die Hinterlegung treten die Sachverständigen *Russell* und *Goldschmidt* ein. Ersterer hielt die Vorschrift für unumgänglich geboten, damit nicht dieser Art. zu unlauteren Operationen Anlaß gebe. Es könnten sich sonst Spekulanten, die Aktien für die General-Versammlung leihen und nachdem sie in dieser ihren auf ein Sinken des Kurses berechneten Antrag durchgesetzt hätten, die geliehenen Aktien zurückgeben, ohne sich um den Prozeß weiter zu kümmern. Dies werde namentlich bei Aktien, in denen eine lebhafte Bewegung Statt finde, höchst gefährlich werden. Professor *Dr. Goldschmidt* will das Experiment, wie es in dieser neuen Vorschrift enthalten sei, nicht allzu leicht machen, hält jedoch die Quote und die Vorschrift der Hinterlegung für genügend, um die Buße entbehren zu können. Professor *Dr. von Sicherer* spricht sich gegen die Quote von ⅕ aus, weil dieselbe zu schwer zusammenzubringen sei und daher das hier gewährte Klagerecht illusorisch mache. Bei einer Quote von ⅒ würde er auch die Hinterlegung und die Auferlegung der Prozeßkosten anstatt der Buße für erforderlich halten.

Kammergerichtsrath *Keyssner* modifiziert hiernach seinen Antrag, indem er „die Quote von ⅕ auf ⅒ herabsetzen will und statt des Schadensersatzes bzw. der Buße die Auferlegung der Prozeßkosten substituirt." Gegen diesen Antrag erklärt sich Rechtsanwalt *Dr. Embden*, indem er hervorhebt, daß gegen Formalitäten die Quote des Entwurfes viel mehr als die Erniedrigung derselben trotz der übrigen Kautelen schütze. Geheimer Finanzrath *Schmidt* erklärte diese Auffassung im Widerspruch mit der Tendenz des Entwurfs, welcher das gegebene Klagerecht auch möglich machen wolle. Ebenso hält Professor *Dr. Wagner* die Quote von ⅕ in dem Falle zu hoch, wenn es sich nicht bloß um Spekulationsprozesse handele.

Die *Abstimmung* ergab folgendes Ergebniß: 1. die Herabsetzung der Quote auf ⅒ wurde von der Mehrheit mit 6 gegen 3 Stimmen abgelehnt; 2. die Nothwendigkeit einer Hinterlegung der Aktien wurde mit 6 gegen 3 Stimmen angenommen; 3. die Auferlegung der Prozeßkosten an die im Prozesse unterliegende Minderheit wurde von den Sachverständigen mit einer gleichen Mehrheit angenommen. – Endlich konstatirt der *Vorsitzende*, daß die Ausdehnung der Hinterlegungspflicht im Falle des Art. 222 ebenfalls dem Wunsche der Mehrheit der Sachverständigen entspreche.

Bei *Art. 224* erklärte Kammergerichtsrath *Keyssner* sich mit dem Prinzip des

Entwurfes einverstanden, hielt jedoch die daselbst aufgestellten Kautelen nicht für genügend, um eine mißbräuchliche und die Aktionäre nicht minder wie die Gesellschaft schädigende Ausübung des Rechts der Minderheit zu verhindern. Er stellte folgende Anträge: *I.* In *Absatz 1* in Zeile 4 statt „das Handelsgericht" zu setzen: *„die Civilkammer bzw. die Kammer für Handelssachen." II. Abs. 2.* Vor der Anordnung sind Vorstand und Aufsichtsrath *bzw. die Liquidatoren* zu hören. *Auf Antrag derselben haben die Aktionäre (§ 1) ihre Aktien zu hinterlegen,* auch kann die Anordnung von einer nach freiem Ermessen zu bestimmenden Sicherheitsleistung abhängig gemacht werden. *III. Abs. 3* einzuschalten: *Gegen die Entscheidung findet die sofortige Beschwerde (§ 540 C. P. O) statt. Dieselbe hat keine aufschiebende Wirkung. IV.* Ein Schlußabsatz einzufügen: *„Nach Niederlegung des Berichts hat die Civil-Kammer (Kammer für Handelssachen) nach Anhörung des Vorstandes und des Aufsichtsraths bzw. der Liquidatoren darüber zu entscheiden, ob die Aktien oder die Sicherheitsleistung der Aktionäre (§ 1) zurückzugeben oder wegen eines den letzteren abfallenden Schadensersatzes überhaupt oder theilweise zurückzuhalten sind. – Gegen diese Entscheidung findet die sofortige Beschwerde mit aufschiebender Wirkung statt. – Ueber den Schadensersatz (§ 260 C. P. O.) wird im ordentlichen Verfahren entschieden."* – Salva redactione –.

Geheimer Ober-Regierungsrath *Dr. Hagens* vertheidigt den Entwurf und bemerkt im Einzelnen gegen die Anträge: Zu I., daß Art. 3 des Handelsgesetzbuchs die zu ergänzende Bestimmung bilde; Zu II., daß die obligatorische Hinterlegung sich hier um so mehr erübrige, als das Gericht eine Entscheidung zu treffen habe, diese erst nach Anhörung der Organe der Gesellschaft und nach Glaubhaftmachung des Antrags fälle, und die Befugniß habe, eine Sicherheitsleistung durch Deposition der Aktien anzuordnen; Zu III. und IV. bezüglich der prozessualischen Vorschläge, daß dieselben nicht in den Rahmen des Gesetzes paßten und vielmehr der Landesgesetzgebung nach Maßgabe der Ausführungsgesetze zu den Prozeßgesetzen zu überlassen seien, sowie noch zu IV., daß eine Zurückbehaltung der hinterlegten Aktien in einem besonderen Arrestverfahren zu erledigen wäre.

Kammergerichtsrath *Keyssner* will von einem Hinterlegungszwang in jedem einzelnen Falle absehen und modifizirt deshalb seinen Antrag in folgender Weise: II. Abs. 2 „Vor der Anordnung sind Vorstand und Aufsichtsrath bzw. die Liquidatoren zu hören. – Auf Antrag kann die Civil-Kammer (bzw. Kammer für Handelssachen) die Hinterlegung der Aktien bestimmen, auch kann die Anordnung von einer nach freiem Ermessen zu bestimmenden Sicherheitsleistung abhängig gemacht werden." Für den Entwurf erklärt sich uneingeschränkt Bürgermeister a. D. *Russell.* Von den Anträgen Keyssner befürwortet Professor *Dr. Goldschmidt* die Aufnahme der Liquidatoren und die Substituirung des Landgerichts an Stelle des Handelsgerichts, weil die Wichtigkeit der Entscheidung in allen Fällen eine kollegiale Behandlung erfordere.

Für die Anträge *Keyssner,* abgesehen von den prozessualen Vorschlägen, erklärt sich auch Geheimer Ober-Finanzrath *Koch,* der außerdem eine Ausdehnung der Untersuchung auf den Fall wünscht, daß ein großer Verlust am Kapital eingetreten oder eine Jahresdividende ausgefallen ist. Gegen eine Einwendung des Geheimen Ober-Regierungsrath *Dr. Hagens* bemerkt der letztgedachte *Antragsteller,* daß in den von ihm hervorgehobenen Fällen es nicht immer möglich sei, eine Generalversammlung zusammen zu berufen, daß Art. 240 nur den außergewöhnlichen Verlust von mehr als der Hälfte des Grundkapitals zur Voraussetzung habe und Art. 239 a die Untersuchung von dem Vorhandensein mangelhafter Ansätze in der Bilanz abhängig mache.

Vor der Abstimmung erklärt Rechtsanwalt *Dr. Embden* in Uebereinstimmung mit Geheimem Ober-Regierungsrath *Dr. Hagens,* daß die Antragsteller ihren Antrag nur bis zur Entscheidung durch das Gericht zurückziehen könnten, daß aber, sobald dieses die Untersuchung beschlossen hätte, dieselbe unabhängig von einem weiteren Vorgehen der Antragsteller stattfinden müsse. Der *Vorsitzende* konstatirt, daß die Vorschläge: 1. in Abs. 1 das Handelsgericht durch das Landgericht bzw. Kammer für Handelssachen zu ersetzen; 2. in Abs. 2 auch noch die Liquidatoren einzufügen, seitens der Sachverständigen keinen Widerspruch erfahren habe.

Dagegen wird bei erfolgender Abstimmung *1.* der Antrag *Koch* auf Erweiterung der Untersuchung mit 5 gegen 4 Stimmen, *2.* der Antrag *Keyssner* bezüglich der Hinterlegung mit 6 gegen 3 Stimmen abgelehnt. – Auf eine Abstimmung bezüglich der prozessualen Vorschläge wird von dem Antragsteller, da er nur eine Anregung habe geben wollen, verzichtet. – Endlich wird noch ein Antrag des Geheimen Ober-Finanzraths *Koch,* daß der erstattete Bericht der nächsten Generalversammlung mitgetheilt werden müßte, mit großer Mehrheit angenommen.

Die Berathung wendet sich zu *Art. 225 ff.,* bezüglich deren der Vorsitzende auf geäußerte Wünsche zunächst eine Generaldiskussion über die Stellung des Aufsichtsraths nach dem Entwurf eröffnet. – Seitens der Sachverständigen *Schauss, Keyssner, Russell* und *Goldschmidt* wird entgegen der Vertheidigung des Entwurfs Seitens des Geheimen Regierungsraths *Deegen* es übereinstimmend als bedenklich bezeichnet, daß der Aufsichtsrath von jeder Verwaltungsthätigkeit ausgeschlossen sei und lediglich eine Kontrole ausüben solle. Die Sachverständigen bemerken, daß sich eine wirksame Kontrole, die nicht bloß in Aeußerlichkeiten bestehe, ohne eine Theilnahme an der Verwaltung nicht denken lasse, daß insbesondere die speziellen in Art. 225 a gegebenen Vorschriften bei größeren Unternehmungen sich gar nicht verwirklichen ließen und, soweit sie sich auf eine Untersuchung der Kasse bezögen, von untergeordneter Bedeutung seien. Im Einzelnen bemerkt noch Bankdirektor *Dr. von Schauss,* daß der letzte Absatz des Art. 225 a zu Bedenken Anlaß gebe, sofern er auch die Zuziehung besonderer Sachverständiger Seitens des Aufsichtsraths untersage. Kammergerichtsrath

Keyssner hält es für unmöglich, daß die Vorschriften des Entwurfs auf die bestehenden Gesellschaften ausgedehnt würden, weil bei diesen fast ausnahmslos der Aufsichtsrath auch eine verwaltende Thätigkeit übe. Professor *Dr. Goldschmidt* bemerkt, daß der Oesterreichische Entwurf von 1874, welcher ebenfalls den Aufsichtsrath von jeder Verwaltung ausgeschlossen habe, gerade hieran gescheitert sei, weil die großen Gesellschaften es für eine Unmöglichkeit erklärt hätten, sich diesen Grundsätzen anzupassen. Man könne dem Aufsichtsrath jeden Gestionsakt untersagen, er dürfe auch nicht Beamter der Gesellschaft sein, müsse also mitten in deren Verwaltung stehen.

Bürgermeister a. D. *Russell* findet gerade das Schwergewicht des Aufsichtsraths darin, daß er als Ausschuß der Generalversammlung auf die ganze Geschäftsführung und Gebahrung der Gesellschaft einen bestimmenden Einfluß habe. Der letztere lasse sich nicht spezialisiren, vielmehr würde eine solche Spezialisirung seiner Aufgaben, wie es der Entwurf vorschlage, den Aufsichtsrath von seiner autoritativen Stellung herabdrücken. Man möge seine Verantwortlichkeit vergrößern, es aber bei seiner bisherigen Thätigkeit belassen. Redner tadelt es jedoch, daß der Entwurf von dem Mitgliede des Aufsichtsraths die Sorgfalt eines ordentlichen Geschäftsmannes verlange, da dieses Erforderniß eine Geschäftskunde in dem besonderen Fach bedinge. Eine solche Bedingung würde gerade die besseren Elemente verdrängen; die Sorgfalt des ordentlichen Hausvaters sei genügend.

Wegen vorgerückter Zeit wurde hierauf die Debatte vertagt und die Sitzung geschlossen.

Zur Beglaubigung gez. Dr. Kayser, Regierungsrath.

10. Sitzung. Fortgesetzt. Berlin, den 4. April 1882.

(Anwesend wie in der vorigen Sitzung mit Einschluß des Sachverständigen Delbrück.)

Der *Vorsitzende* eröffnet die Sitzung und stellt die Fortsetzung der Debatte über den Aufsichtsrath anheim.

Kammergerichtsrath *Keyssner* sieht den Schwerpunkt der Neuerungen des Entwurfs in dem Art. 225 b, welcher sich gegen diejenige Entwickelung wende, welche thatsächlich der Aufsichtsrath genommen habe, und wodurch dasjenige, was bisher praeter legem gewesen, nunmehr contra legem werden solle. Die Gesellschaften müßten danach fortan zwei Körperschaften neben dem Vorstande haben, von denen der Verwaltungsrath der wichtigere sein und den Aufsichtsrath zu Revisoren herabdrücken werde. Redner wünscht, daß den Gesellschaften ihre bisherige freie Entwickelung belassen und unter Streichung des Art. 225 b die frühere Bestimmung des Handelsgesetzbuchs wieder hergestellt werde. Rechtsanwalt *Dr. Embden* erwähnt, daß bereits vor der Novelle von 1870 von

Hamburg gegen die Trennung von Verwaltung und Aufsicht Einspruch erhoben sei und glaubt, daß der nach dem Entwurf noch schärfer betonte Ausschluß des Aufsichtsraths von jeder Verwaltung sich im Geschäftsleben nicht durchführen lasse. Es genüge nicht, wenn der Aufsichtsrath ein bloßes Veto habe, er müsse auch in der Lage sein, positiv eingreifen zu können. Der Entwurf lasse zwar den Gesellschaften die Wahl eines Verwaltungsraths frei, allein gerade mit derartigen Verwaltungsräthen habe man in Hamburg sehr üble Erfahrungen gemacht, denn ein solcher drücke den Aufsichtsrath herab und mache dessen Aufsichtsrecht illusorisch, während er selbst eine einflußreiche Thätigkeit ohne eine gesetzlich geregelte Verantwortlichkeit übe. Geheimer Kommerzienrath *Delbrück* hebt die Wichtigkeit der zur Berathung stehenden Artikel nicht bloß für die zukünftigen, sondern auch für die gegenwärtigen Gesellschaften hervor und erörtert eingehend die Bedeutung des Aufsichtsraths, der bei der chronischen Ignoranz der Generalversammlung thatsächlich allein das Interesse der Aktionäre vertrete. Der Entwurf habe jedoch die Stellung des Aufsichtsraths völlig verkannt; die wesentliche Funktion desselben sei, die richtigen Personen in den Vorstand zu wählen und hier jeder Zeit die nothwendigen Aenderungen eintreten zu lassen; er habe zu untersuchen, ob die Gesellschaft richtig finanzirt sei, ob sie Schulden kontrahiren, neue Aktien ausgeben solle u. d. m. Alles dies sei nur möglich, wenn der Aufsichtsrath sorgfältig die ganze Verwaltung beobachte und in eine ganze Reihe von Verwaltungsakten selbstthätig eingreife. Trotzdem aber der Entwurf den Aufsichtsrath von einer solchen Thätigkeit ausschließe, verlange er von ihm eine schwere Haftung und die Sorgfalt eines ordentlichen Geschäftsmannes d. h. eines Sachkundigen in dem Erwerbszweige versirten Mannes. Auch hierin liege eine vollständige Verkennung der Aufgaben des Aufsichtsraths. Denn nicht darauf komme es bei diesem an, daß er technisch den Gegenstand des Unternehmens beurtheilen und prüfen könne, sondern daß er Menschenkenntniß und organisatorische Eigenschaften besitze. Deshalb sei es auch unmöglich, die Pflichten des Aufsichtsraths zu spezialisiren, namentlich in so formeller Weise, wie es in Art. 225 a geschehen. Dadurch würde die materielle und moralische Verantwortlichkeit ganz beseitigt werden. Die Wirkung der Bestimmungen des Entwurfes würde sein, daß die Gesellschaften sich entgegen dem Gesetze organisiren und zu Strohmännern und Scheinakten ihre Zuflucht nähmen.

Unterstaatssekretär a. D. *Jacobi* stellt sich ebenfalls auf den Standpunkt der Vorredner und behauptet, daß weder bei Erlaß des Handelsgesetzbuchs, soweit es eines Aufsichtsraths gedenke, noch bei den Verhandlungen zur Novelle von 1870, eine solche Trennung von Verwaltung und Kontrole vorgeschwebt habe. Diese Scheidung sei lediglich ein Theorem und ein Ergebniß von Erwägungen ex post. Solle ein Verwaltungsrath neben dem Aufsichtsrath eingeschoben werden, so müsse auch die Verantwortlichkeit des ersteren von dem Gesetz fixirt werden, sonst könnte derselbe die schlimmsten Manipulationen treiben und die Verantwortlichkeit der übrigen Organe illusorisch machen. Redner erachtet die Behandlung der Frage noch nicht so vorgeschritten, um gesetzliche Neuerungen zu machen und glaubt, daß die Uebelstände nicht in der Konstruktion und Trennung der verschiedenen Organe gelegen hätten, sondern darin, daß sie nicht immer, wie sie es sollten, thätig gewesen wären. Ueberdies sei es mißlich, die Zahl der Organe in den Gesellschaften zu vermehren. Der Aufsichtsrath des Entwurfs könnte freilich eine wirksame Kontrole nicht üben, weil diese nur in der Verbindung mit der Verwaltung möglich sei. Das Resultat aber würde sein, daß sich künftighin die besseren Elemente aus dem Aufsichtsrath zurückziehen und dieser zu bloßen Rechnungsrevisoren herabsinken würde. Seine Thätigkeit würde eine rein äußerliche sein und die Essentialien der Verwaltung würden jeder Kontrole entbehren. Geheimer Justizrath Professor *Dr. Goldschmidt* weist darauf hin, daß eine Streichung in Art. 225 b und die Spezialvorschriften in Art. 225 a den von den Sachverständigen übereinstimmend gewünschten Erfolg herbeiführen werden. Doch handele es sich einmal darum, die Verantwortlichkeit des Aufsichtsraths schärfer zu gestalten, da eine bloße moralische Verantwortlichkeit nicht genügen könne, und den Fall besonders zu regeln, daß aus dem größeren Verwaltungsrath ein besonderes Aufsichtskomité gewählt würde. Für dieses letztere müsse der übrige Theil des Verwaltungsraths die subsidiäre Haftung, wenn ihm ein Verschulden nachgewiesen würde, übernehmen. Geheimer Ober-Finanzrath *Koch* weist aus den Central- und Bezirksausschüssen bei der Reichsbank nach, wie eine bloß kontrolirende Stellung eines Komités ohne jede Bedeutung sei und wieviel wirksamer sich die Aufsicht bei den gegenwärtig bestehenden Aktiengesellschaften gestaltet habe, sowie daß nur in ganz vereinzelten Fällen die Vermischung von Verwaltung und Aufsicht zum Nachtheil ausgeschlagen sei. Die Trennung sei nur insoweit berechtigt, als Mitglieder des Aufsichtsraths nicht gleichzeitig im Vorstand sitzen dürfen. Redner billigt sodann die Verschärfung der Verantwortlichkeit und erachtet den Maßstab des ordentlichen Geschäftsmannes als einen abstrakten, wie er sich bereits in Art. 343 des Handelsgesetzbuchs vorfinde, für durchaus glücklich gewählt, da derselbe keineswegs eine besondere Sachkunde in den Geschäftszweigen der Gesellschaft verlange. Endlich spricht sich der Sachverständige noch gegen die Spezialisirung des Art. 225 a aus, da einerseits die monatliche Untersuchung der Kasse ohne Bedeutung und die dreimonatlich geplante Prüfung der ganzen Geschäftsthätigkeit meistens unmöglich sei. Geheimer Finanzrath *Schmidt* wünscht, daß bei einer Konstruktion des Aufsichtsraths im Sinne der Sachverständigen angeordnet werde, daß in den Statuten die Funktionen des Vorstandes von denen des Verwaltungsraths streng gesondert werden und daß namentlich die Mitglieder des Vorstandes *berechtigt* sein sollten, an den Sitzungen des Verwaltungsraths Theil zu nehmen. Bürgermeister a. D. *Russell* wendet sich vorzugsweise gegen die von dem Sachverständigen Goldschmidt gewünschte Trennung eines Aufsichtskomités und die von den übrigen Mitgliedern für dasselbe angesonnene Haftung und meint, daß zwar eine Theilung des Aufsichtsraths in einzelne Komités nach den verschiedenen Geschäftszweigen oft zweckdienlich sein könne, daß aber dann auch die Haftung eine gesonderte sein müsse. Endlich glaubt er, daß in einzelnen Fällen dem Aufsichtsrath das Recht nicht verwehrt werden könne, den Vorstand von seinen Berathungen auszuschließen und konstatirt die Gemeinsamkeit der Beschlüsse als Regel.

Der *Vorsitzende* schließt die Generaldiskussion und stellt zur Spezialdebatte zunächst *Art. 225 b.* – Nachdem Geheimer Regierungsrath *Deegen* den Entwurf vertheidigt hatte, beantragt Geheimer Justizrath Professor *Dr. Goldschmidt:* die Worte „oder eines dem letzteren beigeordneten Verwaltungsraths sein" zu streichen, alsdann fortzufahren: „auch nicht die Stellvertretung derselben übernehmen" und endlich hinzuzufügen: „oder als Beamte der Gesellschaft deren Geschäfte führen". – Dieser Antrag wird mit Einstimmigkeit angenommen.

Bei *Art. 225 a* beantragte Geheimer Ober-Finanzrath *Koch,* im ersten Absatz den Satz: „Er muß mindestens einmal pp. bis vornehmen" zu streichen. – Unterstaatssekretär a. D. *Jacobi* stellte dazu den Antrag, an Stelle der gestrichenen Worte hinzuzufügen: „Die sonstigen Befugnisse des Aufsichtsraths sind im Statut zu regeln". – Dieser Antrag wird gegen die Ausführungen des Antragstellers von dem Sachverständigen *Koch* als selbstverständlich bezeichnet. – Der *Vorsitzende* konstatirt, daß der Antrag Koch die allgemeine Billigung der Sachverständigen erfahren habe und bringt den Antrag *Jacobi* zur Abstimmung, welche die Annahme desselben mit einer überwiegenden Mehrheit ergiebt.

Bürgermeister a. D. *Russell* beantragt sodann, die Streichung des Schlußabsatzes, weil derselbe dahin ausgelegt werden könne, daß es verboten sein solle, wenn ein Mitglied des Aufsichtsraths ein anderes bevollmächtige – ein Verbot, welches den Verkehr sehr erschweren würde – oder wenn sich der Aufsichtsrath der thatsächlichen Beihülfe eines Spezialsachverständigen bediene. Geheimer Finanzrath *Schmidt* führt aus, daß das letztgedachte Verbot in den qu. Absatz nicht enthalten sei, daß dieser aber verhindern solle, daß die Ausübung des Aufsichtsrechts durch Instruktionsvollmachten geschehen könne. – An diesen Antrag und an diese Ausführungen knüpfte sich eine lebhafte Debatte, bei welcher Geheimer Rath *Dr. Hagens* für den Entwurf eintritt und dabei auch von dem Unterstaatssekretär a. D. *Jacobi* unterstützt wurde, während die Sachverständigen *Keyssner, Goldschmidt, Embden* und *Sicherer* sowie *Delbrück* den Antrag Russell vertheidigten. – Der *Vorsitzende* konstatirt die Bedeutung des Schlußabsatzes dahin, daß derselbe die rechtliche Substitution, nicht aber die thatsächliche Hinzuziehung einer sachverständigen Hülfe untersage und bringt sodann den Antrag *Russell* zur Abstimmung, für welchen sich die Mehrheit der Sachverständigen mit 6 gegen vier Stimmen ausspricht.

Sodann beantragt Professor *Dr. Goldschmidt,* die Zahl der Aufsichtsrathsmitglieder von 5 auf 3 herabzusetzen. – Unterstaatssekretär a. D. *Jacobi* macht darauf aufmerksam, daß thatsächlich Gesellschaften mit einer geringeren Anzahl als 5 nicht existirten, was Seitens der Sachverständigen *Embden* und *Russell* bestritten wird. Ersterer bemerkt noch, daß die Zahl 3 namentlich dann ausreiche, wenn sich aus dem Verwaltungsrath ein besonderes Aufsichtskomité bilde. Kammergerichtsrath *Keyssner* erachtet die geringere Zahl für wünschenswerth, damit auch schon bei der Gründung der Aufsichtsrath aus den Gründern genommen werden könne. Die Geheimen Räthe *Deegen* und *Hagens* vertheidigten den Entwurf, letzterer besonders unter Hinweis auf die Gründung, bei welcher es von Bedeutung sei, eine größere Anzahl verantwortlicher Personen hinzustellen. – Bei der *Abstimmung* wird der Antrag *Goldschmidt* mit 7 gegen 3 Stimmen angenommen.

Geheimer Kommerzienrath *Delbrück* stellte den Antrag, bei Art. 191 die bisherige Fassung wieder herzustellen, wonach die Mitglieder des Aufsichtsraths aus der Zahl der Aktionäre genommen werden müßten. Der Antrag wird vom Kammergerichtsrath *Keyssner* befürwortet. Rechtsanwalt *Dr. Embden* bekämpft denselben, weil einerseits die Gesellschaften es in der Wahl hätten, statutarisch für den Aufsichtsrath den Besitz von Aktien festzustellen, andererseits namentlich bei Mißständen den Gesellschaften nicht verwehrt werden dürfe, sich die geeignete und unparteiische Persönlichkeit aus Nichtaktionären zu suchen, und weil endlich eine Umgehung einer solchen Vorschrift sehr einfach sei. Professor *Dr. Wagner* bezeichnet es als Konsequenz des Delbrück'schen Antrages, daß dann in den Statuten der Betrag der Aktien, welchen ein Mitglied des Aufsichtsraths zu besitzen habe, bestimmt werden müsse und daß diese Aktien zu hinterlegen seien. – Der Antragsteller nimmt diese Modifikation in seinen Antrag auf, welcher mit derselben zur Abstimmung gebracht, aber mit einer Mehrheit von sechs gegen vier Stimmen abgelehnt wurde.

Zu *Art. 226* stellte Geheimer Kommerzienrath *Delbrück* den Antrag, die Worte: „eines ordentlichen Geschäftsmannes" durch die Worte: „eines ordentlichen Hausvaters" zu ersetzen. – Der Antrag wird von dem Bürgermeister a. D. *Russell* befürwortet, um nicht Mißverständnisse in der Praxis und Rechtsprechung hervorzurufen, und von den Sachverständigen *Koch*, *Goldschmidt* und *Wagner* bekämpft. Der Sachverständige *Koch* bemerkt, daß das Handelsgesetzbuch den Begriff des Hausvaters nicht kenne und daß es sich hier nicht um die Geschäfte des bürgerlichen Lebens, sondern des Geschäftslebens handele. Professor *Dr. Goldschmidt* erachtet beide Ausdrücke für im Ganzen gleichbedeutend, da nur die kaufmännische Technik ausgeschlossen werden solle. Professor *Dr. Wagner* sieht in dem Worte „Geschäftsmann" einen präziseren Ausdruck, durch welchen auf die größere Verantwortlichkeit hingewiesen würde. Dadurch könnte verhütet werden, daß nicht bloß Sinekuren geschaffen und hochtönende Namen, die sich um die Geschäfte nicht kümmerten, zur Anlockung des Publikums herangezogen würden. Auch würde dadurch eine nachtheilige Kumulirung verschiedener Aufsichtsrathsstellen verhindert werden. – Bei der *Abstimmung* wird der Antrag Delbrück mit 6 gegen 4 Stimmen abgelehnt.

Zu Absatz 1 stellt Professor *Dr. Goldschmidt* den Antrag, die Worte hinzuzufügen: „Sie haben die Anwendung dieser Sorgfalt zu beweisen." Und den Abs. 2 zu fassen: „dieselben sind persönlich und solidarisch der Gesellschaft zum Ersatze verpflichtet pp." – Der Antragsteller hält zunächst eine Regelung der Beweisfrage im Gegensatz zu den Motiven für erforderlich und empfiehlt den 2. Antrag als einen präziseren Ausdruck des Entwurfs. – Der *Vorsitzende* acceptirt den 2. Antrag, der erste wird von der Mehrheit angenommen. – Geheimer Ober-Finanzrath *Koch* erklärt er für einen Uebelstand, daß vielfach Ehrenmitglieder zu Aufsichtsräthen ernannt werden, bloß um das Publikum zu täuschen, während sie in Wahrheit mit der Aufsicht nichts zu thun hätten. Er wünscht deshalb folgende Fassung des ersten Absatzes: „Mitglieder des Aufsichtsraths, mögen dieselben als Ehrenmitglieder oder Kuratoren bezeichnet sein, haben die Sorgfalt pp."

Nach einer lebhaften Debatte konstatirt der *Vorsitzende* das Einverständniß der Sachverständigen darüber, daß Personen, welche gleichviel unter welchem Namen, als Mitglieder des Aufsichtsraths bezeichnet würden, auch die volle Verantwortlichkeit übernehmen müßten, und glaubt, daß dieser Gedanke in den Motiven zum Ausdruck gebracht werden könnte, wogegen sich ein Widerspruch nicht ergiebt.

Zu *Abs. 3* stellt Bürgermeister a. D. *Russell* den Antrag auf Streichung, weil durch denselben den Mitgliedern des Aufsichtsraths bzw. in Art. 241 den Mitgliedern des Vorstandes eine zu schwere Verantwortlichkeit aufgebürdet würde, indem sie gleichviel, ob der Beschluß ausgeführt werde oder nicht, immer einen Regreß zu befürchten hätten. – Rechtsanwalt *Dr. Embden* erachtet es für nothwendig, die Ersatzpflicht des Absatz 3 lediglich den Gläubigern gegenüber, nicht aber der Gesellschaft gegenüber beizubehalten. Er beantragt daher: den letzten Absatz voranzustellen, diesem den vorletzten Absatz folgen zu lassen und alsdann die Worte „gegenüber den Gläubigern" beizufügen, sowie die Worte „oder statutenwidrigen" zu streichen. – Bürgermeister a. D. *Russell* erklärt sich mit dieser Aenderung einverstanden und da sich ein Widerspruch nicht erhebt, so konstatirt der *Vorsitzende* die Annahme des Antrags *Embden.* – Art. 226 ist somit erledigt.

Geheimer Justizrath Professor *Dr. Goldschmidt* beantragt mit Rücksicht auf seine Ausführungen in der Generaldebatte die Beifügung eines *Art. 226 a:* „Die gegen die Mitglieder des Aufsichtsraths zustehenden Ansprüche dürfen, sofern von diesen Befriedigung nicht zu erlangen ist, gegen die Mitglieder eines außer dem Aufsichtsrath bestehenden Verwaltungsrathes geltend gemacht werden, sofern denselben der Nachweis geführt wird, daß sie die Sorgfalt eines ordentlichen Geschäftsmannes außer Acht gelassen haben." und stellt anheim, in die letzte Zeile statt des Wortes: „Geschäftsmannes" „Hausvater" zu setzen und den Antrag zunächst mit dieser Modifikation zur Abstimmung zu bringen. Rechtsanwalt *Dr. Embden* empfiehlt den Prinzipalantrag als eine Konsequenz des ganzen Systems. – Der Antrag wird getheilt und zunächst mit der letzten Maßgabe des Antragstellers zur Abstimmung gebracht, welche zu seinen Gunsten eine Mehrheit ergiebt. Mit dieser Modifikation wird sodann der ganze Antrag gegen die Stimme des Unterstaatssekretärs a. D. *Jacobi* angenommen.

Zu *Art. 227.* beantragte Kammergerichtsrath *Keyssner* die Streichung des Satzes, daß der Vorstand aus drei Mitgliedern bestehen solle und die Streichung des dritten Absatzes. – Die Sachverständigen *Delbrück* und *Russell* beantragten Wiederherstellung der bisherigen Vorschriften, indem sie ausführten, daß kein Grund vorhanden sei, die Generalversammlung als wählendes Organ in den Vordergrund zu stellen, da die Wahl sachlich besser dem Aufsichtsrath zukomme und daß Absatz 3 tüchtige Personen von dem Eintritt in den Vorstand zurückschrecken würde. Sie weisen darauf hin, daß es ungerechtfertigt sei, von der Vermuthung auszugehen, als ob die Gründer kein anderes Ziel hätten, als die Gesellschaft zu schädigen und daß die bei der Gründung getroffenen Kautelen genügten. Geheimer Justizrath Professor *Dr. Goldschmidt* bemerkt, daß Abs. 3 jedenfalls einer Ergänzung dahin bedürfen würde, daß die Entschädigungsansprüche nicht nach den Verträgen, sondern nach richterlichem Ermessen zu regeln seien, weil sonst Absatz 4 den Absatz 3 illusorisch machen würde. Geheimer Regierungsrath Deegen vertheidigte den Entwurf. – Bei der Abstimmung wurde die Frage, ob die Generalversammlung als das wählende Organ ausdrücklich bezeichnet werden sollte, mit Mehrheit verneint. – Die Streichung des dritten Absatzes wird mit Mehrheit gebilligt. – Der *Vorsitzende* konstatirt sodann, daß auch die Zahl drei, den Wünschen der Sachverständigen entsprechend, wegzufallen habe.

Zu *Art. 228 bis 231* wurden keine Bemerkungen gemacht.

Zu *Art. 231 a* billigte Professor *Dr. Goldschmidt*, daß der Entwurf davon Abstand genommen habe, eine Bestimmung über Geschäfte des Vorstandes oder Aufsichtsraths mit der Gesellschaft zu treffen, er wünschte jedoch einen Hinweis in den Motiven, daß durch die allgemeinen Vorschriften über das Mandat eine Kollision der verschiedenen Interessen vermieden würde. Außerdem beantragt Redner, daß auch Art. 97 Abs. 2 zu entsprechender Anwendung gebracht werde. Auf einen Einwurf des Geheimen Regierungsraths *Deegen*, daß die in dem Abs. 2 des Art. 97 vorgesehene Kenntniß für den Lauf der Frist schwer festzustellen sei, erwiderte Professor *Dr. von Sicherer*, daß der Beginn an die Kenntniß des Aufsichtsraths oder der Generalversammlung geknüpft werden könne. Professor *Dr. Goldschmidt* formulirt seinen Antrag folgendermaßen: Absatz 3. Das Recht der Gesellschaft, in ein von einem Mitgliede des Vorstandes für eigene Rechnung gemachtes Geschäft einzutreten oder Schadensersatz zu fordern, erlischt nach 6 Monaten von dem Zeitpunkte an gerechnet, in welchem der Aufsichtsrath von dem Abschlusse des Geschäfts Kenntniß erhalten hat.

Bürgermeister a. D. *Russell* stellte den Antrag, dem Art. 231 a noch folgenden Zusatz zu geben: „Durch den Gesellschaftsvertrag oder durch Beschluß der

Generalversammlung kann die Befugniß zur Ertheilung der Genehmigung dem Aufsichtsrath übertragen werden." Der Antragsteller bemerkte, daß es Gesellschaften z. B. Bergwerksaktiengesellschaften giebt, die gemeinschaftlich mit anderen einen technischen Direktor hätten, weil die einzelne Gesellschaft einen alleinigen Direktor nicht bezahlen könne. Ebenso seien häufig Eisenbahn-Direktoren einer Hauptbahn aus dem gleichen Grunde in dem Vorstande der Zweigbahn. Bei einem plötzlichen Tode eines solchen Vorstandsmitgliedes sei es nicht immer möglich, eine Generalversammlung zusammen zu berufen, um von dieser die Genehmigung zu erlangen. Beide Anträge *(Russell* und *Goldschmidt)* erhalten bei der Abstimmung die Billigung der Mehrheit.

Die *Art. 232 und 233* fanden keinen Widerspruch.

Bei *Art. 234* wünschte Geheimer Justizrath Professor *Dr. Goldschmidt* auch noch die Fälle berücksichtigt, wenn die Bestellung von Prokuristen nach den Statuten unzulässig sein soll, und schlug deshalb folgende Fassung vor: „Der Vorstand kann mit Zustimmung des Aufsichtsraths für die Gesellschaft Prokuristen bestellen, sofern nicht durch den Gesellschaftsvertrag pp.". – Geheimer Ober-Finanzrath *Koch* glaubte, den Entwurf dahin zu verstehen, daß er bezüglich der Bestellung von Prokuristen die Wirkung lediglich der Gesellschaft gegenüber regele, daß dagegen Prokuristen, auch wenn sie entgegen diesen Bestimmungen von dem Vorstande bestellt würden, Dritten gegenüber mit Rechtswirksamkeit auftreten könnten. Redner glaubt jedoch, daß der Entwurf diesen Gedanken nicht präzis ausdrücke und beantragt folgenden Zusatz: „Eine Zuwiderhandlung gegen die Vorschrift des Satzes 2 hat auf die Gültigkeit der von den Prokuristen vorgenommenen Rechtshandlungen keinen Einfluß."

An diese Anträge knüpfte sich eine eingehende Debatte, bei welcher Kammergerichtsrath *Keyssner* für den Antrag *Koch* eintritt, Bürgermeister a. D. *Russell* in Uebereinstimmung mit Professor *Dr. Goldschmidt* dagegen wünschten, daß Prokuristen, welche entgegen der Vorschrift des Entwurfs bestellt wären, auch nach Außen nicht rechtswirksam handeln könnten. Gegen eine solche Ausdehnung machte Geheimer Rath *Koch* besonders auf die Schwierigkeiten einer Prüfung der Bestellung im Geschäftsverkehr aufmerksam. – Der *Vorsitzende* konstatirte, daß der Antrag *Koch* nur ein Zusatz zu dem Entwurf sei, während der Antrag *Goldschmidt* demselben derogire, so daß bei einer Annahme des letzteren der erstere als abgelehnt gelte. – Bei der *Abstimmung* wurde der Antrag *Goldschmidt,* für welchen sich nur 4 Stimmen erklärten, abgelehnt, der Antrag *Koch* dagegen mit Mehrheit angenommen. Professor *Dr. von Sicherer,* will noch der Erwägung anheimgeben, ob es sich nicht empfehle, eine Vorschrift zu treffen, wonach eine Zeichnung des Vorstandes nicht noch an die Mitzeichnung eines Prokuristen gebunden werden dürfe. – Eine Debatte knüpfte sich an diese Anregung nicht.

Wegen vorgerückter Zeit wurde hierauf die Sitzung geschlossen.

Zur Beglaubigung gez. Dr. Kayser, Regierungsrath.

11. Sitzung. Fortgesetzt, Berlin, den 5. April 1882.

(Anwesend wie in der vorigen Sitzung.)

Der *Vorsitzende* eröffnet die Sitzung, indem er die *Art. 235 und 236* zur Diskussion stellt, bei denselben wurden Bemerkungen nicht gemacht.

Zu *Art. 237 und 238* wünscht Kammergerichtsrath *Keyssner*, daß diese Vorschriften auch ihre Ausdehnung auf die Aktienkommanditgesellschaften fänden und mit ihnen die Art. 188, 189 in Uebereinstimmung gebracht würden. Auf eine Bemerkung des Geheimen Ober-Regierungsraths *Dr. Hagens* zieht Kammergerichtsrath Keyssner seinen Wunsch zurück.

Bei *Art. 237* beantragt Geheimer Justizrath Professor *Dr. Goldschmidt*, an Stelle des Handelsgerichts das Landgericht zu setzen, weil es sich nicht um eine einfache Frage handele, sondern um eine Entscheidung von Wichtigkeit, welche eine kollegiale Behandlung erfordere. Kammergerichtsrath *Keyssner* befürwortet den Antrag. Die Geheimen Räthe *Deegen* und *Dr. Hagens* vertheidigen den Entwurf, letzterer besonders durch den Hinweis, daß bereits in nicht minder wichtigen Angelegenheiten die Kommission bei den Art. 194, 195, 223 es bei dem Handelsgericht habe bewenden lassen. – Geheimer Ober-Finanzrath *Koch* stellt den Antrag, in den Schlußsatz statt „kann ... ermächtigen" zu setzen: „hat ... zu ermächtigen", damit die Rechte der Minderheit zu ihrer vollen Geltung kämen. Bürgermeister a. d. *Russell* widerspricht diesem Antrag, weil Vorsorge gegen ein chikanöses Verfahren einer faktiösen Minderheit nothwendig sei. – Bei der *Abstimmung* wird der Antrag *Koch* mit Mehrheit abgelehnt, der Antrag *Goldschmidt* 8 gegen 2 Stimmen angenommen.

Bei *Art. 238* stellt Unterstaatssekretär a. D. *Jacobi* anheim, ob es sich nicht empfehlen möchte, Vorkehrungen zu treffen, daß die Berufungsfrist nicht durch statutarische Bestimmungen über die Legitimation der stimmenden Aktionäre mittels Deponirung der Aktien pp. illusorisch gemacht werde. – Bürgermeister a. D. *Russell* beantragt, in Absatz 1 die Frist von 3 Wochen auf 2 Wochen herabzusetzen, wie dies bereits gegenwärtig statutarische Uebung sei. Geheimer Rath *Deegen* vertheidigt den Entwurf und giebt zu erwägen, daß eine Verkürzung dieser Frist auch eine Verkürzung der Frist in Absatz 2 nach sich ziehen müsse. – Der *Vorsitzende* erklärt, daß die Anregung *Jacobi* in Erwägung gezogen werden würde und bringt den Antrag *Russell* zur Abstimmung, für welchen sich eine Mehrheit von 6 Stimmen ergiebt. Der *Vorsitzende* konstatirt, daß hierdurch eine Herabsetzung der Frist in Absatz 2 bedingt sei.

Bei *Art. 238 a* regt Professor *Dr. von Sicherer* die Frage an, ob nicht Vorsorge zu treffen sei, daß bei dem gerichtlichen oder notariellen Protokoll die Aktionäre und die Aktien in einem Verzeichniß aufgeführt würden, weil dies besonders wegen der Art. 222 und 223 von Bedeutung wäre. Geheimer Regierungsrath *Deegen* wünscht, die Legitimation der Aktionäre den Statuten zu überlassen.

Die Sachverständigen *Keyssner* und *Dr. von Schauss* wiesen darauf hin, daß eine solche Vorsorge, wie sie Professor *von Sicherer* wünsche, leicht wegen der einzelnen Notariatsgesetze zu Kollisionen führen könne, da nur in Sachsen besondere Vorschriften wegen der Beurkundung von Beschlüssen der Generalversammlung beständen. Unterstaatssekretär a. D. *Jacobi* macht darauf aufmerksam, daß in den meisten Statuten der Vorstand zur Aufstellung derartiger Verzeichnisse verpflichtet werde, was Professor *Dr. von Sicherer* für ausreichend erachten würde. Hiermit wird der Gegenstand verlassen. Professor *Dr. Goldschmidt* wünscht mit Rücksicht auf diese Bestimmungen, dem Art. 215 Satz 2 folgende Fassung zu geben: „Dieser Beschluß bedarf einer *qualifizirten* Mehrheit, sofern nicht die Abänderung *dieser* Bestimmung des Gesellschaftsvertrags durch denselben (an eine geringere oder an eine größere Mehrheit oder) an anderweitige Erfordernisse geknüpft ist." – Der *Vorsitzende* konstatirt, daß diese Redaktion als Wunsch der Mehrheit zu berücksichtigen sein wird.

Bei *Art. 239* plaidirt Kammergerichtsrath *Keyssner* für Wiederherstellung der bisherigen Bestimmungen, denen nur noch hinzuzufügen wäre: „Die General-Versammlung spricht die Entlastung aus". Redner rügt namentlich die in dem ersten Absatze vorgesehene öffentliche Bekanntmachung einer sogenannten Semestralbilanz. Geheimer Finanzrath *Schmidt* vertheidigt die Vorschriften und regt an, die Debatte zunächst auf die Semestralbilanz und Frage 12 zu beschränken.

Nach einer Vertheidigung des Entwurfs durch den Geheimen Regierungsrath *Deegen* treten folgende Meinungen zu Tage.

Die Vorlegung einer besonderen Semestralbilanz wird von den Sachverständigen *Russell, Jacobi, Delbrück* und *Keyssner* bekämpft, weil dieselbe etwas Trügerisches in sich schließe und für den Aktionär selbst keine Wirkung habe, dagegen die Agiotage in der erheblichsten Weise fördere. Bürgermeister a. D. *Russell* weist bezüglich der Agiotage als Beispiel auf die Oesterreichische Kreditbank hin, deren Aktien gerade bei Veröffentlichungen der Semestralbilanz zu den schlimmsten Spekulationen benutzt würden. Die Veröffentlichung eines Status habe bei Zettelbanken einen finanzpolitischen Werth, bei anderen Gesellschaften aber gar keine Bedeutung, da sie der Rektifikation durch das Inventar ermangele. Die Rohbilanz sei nur ein vorläufiger Abschluß der Konten des Hauptbuchs, aus welcher man über die Geschäftsgebahrung nichts ersehen könne. Nur für die Eingeweihten habe die Rohbilanz einen Werth und für diese sei sie eine Prämie der Spekulation. Redner macht auch darauf aufmerksam, daß gewisse Gesellschaften wie z. B. Hütten- und Bergwerke zu solchen Abschlüssen ganz außer Stande wären und weist noch auf die Strafbestimmungen des Art. 249 b hin, wonach unrichtige Darstellungen der Geschäftslage unter Strafe gestellt seien, während man bei der Rohbilanz oft sehr genau wisse, daß die einzelnen Zahlen und ihre einfache Zusammenstellung den Stand der Verhältnisse der Gesellschaft unwahr darstellen und verschleiern. Unterstaatssekretär

a. D. *Jacobi* bemerkt, daß bei den verschiedenen Gesellschaften die Operationen sich auf die Zeiten des Jahres ungleich vertheilten und daß eine Aufstellung nur werthvoll sei, wenn sie auch das Gewinn- und Verlustkonto umfasse, dieses aber bei einer Rohbilanz fehle. Geheimer Kommerzienrath *Delbrück* behauptet, daß für den bleibenden Aktionär diese Bilanz ohne Vortheil sei, denn über den Geschäftsgang könne man sich nur durch jahrelanges Vergleichen der ordentlichen Bilanzen unterrichten. Ueberdies sorge die Tagespresse dafür, daß alle bedeutenden Ereignisse der einzelnen Gesellschaften, wie z. B. die Betheiligung an einem Fallissement zur Kenntniß der Aktionäre gelangten. Redner giebt zwar zu, daß sich die Aufstellung von Rohbilanzen bei Banken ermöglichen lasse, daß aber dieselbe eine größere Heranziehung von Kräften verlange und daher für die kleineren Gesellschaften mit einem zu großen Kostenaufwand verknüpft sei. Kammergerichtsrath *Keyssner* hebt noch hervor, daß in dem einen halben Jahre gewonnen werden könne, was in dem anderen verloren gehe und daß auch für Versicherungsgesellschaften bei dem Mangel einer genügenden Unfallstatistik jeder Maßstab für die Aufstellung von Rohbilanzen verloren gehe.

Dagegen wird der Entwurf von den Sachverständigen *Wagner* und *Koch* vertheidigt. Ersterer erachtet es für nothwendig, die Veröffentlichungen über die Geschäftslage möglichst zu begünstigen und meint, daß für Banken und Versicherungsgesellschaften eine Semestralbilanz ohne Schwierigkeit herzustellen sei. Eventuell könne es sich fragen, ob nicht, wie bei der Bank von Frankreich, auch für die Rohbilanzen Grundsätze aufzustellen sein würden. Der Mißbrauch, welcher aus den Rohbilanzen entstände, sei auch bei den Jahresbilanzen möglich und namentlich sei zu erwägen, daß doch eine freiwillige Veröffentlichung von Semestralbilanzen nicht untersagt werden könnte. Die Schwierigkeit der Aufstellung sei noch keine Unmöglichkeit, schlimmsten Falls aber könne man die Rohbilanz auf Banken und Versicherungsanstalten namentlich auch im Interesse der Statistik beschränken. Geheimer Ober-Finanzrath *Koch* führt die Gesetzgebungen von Belgien und Frankreich an, welche ebenfalls Semestralbilanzen veröffentlichen lassen und weist auch auf das Beispiel der Reichsbank hin, welche vielfältig zur Prüfung der Kreditfähigkeit während des Jahres von Privaten und Gesellschaften Bilanzen verlange und erhalte. Redner bemerkt noch ausdrücklich, daß das Reichsbankdirektorium und namentlich dessen kaufmännische Mitglieder sich für die große Nützlichkeit der Semestralbilanzen ausgesprochen hätten. Geheimer Finanzrath *Schmidt* stellt noch anheim, ob nicht die Semestralbilanzen nach Maßgabe von Vorschriften zu veröffentlichen seien, welche die Landesregierungen zu erlassen hätten. Alsdann wäre die mit denselben verbundene Gefahr beseitigt.

Bei der *Abstimmung* wird konstatirt, daß der Ausdruck Rohbilanz jedenfalls zu vermeiden sei. – Für die Streichung der Semestralbilanzen ergiebt sich eine Mehrheit von 8 Stimmen, indem nur die Sachverständigen Koch und Wagner dafür stimmten. Die Beschränkung der Semestralbilanz auf Banken wird gegen 4

Stimmen von der Mehrheit abgelehnt. Der *Vorsitzende konstatirt*, daß hiernach auch eine Ablehnung bezüglich der Versicherungsgesellschaften anzunehmen sei.

Zu *Abs. 2 des Art. 239* bestand zunächst eine Meinungsverschiedenheit darüber, ob dieselben Vorlagen, welche dem Aufsichtsrath gemacht würden, an die Generalversammlung nach dem Entwurf gelangen sollten. Seitens der Geheimen Räthe *Deegen* und *Dr. Hagens* wird darauf hingewiesen, daß der Entwurf nur von der Bilanz rede, wie sie das Handelsgesetzbuch in den Art. 29 ff. erwähne. Auch Unterstaatssekretär a. D. *Jacobi* will in dem Entwurf eine Abweichung von der bisherigen Uebung nicht gesehen haben. Seitens der Sachverständigen *Russell, Delbrück, Keyssner* und *Jacobi* wird hervorgehoben, daß weder eine spezialisirte Gewinn- und Verlustrechnung, noch ein Inventar der Generalversammlung vorgelegt werden dürfe, weil sonst einerseits die Interessen der Gesellschaft Jedermann Preis gegeben werden würden, und weil andererseits auch die Interessen und Geheimnisse Dritter davon betroffen würden. Sie machen darauf aufmerksam, daß stets 2 Bilanzen beständen, von denen die eine spezialisirt lediglich für den Aufsichtsrath, die andere aber, ein Auszug derselben, nur für die Generalversammlung bestimmt sei.

Der Vorsitzende konstatirt, daß nach den Wünschen der Mehrheit eine spezialisirte Bilanz, Gewinn- und Verlustrechnung und Inventar nur dem Aufsichtsrath und nicht der Generalversammlung vorgelegt werden solle und glaubt, daß diese Meinung schon durch eine bloße redaktionelle Aenderung des Entwurfs zum Ausdruck gebracht werden könnte. Es beantragte ferner zu diesem Absatz Bürgermeister a. D. *Russell,* an Stelle der dreimonatlichen Frist die sechsmonatliche wiederherzustellen. – Einerseits seien alle Gesellschaften bemüht, möglichst schnell ihre Bilanzen zu machen, andererseits könnten aber Umstände, wie drohende Verluste, eintreten, welche eine Verzögerung erwünscht scheinen ließen. Größere Unternehmungen endlich, wie namentlich Eisenbahnen mit internationalem Verkehr können überhaupt in drei Monaten die Bilanz nicht aufstellen. Geheimer Ober-Finanzrath *Koch* tritt für den Entwurf ein, da sehr viele Gesellschaften die Bilanz verzögert hätten, um das als Dividende zu zahlende Kapital anderweitig zu verwenden oder Zinsen zu sparen. Selbst ein so großes Unternehmen wie die Reichsbank sei in der Lage, ihre Bilanz in drei Monaten zu ziehen. Rechtsanwalt *Dr. Embden* giebt zu, daß gewisse Unternehmungen mit 3 Monaten nicht reichen würden z. B. die Samoa-Gesellschaft und will deshalb diese Frist nur als Regel aufstellen, von welcher die Statuten abweichen und sie auf 6 Monate erstrecken könnten. – Professor *Dr. Wagner* beantragt endlich, um die verschiedenen Interessen zu vereinigen, die Frist auf vier Monate herabzusetzen.

Der *Vorsitzende* schreitet zur *Abstimmung*. – Der Antrag *Russell* wird gegen drei Stimmen, (Antragsteller, Delbrück, Keyssner) von der Mehrheit abgelehnt, ebenso wird der Antrag *Wagner* von der Mehrheit abgelehnt, dagegen der

Antrag *Embden* mit Mehrheit angenommen. – Der *Vorsitzende* erklärt hiernach Art. 239 und die Frage Nr. 13 für erledigt.

Bei *Art. 239 a* erklärt Geheimer Rath *Deegen* auf eine Anfrage des Bürgermeisters a. D. *Russell,* daß zu dem im zweiten Absatz erwähnten dritten Theil der Aktionäre auch die Mitglieder des Aufsichtsraths, welche Aktionäre seien, zu zählen wären. Der letztgedachte Sachverständige erklärt sich gegen eine solche Bestimmung, da es sehr leicht sei, die Ansätze lediglich zu bemängeln; auch bestände die Gefahr, daß diese Bestimmungen von der sog. Revolverpresse gegen die Aktionäre ausgebeutet würden. Die Sachverständigen *Jacobi, Delbrück* und *Goldschmidt* wünschen die Antragsberechtigung lieber von einer Quote des Aktienkapitals, etwa von 1/20 abhängig zu machen. Letztgedachter *Vorschlag* wird von dem *Vorsitzenden* als Wunsch der Mehrheit *konstatirt.* – Kammergerichtsrath *Keyssner* erachtet es für selbstverständlich, daß auch der in diesem Artikel erwähnte Bericht in der nächsten Generalversammlung zur Kenntniß der Aktionäre gebracht werde. Der *Vorsitzende* konstatirt dies.

Zu *Art. 239 b* rügt Professor *Dr. Wagner* es als einen Uebelstand, daß aus den veröffentlichten Bilanzen nur eine sehr geringe Information zu schöpfen sei. Er wünscht, daß die Ausweise der Aktiva und Passiva, des Gewinnes und Verlustes genauer spezialisirt würden und daß zu diesem Behufe, wie es der italienische Entwurf gethan, Seitens der Reichsregierung Schemata aufgestellt würden. Er beantragt: hinter dem Wort „Vorstände“ einzufügen: „nach Formularen, welche der Reichskanzler feststellt.“ – Geheimer Finanzrath *Schmidt* bemerkt, daß auch schon die Eisenbahnverwaltungen sich über ein gemeinsames Formular für die Bilanzen verständigt hätten, glaubt aber, daß der Reichskanzler nicht verpflichtet, sondern nur berechtigt werden sollte, solche Formulare aufzustellen und daß, wenn dies geschehen, die Gesellschaften genöthigt werden müßten, sich derselben zu bedienen. Geheimer Justizrath Professor *Dr. Goldschmidt* erachtet es ebenfalls für wünschenswerth und möglich, daß für einzelne Kategorien z. B. für Banken dergleichen Formulare aufgestellt würden. Hiernach modifizirt Professor *Dr. Wagner* seinen Antrag dahin, hinter dem Worte „Vorstand“ einzufügen: „und zwar bei denjenigen Gesellschaften, bezüglich deren der Reichskanzler es für zweckmäßig erachtet, nach amtlich von ihm festzustellenden Formularen“.

Für den Antrag erklärt sich noch Professor *Dr. von Sicherer.* Die Sachverständigen *Keyssner* und *Koch* sind dem Antrage zwar sympathisch, erachten ihn aber nicht für durchführbar. *Ersterer* weist darauf hin, daß während der Staatsgenehmigung die Regierung auch dafür gesorgt habe, daß die Statuten-Vorschriften über die Aufstellung der Bilanz getroffen hätten, gegenwärtig sei jedoch eine solche Spezialisirung unmöglich. Geheimer Ober-Finanzrath *Koch* führt das Bankgesetz an, wonach die Zettelbanken sich einem vom Bundesrath festzustellenden Bilanzformulare zu unterwerfen hätten, meint aber, daß andere Gesellschaften in dieser schematischen Weise nicht behandelt werden könnten. – Die

Sachverständigen *Russell* und *Delbrück* bekämpften den Antrag, weil derselbe sich den individuellen Gesellschaften nicht anpassen lasse, und weil, wenn diese ihre Geschäftsgebahrung in ein so allgemeines Formular einzwängen müßten, nur ein falsches und deshalb täuschendes Bild entstehen würde. Auch stehe Bilanz- und Buchführung in engem Zusammenhang, so daß dann auch Formulare für die letzten vorgeschrieben werden müßten.

Bei der *Abstimmung* wird der Antrag *Wagner* gegen die Stimmen von Goldschmidt, von Sicherer und Wagner Seitens der Mehrheit abgelehnt.

Die Berathung wendet sich zu *Art. 239c* in Verbindung mit *Art. 185a, 185b.* – Zunächst wird *Art. 239c* zur Debatte gestellt. – Geheimer Justizrath, Professor *Dr. Goldschmidt* wünscht in dem Entwurf zum Ausdruck gebracht zu sehen, daß auch ein angegriffener Reservefonds wieder auf gesetzliche Höhe gebracht werde – ein Vorschlag, dem sich die Sachverständigen *Jacobi* und *von Sicherer* anschließen.

Kammergerichtsrath *Keyssner* giebt zu erwägen, daß wenn der Reservefonds, wie ihn der Entwurf aufstelle, außerhalb des Geschäftsbetriebes stehen soll, dann auch Vorschriften über die Anlegung desselben gegeben werden müßten. Namentlich müßte solchen Falls der Erneuerungsfonds unter allen Umständen getrennt verwaltet werden und ihm auch die Zinsen zufließen. – Gegen diese Anregung vertheidigen Geheimer Regierungsrath *Deegen* und die Sachverständigen *von Sicherer* und *Embden* den Standpunkt des Entwurfs. Letzterer weist namentlich darauf hin, daß der Erneuerungsfonds je nach der Art des Geschäfts anzulegen sei. Er giebt sodann anheim, statt der Worte „Reservefonds zuzuführen" – „in Reserve zu stellen" – zu setzen, weil man sonst zu der Ansicht gelangen könnte, als ob es sich um einen getrennt zu verwaltenden und besonders zu belegenden Geldfonds handele.

Sodann knüpfte sich an die Worte „zur Deckung von Verlusten" eine lebhafte Debatte, indem zunächst über die Bedeutung derselben gestritten wurde. Dieselbe wurde von den Geheimen Räthen *Deegen, Schmidt* und *Dr. Hagens* dahin festgestellt, daß es sich hier lediglich um einen Grundkapitalsgarantiefonds handle und daß dieser gesetzlich vorgeschriebene Reservefonds, neben welchem nach freier Bestimmung der Statuten oder der Gesellschaftsorgane noch andere Reservefonds bestellt werden könnten, nur zur Deckung von Verlusten am Grundkapital bestimmt sein soll.

Gegen einen so ausschließlichen Zweck des Reservefonds erklärten sich die Sachverständigen *Russell, Delbrück, Jacobi, Koch, Goldschmidt* und *Keyssner,* welche im Hinblick auf die bestehende Praxis und mit Rücksicht auf die Prosperität des Unternehmens den Reservefonds auch zur Deckung außerordentlicher Verluste verwendet wissen wollen. Die Sachverständigen waren der Meinung, daß es keineswegs ein Dividendenfonds sein solle, daß es aber wirthschaftlicher sei, denselben bei außerordentlichen Verlustfällen anzugreifen, als auf Jahre hinaus jede Vertheilung des Gewinns unmöglich zu machen.

Letzteren Falls würde ein Schwanken in der Dividende und im Kurse eintreten. Geheimer Ober-Finanzrath *Koch* erwähnt besonders, daß die Reichsbank ebenfalls den Reservefonds für die Deckung von Verlusten nicht bloß am Grundkapital bestimmt habe, und Unterstaatssekretär a. D. *Jacobi* bemerkt, daß auch während der bestehenden Staatsaufsicht niemals ein Reservefonds ausschließlich zur Deckung des Ausfalls am Grundkapital erfordert worden sei.

Der *Vorsitzende* konstatirt, daß die von dem Rechtsanwalt *Dr. Embden* in Anregung gebrachte präzisere Fassung bei der Redaktion in Erwägung genommen werden würde. Dasselbe gilt von einer Anregung des Geheimen Rath Professor *Dr. Goldschmidt,* daß ausgedrückt werden möge, daß der Reservefonds, auch wenn er den 10ten Theil des Grundkapitals erreicht habe, im Falle einer Verringerung wieder ergänzt werden müsse. Sodann wird von dem Vorsitzenden bemerkt, daß der Werth der Vorschrift über den Reservefonds erheblich herabgedrückt werde, wenn dessen Verwendung lediglich in das Ermessen der Gesellschaft gelegt würde, er konstatirt aber als Meinung der Mehrheit, daß derselbe nicht bloß zur Deckung von Verlusten am Grundkapital, sondern auch zur Deckung von außerordentlichen Verlusten überhaupt verwendet werden solle. Unterstaatssekretär a. D. *Jacobi* versteht den Entwurf dahin, daß wenn bei doppelter Emission von unter und über Pari sich nach dem Ausgleich des Verlustes noch ein Ueberschuß ergeben würde, dieser dem Reservefonds zuzuführen sei.

Professor *Dr. von Sicherer* konstatirt seine Auffassung des Entwurfs dahin, daß sobald durch einen Emissionsgewinn der Reservefonds 10 % erreicht habe, es einer weiteren Ansammlung aus dem Reingewinn nicht bedürfe, daß dagegen jeder Ueberschuß einer Ueberpariemission ohne Rücksicht auf die Höhe des Reservefonds zu diesem abgeführt werden solle. – Beide Auffassungen werden von dem *Vorsitzenden* bestätigt. Hierauf wurde die Sitzung geschlossen.

Zur Beglaubigung gez. Dr. Kayser, Regierungsrath.

12. Sitzung. Fortgesetzt, Berlin, den 6. April 1882.

(Anwesend wie in der vorigen Sitzung.)

Zu *Art. 239 c* wünscht Bürgermeister a. D. *Russell,* da es zweifelhaft sei, ob das Wort „mindestens“ sich auch auf den zehnten Theil des Grundkapitals beziehe, zum Ausdruck gebracht zu sehen, daß im Gesellschaftsvertrag eine höhere Quote vorgesehen werden könne, also etwa zu sagen: „sofern nicht der Gesellschaftsvertrag eine höhere Quote bestimmt.“ – Der *Vorsitzende* bemerkt, daß diese Anregung bei der Fassung in Erwägung gezogen werden soll.

Bei *Art. 185 a* werden zunächst Bedenken gegen die Spezialisirung der Vorschriften von den Sachverständigen *Russell* und *Delbrück* geltend gemacht und gewünscht, daß wie von den Privatkaufleuten auch von den Aktiengesellschaften bei der Bilanzirung nur die Sorgfalt eines ordentlichen Kaufmannes verlangt werde, denn die Bilanzirung sei eine Kunst, die auf einer genauen Geschäftskenntniß und Einsicht in die besonderen Verhältnisse beruhe und nicht von Formularen oder Spezialvorschriften allgemeiner Art abhängig gemacht werden dürfe. Dagegen wird vom Geheimen Ober-Finanzrath *Koch* bemerkt, daß man mit einer bloßen Vorschrift der Anwendung der Sorgfalt eines ordentlichen Kaufmannes nicht auskomme, denn gerade auf dem hier vorliegenden Gebiete sei von den Gesellschaften durch Vertheilung fiktiver Dividenden viel gesündigt worden und dem müsse ein Riegel vorgeschoben werden. Professor *Dr. Wagner* will in der Spezialisirung noch weiter gehen, als es der Entwurf gethan, weil er dieselbe für die Solidität der Gesellschaften und im Interesse der Aktionäre für erforderlich erachte. Es gelte dies namentlich von den veröffentlichten Bilanzen, welche gar keinen Einblick in die Geschäftslage gewährten. Redner beantragt daher, an die Spitze den allgemeinen Satz zu stellen: die Posten der Aktiven und Passiven müssen in der Bilanz auch bei den Veröffentlichungen genau nach den einzelnen Gattungen aufgeführt sein.

Unterstaatssekretär a. D. *Jacobi* erachtet es nach seinen in der Zeit der Staatsaufsicht gemachten Erfahrungen nicht für möglich, für alle Gesellschaften gleich spezielle Vorschriften aufzustellen, wie dies nicht einmal unter jenem System gleichmäßig für Bergwerksgesellschaften gelungen sei. Es müsse hier der Spezialgesetzgebung überlassen werden, für die einzelnen Arten besondere Vorschriften zu erlassen. Rechtsanwalt *Dr. Embden* will keinesfalls über das System des Entwurfs hinausgehen; prinzipaliter würde er gegen jede Spezialisirung sein, weil dieselbe doch nichts anderes als Anwendungsfälle der allgemeinen Sorgfalt enthalte, aber die Brücke zu allerlei Umgehungen bieten könne. Da jedoch einmal die Novelle von 1870 eine Spezialisirung vorgeschrieben habe, so möge man insoweit dieselbe beibehalten. Seitens der Geheimen Räthe *Deegen* und *Schmidt* wird der Entwurf vertheidigt, von letzterem besonders unter Hinweis darauf, daß über die Bilanzirung bei Aktiengesellschaften zwischen den Kaufleuten, wie unter den Gerichten eine Reihe von Kontroversen beständen und daß die Vorschriften des Entwurfs und der Novelle von 1870 gerade zu einer Entscheidung derselben erforderlich seien.

Seitens des Kammergerichtsraths *Keyssner* und des Geheimen Justizraths Professor *Dr. Goldschmidt* wird es vermißt, daß der Entwurf nicht noch außerdem ausdrücklich die Vorschrift ausspreche, daß die Bilanz mit der Sorgfalt eines ordentlichen Kaufmannes gemacht werden müsse. Sie erachten einen solchen Zusatz für unbedingt nothwendig und beantragen, die Vorschrift an die Spitze des Artikels zu stellen: „Die Aufstellung der Bilanz hat mit der Sorgfalt eines ordentlichen Kaufmannes stattzufinden." – Geheimer Justizrath Professor *Dr. Goldschmidt* wünscht sodann, daß die diesem Satze nachfolgenden Spezialisirungen nur als Regel maßgebend sein sollten, von denen die einzelnen Gesellschaften, je nach ihren individuellen Verhältnissen, aber nur soweit es mir der Sorgfalt eines ordentlichen Kaufmannes vereinbar sei, sich sollten entfernen dürfen. Redner beantragt, diesem Gedanken in dem Gesetze Ausdruck zu geben.

Bezüglich der einzelnen Ziffern des Artikels war das Ergebniß der Berathung folgendes:

Zu Ziff. 1: Die Sachverständigen *Keyssner, Russell, Delbrück, Koch, Goldschmidt,* erachten die Festsetzung eines Durchschnittskurses für sehr bedenklich, weil man einerseits die Gesellschaften zwingen würde, unter Umständen einen Verlust in die Bilanz einzustellen, während thatsächlich ein Gewinn vorhanden sei, ferner weil man die Gesellschaften verhindern würde, die auch im Waarenhandel sehr schwankenden Konjunkturen gehörig zu benutzen und weil es besonders bei Waaren schwierig sein würde, den Durchschnittspreis zu bestimmen. Bürgermeister a. D. *Russell* beantragt die Worte: „jedoch nicht höher – angesetzt werden" zu streichen. – Der Entwurf wird von dem Geheimen Regierungsrath *Deegen* und Professor *Dr. Wagner* vertheidigt. Letzterer hält eine Beschränkung als ein Schutzmittel gegen Spekulationen und Kursschwankungen für nothwendig, da notorisch die Kurse zum Bilanztage, dem 31. Dezember, künstlich in die Höhe geschraubt würden. Redner wünscht aber hier die Spezialisirung noch mehr hervorgehoben und beantragt: in Ziff. 1. einzufügen: „Werthpapiere und Waaren müssen in einzelnen Kategorien mit Angabe des Ankaufs-, Nenn- und Kurswerthes aufgeführt werden." – Auf eine Bemerkung des Geheimen Ober-Finanzraths *Koch* konstatirt Geheimer Ober-Regierungsrath *Dr. Hagens,* daß die Maximalvorschrift des Entwurfs nicht ausschließe, Werthe, welche nach dem Tage der Bilanzaufstellung gesunken seien, zu ihrem niedrigeren Kurse in die Bilanz einzusetzen, wenn dies bei Anwendung kaufmännischer Sorgfalt geboten erscheine.

Zu Ziff. 2: beantragt Kammergerichtsrath *Keyssner* die Streichung, weil diese Vorschrift zu Mißständen Anlaß geben und den bestehenden Gesellschaften die Möglichkeit darbieten würde, den ursprünglichen Illationswerth wieder einzusetzen. Rechtsanwalt *Dr. Embden* macht darauf aufmerksam, daß die Bestimmung in Ziffer 2 dahin führen würde, Terrainspekulationsgesellschaften für die Zukunft unmöglich zu machen, weil sie verhindert werden müßten, auf die zum Zwecke der Spekulation erworbenen Grundstücke die Zinsen zuzuschlagen. Redner weist noch darauf hin, daß für solche Gesellschaften nicht die Berliner Erfahrungen allein maßgebend sein könnten, daß sie andernwärts segensreich gewirkt hätten und daß später Staat und Kommune ihrer Hülfe nicht gut würden entbehren können. Gegen die Ziff. 2 spricht sich auch noch Geheimer Kommerzienrath *Delbrück* aus, während Professor *Dr. Wagner* für den Entwurf eintritt und eine Verhinderung der Terrainspekulationsgesellschaften im wirthschaftlichen Interesse für segensreich erachtet.

Zu Ziff. 3: beantragt Unterstaatssekretär a. D. *Jacobi,* statt der Worte „zu dem Anschaffungs- oder Herstellungspreise" zu setzen: „zu dem gemeinen Werthe", und begründet diesen Antrag damit, daß in einzelnen Fällen, so namentlich bei

Bergwerken, eine Regenerirung der kranken Gesellschaften verhindert würde, wenn sie genöthigt wären, den Anschaffungswerth beizubehalten, während die Werthentwickelung häufig eine andere sei. – Seitens des Geheimen Finanzraths *Schmidt* wird der Antrag bekämpft, ebenso wird der Entwurf von dem Geheimen Ober-Finanzrath *Koch* und Bürgermeister a. D. *Russell* vertheidigt.

Zu Ziff. 4: beantragt Rechtsanwalt *Dr. Embden,* die Befugniß der Abschreibung bezüglich der Kosten der Organisation prozentual nach dem eingezahlten Grundkapital zu begrenzen, und zwar würde er selbst bei Versicherungsgesellschaften 7½ % für ausreichend hoch erachten. Ueberdies dürfe man das hier den Aktiengesellschaften gewährte Privilegium nur bei der ersten Feststellung des Gesellschaftsvertrages und nur noch bei Grundkapitalserhöhungen bezüglich der mit der Erhöhung im Zusammenhang stehenden Kosten zulassen, der Generalversammlung im Uebrigen dagegen während des Bestehens der Gesellschaft diese Befugniß nehmen, weil sonst, da der Begriff der „Kosten der Organisation" kein feststehender sei, diese Position leicht zu Dividendenerhöhungen und Spekulationen zum Schaden der Gesellschaft benutzt werden könnte. Der Antrag wird von den Professoren *Goldschmidt* und *Wagner* unterstützt, von Letzterem besonders unter Hinweis auf Uebelstände im Versicherungswesen. Geheimer Ober-Finanzrath *Koch,* welcher den Antrag ebenfalls vertheidigt, führt noch aus dem Reichsbankstatut an, daß auch der Reichsbank die Kosten der Notenanfertigungen auf mehrere Jahre zu vertheilen gestattet sei, und glaubt, daß sich der Begriff „Kosten der Organisation" in der Praxis bald feststellen werde.

Zu Ziff. 5: beantragt Professor *Dr. Wagner,* hinter das Wort „Erneuerungsfonds" zu setzen: „oder ein etwa getrennt geführter Reservefonds", da man den Gesellschaften das Recht nicht einschränken dürfe, einen getrennten Geldreservefonds zu führen. Geheimer Justizrath, Professor *Dr. Goldschmidt* erachtet den Zusatz für überflüssig, da er sich ganz von selbst verstehe.

Zu Ziff. 5. u. 6: beantragt Bürgermeister a. D. *Russell* deren Streichung, weil dieselben sich von selbst verständen, was auch Seitens der Sachverständigen *Koch* und *Goldschmidt* bestätigt wird, während Geheimer Finanzrath *Schmidt* für den Entwurf eintritt und Unterstaatssekretär a. D. *Jacobi* aus seiner früheren Praxis die Fragen für nicht unzweifelhaft hält.

Bei der *Abstimmung* konstatirt der *Vorsitzende* als Ansicht der Sachverständigen, daß eine Vorschrift, wonach die Aufstellung der Bilanz mit der Sorgfalt des ordentlichen Kaufmanns Statt zu finden habe, an die Spitze des Artikels zu stellen sei. – Der Antrag *Wagner* auf Spezialisierung der Aktiven und Passiven nach Kategorien (vgl. S. 207/8)[1a] wird mit allen Stimmen gegen den Antragsteller abgelehnt.

[1a] Zu den Anträgen auf S. 207–213 vgl. oben S. 365 f.

Zu Ziff. 1: wird der Antrag *Russell* auf Streichung der Schlußworte „jedoch nicht höher pp." mit acht gegen zwei Stimmen angenommen. – Der Antrag *Wagner* auf Spezialisirung der Werthpapiere (S. 210) wird mit allen Stimmen gegen den Antragsteller abgelehnt.

Zu Ziff. 2 wird der Antrag *Keyssner* auf Streichung mit 8 gegen 2 Stimmen abgelehnt.

Zu Ziff. 3 wird der Antrag *Jacobi,* an Stelle des Anschaffungspreises den gemeinen Werth zu setzen, mit allen Stimmen gegen die des Antragstellers abgelehnt.

Zu Ziff. 4 werden die Anträge *Embden* auf Beschränkung des qu. Privilegs auf die Kosten der ersten Organisation und bezüglich der Erhöhung des Grundkapitals auf die mit dieser zusammenhängenden Kosten mit sechs gegen vier Stimmen, ferner auf Streichung der Worte: „oder die Generalversammlung" sowie endlich auf prozentuale Begrenzung der Quote mit überwiegender Mehrheit angenommen.

Sodann wird zu *Ziff. 5* der Antrag *Wagner* (S. 213) auf Trennung des Reserve- von einem Erneuerungsfonds mit Mehrheit angenommen. – Der Antrag *Russell* auf Streichung der Ziffern 5 und 6 wird mit Mehrheit abgelehnt.

Endlich wird der Antrag *Goldschmidt,* wonach die Vorschriften in Ziff. 1–4 nur als maßgebende Regeln, nicht als zwingende Vorschriften betrachtet werden sollen (S. 209), mit sechs gegen vier Stimmen angenommen.

Auf eine Anfrage des Professors *Dr. von Sicherer* konstatirt Geheimer Ober-Regierungsrath *Dr. Hagens,* daß bei den Kommanditgesellschaften auf Aktien auch die Kapitalsantheile des persönlich haftenden Gesellschafters in die Bilanz aufzunehmen sind.

Bei *Art. 185 b* beantragt Professor *Dr. Wagner,* die Vorschrift wegen des Reservefonds aus Art. 239 c auf die Kommanditgesellschaft auf Aktien zu übertragen, da dieser Fonds seine ursprüngliche Gestaltung durch den Entwurf als eines Kapitalsgarantiefonds in Folge der früheren Abstimmung verloren habe. Mit Rücksicht hierauf befürwortet auch Bürgermeister a. D. *Russell* den Antrag, während die Geheimen Räthe *Deegen* und *Dr. Hagens* ihn bekämpfen. – Bei der Abstimmung wird der Antrag *Wagner* mit 6 gegen 4 Stimmen angenommen.

An eine Anfrage des Professors *Dr. von Sicherer,* ob nicht Vorschrift darüber zu treffen sei, daß auch von dem Gewinn des Komplementars ein Abzug zum Reservefonds zu machen sei, knüpft sich eine längere Debatte, aus welcher als Ansicht der Sachverständigen in ihrer Mehrheit zu entnehmen ist, daß der Abzug für den Reservefonds von dem vollen Brutto-Reingewinne gemacht werden müsse, und zwar wenn in den Statuten nichts bestimmt sei, der Abzug gleichmäßig den Gewinn des Komplementars wie der Kommanditisten treffe, das Statut aber ein anderes Beitragsverhältniß insbesondere auch festsetzen könne, daß der Abzug ausschließlich auf den Gewinnantheil der Kommanditisten zu nehmen sei. Das Verbot einer solchen statutarischen Festsetzung wird von dem Geheimen Finanzrath *Schmidt* befürwortet, von den Sachverständigen *Delbrück, Russell, Keyssner* aber bekämpft.

Zu *Art. 240* werden Bemerkungen nicht gemacht.

Bei *Art. 241* wird konstatirt, daß sich derselbe in Gemäßheit der früheren Beschlüsse zu ändern habe. – Professor *Dr. von Sicherer* spricht hierbei als Wunsch aus, daß die Verantwortlichkeit von Vorstand und Aufsichtsrath bei der Gründung näher spezialisirt werde. Zu *Art. 242* stellte Geheimer Justizrath, Professor *Dr. Goldschmidt,* nachdem er zuerst beantragt hatte, im Schlußsatz hinter die Worte „aus anderen" zu setzen: „im Gesellschaftsvertrage festgesetzte", den Antrag, den ganzen Absatz 2 zu streichen, indem er behauptete, daß dieser Absatz stets unklar und dunkel gewesen sei und auch nach den Bestimmungen des Entwurfs nicht klarer werde. Es bleibe fraglich, wie die Auflösung aus anderen Gründen aufzufassen sei und ob z. B. Wegfall des Zwecks, Verlust des Vermögens pp. als solche Gründe von selbst wirken oder dazu noch ein besonderer Auflösungsbeschluß oder richterliches Urtheil gehöre. Auch dürfe landesgesetzlichen Auflösungsgründen in dem Reichsgesetz kein Raum gegeben werden. Für den Antrag tritt nur Professor *Dr. von Sicherer* ein, bekämpft wird er von dem Rechtsanwalt *Dr. Embden,* welcher auf den Fall höherer Gewalt hinweist, vom Kammergerichtsrath *Keyssner* und von den Geheimen Räthen *Koch* und *Dr. Hagens,* von denen der letztere die von dem Antragsteller aufgeworfene Frage nach der zweiten Alternative beantwortet und namentlich bemerkt, daß der Entwurf das staatliche Aufhebungsrecht nicht beschränken dürfe. Höchstens könne man dem Worte „anderen" hinzufügen „gesetzlichen".

Sodann regt Professor *Dr. von Sicherer* an, ob es sich nicht empfehle, bei Ziff. 2 die Kontroverse zu entscheiden, welche darüber bestehe, ob ein Mehrheitsbeschluß in der Generalversammlung genüge. Geheimer Ober-Regierungsrath *Dr. Hagens* glaubt, daß die Vorschrift in Art. 221 ausreicht. – Der *Vorsitzende* erklärt, daß die erwähnte Anregung des Professors *von Sicherer* in Erwägung gezogen werden könne und bringt den Antrag *Goldschmidt* auf Streichung des Absatzes 2 zur Abstimmung. Derselbe wird mit 8 Stimmen gegen 2 abgelehnt. In gleicher Weise erfolgt die Ablehnung eines Antrages des Professors *Dr. von Sicherer,* den Worten „anderen" hinzuzufügen „gesetzlichen". – Geheimer Finanzrath *Schmidt* bringt die Frage zur Anregung, ob bezüglich der Ziff. 1 die Auflösung der Gesellschaft gegen einen verlängernden Beschluß der Generalversammlung durchgeführt werden müsse, – eine Frage, welche von zwei Instanzgerichten im bejahenden Sinne entschieden worden sei. Geheimer Ober-Regierungsrath *Dr. Hagens* bemerkt, daß der Entwurf unter Gesellschaftsvertrag auch die späteren Abänderungen desselben verstehe und Professor *Dr. von Sicherer* bestätigt, daß gegenwärtig unter Zugrundelegung des Entwurfs die Frage zu verneinen sei; er erachtet jedoch eine gesetzliche Deklaration für wünschenswerth. Geheimer Oberregierungsrath *Dr. Hagens* befürwortet, hier von einer authentischen Interpretation Abstand zu nehmen, weil sonst in anderen die Veränderungen des Statuts betreffenden Fragen abweichende Schlüsse zulässig wären. Professor *Dr. von Sicherer* bittet, die Anregung alsdann bei Art. 215 zu berücksichtigen. Der *Vorsitzende* erklärt, daß darauf Bedacht genommen werden solle.

Bei *Art. 242 a* regt Geheimer Justizrath, Professor *Dr. Goldschmidt* die Frage an, ob nicht auch Vorstand und Aufsichtsrath zur Anstellung der Klage ermächtigt werden sollen, da diese Personen die volle Verantwortlichkeit für das Gebahren der Gesellschaft zu tragen hätten, und sodann, ob nicht die Kammer für Handelssachen als das allein zur Entscheidung geeignete Forum zu designiren sei. – Geheimer Oberregierungsrath *Dr. Hagens* will allenfalls den Aufsichtsrath zur Klage zulassen, nicht aber den Vorstand, weil derselbe doch ein Beamter der Gesellschaft sei. Eine Kompetenzvorschrift erachtet Redner mit Rücksicht auf das Gerichtsverfassungs-Gesetz § 101 nicht für erforderlich, was eventuell noch in den Motiven zu erwähnen sein würde. Geheimer Justizrath, Professor Dr. Goldschmidt tritt diesen Ausführungen bei und beantragt nunmehr, in Abs. 2 auch den Aufsichtsrath als zur Klage ermächtigt hinzustellen.

Gegen diesen Antrag erklärt sich Bürgermeister a. D. Russell, weil auch der Aufsichtsrath nur Mandatar der Gesellschaft sei und wenn er sich mit Beschlüssen in Widerspruch befinde, abgehen, aber die Gesellschaft nicht zur Auflösung zwingen solle. Kammergerichtsrath *Keyssner* befürwortet den Antrag unter besonderem Hinweis auf gesetzliche Beschlüsse der Generalversammlung, z. B. wenn diese eine höhere Dividende zur Vertheilung bringen will. – Bei der Abstimmung wird der Antrag *Goldschmidt* mit 7 gegen 3 Stimmen abgelehnt. Kammergerichtsrath *Keyssner* will mit Rücksicht auf die bei Art. 223, 224 gefaßten Beschlüsse, daß auch im Falle des hier vorliegenden Absatzes 2 die Antragsteller ihre Aktien deponiren sollten. Der Vorsitzende erachtet diese Deponirung als eine Konsequenz der früheren Beschlüsse.

Gegen die *Art. 243–245* werden Erinnerungen nicht erhoben.

Bei *Art. 246* erachtet Bürgermeister a. D. *Russell* die Vorschrift, daß auch die Schriften der aufgelösten Gesellschaft zur Einsicht der Aktionäre niedergelegt werden sollen, für viel zu weitgehend, da die verschiedenen vertraulichen Mittheilungen und Korrespondenzen nicht für die Kenntniß der Aktionäre bestimmt seien. Der Absatz 2 biete keine Gewähr, da das Handelsgericht bei der zahllosen Masse von Schriftstücken zu einer genauen Prüfung nicht in der Lage wäre. Nach Vertheidigung des Entwurfs durch den Geheimen Regierungsrath *Deegen* bemerkt noch Kammergerichtsrath *Keyssner,* daß bereits durch Art. 28 des H. G. B. genügend dem auch das Kopirbuch umfassenden Begriff der Handelsbücher Ausdehnung gegeben sei und daß hiernach eine Niederlegung anderer Schriften sich erübrige.

Bei der *Abstimmung* über den von dem Bürgermeister a. D. *Russell* auf Streichung des Wortes „Schriften“ gestellten Antrag wird derselbe mit Mehrheit angenommen.

Bei *Art. 247* findet sich Nichts zu bemerken.

Zu *Art. 248* regte Professor *Dr. Goldschmidt* die früher von dem Sachverständigen *Russell* berührte Frage an, ob bei einer Reduktion des Grundkapitals nicht ein Heruntergehen unter den gesetzlichen Mindestbetrag der Aktie gestattet sein soll.

Bürgermeister a. D. *Russell* bezieht sich auf seine für die Bejahung der Frage bereits geltend gemachten Gründe. Entscheidend sei einmal, daß die Gesellschaften ihre Aktien auf einen den gesetzlichen Mindestbetrag übersteigenden Nennwerth nicht stellen würden und daß die bestehenden Aktien weit hinter dem jetzigen durch den Entwurf festgestellten Nominalbetrag zurückblieben, sodann, daß der einzelne Aktionär nach einem Urtheil des Reichs-Oberhandelsgerichts nicht gezwungen werden könnte, der Zusammenlegung mehrerer Aktien in eine zuzustimmen. Für Gesellschaften aber, welche nicht Vermögen besäßen, um ihre Aktien zum Zwecke der Reduktion aufzukaufen, sei somit der Weg zur Reduktion verschlossen. Bezüglich der bestehenden Gesellschaften wünscht Redner die bisherigen Vorschriften beizubehalten, bezüglich der neu zu errichtenden den Betrag von 500 M. bei Reduktionen als Nominalbetrag der Aktie zuzulassen.

Geheimer Ober-Regierungsrath *Dr. Hagens* widerräth einer solchen Regelung, für die er bei der verschiedenartigen Möglichkeit, eine Reduktion vorzunehmen, auch kein praktisches Bedürfniß sieht. Geheimer Finanzrath *Schmidt* glaubt, daß die Schwierigkeiten am Besten durch eine Bestimmung beseitigt werden könnten, durch welche der einzelne Aktionär zu einer Zusammenlegung gezwungen werden könnte. Die Sachverständigen *Delbrück* und *Russell* würden in einer solchen Vorschrift ein genügendes Auskunftsmittel sehen; letzterer will sie nach der bei Bergwerken bestehenden Norm bestimmen, so daß die Aktiengesellschaft die nicht umgetauschten Aktien für Rechnung der Besitzer derselben verkaufe und den Erlös unter sie verhältnismäßig vertheile. Der Vorsitzende erklärt, daß auf eine derartige Regelung Rücksicht genommen werden soll.

Nach einer Pause wendet sich die Berathung zu den zurückgestellten Anträgen bezüglich der Verantwortlichkeit aus Prospekten und Emissionen. Diese Anträge lauten folgendermaßen.

I. Art. 241a. 1. Wer wissentlich in öffentlichen Angeboten von Aktien (Promessen oder Interimsscheinen) oder in einer zur Vorlegung an das Handelsgericht bestimmten Erklärung oder Urkunde (Art. 210, Art. 213 b, d, Art. 215 a, Art. 239 b) falsche Thatsachen vorspiegelt oder wahre Thatsachen entstellt, ist dem Beschädigten ersatzpflichtig. – 2. Die Pflicht zum Schadensersatze ist ausgeschlossen, sofern nach den Umständen anzunehmen ist, daß die Vorspiegelung oder Entstellung die Zeichnung oder den Erwerb von Aktien (Promessen oder Interimsscheinen) oder die Kreditgewährung an die Aktiengesellschaften nicht veranlaßt hat. – 3. Der Schadensersatz besteht: a) gegen Zeichner oder gegen spätere Erwerber von Aktien (Promessen oder Interimsscheinen) in der

Uebernahme der gezeichneten oder später erworbenen Aktien gegen Erstattung des dafür aufgewendeten Betrages; b) gegen Gesellschaftsgläubiger in der Uebernahme ihrer Forderungen wider die Gesellschaft gegen Erstattung des dafür aufgewendeten Betrages. – 4. Mehrere Schuldige haften solidarisch. – 5. Der Ersatzanspruch verjährt in 3 Jahren vom Zeitpunkte des Angebots oder der Vorlegung ab gerechnet. – 6. Unberühret bleibt anderweitige Verpflichtung zum Schadensersatz nach den Grundsätzen des bürgerlichen Rechts. – gez. *Goldschmidt.*

II. Zum Art. 213 c: Innerhalb eines Zeitraums von zwei Jahren nach Eintragung der Gesellschaft in das Handelsregister dürfen die Aktien derselben erst dann an einer Börse eingeführt werden, wenn der über die Gründung der Gesellschaft erstattete Bericht (Art. 209 f) von einer an dem betreffenden Platze domizilirenden Firma, welche diesen Bericht auch ihrerseits zu unterzeichnen hat, bei dem Vorstande der Börse zur öffentlichen Einsicht hinterlegt worden ist. – Die betreffende Handlungsfirma übernimmt durch die Unterzeichnung des Berichts für die Richtigkeit desselben dergestalt die Verantwortung, daß sie der Gesellschaft gleich einem Gründer zum Ersatze des Schadens verhaftet wird, wobei nicht blos für dolus, sondern auch für lata culpa zu haften ist. – Salva redactione. – *Bemerkungen:* 1. Unter Einführung der Aktien an der Börse wird jegliches Geschäft an der Börse verstanden, welches also nach Analogie der Bestimmungen über den Handel in Prämienpapieren als verboten erscheint. – 2. Es wird bei diesem Antrage vorausgesetzt, daß der Bericht über die Gründung als eine historische Darlegung des Sachverhalts auch von den Gründern zu erstatten und zu unterzeichnen ist. (Antrag des G. R. Delbrück zum Art. 209 f.) – gez. *Russell.*

III. Die Kommission wolle beschließen: I. Für *Art. 213 b* folgende Fassung vorzuschlagen: Wer vor Ablauf von zwei Jahren seit Eintragung des Gesellschaftsvertrages in das Handelsregister ein öffentliches Angebot von Aktien, Promessen und Interimsscheinen erläßt, um solche in den Verkehr einzuführen, ist der Gesellschaft im Falle der Unrichtigkeit oder Unvollständigkeit der Angaben, welche die Gründer rücksichtlich der Zeichnung und Einzahlung des Grundkapitals und der in Art. 209 b vorgesehenen Festsetzungen behufs Eintragung des Gesellschaftsvertrages in das Handelsregister gemacht haben, sowie in dem Fall einer böslichen Schädigung der Gesellschaft durch Einlagen oder Uebernahmen für den Ersatz des ihr daraus entstandenen Schadens verhaftet, sofern er die Unrichtigkeit oder Unvollständigkeit der Angabe oder die bösliche Schädigung gekannt hat oder bei sorgfältiger Prüfung, wie solche von einem ordentlichen Geschäftsmanne anzuwenden ist (eventuell: ohne grobes Verschulden), hätte kennen müssen. – Derselbe haftet im Falle der Unrichtigkeit sonstiger, in dem Angebot enthaltener Angaben den Zeichnern oder Erwerbern von Aktien, Promessen und Interimsscheinen für den Ersatz des durch diese Unrichtigkeit ihnen verursachten Schadens (eventuell: Inwieweit er im Falle der

Unrichtigkeit sonstiger Angaben, welche in dem Angebot enthalten sind, Zeichnern oder Erwerbern von Aktien, Promessen oder Interimsscheinen zum Schadensersatze verpflichtet ist, bestimmt sich nach den Vorschriften des bürgerlichen Rechts.) – II. anzuregen, daß die *Vertretungspflicht* der Mitglieder des Vorstandes und des Aufsichtsraths durch eine besondere Vorschrift präzisirt werde; – 3. zur Erwägung zu geben, ob nicht bezüglich der Vertretungspflicht für Umstände, betreffs welcher das Gesetz eine Verantwortlichkeit gegenüber der Gesellschaft nicht begründet, eine allgemeine salvatorische Klausel für das bürgerliche Recht nach Art des eventuell befürworteten zweiten Absatzes in Art. 213 b (cf. I.) durch das Gesetz auszusprechen sei; – IV. anzuregen, daß neben dem Aktiengesetz allgemeine Vorschriften erlassen werden, welche den Ausschreitungen bei der nicht öffentlichen Einführung oder bei dem Handeln von Aktien an der Börse entgegenzutreten geeignet sind. – gez. *Koch*.

Bezüglich dieser Anträge treten folgende Meinungen hervor.

Der Antrag *Goldschmidt* wird von dem Antragsteller als Schlußstein der von dem Entwurfe aufgestellten Verantwortlichkeit bezeichnet, neben welchem der Antrag Russell ganz und ein Theil des Antrags Koch bestehen bleiben könnten. Redner entwickelt die bereits früher angedeuteten Gründe näher und führt namentlich aus, daß sich das Interesse der Gesellschaft und des einzelnen Betrogenen keineswegs deckten, da für den Letzteren es hauptsächlich darauf ankomme, seine Betheiligung an der Gesellschaft zu lösen. Der Antrag sei nur ein Minimalrecht, das dem Betrogenen gegeben werden müßte. Für den Antrag tritt auch noch Professor *Dr. von Sicherer* ein, welcher bemerkt, daß ohne denselben der bisherige Rechtsschutz des geltenden Rechts abgeschwächt werden würde. Redner bezeichnet es als Vorzug, daß durch den Antrag auch die Verantwortlichkeit aus einem fakultativ erlassenen Prospekt geregelt werde, da dies von dem Entwurf ganz außer Acht gelassen sei. Bei Annahme dieses Antrages würden Ziff. I Abs. 2 und Ziff. III des Koch'schen in Wegfall kommen. Rechtsanwalt *Dr. Embden* stimmt nur bedingungsweise dem Antrage zu, da derselbe zwar in zutreffender Weise die Verantwortlichkeit regele, aber nicht auf das Aktienrecht beschränkt, vielmehr auf alle fremden Aktien und Anleihen ausgedehnt werden müsste. Geheimer Ober-Regierungsrath *Dr. Hagens* bekämpft den Antrag Goldschmidt vom Standpunkt des Entwurfs, welcher nur soweit den einzelnen Aktionär von einem Schadensersatzanspruch ausschließt, als ein solcher der Gesellschaft zusteht. Auch Geheimer Finanzrath *Schmidt* führt aus, daß dieser Antrag zu weit gehe und wenn er auch dem Einzelnen einen Ersatz gewähre, die Anderen schädige, denn es laufe im Grunde genommen auf einen doppelten Ersatz durch den Schuldigen hinaus.

Der Antrag *Russell* wird von dem Antragsteller aus dem bereits früher hervorgehobenen Gesichtspunkt vertheidigt. Redner erörtert noch besonders, daß das Erforderniß eines öffentlichen Ausgebots die Umgehung in der leichtesten Weise ermögliche, so durch die Einführung Seitens Agenten und Makler.

Mit dem Inkrafttreten des Entwurfs werde die Simultangründung und die Einführung der Aktie an der Börse die Regel bilden und deshalb die Patronage an der Börse auch entscheidend sein. Diese Patronage aber könne nicht von Strohmännern benutzt werden, weil diese dem Publikum nicht unbekannt blieben und dieses, wenn sich ein ehrenwerthes Haus zur Einführung nicht fände, sofort wissen könne, daß ein vertrauenswürdiges Unternehmen nicht vorliege. Endlich bemerkte noch der Antragsteller, daß der von ihm befürwortete formelle Akt der Einführung an jeder einzelnen Börse, wo die Aktien gehandelt werden sollen, Statt finden müsse. Der Antrag wurde von den Sachverständigen *Goldschmidt, Sicherer, Delbrück* und *Schauss* vertheidigt. Von dem Ersteren wird hervorgehoben, daß durch den Antrag die Einführung zu einem festen Begriff werde und der Patron des Unternehmens dem Publikum gegenüber klar gekennzeichnet werde. Von dem letztgedachten Sachverständigen wird der Antrag als der erste Versuch befürwortet, die Kotirung an gewisse Bedingungen zu knüpfen, aber auch bemerkt, daß ähnliche legislative Versuche in Frankreich und anderwärts ohne besondere günstige Ergebnisse gewesen seien. Rechtsanwalt *Dr. Embden* bekämpft den Antrag, weil er es für gefährlich hält, nur stückweise in das Gebiet der so mannigfach im Reich gestalteten Börsenordnungen überzugreifen. Der Antrag habe eine ganz anders geregelte Gründerverantwortlichkeit, als dies im Entwurf geschehen sei, zur Voraussetzung und erwecke die falsche Vermuthung, als ob auch eine Haftung des Verkäufers gegenüber dem Käufer begründet werden solle. Geheimer Oberregierungsrath *Dr. Hagens* wendet gegen den Antrag besonders ein, daß sich leicht eine Firma zur Vollziehung des rein formellen Einführungsaktes finden könnte, auf welche das Publikum, wenn es dieselben überhaupt erfahre, kaum ein Gewicht legen werde, während die für das Publikum maßgebende öffentliche Emission von Häusern ohne eine Verantwortlichkeit derselben erfolge.

Der Antrag *Koch* wird von dem Antragsteller in Vergleich zu dem vorigen Antrag erläutert und dem letzteren gegenüber die schärfere Präzisirung der wesentlichen Punkte hervorgehoben. Für diesen Antrag tritt Rechtsanwalt *Dr. Embden* ein, weil auch noch das bürgerliche Recht daneben unberührt bliebe. Ebenso unterstützt Geheimer Oberregierungsrath *Dr. Hagens* den Antrag, weil er auf dem Boden des Entwurfes stehe. Gegen den Antrag sprechen sich die Sachverständigen *Delbrück* und *Russell* aus.

Der *Vorsitzende* erklärt zunächst, von dem Antrag *Koch* nur die Ziff. I. zur Abstimmung bringen zu wollen, da die Ziffern II ff. nicht Anträge, sondern nur Anregungen enthielten. – Es wurde darauf zur Abstimmung geschritten.

Von dem Antrag *Koch* wurde die Ziff. I Abs. 1 zunächst zur Abstimmung gestellt und mit sechs gegen vier Stimmen abgelehnt. – Der Antrag *Russell* wurde mit sieben gegen drei Stimmen angenommen. – Endlich wird der Antrag *Goldschmidt* in seinen einzelnen Absätzen angenommen, worauf der Vorsitzende erklärt, daß auch der Satz 2 der Ziff. I. des Koch'schen Antrages als abgelehnt zu gelten habe. – Nach der Abstimmung spricht Professor *Dr. von Sicherer* noch den Wunsch aus, daß in Ziff. 1 des Goldschmidt'schen Antrages der Antrag Russell citirt werden möge.

Vor Schluß der Debatte über den vorliegenden Abschnitt lenkt Bankdirektor *Dr. von Schauss* die Aufmerksamkeit der Versammlung auf die Schwierigkeiten, welche den Geschäftsbetrieb der Hypothekenbanken durch die Landesgesetze über den Erwerb von Immobilien entgegenständen. Art. 3 der Reichsverfassung werde von den Behörden und Gerichten auf die deutschen juristischen Personen nicht ausgedehnt. Die Reichsregierung habe diesem Uebelstand schon bei Vorlage des Entwurfs eines Pfandbriefgesetzes Abhilfe schaffen wollen und wenn auch nicht in dem Aktiengesetz die allgemeine Aufhebung der entgegenstehenden Bestimmungen über den Erwerb von Immobilien durch juristische Personen ausgesprochen werden sollte, so würde doch schon genügend sein, den Satz festzusetzen: „Aktiengesellschaften können Immobilien erwerben, wenn es sich um Sicherung ihrer Forderungen handelt."

Professor *Dr. Wagner* würde eine allgemeine Freigabe des Erwerbs von Immobilien im Sinne des Vorredners nicht für ungefährlich halten, weil die wirthschaftliche Lage des Grundbesitzes Latifundien zuströmt, diese sich also in den Händen juristischer Personen häufen würden, in der engeren Fassung stimmt dagegen Redner der Anregung zu. Der *Vorsitzende* erklärt, daß sich die Stellung der Reichsregierung bereits aus der Vorlegung des Entwurfs eines Pfandbriefgesetzes ergebe.

Die Berathung wendet sich sodann zu dem *Abschnitt von der Kommanditgesellschaft auf Aktien und den hiermit in Verbindung stehenden Fragen.*

Bei Frage Nr. 1 wird von den Sachverständigen *Russell* und *Goldschmidt* die Zulassung der Inhaberaktie wegen der gleichen wirthschaftlichen Struktur dieser Antheile mit denen der Aktiengesellschaft befürwortet. – Professor *Dr. von Sicherer* konstatirt seine in dieser Frage bereits früher kundgegebene Ansicht. Weitere Einwendungen fanden nicht statt, worauf der Vorsitzende die Verneinung der Frage 1 Seitens der Mehrheit der Sachverständigen konstatirt.

Bei Frage No. 7 treten die Sachverständigen *Goldschmidt, Russell u. Sicherer* für eine Ausdehnung der dort erwähnten sogenannten Individualrechte von der Aktiengesellschaft auf die Aktienkommandite ein, weil auch bei der letzteren faktiöse Störungen und Kollisionen des Interesses zwischen Komplementar und Kommanditisten eintreten könnten. Seitens des Professors *Dr. Goldschmidt* wird noch namentlich darauf hingewiesen, daß es zweifelhaft werde, ob der Kommanditaktionär eine Klage auf Anfechtung eines Beschlusses der Generalversammlung habe, weil der Entwurf dieses Recht nicht erwähne, während er es bei der Aktiengesellschaft ausdrücklich gewähre. Geheimer Oberregierungsrath *Dr. Hagens* vertheidigt den Entwurf und macht noch darauf aufmerksam, daß Art. 222 nicht eine Anfechtungsklage einführe, sondern vielmehr das geltende Recht beschränke. Kammergerichtsrath *Keyssner* befürwortet ebenfalls die Verneinung der Frage, weil anderenfalls die Kommanditgesellschaft auf Aktien jedes charakteristischen Unterschiedes von der Aktiengesellschaft entbehre und man wie in England dahin gelangen würde, den Aktiengesellschaften nur noch die Wahl persönlich haftender Direktoren zu gestatten. Geheimer Oberfinanzrath *Koch* bemerkt, daß sich im Reichsbankdirektorium die Mehrheit für eine Ausdehnung des Art. 222, nicht dagegen des Art. 223 entschieden habe.

Es wird über die Ausdehnung der beiden Artikel getrennt *abgestimmt* und bezüglich eines jeden die Ausdehnung mit Mehrheit angenommen. – Der *Vorsitzende* konstatirt, daß in Konsequenz dieser Beschlüsse auch Art. 222 auf die Kommanditgesellschaft auf Aktien zu übertragen sein würde. Zu den übrigen Artikeln dieses Abschnittes ist aus der Berathung noch folgendes zu bemerken.

Zu *Art. 175* bemängelt Geheimer Justizrath Professor *Dr. Goldschmidt*, daß der Entwurf nur die Successiv- und nicht auch die Simultangründung zulasse. In der Regel ergreife zwar der Komplementar die Initiative, aber auch das Gegentheil sei weder ausgeschlossen noch sachwidrig. Bei dem System des Entwurfs bestände die Gefahr, daß die eigentlichen Gründer hinter der Scene unverantwortlich blieben. Redner stellt anheim: ob nicht auch bei der Kommanditgesellschaft auf Aktien in entsprechender Weise der Fall der Simultangründung zu regeln sei. – Geheimer Kommerzienrath *Delbrück* nimmt diese Anregung als Antrag auf und vertheidigt denselben noch besonders durch den Hinweis, daß die Form der Kommanditaktiengesellschaft der Aktiengesellschaft gegenüber nicht erleichtert werden dürfe, weil sonst die faulen Gründungen in die Form der ersteren geleitet werden würden. Geheimer Oberregierungsrath *Dr. Hagens* vertheidigt den Entwurf, indem er namentlich darauf aufmerksam macht, daß in der Ausschließung der Simultangründung nicht sowohl eine Erleichterung, als vielmehr eine Erschwerung zu suchen sei. Für den Entwurf tritt dann noch Bürgermeister a. D. *Russell* ein, welcher zwar auch bei der Kommanditgesellschaft auf Aktien die Möglichkeit einer Simultangründung zugiebt, sie aber nicht ausdrücklich durch das Gesetz sanktioniren will, damit nicht der Komplementar in eine schiefe Stellung gebracht werde. Dieser müsse das Statut feststellen und das Gesetz dürfe ihm nicht dieselbe ausschließliche Feststellung entziehen.

Im Anschluß an diese Debatte erachtet Geheimer Justizrath Professor *Dr. Goldschmidt* es auch bei *Art. 175 e* für mißlich, daß die Leitung der Generalversammlung nicht durch den Richter Statt finde, da man nicht bloß den gewöhnlichen Verlauf, sondern besonders die anormalen Fälle berücksichtigen müsse. Professor *Dr. von Sicherer* tritt dieser Auffassung bei, da hier zwischen den beiden Arten der Gesellschaften, namentlich wenn der Komplementar zugleich Inferent sei, bezüglich der Kollision der Interessen kein Unterschied bestehe. Kammergerichtsrath *Keyssner* erklärt sich gegen diese Ausdehnung, weil sonst der ganze von der Aktienkommandite handelnde Abschnitt überflüssig werde.

Bei der *Abstimmung* über die Frage, ob bei der Kommanditgesellschaft auf Aktien außer der Successivgründung auch noch andere Formen der Gründung zugelassen werden sollen, ergiebt sich Stimmengleichheit, so daß die Frage, wie der Vorsitzende konstatirt, als verneint zu betrachten ist. – Der Antrag: daß auch bei Art. 175 e eine Mitwirkung des Gerichts eintreten soll, wird darauf mit Stimmenmehrheit abgelehnt.

Zu *Art. 180 d* wünscht Geheimer Justizrath Professor *Dr. Goldschmidt,* daß eine Abänderung des Statuts, wie bei der Aktiengesellschaft, einer qualifizirten Mehrheit bedürfen und unter Ausschluß entgegenstehender Vereinbarungen die Zustimmung sämmtlicher Komplementare erforderlich sein solle. Der Antrag wird von dem Kammergerichtsrath *Keyssner* befürwortet, weil dadurch die Kommanditgesellschaft einen festeren Anhalt gewinne. Geheimer Oberregierungsrath *Dr. Hagens* bemerkt, daß bereits der Entwurf die Zustimmung sämmtlicher Komplementare, wie nach bestehendem Recht zur Voraussetzung habe. Bürgermeister a. D. *Russell* bestätigt die Auffassung, erachtet aber gegenüber einer Reihe von entgegenstehenden Statuten die Aufnahme einer diese verhindernde Bestimmung für wünschenswerth. – Bei der *Abstimmung* wird die Frage, ob die Zustimmung der Komplementare zu Statutenänderungen als zwingende Vorschrift hinzustellen, sowie die Frage, ob zu einer Statutenänderung eine qualifizirte Mehrheit der Kommanditaktionäre erforderlich sein soll, mit Mehrheit bejaht.

Zu *Art. 199* macht Geheimer Justizrath Professor *Dr. Goldschmidt* darauf aufmerksam, daß diese Bestimmung der Novelle dem Prinzip, daß der Komplementar Herr des Geschäfts wäre, widerspreche und auf die Gesellschaften degenerirend wirke. Zwar dürfe man zu dem Rechtszustand vor der Novelle nicht zurückkehren, dagegen auch die Aktionäre nicht zwingen, trotz des Ausscheidens eines vielleicht sehr bedeutenden Komplementars bei der Gesellschaft zu verharren. Redner beantragt festzusetzen, daß im Falle des Ausscheidens eines persönlich haftenden Gesellschafters die Generalversammlung der Kommanditisten darüber Beschluß fassen soll, ob die Gesellschaft weiter fortzubestehen oder zu liquidiren habe. Gegen diesen Antrag erklärten sich die Sachverständigen *Russell* und *Koch.* Ersterer glaubt, daß der Gedanke weit über das praktische Ziel hinausschieße, da die Entwickelung der Dinge zu einem unvermeidlichen Wechsel in der Person der persönlich haftenden Gesellschafter führe. Auch würde der Antrag den Bestand der Gesellschaft sehr gefährden und bis zur Entscheidung der Generalversammlung ein höchst bedenkliches Schwanken hervorrufen. Geheimer Ober-Finanzrath *Koch* glaubt, daß ein allzugroßes Gewicht auf den Komplementar nicht gelegt werden dürfe, behält sich aber vor, um denselben mehr an die Schicksale der Gesellschaft zu fesseln, die Betheiligung mit einem Betrage von mindestens 1/10 des Gesammtkapitals für ihn als Erforderniß aufzustellen.

Der Vorsitzende bringt zunächst nur den Antrag *Goldschmidt* zur Abstimmung, welche eine Ablehnung desselben mit Mehrheit ergiebt. Hierauf wurde die Sitzung vertagt. Zur Beglaubigung gez. Dr. Kayser, Regierungsrath.

14. Sitzung. Fortgesetzt, Berlin, den 8. April 1882[2].

(Anwesend wie in der vorigen Sitzung mit Ausnahme des Geheimen Ober-Finanzraths Koch, welcher erst im Verlauf der Sitzung wieder eintritt.)

Nach Eröffnung der Sitzung durch den Vorsitzenden bemerkt Kammergerichtsrath *Keyssner* zu *Art. 191*, daß die jederzeitige Abberufung des Aufsichtsraths zu bedenklichen Fluktuationen führen müsse; dieselbe dürfe nur durch Beschluß der Generalversammlung geschehen.

Redner wünscht das Wort „jederzeit" durch die Worte „durch Beschluß der General-Versammlung (Art. 238 Abs. 2)" zu ersetzen.

Bürgermeister a. D. *Russell* tritt diesem Wunsche bei, damit nicht, wenn „neue Wahlen" auf der Tagesordnung stünden, auch der Aufsichtsrath, dessen Amtsperiode noch nicht abgelaufen sei, abberufen werden könnte. Redner empfiehlt seinerseits, das Wort „jederzeit" durch die Worte „vor Ablauf der jedesmaligen Amtsperiode" zu ersetzen. Geheimer Ober-Regierungsrath *Dr. Hagens* erachtet die Bedenken für unbegründet, da die Prozedur, welche bei der Abberufung zu beobachten sei, sich nach den allgemeinen Vorschriften richte, hiernach aber die Anwendung des Art. 238 Abs. 2 selbstverständlich sei. Aus denselben Gründen erklären sich auch die Sachverständigen *Goldschmidt* und *Sicherer* gegen eine Aenderung des Enwurfs. – Der *Vorsitzende* konstatirt, daß in der Sache selbst kein Widerspruch hervorgetreten sei und daß die angeregten Bedenken bei der neuen Redaktion oder in den Motiven ihre Erledigung finden würden.

Zu *Art. 181* wird auf eine Anfrage des Professors Dr. von Sicherer von dem Geheimen Ober-Regierungsrath *Dr. Hagens* bemerkt, daß die Veräußerung der Kapitalsantheile entgegen der gesetzlichen Vorschrift nichtig ist. Professor *Dr. von Sicherer* stellt anheim, die Kontroverse durch das Gesetz zu entscheiden, und nimmt im Zusammenhang hiermit den von dem Geheimen Ober-Finanzrath Koch in Aussicht genommenen Antrag auf, die gesellschaftliche Betheiligung des Komplementars mit einem in Prozenten des Grundkapitals auszudrückenden Antheil im Gesetz auszusprechen, da ja auch Art. 181 wegen seines Zusammenhangs mit Art. 150 eine solche Betheiligung voraussetze. Für den Antrag erklärt sich nur der Geheime Finanzrath *Schmidt*, weil derselbe die Kommanditaktiengesellschaft strenger gestalte und auch deren Entwickelung zu einem Privatunternehmen berücksichtige. Geheimer Justizrath Professor *Dr. Goldschmidt* meint, daß sein zu Art. 199 gemachter Vorschlag am Einfachsten alle Bedenken beseitigen würde. Gegen den Antrag erklären sich Geheimer Ober-Regierungsrath *Dr. Hagens* und die Sachverständigen *Russell* und *Embden*, da es unmöglich

[2] Ein Protokoll der 13. Sitzung ist nicht gesondert ausgewiesen.

sei, für alle Fällen den geeigneten Prozentsatz zu finden, wenn man nicht die Betheiligung lediglich zum Privilegium der reichen Leute machen wolle, und da andererseits es außerordentlich leicht sei, die Vorschrift zu umgehen.

Bei der *Abstimmung* wird der Antrag von *Sicherer* mit 8 gegen 1 Stimme abgelehnt.

Zu *Art. 191* wurde auf eine Anfrage des Kammergerichtsraths *Keyssner* Seitens des Geheimen Ober-Regierungsraths *Dr. Hagens* bemerkt, daß sich eine Ausdehnung des Art. 227 Abs. 4 bezüglich der Tantièmebezüge des Aufsichtsraths erübrige, da dieser auf den Fortbezug der Tantième ein vertragliches Recht nicht haben werde.

Zu *Art. 193* spricht Bürgermeister a. D. *Russell* den Wunsch aus, in Abs. 1 statt „Geschäftsmannes" das Wort „Hausvater" zu substituiren.

Zu *Art. 198* bemerkt Professor *Dr. von Sicherer,* daß sich die hier gegebene Vorschrift auch auf Namensaktien, nicht auch auf Inhaberpapiere anwenden lasse.

Zu dem *Vierten Titel. Strafbestimmungen* erwähnte Professor *Dr. von Sicherer,* daß die stellvertretenden Mitglieder des Aufsichtsraths nicht in die Vorschriften eingeschlossen seien. Geheimer Ober-Regierungsrath *Dr. Hagens* erachtete eine ausdrückliche Erwähnung nicht für erforderlich, da der Ausdruck „Mitglieder des Aufsichtsraths" auch die Stellvertreter umfasse.

Zu *Art. 249* rügt Geheimer Justizrath, Professor *Dr. Goldschmidt,* daß auch die Liquidatoren einer Handelsgesellschaft, welche nicht zu den Gesellschaftern gehörten, unter Art. 249 gezogen seien, was weder dem Bedürfniß entspreche, noch abgesondert von der sonstigen Regelung des Gesellschaftsrechts bestimmt werden solle. Geheimer Regierungsrath *Deegen* vertheidigte den Entwurf. Kammergerichtsrath *Keyssner* unterstützt die Auffassung Goldschmidts und bemerkt noch, daß der Komplementar einer Kommanditgesellschaft unter die Strafbestimmung überhaupt nicht fallen würde, die Vorschrift also nicht erschöpfend sei. – Sodann findet Geheimer Justizrath Professor *Dr. Goldschmidt* in den Geldstrafen des § 249 und der folgenden §§ ein Mißverhältniß, wogegen Geheimer Regierungsrath *Deegen* den Standpunkt des Entwurfs vertritt. Rechtsanwalt *Dr. Embden* wünscht, daß eine Bestrafung der in dem Artikel genannten Personen nach § 266 Ziff. 2 des St. G. B., nicht aber nach Ziff. 3 eintrete.

Kammergerichtsrath Keyssner giebt zu erwägen, ob nicht auch die Mitglieder des Aufsichtsraths, da sie nur Mandatare der Gesellschaft seien, unter die Strafbestimmung dieses Artikels zu stellen seien. – Der Vorsitzende erklärt, daß alle Monita in Erwägung gezogen werden sollen.

Zu *Art. 249a* regt Professor *Dr. von Sicherer* die Frage an, ob nicht der besondere Fall, daß eine Aktiengesellschaft als solche gründet, zu regeln sein möchte. Die Sachverständigen *Keyssner* und *Goldschmidt* glauben, daß es einer besonderen Regelung nicht bedürfe, da die physischen Personen, welche zu strafen seien, sich wohl finden würden.

Zu *Art. 249 d* führt Professor *Dr. Wagner* aus, daß die Bestimmungen Ziff. 1 und 2 auch auf die Presse Anwendung zu finden hätten, daß aber diesem Gedanken, sei es durch einen Zusatz im Text „oder in Darstellungen der Presse" oder in den Motiven ein genauer Ausdruck gegeben werden müsse. Geheimer Justizrath Professor *Dr. Goldschmidt* giebt die Anwendung auf die Presse zu. Geheimer Regierungsrath *Deegen* rechtfertigt den Entwurf und weist darauf hin, daß auch im Strafgesetzbuch unter öffentlichen Bekanntmachungen die Darstellungen der Presse einbegriffen werden. – Geheimer Justizrath Professor *Dr. Goldschmidt* erachtet eine Bestrafung wegen „Unterdrückung wahrer Thatsachen" für viel zu weitgehend, zumal in Anwendung auf die Presse, da auch Fahrlässigkeit getroffen werden könnte. – Redner beantragt: Beseitigung der Worte „oder unterdrückt". – Der Antrag wird von den Sachverständigen *Russell* und *Embden* befürwortet. Bürgermeister a. D. *Russell* vermißt jede Sicherheit über das, was eigentlich verboten sei, denn das bloße Unterdrücken ohne den Zusammenhang mit Täuschung gehe viel weiter als der Betrugsparagraph des Strafgesetzbuchs. Eine so allgemeine Pflicht zur Wahrheit sei mit dem Verkehr unvereinbar und würde eine Reihe von ehrlichen Leuten gehässigen Denuntiationen aussetzen. Rechtsanwalt *Dr. Embden* findet es im hohen Grade bedenklich, wenn – wie der Entwurf es thue – Handlungen, welche eine civilrechtliche Ersatzpflicht nicht begründeten, unter kriminelle Strafe gestellt werden. Dies wirke entsittlichend, weil man dem Beschädigten als einziges Mittel die Denuntiation an den Strafrichter gebe. – Bei der Abstimmung wird der Antrag *Goldschmidt* mit großer Mehrheit angenommen.

Zu *Ziff. 2* wird von den Sachverständigen *Russell, Delbrück, Goldschmidt, Koch, Jacobi* und *Embden* der Wunsch auf Streichung geltend gemacht. Die gedachten Sachverständigen erkennen übereinstimmend an, daß ein Vorgehen gegen betrügerische Täuschungen in einem Börsengesetze gerechtfertigt sei, daß aber die vorliegende Fassung auch ganz legitime Fälle treffe, und daß sich namentlich kein Grund anführen lasse, um die Operationen mit Aktien zu verbieten, mit Anleihen und auswärtigen Fonds aber freizugeben. Besonders wird noch angeführt von dem Geheimen Justizrath Professor *Dr. Goldschmidt*, daß selbst in Frankreich nicht so weit gegangen werde, da man in der Praxis die Strafvorschrift nur dann anwende, wenn die betrügerischen Machinationen zu einem Effekt geführt hätten. Bürgermeister a. D. *Russell* bemerkt, daß ein Eingreifen in Bezug auf die Bewegung des Marktes oft durchaus nothwendig sei, daß selbst Anleihen oft nur durch Scheinkäufe der Emittenten an die Börse gebracht werden könnten – während sich die Motive des Entwurfs gerade gegen diese Scheinkäufe wendeten –, daß gerade betrügerische Manöver nur durch Gegenminen zum Wohle der Gesammtheit beseitigt würden und in kritischen Zeiten nur durch künstliche Käufe der Kurs der Aktien zu halten wäre. Geheimer Ober-Finanzrath *Koch* bestätigt im Allgemeinen diese Ausführungen und bemerkt, daß man im Reichsbankdirektorium die Bestimmung des Entwurfs für viel zu vage gehalten habe, da sie auch solide Geschäftsoperationen treffe. Selbst die Reichsbank sei, um deutsches Gold gegen den Export zu schützen, genöthigt gewesen, durch sog. Scheinkäufe den unsoliden Operationen entgegenzutreten. Unterstaatssekretär a. D. *Jacobi* erachtet die ganze Frage gesetzgeberisch nicht reif; man würde einer Fassung zustimmen, welche illegitime Geschäfte treffen könne, aber eine solche lasse sich vorläufig nicht finden. Wolle man alle Scheinkäufe verbieten, so würde die Unterbringung von Anleihen unmöglich und die Verhinderung betrügerischer Kursdrückungen unausführbar sein. Rechtsanwalt *Dr. Embden* möchte die Kluft zwischen civilem und kriminellem Recht nicht noch mehr erweitern. Dies geschehe aber durch den Entwurf, der den bei Käufen in dem gemeinrechtlichen Gebiete Deutschlands zugelassenen bonus dolus hier unter Strafe stelle.

Seitens der Geheimen Räthe *Dr. Hagens* und *Schmidt* wird der Entwurf vertheidigt und von Ersterem namentlich betont, daß Scheinkäufe, nur wenn sie betrügerisch seien, mit Strafe bedroht werden sollen. Professor *Dr. Wagner* tritt ebenfalls in vollem Umfange für den Entwurf ein. – Bei Schluß der Debatte konstatirt der *Vorsitzende,* daß Ziff. 2 von den verschiedensten Seiten Widerspruch gefunden, weil durch dieselbe auch Fälle getroffen würden, die nicht getroffen werden sollten, daß zwar die allgemeine Richtung der hier vorgeschlagenen Maßregeln nicht beanstandet werde, daß aber gegen die vorliegende Fassung und gegen die Regelung an dieser Stelle erhebliche Bedenken obwalteten.

Zu *Art. 249f.* erhob sich gegen beide Ziffern Widerspruch.

Zu Ziff. 1 beantragten die Sachverständigen *Keyssner, Koch, Embden* und *Russell* die Streichung, weil, wie dies auch in der Eisenbahnuntersuchungskommission konstatirt worden, die Ueberlassung des Stimmrechts gerade den Minderbegüterten gegen die große Kapitalsmasse zu Gute komme, sowie weil man oft sehr reelle Absichten zerstören würde und endlich das Verbot selbst leicht zu umgehen wäre. – Gegen die Ziff. 2 wird namentlich von den Sachverständigen *Koch* und *Dr. von Schauss* geltend gemacht, daß es überaus schwierig sein würde, das ehrliche Geschäft von den Simulationen zu trennen, und daß in Bayern bei Verstaatlichung der Ostbahn gerade durch die Regierung selbst gegen diese Ziffer verstoßen sei.

Professor *Dr. von Sicherer* bemerkt, daß jedenfalls Ziff. 2 wegen der bei Art. 190 gefaßten Beschlüsse geändert werden müsse, und rügt, daß der Entwurf nicht alle Fälle treffe, so z. B. wenn ein Aktionär, der wegen seines Interesses nicht mitstimmen dürfe, seine Aktien einem Anderen abtritt, oder wenn der Komplementar noch außer seinen Kapitalsantheilen Aktien besitzt und diese, weil er nicht mitstimmen darf, ebenfalls einem Anderen überträgt. Geheimer Regierungsrath *Deegen* giebt dies zu, bemerkt jedoch, daß der Entwurf nur den Hauptfall im Auge habe. – Der *Vorsitzende* schließt die Debatte und konstatirt den Widerspruch gegen beide Ziffern.

Bezüglich der *Uebergangsbestimmungen* giebt Professor *Dr. von Sicherer* zu erwägen, ob nicht auch die von der Kommission gefaßten Beschlüsse bezüglich ihrer Wirkung auf die bestehenden Gesellschaften zu berücksichtigen sein werden. Kammergerichtsrath *Keyssner* bemerkt, daß unter Voraussetzung der Annahme der Kommissionsbeschlüsse er gegen die Uebergangsbestimmungen nichts einzuwenden hätte.

Der *Vorsitzende* erklärt, daß diejenigen Beschlüsse, welche bisher gefaßt wären, der weiteren Berathung zu Grunde zu legen sind.

§ 5 fand Seitens der Sachverständigen *Jacobi, Russell* und *Embden* einen lebhaften Widerspruch, indem von ihnen übereinstimmend ein Eingriff in die Organisation und Verwaltung der älteren vielfach bewährten Gesellschaften als höchst bedenklich bezeichnet wurde. Es wurde ferner von ihnen hervorgehoben, daß die innere Gestaltung gerade der ältesten und besten Gesellschaften eine so mannigfache sei, daß sich eine Uniformirung nur unter sehr schwierigen Verhältnissen durchführen lassen und vielfältig auch die Verantwortlichkeit der Organe berühren würde. Im Einzelnen machte noch Unterstaatssekretär a.D. *Jacobi* geltend, daß die früheren Aktiengesetze, so das von 1843 und die Novelle von 1870 Abstand genommen hätten, in bestehende Organisationen einzugreifen und dies sei selbst bezüglich des obligatorischen Aufsichtsraths geschehen. Rechtsanwalt *Dr. Embden* hob hervor, daß die Gesellschaften ein wohl erworbenes Recht auf ihre bei Eintritt der Gesetzeskraft des neuen Gesetzes bestehende Organisation hätten, und Bürgermeister a.D. *Russell* bemerkte, daß das öffentliche Interesse für eine solche Rückwirkung des Gesetzes fehle. Seitens des letztgedachten Redners wurde der Antrag auf Streichung des § 5 gestellt und nach einer Vertheidigung des Entwurfs durch den Geheimen Oberregierungsrath *Dr. Hagens* mit einer Mehrheit von 9 gegen 1 Stimme angenommen.

Zu *§ 6* machte Geheimer Ober-Finanzrath *Koch* auf das Bedenken aufmerksam, wenn die Bestimmungen des Entwurfs über den Reservefonds auf die bestehenden Gesellschaften übertragen würden, da diese meistens ähnliche Mittel hätten und leicht in ihrem ganzen Organismus gestört werden könnten.

Nachdem der Entwurfs Seitens des Geheimen Oberregierungsraths *Dr. Hagens* vertheidigt worden war, wurde der Anregung des Sachverständigen *Koch* – was der *Vorsitzende* konstatirte – Seitens der Versammlung keine weitere Folge gegeben. – Unterstaatssekretär a.D. *Jacobi* sprach, um etwaige Mißverständnisse zu vermeiden, den Wunsch aus, daß in dem Schlußsatz das Wort „Zinsen" gestrichen werde.

Die Berathung wendet sich zu *Frage No. 15.*

Seitens der Sachverständigen *Russell* und *Wagner* wird eine Bejahung der Frage als eine Ueberschreitung der eine Aktiengesetzreform gezogenen Grenze bezeichnet und eine Regelung nur im Rahmen eines ausführlichen Börsengesetzes befürwortet, da sich z.Z. die handelspolitische Tragweite einer Normirung gar nicht übersehen lasse. Geheimer Ober-Finanzrath *Koch* erklärt, daß das

Reichsbankdirektorium eine solche Maßregel ohne eine erhebliche Bedrückung des Verkehrs für geradezu unausführbar erachte. Seitens des Geheimen Oberregierungsraths *Dr. Hagens* wird auf die bestehenden Gesetze in Frankreich und England hingewiesen und bemerkt, daß übrigens in diesen Ländern die Sache noch im Flusse sei. Bankdirektor *Dr. von Schauss* befürwortet wegen des Grundsatzes der Reziprozität eine große Störung des gesammten internationalen Verkehrs. Seitens der Sachverständigen *Dr. Embden* und *Goldschmidt* wird auf den Zusammenhang der Frage mit dem Nominalbetrage der Aktien hingewiesen und die Befürchtung ausgesprochen, daß bei einer allzu hohen Normirung desselben ohne eine Regelung bezüglich der Zulassung ausländischer Papiere aller Art, Aktien wie Anleihen, leicht das deutsche Kapital zu einer Anlage in ausländischen Werthen gedrängt werden könnte; diese Regelung, welche eine genaue Kenntniß des gesammten Börsenverkehrs erfordere, sei aber nur im Zusammenhange mit allen denselben betreffenden Fragen möglich. Kammergerichtsrath *Keyssner* meint auch, daß Prohibitivvorschriften leicht umgangen werden können, z. B. wenn sich eine Gesellschaft im Auslande an der Grenze begründe und ihre Aktien im Inlande vertreibe. – Der *Vorsitzende* konstatirt, daß Seitens der Versammlung die Regelung der Frage zwar für erforderlich erachtet werde, daß diese aber nicht in den vorliegenden Entwurf, sondern in einem Börsengesetz zu erfolgen haben würde.

Hiermit sind die Berathungen erledigt.

Professor *Dr. Wagner* gab noch folgende Erklärung zu Protokoll: So bereitwillig ich anerkenne, daß durch die Bestimmungen des vorgelegten und in der Konferenz abgeänderten Entwurfs vermuthlich einige Uebelstände bei der Gründung und dem Betrieb der Aktiengesellschaften beseitigt werden, so sehr bin ich anderseits doch davon überzeugt, daß *auf diesem Wege allein* nicht so weit geholfen werden kann, als es der wirthschaftlichen Rechtsordnung zu erreichen möglich erscheint.

Ich erwarte vollständigere Abhilfe der Schäden, die durch das Aktienwesen für die ganze Volkswirthschaft entstehen, nur

1. von der *Ausdehnung öffentlicher* Unternehmungen und Anstalten des Staats, der Selbstverwaltungskörper, besonders der Gemeinden, *an Stelle der Aktiengesellschaften,* so besonders im Gebiete des Bank-, Versicherungs-, Kommunikations- und Transportwesens, des Bergbaus (namentlich des Kohlenbergbaus), der Einrichtungen für große allgemeine lokale Bedürfnisse (Gas, Wasser, Viehhöfe, Markthallen, Waaren-, Lagerhäuser u. A. m.), überhaupt überall da, wo die moderne Entwicklung der Technik jene öffentlichen Körper für die Ausführung großer wirthschaftlicher Aufgaben mindestens ebenso ökonomisch und technisch leistungsfähig macht, als die Aktiengesellschaften, und wo zugleich große allgemeine Interessen nicht nach dem Gesichtspunkte der spekulativen Kapitalanlage und des Erwerbs, wie es nothwendig bei den Aktiengesellschaften der Fall ist, behandelt werden dürfen.

2. Auch wo die öffentliche Unternehmung und Anstalt nicht eintreten kann oder thatsächlich nicht eintritt, scheinen mir noch *speziellere Untersuchungen* über die Fragen nothwendig: a) ob nicht *für gewisse Zwecke der Unternehmung* die Rechtform der Aktiengesellschaft *grundsätzlich auszuschließen* sei, so namentlich für α) solche Banken, sog. Emissions- und Gründungsbanken, welche selbst wieder die *Neubegründung anderer Aktiengesellschaften* zum Geschäftszweck machen, und für β) solche Banken, welche den *gewerbsmäßigen An- und Verkauf von Immobilien* („Handel in Grundstücken") betreiben.

Ferner b) ob nicht wenigstens die *Vereinigung ökonomisch und technisch ganz heterogener Geschäftszwecke* in einer Aktiengesellschaft durch weitere Spezialvorschriften zu erschweren bez. zu verbieten sei, z. B. die Vereinigung von Bank- und Warenhandelsgeschäften.

3. Soweit die Aktiengesellschaft vom Rechte zugelassen wird, scheinen mir noch *neben* den *allgemeinen* Bestimmungen des Aktienrechts *Spezial*bestimmungen nothwendig für die *nach Kategorien oder Zwecken gesonderten* Gesellschaften, – in der Form umfassender verwaltungsrechtlicher Gesetze, und zwar im Wege der *Reichs*gesetzgebung, so namentlich für

a) die übrigen, nicht Noten ausgebenden *Banken*, speciell für Depositen- und dgl. Banken, für Hypothekenbanken, für Gründungs- und Emissionsbanken, für
b) *Versicherungsanstalten*, gesondert nach den großen Zweigen der Versicherung, mit gleichzeitiger Berücksichtigung der Frage, *ob* und *wieweit* verschiedene Zweige in Einer Unternehmung vereinigt werden dürfen, endlich für
c) *Transportunternehmungen* (incl. Pferde- und kleine lokale Dampfbahnen, Omnibusgesellschaften u. dgl.).

4. Zum Zweck einer *wirksameren öffentlichen Kontrole* und um das Princip der Publicität genügend zu garantiren, scheinen mir *öffentliche Kontrolämter des Staats*, abtheilungsweise nach dem Zweck der Unternehmungen specialisirt erforderlich.

Die *Kommandit*-Aktiengesellschaft steht nach meiner Ansicht in Betreff obiger Forderungen der Aktiengesellschaft ganz gleich.

Geheimer Justizrath Professor *Dr. Goldschmidt* erklärte es für einen Vorzug der Konferenz, daß dieselbe nicht in eine Erörterung der allgemeinen wirthschaftlichen Fragen eingegangen sei, sondern sich an den konkreten Entwurf gehalten habe. Redner glaubt, daß wenn Seitens der Konferenz etwas Zweckdienliches für die Reform des Aktienwesens geleistet worden sei, dies gerade in der gedachten Beschränkung seinen Grund habe.

Unterstaatssekretär a. D. *Jacobi* beantragt sodann, den Sachverständigen eine Abschrift der Protokolle zugehen zu lassen, was Seitens des Vorsitzenden zugesagt wird.

Der Vorsitzende spricht sodann den Sachverständigen den Dank der Reichsregierung für die Bereitwilligkeit aus, mit der sie deren Einladung nachgekommen sind und für den Eifer, mit welchem sie den anstrengenden Berathungen obgelegen haben. Namens der Sachverständigen dankt Unterstaatssekretär a. D. Jacobi dem Vorsitzenden für die Leitung der Versammlung.

Hierauf wurde die Konferenz geschlossen.

Zur Beglaubigung, gez. Dr. Kayser, Regierungs-Rath[3].

[3] Dem Protokoll sind folgende, wohl von Koch stammende Bemerkungen beigefügt, wobei die im folgenden genannten Seitenzahlen sich auf die vorliegende Edition beziehen:

I. Mehrfach hatte ich es für nöthig erachtet, Eurer Excellenz Instruktion und die Berathungen zu erwähnen, welche Hochdieselben (vor Beginn der Konferenzen) über die wichtigsten Fragen im Reichsbank-Direktorium unter Zuziehung der Deputirten des Zentralausschusses veranstaltet haben. Hiernach berichtigen sich diejenigen Stellen der Protokolle, wo von Aufträgen des Reichsbankdirektoriums und von dessen „kaufmännischen Mitgliedern" die Rede ist (Seite 301, 313, 325, 361, 377, 384).

II. Eine Untersuchung durch gerichtlich ernannte Revisoren (Entw. Art. 224) habe ich auch in dem Falle befürwortet, daß ein Verlust (nicht „ein großer Verlust") am Grundkapital eingetreten ist oder eine Jahresdividende in Folge von Verlusten überhaupt nicht vertheilt werden kann, und mich dabei auf die noch weiter gehenden Bestimmungen des englischen und des belgischen Rechts sowie auf die französische Praxis bezogen (Seite 350).

III. In der Debatte über die Stellung des Aufsichtsraths (Art. 225 ff. des Entw.) habe ich die analogen Vertretungen der Reichsbankantheilseigner (Centralausschuß, Deputirte, Bezirksausschüsse) erwähnt (Seite 353), aber denselben keineswegs „jede Bedeutung" abgesprochen, sondern im Gegentheil hervorgehoben, daß die in denselben vertretene kaufmännische Einsicht für die Reichsbankverwaltung von großem Werthe sei, und nur bemerkt, daß eine alle Theile der letzteren umfassende genaue Kontrole, sofern dieselbe überhaupt in der Absicht des Bank-Gesetzes liege, dadurch nicht erreicht werde.

IV. Die bei der Berathung über Art. 239 c gemachte Bemerkung (S. 365) besagte, daß aus dem Reservefonds der Reichsbank nach § 24 des Bankgesetzes evtl. auch das an der „ordentlichen Dividende" Fehlende zu ergänzen sei, und daß außerdem alljährlich für zweifelhafte Forderungen ein Theil des Gewinnes reservirt werde.

V. Ganz mißverständlich endlich ist die auf Art. 249 d Ziff. 2 bezügliche Bemerkung (S. 381 f.). Ich habe nicht angeführt und konnte nicht anführen, daß die Reichsbank zu dem bezeichneten Zwecke niemals „sogenannte Scheinkäufe" an der Börse vorgenommen habe. Es kam mir nur (einer Bemerkung des Herrn Geheimen Kommerzienrath Delbrück gegenüber) darauf an, zu bestätigen, daß eine gewisse Einwirkung auf den Kurs zuweilen das Ziel der loyalsten und reellsten Geschäfte sei; daher führte ich als Beispiel die Verkäufe von Wechseln auf das Ausland an, welche den Goldexport verhindern sollten und verhindert hätten, und bemerkte, daß eine so vage, der weitesten Auslegung Raum lassende Strafbestimmung wie die obengedachte selbst auf dergleichen nützliche Operationen von Unkundigen angewendet werden könne.

Aktenstück Nr. 21
vom 7. März 1884*

Gesetz,

betreffend

die Kommanditgesellschaften auf Aktien und die Aktiengesellschaften.

Wir **Wilhelm**, von Gottes Gnaden Deutscher Kaiser, König von Preußen rc.

verordnen im Namen des Reichs, nach erfolgter Zustimmung des Bundesraths und des Reichstags, was folgt:

§. 1.

Die Bestimmungen im zweiten Abschnitte des zweiten Titels und im dritten Titel vom zweiten Buche des Handelsgesetzbuchs, Artikel 173 bis 249a, werden durch nachstehende Bestimmungen ersetzt.

Zweiter Abschnitt.

Von der Kommanditgesellschaft auf Aktien insbesondere.

Artikel 173.

Das Gesammtkapital der Kommanditisten kann in Aktien zerlegt werden.

Die Aktien sind untheilbar.

Dieselben müssen auf Namen lauten.

Artikel 173a.

Die Aktien müssen auf einen Betrag von mindestens eintausend Mark gestellt werden.

Für ein gemeinnütziges Unternehmen kann im Falle eines besonderen örtlichen Bedürfnisses die Landescentralbehörde in Uebereinstimmung mit dem Reichskanzler die Ausgabe von Aktien zu einem geringeren, jedoch mindestens zweihundert Mark erreichenden Betrage zulassen. Die gleiche Genehmigung kann in dem Falle ertheilt werden, daß für ein Unternehmen das Reich oder ein Bundesstaat, ein Provinzial-, Kreis- oder Amtsverband oder eine sonstige öffentliche Korporation auf die Aktien einen bestimmten Ertrag bedingungslos und ohne Zeitbeschränkung gewährleistet hat.

Die vorstehenden Bestimmungen gelten auch von Promessen und Interimsscheinen.

Artikel 174.

Eine Kommanditgesellschaft auf Aktien gilt als Handelsgesellschaft, auch wenn der Gegenstand des Unternehmens nicht in Handelsgeschäften besteht.

Artikel 174a.

Die persönlich haftenden Gesellschafter haben sich bei Errichtung der Gesellschaft mit Einlagen zu betheiligen, welche zusammen mindestens den zehnten Theil des Gesammtkapitals der Kommanditisten und, wenn dieses drei Millionen Mark übersteigt, für den übersteigenden Betrag den zwanzigsten Theil desselben darstellen.

Artikel 175.

Der Inhalt des Gesellschaftsvertrages (Statut) muß durch die persönlich haftenden Gesellschafter in gerichtlicher oder notarieller Verhandlung festgestellt werden.

Der Gesellschaftsvertrag muß enthalten:

1. den Namen, Vornamen, Stand und Wohnort, sowie die Höhe und Art der Einlage jedes persönlich haftenden Gesellschafters;
2. die Firma der Gesellschaft und den Ort, wo sie ihren Sitz hat;
3. den Gegenstand des Unternehmens;
4. die Zahl und den Betrag der Aktien;
5. die Form, in welcher die Zusammenberufung der Generalversammlung der Kommanditisten geschieht;
6. die Form, in welcher die von der Gesellschaft ausgehenden Bekanntmachungen erfolgen.

Bekanntmachungen, welche durch öffentliche Blätter erfolgen sollen, sind in den Deutschen Reichsanzeiger einzurücken. Andere Blätter außer diesem hat der Gesellschaftsvertrag zu bestimmen.

Artikel 175a.

Der Aufnahme in den Gesellschaftsvertrag bedürfen Bestimmungen, nach welchen

1. das Unternehmen auf eine gewisse Zeit beschränkt wird;
2. Aktien für einen höheren als den Nominalbetrag ausgegeben werden;
3. für einzelne Gattungen von Aktien verschiedene Rechte, insbesondere betreffs der Zinsen oder Dividenden oder des Antheils am Gesellschaftsvermögen, gewährt werden;
4. über gewisse Gegenstände die Generalversammlung der Kommanditisten nicht schon durch einfache Stimmenmehrheit, sondern nur durch eine größere Stimmenmehrheit oder nach anderen Erforderníssen Beschluß fassen kann;
5. ein Austreten einzelner persönlich haftender Gesellschafter die Auflösung der Gesellschaft nicht zur Folge hat.

Für einen geringeren als den Nominalbetrag darf die Ausgabe der Aktien nicht festgesetzt werden.

Artikel 175b.

Jeder zu Gunsten einzelner Gesellschafter bedungene besondere Vortheil muß in dem Gesellschaftsvertrage unter Bezeichnung des Berechtigten festgesetzt werden.

Werden von persönlich haftenden Gesellschaftern oder von Kommanditisten Einlagen, welche nicht in baarem Gelde bestehen, gemacht, so müssen die Person des Gesellschafters, der Gegenstand der Einlage und der für sie zu gewährende Antheil an dem Gesammtkapital der Kommanditisten oder dem sonstigen Gesellschaftsvermögen in dem Gesellschaftsvertrage festgesetzt werden. Ingleichen sind, falls seitens der zu errichtenden Gesellschaft vorhandene oder herzustellende Anlagen oder sonstige Vermögensstücke übernommen werden, die Person des Kontrahenten, der Gegenstand der Uebernahme und die für ihn zu gewährende Vergütung festzusetzen.

Von diesen Festsetzungen gesondert ist der Gesammtaufwand, welcher zu Lasten der Gesellschaft an Gesellschafter oder Andere als Entschädigung oder Belohnung für die Gründung oder deren Vorbereitung gewährt wird, in dem Gesellschaftsvertrage festzusetzen.

Jedes Abkommen der persönlich haftenden Gesellschafter über die vorbezeichneten Gegenstände, welches nicht die vorgeschriebene Festsetzung in dem Gesellschaftsvertrage gefunden hat, ist der Gesellschaft gegenüber unwirksam.

Artikel 175c.

Die Zeichnung der Aktien erfolgt durch schriftliche Erklärung (Zeichnungsschein).

* Zur Originalpaginierung vgl. S. 621.

Der Zeichnungsschein, welcher in zwei Exemplaren zu unterzeichnen ist, hat zu enthalten:

1. das Datum des Statuts, die in Artikel 175 Absatz 2, 175b vorgesehenen Festsetzungen und im Falle verschiedener Gattungen von Aktien den Gesammtbetrag einer jeden;
2. den Betrag, für welchen die Ausgabe der Aktie stattfindet, und den Betrag der festgesetzten Einzahlungen;
3. den Zeitpunkt, mit dessen Eintritt die Zeichnung unverbindlich wird, sofern nicht bis dahin die Errichtung der Gesellschaft beschlossen ist.

Zeichnungsscheine, welche diesen Erfordernissen nicht entsprechen oder außer dem unter Ziffer 3 bezeichneten Vorbehalte Beschränkungen in der Verpflichtung des Zeichners enthalten, sind zum Nachweise der Zeichnung des Gesammtkapitals der Kommanditisten ungeeignet. Jede nicht in dem Zeichnungsscheine enthaltene Beschränkung ist der Gesellschaft gegenüber unwirksam.

Artikel 175d.

Jede Kommanditgesellschaft auf Aktien muß einen Aufsichtsrath haben.

Zur Wahl des ersten Aufsichtsraths ist die Generalversammlung der Kommanditisten sofort nach der Zeichnung des Gesammtkapitals von den persönlich haftenden Gesellschaftern zu berufen.

Die Mitglieder des Aufsichtsraths haben den Hergang der Gründung zu prüfen. Die Prüfung hat sich auf die in Artikel 174a vorgeschriebene Betheiligung der persönlich haftenden Gesellschafter, auf die Richtigkeit und Vollständigkeit der Angaben, welche von den letzteren rücksichtlich der Zeichnung und Einzahlung des Gesammtkapitals der Kommanditisten und der in Artikel 175b vorgesehenen Festsetzungen gemacht sind, sowie darauf zu erstrecken, ob die Höhe der für eingelegte oder übernommene Gegenstände gewährten Beträge durch die Verhältnisse gerechtfertigt erscheint. Hierbei sind insbesondere die dem Erwerbe der Gesellschaft vorausgegangenen Rechtsgeschäfte, welche auf denselben hingezielt haben, sowie die früheren Erwerbs- und Herstellungspreise aus den letzten zwei Jahren in Betracht zu ziehen.

Ueber die Prüfung ist unter Darlegung der im vorstehenden Absatze bezeichneten Umstände schriftlich Bericht zu erstatten.

Artikel 175e.

Ueber die Errichtung der Gesellschaft muß in einer durch die persönlich haftenden Gesellschafter zu berufenden Generalversammlung der Kommanditisten Beschluß gefaßt werden.

Vor der Beschlußfassung hat sich der Aufsichtsrath über die Ergebnisse der ihm rücksichtlich der Gründung obliegenden Prüfung auf Grund seines Berichts zu erklären.

Die der Errichtung der Gesellschaft zustimmende Mehrheit der erschienenen Kommanditisten muß mindestens ein Viertheil der sämmtlichen Kommanditisten begreifen und der Betrag ihrer Antheile mindestens ein Viertheil des Gesammtkapitals darstellen. Die Zustimmung aller erschienenen Kommanditisten ist erforderlich, wenn die in den Artikeln 175 Ziffer 1 bis 4 und 175a bezeichneten Bestimmungen des Gesellschaftsvertrages abgeändert oder die in Artikel 175b vorgesehenen Festsetzungen zu Lasten der Gesellschaft erweitert werden sollen.

Artikel 175f.

Auf die Berufung und Beschlußfassung der in Artikel 175d und 175e bezeichneten Generalversammlungen finden, soweit nicht in letzterem Artikel ein anderes bestimmt ist, die Regeln entsprechende Anwendung, welche für die Gesellschaft nach der Eintragung maßgebend sind.

Artikel 176.

Der Gesellschaftsvertrag muß bei dem Handelsgericht, in dessen Bezirk die Gesellschaft ihren Sitz hat, in das Handelsregister eingetragen werden.

Der Anmeldung behufs der Eintragung in das Handelsregister müssen beigefügt sein:

1. in dem Falle des Artikels 175b die den bezeichneten Festsetzungen zum Grunde liegenden oder zu ihrer Ausführung geschlossenen Verträge und eine Berechnung des Gründungsaufwands, in welcher die Vergütungen nach Art und Höhe und die Empfänger einzeln aufzuführen sind;
2. zum Nachweise der Zeichnung des Gesammtkapitals der Kommanditisten die Duplikate der Zeichnungsscheine und ein von den persönlich haftenden Gesellschaftern in beglaubigter Form unterschriebenes Verzeichniß der sämmtlichen Kommanditisten, welches die auf jeden entfallenen Aktien, sowie die auf letztere geschehenen Einzahlungen angiebt;
3. die Urkunden über die Bestellung des Aufsichtsraths und der von demselben in Gemäßheit des Artikels 175d erstattete Bericht nebst dessen urkundlichen Grundlagen;
4. in dem Falle, daß der Gegenstand des Unternehmens der staatlichen Genehmigung bedarf, sowie in den Fällen des Artikels 173a Absatz 2 die Genehmigungsurkunde.

In der Anmeldung ist die Erklärung abzugeben, daß auf jede Aktie, soweit nicht andere als in Geld bestehende Einlagen gemacht sind, der eingeforderte Betrag baar eingezahlt und den persönlich haftenden Gesellschaftern übergeben sei. Auf die Aktien muß mindestens ein Viertheil des Nominalbetrages und im Falle einer Ausgabe der Aktien für einen höheren als den Nominalbetrag auch der Mehrbetrag eingefordert sein.

Die Anmeldung muß von sämmtlichen persönlich haftenden Gesellschaftern und sämmtlichen Mitgliedern des Aufsichtsraths vor dem Handelsgericht unterzeichnet oder in beglaubigter Form eingereicht werden.

Die der Anmeldung beigefügten Schriftstücke werden bei dem Handelsgericht in Urschrift oder in beglaubigter Abschrift aufbewahrt.

Artikel 177.

Der eingetragene Gesellschaftsvertrag ist im Auszuge von dem Handelsgerichte zu veröffentlichen.

Die Veröffentlichung muß enthalten:

1. das Datum des Gesellschaftsvertrages und die in Artikel 175 Absatz 2 und 3, 175a Ziffer 1, 3 und 5 und 175b bezeichneten Festsetzungen;
2. den Namen, Stand und Wohnort der Mitglieder des Aufsichtsraths.

Artikel 178.

Vor erfolgter Eintragung in das Handelsregister besteht die Kommanditgesellschaft als solche nicht.

Ist vor der Eintragung im Namen der Gesellschaft gehandelt worden, so haften die Handelnden persönlich und solidarisch.

Artikel 179.

Die Vorschriften der Artikel 152 und 153 sind auch bei der Kommanditgesellschaft auf Aktien zu befolgen.

Die Anmeldung der Zweigniederlassung muß die in Artikel 177 Absatz 2 bezeichneten Angaben und den Nachweis der Eintragung des Gesellschaftsvertrages bei dem Handelsgerichte der Hauptniederlassung enthalten. Eines Nachweises, daß die für diese in Artikel 176 vorgeschriebenen Erfordernisse beobachtet sind, bedarf es nicht.

Befindet sich die Hauptniederlassung im Auslande, so hat die Anmeldung der Zweigniederlassung außer dem Nachweise des Bestehens der Kommanditgesellschaft auf Aktien als solcher die in Artikel 177 Absatz 2 bezeichneten Angaben und in dem Falle, daß der Gegenstand des Unternehmens oder die Zulassung zum Gewerbebetriebe im Inlande der staatlichen Genehmigung bedarf, den Nachweis der ertheilten Genehmigung zu enthalten.

Artikel 180.

Der Gesellschaft sind die persönlich haftenden Gesellschafter für die Richtigkeit und Vollständigkeit der Angaben, welche sie rücksichtlich der Zeichnung und Einzahlung des Kapitals der Kommanditisten, sowie rücksichtlich der in Artikel 175b vorgesehenen Festsetzungen behufs Eintragung des Gesellschaftsvertrages in das Handelsregister machen, solidarisch verhaftet; sie haben unbeschadet der Verpflichtung zum Ersatze des sonst etwa entstandenen Schadens insbesondere einen an der Zeichnung des Gesammtkapitals der Kommanditisten fehlenden Betrag zu übernehmen, fehlende Einzahlungen zu leisten und eine Vergütung, welche nicht unter den zu bezeichnenden Gründungsaufwand aufgenommen ist, zu ersetzen. Ingleichen sind der Gesellschaft in dem Falle, daß sie von persönlich haftenden Gesellschaftern durch Einlagen oder Uebernahmen der in Artikel 175b bezeichneten Art böslicherweise geschädigt ist, die sämmtlichen persönlich haftenden Gesellschafter zum Ersatze des entstandenen Schadens solidarisch verpflichtet.

Von dieser Verbindlichkeit ist ein persönlich haftender Gesellschafter befreit, wenn er beweist, daß er die Unrichtigkeit oder Unvollständigkeit der Angabe oder die bösliche Schädigung weder gekannt habe, noch bei Anwendung der Sorgfalt eines ordentlichen Kaufmanns habe kennen müssen.

Entsteht durch Zahlungsunfähigkeit eines Kommanditisten der Gesellschaft ein Ausfall, so sind ihr die persönlich haftenden Gesellschafter, welche bei der Anmeldung des Gesellschaftsvertrages die Zahlungsunfähigkeit kannten, zum Ersatze solidarisch verpflichtet.

Außer den persönlich haftenden Gesellschaftern sind der Gesellschaft zum Schadensersatze solidarisch verpflichtet:

1. in dem Falle, daß eine Vergütung nicht unter den zu bezeichnenden Gründungsaufwand aufgenommen ist, der Empfänger, wenn er zur Zeit des Empfanges wußte oder nach den Umständen annehmen mußte, daß die Verheimlichung beabsichtigt oder erfolgt war, und jeder Dritte, welcher zur Verheimlichung wissentlich mitgewirkt hat;
2. in dem Falle einer böslichen Schädigung durch Einlagen oder Uebernahmen jeder Dritte, welcher zu derselben wissentlich mitgewirkt hat.

Artikel 180a.

Wer vor der Eintragung des Gesellschaftsvertrages in das Handelsregister oder in den ersten zwei Jahren nach der Eintragung, um Aktien in den Verkehr einzuführen, eine öffentliche Ankündigung derselben erläßt, ist der Gesellschaft im Falle der Unrichtigkeit oder Unvollständigkeit von Angaben, welche die persönlich haftenden Gesellschafter rücksichtlich der Zeichnung oder Einzahlung des Gesammtkapitals der Kommanditisten oder der in Artikel 175b vorgesehenen Festsetzungen behufs Eintragung des Gesellschaftsvertrages in das Handelsregister gemacht haben, sowie in dem Falle einer böslichen Schädigung der Gesellschaft durch Einlagen oder Uebernahmen für den Ersatz des ihr daraus entstandenen Schadens neben den in Artikel 180 bezeichneten Personen solidarisch verhaftet, sofern er die Unrichtigkeit oder Unvollständigkeit der Angaben oder die bösliche Schädigung gekannt hat oder bei sorgfältiger Prüfung, wie solche von einem ordentlichen Geschäftsmanne anzuwenden ist, hat kennen müssen.

Artikel 180b.

Mitglieder des Aufsichtsraths, welche bei der ihnen durch Artikel 175d Absatz 3 auferlegten Prüfung die Sorgfalt eines ordentlichen Geschäftsmannes verletzt haben, haften der Gesellschaft solidarisch für den ihr daraus entstandenen Schaden, soweit der Ersatz desselben von den in Gemäßheit der Artikel 180, 180a verpflichteten Personen nicht zu erlangen ist.

Artikel 180c.

Vergleiche oder Verzichtleistungen, welche die der Gesellschaft aus der Gründung zustehenden Ansprüche gegen die in Gemäßheit der Artikel 180 bis 180b verpflichteten Personen betreffen, sind erst nach Ablauf von drei Jahren seit Eintragung des Gesellschaftsvertrages in das Handelsregister und nur mit Zustimmung der Generalversammlung der Kommanditisten zulässig. Die Zeitbeschränkung findet nicht Anwendung, sofern der Verpflichtete im Falle seiner Zahlungsunfähigkeit zur Abwendung oder Beseitigung des Konkursverfahrens mit der Gesellschaft und den anderen Gläubigern Vergleiche abschließt.

Artikel 180d.

Werden vor Ablauf von zwei Jahren seit Eintragung des Gesellschaftsvertrages in das Handelsregister seitens der Gesellschaft Verträge geschlossen, durch welche sie vorhandene oder herzustellende Anlagen zum dauernden Geschäftsbetriebe oder unbewegliche Gegenstände für eine den zehnten Theil des Gesammtkapitals der Kommanditisten übersteigende Vergütung erwerben soll, so bedürfen dieselben zu ihrer Gültigkeit der Zustimmung der Generalversammlung der Kommanditisten.

Vor der Beschlußfassung hat der Aufsichtsrath den Vertrag zu prüfen und über die Ergebnisse seiner Prüfung schriftlich Bericht zu erstatten.

Die Antheile der zustimmenden Mehrheit der Kommanditisten müssen in dem Falle, daß der Vertrag im ersten Jahre geschlossen wird, mindestens ein Viertheil des Gesammtkapitals, anderenfalls mindestens drei Viertheile des in der Generalversammlung vertretenen Gesammtkapitals darstellen.

Der genehmigte Vertrag ist in Urschrift oder in beglaubigter Abschrift mit dem Berichte des Aufsichtsraths nebst dessen urkundlichen Grundlagen und mit dem Nachweise über die Beschlußfassung zum Handelsregister einzureichen.

Hat der Erwerb in Ausführung einer vor der Errichtung der Gesellschaft von den persönlich haftenden Gesellschaftern getroffenen Vereinbarung stattgefunden, so kommen in Betreff der Rechte der Gesellschaft auf Entschädigung und in Betreff der ersatzpflichtigen Personen die Vorschriften der Artikel 180 und 180c zur Anwendung.

Artikel 180e.

Jede Bestimmung, welche die Fortsetzung der Gesellschaft oder eine Abänderung des Inhalts des Gesellschaftsvertrages zum Gegenstande hat, bedarf zu ihrer Gültigkeit der notariellen oder gerichtlichen Abfassung.

Die Bestimmung muß in gleicher Weise wie der ursprüngliche Vertrag in das Handelsregister eingetragen und veröffentlicht werden (Art. 177, 179). Dieselbe hat keine rechtliche Wirkung, bevor sie bei dem Handelsgericht, in dessen Bezirke die Gesellschaft ihren Sitz hat, in das Handelsregister eingetragen ist.

Artikel 180f.

Die Abänderung des Inhalts des Gesellschaftsvertrages kann nicht ohne Beschluß der Generalversammlung der Kommanditisten erfolgen. Sofern der Gesellschaftsvertrag für eine Abänderung derjenigen Bestimmung, welche den Gegenstand der Beschlußfassung bildet, nicht andere Erfordernisse aufstellt, bedarf der Beschluß einer Mehrheit von drei Viertheilen des in der Generalversammlung vertretenen Gesammtkapitals.

Diese Vorschrift findet auch dann Anwendung, wenn mehrere Gattungen von Aktien mit verschiedener Berechtigung ausgegeben sind.

Soll durch die Beschlußfassung das bisherige Rechtsverhältniß unter den verschiedenen Gattungen zum Nachtheil einer derselben abgeändert werden, so bedarf es zu dem von der gemeinschaftlichen Generalversammlung gefaßten Beschlusse der Zustimmung einer besonderen Generalversammlung der benachtheiligten Kommanditisten, deren Beschlußfassung gleichfalls nach der Vorschrift des ersten Absatzes sich richtet.

Artikel 180g.

Eine Erhöhung des Gesammtkapitals der Kommanditisten darf nicht vor der vollen Einzahlung desselben erfolgen. Für Versicherungsgesellschaften kann der Gesellschaftsvertrag ein Anderes bestimmen.

Die Erhöhung kann nicht ohne Beschluß der Generalversammlung der Kommanditisten stattfinden. Für die neu auszugebenden Aktien kann die Leistung eines anderen als des Nominalbetrages festgesetzt werden; der Beschluß hat den Mindestbetrag zu bezeichnen, für welchen die Aktien auszugeben sind.

Bei einer Erhöhung, welche in den ersten zwei Jahren seit Eintragung des Gesellschaftsvertrages in das Handelsregister beschlossen wird, darf ein geringerer als der Nominalbetrag nicht festgesetzt werden. Auf eine in diesem Zeitraume beschlossene Erhöhung findet die Vorschrift in Artikel 174a über die Betheiligung der persönlich haftenden Gesellschafter mit der Maßgabe Anwendung, daß die Betheiligung nach dem Gesammtkapitale einschließlich dessen Erhöhung zu bemessen ist und aus dem Beschlusse hervorgehen muß, welche Einlagen demzufolge noch gemacht werden.

Die Bestimmung über die Erhöhung ist in das Handelsregister einzutragen. Auf die Eintragung und die Beschlußfassung finden die Vorschriften in Artikel 180e und in Artikel 180f Absatz 1 und 3 entsprechende Anwendung.

Eine Zusicherung von Rechten auf den Bezug neu auszugebender Aktien, welche vor dem Beschlusse auf Erhöhung des Gesammtkapitals erfolgt, ist der Gesellschaft gegenüber unwirksam.

Artikel 180h.

Die Zeichnung der neu auszugebenden Aktien erfolgt durch schriftliche, in zwei Exemplaren zu unterzeichnende Erklärung.

Die stattgefundene Erhöhung des Kapitals der Kommanditisten ist behufs der Eintragung in das Handelsregister anzumelden. Die Anmeldung hat nach Maßgabe des Artikels 180g Absatz 1 die Angabe zu enthalten, ob das bisherige Kapital eingezahlt sei. Im Uebrigen finden auf dieselbe die Vorschriften in Artikel 176 und 179 entsprechende Anwendung. Vor der Eintragung der stattgefundenen Erhöhung in das Handelsregister (Art. 176) sollen Aktien, Promessen oder Interimsscheine nicht ausgegeben werden.

Artikel 181.

Die Einlagen, mit welchen ein persönlich haftender Gesellschafter sich in Gemäßheit der Artikel 174a, 180g Absatz 3 betheiligt hat, dürfen ihm weder ganz noch theilweise zurückgegeben oder erlassen werden.

Er darf den Antheil, welcher ihm am Gesellschaftsvermögen einschließlich des Gesammtkapitals der Kommanditisten auf solche Einlagen zugewiesen ist, nur an andere persönlich haftende Gesellschafter veräußern. In gleicher Weise ist, wenn er als persönlich haftender Gesellschafter ausscheidet, die Veräußerung des ihm auf solche Einlagen bei der Auseinandersetzung zufallenden Antheils bis zum Ablaufe von fünf Jahren seit dem Ausscheiden, jedoch nicht länger als bis zum Ablaufe von zehn Jahren seit Eintragung des Gesellschaftsvertrages in das Handelsregister beschränkt. Während der Dauer dieser Beschränkung dürfen die Antheile nicht ausgeliefert und für Privatgläubiger des persönlich haftenden Gesellschafters nur insoweit gepfändet werden, als sie nicht bis zum Ablaufe der Zeitbeschränkung wegen Forderungen der Gesellschaft oder der Gesellschaftsgläubiger verwendet oder gepfändet sind.

Soweit die Einlagen auf das Gesammtkapital der Kommanditisten gemacht sind, hat der Aufsichtsrath die hierfür auszustellenden Aktien, Promessen oder Interimsscheine in Verwahrung zu nehmen und mit dem Vermerk „unveräußerlich" zu versehen. Die Löschung des Vermerkes findet durch den Aufsichtsrath nach dem Wegfalle der bezeichneten Beschränkung statt.

Artikel 181a.

Aktien, Promessen und Interimsscheine, welche auf Inhaber lauten, auf einen geringeren als den nach Artikel 173a zugelassenen Betrag gestellt sind oder ausgegeben werden, bevor der Gesellschaftsvertrag bei dem Handelsgericht, in dessen Bezirk die Gesellschaft ihren Sitz hat, in das Handelsregister eingetragen ist, sind nichtig; die Ausgeber haften den Besitzern solidarisch für allen durch die Ausgabe verursachten Schaden.

Artikel 182.

Die Aktien müssen mit genauer Bezeichnung des Inhabers nach Namen, Wohnort und Stand in das Aktienbuch der Gesellschaft eingetragen werden.

Sie können, soweit nicht der Artikel 181 oder der Gesellschaftsvertrag ein anderes bestimmt, ohne Einwilligung der Gesellschaft auf andere Personen übertragen werden.

Die Uebertragung kann durch Indossament geschehen.

In Betreff der Form des Indossaments kommen die Bestimmungen der Artikel 11 bis 13 der allgemeinen deutschen Wechselordnung zur Anwendung.

Artikel 183.

Wenn das Eigenthum der Aktie auf einen Anderen übergeht, so ist dies, unter Vorlegung der Aktie und des Nachweises des Ueberganges, bei der Gesellschaft anzumelden und im Aktienbuche zu bemerken.

Im Verhältnisse zu der Gesellschaft werden nur diejenigen als die Eigenthümer der Aktien angesehen, welche als solche im Aktienbuche verzeichnet sind.

Zur Prüfung der Legitimation ist die Gesellschaft berechtigt, aber nicht verpflichtet.

Artikel 183a.

Die in Artikel 182 und 183 enthaltenen Bestimmungen finden auf die Eintragung der Promessen oder Interimsscheine und auf die Uebertragung derselben auf andere Personen Anwendung.

Vor der vollen Leistung des Nominalbetrages oder des statt desselben in den Fällen der Artikel 175a Ziffer 2, 180g Absatz 2 festgesetzten Betrages soll die Aktie nicht ausgegeben werden.

Artikel 183b.

Die Verpflichtung des Kommanditisten, zu den Zwecken der Gesellschaft und zur Erfüllung ihrer Verbindlichkeiten beizutragen, wird durch den Nominalbetrag der Aktie, in den Fällen der Artikel 175a Ziffer 2, 180g Absatz 2 durch den Betrag, für welchen die Aktie ausgegeben ist, begrenzt.

Artikel 184.

Ein Gesellschafter, welcher den auf die Aktie zu leistenden Betrag nicht zur rechten Zeit einzahlt, ist zur Zahlung von Verzugszinsen von Rechtswegen verpflichtet.

Im Gesellschaftsvertrage können für den Fall der verzögerten Einzahlung Konventionalstrafen ohne Rücksicht auf die sonst stattfindenden gesetzlichen Einschränkungen festgesetzt werden.

Ist im Gesellschaftsvertrage keine besondere Form, wie die Aufforderung zur Einzahlung geschehen soll, bestimmt, so geschieht dieselbe in der Form, in welcher die Bekanntmachungen der Gesellschaft nach dem Gesellschaftsvertrage überhaupt erfolgen müssen.

Artikel 184a.

An säumige Gesellschafter kann eine erneute Aufforderung zur Zahlung unter Androhung ihres Ausschlusses mit dem Antheilsrechte erlassen werden. Die Aufforderung hat mindestens dreimal durch Bekanntmachung in den hierzu bestimmten öffentlichen Blättern, die erste Bekanntmachung mindestens drei Monate und die letzte Bekanntmachung mindestens vier Wochen vor Ablauf der für die Einzahlung gesetzten Nachfrist zu erfolgen. Statt der Bekanntmachungen in den öffentlichen Blättern genügt, falls das Antheilsrecht nicht ohne Einwilligung der Gesellschaft übertragbar ist, die Bekanntmachung der Aufforderung mit einer vier Wochen übersteigenden Nachfrist durch besonderen Erlaß an die säumigen Gesellschafter.

Ein Gesellschafter, welcher den auf die Aktie zu leistenden Betrag nicht einzahlt, obwohl die im vorstehenden Absatze bezeichnete Aufforderung stattgefunden hat, ist seiner Anrechte aus der Zeichnung der Aktie und der geleisteten Theilzahlungen zu Gunsten der Gesellschaft verlustig zu erklären. Die den Ausschluß bewirkende Erklärung erfolgt mittels Bekanntmachung durch die hierzu bestimmten öffentlichen Blätter. An Stelle der bisherigen Urkunde ist eine neue auszugeben, welche außer den früher geleisteten Theilzahlungen den eingeforderten Betrag zu umfassen hat. Wegen des Ausfalls, welchen die Gesellschaft an diesem Betrage oder den später eingeforderten Beträgen erleidet, bleibt ihr der ausgeschlossene Gesellschafter verhaftet.

Von den vorstehenden Rechtsfolgen kann der Gesellschafter nicht befreit werden.

Artikel 184b.

Soweit der ausgeschlossene Gesellschafter den eingeforderten Betrag nicht gezahlt hat, ist für denselben der Gesellschaft der letzte und jeder frühere, in dem Aktienbuche verzeichnete Rechtsvorgänger verhaftet, ein früherer Rechtsvorgänger, soweit die Zahlung von dessen Rechtsnachfolger nicht zu erlangen ist. Dies ist bis zum Nachweise des Gegentheils anzunehmen, soweit von letzterem die Zahlung nicht bis zum Ablaufe von vier Wochen geleistet wird, nachdem an ihn die Zahlungsaufforderung und an den Rechtsvorgänger die Benachrichtigung von derselben erfolgt ist. Der Rechtsvorgänger erhält gegen Zahlung des rückständigen Betrages die neu auszugebende Urkunde.

Die Haftpflicht des Rechtsvorgängers ist auf die innerhalb der Frist von zwei Jahren auf die Aktien eingeforderten Beträge beschränkt. Die Frist beginnt mit dem Tage, an welchem die Uebertragung des Antheilsrechts zum Aktienbuche der Gesellschaft angemeldet ist.

Von der vorstehenden Verbindlichkeit können die Rechtsvorgänger nicht befreit werden.

Ist die Zahlung des rückständigen Betrages von Rechtsvorgängern nicht zu erlangen, so kann die Gesellschaft das Antheilsrecht zum Börsenpreise und in Ermangelung eines solchen durch öffentliche Versteigerung verkaufen.

Artikel 184c.

Die Gesellschafter können gegen die ihnen in Gemäßheit der Artikel 184 bis 184b obliegenden Zahlungen eine Aufrechnung nicht geltend machen. Ebensowenig findet an dem Gegenstande einer zu leistenden Einlage wegen Forderungen, welche sich nicht auf dieselbe beziehen, ein Zurückbehaltungsrecht statt.

Artikel 184d.

Die Gesellschaft soll eigene Aktien, Promessen oder Interimsscheine im geschäftlichen Betriebe, sofern nicht eine Kommission zum Einkauf ausgeführt wird, weder erwerben noch zum Pfande nehmen. Ein dieser Bestimmung entgegenstehender Kauf von Promessen oder Interimsscheinen ist nichtig.

Artikel 185.

Die persönlich haftenden Gesellschafter sind verpflichtet, spätestens in den ersten sechs Monaten jedes Geschäftsjahres für das verflossene Geschäftsjahr eine Bilanz, eine Gewinn- und Verlustrechnung, sowie einen den Vermögensstand und die Verhältnisse der Gesellschaft entwickelnden Bericht dem Aufsichtsrath und mit dessen Bemerkungen der Generalversammlung der Kommanditisten vorzulegen.

Artikel 185a.

Für die Aufstellung der Bilanz kommen die allgemeinen Vorschriften des Artikels 31 mit folgenden Maßgaben zur Anwendung:

1. Werthpapiere und Waaren, welche einen Börsen- oder Marktpreis haben, dürfen höchstens zu dem Börsen- oder Marktpreise zur Zeit der Bilanzaufstellung, sofern dieser jedoch den Anschaffungspreis übersteigt, höchstens zu letzterem angesetzt werden;
2. andere Vermögensgegenstände sind höchstens zu dem Anschaffungs- oder Herstellungspreise anzusetzen;
3. Anlagen und sonstige Gegenstände, welche nicht zur Weiterveräußerung, vielmehr dauernd zum Geschäftsbetriebe der Gesellschaft bestimmt sind, dürfen ohne Rücksicht auf einen geringeren Werth zu dem Anschaffungs- oder Herstellungspreise angesetzt werden, sofern ein der Abnutzung gleichkommender Betrag in Abzug gebracht oder ein derselben entsprechender Erneuerungsfonds in Ansatz gebracht wird;
4. die Kosten der Organisation und Verwaltung dürfen nicht als Aktiva, müssen vielmehr ihrem vollen Betrage nach in der Jahresrechnung als Ausgabe erscheinen;
5. der Betrag des Gesammtkapitals der Kommanditisten, der Antheil der persönlich haftenden Gesellschafter am sonstigen Gesellschaftsvermögen und der Betrag eines jeden Reserve- und Erneuerungsfonds sind unter die Passiva aufzunehmen. Ist in dem Falle einer Erhöhung des Gesammtkapitals der Betrag, für welchen die Aktien ausgegeben sind, niedriger als der Nominalbetrag, so bleibt der letztere maßgebend;
6. der aus der Vergleichung sämmtlicher Aktiva und sämmtlicher Passiva sich ergebende Gewinn oder Verlust muß am Schlusse der Bilanz besonders angegeben werden.

Im Uebrigen ist der Bundesrath ermächtigt, für gewisse Arten von Unternehmungen Formulare aufzustellen, nach welchen die Gesellschaften die Bilanz, sowie die Gewinn- und Verlustrechnung anzufertigen haben.

Artikel 185b.

Zur Deckung eines aus der Bilanz sich ergebenden Verlustes ist ein Reservefonds zu bilden; in denselben ist einzustellen:

1. von dem jährlichen Reingewinne mindestens der zwanzigste Theil so lange, als der Reservefonds den zehnten oder den im Gesellschaftsvertrage bestimmten höheren Theil des Gesammtkapitals nicht überschreitet;
2. der Gewinn, welcher bei Errichtung der Gesellschaft oder einer Erhöhung des Gesammtkapitals durch

Ausgabe der Aktien für einen höheren als den Nominalbetrag erzielt wird.

Der Reservefonds kann bis zum zehnten Theile desselben auch zur Deckung außerordentlicher Verluste, welche im Laufe des Geschäftsjahres eintreten, verwendet werden; eine solche Verwendung bedarf jedoch der Zustimmung des Aufsichtsraths und eines Beschlusses der Kommanditisten, welcher mit einer Mehrheit von drei Viertheilen des in der Generalversammlung vertretenen Gesammtkapitals gefaßt wird.

Artikel 185c.

Die Bilanz, sowie die Gewinn- und Verlustrechnung sind mit dem Beschlusse über die Entlastung ohne Verzug von den persönlich haftenden Gesellschaftern in den hierzu bestimmten öffentlichen Blättern bekannt zu machen und zu dem Handelsregister einzureichen.

Im Uebrigen werden die Grundsätze, nach welchen die Bilanz aufzunehmen, Reservefonds zu bilden und anzulegen sind und die Prüfung der Bilanz zu erfolgen hat, durch den Gesellschaftsvertrag bestimmt.

Artikel 186.

Die Rechte, welche den Kommanditisten gegenüber den persönlich haftenden Gesellschaftern nach dem Gesellschaftsvertrage oder nach den Bestimmungen des vorigen Abschnitts in Beziehung auf die Führung der Geschäfte, die Einsicht und Prüfung der Bilanz, die Bestimmung der Gewinnvertheilung, die Auflösung oder Kündigung der Gesellschaft und die Befugniß, das Ausscheiden eines persönlich haftenden Gesellschafters zu verlangen, zustehen, werden in der Generalversammlung durch Beschlußfassung der erschienenen Kommanditisten ausgeübt.

Die Beschlüsse der Generalversammlung werden durch den Aufsichtsrath ausgeführt, wenn nicht im Gesellschaftsvertrage ein Anderes bestimmt ist.

Artikel 187.

Die Generalversammlung der Kommanditisten wird durch die persönlich haftenden Gesellschafter oder durch den Aufsichtsrath berufen, sofern nicht nach dem Gesetze oder dem Gesellschaftsvertrage auch andere Personen dazu befugt sind.

Die Generalversammlung ist außer den im Gesetze oder im Gesellschaftsvertrage ausdrücklich bestimmten Fällen zu berufen, wenn dies im Interesse der Gesellschaft erforderlich erscheint.

Artikel 188.

Die Generalversammlung muß berufen werden, wenn dies von Kommanditisten, deren Antheile zusammen den zehnten Theil des Gesammtkapitals darstellen, in einer von ihnen unterzeichneten Eingabe unter Angabe des Zwecks und der Gründe verlangt wird. Ist im Gesellschaftsvertrage das Recht, die Berufung der Generalversammlung zu verlangen, an den Besitz eines größeren oder eines geringeren Antheils am Gesammtkapitale geknüpft, so hat es hierbei sein Bewenden.

Wird dem Verlangen nicht entsprochen, so kann das Handelsgericht die Kommanditisten, welche das Verlangen gestellt haben, zur Berufung der Generalversammlung ermächtigen. Mit der Berufung ist die gerichtliche Ermächtigung zu veröffentlichen.

Artikel 189.

Die Berufung der Generalversammlung hat in der durch das Gesetz und den Gesellschaftsvertrag bestimmten Weise zu erfolgen.

Der Zweck der Generalversammlung muß jederzeit bei der Berufung bekannt gemacht werden. Ueber Gegenstände, deren Verhandlung nicht in dieser Weise angekündigt ist, können Beschlüsse nicht gefaßt werden; hiervon ist jedoch der Beschluß über den in der Generalversammlung gestellten Antrag auf Berufung einer außerordentlichen Generalversammlung ausgenommen.

Zur Stellung von Anträgen und zu Verhandlungen ohne Beschlußfassung bedarf es der Ankündigung nicht.

Artikel 190.

Jede Aktie gewährt das Stimmrecht. Dasselbe wird nach den Aktienbeträgen ausgeübt. Für den Besitz einer Mehrzahl von Aktien kann der Gesellschaftsvertrag die Ausübung des vollen Stimmrechts durch einen Höchstbetrag oder in Abstufungen oder nach Gattungen beschränken.

Vollmachten erfordern zu ihrer Gültigkeit die schriftliche Form, sie bleiben in der Verwahrung der Gesellschaft.

Wer durch die Beschlußfassung entlastet oder von einer Verpflichtung befreit werden soll, hat hierbei kein Stimmrecht und darf ein solches auch nicht für Andere ausüben. Dasselbe gilt von einer Beschlußfassung, welche die Eingehung eines Rechtsgeschäfts mit ihm betrifft.

Persönlich haftende Gesellschafter, welchen in Gemäßheit der Artikel 174a., 180g. Absatz 3 Antheile am Gesammtkapital der Kommanditisten zustehen oder welche sonst Aktien erwerben, haben kein Stimmrecht.

Im Uebrigen ist für die Bedingungen des Stimmrechts und die Form, in welcher dasselbe auszuüben ist, der Gesellschaftsvertrag maßgebend.

Artikel 190a.

Ein Beschluß der Generalversammlung kann wegen Verletzung des Gesetzes oder des Gesellschaftsvertrages als ungültig im Wege der Klage angefochten werden. Dieselbe findet nur binnen der Frist von einem Monate statt. Zur Anfechtung befugt ist außer persönlich haftenden Gesellschaftern jeder in der Generalversammlung erschienene Kommanditist, sofern er gegen den Beschluß Widerspruch zum Protokoll erklärt hat, und jeder nicht erschienene Kommanditist, sofern er die Anfechtung darauf gründet, daß die Berufung der Generalversammlung oder die Ankündigung des Gegenstandes der Beschlußfassung nicht gehörig erfolgt war. Ein klagender Kommanditist hat seine Aktien gerichtlich zu hinterlegen.

Die Klage ist gegen die persönlich haftenden Gesellschafter, soweit sie nicht selbst klagen, und gegen den Aufsichtsrath zu richten. Zuständig für die Klage ist ausschließlich das Landgericht, in dessen Bezirke die Gesellschaft ihren Sitz hat. Die mündliche Verhandlung erfolgt nicht vor Ablauf der im ersten Absatze bezeichneten Frist. Mehrere Anfechtungsprozesse sind zur gleichzeitigen Verhandlung und Entscheidung zu verbinden.

Die persönlich haftenden Gesellschafter haben die Erhebung einer jeden Klage, sowie den Termin zur mündlichen Verhandlung ohne Verzug in den für die Bekanntmachungen der Gesellschaft bestimmten Blättern zu veröffentlichen.

Soweit durch ein Urtheil rechtskräftig der Beschluß für ungültig erklärt ist, wirkt es auch gegenüber den Kommanditisten, welche nicht Partei sind. Dasselbe ist von den persönlich haftenden Gesellschaftern ohne Verzug zu dem Handelsregister einzureichen. War der Beschluß in dasselbe eingetragen, so ist auch das Urtheil einzutragen und in gleicher Weise wie der Beschluß zu veröffentlichen (Art. 177, 179).

Artikel 190b.

Für einen durch unbegründete Anfechtung des Beschlusses (Art. 190a.) der Gesellschaft entstandenen Schaden haften ihr solidarisch die Kläger, welchen bei Erhebung der Klage eine bösliche Handlungsweise zur Last fällt.

Artikel 191.

Der Aufsichtsrath besteht, sofern nicht der Gesellschaftsvertrag eine höhere Zahl festsetzt, aus drei von der Generalversammlung der Kommanditisten zu wählenden Mitgliedern.

Persönlich haftende Gesellschafter können nicht Mitglieder des Aufsichtsraths sein.

Die Wahl des ersten Aufsichtsraths gilt für die Dauer des ersten Geschäftsjahres und, wenn dasselbe auf einen kürzeren Zeitraum als ein Jahr seit Eintragung des Gesellschaftsvertrages in das Handelsregister bemessen ist, bis zum Ablaufe des am Ende dieses Jahres laufenden Geschäftsjahres.

Später kann der Aufsichtsrath nicht auf länger als fünf Geschäftsjahre gewählt werden. Insoweit die Wahl auf einen längeren Zeitraum geschieht, ist dieselbe ohne rechtliche Wirkung.

Die Bestellung zum Mitgliede des Aufsichtsraths kann jederzeit durch die Generalversammlung widerrufen werden. Der Beschluß bedarf einer Mehrheit von drei Viertheilen des in der Generalversammlung vertretenen Gesammtkapitals.

Artikel 192.

Den Mitgliedern des ersten Aufsichtsraths darf eine Vergütung für die Ausübung ihres Berufs nur durch einen nach Ablauf des ersten Geschäftsjahres einzuholenden Beschluß der Generalversammlung der Kommanditisten bewilligt werden.

Ist die Vergütung früher, oder in einer anderen als der vorstehenden Weise bewilligt, so ist diese Festsetzung ohne rechtliche Wirkung.

Artikel 193.

Der Aufsichtsrath überwacht die Geschäftsführung der Gesellschaft in allen Zweigen ihrer Verwaltung; er kann sich von dem Gange der Angelegenheiten der Gesellschaft unterrichten, die Bücher und Schriften derselben jederzeit einsehen und den Bestand der Gesellschaftskasse untersuchen.

Er hat die Jahresrechnungen, die Bilanzen und die Vorschläge zur Gewinnvertheilung zu prüfen und darüber alljährlich der Generalversammlung Bericht zu erstatten.

Weitere Obliegenheiten des Aufsichtsraths werden durch den Gesellschaftsvertrag bestimmt.

Die Mitglieder des Aufsichtsraths können die Ausübung ihrer Obliegenheiten nicht anderen Personen übertragen.

Artikel 194.

Der Aufsichtsrath ist ermächtigt, gegen die persönlich haftenden Gesellschafter die Prozesse zu führen, welche die Generalversammlung beschließt.

Jeder Kommanditist ist befugt, als Intervenient in den Prozeß auf seine Kosten einzutreten.

Handelt es sich um die Verantwortlichkeit der Mitglieder des Aufsichtsraths, so kann letzterer ohne und selbst gegen den Beschluß der Generalversammlung gegen die persönlich haftenden Gesellschafter klagen.

Artikel 195.

Wenn die Kommanditisten selbst in Gesammtheit und im gemeinsamen Interesse gegen die persönlich haftenden Gesellschafter auftreten wollen oder gegen die Mitglieder des Aufsichtsraths einen Prozeß zu führen haben, so werden sie durch Bevollmächtigte vertreten, welche in der Generalversammlung gewählt werden.

Falls aus irgend einem Grunde die Bestellung von Bevollmächtigten durch Wahl in der Generalversammlung gehindert wird, kann das Handelsgericht auf Antrag die Bevollmächtigten ernennen.

Jeder Kommanditist ist befugt, als Intervenient in den Prozeß auf seine Kosten einzutreten.

Artikel 196.

Die Gesellschaft wird durch die persönlich haftenden Gesellschafter berechtigt und verpflichtet; sie wird durch dieselben vor Gericht vertreten.

Zur Behändigung von Vorladungen und anderen Zustellungen an die Gesellschaft genügt es, wenn dieselbe an einen der zur Vertretung befugten Gesellschafter geschieht.

Die Bestimmung des Artikels 167 in Betreff des Kommanditisten, welcher für die Gesellschaft Geschäfte schließt, findet bei der Kommanditgesellschaft auf Aktien keine Anwendung.

Artikel 196a.

Die Bestimmungen der Artikel 96 und 97 über den Betrieb von Geschäften in dem Handelszweige der Gesellschaft sowie über die Theilnahme an einer anderen gleichartigen Gesellschaft finden auf die persönlich haftenden Gesellschafter mit der Maßgabe Anwendung, daß

1. die Genehmigung seitens der Kommanditisten durch die Generalversammlung erfolgt, sofern nicht die Befugniß zur Ertheilung durch den Gesellschaftsvertrag oder durch Beschluß der Generalversammlung dem Aufsichtsrath übertragen worden ist;
2. das Recht der Gesellschaft, in ein von einem persönlich haftenden Gesellschafter für eigene Rechnung gemachtes Geschäft einzutreten oder Schadensersatz zu fordern, nach drei Monaten von dem Zeitpunkte an erlischt, in welchem die übrigen persönlich haftenden Gesellschafter und der Aufsichtsrath von dem Abschlusse des Geschäfts Kenntniß erhalten haben.

Artikel 197.

Die Einlagen können den Kommanditisten, so lange die Gesellschaft besteht, nicht zurückgezahlt werden.

Zinsen von bestimmter Höhe können für die Aktien nicht bedungen noch ausbezahlt werden; es darf nur dasjenige auf sie vertheilt werden, was sich nach der jährlichen Bilanz als reiner Gewinn ergiebt.

Artikel 198.

Die Kommanditisten haften für die Verbindlichkeiten der Gesellschaft, wenn und insoweit sie den gesetzlichen Bestimmungen entgegen Zahlungen von der Gesellschaft empfangen haben; sie sind jedoch nicht verpflichtet, die in gutem Glauben bezogenen Dividenden zurückzuzahlen.

Artikel 199.

Eine Uebereinkunft, durch welche das Austreten eines oder mehrerer persönlich haftender Gesellschafter bestimmt wird, steht der Auflösung der Gesellschaft gleich. Zu derselben bedarf es der Zustimmung der Generalversammlung der Kommanditisten.

Es kann jedoch durch den Gesellschaftsvertrag bestimmt werden, daß das Austreten eines oder mehrerer persönlich haftender Gesellschafter die Auflösung der Gesellschaft dann nicht zur Folge habe, wenn mindestens noch ein persönlich haftender Gesellschafter bleibt.

Artikel 200.

Wenn ein Kommanditist stirbt oder in Konkurs verfällt, oder zur Verwaltung seines Vermögens rechtlich unfähig wird, so hat dies die Auflösung der Gesellschaft nicht zur Folge. Der Artikel 126 findet in Bezug auf die Privatgläubiger eines Kommanditisten keine Anwendung. Im Uebrigen gelten die Artikel 123 bis 129 auch für die Kommanditgesellschaft auf Aktien. Die in Artikel 129 vorgesehene Eintragung ist auch bei dem Handelsgerichte einer jeden Zweigniederlassung zu bewirken; Dritten gegenüber entscheidet die Eintragung bei dem Handelsgerichte, in dessen Bezirke die Gesellschaft ihren Sitz hat.

Artikel 201.

Bei der Auflösung einer Kommanditgesellschaft auf Aktien, welche außer dem Falle der Eröffnung des Konkurses erfolgt, darf die Vertheilung des Vermögens unter die Gesellschafter nicht eher vollzogen werden, als nach Verlauf eines Jahres von dem Tage an gerechnet, an welchem die Auflösung der Gesellschaft in das Handelsregister eingetragen ist.

Artikel 202.

Die aus den Handelsbüchern der Gesellschaft ersichtlichen oder in anderer Weise bekannten Gläubiger sind durch besondere Erlasse aufzufordern, sich zu melden; unterlassen sie dies, so ist der Betrag ihrer Forderungen gerichtlich niederzulegen.

Das letztere muß auch in Ansehung der noch schwebenden Verbindlichkeiten und streitigen Forderungen geschehen, sofern nicht die Vertheilung des Gesellschaftsvermögens bis zu deren Erledigung ausgesetzt bleibt, oder den Gläubigern eine angemessene Sicherheit bestellt wird.

Artikel 203.

Eine theilweise Zurückzahlung des Kapitals der Kommanditisten oder eine Herabsetzung desselben kann nicht ohne Beschluß der Generalversammlung der Kommanditisten und nur unter Beobachtung derselben Vorschriften erfolgen, welche für die Vertheilung des Gesellschaftsvermögens im Falle der Auflösung maßgebend sind. Die Bestimmung über die Zurückzahlung oder Herabsetzung hat zugleich die Art, in welcher dieselbe erfolgen soll, und die zu ihrer Durchführung erforderlichen Maßregeln festzusetzen. Die Bestimmung ist in das Handelsregister einzutragen. Auf die Eintragung und die Beschlußfassung finden die Vorschriften in Artikel 180e und in Artikel 180f Absatz 1 und 3 entsprechende Anwendung.

Die gleichen Voraussetzungen gelten für eine Amortisation der Aktien. Ohne Beobachtung dieser Voraussetzungen darf die Gesellschaft ihre Aktien nur aus dem nach der jährlichen Bilanz sich ergebenden Gewinn und nur in dem Falle amortisiren, daß dies durch den ursprünglichen Gesellschaftsvertrag oder durch einen, den letzteren vor Ausgabe der Aktien abändernden Vertrag zugelassen ist.

Artikel 204.

Die Mitglieder des Aufsichtsraths haben bei Erfüllung der ihnen nach Artikel 193 zugewiesenen Obliegenheiten die Sorgfalt eines ordentlichen Geschäftsmannes anzuwenden. Sie haben, wenn sie in Anspruch genommen werden, die Anwendung dieser Sorgfalt zu beweisen.

Sie sind der Gesellschaft neben den persönlich haftenden Gesellschaftern solidarisch zum Ersatze verpflichtet, wenn mit ihrem Wissen und ohne ihr Einschreiten entgegen den gesetzlichen Bestimmungen

1. Einlagen an persönlich haftende Gesellschafter oder an Kommanditisten zurückgezahlt,
2. Zinsen oder Dividenden gezahlt,
3. eigene Aktien, Promessen oder Interimsscheine der Gesellschaft erworben oder zum Pfande genommen,
4. Aktien vor der vollen Leistung des Nominalbetrages oder des statt desselben in den Fällen der Artikel 175a Ziffer 2, 180g Absatz 2 festgesetzten Betrages, oder Aktien, Promessen oder Interimsscheine im Falle einer stattgefundenen Erhöhung des Gesammtkapitals vor Eintragung derselben in das Handelsregister (Art. 176) ausgegeben sind,
5. die Vertheilung des Gesellschaftsvermögens, eine theilweise Zurückzahlung oder eine Herabsetzung des Kapitals der Kommanditisten oder eine Amortisation von Aktien erfolgt ist.

Der Ersatzanspruch kann in den Fällen des zweiten Absatzes auch von den Gläubigern der Gesellschaft, soweit sie von dieser ihre Befriedigung nicht erlangen können, selbständig geltend gemacht werden. Die Ersatzpflicht wird ihnen gegenüber dadurch nicht aufgehoben, daß die Handlung auf einem Beschlusse der Generalversammlung beruht.

Artikel 205.

Die Liquidation erfolgt, sofern der Gesellschaftsvertrag nicht ein Anderes bestimmt, durch sämmtliche persönlich haftende Gesellschafter und eine oder mehrere von der Generalversammlung der Kommanditisten gewählte Personen.

Auf die Anmeldung der Liquidatoren und die Zeichnung ihrer Unterschrift bei dem Handelsgerichte einer Zweigniederlassung findet die Vorschrift im Schlußsatze des Artikels 200 Anwendung.

Die Liquidatoren haben bei Beginn der Liquidation eine Bilanz aufzustellen. Dieselbe ist von ihnen ohne Verzug in den hierzu bestimmten öffentlichen Blättern bekannt zu machen und zu dem Handelsregister einzureichen.

Artikel 206.

Zu dem Antrag auf Ernennung von Liquidatoren durch den Richter sind außer jedem persönlich haftenden Gesellschafter und der Generalversammlung der Kommanditisten auch der Aufsichtsrath sowie Kommanditisten befugt, deren Antheile zusammen den zehnten Theil des Gesammtkapitals darstellen.

Die Abberufung der Liquidatoren kann durch den Richter unter denselben Voraussetzungen, wie die Bestellung erfolgen. Vom Richter ernannte Liquidatoren können nur durch diesen abberufen werden.

Dritter Titel.

Von der Aktiengesellschaft.

Erster Abschnitt.

Allgemeine Grundsätze.

Artikel 207.

Eine Gesellschaft ist eine Aktiengesellschaft, wenn sich die sämmtlichen Gesellschafter nur mit Einlagen betheiligen, ohne persönlich für die Verbindlichkeiten der Gesellschaft zu haften.

Das Einlagekapital (Grundkapital) wird in Aktien zerlegt.

Die Aktien sind untheilbar.

Dieselben können auf Inhaber oder auf Namen lauten.

Promessen und Interimsscheine dürfen nicht auf Inhaber lauten.

Artikel 207a.

Die Aktien müssen, wenn sie auf Namen lauten, auf einen Betrag von mindestens eintausend Mark, wenn sie auf Inhaber lauten, auf einen Betrag von mindestens zweitausend Mark gestellt werden.

Für ein gemeinnütziges Unternehmen kann im Falle eines besonderen örtlichen Bedürfnisses die Landescentralbehörde in Uebereinstimmung mit dem Reichskanzler die Ausgabe von Aktien, welche auf Namen lauten, zu einem geringeren, jedoch mindestens zweihundert Mark erreichenden Betrage zulassen. Die gleiche Genehmigung kann in dem Falle ertheilt werden, daß für ein Unternehmen das Reich oder ein Bundesstaat oder ein Provinzial-, Kreis- oder Amtsverband oder eine sonstige öffentliche Korporation auf die Aktien einen bestimmten Ertrag bedingungslos und ohne Zeitbeschränkung gewährleistet hat.

Die vorstehenden Bestimmungen gelten auch von Promessen und Interimsscheinen.

Artikel 208.

Eine Aktiengesellschaft gilt als Handelsgesellschaft, auch wenn der Gegenstand des Unternehmens nicht in Handelsgeschäften besteht.

Artikel 209.

Der Inhalt des Gesellschaftsvertrages (Statut) muß durch mindestens fünf Aktionäre (Gründer) in gerichtlicher oder notarieller Verhandlung festgestellt werden. In derselben ist zugleich der Betrag der von jedem Gründer übernommenen Aktien anzugeben.

Der Gesellschaftsvertrag muß bestimmen:
1. die Firma und den Sitz der Gesellschaft;
2. den Gegenstand des Unternehmens;
3. die Höhe des Grundkapitals und der einzelnen Aktien;
4. die Art der Aktien, ob sie auf Inhaber oder auf Namen lauten, und im Falle der Ausgabe beider Arten die Zahl der Aktien einer jeden Art;
5. die Art der Bestellung und Zusammensetzung des Vorstandes;
6. die Form, in welcher die Zusammenberufung der Generalversammlung der Aktionäre geschieht;
7. die Form, in welcher die von der Gesellschaft ausgehenden Bekanntmachungen erfolgen.

Bekanntmachungen, welche durch öffentliche Blätter erfolgen sollen, sind in den Deutschen Reichsanzeiger einzurücken. Andere Blätter außer diesem hat der Gesellschaftsvertrag zu bestimmen.

Artikel 209a.

Der Aufnahme in den Gesellschaftsvertrag bedürfen Bestimmungen, nach welchen
1. das Unternehmen auf eine gewisse Zeit beschränkt wird;
2. Aktien für einen höheren als den Nominalbetrag ausgegeben werden;
3. eine Umwandlung der Aktien rücksichtlich ihrer Art statthaft ist;
4. für einzelne Gattungen von Aktien verschiedene Rechte, insbesondere betreffs der Zinsen oder Dividenden oder des Antheils am Gesellschaftsvermögen, gewährt werden;
5. über gewisse Gegenstände die Generalversammlung der Aktionäre nicht schon durch einfache Stimmenmehrheit, sondern nur durch eine größere Stimmenmehrheit oder nach anderen Erfordernissen Beschluß fassen kann.

Für einen geringeren als den Nominalbetrag darf die Ausgabe der Aktien nicht festgesetzt werden.

Artikel 209b.

Jeder zu Gunsten einzelner Aktionäre bedungene besondere Vortheil muß in dem Gesellschaftsvertrage unter Bezeichnung des Berechtigten festgesetzt werden.

Werden auf das Grundkapital von Aktionären Einlagen, welche nicht in baarem Gelde bestehen, gemacht oder seitens der zu errichtenden Gesellschaft vorhandene oder herzustellende Anlagen oder sonstige Vermögensstücke übernommen, so müssen die Person des Aktionärs oder des Kontrahenten, der Gegenstand der Einlage oder der Uebernahme und der Betrag der für die Einlage zu gewährenden Aktien oder die für den übernommenen Gegenstand zu gewährende Vergütung in dem Gesellschaftsvertrage festgesetzt werden.

Von diesen Festsetzungen gesondert ist der Gesammtaufwand, welcher zu Lasten der Gesellschaft an Aktionäre oder Andere als Entschädigung oder Belohnung für die Gründung oder deren Vorbereitung gewährt wird, in dem Gesellschaftsvertrage festzusetzen.

Jedes Abkommen der Gründer über die vorbezeichneten Gegenstände, welches nicht die vorgeschriebene Festsetzung in dem Gesellschaftsvertrage gefunden hat, ist der Gesellschaft gegenüber unwirksam.

Artikel 209c.

In dem Falle, daß sämmtliche Aktien durch die Gründer übernommen werden, gilt mit der Uebernahme die Gesellschaft als errichtet.

Soweit die Uebernahme nicht schon bei Feststellung des Statuts erfolgt ist, kann sie in einer besonderen gerichtlichen oder notariellen Verhandlung unter Angabe der Beträge, welche die einzelnen Gründer noch übernehmen, bewirkt werden.

Artikel 209d.

In dem Falle, daß nicht sämmtliche Aktien durch die Gründer übernommen werden, muß der Errichtung der Gesellschaft die Zeichnung der übrigen Aktien vorhergehen. Die Zeichnung erfolgt durch schriftliche Erklärung (Zeichnungsschein).

Der Zeichnungsschein, welcher in zwei Exemplaren zu unterzeichnen ist, hat zu enthalten:
1. das Datum des Statuts, die im Artikel 209 Absatz 2, 209b vorgesehenen Festsetzungen und im Falle verschiedener Gattungen von Aktien den Gesammtbetrag einer jeden;
2. den Namen, Stand und Wohnort der Gründer;
3. den Betrag, für welchen die Ausgabe der Aktie stattfindet, und den Betrag der festgesetzten Einzahlungen;
4. den Zeitpunkt, mit dessen Eintritt die Zeichnung unverbindlich wird, sofern nicht bis dahin die Errichtung der Gesellschaft beschlossen ist.

Zeichnungsscheine, welche diesen Erfordernissen nicht entsprechen oder außer dem unter Ziffer 4 bezeichneten Vorbehalte Beschränkungen in der Verpflichtung des Zeichners enthalten, sind zum Nachweise der Zeichnung des Grundkapitals ungeeignet. Jede nicht in dem Zeichnungsscheine enthaltene Beschränkung ist der Gesellschaft gegenüber unwirksam.

Artikel 209e.

Jede Aktiengesellschaft muß außer dem Vorstande einen Aufsichtsrath haben.

Artikel 209f.

Die Mitglieder des Vorstandes und des Aufsichtsraths haben den Hergang der Gründung zu prüfen. Zu dem Behufe müssen für Mitglieder, welche zugleich Gründer sind oder im Falle des Artikels 209b ein Vermögensstück eingelegt oder überlassen oder sich einen besonderen Vortheil ausbedungen haben, Stellvertreter bestellt werden.

Die Prüfung hat sich auf die Richtigkeit und Vollständigkeit der Angaben, welche rücksichtlich der Zeichnung und Einzahlung des Grundkapitals und der in Artikel 209b vorgesehenen Festsetzungen von den Gründern gemacht sind, sowie darauf zu erstrecken, ob die Höhe der für eingelegte oder übernommene Gegenstände gewährten Beträge durch die Verhältnisse gerechtfertigt erscheint. Hierbei sind insbesondere die dem Erwerbe der Gesellschaft vorausgegangenen Rechtsgeschäfte, welche auf denselben hingezielt haben, sowie die früheren Erwerbs- und Herstellungspreise aus den letzten zwei Jahren in Betracht zu ziehen.

Ueber die Prüfung ist unter Darlegung der im vorstehenden Absatze bezeichneten Umstände schriftlich Bericht zu erstatten.

Artikel 210.

Der Gesellschaftsvertrag muß bei dem Handelsgerichte, in dessen Bezirke die Gesellschaft ihren Sitz hat, in das Handelsregister eingetragen werden.

Der Anmeldung behufs der Eintragung in das Handelsregister müssen beigefügt sein:

1. in dem Falle des Artikels 209b die den bezeichneten Festsetzungen zum Grunde liegenden oder zu ihrer Ausführung geschlossenen Verträge und eine Berechnung des Gründungsaufwands, in welcher die Vergütungen nach Art und Höhe und die Empfänger einzeln aufzuführen sind;
2. in dem Falle, daß nicht alle Aktien von den Gründern übernommen sind, zum Nachweise der Zeichnung des Grundkapitals die Duplikate der Zeichnungsscheine und ein von den Gründern in beglaubigter Form unterschriebenes Verzeichniß der sämmtlichen Aktionäre, welches die auf jeden entfallenen Aktien sowie die auf letztere geschehenen Einzahlungen angiebt;
3. die Urkunden über die Bestellung des Vorstandes und des Aufsichtsraths und der von denselben in Gemäßheit des Artikels 209f erstattete Bericht nebst dessen urkundlichen Grundlagen;
4. in dem Falle, daß der Gegenstand des Unternehmens der staatlichen Genehmigung bedarf, sowie in den Fällen des Artikels 207a Absatz 2 die Genehmigungsurkunde.

In der Anmeldung ist die Erklärung abzugeben, daß auf jede Aktie, soweit nicht andere als in Geld bestehende Einlagen gemacht sind, der eingeforderte Betrag baar eingezahlt und dem Vorstande übergeben sei. Auf die Aktien muß mindestens ein Viertheil des Nominalbetrages und im Falle einer Ausgabe der Aktien für einen höheren als den Nominalbetrag auch der Mehrbetrag eingefordert sein.

Die Anmeldung muß von sämmtlichen Gründern und Mitgliedern des Vorstandes und Aufsichtsraths vor dem Handelsgerichte unterzeichnet oder in beglaubigter Form eingereicht werden.

Die der Anmeldung beigefügten Schriftstücke werden bei dem Handelsgerichte in Urschrift oder in beglaubigter Abschrift aufbewahrt.

Artikel 210a.

In dem Falle, daß die Gründer nicht alle Aktien übernommen haben, beruft das Handelsgericht eine Generalversammlung der in dem Verzeichnisse aufgeführten Aktionäre zur Beschlußfassung über die Errichtung der Gesellschaft.

Die Versammlung findet unter der Leitung des Gerichts statt.

Vorstand und Aufsichtsrath haben sich über die Ergebnisse der ihnen rücksichtlich der Gründung obliegenden Prüfung auf Grund ihres Berichts zu erklären. Jedes Mitglied des Vorstandes und des Aufsichtsraths kann bis zur Beschlußfassung die Unterzeichnung der Anmeldung zurückziehen.

Die der Errichtung der Gesellschaft zustimmende Mehrheit der erschienenen Aktionäre muß mindestens ein Viertheil sämmtlicher Aktionäre begreifen und der Betrag ihrer Antheile mindestens ein Viertheil des gesammten Grundkapitals darstellen. Die Zustimmung aller erschienenen Aktionäre ist erforderlich, wenn die im Artikel 209 Ziffer 1 bis 5 und 209a bezeichneten Bestimmungen des Gesellschaftsvertrages abgeändert oder die im Artikel 209b vorgesehenen Festsetzungen zu Lasten der Gesellschaft erweitert werden sollen.

Die Beschlußfassung ist zu vertagen, wenn es von den Aktionären mit einfacher Stimmenmehrheit verlangt wird.

Artikel 210b.

Auf die Berufung und Beschlußfassung der vor der Eintragung des Gesellschaftsvertrages stattfindenden Generalversammlungen kommen, soweit nicht in Artikel 210a ein Anderes bestimmt ist, die Regeln entsprechende Anwendung, welche für die Gesellschaft nach der Eintragung maßgebend sind.

Artikel 210c.

Der eingetragene Gesellschaftsvertrag ist im Auszuge von dem Handelsgerichte zu veröffentlichen.

Die Veröffentlichung muß enthalten:

1. das Datum des Gesellschaftsvertrages und die in Artikel 209 Absatz 2 und 3, 209a Ziffer 1 und 4 und 209b bezeichneten Festsetzungen;
2. den Namen, Stand und Wohnort der Gründer und die Angabe, ob sie die sämmtlichen Aktien übernommen haben;
3. den Namen, Stand und Wohnort der Mitglieder des Vorstandes und des Aufsichtsraths sowie der in Gemäßheit des Artikels 209f bestellten Stellvertreter.

Ist im Gesellschaftsvertrage eine Form bestimmt, in welcher der Vorstand seine Willenserklärungen kundgiebt und für die Gesellschaft zeichnet, so ist auch diese Bestimmung zu veröffentlichen.

Artikel 211.

Vor erfolgter Eintragung in das Handelsregister besteht die Aktiengesellschaft als solche nicht.

Ist vor der Eintragung im Namen der Gesellschaft gehandelt worden, so haften die Handelnden persönlich und solidarisch.

Artikel 212.

Jede Zweigniederlassung muß bei dem Handelsgerichte, in dessen Bezirke sie sich befindet, behufs der Eintragung in das Handelsregister angemeldet werden.

Die Anmeldung ist von sämmtlichen Mitgliedern des Vorstandes vor dem Handelsgerichte zu unterzeichnen oder in beglaubigter Form einzureichen.

Dieselbe hat die in Artikel 210c Absatz 2 und 3 bezeichneten Angaben zu enthalten. Im Uebrigen finden die Vorschriften in Artikel 179 Absatz 2 und 3 Anwendung.

Artikel 213.

Die Aktiengesellschaft als solche hat selbständig ihre Rechte und Pflichten; sie kann Eigenthum und andere dingliche Rechte an Grundstücken erwerben, sie kann vor Gericht klagen und verklagt werden.

Ihr ordentlicher Gerichtsstand ist bei dem Gerichte, in dessen Bezirke sie ihren Sitz hat.

Artikel 213a.

Der Gesellschaft sind die Gründer für die Richtigkeit und Vollständigkeit der Angaben, welche sie rücksichtlich der Zeichnung und Einzahlung des Grundkapitals sowie rücksichtlich der in Artikel 209b vorgesehenen Festsetzungen behufs Eintragung des Gesellschaftsvertrages in das Handelsregister machen, solidarisch verhaftet; sie haben unbeschadet der Verpflichtung zum Ersatze des sonst etwa entstandenen Schadens insbesondere einen an der Zeichnung des Grundkapitals fehlenden Betrag zu übernehmen, fehlende Einzahlungen zu leisten und eine Vergütung, welche nicht unter den zu bezeichnenden Gründungsaufwand aufgenommen ist, zu ersetzen. Ingleichen sind der Gesellschaft in dem Falle, daß sie von Gründern durch Einlagen oder Uebernahmen der in Artikel 209b bezeichneten Art böslicherweise geschädigt ist, die sämmtlichen Gründer für den Ersatz des entstandenen Schadens solidarisch verpflichtet.

Von dieser Verbindlichkeit ist ein Gründer befreit, wenn er beweist, daß er die Unrichtigkeit oder Unvollständigkeit der Angabe oder die bösliche Schädigung weder gekannt habe, noch bei Anwendung der Sorgfalt eines ordentlichen Geschäftsmannes habe kennen müssen.

Entsteht durch Zahlungsunfähigkeit eines Aktionärs der Gesellschaft ein Ausfall, so sind ihr die Gründer, welche bei der Anmeldung des Gesellschaftsvertrages die Zahlungsfähigkeit kannten, zum Ersatze solidarisch verpflichtet.

Außer den Gründern sind der Gesellschaft zum Schadensersatze solidarisch verpflichtet:

1. in dem Falle, daß eine Vergütung nicht unter den zu bezeichnenden Gründungsaufwand aufgenommen ist, der Empfänger, wenn er zur Zeit des Empfanges wußte oder nach den Umständen annehmen mußte, daß die Verheimlichung beabsichtigt oder erfolgt war, und jeder Dritte, welcher zur Verheimlichung wissentlich mitgewirkt hat;
2. in dem Falle einer böslichen Schädigung durch Einlagen oder Uebernahmen jeder Dritte, welcher zu derselben wissentlich mitgewirkt hat.

Artikel 213b.

Wer vor der Eintragung des Gesellschaftsvertrages in das Handelsregister oder in den ersten zwei Jahren nach der Eintragung, um Aktien in den Verkehr einzuführen, eine öffentliche Ankündigung derselben erläßt, ist der Gesellschaft im Falle der Unrichtigkeit oder Unvollständigkeit von Angaben, welche die Gründer rücksichtlich der Zeichnung oder Einzahlung des Grundkapitals oder der in Artikel 209b vorgesehenen Festsetzungen behufs Eintragung des Gesellschaftsvertrages in das Handelsregister gemacht haben, sowie in dem Falle einer böslichen Schädigung der Gesellschaft durch Einlagen oder Uebernahmen für den Ersatz des ihr daraus entstandenen Schadens neben den in Artikel 213a bezeichneten Personen solidarisch verhaftet, sofern er die Unrichtigkeit oder Unvollständigkeit der Angaben oder die bösliche Schädigung gekannt hat oder bei sorgfältiger Prüfung, wie solche von einem ordentlichen Geschäftsmanne anzuwenden ist, hat kennen müssen.

Artikel 213c.

Mitglieder des Vorstandes und des Aufsichtsraths sowie Stellvertreter derselben, welche bei der ihnen durch Artikel 209f auferlegten Prüfung die Sorgfalt eines ordentlichen Geschäftsmannes verletzt haben, haften der Gesellschaft solidarisch für den ihr daraus entstandenen Schaden, soweit der Ersatz desselben von den in Gemäßheit der Artikel 213a und 213b verpflichteten Personen nicht zu erlangen ist.

Artikel 213d.

Vergleiche oder Verzichtleistungen, welche die der Gesellschaft aus der Gründung zustehenden Ansprüche gegen die in Gemäßheit der Artikel 213a bis 213c verpflichteten Personen betreffen, sind erst nach Ablauf von drei Jahren seit Eintragung des Gesellschaftsvertrages in das Handelsregister und nur mit Zustimmung der Generalversammlung zulässig; sie sind unzulässig, soweit in der Versammlung eine Minderheit, deren Antheile den fünften Theil des Grundkapitals darstellen, Widerspruch erhebt. Die Zeitbeschränkung findet nicht Anwendung, sofern der Verpflichtete im Falle seiner Zahlungsunfähigkeit zur Abwendung oder Beseitigung des Konkursverfahrens mit der Gesellschaft und den anderen Gläubigern Vergleiche abschließt.

Artikel 213e.

Werden vor Ablauf von zwei Jahren seit Eintragung des Gesellschaftsvertrages in das Handelsregister seitens der Gesellschaft Verträge geschlossen, durch welche sie vorhandene oder herzustellende Anlagen zum dauernden Geschäftsbetriebe oder unbewegliche Gegenstände für eine den zehnten Theil des Grundkapitals übersteigende Vergütung erwerben soll, so bedürfen dieselben zu ihrer Gültigkeit der Zustimmung der Generalversammlung.

Vor der Beschlußfassung hat der Aufsichtsrath den Vertrag zu prüfen und über die Ergebnisse seiner Prüfung schriftlich Bericht zu erstatten.

Die Antheile der zustimmenden Mehrheit müssen in dem Falle, daß der Vertrag im ersten Jahre geschlossen wird, mindestens ein Viertheil des Grundkapitals, anderenfalls mindestens drei Viertheile des in der Generalversammlung vertretenen Grundkapitals darstellen.

Der genehmigte Vertrag ist in Urschrift oder in beglaubigter Abschrift mit dem Berichte des Aufsichtsraths nebst dessen urkundlichen Grundlagen und mit dem Nachweise über die Beschlußfassung zum Handelsregister einzureichen.

Hat der Erwerb in Ausführung einer vor der Errichtung der Gesellschaft von den Gründern getroffenen Vereinbarung stattgefunden, so kommen in Betreff der Rechte der Gesellschaft auf Entschädigung und in Betreff der ersatzpflichtigen Personen die Vorschriften der Artikel 213a und 213d zur Anwendung.

Artikel 214.

Jeder Beschluß der Generalversammlung, welcher die Fortsetzung der Gesellschaft oder eine Abänderung des Inhalts des Gesellschaftsvertrages zum Gegenstande hat, muß in gleicher Weise, wie der ursprüngliche Vertrag, in das Handelsregister eingetragen und veröffentlicht werden (Art. 210c, 212).

Der Beschluß hat keine rechtliche Wirkung, bevor derselbe bei dem Handelsgerichte, in dessen Bezirke die Gesellschaft ihren Sitz hat, in das Handelsregister eingetragen ist.

Artikel 215.

Die Abänderung des Inhalts des Gesellschaftsvertrages kann nicht anders als durch Beschluß der Generalversammlung erfolgen.

Sofern der Gesellschaftsvertrag für eine Abänderung derjenigen Bestimmung, welche den Gegenstand der Beschlußfassung bildet, nicht andere Erfordernisse aufstellt, erfolgt der Beschluß durch eine Mehrheit von drei Viertheilen des in der Generalversammlung vertretenen Grundkapitals.

Für eine Abänderung des Gegenstandes des Unternehmens muß diese Mehrheit erreicht sein; der Gesellschaftsvertrag kann außer derselben noch andere Erfordernisse aufstellen.

Dasselbe gilt von dem Falle, wenn die Gesellschaft durch Uebertragung ihres Vermögens und ihrer Schulden an eine andere Aktiengesellschaft gegen Gewährung von Aktien der letzteren aufgelöst werden soll.

Die vorstehenden Bestimmungen gelten auch dann, wenn mehrere Gattungen von Aktien mit verschiedener Berechtigung ausgegeben sind.

Soll durch die Beschlußfassung das bisherige Rechtsverhältniß unter den verschiedenen Gattungen zum Nachtheil einer derselben abgeändert werden, so finden die Bestimmungen in Artikel 180f Absatz 3 Anwendung.

Artikel 215a.

Eine Erhöhung des Grundkapitals der Gesellschaft darf nicht vor der vollen Einzahlung desselben erfolgen. Für Versicherungsgesellschaften kann der Gesellschaftsvertrag ein Anderes bestimmen.

Ueber die Erhöhung hat die Generalversammlung zu beschließen. Für die neu auszugebenden Aktien kann die Leistung eines anderen als des Nominalbetrages festgesetzt werden; der Beschluß hat den Mindestbetrag zu bezeichnen, für welchen die Aktien auszugeben sind. Bei einer Erhöhung, welche in den ersten zwei Jahren seit Eintragung des Gesellschaftsvertrages in das Handelsregister beschlossen wird, darf ein geringerer als der Nominalbetrag nicht festgesetzt werden.

Der Beschluß ist in das Handelsregister einzutragen. Auf die Eintragung und die Beschlußfassung finden die Vorschriften in Artikel 214 und Artikel 215 Absatz 2 und 6 (Art. 180f Abs. 3) Anwendung.

Eine Zusicherung von Rechten auf den Bezug neu auszugebender Aktien, welche vor dem Beschlusse auf Erhöhung des Grundkapitals erfolgt, ist der Gesellschaft gegenüber unwirksam.

Artikel 215b.

Die Zeichnung der neu auszugebenden Aktien erfolgt durch schriftliche, in zwei Exemplaren zu unterzeichnende Erklärung.

Die stattgefundene Erhöhung des Grundkapitals ist behufs der Eintragung in das Handelsregister anzumelden. Die Anmeldung hat nach Maßgabe des Artikels 215a Absatz 1 die Angabe zu enthalten, ob das bisherige Grundkapital eingezahlt sei. Im Uebrigen finden auf dieselbe die Vorschriften in Art. 210 und 212 entsprechende Anwendung.

Artikel 215c.

Promessen und Interimsscheine, welche auf Inhaber lauten, sind nichtig; die Ausgeber haften den Besitzern solidarisch für allen durch die Ausgabe verursachten Schaden.

Das Gleiche gilt, wenn Aktien, Promessen oder Interimsscheine auf einen geringeren als den nach Artikel 207a zugelassenen Betrag gestellt sind, oder wenn sie ausgegeben werden, bevor der Gesellschaftsvertrag bei dem Handelsgerichte, in dessen Bezirk die Gesellschaft ihren Sitz hat, in das Handelsregister eingetragen ist.

Vor der vollen Leistung des Nominalbetrages oder des statt desselben in den Fällen der Artikel 209a Ziffer 2, 215a Absatz 2 festgesetzten Betrages soll die Aktie nicht ausgegeben werden. Ingleichen sollen im Falle einer stattgefundenen Erhöhung des Grundkapitals vor Eintragung derselben in das Handelsregister (Art. 210) Aktien, Promessen oder Interimsscheine nicht ausgegeben werden.

Artikel 215d.

Die Aktiengesellschaft soll eigene Aktien, Promessen oder Interimsscheine im geschäftlichen Betriebe, sofern nicht eine Kommission zum Einkauf ausgeführt wird, weder erwerben noch zum Pfande nehmen. Ein dieser Bestimmung entgegenstehender Kauf von Promessen oder Interimsscheinen ist nichtig.

Eine Amortisation der Aktien ist zulässig, sofern sie unter Beobachtung der für die Zurückzahlung oder Herabsetzung des Grundkapitals maßgebenden Vorschriften erfolgt. Ohne Beobachtung derselben darf die Gesellschaft ihre Aktien nur aus dem nach der jährlichen Bilanz sich ergebenden Gewinn und nur in dem Falle amortisiren, daß dies durch den ursprünglichen Gesellschaftsvertrag oder durch einen, den letzteren vor Ausgabe der Aktien abändernden Beschluß zugelassen ist.

Zweiter Abschnitt.

Rechtsverhältniß der Aktionäre.

Artikel 216.

Jeder Aktionär hat einen verhältnißmäßigen Antheil an dem Vermögen der Gesellschaft.

Er kann den eingezahlten Betrag nicht zurückfordern und hat, so lange die Gesellschaft besteht, nur einen Anspruch auf den reinen Gewinn, soweit dieser nach dem Gesellschaftsvertrage zur Vertheilung unter die Aktionäre bestimmt ist.

Artikel 217.

Zinsen von bestimmter Höhe dürfen für die Aktionäre nicht bedungen, noch ausbezahlt werden; es darf nur dasjenige unter sie vertheilt werden, was sich nach der jährlichen Bilanz als reiner Gewinn ergiebt.

Jedoch können für den in dem Gesellschaftsvertrage angegebenen Zeitraum, welchen die Vorbereitung des Unternehmens bis zum Anfange des vollen Betriebes erfordert, den Aktionären Zinsen von bestimmter Höhe bedungen werden.

Artikel 218.

Der Aktionär ist in keinem Falle verpflichtet, die in gutem Glauben empfangenen Zinsen und Dividenden zurückzugeben.

Artikel 219.

Die Verpflichtung des Aktionärs, zu den Zwecken der Gesellschaft und zur Erfüllung ihrer Verbindlichkeiten beizutragen, wird durch den Nominalbetrag der Aktie, in den Fällen der Artikel 209a Ziffer 2, 215a Absatz 2 durch den Betrag, für welchen die Aktie ausgegeben ist, begrenzt.

Rücksichtlich der Einzahlung der auf die Aktie zu leistenden Beträge, sowie rücksichtlich einer zu leistenden Einlage finden die Bestimmungen der Artikel 184 bis 184c auf den Aktionär und die Rechtsvorgänger desselben Anwendung.

Artikel 220.

Für die Eintragung der Promessen oder Interimsscheine und der auf Namen gestellten Aktien in das Aktienbuch, sowie für die Uebertragung derselben auf andere Personen sind die Vorschriften der Artikel 182 und 183 maßgebend.

Artikel 221.

Die Rechte, welche den Aktionären in den Angelegenheiten der Gesellschaft, insbesondere in Beziehung auf die Führung der Geschäfte, die Einsicht und Prüfung der Bilanz und die Bestimmung der Gewinnvertheilung zustehen, werden in der Generalversammlung durch Beschlußfassung der erschienenen Aktionäre ausgeübt.

Rücksichtlich der Bedingungen und der Ausübung des Stimmrechts kommen die Vorschriften in Artikel 190 zur Anwendung.

Artikel 222.

Die Vorschriften in Artikel 190a, 190b über die Anfechtung eines Beschlusses der Generalversammlung finden mit der Maßgabe Anwendung, daß an die Stelle der persönlich haftenden Gesellschafter der Vorstand tritt.

Artikel 222a.

Auf Antrag von Aktionären, deren Antheile zusammen den zehnten Theil des Grundkapitals darstellen, kann das Handelsgericht zur Prüfung eines Hergangs bei der Gründung, Geschäftsführung oder Liquidation der Gesellschaft Revisoren ernennen, sofern ein in der Generalversammlung gestellter Antrag auf Prüfung abgelehnt ist und dem Gerichte glaubhaft gemacht wird, daß bei dem Hergange Unredlichkeiten oder grobe Verletzungen des Gesetzes oder des Gesellschaftsvertrages stattgefunden haben.

Vor der Anordnung sind der Vorstand oder die Liquidatoren sowie der Aufsichtsrath zu hören. Die Anordnung ist von einer nach freiem Ermessen zu bestimmenden Sicherheitsleistung abhängig zu machen.

Der Vorstand hat den Revisoren die Einsicht der Bücher und Schriften der Gesellschaft und die Untersuchung des Bestandes der Gesellschaftskasse, wie der Bestände an Effekten, Handelspapieren und Waaren zu gestatten.

Der Bericht über das Ergebniß der Prüfung ist von den Revisoren zu dem Handelsregister einzureichen und von dem Vorstande zur Kenntniß der nächsten Generalversammlung zu bringen.

Ist der Antrag auf Ernennung von Revisoren zurückgewiesen oder erweist er sich nach dem Ergebnisse der Prüfung als unbegründet, so sind die Aktionäre, welchen eine bösliche Handlungsweise bei Stellung des Antrages zur Last fällt, solidarisch verpflichtet, einen durch die Stellung desselben der Gesellschaft entstandenen Schaden zu ersetzen.

Artikel 223.

Die Ansprüche der Gesellschaft aus der Gründung gegen die in Gemäßheit der Artikel 213a bis 213c verpflichteten

Personen oder aus der Geschäftsführung gegen die Mitglieder des Vorstandes und des Aufsichtsraths, sowie aus der Liquidation gegen die Liquidatoren und die Mitglieder des Aufsichtsraths sind zu erheben, wenn in der Generalversammlung dies mit einfacher Stimmenmehrheit beschlossen oder von einer Minderheit, deren Antheile den fünften Theil des Grundkapitals darstellen, verlangt wird. Die Erhebung des Anspruchs auf Verlangen der Minderheit muß binnen drei Monaten seit der Generalversammlung erfolgen; die von der Minderheit bezeichneten Personen können durch das Handelsgericht als Bevollmächtigte der Gesellschaft zur Führung des Prozesses ernannt werden.

Die Minderheit hat den fünften Theil des Grundkapitals in Aktien der Gesellschaft gerichtlich zu hinterlegen. Sie ist verpflichtet, die der letzteren auferlegten Prozeßkosten derselben zu erstatten. Für den Schaden, welcher durch eine, auf Verlangen der Minderheit erhobene, unbegründete Klage den Beklagten entstanden ist, haften ihnen solidarisch die Aktionäre, welchen bei Erhebung des Anspruchs eine bösliche Handlungsweise zur Last fällt.

Im Uebrigen kommen die Bestimmungen der Artikel 194 und 195 zur entsprechenden Anwendung.

Artikel 224.

Die für den Aufsichtsrath einer Kommanditgesellschaft auf Aktien in den Artikeln 191 und 192 gegebenen Bestimmungen finden auf den Aufsichtsrath einer Aktiengesellschaft Anwendung.

Artikel 225.

Der Aufsichtsrath hat den Vorstand bei seiner Geschäftsführung in allen Zweigen der Verwaltung zu überwachen und sich von dem Gange der Angelegenheiten der Gesellschaft zu unterrichten. Er kann jederzeit über dieselben Berichterstattung von dem Vorstande verlangen und selbst oder durch einzelne Mitglieder die Bücher und Schriften der Gesellschaft einsehen, sowie den Bestand der Gesellschaftskasse und die Bestände an Effekten, Handelspapieren und Waaren untersuchen. Er hat die Jahresrechnungen, die Bilanzen und die Vorschläge zur Gewinnvertheilung zu prüfen und darüber alljährlich der Generalversammlung der Aktionäre Bericht zu erstatten.

Er hat eine Generalversammlung zu berufen, wenn dies im Interesse der Gesellschaft erforderlich ist.

Weitere Obliegenheiten des Aufsichtsraths werden durch den Gesellschaftsvertrag bestimmt.

Die Mitglieder des Aufsichtsraths können die Ausübung ihrer Obliegenheiten nicht anderen Personen übertragen.

Artikel 225a.

Die Mitglieder des Aufsichtsraths dürfen nicht zugleich Mitglieder des Vorstandes oder Stellvertreter derselben sein, auch nicht als Beamte die Geschäfte der Gesellschaft führen. Scheiden aus dem Vorstande Mitglieder aus, so dürfen dieselben nicht vor ertheilter Entlastung in den Aufsichtsrath gewählt werden.

Artikel 226.

Die Mitglieder des Aufsichtsraths haben bei Erfüllung der ihnen nach Artikel 225 zugewiesenen Obliegenheiten die Sorgfalt eines ordentlichen Geschäftsmannes anzuwenden. Sie haben, wenn sie in Anspruch genommen werden, die Anwendung dieser Sorgfalt zu beweisen.

Dieselben sind der Gesellschaft neben den Mitgliedern des Vorstandes persönlich und solidarisch zum Ersatze verpflichtet, wenn mit ihrem Wissen und ohne ihr Einschreiten entgegen den gesetzlichen Bestimmungen:

1. Einlagen an die Aktionäre zurückgezahlt;
2. Zinsen oder Dividenden gezahlt;
3. eigene Aktien, Promessen oder Interimsscheine der Gesellschaft erworben, zum Pfande genommen oder amortisirt worden;
4. Aktien vor der vollen Leistung des Nominalbetrages oder des statt desselben in den Fällen der Artikel 209a Ziffer 2, 215a Absatz 2 festgesetzten Betrages, oder Aktien, Promessen oder Interimsscheine im Falle einer stattgefundenen Erhöhung des Grundkapitals vor Eintragung derselben in das Handelsregister (Art. 210) ausgegeben sind;
5. die Vertheilung des Gesellschaftsvermögens, eine theilweise Zurückzahlung oder eine Herabsetzung des Grundkapitals oder im Falle des Artikels 215 Absatz 4 die Vereinigung der Vermögen der beiden Gesellschaften erfolgt ist.

Der Ersatzanspruch kann in den Fällen des zweiten Absatzes auch von den Gläubigern der Gesellschaft, soweit sie von dieser ihre Befriedigung nicht erlangen können, selbständig geltend gemacht werden. Die Ersatzpflicht wird ihnen gegenüber dadurch nicht aufgehoben, daß die Handlung auf einem Beschlusse der Generalversammlung beruht.

Dritter Abschnitt.

Rechte und Pflichten des Vorstandes.

Artikel 227.

Die Aktiengesellschaft wird durch den Vorstand gerichtlich und außergerichtlich vertreten.

Der Vorstand kann aus Einem oder mehreren Mitgliedern bestehen; diese können besoldet oder unbesoldet, Aktionäre oder Andere sein.

Ihre Bestellung ist zu jeder Zeit widerruflich, unbeschadet der Entschädigungsansprüche aus bestehenden Verträgen.

Artikel 228.

Die jeweiligen Mitglieder des Vorstandes müssen alsbald nach ihrer Bestellung zur Eintragung in das Handelsregister (Artikel 210, 212) angemeldet werden. Der Anmeldung ist ihre Legitimation beizufügen.

Sie haben ihre Unterschrift vor dem Handelsgerichte zu zeichnen, oder die Zeichnung derselben in beglaubigter Form einzureichen.

Artikel 229.

Der Vorstand hat in der durch den Gesellschaftsvertrag bestimmten Form seine Willenserklärungen kundzugeben und für die Gesellschaft zu zeichnen. Ist nichts darüber bestimmt, so ist die Zeichnung durch sämmtliche Mitglieder des Vorstandes erforderlich.

Die Zeichnung geschieht in der Weise, daß die Zeichnenden zu der Firma der Gesellschaft oder zu der Benennung des Vorstandes ihre Unterschrift hinzufügen.

Artikel 230.

Die Gesellschaft wird durch die von dem Vorstande in ihrem Namen geschlossenen Rechtsgeschäfte berechtigt und verpflichtet; es ist gleichgültig, ob das Geschäft ausdrücklich im Namen der Gesellschaft geschlossen worden ist, oder ob die Umstände ergeben, daß es nach dem Willen der Kontrahenten für die Gesellschaft geschlossen werden sollte.

Artikel 231.

Der Vorstand ist der Gesellschaft gegenüber verpflichtet, die Beschränkungen einzuhalten, welche in dem Gesellschaftsvertrage oder durch Beschlüsse der Generalversammlung für den Umfang seiner Befugniß, die Gesellschaft zu vertreten, festgesetzt sind.

Gegen dritte Personen hat jedoch eine Beschränkung der Befugniß des Vorstandes, die Gesellschaft zu vertreten, keine rechtliche Wirkung. Dies gilt insbesondere für den

Fall, daß die Vertretung sich nur auf gewisse Geschäfte oder Arten von Geschäften erstrecken, oder nur unter gewissen Umständen oder für eine gewisse Zeit oder an einzelnen Orten stattfinden soll, oder daß für einzelne Geschäfte die Zustimmung der Generalversammlung, des Aufsichtsraths oder eines anderen Organs der Gesellschaft erfordert ist.

Artikel 232.

Die Bestimmungen des Artikels 196a über den Betrieb von Geschäften in dem Handelszweige der Gesellschaft, sowie über die Theilnahme an einer anderen gleichartigen Gesellschaft finden auf die Mitglieder des Vorstandes entsprechende Anwendung.

Artikel 233.

Jede Aenderung der Mitglieder des Vorstandes muß zur Eintragung in das Handelsregister (Art. 210, 212) angemeldet werden.

Dritten Personen kann die Aenderung nur insofern entgegengesetzt werden, als in Betreff dieser Aenderung die im Artikel 46 in Betreff des Erlöschens der Prokura bezeichneten Voraussetzungen vorhanden sind. Entscheidend hierfür ist die Eintragung bei dem Handelsgerichte, in dessen Bezirke die Gesellschaft ihren Sitz hat.

Artikel 234.

Der Vorstand kann, sofern nicht durch den Gesellschaftsvertrag oder durch Beschluß der Generalversammlung ein Anderes bestimmt ist, einen Prokuristen nur mit Zustimmung des Aufsichtsraths bestellen. Diese Beschränkung hat Dritten gegenüber keine rechtliche Wirkung.

Artikel 235.

Der Betrieb von Geschäften der Gesellschaft, sowie die Vertretung der Gesellschaft in Bezug auf diese Geschäftsführung kann auch sonstigen Bevollmächtigten oder Beamten der Gesellschaft zugewiesen werden. In diesem Falle bestimmt sich die Befugniß derselben nach der ihnen ertheilten Vollmacht; sie erstreckt sich im Zweifel auf alle Rechtshandlungen, welche die Ausführung derartiger Geschäfte gewöhnlich mit sich bringt.

Artikel 236.

Die Generalversammlung der Aktionäre wird durch den Vorstand berufen, soweit nicht nach dem Gesetze oder dem Gesellschaftsvertrage auch andere Personen dazu befugt sind.

Die Generalversammlung ist, außer den im Gesetze oder im Gesellschaftsvertrage ausdrücklich bestimmten Fällen, zu berufen, wenn es im Interesse der Gesellschaft erforderlich erscheint.

Artikel 237.

Aktionäre, deren Antheile zusammen den zwanzigsten Theil des Grundkapitals darstellen, sind berechtigt, in einer von ihnen unterzeichneten Eingabe unter Angabe des Zwecks und der Gründe die Berufung der Generalversammlung zu verlangen. Ist in dem Gesellschaftsvertrage das Recht, die Berufung der Generalversammlung zu verlangen, an den Besitz eines geringeren Antheils am Grundkapital geknüpft, so hat es hierbei sein Bewenden.

In gleicher Weise haben die Aktionäre das Recht, zu verlangen, daß Gegenstände zur Beschlußfassung einer Generalversammlung angekündigt werden.

Wird dem Verlangen nicht entsprochen, so kann das Handelsgericht die Aktionäre, welche das Verlangen gestellt haben, zur Berufung der Generalversammlung oder zur Ankündigung des Gegenstandes ermächtigen. Mit der Berufung oder Ankündigung ist die gerichtliche Ermächtigung zu veröffentlichen.

Artikel 238.

Die Berufung der Generalversammlung hat in der durch den Gesellschaftsvertrag bestimmten Weise mit einer Frist von mindestens zwei Wochen zu erfolgen. Ist in dem Gesellschaftsvertrage die Ausübung des Stimmrechts davon abhängig gemacht, daß die Aktien bis zu einem bestimmten Zeitpunkte vor der Generalversammlung hinterlegt werden, so ist die Frist derart zu bemessen, daß für die Hinterlegung mindestens zwei Wochen frei bleiben.

Der Zweck der Generalversammlung soll jederzeit bei der Berufung bekannt gemacht werden. Ueber Gegenstände, deren Verhandlung nicht in der durch den Gesellschaftsvertrag oder durch Artikel 237 Absatz 3 vorgesehenen Weise mindestens eine Woche vor dem Tage der Generalversammlung angekündigt ist, können Beschlüsse nicht gefaßt werden; hiervon ist jedoch der Beschluß über den in einer Generalversammlung gestellten Antrag auf Berufung einer außerordentlichen Generalversammlung ausgenommen.

Zur Stellung von Anträgen und zu Verhandlungen ohne Beschlußfassung bedarf es der Ankündigung nicht.

Artikel 238a.

Jeder Beschluß der Generalversammlung bedarf zu seiner Gültigkeit der gerichtlichen oder notariellen Beurkundung. Die Zuziehung von Zeugen ist nicht erforderlich.

Eine beglaubigte Abschrift der Urkunde ist ohne Verzug nach der Generalversammlung von dem Vorstande zu dem Handelsregister einzureichen.

Artikel 239.

Der Vorstand ist verpflichtet, Sorge zu tragen, daß die erforderlichen Bücher der Gesellschaft geführt werden.

Er muß in der durch den Gesellschaftsvertrag bestimmten Frist, welche über die ersten sechs Monate des Geschäftsjahres nicht erstreckt werden kann, und in Ermangelung einer solchen Frist in den ersten drei Monaten desselben für das verflossene Geschäftsjahr eine Bilanz, eine Gewinn- und Verlustrechnung, sowie einen den Vermögensstand und die Verhältnisse der Gesellschaft entwickelnden Bericht dem Aufsichtsrathe und mit dessen Bemerkungen der Generalversammlung vorlegen. Er hat die Vorlagen mindestens zwei Wochen vor der Versammlung in dem Geschäftslokale der Gesellschaft zur Einsicht der Aktionäre auszulegen. Jeder Aktionär ist berechtigt, auf seine Kosten eine Abschrift der Bilanz, der Gewinn- und Verlustrechnung, sowie des Geschäftsberichts zu verlangen.

Artikel 239a.

Zur Prüfung der Bilanz können besondere Revisoren bestellt werden.

Die Verhandlung ist zu vertagen, wenn dies mit einfacher Stimmenmehrheit beschlossen oder von einer Minderheit, deren Antheile den zehnten Theil des Grundkapitals darstellen, verlangt wird, auf Verlangen der Minderheit jedoch nur, soweit von ihr bestimmte Ansätze der Bilanz bemängelt werden.

Ist die Verhandlung auf Verlangen der Minderheit vertagt, so gilt bezüglich der nicht bemängelten Ansätze der Bilanz die Entlastung des Vorstandes als erfolgt.

Artikel 239b.

Die Vorschriften der Artikel 185a, 185b, 185c über die Bilanz und den Reservefonds finden entsprechende Anwendung.

Artikel 240.

Erreicht der Verlust, welcher aus der Jahresbilanz oder einer im Laufe des Geschäftsjahres aufgestellten Bilanz sich ergiebt, die Hälfte des Grundkapitals, so muß der Vorstand unverzüglich die Generalversammlung berufen und dieser davon Anzeige machen.

Sobald Zahlungsunfähigkeit der Gesellschaft eintritt oder sich ergiebt, daß ihr Vermögen nicht mehr die Schulden deckt, muß der Vorstand die Eröffnung des Konkurses beantragen.

Artikel 241.

Die Mitglieder des Vorstandes sind aus den von ihnen im Namen der Gesellschaft vorgenommenen Rechtshandlungen Dritten gegenüber für die Verbindlichkeiten der Gesellschaft persönlich nicht verpflichtet.

Die Mitglieder des Vorstandes haben bei ihrer Geschäftsführung die Sorgfalt eines ordentlichen Geschäftsmannes anzuwenden. Sie haben, wenn sie in Anspruch genommen werden, die Anwendung dieser Sorgfalt zu beweisen.

Mitglieder, welche ihre Obliegenheiten verletzen, haften der Gesellschaft solidarisch für den dadurch entstandenen Schaden. Insbesondere sind sie in den Fällen des Artikels 226 Ziffer 1 bis 5, sowie in dem Falle einer nach der Zahlungsunfähigkeit oder Ueberschuldung der Gesellschaft (Art. 240 Absatz 2) geleisteten Zahlung zum Ersatze verpflichtet.

In den vorbezeichneten Fällen kann der Ersatzanspruch auch von den Gläubigern der Gesellschaft, soweit sie von dieser ihre Befriedigung nicht erlangen können, selbständig geltend gemacht werden. Die Ersatzpflicht wird ihnen gegenüber dadurch nicht aufgehoben, daß die Handlung auf einem Beschlusse der Generalversammlung beruht.

Vierter Abschnitt.
Auflösung der Gesellschaft.

Artikel 242.

Die Aktiengesellschaft wird aufgelöst:
1. durch Ablauf der im Gesellschaftsvertrage bestimmten Zeit;
2. durch Beschluß der Generalversammlung;
3. durch Eröffnung des Konkurses.

Wenn die Auflösung einer Aktiengesellschaft aus anderen Gründen erfolgt, so finden die Bestimmungen dieses Abschnitts ebenfalls Anwendung.

Artikel 243.

Die Auflösung der Gesellschaft muß, wenn sie nicht eine Folge des eröffneten Konkurses ist, durch den Vorstand zur Eintragung in das Handelsregister (Art. 210, 212) angemeldet werden; sie muß zu drei verschiedenen Malen durch die hierzu bestimmten öffentlichen Blätter bekannt gemacht werden.

Durch diese Bekanntmachung müssen zugleich die Gläubiger aufgefordert werden, sich bei der Gesellschaft zu melden.

Artikel 244.

Die Liquidation geschieht durch den Vorstand, wenn nicht dieselbe durch den Gesellschaftsvertrag oder einen Beschluß der Generalversammlung an andere Personen übertragen wird.

Auf den Antrag des Aufsichtsraths oder von Aktionären, deren Antheile zusammen den zwanzigsten Theil des Grundkapitals darstellen, kann die Ernennung von Liquidatoren durch den Richter erfolgen.

Die Anmeldung der ersten Liquidatoren zur Eintragung in das Handelsregister (Art. 210, 212) ist durch den Vorstand zu machen.

Die Abberufung der Liquidatoren kann durch den Richter unter denselben Voraussetzungen, wie die Bestellung erfolgen. Liquidatoren, welche nicht vom Richter ernannt sind, können auch durch die Generalversammlung jederzeit abberufen werden.

Artikel 244a.

Auf die Liquidation finden, soweit nicht in diesem Abschnitte ein Anderes bestimmt ist, die für die Liquidation einer offenen Handelsgesellschaft gegebenen Bestimmungen entsprechende Anwendung.

Die Liquidatoren haben die Rechte und Pflichten des Vorstandes. Die Beschränkungen des Artikels 232 und die in Artikel 234 zugelassene Bestellung von Prokuristen finden nicht statt.

Die Liquidatoren haben bei Beginn der Liquidation eine Bilanz aufzustellen. Dieselbe ist von ihnen ohne Verzug in den hierzu bestimmten öffentlichen Blättern bekannt zu machen und zu dem Handelsregister einzureichen.

Die Veräußerung unbeweglicher Sachen kann durch die Liquidatoren, sofern nicht der Gesellschaftsvertrag oder ein Beschluß der Generalversammlung anders bestimmt, nur durch öffentliche Versteigerung bewirkt werden.

Artikel 245.

Das Vermögen einer aufgelösten Aktiengesellschaft wird nach Tilgung ihrer Schulden unter die Aktionäre nach Verhältniß ihrer Aktien vertheilt.

Die Vertheilung darf nicht eher vollzogen werden, als nach Ablauf eines Jahres von dem Tage an gerechnet, an welchem die Bekanntmachung in den öffentlichen Blättern zum dritten Male erfolgt ist.

In Ansehung der aus den Handelsbüchern ersichtlichen oder in anderer Weise bekannten Gläubiger und in Ansehung der noch schwebenden Verbindlichkeiten und streitigen Forderungen kommen die bei der Kommanditgesellschaft auf Aktien gegebenen Bestimmungen (Art. 202) zur Anwendung.

Nach gelegter Schlußrechnung ist die Beendigung der Liquidation von den Liquidatoren in den hierzu bestimmten öffentlichen Blättern bekannt zu machen.

Artikel 246.

Die Handelsbücher der aufgelösten Gesellschaft sind an einem von dem Handelsgerichte zu bestimmenden sicheren Orte zur Aufbewahrung auf die Dauer von zehn Jahren niederzulegen.

Die Aktionäre und die Gläubiger können zur Einsicht der Handelsbücher vom Handelsgerichte ermächtigt werden.

Artikel 247.

Bei der Auflösung einer Aktiengesellschaft durch Vereinigung derselben mit einer anderen Aktiengesellschaft (Artikel 215) kommen folgende Bestimmungen zur Anwendung:
1. Das Vermögen der aufzulösenden Gesellschaft ist so lange getrennt zu verwalten, bis die Befriedigung oder Sicherstellung ihrer Gläubiger erfolgt ist.
2. Der bisherige Gerichtsstand der Gesellschaft bleibt für die Dauer der getrennten Vermögensverwaltung bestehen, dagegen wird die Verwaltung von der anderen Gesellschaft geführt.
3. Die Mitglieder des Vorstandes und des Aufsichtsraths der letzteren Gesellschaft sind den Gläubigern der aufgelösten Gesellschaft für die Ausführung der getrennten Verwaltung persönlich und solidarisch verantwortlich, die Mitglieder des Aufsichtsraths, soweit eine Vereinigung der Vermögen beider Gesellschaften mit ihrem Wissen und ohne ihr Einschreiten erfolgt ist.
4. Die Auflösung der Gesellschaft ist zur Eintragung in das Handelsregister anzumelden.
5. Die öffentliche Aufforderung der Gläubiger der aufgelösten Gesellschaft (Art. 243) kann unterlassen oder auf einen späteren Zeitpunkt verschoben werden. Jedoch ist die Vereinigung der Vermögen der beiden Gesellschaften erst in dem Zeitpunkte zulässig, in welchem eine Vertheilung des Vermögens einer aufgelösten Aktiengesellschaft unter die Aktionäre erfolgen darf (Art. 245).

Artikel 248.

Eine theilweise Zurückzahlung des Grundkapitals an die Aktionäre oder eine Herabsetzung desselben kann nur auf Beschluß der Generalversammlung und nur unter Beobachtung derselben Bestimmungen erfolgen, welche für die Vertheilung des Gesellschaftsvermögens im Falle der Auflösung maßgebend sind (Art. 243, 245). Der Beschluß hat zugleich die Art, in welcher die Zurückzahlung oder Herabsetzung erfolgen soll, und die zu ihrer Durchführung erforderlichen Maßregeln festzusetzen. Der Beschluß ist in das Handelsregister einzutragen. Auf die Eintragung und die Beschlußfassung finden die Vorschriften in Artikel 214 und in Artikel 215 Absatz 2 und 6 (Art. 180f Abs. 3) Anwendung.

Vierter Titel.

Strafbestimmungen.

Artikel 249.

Persönlich haftende Gesellschafter, Mitglieder des Aufsichtsraths und Liquidatoren einer Kommanditgesellschaft auf Aktien, sowie Mitglieder des Vorstandes und des Aufsichtsraths und Liquidatoren einer Aktiengesellschaft werden, wenn sie absichtlich zum Nachtheile der Gesellschaft handeln, mit Gefängniß und zugleich mit Geldstrafe bis zu zwanzigtausend Mark bestraft.

Zugleich kann auf Verlust der bürgerlichen Ehrenrechte erkannt werden.

Artikel 249a.

Mit Gefängniß und zugleich mit Geldstrafe bis zu zwanzigtausend Mark werden bestraft:

1. persönlich haftende Gesellschafter oder Mitglieder des Aufsichtsraths einer Kommanditgesellschaft auf Aktien, sowie Gründer, Mitglieder des Vorstandes oder des Aufsichtsraths einer Aktiengesellschaft, welche behufs Eintragung des Gesellschaftsvertrages in das Handelsregister rücksichtlich der Zeichnung oder Einzahlung des Gesammtkapitals der Kommanditisten oder des Grundkapitals der Aktiengesellschaft oder der in Artikel 175b oder 209b vorgesehenen Festsetzungen wissentlich falsche Angaben machen;
2. diejenigen, welche rücksichtlich der bezeichneten Thatsachen wissentlich falsche Angaben in einer in Artikel 180a, 213b vorgesehenen Ankündigung von Aktien machen;
3. persönlich haftende Gesellschafter oder Mitglieder des Aufsichtsraths einer Kommanditgesellschaft auf Aktien, sowie Mitglieder des Vorstandes und des Aufsichtsraths einer Aktiengesellschaft, welche behufs Eintragung einer Erhöhung des Gesammtkapitals der Kommanditisten oder des Grundkapitals der Aktiengesellschaft in das Handelsregister (Art. 180g und 180h, 215a und 215b) rücksichtlich der Einzahlung des bisherigen oder rücksichtlich der Zeichnung oder Einzahlung des erhöhten Kapitals wissentlich falsche Angaben machen.

Zugleich kann auf Verlust der bürgerlichen Ehrenrechte erkannt werden.

Sind mildernde Umstände vorhanden, so tritt ausschließlich die Geldstrafe ein.

Artikel 249b.

Persönlich haftende Gesellschafter, Mitglieder des Aufsichtsraths und Liquidatoren einer Kommanditgesellschaft auf Aktien, sowie Mitglieder des Vorstandes und des Aufsichtsraths und Liquidatoren einer Aktiengesellschaft werden mit Gefängniß bis zu einem Jahr und Geldstrafe bis zu zwanzigtausend Mark bestraft:

1. wenn sie wissentlich in ihren Darstellungen, in ihren Uebersichten über den Vermögensstand der Gesellschaft oder in den in der Generalversammlung gehaltenen Vorträgen den Stand der Verhältnisse der Gesellschaft unwahr darstellen oder verschleiern;
2. wenn sie vor der vollen Leistung des Nominalbetrages der Aktien oder des statt desselben in den Fällen der Artikel 175a Ziffer 2, 180g Absatz 2, 209a Ziffer 2, 215a Absatz 2 festgesetzten Betrages Aktien ausgeben;
3. wenn sie in dem Falle einer stattgefundenen Erhöhung des Gesammtkapitals oder des Grundkapitals vor Eintragung derselben in das Handelsregister (Art. 180h Abs. 2, 215c Abs. 4) Aktien, Promessen oder Interimsscheine ausgeben.

Zugleich kann auf Verlust der bürgerlichen Ehrenrechte erkannt werden.

Sind mildernde Umstände vorhanden, so tritt ausschließlich die Geldstrafe ein.

Artikel 249c.

Mit Gefängniß bis zu drei Monaten und Geldstrafe bis zu fünftausend Mark werden bestraft:

1. die persönlich haftenden Gesellschafter, die Mitglieder des Aufsichtsraths und die Liquidatoren einer Kommanditgesellschaft auf Aktien, sowie die Mitglieder des Vorstandes und des Aufsichtsraths und die Liquidatoren einer Aktiengesellschaft, wenn länger als drei Monate die Gesellschaft ohne Aufsichtsrath geblieben ist oder in dem letzteren die zur Beschlußfähigkeit erforderliche Zahl von Mitgliedern gefehlt hat;
2. die Mitglieder des Vorstandes und die Liquidatoren einer Aktiengesellschaft, wenn sie entgegen der Vorschrift des Artikels 240 Absatz 2 es unterlassen haben, die Eröffnung des Konkurses zu beantragen.

Sind mildernde Umstände vorhanden, so ist auf die Geldstrafe ausschließlich zu erkennen.

Die Strafe tritt nicht gegen denjenigen ein, welcher nachweist, daß die Bestellung oder Ergänzung des Aufsichtsraths oder der Eröffnungsantrag ohne sein Verschulden unterblieben ist.

Artikel 249d.

Mit Gefängniß bis zu einem Jahre und Geldstrafe bis zu zehntausend Mark wird bestraft:

1. wer in öffentlichen Bekanntmachungen falsche Thatsachen vorspiegelt oder wahre Thatsachen entstellt, um zur Betheiligung an einem Aktienunternehmen zu bestimmen;
2. wer in betrügerischer Absicht auf Täuschung berechnete Mittel anwendet, um auf den Kurs von Aktien einzuwirken;
3. wer über die Hinterlegung von Aktien Bescheinigungen, welche zum Nachweise des Stimmrechts in einer Generalversammlung dienen sollen, wissentlich falsch ausstellt oder verfälscht, oder von einer solchen Bescheinigung, wissend, daß sie falsch oder verfälscht ist, zur Ausübung des Stimmrechts Gebrauch macht.

Zugleich kann auf Verlust der bürgerlichen Ehrenrechte erkannt werden.

Sind mildernde Umstände vorhanden, so tritt ausschließlich die Geldstrafe ein.

Artikel 249e.

Wer sich besondere Vortheile dafür hat gewähren oder versprechen lassen, daß er bei einer Abstimmung in der Generalversammlung von Kommanditisten oder Aktionären in einem gewissen Sinne stimme, wird mit Geldstrafe bis zu dreitausend Mark oder mit Gefängniß bis zu einem Jahre bestraft.

Artikel 249f.

Die persönlich haftenden Gesellschafter und die Liquidatoren einer Kommanditgesellschaft auf Aktien sind zur Befolgung der in den Artikeln 179, 185, 185a Absatz 2, 185c, 190a Absatz 3 und 4, 193 Absatz 2 und 205 Absatz 3 enthaltenen Vorschriften von dem Handelsgerichte durch Ordnungsstrafen anzuhalten.

In gleicher Weise sind die Mitglieder des Vorstandes und die Liquidatoren einer Aktiengesellschaft zur Befolgung der in den Artikeln 212, 213e Absatz 4, 222 (Artikel 190a Absatz 3, 4), 222a Absatz 3 und 4, 225 Absatz 1, 228, 233 Absatz 1, 238a Absatz 2, 239 Absatz 2, 239b (Art. 185a Abs. 2, 185c), 240 Absatz 1, 243 Absatz 1, 244 Absatz 3, 244a Absatz 3 und 247 Ziffer 4 enthaltenen Vorschriften anzuhalten.

§. 2.

Die in den Artikeln 173, 173a, 174a, 175 Absatz 1 und 2, 175a bis 177, 180 und 207, 207a, 209 Absatz 1 und 2, 209a bis 210c, 213a der neuen Fassung enthaltenen Bestimmungen finden auf Gesellschaften, welche vor dem Tage des Inkrafttretens dieses Gesetzes angemeldet sind, aber erst an oder nach diesem Tage zur Eintragung in das Handelsregister gelangen, keine Anwendung, sofern schon vor dem bezeichneten Tage die Voraussetzungen erfüllt sind, an deren Nachweis die bisherigen Bestimmungen die Eintragung knüpfen.

Dasselbe gilt für diese Gesellschaften sowie für die schon bestehenden Gesellschaften von den Vorschriften der Artikel 180a bis 180d, 181 und 213b bis 213c.

Die Vorschrift in Artikel 181a und 215c über die Unzulässigkeit der Ausgabe von Promessen und Interimsscheinen vor der Eintragung des Gesellschaftsvertrages in das Handelsregister findet auf die im ersten Absatze bezeichneten Gesellschaften Anwendung.

§. 3.

Auf eine Erhöhung des Gesammtkapitals der Kommanditisten oder des Grundkapitals bestehender Gesellschaften kommen die Bestimmungen dieses Gesetzes nicht zur Anwendung, sofern die geforderte Einzahlung auf das erhöhte Kapital vor dem Inkrafttreten dieses Gesetzes bewirkt ist.

§. 4.

Die Vorschriften in Artikel 190 Absatz 1 und 4 (Art. 221) über das Stimmrecht finden auf die bestehenden und die in §. 2 Absatz 1 bezeichneten Gesellschaften nicht Anwendung, soweit der Gesellschaftsvertrag zur Zeit des Inkrafttretens dieses Gesetzes andere Bestimmungen enthält.

§. 5.

Die bestehenden und die in §. 2 Absatz 1 bezeichneten Gesellschaften dürfen auf Grund des Artikels 222 Ziffer 3 der alten Fassung von dem Inkrafttreten dieses Gesetzes ab die Zeichner nicht vollständig eingezahlter Aktien von der Haftung für weitere Einzahlungen nicht befreien und Promessen oder Interimsscheine, welche auf Inhaber lauten, nur insoweit ausstellen, als die Befreiung des Zeichners schon vor diesem Tage eingetreten ist.

§. 6.

Die Vorschrift des Artikels 225a der neuen Fassung findet auf die vor der Geltung des Handelsgesetzbuchs errichteten Gesellschaften keine Anwendung, soweit der Gesellschaftsvertrag nach Maßgabe der früheren Vorschriften abweichende Bestimmungen enthält.

Die Vorschriften der Artikel 196a, 232 finden auf Mitglieder des Vorstandes einer bestehenden oder einer in §. 2 Absatz 1 bezeichneten Gesellschaft keine Anwendung, sofern die Bestellung des Mitgliedes vor dem Inkrafttreten dieses Gesetzes erfolgt ist.

§. 7.

Von den in den Artikeln 185a, 185b und 239 bis 239b der neuen Fassung enthaltenen Vorschriften über Bilanz und Reservefonds finden auf die bestehenden Gesellschaften die Vorschriften rücksichtlich eines erhöhten Kapitals (Art. 185a Ziff. 5, 185b Ziff. 2 und 239c) schon für das bei dem Inkrafttreten des Gesetzes laufende Geschäftsjahr, die übrigen Vorschriften erst vom Beginne des folgenden Geschäftsjahres Anwendung.

Werden in Gemäßheit der Vorschrift in Artikel 185a Ziffer 3 und 239b dauernd zum Geschäftsbetriebe der Gesellschaft bestimmte Gegenstände unter Zugrundelegung des Anschaffungs- oder Herstellungspreises zu einem Betrage angesetzt, welcher den Werth übersteigt, mit welchem sie in der Bilanz des letzten Geschäftsjahres vor dem . . . . (x) enthalten sind, so dürfen hierauf beruhende Dividenden nur unter Beobachtung der Vorschriften gezahlt werden, welche für eine Herabsetzung des Kapitals der Kommanditisten oder des Grundkapitals maßgebend sind.

Urkundlich rc.

Gegeben rc.

Inhaltsangabe der Allgemeinen Begründung.*

* Zur Originalpaginierung vgl. S. 621.

Allgemeine Begründung.

§. 1.

Vorbemerkung.

Geschichtliches.

Unter dem 27. März 1873 richtete im Reichstag der Abgeordnete Dr. Lasker, unterstützt von Mitgliedern verschiedener Parteien, an den Reichskanzler die Anfrage, ob die Reichsregierung den bei der Gründung und Verwaltung von Aktiengesellschaften zu Tage getretenen und zur Schädigung des Publikums gereichenden Uebelständen Abhülfe zu schaffen und zu diesem Zwecke eine Abänderung der jetzt bestehenden Gesetze herbeizuführen gedenke.[1])

Bei Beantwortung der Interpellation erkannte der derzeitige Präsident des Reichskanzler-Amts an, daß nach Erhebung der in den einzelnen Bundesstaaten auf dem Gebiete des Aktienwesens gemachten Erfahrungen die Angelegenheit legislativ in die Hand zu nehmen sein werde.[2])

Bevor die gedachten Erhebungen ihren völligen Abschluß gefunden hatten, waren die Einleitungen zur Ausarbeitung eines bürgerlichen Gesetzbuchs, welche eine allgemeine Revision des Handelsgesetzbuchs und der Bestimmungen desselben über die Aktiengesellschaften zur Folge haben sollte, getroffen; und mit Rücksicht hierauf beschloß unter dem 22. Juni 1874 der Bundesrath (Prot. §. 328), die Revision der Gesetzgebung über die Aktiengesellschaften nicht besonders vorzunehmen, sondern mit der des Handelsgesetzbuchs zu verbinden. Eine neue Anregung erhielt jedoch die Frage der Reform durch die Besprechung, welche sich im preußischen Abgeordnetenhause in der Sitzung vom 29. März 1876 an den Bericht der Spezialkommission zur Untersuchung des Eisenbahnkonzessionswesens knüpfte; auf Antrag der Abgeordneten von Köller und Dr. Lasker beschloß das Haus der Abgeordneten mit überwiegender Mehrheit:

> „Die Königliche Staatsregierung aufzufordern, dahin zu wirken, daß die Reform der Gesetze über das Aktienwesen im Sinne:
>
> a) eines besseren Schutzes aller im öffentlichen Interesse gegebenen Gesetzesvorschriften;
>
> b) der verstärkten Verantwortlichkeit aller bei Gründung, Leitung und Beaufsichtigung des Unternehmens betheiligten Personen;
>
> c) einer selbständigeren und wirksameren Kontrole über die Verwaltung;
>
> d) der leichteren Verfolgbarkeit der Uebertretungen der im öffentlichen Interesse gegebenen Vorschriften
>
> durch die Reichsgesetzgebung baldigst in Angriff genommen werde."[3])

Nunmehr stellte die Königlich preußische Regierung bei dem Bundesrath unter dem 17. November 1876 den Antrag auf Erlaß eines Gesetzes gegen die Ausschreitungen auf dem Gebiete des Aktienwesens. Dem Antrage (Nr. 89 der Drucksachen von 1876) war eine Denkschrift beigefügt, welche die einzelnen Uebelstände, die sich bei Gründung und Verwaltung von Aktiengesellschaften gezeigt hatten, hervorhob und die zu deren Abhülfe gemachten Vorschläge einer Erörterung unterzog. Der Bundesrath trat diesem Antrage in der Sitzung vom 13. März 1877 bei, indem er beschloß (Prot. §. 126):

> den Reichskanzler zu ersuchen, den Entwurf eines Gesetzes ausarbeiten und vorlegen zu lassen, welches, unabhängig von der Revision des Handelsgesetzbuchs und unbeschadet der mit dieser demnächst zu verbindenden generellen Revision des gesammten Handelsgesellschaftsrechts, den Ausschreitungen bei der Gründung, der Verwaltung und dem geschäftlichen Betriebe der Aktienunternehmungen entgegenzuwirken geeignet ist.

Der Beschluß entsprach nicht nur den in der Volksvertretung des Reichs und Preußens zur Geltung gelangten Ansichten; die Nothwendigkeit einer legislativen Revision des bestehenden Aktienrechts hatte auch in den betheiligten industriellen und kommerziellen Kreisen, in der Tagespresse, sowie in der Literatur, so verschiedenartig immerhin das Bedürfniß gerechtfertigt und die Ziele der Reform aufgefaßt wurden, ihren nahezu einstimmigen Ausdruck gefunden.

Bedenken gegen eine sofortige Reform.

Fast ebenso allgemein aber waren die Bedenken gegen den sofortigen Erlaß eines neuen Aktiengesetzes. Es wurde namentlich geltend gemacht, daß die Wiederkehr einer Periode ungemessener Gründung von Aktienunternehmungen und, Dank der gemachten Erfahrungen, einer ungemessenen Betheiligung an solchen in naher Zukunft nicht zu besorgen sei. Auch konnte nicht verkannt werden, daß die öffentliche Meinung noch lange Zeit unter dem Drucke der weitgreifenden Folgen einer allgemeinen wirthschaftlichen Kalamität stand und in oft leidenschaftlichen Stimmungen entgegengesetzter Strömung befangen war, daß auf der einen Seite Zorn und Unwille gegen die Gründer, auf der anderen Seite Unmuth über eine übermäßige Verfolgung derselben an den Tag trat. Ein unter solchen Eindrücken entstehendes Gesetz könne, so wurde befürchtet, dem beabsichtigten Zweck nicht entsprechen. Zahlreiche Volksschichten würden die Mißerfolge der letzten Jahre lediglich in der Mangelhaftigkeit der bisherigen Gesetzgebung suchen und bei einem Aufschwung von Handel und Verkehr in blinder Zuversicht zu dem neuen Gesetze der eigenen Sorgfalt sich enthoben fühlen. Ein anderer Theil der Bevölkerung dagegen würde in dem nothwendigerweise koerzitiven Gesetze so strenge Fesseln erblicken, wie sie mit einer Wiederbelebung des wirthschaftlichen Lebens unvereinbar seien. Hierdurch aber würde die Sucht erweckt werden, daß je nach der augenblicklichen wirthschaftlichen Lage das Aktienrecht stets der Aenderung unterworfen werden müßte. Für normale Wirthschaftsverhältnisse habe ferner das Gesetz vom 11. Juni 1870 sich noch nicht hinreichend erprobt; noch sei nicht zu übersehen, wie weit in dem Erlaß von Kautelarvorschriften gegangen werden könne, ohne die Möglichkeit eines gesunden Funktionirens der Gesellschaften zu gefährden. Dabei griff die Befürchtung Platz, daß durch den frühzeitigen Erlaß eines neuen Gesetzes die nöthige Entwickelung der Judikatur eine Störung erleiden würde. Nirgend wirke ein Gelegenheitsgesetz gefährlicher, als auf wirthschaftlichem Gebiete.[1])

---

[1]) Drucks. des Reichstags I. Leg.-Per. IV. Sess. 1873 Nr. 30.

[2]) Stenogr. Ber. a. a. O. S. 224.

[3]) Drucks. des Hauses der Abgeordneten 1876 Nr. 141, stenogr. Ber. S. 915.

[1]) Vergl. Beschluß des Handelstages vom 12. Oktober 1877; Keyßner in der Vorrede zu seiner Schrift über die Aktiengesellschaften (Juni 1873); Renaud in der Vorrede zur 2. Aufl. seines Werks über das Recht der Aktiengesellschaften (August 1875); Geiger in Busch, Arch. Bd. 36 1877 S. 1 ff.; Löwenfeld, das Recht der Aktiengesellschaften S. 19 bis 21 u. A.

Zeitgemäßheit der Reform.

So gewichtig alle diese Bedenken in der auf das Uebermaß der Gründungen folgenden Periode des wirthschaftlichen Niederganges gewesen sind, so haben sie doch ihr Gewicht für die Gegenwart verloren.

Die leidenschaftlichen Strömungen haben einer ruhigeren Beurtheilung Raum gegeben; in der Literatur wie in der Rechtsprechung sind auf dem Gebiete des Aktienwesens die wichtigsten Streitpunkte zu einer erschöpfenden Erörterung der Gründe und Gegengründe gelangt, und soweit auf diesem von wirthschaftlichen und rechtlichen Fragen bewegten Gebiet eine Klärung der verschiedenen Meinungen überhaupt eintreten kann, ist eine solche erfolgt.

Es darf nunmehr aber auch die Krisis als beendet betrachtet werden; überall in Handel und Industrie zeigt sich der Trieb zu neuem Aufschwung, und dieser aufsteigenden Bewegung bemächtigt das Kapital sich auch zur Gründung von Aktiengesellschaften.

Dem gegenüber kann sich die Gesetzgebung nicht länger abwartend verhalten. Das Vertrauen in die bestehende Aktiengesetzgebung ist tief erschüttert; durch Aenderung derselben muß das Vertrauen wiederhergestellt werden, damit nicht bei auflebendem Aktienverkehre die vorsichtigen und besseren Elemente der Gesellschaft sich von ihm fern halten, die leichtsinnigen und schlechteren dagegen ihm sorglos zuströmen. Gerade jetzt erscheint der Zeitpunkt gekommen, mit gesetzlichen Maßregeln vorzugehen.

Methode der Reform.

Von den gegen die Reform hervorgetretenen Bedenken können diejenigen allein als fortdauernd gelten, welche sich gegen den Erlaß eines Zwischen- oder Nothgesetzes richteten. In der That erschiene eine Reform bedenklich, welche als ein Zwischengesetz gewisse Punkte des Aktienrechts herauszugreifen suchte, — alle Bestimmungen desselben stehen in einer nur mit Gefahren lösbaren wirthschaftlichen und rechtlichen Wechselwirkung, und ebenso bedenklich erschiene ein Nothgesetz, welches das Ziel verfolgte, einzelne durch die Erfahrung offen gelegte Lücken und Mängel, deren sich die Gewinnsucht in der Vergangenheit bedient hat, zu beseitigen, — es könnte doch nicht verhindert werden, daß in der Zukunft neue Mittel und Wege sich der Gewinnsucht öffneten. Allein diese Bedenken stehen nicht der Reform an sich entgegen; es folgt aus ihnen nur, daß dieselbe eine thunlichst umfassende sein und sich zur Aufgabe machen muß, die allgemein maßgebenden Grundsätze im Zusammenhange mit dem ganzen in Betracht kommenden Rechtsstoff aufzusuchen.

Ist hiernach die Reform nicht in der Art einer Novelle durchzuführen, so legen ihr die Verhältnisse doch gewisse Beschränkungen auf. Es darf nicht aus dem Auge verloren werden, daß die Reform wesentlich wirthschaftliche Ziele zu erstreben hat. Soweit von diesem Gesichtspunkte Bestimmungen des geltenden Rechts nicht zu einer sachlichen Reform Anlaß bieten, wird der Entwurf in der Entscheidung von Kontroversen, welche sich an die Auslegung dieser Bestimmungen geknüpft haben, und in dem Verlangen nach einer klareren Redaktion Enthaltsamkeit zu üben haben. Auch in seinen dispositiven Vorschlägen muß der Entwurf sowohl der Redaktionsweise als dem Rahmen des Handelsgesetzbuchs sich anpassen. Das jetzt zu erlassende Gesetz kann weder ein selbständiges, noch ein abgeschlossenes Ganzes bilden; es soll unbeschadet und angesichts der nicht in ferner Aussicht stehenden allgemeinen Revision des Handelsgesetzbuchs ergehen. Dieser letzteren wird daher insbesondere die Prüfung der weittragenden Frage zu überlassen sein, ob die jetzigen Rechtsformen für alle Arten von Unternehmungen, welche eine Kapitalsvereinigung erfordern, ausreichen oder ob ihnen nicht vielmehr nach dem Vorbilde der bergrechtlichen Gewerkschaft eine neue Form hinzuzufügen sein möchte.

In der bezeichneten Beschränkung aber wird der Entwurf das Recht der Aktiengesellschaften nach allen Richtungen in den Kreis der Reform zu ziehen haben.

Hierzu erschienen zwei Hülfsmittel dienlich. Auf keinem rechtlichen und wirthschaftlichen Gebiete mehr als auf dem des Aktienwesens steht die einheimische Gesetzgebung in inniger Berührung mit der ausländischen. Um daher die Erfahrungen, welche im Auslande gemacht sind, und die Bewegung, welche dort die Gesetzgebung gewonnen hat, kennen zu lernen, giebt die Anlage A eine gedrängte Uebersicht des Aktienrechts und der angestrebten Reformen in Oesterreich und Ungarn, in der Schweiz, in England, Frankreich, Belgien, Italien, Spanien und den Niederlanden. Sodann erschien es geboten, statistisch den Verlauf der wirthschaftlichen Krisis zu ermitteln. Anlage B enthält die statistischen Zusammenstellungen auf Grund von Materialien, welche im Königlich Preußischen statistischen Bureau für den Umfang des Preußischen Staats gesammelt sind.[1]) Eine Ausdehnung der Ermittelungen auf das ganze Reich hätte unverhältnißmäßigen Aufwand an Zeit und Mühe verursacht und kaum ein anderes Bild der Verhältnisse gegeben, als die für Preußen gesammelten Materialien es bieten. Uebrigens kann nur ein kleiner Theil dieser Materialien — über den Konkurs, da er in amtlicher Weise mit Hülfe der Gerichte gesammelt ist — auf eine vollkommene Zuverlässigkeit Anspruch erheben. Der weitaus größte Theil, dessen Sammlung wesentlich nur auf Privatwegen erfolgen konnte, wird nicht frei von Unrichtigkeiten sein, ohne daß diese jedoch das Gesammtbild irgendwie störten. Das letztere eröffnet vielfach den Blick auf die Richtung, welche die Reform zu nehmen hat, und läßt jedenfalls die Reformbedürftigkeit klar erkennen.

§. 2.

Bedürfniß zu einer gesetzlichen Reform.

Entwickelung der Krisis.

Die Motive zur Novelle vom 11. Juni 1870 haben sich nicht verhehlt, daß unmittelbar nach Fortfall der Staatsgenehmigung eine Periode des Aktienschwindels eintreten könne.[2]) Diese Voraussicht hat sich bewährt; aber freilich ist der befürchtete Erfolg in einem viel größeren Umfange eingetreten, als es damals geahnt worden ist.

Das Aktienwesen ist in eine durchaus ungesunde Entwickelung gerathen.

Dieselbe zeigt sich zunächst in der übermäßigen Anzahl von Gründungen nach dem Erlaß der Novelle. Vor dem Jahre 1871 waren in Preußen im Ganzen 203 Aktiengesellschaften errichtet, dagegen entstanden allein

im Jahre 1871 ebenfalls	203,
„ „ 1872 sogar	478,
„ „ 1873 noch	162,
in den drei Jahren	843

neue Aktiengesellschaften, — mehr als das Vierfache aller vor 1871 gegründeten Gesellschaften. Während dagegen das gesammte Grundkapital der alten Gesellschaften 2 192 156 494 ℳ, also durchschnittlich für jede Gesellschaft 10 798 800 ℳ beträgt, erreicht das gesammte Grundkapital

[1]) An statistischem Material für die übrigen deutschen Bundesstaaten fehlt es. Vergl. jedoch die auf Grund von Salings Börsenbuch von 1881/82 gemachte Zusammenstellung der finanziellen Ergebnisse der deutschen Aktiengesellschaften für das Jahr 1880 von van der Borght in Conrads Jahrbüchern für Nationalökonomie und Statistik, N. F. Bd. 5 S. 424 ff.

[2]) Drucks. des Reichstags des Nordd. Bundes I. Leg.-Per. 1870 Nr. 158 S. 15.

							durchschnittl. für jede Gesellschaft
						M.	M.
der im Jahre	1871	errichteten	203	Aktiengesellschaften	nur	813 236 710	4 006 092
" " "	1872	"	478	"	"	1 217 424 283	2 546 913
" " "	1873	"	162	"	"	454 211 135	2 803 772
mithin für alle		"	843	"	"	2 484 872 128	2 947 654

also weniger als ein Drittheil des durchschnittlichen Grundkapitals der alten Gesellschaften. Durchaus nicht selten sind Gesellschaften mit einem Grundkapital von weniger als 300 000 M.; in mehreren Fällen erreicht dasselbe nicht einmal den Betrag von 100 000 M. Die Gründungen haben sich nach und nach solchen Unternehmungen zugewandt, welche schon mit den Mitteln Einzelner oder doch mit denen einer einfachen Handels- oder Kommanditgesellschaft oder wirthschaftlichen Genossenschaft erreichbar gewesen wären. Namentlich tritt eine große Zahl von Umwandlungen bisheriger Privatunternehmungen, Gewerkschaften oder offener Handelsgesellschaften in Aktiengesellschaften hervor. Von den gesammten 1 169 Aktiengesellschaften in Preußen sind 263, also fast der vierte Theil, durch Umwandlung entstanden, insbesondere: auf dem Gebiete des Maschinenbaues, der Werkzeugfabrikation und ähnlicher Gewerbe 59 gegenüber von nur 28 Neugründungen, in der chemischen Industrie 18 gegen 21 Neugründungen, auf dem Gebiete der Textilindustrie 22 im Verhältniß von 27 Neugründungen, auf dem Gebiete der Industrie von Nahrungs- und Genußmitteln 46 gegenüber von 113 Neugründungen u. dergl. m.

Schon diese Thatsachen lassen vermuthen, daß bei den Gründungen nur selten das objektive Bedürfniß nach dem Unternehmen entschieden hat.

Dem entsprechen die Erhöhungen des Grundkapitals. Dieselben erreichen für 171 Gesellschaften, deren ursprüngliches Grundkapital zusammen 1 108 469 685 M. beträgt, 695 631 053 M., etwa 62,75 Prozent desselben. Mitunter ist das Grundkapital um das Elffache, Zwölffache, ja Dreißigfache erhöht worden. Die Nominalaktienwerthe schwollen zu unglaublichen Summen an. Ende 1873 belief sich das Grundkapital der Aktiengesellschaften, einschließlich der Erhöhungen von 682 398 853 M., auf die Summe von 5 359 427 475 M.

In solcher Höhe konnten die Werthe reell oder wenigstens produktiv nebeneinander nicht vorhanden sein. Ein Rückschlag war unvermeidlich.

Derselbe tritt zunächst in den Dividenden hervor, welche die Gesellschaften zahlten.

Nach dem Durchschnitte der fünf Jahre 1875 bis 1879 und nach dem Jahre der Gründung der Gesellschaften berechnet, zahlten:

Dividende

	0 Prozent.	unter 1 Prozent.	1 bis unter 3 Prozent.	3 bis unter 5 Prozent.	5 bis unter 7 Prozent.	7 bis unter 10 Prozent.	10 bis unter 15 Prozent.	15 bis unter 20 Prozent.	20 bis unter 30 Prozent.	über 30 Prozent.
von 130 vor 1871 gegründeten Aktiengesellschaften	19	7	20	15	20	15	14	5	8	7
" 72 im Jahre 1871 " "	18	4	22	9	11	5	3	—	—	—
" 129 " " 1872 " "	48	15	22	23	10	6	3	1	1	—
" 30 " " 1873 " "	18	2	1	2	3	3	1	—	—	—
" 6 " " 1874 " "	3	2	—	—	—	1	—	—	—	—
" 2 " " 1875 " "	2	—	—	—	—	—	—	—	—	—
" 7 " " 1875 " "	1	1	1	2	—	1	1	—	—	—
" 3 zu unbekannter Zeit " "	1	1	—	1	—	—	—	—	—	—
von zusammen 379 gegründeten Aktiengesellschaften . . .	110	32	66	52	44	31	22	6	9	7

Ist hiernach schon im Allgemeinen die Durchschnittsdividende nicht hoch, namentlich wenn man gewisse Arten von Aktiengesellschaften, wie Versicherungsgesellschaften, außer Betracht läßt, so tritt vornehmlich bei den nach 1871 errichteten Aktiengesellschaften ein ungesundes Verhältniß hervor. Während von den alten Gesellschaften über die Hälfte eine Dividende von mehr als 5 bis hinauf zu 70 Prozent aufzuweisen haben, hat von den neueren etwa nur ein Fünftheil eine Dividende von mehr als 5 Prozent gebracht. Von den 246 neueren Gesellschaften haben 90 in allen fünf Jahren 0 Prozent gegeben,

114	durchschnittlich	weniger als	1 Prozent,
160	=	= =	3 Prozent und
196	=	= =	5 Prozent.

Eine Dividende von weniger als 1 Prozent fällt

von den	129	Gesellschaften	des	Jahres	1872	auf	63,
= =	30	=	=	=	1873	=	20,
= =	6	=	=	=	1874	=	5

und die beiden Gesellschaften des Jahres 1875 haben niemals Dividende gezahlt.

Der Niedergang der Gesellschaften hatte unvermeidlich Reduktionen, Liquidationen und Konkurse zur Folge.

176 Gesellschaften haben Reduktionen vorgenommen. Das Grundkapital von 173 derselben — von 3 Gesellschaften ist es nicht ermittelt worden — betrug 972 851 960 M. Hierauf kommen 225 Reduktionen zu einem Gesammtbetrage von 415 520 415 M, also etwa 42 Prozent des Grundkapitals. Vor dem Jahre 1871 sind die Reduktionen verschwindend gering; zusammen mit denjenigen, deren Zeit nicht hat festgestellt werden können, sind es nur 7 an der Zahl. Das Jahr 1872 weist noch keine, 1873 erst 2 Reduktionen mit einem Betrage von 9 600 000 M. auf; mit dem Jahre 1874 beginnt die Zeit der Reduktionen, es

	zählt	25	Reduktionen	zu	einem	Betrage	von	65 357 400	M.,
1875	=	28	=	=	=	=	=	53 996 300	=
1876	=	37	=	=	=	=	=	48 402 100	=
1877	=	42	=	=	=	=	=	66 550 354	=
1878	=	37	=	=	=	=	=	84 082 501	= und
1879	=	47	=	=	=	=	=	68 956 160	=

Auch hier erweist sich das Krankhafte der in den sogenannten Gründerjahren errichteten Gesellschaften. Von den 176 Gesellschaften, welche reduzirten, waren 148 in der Zeit von 1871 bis 1873 und zwar:

35	im Jahre	1871,	
91	= =	1872	und
22	= =	1873	

errichtet.

Zur Liquidation schritten von den 1 169 Gesellschaften 318 mit einem Grundkapital von 1 168 900 855 M. Auf die Zeit der Gründung vertheilen sich die Liquidationen dergestalt, daß von den

vor dem	Jahre	1871	gegründeten	203	Gesellschaften	30,	kaum 15	Prozent,
im	=	1871	=	203	=	52,	etwa 25,6	=
=	=	1872	=	478	=	138,	fast 29	=
=	=	1873	=	162	=	67,	über 41	=
=	=	1874	=	30	=	14,	fast 47	=
=	=	1875	=	3	=	keine,		
nach dem	=	1875	=	25	=	nur 3 liquidirten,		

und auf die 65 Gesellschaften, deren Errichtungszeit unbekannt ist, 14 Liquidationen fallen. Bis jetzt sind, abgesehen von 18 Gesellschaften, welche nicht wegen ihres Vermögensstandes und ohne Verlust für die Aktionäre liquidirten, nur 139 Liquidationen beendigt, und schon diese haben am Grundkapital einen Verlust von 241 748 027 M. ergeben, der um so beträchtlicher erscheint, wenn man in Anschlag bringt, daß in vielen Fällen die Aktien über pari emittirt worden waren. Soweit es möglich war, die Ergebnisse im Einzelnen festzustellen, haben sogar die Gläubiger in vier Fällen nicht volle Befriedigung und in einem Falle nichts, die Aktionäre bei 69 Liquidationen nichts, bei 70 weniger als pari, von 2,09 Prozent bis 77,51 Prozent erhalten. Von den 69 Liquidationen, bei welchen die Aktionäre völlig leer ausgingen, fallen nur 2 auf die vor dem Jahre 1871 gegründeten, dagegen 10 auf die im Jahre 1871, 42 auf die 1872 und 14 auf die 1873 gegründeten Gesellschaften.

In Konkurs geriethen 84 Gesellschaften; bei 5 derselben ist das Grundkapital nicht bekannt; von den übrigen 79 Gesellschaften waren errichtet:

11	vor dem Jahre	1871	mit einem eingezahlten Grundkapitale von	49 829 124 *M.*,
14	im Jahre	1871	„ „ „ „ „	16 484 337 „
37	„ „	1872	„ „ „ „ „	59 404 530 „
8	„ „	1873	„ „ „ „ „	4 995 000 „
5	„ „	1874	„ „ „ „ „	1 625 000 „
1	„ „	1875	„ „ „ „ „	2 550 000 „
1	nach	1875	„ „ „ „ „	1 800 000 „
2	zu unbekannter Zeit		„ „ „ „ „	960 000 „
			zusammen . . .	137 647 991 *M.*

Auf die

203	vor dem Jahre	1871	errichteten Gesellschaften fallen	11	Konkurse	5,4 Prozent,
203	im Jahre	1871	„ „ „	14	„	6,9 „
478	„ „	1872	„ „ „	38	„	7,9 „
162	„ „	1873	„ „ „	9	„	5,6 „
30	„ „	1874	„ „ „	5	„	16,7 „
3	„ „	1875	„ „ „	1	„	33,3 „
25	nach	1875	„ „ „	1	„	4 „

Das Ergebniß der 84 Konkurse, welche noch nicht sämmtlich durchgeführt sind, läßt sich zur Zeit nicht völlig übersehen; schon jetzt aber steht fest, daß in 57 Konkursen die Aktionäre nichts, in 43 Konkursen die nicht bevorrechtigten Gläubiger nicht volle Befriedigung — zwischen 5,85 Prozent und 59 Prozent — und in 2 Konkursen sogar die bevorrechtigten Gläubiger nichts erlangt haben.

Stellt man die Reduktionen, Liquidationen und Konkurse zusammen, so ergeben sich

	Reduktionen	Liquidationen	Konkurse
auf die 203 im Jahre 1871 gegründeten Gesellschaften	35	52	14
„ „ 478 „ „ 1872 „ „	91	138	38
„ „ 162 „ „ 1873 „ „	22	67	9

Das Grundkapital insgesammt ist durch Reduktion um 415 520 415 *M.* verringert worden; wie hoch der Verlust ist, welchen hierbei die Aktionäre erlitten haben, läßt sich nicht feststellen; bei den bis jetzt beendigten Liquidationen haben sie

	241 748 027 *M.*
und bei den bis jetzt beendigten Konkursen haben sie	103 880 027 „
zusammen . . .	345 628 054 *M.*

verloren.

Die vorstehende Uebersicht giebt ein düsteres Bild von einem schwindelhaften Emporschießen der Aktienunternehmungen und ihrem unaufhaltsamen Zusammensturz. Das Schicksal der Gesellschaften, deren Gründung schon den Keim des Untergangs in sich trug, zog nicht blos solidere Gesellschaften in die Krisis hinein und vernichtete Millionen von Werthen, die in den Unternehmungen angelegt waren, es erfaßte, über den Kreis der Aktionäre und Gläubiger der Gesellschaften hinausgreifend, in der Berührung der letzteren mit dem Privatgewerbe auch dieses. Bei solcher Schädigung des gesammten Volkswohlstandes konnte es nicht ausbleiben, daß allgemein an die Gesetzgebung ein Nothruf nach Abhülfe erging, und da sowohl jene überschwemmende Fluth auf dem Aktienmarkte unmittelbar nach dem Erlaß des Gesetzes von 1870 eintrat, als auch die ihr entsprechende Ebbe hauptsächlich solche Unternehmungen ergriffen hat, welche unter der Herrschaft der Novelle gegründet waren, so nimmt es nicht Wunder, daß aus diesem Zusammentreffen ein ursächlicher Zusammenhang hergeleitet und für alle Schäden die Gesetzgebung von 1870 verantwortlich gemacht wurde. Für den Gesetzgeber aber, der, zur Reform berufen, die Mittel und Wege der Abhülfe richtig wählen soll, ist es die erste Aufgabe, die Ursachen der krankhaften Erscheinungen zu erkennen.

Ursachen der Krisis.

Es ist nun offenbar, daß diese Ursachen weitaus überwiegend in der allgemeinen wirthschaftlichen Lage begründet gewesen und demgemäß auf Gebieten zu suchen sind, welche sich der Beeinflussung durch den Gesetzgeber im Wesentlichen entziehen.

Das seit den siegreichen Feldzügen gestärkte politische Leben, die politische und zugleich wirthschaftliche Einigung Deutschlands zu einem organischen Ganzen, das dadurch erweckte Gefühl größerer Sicherheit und die freier gewordene Bewegung hatten dem wirthschaftlichen Leben einen mächtigen Aufschwung gegeben. Eine Aera lohnenden Verdienstes war eröffnet. Auch führte wohl das gleichzeitige Darniederliegen von Handel und Industrie in Frankreich unmittelbar nach dem französischen Kriege dem deutschen Handel und der deutschen Industrie Bestellungen vom Auslande in nicht erwartetem Umfange zu. Der gesteigerten Nachfrage folgte eine rasche Preissteigerung, welche wiederum eine Steigerung der Produktion hervorrief. Ueberall trat das Bedürfniß nach Erweiterung und Gründung industrieller Anlagen ein und hiermit Hand in Hand nach der Errichtung von Banken, welche ihnen die nöthigen Kapitalien zuführten. Erzielte Gewinne ließen die Vertheilung hoher Dividenden zu, und in ausgiebigster Weise wurde Kredit gewährt. Eine tiefgehende Haussebewegung zog die Strömung der ohnehin flüssig gewordenen und durch die französische Kriegsentschädigung vermehrten Kapitalien auf den Aktienmarkt, und je mehr diese Strömung anwuchs, desto stürmischer wurde die Hausse. Daß Produktion und Spekulation hierbei jedes Maß überschritten haben, welches hätte beobachtet werden müssen, bedarf nach Darlegung der statistischen Ergebnisse kaum der besonderen Ausführung. Es wurde gegründet, ohne Rücksicht darauf, ob ein Bedürfniß für das Unternehmen vorlag. An die Stelle einer Vereinigung von Personen, welche an dem Gegenstande und Gedeihen des Unternehmens interessirt, in diesem die Anlage ihrer Kapitalien und für dasselbe die Betheiligung anderer Kapitalisten suchten, traten sogenannte Syndikate, welche zur Bildung von Aktiengesellschaften irgend ein und möglichst unbestimmt bezeichnetes Unternehmen suchten, um Aktien als Börsenwaare zu schaffen und zu verkaufen. Das Grundkapital wurde nicht nach dem Zwecke des Unternehmens, sondern nach der augenblicklichen Aufnahmefähigkeit des Geldmarktes bemessen. Mit dieser Ausschreitung über die Grenzen des Unternehmens hinaus wetteiferte die Produktion der industriellen Werthe. Mit dem Augenblick aber, in welchem zufolge der Ueberproduktion der Markt nur noch Waaren, aber keine Käufer mehr bot, wurde der Rückgang der Aktienunternehmungen ein allgemeiner. Um sich zu erhalten, arbeiteten die Gesellschaften unter den Kostenpreisen und warfen in der Konkurrenz mit einander die Preise noch tiefer. Dadurch entwerthete der Besitz der Gesellschaften immer mehr und die stets gewisser werdende Unmöglichkeit, Dividenden zu zahlen, führte zur Entwerthung der Aktien, wo nicht zum völligen Untergange der Gesellschaft.

Diese allgemein wirthschaftlichen Verhältnisse fanden eine traurige Förderung in den mannichfachen Mißständen, welche an der Börse herrschen. Leider nehmen im Börsenverkehr bei der Leichtigkeit des Zutritts sowohl für Personen, wie für Werthe aller Art die Spiel- und Wettgeschäfte, das Treiben und Drücken der Kurse zur Agiotage einen ungebührlichen Raum ein, und namentlich ist das Aktienwesen von der Agiotage ergriffen worden. Mit allen Mitteln derselben, mit Konsortialbetheiligungsofferten, öffentlichen Prospekten, Ankündigungen erfolgter Ueberzeichnung, Empfehlungen an die Klientel, mit fingirten Aktienkäufen und Rückkäufen wurden die Aktien, nachdem ihr Kurs in die Höhe getrieben war, in weiten Kreisen eines ebenso leichtgläubigen, wie gewinnsüchtigen Publikums untergebracht. Leute, welche aus dem Gründen von Aktiengesellschaften mittelst dieser Operationen, zu denen ein Theil der Presse willfährig die Hand lieh, an der Börse ein Gewerbe machten, gehörten nicht zu den Seltenheiten. — So lange Uebelstände solcher Art den Einrichtungen der Börse ankleben, werden sich alle Sicherheitsvorschriften, welche ein Aktiengesetz aufstellen könnte, um die Gründung und Verwaltung von Aktiengesellschaften solide zu gestalten, nicht als völlig durchgreifend erweisen. Auf das ihm zugewiesene Gebiet beschränkt, vermag das Gesetz den künstlichen Einwirkungen auf den Kursstand von Aktien nicht mehr als eine gewisse Schranke zu setzen.

Außer den hiernach als ungesund und vermeidlich erscheinenden Ursachen ist eine Erklärung der Krisis aber auch in der eigenen Natur des Aktienwesens zu suchen.

Die Aktionäre stehen zu einander und zu dem Unternehmen in keiner persönlichen Beziehung, wollen eigene Thätigkeit nicht aufwenden, eine Verantwortlichkeit über den Umfang ihrer Einlage nicht tragen, möglichst hohe Dividenden beziehen und die Möglichkeit haben, sich in jedem Augenblick durch den Verkauf der Aktie von dem Unternehmen zurückzuziehen. Die mannichfachen Gefahren und Nachtheile, welche die Natur dieser Geschäftsform mit den Vortheilen unzertrennlich verbindet, können gesetzgeberisch wohl gemildert, nicht aber beseitigt werden. In den meisten Fällen werden die Generalversammlungen, auch soweit in ihnen der Wille der Aktionäre richtig zur Geltung gelangt, sich weniger von dem Interesse sachlicher Förderung des Unternehmens leiten lassen, als von dem durch die Rücksicht auf Dividenden, Kursstand und Verkäuflichkeit der Aktien bestimmten Interesse des Augenblicks. Schon von diesem Gesichtspunkt wird, während das Einzelgewerbe mit mäßigem Gewinn sich begnügen und an vorsichtigem Sparen festhalten muß, die Aktiengesellschaft gewinnverheißende Wagnisse nicht scheuen und geneigt sein, noch nicht in baares Geld umgesetzte Werthe oder gar nur erhofften Gewinn, jedenfalls den gemachten Gewinn ganz als Dividende zu vertheilen. Gefördert wird diese Gefahr durch das erklärliche Streben der das Unternehmen leitenden, mit ihrem ganzen Einkommen an den Betrieb desselben geknüpften Beamten, so lange es angeht, eine Verringerung oder Einstellung des Geschäftsbetriebes zu vermeiden und die Verhältnisse der Gesellschaft in möglichst günstigem Lichte erscheinen zu lassen. Abgesehen davon ist es natürlich, daß die Verwaltung durch fremde Beamte nicht mit derjenigen Rastlosigkeit, Sparsamkeit und zugleich Fähigkeit erfolgt, welche bei eigenem Geschäftsbetrieb in der Person des Geschäftsherrn meist vereinigt sind, — ein Nachtheil, der sich verschlimmert, je mehr eine massenhafte Gründung von Aktiengesellschaften in Vorstand und Aufsichtsrath Elemente bringt, welchen die Berufung in dieselben nicht als Zeichen ehrenden Vertrauens gilt, sondern als Quelle leichten Verdienens. Sei der einzelne Beamte aber auch noch so hervorragend, das Wesen der Aktiengesellschaft verträgt es nicht, daß dem Einzelnen alles überlassen werde, es erfordert Aufsicht und Mitwirkung Anderer, Rückfrage, Berathung, gemeinsame Verständigung. Bei der dadurch bedingten Schwerfälligkeit der Verwaltung kann daher die Aktiengesellschaft nicht immer die Gunst des Augenblicks für ihre Unternehmungen benutzen, noch kann sie mit der Schnelligkeit und Billigkeit des Einzelbetriebes arbeiten.

Reformvorschläge.

Die geschilderten wirthschaftlichen Uebelstände des Aktienwesens sind so gewaltig erschienen, daß kein geringeres Mittel der Reform, im Parlament und schriftstellerisch, [1]) in Vorschlag gebracht ist, als: das Institut der Aktiengesellschaften völlig abzuschaffen. In den Grenzen des Entwurfs wird dieser Vorschlag der Erwähnung nur insoweit bedürfen, als er zur Prüfung derjenigen Vorschläge führt, welche das Gebiet der Aktiengesellschaften nach dem Gegenstande des Unternehmens beschränken wollen. An Vorschlägen dieser Art hat es nicht gefehlt.[2]) Namentlich gelangte in den Verhandlungen des Vereins für Sozialpolitik vom 12. und 13. Oktober 1873 (zu Eisenach) ein Antrag zur Annahme, wonach das Gebiet der Aktiengesellschaften dahin einzuengen sei, daß an deren Stelle bei allen öffentlichen Unternehmungen Staat, Provinz, Kreis oder Gemeinde treten solle, im Uebrigen aber die Aktiengesellschaft als eine berechtigte und der modernen Volkswirthschaft vielfach unentbehrliche privatwirthschaftliche Unternehmungsform auf dem Gebiete der einzelnen Produktionszweige anzuerkennen sei.[3]) Umgekehrt ist von anderer Seite[4]) verlangt worden, die Gründung solcher Aktiengesellschaften, deren Unternehmungszweck lediglich auf kommerziellem oder industriellem Gebiet eine Konkurrenz mit dem Privatgewerbe herbeiführe, gesetzlich zu verbieten und nur solche Aktienunternehmungen zuzulassen, deren Zweck ausschließlich oder doch zugleich dem öffentlichen und gemeinen Nutzen diene, oder nicht gewerbliche, vielmehr blos gesellschaftliche Ziele verfolge.

Wäre der Gedanke, nach dem Gegenstande des Unternehmens die rechtliche Zulässigkeit der Aktiengesellschaftsform zu bestimmen, richtig, so käme zuvörderst die Ausführbarkeit einer solchen Bestimmung in Frage. Sollte der Registerrichter nach diesem Gesichtspunkte zu prüfen haben, ob die Eintragung des Gesellschaftsvertrages dem Rechte gemäß sei, so müßte das Gesetz in klarer Abgrenzung bestimmen, welche Unternehmungen für die Form der Aktiengesellschaft zugänglich seien und einen Anspruch auf rechtliche Anerkennung dieser Form begründen. Durch Gesetz aber lassen sich die Unternehmungen nicht in dieser Richtung nach gewissen Kategorien abgrenzen, noch weniger allgemeine Kriterien dafür aufstellen, ob eine Unternehmung dem öffentlichen oder gemeinen Nutzen dient, noch dafür, ob sie einem industriellen oder gesellschaftlichen Zwecke entspricht. Die Entscheidung über den Karakter des Unternehmens könnte immer nur im einzelnen Falle, nicht nach Rechtsnormen und durch den Richter, sondern nur nach wirthschaftlichen Erwägungen durch eine Verwaltungsbehörde erfolgen, und von dem Ermessen dieser die Zulässigkeit der Aktiengesellschaft abhängig zu machen, dürfte nur dann etwa auf Billigung zu rechnen haben, wenn zur Nothwendigkeit staatlicher Konzession allgemein zurückgegangen werden sollte.

Der aufgeworfene Gedanke erscheint aber an sich nicht zutreffend.

Das eigentliche Gebiet der Aktiengesellschaft liegt allerdings in der Erreichung wirthschaftlicher Aufgaben, für welche die Kapitalsmacht des Einzelnen und der Kollektivgesellschaft nicht ausreicht. Zum großen Theile werden dies Unternehmungen sein, welche das öffentliche Interesse berühren; namentlich stellen der Bau von Eisenbahnen und anderen Verkehrswegen, die Herstellung überseeischer Verbindungen, die Errichtung von Gasanstalten, die Anlage von Wasserleitungen u. s. w. Aufgaben dar, bei welchem die Aktiengesellschaftsform eine kaum zu entbehrende Rolle spielt. Aber auch auf dem Felde des eigentlichen Privatgewerbes kann die Aktiengesellschaft nicht entbehrt werden, sei es, daß es sich um die Herstellung großer Geldinstitute zur Förderung des Kredits oder um kühne und gewagte Unternehmen handelt, für welche der Einzelne, wie z. B. zur Ausbeute von Patenten und Erfindungen, eigene Kapitalien in größerem Umfange nicht verwenden mag. Ferner bildet die Aktiengesellschaft für solche Unternehmungen eine geeignete Form, bei welchen nicht sowohl der Nutzen des Einzelnen, als das allgemeine Interesse entscheidend ist; viele Schöpfungen lokaler Natur, wie Theater, Museen, zoologische und botanische Gärten, würden ohne die Form der Aktiengesellschaft nicht haben entstehen können. Giebt es hiernach Gebiete, zu deren Ausbeute allein oder vorzugsweise die Aktiengesellschaft berufen ist, andererseits aber Gebiete, auf denen die Aktiengesellschaft dem Privatgewerbe, weil dieses ihm wirthschaftlich überlegen ist, nur eine schädliche Konkurrenz bereiten kann, so ist doch der Gesetzgeber nicht in der Lage, den Umfang einer jeden Industrie, und die Form, in welcher sie wirthschaftlich betrieben werden soll, richtig und dauernd festzustellen. Ein und dasselbe Privatgewerbe, welches im Einzelbetriebe blüht, kann durch den Tod des Besitzers für die Erben werthlos werden, wenn nicht die Umwandlung in ein Aktienunternehmen möglich wäre. Ebenso kann die Umwandlung im Fall einer Zahlungsunfähigkeit des Besitzers für die Gläubiger zur Nothwendigkeit werden. Es kann auch in ruhig fortschreitender Entwickelung das von dem Einzelnen betriebene Unternehmen einen solchen Umfang annehmen, daß der Zufluß so bedeutender Kapitalien erforderlich wird, wie er nur im Wege der Aktienbildung geschaffen werden kann.

Die Macht und Vielgestaltigkeit des wirthschaftlichen Lebens läßt sich durch keine Gesetzesgrenze zwingen. Nicht in diesem fruchtlosen Abmühen, eine Grenze zu finden, welche überdies in Folge des wechselnden Bedürfnisses sich in jedem Augenblicke fortbewegen würde, kann die Aufgabe des Gesetzgebers bei Regelung des Aktienwesens gesehen werden. Die Wahl der wirthschaftlichen Form, in welcher der Gegenstand eines Unternehmens zu betreiben ist, muß vielmehr in jedem einzelnen Falle den betheiligten Persönlichkeiten überlassen bleiben. Der Gesetzgeber wird seine Aufgabe nur dann richtig erfassen, wenn er sich bemüht, dem Strome der wirthschaftlichen Entwickelung weder den natürlichen Weg zu versperren, noch ihn künstlich in Gebiete überzuleiten, in welche ihn seine gesunde Kraft nicht treibt.

Ist hiernach die wirthschaftliche Aufgabe des Gesetzgebers wesentlich eine negative, so wird er positiv dafür zu sorgen haben, daß die wirthschaftliche Erscheinung in der juristischen Form ihren passenden Ausdruck finde und der wirthschaftliche Zweck nicht gegen die Bestimmungen des Gesetzes und den Willen der Parteien vereitelt werde.

Beschränkung der Reform auf das rechtliche Gebiet.

Hier in dieser Beschränkung auf das rechtliche Gebiet ist das verlangte Einschreiten der Gesetzgebung ebenso möglich wie nöthig. Das bisherige Aktiengesellschaftsrecht hat in der

---

[1]) Perrot, Bank-, Börsen- und Aktienschwindel I. Abth.; der Eisenbahnschwindel, Rostock 1873, S. 119. Derselbe, das Aktienunwesen Rostock 1876 und: Ein parlamentarisches Votum über das Aktienwesen, 1884. Verhandl. des Deutschen Reichstags vom 3. Dezember 1881, stenogr. Ber. S. 188 ff., 193. Vergl. auch Hecht, Zur Reform des Aktiengesellschaftrechts 1882 S. 3 ff.

[2]) Vergl. Tellkampf, Vorschläge zur Verbesserung des Aktiengesellschaftswesens 1876 S. 31.

[3]) Vergl. Verh. in den Schriften des Vereins IV S. 11 bis 149.

[4]) Vergl. Neue Preuß. Ztg. 1880 Nr. 294 bis 298 die Artikel „Die beschränkte Assoziationsfreiheit des Kapitals“.

eben angedeuteten Richtung Mängel und Lücken, ohne welche jene wirthschaftlichen Ursachen und Uebelstände den Aktienschwindel und die Katastrophe nicht zu dem erlangten Umfange getrieben hätten.

Mängel des bisherigen Rechts.

Die Gründung von Aktienunternehmungen hätte nicht als die lohnendste Spekulation erscheinen können ohne die Leichtigkeit der Errichtung einer Aktiengesellschaft und die Möglichkeit, frei von eigener Verantwortlichkeit einen hohen Gründergewinn zu erzielen. Große Bankiers oder Bankinstitute übernahmen sämmtliche Aktien, ließen die vorgeschriebene Einzahlung von 10 Prozent bescheinigen, wählten die Einen in den Aufsichtsrath, die Anderen in den Vorstand, und kein Hinderniß stand im Wege, daß noch an dem ersten Tage die Gesellschaft durch Eintragung in das Handelsregister existent wurde. Die Aktien konnten sofort an der Börse gehandelt und durch ihren Verkauf in kurzer Frist die darin angelegten Kapitalien zu neuen Gründungen frei gemacht werden. Schon vor Existenz der Gesellschaft war die Unterbringung ausgegebener Interimsscheine möglich. Eine Gewähr dafür, daß als Zeichner nicht Figuranten vorgeschoben und die Einzahlungen der 10 Prozent zur freien Verfügung der Gesellschaft erfolgt waren, bestand nicht. Oft trat an die Stelle der Zahlung eine Buchung, nach welcher die gegründete Gesellschaft bei den Gründern in Höhe des angeblich eingezahlten Betrages ein Guthaben hatte; bei dem Mangel jeder Selbständigkeit der Gesellschaft den Gründern gegenüber war dies aber kein Guthaben, über welches hätte im Interesse der ersteren frei verfügt werden können. Es ist vorgekommen, daß eine Gründungsbank für mehrere unmittelbar hintereinander instrumentirte Gründungen einen und denselben Geldbetrag immer wieder zum Nachweis der erfolgten Einzahlung von 10 Prozent vorgezeigt hatte. Die Ausschreibung der ferneren 30 Prozent sowie weiterer Raten hing, da die Gesellschaftsorgane von den Gründern selbst bestellt und ihnen dienstbar waren, davon ab, ob und wann ihnen die Unterbringung der Aktien im Publikum gelang. Demnächst machten die Gründer sofort von der statutarischen Befugniß Gebrauch, sich von 60 Prozent ihrer Zeichnungen zu liberiren oder liberiren zu lassen.

Das Verfahren bei der Gründung von Eisenbahngesellschaften mit seiner Verquickung von Finanzirung und Bauausführung, sei es in Form der Generalentreprise, sei es durch künstliche Theilung der Interessenten in Finanz- und Baukonsortium, sei es mittelst heimlicher Verträge der Gründer mit den anscheinend meist zu diesem Zwecke geschaffenen großen Baugesellschaften, ist durch den Bericht der Spezialkommission zur Untersuchung des Eisenbahnkonzessionswesens hinreichend bekannt.

Den größten Auswüchsen des Gründungswesens dienten die Vorschriften über die sogenannte Einbringegesellschaft. Indem in Form von Käufen oder Einlagen, je nach Belieben der Gründer, die sich dabei in die Rolle der Anbietenden und Annehmenden theilten, in dem Gesellschaftsvertrage der Preis oder die Zahl der Aktien, welche die Gesellschaft für die einzubringenden Etablissements, Terrains oder Anlagen zu gewähren hatte, ohne weitere Grundlagen für eine Prüfung bestimmt wurde, konnte mittelst der unmäßigsten Ueberschätzung der Gegenstände und Verdeckung von Gründervortheilen ein scheinbares Grundkapital und damit eine ungeheure Menge scheinbarer Werthe in Aktien geschaffen werden, welche dann mit verführerischen Prospekten und von unverantwortlichen Emissionshäusern an den Markt gebracht wurden.

Der Weg einer Gründung durch Zeichnungen legte den Gründern keine größere Beschränkung, keine weitere Offenlegung und keine andere Verantwortlichkeit auf; die Zeichnungsscheine gaben dürftigen Aufschluß über die zu bildende Gesellschaft; Unterlagen und Organe zur Prüfung des Hergangs fehlten auch hier; die konstituirende Generalversammlung wurde zu leerem Scheine.

Auch während des späteren Geschäftsbetriebes der Gesellschaft hat die Generalversammlung bei den bestehenden Vorschriften kaum vermocht, es über ein Scheindasein oder ein mißbräuchliches Scheinwerk hinaus zu bringen. Die natürliche Neigung des Aktionärs, sich eigener Prüfung und Thätigkeit zu enthalten, fand ihre Unterstützung in den geringen Rechten, welche das Gesetz der Generalversammlung zuweist und deren Uebertragung auf andere Organe es sogar meist gestattet, in der Möglichkeit, statutarisch den zahlreichen Aktionären mit geringem Aktienbesitz das Stimmrecht zu entziehen, in dem Mangel jeden gesetzlichen Schutzes gegen Verfälschung des wahren Mehrheitswillens und in der gänzlichen Machtlosigkeit des einzelnen Aktionärs, Mißwirthschaften selbständig abzuhelfen. Was den Aktionären und der Oeffentlichkeit von der Geschäftslage der Gesellschaft mitgetheilt werden mußte, war undurchsichtig, dürftig und trügerisch; dasselbe gilt von den Vorschriften über die Aufstellung und Abnahme der Bilanz. Das Schicksal der Gesellschaften lag lediglich in den Händen des Vorstandes und des Aufsichtsraths, welchen eine fast unumschränkte Macht auszuüben gestattet war und welchen, anstatt für die Erfüllung der ihnen obliegenden Pflichten eine strengere Haftbarkeit der Gesellschaft und den Gläubigern gegenüber aufzustellen das Gesetz die Möglichkeit gab, sich mit einander zu vereinigen, oft zur Erreichung selbstsüchtiger Ziele gegen das Interesse der Gesellschaft.

An diese Uebelstände, die in dem Gesetz ihre Nahrung fanden und von denen hier nur die wesentlichsten angedeutet werden konnten, reihen sich schließlich die Folgen unzureichender Strafvorschriften an.

§. 3.

Richtung der Reform des Aktiengesellschaftsrechts.

Weg der Reform.

Angesichts der gekennzeichneten Uebelstände führt das Suchen nach dem richtigen Wege der Reform des Aktiengesellschaftsrechts zu dem Zweifel, ob das geltende Recht in seinem System aufrecht zu erhalten oder nicht vielmehr aufzugeben ist, und der Blick, welcher auf die Mängel der Novelle von 1870 sieht, wendet naturgemäß sich zuerst wieder rückwärts auf den gesetzlichen Zustand vor der Novelle.

Das System staatlicher Genehmigung und Aufsicht.

Kann der Mangel der letzteren dahin zusammengefaßt werden, daß die Gründungen von Aktiengesellschaften zu leicht gemacht und die Gründer, sowie später die Gesellschaftsorgane von Kontrole und Repression zu sehr befreit sind, so springt allerdings in die Augen, daß vor der Novelle die Erlangung der staatlichen Genehmigung längere Zeit in Anspruch nahm, häufig die Erledigung oder Beantwortung von mancherlei Anständen voraussetzte, und daß auch während des Gesellschaftsbetriebes die freie Bewegung der Organe in der Möglichkeit der Ausübung staatlicher Aufsicht eine Beschränkung fand. Namentlich die Gründer konnten nicht blos mit der Gunst des Augenblicks rechnen, mußten vielmehr darauf gefaßt sein, daß bis zur Konzession die wirthschaftlichen Konjunkturen sich änderten.

Allein die Gründe, aus welchen die staatliche Konzession und Aufsicht, abgesehen von gewissen Gegenständen des Unternehmens, für die Aktiengesellschaften im Allgemeinen aufgegeben worden ist, bestehen noch heutzutage mit zwingender Gewalt. Gegenüber den zahllosen, verschiedenartigsten Unternehmungen ist der Staat nicht in der Lage, eine solche ihm auf dem Gebiete privater Interessen gestellte Aufgabe ohne nicht zu rechtfertigenden Aufwand von Kräften und ohne schwer zu ertragendes Eindringen in die geschäftlichen Verhältnisse mit Erfolg zu erfüllen. Die Verheißung staatlicher Prüfung des Bedürfnisses für eine Aktiengesellschaft und ihrer Solidität konnte das Publikum und die Gesellschaftsgläubiger nicht gegen Schwindel und Unsolidität schützen, mußte im Gegentheil, weil das Publikum allzugeneigt ist, sich auf die verheißene Fürsorge zu verlassen und der eigenen Thätigkeit und Prüfung zu entschlagen, nicht selten die Opfer des Schwindels vermehren, statt sie zu verhüten. Die Wahrheit dieser Sätze ist inzwischen durch die neuesten Erscheinungen in anderen Ländern noch bekräftigt. In Oesterreich haben sich ungeachtet der staatlichen Genehmigung und Beaufsichtigung, denen die Aktiengesellschaften unterworfen blieben, dieselben Mißbräuche, wie in Deutschland nach Erlaß der Novelle von 1870, gezeigt, dort sogar in noch größerem Umfange zur Benachtheiligung des Volkswohlstandes geführt;[1] der unter dem Eindrucke der Krisis im Jahre 1874 dem Abgeordnetenhause vorgelegte österreichische Entwurf hat das System der staatlichen Beaufsichtigung aufgegeben,[2] und der im Jahre 1882 von der Regierung eingebrachte neue Entwurf ist auf diesem Standpunkt verblieben.[3] Auch Italien ist nach verschiedenen Versuchen in seinem neuesten Codice di commercio zur Beseitigung der Staatsaufsicht gelangt.[4] Nirgends hat in den neueren ausländischen Gesetzen und Gesetzentwürfen eine Rückkehr zu der staatlichen Einwirkung stattgefunden.

Dem entsprechend hat auch von den zahlreichen Vorschlägen, welche zu der diesseitigen Reform des Aktiengesetzes von den verschiedensten Seiten gemacht sind, kaum eine einzige Stimme sich für die Wiedereinführung der staatlichen Genehmigung und Aufsicht erhoben.

Aus dem Aufgeben einer Kontrole durch staatliche Organe und der Verweisung der Betheiligten darauf, daß in erster Linie sie es sind, welche die nöthige und mögliche Sorgfalt anzuwenden haben, folgt aber keineswegs, daß der Staat die Betheiligten lediglich sich selbst überlassen und sich dabei beruhigen dürfte, daß die Verhältnisse durch Strömung und Gegenströmung ihren Ausgleich finden würden. Es ist die Pflicht des Staats, durch seine Gesetzgebung dem Publikum in der Abwehr gegen Uebervortheilung und Vergewaltigung nach Möglichkeit Schutz zu bieten; denn es liegt in der Natur des Aktienwesens, daß bei der Gründung und Verwaltung der Aktiengesellschaften das Publikum wie der Einzelne ohne besondere Schutzmittel nicht in der Lage ist, eine ausreichende Einwirkung und Kontrole zu üben. Danach hat der Staat das Gesetz einzurichten und auf der Hut zu sein, daß nicht seine Einrichtungen von Leuten mißbraucht werden, welche mit einer die Grenzen des civilen und kriminellen Unrechts streifenden Gewandtheit die Formen des Gesetzes zu einer Umgehung desselben zu verwerthen wissen. Von diesem Standpunkt aus schützende Normen aufzustellen, drängt sich um so mehr auf, als die Aktiengesellschaft eine anormale Rechtsform ist, deren Grundsätze von denen des gemeinen Rechts abweichen. Wenn die Gesetzgebung dem Kapital eine Form verleiht, durch welche es mit vereinigten Kräften seine Macht frei entfalten kann, so hat sie auch die Pflicht, dieser Macht die nöthigen Schranken aufzuerlegen. Freilich nur, um zu verhindern, daß das Publikum derselben nicht zur Beute werde. Mit vorsichtigem, nicht mit übelwollendem Blicke hat die Gesetzgebung die Reform zu verfolgen und ohne Unterlaß darauf zu achten, daß nicht Mißtrauen die gesunde Entwickelung wirthschaftlicher Kräfte störe oder tüchtige Elemente von der Betheiligung an dem Aktienwesen fernhalte. So schwer es ist, beiden Seiten der Aufgabe zu genügen, so wenig können dieselben als unversöhnlich gelten. Vorschriften zur Offenheit und Treue kann ein Redlicher sich ohne Bedenken unterwerfen.

Es fragt sich hier nur noch, ob zur Durchführung dieser Ziele der Uebergang zu einem der Systeme, welche für die Entwickelung des Aktienrechts im Auslande maßgebend gewesen sind, dem englischen oder dem französischen Systeme, rathsam erscheint.

Das englische System.

Man hat mehrfach das Prinzip der Zeichnung des ganzen Grundkapitals vor der Entstehung der Gesellschaft als die Quelle alles entstandenen Uebels gezichen. Weil nach den herrschenden wirthschaftlichen Zuständen, welche ein Gesetz nicht ändern könne, nur eine planmäßige Thätigkeit von Zwischenhändlern den Aktien die Stätte im Publikum zu bereiten vermöge, so sei es natürlich, daß die Zwischenhändler als Zeichner eintreten und sich von der Aktiengesellschaft für das Risiko eine Prämie ausbedingen; diese sei um so größer, je weitgreifendere Verpflichtungen den Zeichnern obliegen, sie entziehe mit zunehmender Höhe sich der Erkennbarkeit und nehme zu jenen berüchtigten, von dem Gesetz nicht zu fassenden Einkleidungen ihre Zuflucht. Deshalb ist von vielen Seiten für die Reform das englische Konstruktionsprinzip zur Annahme empfohlen,[1] nach welchem schon im Stadium des Projekts und vor der Vollzeichnung des Grundkapitals den 7 Gründern, von denen jeder nur eine Aktie zu zeichnen braucht, für das Unternehmen die Rechtspersönlichkeit verliehen und es der so errichteten Gesellschaft überlassen wird, das weitere Kapital durch Aktienzeichnungen zu erlangen. Die Durchführung einer größeren Verantwortlichkeit und Offenbarungspflicht der Gründer ist von der Annahme dieses Konstruktionsprinzips nicht abhängig. Darin aber, daß nicht erst der eigentlichen Aktiengesellschaft, sondern schon der Gründergesellschaft die Rechtspersönlichkeit verliehen wird, von der es völlig zweifelhaft ist, ob sie jemals in der Lage sein wird, das statutenmäßige Grundkapital durch Unterbringung der Aktien zu erlangen, kann ein Segen nicht gefunden werden. Grundkapital und Gesellschaftszweck stehen in einem unlöslichen Zusammenhange; zeigt es sich, daß das erstere nicht aufgebracht werden kann, so ist der letztere meist unerreichbar; die Gründung war dann völlig verfehlt und die Gesellschaft selbst ohne Existenzberechtigung. Denjenigen, welche Aktien zeichnen oder kaufen, bevor das für den Zweck erforderliche Kapital gedeckt ist, fehlt es an jeder Sicherheit. Mit der den Gesellschaftsorganen auferlegten zeitweisen Veröffentlichung des Kapitalzuwachses ist eine Sicherheit nicht gegeben, und mit dem Recht der Einzahler, sofern innerhalb bestimmter Zeit nicht das Kapital beschafft oder der Geschäftsbetrieb begonnen ist, die Liquidation zu verlangen, ist es

[1] Vergl. den Bericht des volkswirthschaftlichen Ausschusses des österr. Abgeordnetenhauses über den Antrag Lienbacher und Gen., betr. die Krisis von 1873, Nr. 445 der Beilagen zu den stenogr. Ber. des Abgeordnetenhauses VIII. Session. Nach amtlichen Feststellungen wurden von den 332 Aktiengesellschaften, welche in den Jahren 1872 und 1873 in Oesterreich neu errichtet wurden, in den Jahren 1873 bis 1877 209, also 62,95 Prozent der neu entstandenen Gesellschaften mit einem Aktienkapitale von 381 554 000 Fl. ö. W. durch Konkurs oder Liquidation aufgelöst. Hierunter befinden sich 29 Gesellschaften, welche im Jahre 1873 gegründet sind und von denen noch in demselben Jahre eine Gesellschaft mit 40 000 Fl. Aktienkapital in Konkurs und 28 Gesellschaften mit 85 045 000 Fl. Aktienkapital in Liquidation geriethen (Zeitschr. des Königl. preußischen statistischen Büreaus, Jahrg. 1879. St. C. XXXII).

[2] Erläuternde Bemerkungen zu dem Entwurf — Nr. 50 der Beilagen zu den stenogr. Berichten des Abgeordnetenhauses VIII. Session S. 49 ff. —

[3] Nr. 616 der Beilagen zu den stenogr. Protokollen des Abgeordnetenhauses, IX. Session §§. 3, 9.

[4] Vergl. Anlage A VII.

[1] Eisenacher Gutachten S. 6 und 57 ff. (Wiener und Behrend); Hecht, Börsen- und Aktienwesen der Gegenwart S. 67; die Handelskammern von Augsburg und Bremen (bei Hecht S. 191 u. 209); dagegen der Bericht der Aeltesten der Berliner Kaufmannschaft (bei Hecht S. 315 ff.) und Löwenfeld, Recht der Aktiengesellschaften S. 87 ff.

keineswegs identisch, daß durch dieselbe der eingezahlte Betrag unverkürzt in die Hände des Einzahlers zurückgelangt. Auch ist nicht abzusehen, wie die Gründer deshalb, weil sie nicht mit der Rolle als Zwischenhändler, sondern schon mit der Rechtspersönlichkeit der Gesellschaft bekleidet sind, sich für das Risiko der Unterbringung der Aktien eine geringere Prämie bedingen sollten; umgekehrt scheint es, als ob die Prämie höher sein müßte, da die Zwangslage und das Risiko für die Unternehmer, das Publikum zur Betheiligung zu gewinnen, angesichts der drohenden Wiederauflösung und Restitutionspflicht, größer ist. Entbehrt so die Aktiengesellschaft jeder sicheren Grundlage für die Betheiligten, so schädigt sie zugleich den öffentlichen Kredit, indem sie den Geldmarkt ohne Garantie für die Erreichung des vorgesteckten Gesellschaftszwecks in Anspruch nimmt, mit nutzlosen Aktien überschwemmt, und die ihr zugewendeten Kapitalien unproduktiv festlegen oder verwenden muß. Es haben sich deshalb auch die neuesten Reformbestrebungen in England dahin gerichtet, diesen hervorgetretenen Mängeln Abhülfe zu schaffen, ohne daß es bisher gelungen ist, eine gesetzliche Regelung herbeizuführen.

Das französische System.

Das französische System hält sich zwar von dem Vorwurf, welcher dem englischen zu machen ist, frei. Es setzt die Sicherung des Grundkapitals zur Entstehung der Aktiengesellschaft voraus, trifft aber für den Schutz der Aktionäre und Gläubiger gegen fehlerhafte und fälschliche Errichtung der Gesellschaft keinerlei Präventivmaßregel, läßt die Errichtung vielmehr lediglich auf Gefahr der Betheiligten zu, indem es nur repressiv die Erfüllung der zur Existenz der Aktiengesellschaft für nothwendig erachteten Bedingungen durch Nichtigkeit der Gesellschaft, Verhaftung für Schadensersatz und hohe Strafen zu erzwingen sucht. Soviel Gewicht auch auf eine strenge Repression gelegt und dem entsprechend das Gesetz von 1870 verschärft werden muß, so wenig kann sie allein genügen. Erfahrungsmäßig schreckt die Androhung krimineller und civiler Verantwortlichkeit vor Uebertretung der gesetzlichen Vorschriften nicht ausreichend zurück, und ist einmal die Gesellschaft errichtet, sind erst die Aktien unter das Publikum gebracht, die geschäftlichen Unternehmungen mit ihren Einrichtungen und Anstalten ins Leben getreten und mannigfach verzweigte Schuldverhältnisse eingegangen, so wird es kaum je gelingen, ohne tief eingreifende Schädigungen und Verluste aller Betheiligten das Geschehene rückgängig zu machen. Das System nachträglicher Nullitätserklärung wegen vices de constitution, welche vor der Entstehung hätten geprüft und gehoben werden sollen, erscheint nicht nachahmungswerth.

System der Novelle vom 11. Juni 1870.

Sonach führen vielmehr die vorstehend erörterten Gesichtspunkte zur Beibehaltung des Systems, welches in der Novelle vom 11. Juni 1870 seinen Ausdruck gefunden hat, des Systems gesetzlicher Normativ- und Kautelarvorschriften für die Entstehung und die Verwaltung der Aktiengesellschaften. Insbesondere ist das Prinzip der Konstruktion — vollständige Zeichnung und mindestens theilweise Einzahlung des Grundkapitals als Voraussetzung für die Existenzberechtigung der Gesellschaft, präventive Prüfung dieser Voraussetzung materiell durch die Gesellschaft, formell durch den Registerrichter, und demnächst ihre durch die Eintragung endgültig verliehene Existenz — nicht zu verlassen. Die richtigen Grundgedanken haben in der Novelle nur nicht ihre vollständige Entwickelung gefunden, und diese fortzubilden, muß die Aufgabe der Reform sein.

Ziele des Entwurfs.

Demgemäß sind die Ziele des Entwurfs darauf gerichtet: schon durch die Vorschriften über die Aktie und die Haftbarkeit aus der Zeichnung einen sachlicheren Anschluß der Betheiligten an das Unternehmen zu erreichen;

rücksichtlich der Gründung der Gesellschaft die vollständige und richtige Zusammenbringung des Grundkapitals zu sichern und offenzulegen und das Verfahren der Gründung so zu gestalten, daß die Gründer gegenüber der zu gründenden Gesellschaft hervortreten, der letzteren selbstthätig eine sachliche Prüfung und Entschließung ermöglicht und dem Registerrichter die formelle Prüfung erleichtert wird;

auch während des Geschäftsbetriebes die Organe der Gesellschaft — Vorstand, Aufsichtsrath, Generalversammlung — in ihren Funktionen gegen einander sicherer abzugrenzen und von unberechtigten Einflüssen zu befreien, sachgemäßer die Geschäftslage der Gesellschaft erkennbar zu machen und eine lebendigere Theilnahme und Kontrole des einzelnen Aktionärs bezüglich der Vorgänge der Gesellschaft herbeizuführen;

im Zusammenhange damit:

die Verantwortlichkeit der bei der Gründung des Unternehmens unmittelbar und mittelbar betheiligten, sowie der mit der Verwaltung und Beaufsichtigung betrauten Personen zivil- und strafrechtlich zu verschärfen;

auch durch sonstige Straf- und Ordnungsvorschriften den Aktionären wie dem Publikum einen größeren Schutz zu verleihen.

Wird die Erreichung dieser Ziele zwar wesentlich dadurch zu erstreben sein, daß die einzelnen Mittel wie die Glieder einer Kette ineinander greifen und durch ihre Vereinigung wirken, so würden doch nur kleine Mittel nicht genügen; es wird stärkeren Eingreifens in das bestehende Recht bedürfen.

Daß dann das Inkrafttreten des Gesetzes den Strom der Bildung von Aktiengesellschaften zurückdrängen wird, ist nicht zu verhehlen. Allein dies könnte als eine ungünstige Folge nicht beklagt werden. Jene Strömung war allzu reichlich, und was fortan die Aktiengesellschaften an Zahl verlieren möchten, das werden sie an innerer Kraft gewinnen.

Allerdings spanne man die Erwartungen von der günstigen Einwirkung, welche das Gesetz auf die wirthschaftlichen Verhältnisse ausüben wird, und von seiner Widerstandsfähigkeit gegen eine Wiederholung wirthschaftlicher Ausschreitungen nicht zu hoch. Hier, auf dem Gebiete rein materieller Interessen, wo Gewinnsucht und Leichtgläubigkeit zusammentreffen, vermag das Gesetz noch weniger als die Sitte zu helfen, und wird das Publikum durch den erlittenen Schaden früherer Jahre nur spärlich gewitzigt. Gegen Täuschung und Irrthum, Illusion und Leichtsinn muß wesentlich die eigene Sorgsamkeit des Betheiligten sichern. Das Gesetz hat dieser nur die Wege zu öffnen und ihr schützend zur Seite zu stehen.

Technische Kommission.

Die Mannigfaltigkeit der vorstehend angedeuteten wirthschaftlichen Interessen, welche die Reform des Aktienwesens berührt, und die Schwierigkeit der vielfach hierbei in Betracht kommenden technischen Fragen haben es angezeigt erscheinen lassen, den Entwurf einer Vorberathung durch wirthschaftliche und juristische Sachverständige zu unterziehen,[1]) welche durch hervorragende Erfahrung auf diesem

[1]) An dieser Kommission haben außer dem Justitiar des Reichsbank-Direktoriums, Geheimen Ober-Finanzrath Koch, theilgenommen: der Geheime Kommerzienrath Delbrück aus Berlin; der Rechtsanwalt Dr. Emden aus Hamburg; der ordentliche Professor an der Universität Berlin, Geheime Justizrath Dr. Goldschmidt; der Unterstaatssekretär a. D. und Präsident der preußischen Central-Boden-Kreditbank Dr. Ja-

Gebiete sich ausgezeichnet haben. Die von denselben vorgeschlagenen Aenderungen und Zusätze haben in dem vorliegenden Entwurf überall die erforderliche Berücksichtigung gefunden.

§. 4.

Die Aktien.

1. Namens- und Inhaberaktien.

1. Die an den ersten Artikel des Gesetzes wie des Entwurfs (173 bezw. 207) sich knüpfende Frage, welche auch für die Konstruktion der Gesellschaftsform in den Vordergrund tritt, ist die: ob die beiden bisher zulässigen Arten von Aktien, diejenige auf Namen und die auf Inhaber, beibehalten werden sollen, oder nur eine von ihnen.

Ein Hauptunterschied zwischen beiden Arten lag seither in der Zeit bis zur Vollzahlung und in der Haftung des Zeichners für letztere. Auf diesen Kardinalpunkt muß unten (§. 5) eingegangen werden. Die gleichmäßige Vollhaftung der Zeichner vorausgesetzt, würde der Unterschied sich im wesentlichen auf die Legitimation des Aktionärs gegenüber der Gesellschaft beschränken; im Verhältniß zu dieser werden nur diejenigen als die Eigenthümer von Namensaktien angesehen, welche als solche im Aktienbuche verzeichnet sind. Von dieser Gestaltung ausgehend, sind entgegengesetzte Reformvorschläge laut geworden. Die Einen[1]) verlangen mit Nachdruck die ausschließliche Beibehaltung der Namensaktien, die Anderen[2]) dagegen ihre Beseitigung zu Gunsten der Inhaberaktien, falls nicht die Gesellschaft statutenmäßig bestimmt, daß nur mit ihrer Einwilligung eine Veräußerung der Aktien zulässig sei, für welchen Fall allein die Namensaktien am Platze seien. Die ersteren glauben, daß vornehmlich die Inhaberaktie den spekulativen Börsenoperationen, insbesondere der Agiotage, Vorschub leiste und jede auf Erzielung einer legalen Generalversammlung gerichtete Bestrebung vereitele. Die Letzteren dagegen meinen umgekehrt, daß gerade die Namensaktie angesichts der mit ihrer Umschreibung verbundenen Umständlichkeit, welcher sich der Aktionär nicht gern unterziehe, gegenwärtig einen „praktischen Werth nur für Verwaltungsorgane habe, welche die Theilnahme an der Generalversammlung erschweren wollen, oder für Parteien, die auf eine möglichst geringe Betheiligung seitens der Gegner hoffen". Beide Einwürfe erscheinen übertrieben. Der Entwurf glaubt, entsprechend dem geltenden Rechte, zwar nicht für die Kommanditaktiengesellschaften[3]) wohl aber für die Aktiengesellschaften beide Arten von Aktien beibehalten zu müssen. Bleibt, wie selbst von den Anhängern der Namensaktie verlangt wird, die Uebertragung der letzteren durch Indossament, namentlich durch Blankoindossament gestattet, so würde die Hoffnung, es werde durch ausschließliche Beibehaltung von Namensaktien der verderblichen Agiotage Einhalt gethan werden, sich als trügerisch erweisen. Zu einer Beseitigung der Inhaberaktien dürfte ein Grund nicht nachgewiesen sein. Vielmehr läßt sich wohl anerkennen, daß theoretisch die Form der Inhaberaktie dem Grundgedanken der Aktiengesellschaft als eines Kapitalvereins am meisten entspricht[4]) und daß praktisch der Verkehr im Großen auf diese Form hindrängt. In Preußen ist schon bei der ersten Regelung des Aktienwesens sowohl durch das Gesetz über die Eisenbahnunternehmungen vom 3. November 1838 (Gesetz-Samml. S. 505) §. 2 Nr. 1, als durch das Gesetz über die Aktiengesellschaften vom 9. November 1843 (Gesetz-Samml. S. 341) §. 2 Nr. 3, §. 11, neben der Namensaktie die Aktie auf Inhaber zugelassen worden, und so ablehnend auch die englische Gesetzgebung entsprechend ihrem Ausgange von der Solidarhaft der Aktionäre sich gegen die Zulassung von Inhaberaktien verhalten hat, so konnte die Companies Act von 1867 S. 27 bis 36 sich ihr nicht mehr entziehen. Beide Arten von Aktien bestehen nebeneinander außer dem deutschen Handelsgesetzbuch nach der Gesetzgebung fast aller größeren Staaten Europas in Frankreich, Belgien, Ungarn, Schweiz, Italien u. s. w. Auch die Reformprojekte in Oesterreich, von 1874 und 1882, behalten sie bei. Noch weniger freilich als zu einem Ausschluß der Inhaberaktie liegt ein Anlaß vor, die Ausstellung der Aktien auf Namen zu verbieten. Wird vorgeschrieben, daß die Urkunde über das Aktienrecht bis zur Vollzahlung der Aktie den Namen des Aktionärs bezeichne, so erscheint es nur als natürlich, wenn auch demnächst die Aktie auf Namen gestellt bleibt. Für die Veräußerung bieten die Namensaktien durch die Zulässigkeit des Blankogiros keine ernsten Schwierigkeiten; in Bezug auf die Uebertragbarkeit stehen sie den Inhaberaktien gleich. Die Nothwendigkeit aber zur Legitimation gegenüber der Gesellschaft die Umschreibung im Aktienbuche zu erwirken, mag vielleicht die Namensaktien im Verkehre weniger beliebt machen, bietet indeß an sich große Vorzüge. Sie führt zu einer größeren Stabilität in dem Personal der Aktionäre, zu einem erhöhten Interesse an dem Geschicke der Gesellschaft und gewährt, wenn nicht ausschließlich, so doch weit besser, als dies bei den Inhaberaktien der Fall ist, die Möglichkeit, durch gesetzliche oder statutarische Vorschriften die persönliche Theilnahme an den Generalversammlungen durch die Aktionäre selbst zu fördern. Die Abneigung, behufs solcher Theilnahme die Umständlichkeit der Eintragung im Aktienbuch zu überwinden, verliert sich, sobald nur die in der Generalversammlung auszuübenden Rechte entsprechende Wichtigkeit erlangen. Legislativ ist deshalb die Wahl der Namensaktien zu begünstigen, aber beide Formen von Aktien müssen dem Verkehr offen stehen; die Natur und Größe des Unternehmens muß entscheiden, welcher Form der Vorzug zu geben ist.

2. Quantitativer oder quotitativer Betrag der Aktie.

2. Ein anderer Reformvorschlag richtet sich gegen den ziffermäßigen Nominalbetrag der Aktie[1]). Die Beseitigung der Nominalbeträge und ihr Ersatz durch Bezeichnung nur der Antheilsquote an dem Gesellschaftsvermögen wird als erste Vorbedingung für das Gelingen einer jeden Reform erklärt.

Es wird geltend gemacht und es ist richtig, daß die Aktie nicht die in ihrem Nominalbetrage bezeichnete Summe zusichert, vielmehr nur einen bestimmten Antheil an dem Vermögen der Gesellschaft zu erkennen giebt, daß bei sogenannten Einbringegesellschaften von Anfang an die kapitalmäßige Feststellung des Grundvermögens auf einer Schätzung der Interessenten beruht und bei allen Gesellschaften im Laufe der Zeit der Bestand des Vermögens oft täglich wechselt und sein Werth erheblichen Schwankungen unterliegt, so daß der in der Aktie angegebene Nominalbetrag, wenn er den Antheil an dem wahren und laufenden Werthe des Gesellschaftsvermögens darstellte, dem letzteren kaum je entspricht. Daß aber diese Inkongruenz, wie nun gefolgert wird, den Ueberblick über den jeweiligen Vermögensstand,

---

cobi; der Kammergerichtsrath Keyßner; der Generalkonsul und Geschäftsinhaber der Diskontogesellschaft Russel; der Bankdirektor und Abgeordnete Dr. von Schauß aus München; der ordentliche Professor an der Universität München Dr. von Sicherer und der ordentliche Professor an der Universität Berlin Dr. Adolf Wagner.

[1]) Insbesondere Dechelhäuser, die Nachtheile des Aktienwesens ꝛc. S. 51 ff.

[2]) Löwenfeld a. a. O. S. 62 bis 64.

[3]) Vergl. betreffs dieser unten §. 15 S. 183.

[4]) Renaud, Recht der Aktiengesellschaften 2. Aufl. S. 108; Kuntze, Inhaberpapiere S. 514 a. E.

[1]) Angeregt von Wiener, zur Reform der Aktiengesetzgebung S. 41; ausführlich begründet von Löwenfeld a. a. O. S. 41 bis 50; s. dagegen Wiener in der Zeitschr. für das gesammte Handelsrecht Bd. 25 S. 30 bis 74, Bd. 26 S. 603

namentlich eine richtige Aufstellung der Bilanzen erschwere, oder nothwendig das Publikum über den Werth der Aktien täusche und die Agiotage fördere, muß bezweifelt werden. Die erstberegten Nachtheile[1]) stehen nicht mit dem Nominalbetrage der Aktien, vielmehr mit den Grundsätzen über Bilanzaufstellung in ursächlicher Verbindung; sie gelangen daher am besten dort, wo die Abhülfe zu erfolgen hat, zur Besprechung. Die Täuschung und Agiotage wird für unvermeidlich erklärt, weil die auf Vorschrift des Staates erfolgende Summenangabe das Publikum zu der Meinung verleiten müsse, als beruhe die Angabe auf einer der Umsicht der Regierungsorgane entsprechenden Schätzung, als habe die Aktie, jedenfalls im Anfang, wenn nicht auch fortgesetzt, den angegebenen Werth, als trage sie die Ueberschrift „300 Mark" mit ähnlichem Rechte wie Staatspapiere und Obligationen. In der That erscheint durch diese Argumentation die Fähigkeit und Lust des Publikums, sich täuschen zu lassen, stark übertrieben. Nicht auf einen möglichen Fall einzelner Täuschung kann entscheidendes Gewicht gelegt werden. Der Verkehr mit Aktien, wie die damit verbundene Gefahr, vollzieht sich an der Börse und diese schätzt den Werth der Aktie keineswegs nach deren Ueberschrift. Der wechselnde Kurs aber, welchen die Aktie im Börsenhandel findet und immer finden wird, ist auch außerhalb der Börse maßgebend. Würde der Kurs fortan nicht nach Prozenten des Einlagekapitals ausgedrückt, sondern nach dem Stande des Vermögens bemessen werden, so würde dies ebensosehr nach Willkür und in unlauterer Weise geschehen können; es würde ebensowenig die Agiotage hindern; wer etwa jetzt blos deshalb, weil die Aktie sich mit 100 beziffert, sie leicht mit 10 Prozent Agio kauft, würde sie fortan bei Wegfall des Nominalbetrages ebenso leicht zu 110 kaufen, weil das eingelegte Vermögen für den auf die Aktie fallenden Antheil mit 100 berechnet war.

Die Entscheidung über Beibehaltung oder Beseitigung des Nominalbetrages bestimmt sich lediglich durch die Frage, ob im Handelsregister, auf den Aktien, in den Bilanzen u. s. w. der Betrag des gesammten Einlagekapitals der Gesellschaft ziffermäßig angegeben werden soll. Wird diese Frage bejaht, so ergäbe sich der Nominalbetrag der einzelnen Aktie von selbst; auch wenn man ihn unterdrückte und nur die Quote am Gesellschaftsvermögen bezeichnete, so würde der Nominalbetrag sich aus dem benannten Einlagekapital als einfaches Divisionsexempel ergeben. Diese Frage muß aber bejaht werden.

Zum Entstehen und Bestehen einer Aktiengesellschaft gehört nicht blos, daß sie Vermögen hat. Die Grundidee des Aktienrechts ist, wie oben (§. 3) entwickelt worden, ein bestimmtes Grundkapital der Gesellschaft. Dieses ist unabweisbare Voraussetzung ihres Entstehens, begrenzt die Beitragspflicht der Aktionäre, bildet die Grundlage für den Kredit der Gesellschaft und ist auch fortdauernd die Trägerin ihrer Existenz. Das bei der Gründung zusammengebrachte Vermögen, mit welchem die Gesellschaft ihr Leben und ihre Geschäfte führen will, muß daher auch insoweit, als die Einlagen nicht in baarem Gelde, sondern in Werthgegenständen bestehen, kapitalmäßig ausgedrückt sein. Gerade der Betrag des Grundkapitals, den die eingelegten Gegenstände bilden, muß sowohl für diejenigen, welche die Aktien zeichnen oder kaufen, als auch für diejenigen, welche der Gesellschaft Kredit geben sollen, kundgegeben werden. Die Gesellschafter mögen den Betrag selbst bestimmen. Wie daraus, daß das Gesetz diese Selbstbestimmung und Werthsangabe ihnen zuweist, der Schluß gezogen werden könnte, daß die Organe des Staates dieselbe geprüft und anerkannt haben, ist nicht erfindlich. Um Täuschungen zu verhüten, hat das Gesetz nur Vorsorge dafür zu treffen, daß den Betheiligten die Prüfung möglich ist; soweit hier die bestehende Gesetzgebung mangelhaft ist, muß die Reform einsetzen. Aber das Gesetz fordert die Prüfung gerade heraus. Wohl sollte im Augenblicke der Gründung das Grundkapital der Gesellschaft auch den Gesammtbetrag ihres Vermögens und der Theilhaberrechte der Aktionäre thatsächlich darstellen; ist es nicht der Fall, so soll dem letzteren das Grundkapital wenigstens gegenübergestellt werden. Noch nöthiger ist die Gegenüberstellung von Grundkapital und Gesellschaftsvermögen im Laufe des Betriebes, währenddessen an den Gegenständen des Vermögens eine fortwährende Veränderung eintritt und der Werth sich unmöglich auf derselben Höhe erhalten kann. Aus dieser Gegenüberstellung muß sich ergeben, was als Gewinn unter die Aktionäre vertheilt werden darf, und die Verminderung des Vermögens bedingt die Reduktion des Grundkapitals. Die fortdauernde Gegenüberstellung ist ein nothwendiger Prüfstein für die Aktionäre wie für die Gläubiger der Gesellschaft.

[1]) Löwenfeld a. a. O. S. 50, 409 ff.

Wie aber das Grundkapital zum Vermögen der Gesellschaft, so verhält sich der Nominalbetrag der Aktie zu dem Werth des Antheilsrechtes, welches dem Aktionär zusteht. Es ist nicht richtig, daß er ihn „darstellt", es ist vielmehr richtig ausgedrückt,[1]) daß er als das „Soll" stets dem „Haben" gegenübersteht. Hierin liegt die wirthschaftliche Bedeutung und Rechtfertigung des Nominalbetrages. Außerdem hat derselbe für den Verkehr den großen Vorzug, daß der Kurs für das „Haben" in einem Prozentsatze des „Soll" bezeichnet werden kann. Er bietet endlich die Möglichkeit, eine richtige Begrenzung zu finden für die Höhe der Antheile, in welche das Gesellschaftskapital soll zerlegt werden können.

3. Mindestbetrag der Aktie.

3. Dieser Punkt führt auf die dritte und wichtigste Frage: eines gesetzlich fixirten Mindestbetrages der Aktie.

Indem die Novelle vom 11. Juni 1870 das Erforderniß der Staatsgenehmigung beseitigte, fixirte sie den Nominalbetrag der Namensaktien für die Regel auf mindestens 50, den der Inhaberaktien auf mindestens 100 Thaler, in der Befürchtung, daß in ganz geringen Beträgen ausgegebene Aktien zu Mißbräuchen und Uebervortheilungen des mit derartigen Verhältnissen minder betrauten Publikums benutzt werden könnten.[2])

Einen Vorgang fand die Novelle in der französischen Gesetzgebung, welche sich auf eine reiche Erfahrung im Aktienwesen stützen konnte. Auch dem französischen Recht war ursprünglich ein Mindestbetrag der Aktie fremd (Cod. de comm. Art. 35). Die gesetzliche Unbegrenztheit hatte jedoch bei den der Staatsgenehmigung nicht unterworfenen Kommanditgesellschaften auf Aktien zu den ärgsten Mißbräuchen geführt, indem von vielen dieser Gesellschaften Aktien zu verschwindend kleinen Beträgen, sogar zu solchen von 1 Fr. ausgegeben wurden.[3]) Um diesem Unwesen zu steuern, bestimmte das Gesetz vom 17. Juli 1856 den Nominalbetrag der Aktie bei einem Grundkapital von 200 000 Fr. mindestens auf 100 Fr., bei einem höheren Grundkapital mindestens auf 500 Fr., und durch die Gesetze vom 23. Mai 1863 und 24. Juli 1867 wurden diese Beschränkungen auf die Aktiengesellschaften übertragen. Von den anderen ausländischen Gesetzen und Entwürfen der Neuzeit verlangt der im Jahre 1874 von dem österreichischen Abgeordnetenhause durchberathene Entwurf für

[1]) Löwenfeld a. a. O. S. 42.

[2]) Drucks. d. Reichstags. I. Leg.-Per. 1870 Nr. 158 S. 24; Sten. Ber. S. 1071.

[3]) Matthieu et Bourguignat, de la loi sur les sociétés p. 10; Strey, deutsches Handelsgesellschaftsrecht S. 182

die Aktie einen Nominalbetrag von wenigstens einhundert oder zweihundert Gulden, je nachdem sie auf Namen oder Inhaber lautet. Auch der Entwurf von 1882 (Art. 173, 207a) behält diese Ziffern als Regelfall bei; einerseits gestattet er jedoch im Anschluß an das französische Recht den Gesellschaften, deren Grundkapital 500 000 Gulden nicht übersteigt, die Ausstellung der Aktien auf den Betrag von 50 bezw. 100 Gulden, verlangt aber andererseits von solchen Gesellschaften, bei welchen zum Gegenstand des Unternehmens der Betrieb von Bankier- oder Geldwechslergeschäften gehört, daß die Aktien in allen Fällen auf mindestens 500 Gulden gestellt werden. Dagegen enthalten das belgische Gesetz vom 18. Mai 1873, das Handelsgesetzbuch von Venezuela (Art. 196), das ungarische Handelsgesetzbuch vom 18./19. Mai 1875, das schweizerische Bundesgesetz vom 14. Juni 1881 (Art. 614), der italienische Codice di commercio vom 2. April 1882 und endlich das englische Aktienrecht keine Bestimmungen über die Höhe des Nominalbetrages, obwohl nach allen diesen Gesetzgebungen die Errichtung von Aktiengesellschaften der staatlichen Genehmigung nicht unterliegt.

Die bei Erlaß der Novelle befürchteten Mißstände einer Benachtheiligung des mit dem Aktienwesen minder vertrauten Publikums sind eingetreten; es darf als notorisch gelten, daß in Folge der Gründungen der Jahre 1871 bis 1873 ein erheblicher Theil gerade des Kleinkapitals verloren gegangen ist.

Die Bestimmungen der Novelle haben sich als fruchtlos erwiesen. Es könnte daher zunächst die Frage entstehen, ob im Anschluß an die letztgenannten Gesetzgebungen die Festsetzung eines Mindestbetrages fallen gelassen und die Bestimmung des Nominalbetrages den Gesellschaften freigegeben werden soll.

Kaum eine Stimme hat sich indessen für die Bejahung dieser Frage erhoben, von allen Seiten wird an der gesetzlichen Fixirung festgehalten.[1]

Schon oben (§. 2) wurden als die wirthschaftlichen Ursachen, aus welchen das Aktienwesen zu einer so schweren Schädigung des Volkswohlstandes führen konnte, vorzüglich die Ueberschwemmung der Aktienunternehmungen mit Kapital und die tief in die weitesten Schichten der Bevölkerung gedrungene spekulative Betheiligung an solchen bezeichnet. An der Börse zusammenlaufend, von Banken und Bankiers vermittelt, breitete sich über das ganze Land ein Netz von Kanälen aus, in welche die geringe Höhe des zulässigen Aktienbetrages den Zufluß von Millionen eröffnete. Diese Zustände und ihre Wirkungen sind nicht blos den vergangenen Jahren eigenthümlich; sie werden sich in Spekulationsperioden stets wieder zeigen. Die Gesetzgebung darf nicht darauf verzichten, jenem übermäßigen Zudrang zur Spekulation einen wirksamen Damm entgegenzusetzen.

Die allzu geringe Höhe des Mindestbetrages ist es, weshalb das Gesetz sich als unwirksam und unzureichend erwiesen hat. In richtiger Würdigung der thatsächlichen Verhältnisse, auf welche noch unten zahlenmäßig zurückzukommen sein wird, ist daher aus den inmitten des wirthschaftlichen Lebens stehenden Kreisen[2] eine erhebliche Erhöhung der gesetzlichen Mindestbeträge als nothwendig vorgeschlagen worden.

Mit Recht wird geltend gemacht, daß der falschen Strömung des Kapitals in erster Linie dadurch begegnet werden könne und müsse, daß der sogenannte „kleine Mann" im allgemeinen wie im eigenen Interesse nicht nur nicht darauf hinzuweisen, vielmehr davor zu bewahren sei, in diese für seine wirthschaftliche Existenz bedrohliche Strömung sich zu begeben. Die Geldanlage in Aktien ist stets eine gewagte. Das kleine Kapital, mühsam erworben, vielleicht die einzige Ersparniß langjähriger Arbeit, muß sicher angelegt werden; es sollte auf die Anlage in guten Hypotheken, Staatspapieren, Pfand- oder Rentenbriefen, Kommunal- oder Prioritätsobligationen oder in Sparkassen oder auf die Betheiligung an wirthschaftlichen Genossenschaften, welche die eigene Erwerbsthätigkeit fördern, verwiesen sein. Die Hoffnung auf höheren Zins sollte nicht das Kapital gefährden, zumal sie meist trügt. Wenn nach der Anlage B Tabelle I von 379 Aktiengesellschaften an Durchschnittsdividende in den fünf Jahren 1875 bis 1879 110 Gesellschaften 0 Prozent, 142 weniger als 1 Prozent, 208 weniger als 3 Prozent und 260 weniger als 5 Prozent vertheilt haben, so ist der Schluß gerechtfertigt, daß, nach dem Kurse oder dem Erwerbspreise der Aktien berechnet, die Durchschnittsdividende bei weitem nicht den Zins erreicht, welche jene sicheren Papiere tragen.[1] Die Hoffnung auf Gewinn einer Geldanlage in Aktien liegt oft auch weniger in dem erhofften höheren Zinsgenuß, als in der Spekulation eines Verkaufs zu höherem Preise. Hierfür den richtigen Zeitpunkt zu wählen, ist der kleine Kapitalist nicht im Stande, so wenig wie es ihm möglich ist, selbstständig die Lage des Aktienunternehmens zu beurtheilen oder seine Rechte als Aktionär zu vertreten. Kreisen, welche dieser Fähigkeit nach Lage der Verhältnisse ermangeln müssen, sollte die Betheiligung an Aktienunternehmungen unzugänglich gemacht werden.

Die hierdurch gebotene Erhöhung der Nominalbeträge soll aber zugleich darauf wirken, daß auch der Wohlhabende wegen der größeren Summe, die er wagt, vor der Anlage umsichtiger das Unternehmen prüfe und als Aktionär sich reger an den Vorgängen der Gesellschaft betheilige. Je empfindlicher das Interesse des Einzelnen von dem Gedeihen oder Nichtgedeihen des Unternehmens berührt wird und je mehr sich durch Verringerung der Theilhaberzahl der Einzelne auf sich selbst angewiesen sieht, desto mehr werden die Generalversammlungen aufhören, eine leere Formalität oder gar in den Händen einiger Weniger zu sein, die zu selbstsüchtigen Zwecken gleichgültige oder leicht zugängliche Stimmen der Mehrzahl sich zu verschaffen wissen. Eine Verringerung der Theilhaberzahl durch Erhöhung der Aktienbeträge wird aber schon für das später noch zu erörternde Verlangen, jedem einzelnen Aktionär das Stimmrecht zu sichern, die nothwendige Voraussetzung bilden.

Auch der Agiotage bei Gründungen und bei dem Aktienvertriebe wird mit der Erhöhung des Aktienbetrages entgegenzuwirken sein. Bei der auf einen geringeren Kreis von Personen beschränkten Uebertragbarkeit der Aktien wird man sich wesentlich nur an solche Zeichner und Käufer wenden

---

[1]) Vgl. u. a. den Bericht der Spezialkommission für das Eisenbahnkonzessionswesen; Drucksachen des Preuß. Abgeordnetenhauses 1873/74 Nr. 11 S. 135.

[2]) Oechelhäuser a. a. O. S. 41 bis 50.

[1]) Oechelhäuser a. a. O. S. 6 giebt die Dividende der vor dem Jahre 1870 entstandenen, als solide angesehenen Gesellschaften nach dem berliner Kurszettel, im Durchschnitt der fünf Jahre 1870/74, unter denen sich die drei glänzendsten Geschäftsjahre befanden:

„bei den Eisenbahnen auf	5,87	Prozent,
„ „ Banken und Kreditinstituten auf	8,36	„
„ „ Bergwerks- und Hüttengesellschaften auf	12,31	„
„ „ übrigen industriellen Gesellschaften auf	6,44	„ "

an.

Nach der Berechnung von van der Borght a. a. O. vertheilten für das Jahr 1880 an Dividende, von den derzeit in Deutschland bestehenden, nicht in Konkurs oder Liquidation befindlichen 247 Industrie-Aktiengesellschaften:

86	0	Prozent,
8	bis 1	
21	über 1 bis 2	
17	„ 2 „ 3	
15	„ 3 „ 4	
23	„ 4 „ 5	

alle zusammen nach dem gesammten Grundkapital durchschnittlich $2^2/_3$ Prozent, und von den derzeit in Deutschland bestehenden Privateisenbahn-Aktiengesellschaften:

26	0	Prozent.
und 16	nicht über 5	

können, welche ihr Interesse nicht in dem Erwerbe der Aktien um des Umsatzes willen suchen, sondern aus wirthschaftlichen Gründen dem Unternehmen ein Interesse entgegenbringen.

Daß aber dieses Alles nicht durch eine geringfügige Erhöhung des Betrages erzielt werden kann, liegt auf der Hand. Soll die Erhöhung von reformirender Wirkung sein, so muß sie den jetzt üblichen Durchschnittssatz um ein Erhebliches überschreiten. Bei Erlaß des Handelsgesetzbuchs vor ungefähr 20 Jahren mag der für Kommanditaktiengesellschaften festgesetzte Mindestbetrag von 600 ℳ, welche man 1870 leider bis auf 150 ℳ ermäßigt hat, den damaligen Geldverhältnissen vielleicht entsprochen haben. Auf die jetzt in Preußen bestehenden 912 Aktiengesellschaften, für welche der Nominalbetrag der Aktien hat ermittelt werden können, berechnet sich nach der statistischen Uebersicht (Anlage B Tabelle I) der Durchschnitt der Aktie auf ungefähr 710 ℳ, und zwar kommt auf die 337 Gesellschaften mit einem geringeren Grundkapital als einer Million Mark ein Durchschnittsbetrag von 686,58 ℳ und auf die 575 Gesellschaften mit größerem Grundkapital ein Durchschnittsbetrag von 722,44 ℳ. Innerhalb der einzelnen nach den Betriebszweigen geordneten Kategorien schwankt der Durchschnitt von 236 ℳ bis 1 058 ℳ. Bei 114 Gesellschaften, von welchen 37 ein Grundkapital unter einer Million Mark haben, erreicht oder übersteigt der Nominalbetrag der Aktien die Höhe von 1 000 ℳ; bei 47 Gesellschaften 3 000 ℳ; von letzteren beläuft sich der Nominalbetrag bei einer Gesellschaft auf 5 000 ℳ, und bei 3 Gesellschaften, mit einem Grundkapital von weniger als einer Million Mark, auf mehr als 5 000 ℳ, nämlich auf 6 000 ℳ, auf 8 571 ℳ und auf 15 000 ℳ. Es wird hiernach thunlich sein und nicht bedenklich erscheinen, wenn der Entwurf (Art. 173a, 207a) für Namensaktien den Mindestbetrag von 1 000 ℳ und für Inhaberaktien den von 2 000 ℳ vorschlägt. Einen verschiedenen Betrag für die beiden Arten von Aktien und für die Verschiedenheit des Maßstabes von 1 zu 2 stellt schon das jetzige Gesetz auf. Die Höhe der Verschiedenheit in den Beträgen kann nach der inneren Verschiedenheit der Aktienarten arithmetisch nicht gemessen werden; der Werth der Unterschiede der letzteren ließe sich in Zahlen oder Quoten nicht feststellen. Außer der nicht zu unterschätzenden Rücksicht auf die Kontinuität der Rechtsentwicklung muß der Gesichtspunkt entscheiden, daß Inhaberaktien, welche vorzugsweise für die großen kommerziellen Unternehmungen bestimmt sind, die stärkere Erhöhung vertragen können. Der Weg, die Aktien auf die geringere Höhe von 1 000 ℳ zu stellen, steht für jedes Unternehmen offen, und sollte durch die höhere Fixirung für Inhaberaktien eine Anzahl von Gesellschaften sich auf die Ausgabe von Namensaktien gedrängt sehen, so würde dies vom legislativen Standpunkt mit Rücksicht auf die wirksamer anzustrebende persönliche und dauernde Betheiligung der Aktionäre nur als Gewinn zu betrachten sein. Die Höhe von 1 000 ℳ aber wird wirthschaftlichen Unternehmungen, wenn immer sie sich für die Form von Aktiengesellschaften eignen, Schwierigkeiten nicht bereiten. Dagegen mögen Aktiengründungen, welche mit geringfügigem Geschäftsumsatz den zusammengesetzten Verwaltungsorganismus nicht vertragen, wegen der unverhältnißmäßigen Produktionskosten selbst nicht gedeihen und nur dem Einzelgewerbe schädliche Konkurrenz bereiten, fortan gehindert werden. Jetzt giebt es Aktiengesellschaften mit einem Grundkapital von nur 36 000, 21 000, 18 000, 17 400, 15 000, 10 500, 9 600, 6 000 und sogar 4 800 ℳ. Das kann im Allgemeinen als zweckdienlich nicht gelten. So geringem Kapitalsbedürfnisse wird regelmäßig die Form einer privatrechtlichen Vereinigung der Kommanditgesellschaft oder einer Erwerbsgenossenschaft besser entsprechen. Was insbesondere die Genossenschaften betrifft, so läßt sich zwar der Einwurf erwarten, daß durch die vorgeschlagene Erhöhung auch die Umwandlung von Genossenschaften in Aktiengesellschaften würde erschwert werden. Auch solche Erschwerung indessen wäre kein Nachtheil. Die genossenschaftliche Verbindung zu gemeinschaftlichem Geschäftsbetriebe und gleichen Geschäftszwecken ist in ihrem Wesen verschieden von der als Kapitalsvereinigung organisirten Aktiengesellschaft, und es ist sehr zu bezweifeln, ob für jene Ziele und für den Kredit der Genossen die Form der Aktiengesellschaft, namentlich mit geringem Grundkapital, der Regel nach förderlich ist. Das Streben von Genossenschaften nach Umbildung in Aktiengesellschaften erklärt sich, soweit solche wirthschaftlich nicht gerechtfertigt ist, aus den Mängeln des Genossenschaftsrechts. Dadurch, daß eine Revision des letzteren diesen Mängeln, insbesondere den zu großen Schärfen der Solidarhaft abhilft, wird man jenes Streben am richtigsten begrenzen.

Muß sonach die vorgeschlagene Mindesthöhe der Aktien als eine nothwendige Regel festgehalten werden, so glaubt der Entwurf doch unter gewissen einwandsfreien Voraussetzungen Ausnahmen gestatten zu sollen.

a. Die erste Ausnahme rechtfertigt sich für gemeinnützige Unternehmungen. Gesellschaften, welche lediglich privaten Interessen dienen, erheischen keine exzeptionelle Behandlung. Dagegen kann es nicht in der Absicht der Gesetzgebung liegen, der Bildung zweckmäßiger Unternehmungen, für welche trotz eines geringeren Kapitals die Form der Aktiengesellschaft erforderlich erscheint, beispielsweise für die Anlegung von untergeordneten Eisenbahnen, von Kanälen, Straßen und sonstigen Verkehrsverbindungen, für die Herstellung von Gas-, Wasser-, Bade-, Waschanstalten, oder sonst für industrielle oder landwirthschaftliche Unternehmungen gemeinnützigen Karakters durch die verlangte Höhe der Aktien gänzlich den Weg zu verschließen. Als Voraussetzung für eine ausnahmsweise Berücksichtigung wird aber verlangt werden müssen, daß für das Inslebentreten des Unternehmens und die Zulassung der Aktien zu einem geringeren als dem Normalbetrage ein besonderes örtliches Bedürfniß vorliegt. Eine solche Voraussetzung ist schon in Artikel 173 Absatz 2 des Handelsgesetzbuchs aufgestellt. Hierbei wird natürlich — da sonst der Ausnahme jede praktische Bedeutung fehlte — nicht verlangt, daß der Betrieb des Unternehmens und das Bedürfniß zu demselben sich auf einen einzigen Ort oder Gemeindebezirk beschränkt.[1])

b. Eine zweite Ausnahme läßt der Entwurf für solche Unternehmungen zu, für welche das Reich, ein Bundesstaat, ein Provinzial-, Kreis- oder Amtsverband, oder eine sonstige öffentliche Korporation auf die Aktien einen bestimmten Ertrag ohne Einschränkungen auf Zeit oder Bedingungen gewährleistet hat. Hier kann es nicht auf die Gemeinnützigkeit des Unternehmens und ein besonderes örtliches Bedürfniß ankommen, sondern nur darauf, ob nach menschlicher Voraussicht die Kapitalsanlage gesichert erscheint. In diesem Fall wäre es weder durch innere Gründe gerechtfertigt, dem kleinen Kapital den Weg zu einer solchen Anlage zu versperren, noch auch politisch rathsam; denn sonst stände zu befürchten, daß bei der in so erheblichem Grade erfolgten Erhöhung des Nominalbetrages einheimischer Aktien das kleine Kapital die Anlage in Werthen ausländischer Unternehmungen suchte, welche die durch den Entwurf für das Reich geschaffenen Garantieen entbehren.

Für den einen wie für den anderen Ausnahmefall soll der Gesellschaft die Möglichkeit eröffnet werden, zur Ausgabe geringerer Aktien zu gelangen. Ein Recht auf Ausgabe solcher Aktien kann der Gesellschaft nicht zugestanden werden. Das Gesetz ist außer Stande, in bestimmten Kriterien abzugrenzen, welche Unternehmung als gemeinnützig, wann ein maßgebendes

[1]) Vergl. Renaud, Recht der Kommanditgesellschaft 1881 S. 646, bes. Anm. 12.

örtliches Bedürfniß als vorhanden und wann durch die für die Aktien übernommene Garantie die Kapitalsanlage als gesichert anzusehen ist; in letzterer Beziehung ist nicht ausgeschlossen, daß die Korporation, welche für den Ertrag der Aktien einzustehen versprochen hat, in sich keinerlei Gewähr für die Erfüllung des Versprechens bietet, oder daß die Garantie sich auf einen durchaus unzulänglichen Ertrag beschränkt. Das Vorhandensein der aufgestellten Voraussetzungen bedarf der Prüfung im einzelnen Fall, und diese hat zudem stets aus dem Gesichtspunkt stattzufinden, ob nicht, wenngleich jene Voraussetzungen vorliegen, die verlangte Zulassung der Ausnahme doch den allgemeinen wirthschaftlichen Interessen widerstreiten würde, welche zu der für den Volkswohlstand und für jede Reform des Aktienwesens als nothwendig erkannten Regel gedrängt haben. Die Ausnahmen dürfen nicht zu einer Entkräftung oder Beseitigung der Regel führen. Die nach allen diesen Rücksichten vorzunehmende Prüfung des Verlangens einer Gesellschaft nach Ausgabe geringerer Aktien kann daher auch nicht von dem Registerrichter, dessen Prüfung lediglich auf das Vorliegen der formellen Voraussetzungen für die Eintragung des Gesellschaftsvertrages zu beschränken ist, sondern nur von den leitenden Verwaltungsbehörden erfolgen.

Als die Behörde, welcher die Prüfung in erster Reihe zuzuweisen sein wird, ergiebt sich daher die Centralregierung des Landes, in dessen Gebiete die Gesellschaft ihren Sitz hat. Sie vermag unter Einhaltung der allgemeinen Gesichtspunkte die besonderen örtlichen Bedürfnisse und die sonst einschlagenden Verhältnisse am nächsten zu beurtheilen. Um aber die Handhabung einheitlicher Grundsätze für das Reich zu sichern, um zu wahren, daß das Gesetz eine seinem Geiste entsprechende Ausführung findet, und auch, damit die Rücksichten auf das Interesse anderer Bundesstaaten, welche durch das Unternehmen berührt werden, zur Geltung gelangen können, erscheint für die Zulassung einer jeden Ausnahme die mit der Genehmigung der Landesregierung übereinstimmende Erklärung des Reichskanzlers als unabweisliches Erforderniß.

Das Verbot, die geringeren Aktien auf Inhaber zu stellen, wird aus der oben beregten wirthschaftlichen Bedeutung der letzteren seine Rechtfertigung finden, und der auf 200 ℳ begrenzte Minimalbetrag wird einer solchen überhaupt nicht bedürfen.

4. Verschiedene Gattungen von Aktien (Prioritätsaktien ꝛc.).

4. An sich gewährt jede Aktie gleiche Ansprüche auf den Dividendenbezug und bei einer Auflösung der Gesellschaft auf den Antheil am Vermögen. Allein schon vor Erlaß des Handelsgesetzbuchs sind namentlich Eisenbahnaktiengesellschaften durch die Nothwendigkeit, neue Mittel, besonders zum Bau und Betriebe von Zweiglinien zu schaffen, zur Ausgabe von Aktien veranlaßt worden, denen ein bestimmter Ertrag vorzugsweise zugesichert wurde (Prioritätsaktien). Ueber die Bedeutung dieser Prioritätsaktien haben die Statuten der verschiedenen Gesellschaften sehr auseinandergehende Festsetzungen getroffen. Theils ist den neu ausgegebenen Aktien das Vorzugsrecht lediglich am Reingewinn der Betriebsjahre, theils auch oder nur am Vermögen der Gesellschaft im Falle ihrer Auflösung gewährt worden; oft findet sich das erstere auf einen bestimmten Prozentsatz beschränkt, oft haben die Prioritätsaktien auch an einem Ueberschusse dieses Reingewinns gewissen Antheil, und bei Ausfall des einen Jahresertrages ist ihnen oft das Nachbezugsrecht aus den Erträgen späterer Jahre zugesichert. Meist erstreckt das Vorzugsrecht, sei es am Gewinn, sei es am Erlös, sich nur auf die neugebauten oder erworbenen Zweigbahnen oder sonstigen Erweiterungen des Unternehmens, und bald nehmen die neuen Aktien an dem alten Unternehmen, bald die alten Aktien an dem neuen keinen Antheil. Mitunter gewähren nur die Prioritätsaktien, nicht die anderen Aktien einen Anspruch auf Bauzinsen. Weit auseinandergehend ferner sind die Festsetzungen über das Stimmrecht für die einzelnen Gattungen von Aktien und über ihre Betheiligung an den Gegenständen der Beschlußfassung u. s. w. In der ersten Zeit wurde der Name „Prioritätsaktien" nicht blos Gattungen von Aktien beigelegt, sondern an Stelle von „Prioritätsobligationen" auch den Antheilen an einer Anleihe der Gesellschaft; auch sind in einigen Fällen der Erweiterung des Unternehmens Prioritätsaktien für das neue Unternehmen derart ausgegeben, daß den Inhabern der Prioritätsaktien, indem sie unter Umständen aus der Gesellschaft auszuscheiden und von ihr den Nennwerth der Aktien zurückzufordern berechtigt sein sollten, das Vorrecht vor späteren Anleihen der Gesellschaft gewahrt wurde. In neuerer Zeit ist schon bei der Gründung des Unternehmens von Anfang an das Stammkapital in der Weise zerlegt worden, daß neben den einfachen Aktien nach der einen oder der anderen Richtung bevorzugte Antheile (Prioritäts-Stammaktien, Stamm-Prioritätsaktien) gebildet wurden.

Die Mannigfaltigkeit der verschiedenen Arten aller solcher Prioritätsaktien und die Unvollständigkeit und Unklarheit der über den Inhalt ihrer Berechtigungen getroffenen Festsetzungen sind so groß, daß das Institut zu einer Reihe der schwerwiegendsten Streitfragen, oft zu Benachtheiligungen der Gesellschaft und mitunter zu Mißbräuchen geführt hat.[1])

Man erwartet deshalb von der Gesetzgebung eine Remedur auch auf diesem Gebiete.

Frage des Ausschlusses von Stamm-Prioritätsaktien.

Vereinzelt ist verlangt worden,[2]) daß die Ausgabe von Prioritätsaktien bei Gründung der Gesellschaft gesetzlich verboten werde. Es wäre mißlich, wenn das Gesetz Bestimmungen darüber erlassen müßte, in welcher Weise Aktiengesellschaften das zum Unternehmen erforderliche Kapital aufzubringen haben. An sich müssen darüber die Verhältnisse des Verkehrs und des Geldmarkts, die Art und Lage der einzelnen Gesellschaft entscheiden und die Betheiligten selbst in eigener Prüfung sich entschließen. Personen, welche zu selbständiger Prüfung nicht fähig sind und denen die Emission von Prioritätsaktien Gefahr bringen könnte, werden in geeigneter Weise durch die vorgeschlagene Erhöhung des Minimalaktienbetrages von der Betheiligung an dem Unternehmen fern zu halten sein. Durch die Rücksicht auf diese Personen kann ein allgemeines Verbot von Stamm-Prioritätsaktien nicht begründet werden. Ein solches läßt sich auch sonst nicht rechtfertigen. Oft ist ein Theil des Kapitals, welches nothwendig ist, um das Unternehmen ins Leben zu rufen, wirthschaftlich besser durch Bildung von bevorzugten Antheilsrechten an dem Gesellschaftsvermögen, als durch sofortige Aufnahme einer Anleiheschuld zu beschaffen und oft kann daher bei der Gründung die gleichzeitige Ausgabe von Stammaktien und Stamm-Prioritätsaktien wirthschaftlich als ein Bedürfniß oder als wünschenswerth erscheinen. Beispiele dafür bieten nicht blos die Fälle der Erweiterung eines Einzelunternehmens zu einer Aktiengesellschaft oder der Errichtung einer solchen zum Zwecke der Befriedigung verschieden berechtigter oder interessirter Gläubiger eines zahlungsunfähigen Schuldners, sondern namentlich auch die Fälle der ein größeres Kapital erfordernden gemeinnützigen Unter-

---

[1]) Vergl. Bekker in der Zeitschr. für das ges. Handelsrecht Bd. 16 S. 32 bis 85; Meili, die Lehre von den Prioritätsaktien, Zürich 1874; von Strombeck, über Prioritäts-Stammaktien, Berlin 1876; Wiener in der Zeitschr. für das ges. Handelsrecht Bd. 23 S. 330 bis 341; Löwenfeld a. a. O. S. 65 bis 74; Renaud, das Recht der Aktiengesellschaften, 2. Aufl. 1875 S. 769 ff. Vergl. auch Salings Börsenpapiere 5. Theil 1. Hälfte (4. Aufl.).

[2]) Löwenfeld a. a. O. S. 69.

nehmungen, an deren Entstehen und Gedeihen gewisse Kreise oder Personen ein besonderes Interesse haben, welches sie veranlaßt, die Betheiligung anderer unter Einräumung von Vorzugsrechten für diese zu suchen.

Frage der gesetzlichen Regelung des Verhältnisses verschiedener Gattungen von Aktien.

Weiter, aber auch unbestimmter ist das Verlangen, die entstandenen Kontroversen durch eine gesetzliche Regelung der Stellung von Prioritätsaktionären zu beseitigen. So gewichtig indeß diese Kontroversen sind, so wenig kann es Aufgabe des Gesetzgebers sein, sie sämmtlich zu lösen.

Im Allgemeinen.

Sie beruhen auf vertraglichen Abmachungen oder statutarischen Festsetzungen, deren Auslegung im einzelnen Streitfall unter Berücksichtigung des von den Parteien wirklich Gewollten Aufgabe der Gerichte ist. Dahin gehört insbesondere die Streitfrage, aus welchen Kriterien zu erkennen ist, ob Aktien oder ob Obligationen vorliegen, ferner diejenige, ob, soweit die Prioritätsdividende in mehreren Jahren nicht zur Hebung gelangt ist, den Inhabern der älteren Dividendenscheine ein Nachbezugsrecht vor denen der Scheine des laufenden Jahres oder wenigstens vor denen der späteren Vorjahre zukommt.[1]) Allen Streitigkeiten dieser Art von vornherein vorzubeugen, ist der Gesetzgeber nicht im Stande. Er würde sich in eine Kasuistik verlieren, welche niemals erschöpfend wäre, und in die freie Gestaltung der Verkehrsverhältnisse störend eingreifen. Dieselben sind, wie eingangs angedeutet ist, so mannigfaltig, daß ihre Beurtheilung und Regelung nur aus den konkreten Umständen hervorgehen können. Auch zu einer Einwirkung auf die Statuten im Sinne möglichster Klarheit und Vollständigkeit in diesem Punkte ist die Gesetzgebung nicht im Stande. Zudem ist nicht außer Acht zu lassen, daß die beregten Zweifel und Mißstände sich wesentlich auf das Gebiet des Eisenbahnwesens beschränken und auf diesem Gebiete, soweit nicht durch das Recht der staatlichen Genehmigung Abhülfe geschafft werden kann, zunächst die Spezialgesetzgebung anzurufen sein würde.[2])

Erscheint es für den Entwurf sonach unthunlich, durch allgemeine Vorschriften den Inhalt der Berechtigungen, welche Prioritätsaktien gewähren oder gewähren dürfen, zu normiren, so geben dennoch die gemachten Erfahrungen Anlaß, gewisse Vorschriften da zu treffen, wo, über den Kreis privatrechtlicher Fragen hinausgehend, das öffentliche Interesse berührt wird.

Bei Erlaß der Vorschriften wird das Gesetz die Begrenzung derselben auf Prioritätsaktien und Stammprioritäten ꝛc. zu vermeiden haben, nicht blos, weil diese Namen bisher zu klaren und festen Begriffen nicht gelangt sind, sondern auch weil in anderer Weise als unter diesen Namen, insbesondere nach Buchstaben die verschiedenen Aktien einer Gesellschaft ausgegeben und die Verschiedenheit der Berechtigung in anderer Weise als durch Einräumung eines Vorzugsrechts bestimmt sein kann; dies ist namentlich von Eisenbahngesellschaften geschehen, welche den Reingewinn oder Erlös aus neu zu bauenden oder zu erwerbenden Zweigbahnen zum Gegenstand der verschiedenen Berechtigung unter den alten und den neuen Aktien machten.[3]) Die Vorschriften werden alle Fälle zu umfassen haben, in welchen eine Gesellschaft für einzelne Gattungen von Aktien verschiedene Rechte, insbesondere betreffs der Zinsen oder Dividenden oder des Antheils am Gesellschaftsvermögen nach Höhe, Art oder Gegenstand der Berechtigung festsetzt, wogegen die Fälle ausscheiden, in welchen etwa der Name „Prioritätsaktie" fälschlich für „Prioritätsobligation" gebraucht wird.

Die Nothwendigkeit von Vorschriften hat sich nach zwei Richtungen ergeben.

Erkennbarkeit der Festsetzungen.

Einmal wird das Gesetz in Verfolg der oben §. 3 S. 58 ff. dargelegten Richtung der Reform sich nicht entschlagen dürfen, Vorsorge dafür zu treffen, daß den Betheiligten die Mittel gewährt werden, sich für ihre Entschließung, ob sie die Aktien zeichnen oder erwerben wollen, geeignete Aufklärung über die ihnen durch dieselben gebotenen Rechte zu verschaffen. Festsetzungen so fundamentaler, das Grundkapital betreffender Art, welche von der als stillschweigend vorauszusetzenden Regel der Gleichberechtigung aller Aktien abweichen, müssen für Jedermann erkennbar gemacht und daher in den Gesellschaftsvertrag, sei es in die ursprünglichen Statuten oder im Falle der späteren Schaffung von Prioritätsaktien in die Statutennachträge, aufgenommen werden (Art. 209a Nr. 3). Sie dürfen nicht schon durch bloße Beschlüsse von Gesellschaftsorganen oder durch vertragsmäßige Abmachungen derselben mit Dritten verbindliche Kraft für die Gesellschaft erlangen. Der Entwurf verlangt zur weiteren Erkennbarkeit solcher Festsetzungen auch ihre Aufnahme in die Veröffentlichung, welche das Handelsgericht über die Eintragung des Gesellschaftsvertrages oder der Abänderung desselben zu bewirken hat (Art. 210c Z. 1, 214 Abs. 1). Endlich soll in dem Falle, daß verschiedene Gattungen von Aktien bestehen oder auszugeben sind, der Zeichnungsschein den Gesammtbetrag einer jeden Gattung angeben (Art. 209d Z. 1); dies genügt, um vor der Zeichnung den Betheiligten auf die Einsicht der Statuten besonders hinzuweisen. Eine vollständige Aufnahme der Festsetzungen in den Zeichnungsschein würde denselben unnütz belasten und die beabsichtigte Wirkung leicht gefährden, indem durch die Ueberfüllung des ohnehin nicht kurz zu fassenden Zeichnungsscheins das Publikum verleitet werden könnte, denselben überhaupt nicht mehr zu lesen. Aus gleichen Gründen empfiehlt sich nicht die Vorschrift einer Aufnahme der fraglichen Festsetzungen in die Aktienurkunde und diese um so weniger, als der Ankauf von Aktien sich meist durch Bankiers vollzieht, bevor der Käufer die Aktie zu Gesicht bekommt.

Theilnahme an den Beschlußfassungen.

Der andere, das Eintreten der Gesetzgebung erheischende Punkt ist die Stellung, welche die Inhaber der verschiedenen Gattungen von Aktien bei den Beschlußfassungen der Gesellschaft einzunehmen haben. Er betrifft die Organisation der letzteren, und wenn die allgemeinen auf die Organisation, insbesondere die Beschlußfassung der Gesellschaft bezüglichen Fragen schon der gesetzlichen Regelung bedürfen, so liegt dazu hier bei der Anormalität der Verhältnisse ein desto größeres Bedürfniß vor. Aus dem verschiedenen Inhalt der Vermögensrechte erwächst unwillkürlich die Prätension einer Sonderung der Aktionäre auch bei den Beschlußfassungen, mindestens die Vorstellung, als ob die Inhaber der einzelnen Gattungen in getrennten Gruppen Beschluß zu fassen hätten. Die Gefahren, welche jeder

[1]) Urtheil des R. O. H. G. vom 18. Mai 1877, Entsch. Bd. 22 S. 361 ff.

[2]) Vergl. den dem Reichstage 1879 und 1880 vorgelegten Entwurf eines Gesetzes, betreffend das Pfandrecht an Eisenbahnen ꝛc.; Druckf. des Reichstags 1879 Nr. 130 §. 65 und Anlage A S. 90.

[3]) So die Aktien lit. B der Magdeburg-Leipziger Eisenbahngesellschaft für die Linie Halle-Cassel (Preuß. Gesetz-Samml. 1863 S. 118 bis 124), die Aktien der Thüringer Eisenbahngesellschaft lit. B für Gotha-Leinefelde, lit. C für Gera-Eichstädt (Preuß. Gesetz-Samml. 1866 S. 463, 1868 S. 561, 672, 851), die Aktien lit. B der Rheinischen Eisenbahngesellschaft (Preuß. Gesetz-Samml. 1866 S. 448 ff., 744 ff. und 1868 S. 233 ff., 275 ff.), der Cöln-Mindener Eisenbahngesellschaft lit. B für die Linie Osnabrück, Bremen, Hamburg (Preuß. Gesetz-Samml. 1868 S. 602 ff.) u. s. w.

Theilung der Gesellschaft in einzelne Verbände für den ungestörten Geschäftsgang innewohnen, stellen denselben völlig in Frage dadurch, daß das Begehren einer Sonderung nicht auf die Beschlußfassung über Maßregeln beschränkt wird, welche die verschiedenartige Berechtigung unmittelbar zum Gegenstand haben, sondern leicht auf alle Maßregeln ausgedehnt wird, die nur irgendwie mit ihr in Verbindung gebracht werden oder auf sie einwirken könnten. Noch stärker erheben sich die Prätensionen im Falle des Vorhandenseins von Prioritätsaktien ꝛc. Unter dem Gesichtspunkte, daß das zugesicherte Vorzugsrecht nicht beseitigt oder geschmälert werden dürfe, ist der einzelne Prioritätsaktionär nur zu sehr geneigt, in jedem Beschluß eine Beeinträchtigung seines Rechts zu erblicken und für dasselbe die Eigenschaft eines Sonderrechts derart in Anspruch zu nehmen, daß sein Widerspruch den Beschluß entkräfte.[1] Ein solcher Zustand legte es in die Hand jedes Inhabers einer Prioritätsaktie, die Gesellschaft zu einer den Werth der Berechtigung weit übersteigenden Abfindung zu zwingen oder aber durch Versagung der Zustimmung eine sachlich für die ganze Gesellschaft erwünschte oder nothwendige Maßregel zu verhindern. Es handelt sich hier in der That nicht blos um einen privatrechtlichen Streit, der gerichtlich ausgefochten werden mag, sondern um das wirthschaftliche Funktioniren der Gesellschaft; das Interesse der Gläubiger und das öffentliche Interesse wird in Mitleidenschaft gezogen.

Zuvörderst ist der Fall auszuscheiden, daß eine Gesellschaft, deren bisherige Aktien von gleicher Berechtigung waren, zur Ausgabe von Prioritätsaktien schreiten will; in diesem Falle war es zwar nach dem geltenden Gesetze streitig, ob wegen der hierdurch eintretenden Aenderung in den bisherigen Rechten die Zustimmung eines jeden Aktionärs erforderlich oder ein Mehrheitsbeschluß der Generalversammlung ausreichend sei. Der Fall liegt aber im Wesentlichen nicht anders, als der einer Ausgabe von neuen, mit den alten gleichberechtigten Aktien. Denn auch hier ändert sich durch die Konkurrenz der neuen Aktien das Recht und die Lage der alten, weil keinerlei Sicherheit dafür besteht, daß die Vermehrung des Grundkapitals eine entsprechende Ausgleichung am Reingewinn und dereinstigen Vermögen der Gesellschaft findet.[2] Der Entwurf behandelt daher den hervorgehobenen Fall ebenso wie den gewöhnlichen Fall einer Erhöhung des Grundkapitals.

Vorauszusetzen ist vielmehr, daß schon einzelne Gattungen von Aktien mit verschiedener Berechtigung ausgegeben sind. Allein trotz der verschiedenen Aktien bleiben alle Aktionäre immerhin Mitglieder einer und derselben Gesellschaft. Diese hat naturgemäß nur einen Organismus, ein Willensorgan, eine Generalversammlung, und für deren Willensäußerung bildet der Mehrheitsbeschluß die regelrechte Form. Ihm hat sich jedes Mitglied zu unterwerfen. Das Sonderrecht der Aktionäre besteht nur in dem bestimmten Vermögensrechte, welches nach Inhalt oder Gegenstand desselben die Aktien unterscheidet; nur dieses Recht hat die Gesellschaft zugesichert, und ihm stehen als verpflichtetes Subjekt nicht blos die anderen Aktionäre gegenüber, sondern die Gesellschaft in ihrer Gesammtheit. So wenig einzelne Aktionäre, zu deren besonderen Vortheil etwa der Gesellschaftsvertrag gewisse Vermögensrechte festsetzt, deshalb für die Beschlußfassungen über die Führung der Geschäfte und die sonstigen Angelegenheiten der Gesellschaft ein Recht auf besondere oder vorzugsweise Stimmabgabe beanspruchen können, so wenig folgt mit rechtlicher Nothwendigkeit aus dem Vorhandensein verschiedener Gattungen von Aktien für deren Inhaber eine besondere Stellung bei den Beschlußfassungen im Allgemeinen. Eine solche kann auch nicht um deswillen in Anspruch genommen werden, weil vielleicht die Beschlußfassung in mittelbarer Folge auf jenes Vermögens-Sonderrecht ungünstig einwirken kann. Bei diesen Folgen steht nicht die Existenz oder Erfüllung des Rechts, sondern das Interesse in Frage, welches es den Berechtigten gewährt. Verschiedene Interessen aber finden sich innerhalb einer Gesellschaft auch bei völlig gleicher Berechtigung aller Aktien und begründen an sich niemals ein Recht auf besondere Berücksichtigung bei der Beschlußfassung. Auch abgesehen von der rechtlichen Konsequenz und abgesehen von den oben hervorgehobenen wirthschaftlichen Gesichtspunkten würde eine derartige Rücksichtnahme auf die mittelbaren Folgen praktisch undurchführbar erscheinen; es ließe sich hierfür keine Grenze finden. Jede Abschreibung eines Vermögensstücks in der Bilanz oder eine Zuschreibung zu Reservefonds ꝛc., die Feststellung und Abnahme einer jeden Bilanz wirkt mittelbar auf die Höhe der den Prioritätsaktien statutarisch zugesicherten Vorzugsdividende; eine beabsichtigte Erweiterung des Geschäftskreises oder des Gegenstandes des Unternehmens kann für die eine Gattung von Aktien weitere Folgen haben, als für eine andere, ebenso können von dem Ausfall einer Wahl verschiedene Wirkungen zu erwarten sein; es wird dies von jeder irgend wichtigen Beschlußfassung gesagt werden können.

Der Entwurf vermag sonach grundsätzlich eine verschiedene Behandlung der einzelnen Gattungen von Aktien bei den Beschlußfassungen der Gesellschaft nicht zuzulassen. Die Beschlüsse sind von allen Aktionären gleichmäßig und gemeinsam zu fassen, mag es sich um die Führung der Geschäfte oder um eine Aenderung von Bestimmungen des Gesellschaftsvertrages handeln (Art. 221, 215 Abs. 5, 186, 190 Abs. 1, 180f Abs. 2).

Von diesem Grundsatze hat der Entwurf eine nothwendige, oben schon gerechtfertigte Ausnahme in dem Falle zu machen, daß der Gegenstand der Beschlußfassung unmittelbar jenes für eine Gattung von Aktien statutarisch zugesicherte Sonderrecht bildet, mit anderen Worten, daß durch die Beschlußfassung der das bisherige Rechtsverhältniß unter den verschiedenen Gattungen bestimmende Inhalt des Gesellschaftsvertrages zum Nachtheil einer derselben abgeändert werden soll. Die Ausnahme bedingt aber keineswegs, daß für die Abänderung die Zustimmung jedes Inhabers einer Aktie der betroffenen Gattung zu erfordern ist. Ein Veto des einzelnen Aktionärs würde nicht blos wirthschaftlich die bereits hervorgehobenen Bedenken gegen sich haben, es erscheint auch rechtlich nicht geboten. Denn das Sonderrecht ist nicht für die Person, sondern für die Aktien der bestimmten Gattung eingeräumt, die einzelnen Aktionäre stehen in einer rechtlichen Gemeinschaft, und wie der eine Aktionär, nicht mehr und nicht minder ist auch jeder andere Aktionär derselben Gattung an der Aufrechthaltung oder der Aenderung des bisherigen Rechtsverhältnisses betheiligt; der Widerspruch des ersteren kann daher den Willen der übrigen Aktionäre nicht aufheben oder lähmen. Das gleiche und gemeinschaftliche Sonderrecht innerhalb der Gattung vereinigt diese Theilnahme der Gesellschaft zu einem besonderen Verbande, dessen Willensäußerung gleich derjenigen der gesammten Gesellschaft durch Mehrheitsbeschluß mit verbindlicher Kraft für den einzelnen abzugeben ist. Daraus ergiebt sich, daß über die auf die Tagesordnung gesetzte Abänderung des statutarischen Rechtsverhältnisses zunächst die Generalversammlung der gesammten Gesellschaft unter gleichmäßiger Betheiligung der verschiedenen Gattungen Beschluß zu fassen hat, daß demnächst zur Erklärung über Annahme oder Ablehnung der beschlossenen Aenderung die Aktionäre der Gattung, zu deren Nachtheil die Aenderung erfolgen soll, in einer besonderen Generalversammlung zusammenzutreten haben und daß auf die letztere und die in ihr zu fassende

[1] Beschwerdebescheid des R.O.H.G. vom 19. Mai 1876, Entsch. Bd. 20 S. 93 ff.

[2] Vergl. Wiener a. a. O. S. 334, 335.

Entschließung, namentlich was das Erforderniß einfacher oder besonders gearteter Mehrheit betrifft, die für die gemeinschaftliche Generalversammlung geltenden Bestimmungen Anwendung finden müssen (Art. 215 Abs. 6, 180 f. Abs. 3).

Wenn der Entwurf dem vorstehend erörterten Ausnahmefalle die Fälle einer Erhöhung sowie einer theilweisen Zurückzahlung oder einer Herabsetzung des Grundkapitals in gleicher Behandlung anreiht, zu der von der Gesammtheit aller Aktionäre beschlossenen Maßregel also die Zustimmung jeder von ihr berührten besonderen Gruppe erfordert (Art. 215a Abs. 3, 108g Abs. 4, 248, 203 Abs. 1), so geschieht dies in der Erwägung einerseits, daß die bisherige Höhe des Grundkapitals die Voraussetzung und Grundlage für das zwischen den verschiedenen Gattungen der Antheilsrechte statutarisch festgesetzte Rechtsverhältniß gebildet hat, und andererseits, daß durch Versagung eines Widerspruchsrechts des einzelnen Aktionärs die bisher in der Praxis hervorgetretene Gefährdung der wirthschaftlichen Bewegung vermieden wird.

Dagegen führt der Entwurf den Grundsatz gleicher Behandlung der verschiedenen Gattungen von Aktien auch für das Stimmrecht der einzelnen Aktionäre durch. Den allgemeinen, unter §. 13 noch zu erörternden Gründen, aus welchen jeder Aktionär ein Stimmrecht haben muß, treten die oben hervorgehobenen Gründe hinzu, nach welchen trotz der Verschiedenheit der Antheilsrechte die Aktionäre Mitglieder derselben Gesellschaft bleiben. Danach soll es fortan dem Gesellschaftsvertrage nicht überlassen sein, zu bestimmen, daß die Inhaber von Prioritätsaktien in der Generalversammlung kein Stimmrecht haben [1]) oder ein Stimmrecht erst durch den Besitz einer größeren Anzahl von Aktien erlangen, [2]) noch umgekehrt zu bestimmen, daß die Prioritätsaktien ein größeres Stimmrecht als die Stammaktien gewähren. [3]) Vielmehr soll die Aktie einer jeden Gattung ein Stimmrecht und zwar, abgesehen von der §. 13 II 1 gerechtfertigten Maximalbeschränkung beim Besitze mehrerer gleichartiger Aktien, dasselbe Stimmrecht wie die der anderen Gattungen verleihen. Die nothwendige Folge hiervon ist aber, zugleich solche statutarische Bestimmungen, nach welchen das Stimmrecht für einzelne Gattungen auf gewisse Gegenstände der Beschlußfassung beschränkt wird, [4]) für die Zukunft auszuschließen. Sonst würde dadurch die Regel des vollen Stimmrechts leicht umgangen werden können, und es wäre namentlich zu befürchten, daß die Beschränkung des Stimmrechts nicht blos auf gewisse Theile des Unternehmens, wie die neuen Zweigbahnen 2c. sich richtete, sondern auf gewisse Angelegenheiten der gesammten Geschäftsführung, so daß für gewisse Aktionäre, z. B. die Gründer und deren Kreise, Aktien einer Gattung mit vollem Stimmrecht geschaffen würden, während die Aktien anderer Gattung in Bezug auf Wahlen, Feststellung der Bilanzen, Aenderung der Statuten u. s. w. kein Stimmrecht begründeten (Vergl. Art. 190 Abs. 1).

§. 5.

Die Haftung aus der Aktie.

1. Das bestehende Recht.

Die Art, wie die Haftung für die rückständigen Einzahlungen auf eine Aktie im Handelsgesetzbuch geregelt ist, fällt zunächst auf durch ihre Verschiedenheiten bei der Aktiengesellschaft und der Kommanditgesellschaft auf Aktien.

Bei der Aktiengesellschaft werden Unterschiede zwischen Inhaber- und Namensaktien gemacht. Bezüglich der Inhaberaktien (Art. 222, 220, 221) haftet der Zeichner für die ersten 40 Prozent unbedingt, nach Einzahlung von 40 Prozent kann der Gesellschaftsvertrag die Befreiung des Zeichners von der Haftung für weitere Einzahlungen und bei erfolgter Befreiung die Ausstellung von Inhaberpromessen zulassen. Als Folge der Säumniß mit einer geforderten Einzahlung kann, außer der von Rechtswegen eintretenden Pflicht zur Entrichtung von Verzugszinsen, das Statut eine Konventionalstrafe festsetzen, auch bestimmen, daß der säumige Aktionär seiner Anrechte aus der Aktienzeichnung und an den bereits geleisteten Einschüssen durch die Gesellschaft verlustig erklärt werden kann. Die Verfallserklärung (Kaduzirung) läßt zwar die Verpflichtung des ersten Zeichners zur Zahlung der 40 Prozent unberührt, hat aber nach der in der Praxis geltenden Auffassung im Uebrigen zur Folge, daß mit dem Verlust des Rechts auch die Befreiung von weiteren Zahlungen verbunden ist; dies gilt sowohl von dem zeitigen Aktionär, als von etwa eingetragenen Zwischenaktionären, als auch, über 40 Prozent hinaus, von dem Zeichner. Der bis zu 40 Prozent in Anspruch genommene Zeichner hat, bei dem Verfall der Aktie, gegen seine Rechtsnachfolger keinen Regreß. Die Gesellschaft aber kann die verfallene Aktie anderweit verkaufen. [1]) Außer dem Falle der Kaduzirung kann sich die Gesellschaft wegen der geforderten Einzahlung neben dem zeitigen Aktionär an den Zeichner, soweit er nicht liberirt ist und auch wohl an die in das Aktienbuch etwa eingetragenen Zwischenaktionäre [2]) halten; sie braucht dem in Anspruch genommenen Vormanne die Aktie nicht zu gewähren; der Vormann kann den Rückgriff auf seinen Rechtsnachfolger nehmen. — Bei der Namensaktie der Aktiengesellschaft ist eine statutarische Liberirung des Zeichners unzulässig. Der Zeichner und alle in das Aktienbuch eingetragenen Nacherwerber haften solidarisch auf den ganzen Aktienbetrag; sie können jedoch bei einer Uebertragung der Aktie, wenn die Gesellschaft den neuen Erwerber als Aktionär annimmt, von derselben aus ihrer Verbindlichkeit entlassen werden (Art. 223 Abs. 2), haften aber auch in diesem Fall auf Höhe des Rückstandes für alle bis dahin von der Gesellschaft eingegangenen Verbindlichkeiten subsidiarisch noch ein Jahr (Art. 223 Abs. 3). Ein bestimmter Betrag, zu welchem die Aktie bereits eingezahlt sein müßte, ist für die Statthaftigkeit der Entlassung nicht vorgeschrieben. Ebenso ist für den Fall der Säumniß einer Einzahlung nicht, wie bei der Inhaberaktie, die unbedingte Haftung des Zeichners auf 40 Prozent vorgesehen. Im Uebrigen sind die Folgen der Säumniß dieselben, wie die für Inhaberaktien bezeichneten. Bei der Kommanditgesellschaft auf Aktien haften für die Vollzahlung solidarisch der Zeichner und die im Aktienbuch eingetragenen Aktionäre bei Vermeidung der Entrichtung von Verzugszinsen und des Ersatzes eines größeren Schadens; eine statutarische Liberirung des Zeichners oder Entlassung des verkaufenden Aktionärs oder Kaduzirung der Aktie findet nicht statt (Art. 184, 157, 95).

Die Strenge dieser für die Kommanditaktien gegebenen Vorschriften liegt auf der Hand. Inwieweit sie, namentlich

[1]) So die Statuten der Rheinischen Eisenbahngesellschaft (Preuß. Gesetz-Samml. 1855 S. 62, 63).

[2]) So geben nach dem Statut der Magdeburg-Leipziger Eisenbahngesellschaft (Preuß. Gesetz-Samml. 1863 S. 118 ff.) drei Aktien B (Linie Halle-Cassel) dasselbe Stimmrecht, wie eine Aktie A.

[3]) Z. B. geben je 5 Prioritätsaktien der Berlin-Görlitzer Eisenbahngesellschaft (Preuß. Gesetz-Samml. 1864 S. 485) und erst je 10 Stammaktien Eine Stimme.

[4]) Vergl. S. 251 Anm. 3.

[1]) Entsch. des Reichsgerichts vom 31. Dezember 1879, Entsch. Bd. 2 S. 15 ff. und Nr. 6 der bes. Beilage zum Reichs-Anzeiger vom 22. Mai 1880.

[2]) Vergl. die allerdings nur bezüglich einer Kommandit-Aktiengesellschaft ergangene Entscheidung des Reichs-Oberhandelsgerichts vom 14. Mai 1872, Entsch. Bd. 6 S. 149. Die juristische Konstruktion der Haftung von Zwischenaktionären ist bestritten; vergl. Renaud a. a. O. S. 698 ff.; Jolly in der Zeitschr. f. deutsches Recht Bd. 11 S. 375 ff., 410 ff.. 418; Auerbach, Gesellschaftswesen S. 330.

die solidare Haftung des Zeichners und die Verweisung desselben an seinen Nachmann, mit den thatsächlichen Zuständen im Einklang geblieben ist, kann dahingestellt bleiben; denn der Einfluß dieser Vorschriften hat bei dem geringen Umfange, welchen die Kommanditaktiengesellschaften bisher den Aktiengesellschaften gegenüber eingenommen haben, auf das gesammte Aktienwesen nicht von Erheblichkeit sein können.

Bei den Aktiengesellschaften aber hat das Gesetz nicht vermocht, den thatsächlichen Verhältnissen Stand zu halten, vielmehr die ärgsten Mißstände ermöglicht. Die gesetzliche Regel ist zur Ausnahme geworden.

2. Mißstände nach bestehendem Recht.

Regelrecht nach den gesetzlichen Bestimmungen ist die Haftung des Zeichners eine strenge; auch bei der Inhaberaktie geht sie an sich auf den vollen Nominalbetrag. In Wirklichkeit aber beschränkt sich bei Inhaberaktien die Verpflichtung des ersten Zeichners auf 40 Prozent; die Statuten haben von der ihnen durch das Gesetz ertheilten Ermächtigung zur Liberirung der Zeichner über die gedachte Summe hinaus und zur Ausstellung von Inhaberpromessen den ausgiebigsten Gebrauch gemacht. Eben so häufig ist bei der Namensaktie, da die Gesellschaft in der ersten Zeit ihrer Entstehung noch völlig von den ersten Zeichnern beherrscht wurde, eine Entlassung des Zeichners eingetreten, und die an Stelle der prinzipalen Haftung tretende subsidiare, auf die Dauer eines Jahres beschränkte Verpflichtung ist in ihrer Bedeutung dunkel und ohne Werth geblieben. Mit der Liberirung Hand in Hand ging mißbräuchlich das Recht der Gesellschaft auf Verfallserklärung der Aktien. Anstatt ein Zwangsmittel für die Gesellschaft zu sein, welches sie in den Besitz der gezeichneten Beträge setzen sollte, ist es, abgesehen von den bei Inhaberaktien unbedingt zahlbaren 40 Prozent, oft ein Mittel für die Aktionäre zur Befreiung von den rückständigen Einzahlungen geworden. Das Gesetz hat die nöthige Strenge für die Verpflichtung des zeitigen Aktionärs vermissen lassen und, wenn für eine Befreiung des letzteren und aller Vormänner die Befugniß der Gesellschaft, das kaduzirte Aktienrecht anderweit zu verkaufen, einen Ersatz bieten sollte, so hat sich dieser als unzureichend erwiesen; denn in der Regel wird der Aktionär die Aktie nur bei schlechtem Kursstande und wegen ihrer Unveräußerlichkeit haben verfallen lassen. — Liberirung der Zeichner, wie Kaduzirung der Aktie stehen lediglich in dem Belieben der Gesellschaft. Einerseits war dadurch die Haftung der Vormänner des Aktionärs in das einseitige Ermessen der Gesellschaft gestellt; dieselbe konnte, wenn der Aktionär mit einer Einzahlung säumte, ohne Kaduzirung Rückgriff auf die Vormänner nehmen, oder durch Kaduzirung die letzteren befreien, und selbstredend stand die ausdrückliche Liberirung in dem Ermessen der Gesellschaft. Andererseits waren namentlich in der ersten Zeit des Bestehens der Gesellschaft die Gläubiger einer Kollusion zwischen dieser und den Aktionären ausgesetzt. Denn Liberirung wie Kaduzirung zielten auf Verringerung des Grundkapitals ab. Es wurde der Zustand herbeigeführt, daß trotz des öffentlich bekannt gemachten Grundkapitals Niemand für die Restzahlungen haftete, und im Widerspruch mit jener Bekanntmachung dasselbe die statutenmäßige Höhe nicht erreichte.

Weit über diese Nachtheile für die zunächst Betheiligten hinaus wirkte die Zulässigkeit der Liberirung in wirthschaftlicher Hinsicht verderblich. Die oft sichere Aussicht auf eine in nicht langer Frist ins Werk zu setzende Befreiung von mehr als der Hälfte der eingegangenen Verpflichtungen mußte die Leichtfertigkeit in der Gründung neuer Unternehmungen und die Theilnahme an der Zeichnung neu aufgelegter Aktien in der erheblichsten Weise begünstigen. Auch die Umsatzfähigkeit der Aktien wurde dadurch erhöht, und so hat die verderblichste Agiotage sich gerade an die massenhaft gegründeten Aktiengesellschaften geknüpft, deren Grundkapital nicht voll eingezahlt war. [1]) Zudem konnten durch die Ausgabe von Interimsscheinen über 40 Prozent, welche auf Inhaber gestellt waren, thatsächlich im Verkehr die Vorschriften über den Minimalbetrag der Aktien umgangen werden und Papiere in den Handel kommen, denen das Gesetz den Zutritt ausdrücklich verboten hatte.

3. Wunsch nach Abänderung.

Die bezeichneten Uebelstände haben fast allgemein den Wunsch nach Abänderung des bestehenden Rechts hervorgerufen. Die Aufhebung der Vorschrift über die Liberirung ist von den Aeltesten der Berliner Kaufmannschaft befürwortet, sowie von den Handelskammern von Breslau, Bochum, Düsseldorf, Frankfurt a. O., Insterburg, Magdeburg, Posen, Sorau und Tilsit. In gleichem Sinne haben sich der Verein für Sozialpolitik in seiner Verhandlung zu Eisenach vom 13. Oktober 1873[2]) und der elfte deutsche Juristentag[3]) geäußert. Auch in der Literatur hat das Verlangen der Vollhaftung zahlreiche Vertreter gefunden,[4]) während sich nur vereinzelte Stimmen für Beibehaltung des bisherigen Zustandes erhoben haben,[5]) und wenn zu Gunsten desselben sich die Spezialkommission zur Untersuchung des Eisenbahnkonzessionswesens in Preußen ausgesprochen hat, so ist dies unter dem Bemerken geschehen, daß gerade bei Eisenbahngesellschaften die Liberirung zu den seltensten Ausnahmen gehöre.[6])

4. Ausländische Gesetzgebung.

Die auswärtigen Gesetzgebungen und Entwürfe vertreten zwar auch die verschiedensten in ihrer inneren Begründung nicht immer klaren Mannigfaltigkeiten; aber die Entwickelung, welche die Gesetzgebung genommen hat, zeigt doch die in neuerer Zeit immer mehr wachsende Tendenz, die Befreiung der Zeichner und Aktionäre von ihren Verpflichtungen gegen die Gesellschaft auszuschließen. Ursprünglich standen sich die beiden Systeme des englischen und französischen Rechts schroff und unvermittelt gegenüber. Das englische Recht (Comp. act von 1862 sect. 38) stellt mit aller Strenge die Haftung des zeitigen Aktionärs auf, ohne die Möglichkeit einer Befreiung durch die Gesellschaft oder einer Uebertragung seiner Rechte auf Andere zu gewähren. In Folge dessen können die innerhalb des letzten Jahres vor einer Liquidation ausgeschiedenen Mitglieder zu Beiträgen für die vor ihrem Ausscheiden von der Gesellschaft eingegangenen Verbindlichkeiten angehalten werden, soweit die gegenwärtigen Aktionäre zahlungsunfähig sind. Hand in Hand mit diesen Bestimmungen geht einmal das Verbot der Ausgabe von Inhaberaktien vor erfolgter Vollzahlung[7]) und die trotz der im Normalstatut zugelassenen Kaduzirung fortbestehende Verpflichtung des säumigen Aktionärs.

Von einem ganz anderen Standpunkt ausgehend, überließ das französische Gesetz vom 24. Juli 1867[8]) dem Gesellschaftsvertrage die Bestimmung, daß mit Genehmigung der

[1]) Vergl. namentlich Löwenfeld a. a. O. S. 54 ff.

[2]) Verh. 1873 IV S. 149.

[3]) Hannover, Verh. 1873 S. 83 ff., 135.

[4]) Renaud a. a. O. S. 723; Goldschmidt im Eisenacher Gutachten S. 34; Behrend ebendas. S. 51; Auerbach, das Aktienwesen S. 82 ff.; Grünhut in seiner Zeitschr. Bd. 1 S. 86; Strey, Handelsgesellschaft S. 341; Central-Organ N. F. IX S. 254; Zimmermann in Busch, Arch. Bd. 31 S. 276; Ladenburg ebenda Bd. 38 S. 191 ff.; Löwenfeld a. a. O. S. 51 ff.

[5]) Wiener im Eisenacher Gutachten a. a. O. S. 18; Keyßner, Aktiengesellschaften S. 102; Hecht a. a. O. S. 143; Geiger in Busch, Arch. Bd. 36 S. 11 tritt im Wesentlichen nur für den bisherigen Zustand ein, weil derselbe auf einer seit langer Zeit in Uebung befindlichen Anschauung des Handelsstandes beruhe.

[6]) Drucks. des Abgeordnetenhauses 1873/74 Nr. 11 S. 129.

[7]) Comp. act. 1867 sect. 27 bis 36.

[8]) Art. 2, 3, 24.

Generalversammlung nach Einzahlung von 50 Prozent die Namensaktien in Inhaberaktien umgewandelt werden können. Das Gesetz zog jedoch nicht die vollen Konsequenzen dieser Bestimmung, wie dies seitens der sein Vorbild befolgenden deutschen Novelle vom 11. Juni 1870 geschehen ist, sondern ließ wenigstens auf die Dauer von zwei Jahren seit dem Umwandlungsbeschluß die Haftung der ersten Zeichner, welche vor Einzahlung der Hälfte die Aktien veräußert, sowie ihrer Rechtsnachfolger, welche sie vor diesem Zeitpunkt erworben haben, auf die Volleinzahlung bestehen. Dem Ergebniß nach kam freilich die ganze Vorschrift einer völligen Liberirungsbefugniß nach Einzahlung von 50 Prozent gleich, und es konnten daher auch die Uebelstände nicht ausbleiben, die hiermit nothwendiger Weise verknüpft sind. Man sucht sich daher schon jetzt in Frankreich dem englischen System zu nähern. In der vom Justizminister Dufaure zur Revision des Aktienrechts berufenen Kommission machte sich die Auffassung dahin geltend,

> daß der Zeichner innerhalb der regelmäßigen Verjährungsfrist von 30 Jahren und bei Uebertragung seines Anrechts noch 3 Jahre nach dieser zur Vollzahlung der Aktie verbunden,
>
> daß der zeitige Aktionär wie der ursprüngliche Zeichner, der Zwischenaktionär aber nur noch 3 Jahre nach erfolgter Uebertragung verpflichtet sein soll. [1]

Auch die im Frühjahre 1882 von der Regierung mit der gleichen Aufgabe betraute außerparlamentarische Kommission hat in den von ihr aufgestellten Fragebogen die Frage aufgenommen:

> Y a-t-il lieu de décider, que tout actionnaire, qui a cédé son titre, ne sera plus responsable cinq ans après la cession des versements non effectués?

Ein Beschluß hierüber liegt noch nicht vor, [2] jedoch steht bei der zur Zeit in Frankreich hinsichtlich des Aktienrechts herrschenden Strömung [3]) eine Verschärfung der bestehenden Vorschrift zu erwarten.

Von den sonstigen neueren Gesetzen und Entwürfen stehen nur das frühere italienische und ungarische Handelsgesetzbuch, sowie das schweizerische Bundesgesetz über das Obligationenrecht vom 14. Juni 1881, letzteres jedoch blos bezüglich der Inhaberaktie auf dem laxen Standpunkt des bisherigen französischen und deutschen Rechts, indem sie die Zeichner nur in Höhe von 50 Prozent haftbar erklären; [4] alle übrigen Gesetze und Entwürfe gehen von der Vollhaftung des Zeichners und des zeitigen Aktionärs aus, indem sie

> entweder dieselbe ohne Beschränkung auf einen bestimmten Zeitpunkt anordnen,
>
> oder dem Zeichner und dessen Rechtsnachfolger die Möglichkeit eröffnen, durch eine Veräußerung der Aktie die Haftung für die rückständigen Beträge auf einen bestimmten Zeitraum einzuschränken.

Zu der ersten Gruppe gehören: das Recht des Kantons Bern, das niederländische Recht, [5] das spanische Handelsgesetzbuch, [6] das Handelsgesetzbuch von Venezuela [7] und der neue italienische Codice di commercio, welcher mit dem 1. Januar 1883 in Kraft getreten ist. [1] Am weitesten ging der württembergische Entwurf eines Handelsgesetzbuchs, welcher neben dem Verbot der Ausgabe von Inhaberaktien die solidarische Haftung von Zeichner, zeitigem und früherem Aktionär ohne zeitliche Beschränkung aufstellte.

Der zweiten Gruppe sind das belgische Recht, sowie die österreichischen Entwürfe von 1874 und 1882 zuzuzählen. Das belgische Gesetz vom 18. Mai 1873 gestattet bis zur Volleinzahlung des Grundkapitals nur die Ausgabe von Namensaktien, läßt jedoch freie Uebertragbarkeit in der Weise zu, daß der jedesmalige Cessionar haftet, während Zeichner und Zwischencessionarien für die rückständigen Einzahlungen der Gesellschaft noch fünf Jahre nach Publikation der Cession, den Gesellschaftsgläubigern aber nur soweit haften, als es zur Zahlung von Gesellschaftsschulden, welche vor der Publikation der Cession entstanden sind, erforderlich ist. [2] Nach den österreichischen Entwürfen müssen bei erfolgender Kaduzirung, bezüglich deren eine Abweichung von dem deutschen Handelsgesetzbuch nicht vorgeschlagen ist, stets neue Aktien statt der vernichteten unter Anrechnung der bisherigen Einzahlungen ausgegeben werden. Der Zeichner der Aktie haftet nach denselben Entwürfen für deren Vollzahlung zwei Jahre lang vom Tage der Eintragung des Gesellschaftsvertrages in das Handelsregister. Von dieser Verpflichtung kann er durch die Gesellschaft nicht entbunden werden, vielmehr bleibt dieselbe auch trotz erfolgter Kaduzirung bestehen. Nach Ablauf der zwei Jahre kann durch Gesellschaftsbeschluß die Befreiung des Zeichners ausgesprochen werden, in welchem Falle dem Aktionär über den thatsächlich eingezahlten Betrag Inhaberaktien ausgefertigt werden. Die durch diese Liberation erfolgte Verminderung des Grundkapitals erfordert jedoch die Beobachtung der für eine solche nach Artikel 248 gegebenen Vorschriften. [3]

5. Reform.

A. Im Allgemeinen.

Daß der Entwurf in der vorliegenden Frage eine einheitliche Behandlung sich zum Ziele stecken und die Unterschiede zwischen Aktiengesellschaft und Kommanditgesellschaft auf Aktien, sowie zwischen Inhaber- und Namensaktien beseitigen muß, bedarf kaum der Rechtfertigung; denn es kann wohl als anerkannt gelten, daß diese Unterschiede sowohl der juristischen als wirthschaftlichen Richtigkeit entbehren. Die durch die Zeichnung eingegangene Verpflichtung ist in allen Fällen dieselbe; es ist unerfindlich, weshalb hier die Liberirung zulässig, dort unzulässig sein, weshalb ersterenfalls der Zeichner einer Inhaberaktie erst nach Einzahlung von 40 Prozent, der Zeichner einer Namensaktie ohne solche Beschränkung soll entbunden werden können, weshalb aber im Falle einer Befreiung jener gänzlich von weiteren Einzahlungen verschont bleiben, dieser dagegen noch subsidiarisch haften soll. [4]

Nach den unter der Herrschaft des bisherigen Aktienrechts gemachten Erfahrungen und nach den Vorgängen im Auslande kann es aber auch nicht zweifelhaft sein, welchen Ausgangspunkt jede Reform zu nehmen hat. Das Grundkapital der Gesellschaft, welches für die Dauer ihres Bestehens der Träger aller Rechte und Pflichten ist, muß gegen eine willkürliche Verminderung gesichert werden.

Verbot der Liberirung.

Hieraus ergiebt sich mit Nothwendigkeit in erster Linie das Verbot der Liberirung. Wenn, um sie zu ver-

[1] Vavasseur, projet de la loi p. 2?.
[2] Journal des sociétés civiles et commerciales 1882 p. 244.
[3] Journal des sociétés civiles et commerciales 1881 p. 99 sqq., p. 219 sqq., 1882 p. 251 sqq.
[4] Ital. Codice di commercio Art. 151 bis 154; ungar. H. G. B. Art. 153, 171; schweizer Bundesgesetz Art. 636; nach Art. 637 desselben wird bei der Namensaktie der Zeichner nur befreit, wenn ihn die Gesellschaft entläßt und den neuen Erwerber als Schuldner annimmt, doch haftet auch dann der erstere noch ein Jahr auf den ganzen Rückstand, wenn die Gesellschaft in Konkurs geräth.
[5] Wetboek van Koophandel Art. 41.
[6] Codigo de commercio Art. 281.
[7] Codigo de commercio Art. 219, 220.

[1] Art. 165.
[2] Art. 40 bis 42.
[3] Art. 220, 222.
[4] Vergl. Renaud a. a. O. S. 780; Makower, Komm. 6. Aufl. S. 205; Zeitschr. für H. R. Bd. 21 S. 609.

theidigen, geltend gemacht wird,[1] die Gläubiger seien, sobald die Statuten eine Liberirung zulassen, auf die Möglichkeit hingewiesen, daß ein Liberirungsbeschluß und in Folge dessen eine Verminderung des Grundkapitals eintreten könne, so verdient dieser Einwand keine maßgebende Beachtung. Die Möglichkeit, das Grundkapital zu vermindern, soll der Gesellschaft nicht entzogen werden; selbst gegen eine direkte Verminderung durch Herabsetzung des Grundkapitals haben die Gläubiger keinen Einspruch; aber sie sind hier dadurch völlig geschützt, daß die Herabsetzung nicht anders, als unter Beobachtung der für eine Vertheilung des Gesellschaftsvermögens im Falle der Auflösung maßgebenden Bestimmungen erfolgen darf (Art. 248, 243, 245). Ebenso hat es sich mit einem Liberirungsbeschluß zu verhalten. Der Entwurf läßt auch die Liberirung zu, sobald sie als Reduktion des Grundkapitals unter den für die Rückzahlung desselben vom Gesetz aufgestellten Voraussetzungen erfolgt. Abgesehen von dieser sich von selbst ergebenden nur scheinbaren Ausnahme muß das Grundkapital, wenn es unverändert erhalten bleiben soll, gegen eine verdeckte thatsächliche Reduzirung geschützt sein.

Verbot der Ausstellung von Inhaberpromessen.

So wenig aber der Zeichner willkürlich liberirt werden darf, so wenig darf es der Gesellschaft zustehen, die gesetzliche Haftung aller späteren Erwerber der Aktie für die Vollzahlung derselben dadurch illusorisch zu machen, daß sie Promessen oder Interimsscheine auf Inhaber ausstellt. Vielmehr ist das Gebot, dieselben nur auf Namen zu stellen (Art. 207 Abs. 5), nothwendig mit dem Liberirungsverbot gegeben. Der Entwurf verbietet daher die Ausgabe von Aktien vor der Vollzahlung und erklärt auf Inhaber lautende Promessen oder Interimsscheine für nichtig (Art. 215 c). Namenspromessen sind wie Namensaktien zu behandeln, insbesondere also in das Aktienbuch einzutragen. Die Gesellschaft kennt sonach die ihr verpflichteten Personen und kann sie ohne Schwierigkeit zur Erfüllung ihrer Verbindlichkeiten anhalten.

Das Verbot der Liberirung bildet indeß nur die negative Seite des Schutzes, die Abwehr gegen Beeinträchtigung; daneben bedarf es der positiven Mittel, um die geschehene Zeichnung der Aktien für die Gesellschaft wirksam zu machen und die Gesellschaft sowie deren Gläubiger vor einem Ausfall am Grundkapital zu schützen.

Haftung des Zeichners, des zeitigen Aktionärs und der Zwischenmänner.

Im Allgemeinen.

Nach dieser Richtung muß zunächst die Haftung des Zeichners, und im Falle der Veräußerung der Aktie, die Haftung des zeitigen Aktionärs bezw. des Zwischenerwerbers konstruirt werden. Der Fall der Veräußerung wird hierbei als thatsächliche Regel in Betracht kommen. Die Verkäuflichkeit und Umlaufsfähigkeit stellt eine unentbehrliche Eigenschaft der Aktie dar und macht sie vorzugsweise geeignet, im Handel als Verkehrsmittel zu dienen. Schon von diesem Gesichtspunkt aus wird es sich empfehlen, für die Vollzahlung der Aktie den Erwerber in erster Linie, den Zeichner und die Zwischenmänner aber nur subsidiarisch der Gesellschaft haften zu lassen.

Die prinzipale Haftung des **zeitigen Aktionärs** entspricht schon dem bisherigen Recht und ist in sich begründet. Denn der Erwerb einer Aktie, auf welcher noch eine Einzahlungspflicht ruht, äußert nicht nur unter den Kontrahenten, sondern auch der Gesellschaft gegenüber Wirkungen. Der Käufer übernimmt nicht blos gegenüber seinem Verkäufer die Pflicht, ihn in Betreff der Aktienschuld gegen die Gesellschaft zu vertreten. Er kann, sobald er überhaupt zu der letzteren in ein Verhältniß tritt, ihr gegenüber nicht mehr blos als Rechtsnachfolger seines Verkäufers betrachtet werden. Das würde schon der Indossabilität der Aktie, namentlich ihrer Uebertragbarkeit durch Blanko-Indossament, welche es nicht erkennen läßt, wer die Aktie innegehabt hat, widersprechen. Wie bei Namensaktien, so begründet auch bei den Promessen die Eintragung in das Buch der Gesellschaft die Aktionäreigenschaft. Mit Recht wird angenommen, daß durch den Antrag auf Eintragung und deren Vornahme sich zwischen dem Erwerber der Aktie und der Gesellschaft ein von dem ursprünglichen Zeichnungsvertrage unabhängiger Vertrag auf Grund des Statuts vollziehe und daher trotz des derivativen Erwerbs der Eingetragene nunmehr Aktionär aus eigenem Recht und andererseits selbständig verpflichtet werde, die statutarischen Einzahlungen zu leisten.[1]

Daß aber der **Zeichner** und die **Zwischenerwerber** in Folge der Veräußerung nur noch subsidiarisch der Gesellschaft haftbar bleiben, rechtfertigt sich sowohl aus juristischen wie aus legislativen Gründen. Juristisch ist die Haftung des Zeichners nicht als eine Verpflichtung aufzufassen, welche einem einseitigen Zahlungsversprechen entspringt, sie beruht vielmehr in der Voraussetzung, daß der Leistung die Berechtigung als Aktionär entspricht. Indem das Gesetz in Gemäßheit der dem Aktienwesen innewohnenden Natur die Uebertragbarkeit der Promesse gestattet, muß mit der Uebertragung im Aktienbuch die Verpflichtung des bisherigen Aktionärs als solche aufhören und sich in eine Verhaftung für die Aktienschuld des nunmehrigen Aktionärs verwandeln. Der veräußernde Zeichner oder Zwischenmann kann nur noch bürgschaftsmäßig haften. Dies muß auch als dem Willen der Gesellschaft entsprechend gelten. Das Recht derselben, statutarisch eine Uebertragung der Aktie auf andere Personen an ihre Einwilligung zu binden (Art. 182), soll der Gesellschaft nicht genommen werden, es sichert ihr die prinzipale Haftung eines von ihr angenommenen, zahlungsfähigen Zeichners oder sonstigen Aktionärs. Willigt sie dann aber in die Uebertragung ein, oder muß die Einwilligung beim Unterlassen der statutarischen Klausel allgemein vorausgesetzt werden, so entläßt die Gesellschaft mit der Annahme des neuen Aktionärs den bisherigen aus dem Aktionärverbande und damit aus der prinzipalen Vollzahlungspflicht. Es wird daher, wenn nicht so weit gegangen werden soll und kann, den Zeichner oder Aktionär durch die Uebertragung einseitig sich gänzlich befreien zu lassen und die ausdrückliche oder stillschweigende Einwilligung der Gesellschaft als eine gänzliche Freigebung desselben auszulegen, in der Aufstellung einer subsidiären Bürgschaft des letzteren gewiß nicht eine Beeinträchtigung der Gesellschaft erblickt werden.

Die Solidarität seiner Verpflichtung erscheint aber auch legislativ verfehlt; sie würde sich immer als eine lästige Fessel des Verkehrs fühlbar machen und das gewünschte Ergebniß nicht herbeiführen oder vereiteln. Um sich dieser drückenden Haftpflicht zu entziehen, werden Personen, welche sich bei einem Aktienunternehmen betheiligen wollen, veranlaßt, als Zeichner Strohmänner vorzuschieben, und ebenso werden, was die Zwischenaktionäre betrifft, die eigentlich zahlungsfähigen Erwerber sich nicht in das Aktienbuch eintragen lassen. Eine allzu strenge Haftung macht das Regreßrecht der Gesellschaft illusorisch; sie hat in der Vergangenheit vielleicht den Anlaß zu den mißbräuchlichen Liberirungen durch Entlassung und Kaduzirung gegeben.

B. Im Einzelnen.

Nach den erörterten Gesichtspunkten stellen sich die Vorschläge des Entwurfs im Einzelnen folgendermaßen dar.

[1] Vergl. S. 254 Note 5.

[1] Vergl. Entsch. des Reichsgerichts I. Sen. vom 5. März 1881 und des 1. Hülfssenats vom 17. Mai 1881 und Nr. 4 und 7 der besond. Beilage zum Reichs-Anzeiger vom 27. April und 13. Juli 1881, und Renaud a. a. O. S. 750.

1. Subsidiäre Haftung des Zeichners und der Zwischenaktionäre.

Ein Zurückgreifen auf die Vormänner soll nur eintreten,
a) soweit die Zahlung von dem jedesmaligen Rechtsnachfolger nicht zu erlangen ist;
b) sofern die Gesellschaft den Vormann wieder in das Aktienrecht einsetzt und
c) sofern die Einzahlung in den letzten zwei Jahren, seitdem die Uebertragung zum Aktienbuch angemeldet ist, gefordert wird (Art. 184b, 219 Abs. 2).

a) Kein Sprungregreß.

Zu a. Einen Sprungregreß und also der Gesellschaft zu gestatten, sich nach ihrem Belieben denjenigen unter den früheren Aktionären zu wählen, welcher ihr für die Verfolgung ihres Anspruchs am besten zusagt, würde mit der entwickelten Auffassung der Subsidiarhaft nicht im Einklang stehen. Es soll sozusagen die letzte Eintragung im Aktienbuche rückgängig gemacht werden, und darum muß die Gesellschaft den Aktienrückstand von dem vorletzten buchmäßigen Aktionär fordern und, wenn von diesem die Zahlung nicht zu erlangen ist, wieder den unmittelbar nächsten Vormann der Reihe nach bis zum ersten Zeichner in Anspruch nehmen. Damit ist nicht gesagt, daß die Geltendmachung dieses Rückgriffs Klage und fruchtlose Zwangsvollstreckung gegen den Rechtsnachfolger zur nothwendigen Voraussetzung haben oder daß sonst die Voraussetzungen erfüllt werden müßten, an welche das bürgerliche Recht einen Rückgriff gegen den Bürgen knüpft. Ein solches Verlangen würde hier nutzlos Kosten- und Zeitvergeudung verursachen. Es kann vielmehr nur darauf ankommen, ob nach den Umständen des einzelnen Falles anzunehmen ist, daß von dem Rechtsnachfolger die Zahlung „nicht zu erlangen" sei. Dies ist immer anzunehmen, sofern die Kaduzirung des Aktienrechts gegen ihn stattgefunden hat; letzterenfalls kann das Gesetz von jeder Erörterung einer Zahlungsunfähigkeit desselben absehen. Aber auch gegen frühere Vormänner wird es sich empfehlen, gesetzlich den Weg zu eröffnen, daß die Erhebung des begründeten Regresses nicht an dem oft schwierigen thatsächlichen Nachweise scheitere. Denn einerseits ist die Erlangung des Grundkapitals im öffentlichen Interesse zu begünstigen und andererseits liegt es in der Natur der Verhältnisse, daß die Gesellschaft nur selten in der Lage sein wird, jener Beweispflicht zu genügen. Der Weg, die unbedingte Beweispflicht der Gesellschaft abzunehmen, wird dadurch zu eröffnen sein, daß diese den zunächst verpflichteten Rechtsvorgänger zur Zahlung auffordert und hiervon dessen Vormann benachrichtigt; wenn dann eine entsprechende Frist verstreicht, ohne daß die Zahlung erfolgt, so wird man die Beweislast umkehren, der Gesellschaft den Regreß ohne jene Beweisführung gestatten und dem in Anspruch genommenen Vormann überlassen können, die Gesellschaft an seinen eingetragenen Rechtsnachfolger unter dem Nachweise, daß dieser die Zahlung zu leisten vermöge, zu verweisen. Der Entwurf stellt hierfür eine Frist von vier Wochen auf; bis zu deren Ablauf wird der Rechtsvorgänger hinlänglich, und besser als die Gesellschaft, im Stande sein, seinen Nachfolger zur Zahlung anzuhalten und sich seinen eigenen Rückgriff gegen ihn zu sichern oder wenigstens über dessen Vermögensverhältnisse Ermittelungen anzustellen und Beweis beizubringen. Für Form und Art der Zahlungsaufforderung und Benachrichtigung wird sich eine allgemeine, auf jeden Fall durchführbare Regel nicht aufstellen lassen; der Entwurf sieht daher von einer solchen Vorschrift ab. Es muß genügen, wenn die Gesellschaft nachweist, daß vor länger als vier Wochen Zahlungsaufforderung und Benachrichtigung übermittelt oder doch zu deren Uebermittelung alles nach den Umständen Erforderliche von ihr geschehen sei. Will dagegen die Gesellschaft den Nachweis, daß Zahlung von dem späteren Zwischenaktionär nicht zu erlangen sei, selbst führen, so braucht sie weder zuvor denselben zur Zahlung aufzufordern, noch die Frist abzuwarten, kann sich vielmehr sofort an dessen Vormann halten.

b) Anbieten des Aktienrechts.

Zu b. Eine fernere Voraussetzung für den Rückgriff auf den Zeichner oder einen Zwischenaktionär soll das Anbieten des Aktienrechts seitens der Gesellschaft sein. Auch dieses Erforderniß ergiebt sich aus der dargelegten Rechtsauffassung. Es wird hiermit zugleich den wirthschaftlichen Interessen am besten entsprochen. Der bisherige Rechtszustand, wonach der in Anspruch Genommene lediglich darauf angewiesen war, seinerseits bei dem unmittelbaren Nachfolger, der nach den Einrichtungen der Börse in den seltensten Fällen zu ermitteln und dann häufig nicht zahlungsfähig sein wird, sich zu erholen, enthielt eine empfindliche Härte, welche nicht wenig zu den geschilderten wirthschaftlichen Mißbräuchen beitrug. Zu der Haftung des Zeichners und der Zwischenaktionäre hat das Anbieten des Aktienrechts unter Einschluß aller bisherigen Einzahlungen das Korrelat zu bilden. Die Gesellschaft kann danach Regreß auf die Vormänner nur nehmen, wenn sie die bisherige Aktie kaduzirt, über die bereits auf dieselbe gezahlten sowie über die eingeforderten Beträge eine neue Promesse oder einen neuen Interimsschein ausfertigt und dem zahlenden Vormann aushändigt. Unter Umständen kann daher der belangte Vormann ohne eine Schädigung des Grundkapitals einen Gewinn machen; oft freilich wird die ganze Aktie kaum mehr werth sein, als der geforderte Einschuß beträgt.

c) Einforderung innerhalb zwei Jahren.

Zu c. Die Beschränkung der subsidiären Haftung auf die in einem zweijährigen Zeitraum nach der Uebertragung eingeforderten Beträge entspricht einerseits den Bedürfnissen des kaufmännischen Verkehrs, welcher es nicht verträgt, auf lange Jahre hinaus bedingt verpflichtet zu sein oder gar zur Erfüllung derartiger Verbindlichkeiten die erforderlichen Mittel bereit halten zu müssen,[1]) und ist andererseits für den Schutz der Interessen der Gesellschaft genügend. Die letztere behält die Möglichkeit, durch Einforderung des ganzen auf die Aktien noch unbezahlten Betrages innerhalb der erwähnten Frist auch den Rechtsvorgänger in voller Höhe in Anspruch zu nehmen, sofern die Zahlung von dem Nachfolger nicht zu erlangen ist. Innerhalb dieses Zeitraums wird zweifellos der wahre Werth des Unternehmens offen zu Tage treten, selbst wenn die Abtretung des Aktienrechts unmittelbar nach Eintragung des Gesellschaftsvertrages in das Handelsregister stattgefunden haben sollte. Für die Abmessung der Frist ist es von Belang, daß die ersten Zeichner, welche bei der Gründung der Gesellschaft mitbetheiligt sind und während einer gewissen Zeit ihre Organe zu beherrschen pflegen, sich von ihrer Haftpflicht nicht dadurch sollen befreien können, daß sie während dieser Zeit die Ausschreibung von Zuschüssen hintertreiben. Wie in anderen Fällen[2]) geht auch hier der Entwurf von der Annahme aus, daß nach Ablauf eines zweijährigen Zeitraums seit der Eintragung in das Handelsregister die Aktiengesellschaft ihre wirthschaftliche Selbständigkeit erlangt haben wird.

Zur Wahrung der zweijährigen Frist soll es nicht erforderlich sein, daß bis zu ihrem Ablauf der Vormann in Anspruch genommen oder verklagt wird, dies würde leicht dazu führen, daß durch irgend welche, nicht in einem Verschulden der Gesellschaft begründete Umstände, namentlich durch die längere Dauer des Vorgehens gegen die Nachmänner, die Haftung der Vormänner beseitigt würde. Es muß genügen, daß der Betrag von der Gesellschaft vor Ab-

[1]) Hier verdient der Einwand, welchen die oben S. 254 Note 5 zitirten Schriftsteller erheben, Berücksichtigung.
[2]) Vergl. Art. 180a, 180d, 213b, 213e des Entw.

lauf der Haftfrist ausgeschrieben ist. Der Beginn der Frist dagegen wird mit Anmeldung der Veräußerung seitens der Parteien zum Aktienbuch und nicht erst mit der erfolgten Eintragung einzutreten haben, da der Zeitpunkt der letzteren von Gesellschaftsbeamten abhängt, auf deren Thätigkeit die Parteien ohne Einfluß sind. Der Veräußerer einer Aktie hat hiernach das Interesse, daß der Erwerber in Gemäßheit des Artikels 183 in das Aktienbuch eingetragen werde, und dieses Interesse mag zur Ausbildung von Usancen, wonach die Veräußerung unter Sicherung der Eintragung geschieht, führen, und andererseits wird auch der Erwerber sich der Anmeldung nicht entziehen, wenn er die Rechte als Aktionär ausüben will.

2. Prinzipale Haftung des zeitigen Aktionärs.

Der Anspruch der Gesellschaft gegen den zeitigen eingetragenen Aktionär soll voll und unbegrenzt erhalten werden. Demgemäß zieht, wie nach dem bisherigen Recht, so auch nach dem Entwurf die Säumigkeit in der Einzahlung des Aktienbetrages von Rechtswegen die Verpflichtung zu Verzugszinsen nach sich. Ebenso gestattet der Entwurf die Festsetzung von Konventionalstrafen durch den Gesellschaftsvertrag „ohne Rücksicht auf die sonst stattfindenden gesetzlichen Einschränkungen" (Art. 184, 219 Abs. 2). Der letztere Zusatz hat für Elsaß-Lothringen Bedeutung behalten, da dort das norddeutsche Bundesgesetz vom 14. November 1867 (Bundes-Gesetzbl. S. 159) nicht eingeführt ist und das Einführungsgesetz zum Handelsgesetzbuch vom 19. Juni 1872 §. 27 (Elsaß-Lothr. Gesetzbl. S. 220) nur die Vereinbarung von Zinsen in einer Handelssache freigiebt, im Uebrigen aber die aus den französischen Zinsgesetzen vom 3. September 1807 und 19. Dezember 1850 herzuleitenden Beschränkungen einer Konventionalstrafe noch bestehen.

Kaduzirung.

Dagegen mußte das bisherige Recht der Kaduzirung wesentlich verschärft werden (Art. 184a). Während dieselbe seither nur stattfinden konnte, wenn die Statuten die Befugniß hierzu der Gesellschaft gewährten, und bei dem Vorhandensein einer derartigen statutarischen Vorschrift, selbst nach der bewirkten, zur Kaduzirung dienenden Zahlungsaufforderung in jedem einzelnen Falle von der Willkür der Gesellschaft abhängig war, läßt sie der Entwurf als letzte Folge fortgesetzter Säumigkeit kraft Gesetzes eintreten. Es mag zwar vor wie nach in dem Ermessen der Gesellschaftsorgane stehen, ob die Ausschreibung des Beitrags unter den zur Kaduzirung gehörigen Förmlichkeiten erfolgen soll; die Verantwortlichkeit der betreffenden Organe bürgt dafür, daß durch ein Unterlassen dieser Prozedur, ohne welche nach den Vorschriften des Entwurfs ein Rückgriffsrecht gegen die Vormänner fortfällt, die Interessen der Gesellschaft nicht verkürzt werden. Ist aber die förmliche Ausschreibung zum Zweck der Kaduzirung beschlossen und erfolgt, und bleiben trotzdem Aktionäre mit der Zahlung des ausgeschriebenen Betrags säumig, so darf es nicht mehr von dem Belieben der Gesellschaft abhängen, den einen Aktionär seiner Rechte zu entsetzen, den anderen im Besitz derselben zu lassen.

Folge der gesetzlichen Nothwendigkeit, solchenfalls zu kaduziren, und zugleich Voraussetzung dafür, die Wirkungen der Kaduzirung zu verschärfen, ist es, das dieselbe herbeiführende Verfahren bestimmteren Formen als bisher zu unterwerfen.

Die Form der Aufforderung ist zwar beibehalten; sie hat mindestens drei Mal in den hierzu durch den Gesellschaftsvertrag bestimmten öffentlichen Blättern zu erfolgen, aber das Kaduzirungsverfahren soll nicht, wie bisher angenommen werden kann, mit der ersten Festsetzung des Zahlungstermins (H. G. B. Art. 220) zusammenfallen, vielmehr erst nach fruchtlosem Verstreichen desselben eintreten können; mit der erneuten Zahlungsaufforderung, welche unter Androhung der Kaduzirung zu erfolgen hat, soll also eine gesetzlich begrenzte Nachfrist bestimmt werden, und es ist nicht blos wie bisher, die letzte, sondern auch die erste Aufforderung, welche beide selbstverständlich erst mit der Ausgabe des letzten der die Bekanntmachung enthaltenden Blätter als erfolgt zu erachten sind, an den Ablauf dieser Nachfrist geknüpft. Auch in dem Falle, daß die Uebertragung der Aktien nicht ohne Genehmigung der Gesellschaft statthaft ist und daher statt der öffentlichen Bekanntmachungen die Aufforderung durch einmaligen besonderen Erlaß an den Aktionär genügen soll, muß zwischen der Zustellung des Erlasses und dem für die nachträgliche Einzahlung gesetzten Schlußtermin eine Frist von mehr als vier Wochen liegen. Ob zur Verfallserklärung eine Mitwirkung des Aufsichtsraths oder der Generalversammlung erforderlich ist, bestimmt sich durch den Gesellschaftsvertrag. In Ermangelung einer besonderen Bestimmung liegt es in Gemäßheit des Artikels 227 dem Vorstand ob, die Kaduzirung auszusprechen. Um aber einen erkennbaren Zeitpunkt für den Eintritt der Kaduzität zu gewinnen, um zugleich einer Willkür des Vorstandes oder der sonstigen Gesellschaftsorgane und einer Kollusion zwischen diesen und dem säumigen Aktionär thatsächlich entgegenzutreten, namentlich aber um Dritte gegen Täuschungen in dem Verkehr mit einer kaduzirten Aktie zu schützen, schreibt der Entwurf die öffentliche Bekanntmachung der Verfallserklärung in den Gesellschaftsblättern vor. Erst mit der öffentlichen Bekanntmachung gilt die Kaduzirung als geschehen; bis dahin kann der säumige Aktionär noch immer zahlen und die Kaduzirung von sich abwenden.

Was nun die Wirkungen der Kaduzirung anlangt, so stimmen die Vorschläge des Entwurfs insofern mit den Bestimmungen des bisherigen Rechts überein, als das Antheilsrecht des Säumigen der Gesellschaft zu Eigenthum verfällt. Bisher freilich haben eine Reihe von Statuten angeordnet, daß das an Stelle des kaduzirten geschaffene neue Aktienrecht für Gefahr und Rechnung des rückständigen Aktionärs verkauft werde.[1] Mit der Aenderung des statutenmäßig vorgesehenen in ein gesetzliches Kaduzirungsrecht muß der Entwurf Anstand nehmen, ein statutarisches Verkaufsrecht für Rechnung des Säumigen fernerhin zuzulassen. Ein solches würde ohnehin sich in der Mehrzahl von Fällen als nutzlos erweisen, weil, wenn die Aktie einen Verkaufswerth hätte, der Aktionär es vorgezogen haben würde, selbst den Verkauf vorzunehmen; es wäre aber auch unzureichend, sofern die Gesellschaft in der Lage sein muß, zur Ausübung des Rückgriffs auf die Vormänner, diesen die Aktie anzubieten. Es ist deshalb geboten, den unbedingten Ausschluß des Säumigen festzuhalten, d. h. den Verlust seines Antheilsrechts unter Verfall aller bisher erfolgten Theilzahlungen eintreten zu lassen. Dieser Verlust hat nach dem gegenwärtig geltenden Recht, wie die Praxis annimmt, zugleich die Befreiung des Ausgeschlossenen von weiteren Zahlungen zur Folge. Eine solche Wirkung ist in den Fällen eines schlechten Kursstandes für den zeitigen Aktionär keine unerwünschte; sie herbeizuführen liegt vielmehr im Interesse desselben; demgemäß stellte sich der gesetzlich als höchste Strafe bestimmte Ausschluß des Aktionärs als eine Vergünstigung dar, die einem freiwilligen Verzicht auf das werthlos gewordene Aktienrecht gleichkommt. Dieses Ergebniß ist nicht blos wirthschaftlich verfehlt; es kann auch keineswegs als eine Forderung der juristischen Konsequenz angesehen werden, daß mit dem Ausschlusse des Säumigen als Antheilsberechtigten dessen Befreiung von den weiteren Einzahlungen verbunden sein müsse. Wie in der Zeichnung, so liegt in dem Erwerb

[1] Renaud a. a. O. S. 735 Anm. 44.

der Aktie die Uebernahme der Verpflichtung auch der Gesellschaft gegenüber, dieser für den vollen statutenmäßigen Aktienbetrag aufzukommen, und von dieser Verpflichtung kann der Schuldner sich einseitig durch Pflichtverletzung nicht befreien. Mit der Entziehung des Aktienrechts verwandelt sich die Verbindlichkeit nur in eine Schadensersatzpflicht, und gleichwie die Gesellschaft das Recht hätte, diese durch Androhung einer Konventionalstrafe auf den rückständigen Aktienbetrag zu fixiren, so kann dieselbe in gleicher Höhe auch gesetzlich angedroht werden. Die Ersatzpflicht erstreckt sich demgemäß nicht blos auf den jetzt im Kaduzirungsverfahren fruchtlos eingeforderten Betrag, sondern auch auf die später noch einzufordernden Beträge, hat aber andererseits zur Voraussetzung, daß die Gesellschaft einen Schaden, also trotz und bei der anderweiten Verfügung über das Aktienrecht einen Ausfall erleidet.

Die Gesellschaft darf sich, wenn das Grundkapital erhalten bleiben soll, mit der Einziehung des Aktienrechts nicht genügen lassen. Das Aktienrecht wird nicht getilgt, es ist dieselbe Aktie, welche der Gesellschaft zur Verfügung heimfällt und diese muß erfolgen. Die Gesellschaft hat sonach über das Antheilsrecht mit Einschluß der bisherigen Theilzahlungen und der von ihr eingeforderten Beträge eine neue Urkunde auszustellen und mittelst derselben nunmehr den Rückgriff gegen die Vormänner auszuüben, wenn aber der letztere rechtlich oder thatsächlich nicht ausführbar ist, das Antheilsrecht zum Börsenpreise und in Ermangelung eines solchen — was namentlich bei Aktien kleiner Unternehmungen zutreffen wird — durch öffentliche Versteigerung zu verkaufen (Art. 184b Abs. 4). In dieser Reihenfolge soll die Gesellschaft vorgehen. Ihr alternativ ein Wahlrecht zwischen Rückgriff und Verkauf zu lassen, kann nicht als legislativ richtig empfohlen werden. Würde der Gesellschaft gestattet, erst zu verkaufen und dann für den Ausfall gegen die Vormänner Regreß zu nehmen, so würden diese ungerechtfertigter Weise zu Schaden kommen, da ihnen weder Gelegenheit zur Einlösung gegeben war, noch der Vorwurf einer Säumigkeit zur Last fallen kann. Würde aber die Gesellschaft mit der Wahl des Verkaufs den Regreß verlieren, so könnten leicht die Interessen der Gesellschaft geschädigt werden, sofern Zeichner oder Zwischenaktionäre mit den Organen der Gesellschaft in ein arglistiges Verständniß zum Nachtheil der Gesellschaft treten. Hiernach bleibt nur der vom Entwurf eröffnete Weg übrig. Sache des Vorstandes ist es, alle hier in Betracht kommenden Punkte eingehend zu prüfen, und er macht sich der Gesellschaft verantwortlich, wenn er hierbei nicht mit der Sorgfalt zu Werke geht, die er nach den allgemeinen Vorschriften zu leisten hat.

Da übrigens ein Verkauf des Aktienrechts seitens der Gesellschaft kraft eigenen, ihr durch das Gesetz gegebenen Rechts erfolgt, so ergiebt sich daraus von selbst, daß die verkaufende Gesellschaft Vormann des Käufers wird und also die Vormänner des ausgeschlossenen Aktionärs frei werden.

Erst jetzt kann es feststehen, ob die Gesellschaft einen Ausfall erlitten hat, für welchen der ausgeschlossene Aktionär einzustehen verpflichtet ist.

Rückblick.

Nach den erörterten Bestimmungen wird derjenige, welcher sich bei einem Aktienunternehmen betheiligen will, kein Interesse mehr haben, ein Austreten als Aktionär zu vermeiden und Strohmänner vorzuschieben. Mit der Verhaftung des zeitigen Aktionärs geht die Ausübung der Aktionärrechte Hand in Hand, Zeichner und Vormänner haften nur subsidiär für eine begrenzte Zeit und unter Wiedererlangung der Aktienrechte, aber von dieser Verhaftung kann Niemand durch Liberirung oder Kaduzirung entbunden werden. Die Bestimmungen des Entwurfs werden daher auch dazu beitragen, die Aktie für ungemessene Spekulationen ungeeignet zu machen und Gründungen zu Zwecken der Agiotage zu verhüten.

3. Ausschließung des Aufrechnungs- und des Zurückbehaltungsrechts.

Damit die Gesellschaft das Grundkapital unverkürzt erlangt, und die Gewähr, welche dasselbe dem Gläubiger bieten soll, nicht zum Schein herabgedrückt wird, versagt der Entwurf (Art. 184c) ferner dem Aktionär die Befugniß, gegen die auf die Aktie zu leistenden Beträge seinerseits Gegenforderungen aufzurechnen, und erstreckt diese Bestimmung gleichermaßen auf die einem ausgeschlossenen Aktionär, dem Zeichner oder einem Zwischenaktionär in Gemäßheit der Artikel 184a, 184b obliegenden Ersatzleistungen. Im bestehenden Gesetze fehlt eine derartige Bestimmung. Literatur und Rechtsprechung neigen sich bald der Bejahung, bald der Verneinung der Frage zu, indem man für die letztere Ansicht geltend macht, der Aktionär habe die Einlage nicht als Schuldner, sondern als Gesellschafter zu zahlen, eine Auffassung, welche gegenseitig für unrichtig erklärt wird.[1]) Der Entwurf schließt in Ansehung der auf die Aktie zu leistenden ersten Einzahlung von mindestens 25 Prozent, eine Aufrechnung, wenn nach bürgerlichem Rechte die Voraussetzungen derselben vorliegen würden, bereits durch die Vorschrift unbedingt aus, daß die Einzahlung baar zu erfolgen hat (Art. 210 Abs. 3). Aber auch betreffs der weiteren Einzahlungen auf die Aktie darf dem Aktionär, welcher leicht aus irgend einem Rechtsgeschäfte Gläubiger der Gesellschaft werden kann, die Aufrechnung wider deren Willen nicht gestattet sein; denn durch die Einzahlung allein wird bei dem Mangel einer persönlichen Haftung des Aktionärs die Grundlage für die Kreditbasis und das Objekt für die Befriedigung der Gläubiger gewährt, und es muß deshalb auch angenommen werden, daß eine Aufrechnung der eigenen von den Betheiligten bei Gründung der Gesellschaft verfolgten Absicht zuwiderlaufen würde. Bei der Wichtigkeit der Frage und dem obwaltenden öffentlichen Interesse erscheint es indeß geboten, die Ausschließung der Kompensation gesetzlich auszusprechen. Allerdings braucht, abgesehen von der ersten Einzahlung auf die Aktie, die Aufrechnung nicht weiter ausgeschlossen zu werden, als dies zur Sicherung des Grundkapitals erforderlich ist. Der Entwurf läßt dieselbe daher zu, soweit die Gesellschaft in der Lage ist, sich die Aufrechnung gefallen zu lassen, stellt sonach die Gestattung derselben in die Verantwortung des Vorstandes. Die Aufrechnung dagegen ausdrücklich nur für den Fall einer ungünstigen Vermögenslage der Gesellschaft, namentlich nur bei eingetretenem Konkurse[2]) auszuschließen, würde zur genügenden Sicherung des Grundkapitals nicht ausreichen.

Aus demselben Grunde schließt der Entwurf das Zurückbehaltungsrecht des Aktionärs an dem Gegenstande einer von ihm zu machenden nicht in baarem Gelde bestehenden Einlage aus, und verweist ihn zur besonderen Geltendmachung seiner Forderungen, soweit sich diese nicht auf die Einlage selbst beziehen. Eine solche Beschränkung ist bei den

---

[1]) Es erklären die Aufrechnung für unzulässig z. B. Dernburg, Kompensation S. 522; Dr. Erk in Behrend's Zeitschr. Bd. 3 S. 138 ff., das Erkenntniß des Hamburger Handelsgerichts vom 7. Februar 1859 und das dasselbe bestätigende obergerichtliche Erkenntniß vom 8. April 1859 (Schletters Jahrb. Bd. 6 S. 37 ff., sowie die Erkenntnisse des früheren preußischen Ober-Tribunals vom 12. März 1863, Entsch. Bd. 49 S. 380) und des Reichsgerichts vom 1. Februar 1882 (vergl. Reichs-Anzeiger von 1882 Beil. 4). Es bejahen die Zulässigkeit der Aufrechnung: Renaud a. a. O. 866, und das Erkenntniß des früheren Reichs-Oberhandelsgerichts vom 9. Mai 1879 (Entsch. Bd. 25 S. 282 ff.), vergl. Erk. des Pariser Kassationshofes vom 4. März 1867 (Sirey 1867 société en command. Nr. 10).

[2]) So das Erkenntniß des Reichsgerichts vom 1. Februar 1882 (s. vorstehende Anmerkung).

theils weitergehenden, theils mangelnden Bestimmungen des bürgerlichen Rechts über die Frage der Konnexität geboten. Die Beschränkung ergiebt sich von selbst. Die Gesellschaft kann nicht den Aktionär zur Ueberlassung des einzulegenden Gegenstandes nöthigen und sich den gegentheiligen von ihr gleichzeitig zu erfüllenden Verpflichtungen aus dem Einlagevertrage entziehen, und sie muß ebenso auch Gegenforderungen des Aktionärs zuvörderst berichtigen, welche, wenngleich nicht aus dem Einlagevertrage, so doch in Ansehung des Gegenstandes der Einlage entstanden sind, namentlich in einem Ersatzanspruche für nothwendige oder nützliche auf denselben gemachte Aufwendungen bestehen. Nach der einen, wie nach der anderen Richtung würde die einseitige Einforderung der Einlage dolos sein.

§. 6.

Die Gründung — Gründer.

1. Grundzüge des bisherigen Rechts.

Die Vorschriften des bisherigen Rechts über die Gründung suchen formell wie materiell die Existenz der Aktiengesellschaft festzustellen. Formell tritt dieselbe ins Leben durch die auf Anmeldung des Vorstandes erfolgende Eintragung des Gesellschaftsvertrages in das Handelsregister, mit welcher die Veröffentlichung des Auszuges verbunden wird (Art. 210, 210a, 211). Als materielle Voraussetzung dafür muß der Gesellschaftsvertrag vereinbart und das Grundkapital durch Unterschrift gesichert sein. Die Errichtung des Gesellschaftsvertrages kann entweder dadurch erfolgen, daß die Unternehmer allein unter Uebernahme sämmtlicher Aktien den Vertrag abschließen (sog. Simultangründung), oder dadurch, daß andere Aktionäre durch Zeichnung von Aktien dem Statute beitreten (sog. Sukzessivgründung) (Art. 208, Abs. 3, 209a). Außer der subjektiven Sicherung des Grundkapitals durch vollständige Uebernahme oder Zeichnung will das Gesetz die objektive Belegung desselben sichern, namentlich, wenn Einlagen gemacht werden, welche nicht in baarem Gelde bestehen, oder wenn Anlagen, oder sonstige Vermögensstücke von der zu errichtenden Gesellschaft übernommen werden (Art. 209b). Hierzu gehört die Mindesteinzahlung der Aktien von 10 Prozent, bei Versicherungsgesellschaften von 20 Prozent (Art. 210a Z. 2). — Das Vorhandensein dieser Voraussetzungen unterliegt einer doppelten Prüfung, materiell durch die Betheiligten in einer zu diesem Zwecke zu berufenden Generalversammlung, sofern nicht bei der Simultangründung die Erfüllung der Erfordernisse im Gesellschaftsvertrage anerkannt ist, formell durch das Handelsgericht vor der Eintragung des Gesellschaftsvertrages in das Handelsregister.

Weshalb der Entwurf glaubt, diese Grundzüge beibehalten zu sollen, ist bereits im §. 3 erörtert worden. Die Reform hat sich an sie anzulehnen, sie klarer zu verfolgen und weiter auszubilden.

2. Uebelstände des bisherigen Rechts.

Die der Novelle von 1870 zu Grunde liegende Anforderung, daß die Betheiligten den gesammten Gründungshergang einer selbständigen Prüfung unterziehen, hat sich als illusorisch erwiesen, und mit je ängstlicherer Gewissenhaftigkeit der Handelsrichter sich der ihm auferlegten formellen Prüfung hingab, desto peinlicher zeigte sich die ihm gestellte Aufgabe. Für beiderlei Prüfung fehlten die Mittel. Der Gründungshergang blieb im Verborgenen; ein Hervortreten der Gründer war vom Gesetz nicht verlangt; die treibenden Persönlichkeiten handelten ohne Verantwortlichkeit und entzogen sich jeder Kontrole. Die Verlockung, das eigene Interesse dem der zu errichtenden Gesellschaft vorzuziehen, war zu mächtig. Niemand war da und keine Vorkehrung bestand, um das Interesse der Gesellschaft wahrzunehmen. Ohne jede Selbständigkeit befand die zu bildende Gesellschaft sich schutzlos für lange Zeit über die Gründung hinaus in den Händen jener, lediglich ihren Gründergewinn verfolgenden Personen, und gleichermaßen fehlten dem Publikum, welches man ohne Gefahr der Verantwortlichkeit auf jegliche Weise zur Betheiligung an der beabsichtigten oder formell zu Stande gebrachten Gesellschaft heranzog, die zuverlässigen Grundlagen für eine richtige Beurtheilung des Unternehmens. Eine Reihe von strafgerichtlichen Untersuchungen aus der verflossenen Krisis hat nicht einmal die Verfasser und Veröffentlicher der Prospekte, auf Grund deren zur Zeichnung oder Abnahme der Aktien aufgefordert wurde, ermitteln können.

3. Tendenz der Reform.

Im Allgemeinen.

Diese Uebelstände zeigen die Ziele an, welche die Reform zu erstreben hat. Auch sie sind schon im §. 3 angedeutet. Zu erzielen ist eine bessere Erkennbarkeit der wesentlichen Momente,[1]) die möglichste Selbständigkeit der Gesellschaft gegenüber den Gründern und eine erhöhte Verantwortlichkeit der betreibenden Theile. Das Publikum muß, wenn es nicht die Augen verschließt, sehen können, ob das angegebene Grundkapital, welches die Geschicke der zukünftigen Gesellschaft entscheidet, in Wirklichkeit vorhanden ist oder sich nur aus Scheinwerthen zusammensetzt, und inwieweit dasselbe oder die Gesellschaft mit Verbindlichkeiten oder mit Sondervortheilen zu Gunsten der Gründer oder Anderer belastet ist. Bei der Kollision ferner, in welche allzuleicht die eigenen Interessen der die Gründung betreibenden Personen mit denen der Gesellschaft gerathen, muß schon im Gründungsstadium auf die Unabhängigkeit der Gesellschaft von den Gründern Bedacht genommen werden. Die Eintragung des Gesellschaftsvertrages in das Handelsregister kann nur für die Selbständigkeit der Gesellschaft nach außen entscheidend sein, im Innern und thatsächlich aber besteht schon vor dieser Eintragung ein von den die Gründung Betreibenden verschiedenes Rechtssubjekt; dasselbe bedarf daher schon für die Hergänge der Gründung der ordnungsmäßigen Organe, welche für dieselben die Verantwortung übernehmen. Daß aber Allen, welche an der Bildung der Gesellschaft mitwirken, einem Jeden nach seiner Thätigkeit, der Gesellschaft gegenüber die Verantwortlichkeit für die Erfüllung der gesetzlichen Erfordernisse auferlegt werde, ist ein Postulat der öffentlichen Rechtsordnung. Es ist nicht zu dulden, daß unter Mißbrauch der gesetzlichen Formen krankhafte und daher schädliche Aktiengesellschaften zur Erzeugung fiktiver Börsenwerthe und Erzielung von Gründergewinnen geschaffen werden.

4. Insbesondere: Gründer.

Vorbedingung für die Reform ist danach, Begriff und Bedeutung der „Gründer" gesetzlich festzustellen. Wie bei der Kommanditgesellschaft auf Aktien die persönlich haftenden Gesellschafter den Krystallisationspunkt bilden, an welchen sich die entstehende Gesellschaft anlehnt, so müssen auch bei der Aktiengesellschaft die Personen, welche das Unternehmen ins Leben rufen, als Träger der von ihnen zu bildenden Gesellschaft aus dem Kreise der Betheiligten deutlich heraustreten und als solche dem Publikum erkennbar sein. Es ist naturgemäß und man hat mit der Erfahrung zu rechnen, daß vom Publikum mehr auf die leitenden Persönlichkeiten als auf die geschaffenen Dinge gesehen wird. Wie die Gründer die Hauptgewähr dafür leisten sollen, daß die Gründung

---

[1]) Schon auf der Nürnberger Konferenz war eine nähere Regelung der wesentlichen Hergänge bei der Gründung beantragt, der Antrag aber abgelehnt worden. (Prot. S. 319, 373, 379, 380.)

überall den Gesetzen entsprechend geschieht, so mögen sie auch die Träger des Vertrauens sein, welches das Publikum in die Solidität des Unternehmens setzt. An der Vertrauenswürdigkeit der Gründer und dem Maße ihrer Betheiligung an dem Unternehmen mag das Publikum das Vertrauen zu dem letzteren messen. Dabei bleibt Jedem unbenommen, ohne Rücksicht auf die Personen die sachliche Vertrauenswürdigkeit zu prüfen. Wer aber ohne Berücksichtigung, ob die leitenden Personen Vertrauen verdienen, sich blindlings betheiligt, wird eine Enttäuschung nicht der Gesetzgebung zur Last legen dürfen.

Die Nothwendigkeit eines solchen Hervortretens bestimmter für die Gründung verantwortlicher Personen hat zwar, ohne jedoch daran Rechtswirkungen zu knüpfen, das französische Gesetz über die Kommanditgesellschaften auf Aktien vom 17. Juli 1856 Art. 7 [1]) in die Gesetzestechnik eingeführt, rechtlich aber zuerst das englische Recht dadurch anerkannt, daß die Joint-Stock-Company-Act von 1862 für die Begründung und Eintragung einer Aktiengesellschaft ein von sieben Aktionären unterzeichnetes Memorandum of association vorschrieb; es wurde damit für eine Reihe ausländischer Gesetzgebungen der Anstoß zu einer gleichen oder ähnlichen Vorschrift gegeben. [2])

Auch der Entwurf verlangt das Hervortreten von „Gründern" und stellt die Mindestzahl der als solcher für die Gründung verantwortlichen Personen, mit Rücksicht auf die sachverständigerseits geäußerten Wünsche, auf fünf fest. Das Erforderniß dieser Anzahl erscheint, wenn auch alle solche Zahlen mehr oder weniger willkürlich sind, insofern angemessen, als für die Vereinigung einer allzu kleinen Personenzahl die Form der Aktiengesellschaft kein Bedürfniß ist, der Aktiengründung durch kleine Syndikate nicht Vorschub geleistet werden darf und eine größere Personenzahl Raum für eine bessere Beurtheilung des Karakters und der Solidität des Unternehmens giebt. Andererseits würde eine höhere Normirung der Zahl bei manchen soliden Umwandlungen von Privatunternehmungen in Aktiengesellschaften die Betheiligten, blos um dem Buchstaben des Gesetzes zu genügen, zur Aufstellung von Strohmännern als Gründer nöthigen, auch sonst die Gründervortheile leicht zum Schaden der Gesellschaft erhöhen. Zudem konnte der Entwurf gegenüber den erwähnten Gesetzen des Auslandes die dort vorgesehene Mindestzahl herabsetzen, weil er außer der Verantwortlichkeit der Gründer die regelmäßige Verantwortlichkeit der Gesellschaftsorgane einführt.

Die Bedeutung des Gründers wäre aber für den Gesetzgeber nicht verwerthbar, wollte man unter Gründer alle Personen verstehen, welche thatsächlich die Entstehung der Gesellschaft von dem ersten Keime bis zur erfolgten Ausführung in irgend einer Weise gefördert haben. [3]) Der Entwurf bezeichnet als Gründer diejenigen, welche behufs Errichtung der Gesellschaft den Inhalt des Gesellschaftsvertrages feststellen und dabei primitiv Aktien übernehmen (Art. 209 Abs. 1). Diese beiden Kennzeichen für den Begriff des Gründers aufzustellen, wird nicht bedenklich erscheinen. Ein Gründer muß Aktionär sein, denn nur unter dieser Voraussetzung bekundet er ein thatsächliches und rechtliches Interesse an der gedeihlichen Bildung und Entwickelung der Gesellschaft, und ein Primitivzeichner wird, gleichviel ob eine sogenannte Simultan- oder eine sogenannte Sukzessivgründung beabsichtigt wird, dadurch, daß er in förmlicher Weise das Statut für die Gesellschaft aufstellt, zum Gründer, weil dieses ihr die Organisation, den Inhalt und Karakter verleiht. Wenn hierbei der Entwurf verlangt, daß in dem Statut gleichzeitig die Anzahl der von den Gründern übernommenen Aktien angegeben werden soll, so geschieht dies in der bereits angedeuteten Erwägung, daß der aus dieser Betheiligung für die Beurtheilung des Unternehmens zu schöpfende Maßstab von Anbeginn gegeben sein soll.

Die hiernach fixirten Gründer haben bestimmte, für die Gründung wesentliche Handlungen und Nachweise zu übernehmen. Es liegt ihnen namentlich ob, das Grundkapital aufzubringen, die Bestellung der Gesellschaftsorgane herbeizuführen und den Gesellschaftsvertrag zur Eintragung in das Handelsregister anzumelden.

Diese Thätigkeiten, in Verbindung mit jenen den Begriff des Gründers bildenden Funktionen, lassen es als Regel erscheinen, daß die Personen, welche in dieser Weise auftreten, auch in Wahrheit die faktischen Urheber des Unternehmens sind. Sie werden sich namentlich in sichtbarer Weise von den Zeichnern abheben in dem Falle, daß der Gesellschaftsvertrag mittelst besonderen Hinzutritts Anderer zum Statut zu Stande kommt. Bei der Errichtung der Gesellschaft mittelst gleichzeitigen Abschlusses des Gesellschaftsvertrages seitens aller Aktionäre kann allerdings die thatsächliche Stellung der Einzelnen, ob sie Urheber des Unternehmens oder nur demselben als Aktiennehmer beigetreten sind, verschieden sein, ohne daß dies aus ihrem urkundlichen Auftreten hervorgeht: daß aber hier sämmtliche Betheiligten vom Gesetze als Gründer angesehen werden, kann um so weniger einem Bedenken unterliegen, als für die Scheidung von Gründern und bloßen Zeichnern die Wahl des anderen Weges offen liegt.

Daß endlich der Entwurf für die Personen, welche in der durch das Gesetz bestimmten verantwortlichen Weise eine Aktiengesellschaft ins Leben rufen, den Ausdruck „Gründer" gewählt hat, findet in dem Vorgang der ausländischen Gesetzgebungen, welche ausnahmslos einer gleichen Bezeichnung (fondateurs, fondatori, promotori, promotores) sich bedienen, und darin seine Rechtfertigung, daß der gewählte Ausdruck dem Wesen entspricht. Der Umstand, daß in neuerer Zeit vielfach dem Ausdrucke mißbräuchlich eine geringschätzende Bedeutung beigelegt ist, darf den Gesetzgeber von der Wahl der an sich zutreffenden Bezeichnung nicht zurückhalten. Die den Gründern im Entwurf gegebene Stellung wird bald den Ausdruck rehabilitiren.

§. 7.

Gründung — Inhalt des Gesellschaftsvertrages.

1. Unterscheidung zwischen Feststellung des Inhalts und Abschluß des Gesellschaftsvertrages.

Noch ehe die Aktiengesellschaft zur rechtlichen Existenz gelangt, bedarf sie einer Verfassung, des Statuts. Die Feststellung des letzteren kann sowohl bei der Simultan- als der Sukzessivgründung mit dem Abkommen über Errichtung der Gesellschaft zeitlich zusammenfallen. Aber begrifflich deckt sich die Aufstellung des Statuts nie mit der Errichtung des Gesellschaftsvertrages, und es ist deshalb unrichtig, wenn in dem bisherigen Artikel 208 Absatz 2 des Handelsgesetzbuchs das Statut als der Vertrag über die zu bildende Aktien-

---

[1]) Bull. des lois XI série No. 3836.

[2]) Ein Theil der Gesetze fordert, wie das englische Recht, sieben verantwortliche Personen, so das franz. Ges. vom 24. Juli 1867, das belgische vom 18. Mai 1873, der Codigo di commerico von Venezuela Art. 186. Das ungarische Handelsgesetzbuch, das schweizerische Gesetz über das Oblig. Ges. vom 14. Juni 1882, der italien. Codice di commercio vom 2. April 1882, sowie die österr. Entwürfe von 1874/82 fixiren die Zahl der Gründer nicht.

[3]) Die Urtheile der französischen Praxis und die Motive zum Entwurfe des Gesetzes vom 23. Mai 1863 geben nur eine Aufzählung aller möglichen Urheberthätigkeiten, keine Definition. Vergl. Bédarride, Komm. zum Ges. vom 24. Juli 1867 II S. 55. Auch das belgische Gesetz enthält sich einer Begriffsbestimmung; die in den Berathungen gefallene Bemerkung, daß Gründer diejenigen seien, „qui prennent l'initiative de la société". — Guillery, Komm. Bd. 2 S. 248 — läßt den Kreis der verantwortlichen Personen unbestimmt. Vergl. auch Primker in Endemanns Handbuch des Handelsrechts I S. 547 Anm. 5.

gesellschaft bezeichnet wird.[1]) Es ist dies nicht blos theoretisch ungenau; vielmehr hat der Umstand, daß gesetzlich der Inhalt des Gesellschaftsvertrages (das Statut) von dem Vertrage selbst nicht streng auseinander gehalten wurde, in der Praxis mannichfache Uebelstände zur Folge gehabt. Zum Theil ist gezeichnet worden, ehe ein förmliches Statut festgestellt war, und man hat hierbei die Feststellung des letzteren den Projektanten überlassen, ohne sich eine nachträgliche Genehmigung vorzubehalten. Oder es ist auf ein bestimmtes Statut hin gezeichnet, zugleich aber die Aenderung des Statuts dem Mehrheitsbeschlusse der ersten Zeichnerversammlung überlassen worden. In anderen Fällen haben die Zeichner im Voraus diejenigen Aenderungen des Statuts genehmigt, welche die Staatsbehörde oder der Registerrichter fordern würde. In allen solchen Fällen haben später Zeichner Einwendungen gegen ihre Zahlungsverbindlichkeit und die Rechtsbeständigkeit der Gesellschaft erhoben und die Einwendungen sind zum Theil von den Gerichten für begründet erachtet worden.[2])

Der Entwurf sucht daher mit Schärfe die Feststellung des Inhalts des Gesellschaftsvertrages von der Errichtung des letzteren zu scheiden. Er verlangt stets als ersten Schritt für die Gründung einer Aktiengesellschaft, daß die Verfassungsbestimmungen aufgestellt werden, nach welchen die zu errichtende Gesellschaft ins Leben und in Thätigkeit treten soll und legt die Aufstellung dieser Normen allemal den Gründern auf. Erfolgt dann auf Grund eines so festgestellten Statuts die Uebernahme sämmtlicher Aktien durch die Gründer selbst oder die Zeichnung in Folge Aufforderung, so weiß Jedermann, bei welcher Gesellschaft er sich betheiligt und daß die durch das Statut bestimmte Organisation derselben so lange maßgebend ist, als sie nicht in der vom Gesetz besonders geregelten Weise (Art. 210a Abs. 4) geändert wird. In Folge hiervon wird es nicht mehr möglich sein, daß für die Gesellschaft ganze Kategorien von Zeichnern als nicht gebunden entfallen, oder die gebundenen Aktionäre verpflichtet bleiben, obwohl das Grundkapital sich durch den Wegfall von Zeichnern verändert hat, oder daß Aktionäre einer Gesellschaft gegenüber gebunden werden, welche sachlich eine von der in Aussicht genommenen völlig verschiedene geworden ist.

2. Normalstatut oder Normativbestimmungen.

Für das aufzustellende Grundgesetz bezeichnet der Entwurf gewisse Punkte als wesentlichen Inhalt. Dagegen hat es der Entwurf vermieden, selbst eine Verfassung für den Fall zu geben, daß es an einer besonderen Festsetzung für die Gesellschaft fehlen sollte. Ein solches subsidiär geltendes Normalstatut ist in den englischen Aktiengesetzen[3]) enthalten und dieser Vorgang hat auch in Deutschland Vertheidiger gefunden, wenigstens in der Weise, daß man neben dem Musterstatut für die einzelnen gebräuchlichen Arten von Aktiengesellschaften die Regelung ihrer Besonderheiten befürwortet hat.[4]) Allein gegen diese Nachahmung der englischen Gesetzgebung sprechen mancherlei Erwägungen. Jede Aktiengesellschaft erhält durch ihren besonderen Zweck ein ihr eigenthümliches individuelles Gepräge, so daß die Aufstellung eines Normalstatuts, welches die verschiedenen Besonderheiten der einzelnen Gesellschaft unmöglich berücksichtigen kann, der Entwickelung des Gesellschaftszweckes Hindernisse bereiten muß. Gerade die Pflege des individuellen Zweckes, wie er sich bei der Verschiedenheit der Verkehrsbedürfnisse in so mannichfaltiger Gestaltung geltend macht, muß der autonomischen Bestimmung überlassen werden.[1]) Aufgabe der Gesetzgebung kann es allein sein, diejenigen Bedingungen als Normativbestimmungen aufzustellen, welche im öffentlichen Interesse für alle Gesellschaften maßgebend sein sollen. Ein derartiges Verfahren hat vor der Aufstellung eines Normalstatuts den Vorzug, daß es innerhalb der gesetzlich weitgezogenen Schranken jeder einzelnen Gesellschaft diejenige freie Bewegung gestattet, die für sie ihrem besonderen Zweck gemäß zu einem gedeihlichen Bestehen nothwendig ist. Auch das Normalstatut hat in England das Publikum, wie die verschiedenen parlamentarischen Untersuchungen ergeben, vor Ausschreitungen auf dem Gebiete des Aktienwesens nicht schützen können.

3. Inhalt des Statuts.

A. Allgemeiner Inhalt.

Bezüglich dessen, was das Gesetz als nothwendigen Inhalt des Statuts vorzuschreiben hat, weicht der Entwurf in wesentlichen Punkten von der bisherigen Gesetzgebung ab.

Wie die Verhandlung der Nürnberger Konferenz[2]) ergeben, sollten die im bisherigen Artikel 209 über den Inhalt des Gesellschaftsvertrages getroffenen Bestimmungen nicht die Bedeutung haben, daß bei ihrer Nichtbeobachtung überall Nichtigkeit des Gesellschaftsvertrages eintreten sollte, vielmehr sollten dadurch nur diejenigen Punkte bezeichnet werden, auf welche die Gesellschaft behufs Erlangung der staatlichen Genehmigung ihr Augenmerk zu richten hatte, und welche für die Behörden selbst bei der Ertheilung dieser Genehmigung maßgebend sein sollten.

Seit der Beseitigung der staatlichen Genehmigung durch die Novelle vom 11. Juni 1870 hat Artikel 209 der bisherigen Fassung eine andere Bedeutung erhalten, insofern er sich nur noch auf die Eintragung des Gesellschaftsvertrages in das Handelsregister beziehen kann.[3])

Der Registerrichter, welcher nicht nach Nützlichkeitsrücksichten, sondern vom rechtlichen Standpunkt aus den Inhalt des Gesellschaftsvertrages zu prüfen hat, wird dadurch auf der einen Seite genöthigt, bei dem Fehlen eines oder des anderen auch an sich unwesentlichen Punktes die Eintragung abzulehnen, während auf der anderen Seite die auf Grund richterlicher Prüfung erfolgte Eintragung des Vertrages wesentliche Mängel desselben nicht heilt und die Gesellschaft vor Nichtigkeit des Vertrages nicht schützt. Das Gesetz entbehrt der Bestimmung, welche der aufgestellten Punkte für die Existenz und die Eintragung der Gesellschaft als wesentlich zu gelten haben. Dieser Zustand der Unsicherheit muß beseitigt werden.

Als nothwendigen Inhalt eines jeden Statuts, so daß in Ermangelung oder bei Mangelhaftigkeit dieses Inhalts die Eintragung des Gesellschaftsvertrages in das Handelsregister unterbleiben müßte, bezeichnet der Entwurf nur solche Punkte, welche entweder zum Leben einer jeden Gesellschaft erforderlich sind oder ihr das sie von einer anderen unterscheidende Wesen verleihen. Diese Punkte müssen vor dem Abschlusse des Gesellschaftsvertrages und vor jeder Zeichnung von Aktien feststehen (Art. 209 Abs. 2 und Art. 209b). Von ihnen unterscheidet der Entwurf solche Punkte, welche nicht die Existenz der Gesellschaft bedingen, sondern, um für

[1]) Renaud a. a. O. S. 306.

[2]) Vergl. Entscheidungen des R. O. H. G. Bd. 7 S. 266, Bd. 10 S. 326, Bd. 11 S. 371, 375, Bd. 18 S. 354, Bd. 20 S. 270, Bd. 22 S. 197.

[3]) Companies Act 1856, 1857 Th. I, IX; 1862 Sect. 14, 15, 16; vergl. Güterbock, die englischen Aktiengesellschaftsgesetze S. 18 Anm. 28 und Keyßner in der Zeitschr. für das ges. Handelsrecht Bd. 7 S. 548.

[4]) Hecht, das Börsen- und Aktienwesen 1874 S. 36 ff.; Behrend im sog. Eisenacher Gutachten (Schriften des Vereins für Sozialpolitik Bd. 1) S. 50.

[1]) Renaud a. a. O. S. 298 ff.

[2]) Prot. Bd. 1 S. 321 ff.

[3]) Vergl. v. Hahn, Komm. zum H. G. B. 2. Aufl. I S. 598; Primker bei Endemann a. a. O. S. 526 ff.

diese verbindlich zu sein, der Aufnahme in das Statut bedürfen. Die letzteren Punkte bilden also nur insofern einen nothwendigen Inhalt des Statuts, als sie nicht schon durch bloße Beschlüsse der Gesellschaftsorgane Wirksamkeit erlangen. Die meisten dieser Punkte brauchen nicht von Anbeginn an festgestellt zu sein; ihre erste Festsetzung und Aufnahme in die Statuten kann auch in späterer Zeit nach dem Inslebentreten der Gesellschaft erfolgen (Art. 209a). Die Erörterung der einzelnen Punkte sowohl der ersten, als der zweiten Kategorie kann in die Spezialmotive verwiesen und die Frage wegen Zulassung der Ueberpariemission bei Errichtung der Gesellschaft besser im Zusammenhang bei der Erhöhung des Grundkapitals (§. 11) erörtert worden. Hier empfiehlt sich von der ersten Kategorie nur die Erörterung derjenigen wesentlichen Punkte, welche für Gesellschaften maßgebend sein sollen, bei deren Gründung von der regelmäßigen Grundverfassung abgewichen wird. Als regelmäßige Verfassung kann in dieser Beziehung die Gleichheit aller Aktionäre in ihren Bezugsrechten und das Vorhandensein eines ungeschmälerten, in Geld bestehenden Grundkapitals angesehen werden. Nachdem das Verhältniß einzelner verschiedenberechtigter Gattungen von Aktien bereits oben Seite 251 ff. näher dargelegt ist, erübrigt hier nur noch die Erörterung der Sonderbestimmungen, welche die Vorzugsrechte einzelner Aktionäre, namentlich die Gründervortheile, ferner den zulässigen Gründungsaufwand und endlich die sogenannte qualifizirte Gründung betreffen.

B. Sonderbestimmungen.

a) Gründungsaufwand; gesellschaftliche Vorzugsrechte; Bezugsrechte.

Gewisse Aktionäre, namentlich solche, welche sich bei der Gründung der Gesellschaft durch eine besondere Thätigkeit auszeichnen oder sich als Primitivzeichner betheiligen, pflegen sich besondere Vortheile auszubedingen. Dieselben können doppelter Art sein. Einerseits kann es sich um bloße gesellschaftliche Vorzugsrechte handeln, welche, wie die Vorauserhebung von Dividenden oder die Bezugsrechte von Aktien bei neuen Emissionen, den Gründern oder anderen Aktionären eingeräumt werden. Andererseits kann es sich um eine Abgeltung für die bei der Gründung geleisteten Dienste aus dem Grundkapital der Gesellschaft oder zu Lasten derselben handeln.

Beide Fälle sind an sich von einander verschieden. Der ersterwähnte berührt unmittelbar nur das Interesse der übrigen einzelnen Aktionäre. Das Vermögen der Gesellschaft wird an sich bei Festsetzung der Theilnahmerechte durch die Bevorzugung des einen Aktionärs nicht geschädigt; das Interesse des letzteren geht sogar häufig, z. B., wenn es sich um Dividendenvortheile handelt, mit dem der Gesellschaft Hand in Hand. Indirekt aber freilich kann die Vermögenslage der Gesellschaft davon betroffen werden, beispielsweise, wenn die dem Einen gewährten Vortheile Andere von der Theilnahme zurückhalten, oder wenn ein Aktionär, dem ein Bezugsrecht bei Neuemissionen gewährt ist, um dieses für sich auszuüben, seinen Einfluß zur Herbeiführung der Emission geltend macht, ohne daß für die Gesellschaft ein Bedürfniß dazu vorliegt.

Der zweite Fall trifft das Grundkapital selbst oder belastet unmittelbar die Gesellschaft, indem die Entschädigung oder Belohnung für die Gründung oder deren Vorbereitung bei der Errichtung der Gesellschaft vorweg gegeben wird und das Grundkapital, sei es durch Hingabe von baarem Geld oder geldwerthen Gegenständen, sei es durch Gewährung von Aktien ohne die Pflicht zur Einzahlung oder Vollzahlung, vermindert. Dies ist es, was man als „Gründungsaufwand" bezeichnet. An demselben können natürlich sowohl Gründer, als andere Aktionäre, als auch sonstige Personen Theil nehmen.

Hier erhebt sich zunächst die Frage, ob es rechtlich und wirthschaftlich gerechtfertigt erscheint, eine Vergütung für die Gründerthätigkeit aus dem Grundkapital überhaupt zuzulassen. Die Frage ist in der Gesetzgebung, wie in der Doktrin verschieden beantwortet worden.

In Frankreich und Belgien werden Vergütungen der erwähnten Art „pour études, demarches, examens, nécessaires pour la création des sociétés" unter dem „titre de prime" zugelassen.[1]) Auch das ungarische Handelsgesetzbuch (§. 156) und die österreichischen Entwürfe lassen ihrem Wortlaut nach die Gewährung eines Unternehmergewinnes aus dem Grundkapital zu. Nur der italienische codice di commercio Artikel 127 verbietet jeden Vorausempfang an Grundkapital in baar oder in Aktien. Aus der Literatur seien von den vielen entgegengesetzten Stimmen Renaud und Thöl hervorgehoben. Ersterer[2]) erachtet Vorausempfang in Aktien für unerlaubt, dagegen die Erstattung von Gründungskosten in baarem Gelde bei Vorbehalt im Statut oder bei erfolgter Genehmigung durch die Generalversammlung für zulässig. Thöl dagegen[3]) erklärt sich nach beiden Richtungen für die Unzulässigkeit. — Der Erwähnung bedarf endlich der Bericht der Spezialkommission zur Untersuchung des Eisenbahnkonzessionswesens in Preußen;[4]) derselbe befürwortet die Zulassung von offengelegten Vergütungen für Mühewaltungen zum Nutzen der Gesellschaft.

Zunächst wird zugegeben werden müssen, daß die Gründer oft durch ihre Thätigkeit Leistungen bewirken, welche, ohne daß sie als eigentliche Werthseinlagen bezeichnet werden können, dem Unternehmen selbst zu Gute kommen, und für deren Erzielung die errichtete Gesellschaft erforderlichenfalls selbst hätte Zeit und Geld verwenden müssen, z. B. die sogenannten Vorarbeiten bei Eisenbahnen, die Organisirung des Betriebs u. s. w. Daß die Gründer für derartige Aufwendungen an Geld und Zeit angemessene Vergütung zu erhalten haben, ist selbstverständlich. Es läßt sich ferner nicht bestreiten, daß die Thätigkeit des Zustandebringens der Gesellschaft Aufwendungen von Geld und Zeit erfordern kann, und im Falle der Errichtung der Gesellschaft mittelst Betheiligung des Publikums am Projekt auch in der Regel erfordert. Mag nun zwar vom juristischen Standpunkte des bestehenden Rechts[5]) die Thatsache der Entstehung der Gesellschaft nicht an sich als ein Vortheil derselben zu erachten sein, dergestalt, daß von den Gründern in Ermangelung einer desfallsigen Bestimmung im Gesellschaftsvertrage eine Vergütung für Auslagen und Zeitaufwendung behufs der Errichtung gefordert werden kann, so muß es doch vom legislativen Standpunkte äußerst bedenklich erscheinen, innerlich berechtigte Ersatzansprüche zu versagen und dadurch die Gefahr der Wahl illegitimer Mittel herbeizuführen. Gewiß kann es den Gründern nicht zugemuthet werden, die sogenannten sächlichen Kosten, welche, wenn auch nicht rechtlich für die Gesellschaft, doch thatsächlich in deren Interesse aufgewendet worden, beispielsweise wirkliche Maklerprovisionen für den Grundstückserwerb, aus eigenen Mitteln zu bestreiten. Damit ergiebt sich aber die Zulassung auch einer Belohnung für die Gründung als solche. Denn einerseits wird sich die Vergütung von Zeit und Mühe nicht zu einem auf das Genaueste entsprechenden Werthe berechnen lassen, und es würde hiermit immer die Gefahr verbunden sein, daß die sogenannten sächlichen Kosten über Gebühr veranschlagt würden. Andererseits bedingt die Uebernahme einer Gründung auch die

---

1) Vergl. Matthieu und Bourguignat a. a. O. Nr. 39, 40. Dalloz, Repert. s. v. société No. 1182. Guillery a. a. O. Bd. 2 S. 231 und die dort zitirten Entscheidungen der belgischen Gerichte.

2) Recht der Aktiengesellschaften 2. Aufl. S. 758, 783, 784.

3) Handelsrecht 5. Aufl. I S. 442.

4) Haus der Abgeordneten, Drucks. 1873/74 Bd. 1 S. 130.

5) Vergl. Entscheidungen des Reichsoberhandelsgerichts vom 21. Januar 1876, Entsch. Bd. 20 S. 208 ff.

Uebernahme eines Risikos, für welche eine Vergütung zu beanspruchen sachlich gerechtfertigt erscheint. Eine solche Opferwilligkeit, daß Jemand sich den Mühen und Sorgen der Errichtung einer Aktiengesellschaft lediglich um des guten Zweckes willen ohne eigenes Interesse unterzieht, darf von dem Gesetzgeber nicht als Regel betrachtet werden. Auf dem Gebiet des Handels und Verkehrs ist die Geltendmachung des eigenen Interesses und die Anerkennung desselben oft die naturgemäße Triebfeder zur Beförderung einer dem allgemeinen Wohle dienenden Thätigkeit. Demgemäß glaubt der Entwurf aus dem Grundkapital sowohl Entschädigungen als Belohnungen für die Gründung und deren Vorbereitung zulassen zu sollen. Ebensowenig wird die Gewährung gesellschaftlicher, das Grundkapital an sich nicht berührender Vorrechte der ersten Gesellschafter, namentlich der Gründer im Allgemeinen, versagt werden können, wenn nicht das Zustandekommen nützlicher Unternehmungen vereitelt werden soll. Insbesondere erscheint die Zusicherung einer bestimmten Superdividende oft sogar empfehlenswerth, z. B. wenn ein Erfinder sein Patent einer Aktiengesellschaft wegen der Kosten und des Risikos der Verwerthung zunächst gegen ein geringes Entgeld überläßt, sich dagegen für den Fall des Gedeihens des Unternehmens aus dem höheren Reingewinn eine Vergütung vorbehält. In diesen und ähnlichen Fällen werden die übrigen Gesellschafter sich am wenigsten belastet fühlen. Die den Gründern zugesicherten Vortheile hängen von einer für Alle günstigen Entwickelung des Unternehmens ab, hindern eine solche nicht und stehen mit ihr auch insofern in einem wirthschaftlichen Zusammenhang, als man annehmen kann, daß die spätere Entwickelung noch auf den Gedanken und die Thätigkeit der Gründer ꝛc. ursächlich zurückzuführen ist. Diese Gründe greifen nicht Platz, vielmehr findet das Gegentheil statt in einem Falle, welcher erfahrungsmäßig zu den gröbsten Mißbräuchen geführt hat; es ist dies die Zusicherung eines vorzugsweisen **Bezugsrechts neu auszugebender Aktien** im Fall einer Erhöhung des Grundkapitals. Diese Art von Stipulationen hindert die ruhige wirthschaftliche Entwickelung der Gesellschaft und bringt in sie von Anfang an ein unsolides Element, indem sie die sachliche Frage der Ausdehnung des Geschäftsbetriebs und des Grundkapitals an die persönlichen Interessen der bevorzugten Gesellschafter fesselt. Die letzteren werden, um von ihren Bezugsrechten mit Gewinn Gebrauch machen zu können, verleitet, den Kurs der Aktien künstlich in die Höhe zu treiben und zugleich dahin zu wirken, daß der Umfang der Geschäfte der Gesellschaft über das wirthschaftlich gerechtfertigte Maß ausgedehnt wird. Eine unter solchen Umständen vorgenommene Erhöhung des Grundkapitals belastet die Gesellschaft mit nicht nutzbarem Kapital und treibt sie zu ungerechtfertigten Spekulationen. Umgekehrt aber würde bei wirklich gesteigertem Umsatz und sonst unverkennbarem Bedürfniß die Gesellschaft naturgemäß zu einer Vermehrung des Grundkapitals schreiten, wenn nicht die in früherer Zeit ihr auferlegte Beschlagnahme der neuen Aktien sie lähmte. Der Entwurf wird zwar dadurch, daß er die Entscheidung über die Erhöhung des Grundkapitals stets in die Hände der Generalversammlung legt, einen Theil der bisher zu Tage getretenen Mißstände heben, indem dadurch eine versteckte Einwirkung auf die Erhöhung des Grundkapitals zu lediglich egoistischer Ausbeutung erschwert werden wird. Allein diese Vorschrift bietet, namentlich für die erste Zeit nach der Gründung, für welche derartige Berechtigungen vorzugsweise berechnet sind, schon deshalb keinen ausreichenden Schutz, weil in dieser Zeit die Generalversammlung meist noch von den Gründern thatsächlich beherrscht wird. Wenn aber in späterer Zeit die ursprünglich Berechtigten sich ihrer Aktien meist schon entäußert haben werden, so liegt am wenigsten Veranlassung vor, durch die Rücksicht auf sie die Geschicke der Gesellschaft hemmen zu lassen. Der Entwurf erklärt daher jede vorgängige Zusicherung von Rechten auf den Bezug der neu auszugebenden Aktien gegenüber der Gesellschaft für unwirksam, sei es, daß die Zusicherung bei der Gründung der Gesellschaft, oder, daß sie nach deren Errichtung vor dem Beschluß über die Erhöhung des Grundkapitals erfolgt (Art. 215a Abs. 4, 180g Abs. 5).

b) Qualifizirte Gründung.

Nicht rechtlich, wohl aber thatsächlich in Verbindung mit Gründer- ꝛc. Vortheilen steht die **qualifizirte Gründung**.

Eine solche kann nach Artikel 209b der bisherigen Fassung, welcher die dabei möglichen Vorgänge erschöpft, in doppelter Weise vor sich gehen, einmal, indem ein Aktionär in Erfüllung der ihm aus der Zeichnung obliegenden Verpflichtung oder gegen Gewährung von Aktien, statt baarer Einlage Gegenstände zu einem festgesetzten Werthe in die Gesellschaft einbringt (Inferirung, Apports),[1]) sodann, indem ein Aktionär über den Betrag der von ihm gezeichneten Aktien hinaus oder ein bei der Gesellschaft nicht betheiligter Dritter sich verbindlich macht, gewisse Gegenstände und Sachen der zu errichtenden Gesellschaft zu überlassen. Fast alle solche Gesellschaften erzielen meist volleingezahlte Aktien, indem nicht bloß für die Illation der eingebrachten, sondern oft auch in Aufrechnung des Kaufpreises für die überlassenen Vermögensstücke Aktien gegeben werden.

Nach der bestehenden Gesetzgebung mag an sich die Zulassung der auf das Grundkapital anzurechnenden Einlagen als eine Anomalie erscheinen. Soweit bei einer mit baarem Grundkapital errichteten Gesellschaft dasselbe nachträglich zur Erwerbung von Anlagen und sonstigen Vermögensstücken verwendet wird, kann dies nur unter Verantwortlichkeit der Gesellschaftsorgane geschehen und es kann durch entsprechende Haftungs- und Strafvorschriften dafür gesorgt sein, daß hierbei das Interesse der Gesellschaft gewahrt bleibt. Dagegen wird im Falle der qualifizirten Gründung nach dem bisherigen Recht durch den bloßen Konsens der Betheiligten zum Gesellschaftsvertrage der Grundkapitalswerth bestimmt, auf dessen Höhe die Einlage oder das Vermögensstück angenommen werden soll, und der vom Registerrichter bekannt zu machende Auszug aus dem Gesellschaftsvertrag läßt jede Spur dieses Hergangs vermissen.

Bei einer Reform des gegenwärtigen Rechts würde ein Verbot nicht in baarem Gelde bestehender Einlagen oder die Unzulässigkeit der Uebernahme von Anlagen oder sonstigen Vermögensstücken sich nicht rechtfertigen lassen.

Schon oben (§. 2 S. 242 ff.) ist ausgeführt worden, daß die Gesetzgebung den Gegenstand eines Aktienunternehmens nicht festsetzen oder begrenzen kann, sowie daß die Fortführung von Privatunternehmungen oft, z. B. im Falle des Todes des seitherigen Eigenthümers, ohne die Umwandlung in eine Aktiengesellschaft nicht möglich ist. Solchen wirthschaftlichen Erscheinungen darf sich die Gesetzgebung nicht verschließen, selbst auf die Gefahr hin, daß in einzelnen Fällen ein unzweckmäßiger Gebrauch von den gesetzlichen Vorschriften gemacht werden sollte. Auch die den Gründern zu gewährenden Sondervortheile können zuweilen zum Nachtheile der Gesellschaft gereichen, müssen aber trotzdem, wenn nicht die Gründung von Aktiengesellschaften überhaupt nahezu unmöglich gemacht werden soll, zugelassen werden. Dieselbe Erwägung greift für die Zulassung qualifizirter Gründungen allgemein Platz. Nur dafür muß Sorge getragen werden, daß die Minderung des Grundkapitals durch eine den Gründern zu gewährende Ver-

[1]) Vgl. Urtheil der vereinigten Civilsenate des Reichsgerichts vom 8. Juli 1880 (Entsch. Bd. 2 S. 303).

gütung und eine Belegung des Grundkapitals durch nicht in baarem Geld bestehende Vermögensobjekte für alle wirklich Betheiligten erkennbar und zum Gegenstande bewußter Entschließung gemacht wird.

Dies ist der Punkt, in welchem die Mängel und Uebelstände des bisherigen Rechts liegen, und hier müssen die Hebel der Reform angesetzt werden.

Das bereits erwähnte Dunkel des ganzen Gründungshergangs würde nicht die bekannten Mißstände von Irrthum und Täuschung haben hervorrufen können, wenn die Personen, welche in Betreff der Sondervortheile und des Illations- oder Uebernahmepreises ein von dem der Gesellschaft oder der übrigen Aktionäre verschiedenes Interesse verfolgen, diesen letzteren oder ihren Vertretern sich beim Abschluß des Gesellschaftsvertrages in der That gegenübergestellt fänden. Dann könnten diejenigen, welche jene Vortheile zu gewähren, die Einbringung zu genehmigen und in die käufliche Uebernahme von Anlagen und sonstigen Vermögensstücken zu willigen haben, im eigenen Interesse, welches zugleich dasjenige ihrer Rechtsnachfolger darstellt, die Angemessenheit prüfen. Von der Voraussetzung, daß solchergestalt die Parteien sich gegenüberständen, ist das französische Gesetz vom 24. Juli 1867 (Art. 4 und 24) und auch die deutsche Novelle vom 11. Juni 1870 ausgegangen. Aber diese Voraussetzung hat sich als thatsächlich unzutreffend erwiesen. Gerade bei der qualifizirten Gründung und bei der Bewilligung von Sondervortheilen sind die hierbei Betheiligten im Stadium der Gründung gleichzeitig die einzigen Aktionäre gewesen und haben als erste Zeichner das gutgeheißen, was sie als Gründer für ihren Privatvortheil erreichen wollten. Dies konnte in einfachster Weise geschehen. Die Personen, welche ein soeben erst vom Eigenthümer ihnen überlassenes Etablissement mit Aufschlag im Preise einer zu errichtenden Aktiengesellschaft aufbürden wollten, brauchten nur, indem sie allein die Aktiengesellschaft bildeten, in dem unter sich zu schließenden Gesellschaftsvertrage den auf den Einzelnen fallenden Antheil an dem Etablissement zu dem nach ihrem Belieben angesetzten höheren Werth einzulegen. Jeder gab seine Zustimmung zu der Einlage des Anderen, und mit dem Entstehen der Gesellschaft hatten die Gründer die von ihnen beliebte Anzahl von Aktien zu ihrer Verfügung. In dem Antheil eines Jeden versteckten sich Gründervortheile, Entschädigung für den Gründungsaufwand u. s. w., und in dem Publikum wurde der Anschein erweckt, als ob die ausgegebenen Aktien einem gleich hohen Grundkapital entsprächen. Von einem Anfechtungsrechte konnte keine Rede sein, da die Betheiligten, welche diese Verträge schlossen, über die Simulationen einig waren. Für Dritte aber blieb der ganze Hergang im Dunkeln. Die Darlegung, welche in dem bisherigen Artikel 209b vorgeschrieben war, beschränkte sich nur auf die Bestimmung des Werthes der Einlage oder des Vermögensstücks und auf die Zahl der Aktien oder den Preis, welche dafür gewährt wurden. Die Personen der Betheiligten brauchten nicht genannt zu werden. Es ist nicht zu verwundern, daß von diesem gesetzlich gestatteten Lakonismus die meisten Statuten Gebrauch gemacht haben.

Nachtheilige Erfahrungen dieser Art haben sich nicht blos im Deutschen Reich gezeigt. Auch im Auslande sind ähnliche Uebelstände vielfach zur Erscheinung gekommen. Neuere Gesetze und Entwürfe haben deshalb die Knappheit des französischen Gesetzes und der ihm nachgebildeten Novelle vom 11. Juni 1870 aufgegeben, sie bringen aber ihre Vorschriften lediglich mit der von ihnen befolgten sogenannten Prospekttheorie in Verbindung.[1])

[1]) Engl. Comp. Act von 1867 Sect. 25, 38; belg. Ges. vom 28. Mai 1873 Art. 31, 32, 38; österr. Entw. Art. 209a; ebenso Italien und Ungarn. Dagegen das schweiz. Ges. vom 14. Juni 1881.

c) Inhalt der Sonderbestimmungen nach dem Entwurf.

Der Entwurf adoptirt diese nicht und muß daher einen allgemeineren Standpunkt einnehmen. Er verlangt in allen Fällen einer Gründung die spezialisirte und offenkundige Angabe des wahren Hergangs. An der Spitze der hierauf bezüglichen Vorschriften bezeichnet Artikel 209b den Gesellschaftsvertrag als diejenige Urkunde, aus welcher dieser Hergang ersichtlich werden muß. In den Gesellschaftsvertrag müssen danach aufgenommen werden:

1. die zu Gunsten einzelner Aktionäre bedungenen besonderen Vortheile. Der aus dem Wortlaut der bisherigen Fassung begründete Zweifel, ob auch die Person des berechtigten Aktionärs angegeben werden müsse, ist zugleich im bejahenden Sinne entschieden. Eine solche Bezeichnung ist für die Beurtheilung des Unternehmens und die Angemessenheit des bedungenen Vortheils wesentlich; die Handelnden dürfen sich nicht hinter eine auf dem Gebiet des Handels ungerechtfertigte Anonymität verstecken;
2. die Einlagen, welche auf das Grundkapital statt baaren Geldes von Aktionären gemacht werden. Auch hier verläßt der Entwurf die bisherige allzu knappe Fassung, indem er die Bezeichnung der Person des Aktionärs und des Gegenstandes der Einlage, sowie der für denselben zu gewährenden Aktien erfordert. Hierdurch wird eine Verwischung des thatsächlichen Vorgangs erschwert. Selbstverständlich ist, daß für die Einlagen eines Aktionärs nur Aktien gegeben werden können, deren gesammter dem Ausgabepreis entsprechender Betrag den Werth darstellt, zu welchem der Gesellschaft diese Einlage angerechnet wird. Als Einlage läßt der Entwurf jeden Werthgegenstand zu, welcher als Aktivum in die Bilanz aufgenommen werden kann;
3. bereits vorhandene oder herzustellende Anlagen oder sonstige Vermögensstücke, welche von der Gesellschaft übernommen werden. Eine solche Uebernahme erfüllt nicht, wie in dem Falle der Nr. 2 die auf der Zeichnung übernommene Verpflichtung des einzelnen Aktionärs, sondern stellt ein zweiseitiges selbständiges Rechtsgeschäft zwischen der Gesellschaft und dem Kontrahenten dar. Regelmäßig wird dieses Geschäft ein Kauf sein. Es bedarf danach der namentlichen Bezeichnung des Kontrahenten, der Angabe des übernommenen Gegenstandes und des Kaufpreises. An die Stelle des letzteren tritt die sonst zu gewährende Vergütung, wenn die Ueberlassung nicht durch Kauf, sondern ein anderes Rechtsgeschäft erfolgt. Zur Vermeidung einer Umgehung dieser Vorschrift erstreckt der Entwurf dieselbe ausdrücklich auch auf solche Anlagen, welche noch nicht vorhanden, sondern erst herzustellen sind;
4. der Gesammtaufwand für die Gründung, wie er durch Gewährung von Vortheilen an Dritte und durch Entschädigungen oder Belohnungen aus dem Grundkapital zu Lasten der Gesellschaft an Aktionäre oder Andere sich zusammensetzt. Damit der Gesellschaftsvertrag nicht mit Einzelheiten belastet wird, welche eine nur vorübergehende Bedeutung haben, verlangt der Entwurf nur die Aufnahme des Gesammtaufwands in den Gesellschaftsvertrag und verweist die Spezifikation desselben unter Bezeichnung der Empfänger in den Artikel 210 Ziffer 1.

Um von allen diesen Vorgängen ein richtiges Bild zu erlangen, genügt es aber nicht, wenn der Gesellschaftsvertrag nur entnehmen ließe, um wie viel das Grundkapital durch derartige Aufwendungen insgesammt vermindert worden ist. Es ist vielmehr erforderlich, daß sich die einzelnen Arten dieser Verminderung **gesondert** von einander abheben, damit nicht die eine Operation sich durch eine andere verhülle.

d) Sanktion.

Als Sanktion dafür, daß alle Festsetzungen der gedachten Art aus dem Gesellschaftsvertrag zu entnehmen sind, bestimmt endlich der Entwurf, daß anderweitige Abkommen über die unter Nr. 1 bis 4 aufgeführten Gegenstände, soweit solche der vorgeschriebenen Festsetzung im Gesellschaftsvertrag entbehren, für die Gesellschaft unverbindlich sein sollen. Dadurch wird erreicht, daß die von den Gründern Namens der Gesellschaft eingegangenen Rechtsgeschäfte und die von ihnen ihr auferlegten Verbindlichkeiten nicht blos für Alle, welche sich an dem Unternehmen als Aktionäre oder Gläubiger betheiligen wollen, ersichtlich gemacht, sondern auch für die Gesellschaft festgesetzt werden. Inwieweit ein für die Gesellschaft nicht verbindliches Abkommen zwischen den Gründern und deren Kontrahenten eine rechtliche Wirkung äußert, mag sich nach den Grundsätzen des bürgerlichen Rechts entscheiden. In dieser Richtung nach dem Vorbild des Art. 180 Absatz 3 der bisherigen Fassung weiter zu gehen und dem Abkommen jede rechtliche Wirkung zu versagen, kann sich vom Standpunkt einer Fürsorge für die Interessen der Gesellschaft nicht rechtfertigen. Umgekehrt erhält der Gründer dadurch, daß er für das Namens der Gesellschaft abgegebene Versprechen sich selbst verantwortlich macht, wenn er die vorgeschriebene Aufnahme desselben in den Gesellschaftsvertrag unterläßt, den Antrieb, diese Aufnahme zu bewirken.

§. 8.

Gründung — Aufbringung des Grundkapitals und Errichtung der Gesellschaft.

I. Aufbringung des Grundkapitals und Errichtung der Gesellschaft.

Im Allgemeinen.

Sah §. 7 die Feststellung des Inhalts des Gesellschaftsvertrages und in Verbindung damit die objektive Gestaltung und Belegung des Grundkapitals als erstes Erforderniß für die Errichtung der Gesellschaft vor, so ergiebt sich als das andere Haupterforderniß die subjektive Aufbringung des Grundkapitals, die Feststellung der Betheiligung und der Antheile an dem Kapitalsverein.

Begrifflich deckt sich auch diese nicht nothwendig mit der Errichtung der Gesellschaft, d. h. mit dem Abschlusse des Gesellschaftsvertrages. Die Antheilsverhältnisse können in der Voraussetzung, daß der Vertrag abgeschlossen wird, oder auch als Erforderniß dafür festgestellt werden, so daß letzteren Falls zugleich ein Recht konstruirt wird, von der erklärten Betheiligung zurückzutreten. Auch lassen sich bei Feststellung der Betheiligung die Rollen für Angebot und Annahme der letzteren verschieden bestimmen.

Ob hiernach die Aufbringung des Grundkapitals mit der Errichtung der Aktiengesellschaft zusammenfallen oder von ihr auseinandergehalten werden soll, ist eine Frage der Gesetzgebungspolitik. Der Entwurf nimmt für die Simultangründung die erstere, für die Sukzessivgründung die letztere Alternative an.

II. Uebernahme aller Aktien durch die Gründer.

Vereinigen sich die Gründer, also diejenigen, welche gemeinsam das Unternehmen ins Leben rufen wollen, über die Grundlagen desselben, so erklären sie hiermit zugleich, daß ein Jeder sich betheilige und den Andern als Theilnehmer zulasse; sie treten nicht blos zusammen, sondern gegenseitig für einander ein. Zur Gewährung eines besonderen Rechts, von der erklärten Betheiligung wieder abzugehen, oder andererseits einen zugelassenen Theilnehmer nachträglich auszuschließen, liegt nicht das geringste Bedürfniß vor.

Sobald daher die Gründer bei Feststellung des Statuts in der hierauf bezüglichen Verhandlung die sämmtlichen Aktien, also das gesammte Grundkapital, selbst übernehmen (Art. 209 Abs. 1), liegt eine bindende Uebereinstimmung aller Theilnehmer in Errichtung des Gesellschaftsvertrages vor, und für eine besondere Errichtungserklärung oder Verhandlung ist kein Raum gegeben. Mit der Uebernahme hat die Gesellschaft als errichtet zu gelten (Art. 209c).

Dieselben Grundsätze müssen aber auch Anwendung finden, wenn bei Verlautbarung der Statuten nur ein Theil des Grundkapitals übernommen war und der Restbetrag, anstatt ihn, wie es vielleicht der ursprünglichen Absicht oder auch den ursprünglichen Verhältnissen entsprach, zur Zeichnung für Andere aufzulegen, von allen oder einzelnen Gründern nachträglich noch übernommen werden soll. Es besteht nicht der mindeste Anlaß, in diesem Falle die Gründer auf den Weg der Sukzessivgründung zu drängen und ihnen den der Simultangründung zu verschließen, wenn es sich ergiebt, daß letztere den thatsächlichen Verhältnissen mehr entspricht. Allerdings muß auch solchenfalls der Zeitpunkt des Gesellschaftsvertrages formell zu konstatiren sein, und deshalb erfordert der Entwurf eine besondere gerichtliche oder notarielle Verhandlung, in welcher die sämmtlichen Gründer erklären, daß von ihnen auch der Rest der Aktien und nunmehr also das ganze Grundkapital übernommen sei. Zugleich soll aus dem in §. 6 S. 260, 261 erörterten Grunde die Verhandlung ersichtlich machen, ob der Rest auf alle Gründer oder wen von ihnen und zu welchen Beträgen er auf dieselben vertheilt ist.

III. Aufbringung des Grundkapitals mittels Zeichnung.

Bei der Sukzessivgründung muß das Aktienkapital, soweit es nicht von den Gründern übernommen ist, durch **Zeichnung** aufgebracht werden. In dieser soll sie ihre Grundlage haben. Es ist deshalb von der größten Wichtigkeit, Erfordernisse, Bedeutung und Hergang der Zeichnung festzustellen.

Das bisherige Recht beschränkt sich auf die Vorschrift in Artikel 208 Absatz 3:

> Zur Aktienzeichnung genügt eine schriftliche Erklärung.

1. Uebelstände des bisherigen Rechts.

Diese, einer jeden Bestimmung von Form und Inhalt der Zeichnung entbehrende Vorschrift hat in sehr fühlbarer Weise Mißstände hervorgerufen. In den seltensten Fällen waren sich die Zeichner der vollen Bedeutung der von ihnen übernommenen Verbindlichkeiten bewußt; sie zeichneten ohne Kenntniß der wichtigsten Bestimmungen über die Grundlagen der Gesellschaft. Schlimmer aber, als die hieraus den Zeichnern erwachsenen Nachtheile, erwiesen sich für die Gesellschaft die mannichfaltigen Abmachungen, welche zwischen den Zeichnern und Gründern zu dem Zwecke stattfanden, die vom Gesetze vorausgesetzten Garantien zu vernichten. Oft war den Zeichnern Namens der Gesellschaft zugesichert worden, sie sollten von ihr aus den Zeichnungen nicht in Anspruch genommen werden. Ist auch diese Abmachung rechtlich für die Gesellschaft nicht bindend gewesen,[1]) so wurde sie doch thatsächlich von den unter dem Einfluß der Gründer stehenden Verwaltungsorganen befolgt; dieselben verkauften die Aktien für Rechnung der Gesellschaft und ein etwaiger Rückgriff scheiterte, weil sich die Gesellschaft außer Stand gesetzt hatte, die Aktien hierfür zu gewähren.[2]) Oft ferner haben sich Personen zur Zeichnung von Aktien bestimmen lassen, indem die Gründer sich dagegen verpflichteten, ent-

1) Entsch. des R. O. H. G. Bd. 7 S. 158, 437; Bd. 9 S. 69 Bd. 20 S. 275 u. a.

2) Entsch. d. R. O. H. G. Bd. 19 S. 227.

weder ihnen für jede daraus entstehende Verbindlichkeit aufzukommen und die Aktien abzunehmen, oder die Aktien für Rechnung der Zeichner zu verkaufen. Vom rechtlichen Standpunkt konnte zwar auch hier dem Zeichner nicht verwehrt werden, wegen Uebernahme der Aktien oder der aus derselben drohenden Vermögensverluste mit Anderen Verträge abzuschließen. Aber diese gleichzeitig mit der Zeichnung getroffenen Abmachungen zielten thatsächlich auf eine Vereitelung des Gesetzes ab. Im Falle einer Abmachung der ersteren Art ist die Vorschiebung der Personen unverkennbar; hier, wie auch in dem zweiten Falle, war beabsichtigt und gelangte es dahin, daß vermöge des Einflusses, welchen die Gründer auf die Gesellschaftsorgane ausüben konnten, die Ausschreibung der Raten auf die Zeichnung seitens der Gesellschaft von dem Gelingen der Spekulation, die Aktien an der Börse unterzubringen, abhängig gemacht wurde.

Es genügt die Andeutung dieser Fälle. Denn es ist unleugbar, daß die bei ihnen und ähnlichen Fällen zu Tage getretenen Uebelstände, welche die Gesellschaften in ihrem Keime und Kerne treffen, durch die Formlosigkeit der Zeichnungen und das Dunkel ihres Hergangs gefördert worden sind.

2. Die Prospekttheorie.

Um diese Uebelstände zu beseitigen, hat man empfohlen, eine Aufforderung zu Zeichnungen nicht anders als auf Grund eines öffentlichen Prospekts zuzulassen, in welchem die Gründer alle auf die Errichtung der Gesellschaft bezüglichen Verträge oder Vorgänge bekannt zu machen hätten. Es ist dies die sogenannte Prospekttheorie. Dieselbe hat ihren Ursprung im englischen Recht. Das englische Gesetz bestimmt [1]) nur, daß jeder Prospekt, durch welchen zur Zeichnung von Aktien aufgefordert wird, Datum und Kontrahenten aller in Bezug auf die Gründung geschlossenen Verträge angeben müsse, widrigenfalls derselbe als betrügerisch zu gelten habe. Dieser Vorgang ist alsbald von anderen Gesetzgebungen nachgebildet und ausgedehnt worden. Für den Fall der Gründung mittelst Subskriptionen muß vor Beginn der Zeichnung nach belgischem Recht [2]) der Gesellschaftsvertrag à titre de projet, nach dem italienischen Gesetz [3]) ein ziemlich ausführliches, in seinen einzelnen Punkten vorgeschriebenes Programm von den Gründern veröffentlicht werden, während das ungarische Handelsgesetzbuch in allen Fällen den Erlaß eines öffentlichen Prospekts fordert, auch wenn die sämmtlichen Aktien von den Gründern übernommen werden. [4]) In den österreichischen Entwurf von 1874 hatte die Prospekttheorie nur bei den sogenannten qualifizirten Gründungen Eingang gefunden, während sie in dem Entwurf von 1882 bei Gründungen jeder Art vorgeschlagen wird. [5]) Dagegen ist sie dem französischen Recht und dem neuesten schweizer Gesetz über das Obligationenrecht fremd geblieben.

In der Literatur [6]) und den industriellen Kreisen [7]) sind die Ansichten über den Werth dieser Theorie nicht minder getheilt.

Der Entwurf hat sich für die Aufnahme derselben nicht entscheiden können.

Die Solidität des Unternehmens wird durch einen Prospekt nicht gefördert. Ob es sich empfiehlt, behufs und vor der Entgegennahme von Zeichnungen einen Prospekt zu veröffentlichen oder einen solchen zu unterlassen, ist in thatsächlichen Verhältnissen begründet. Würde der Erlaß eines öffentlichen Prospekts von dem Gesetz erzwungen, so könnte dadurch leicht die Gründung solcher Unternehmungen gefährdet werden, welche bis zum Inslebentreten eine möglichste Geheimhaltung bedingen, so z. B., wenn es sich um die produktive Ausnutzung einer Erfindung handelt.

Ein obligatorischer Prospekt würde ferner einen bestimmten Inhalt bedingen. Diese Nothwendigkeit brächte die Gesetzgebung in das Dilemma, entweder einen für alle Arten von Unternehmungen allgemein passenden Inhalt zu suchen oder für die einzelnen Arten besondere gesetzliche Formulare aufzustellen. Ein allgemein gültiger Inhalt kann nur nichtssagend werden, die Aufstellung besonderer Schemata aber würde der Gesetzgebung, wenn sie je in der Lage wäre, das durch den Gesellschaftszweck bedingte individuelle Gepräge für die einzelnen Atiengesellschaften zu finden, eine Verantwortlichkeit aufbürden, welche sie nicht zu tragen vermöchte. Die Prospekttheorie erreicht aber auch ihren Zweck nicht, indem der Zwang, durch den Prospekt die Zeichnungen herbeizuführen, nothwendig zur Zweideutigkeit, zur Schönfärberei und zum Verschweigen derjenigen Thatsachen drängt, welche von einer Betheiligung abhalten würden. Von der Tagespresse, namentlich anonymen Zeitungsnotizen, die gesetzlich nicht verhindert werden könnten, unterstützt, würden die Prospekte das Gegentheil von dem bewirken, was erreicht werden sollte. — Auf der anderen Seite fehlt es an jedem Grunde, es für suspekt zu erklären, wenn etwa im einzelnen Falle die Gründer an Stelle der öffentlichen Aufforderung zur Aktienzeichnung die Uebersendung von Cirkularen oder eine sonstige private Aufforderung eintreten lassen wollen. Dieser Weg kann gesetzlich nicht verboten werden, vielmehr hat die verflossene Wirthschaftsperiode zur Genüge erwiesen, daß auf diesem Wege eine Reihe solider Aktiengesellschaften gegründet worden sind.

Daß man von einer fakultativen Gestaltung der Prospekttheorie, sei es, daß der Erlaß oder der Inhalt des Prospekts in das Ermessen der Gründer gestellt würde, einen noch geringeren Nutzen und dieselben Nachtheile, wie von einem obligatorischen Prospekt zu erwarten hätte, leuchtet von selbst ein. Je geringer die Grundlagen für die Beurtheilung des Prospekts sein würden, desto bedenklicher wäre der Schein gesetzlicher Fürsorge. Es mag daher den Gründern lediglich überlassen bleiben, ob und was für einen Prospekt sie erlassen wollen, im Falle des Erlasses bestimmen sich die zwischen ihnen und den Zeichnern eintretenden Rechtsverhältnisse nach dem bürgerlichen Rechte; der Entwurf sieht in dem Prospekt keinen wesentlichen Hergang der Gründung und enthält sich daher jeder Bestimmung.

3. Grundzüge des Entwurfs.

Die Vortheile, welche von den Anhängern der Prospekttheorie in Aussicht gestellt werden, lassen sich, abgesehen von Strafbestimmungen, ohne Prospekt und ohne die mit diesem verbundenen Nachtheile besser erreichen. Entkleidet man die Theorie ihrer Schale, so bleibt als der gesunde Kern das Streben nach Verantwortlichkeit der die Gründung leitenden Personen und nach sicherer Erkennbarkeit des Hergangs.

---

[1]) Comp. Act 1867 sect. 38.

[2]) Gesetz vom 18. Mai 1873 Art. 31.

[3]) Codice di commercio vom 2. April 1882 Art. 129, 130.

[4]) §. 150; vgl. Schnierer, Komm. zum ungar. H. G. B. S. 153

[5]) Art. 209 a.

[6]) Als Anhänger sind hervorzuheben: Wiener in dem Eisenacher Gutachten 1873 S. 11 ff. und in seiner Schrift: Zur Reform der Aktiengesetzgebung 1873 S. 19 f.; Wolffson, Makower, Jaques und ihnen folgend die Beschlüsse des 11. deutschen Juristentages (Verhandl. S. 80 ff., 117 ff., 135, 101), Wagner als Referent im Verein für Sozialpolitik vom 12. Oktober 1873 (verg. S. 81 ff.); bekämpft wird die Prospekttheorie von Albrecht (Verhandl. des 11. deutschen Juristentages S. 94); Geiger in Busch's Archiv Bd. 36 S. 17 ff.; Hecht, das Börsen- und Aktienwesen der Gegenwart S. 51 ff.; Ladenburg in Busch's Archiv Bd. 38 S. 206; Zimmermann, ebenda Bd. 31 S. 263.

[7]) Für den Prospekt erklären sich die Handelskammern in Cöln (Hecht a. a. O. S. 254), Königsberg (Hecht a. a. O. S. 626), Stettin (Hecht a. a. O. S. 274) und Breslau (Hecht a. a. O. S. 218); dagegen: die Aeltesten der Berliner Kaufmannschaft (Hecht a. a. O. S. 326 ff.) und die Hamburger Handelskammer. Vgl. Verhandl. des deutschen Landwirthschaftsraths von 1882 Nr. 8 der Drucksachen S. 17.

Die Frage der Verantwortlichkeit steht hier nicht zur Erörterung. Was aber die Erkennbarkeit des Gründungshergangs betrifft, so glaubt der Entwurf, das mittelst Aktienzeichnung bei einer Gründung sich betheiligende Publikum gegen Täuschungen wirksamer durch die schon besprochenen Vorschläge über den Inhalt des Gesellschaftsvertrages (§§. 6, 7), sowie durch die noch zu erwähnenden Vorschriften über die Prüfung der Gründung (§. 9) und, was hier zu rechtfertigen ist, dadurch zu schützen, daß er die Zeichnung, welche das Fundament der Aktiengesellschaft bildet und den Betheiligten wie dem Registerrichter eine leichte und sichere Prüfung der richtigen Aufbringung des Grundkapitals ermöglichen muß, zu einem Formalakt macht.

a) Die Zeichnung. Zeichnungsschein.

Der Entwurf verlangt zunächst für die Aktienzeichnung die schriftliche Form als absolutes Erforderniß der Gültigkeit sowohl gegenüber der Gesellschaft als den Gründern. Ohne Schriftform entbehrt eine Zusage zur Zeichnung der rechtlichen Wirkung, andererseits wird die Form durch jede schriftliche Erklärung gewahrt, gleichviel in welcher Weise oder Urkunde sie abgegeben ist.

Um aber dem Zeichner zum Bewußtsein und gegenüber der Gesellschaft zum Ausdruck zu bringen, welche Verbindlichkeit gegen diese er eingeht, verlangt der Entwurf ferner, daß die Erklärung in einem besonderen **Zeichnungsscheine** mit gesetzlich bestimmtem Inhalt erfolge. Demgemäß stellt der Entwurf (Art. 209d) an den Zeichnungsschein folgende Anforderungen:

1. Indem der Zeichnungsschein auf das Datum des Statuts verweisen soll, nöthigt er, daß dessen Feststellung der Zeichnung in allen Fällen vorausgeht.
2. In dem Scheine sollen die Essentialien des Gesellschaftsvertrages (Art. 209 Abs. 2) einschließlich der in Artikel 209b vorgesehenen Festsetzungen und des Gesammtbetrages jeder einzelnen Gattung von Aktien (Art. 209a Z. 3) aufgeführt sein. Um diese das Wesen der projektirten Gesellschaft ausmachenden Stipulationen dem Unterzeichner vor seiner Entschließung nachdrücklich zum Bewußtsein gelangen zu lassen, würde eine blos allgemeine Verweisung auf das Statut nicht genügen.
3. Damit ferner kein Zweifel über die dem Zeichner obliegenden Leistungen bestehe, soll der Zeichnungsschein — was namentlich für den Fall der Ueberpari-Emission von Bedeutung ist — den Betrag enthalten, für welchen die Ausgabe der Aktie stattfindet, und den Betrag der Einzahlungen, welche bereits festgesetzt sind. Sodann soll
4. der Zeichner auf eine Würdigung der Solidität des Unternehmens und der Unternehmer hingewiesen werden und deshalb soll der Zeichnungsschein auch Namen, Stand und Wohnort der Gründer angeben.
5. Endlich soll in dem Scheine der Zeitpunkt enthalten sein, mit dessen Eintritt die Zeichnung unverbindlich wird, sofern bis dahin nicht die Errichtung der Gesellschaft beschlossen ist.

Der Entwurf erachtet eine solche Zeitbeschränkung,[1]) welche natürlich für alle Zeichner gleich sein muß, für geboten. Denn jeder Zeichner verpflichtet sich präsumtiv nur unter der bestimmten Erwartung, daß die Aktiengesellschaft in absehbarer Zeit ins Leben trete. Er will sich weder dauernd und ohne Rücksicht auf eine Aenderung der Zeitverhältnisse binden, noch es lediglich den Gründern überlassen, wann es ihnen gelingen möchte, die zur Deckung des Grundkapitals erforderlichen Zeichnungen zu erlangen. Das Interesse des Zeichners an der Gesellschaft selbst wird nur dann rege bleiben, wenn zwischen Zeichnung und Errichtung kein allzu langer Zeitraum liegt. Hiernach sollen zur Grundlage für eine erst nach jenem Zeitpunkte erfolgende Errichtung der Gesellschaft die früheren Zeichnungsscheine von den Gründern nicht benutzt werden können.

Weitere Erfordernisse stellt der Entwurf für den Inhalt des Zeichnungsscheins nicht auf. Insbesondere erschien eine ausdrückliche Unterwerfung des Zeichners unter das Statut, wie sie der neueste italienische Codice di commercio (Art. 130) vorschreibt, entbehrlich und, insoweit das Statut noch bei der Eröffnung der Gesellschaft abgeändert werden kann, inkorrekt.

Nur Scheine mit dem vorgeschriebenen Inhalte sind behufs Eintragung des Gesellschaftsvertrages in das Handelsregister geeignet, den Nachweis der erfolgten Zeichnung des Grundkapitals zu erbringen. Dies soll die rechtliche Bedeutung des Formalinhalts sein. Inwieweit der Zeichner auf Grund einer anderen schriftlichen Zeichnungszusage oder auf Grund eines mangelhaften Zeichnungsscheines zur Ausstellung eines vorschriftsmäßigen Scheines, sowie zur Leistung der den Zeichnern obliegenden Zahlungen oder sonstigen Einlagen verpflichtet ist, mag sich in Gemäßheit des bürgerlichen Rechts nach dem Inhalte seiner Zusage bestimmen.

Außer dem gesetzlich vorgeschriebenen Inhalte kann der Schein noch andere Angaben enthalten. Aber Vorbehalte, Bedingungen und Einschränkungen, welche dem gesetzlichen Inhalte des Zeichnungsscheins oder der gesetzlich aus der Zeichnung folgenden Verbindlichkeit zuwiderlaufen, würden den Schein zum Nachweise der Zeichnung ungeeignet machen. Endlich würden Einschränkungen, welche außerhalb eines vorschriftsmäßig ausgestellten Scheines durch Nebenabreden mit den Gründern getroffen sind, die Gesellschaft nicht berühren; denn der Zeichnungsschein ist es, auf Grund dessen die Erklärung gegenüber der Gesellschaft und die Errichtung der letzteren erfolgt, und er erzeugt Verpflichtungen nach Maßgabe seines gesetzlichen Inhalts. Bei der Wichtigkeit des Gegenstandes empfiehlt es sich, diese Folgen, wie dies von sachverständiger Seite, auch z. B. von den Aeltesten der Berliner Kaufmannschaft gewünscht ist,[1]) durch das Gesetz auszusprechen.

Der Zeichnungsschein soll in zwei Exemplaren ausgestellt und unterzeichnet werden; das eine Exemplar soll zu dem Handelsregister eingereicht werden und bei den Akten desselben verbleiben, während das andere Exemplar nothwendiger Weise behufs Erhebung etwaiger Ansprüche aus der Zeichnung bei der Gesellschaft selbst zu belassen ist. Das doppelte Exemplar erleichtert nicht blos die dauernde Einsicht und Feststellung seines Inhalts, sondern verhütet auch ein Verschwinden oder eine Verfälschung des Scheins.

Offerte bei der Zeichnung.

Es bleibt zu erörtern, ob in dem Zeichnungsschein, welcher von dem Zeichner an die Gründer zurückgelangt, eine Offerte des Zeichners an die letzteren enthalten sein soll, oder die Annahme einer Offerte, welche die Gründer in der Aufforderung zur Zeichnung gemacht hatten. Das jetzige Recht geht von der ersteren Alternative aus.[2]) Danach wird der Zeichner durch einen den gesetzlichen Erfordernissen entsprechenden Zeichnungsschein zur Uebernahme der gezeichneten Aktien verpflichtet, wenn und insoweit die Gründer rechtzeitig das Angebot durch Zutheilung der Aktien an-

[1]) Vergl. Primker bei Endemann a. a. O. S. 543 III, 2.

[1]) Bei Hecht a. a. O. S. 334. Vergl. übrigens Entsch. des R. O. H. G. Bd. 5 S. 417; Bd. 7 S. 158, 161, 417, 437; Bd. 9 S. 68; Bd. 10 S. 49; Bd. 20 S. 275. Primker bei Endemann S. 542; Wiener, Zeitschr. für das gesammte Handelsrecht Bd. 24 S. 471 ff.

[2]) Vergl. Renaud, Recht der Aktiengesellschaft 2. Aufl. S. 246.

nehmen. Der Entwurf schließt sich dieser Auffassung unbedenklich an. Abgesehen davon, daß ein etwa erlassener Prospekt sich an das Publikum, nicht an bestimmte Personen, der Zeichner dagegen an die bekannten Personen der Gründer wendet, sind diese es, denen es vornehmlich obliegt, für das Unternehmen die Betheiligten auszusuchen. Sie sollen die Ernsthaftigkeit der Betheiligungen prüfen; der Entwurf erklärt sie im Interesse der Gesellschaft sogar für verpflichtet, auf die Zahlungsfähigkeit der Zeichner gebührende Rücksicht zu nehmen. Unter diesen Umständen muß den Gründern das Recht und die Pflicht einer Zurückweisung von Zeichnern gegeben, und dementsprechend muß die Uebergabe des Zeichnungsscheins als Offerte behandelt werden. Für die Annahme derselben seitens der Gründer ist die Anmeldung des Gesellschaftsvertrages zum Handelsregister und das hierbei zu überreichende Verzeichniß der Aktionäre maßgebend.

b) Errichtung der Gesellschaft. Konstituirende Generalversammlung.

Als Korrelat gegen diese Befugniß der Gründer legt der Entwurf in Verfolg des in den Zeichnungsschein aufgenommenen Vorbehalts den Akt der Errichtung der Gesellschaft in den Mehrheitsbeschluß einer Generalversammlung der Aktionäre, dem sich alle Betheiligten, Zeichner wie Gründer, zu unterwerfen haben. Die Frage, ob es sich empfiehlt, eine **konstituirende Generalversammlung** beizubehalten, ist sehr bestritten. Wirthschaftliche Erwägungen sprechen überwiegend für die Bejahung der Frage. Die Zeichnungen gelangen in die Hände der Gründer nach und nach. Jede Zeichnung ergeht unter der Voraussetzung, daß das ganze Grundkapital durch Zeichnungen vollständig aufgebracht werde. Ob dies geschieht und ob auf jede gezeichnete Aktie die vorgeschriebene Einzahlung geleistet ist, entzieht sich der Kenntniß des Zeichners. Der Eine kennt nicht den Anderen; Jeder aber hat in allen Fällen ein Interesse daran, daß auch die Uebrigen zahlungsbereit und zahlungsfähig sind, in gewissen Fällen auch daran, daß ihre Theilnahme sich für die Gesellschaft eignet. Möglich ist auch, daß vor Ablauf der im Zeichnungsschein angegebenen Zeit und ohne daß dies bei der Zeichnung vorausgesehen werden konnte, sich die Verhältnisse für die Gründung wesentlich ändern. Es wäre unbillig, wollte man es bei der im Zeichnungsschein abgegebenen Erklärung bewenden lassen und den Zeichnern jede weitere Mitwirkung bei Konstituirung der Gesellschaft versagen. Vielmehr ist es gerechtfertigt, daß, wenn auf den gewonnenen Grundlagen zur Errichtung der Gesellschaft geschritten werden soll, die Errichtung unter dem Zusammentreten der Gründer mit den Zeichnern in gemeinsamer Entschließung erfolgt, so daß die Errichtung unterbleibt, wenn sich keine ausreichende Mehrheit der Erschienenen dafür erklärt. Eine konstituirende Versammlung bietet aber gleichzeitig den Vortheil, daß die Betheiligten die Gelegenheit zur Prüfung und Diskussion der Gründungsvorgänge erhalten. Wie häufig bisher die Prozesse gewesen sind, in welchen die geschehene Zeichnung angefochten wurde, weil sich der Zeichner über die wichtigsten Verhältnisse der Gesellschaft im Irrthum befunden hat, oder weil er durch falsche Vorspiegelungen zur Betheiligung verleitet worden ist, und welche Nachtheile derartige Vorkommnisse für die Gesellschaft selbst und deren Grundkapital zur Folge hatten, ist bereits oben erwähnt worden. Nachträgliche Anfechtungen der Zeichner müssen gegenüber der ins Leben getretenen Gesellschaft versagt werden; desto nothwendiger ist die Zulassung der Diskussion oder nochmaliger Entschließung, bevor und damit die Gesellschaft ins Leben trete. Besonders nothwendig erscheint diese Beschlußfassung in den Fällen einer qualifizirten Gründung, in welchen die Bildung des Grundkapitals durch Apports oder übernommene Gegenstände sich komplizirt. Schon das Handelsgesetzbuch hatte für diesen Fall eine solche Generalversammlung für die Kommanditgesellschaft auf Aktien vorgeschrieben (Art. 180 H. G. B). Von dort ist sie durch die Novelle von 1870 in Artikel 209a, 209b auf die Aktiengesellschaften allgemein übertragen worden. Gleichermaßen setzen auch die meisten modernen Gesetzgebungen und Entwürfe einen solchen Akt als nothwendiges Konstituirungsmoment fest.[1]) Der Entwurf, welcher das Prinzip eigener Entschließung der Betheiligten durchführen will, kann hiervon nicht abgehen. Die gegen das Bedürfniß einer konstituirenden Generalversammlung vielseitig erhobenen Angriffe hatten zum Theil ihren Grund in der zweifelhaften Bedeutung des bisherigen Artikels 209a, welcher die von der Versammlung zu übende Thätigkeit nicht klar erkennen ließ. Es sollte die Zeichnung des Grundkapitals und die Einzahlung von 10 Prozent bezw. 20 Prozent durch Mehrheitsbeschluß „festgestellt" werden. Mochte nun vom Gesetz mit dieser Feststellung nur eine Anerkennung von Thatsachen oder aber eine Abnahme der Verantwortlichkeit von denjenigen Personen, denen solche eigentlich oblag, bezweckt sein, jedenfalls verlangte das Gesetz von der Generalversammlung die Entscheidung über Thatsachen, von denen sie keine Kenntniß haben konnte, und bot eben dadurch den Gründern eine bequeme Handhabe, sich durch den Beschluß der Generalversammlung von jeder Verantwortlichkeit und Regreßpflicht gegen die Gesellschaft zu befreien.[2]) Zum Anderen war die Generalversammlung durch ihre Abhängigkeit von den Gründern zu einer bloßen Formaliät geworden; ihre Machtlosigkeit hat ihr in der That jedes Ansehen in der öffentlichen Meinung entzogen. Wird fortan die der Versammlung obliegende Thätigkeit klar und richtig bestimmt und ihre Bedeutung gehoben, so wird die konstituirende Generalversammlung nicht mehr zu einer auf den Schein berechneten Formalität herabsinken. Nach den Vorschlägen des Entwurfs soll die Sukzessivgründung ihren Schwerpunkt in der Generalversammlung finden. Dieselbe soll nicht über Thatsachen entscheiden, sondern direkt beschließen, ob auf Grund der Statuten und der zusammengebrachten Betheiligung der Aktionäre die Errichtung der Gesellschaft erfolgen oder unterbleiben soll. Dabei verlangt der Entwurf, um die Beschlußfassung thunlichst der Herrschaft der Gründer zu entziehen, daß in allen Fällen die der Errichtung zustimmende Mehrheit der erschienenen Aktionäre nach den Köpfen mindestens ein Viertheil sämmtlicher im Verzeichniß aufgeführter Aktionäre begreifen und auch nach den Summen mindestens den vierten Theil des ganzen Grundkapitals umfassen muß (Art. 210a Abs. 4). Eine solche Mehrheit, welche nach dem bisherigen Recht nur behufs Genehmigung der Einlagen, Uebernahmen oder der zu Gunsten eines Aktionärs bedungenen besonderen Vortheile bei der qualifizirten Gründung erfordert wurde, wird nicht immer oder doch nicht in der Regel zur Verfügung der Gründer stehen, sich dagegen in diesem Stadium, in welchem der Aktienbesitz noch nicht allzu zerstreut ist, unschwer zusammenfinden. Diese Quoten müssen aber auch genügen; eine weitere Erhöhung der zustimmenden Anzahl oder deren Beträge würde die Gefahr in sich bergen, daß in der ersten Generalversammlung ein Zustimmungsbeschluß kaum je zu Stande käme, daß dann für die Beschlußfassung einer zweiten Versammlung die Erfordernisse erheblich herabgemindert werden müßten und damit wieder der Konstituirungsakt zu einem leeren Scheine würde.

Je mehr aber freilich der Entwurf auf die Wichtigkeit

---

1) Französ. Ges. vom 24. Juli 1867 Art. 24; belg. Ges. vom 18. Mai 1873 Art. 31, 32; ungar. H. G. B. §§. 151, 154; Codigo del commercio von Venezuela Art. 197; italien. Codice di comm. von 1882 Art. 134; schweizer Bundesges. über das Obligationenrecht Art. 618; österr. Entw. Art. 209b.

2) Vergl. z. B. Löwenfeld a. a. O. S. 114 ff. und die bei ihm zitirten Schriftsteller.

und Selbständigkeit der konstituirenden Versammlung hinweist, desto mehr muß er es sich angelegen sein lassen, sie in den Stand zu setzen, die ihr vom Gesetz zugewiesene Aufgabe zu erfüllen. Die hierzu dienenden Macht- und Hülfsmittel umfassen die Sicherung der Erfordernisse für eine jede Gründung und beschränken sich nicht auf den Fall der Sukzessivgründung.

§. 9.

Gründung — Sicherung und Prüfung der Erfordernisse.

1. Prüfung der Gründung durch die Organe der Gesellschaft.

Dem vom Entwurf festgehaltenen Gedanken, der Gesellschaft gegenüber die Gründer scharf hervortreten zu lassen und diesen gegenüber die Gesellschaft mit thunlichster Selbständigkeit auszustatten (§. 6 S. 260ff.) entspricht es, daß die Gesellschaft schon im Gründungsstadium durch eigene, ihr verantwortliche Organe vertreten wird.

Bestellung des ersten Vorstandes und Aufsichtsraths.

Der Entwurf (Art. 209e, f) läßt daher die Wahl des Vorstandes und des Aufsichtsraths nicht erst, wie bisher, mit der Vollendung des Gründungsherganges behufs Uebernahme der Geschäftsführung eintreten. Vielmehr beruhen die Vorschriften des Entwurfs über die Gründung darauf, daß eine solche Wahl schon im Stadium der Errichtung nach der Aufbringung des Grundkapitals getroffen werden muß. Die Thätigkeit dieser Organe hat sofort zu beginnen. Sie ist hier reichlich so wichtig, wenn nicht noch wichtiger, als späterhin; denn die Art, wie die Gesellschaft gebildet wird und in das Leben tritt, ist für das künftige Gedeihen der Gesellschaft bestimmend.

Naturgemäß kann im Stadium der Gründung die Thätigkeit der Gesellschaftsorgane nur eine kontrolirende sein, während die Gründer zu handeln haben. Beide Funktionen greifen jedoch ineinander und so werden und müssen auch beide Körperschaften mit einander in Verbindung treten. Sich die letzteren stets in einem feindlichen Gegensatze zu einander zu denken und gesetzlich die Vermuthung aufzustellen, daß regelmäßig die Gründer arglistig auf Ausbeutung der übrigen oder späteren Aktionäre sinnen, wäre ebenso verfehlt, als wenn man davon ausgehen wollte, daß alle Gründungen ohne Verstoß erfolgen. Gerade weil letzteres nicht immer der Fall ist, sollen den Gründern die Gesellschaftsorgane zur Seite gestellt werden. Durch die Ausübung dieser Kontrole zur Beseitigung begangener Verstöße angehalten zu werden, ist das eigene Interesse der Gründer; denn ihnen verbleibt die Hauptverantwortlichkeit für die Gründung. Aber ihre Interessen decken sich thatsächlich nicht immer mit denen der Gesellschaft, und selbst soweit dies der Fall ist, sind sie es doch, welche handelnd auftreten, die Geschäfte vermitteln, die Vermögensstücke übernehmen, einlegen u. s. w. und hierüber, wie Geschäftsführer dem Geschäftsherrn, der Gesellschaft Kenntniß und Rechenschaft zu geben haben. Dies wird durch Rede und Antwort besser geschehen, als durch einseitige Prospekte oder Gründungsberichte der Gründer, besser für beide Theile. Kein Gründer wird in der Vorschrift des Gesetzes, welche die Gesellschaftsorgane zur verantwortlichen Prüfung beruft, ein argwöhnisches Mißtrauen gegen sich zu erblicken haben, er müßte denn auch darin ein Mißtrauen sehen, daß das Gesetz von der Gesellschaft selbst die Prüfung voraussetzt. Nicht um Mißtrauen oder Vertrauen handelt es sich, sondern um die beste Art, die nöthige Aufklärung zu geben und zu empfangen.

Von diesem Ziele, nicht vom Argwohn geleitet, verkennt der Entwurf ebensowenig, wie oft es im Interesse der Gesellschaft liegen wird, wenn diejenigen, welche das Unternehmen gründen, auch später an der Leitung desselben betheiligt und an der Spitze der Geschäftsführung bleiben. Es kann deshalb nicht ausgeschlossen werden, daß Gründer sich zu Mitgliedern des ersten Vorstandes oder Aufsichtsrathes bestellen oder bestellen lassen. Nur muß das Publikum, welches Aktien zeichnen oder kaufen will, dies wissen können. Es ist wirthschaftlich gerathener, daß die Gründer, welche die Leitung der Geschäfte beabsichtigen, dieselbe offen und verantwortlich übernehmen, als daß sie ihren Einfluß hinter vorgeschobene Personen verstecken. Soweit demgemäß Gründer in den Vorstand oder Aufsichtsrath treten, ist es geboten, für diejenige Thätigkeit, welche diesen Organen der Gesellschaft im Gründungsstadium zufällt, in gleicher Weise andere Personen als Stellvertreter zu berufen. Ebenso ist zur Vermeidung einer Kollision von Interessen ein Ersatz für diejenigen Mitglieder des Vorstands oder Aufsichtsraths zu treffen, welche, ohne zu den Gründern zu gehören, ein Vermögensstück eingelegt oder der Gesellschaft überlassen oder sich als Aktionär einen besonderen Vortheil ausbedungen haben (Art. 209b). An geeignetem Material für solche Stellvertreter kann es nicht fehlen, auch nicht im Fall einer Simultangründung. Wenngleich die Gründer zunächst alle Aktien übernommen haben, werden sich von denjenigen, an welche die Ersteren meist in kürzester Zeit Aktien abgegeben haben, von den Emissionshäusern und Konsortialbetheiligten, sowie aus den Kreisen der Interessenten, welche zwar noch nicht Aktien besitzen, aber beabsichtigen, sich an dem Unternehmen zu betheiligen, genug Personen finden lassen, welche tüchtig sind, die ihnen zugedachte Thätigkeit auszuüben. Das Vertrauen zu den Personen ist dadurch bedingt, ob sie in sich die Gewähr dazu bieten, nicht dadurch, ob sie eine Aktie besitzen. Selbst unter solchen, welche offenbar dem Unternehmen fern bleiben wollen, werden sich höchst geeignete Personen mit geachtetem Namen — Sozien, Prokuristen, Revisoren, Rechtsanwälte, Notare 2c. — finden, welche, sei es auch gegen Entgelt, zu sorgfältiger Prüfung bereit sind.

Es ist nicht zu besorgen, daß die hiernach zur Kontrole berufenen Körperschaften eine Scheinexistenz führen werden. Man wird allerdings den praktischen Werth derselben durch den Einwand in Zweifel ziehen, daß ihre Wahl nicht anders als durch die Gründer oder unter deren Einfluß erfolge. Der Einwand ginge, abgesehen von seinem schon oben zurückgewiesenen Mißtrauen, über das Ziel hinaus; er würde die Bedeutungslosigkeit der Gesellschaftsorgane ebenso sehr für die Zeit nach Errichtung der Gesellschaft beweisen; er ist aber auch für die Zeit der Gründung nicht durchschlagend. Die Vorschriften des Entwurfs geben den Gesellschaftsorganen die zu ihrer Selbständigkeit erforderliche Macht, von welcher diese auch thatsächlich Gebrauch machen werden, wenn nicht, wie wohl anzunehmen, aus Pflichtgefühl und Interesse für die Gesellschaft, so jedenfalls, um sich nicht den Folgen ihrer civilrechtlichen Verantwortlichkeit und der Gefahr einer möglicher Weise mit dem Verlust der bürgerlichen Ehrenrechte verbundenen Gefängnißstrafe auszusetzen (Art. 249). Es möchte den Gründern, die darauf ausgehen wollten, schwer werden, Strohmänner, welche ihnen zu Liebe die Verantwortlichkeit und die Folgen einer Verletzung derselben leichtfertig nähmen, in der gebotenen Anzahl zu finden oder, soweit sie solche fänden, die Unterbringung der Aktien im Publikum zu erreichen. Sollte ihnen aber dies in der That gelingen, trotzdem das Gesetz für das Bekanntwerden der Namen sowohl der Gründer als der Gesellschaftsorgane und deren Stellvertreter genügend sorgt und das Publikum darauf hinweist, die Vertrauenswürdigkeit dieser Personen gebührend zu beachten, so wird das Publikum, wenn es durch eine Pflichtverletzung derselben geschädigt wird, der Gesetzgebung keinen Vorwurf daraus machen dürfen.

Muß sonach der Gesetzgeber die ernstliche Handhabung der gebotenen Mittel erwarten, so darf er wohl hoffen, daß in der dem Inslebentreten der Gesellschaft vorausgehenden, die eigene Entschließung der Betheiligten vorbereitenden Prüfung des Gründungshergangs durch die verantwortlichen Organe der Gesellschaft, welche zu solcher Prüfung am berufensten wie am befähigtsten sind und zugleich an die zukünftigen Interessen der Gesellschaft zu denken haben, für die aufgegebene Prüfung des Hergangs durch staatliche Organe ein vielleicht vermißter, jedenfalls besserer Ersatz gefunden werden wird.

2. Gegenstände der Prüfung.

Richtung und Umfang, welche die Prüfung durch die Gesellschaftsorgane einzunehmen hat, sind durch die Natur der Sache gegeben; sie muß, wenn sie wirksam sein soll, die Gründung der Gesellschaft von dem ersten Keim, wie er in den Statuten vorhanden ist, bis zu der konstituirenden Generalversammlung begleiten. Vorzugsweise wird die Prüfung festzustellen haben, ob das Grundkapital ernstlich zu Stande gebracht und gehörig gesichert sei.

a) Belegung des Grundkapitals.

Die Belegung des Grundkapitals gestaltet bei den verschiedenen Arten von Gesellschaften sich verschieden. Eben deshalb kann eine Prüfung in Bausch und Bogen nicht genügen, vielmehr hat dieselbe die einzelnen Theile, aus denen sich das Grundkapital zusammensetzt, und die Aufwendungen, welche aus demselben gemacht werden, in Gemäßheit der Statuten genau von einander zu sondern und nach jeder dieser Richtungen die Vollständigkeit und Richtigkeit der Angaben der Gründer im Gesellschaftsvertrage eingehend zu erörtern (Art. 209 Abs. 2).

Gründungsaufwand.

Es ist bereits (§. 7 S. 263) bemerkt worden, daß und warum die Aufnahme des Gründungsaufwands in den Gesellschaftsvertrag nur in summarischer Angabe erfolgen soll. Für die Beurtheilung des Grundgesetzes der Gesellschaft kann es sich nur um die ziffermäßige Feststellung des Grundkapitals handeln. Dagegen bietet die Einsicht in die einzelnen Posten, aus welchen sich der Gründungsaufwand zusammensetzt, für diejenigen, welche sich an dem Unternehmen betheiligen wollen, nicht blos einen wichtigen Anhalt zur Beurtheilung seines Werthes, sondern auch die nothwendige Kontrole für das Verfahren der Gründer und die unentbehrliche Voraussetzung für die aus einer Verletzung der gesetzlichen Vorschriften zu erhebenden Entschädigungsansprüche. Der Entwurf schreibt daher (Art. 210 Abs. 2 Ziffer 1) vor, daß von den Gründern über den Gründungsaufwand eine spezielle Uebersicht aufgestellt werden soll, welche die Art und Höhe der Vergütungen und deren Empfänger einzeln anzugeben hat. Nur bei einer solchen Spezifikation läßt sich erforderlichenfalls die Richtigkeit der einzelnen Aufwendungen und überhaupt ermitteln, ob die Gründer den im Gesellschaftsvertrag aufgeführten Betrag wirklich verausgabt oder ob sie nicht außer der angeführten Gesammtsumme zu Lasten des Grundkapitals Aufwendungen gemacht haben, welche durch die Werths- oder Preisfestsetzungen für eingelegte oder überlassene Objekte verdeckt abgegolten sind. Ohne solche Spezifikation ferner können Dritte, wenn diese wegen Empfangs einer von den Gründern verheimlichten Aufwendung haftbar gemacht werden sollen, sich nicht davon überzeugen, ob diese Aufwendung in jener Gesammtsumme enthalten ist. Zweck der aufzustellenden Uebersicht ist jedoch nicht eine Rechnungsabnahme, sondern nur die Offenbarung der Aufwendungen. Es ist daher nicht erforderlich, daß jede einzelne Ausgabe belegmäßig festgestellt oder daß, sofern verschiedene Posten für gleichartige Aufwendungen an denselben Empfänger gezahlt sind, jede Post besonders hervorgehoben wird. So würde beispielsweise die Angabe genügen können, daß für Porto eine bestimmte Summe ausgegeben sei, ohne daß es nöthig wäre, die einzelnen Sendungen, welche diese Ausgabe veranlaßt haben, näher zu bezeichnen.

Qualifizirte Gründung.

Bei der sogenannten qualifizirten Gründung sind die statutarischen Festsetzungen der Einlagen und Uebernahmen zu prüfen und die Vorgänge, welche auf sie geführt haben, zu ermitteln.

Bisher herrschte in der Praxis auf diesem Gebiete eine völlige Regellosigkeit. Oft war in den Statuten der Illations- oder Kaufvertrag selbst enthalten, oft gab es außer der summarischen Angabe im Gesellschaftsvertrage noch einen besonderen schriftlichen Vertrag. Ersterenfalls waren die Statuten unnöthig und beschwerlich belastet; denn für den Gesellschaftsvertrag hat nur die Festsetzung Bedeutung, was, von wem und zu welchem Betrage auf das Grundkapital inferirt oder übernommen werden soll. Im letzteren Fall aber bestand keine gesetzliche Vorschrift selbst dafür, daß der das materielle Interesse der Gesellschaft bestimmende Vertrag zur Kenntniß der Betheiligten gelangte.

Der Entwurf trifft die nothwendige Vorkehr nach zwei Richtungen, die zwar in engem Zusammenhange stehen, aber doch verschiedener Regelung bedürfen.

Diejenigen Verträge, welche den bezeichneten Festsetzungen im Gesellschaftsvertrage unmittelbar zum Grunde liegen oder zu deren Ausführung geschlossen sind, also die für die Gesellschaft errichteten Verträge, durch welche von ihr die einzulegenden oder überlassenen Gegenstände erworben werden sollen oder die Herstellung der Anlagen vereinbart wird, oder welche in Vorbereitung oder in Ergänzung hierzu ergangen sind, alle diese Verträge der künftigen Gesellschaft selbst müssen vollständig **vorgelegt**, mit der Anmeldung zum Handelsregister überreicht (Art. 210 Abs. 2 Ziff. 1) und dort zur Einsicht dauernd niedergelegt werden. Dies ist nothwendig, um zu erkennen, ob zwischen den Festsetzungen im Gesellschaftsvertrage und diesen Verträgen Uebereinstimmung herrscht und durch dieselben das Interesse der Gesellschaft gewahrt ist, nothwendig auch, um etwa vorgekommene Schiebungen und illegitime Zuwendungen aufzudecken. In letzterer Hinsicht bietet die Vorlegung der Verträge die wesentliche Ergänzung zu der Spezifikation des Gründungsaufwands, um die Vorschrift der Trennung des letzteren von den Illations- und Kaufpreisen durchzuführen. Dagegen würde es zu weit gehen, wenn, wie mehrseitig gefordert ist,[1]) die Vorlegung auch derjenigen Verträge, durch welche der Kontrahent der Gesellschaft die demnächst in diese eingebrachten oder an sie überlassenen Gegenstände seinerseits erworben hat, oder gar die Vorlegung der Erwerbsverträge der früheren Vorbesitzer vorgeschrieben würde. Abgesehen davon, daß es den Gründern nicht immer oder zumeist nicht möglich sein werde, in den Besitz dieser Vorverträge zu gelangen, würde eine so allgemeine Editionspflicht in eine Reihe von Privatverhältnissen eingreifen, deren Aufdeckung für die Betheiligten von erheblichem Nachtheile sein könnte und für die Beurtheilung der jetzigen Vereinbarungen nur selten förderlich sein wird. Die Vorlegung der letzteren bietet die genügende Grundlage, um in eine sachliche Prüfung der statutarischen Werthsbestimmungen einzutreten.

Hierauf allein kommt es an. Aber gerade deshalb wird andererseits die **Prüfung** nicht auf die Einsicht der vorgelegten Verträge zu beschränken sein. Die Prüfung hat den ganzen Hergang der Gründung zu umfassen, ihn klarzulegen oder aber festzustellen, welche Punkte zu einer Auf-

---

[1]) Vergl. Wiener im Eisenacher Gutachten S. 14 ff., und Behrend ebenda S. 61; Strombeck, Ein Votum zur Reform der deutschen Aktiengesetzgebung S. 24 ff.; dagegen Löwenfeld a. a. O. S. 135 ff.

klärung nicht haben gelangen können. Sie gipfelt bei Einbringung und Ueberlassung von Gegenständen darin:

> ob die Höhe der für dieselben gewährten Beträge unter den gegebenen Verhältnissen angemessen sind und daher gerechtfertigt erscheinen.

Das Gesetz vermag nicht zu begrenzen, welche Ermittelungen erforderlich sind, um dies festzustellen und inwieweit es hierzu eines Zurückgehens in die Vergangenheit bedarf. Das hängt vom einzelnen Fall ab. Im Allgemeinen kann es daher der Entwurf nur in das pflichtmäßige Ermessen und auf die Verantwortlichkeit der prüfenden Organe stellen, welche Vorgänge sie ins Auge zu fassen haben; zum Mindesten aber kann und muß er verlangen, daß sie die Prüfung darauf erstrecken, ob nicht dem Erwerbe der Gesellschaft Rechtsgeschäfte vorausgegangen sind, welche auf diesen schon hingezielt haben, und daß sie solche Rechtsgeschäfte bei der Beurtheilung der jetzt der Gesellschaft zur Last geschriebenen Beträge ins Auge fassen. Eine sorgfältige Prüfung wird außerdem stets eine Vergleichung der jetzigen Preise mit den früheren Erwerbs- und Herstellungspreisen bedingen, und zwar für einen Zeitraum, welcher weit genug zurückliegt, um die Annahme auszuschließen, daß auch diese Besitzveränderungen und Preise von der jetzt in Frage stehenden Spekulation ergriffen und von der Bildung der Gesellschaft beeinflußt gewesen seien; dazu wird unter Umständen auf einen längeren Zeitraum zurückgegangen werden müssen, mindestens erscheint ein Zeitraum von zwei Jahren geboten. Die Gesellschaftsorgane sollen Rechenschaft darüber ablegen, daß sie jedenfalls diese beiden Momente bei ihrer Beurtheilung über die Angemessenheit der Vergütung für die eingelegten und übernommenen Gegenstände gebührend berücksichtigt haben.

Die zur Erlangung des Urtheils nöthigen Thatsachen haben ihnen in erster Linie die Gründer zu unterbreiten. Dies braucht vom Gesetz nicht ausgesprochen zu werden. Es ist das eigene Interesse der Gründer, jede von den Gesellschaftsorganen gewünschte Aufklärung zu geben, da diese sonst in dem Prüfungsbericht darauf hinweisen oder gar die Anmeldung unterlassen müßten.

Ob und inwieweit die Aufnahme von Taxen durch Sachverständige wünschenswerth oder unerläßlich erscheint, läßt sich nur im einzelnen Falle bestimmen. Zwar ist von verschiedenen Seiten der Vorschlag gemacht worden, daß für alle Fälle eine Schätzung der eingelegten oder übernommenen Vermögensstücke durch Sachverständige vorgeschrieben werde.[1] Allein obligatorische Taxen sind beim Mangel sicherer Schätzungsgrundsätze und sicherer Sachverständigen leicht trügerisch und erzeugen oft nur den Schein eines Werthes, im Vertrauen auf welchen das Publikum ohne eigene Prüfung sich einem in keiner Weise berechtigten Gefühl der Sicherheit überläßt; andererseits sind sie insofern nicht maßgebend, als die obwaltenden besonderen Umstände, namentlich die erheblichen der Gesellschaft aus der Einlage oder Uebernahme entstehenden Vortheile oder die Nothwendigkeit des Erwerbs für den Geschäftsbetrieb der Gesellschaft, sehr wohl die Annahme seitens derselben zu einem höheren als dem gemeinen Werthe rechtfertigen können. Diesen Verhältnissen darf und soll die Beurtheilung Rechnung tragen (Art. 209 f Abs. 2).

b) Aufbringung des Grundkapitals.

Einen gleich wichtigen Gegenstand für die Prüfung der Gesellschaftsorgane bildet die Aufbringung des Grundkapitals.

Bei der Simultangründung ergiebt die förmliche Urkunde, mittelst deren die Statuten festgestellt oder nachträglich Aktien übernommen sind, ob das gesammte Grundkapital von

[1] Auerbach, das Aktienwesen S. 92; Silberschlag in der juristischen Wochenschrift 1876 S. 96 ff; Löwenfeld a. a. O. S. 163; vergl. auch das neue italien. H. G. B. Art. 134.

den Gründern aufgebracht ist. Hier kann über die Thatsache und die Personen kaum ein Zweifel bestehen.

Anders bei der Sukzessivgründung. Hier können leicht — wie bereits bemerkt — Scheinzeichnungen, nicht im juristischen, sondern im thatsächlichen Sinne vorgeschoben werden. Bisher fehlte eine ausreichende Kontrole über die Person und Zahlungsfähigkeit der Zeichner, sowie über die Beträge, welche auf die einzelnen Zeichner kamen; die Zeichnungsscheine blieben in den Händen der Gründer, und die konstituirende Generalversammlung war, selbst wenn sie nicht unter dem Drucke der Gründer stand, keineswegs ein geeignetes Organ, um eine Prüfung dieser Art genügend vorzunehmen. Um die Prüfung den Gesellschaftsorganen zu erleichtern und ein etwaiges unlauteres Vorgehen der Gründer zu erschweren oder aufzudecken, bestimmt der Entwurf (Art. 210 Abs. 2 Ziff. 2), daß ein von denselben in beglaubigter Form zu vollziehendes Verzeichniß aufzustellen sei, in welchem die Namen der Zeichner, die Zahl der auf einen Jeden fallenden Aktien und die auf letztere geschehenen Einzahlungen angegeben werden müssen. Für die Einführung einer solchen Zeichnerliste haben sich in der Literatur zahlreiche Stimmen erhoben,[1] und ähnliche Vorschriften enthalten neuere Gesetze und Entwürfe des Auslandes.[2] Hiernach haben Vorstand und Aufsichtsrath festzustellen, ob die Zeichnungsscheine mit diesem Verzeichniß übereinstimmen und sich, soweit es angeht, auch über die Persönlichkeit der Zeichner ein Urtheil zu bilden. Daß durch eine derartige Prüfung die Sicherheit dafür, daß das Grundkapital wirklich aufgebracht ist, erhöht wird, liegt auf der Hand.

c) Einzahlung auf das Grundkapital.

Der Entwurf glaubt aber ferner die Sicherung des Grundkapitals auch durch die Vorschriften über die erforderlichen Einzahlungen erhöhen zu müssen. Denn nicht minder wie hinsichtlich des Nachweises der Zeichnungen hat sich die bisherige Gesetzgebung auch hinsichtlich des Nachweises über die geschehene Einzahlung und namentlich den Mindestbetrag der letzteren als nicht ausreichend erwiesen.

Höhe der ersten Einzahlung.

Mit Recht ist eine Einzahlung von nur 10 Prozent — bei Versicherungsgesellschaften 20 Prozent — als eine zu niedrige angegriffen worden.[3] Zu geringe Einzahlungen bieten keine genügende Gewähr für die spätere Einzahlung des ganzen Grundkapitals, begünstigen solche Gründungen, welche zum Zwecke der Agiotage unternommen werden, und verleiten in Kreisen, die sich mit Rücksicht auf ihr Vermögen und ihre Geschäftskenntniß von Aktienunternehmungen fern halten sollen, in der Hoffnung auf schnelle Weiterübertragung des Aktienrechts zu leichtsinnigen Zeichnungen. Diese Mißstände haben, wenn auch vereinzelt, sogar das Verlangen nach obligatorischer Vollzahlung der Aktien sofort bei der Zeichnung hervorgerufen. Einer solchen Vorschrift würden, abgesehen davon, daß sie Scheinzahlungen keineswegs verhindern könnte, schwerwiegende wirthschaftliche Bedenken entgegenstehen. Denn in den häufigsten Fällen der Aktiengründung haben die Gesellschaften kein Bedürfniß nach sofort voll eingezahltem Grundkapital. In diesen Fällen wäre es im höchsten Grade unwirthschaftlich und könnte für den öffentlichen Kredit die bedenklichsten Folgen

[1] Vergl. z. B. Zimmermann in Busch, Archiv Bd. 31 S. 269; Ladenburg ebenda Bd. 38 S. 175.

[2] Französ. Gesetz vom 24. Juli 1867 Art. 55; ungar. H. G. B. Art. 159; Venezuela, Codigo di comm. Art. 224; österr. Entw. Art. 210a Nr. 1.

[3] Bericht der Spezialkommission zur Untersuchung des Eisenbahnkonzessionswesens in Preußen — Drucks. des Abgeordnetenhauses 1873/74 Nr. 11 S. 128 —; Oechelhäuser a. a. O. S. 58; Zimmermann in Busch, Archiv Bd. 31 S. 267 u. a. m.

nach sich ziehen, wenn den Aktiengesellschaften Geld zufließen würde, das sie für ihr Unternehmen nicht verwenden könnten.[1]) Das Geld, welches Privatunternehmungen entzogen würde, müßte dann entweder unfruchtbar in der Kasse bleiben, oder es würde die Gefahr entstehen, daß die Gesellschaft es zu Spekulationen aller Art, zum Mindesten aber zu Geschäften benutzte, welche dem Zwecke des Unternehmens fern liegen. Der Einwand, daß, wenn die Aktiengesellschaft zur Zeit kein Geld brauche, mit der Gründung derselben gewartet werden solle,[2]) kann nicht als stichhaltig erachtet werden, denn das Bedürfniß zur Gründung einer Gesellschaft, z. B. zum Bau einer Eisenbahn, zur Anlage eines Kanals rc. kann sehr dringend, der Zeitpunkt für die Aufforderung der Zeichnung sehr günstig, und doch kann unbestreitbar sein, daß die Gesellschaft, da der Bau nur allmälig fortschreitet oder aus anderen Gründen nur in Raten das Geld bedarf. — Dagegen mußte der Entwurf die Erhöhung der Minimaleinzahlung für geboten erachten. Nach dem ungarischen Handelsgesetz (§. 159) sowie dem italienischen Codice di commercio von 1882 (Art. 131) wird eine Einzahlung von 30 Prozent erfordert; nach dem Codigo del commercio von Venezuela (Art. 224) 25 Prozent, und dem schweizer Gesetz über das Obligationenrecht vom 14. Juni 1881 (Art. 622) mindestens 20 Prozent; die österreichischen Entwürfe (Art. 210a Nr. 2) verlangen als Regel 50 Prozent, dabei schlägt der neueste Entwurf von 1882 vor, daß auf Inhaberaktien mit einem Nominalbetrage bis einschließlich 200 Gulden und auf Namensaktien mit einem Nominalbetrage bis einschließlich 100 Gulden der ganze Nominalbetrag, auf Inhaberaktien von 200 bis 400 Gulden und auf Namensaktien von 100 bis 200 Gulden ein Betrag von mindestens 100 Gulden eingezahlt werden soll.

Zur Begegnung der geschilderten wirthschaftlichen Bedenken einerseits und zur Vermeidung unsolider Gründungen wie leichtsinniger Betheiligung andererseits dürfte eine Erhöhung auf 25 Prozent, wie sie der Entwurf (Art. 210 Abs. 3) vorschlägt, für angemessen gehalten werden, zumal dieser Satz im Handelsgesetzbuch schon bei den Kommanditgesellschaften auf Aktien (Art. 177) vorgeschrieben ist. Dieser vom wirthschaftlichen Standpunkt gebotenen Erhöhung wird die Folge eines Zinsverlustes um so weniger entgegengehalten werden dürfen, als der Vorstand nicht verpflichtet ist, das Geld müßig liegen zu lassen; derselbe wird vielmehr pflichtmäßig handeln, wenn er das Geld, soweit es nicht sofort für die Gesellschaft zur Verwendung gelangt, in sicherer Weise zinsbar macht.

Ein Viertheil soll allgemein die Minimalforderung des Gesetzes sein. Ist im einzelnen Fall vor der Anmeldung des Gesellschaftsvertrages die Einzahlung einer höheren Quote gefordert, so ist selbstredend die Eintragung in das Handelsregister durch deren Einzahlung bedingt. Ebenso wird in dem Falle, daß die Aktien für einen höheren Betrag als den Nominalbetrag ausgegeben werden, es gerechtfertigt erscheinen, darauf zu bestehen, daß außer dem Viertheil des Nominalbetrages auch der den letzteren übersteigende Mehrbetrag, das agio, eingezahlt sei.

Bescheinigung.

Eine urkundliche Bescheinigung über die erfolgte Einzahlung ist von dem Entwurfe aufgegeben worden. Die bezügliche Vorschrift des bisherigen Artikels 210a Ziffer 2 hat sich nicht bewährt.[3]) Die Bescheinigung war erfahrungsmäßig eine Form, unter welcher sich in den meisten Fällen die Gründer ein Attest über ihre eigenen Erklärungen ausstellten.[1]) Sie hat die größten Mißbräuche ermöglicht. Es genügt hier, auf die Fälle hinzuweisen, in denen die zum Nachweise der Bescheinigung nöthige Summe geliehen und, nachdem sie dem Notar vorgezeigt war, sofort wieder dem Leihenden zurückgegeben wurde, oder in denen die Einzahlungen lediglich in Buchoperationen der Gründer bestanden (vergl. oben §. 2 S. 243 ff.). Diesen Mißständen sucht der neue italienische Codice di commercio (Art. 133) durch die Anordnung vorzubeugen, daß die Einzahlungen an eine öffentliche Hinterlegungskasse (cassa dei depositi e prestiti) oder bei einer gesetzlich errichteten Emissionsanstalt zu erfolgen haben, welche die Summe nur den nach erfolgter Errichtung der Gesellschaft durch die Generalversammlung erwählten Vorstandsmitgliedern auszahlen darf. Eine solche Vorschrift indessen erscheint nicht empfehlenswerth. Sie würde wenig nützen; denn wenn man gegen den Vorstand das Mißtrauen hegt, daß er die ihm übergebene Baarsumme nur, um die Eintragung herbeizuführen, an sich behalten, demnächst aber den Zahlenden wieder zurückgeben werde, so könnte die gedachte Vorschrift diesen von den Gründern vorher bestellten Vorstand nicht hindern, dasselbe Manöver zu machen, wenn er das Geld erst nach der Eintragung übergeben erhielte. Die Vorschrift wäre aber auch bedenklich, sie würde in administrativer Hinsicht für die Kassenverwaltungen nicht ohne Schwierigkeit durchführbar, mit erheblichen Kosten für die Einzahlenden und die Gesellschaft verknüpft sein, eine ungerechtfertigte Beschränkung der Selbständigkeit der Gesellschaften enthalten und dahin drängen, daß die Vorschrift durch qualifizirte Gründungen umgangen würde. Das Korrektiv gegen jene Scheinoperationen muß in der civil- und strafrechtlichen Verantwortung der Gesellschaftsorgane und der Gründer gefunden werden. Von ihnen allen verlangt der Entwurf (Art. 210 Abs. 3, 4) die Erklärung, daß auf jede Aktie, soweit nicht andere als in Geld bestehende Einlagen gemacht sind, das vom Gesetze vorgeschriebene Viertheil, beziehungsweise der von der Gesellschaft eingeforderte höhere Betrag eingezahlt und dem Vorstande baar übergeben sei. Diese von den sämmtlichen Gründern und Mitgliedern des Vorstandes und Aufsichtsraths abzugebende Versicherung verbürgt eine sorgfältige Prüfung, ob das Grundkapital in der bezeichneten Höhe zur sofortigen Verfügung der Gesellschaft steht.

3. Prüfungsbericht.

Erweist sich hiernach der Umfang der von den Gesellschaftsorganen vorzunehmenden Prüfung als ein sehr erheblicher, so wird eine äußere Garantie dafür wünschenswerth sein, daß sich die Prüfung in der That auf alle erwähnten Punkte erstreckt habe. Zu dem Zwecke und als Handhabe für die Verantwortlichkeit der Gesellschaftsorgane schreibt der Entwurf vor, daß über die Ergebnisse der Prüfung in allen Fällen unter Darlegung der vorstehend bezeichneten einzelnen Umstände schriftlich zu berichten sei (Art. 209f, Abs. 3), und daß der Bericht und dessen urkundliche Grundlagen, insbesondere also die etwa schriftlich erlangten Ermittelungen, erstatteten Gutachten, Taxen u. s. w. vollständig dem Handelsgericht bei der Anmeldung eingereicht werden müssen (Art. 210 Abs. 2 Ziff. 3).

4. Anmeldung zum Handelsregister.

Aus dem Prinzip des Entwurfs, welcher für die Gründung den ganzen Kreis der Gründer und der Gesellschaftsorgane verantwortlich macht, ergiebt sich als weitere Folge, daß diese Anmeldung nicht blos wie bisher von den Mitgliedern des Vorstandes, sondern auch von den übrigen für die Gründung

[1]) Vergl. Verhandl. des 11. deutschen Juristentages 1873 S. 119.
[2]) Vergl. Verhandl. des 11. deutschen Juristentages 1873 S. 131.
[3]) Vergl. Hecht, Reform a. a. O. S. 8.

[1]) Vergl. Wiener im Eisenacher Gutachten S. 10 ff. und in Goldschmidts Zeitschr. Bd. 24 S. 52 ff.; Behrend im Eisenacher Gutachten S. 40 ff.

verantwortlichen Personen, vorzugsweise den Gründern und auch den Mitgliedern des Aufsichtsraths vor dem Handelsgerichte zu unterzeichnen oder demselben in beglaubigter Form einzureichen ist (Art. 210 Abs. 4).

Mit der Anmeldung wird außer dem Prüfungsbericht das gesammte urkundliche Material des Gründungshergangs, also selbstredend der Gesellschaftsvertrag — das Statut und im Falle der Simultangründung auch die etwaige Urkunde über die nachträgliche Uebernahme sämmtlicher Aktien (Art. 209c Abs. 2) —, ferner die Urkunden über die Bestellung der Gesellschaftsorgane, die Spezifikation des Gründungsaufwands, die den Sondervortheilen, Einlagen und Uebernahmen zum Grunde liegenden oder zu ihrer Ausführung geschlossenen Verträge und im Falle der Sukzessivgründung die Duplikate der Zeichnungsscheine und das Verzeichniß der Zeichner zu den Akten des Handelsgerichts eingereicht. Dort bleibt es zur Einsicht der Betheiligten liegen und dient somit zur Grundlage für die Ansprüche, welche der Gesellschaft aus der Gründung gegen die ihr verantwortlichen Personen erwachsen könnten. Es eröffnet zugleich für diejenigen, welche Aktien erwerben wollen, einen bisher nicht zu erlangen gewesenen Aufschluß über den Werth des Unternehmens. Für den Fall der Simultangründung genügt es, wenn dieser Aufschluß mit der Eintragung des Gesellschaftsvertrages in das Handelsregister dem Publikum zugänglich gemacht wird. Denn da die Ausgabe der Aktien, Promessen oder Interimsscheine erst nach der Eintragung des Vertrages zulässig ist (Art. 215c Abs. 3), so wird in der Regel erst dann eine Heranziehung des Publikums und eine Betheiligung desselben an dem Unternehmen eintreten.

Im Falle der Sukzessivgründung dagegen muß das Urkundenmaterial schon für die Entschließung der konstituirenden Generalversammlung die Grundlage bilden können. Das Gesetz wird sich indeß dabei nicht beruhigen dürfen, hierzu die Möglichkeit zu eröffnen, vielmehr mit der Erfahrung rechnen müssen, daß bei der Einrichtung der Generalversammlung, so wie solche bisher gestaltet war, der Hinweis derselben auf eigene Information praktische Geltung nicht gefunden hat und den natürlichen Verhältnissen zufolge nicht finden konnte. Der Entwurf wird sich daran zu erinnern haben, daß er die konstituirende Generalversammlung, je mehr er auf ihre Beibehaltung trotz der gemachten Erfahrungen Werth legt, mit desto stärkerem Schutze versehen muß, damit sie der Bedeutung, welche das Gesetz von ihr erwartet, thatsächlich entspreche (vergl. §. 8 a. E.). Zu dem Behuf schlägt der Entwurf vor, daß diese Generalversammlung von dem Handelsgericht zu berufen und zu leiten sei (Art. 210a).

5. Die konstituirende Generalversammlung vor dem Handelsgericht.

Es gehört zu den berechtigten Klagen über die bisherige Gesetzgebung, daß die Gründer in der konstituirenden Generalversammlung eine Herrschaft ausüben konnten, welche eine freie Prüfung des Gründungshergangs nicht aufkommen ließ, vielmehr jede ihnen nachtheilige Stimmung oder Opposition durch Mittel aller Art niederzuhalten vermochte, und daß gerade das Dunkel, in welchem die zur Formalität gewordene Konstituirung sich vollzog, der Herrschaft oder Betheiligung unlauterer Elemente Raum gab. Es ist nicht außer Acht zu lassen, daß in der ersten Zeit die Gründer sich noch im Besitz eines größeren Theils der Aktien befinden und auch eine größere Anzahl von Zeichnern mehr oder weniger von ihnen abhängen. Die Organe der Gesellschaft sind erst kurz zuvor von ihnen bestellt, und die einzelnen Gesellschafter, welche, einander unbekannt, erst zusammentreten sollen, entbehren der thatsächlichen Organisation, die in der späteren Zeit nach der Errichtung der Gesellschaft sich von selbst bildet. Das natürliche Uebergewicht der Gründer erfordert für die erste und konstituirende Versammlung ein Gegengewicht. Dasselbe wird in der Verhandlung vor Gericht gefunden werden. Anders, als wenn die Verhandlung in geschlossener Zusammenkunft, etwa gar in der Wohnung eines Gründers, unter der Leitung eines von der Versammlung unter dem Einflusse der Gründer gewählten Vorsitzenden stattfindet, wird vor Gericht und unter dessen Leitung die Selbständigkeit der zur Prüfung des Vorgangs bestellten Gesellschaftsorgane sich entfalten und werden gegen sie selbst wie gegen die Gründer die einzelnen Zeichner auf den erforderlichen Schutz und eine freie Diskussion zu rechnen haben. Unlautere Elemente und unwahre Angaben werden zurückgehalten werden und, indem Alle — Gründer, Mitglieder des Vorstandes oder Aufsichtsraths und Jeder, der die Anlagen 2c. überlassen oder eingelegt, sich Vortheile oder Vergütungen bedungen hat — schon von Anfang an gewärtigen müssen, daß ihr Verhalten einer Kritik unterworfen und leicht an das Licht gezogen werden kann, wird Jeder von Anbeginn an Ausschreitungen vermeiden. Das Gesetz sorgt dafür, daß der Bericht der Gesellschaftsorgane über die Gründung zur Erörterung gelangt. Alles urkundliche Material liegt zur unbehinderten Einsicht vor. So wird die gerichtliche Verhandlung wesentlich dazu beitragen, daß die konstituirende Versammlung sein wird, was sie sein soll, daß die Betheiligten in eigener Prüfung selbständig sich entschließen können. Sie wird gleichzeitig ein vorzugsweise geeignetes Mittel sein, die Aufgabe des Registerrichters zu erleichtern.

6. Aufgabe des Registerrichters.

In ihrem Wesen wird die Aufgabe des Registerrichters von dem Entwurf dem bisherigen Recht gegenüber in keiner Weise geändert.

Wie bisher soll der Richter nur prüfen, ob die formellen Voraussetzungen erfüllt sind, von welchen das Gesetz die Eintragung des Gesellschaftsvertrages in das Handelsregister abhängig macht. Allerdings sind durch die schon besprochenen Bestimmungen des Entwurfs diese Voraussetzungen in den Einzelheiten erweitert und präzisirt[1]). Zu prüfen ist danach zunächst die Feststellung der Statuten in Gemäßheit des Artikels 209, Absatz 1, ihr Inhalt nach Maßgabe des Artikels 209, Absatz 2, 207a, und ob im Falle der sogenannten qualifizirten Gründung die besonderen Verträge und die Spezifikation des Gründungsaufwands dem Artikel 210 Nr 1 entsprechend eingereicht sind; — sodann ob Vorstand und Aufsichtsrath und die erforderlichen Stellvertreter nach Artikel 209 Nr. 5, 209f, 210b bestellt sind und der Prüfungsbericht mit dessen aus ihm ersichtlichen Urkunden vorliegt (Art. 210 Nr. 3) — ferner ob die Anmeldung gehörig unterzeichnet und mit der Versicherung über die Einzahlung des Grundkapitals bezw. des Mehrbetrages bei der Ueberpari-Emission versehen ist (Art. 210 Abs. 3, 4); — endlich bei der Simultangründung die Uebernahme des gesammten Grundkapitals durch die Gründer nach Artikel 209c, bei der Sukzessivgründung die Vollzeichnung des Grundkapitals und die Berufung sowie die Beschlußfassung der konstituirenden Generalversammlung in Gemäßheit des Artikels 210a, 210b; — was die Vollzeichnung betrifft, so sind die Zeichnungsscheine selbst nach Artikel 209d und ihre Uebereinstimmung mit dem Verzeichniß der Aktionäre (Art. 210 Abs. 2 Nr. 2) zu prüfen.

Die Aenderung aber, welche der Entwurf bezüglich der Prüfung des Registerrichters vorschlägt, besteht in der Art, wie dieselbe gehandhabt werden soll; der Entwurf will sie aus den Schranken eines lediglich schriftlichen Dekreturverfahrens herausheben. Die bisherige ausschließlich schriftliche Dekretur gab dem Registerrichter eine unleibliche Stellung und wirkte je nach der Natur des Richters verschieden. Stru-

[1]) Besonders befürwortet von Hecht, Reform S. 10.

pulöse Richter suchten, obwohl ihnen das Gesetz eine materielle Prüfung des Gründungshergangs nicht zuwies, in eine solche einzutreten, und dadurch entstanden oft ohne Noth Schwierigkeiten und Verzögerungen; andere Richter ließen es bei der formellsten Prüfung bewenden und beruhigten sich, obgleich Zweideutigkeiten und Unlauterkeiten nicht zu verkennen waren, bei dem Gedanken, daß ihnen das Gesetz eine Einwirkung nicht gewähre. Diese Unzuträglichkeiten treten natürlich im Falle der Sukzessivgründung am stärksten hervor. Sie würden sich jetzt bei der gedachten Erweiterung der Prüfungspflicht und der erhöhten Fürsorge des Entwurfs für die Erkennbarkeit des Gründungshergangs noch verstärken. Aus den Zeichnungsscheinen, den vorliegenden besonderen Verträgen bezüglich der Einlagen oder Uebernahmen, aus der Spezifikation des Gründungsaufwands können sich Differenzen oder sonst Unrichtigkeiten ergeben, der Prüfungsbericht und dessen urkundliche Grundlagen können zur Klarstellung auffordern. Findet fortan die Generalversammlung vor dem Registerrichter statt, so wird ihm nicht blos die Gelegenheit geboten, den Betheiligten eine Aufklärung über dunkle, unzureichende oder bedenkliche Momente zu verschaffen; die Unmittelbarkeit der Konstituirungsverhandlung vor dem mit der Eintragung befaßten Richter setzt denselben auch in den kürzesten und sichersten Weise in den Stand, festzustellen, ob die gesetzlichen Voraussetzungen für die Eintragung vorhanden sind, und giebt die Möglichkeit, sofort etwaige Mängel ergänzen zu lassen. Indem das Gesetz dem Gerichte die Leitung der Versammlung überträgt, giebt es demselben zugleich das Fragerecht und die Pflicht, eine klare und erschöpfende Diskussion und Abstimmung herbeizuführen. Sollte es nothwendig erscheinen, die Autorität des Richters noch mehr zu sichern, so mag die Landesgesetzgebung die ergänzenden, dem Gebiete der freiwilligen Gerichtsbarkeit angehörenden Bestimmungen treffen.[1]) Ebenso mag es in Bezug auf die Rechtsmittel, welche gegen die Entscheidung des Registerrichters zulässig sind, bei den bisherigen Bestimmungen der Landesgesetze sein Bewenden behalten.

Es würde unzutreffend sein, wenn gegen die vorgeschlagene richterliche Berufung und Leitung der Zeichnerversammlung das Bedenken geltend gemacht werden sollte, daß durch dieselbe der Schein einer materiellen Prüfung erweckt und das Publikum wie zur Zeit des staatlichen Konzessionsrechts verleitet werde, sich im Vertrauen auf diese Mitwirkung der eigenen Prüfung zu entschlagen. Ein solcher Irrthum wird durch das Stattfinden der Verhandlung vor Gericht gerade so wenig hier erweckt werden, wie auf anderen Gebieten der freiwilligen Gerichtsbarkeit, auf welchen dem Richter gleichfalls nur eine formelle, von den Anträgen der Parteien abhängige Thätigkeit zugewiesen ist. In Preußen wurde z. B. das Legalitätsprinzip in Grundbuchsachen durch das Gesetz vom 5. Mai 1872 erheblich eingeschränkt und trotzdem die Abgabe der Auflassungserklärung vor dem Richter für nothwendig erachtet. Gerade die mündliche Verhandlung vor dem Registerrichter wird keinen Zweifel darüber aufkommen lassen, daß seine Thätigkeit eine rein formelle ist. Umgekehrt verdeckte das bisherige schriftliche Dekreturverfahren es weit eher, ob die Prüfung des Richters sich nur in formellen Grenzen hielt oder in das Materielle der Gründung eindrang, und durch kein Mittel besser als durch diese Verhandlung werden die Betheiligten auf selbstthätige Prüfung hingewiesen werden. Wenn aber vereinzelt eine irrthümliche Vorstellung über die richterliche Thätigkeit entstehen sollte, so würden jedenfalls die schädlichen Folgen dieses Irrthums vor dem Nutzen verschwinden müssen, welcher allgemein durch die mündliche Verhandlung unter Leitung des Richters entstehen muß.

[1]) Vgl. z. B. preuß. Ausf. G. z. D. Ger. Verf. G. vom 24. April 1878 (G.-S. S. 445) §. 25.

Aufgabe des Registerrichters im Falle der Konzessionspflicht.

In dem Falle, daß für das Unternehmen wegen des Gegenstandes desselben (Ges. vom 11. Juni 1870 §. 3), z. B. für Versicherungsgesellschaften, die staatliche Genehmigung erforderlich ist, fehlte es in dem bisherigen Recht an einer Vorschrift, ob dem Registerrichter vor der Eintragung des Gesellschaftsvertrages der Beweis der erfolgten Staatsgenehmigung zu führen sei. Wenn nun auch in der Praxis vorwiegend dies angenommen wurde, so erhielt sich doch auch die gegentheilige Annahme,[1]) nach welcher die Staatsgenehmigung nur den Gewerbebetrieb betreffe, die Existenz der Gesellschaft aber lediglich von dem Vorhandensein der im Gesetz aufgestellten Voraussetzungen abhängig mache, der Registerrichter daher bei deren Vorhandensein ohne Rücksicht auf die Genehmigung zur Eintragung verpflichtet sei. Offenbar muß es indessen zu Unzuträglichkeiten führen, wenn eine Gesellschaft durch die Eintragung rechtliche Existenz erlangt, aber des wirthschaftlichen Lebens entbehrt; die Eintragung in das Handelsregister erweckt den Schein, daß die Gesellschaft nach Außen handelnd auftreten kann, während ihr dies Mangels staatlicher Genehmigung versagt ist. Der Schutz des Publikums erheischt es, dem durch ausdrückliche Vorschrift zu begegnen. Der Entwurf schreibt daher (Art. 210 Abs. 2 Ziff. 4) vor, daß in einem solchen Falle bei der Anmeldung des Gesellschaftsvertrages dem Registerrichter die Urkunde über die erfolgte staatliche Genehmigung einzureichen sei. Beruht diese Genehmigung auf Urkunden, welche auch vor dem Registerrichter einen Nachweis erbringen sollen, so wird zugleich die Identität der der Staatsbehörde und dem Registerrichter vorgelegten in beglaubigter Form erbracht werden müssen. Die Bestimmung, daß der Registerrichter vor der Genehmigung durch die Verwaltungsbehörde die Eintragung nicht vornehmen darf, schließt von selbst die Vorschrift in sich, daß der Richter in Bezug auf die Frage, ob das Unternehmen überhaupt konzessionspflichtig sei, an die Entscheidung der Verwaltungsbehörde gebunden ist. Er darf also, sofern nur die sonstigen Voraussetzungen vorliegen, auch dann die Eintragung nicht verweigern, wenn er zwar selbst die Genehmigung der Verwaltungsbehörde für erforderlich hält, diese aber innerhalb der Grenzen ihrer Zuständigkeit das Unternehmen für nicht konzessionspflichtig erachtet hat. Allerdings wird dies dem Richter in beglaubigter Form auf Verlangen nachzuweisen sein. Durch diese Bestimmung der Grenzen von Gericht und Verwaltungsbehörden wird unliebsamen Widersprüchen zwischen beiden von vornherein begegnet. Daher ist es auch selbstverständlich, daß die Konzessionsertheilung den Registerrichter von der selbständigen Prüfung, ob die gesetzlichen Erfordernisse erfüllt sind, nicht befreien kann und daß andererseits das Ermessen der Verwaltungsbehörde durch die Vorschriften des Entwurfs in keiner Weise beschränkt wird.

In gleicher Weise muß für den Fall, daß nach dem Gesellschaftsvertrage Namensaktien zu einem geringeren Betrage als eintausend Mark ausgegeben werden sollen, in Gemäßheit des Artikels 207a Absatz 2 die urkundliche Genehmigung der betreffenden Landeszentralbehörde und des Reichskanzlers mit der Anmeldung überreicht werden.

7. Veröffentlichung durch das Handelsregister.

Der Inhalt der nach der Eintragung von dem Handelsgericht zu bewirkenden Veröffentlichung bedurfte einer Erweiterung, da dieselbe vorzugsweise bestimmt ist, dem Publikum nicht blos eine Auskunft über die juristischen Essentialien des Gesellschaftsvertrages, sondern auch über alle zur Beurtheilung des Wesens und der Solidität der errichteten Gesellschaft wichtigen Momente zu geben. Der Entwurf schreibt

[1]) So bes. Keyßner, die Aktiengesellschaften 1873 S. 76 bis 89.

daher (Art. 210c) auch die Veröffentlichung vor, insoweit im Gesellschaftsvertrage für einzelne Arten von Aktien verschiedene Rechte gewährt werden (Art. 209a Ziff. 4), oder Gründervortheile bestimmt sind oder eine Belegung des Grundkapitals durch Einlagen und Uebernahmen oder eine Verringerung desselben durch Gründungsaufwand festgesetzt ist; ferner die Bekanntmachung der Mitglieder der Gesellschaftsorgane der in Gemäßheit des Artikels 209f bestellten Stellvertreter und der Gründer; zugleich soll der Auszug die Angabe enthalten, ob die Gründer sämmtliche Aktien übernommen haben, damit das Publikum Aufschluß darüber erhält, ob eine Simultan- oder Sukzessivgründung stattgefunden hat. Letzterenfalls kann die Höhe, in welcher sich die Gründer bei dem Unternehmen betheiligt haben, aus den Statuten und dem Verzeichnisse der Aktionäre ersehen werden. Diese Bekanntmachungen werden dem Publikum für die Erwerbung der Aktien, insbesondere, wenn solche öffentlich zur Abnahme aufgelegt werden, sowie für Kreditgewährungen an die Gesellschaft den wünschenswerthen Anhalt oder doch den Hinweis auf die Vornahme weiterer Ermittelungen bieten.

Rückblick.

Ein Rückblick auf die vorstehend entwickelten Bestimmungen des Entwurfs zeigt, daß derselbe bemüht war, die beiden zugelassenen Arten der Errichtung von Aktiengesellschaften, die Simultan- und Sukzessivgründung, den gleichen Anforderungen zu unterwerfen, soweit nicht in ihrer Natur ein Unterschied begründet ist. Für beide Arten von Gründungen konnte derselbe Kreis der verantwortlichen Personen aufgestellt werden, beiden ist die Art der Feststellung der Statuten und namentlich die Aufnahme der über Gründervortheile, Einlagen und Uebernahmen getroffenen Vereinbarungen in dieselben gemeinsam. Bei beiden ist seitens der Gesellschaftsorgane dieselbe pflichtmäßige Prüfung über den Gründungshergang vorzunehmen, sind dem Handelsrichter dieselben Urkunden und Belegstücke zu überreichen und die gleiche Erklärung über die auf das Grundkapital erfolgte Einzahlung abzugeben. Die Verschiedenartigkeit von Simultan- und Sukzessivgründung liegt lediglich in dem Akte der Errichtung. Die Simultangründung bietet den Vorzug, daß die Gesellschaft, wenn auch nicht so jäh wie bisher, so doch schnell errichtet und dann die Konjunktur zur Unterbringung der von den Gründern allein übernommenen Aktien je nach den Zeitverhältnissen sofort benutzt oder abgewartet werden kann. Bei der Sukzessivgründung haben die Gründer nicht nöthig, das gesammte Aktienkapital zu übernehmen, sondern können weite Kreise zur Aufbringung des Grundkapitals heranziehen, und den letzteren bietet die längere Dauer bis zum Zustandekommen der Gesellschaft auch in Zeiten erregter Stimmung Gelegenheit zu ruhigerer Ueberlegung. Demgemäß werden die Gründer nach wirthschaftlichen Rücksichten zu prüfen haben, welcher Weg am zweckmäßigsten erscheint. Die Gefahr, daß die Gründer lediglich zur Umgehung der in der gerichtlichen konstituirenden Versammlung liegenden Kautel die Form der Simultangründung wählen werden, verschwindet gegenüber den Vorschriften des Entwurfs über den Mindestbetrag der Aktien, die Einzahlung von mindestens 25 Prozent und die Vollhaftung für den Ueberrest und über die noch zu erörternde Verantwortlichkeit der Emissionshäuser. Ebensowenig giebt die Möglichkeit, daß umgekehrt anstatt der Simultangründung die Gründer, etwa um ihrem Unternehmen einen höheren Schein von Solidität zu verschaffen, zu den größeren von ihnen übernommenen Aktienbeträgen noch eine kleine Anzahl von Zeichnern heranziehen möchten, zu einer Besorgniß Anlaß. Denn abgesehen davon, daß diese Art der Umgehung das allgemeine Interesse nicht schädigen würde, indem die Gründer sich dem in der That helleren Lichte der konstituirenden Versammlung aussetzen, kann sich das Publikum durch Einsicht des Zeichnerverzeichnisses bei dem Handelsgericht ohne Mühe überzeugen, welche Aktienbeträge die Gründer selbst genommen haben, und hieraus sich ein Urtheil bilden, ob die Form der Sukzessivgründung aus sachlichen Gründen oder nur dazu gewählt ist, um jenem Schein zu dienen. Ueberhaupt sind nach dem Entwurf die Verschiedenheiten zwischen beiden Arten von Gründungen zu unbedeutend, um den Gründern für die Umgehung der einen durch die andere einen hinreichend starken Anreiz zu bieten.

§. 10.

Verantwortlichkeit aus der Gründung.

I. Im Allgemeinen.

Das Handelsgesetzbuch enthält keine Vorschriften über die Art und den Umfang der aus der Gründung einer Aktiengesellschaft entspringenden Haftung, sowie über die haftungspflichtigen und forderungsberechtigten Personen. Es konnte Vorschriften darüber nicht aufstellen, schon weil ihm der Begriff der Gründer fremd ist und daher die Hauptpersonen fehlten, welche für die Gründung verantwortlich zu machen sind. Die Ansprüche der ersten Aktienerwerber oder Zeichner gegen ihre Kontrahenten oder diejenigen, welche man als Gründer, Projektanten oder Emittenten ansehen konnte, bestimmten sich lediglich nach den Vorschriften des bürgerlichen Rechts über Gewährleistung oder über Ersatzpflicht außerkontraktlichen Schadens.[1]) Diese ausschließliche Unterwerfung besonders gearteter Verhältnisse unter die Regeln des allgemeinen Rechts hat sich als völlig unzureichend erwiesen. Oft verstanden es die eigentlichen Gründer, im Hintergrunde verborgen zu bleiben; der etwa erlassene Prospekt zur Zeichnung oder zum Erwerb der Aktien wurde formell korrekt gehalten; als erste Zeichner und Aktienerwerber waren Zwischenpersonen vorgeschoben. Der etwaige Entschädigungsanspruch ging nicht schon durch die Veräußerung der Aktie vom Veräußerer auf den Erwerber über, auch waren meist, nachdem die Aktien durch mehrere Hände gegangen, die ersten Verkäufer, welche in Anspruch genommen werden sollten, nicht mehr zu ermitteln. Die inzwischen eingetretenen Kursänderungen konnten in vielen anderen Umständen, als in der Thätigkeit bei der Gründung ihre Ursache haben, und sofern diese in der That sich als das schädigende Ereigniß ergab, so blieb es schon gegenüber den Zeichnern oder ersten Käufern, geschweige denn gegenüber denjenigen, welche bei weichenden Kursen später die Aktien gekauft hatten, allzuschwer, nachzuweisen, daß diese durch den Irrthum über die Korrektheit der Gründung oder die betreffende Angabe zu ihrem Erwerbe bestimmt worden waren. In Zeiten lebhafter Geschäftserregung genügt eine in ihren letzten Triebkräften nie völlig entdeckbare Veranstaltung einer Börsenbewegung, um zum Ankauf bedenklicher Börsenwerthe blindlings oder sehenden Auges Erwerbslustige zu finden, welche hoffen, sich derselben bald mit Gewinn zu entledigen. Aber selbst wenn im günstigsten Falle eine Verurtheilung zum Schadensersatz eintrat, so kam dieselbe doch nur vereinzelten Aktionären zu Gute; die Gesellschaft selbst blieb geschädigt und mit ihr jedenfalls die überwiegende Mehrheit der Aktieninhaber und die Gläubiger.

Der Entwurf führt deshalb den Schadensanspruch aus der Haftung der verantwortlichen Personen in der Hauptsache auf die Gesellschaft zurück, als die rechtlich individualisirte Gesammtheit der einzelnen Aktionäre. Sie ist es, welche in ihren Grundlagen fehlerhaft in das Leben gerufen

[1]) Vergl. namentlich den Aufsatz von Wiener: Die Errichtung der Aktiengesellschaft und die Gründerverantwortlichkeit, in Goldschmidts Zeitschr. Bd. 24 S. 1 ff., 450 ff., Bd. 25 S. 1 ff., und die Entscheidungen des Reichs-Oberhandelsgerichts vom 7. Oktober 1875 und 24. April 1877, Entsch. Bd. 18 S. 180 ff., Bd. 22 S. 24 ff.

wird, sie ist die unmittelbar Geschädigte, ihr gegenüber haben die verantwortlichen Personen für den Ersatz einzustehen. Ein Ersatzanspruch einzelner Aktionäre könnte nur mittelbar aus der Verkürzung des Gesellschaftsvermögens, aus der darauf beruhenden Entwerthung der Aktie hergeleitet werden und fiele mit der Beseitigung der ersteren. Es ist daher sachgemäß, wenn die Gesellschaft selbst als die Berechtigte gilt. Indem der Entwurf diesen Satz an die Spitze seiner Vorschriften stellt, sorgt er für die Aktionäre besser als das bisherige Recht und gleichmäßig für sie alle, und sichert er zugleich die wirthschaftliche Existenz und die Unabhängigkeit der Gesellschaft von den einzelnen Aktionären. Die letzteren mögen dafür sorgen, daß der Gesellschaftsanspruch geltend gemacht wird, und hierbei schützt der Entwurf durch Gewährung der noch zu erörternden Individualrechte die Minderheit gegen eine unberechtigte Vergewaltigung.

Den Kreis der zu vertretenden Umstände, für welche der Entwurf die Verantwortlichkeit und Schadenspflicht gesetzlich regelt, zieht derselbe nach den materiell als nothwendig erkannten und formell beurkundeten Grundlagen für die Errichtung der Gesellschaft. Im Wesentlichen kann es hiernach sich nur um das Vorhandensein des Grundkapitals handeln, also darum, ob das letztere in der statutarisch festgestellten Weise richtig und vollständig aufgebracht, eingezahlt und entsprechendenfalls belegt ist.

Soweit es sich dagegen um andere Umstände handelt, als um das Vorhandensein der vom Gesetz verlangten Existenzbedingungen, um Angaben z. B., daß der Betrieb eines besonderen Geschäftszweiges oder der Bau einer gewissen Linie durch Ertheilung der Konzession oder sonst gesichert sei, um Angaben über eine bestimmte Beschaffenheit der erworbenen Vermögensstücke oder über einen gewissen Reinertrag, welchen das Unternehmen in der Hand des Vorbesitzers abgeworfen habe, Angaben, welche überwiegend auf das Vortheilhafte einer Betheiligung an dem Unternehmen abzielen, liegt für den Entwurf kein zwingendes Bedürfniß und kaum die Möglichkeit vor, durch eine Anzahl von Vorschriften in die ebenso in sich geschlossenen, wie von einander abweichenden Systeme des bürgerlichen Rechts einzugreifen. Auf diesem Gebiete muß er, sowohl betreffs der Entschädigungspflicht als der berechtigten Personen, es bei den Bestimmungen des bürgerlichen Rechts belassen, und hier bleibt daher das nach Maßgabe desselben bestehende Einzelrecht des Aktionärs nach allen Richtungen unberührt.

In den Grenzen aber, innerhalb deren der Entwurf eine gesetzliche Pflicht zur Verantwortung gegenüber der Gesellschaft begründet, kann fortan nicht außerdem den einzelnen Zeichnern oder Aktienerwerbern gegen die verantwortlichen Personen ein Schadensersatzanspruch zustehen, der auf einen doppelten Ersatz durch die letzteren hinauslaufen würde; vielmehr kann das bürgerliche Recht nur noch darüber entscheiden, ob auf Grund des abgeschlossenen Vertrages, insbesondere wegen ausdrücklicher falscher Zusicherungen, dem Zeichner oder Erwerber der Aktie gegen seinen Kontrahenten oder einen Vormann ein redhibitorischer Anspruch auf Rücknahme der Aktie, Rücktritt vom Vertrage oder Aufhebung desselben zusteht; ein solcher Anspruch erscheint mit dem Schadensanspruch der Gesellschaft vereinbar, auch wenn dieser auf die nämlichen Angaben zurückzuführen sein würde.

Von den dargelegten Gesichtspunkten ausgehend, darf aber der Entwurf nicht bei der Thatsache stehen bleiben, daß juristisch die Entstehung der Gesellschaft sich mit der Eintragung des Gesellschaftsvertrages in das Handelsregister vollendet. Diejenige Gesellschaft, welche die Gesammtheit der wirklichen Aktionäre vertritt, bildet sich wirthschaftlich erst, nachdem die Aktien in Umlauf gesetzt und unter das Publikum gebracht sind; erst hierdurch erlangen die Aktien Bedeutung für den Verkehr. Auf dieser Unterscheidung der juristischen von der wirthschaftlichen Existenz und Selbständigkeit der Gesellschaft beruhen die Vorschriften des Entwurfs über den Kreis der verantwortlichen Personen und ihre Haftung, namentlich aber gewisse Kautelarvorschriften (Art. 213b, 213d, 213e), welche eine Umgehung der für die Gründung gegebenen Vorschriften verhindern sollen.

II. Regelmäßige Verantwortlichkeit.

Die Hauptverantwortung tragen naturgemäß die Gründer. Ihre Haftung ist nach dem Entwurf eine ausgedehnte.

1. Verantwortlichkeit der Gründer:

a) für die Richtigkeit und Vollständigkeit der ihnen obliegenden Angaben.

a. Im Allgemeinen und in erster Linie haben sie zufolge der ihnen auferlegten Pflicht zur Offenbarung des Gründungshergangs für die Richtigkeit und Vollständigkeit der von ihnen in den Statuten und den Anmeldungsschriftstücken, sowie den prüfenden Gesellschaftsorganen und der konstituirenden Versammlung rücksichtlich der Zeichnung und Einzahlung des Grundkapitals und rücksichtlich der Gründervortheile, Gründungsaufwendungen, Einlagen und Uebernahmen gemachten Angaben einzustehen (Art. 213a Abs. 1) und den aus der Unrichtigkeit oder Unvollständigkeit von Angaben entstandenen Schaden zu ersetzen.

Die Ersatzpflicht umfaßt jeden hieraus der Gesellschaft erwachsenen Schaden. Für Art und Umfang des zu vergütenden Schadens soll die Vorschrift im Artikel 283 des Handelsgesetzbuchs und, soweit neben ihr die Grundsätze des bürgerlichen Rechts anwendbar sind, die letzteren uneingeschränkt Geltung finden. Um jedoch in dem Hauptfalle die Schwierigkeiten der Schadensberechnung abzuschneiden, erscheint es angemessen, unbeschadet des Nachweises eines höheren Schadens, gesetzlich festzustellen, daß die Gründer wenigstens einen an der Zeichnung des Grundkapitals fehlenden Betrag zu übernehmen, fehlende Einzahlungen zu leisten und eine nicht in die Berechnung des Gründeraufwands (Art. 210 Ziff. 1) aufgenommene Vergütung der Gesellschaft zu ersetzen haben. In diesen Punkten erfordert es das Interesse der Gesellschaft, daß das Fehlende sofort ergänzt werde, und die Gründer, welche die Vollständigkeit versichert und auf diese Versicherung die Eintragung und Entstehung der Gesellschaft herbeigeführt haben, können sich nicht beklagen, wenn sie selbst zur Ergänzung angehalten werden.

b) für böswillige Schädigungen bei qualifizirten Gründungen.

b. Im Besonderen alsdann faßt der Entwurf (Art. 213a Abs. 1) den Fall der qualifizirten Gründung ins Auge. Die Gründer sollen für bösliche Schädigungen haften, welche sie der Gesellschaft durch Einlagen und Uebernahme von Vermögensstücken zufügen. Für Vermögenseinbußen, welche die Gesellschaft durch Einlagen oder Uebernahmen erleidet, können die Gründer nicht nach den Grundsätzen des bürgerlichen Rechts über „Führung fremder Geschäfte ohne Auftrag" verantwortlich gemacht werden. Abgesehen von der Frage, ob sie danach für jedes Versehen oder nur für ein der Arglist gleichkommendes einzustehen oder eine Sorgfalt zu vertreten haben würden, welche sie auf die Führung eigener Geschäfte verwenden, erscheinen jene Grundsätze auf den vorliegenden Fall nicht ohne Weiteres anwendbar. Der Gründer, welcher selbst Einlagen macht und sich dafür einen gewissen Betrag von Aktien bedingt, führt hierbei sicher seine eigenen Geschäfte. Aber auch für die Gründer, welche die Einlage des Mitgründers oder Uebernahmen Namens der Gesellschaft annehmen, muß die Verantwortlichkeit nach den eigenartigen Verhältnissen bestimmt werden. Es wäre nicht praktisch, auf die Rollen, welche die Gründer in dieser Beziehung unter sich vertheilen, entscheidendes Gewicht zu legen. Sie werden Alle vom gleichen Gesichtspunkt aus behandelt werden müssen. Für jede Uebervortheilung, welche bei Anwendung der Sorgfalt eines ordentlichen Geschäftsmannes hätte vermieden werden können, wird eine Haftung der Gründer nicht zu statuiren sein. Dieser allgemeine Maßstab konnte wohl für die Vertretung der Richtigkeit und Vollständigkeit der bezüglich der Einlagen und Uebernahmen gemachten Angaben aufgestellt werden; es handelte sich dort einfach um die Wahrheit oder Nichtwahrheit von Thatsachen, deren Kenntniß zu erlangen für den einzelnen bei der Gründung Betheiligten nicht allzuschwer ist. Hier kommt es dagegen auf eine Werthschätzung an, welche von der Beurtheilung der wesentlich in Betracht kommenden Verhältnisse der Gesellschaft abhängt. Der Preis für eine zu übernehmende Anlage oder die Vergütung für eine zu gewährende Einlage mag an sich überschätzt sein und doch Zustimmung verdienen, weil die anderweitigen Vortheile der Gründung für die Gesellschaft überwiegen. Von dem Gründer, welcher als solcher interessirt ist oder doch von seinem Standpunkt als betreibender Theil die Verhältnisse anschaut, kann nicht verlangt werden, daß er diese Anschauung abstreife und unbefangen von dem allein für die Gesellschaft einzunehmenden Standpunkte die Verhältnisse und Interessen derselben beurtheile. Es ist daher nicht angezeigt, ihn objektiv wegen jeder vermeidlich gewesenen Benachtheiligung der Gesellschaft zur Verantwortung zu ziehen, und nicht einmal angezeigt, die Haftung der Gründer etwa für eine übermäßige Ueberschreitung des Werths eintreten zu lassen. Eine Grenze, innerhalb deren die Schätzung noch als angemessen gelten soll, ist nicht absolut zu ziehen, und die Frage, ob eine wesentliche Ueberschätzung erfolgt sei, dem Ermessen des Richters anheimzugeben, hieße eine Rechtsunsicherheit einführen, welche einem Verbot der qualifizirten Gründung gleichkäme. Was verlangt werden kann und unter allen Umständen verlangt werden muß, ist, daß die Gründer bei den Einlagen und Uebernahmen gegen die Gesellschaft nicht böslich handeln. Der Begriff der böslichen Handlungsweise ist dem Handelsgesetzbuch bekannt (Art. 396, 427) und hat bereits in der Rechtsprechung[1]) seine bestimmte Feststellung gefunden. Er schließt einerseits den Dolus im eigentlichen Sinne, andererseits frevelhaften Leichtsinn und Muthwillen in sich, der zwar eine Beschädigung nicht beabsichtigt, aber sich doch der mit dem Handeln verbundenen Gefahr bewußt ist. Eine solche Handlungsweise kann von Jedermann vermieden werden. Eine Werthbemessung von Einlagen und Uebernahmen, welche zweifellos als übermäßig gelten müßte, wird fast immer zugleich eine bösliche Handlungsweise enthalten.

In den beiden Fällen zu a und b muß die Haftung eine solidarische sein. Dies entspricht den Grundsätzen des Entwurfs (vergl. Art. 215b, 226, 241, 247 Z. 3), wie sonst des Handelsgesetzbuchs (vergl. Art. 269 Abs. 2). Die Gründer treten zu gemeinsamer Vereinbarung der Statuten und Errichtung der Gesellschaft zusammen und melden gemeinschaftlich den Vertrag an. Es muß davon ausgegangen werden, daß jeder Gründer den wahren Sachverhalt in Betreff aller Vorgänge bei der Gründung gekannt hat oder daß ihm derselbe nur unter Verletzung der anzuwendenden Sorgfalt eines ordentlichen Geschäftsmannes (vergl. Art. 343 H. G. B.) hat unbekannt bleiben können. Indessen würde es bei der Mannichfaltigkeit der bei einer Gründung vorkommenden Akte hart sein, wenn diese Annahme unumstößlich als eine praesumtio juris et de jure aufgestellt würde. Deshalb läßt der Entwurf (Art. 213a Abs. 2) für den einzelnen Gründer den Einredebeweis zu, daß er die Unrichtigkeit oder Unvollständigkeit der betreffenden Angabe oder die bösliche Schädigung weder gekannt habe, noch bei Anwendung der Sorgfalt eines ordentlichen Geschäftsmannes habe kennen müssen.

[1]) Striethorst, Archiv Bd. 58 S. 20; Entscheidungen des Reichs-Oberhandelsgerichts Bd. 1 S. 158, Bd. 6 S. 432, Bd. 8 S. 429, Bd. 9 S. 302, Bd. 10 S. 218, Bd. 12 S. 282; vergl. Entsch. d. Reichsgerichts vom 30. September 1882 in Beilage 3 zum Reichs-Anzeiger vom 21. November 1882.

c) für Ausfälle bei Zahlungsunfähigkeit von Zeichnern.

c. Endlich aber sollen die Gründer nicht blos für Beträge aufkommen, welche am Grundkapital von Anfang an gefehlt haben oder rechtswidrig aus demselben entnommen sind, sie sollen auch für Ausfälle haften, welche durch Zahlungsunfähigkeit der Aktionäre entstehen (Art. 213a Abs. 3). Wie im §. 8 ausgeführt ist, haben die Gründer im Fall der Sukzessivgründung die ihnen von den Zeichnern offerirten Zeichnungen anzunehmen oder zurückzuweisen. Bei dieser Entscheidung haben sie im Interesse der Gesellschaft zu handeln. Zwar kann nicht davon ausgegangen werden, daß ihnen die Vermögensverhältnisse der Zeichner bekannt waren oder bekannt sein mußten, als von ihnen die Entscheidung über die Annahme der Zeichnungen getroffen wurde. Es würde daher offenbar zu weit gehen, wenn man den Gründern die Verhaftung für die Zahlungsfähigkeit der Zeichner bei der meist sehr bedeutenden Anzahl und der oft großen Entfernung der letzteren uneingeschränkt und schon im Fall einer culpa aufbürden wollte. Dagegen kann ihre Verhaftung nicht bedenklich sein, wenn Gründer, um den Schein, als ob das Grundkapital aufgebracht sei, zu erwecken, Zeichnungen von Personen entgegennehmen, von denen sie wußten, daß dieselben schon damals zahlungsunfähig waren. In diesem Falle handeln sie gegen die Gesellschaft offenbar dolose. Hier wäre es nicht zu rechtfertigen, wollte man sie von der Haftbarkeit frei lassen. Andererseits kann man für den dolus des Einen nicht die Anderen haftbar machen; vielmehr hat die Haftung nur diejenigen Gründer, diese aber solidarisch, zu treffen, welche zu der maßgebenden Zeit, als der Gesellschaftsvertrag von ihnen angemeldet wurde, die Zahlungsunfähigkeit kannten. Die Haftung kann ferner nur eine subsidiäre sein; sie tritt ein, soweit durch die Zahlungsunfähigkeit des Zeichners ein Ausfall für die Gesellschaft entsteht. Wann dies der Fall ist, bleibt richterlicher Beurtheilung überlassen; es ist nicht erforderlich, daß das Vorhandensein der Zahlungsfähigkeit des Aktionärs erst durch Klage der Gesellschaft oder durch Zwangsvollstreckung festgestellt wird. Dieselben Grundsätze müssen bei der Simultangründung zur Anwendung kommen. Auch hier haben die Gründer den Abschluß des Gesellschaftsvertrages mit einem Mitgründer, dessen Zahlungsunfähigkeit ihnen bekannt ist, abzulehnen, oder einen solchen nur nach Verhältniß seiner Zahlungsfähigkeit zur Uebernahme von Aktien zuzulassen; sonst trifft sie der Vorwurf des dolus in gleicher Weise, wie bei der Sukzessivgründung.

Rückblick.

Indem der Entwurf hiernach die Verantwortung der Gründer in den verschiedenen Beziehungen abgrenzt, glaubt er mit seinen Vorschriften dasjenige Maß innegehalten zu haben, welches einerseits für die allgemeine Sicherheit erforderlich ist, andererseits die solide Gründung von Aktiengesellschaften nicht unmöglich macht. Das Bedenken, daß in den Bereich dieser Verantwortlichkeit nur die Gründer, welche das Gesetz als solche bezeichnet, fallen und diese Verantwortung möglicher Weise nur vorgeschobene Personen trifft, fällt nicht schwer ins Gewicht. In der verflossenen Zeit der Gründungen war der Hauptschaden wesentlich dadurch veranlaßt, daß das Publikum durch hochtönende Namen angezogen wurde, deren Träger mit der Gründung keine Verantwortlichkeit zu übernehmen glaubten. Müssen unbekannte Namen als Gründer publizirt werden, so fällt die Anlockung für das Publikum fort; aus Kreisen aber, aus welchen die Gründer genommen werden müßten, um das Unternehmen nach Außen nicht zu schädigen, werden sich nicht leicht Personen vorschieben lassen, welche das vom Entwurfe festgesetzte strenge Maß der Verantwortlichkeit für Andere auf sich nehmen.

2. Verantwortlichkeit der mala fide bei der Gründung mitwirkenden Personen.

Der Entwurf versäumt nicht, dritte bei der Gründung ohne eine äußerlich hervortretende Rolle mitwirkende Personen in den Kreis der Verantwortung zu ziehen, soweit dies möglich erscheint.

Eine Mitwirkung und Haftbarmachung Dritter ist möglich im Falle einer Vergütung, welche aus Anlaß der Gründung zu Lasten der Gesellschaft gezahlt ist, obwohl sie nach der Vorschrift des Artikels 209 b Absatz 3, 4 gegen die Gesellschaft nicht hätte geltend gemacht werden können, sowie in den Fällen einer Beschädigung derselben durch Einlagen oder Uebernahmen.

Die Empfänger einer nicht vorschriftsmäßig unter den Gründungsaufwand aufgenommenen Vergütung, welche einem nicht als Gründer Betheiligten zugewendet ist, werden zu den letzteren meistentheils in einer nahen Beziehung stehen; das Gesetz würde daher an einer thatsächlich schwer fühlbaren Lücke leiden, wenn eine Haftung der Empfänger gegenüber der Gesellschaft nicht aufgestellt würde. Allerdings wird nicht unbedingt das, was seitens des Empfängers nicht hätte gegen die Gesellschaft eingeklagt werden können, von dieser gegen ihn zurückzufordern sein. Die Forderung der Gesellschaft stellt sich als eine condictio ex lege dar, und diese setzt voraus, daß auch der Empfänger gegen das Gesetz gehandelt hat. Dies ist der Fall, wenn die Vergütung nicht unter dem im Gesellschaftsvertrage zu bezeichnenden Gründungsaufwand enthalten, also auch nicht in die mit der Anmeldung zu überreichende Berechnung desselben aufgenommen ist und der Empfänger diese Vergütung angenommen hat, obwohl er wußte oder nach den Umständen annehmen mußte, daß die Verheimlichung beabsichtigt oder schon erfolgt war. Ob die Vergütung vor oder nach Feststellung des Statuts gewährt worden ist, macht daher keinen Unterschied.

Daß auch jeder Dritte, welcher, wenngleich er nicht an der Vergütung Theil genommen, zur Verheimlichung wissentlich mitgewirkt hat, mit dem Empfänger und den Gründern solidarisch für den Ersatz der Vergütung haftbar zu machen ist, erscheint als nothwendige Folge des in der Handlungsweise gegen die Gesellschaft enthaltenen Dolus. Derselbe Gesichtspunkt gilt für die wissentliche Mitwirkung eines Dritten zu einer böslichen Handlungsweise, durch welche die Gesellschaft von Gründern bei Einlagen oder bei Uebernahme von Vermögensstücken geschädigt worden ist (Entwurf Art. 213a Abs. 4). Ein bloßes Wissen reicht zur Begründung einer Verantwortlichkeit nicht aus; auch kann gegen Denjenigen, welcher ohne Mitwirkung nur von der stattgehabten Uebertretung Kenntniß erhalten hat, eine Pflicht zur Anzeige nicht aufgestellt werden.

3. Verantwortlichkeit der Mitglieder des Vorstandes und des Aufsichtsraths.

Der vorstehend erörterten aktiven Mitwirkung zu einer Verheimlichung des Gründungsaufwands oder einer Schädigung der Gesellschaft im Falle der qualifizirten Gründung können sich selbstverständlich auch Mitglieder des Vorstandes und des Aufsichtsraths schuldig machen. Die Haftbarkeit aber, welche sie stets und nach ihrer Stellung spezifisch zu tragen haben, ist eine weitergehende. Es trifft sie die volle Verantwortung für die Erfüllung der ihnen vom Gesetz auferlegten Pflicht, den ganzen Gründungshergang, insbesondere die richtige Aufbringung und Belegung des Grundkapitals zu prüfen. Der Umfang ihrer Prüfungspflicht ist in Artikel 209f genau begrenzt. In dieser Begrenzung geht ihre Verantwortlichkeit zwar weiter, als die der Gründer, insofern nämlich, als sie im Fall einer qualifizirten Gründung nicht blos auf das Vorliegen einer böslichen Handlungsweise, sondern auch auf eine Uebervortheilung der Gesellschaft gestützt werden kann. Aber sie ist nach ihrem Wesen geringer, als die den Gründern obliegende Verpflichtung. Während die letzteren dafür einzustehen haben, daß ihre Angaben und Handlungen dem Gesetz und Gesellschaftsvertrage entsprechen, und wenn dies nicht der Fall ist, für den dadurch unmittelbar zugefügten Schaden haften, Einer für Alle und Alle für Einen, soweit der in Anspruch Genommene sich nicht zu exkulpiren vermag, brauchen die Mitglieder der Gesellschaftsorgane nur zu vertreten, daß sie die Angaben und Handlungen Jener mit der Sorgfalt eines ordentlichen Geschäftsmannes geprüft haben, und nur für einen Schaden einzustehen, welcher aus der Verletzung der bei der Prüfung anzuwendenden Sorgfalt erwächst. Diese Verletzung erst begründet gegen sie einen Schadensanspruch und daraus folgt, daß Jeder nur für sein eigenes Versehen haftet und nur sofern ihm ein solches nachgewiesen werden kann; letzteres bringt der Entwurf (Art. 213c) im Gegensatz zu der allgemeinen, die eigene Thätigkeit oder Mitwirkung der Gesellschaftsorgane umfassenden Vorschrift in Artikel 241 Absatz 2 und 226 Absatz 1 zum bestimmten Ausdruck. Da ferner sie den Schaden nicht selbst verursacht, sondern ihn nur durch unterlassene pflichtmäßige Prüfung nicht abgewendet haben, so dürfen sie auch nur haftbar gemacht werden, wenn und soweit voller Ersatz nicht von den Gründern und den mit diesen solidarisch haftenden Personen erlangt werden kann; wobei zum Nachweise dessen auch hier, wie oben §. 5 zu Artikel 184b erörtert ist, nicht erst die fruchtlose Ausklagung der Hauptverpflichteten erforderlich erscheint, es vielmehr für den Rückgriff genügen muß, wenn nach richterlichem Ermessen der Ersatz von dem in erster Reihe Verhafteten aussichtslos ist. Endlich entziehen sich die im ersten Satze des Artikels 213a Absatz 1 gegen die Gründer festgesetzten Folgen ihrer Ersatzpflicht der Anwendung auf die Schadenspflicht der Mitglieder des Vorstandes und des Aufsichtsraths.

Daß übrigens, wie diese Mitglieder selbst, in gleicher Weise die für sie eintretenden Stellvertreter haftbar zu machen sind, möchte kaum der Erwähnung bedürfen.

4. Strafrechtliche Verantwortlichkeit.

Zu der vorstehend entwickelten civilrechtlichen Haftung sämmtlicher der Gesellschaft verantwortlichen Personen tritt außerdem noch die strafrechtliche Verantwortlichkeit, welche der ersteren eine wirksame Stütze gewähren wird (Art. 249a).

III. Kautelarvorschriften.

A. Im Allgemeinen.

Wollte indeß der Entwurf bei den bisher gesteckten Grenzen der Verantwortlichkeit, welche sich innerhalb der formalen Gründung der Gesellschaft gehalten haben, stehen bleiben, so würde einer Umgehung der getroffenen Vorschriften Thür und Thor geöffnet sein. Um eine Umgehung zu verhüten, müssen, wie schon im Eingang dieses Paragraphen hervorgehoben wurde, Kautelarvorschriften gegeben werden, indem von der juristischen Existenz die wirthschaftliche Selbständigkeit der Gesellschaft auseinander gehalten wird. Demgemäß faßt der Entwurf, von der Eintragung des Gesellschaftsvertrages in das Handelsregister an gerechnet, ein gewisses Stadium ins Auge, mit dessen Ablauf erst angenommen werden kann, daß die Gesellschaft ihre wirthschaftliche Selbständigkeit erlangt habe. Erfahrungsmäßig pflegen ein bis zwei Jahre zu verlaufen, ehe der größte Theil des Aktienkapitals aus dem Besitze der Gründer und der mit ihnen verbundenen Personen in andere Hände übergegangen ist und dadurch die Gesellschaft von der Herrschaft der Gründer befreit ist. Der Entwurf behandelt demgemäß die ersten zwei Jahre in gewissen Beziehungen als ein tempus clausum, innerhalb dessen Kautelarvorschriften zu gelten haben.

B. Im Einzelnen.

1. Verantwortlichkeit der Emissionshäuser.

1. Die erste derselben (Art. 213b) zieht in den Kreis der verantwortlichen Personen diejenigen hinein, welche ohne bei der formalen Gründung aktiv hervorzutreten, die Aktien öffentlich in den Verkehr einführen. In der verflossenen Periode der Gründungen haben die Emissionshäuser, welche den Vertrieb der Aktien übernommen, sich oft als die leitende und bewegende Kraft der Gründung erwiesen. Die Aufgabe solcher Häuser ist wirthschaftlich durchaus nicht zu mißbilligen. Sie wird für die Fälle der Sukzessivgründung, wie namentlich für die der Simultangründung von großer Bedeutung bleiben. Solchen Emissionshäusern vertraut das Publikum oft mehr, als den Gründern; auf ihren Namen hin kauft es und betheiligt es sich. Personen mit unbekanntem oder nicht geachtetem Namen können zu Emissionen nicht gebraucht werden; das Publikum würde sofort das Unternehmen für nicht vertrauenswürdig halten.

In der nothwendigen Kette der Vorschriften würde ein wesentliches Glied fehlen, wenn die Emissionshäuser von jeder Verantwortlichkeit für die Legalität der Gründung freigelassen würden. Es darf dies um so weniger geschehen, als gerade sie leicht in der Lage sind, mit den Aktien Agiotage zu treiben, und es auch nach dem Entwurf nicht gänzlich ausgeschlossen ist, daß sie thatsächlich die eigentlichen Urheber und Interessenten der Gründung sind.

Allerdings müssen Maß und Umfang der Verantwortlichkeit genau präzisirt werden, wenn achtbare Häuser sich nicht vor der Besorgniß zurückziehen sollen, in dem Falle, daß die Spekulation fehl geht, der Nachsucht derer, die sich getäuscht haben, preisgegeben zu sein. Für die Wechselfälle der Konjunkturen und dafür, daß ein selbst an sich gutes Unternehmen nicht zu Grunde gehe, kann Niemand einstehen. Auch nicht für jeden eigenen Irrthum kann man gegen Andere verantwortlich gemacht werden.

Die Verantwortung, welche die Emissionshäuser übernehmen müssen, ergiebt sich aus ihrer wirthschaftlichen Stellung. Das Publikum verläßt sich darauf, daß derjenige, welcher öffentlich zur Betheiligung an einem Unternehmen auffordert, dies nicht ohne Prüfung desselben thue, wenn auch nicht in der Richtung, daß es lukrativ, so doch, daß es nicht mit vitalen Mängeln behaftet sei. Dem entsprechend legt der Entwurf den bezeichneten Personen die Pflicht auf, die Richtigkeit und Vollständigkeit der Angaben, welche rücksichtlich der Zeichnung und Einzahlung des Grundkapitals, sowie der in Artikel 209b vorgesehenen Festsetzungen von den Gründern gemacht sind, nach den vorliegenden Verträgen, Berichten oder sonstigen Urkunden zu prüfen und der Gesellschaft für einen ihr aus der Unrichtigkeit oder Unvollständigkeit der Angaben erwachsenden Schaden einzustehen, sofern sie von derselben Kenntniß hatten oder bei Anwendung der Sorgfalt eines ordentlichen Geschäftsmannes Kenntniß haben mußten. Für Angaben, welche sie in der Ankündigung wissentlich falsch machen, verfallen sie zugleich schwerer Strafe (Art. 249a Ziff. 2). In den Fällen der qualifizirten Gründung dehnt ferner der Entwurf ihre Prüfungspflicht zwar nicht wie gegenüber den zur Prüfung des Gründungshergangs unmittelbar berufenen Gesellschaftsorganen auf die Untersuchung aus, ob durch die für eingelegte oder übernommene Gegenstände festgesetzten Vergütungen die Gesellschaft ungerechtfertigt übervortheilt ist; wohl aber hat ihre Prüfungspflicht sich wenigstens darauf zu erstrecken, ob nicht eine bösliche Schädigung der Gesellschaft vorliegt. Für eine solche haben selbst die Gründer aufzukommen. Der Umfang des zu ersetzenden Schadens bestimmt sich nach allgemeinen Regeln; die besonderen Festsetzungen in Artikel 213a Absatz 1 über die Ersatzpflicht der Gründer finden auch hier keine Anwendung (vergl. oben S. 277 ff.).

Die Haftbarkeit der Emissionshäuser wegen Dolus bedarf keiner Begründung, aber auch die Aufstellung der Prüfungspflicht und die Haftbarkeit für eine kulpose Verletzung derselben wird nicht als eine übermäßige Zumuthung erscheinen. In gleicher Weise wie bei den Mitgliedern der Gesellschaftsorgane tritt ihre Haftbarkeit nur ein, sofern ihnen eine Verletzung der Sorgfalt nachgewiesen wird. Achtbare Häuser, welche Namen und Ruf zu verlieren hatten, haben bisher schon ein höheres Maß sorgfältiger Prüfung sich zur Pflicht gemacht; das vom Entwurf geforderte Maß wird man von allen gewissenhaften Personen verlangen können. Dieselben werden gewiß nicht deshalb, weil jetzt das Gesetz die Pflicht feststellt, von soliden Emissionen zurückschrecken. Selbstverständlich giebt ihnen die Prüfungspflicht den Gründern gegenüber ein Recht zur Prüfung. Finden sie in den Bedingungen der Gründung Mängel, so mag und muß die Ankündigung der Aktien unterbleiben oder nur unter Aufdeckung des Mangels erfolgen; auch können, sofern etwa im Falle der Sukzessivgründung eine solche Ankündigung als Anwerbung von Primitivzeichnern oder zur Unterbringung von Primitivzeichnungen der konstituirenden Generalversammlung vorausgegangen ist, die Emittenten den Mangel in der letzteren rügen. In dem einen wie in dem anderen Falle wäre das Publikum vor Schaden geschützt worden.

Was die Person der Berechtigten betrifft, also die Frage, ob und inwieweit neben der Gesellschaft die einzelnen Zeichner oder Aktienerwerber Schadensersatz zu fordern oder restitutorische Ansprüche zu erheben befugt sind, so liegt hier kein Grund vor, von der Eingangs dieses Paragraphen entwickelten Regel abzuweichen. Der Einwand etwa, daß hier eine Vertretungspflicht der Gesellschaft gegenüber um deshalb nicht zu statuiren sei, weil für die bereits schadhaft entstandene Gesellschaft die nachträgliche Einführung der Aktien eine Schädigung nicht bewirke, kann nicht zugelassen werden. Der Einwand greift schon thatsächlich nicht Platz, sofern die Einführung vor der Entstehung der Gesellschaft, also vor Eintragung derselben in das Handelsregister stattgefunden und zu dieser mitgewirkt hat. Er wäre überhaupt nur von einem formaljuristischen Standpunkte zu erheben. Sachlich und nach der wirthschaftlichen Seite ist es völlig zutreffend, in der öffentlichen Begebung der Aktien einen Gründungshergang zu erblicken. Vor der Begebung der Aktien besteht die Aktiengesellschaft zwar juristisch als individualisirte Persönlichkeit, thatsächlich aber nur als Vereinigung der Gründer und Gründergenossen, als eine Sozietät unter der Form einer Aktiengesellschaft. Die Ueberleitung der Aktien unter das Publikum gründet erst die Aktiengesellschaft im wirthschaftlichen Sinne; erst von nun an tritt die juristische Form mit ihrem wirthschaftlichen Zweck in Einklang. Wer daher die Aktien einer innerlich kranken Gesellschaft in den Verkehr bringt, mag dafür, daß er dies nicht gewissenlos thue, in den oben gezogenen Grenzen neben den Gründern und solidarisch mit ihnen einstehen, das ist eine nothwendige Forderung im Interesse des öffentlichen Verkehrs.

Allerdings kann dies nur insoweit Anwendung finden, als in der That vom wirthschaftlichen Standpunkt ein Akt der Gründung vorliegt.

Der Entwurf setzt eine öffentliche Ankündigung von Aktien, d. h. Aktienrechten, seien es Aktien, Promessen, Interimsscheine oder Zeichnungen, voraus, „um solche in den Verkehr einzuführen". Ein Hauptfall ist die eigentliche Emission, die öffentliche Aufforderung zur Zeichnung oder zum Erwerb der Aktien. Einen anderen Hauptfall bildet die öffentliche Bekanntmachung des Unternehmens und der Aktien, um den letzteren den Zugang zu der Börse und die Aufnahme in den offiziellen Kurszettel zu verschaffen. Nach den Einrichtungen der größeren Börsen wird dieser Fall von derselben Wichtigkeit sein, wie der erste. So wird zufolge einer Verfügung des Aeltesten-Kollegiums der Berliner Kaufmannschaft vom 24. Januar 1882 die Aufnahme sowohl von Obligationen wie von Aktien zur Notiz im amtlichen und nicht amtlichen Theile des offiziellen Kurszettels von einer öffentlichen Ankündigung derselben, für welche bestimmte Angaben vorgeschrieben sind, abhängig gemacht. Aehnliche Bestimmungen werden, soweit dies noch nicht der Fall ist, von den Vorständen der sonstigen Börsen im Reiche leicht getroffen werden können. Der vom Entwurf gewählte Ausdruck „Ankündigung" umfaßt sonach beide Fälle. In beiden ist der erwähnte Zweck der gleiche; er entscheidet für den Zusammenhang des Angebots oder der Bekanntmachung mit der Gründung. Ein für den Nachweis dieses Zwecks wichtiges Moment wird die meist festzustellende Thatsache darbieten, daß das Angebot oder die Einführung an der Börse schon bei der Gründung vorbereitet war oder im Einvernehmen mit einer an der letzteren formell betheiligten Person erfolgt ist. Indessen kann dieser Thatsache eine andere Bedeutung als die eines Beweismoments nicht beigelegt werden. Das Angebot 2c. kann auch nach der Gründung sich als wünschenswerth ergeben, auch von anderen Personen als den Gründern, von Primitivzeichnern, Konsortialbetheiligten 2c. begehrt sein; auch in diesen Fällen bleibt die Stellung des Emittenten dieselbe und auch hier wird die Emission nicht ohne entsprechende Vergütung oder Gegenleistung erfolgen. Es ist thatsächlich im einzelnen Falle festzustellen, ob die Ankündigung darauf gerichtet war, für die Aktien ganz oder theilweise den Markt, ihre Unterbringung in weitere Kreise und den Handel mit ihnen, zu erschließen. Danach wird es sich auch bestimmen, ob eine Zeichenstelle als ein Emittent anzusehen ist. Andererseits bleiben danach Ankündigungen einfacher Verkäufe, welche nicht auf die wirthschaftliche Verwirklichung der Gründung abzielen, außer Betracht. Werden also etwa die Aktien eines verstorbenen oder zahlungsunfähig gewordenen Gründers von einem Notar oder Gerichtsvollzieher öffentlich ausgeboten, um solche für die Masse zu verwerthen, so kann in solchem Angebote ein Gründungshergang nicht gefunden werden.

Auf gleichem Grunde beruht die fernere Beschränkung der Haftbarkeit auf Ankündigungen, welche entweder vor der Eintragung des Gesellschaftsvertrages in das Handelsregister oder innerhalb der beregten zwei Jahre nachher ergangen sind. Sollen Aktien einer Gesellschaft erst nach Ablauf von zwei Jahren seit ihrem Bestehen öffentlich in den Verkehr eingeführt werden, so ist anzunehmen, daß der Werth des Unternehmens schon so bekannt oder erkennbar geworden ist, daß es in solchem Falle eines besonderen Schutzes des Publikums nicht bedarf.

Treten aber die Voraussetzungen der Vorschrift ein, so kommt es für das Maß der Haftbarkeit nicht an, in welchem Umfange Aktien angeboten worden sind.

Indem der Entwurf in den bezeichneten Grenzen die Haftung für eine öffentliche Ankündigung von Aktien aufstellt, ist er sich wohl bewußt, nur einen der vielen Wege zu treffen, auf welchem Aktien in den Verkehr eingeführt werden können. Nicht überall werden an den Börsen offizielle Kurszettel oder die bezeichneten Einrichtungen für dieselben bestehen und, auch wo sie bestehen, giebt es neben einem nicht öffentlichen Angebote noch verschiedene Mittel, um Aktien an der Börse Zutritt und ihnen die Aufnahme in Privatkursblätter zu schaffen, namentlich, indem ein Spekulant mit seinen Komplizen fiktive Käufe abschließt und auf Grund derselben die Aufnahme der Aktien in diese Kursblätter herbeiführt, oder indem das Publikum nur durch Zeitungsreklame zum Ankauf von Aktien angetrieben wird. Eine allgemeine Abhülfe gegen alle aus solchen Manipulationen hervorgehenden Uebelstände, welche sich nicht auf das Gebiet des Aktienwesens beschränken, sondern auf alle Börseneffekten erstrecken, kann, wie schon einleitend in §. 2 S. 241 angedeutet ist, wirksam nicht in dem Rahmen eines Aktienreformgesetzes erfolgen, sondern muß einem allgemeinen Börsengesetz vorbehalten werden. Der Entwurf muß und kann sich begnügen, die Hauptfälle der Einführung von Aktien, welche sich in einer öffentlichen Ankündigung kund giebt, zu ergreifen. Gründungen, welche die Kritik nicht zu scheuen haben, werden sich dieses Weges immer bedienen. Wird eine andere Art der Einführung gewählt, dann hat das Publikum, welches auf diesen Weg nicht mit doppelter Vorsicht eingeht, eine Schädigung nur seiner eigenen Sorglosigkeit oder Leichtgläubigkeit zuzuschreiben. Die Börsenvorstände aber werden, so lange ein Börsengesetz noch nicht erlassen ist und autonome Einichtungen, wie an der Berliner Börse noch nicht bestehen, bei pflichtmäßiger Wahrnehmung der ihnen überall obliegenden Aufsicht in den meisten Fällen in der Lage sein, Aktien, die in verwerflicher Weise sich den Zugang zur Börse erzwingen wollen, die Aufnahme wenigstens in den offiziellen Kurszettel zu versagen.

2. Beschränkung von Vergleichen 2c. über Gründungsansprüche.

2. Ein Hauptbedenken gegen die konstituirende Generalversammlung des bisherigen Rechts hat man mit Recht aus der Decharge hergeleitet, welche in dieser Versammlung die Gründer sich ertheilen ließen.[1]) Ist auch nach den vom Entwurf für dieselbe getroffenen Bestimmungen nicht zu befürchten, daß die Gründer sie vollständig beherrschen werden, so läßt sich doch der thatsächliche Einfluß derselben nicht völlig beseitigen. Noch ernster tritt die Besorgniß, daß die Gründer einen Verzicht der Gesellschaft auf etwaige Ansprüche aus der Gründung gegen sie erwirken, im Falle der Simultangründung hervor; hier besteht die Gesellschaft bei ihrem Entstehen thatsächlich aus denselben Personen, gegen welche der Anspruch gerichtet sein würde. Einer gleichen Behandlung sind die Gründungsansprüche der Gesellschaft gegen die sonstigen nach Artikel 213a, 213b verantwortlichen Personen, sowie gegen die Mitglieder des Vorstandes und Aufsichtsraths und deren etwaige Stellvertreter ausgesetzt.

Es kann nun zwar keineswegs in der Absicht des Entwurfs liegen, eine Erklärung seitens der Gesellschaft über diese Ansprüche und eine Verständigung mit den belasteten Personen durch Vergleich oder Verzicht auszuschließen, oder durch Verschärfung der zur Beschlußfassung erforderlichen Mehrheit so zu erschweren, daß dies einem Ausschlusse gleichkäme. Dagegen erscheint es mit Rücksicht auf die Bestimmung in Artikel 223 geboten, Vergleiche oder Verzichte dann auszuschließen, sobald eine Minderheit, welche den fünften Theil des Grundkapitals darstellt, Widerspruch erhebt. Ohne eine solche Bestimmung würde das nach Artikel 223 der Minorität zugesicherte Recht auf Verfolgung der Ansprüche jede Bedeutung verlieren. Der gegen den Widerspruch der Minorität gefaßte Beschluß der Mehrheit auf Genehmigung des Vergleichs oder Verzichts muß für ungültig erklärt werden. Wie weit sich der Widerspruch erstreckt, ist Thatfrage des einzelnen Falles; nicht immer wird er den ganzen Gegenstand des Vergleichs oder Verzichts ergreifen; dann bleiben natürlich die von dem Widerspruch nicht berührten Theile der Abmachung bestehen.

Ferner dürfen solche Abmachungen erst zugelassen werden, nachdem die Beherrschung der Generalversammlung durch die Gründer präsumtiv aufgehört hat, damit nicht der Gesellschaft

---

[1]) Vergl. z. B. Hecht a. a. O. S. 69.

durch die im höchsten Grade betheiligten Gründer oder die von ihnen beherrschten Stimmberechtigten und Gesellschaftsorgane wohlbegründete Ansprüche entzogen werden. Der Entwurf schließt deshalb in Artikel 213d die Zulässigkeit solcher Vergleiche oder Verzichtleistungen innerhalb des mehrfach gedachten zweijährigen tempus clausum und des darauf folgenden Jahres, also in den ersten drei Jahren seit Eintragung des Gesellschaftsvertrages in das Handelsregister aus. Hier ist die längere Frist im Hinblick auf die Haftung der Emissionshäuser geboten, weil die letzteren sonst vielleicht schon wenige Tage nach Erlaß des schädigenden Angebots von ihrer Verantwortlichkeit entbunden werden könnten. Der Entwurf läßt jedoch von dieser Zeitbeschränkung eine Ausnahme zu, um für den Fall der Zahlungsunfähigkeit des Verpflichteten zur Abwendung oder Beseitigung des Konkursverfahrens einen Vergleich, der auch im Interesse der Gesellschaft liegen kann, zu ermöglichen. Tritt der Vergleich nach eröffnetem Konkursverfahren ein, so wird eine Kollision zwischen dem Verpflichteten und den Gesellschaftsorganen bezw. der von den Gründern etwa noch beherrschten Mehrheit der Generalversammlung kaum zu befürchten sein. Eher bei einem Vergleiche außerhalb des Konkursverfahrens zu einer Abwendung desselben. Hier bedarf die Zahlungsunfähigkeit erst eines Nachweises. Allein dieser muß auch geführt werden, wenn die gesetzliche Zeitbeschränkung außer Anwendung bleiben soll. Zudem gestattet der Entwurf die Ausnahme nur insofern, als der Verpflichtete nicht blos mit der Gesellschaft, sondern auch mit seinen übrigen Gläubigern zu dem erwähnten Zweck Vergleiche abschließt. Hierbei kann es allerdings darauf, ob vielleicht der eine oder andere unbedeutende Gläubiger außer Betracht geblieben ist oder ob die Vergleichsbedingungen den einzelnen Gläubigern gegenüber verschiedene sind, nicht ankommen.

3. Verhütung von Nachgründungen durch Uebernahmen.

3. Abgesehen von den bei einer Erhöhung des Grundkapitals möglichen Einlagen, von denen im folgenden Paragraphen die Rede sein wird, können nach Eintragung der Gesellschaft in das Handelsregister Einlagen nicht mehr vorkommen. Ebensowenig können nach diesem Zeitpunkt Gründervortheile im Sinne des Artikels 209b zugestanden werden; eine nachträgliche Gewährung von Vergütungen an Gründer dagegen kann nur unter Verantwortung der Gesellschaftsorgane erfolgen, soweit sie nicht gar eine Statutenänderung bedingt. Dagegen bleibt der Erwerb bereits vorhandener oder noch zu errichtender Anlagen oder sonstiger Vermögensstücke, sei es in der Form eines Kaufs, oder als datio in solutum auf baar zu zahlende Einlagen, oder in anderer Weise auch nach jenem Zeitpunkte möglich, selbst wenn der Erwerb desselben zur Erreichung des Gesellschaftszwecks von Anfang an unabweislich war. Hier besteht die Gefahr, daß der Erwerb schon vor Errichtung der Gesellschaft von den Gründern geplant, der Abschluß des betreffenden Vertrages aber nur hinausgeschoben war, um ihn später durch die von ihnen beherrschten Gesellschaftsorgane bewirken zu lassen, und dadurch die strengeren Erfordernisse des Artikels 209b und die sich daran knüpfende Prüfung und Verantwortung zu umgehen. Für den Entwurf lag deshalb die Nothwendigkeit vor, einer solchen Umgehung der getroffenen Vorschriften in geeigneter Weise zu begegnen. Er hat deshalb (Art. 213e) auch hier das tempus clausum von zwei Jahren als entscheidende Zeitgrenze angenommen und sieht vor, daß auf Erwerbungen, sofern sie innerhalb dieses Zeitraums stattfinden, die Vorschriften entsprechende Anwendung finden, welche bei Abschluß solcher Verträge im Stadium der Gründung gegeben sind, — Genehmigung durch die Generalversammlung, vorgängige Prüfung durch den Aufsichtsrath, Publizität und Verantwortlichkeit. Um jedoch den laufenden Geschäftsbetrieb der Gesellschaft nicht mehr zu erschweren, als dies im unbedingten Interesse derselben geboten erscheint, beschränkt der Entwurf die Vorschrift einmal auf Erwerbungen, deren Preis den zehnten Theil des Grundkapitals übersteigt, und ferner in Berücksichtigung der aus betheiligten Kreisen laut gewordenen Wünsche auf Erwerbungen von Anlagen, welche zum dauernden Geschäftsbetrieb bestimmt sind, oder von unbeweglichen Gegenständen. In dieser Beschränkung ist die Vermuthung am Platze, daß der Erwerb schon bei der Errichtung hätte vorgenommen werden können und sollen. Die Vermuthung wird um so stärker, wenn der Erwerb im ersten Jahre stattfindet. Deshalb verlangt der Entwurf in einem solchen Falle, daß, wie bei der Errichtung, die Antheile der zustimmenden Mehrheit mindestens ein Viertheil des Grundkapitals darstellen; das in Artikel 210a verlangte weitere Erforderniß, nach welchem die zustimmende Mehrheit den vierten Theil der sämmtlichen Aktionäre zu umfassen hat, mußte in Wegfall kommen, da, wenn in der Zwischenzeit Inhaberaktien ausgegeben sind, die Anzahl der Aktionäre nicht bekannt sein kann. Finden Erwerbungen der gedachten Art erst im zweiten Jahre statt, so soll es genügen, wenn wenigstens drei Viertheile des in der Generalversammlung vertretenen Grundkapitals dem Erwerbe zustimmen.

Die nach Artikel 209f zu veranlassende Prüfung des Hergangs einer solchen Erwerbung hat der Aufsichtsrath allein vorzunehmen, weil der Vorstand, welcher den Vertrag abgeschlossen hat, sich nicht selbst kontroliren kann. Entsprechend der Vorschrift des Artikels 209f soll auch hier vor der Beschlußfassung der Aufsichtsrath schriftlich Bericht erstatten und die Generalversammlung diesen Bericht entgegennehmen. Ebenso ist entsprechend den bezüglich der Gründung selbst getroffenen Vorschriften der Vertrag nach erfolgter Genehmigung durch die Generalversammlung in Urschrift oder in beglaubigter Abschrift mit dem Bericht und dessen urkundlichen Grundlagen und mit dem Nachweis über die Beschlußfassung zu dem Handelsregister einzureichen. Hat endlich der Erwerb erweislich in Ausführung einer von den Gründern vor Errichtung der Gesellschaft getroffenen Vereinbarung, also offenbar zum Zweck der Umgehung der Vorschriften der Artikel 209b, 210a, 213a stattgefunden, so müssen im Falle einer Beschädigung der Gesellschaft durch bösliche Handlungsweise die Entschädigungsrechte, welche der Gesellschaft gegen die Gründer und Dritte, die zu der böslichen Handlungsweise wissentlich mitgewirkt haben, in Gemäßheit des Artikels 213a zustehen würden, und in Ergänzung hierzu auch der Ausschluß von Vergleichen und Verzichten in Gemäßheit des Artikels 213d zur Anwendung kommen.

§. 11.

Erhöhung des Grundkapitals.

Eine Erhöhung des Grundkapitals einer bestehenden Gesellschaft bietet für die legislative Beurtheilung zwei Seiten. Einerseits erheben sich Fragen von allgemeiner Bedeutung; andererseits kann die nachträgliche Erhöhung unter dem Gesichtspunkt einer Nachgründung erscheinen. In dieser Beziehung schließt sie sich dem Gebiete der zuletzt erörterten Kautelarvorschriften an, und es fragt sich, ob nicht solche Vorschriften auch für nachträgliche Emissionen von Aktien zu erlassen sein möchten, damit nicht die zur sicheren Aufbringung des ursprünglichen Grundkapitals getroffenen Bestimmungen des Entwurfs umgangen werden können.

Das bestehende Gesetz ermangelte nach der einen wie nach der anderen Richtung jeder Vorschrift. Die Zulässigkeit einer Kapitalserhöhung konnte nach demselben allerdings nicht bezweifelt werden. Aber es herrscht in Ermangelung besonderer Vorschriften sowohl über die Natur und die mögliche Art einer Erhöhung, als über das zu beachtende Verfahren Meinungsverschiedenheit. Die Einen betrachten sie als eine Neugründung und erachten auf sie die für die Gründung gegebenen Vorschriften des Gesetzes (H. G. B. Art. 210a) für anwendbar, sind aber unter sich uneinig über das Maß der Anwendbarkeit, insbesondere über die Anwendbarkeit der bisherigen Artikel 210a Ziffer 4, 209a, 209b.[1]) Die Anderen bestreiten die Natur einer Neugründung und weisen jede Anwendung der lediglich auf die Errichtung der Gesellschaft bezüglichen Vorschriften ab.[2]) Bald führt man ferner die Vermehrung des Aktienkapitals durch neue Zeichnungen aus, bald behandelt man sie als Verkauf neuer Antheilsrechte seitens der Gesellschaft.[3])

Vom legislativen Standpunkt sind zunächst zwei allgemeine Fragen zu entscheiden:

1. ist die Ausgabe neuer Aktien vor erfolgter Volleinzahlung des bisherigen Grundkapitals zuzulassen?
2. ist die Ausgabe neuer Aktien für einen anderen als den Nominalbetrag zu gestatten?

1. Unzulässigkeit der Emission neuer Aktien vor erfolgter Vollzahlung des bisherigen Grundkapitals.

Zu 1. Daß Emissionen neuer (sog. junger) Aktien, sofern sie ohne jede Beschränkung zugelassen werden, leicht zur Spekulation benutzt werden und, wenn ohne Rücksicht auf den wirthschaftlichen Zweck und Bedarf der Gesellschaft vorgenommen, leicht zum Ruin der Gesellschaft führen können, ist von keiner Seite bestritten; auch hat die Gründerperiode Beispiele unsauberer Spekulationen mittelst junger Aktien in Fülle aufzuweisen. Man befürwortet deshalb mehrfach ein gesetzliches Verbot neuer Aktienemissionen vor erfolgter Volleinzahlung des bisherigen Grundkapitals, indem man den Schaden, welchen die Gesellschaft durch die möglicher Weise behinderte Benutzung günstiger Konjunkturen des Geldmarktes erleidet, für geringer anschlägt, als die der Gesellschaft durch unbeschränkte Zulassung neuer Aktienemissionen drohende Schädigung.[4]) Andere hingegen befürchten von einem solchen Verbot eine Schädigung solider, besonders gemeinnütziger Gesellschaften und verwerfen dasselbe als einen durch keinen genügenden Grund gerechtfertigten Eingriff in die Vertragsfreiheit.[5])

Die Frage hat, wie sich aus beiden Ansichten ergiebt, eine vorwiegend wirthschaftliche Bedeutung, der gegenüber Rücksichten auf die Vertragsfreiheit nicht entscheidend sein dürfen. Schon für die Einzelwirthschaft enthält die Erhöhung des Betriebskapitals durch fremde Kapitalien, so lange eigene Mittel dazu vorhanden sind, ein Wagniß, da eine Ansammlung von Betriebskapital über den Bedarf zu gewagten Spekulationen verleitet. In erhöhtem Maße gilt dies für eine Aktiengesellschaft. Die Gesetzgebung darf solchen gewagten Spekulationen nicht dienen. So weit zu gehen, wie die Kommission, welche der Justizminister Dufaure in Frankreich behufs Revision des Aktienrechts berief und welche außer jeder Neuemission von Aktien auch die Aufnahme von Anleihen vor erfolgter Vollzahlung des Grundkapitals verbieten wollte,[1]) sieht der Entwurf zwar keinen zwingenden Anlaß, wohl aber untersagt er in Uebereinstimmung mit dem ungarischen Handelsgesetzbuch (§. 184) und den österreichischen Entwürfen (Art. 215b) eine Erhöhung des Grundkapitals vor der vollen Einzahlung desselben und macht nur bei Versicherungsgesellschaften eine Ausnahme, insofern er zuläßt, daß bei ihnen das Gegentheil durch den Gesellschaftsvertrag festgesetzt werden kann (Art. 215a Abs. 1). Bei diesen Gesellschaften steuert einerseits die staatliche Beaufsichtigung einem etwaigen Mißbrauch, andererseits hat bei ihnen das Grundkapital nur zum Theil den Zweck eines Betriebskapitals, zum größeren Theile dagegen den einer Reserve für den Fall, daß durch die laufenden Prämien die entstandenen Schäden nicht gedeckt werden, und daher pflegt es meist bis zu dem erst nach längerer Zeit, wenn überhaupt, eintretenden Bedarf gegen Wechsel gestundet zu werden. Ein Verbot der Ausgabe neuer Aktien vor erfolgter Volleinzahlung des bisherigen Grundkapitals würde sonach dem Wesen und dem Interesse des versicherten Publikums widerstreiten.

2. Emission für einen anderen als den Nominalbetrag.

Zu 2. Die Ausgabe von Aktien für einen anderen als den Nominalbetrag kommt nicht allein in dem Falle einer Erhöhung des Grundkapitals in Betracht; sie ist auch bei der Errichtung der Gesellschaft vom legislativen Standpunkt in ernste Erwägung zu ziehen.

a) Emission über Pari:

α. bei der Errichtung der Gesellschaft.

Im Anschluß an das bestehende Recht geht der Entwurf von der Voraussetzung aus, daß das Grundkapital, wie es ziffermäßig durch den Nominalbetrag der Aktien zum Ausdruck gelangt, die juristische Grundlage der Gesellschaft bildet. In dem Augenblick der Errichtung kann die Gesellschaft außer diesem Grundkapital anderes Vermögen überhaupt nicht haben; erst durch dieses Grundkapital und nur zum Belaufe desselben gelangt die Gesellschaft zur juristischen Existenz. In Gemäßheit dessen wird auch die Verpflichtung des Aktionärs, wie sie schon in dem Artikel 219 H. G. B. einen, wenngleich nicht ganz präzisen Ausdruck gefunden hat, der Gesellschaft und deren Gläubigern gegenüber durch den Nominalbetrag der Aktie begrenzt. Ueber diesen Nominalbetrag hinaus würde eine weitergehende Verpflichtung des Aktionärs auf dem Boden des bestehenden Rechts juristisch kaum gerechtfertigt werden können. Es wäre demnach fraglich, ob der über den Nominalbetrag hinausgehende Mehrbetrag von dem Zeichner und Aktionär eingeklagt werden könnte, und vielleicht sogar fraglich, ob die Zurückforderung einer von ihm geleisteten Zahlung ausgeschlossen wäre.

Vom legislativen Standpunkt aber müssen solche juristische Bedenken gegen die Zulassung einer Ueberpari-Emission gegenüber den wirthschaftlichen Vortheilen zurücktreten, welche mit derselben für die Gesellschaft verbunden sein können. Es wird in vielen Fällen wünschenswerth sein, daß die Gesellschaft schon mit dem Augenblick ihrer Entstehung in einem neben dem Grundkapital bestehenden Reservekapital einen Rückhalt für nicht vorhergesehene Verluste empfängt, daß sie ein Vermögen erhält, welches, beweglicher als das Grundkapital, zu außerordentlichen Zwecken verwendbar ist. Die Idee eines solchen Garantiefonds ist in einem Theile der ausländischen Gesetzgebung zum Ausdruck gelangt, so in England in den companies limited by guarantee (Vergl. unten S. 364), und hat auch in Deutschland thatsächlich Leben gewonnen, indem eine Reihe völlig solider Gesellschaften ihre Aktien bei der Errichtung zu einem höheren als dem Parikurse aufgelegt

[1]) Sachs in der Goldschmidtschen Zeitschr. Bd. 19 S. 313 ff.; Nissen ebenda S. 353 ff.; Renaud a. a. O. S. 767; Löwenfeld a. a. O. S. 498.

[2]) Keyßner, Aktiengesellschaften S. 200 ff.; Endemann, das Bundesgesetz vom 11. Juni 1870 S. 32; Puchelt, Komm. S. 387 Anm. 7.

[3]) Renaud a. a. O. S. 430 ff.; Bericht der Aeltesten der Kaufmannschaft von Berlin ꝛc. Bd. 8 u. A.

[4]) Goldschmidt im Eisenacher Gutachten S. 31; Auerbach, Aktienwesen S. 91; Zimmermann in Busch, Arch. Bd. 31 S. 278; Gutachten der Berliner Kaufmannschaft bei Hecht S. 336; Beschlüsse des Vereins für Sozialpolitik vom 13. Oktober 1873 in den Verhandlungen IV S. 149.

[5]) Behrend im Eisenacher Gutachten S. 81; Keyßner, Aktiengesellschaften S. 205; Hecht a. a. O. S. 81 ff.; Geiger in Busch, Arch. Bd. 36 S. 14; Ladenburg ebenda Bd. 38 S. 196.

[1]) Vergl. Vavasseur, un projet de loi sur les sociétés 1876 p. 60 sqq.

haben. Freilich kann nicht geleugnet werden, daß mit den hervorgehobenen Vortheilen auch Gefahren verbunden sind, daß durch die Zulassung eines Agio bei der ersten Emission die Agiotage gefördert und daß namentlich der Mehrbetrag zur Vertheilung fiktiver Dividenden benutzt werden kann. Indem daher der Entwurf die Ueberpari-Emission gestattet, sucht er diesen Gefahren durch verschiedene Vorschriften zu begegnen. Zunächst durch die Anforderung, daß der ganze Hergang mit möglichster Offenheit klar zur Erscheinung tritt. Deßhalb muß, wenn bei Errichtung der Gesellschaft eine Ueberpari-Emission in Aussicht genommen wird, schon der Gesellschaftsvertrag über die Zulassung derselben und ihre Ausführung die nöthigen Bestimmungen enthalten (Art. 209a Ziff. 2), wenn er gleich nicht den Betrag zu bezeichnen hat, für welchen die Aktien ausgegeben werden sollen. Dieser muß dagegen in dem Zeichnungsschein enthalten sein, so daß dem Zeichner kein Zweifel über seine Verpflichtung entstehen kann (Art. 209d. Ziff 3, vergl. oben S. 268). Aus gleichem Grunde und zur Verhütung der Agiotage soll das Aufgeld sofort mit der gesetzlichen oder der im Gesellschaftsvertrag bestimmten höheren Quote des Nominalbetrages von dem Zeichner vor Eintragung der Gesellschaft eingezahlt sein, so daß sich auch auf diese Einzahlung die Versicherung bei der Anmeldung zum Handelsregister zu erstrecken hat und der ganze Vorgang unter der Kontrole des Handelsrichters steht (Art. 210 Abs. 3). Gegen die weitere oben bezeichnete Gefahr einer mißbräuchlichen Vertheilung oder sonstigen Verwendung des Vermögens richtet sich die Vorschrift des Entwurfs, welche das gesammte bei der Ueberpari-Emission erzielte Agio dem Reservefonds zuweist, über dessen Verwendung das Gesetz bestimmte Schranken aufstellt (Art. 185b).

β, bei Erhöhung des Grundkapitals.

Im Fall einer Erhöhung des Grundkapitals bedarf dagegen die Zulassung der Ueberpari-Emission keiner Rechtfertigung; die juristischen Zweifel, welche bei Errichtung der Gesellschaft gegen eine solche Zulassung obwalten, liegen hier nicht vor, und wirthschaftlich ist hier die Sachlage noch günstiger; sie ist daher bei Anwendung der bereits für den ersten Fall gerechtfertigten Vorschriften ohne Bedenken.

b) Emission unter Pari:

α, bei Errichtung der Gesellschaft.

Anders verhält es sich mit der Unterpari-Emission. Eine solche ist von dem Entwurf bei der Beschaffung des Grundkapitals behufs Errichtung der Gesellschaft nicht gestattet worden. Zwar finden sich auch hier Vertheidiger von Unterpari-Emissionen. Dieselben berufen sich auf die bessere Absatzfähigkeit der Aktien, wenn das Publikum einen geringeren als den Nominalbetrag für den Erwerb zu entrichten habe, und finden hierin um deshalb nichts Bedenkliches, weil die Aktien nur Quotenberechtigungen am Unternehmen ausdrücken, und demnach nicht die Ziffer des Nominalbetrages, sondern die Zahl der konkurrirenden Aktien ausschließlich entscheidend sei.[1] Daß die letztere Auffassung schon im Allgemeinen nicht zutrifft, ist im §. 4 Nr. 2 erörtert worden; sie trifft gerade hier nicht einmal thatsächlich zu; denn wenn das Publikum in der Differenz zwischen dem Emissionspreise und dem Nominalbetrage die Aussicht auf Gewinn oder den Ausgleich für etwaige Bedenken gegen das Unternehmen findet, so legt es eben Gewicht auf den Nominalbetrag. Die ursprüngliche Emission unter Pari würde zu Gesellschaften führen, welche von Anfang an des statutenmäßigen Grundkapitals entbehren und bewußt mit einer Unterbilanz geschaffen werden. Kein wirthschaftlicher Grund nöthigt zu solchem anormalen Schritt; derselbe würde vielmehr nur zu Zwecken verwerflicher Agiotage ausgebeutet werden.

β, bei Erhöhung des Grundkapitals.

Anders liegt es im Falle einer Erhöhung des Grundkapitals. Die Gesellschaft besteht; sie hat seit längerer Zeit fungirt; der Einfluß, den ihre Geschäfte auf den Stand ihres Vermögens geübt haben, ist hervorgetreten; die Aktien haben einen Kurs erlangt. Es handelt sich um die Beschaffung weiterer zum Geschäftsbetriebe nöthiger Geldmittel und den dafür zu zahlenden Preis. Die Beschaffung durch Aufnahme einer fest zu verzinsenden und meist noch zu amortisirenden Anleihe legt der Gesellschaft größere Lasten und den Aktionären oft, wenigstens zeitweise, eine größere Schmälerung des Gewinnbezugs auf, als die Emission neuer Aktien; auch sonst werden die Konjunkturen oft auf die letztere hinweisen. Haben dann die alten Aktien einen Kursstand unter Pari, so werden die Geldmittel durch Ausgabe neuer Aktien nicht anders zu beschaffen sein, als wenn den Erwerbern ein Vortheil zufließt. Die Ausgabe von Prioritätsaktien wird sich nicht immer empfehlen oder nicht immer genügen. Das wirthschaftliche Bedürfniß hat sonach dahin geführt, die neuen Aktien gegen Zahlung eines geringeren, als des Nominalbetrages, entsprechend dem geringeren Kursstande der alten Aktien, zu emittiren. Es ist dies namentlich von Eisenbahn-Aktiengesellschaften, und zwar von durchaus soliden Gesellschaften, und unter staatlicher Genehmigung mehrfach geschehen.[1]) Man hat die Emission unter Pari auch hier angefochten, indem man glaubt, daß dieselbe einen Theil des Grundkapitals den Gläubigern entziehe, Unrichtigkeiten in der Bilanz zur Folge habe, Täuschungen thatsächlich herbeiführe und zu solchen absichtlich benutzt werden könne.[2]) Wird dieselbe verboten, so müßte der Verkehr sich andere Auswege öffnen. Die Begünstigung der neuen Aktionäre könnte ohne Einräumung einer Priorität durch Gewährung eines größeren Gewinnantheils für die neuen Aktien bei gleichem Nominalbetrage aller Aktien oder durch Gewährung eines gleichen Gewinnantheils für alle Aktien bei geringerem Nominalbetrage der neuen Aktien erfolgen. Diese Auswege standen nach dem geltenden Recht offen und mögen auch fortan offen bleiben; sie sind bisher, soviel bekannt, kaum benutzt worden; die Verschiedenheit des Nominalbetrages oder der Berechtigung der an sich paritätischen Aktien scheint hinderlich zu sein, und der letztere Weg würde in der Festsetzung eines geringeren Nominalbetrages für die neuen Aktien an der Minimalziffer des Entwurfs (Art. 207a) leicht ein Hemmniß finden; er unterscheidet sich sachlich von einer Unterpari-Emission auch darin, daß, während bei dieser der volle Betrag des erhöhten Grundkapitals als Passivum in der Bilanz erscheinen und ergänzt werden muß, die Kreditbasis daher stärker ist, bei ihm die Erhöhung des Grundkapitals einen geringeren Betrag darstellt und eine frühere Dividendenvertheilung er-

1) Wiener im Eisenacher Gutachten S. 27 ff.; Behrend a. a. O. S. 62; von Strombeck: Ein Votum zur Reform der deutschen Aktiengesetzgebung 1874 S. 63 ff.; Wagner in den Eisenacher Verhandlungen (Veröffentlichungen des Vereins für Sozialpolitik IV) S. 72; Goldschmidt im Eisenacher Gutachten S. 31; Hecht a. a. O. S. 79, 144; Bericht der Spezialkommission zur Untersuchung des Eisenbahnkonzessionswesens — Drucks. des preuß. Abgeordnetenhauses 1873/74 Nr. 11 S. 24, 127, 135 —; Nissen in Goldschmidts Zeitschr. Bd. 21 S. 100 ff.; Verh. des deutschen Landwirthschaftsraths vom Jahre 1882 S. 21 ff.

1) Vergl. z. B. bezüglich der Rheinischen Eisenbahn-Aktiengesellschaft Preuß. Gesetz-Samml. 1866 S. 448 ff., Vertrag §§. 6 bis 8; der Thüringischen Eisenbahn-Aktiengesellschaft ebenda S. 463 ff., Vertrag §§. 5 bis 7, und 1868 S. 561 ff., Vertrag §§. 4 ff. Die Berlin-Lehrter (Magdeburg-Halberstädter) Eisenbahngesellschaft hat mit Genehmigung des Preuß. Staatsministeriums 43 800 000 ℳ Prioritäts-Stammaktien zum Kurse von etwa 68 Prozent emittirt; vergl. Bericht der Spezialkommission für das Eisenbahnkonzessionswesen a. a. O. S. 107, 108.

2) Keyßner, Aktiengesellschaften S. 267, 268; Geiger in Busch, Arch. Bd. 36 S. 21; Ladenburg ebenda Bd. 38 S. 207.

möglicht. Als neuer Weg endlich ist in Erwägung gekommen,[1]) ob nicht für den Fall der Erhöhung des Aktienkapitals zu gestatten sein möchte, daß der entsprechende Betrag des Grundkapitals in eine größere Zahl mit den älteren Aktien gleichberechtigter Aktien zerlegt würde, auf welchen ohne Angabe eines Nominalbetrages nur die Zahl der auf die Erhöhung des Kapitals ausgefertigten Aktien und deren Gleichberechtigung mit den älteren Aktien anzugeben wäre. Wenn also z. B. das bisherige Grundkapital von 1 Million Mark in 500 Aktien von 2 000 ℳ zerlegt war und diese Aktien jetzt einen Kurs von etwa 50 Prozent haben, so würde das um eine weitere Million zu erhöhende Kapital etwa in 1 000 mit den alten gleichberechtigte sogenannte junge Aktien ohne Nominalziffer getheilt werden sollen. Es ist indessen nicht erfindlich, was damit gewonnen würde; denn wenn der zu erhöhende Kapitalsbetrag von 1 Million Mark und die Theilung desselben in 1 000 Antheile feststeht, so ergiebt ein einfaches Divisionsexempel, daß nominell jeder Antheil 1 000 ℳ repräsentiren soll. Dieser neue Ausweg läuft also genau auf den obenbesprochenen zweiten Weg hinaus, nur daß in Abweichung von der allmeinen in Artikel 207a festgehaltenen Regel hier quotitativ bezeichnete Aktien zugelassen werden. Einer solchen Zulassung stehen aber die im §. 4 Nr. 2 dargelegten Bedenken entgegen, zu denen noch die Unzuträglichkeit hinzutritt, daß von derselben Gesellschaft neben den alten Aktien mit Nominalbeträgen gleichzeitig die jungen Aktien ohne letztere zirkuliren würden. Erweisen sich sonach die zur Beseitigung einer Unterpari-Emission nothwendigen Behelfe theils als bedenklich, theils als unzureichend, so wird nichts übrig bleiben, als das von dem Verkehrsbedürfniß geschaffene Mittel der Emission unter Pari auch fernerhin zuzulassen.[2]) Die Gesetzgebung wird nur den Mißbrauch desselben zu verhüten haben. Von einer Gefährdung der Gläubiger kann keine Rede sein, wenn nicht der Emissionspreis, sondern der Nominalbetrag des erhöhten Grundkapitals in die Bilanz als Passivum eingestellt wird. Daß dies geschehe, schreibt der Entwurf (Art. 185a Ziff. 5, 239b) ausdrücklich vor. Dividendenvertheilungen sind daher erst nach Ergänzung der Differenz möglich. Um ferner zu verhindern, daß durch die Zulassung von Nachtragsemissionen unter Pari die gesetzlichen Vorschriften für die Aufbringung des ursprünglichen Grundkapitals umgangen werden, bestimmt der Entwurf (Art. 215a Abs. 2), daß die Ausgabe von Aktien zu einem niedrigeren als dem Nominalbetrage erst nach Ablauf des bereits mehrfach erwähnten tempus clausum von zwei Jahren seit Eintragung der Gesellschaft in das Handelsregister stattfinden darf. Im Uebrigen trifft der Entwurf gegen Täuschungen Verkehr durch die Einrichtung des Verfahrens, insbesondere dadurch, daß der Mindestbetrag, zu welchem es dem Vorstande gestattet sein soll, die neuen Aktien auszugeben, von vornherein festgestellt und der Emissionskurs selbst erkennbar gemacht werden muß.

3. Natur einer Erhöhung des Grundkapitals.

Das Verfahren für eine Erhöhung des Grundkapitals steht mit der juristischen Natur derselben im Zusammenhang. Die im Verkehr übliche und, wie Eingangs gedacht, auch in der Literatur vertretene Anschauung, als ob die Neuemission sich als einen Verkauf neu zu konstituirender Antheilsrechte seitens der Gesellschaft darstelle, erscheint nicht korrekt. Die Aktiengesellschaft wird durch das bestehende Grundkapital begrenzt und dieses ist in die alten Aktien zerlegt, eine Vermehrung des Kapitals setzt eine neue Betheiligung voraus und zerlegt sich wiederum in einzelne Antheile. Die zu schaffenden Antheile können nicht verkauft, sie müssen erst aufgebracht werden; insoweit steht die Kapitalserhöhung einer Neugründung gleich. Die Antheilsrechte an dem erhöhten Grundkapital haben dieselbe Natur wie die Antheilsrechte an dem ursprünglichen. Sie unterliegen insofern den für die alten Aktien geltenden Regeln. Es gilt der gesetzliche Minimalbetrag; die Einlage kann baar oder durch Gegenstände erfolgen; es kann vollgezahlt oder ratenweise eingezahlt werden; letzterenfalls bestimmt sich die Haftung der Zeichner und deren Nachmänner nach allgemeinen Grundsätzen, mit der durch den etwaigen Emissionskurs bestimmten Modifikation; Zeichner können einzelne oder alle Aktionäre oder andere Personen sein; es kann, wie bei den ursprünglichen Aktien, eine Begebung der jungen Aktien aus engen Gesellschaftskreisen an das große Publikum stattfinden u. s. w. Andererseits ist die Erhöhung des Grundkapitals nicht der Gründung einer neuen Gesellschaft gleichzustellen; vielmehr ist es, auch wenn es sich um einen neuen Gegenstand des Unternehmens oder um ein neues Unternehmen handelt, immer die alte Gesellschaft, welche nur ihr Kapital und die Kapitalsbetheiligung erweitert; es ändert sich nicht die Rechtspersönlichkeit, und es bleibt auch die Organisation der Gesellschaft bestehen. Gründer im Sinne des Entwurfs kann es nicht geben; soweit überhaupt eine Art Gründung vorliegt, gründet die Gesellschaft. Für den Abschluß eines neuen Gesellschaftsvertrages und für eine konstituirende Generalversammlung ist kein Raum.

4. Verfahren.

Von dieser Auffassung ausgehend, regelt der Entwurf das Verfahren. Er unterscheidet zunächst den Beschluß auf Erhöhung und die Ausführung derselben.

a) Erhöhungsbeschluß.

Der Erhöhungsbeschluß wird regelmäßig eine Abänderung der Bestimmungen des Gesellschaftsvertrages, nämlich der Bestimmung über die Höhe des Grundkapitals (Art. 209 Ziff. 3) enthalten. In dieser Voraussetzung fällt er unter die Vorschriften der Artikel 214, 215; der Beschluß muß danach von der Generalversammlung und zwar, wenn der Gesellschaftsvertrag für die Erhöhung des Grundkapitals nicht andere Erfordernisse aufstellt, durch eine Mehrheit von drei Viertheilen des vertretenen Grundkapitals gefaßt werden; sind mehrere Gattungen von Aktien mit verschiedener Berechtigung ausgegeben, so ist zu dem Beschluß der allgemeinen Generalversammlung noch der zustimmende Beschluß der Generalversammlung der Sonderaktionäre herbeizuführen (vergl. §. 4 Nr. 4 S. 250); der Beschluß muß in das Handelsregister eingetragen und veröffentlicht werden; vor der Eintragung hat er keine rechtliche Wirkung; vorher findet also auch keine Ausführung, Zeichnung ꝛc. statt. Insofern bedürfte es hier keiner besonderen Bestimmung. Es kann aber ausnahmsweise in dem Gesellschaftsvertrage eine zukünftige Erhöhung des Grundkapitals schon derart vorgesehen sein, daß die letztere nicht als eine Statutenänderung erscheint. Auch in diesem Falle soll die Vornahme der Erhöhung nicht in anderer als der bezeichneten Weise, durch die Generalversammlung beschlossen werden können. Das Gesetz darf eine Erhöhung auf bloßen Beschluß des Vorstandes oder des Aufsichtsraths oder anderer Beauftragter der Gesellschaft nicht zulassen. Die Erhöhung ist eine zu wichtige, die Interessen aller Aktionäre ergreifende, den Bestand der Aktionäre umgestaltende Maßregel, welche, auch wenn das Verbot einer vorherigen Zusicherung von Bezugsrechten in Kraft getreten sein wird (vergl. oben §. 7 S. 264), doch leicht von herrschenden Parteien zum Nachtheil der Gesammtheit mißbraucht werden könnte. Der Generalversammlungsbeschluß ist auch hier ohne Verzug behufs Eintragung zu dem Handelsregister einzureichen.

---

[1]) Vergl. Denkschrift zum Antrage Preußens, betreffend die Reform der Aktiengesetzgebung ꝛc., I, 5.

[2]) Vergl. Bericht der Spezialkommission für das Eisenbahnkonzessionswesen ꝛc. S. 127; Gutachten der Berliner Kaufmannschaft a. a. O.

b) Ausführung der Erhöhung.

Was demnächst die Ausführung der Erhöhung betrifft, so entziehen sich, wie bereits angedeutet, die für eine Simultangründung gegebenen Vorschriften über eine „Uebernahme aller Aktien durch die Gründer" der Anwendbarkeit. Die Gesellschaft selbst kann die neuen Aktien nicht übernehmen. Das neue Kapital kann, gleichviel ob Einzelnen ein Bezugsrecht zugesichert wird oder nicht, gleichviel ob alle alten Aktionäre oder nur einige oder nur Dritte sich betheiligen, und ob von vornherein beabsichtigt wird, die Aktien weiter zu begeben, zunächst immer nur im Wege der Zeichnung aufgebracht werden. Die Zeichnung erfolgt durch schriftliche Erklärung (Art. 215b Abs. 1), welche aus den bez. des Zeichnungsscheins (oben S. 101 ff.) angegebenen Gründen in zwei Exemplaren zu unterzeichnen ist. Die Schriftform ist für die Verpflichtung wesentlich; im Uebrigen erscheinen die formellen Vorschriften in Artikel 209d Ziffer 1 bis 4 nicht anwendbar; die Ziffern 2 und 4 cessiren gegenüber der schon bestehenden Gesellschaft, und eine Aufnahme des Inhalts des Erhöhungsbeschlusses sowie des Betrages in den Zeichnungsschein nach Art der Ziffern 1 und 3 a. a. O. vorzuschreiben, würde ein überflüssiger Formalismus sein. Was ferner die in der Ziffer 1 vorgesehene Bezugnahme auf die Festsetzungen gemäß Artikel 209b betrifft, so können zwar wie bei der Gründung, so auch bei der Erhöhung Gegenstände statt baaren Geldes auf die Aktien eingelegt oder seitens der Gesellschaft aus dem erhöhten Kapital übernommen, auch aus demselben Kosten und sonstige Aufwendungen bestritten werden; aber es bedarf hier nicht der Aufnahme solcher Festsetzungen in den Erhöhungsbeschluß und daher nicht in den Zeichnungsschein; denn die Gesellschaft besteht und ist organisirt; es verhält sich mit diesen Erwerbungen und Aufwendungen nicht anders, als mit solchen, welche die Gesellschaft außer dem Fall einer Erhöhung des Grundkapitals vornimmt, und es genügt hierfür die Verantwortlichkeit der Gesellschaftsorgane, die Kontrole der sämmtlichen Aktionäre, insbesondere aber für die ersten zwei Jahre die Anwendbarkeit des Artikels 213c, wonach die Erwerbung der auf das erhöhte Grundkapital eingelegten oder übernommenen Gegenstände, sobald es sich um Betriebsanlagen oder Immobilien handelt und die Vergütung den zehnten Theil des alten Grundkapitals übersteigt, die Zustimmung der Generalversammlung zur Voraussetzung hat.

Es ist Sache des Vorstandes, die eingegangenen Zeichnungen zu prüfen, anzunehmen oder unberücksichtigt zu lassen.

Auf die Anmeldung der stattgefundenen Erhöhung wendet der Entwurf (Artikel 215b Absatz 2) die Vorschriften des Artikels 210 an. Danach muß die Anmeldung von sämmtlichen Mitgliedern des Vorstandes und Aufsichtsraths vollzogen werden. Dieselben haben die Duplikate der Zeichnungen und ein die einzelnen Zeichner und die Einzahlungen anführendes Verzeichniß, die etwaigen Verträge über die auf das erhöhte Kapital gemachten Erwerbungen und die Berechnung der Emissionsunkosten, sowie einen Bericht über die Art der Ausführung der Erhöhung nebst den schriftlichen Ermittelungen oder Ausstellungen, welche etwa bezüglich der gedachten Erwerbungen gemacht sind, beizufügen. In der Anmeldung ist endlich nicht nur die Erklärung abzugeben, daß, abgesehen von dem Fall der Sacheinlagen, ein Viertheil oder die von der Generalversammlung beschlossene höhere Quote des Nominalbetrages und das etwaige Agio auf jede neue Aktie eingezahlt und dem Vorstand baar übergeben sei, sondern auch zu versichern, daß die Einzahlung des bisherigen Grundkapitals vollkommen stattgefunden habe, sofern nicht etwa die in dieser Beziehung für Versicherungsgesellschaften zugelassene Ausnahme zutreffen sollte.

Die Eintragung der stattgefundenen Erhöhung ist gemäß der allgemeinen Vorschrift in Artikel 13 des Handelsgesetzbuchs nach ihrem ganzen Inhalt bekannt zu machen.

Erst nach der Eintragung sollen die neuen Aktien, Promessen oder Interimsscheine ausgegeben werden (Art. 215c Schlußsatz).

Hat die Aktiengesellschaft Zweigniederlassungen, so genügt betreffs ihrer, daß der Vorstand ohne den Aufsichtsrath die stattgefundene Erhöhung, auch vorher den Erhöhungsbeschluß anmeldet, und daß die Eintragung das Datum des letzteren, den Betrag der Erhöhung, den Emissionspreis, sowie die Höhe und Art der neuen Aktien zu enthalten hat.

Die Verantwortlichkeit der Mitglieder des Vorstandes und Aufsichtsraths bestimmt sich nach der Regel der Artikel 241 Absatz 2, 226.

§. 12.

Geschäftsführung. Vorstand und Aufsichtsrath.

Im Allgemeinen.

Wie die oben in §§. 2, 3 entwickelten Grundzüge und die in Betreff der Gründung gemachten Vorschläge (vergl. namentlich §. 9) ergeben, ist vom Entwurfe die bisherige Organisation der Gesellschaft, nämlich: die Generalversammlung als das Willensorgan, der Vorstand als das Ausführungsorgan und der Aufsichtsrath als das Kontrolorgan derselben beibehalten worden.

An sich betrachtet stehen alle drei Organe, durch deren Zusammenwirken die Gesellschaft erst zum Handeln befähigt wird, als gleichberechtigt neben einander. In Wirklichkeit aber und soweit es sich um die Geschäftsführung handelt, liegt das Wohl und Wehe der Gesellschaft in dem Vorstand und dem Aufsichtsrath.[1])

Obligatorischer Aufsichtsrath.

Die Beibehaltung des Vorstandes in seiner bisherigen Bedeutung ist allseitig als nothwendig anerkannt. Meinungsverschiedenheit besteht dagegen hinsichtlich der Beibehaltung des Aufsichtsraths als eines *obligatorischen* Organs.[2]) Die Gegner verkennen zwar nicht, daß die in ihrem Mitgliederbestande stets wechselnde, vielköpfige Generalversammlung sich nicht zu einer Ueberwachung der laufenden Geschäftsführung des Vorstandes in ihren Einzelheiten eignet und daß daher die Gesellschaft eines Kontrolorgans nicht wohl entbehren kann, sie halten indessen nicht ein ständiges Organ für nothwendig, sondern zeitweise zusammentretende Revisoren, welche, wie die Kommissäre des französischen Rechts,[3]) lediglich zur Prüfung der vom Vorstande aufgestellten Bilanz und Verwaltungsrechnung zusammentreten, für ausreichend und empfehlenswerther, damit nicht die Aktionäre, der Thätigkeit eines ständigen Kontrolorgans vertrauend, sich der eigenen Prüfung und Kontrole entschlagen. Die Gegner übersehen indessen die reale Gestaltung der Dinge. Neben der Verwaltung eines mit den weitestgehenden Befugnissen ausgestatteten Vorstandes vermag nur ein ständiges Organ die Interessen der Gesellschaft und der Gesellschaftsgläubiger mit Erfolg wahrzunehmen. Es reicht nicht aus, daß das Ergebniß der Verwaltung nur zu einer bestimmten Zeit einer

[1]) Vergl. die Ausführung in der Entscheidung des Reichsgerichts in Sachen v. *Kaufmann* wider die Rumänische Eisenbahn-Aktiengesellschaft vom 5. Februar 1881 — $\frac{872.\ 80}{I.\ 257}$ — Braun u. Blum, Ann. Bd. 3 S. 290 ff.

[2]) *Keyßner*, Die Aktiengesellschaft und die Kommanditgesellschaft auf Aktien S. 191 ff.; *Bericht der Aeltesten der Berliner Kaufmannschaft* vom 17. November 1873 Abschn. IX in *Hecht*, Börsen- und Aktienwesen S. 339 ff.

[3]) Gesetz vom 24. Juli 1876 Art. 32 bis 35; s. die Ausführungen von Nobbe-Niedertopfstedt im deutschen Landwirthschaftsrathe (Verh. vom Jahre 1882 Sitz. 10).

sachverständigen Prüfung unterzogen wird. Verstöße gegen das Gesetz und den Gesellschaftsvertrag seitens des Vorstandes können vielmehr wirksam nur durch ein, die Verwaltung desselben stetig im Auge behaltendes Organ verhütet werden. Ein nur zeitweise fungirendes Organ wird meist dem schon eingetretenen Schaden gegenüberstehen und, unbekannt mit den einzelnen Vorgängen der Verwaltung, sich begnügen, seine Thätigkeit auf eine rein formelle Prüfung der Rechnungen und der Buchführung zu beschränken, daher zu der Stellung einfacher Rechnungsrevisoren herabsinken. Es haben deshalb auch die meisten neueren Gesetzgebungen einem ständigen Kontrolorgane den Vorzug gegeben.[1])

Gleichwohl ist nicht zu verkennen, daß der Aufsichtsrath des bisherigen Rechts den bei Erlaß der Novelle von 1870 gehegten Erwartungen[2]) nicht entsprochen hat. Allein der Grund davon liegt nicht in der Einrichtung selbst, sondern in ihrer Ausgestaltung, in der unklaren Abgrenzung der Funktionen des Aufsichtsraths, in der mangelhaften Bestimmung der Pflichten und ungenügenden Verantwortlichkeit desselben. Es ist richtig, wenn der Schwerpunkt der Reform darin gesucht wird, diese Mängel zu beseitigen und in dem Aufsichtsrath ein wirksames Kontrolorgan zu schaffen. Es wird aber überhaupt das Ziel der Reform sein müssen, alle drei Organe zu stärken und zu beleben.

Vorstand und:

1. Bestellung beider Organe.

Was zunächst Vorstand und Aufsichtsrath betrifft, so enthält das bestehende Gesetz keine Bestimmung über die Wahl beider Organe, überläßt dieselbe vielmehr dem Gesellschaftsvertrage und gestattet also, jede Mitwirkung der Generalversammlung dabei auszuschließen. Unter Ausnutzung der gewährten Vertragsfreiheit machten sich deshalb vielfach unlautere Einflüsse bei der Bestellung beider Organe geltend; gestützt auf das Statut beherrschten Koterien dieselbe oft vollständig, namentlich wußten die Gründer sich durch das Statut längere Zeit ihren Einfluß auf die Bestellung zu sichern.

Der Entwurf läßt deshalb eine Beschränkung der Vertragsfreiheit eintreten.

Der Aufsichtsrath, welcher die Aufgabe hat, dem Vorstande gegenüber die Rechte der Aktionäre wahrzunehmen, darf seine Bestellung nur von der Generalversammlung herleiten; er gewinnt damit zugleich die nothwendige Autorität. Es ist nicht erfindlich, warum in der Frage, ob der Aufsichtsrath durch Wahl der Generalversammlung zu bestellen sei, ein Unterschied zwischen Kommanditgesellschaften auf Aktien und Aktiengesellschaften aufrecht erhalten werden sollte. Der Entwurf schließt sich deshalb auch bezüglich der letzteren dem für die ersteren geltenden Recht (Art. 175 Z. 6, 191 der bisherigen Fassung) an und beseitigt somit jede Delegations- und Kooptationsbefugniß (Art. 224, 191). Dem für Zulassung der Kooptationsbefugniß angeführten Grunde, daß sonst häufig, um eine Beschlußunfähigkeit des Aufsichtsraths in Folge Ausscheidens oder Behinderung von Mitgliedern zu verhüten, lediglich zum Zwecke der Ergänzungswahl die Berufung einer Generalversammlung im Laufe des Geschäftsjahres nothwendig werde, kann Berechtigung nicht zugestanden werden, da dem beregten Uebelstande leicht dadurch vorzubeugen ist, daß im Gesellschaftsvertrage die Wahl von stellvertretenden Aufsichtsrathsmitgliedern angeordnet wird.

Bei der Wahl des Vorstandes muß dagegen der Wunsch, der Generalversammlung einen maßgebenden Einfluß zu sichern, gegen das Bedenken zurücktreten, daß die Entscheidung über Personalfragen, bei denen vorzugsweise technische Befähigung in Betracht kommt, nicht zweckmäßig einer größeren und in ihrem Bestande wechselnden Versammlung anzuvertrauen ist. Um einer sachgemäßen Wahl kein Hinderniß zu bereiten, überläßt deshalb der Entwurf die Bestimmung des Wahlmodus in Betreff des Vorstandes dem Gesellschaftsvertrage und erblickt keine unzulässige Anordnung darin, wenn etwa die Wahl dem Aufsichtsrathe übertragen wird.

Mitgliederzahl.

In Betreff der Mitgliederzahl beider Organe hat der Entwurf das bestehende Recht beibehalten.

Für die Mitgliederzahl des Vorstandes läßt sich eine allgemeine Bestimmung nicht treffen,[1]) weil in dieser Beziehung der Geschäftsumfang, die Art und die Schwierigkeit der Verwaltung entscheidend sein müssen. Die Zahl der Mitglieder des Aufsichtsraths hatte das Handelsgesetzbuch (Art. 175 Ziff. 6), entsprechend dem Preußischen Entwurf,[2]) für die Kommanditgesellschaft auf Aktien auf mindestens fünf bestimmt, um die Gesellschaftsgläubiger wirksamer gegen Benachtheiligungen durch die Geschäftsführung zu schützen. Dem hatte sich für die Aktiengesellschaften die Vorlage von 1870 (Art. 209 Ziff. 6) angeschlossen. Vom Reichstag des Norddeutschen Bundes wurde indeß sowohl für die Aktiengesellschaft, wie für die Kommanditgesellschaft auf Aktien die Mitgliederzahl auf drei festgesetzt, weil befürchtet wurde, daß sich nicht bei allen Gesellschaften fünf zu dieser Stellung geeignete Personen finden würden. Diese Herabsetzung stand allerdings mit der Vorschrift im Zusammenhange, daß die Aufsichtsrathsmitglieder Aktionäre sein müßten. Der Entwurf hat diese Beschränkung aufgegeben, weil der dafür angeführte Grund, daß bei Aktionären eine größere Sorgfalt für das Gedeihen der Gesellschaft erwartet werden dürfe, nicht gewichtig genug ist, um Personen von der Wahl auszuschließen, welche, ohne Aktionäre zu sein, zu einer solchen Stellung durch ihre Kenntnisse und Erfahrung in hohem Grade befähigt sind,[3]) und sich die Vorschrift erforderlichenfalls durch Beschaffung einer Aktie leicht umgehen ließe. Trotz der Aufgabe dieser Beschränkung hat der Entwurf geglaubt, für den Aufsichtsrath die Zahl von drei Mitgliedern als Minimalzahl beibehalten zu müssen. Wird auch im Allgemeinen bei einem größeren Umfange der Geschäfte die Selbstbeaufsichtigung nur durch ein größeres Organ mit Erfolg ausgeübt werden können, so wird doch für einzelne Aktiengesellschaften, deren Geschäftsbetrieb sich in eng bemessenen Schranken hält, namentlich für gemeinnützige Aktiengesellschaften mit geringfügigem Grundkapital, ein Aufsichtsrath von drei Mitgliedern zur Ueberwachung der Geschäftsführung des Vorstandes ausreichen. Es kann aber

---

1) So das belgische Gesetz vom 18. Mai 1873 Art. 54, das ungarische Handelsgesetzbuch §. 194; die österreichischen Entwürfe Art. 225; der neue italienische Codice di comm. Art. 182, 183, welche die commissaires, das Aufsichtscomité, den Aufsichtsrath, beziehungsweise die sindaci als ständiges Organ anordnen. Nur das schweizer. Bundesgesetz über das Obligationenrecht (Art. 659 bis 663) schreibt lediglich die Wahl von Kommissarien vor, welche der Generalversammlung einen Bericht über die Bilanz und die von der Verwaltung vorgelegten Rechnungen zu unterbreiten haben, giebt jedoch der Generalversammlung das Recht, jederzeit zur Prüfung der Geschäftsführung oder einzelner Theile derselben besondere Kommissare oder Sachverständige zu ernennen, und behält endlich den Statuten das Recht vor, über die Organisation der Kontrolstelle andere Bestimmungen zu treffen und deren Befugnisse und Pflichten auszudehnen.

2) Motive zur Novelle vom 11. Juni 1870, Beilage Nr. 158 zu den stenogr. Berichten über die Verhandlungen des Reichstags des Norddeutschen Bundes 1869/70 S. 655.

---

1) Von den neuesten Gesetzen wird die Bestimmung der Mitgliederzahl des Vorstandes den Gesellschaftsverträgen überlassen, so vom französischen Gesetze vom 24. Juli 1867 Art. 22, dem ungarischen Handelsgesetzbuche §. 182, dem holländischen Wetboek van Koophandel Art. 44, sowie in dem Entwurf von Oesterreich Art. 227, in dem neuesten italienischen Codice di comm. Art. 119, in dem schweizerischen Bundesgesetz über das Obligationenrecht Art. 649.

2) Art. 158 und Motive dazu S. 83.

3) Keyßner a. a. O. S. 175.

nicht in der Absicht des Entwurfes liegen, den Verwaltungsorganismus verwickelter zu gestalten, als dies durch den Geschäftsumfang bedingt wird. Erscheint die Mindestzahl unzureichend, so liegt es in der Hand der Gesellschaft, dieselbe zu erweitern (Art. 225, 191).

Widerruflichkeit der Bestellung bei beiden Organen.

In dem Streben, Vorstand und Aufsichtsrath zu stärken, darf der Entwurf die Grenzen nicht überschreiten, welche die Eingangs gekennzeichnete Natur dieser Organe ziehen. Als Organe der Gesellschaft leiten Vorstand und Aufsichtsrath ihre Stellung aus deren Auftrage ab. Sie sind Mandatare der Gesellschaft, und deshalb haben sie schon nach allgemeinen Rechtsgrundsätzen kein eigenes Recht, selbst wider den Willen der Gesellschaft für die Dauer der Wahlperiode in ihrer Stellung belassen zu werden.[1]) Wenn daher schon jetzt das Handelsgesetzbuch (Art. 227 Abs. 3) bezüglich der Mitglieder des Vorstandes ausdrücklich den Satz aufstellt:

„Ihre Bestellung ist zu jeder Zeit widerruflich"

so muß dasselbe auch in Betreff der Mitglieder des Aufsichtsraths zugestanden werden. Die Fortdauer der Funktion eines Mitgliedes des Aufsichtsraths gegen den Willen der Gesellschaft ließe sich mit dem Interesse der letzteren nicht vereinigen, und auch die nach den meisten Statuten den Mitgliedern des Aufsichtsraths ausgesetzten Tantiemebezüge können den rechtlichen Karakter ihres Verhältnisses zur Gesellschaft nicht verändern. Der Entwurf spricht daher auch bezüglich der Aufsichtsrathsmitglieder, in Entscheidung einer gegenwärtig bestehenden, auf die Geschäftsführung äußerst lähmend wirkenden Streitfrage,[2]) die jederzeitige Widerruflichkeit aus, und legt sie in die Hand desjenigen Organs der Gesellschaft, von welcher nothwendig die Bestellung ausgeht, in die Hand der Generalversammlung, erfordert jedoch für einen solchen Beschluß, um eine mißbräuchliche Anwendung des Widerrufsrechts zum Schaden der Gesellschaft durch eine zufällige Mehrheit oder durch eine die Generalversammlung beherrschende Koterie zu verhüten, eine Mehrheit von drei Viertheilen des in der Generalversammlung vertretenen Grundkapitals (Art. 224, 191 Abs. 4). Den Entschädigungsansprüchen abberufener Mitglieder aus bestehenden Verträgen wird selbstverständlich nicht präjudizirt.

2. Stellung beider Organe.

Innerhalb der durch den Karakter der Organe gesteckten Grenzen wird das Ziel, die Selbständigkeit des Aufsichtsraths wie des Vorstandes zu erhöhen, nach zwei Richtungen zu verfolgen sein, vorübergehend:

a) den Gründern gegenüber.

Es war schon wiederholt Anlaß, hervorzuheben, daß erfahrungsmäßig die Gesellschaft in der ersten Zeit ihres Bestehens mehr oder weniger noch unter dem Einfluß der Gründer bleibt; derselbe entscheidet gewöhnlich auch bei der Wahl der ersten Verwaltungsorgane, selbst wenn diese statutenmäßig durch die Generalversammlung erfolgt. Um diesen Einfluß zeitlich einzuschränken, schrieb daher schon das Handelsgesetzbuch (Art. 191) für die Kommanditgesellschaft auf Aktien vor, daß die Mitglieder des Aufsichtsraths das erste Mal nicht auf länger als Ein Jahr gewählt werden dürfen,[3]) und die Novelle vom 11. Juni 1870 hat diese Vorschrift (Art. 225) auf die Aktiengesellschaft übertragen.

Die Vorschrift konnte sich indessen nicht bewähren, weil sie nicht ausschloß, daß die Wahlerneuerung bereits im Laufe des ersten Jahres im Statut von den Gründern festgesetzt wurde, wo dieselben noch erwarten durften, sie durch ihren Einfluß zu beherrschen. So kam es, daß auch die Wahl des zweiten Aufsichtsraths meist noch unter Abhängigkeit von den Gründern erfolgte.

Der Entwurf sucht diesem Mißstande dadurch zu begegnen, daß er die Wahl des ersten Aufsichtsraths (Art. 224, 191 Abs. 2) für das erste Geschäftsjahr, und, wenn etwa dasselbe nach dem Gesellschaftsvertrage einen kürzeren Zeitraum als ein Jahr, von Eintragung des Gesellschaftsvertrages in das Handelsregister ab gerechnet, umfaßt, bis zum Ablauf des am Schlusse dieses Jahres laufenden Geschäftsjahres gelten läßt und daher eine kürzere oder längere Zeitbestimmung durch die Statuten nicht gestattet. Er verwirklicht dadurch nur den von der bisherigen Gesetzgebung verfolgten, jedoch nicht durchgeführten Gedanken. Für den ersten Vorstand läßt sich eine gleiche Vorschrift nicht treffen. Einerseits können die Interessen der Gesellschaft erheischen, die Wahl auf eine bestimmte, vorzugsweise geeignete Persönlichkeit zu lenken, welche nur bei längerer Vertragsdauer zur Uebernahme einer solchen Stellung bereit ist, andererseits wird meist nur von einem Vorstande, dessen Interesse für längere Zeit mit dem der Gesellschaft verknüpft ist, eine erfolgreiche Wirksamkeit erwartet werden können.

b) Stellung der beiden Organe zu einander.

Dauernd aber wird der Entwurf Fürsorge dafür zu treffen haben, daß

> die Funktionen des Aufsichtsraths und des Vorstandes sicherer gegeneinander abgegrenzt und namentlich die des Aufsichtsraths verschärft werden.

Die Stellung des Vorstandes ist durch die Natur der Sache so bestimmt gegeben, daß für sie eine Reform des bestehenden Rechts nicht in Frage kommen kann.

Die Frage dreht sich vielmehr stets um den Aufsichtsrath. Es handelt sich zunächst um das Verhältniß der Organe zu einander.

Schon zur Zeit der bestehenden Staatsaufsicht war es gebräuchlich, dem Vorstande ein Organ beizuordnen, welches denselben nicht blos zu beaufsichtigen, sondern vorzugsweise in Gemeinschaft mit ihm über allgemeine Maßregeln der Geschäftsführung und wichtige Unternehmungen zu beschließen hatte. Dieses Organ wurde bald als Aufsichts-, bald als Verwaltungsrath bezeichnet.[1]) Auch nach der Novelle vom 11. Juni 1870, welche den Aufsichtsrath als Ersatz der staatlichen Aufsicht obligatorisch einführte, gelangte die Praxis dahin, durch die Statuten dem angeordneten Aufsichtsrathe die Befugnisse des bisherigen Verwaltungsraths zu übertragen,[2]) und die Gestaltung des Aufsichtsraths zu einem eigentlichen Verwaltungsrath, welcher mit dem Vorstand gemeinsam die Geschäfte leitete, wurde bei dem Aufschwung der Gründungen um so beliebter, als die Gründer sich dadurch einen unmittelbaren Einfluß auf die Geschäftsführung sicherten.

Dieser Zustand ist auf die Doktrin nicht ohne Einfluß geblieben. In derselben stehen sich in Folge dessen zwei Ansichten gegenüber. Die eine erblickt in der Umgestaltung des Aufsichtsraths zu einem Verwaltungsrathe mit entscheidender Stimme eine Vereinfachung und zugleich eine ratio-

[1]) Entscheidung des Reichsgerichts in Sachen v. Kaufmann wider die Rumänische Eisenbahn-Aktiengesellschaft vom 5. Februar 1881 Braun u. Blum, Ann. Bd. 3 S. 290 ff.

[2]) Keyßner a. a. O. S. 178; Geiger in Busch, Arch. Bd. 30 S. 1; Puchelt, Komm. zum Handelsgesetzbuch Art. 191. Das Reichsgericht hat in Sachen Andreae wider die Papierstofffabrik-Aktiengesellschaft Alt-Damm durch Erkenntniß vom 2. Dezember 1882 I. 438/1882 die jederzeitige Enthebung eines Mitgliedes des Aufsichtsraths durch die Generalversammlung für zulässig erklärt, wenn dasselbe ihm obliegende wesentliche Verpflichtungen in zurechenbarer Weise unerfüllt läßt.

[3]) Nürnberger Prot. S. 379, 1131; Anschütz und v. Völderndorff, Komm. zum Handelsgesetzbuch Bd. 1 S. 450.

[1]) Löwenfeld, Recht der Aktiengesellschaften Abschn. VIII §. 1 S. 266, 267.

[2]) Löwenfeld, Recht der Aktiengesellschaften Abschn. VIII §. 1 S. 266.

nellere Einrichtung des Organismus, weil jede vom Vorstande geplante Unternehmung vor ihrer Ausführung der vorurtheilsfreieren Prüfung des Aufsichtsraths unterliege und durch die Vereinigung beider Organe die Möglichkeit gegeben sei, gesetz- oder statutenwidrige Handlungen des Vorstandes und für die Gesellschaft nachtheilige Verwaltungsakte von vornherein zu verhindern.[1] Die Gegner finden dagegen in einer solchen Verschmelzung beider Organe die wesentlichste Gefahr für das Gesellschaftsinteresse, weil ein mit der Verwaltung befaßtes Kontrolorgan der nöthigen Unparteilichkeit und Selbständigkeit ermangele und daher ungeeignet sei, dem Vorstande gegenüber die Rechte der Gesellschaft zu wahren.[2]

Die fremden Gesetzgebungen neigen sich, soweit sie ein ständiges Kontrolorgan aufstellen, theils der einen, theils der anderen Meinung zu. Das ungarische Handelsgesetzbuch (§. 195) und die österreichischen Entwürfe (Art. 225) weisen dem Aufsichtsrathe eine jeder Verwaltungsthätigkeit entrückte Stellung an, doch erklärt der Artikel 227 der letzteren es für zulässig, daß dem Aufsichtsrathe die interimistische Besetzung der erledigten Stelle eines Vorstandsmitgliedes übertragen wird. Die gleichfalls rein kontrolirende Stellung des Aufsichtsraths bei der französischen Kommanditgesellschaft auf Aktien (Gesetz vom 24. Juli 1867 Art. 5, 8 bis 11) ist eine nothwendige Folge der Selbständigkeit des gérant und der Vorschrift des code de commerce Artikel 27, 28, wonach die Mitglieder des Aufsichtsraths sich durch eine Einmischung in die Verwaltung persönlich haftbar machen. Nach belgischem Rechte dagegen (vergl. Ges. vom 18. Mai 1873 Art. 54) kann bestimmt werden, daß die commissaires mit den Administratoren den conseil général bilden, und die sindaci des neuesten italienischen Codice di commercio (Art. 184) können von ihnen für zweckmäßig erachtete Gegenstände auf die Tagesordnung der Vorstandsberathungen setzen. Endlich läßt das schweizerische Bundesgesetz über das Obligationenrecht (Art. 662) zu, daß dem Aufsichtsrathe Verwaltungsbefugnisse durch die Statuten zugewiesen werden.

Aufsichtsrath als Kontrolorgan mit Zulassung der Funktion eines Verwaltungsraths.

Um die Interessen der Gesellschaft und der Gesellschaftsgläubiger gegenüber dem Vorstande wirksam zu sichern, muß allerdings die Hauptaufgabe des Aufsichtsraths in die Beaufsichtigung der gesammten Geschäftsführung des Vorstandes gesetzt werden. Daraus folgt indessen keineswegs die Nothwendigkeit, dem Aufsichtsrathe jede Betheiligung an der Verwaltung zu untersagen. Dies würde mit Recht dem Vorwurf begegnen, daß einer doktrinären Ansicht zu Liebe die realen Verhältnisse des Lebens nicht genügende Berücksichtigung fänden. Ein Organ, welches der Verwaltung und dem Geschäftsbetriebe völlig fern steht, kann in dieselben einen Einblick nur schwer gewinnen, und wird seine Aufsicht meist auf die formale Geschäftsführung, namentlich die Buchführung beschränken, deshalb aber kaum in der Lage sein, Mißgriffen oder betrüglichen Handlungen des Vorstandes rechtzeitig vorzubeugen. Leichter vermag dies ein Organ, welches selbst an der Verwaltung betheiligt ist und dadurch von den wesentlichen Vorgängen derselben beständig Kenntniß erlangt. Um dem Aufsichtsrath eine sachlich und zeitig wirksame Kontrole zu sichern, wäre es jedenfalls geboten, zuzulassen, daß die Vornahme gewisser Handlungen des Vorstandes von der Zustimmung des Aufsichtsraths abhängig gemacht wird, so daß dieser den ersteren zwar zur Vornahme derselben nicht zwingen, an deren Vornahme aber hindern könnte. Indeß erweist sich auch eine solche Begrenzung der Mitwirkung des Aufsichtsraths oft als undurchführbar und illusorisch. Theils kann ein bloßes Veto den Fortgang der laufenden Verwaltung unersprießlich hemmen und dahin führen, daß weder der Vorstand noch der Aufsichtsrath für das Unterlassen der Handlung verantwortlich gemacht werden kann. Theils und namentlich aber wird oft das negative Veto nur als eine Form erscheinen, unter welcher der Aufsichtsrath positiv bestimmend in die Verwaltung eingriffe; die Gründe, welche der Aufsichtsrath bei Abgabe des Veto erklärt, können die leitenden Gesichtspunkte für ein anderweites Vorgehen des Vorstandes enthalten, welche dieser sich zur Richtschnur zu nehmen kaum verabsäumen dürfte; auch würde der Aufsichtsrath, wenngleich betreffs der einzelnen Akte auf ein Veto beschränkt, nicht verhindert sein, allgemeine Direktiven für den Geschäftsbetrieb zu geben, und immer verliehe das ihm zustehende Recht der Prüfung und Berichterstattung über die Bilanz und andere wichtige Vorgänge den von ihm aufgestellten Gesichtspunkten und Direktiven ein nachdrückliches Gewicht (Art. 239, 185b Abs. 213e 222 xc.). Von einer thätigen Mitwirkung den Aufsichtsrath auszuschließen, vermag der Entwurf um so weniger, als er selbst in verschiedenen Bestimmungen für den Aufsichtsrath Befugnisse vorsieht, die über den Kreis der bloßen Aufsicht hinausgehen. So gestattet der Entwurf ihm, wie schon gedacht, die Ernennung des Vorstandes, macht als Regel die Bestellung eines Prokuristen von der Zustimmung des Aufsichtsraths abhängig (Art. 234 Abs. 1), betraut ihn in wichtigen Fällen mit der Prozeßführung für die Gesellschaft (Art. 190a, 194) und berechtigt ihn, die Ernennung und Abberufung von Liquidatoren bei dem Handelsgerichte zu beantragen (Art. 244 Abs. 2 und 4).

Das Gesetz ist nicht in der Lage, die Funktion des Aufsichtsraths vollständig abzugrenzen. Was dazu dienlich und nothwendig erscheint, damit derselbe die ihm vom Gesetz zugewiesene Aufgabe einer wirksamen Kontrole erfülle, muß im einzelnen Falle von der Gesellschaft je nach der Art und dem Betriebe des Unternehmens bestimmt werden. Das Gesetz vermag nur die Grundzüge aufzustellen; im Uebrigen sind die weiteren Obliegenheiten des Aufsichtsraths durch den Gesellschaftsvertrag festzusetzen (Art. 225 Abs. 3). Ebenso wie der Entwurf es zuläßt, daß die Gesellschaft den Vorstand aus verwaltenden und berathenden Mitgliedern zusammensetzt, so überläßt er ihr auch die Bildung des Aufsichtsraths in der Weise, wie die Umstände es als zweckmäßig erscheinen lassen. Danach kann der Aufsichtsrath zugleich mit den Funktionen eines Verwaltungsraths ausgestattet oder er kann auch in zwei Abtheilungen zerlegt werden, von denen die eine als Verwaltungsrath dem Vorstande in der Verwaltung mitwirkend zur Seite steht, die andere dagegen nur die Geschäftsführung des Vorstandes beaufsichtigt, und diese Abtheilungen können in ihrer Thätigkeit mehr oder weniger ineinander greifen.

Dagegen darf der Entwurf einen Verwaltungsrath neben dem Aufsichtsrathe als rechtlich selbständiges Organ nicht zulassen. Wo es überhaupt, um die Kontrole über den Vorstand wirksam auszuüben, für diese einer verwaltenden Mitwirkung bedarf, da muß sie dem Aufsichtsrathe zugetheilt sein; sonst würde das Schwergewicht in den Verwaltungsrath verlegt werden, die tüchtigeren Elemente würden wegen der einflußreicheren Stellung in diesen eintreten und der Aufsichtsrath müßte nothwendig an Einfluß und Ansehen verlieren.

---

1) Oechelhäuser, Die Nachtheile des Aktienwesens S. 67 ff.; Löwenfeld a. a. O. S. 259 ff.; Bericht der Aeltesten der Berliner Kaufmannschaft vom 17. November 1873 Abschn. XI. in Hecht, Börsen- und Aktienwesen S. 240; Verh. des deutschen Landwirthschaftsraths für das Jahr 1882 S. 23 ff.

2) Wagner, Verh. des Vereins für Sozialpolitik zu Eisenach 1873 S. 57, 86; Bekker in Goldschmidts Zeitschr. für das gesammte Handelsrecht Bd. 17 S. 465; Dr. Beer in den Verhandlungen des österreichischen Abgeordnetenhauses, Session 1874 vom 24. November, stenogr. Berichte S. 2794 ff.; Behrend, Eisenacher Gutachten a. a. O. S. 66; Wiener ebenda S. 19 ff.; Ladenburg, Reform der Aktiengesetzgebung in Busch, Arch. Bd. 37 S. 214 ff.; Geiger ebenda Bd. 36 S. 24 ff.; Hecht, Börsen- und Aktienwesen S. 98 ff.; Verhandlungen des 11. deutschen Juristentags S. 86 ff., 103 ff., 113 ff., 132 ff.; Hecht, Zur Reform des Aktiengesellschaftsrechts (Heft 25 der Zeitfragen S. 17 ff.).

Diesen Mißgriff begeht das bestehende Recht, indem es nicht blos einen Verwaltungsrath als besonderes Nebenorgan zuläßt (Art. 231 Abs. 2 a. E.), sondern es auch unterläßt, die Verantwortlichkeit desselben zu regeln. In Betreff der Verantwortlichkeit gegenüber der Gesellschaft und den Gläubigern kennt der Entwurf nur zwei Organe, den Vorstand und den Aufsichtsrath. Auch die wesentlich zur Berathung bestellten Mitglieder des Vorstandes bleiben Vorstandsmitglieder, die wesentlich zu einer Theilnahme an der Verwaltung berufenen Mitglieder des Aufsichtsraths bleiben dagegen Aufsichtsrathsmitglieder. Ein sogenannter Verwaltungsrath bildet danach entweder einen Theil des Vorstandes oder des Aufsichtsraths. Ob das eine oder das andere der Fall ist, entscheidet sich nach den Bestimmungen des Gesellschaftsvertrages. Je nach diesen unterliegt er den gesetzlichen Pflichten, insbesondere der Verantwortlichkeit entweder des ersteren oder des letzteren im vollen Umfange. Von dieser Auffassung ausgehend, bringt der Entwurf in Artikel 231 Absatz 2 den Verwaltungsrath in Wegfall.

Was andererseits der Entwurf zu verhüten sucht, ist, daß nicht thatsächlich die beiden Organe Vorstand und Aufsichtsrath in ein Organ verschmolzen werden. Eine Delegation von Mitgliedern des einen Organs in das andere zur Wahrnehmung von dessen Funktionen darf nicht stattfinden. Sonst würde allerdings der Aufsichtsrath seine eigene Verwaltung kontroliren und die Verantwortlichkeit der delegirten Mitglieder sich verwischen.

In Ergänzung der in dieser Beziehung zu unbestimmten Vorschriften des bestehenden Rechts verbietet der Entwurf deshalb, daß:

1. die Mitglieder des Aufsichtsraths Mitglieder des Vorstandes oder Stellvertreter derselben seien oder als Beamte die Geschäfte der Gesellschaft führen,
2. aus dem Vorstande scheidende Mitglieder vor ertheilter Entlastung zu Mitgliedern des Aufsichtsraths gewählt werden dürfen (Art. 225a).

Die Selbständigkeit des Aufsichtsraths muß ferner eine Stärkung dadurch erfahren, daß seine Pflichten und seine Verantwortlichkeit erweitert werden.

3. Bezeichnung der Pflichten des Aufsichtsraths.

Zwar spricht schon das bestehende Recht in Artikel 225a allgemein die *Verpflichtung des Aufsichtsraths* dahin aus, daß er die Geschäftsführung der Gesellschaft in allen Zweigen der Verwaltung zu überwachen habe. Aber es überläßt lediglich dem Ermessen des Aufsichtsraths, inwieweit er zu diesem Zwecke sich von dem Gange der Angelegenheiten der Gesellschaft unterrichten, die Bücher und Schriften derselben einsehen oder den Bestand der Gesellschaftskasse untersuchen will. Dieses Vertrauen des Gesetzes, daß der Aufsichtsrath seine Befugniß, wie es vom Gesetze gedacht ist, auch als Pflichten betrachte, ist in der Praxis und namentlich in der Gründerzeit oft mißbraucht worden. Die Stellung eines Aufsichtsrathsmitgliedes wurde vielfach wegen des damit meist verbundenen Tantiemebezuges als Sinekure gesucht, während der Vorstand, der sich von jeder thatsächlichen Aufsicht befreit wußte, zum Nachtheile der Gesellschaft ungehindert schaltete und waltete.

Neuere Gesetzgebungen haben die Obliegenheiten der von ihnen angeordneten Kontrolbehörde mehr zu individualisiren gesucht. Schon das französische Gesetz vom 24. Juli 1867 (Art. 10) bestimmt, daß die Mitglieder des Aufsichtsraths der Kommanditgesellschaft auf Aktien die Bücher, die Kasse, die Effekten und Bestände der Gesellschaft zu verifiziren haben,[1]) und nach dem neuesten italienischen codice di commercio (Art. 184) haben die sindaci wenigstens alle vier Monate einmal die Bücher und monatlich einmal die Kasse der Gesellschaft einer Prüfung zu unterwerfen.

Lassen sich auch bei der Verschiedenheit des Gesellschaftszwecks und der Geschäftsverhältnisse der einzelnen Aktiengesellschaften die Pflichten des Aufsichtsraths nicht in ausreichender Weise gesetzlich spezialisiren, so darf doch nicht dem Ermessen des Aufsichtsraths überlassen bleiben, ob und wie er eine Revision der Geschäftsthätigkeit des Vorstandes eintreten lassen will; es muß ihm vielmehr als Pflicht auferlegt werden, sich von dem Gange der Angelegenheiten der Gesellschaft zu unterrichten und zu dem Zwecke müssen auch seine Befugnisse dahin erweitert oder präzisirt werden, daß er jederzeit und in allen Dingen von dem Vorstande Berichterstattung soll verlangen, Revisionen nicht blos selbst, sondern auch durch einzelne Mitglieder soll vornehmen und die Revisionen außer der Kasse auf die Bestände an Waaren und sonstigen Werthen soll erstrecken dürfen. Die Konkursordnung (§. 80) trifft ähnliche Bestimmungen hinsichtlich der Ueberwachung des Konkursverwalters durch den gewählten Gläubigerausschuß, indem sie den letzteren berechtigt, von dem Verwalter Berichterstattung über die Lage der Sache und die Geschäftsführung zu verlangen. Sie geht überdies weiter, insofern sie den Gläubigerausschuß verpflichtet, die Untersuchung der Kasse wenigstens einmal in jedem Monat durch ein Mitglied vornehmen zu lassen, und gleichzeitig auch den einzelnen Mitgliedern des Ausschusses die Befugniß beilegt, von dem Gange der Geschäfte Kenntniß zu nehmen, die Bücher und Schriften des Verwalters einzusehen und den Bestand der Kasse zu untersuchen. Eine gleiche Bestimmung hinsichtlich der Mitglieder des Aufsichtsraths zu treffen, würde indessen bedenklich erscheinen. Es läßt sich nicht verkennen, daß ein beständiges Eingreifen der einzelnen Mitglieder des Aufsichtsraths die Gefahr in sich bergen würde, daß eine thatkräftige Geschäftsleitung des Vorstandes gelähmt wird, auch daß einzelne Aufsichtsrathsmitglieder die erlangte Kenntniß der inneren Verhältnisse der Gesellschaft, namentlich der Bezugsquellen und Geschäftsverbindungen, im eigenen Interesse ausbeuten, Nachtheile, welche bei einer in Konkurs verfallenen Gesellschaft nicht eintreten können.

Der Entwurf hat deshalb das Recht der individuellen Aufsicht nicht aufgenommen. Ebenso hat er davon abgesehen, allgemein zu bestimmen, in welcher Weise und wie oft der Aufsichtsrath Kassen- oder Geschäftsrevisionen vorzunehmen verpflichtet sein soll. Die Verschiedenartigkeit der Unternehmungen läßt in dieser Beziehung eine für alle Fälle gültige Regel nicht aufstellen, vielmehr müssen die Verhältnisse im Einzelfalle darüber entscheiden, inwieweit von dem Aufsichtsrathe derartige Revisionen nothwendig oder zweckmäßig vorzunehmen und die Folgen ihrer Unterlassung zu vertreten sind.

4. Verschärfung der Verantwortlichkeit des Aufsichtsraths.

Mit der Präzisirung der Pflichten des Aufsichtsraths muß eine Bestimmung der *Verantwortlichkeit* seiner Mitglieder eintreten. Dieselbe wird lässigere Mitglieder veranlassen, ihren Pflichten mit Umsicht und Sorgfalt zu genügen. Das bisherige Recht hat die Verantwortlichkeit nur unbestimmt geregelt und dadurch nicht zum geringsten Theil die Unthätigkeit des Aufsichtsraths verschuldet. Nimmt man auch an, daß durch die in Artikel 204 und 225b des Handelsgesetzbuchs aufgeführten drei Fälle die Verantwortlichkeit der Mitglieder des Aufsichtsraths nicht hat erschöpft,[1]) vielmehr die Anwendung der Grundsätze des Mandats für alle Fälle hat zugelassen werden sollen, in denen der Gesell-

[1]) Baradez: du conseil de surveillance sect. II S. 74 ff.

[1]) Renaud a. a. O. §. 66 S. 632 ff.; Keyßner a. a. O. S. 186 ff.; Strep, Handelsgesellschaftsrecht S. 253 ff.; Puchelt, Komm. zum Handelsgesetzbuch zu Art. 225b Anm. 2 S. 465.

schaft ein Schaden aus Ueberschreitung der Befugnisse oder aus Unterlassung der Prüfungs- und Aufsichtspflicht entsteht, so stimmen doch bezüglich der Verantwortlichkeit eines Mandatars die einzelnen in Deutschland geltenden Rechte keineswegs mit einander überein.[1]) Schon aus diesem Grunde empfiehlt sich eine einheitliche Regelung der Verantwortlichkeit. Sie erscheint aber auch geboten, um jeden Zweifel über deren Umfang zu beseitigen.

a) Verantwortlichkeit gegen die Gesellschaft.

In Berücksichtigung der bürgerlichen Rechtssätze und in Hinblick darauf, daß Männer, welchen die gehörige Geschäftskenntniß fehlt, im Interesse der Gesellschaften und des Publikums von der wichtigen Stellung eines Mitgliedes des Aufsichtsraths ferngehalten werden müssen, kann es nicht bedenklich sein, vorzuschreiben, daß jedes Mitglied bei den ihm übertragenen Geschäften gleich den Mitgliedern des Vorstandes die Sorgfalt eines ordentlichen Geschäftsmannes anzuwenden habe. Diese Vorschrift kann nur als eine gesetzliche Deklaration, nicht als eine sachliche Neuerung aufgefaßt werden. Jedenfalls enthält sie keine Härte. Der Begriff der Sorgfalt eines ordentlichen Geschäftsmannes fällt mit dem der Sorgfalt eines ordentlichen Hausvaters in der Anwendung auf geschäftliche Verhältnisse zusammen (vgl. H. G. B. Art. 343, vgl. auch oben §. 10). Eine besondere Erfahrung und Kenntniß in dem bestimmten Geschäftszweige der Gesellschaft dient nicht zum Maßstabe; verlangt wird nicht mehr und nicht weniger, als die Sorgfalt, welche ein jeder ordentliche Geschäftsmann anwendet.

Auch die zur Sicherung dieser Vorschrift vom Entwurfe getroffene Bestimmung, daß das in Anspruch genommene Mitglied des Aufsichtsraths oder Vorstandes die Anwendung der ihm obliegenden Sorgfalt zu beweisen habe (Art. 226), enthält bei richtiger Auffassung keine Aenderung des bestehenden Rechts und kann daher auch nicht als eine erst vom Entwurf eingeführte ungerechtfertigte Belastung bezeichnet werden, welche geeignet sei, ehrenhafte Personen, die es mit Erfüllung ihrer Obliegenheiten ernst meinen, von der Stellung eines Vorstands- oder Aufsichtsrathsmitgliedes abzuschrecken.

Die Bestimmung entbindet die Gesellschaft oder einen klagenden Gläubiger selbstredend nicht von dem Nachweise, daß der beanspruchte Schaden und zwar durch das Verhalten des in Anspruch genommenen Mitgliedes entstanden sei, und ferner: welches die Pflichten gewesen seien, die dem letzteren für sein Verhalten obgelegen haben. Diese sind nicht blos für Vorstand und Aufsichtsrath verschieden, sondern können sowohl für den einen wie für den andern nach Maßgabe des Gesellschaftsvertrages, der Beschlüsse der Generalversammlung oder sonstiger Instruktionen 2c. höchst verschieden in sich sein; bald kann es sich um eine allgemeine Pflicht, bald um besondere Verbindlichkeiten handeln. Danach wird sich die Schadensersatzpflicht, insbesondere der Kausalzusammenhang zwischen der zu erfüllenden Obliegenheit und dem zu vertretenden Schaden, sehr verschieden gestalten. Stets hat der Kläger den Umfang der Obliegenheit und die Kausalität der Verletzung derselben zu dem Schaden nachzuweisen. Auf der anderen Seite aber ist es allgemein gültige Regel, daß der aus einem kontraktlichen Verhältnisse Verpflichtete die Erfüllung seiner Verbindlichkeit oder nachzuweisen hat, weshalb er eine Nichterfüllung nicht zu vertreten habe. Jede Verbindlichkeit, sei sie auf ein Thun oder Unterlassen gerichtet, sei sie allgemeiner Natur oder besonderen Inhalts, umfaßt immer zugleich die Anwendung eines gesetzlich bestimmten Maßes von Sorgfalt. Bei der Frage nach der Beweislast der letzteren handelt es sich daher keineswegs um ein Vertrauen oder Mißtrauen gegenüber dem Verpflichteten, sondern lediglich um die Frage der Erfüllung seiner Pflichten. Demgemäß wird nach gemeinem, wie nach preußischem und französischem Rechte[1]) aus der Natur des Mandats, sowie der Rechenschaftspflicht der Verwalter fremden Vermögens und der dabei mitwirkenden Personen unbeanstandet gefolgert, daß dieselben, um sich von der Vertretung einer Schädigung oder Minderung des ihrer Beaufsichtigung und Verwaltung unterstellten Vermögens zu befreien, darzuthun haben, daß die Schädigung oder Minderung nicht in Folge einer Vernachlässigung ihrer Obliegenheiten eingetreten sei, daß diese vielmehr von ihnen pflichtgemäß erfüllt worden. Was aber die Pflichten des Aufsichtsraths betrifft, so kann nicht bezweifelt werden, daß sie in den Bereich der Obliegenheiten vorbezeichneter Art fallen, denn schon nach dem bestehenden Rechte, insbesondere aber nach den Bestimmungen des Entwurfs beschränkt sich die Aufgabe des Aufsichtsraths nicht auf die bloße Revision der Geschäftsführung des Vorstandes, ist vielmehr gesetzlich und nach dem Gesellschaftsvertrage vielfach mit einer mitwirkenden Thätigkeit bei der Verwaltung untrennbar verknüpft und verpflichtet ihn namentlich zum Einschreiten in Fällen, wo das Verfahren des Vorstandes dem Gesetze oder dem Gesellschaftsvertrage, beziehungsweise der ihm ertheilten Instruktion zuwiderläuft oder die Gesellschaft zu schädigen geeignet ist.

Die Mitglieder des Aufsichtsraths von der Rechenschaftspflicht entbinden und dem Kläger den Beweis auferlegen zu wollen, daß das Mitglied sich einer Vernachlässigung seiner Obliegenheiten schuldig gemacht habe, hieße für die Mitglieder des Aufsichtsraths ein in keiner Weise gerechtfertigtes Sonderrecht schaffen, die Gesellschaft dagegen ihnen gegenüber schutzlos hinstellen. Die Aktionäre einer Gesellschaft oder deren Gläubiger stehen thatsächlich schlimmer den geschäftsführenden Organen gegenüber, als sonst ein Geschäftsherr gegenüber seinem Geschäftsführer. Sie würden selten oder nie im Stande sein, jenen Beweis zu führen, da ihnen die Thätigkeit des Aufsichtsraths nicht offen liegt und sie kaum in der Lage sind, die Unterlassung derjenigen Obliegenheit auszumitteln, welche den Eintritt der Schädigung verursacht hat, während die Mitglieder des Aufsichtsraths sich ohne Schwierigkeit den Nachweis zu sichern vermögen, daß und wie sie ihre Obliegenheiten erfüllt haben.

Wenn es hiernach zwar fast sich erübrigte, für die allgemeine, eine Rechenschaftslegung begründende Thätigkeit der vertragsmäßig berufenen Mitglieder des Aufsichtsraths im Gesetze zum Ausdruck zu bringen, daß im Streitfalle sie ihre sorgfältige Pflichterfüllung nachzuweisen haben, so erscheint es doch zweckmäßig, dies unbeschadet des besonderen in

[1]) Gemeinrechtlich haften Mandatare für omnis culpa (l. 11, 13, 21 C. mandat. 4, 35) nach preußischem Landrecht (I 13 §§. 55 bis 58) in der Regel nur für die Sorgfalt, welche sie in eigenen Angelegenheiten anzuwenden pflegen, für den Fall jedoch, daß hiernach der Grad ihrer Verantwortlichkeit nicht ausgemittelt werden kann, oder wenn sie das Amt gegen Belohnung übernommen haben, für mäßiges Versehen. Nach französischem Recht (code civil Art. 1992, 1995) steht der Mandatar wie im gemeinen Recht für omnis culpa ein, doch soll die Verantwortlichkeit denselben minder treffen, wenn das Mandat unentgeltlich übernommen war, als wenn er eine Belohnung empfängt. Solidarische Verhaftung, welche bei mehreren Mandataren nur stattfindet, wenn dies ausdrücklich bestimmt war, soll für die Mitglieder des Aufsichtsraths einer Kommanditgesellschaft auf Aktien ohne Weiteres eintreten, sobald die Gesellschaft den Vorschriften der Art. 1 bis 5, Gesetz vom 24. Juli 1867, zuwider konstituirt und deshalb annullirt worden ist.

[1]) Vgl. Windscheid, Pandekten §. 265 Nr. 6, §. 410 Anm. 27; Wächter, Pandekten §. 87 Beil. II. S. 457 ff., §. 89 I 2, 3 lit. a Not. 6, 7, 9; Mommsen, Beiträge 2c. III S. 390, 402 Not. 27, 405; Weber die Verbindlichkeit zur Beweisführung S. 134 ff.; Maxen über Beweislast 2c. S. 146 ff., 161 ff., 188 ff.; Dernburg, Preuß. Pr. R. II. §. 70 S. 160 ff.; Zachariä, franz. C. R. §. 308 Nr. 17, §. 331 Not. 4, 9a; Seuffert, Archiv VII Nr. 31, IV Nr. 14, V Nr. 306; XV Nr. 45, 46, XIX Nr. 195, XXV Nr. 184, XXVI Nr. 188, 189, XXXII Nr. 193, Entscheid. des vormal. R. O. H. G. vom 1. Juni 1872 und 30. April 1875 Bd. 6 S. 215 ff. und Bd. 17 S. 239, sowie die dort angeführten übrigen Entscheidungen dieses Gerichtshofs.

Artikel 213c geregelten Falles einer ausschließlichen Prüfungsthätigkeit zu thun, um dadurch einer entgegengesetzten Auffassung der Beweispflicht vorzubeugen.

Es wird zugleich nothwendig erscheinen, in denjenigen Fällen, in denen es sich um wissentliche Duldung und folgeweise Förderung gesetzwidriger Verausgabung oder Verwendung von Grundkapital handelt, die Haftpflicht zu verschärfen. Das bestehende Recht unterscheidet in den Fällen der letzteren Art zwischen der Aktiengesellschaft und der Kommanditgesellschaft auf Aktien. Bei ersterer läßt es auch in diesen Fällen die Mitglieder des Aufsichtsraths nur für den Ersatz eines erweislich der Gesellschaft erwachsenen Schadens haften (Art. 225b H. G. B.), bei letzterer spricht es dagegen die Verpflichtung der Mitglieder des Aufsichtsraths zur Erstattung der gesetzwidrig geleisteten Zahlungen aus, ohne daß es auf den Nachweis eines Schadens ankommen soll (Art. 204 H. G. B.). Ein Unterschied in der Behandlung beider Gesellschaftsarten läßt sich indessen bei Regelung dieser Frage nicht rechtfertigen, und es muß der bisher bei der Kommanditgesellschaft auf Aktien eingenommene Standpunkt als der allgemein richtige angenommen werden,[1]) da es sich in diesen Fällen um die Verletzung von Gesetzesvorschriften handelt, welche im öffentlichen Interesse gegeben sind und den Zweck verfolgen, der Gesellschaft für die nothwendig erachteten Grundlagen ihres Bestehens und den Gesellschaftsgläubigern den Gegenstand ihrer Sicherheit, das Grundkapital, zu erhalten.[2]) Für die Gesellschaft ergiebt sich dieser Anspruch als ein prinzipaler, weil dieselbe zu dem Aufsichtsrathe in einem unmittelbaren Vertragsverhältnisse steht (Art. 226 Abs. 2).

b) Verantwortlichkeit gegen die Gesellschaftsgläubiger.

Den Gläubigern der Gesellschaft haftet dagegen als eigentliche Schuldnerin nur die letztere, weil sie allein mit ihr durch deren Organe kontrahirt haben, während sie zu den Mitgliedern des Aufsichtsraths an sich nicht in ein Rechtsverhältniß getreten sind, um so weniger, als diese die Gesellschaft nicht nach außen vertreten. Demungeachtet erscheint auch eine Haftung der Mitglieder des Aufsichtsraths ihnen gegenüber in den in Frage stehenden Fällen nicht nur billig, sondern gerechtfertigt, weil die Mitglieder des Aufsichtsraths wenigstens mittelbar zugleich die Interessen der Gesellschaftsgläubiger wahrzunehmen haben und vom Vorwurf der Arglist nicht frei sind, wenn sie als Wahrer des Gesetzes und des Gesellschaftsvertrages wissentlich dulden oder gestatten, daß das den Gesellschaftsgläubigern verhaftete Grundkapital unzulässig verwendet wird.[3]) Nur würde es den Rechtsgrundsätzen nicht entsprechen, den Gläubigern auch dann einen Anspruch gegen die Mitglieder des Aufsichtsraths einzuräumen, wenn derselbe aus dem Gesellschaftsvermögen vollständige Deckung fände. Der Entwurf giebt ihnen daher ein Rückgriffsrecht, wenn und soweit dieselben in den gedachten Fällen ihre Befriedigung nicht aus dem Gesellschaftsvermögen erlangen können (Art. 226 Abs. 3).

Sie sollen nicht nöthig haben, erst die Gesellschaft zu verklagen und sich den Anspruch der Gesellschaft gegen die Mitglieder des Aufsichtsraths im Wege der Zwangsvollstreckung überweisen zu lassen. Es würde dies eine unnütze, die Rechtsverfolgung nur erschwerende Formalität sein und auch nicht eine gleichmäßige Berücksichtigung der verschiedenen Gläubiger der Gesellschaft ermöglichen. Derjenige Gläubiger, welcher im Wege der Zwangsvollstreckung oder des Arrestes zuerst die Pfändung bewirkte, würde den Vorrang vor den andern Gläubigern haben. Nach dem Vorschlage des Entwurfs kann jeder Gläubiger, welcher nachweist, daß die Gesellschaft ihn nicht befriedigen könne, den Anspruch gegen das Aufsichtsrathsmitglied zu seiner Befriedigung im Wege der Klage selbständig verfolgen, und derjenige Gläubiger hat den Erfolg vor den anderen Gläubigern für sich, der zuerst befriedigt wird. Dem Beklagten muß es überlassen bleiben, wie sonstige Einwendungen gegen den Anspruch, so auch Zahlungen geltend zu machen, welche er auf denselben an andere Gläubiger oder an die Gesellschaft etwa geleistet hat. Aus dem den Gläubigern gegebenen selbständigen Verfolgungsrechte folgt ferner von selbst, daß der Anspruch, wenngleich er seinem Wesen nach ein Anspruch der Gesellschaft ist, nicht durch Verzicht, Erlaß oder Vergleich seitens der Gesellschaft den Gläubigern wirksam entzogen werden kann. Anderenfalls würde ihr Verfolgungsrecht zu einem werthlosen Scheine herabsinken, da die Organe der Gesellschaft es in ihrer Gewalt hätten, den Anspruch zu beseitigen. Nur soweit von den Aufsichtsrathsmitgliedern Ersatz der Gesellschaft wirklich geleistet wird, erlischt natürlich der Anspruch auch den Gläubigern gegenüber. Noch in einer weiteren Beziehung hat der Entwurf geglaubt, die Gläubiger selbständig und anders als die Gesellschaft, wenn diese klagen würde, stellen zu müssen. Es soll nämlich den Gläubigern gegenüber die Verbotswidrigkeit der Handlungsweise der Mitglieder des Aufsichtsraths und die Ersatzpflicht nicht dadurch beseitigt werden, daß die Generalversammlung das Verfahren beschlossen hat; ihnen gegenüber handeln die Gesellschaftsorgane auf eigene Verantwortlichkeit, wenn sie einen an sich ungültigen Beschluß der Generalversammlung ausführen. Diesen strengen Standpunkt wird man der klagenden Gesellschaft gegenüber nicht festhalten dürfen; die letztere kann sich nicht beschweren, wenn der Aufsichtsrath als ihr Mandatar einen von der Generalversammlung selbst gefaßten Beschluß ausgeführt hat, obgleich derselbe gegen das Gesetz verstieß.

5. Unzulässigkeit einer Delegation seitens der Mitglieder des Aufsichtsraths.

Als eine Folge der vorstehend erörterten Pflicht und Verantwortlichkeit eines Mitgliedes des Aufsichtsraths erscheint es endlich, wenn verboten wird, daß die Mitglieder die Ausübung ihrer Obliegenheiten auf andere Personen übertragen (Art. 225 Abs. 4). Zwar soll damit den Mitgliedern des Aufsichtsraths nicht untersagt sein, sich in geeigneten Fällen sachverständiger Hülfe, beispielsweise bei Prüfung der Bilanz eines Bücherrevisors zu bedienen oder, wie oben schon bemerkt, die Verrichtung der einzelnen dem Aufsichtsrathe zugewiesenen Obliegenheiten unter die Mitglieder verschieden zu vertheilen, wohl aber muß es für unzulässig erachtet werden, daß dieselben sich in Erfüllung der ihnen obliegenden Pflichten, namentlich bei Berathungen und Beschlußfassungen durch andere Personen, seien dies auch Mitglieder des Aufsichtsraths, vertreten lassen und letztere zu diesem Zweck von ihnen mit Instruktion versehen werden. Eine solche Uebertragung wäre weder mit der Vertrauensstellung, welche die Mitglieder des Aufsichtsraths der Gesellschaft gegenüber einnehmen, noch mit dem Grundsatze zu vereinbaren, daß von der Generalversammlung präsumtiv bei der Wahl auf die Person des Gewählten entscheidendes Gewicht gelegt worden ist. Ueberdies würde die Verantwortlichkeit der Mitglieder des Aufsichtsraths zu einem Scheine herabsinken, wenn ihnen eine solche Delegationsbefugniß zustehen sollte, da sie dann nur für culpa in eligendo haften würden. An sich bedürfte es daher kaum eines gesetzlichen Verbots; es auszusprechen, ist aber wünschenswerth, um dem in der Praxis häufig, namentlich bei Sozien vorgekommenen Mißbrauche einer solchen Stellvertretung in Zukunft zu begegnen.

---

[1]) Strey a. a. O. S. 254, 255.

[2]) Dieselbe Rechtsauffassung findet sich in den österreichischen Entwürfen Art. 225a.

[3]) Renaud a. a. O. S. 633; Puchelt Art. 225b Note 2; v. Hahn Art. 204; Entsch. des R. O. H. G. Bd. 19 S. 180.

§. 13.
Generalversammlung und Individualrechte.

I. Rechte der Generalversammlung.

Der Wille der Aktiengesellschaft, als der organisirten Gesammtheit der Aktionäre, findet seinen Ausdruck allein in der Generalversammlung der Aktionäre.[1]) Dem entspricht es, daß derselben die Beschlußfassung und Entscheidung in allen das Wesen der Gesellschaft berührenden Angelegenheiten vorbehalten bleibt. Es erscheint dies, wenn nicht den Aktionären ihr wichtigstes Recht entzogen werden soll, als ein so nothwendiges Postulat, daß selbst nicht gestattet sein darf, ihr diese Entscheidung durch den Gesellschaftsvertrag zu entziehen oder sich selbst durch einen Delegationsbeschluß ihrer Macht zu entkleiden. Es widerspricht dem öffentlichen Interesse, daß sich eine Kapitalsvereinigung unter der Form der Aktiengesellschaft bildet, bei der die wesentlichen Gesellschaftsrechte nur in den Händen weniger Personen ruhen, den eigentlichen Aktionären aber alle rechtlichen Befugnisse in Betreff der Leitung der Gesellschaft entzogen sind, so daß sie selbst bei den der Gesellschaft nachtheiligsten Gebahrungen ihrer Organe durch eigenes Eingreifen nicht Abhülfe schaffen können. Das bestehende Recht hat diesen Grundsatz vielfach verkannt und die Vertragsfreiheit weit über die zulässigen Grenzen ausgedehnt. Im Gesellschaftsvertrage konnten die wichtigsten Rechte, sogar die Aenderung der Statuten an Organe oder sonstige Personen übertragen werden. Die Gründer waren dadurch in den Stand gesetzt, sich ihren Einfluß auf die Schicksale der Gesellschaft für lange Zeit zu sichern, während die Aktionäre ruhig zusehen mußten, wie gegen das Interesse der Gesellschaft lediglich zum Nutzen einzelner Koterien gewirthschaftet wurde. Diesem Unwesen kann mit Erfolg nur dadurch gesteuert werden, daß die Beschlußfassung über gewisse Gegenstände ausschließlich der Generalversammlung vorbehalten wird, so daß jede Uebertragung auf ein anderes Organ oder auf andere Personen unzulässig ist. Eine Grenze in dieser Beziehung zu ziehen, ist freilich schwierig. Der Entwurf geht davon aus, daß zu diesen Gegenständen nothwendig alle diejenigen zu rechnen sind, welche die Grundverfassung der Gesellschaft betreffen. Deshalb behält er der Generalversammlung ausschließlich die Beschlußfassung über Aenderungen des Inhalts der Statuten, sowie über jede Erhöhung oder Herabsetzung des Grundkapitals (Art. 215 Abs. 1, 215a cfr. §. 11, Art. 248)[2]) vor. Hinsichtlich der übrigen Gegenstände, welche der Beschlußfassung der Generalversammlung vorzubehalten sind, läßt sich ein allgemeines, für unanfechtbar zu bezeichnendes Prinzip nicht aufstellen, vielmehr müssen hier Zweckmäßigkeitsrücksichten entscheiden. Der Entwurf schließt deshalb nur in einzelnen besonders wichtigen Fällen die Delegationsbefugniß aus, bei denen es sich theils um das Grundkapital, theils um wesentliche Theile der Organisation handelt. Dahin gehören die Wahl sowie die Abberufung von Mitgliedern des Aufsichtsraths (Art. 224, 191), ferner die Vergleiche und Verzichtleistungen hinsichtlich der Ansprüche aus der Gründung gegen die aus derselben der Gesellschaft verhafteten Personen (Art. 213d), die Genehmigung der vor Ablauf von zwei Jahren seit Eintragung der Gesellschaft in das Handelsregister geschlossenen Verträge über Anlagen oder Immobilien nach Maßgabe des Artikels 213e und die Genehmigung der Bilanz (Art. 239, 239a).[3])

Im Uebrigen muß das Gesetz es dem Gesellschaftsvertrage überlassen, die noch hierher zu ziehenden Gegenstände zu bestimmen, indem dabei der Gesellschaftszweck und die Eigenartigkeit des Geschäftsbetriebes entscheidend sein müssen.

Durch eine Erhöhung der Kompetenz der Generalversammlung wird eine größere und lebendigere Theilnahme an derselben seitens der Aktionäre erzielt werden. Dieselbe wird sich noch mehr steigern, wenn die Aktionäre darauf rechnen können, daß in der Generalversammlung der Beschluß so ausfällt, wie er dem thatsächlich vorhandenen Willen der Gesammtheit entspricht.

II. Mehrheitsbeschluß der in der Generalversammlung erschienenen Aktionäre.

In der Generalversammlung muß der einfache oder, sofern das Gesetz (vergl. z. B. Art. 213e, 215) oder der Gesellschaftsvertrag (vergl. Art. 209a Ziff. 5) eine erhöhte oder besonders geeigenschaftete Mehrheit vorschreiben, der demgemäß gefaßte Mehrheitsbeschluß der erschienenen Aktionäre als der Wille der Gesellschaft gelten,[1]) da anderenfalls eine Beschlußfassung überhaupt ausgeschlossen wäre. Auf die ausbleibenden Aktionäre kann, wenn die Generalversammlung ordnungsmäßig berufen war, keine Rücksicht genommen werden, vielmehr ist von dem ausbleibenden Aktionär anzunehmen, daß er sich im Voraus den Beschlüssen der Mehrheit der erschienenen Aktionäre habe unterwerfen wollen (Art. 221 Abs. 1).[2]) Die Aktionäre mögen und müssen aus ihrer Indifferenz heraustreten. Dann aber wird die Gesetzgebung sich nicht der Aufgabe entziehen können, soweit dies erreichbar ist, durch geeignete Kautelarvorschriften zu sichern, daß der Mehrheitsbeschluß den wahren Willen der Gesellschaft unverfälscht zum Ausdruck bringt.

Das bisherige Recht hat sich in dieser Beziehung fast aller Vorschriften enthalten. Der Entwurf trifft dagegen eine Reihe eingreifender Bestimmungen.

1. Stimmberechtigung jedes Aktionärs.

1. Das Handelsgesetzbuch bestimmt im Artikel 224 zwar, daß jede Aktie dem Inhaber eine Stimme gewährt, läßt indessen zu, daß der Gesellschaftsvertrag sowohl einen Höchstbetrag, über welchen hinaus von keinem Aktionär ein Stimmrecht ausgeübt werden darf, als auch festsetzen kann, daß nur der Besitz einer gewissen Anzahl von Aktien dem Aktionär ein Stimmrecht geben soll.[3])

---

[1]) Entsch. des R. O. H. G. Bd. 8 S. 189, Bd. 9 S. 121, Bd. 13 S. 376, Bd. 19 S. 142, 180; Bekker in Goldschmidts Zeitschrift für das gesammte Handelsrecht Bd. 16 S. 72 ff.

[2]) Dasselbe bestimmen das ungarische Handelsgesetzbuch §. 179 Ziff. 5 und 7 und das schweizerische Bundesgesetz über das Obligationenrecht Art. 644 Ziff. 2.

[3]) In der ausländischen Gesetzgebung herrscht in dieser Bestimmung große Verschiedenheit, nur lassen die meisten Gesetzgebungen die Prüfung und Genehmigung der Bilanz ausschließlich durch die Generalversammlung erfolgen. So das französische Gesetz vom 24. Juli 1867 Art. 33 bis 35; das belgische Gesetz vom 18. Mai 1873 Art. 62 bis 64; das ungarische Handelsgesetzbuch §. 179 Ziff. 2 und der neueste italienische Codice di commercio Art. 154 Ziff. 1.

[1]) v. Hahn, Kommentar zum Handelsgesetzbuch Art. 224 §. 1; Renaud a. a. O. §§. 40, 41; Hermann, Rechtskarakter der Aktiengesellschaft S. 49; Endemann, Handelsrecht §. 62 S. 321 ff.; Bekker a. a. O. S. 72; Gierke, Genossenschaftsrecht I S. 884.

[2]) Renaud a. a. O. S. 460; v. Hahn a. a. O.; Keyßner, Handelsgesetzbuch Art. 224 Note 3.

[3]) In ähnlicher Weise überlassen das französische und ungarische Recht und der österreichische Entwurf den Statuten ohne jede Beschränkung die Regelung des Stimmrechts, während das englische Recht (Comp. Act 1862 s. 52) ähnlich dem deutschen im Mangel statutarischer Bestimmungen jedem Aktionär eine Stimme giebt. Nach dem Normalstatut (Anh. I A s. 44) steht für diesen Fall einem Aktionär für jede Aktie bis zu 10 Aktien Eine Stimme, für jede weitere 5 Aktien Eine fernere Stimme und für je 10 Aktien, welche er über 100 Aktien besitzt, Eine weitere Stimme zu. Nach belgischem Rechte (Gesetz vom 18. Mai 1873 Art. 61) und dem neuesten italienischen Codice di comm. (Art. 157) soll jeder Aktionär mindestens Eine Stimme haben. Nach belgischem Rechte (a. a. O.) kann kein Aktionär das Stimmrecht für mehr als ein Fünftel der gesammten Aktien oder zwei Fünftel der in der Generalversammlung vertretenen Aktien das Stimmrecht ausüben. Der neueste italienische Codice di comm. schließt sich im Uebrigen den Bestimmungen des englischen Rechts an, nur gewähren bei einem Besitz von weniger als 100 Aktien je 5 und über 100 je 25 Aktien Eine Stimme.

Man hat Reformen nach beiden Richtungen hin das Wort geredet. Namentlich hat man es verwerflich gefunden, daß das Stimmrecht uneingeschränkt mit dem Aktienbesitze wachsen und in Folge dessen die Gefahr entstehen kann, daß die Geschicke der Gesellschaft nicht mehr in der Generalversammlung, sondern in der Hand eines Großaktionärs liegen. Diese Auffassung kann zwar nicht völlig getheilt werden. So legal, wie der Eine Aktionär, in dessen Besitz etwa sämmtliche Aktien sich vereinigt haben, die Geschicke der Gesellschaft in seiner Hand hat, so legal ist es, wenn ein Aktionär, welcher etwa drei Viertheile oder die Hälfte aller Aktien thatsächlich und rechtmäßig besitzt, einen überwiegenden Einfluß auf die Willensbestimmung der Gesellschaft übt. In einem Kapitalverein mißt sich naturgemäß die Berechtigung und der Einfluß nach dem Kapitalbesitz. Gesetzlich darf daher die Ausübung des der Höhe des letzteren entsprechenden Stimmrechts nicht versagt werden; zudem würde eine gesetzliche Beschränkung oder Stimmskala an der Verschiedenartigkeit der einzelnen Gesellschaften, der verschiedenen Höhe ihres Grundkapitals, ihrer Mitgliederzahl u. s. w. scheitern. Nichtsdestoweniger wird man es den Gesellschaften selbst überlassen können und müssen, wenn ihr Karakter es erfordert, durch statutarische Bestimmung das Element der Personenzahl zur Geltung zu bringen und dem Uebergewicht des Großbesitzes eine Schranke zu setzen.[1]) Der Entwurf (Art. 221, 190) gestattet deshalb mit dem Handelsgesetzbuche dem Gesellschaftsvertrage eine Beschränkung des Stimmrechts bei einem größeren Aktienbesitze durch Bestimmung eines Höchstbetrags oder durch Abstufungen, so daß sich das Stimmrecht bei steigendem Aktienbesitz nach einem bestimmten Verhältniß mindert, ingleichen eine Beschränkung nach den Gattungen der ausgegebenen Aktien (vergl. oben §. 4 S. 251 ff.). Dagegen erscheint es gerechtfertigt und praktisch durchführbar, gesetzlich vorzuschreiben, daß mit dem Besitze **jeder** Aktie ein Stimmrecht verbunden sein muß. Nach dieser Richtung weicht der Entwurf von dem jetzigen Recht ab und gestattet also fortan keine Beschränkung des Minimalstimmrechts. Der für eine solche geltend gemachte Grund, daß zu zahlreich besuchte Generalversammlungen meist stürmisch und deshalb unfruchtbar zu sein pflegen, findet in der Erfahrung nur geringen Anhalt, würde auch dahin führen müssen, den nicht stimmberechtigten Aktionären den Besuch der Generalversammlung zu verbieten, und verliert jetzt gegenüber der wesentlichen Erhöhung des Nominalbetrages völlig seine Berechtigung. Ebensowenig befriedigt der Vorschlag des neuesten österreichischen Entwurfs (Art. 224), wonach den durch die einschränkende Bestimmung des Gesellschaftsvertrages vom Stimmrechte ausgeschlossenen Aktionären freistehen soll, einen gemeinsamen Bevollmächtigten zu bestellen. Prinzipiell ist das Stimmrecht das vorzüglichste Recht des Aktionärs, weil es ihm allein eine Einwirkung auf die Angelegenheiten der Gesellschaft gewährt. Nothwendig würden diejenigen Aktionäre, welchen man einen solchen legitimen Einfluß versagen wollte, zu unlauteren Mitteln gedrängt werden, um sich einen solchen auf die Angelegenheiten der Gesellschaft zu verschaffen.

Es verdient bemerkt zu werden, daß die Reichsgesetzgebung bereits einen Vorgang in den §§. 16, 17 des Statuts der Reichsbank vom 21. Mai 1875 (Reichs-Gesetzbl. S. 203) bietet

2. Ausschließung interessirter Aktionäre bei der Abstimmung.

2. Daß der Entwurf (Art. 221, Art. 190 Abs. 3) einem Jeden, welcher durch die Beschlußfassung entlastet oder von einer Verpflichtung befreit oder mit welchem ein Rechtsgeschäft abgeschlossen werden soll, es versagt, bei der betreffenden Beschlußfassung ein Stimmrecht für sich selbst oder für Andere auszuüben, wird einer Rechtfertigung kaum bedürfen; von einem selbst Betheiligten kann nicht erwartet werden, daß er das eigene Interesse dem Interesse der Gesellschaft nachstellt.[1])

3. Schriftlichkeit der Vollmachten.

3. Der Entwurf (Art. 190 Abs. 2) verlangt endlich zur Gültigkeit einer Vollmacht die schriftliche Form. Die letztere soll nicht blos dazu dienen, die Legitimation desjenigen, der als Bevollmächtigter das Stimmrecht eines anderen ausüben will, zu prüfen, sondern auch verhüten, daß von einem Aktionär über den im Gesellschaftsvertrage bestimmten Höchstbetrag hinaus das Stimmrecht durch andere Personen ausgeübt wird. Die Bestimmung kann praktischen Werth allerdings nur für Namensaktien beanspruchen, da bei Inhaberaktien die Berechtigung zur Stimmabgabe durch den Besitz der Aktien dargethan werden kann und die Anfechtung eines Beschlusses der Generalversammlung wegen Zulassung eines nicht durch schriftliche Vollmacht legitimirten Bevollmächtigten zum Mitstimmen selten von Erfolg sein wird.

Unzulässigkeit weitergehender Beschränkungen des Stimmrechts.

Weitergehende gesetzliche Beschränkungen der Ausübung des Stimmrechts erscheinen theils unstatthaft, theils lassen sich dieselben nicht mit Erfolg treffen. Namentlich empfiehlt es sich nicht, die Mitglieder des Vorstandes und des Aufsichtsraths von der Uebernahme der Vertretung von Aktionären in der Generalversammlung auszuschließen[2]) oder auf die Uebernahme einer bestimmten Anzahl von Vollmachten zu beschränken. Derartige Bestimmungen würden lediglich von einem in dieser Allgemeinheit nicht zu billigenden Mißtrauen ausgehen, die am persönlichen Erscheinen behinderten Aktionäre oft von jeder Betheiligung an der Generalversammlung abhalten und in den Fällen einer erhöhten Mehrheit bei Namensaktien das Zustandekommen eines gültigen Beschlusses fast stets verhindern. Für Inhaberaktien würden dagegen derartige Bestimmungen überhaupt ohne Bedeutung sein.

Ebensowenig würden Anordnungen, daß das Stimmrecht bei Namensaktien nur von Aktionären ausgeübt werden darf, welche eine bestimmte Zeit vor der Generalversammlung als solche im Aktienbuche eingetragen sind, oder daß die Aktien, auf Grund deren ein Stimmrecht ausgeübt werden soll, eine bestimmte Zeit vor der Generalversammlung hinterlegt werden müssen, Scheinabtretungen zu verhüten vermögen, vielmehr nur die ernstlichen Aktionäre wegen der mannichfachen unbequemen Formalitäten von dem Erscheinen in der Generalversammlung zurückschrecken.[3]) Die Anordnung derartiger reglementarischer Bestimmungen, die sich im Einzelfalle wohl bewähren mag, muß den Statuten überlassen bleiben.

Mit den vorstehend erörterten Bestimmungen, welche den Schutz der Aktionäre darin zu verfolgen suchen, daß der Wille der Gesellschaft durch das Organ der Generalversammlung sich richtig bekunde, steht im engsten Zusammenhang die Frage, ob und inwieweit unabhängig von einem so bekundeten Willen die einzelnen Aktionäre befugt sein sollen, die Rechte der Gesellschaft als dem wahren Willen der letzteren entsprechend selbständig geltend zu machen.

Es ist das die Frage der sogenannten

Individualrechte.

III. Individualrechte.

A. Im Allgemeinen.

Die Theorie nimmt an, daß die Rechte des Aktionärs sich in der Bethätigung seines Willens in der Generalversamm-

---

[1]) Hecht (zur Reform des Aktiengesellschaftsrechts, Zeitfragen Heft 25 S. 27 ff.) will eine Beschränkung des Stimmrechts nach oben, als der Natur der Aktiengesellschaft widerstreitend, nicht zulassen.

[1]) Hecht verwirft eine solche Beschränkung (Reform des Aktiengesellschaftsrechts a. a. O. S. 29).

[2]) Nach holländischem Rechte können Vorstandsmitglieder nicht zu Bevollmächtigten für die Generalversammlung bestellt werden, Wetboeck van Koophandel Art. 54.

[3]) Renaud a. a. O. S. 470.

lung durch Ausübung derjenigen Befugnisse, welche demselben in den Angelegenheiten der Gesellschaft namentlich der Geschäftsführung gesetz- oder statutenmäßig in Gemeinschaft mit den übrigen Aktionären zustehen, nicht völlig erschöpfen. Neben diesen sogenannten Mitgliedschaftsrechten werden vielmehr dem Aktionär noch eine Reihe von Rechten vindizirt, welche sich von jenen dadurch unterscheiden, daß sie unabhängig von dem Willen der übrigen Aktionäre ausgeübt und daher dem Aktionär auch nicht durch Beschluß der Generalversammlung entzogen werden können.[1]) Indeß besteht weder über den Umfang, noch den Inhalt dieser Rechte in der Theorie Einverständniß.

Sonderrechte und Individualrechte.

Zwei Klassen dieser Rechte lassen sich scharf von einander scheiden: die eigentlichen Sonderrechte und die hier allein zu behandelnden Individualrechte, obwohl letztere vielfach ebenfalls unter den Begriff der Sonderrechte zusammengefaßt werden.[2])

Sonderrechte sind vermögensrechtlichen Inhalts, bei denen die Gesellschaft dem berechtigten Aktionär als Verpflichtete gegenübersteht. Sie können einerseits dem Aktionär von der Gesellschaft, unabhängig von der Mitgliedschaft, vertraglich eingeräumt sein, wie beispielsweise sogenannte Gründerrechte (Art. 209b), andererseits sich aus der Mitgliedschaft ableiten, indem sie nur dem Aktionär als solchem zustehen, aber Eigenberechtigungen desselben, nicht Rechte der Gesellschaft bilden. Zu den Sonderrechten der letzteren Art gehören das Recht des Aktionärs auf die im Gesellschaftsvertrage zugesicherten Bauzinsen (Art. 217 Abs. 2), das Recht desselben auf einen verhältnißmäßigen Antheil am Reingewinne (Art. 217 Abs. 1), der Anspruch desselben auf Zahlung der durch die Generalversammlung festgesetzten Dividende (Art. 217 Abs. 1, 185c und 239b),[3]) das sich bei der Auflösung der Gesellschaft verwirklichende Recht des Aktionärs auf einen verhältnißmäßigen Anspruch am Gesellschaftsvermögen (Art. 216 Abs. 1, 245 Abs. 1). Von diesen Rechten wird einzeln an betreffender Stelle die Rede sein.

1) Langenn und Kori, Erörterungen I S. 177 ff.; Gierke, deutsches Genossenschaftsrecht I S. 883 ff.; Laband, Begriff der Sonderrechte nach deutschem Reichsrechte Abschn. III in Hirth, Annalen Jahrgang 1874 S. 1499 ff.; Thöl, Handelsrecht §§. 160, 161; Endemann, Handelsrecht §. 62; Bekker in Goldschmidt, Zeitschr. für das gesammte Handelsrecht Bd. 17 S. 404 ff.; Löwenfeld, Recht der Aktiengesellschaften Abschn. X S. 367 ff.; Stobbe, deutsches Privatrecht I S. 352 ff.; Eisenacher Gutachten a. a. O. S. 24 ff.; Goldschmidt ebenda S. 35; Behrend ebenda S. 76, 83, 86 Strombeck, Votum zur Reform der Aktiengesetzgebung S. 105; Ladenburg, Reform der Aktiengesetzgebung in Busch, Arch. Bd. 38 S. 220; Zimmermann ebenda Bd. 31 S. 286; Verhandlungen des 11. und 15. deutschen Juristentags (Verh. des 11. Juristentags S. 87 bis 136, des 15. Juristentags S. 153 bis 240, S. 338 bis 346); Bericht der Spezialkommission zur Untersuchung des Eisenbahnkonzessionswesens in Preußen (Drucksachen des preuß. Abgeordnetenhauses 1873/74 Nr. 11 S. 132 ff.); Verh. des Vereins für Sozialpolitik vom 13. Oktober 1873 S. 149; Anschütz und v. Völderndorff, Komm. zum Handelsgesetzbuch I S. 490 ff.; Puchelt, Komm. zum Handelsgesetzbuch zu Art. 224 S. 439; Entscheidungen des Reichs-Oberhandelsgerichts Bd. 8 S. 189 ff., Bd. 9 S. 273 ff., Bd. 11 S. 121 ff., Bd. 14 S. 355 ff., Bd. 17 S. 113 ff., 141 ff., Bd. 22 S. 19 ff.; Entscheidungen des Reichsgerichts vom 17. Februar 1882 (Entsch. Bd. 7 S. 32 ff.).

2) S. die in der vorhergehenden Anmerkung citirten Schriftsteller, namentlich Löwenfeld, Anschütz und v. Völderndorff, Puchelt a. a. O.; v. Hahn bezeichnet in seinem Kommentar zum Handelsgesetzbuch dagegen die eigentlichen Sonderrechte als Individualrechte, s. §§. 2, 3 zu Art. 216 Aufl. 3 S. 698 ff.

3) Die früher bestrittene Frage, ob ein Aktionär, sofern sich aus der Bilanz ein Reingewinn ergiebt, ohne Rücksicht auf die Feststellung der Generalversammlung Anspruch auf Zahlung der nach der Bilanz möglichen Dividende hat, kann als erledigt angesehen werden; s. v. Hahn, Komm. S. 704; Renaud S. 670 ff.; Grünhut in seiner Zeitschrift Bd. 1 S. 397 ff.; vergl. Entscheidungen des Reichs-Oberhandelsgerichts Bd. 14 S. 355, Bd. 19 S. 141 und Bd. 18 S. 155.

Im Gegensatze zu den Sonderrechten soll der einzelne Aktionär bei Geltendmachung der Individualrechte, wie bei den Mitgliedschaftsrechten, Träger und Vertreter des Gesammtwillens der Aktionäre sein und nicht vermögensrechtliche Ansprüche zu eigenem Vortheile gegen die Gesellschaft, sondern Rechte der Gesellschaft Namens und im Interesse derselben verfolgen. Während aber deren Geltendmachung bei normaler Leitung und Verwaltung den Organen der Gesellschaft obliegt und die Mitgliedschaftsrechte den Aktionär auf eine antheilige Mitwirkung verweisen, soll er durch die Individualrechte, im Gegensatze zu den Mitgliedschaftsrechten, Willen und Recht der Gesellschaft selbständig und unabhängig von der Generalversammlung geltend machen können.

Im Hinblick auf das englische Recht richten sich die Reformbestrebungen auf dem Gebiete des Aktienwesens vielfach auf eine wesentliche Erweiterung solcher Individualrechte. Namentlich wünscht man als Individualrechte in diesem Sinne durch die Gesetzgebung anerkannt zu sehen: das Recht des einzelnen Aktionärs auf Einberufung der Generalversammlung, auf Anfechtung der Beschlüsse der Generalversammlung wegen Verletzung wesentlicher Förmlichkeiten oder Ueberschreitung der ihr zustehenden Befugnisse, auf Beantragung einer Untersuchung der Geschäftslage der Gesellschaft, sofern Unredlichkeiten oder grobe Verletzungen des Interesse der Aktionäre bei der Gründung oder Geschäftsführung der Gesellschaft vorgekommen sind, sowie das Recht auf Verfolgung der Ansprüche der Gesellschaft gegen die Verwaltungsorgane wegen Beschädigungen aus Vorsatz oder grobem Versehen bei unterbleibender Geltendmachung derselben durch die Gesellschaft.[1]) Von praktischer Seite[2]) wird dagegen mehrfach eine solche Ausdehnung der Individualrechte als schädlich widerrathen.

Allgemeiner Standpunkt des Entwurfs.

Der Entwurf konnte eine erhebliche Erweiterung derselben nicht für zweckmäßig erachten. Individualrechte müssen, sofern sie überhaupt zugelassen werden, immer als eine nothgedrungene Ausnahme erscheinen. Der Regel nach muß man von dem Grundsatze ausgehen, daß die Gesellschaftsorgane die ihnen durch Gesetz oder Statut verliehenen Befugnisse legal ausüben, daß daher die Gesellschaft sachgemäß durch die berufenen Organe des Vorstandes und des Aufsichtsraths vertreten wird, und daß auch die Generalversammlung in ihren Mehrheitsbeschlüssen nicht die Sonderinteressen einzelner Aktionäre, sondern das Interesse des Ganzen verfolgt. Darauf beruht das Wesen einer Aktiengesellschaft und ihre Organisation. Läßt man sich von dem Mißtrauen beherrschen, daß die Gesellschaftsorgane leicht illegal und zur Schädigung des Interesse der Gesellschaft verfahren, so handelte man folgerichtiger und besser, das ganze Institut der Aktiengesellschaft zu verwerfen.

Jede Ausdehnung sogenannter Individualrechte ist eine Gefahr für die Organisation und das gesunde Funktioniren der Gesellschaft. Sie lähmt die Energie und eine verantwortliche Thätigkeit von Vorstand und Aufsichtsrath, scheucht die tüchtigeren Elemente aus denselben zurück und nimmt den Aktionären das Interesse, ihren Einfluß durch Ausübung der Mitgliedschaftsrechte, auf welche sie eigentlich angewiesen sind, zu gewinnen. Nur soweit solche Gefahr ausgeschlossen erscheint, kann und soll den Aktionären durch Individualrechte die Möglichkeit gegeben werden, die Rechte der durch ihre Organe geschädigten Gesellschaft wahrzunehmen, um dadurch zugleich ihr eigenes Recht zu schützen.

1) S. Verhandlungen des 15. deutschen Juristentags a. a. O.

2) Bericht der Aeltesten der Berliner Kaufmannschaft vom 17. November 1873 Abschn. XII in Hechts Börsen- und Aktienwesen S. 349 ff.; Geiger, Reform des Aktienwesens, und Busch, Arch. Bd. 36 S. 40 ff.; Oechelhäuser a. a. O. S. 77.

Der Entwurf läßt hiernach dreierlei Individualrechte in gewisser Beschränkung zu:

1. **das Recht, gesetz- oder statutenwidrige Beschlüsse der Generalversammlung anzufechten;**
2. **das Recht auf Verfolgung der Ansprüche der Gesellschaft aus der Gründung und Geschäftsführung;**
3. **das Recht auf Untersuchung von Gesellschaftshergängen.**

B. Insbesondere.

1. Recht des einzelnen Aktionärs zur Anfechtung gesetz- oder statutenwidriger Beschlüsse der Generalversammlung.

Zu 1. Eine Befugniß des einzelnen Aktionärs, gesetz- oder statutenwidrige Beschlüsse der Generalversammlung als ungültig anzufechten, muß schon jetzt als bestehendes Recht angesehen werden.[1]) Die Generalversammlung erhält ihre Berechtigung, als Organ der Gesellschaft zu fungiren, lediglich durch das Gesetz und den Gesellschaftsvertrag; Statut und Gesetz begrenzen ihre Befugnisse. Beschlüsse einer nicht gehörig berufenen Generalversammlung oder Beschlüsse, welche die Grenzen ihrer Zuständigkeit überschreiten, auf die Unterlassung von etwas Gebotenem oder die Vornahme von Verbotenem gerichtet sind, brauchen diejenigen Aktionäre, welche sich ihnen nicht unterworfen haben, als einen sie verbindenden Willen der Gesellschaft nicht gelten zu lassen.[2]) Die Unterstellung der einzelnen Aktionäre unter die Willensäußerung der Generalversammlung deckt sich mit den für die letztere durch Statut und Gesetz bestimmten Grenzen.

Das bestehende Recht hat indeß die Anfechtungsbefugniß der einzelnen Aktionäre nicht ausdrücklich geregelt. Es wird daher in Ermangelung entgegenstehender Vorschriften angenommen, daß die Anfechtung von jedem Aktionär geltend gemacht werden könne, ohne Rücksicht darauf, ob er in der Generalversammlung, welche den Beschluß gefaßt hat, zugegen war oder nicht, ob der Beschluß schon ausgeführt ist oder nicht, und ob die Ausführung thatsächlich noch rückgängig gemacht werden kann. Eine Zeitgrenze für die Anfechtung oder sonstige Schranken für dieselbe sind nicht gesetzt.

In solcher Unbeschränktheit erscheint das Anfechtungsrecht höchst bedenklich. Die fortdauernde Ungewißheit über die Gültigkeit eines Beschlusses der Generalversammlung muß nothwendig zu einer Abschwächung der Verwaltung, kann sogar zu einem Stillstande derselben und einer völligen Zersetzung der Organisation führen. Das Recht eines Jeden zur Anfechtung ist ein zweischneidiges Mittel, welches Chikanen und Erpressungen Thür und Thor öffnet. Die Praxis sucht sich zu helfen; sie versagt die Anfechtung wenigstens einem erschienenen Aktionär, welcher nicht sofort protestirt hatte, „da es ihm nicht gestattet sein könne, die Verstöße ungerügt hingehen zu lassen, um gelegentlich in späterer Zeit alle damit im Zusammenhang stehenden, ihm mißliebigen Akte der Gesellschaftsbehörden als ungültig anzufechten".[3]) Allein es ist oft und noch in neuester Zeit hervorgetreten, wie unzureichend und schwankend solche Aushülfe ist und zu welchem Wirrwarr ein in die Willkür des Einzelnen gestelltes Anfechtungsrecht führt.

Der Entwurf mußte es sich deshalb zur Aufgabe setzen, dasselbe gleichzeitig auf einen festen Boden zu stellen und in einer dem allgemeinen Interesse entsprechenden Weise zu begrenzen. Er bestimmt (Art. 222, 190a):

a) daß außer dem Vorstande, welcher in erster Linie zur Wahrung des Gesetzes und Gesellschaftsvertrages berufen ist und bei Ausführung eines ungültigen Beschlusses den Gläubigern der Gesellschaft sich selbst verantwortlich macht, nur ein Aktionär zur Anfechtung des Beschlusses berechtigt sein soll. Dieses Recht wird zwar jedem einzelnen Aktionär ohne Rücksicht auf die Zahl seiner Aktien zugesprochen, aber für die Regel nur dann, wenn er seinen Widerspruch gegen den Beschluß in der Generalversammlung zu Protokoll erklärt hat. Selbstredend erlangt dadurch jeder Aktionär, auch bei einer bestehenden Gesellschaft ein solcher, dem der Gesellschaftsvertrag etwa das Stimmrecht versagt, das Recht darauf, daß er zur Versammlung zugelassen und sein Widerspruch zu Protokoll vermerkt werde. Es versteht sich daher auch von selbst, daß er sein Recht zur Anfechtungsklage auf den durch jedes Beweismittel zu führenden Nachweis stützen kann, daß ihm entweder der Zutritt zur Versammlung unrechtmäßig verweigert oder daß unterlassen sei, den von ihm erhobenen Widerspruch zum Protokoll zu vermerken. Aber das Schweigen eines anwesenden Aktionärs muß als eine Billigung des Beschlusses gelten. Ebenso muß angenommen werden, daß ein nicht erschienener Aktionär sich im Voraus den Beschlüssen der Generalversammlung unterworfen und damit auf ein Anfechtungsrecht verzichtet hat. Freilich kann diese Annahme gegen einen ausgebliebenen Aktionär insoweit nicht Platz greifen, als die Berufung der Generalversammlung nicht ordnungsmäßig bewirkt war oder die Ankündigung des Gegenstandes der Beschlußfassung nicht gehörig stattgefunden hatte; insoweit gestattet daher der Entwurf ausnahmsweise einem nicht erschienenen Aktionär die Anfechtung.

b) Ein klagender Aktionär soll ferner seine Aktien, d. h. die Aktien, für welche er das Stimmrecht in der Generalversammlung ausgeübt hat oder auf welche er im Falle nicht gehöriger Berufung der Generalversammlung oder nicht gehöriger Ankündigung des Gegenstandes der Beschlußfassung als nicht erschienener Aktionär seine Legitimation zur Klage stützt, gerichtlich hinterlegen. Es soll dadurch jeder Zweifel hinsichtlich der Legitimation zur Klage, namentlich wenn letztere auf den Besitz von Inhaberaktien gestützt wird, beseitigt und für die ganze Dauer des Prozesses das Interesse des Klägers als Aktionär dargethan werden. Die Vorschrift wird dazu beitragen, möglicher Chikane vorzubeugen und die Erhebung der Klage zu Spekulationszwecken zu verhindern.

Der Entwurf bestimmt ferner:

c) daß die Anfechtung des Beschlusses innerhalb einmonatiger Frist seit dem Tage der Generalversammlung durch Erhebung der Klage oder Widerklage erfolgen muß. Die kurze Befristung ist unabweislich geboten, um die Ungewißheit über die Gültigkeit oder Anfechtbarkeit des Beschlusses zu beseitigen und den Vorstand in die Lage setzen, den Umständen entsprechend über die Ausführung oder die Sistirung des Beschlusses zu befinden.[1]) Die Frist gilt auch für den Vorstand, wenn er klagen will. Mit dem Ablaufe der Frist und folgeweise dem Verluste des Anfechtungsrechts tritt, wenn nicht schon früher ausdrücklich oder durch Ausführung des Beschlusses der Vorstand sich demselben unterworfen hat, die Unterwerfung des Vorstandes unter ihn ein; der Vorstand übernimmt dadurch mit der Pflicht zur Ausführung auch die entsprechende Verantwortlichkeit für den Beschluß.

d) Zur Vertretung der Gesellschaft und daher passiv legitimirt erscheint zunächst der Vorstand, sofern er nicht selbst klagt. Letzterenfalls muß die Klage gegen den Aufsichtsrath gerichtet werden. Aber auch für den Fall, daß der Vorstand

---

[1]) Endemann, Handelsrecht §. 62; Bekker a. a. O. S. 425 Thöl, Handelsrecht Bd. 1 §. 161; Renaud a. a. O. §. 55 S. 522 ff. v. Hahn, Komm. Art. 216 §. 2; Entsch. des Reichs-Oberhandelsgerichts Bd. 11 S. 125, Bd. 14 S. 356, Bd. 25 S. 307; Entsch. des Reichsgerichts I vom 19. Februar 1881 (Entsch. Bd. 3 S. 123).

[2]) Entsch. des Reichsgerichts in Sachen Kesseler contra Berliner Handelsgesellschaft vom 10. Juni 1882 Bd. 7 S. 105 ff.

[3]) Erkenntniß des Ober-Appellationsgerichts in Berlin (1868) in Busch, Arch. Bd. 20 S. 346.

[1]) Der neueste österreichische Entwurf gestattet eine Frist von 45 Tagen zur Erhebung der Anfechtungsklage (Art. 224 f).

nicht als Kläger, sondern als Vertreter der beklagten Gesellschaft fungirt, erachtet der Entwurf im Interesse aller Aktionäre die Zuziehung des Aufsichtsraths als Beklagten für zweckmäßig.

e) Das Protokoll und die Frist geben Sicherheit darüber, ob und von wem der Beschluß angefochten werden kann. Ergeben sich hiernach mehrere Anfechtungsberechtigte, so besteht die Möglichkeit der Aufhebung des Beschlusses so lange, als noch ein nicht formell oder materiell beseitigter Widerspruch vorhanden ist. Deshalb kann auch die Beseitigung einzelner Widersprüche durch Vergleich, Verzicht oder Urtheil für die übrigen noch unerledigten Widersprüche nicht präjudizirlich sein. Jeder der übrigen Berechtigten macht den wahren Willen der Gesellschaft kraft eigenen Individualrechts geltend; andererseits bleibt bis zur Ungültigkeitserklärung des Beschlusses dieser als der richtige Wille der Gesellschaft fortbestehen; die Beseitigung der ersten Widersprüche bekräftigt den Fortbestand nicht. Sobald dagegen in einem Anfechtungsprozeß der Kläger obsiegt und der Beschluß der Generalversammlung rechtskräftig für ungültig erklärt ist, steht fest, daß der Beschluß nicht der Wille der Gesellschaft war. Das Urtheil gilt nicht blos gegenüber dem obsiegenden Kläger und der beklagten Gesellschaft, sondern gegenüber allen einzelnen Aktionären, auch denen, welche zugestimmt oder ihren Widerspruch aufgegeben hatten oder mit demselben etwa zurückgewiesen waren; denn es giebt nur Einen Willen der Gesellschaft. Der Entwurf spricht die präjudizielle Wirkung einer solchen Entscheidung aus, indem er zugleich Fürsorge dafür trifft, daß die rechtskräftige Ungültigkeitserklärung des Beschlusses, da sich dieser beim Handelsregister befindet (Art. 238a Abs. 2) ebenfalls zu letzterem gelangt und der Beschluß für den Fall, daß er in dasselbe eingetragen war (Art. 214 Abs. 1, 215a Abs. 3, 215b Abs. 2, 243 Abs. 1, 247 Ziff. 4, 248), dort wieder gelöscht und die Löschung vom Handelsgerichte veröffentlicht wird. Zu diesem Zwecke ist das rechtskräftige Urtheil durch den Vorstand zum Handelsregister einzureichen; der säumige Vorstand kann dazu vom Handelsgerichte durch Ordnungsstrafen angehalten werden (Art. 249f).

Mit der rechtskräftig die Ungültigkeit des Beschlusses aussprechenden Entscheidung werden die etwa noch nicht erledigten, wenn auch klageweise verfolgten Widersprüche anderer Aktionäre gegenstandslos, und es würde auf die Urtheile, welche in diesen Prozessen etwa noch ergehen könnten, nicht mehr ankommen.

f) Deshalb erscheint es aber auch zweckmäßig, der Möglichkeit verschiedener Prozesse und Urtheile entgegenzutreten. Um zu verhüten, daß die Anfechtungsklage je nach der Höhe des Interesses der Anfechtenden theils vor dem Amtsgericht, theils vor dem Landgerichte erhoben, oder daß die Anfechtung im Wege der Einrede oder Widerklage bei Gelegenheit eines an einem anderen Orte schwebenden Prozesses geltend gemacht wird, erklärt der Entwurf für die Anfechtungsklage das Landgericht, in dessen Bezirke die Gesellschaft ihren Sitz hat, ausschließlich für zuständig. Die Wichtigkeit eines solchen Rechtsstreites für die Gesellschaft rechtfertigt die kollegialische Berathung, so wie den durch die Vorschrift bedingten Instanzenzug. Schon auf Grund dieser Bestimmung wird das eigene Interesse der Anfechtungsberechtigten dahin führen, daß die sämmtlichen Widersprüche in Einer Klage geltend gemacht werden; dann sind die Anfechtungsberechtigten nothwendige Streitgenossen im Sinne des §. 59 der Civilprozeßordnung. Für den Fall jedoch, daß mehrere Prozesse anhängig geworden sind, schreibt der Entwurf vor, daß dieselben von Amtswegen zur gleichzeitigen Verhandlung und Entscheidung zu verbinden sind, und ordnet zur Sicherung dessen zugleich an, daß die mündliche Verhandlung nicht vor Ablauf der zur Erhebung der Klage verordneten einmonatigen Frist erfolgen darf. In dem Prozesse oder den verbundenen Prozessen können auch die nicht anfechtungsberechtigten Aktionäre als Nebenintervenienten nach Maßgabe des §. 63 der Civilprozeßordnung sich den Anfechtenden oder den Beklagten anschließen (vergl. auch Art. 194 Abs. 2, 195 Abs. 3). Dem einzelnen Aktionär wird die Anstellung des anhängig gemachten Prozesses bei eigener Aufmerksamkeit und Erkundigung nicht wohl entgehen können. Auf eine solche Selbstthätigkeit der Aktionäre glaubt indessen der Entwurf kein zu großes Gewicht legen zu dürfen. Er bestimmt deshalb noch, daß die Erhebung der Klage und der Termin zur mündlichen Verhandlung unverzüglich von dem Vorstande in den für die Bekanntmachungen der Gesellschaft bestimmten Blättern zu veröffentlichen ist.[1] Die Veröffentlichung wird zugleich dazu beitragen, etwaige Kollusionen des Vorstandes und Aufsichtsraths mit dem Anfechtungsgegner auszuschließen. Die Möglichkeit solcher Kollusionen ist nicht zu leugnen. Thatsächlich werden sie freilich kaum zu befürchten sein; es läßt sich nicht behaupten, daß etwa beide Organe geneigt sein werden, die Gültigkeit des Beschlusses lau und lässig zu vertheidigen. Präsumtiv wird ihnen daran gelegen sein, die Widersprüche gegen den Beschluß der Generalversammlung zu beseitigen, da derselbe der Regel nach in Folge ihres Antrages oder ihrer Befürwortung gefaßt sein wird; zudem erhält der Vorstand, wenn er von dem ihm verliehenen eigenen Klagerecht keinen Gebrauch gemacht oder die Ausführung des Beschlusses gar begonnen hat, einen doppelten Antrieb, die Gültigkeit desselben zu erstreiten.

g) Regelt sonach der Entwurf die Voraussetzungen einer Anfechtungsklage und das Verfahren mit thunlichster Vorsicht, so ist trotzdem jede derartige Anfechtungsklage mehr oder weniger geeignet, den Kredit der Gesellschaft zu schädigen. Es ist nun zwar anerkannten Rechtens, daß gegen verläumderische Beleidigungen strafrechtlich auch Aktiengesellschaften durch §. 187 des Strafgesetzbuchs geschützt sind und daß daher in den Fällen dieses Paragraphen neben der Strafe gegen den Schuldigen auch gemäß §. 188 auf eine an die benachtheiligte Gesellschaft zu erlegende Buße bis zum Betrage von 6 000 ℳ erkannt werden kann. Allein dies genügt nicht; die civilrechtliche Seite der Frage muß näher ins Auge gefaßt werden. Erscheint es schon vom allgemeinen Standpunkte der Gesetzgebungspolitik rathsam, mit der Gewährung eines außerordentlichen Rechts auch die Folgen eines Mißbrauchs desselben hinzustellen, so ist es in diesem Fall um so gebotener, die Ersatzpflicht ausdrücklich und einheitlich zu regeln, als die Landesgesetze in Bezug auf den Ersatz eines außerkontraktlichen Schadens sehr verschiedenartige Bestimmungen treffen. Der Entwurf (Art. 222, 190b) verordnet deshalb, daß der Gesellschaft für einen ihr durch unbegründete Anfechtung eines Beschlusses entstandenen Schaden solidarisch die Kläger haften, welchen bei Erhebung der Klage eine bösliche Handlungsweise zur Last fällt. Die Unterscheidung weiterer Grade des Verschuldens oder den Begriff einer groben Fahrlässigkeit kennt das Handelsgesetzbuch nicht, und die Ersatzpflicht auf den Fall eines jeden Verschuldens auszudehnen, verbietet sich, weil eine solche Vorschrift von der Erhebung der Klage selbst in den Fällen voller Berechtigung abhalten würde. Selbstredend findet aber die Ersatzpflicht auch auf Vorstandsmitglieder Anwendung, welche bei Erhebung einer unbegründeten Klage der Vorwurf der bezeichneten Handlungsweise trifft.

Weitere Schutzmaßregeln erscheinen entbehrlich und sonstige Bestimmungen unthunlich. Insbesondere läßt sich nicht eine allgemeine Bestimmung darüber aufstellen, welche Wirkungen die Ungültigkeitserklärung des Beschlusses auf die in Folge desselben etwa schon zur Ausführung gelangten Rechtshandlungen habe, ob sie auch die letzteren ungültig mache, und ob deren Ungültigkeit als von Anfang an eingetreten

[1] Vergl. Behrend, Eisenacher Gutachten a. a. O. S. 77.

zu behandeln sei. Die Maßregeln, welche auf Grund eines solchen Beschlusses von den Gesellschaftsorganen ergriffen werden können, sind zu verschieden. Man könnte zwar im Allgemeinen davon ausgehen, daß, wie der Beschluß als nicht gefaßt, so auch die auf ihm beruhende Maßregel als von Anfang an hinfällig zu betrachten sei. Allein schon oben, §. 12 Nr. 4 S. 290 ff., wurde darauf hingewiesen, daß die Gesellschaft gegen ihre Organe einen Schadensanspruch wegen Ausführung des Beschlusses auf dessen Ungültigkeit nicht stützen dürfe. Ferner werden dritte Personen, mit welchen der Vorstand eine Rechtshandlung, wenn auch auf Grund des ungültigen Beschlusses der Generalversammlung, vorgenommen hat, zumeist durch die Vorschriften der Artikel 227 Absatz 1, 230, 231 Absatz 2 geschützt sein; ebenso im Falle unstatthaft gewesener Auszahlung von Dividenden die Aktionäre, welche sie in gutem Glauben empfangen haben, durch die Vorschrift des Artikels 218. Die Entscheidung ist nur im einzelnen Falle nach Maßgabe des in Betracht kommenden Verhältnisses richtig zu finden.

Endlich bedarf es kaum der Erwähnung, daß die Bestimmungen über die Anfechtung von Beschlüssen der Generalversammlung entsprechende Anwendung auf Beschlüsse der besonderen Generalversammlung im Falle des Artikels 215 Absatz 6, 180f Absatz 3 finden.

2. Verfolgung der Ansprüche der Gesellschaft aus der Gründung, Geschäftsführung und Liquidation.

Zu 2. **Was das Recht der Gesellschaft zur Verfolgung der Ansprüche aus der Gründung und Geschäftsführung** (Art. 223) betrifft, so besteht die vom Entwurf besonders geregelte Verantwortlichkeit der Gründer und der anderen bei der Gründung betheiligten Personen (Art. 213a bis 213c) nur der Gesellschaft, nicht den einzelnen Aktionären gegenüber (vergl. oben §. 10 Eingangs). Ebenso stehen auch, abgesehen von der Gründung, die Mitglieder des Vorstandes, des Aufsichtsraths und die Liquidatoren nur zur Gesellschaft, nicht dagegen zu den einzelnen Aktionären in rechtlicher Beziehung. Aber es können dadurch, daß die Gesellschaft selbst die Verfolgung der ihr zustehenden Ansprüche gegen die bezeichneten Personen ablehnt, mittelbar die Interessen des einzelnen Aktionärs geschädigt werden, insofern der Werth seines Antheilsrechts sich mindert, wenn der der Gesellschaft zugefügte Schade unersetzt bleibt. Man hat deshalb vielfach geglaubt, daß dem einzelnen Aktionär eine selbständige Klage zustehen müsse, soweit sein Interesse reicht oder sofern der Anspruch ein untheilbarer ist, im letzteren Falle freilich so, daß die Ersatzleistung zur Gesellschaftskasse zu erfolgen habe. Diese Auffassung hat im Allgemeinen in die englische,[1]) französische und belgische[2]) Gesetzgebung Eingang gefunden, ebenso liegt sie dem schweizerischen Bundesgesetz vom 14. Juni 1881 über das Obligationenrecht[3]) zu Grunde. Auch in Deutschland wird die direkte Klage des Aktionärs meist von den Verfechtern der Individualrechte befürwortet,[1]) theilweise selbst als geltendes Recht angesprochen.[2]) Das letztere allerdings wird in der Rechtsprechung verneint;[3]) die Aktiengesellschaft, welcher der Ersatzanspruch zusteht, sei, so lange sie existirt und selbst bis zur Beendigung einer Liquidation, eine von den einzelnen Aktionären völlig verschiedene Persönlichkeit; denselben stehe an dem Vermögen und den Ansprüchen der Gesellschaft nicht etwa ein Miteigenthum zu, auch nicht ein Recht auf Abtretung eines ihrem Aktienbesitz entsprechenden Antheils daran; ebensowenig könne der einzelne Aktionär an Stelle der dazu bestimmten Organe der Gesellschaft deren Ersatzansprüche nach seinem Ermessen selbständig zur Gesellschaftskasse verfolgen. Nach dem bestehenden Recht erscheint diese Auffassung zweifellos zutreffend.

Aber auch für die Zukunft vermag der Entwurf sich zur Gewährung eines Individualrechts für jeden einzelnen Aktionär nicht zu entschließen.

Ein Individualrecht in dem oben beregten und zu 1 anerkannten Sinne wäre hier unlogisch. Es handelt sich hier nicht darum, ob eine Willenserklärung der Gesellschaft gültig oder ungültig, sondern darum, ob trotz einer gültigen Willenserklärung der Gesellschaft jeder einzelne Aktionär berechtigt sein soll, einen entgegengesetzten Willen als den der Gesellschaft geltend zu machen. Es giebt aber nur Einen Willen derselben Gesellschaft. Wollte man sich darüber hinwegsetzen, so stände dem Individualrecht des einen Aktionärs das gleiche Recht aller anderen Aktionäre gegenüber, und hier würde nicht alternativ die einfache Bejahung oder Verneinung einer und derselben Frage zur Entscheidung stehen, sondern jeder Aktionär würde sowohl nach der Art wie nach dem Umfange den Anspruch in der verschiedensten Weise als dem Interesse und Willen der Gesellschaft entsprechend geltend machen können. Das wäre weder sachlich, noch prozessual durchführbar; es eröffnete eine völlige Anarchie, gefährdete den Halt der Organisation, die Thätigkeit der Gesellschaftsorgane und leistete Erpressungen aller Art Vorschub. Sicher kann nicht erwartet werden, daß tüchtige Geschäftsleute die Stellung von Mitgliedern des Vorstandes und Aufsichtsraths übernähmen, wenn sie gewärtigen müßten, wegen ihrer Verwaltungsakte von jedem der zahlreichen Aktionäre, dessen Auffassung über das, was der Gesellschaft zum Schaden gereicht, von der der Generalversammlung abweicht, mit Klage bedroht oder belangt zu werden. — Von der Richtigkeit dieser Auffassung wird man selbst durch die Wahrnehmung sich nicht abwenden können, daß in einzelnen Fällen die Organe der Gesellschaft sich schwere Vernachlässigungen ihrer Pflichten haben zu Schulden kommen lassen.

Dagegen ist nicht zu verkennen, daß wenn die Entscheidung über die Verfolgung eines Anspruchs der Gesellschaft gegen die Gründer, die Mitglieder des Vorstandes und Aufsichtsraths oder die Liquidatoren ausschließlich und endgültig in die Macht der Generalversammlung gelegt wird, leicht eine Kollusion zu Gunsten Einzelner und eine Schädigung der Gesellschaftsinteressen stattfinden kann; und leider sind solche Kollusionen

[1]) Shelford, law of joint Stock-companies, London 1870 pag. 37 und 97. Danach nimmt die englische Jurisprudenz an, daß die einzelnen Aktionäre einen Anspruch auf ordnungsmäßige Geschäftsführung haben und deshalb gegen die Direktoren wegen improper use of their powers und wegen breaches of trust klagen können. Bei einem acting beyond the powers of the company kommt es nicht darauf an, ob die Handlung auf Beschluß der Generalversammlung beruht oder nicht. Lag dasselbe indessen within the powers of a majority of shareholders, so muß vom Aktionär zuvor die Generalversammlung erfolglos angerufen sein. In solchem Falle kann der klagende Aktionär zugleich als Vertreter der mit ihm in gleicher Lage befindlichen Aktionäre auftreten (Shelford a. a. O. S. 137, 139; Behrend, Eisenacher Gutachten a. a. O. S. 87).

[2]) Die französische und belgische Jurisprudenz giebt dem einzelnen Aktionär eine action individuelle, sofern das Interesse theilbar ist, und eine Klage auf Leistung des Schadensersatzes zur Gesellschaftskasse (Guillery comm. I pag. 359 ff., 460; Sachs, Revision des Handelsrechts in Belgien S. 163).

[3]) Nach dem schweizerischen Bundesgesetz über das Obligationenrecht können die aus der Gründung verhafteten, sowie die mit der Verwaltung und Kontrole betrauten Personen von den einzelnen Aktionären wegen absichtlicher Schädigung der Gesellschaft durch absichtlich falsche Angaben beziehungsweise durch absichtliche Verletzung von Verwaltungs- oder Aufsichtspflichten belangt werden, außer wenn der Aktionär dem Beschlusse der Generalversammlung, durch welchen die gedachten Personen von der Verantwortlichkeit entbunden sind, zugestimmt oder nicht binnen sechs Monaten nach erlangter Kenntniß davon widersprochen oder die Aktien mit Vorwissen des Beschlusses erworben hat (Art. 671, 673 bis 675).

[1]) Verh. des 11. deutschen Juristentags S. 136 und des 15. deutschen Juristentags S. 155; Behrend a. a. O.

[2]) Bekker a. a. O. §. 10 S. 439; Reinganum, die Rechte der Aktionäre S. 35 ff.; dagegen Renaud a. a. O. S. 610 ff.

[3]) Entsch. des Reichs-Oberhandelsgerichts vom 17. April 1877 (Entsch. Bd. 22 S. 239) und die dort angeführten Judikate.

und Schädigungen allzu oft thatsächlich beklagt worden. Dem muß der Entwurf Rechnung tragen; er thut es dadurch, daß er die Verfolgung der Ansprüche eintreten läßt, nicht nur schon dann, wenn sie von der Generalversammlung mit einfacher Mehrheit beschlossen ist, sondern auch dann, wenn die Antheile der sich für die Verfolgung entscheidenden Minderheit den fünften Theil des Grundkapitals ausmachen. Die Vorschrift steht im nothwendigen Zusammenhange mit dem im Artikel 213d der gleichen Minderheit gewährten Widerspruchsrecht gegen den Abschluß von Vergleichen oder die Erklärung von Verzichten. Wie ohne jenes Widerspruchsrecht dem der Minorität hier zugesicherten Verfolgungsrecht der Boden entzogen wäre, so kann umgekehrt erwartet werden, daß die Minderheit den Widerspruch nur erhebt, um die Verfolgung der Ansprüche der Gesellschaft herbeizuführen. Das letztere Recht hat also in dem ersteren seine Voraussetzung. Ist bereits der Vergleich oder Verzicht rechtsgültig ohne Widerspruch erklärt, so ist natürlich insoweit die Frage einer Verfolgung der Ansprüche erledigt, und es kann nachträglich so wenig, wie von der Mehrheit, etwa auf Grund des Artikels 223 von der Minderheit eine Verfolgung verlangt werden. Die Verfolgung findet statt, sofern ein Vergleich ꝛc. überhaupt noch nicht zur Verhandlung gelangt oder soweit er in einer früheren oder in derselben Generalversammlung durch die Mehrheit oder den Widerspruch der Minderheit verworfen ist. Ebenso selbstverständlich ist es, daß einer danach statthaften Verfolgung durch eine spätere wirksame Beschlußfassung der Generalversammlung über einen Vergleich oder Verzicht ein Ende gemacht werden kann; in der späteren Versammlung kann und mag gegen denselben die gleiche Minderheit Widerspruch erheben und dadurch das Verfolgungsrecht für die Gesellschaft erhalten.

Damit aber einerseits durch das Recht der Minderheit die Möglichkeit einer Verfolgung der Ansprüche nicht fortdauernd und lähmend in der Schwebe bleibt, und um andererseits die Minderheit gegen die der Verfolgung etwa widerstrebenden Organe der Gesellschaft zu sichern, verlangt der Entwurf, daß die Klage binnen drei Monaten seit dem Beschlusse der Generalversammlung erhoben werden muß. Der unbenutzte Ablauf der Frist beseitigt das von der Minderheit gestellte Verlangen, schließt aber natürlich nicht aus, daß, falls von Neuem die Frage der Erhebung oder Beilegung des Anspruchs zur Verhandlung gelangt, die Verfolgung wieder von der Mehrheit beschlossen oder von der Minderheit verlangt werden kann.

Die Erhebung und Durchführung des Prozesses ist, mag die Mehrheit sie beschlossen oder die Minderheit sie verlangt haben, an sich Sache des Vorstandes oder, gegen diesen, Sache des Aufsichtsraths; auch können die Aktionäre sich in Gemäßheit des Artikels 195 durch Bevollmächtigte vertreten lassen, welche in der Generalversammlung gewählt oder in dem Falle, daß die Wahl gehindert wird, auf Antrag durch das Handelsgericht ernannt werden. Die Mehrheit aber, welche die Verfolgung selbst abgelehnt hatte, könnte in der Generalversammlung Bevollmächtigte wählen, von denen zu besorgen wäre, daß die Art der Verfolgung das Verlangen der Minderheit vereiteln würde, und dieselbe Besorgniß kann gegenüber einer Prozeßführung durch die Gesellschaftsorgane begründet sein. Der Entwurf muß daher der Minderheit gestatten, Bevollmächtigte in der Generalversammlung zu bezeichnen und deren Ernennung bei dem Handelsgerichte zu beantragen. Das letztere hat nach freiem Ermessen zu prüfen, ob die Ernennung der Sachlage entsprechend erscheint. In allen Fällen, auch wenn die von der Minderheit vorgeschlagenen Personen zur Führung des Prozesses als Bevollmächtigte ernannt werden oder sonst der Anspruch auf das Verlangen der Minderheit verfolgt wird, geschieht die Prozeßführung stets für die Gesellschaft und in Vertretung derselben. Da jedoch die Verfolgung der Ansprüche letzterenfalls der Mehrheit durch die Minderheit aufgenöthigt wird, so rechtfertigt es sich, diese zu verpflichten, die der Gesellschaft in dem Prozesse auferlegten Kosten, gleichviel, ob dieselben vermeidlich gewesen wären oder nicht, ihr zu erstatten und betreffs der Schadensersatzpflicht die gleiche Bestimmung wie zu 1 zu treffen (Art. 223 Abs. 2). Den die Minderheit bildenden Aktionären ist durch die §§. 63, 64 der Civilprozeßordnung das Mittel geboten, durch ihren Beitritt zum Prozeß als Nebenintervenienten auf die Führung des Prozesses bestimmend einzuwirken. In gleicher Weise können sie auch Vernachlässigungen seitens des Vorstandes oder der Bevollmächtigten der Mehrheit vorbeugen, falls der Prozeß nicht durch von ihnen benannte Bevollmächtigte geführt wird.

Wenn endlich der Entwurf bestimmt, daß die Minderheit bei Erhebung der Klage den fünften Theil des Grundkapitals, also denselben Theil, welcher sie zu dem Verlangen der Verfolgung berechtigt, in Aktien der Gesellschaft gerichtlich zu hinterlegen hat, so geschieht dies aus den zu 1 erwähnten Gründen der Legitimation und der Verhütung von Mißbräuchen, welche hier um so mehr ins Gewicht fallen, als die Verfolgung der Ansprüche meist einen Rückgang des Kurses der Aktien zur Folge haben wird. Wird die Minderheit für die Dauer des Prozesses an die Geschicke der Gesellschaft gebunden, so ist zu erwarten, daß sie nur dann von ihrem Minderheitsrechte Gebrauch machen wird, wenn die Verfolgung der Ansprüche in der That dem Interesse der Gesellschaft entspricht und Aussicht auf Erfolg bietet.

3. Recht auf Untersuchung von Gesellschaftshergängen.

Zu 3. Neuere Gesetzgebungen lassen unter bestimmten Kautelen auf Antrag von Aktionären eine gerichtliche Untersuchung der Verhältnisse und der Geschäftslage einer Aktiengesellschaft eintreten, um den Aktionären dadurch Gelegenheit zu geben, zur Verhütung von noch abwendbarem Schaden oder zur Verfolgung eines Schadensersatzes geeignete Schritte zu thun. In der Regel wird ein größerer oder geringerer Aktienbesitz und der Nachweis gröblicher Unregelmäßigkeiten oder Pflichtverletzungen seitens des Vorstandes gefordert.[1])

Daß unter Umständen eine besondere Untersuchung nützlich und nothwendig sein kann, namentlich auch, um eine Grundlage für die Durchführung des zu 2 erörterten Verfolgungsrechts zu gewinnen, läßt sich nicht in Abrede stellen. Aktionäre und Gläubiger erlangen durch dieselbe einen sicheren Aufschluß über den wahren Stand der Verhältnisse und kön-

[1]) Nach englischem Rechte (Compan. Act 1862 ss. 56 bis 60) müssen die Antragsteller Aktien, welche ein Fünftel, bei Aktienbanken sogar ein Drittel des Grundkapitals darstellen, besitzen und wahrscheinlich machen, daß Grund zu einer Untersuchung vorliegt und der Antrag nicht in böslicher Absicht gestellt sei. Das Handelsamt ernennt einen oder mehrere Inspektoren zur Prüfung der Geschäftslage der Gesellschaft. Dieselben haben einen Bericht an das Handelsamt zu erstatten, welches ihn den Antragstellern abschriftlich mittheilt. Das Verfahren ist den New-York statutes nachgebildet (Güterbock, die engl. Aktiengesellschaften von 1856 und 1857 S. 45 Note 81). Das ungarische H. G. B. und der neueste österreichische Entwurf lassen eine solche Untersuchung durch vom Gericht ernannte Sachverständige, bezw. eine von den Aktionären beauftragte Person auf Antrag von Aktionären eintreten, welche ein Zehntel des Grundkapitals vertreten (ungar. H. G. B. §. 175, österr. Entw. Art. 224g). Nach belgischem Rechte (Ges. vom 18. Mai 1873 Art. 124) hat das Handelsgericht unter außerordentlichen Umständen auf den Antrag von Aktionären, deren Aktien ein Fünftel des Grundkapitals ausmachen, einen oder mehrere Kommissare zu ernennen. Der neueste italienische Codice di commercio (Art. 152) berechtigt das Handelsgericht im Falle begründeten Verdachts gröblicher Unregelmäßigkeiten oder Pflichtverletzungen seitens der Administratoren oder sindaci auf Antrag von Aktionären, deren Antheile ein Achtel des Grundkapitals ausmachen, Kommissare mit der Durchsicht der Bücher zu beauftragen, sofern ein Einschreiten vor Zusammentritt der Generalversammlung dringend geboten erscheint.

nen einer eingetretenen Mißwirthschaft seitens der Verwaltungsorgane mit Erfolg entgegentreten. Auf der anderen Seite hat sich der Entwurf nicht der Ueberzeugung verschließen können, mit wie schweren Nachtheilen eine solche Untersuchung verbunden sein muß, wenn die Gesellschaft nicht gegen jede mißbräuchliche Benutzung in geeigneter Weise gesichert wird.

Der Entwurf (Art. 222a) hat deshalb zwar die Herbeiführung einer Untersuchung als Individualrecht zugelassen, aber nicht für jeden Aktionär und nicht als ein gerichtliches Verfahren, dessen Betrieb den einzelnen Aktionären zustände, vielmehr nur als Antrag auf gerichtliche Bestellung besonderer Revisoren zur Prüfung eines bestimmten Hergangs und zur Berichterstattung darüber. Dieses Recht, die Hülfe des Gerichts in Anspruch zu nehmen, hat naturgemäß zur Voraussetzung, daß ein in der Generalversammlung gestellter Antrag auf Prüfung dort abgelehnt worden ist; denn die Generalversammlung erscheint zunächst berufen, die geeigneten Maßnahmen zur Feststellung und Beseitigung eingetretener Mißstände zu treffen. Zur Stellung des Antrages bei Gericht verlangt sodann der Entwurf, daß die Aktien des oder der Antragsteller den zehnten Theil des Grundkapitals betragen, und daß dem Gerichte glaubhaft gemacht wird, daß bei der Gründung, Geschäftsführung oder Liquidation der Gesellschaft Unredlichkeiten oder grobe Verletzungen des Gesetzes oder des Gesellschaftsvertrages vorgekommen sind. Eine nähere Spezialisirung der Fälle kann das Gesetz nicht geben; es ist ausreichend, aber auch erforderlich, daß die Wahrscheinlichkeit, wenn nicht einer Unredlichkeit, so doch einer groben Gesetz- oder Statutwidrigkeit vorliegt, und es bleibt hiernach dem freien Ermessen des Handelsgerichts überlassen, den zu prüfenden Hergang zu bestimmen und den Umfang der Prüfung zu begrenzen.

Dem einseitigen Vorgehen der Antragsteller gegenüber wird die Anhörung des Vorstandes und des Aufsichtsraths beziehungsweise der Liquidatoren für das Gericht von Erheblichkeit sein und vielfach allein eine unparteiische Entscheidung gestatten. Deshalb schreibt der Entwurf vor, daß, wenn nicht das Gericht den Antrag zurückweisen will, es vor der Ernennung der Revisoren die bezeichneten Organe zu hören, d. h. ihnen Gelegenheit zur schriftlichen oder mündlichen Erklärung über die in dem Antrage angeführten Thatsachen und die etwa zu Revisoren vorgeschlagenen Personen zu geben hat. Findet das Handelsgericht den Antrag begründet, so hat dasselbe die vorgeschlagenen oder andere Revisoren zu ernennen.

Um ferner jeder Chikane vorzubeugen und die Gesellschaft zugleich wegen eines ihr durch die Untersuchung erwachsenden Schadens zu sichern, soll das Handelsgericht die Anordnung der Untersuchung von einer nach freiem Ermessen zu bestimmenden Sicherheitsleistung seitens der Antragsteller abhängig machen. Die Frage, wie sich die Antragsteller als Aktionäre zu legitimiren haben und ob etwa zu diesem Zwecke wie in den Fällen der Artikel 222, 190a, 223 die Aktien von ihnen zu hinterlegen sind, wie dies einzelne Gesetzgebungen ausdrücklich vorschreiben,[1]) glaubte der Entwurf zweckmäßig dem richterlichen Ermessen überlassen zu können.

Mit der Zulassung der Revision ist die Thätigkeit des Gerichts erschöpft. Die Revision tritt ein; sie behält ihren Fortgang, auch wenn etwa der Antrag auf Untersuchung zurückgenommen werden sollte. Die Vornahme der Revision selbst unter gerichtliche Leitung und Verantwortlichkeit zu stellen, kann sich nicht empfehlen. Dazu würde dem Gericht meist die erforderliche Sachkenntniß fehlen; auch würde damit eine Gestaltung des Verfahrens nothwendig werden, welche weit über den zu erreichenden Zweck hinausginge. Es soll nicht eine Entscheidung darüber, ob die behauptete Verletzung begangen ist, herbeigeführt, — es darf auch nicht der Schein einer derartigen Feststellung erweckt werden; es soll vielmehr nur innerhalb des Kreises der Betheiligten und zur Information für sie eine Aufdeckung des Sachverhalts durch andere als die Gesellschaftsorgane erfolgen.

Zu diesem Zwecke haben die Revisoren von dem Vorstande die Einsicht der Bücher und Schriften der Gesellschaft zu verlangen, sich erforderlichenfalls von dem Bestande der Gesellschaftskasse und der Effekten, Handelspapiere und Waaren zu überzeugen und über das Ergebniß ihrer Prüfung zu dem Handelsregister einen Bericht einzureichen, welcher dort zur Einsicht aller Aktionäre niederzulegen ist. Zugleich ist dem Vorstande die Pflicht auferlegt, den Bericht zur Kenntniß der nächsten Generalversammlung zu bringen, um dadurch die Aktionäre, welche von demselben nicht bei dem Handelsgericht Einsicht genommen haben, in den Stand zu setzen, geeignetenfalls eine Verfolgung der Ansprüche der Gesellschaft gegen die Mitglieder der Verwaltungsorgane herbeizuführen. Aus der entwickelten Natur des Verfahrens, wonach allein der ernannte Sachverständige die Prüfung vorzunehmen hat, folgt endlich, daß den Antragstellern ein Recht der Einmischung, namentlich der Anwohnung der Einsicht der Bücher, Belege, Bestände und Effekten der Gesellschaft nicht zusteht. Ein solches Recht der Antragsteller würde leicht die Interessen der Gesellschaft gefährden.

Inwieweit vom Handelsgerichte Zwangsmaßregeln gegen die Revisoren zur Einreichung des Berichts angeordnet werden können, oder welche Rechtsmittel gegen die erfolgte Zurückweisung des Antrags ergriffen werden können, entscheidet sich nach dem Landesrecht.

Dagegen trifft aus dem wiederholt beregten Grunde auch hier der Entwurf die Bestimmung, daß im Falle erfolgter Zurückweisung des Antrags oder sofern sich derselbe nach dem Ergebnisse der Untersuchung als unbegründet erweist, die Aktionäre, denen bei Stellung des Antrages eine bösliche Handlungsweise zur Last fällt, der Gesellschaft solidarisch für den ihr dadurch erwachsenen Schaden verhaftet sind.

IV. Erzwingung der Ausübung der gesetzlichen und statutarischen Rechte in der Generalversammlung.

Je vorsichtiger hiernach der Entwurf in der Zulassung von sogenannten Individualrechten ist, welche eine Abweichung von der regelmäßigen Organisation der Gesellschaft enthalten, desto mehr muß er darauf Bedacht nehmen, daß dem Aktionär ausreichende Mittel zu Gebote stehen, die Mitgliedschaftsrechte, welche ihm gesetz- und statutenmäßig gebühren, in der Generalversammlung auszuüben.

Es genügt nicht, wenn dem Aktionär zwar ein Stimmrecht für seinen Aktienbesitz vom Gesetze gewährleistet, ihm aber die Möglichkeit entzogen ist, es geltend zu machen. Hier zeigt das bestehende Recht Lücken. Dasselbe gesteht zwar den Aktionären, deren Antheile ein Zehntheil des Grundkapitals betragen, das Recht zu, vom Vorstande die Berufung der Generalversammlung zu verlangen, allein dieses Recht kann im Gesellschaftsvertrage dadurch wesentlich abgeschwächt werden, daß es an den Besitz eines größeren Antheils am Grundkapitale geknüpft wird, und es wird durch den Mangel jeder Vorschrift, wie die Berufung von weigernden oder säumigen Gesellschaftsorganen erzwungen werden soll, fast illusorisch. Dazu kommt der Mangel einer Bestimmung, wie von den Aktionären die zur gültigen Beschlußfassung nothwendige Bekanntmachung eines Antrags als Gegenstandes der Tagesordnung herbeigeführt werden kann (Art. 237, 238).

Recht auf Einberufung der Generalversammlung.

Diesen Mängeln, welche zu erheblichen Mißständen in der Praxis geführt und in nicht wenigen Fällen den Aktionären die Möglichkeit einer Einwirkung auf die Geschäftsführung ent-

[1]) S. ungar. H. G. B. §. 175 und den neuesten italien. Codice di commercio Art. 152.

zogen haben, sucht der Entwurf nach mehrfacher Richtung abzuhelfen, vornehmlich dadurch, daß den Aktionären die von ihnen gewünschte, von den Gesellschaftsorganen aber unterlassene Einberufung einer Generalversammlung gesichert wird.

In den Gesetzgebungen des Auslandes erfolgt dies theils dadurch, daß die Antragsteller von dem Gerichte zur Selbstberufung ermächtigt werden,[1]) theils dadurch, daß das Gesetz die verpflichteten Organe zur Berufung unter Strafandrohung zwingt,[2]) theils dadurch, daß das Gericht die Berufung bewirkt.[3])

Von diesen Hülfsmitteln erscheint ein Zwang gegen die Gesellschaftsorgane nicht zweckmäßig, weil von ihnen, wenn sie dem Zwange nachgeben, kaum die erforderliche Sorgfalt und Betriebsamkeit erwartet werden kann; ebensowenig empfiehlt es sich, das Handelsgericht mit Geschäften zu belasten, welche die Betheiligten selbst besorgen können. Am besten und einfachsten wird dem Interesse der Antragsteller genügt, wenn sie gerichtlich ermächtigt werden können, die Berufung der Generalversammlung an Stelle der läßigen oder sich weigernden Organe zu bewirken. Der Entwurf (Art. 237 Abs. 3) schlägt diesen Weg ein. Danach haben sich die Aktionäre, wenn von dem Vorstande, dem Aufsichtsrath und den sonst etwa nach dem Gesellschaftsvertrage zur Berufung der Generalversammlung befugten Personen (Art. 236, 225 Abs. 2) ihrem hierauf gerichteten Verlangen nicht entsprochen wird, an das Handelsgericht zu wenden, und dieses kann, sofern es die formellen Erfordernisse für das Verlangen (Art. 237 Abs. 1) als vorhanden erachtet, die Aktionäre zur Berufung ermächtigen. Eine Pflicht, die Ermächtigung beim Vorhandensein der formellen Voraussetzungen auszusprechen, wird allerdings dem Gerichte nicht auferlegt werden dürfen. Um mögliche Chikanen, die Verfolgung von Sonderinteressen und sonstige Schädigungen der Gesellschaft auszuschließen, muß das Handelsgericht vielmehr in der Lage sein, die Ermächtigung zu versagen. Behufs Beurtheilung der Sachlage kann dasselbe Informationen aller Art erheben, auch die Gesellschaftsorgane anhören.

Giebt das Handelsgericht dem Antrage Folge, so ist bei der Berufung von den Antragstellern zu ihrer Legitimation die gerichtliche Ermächtigung bekannt zu machen.

Recht auf Ankündigung von Gegenständen der Beschlußfassung.

In ähnlicher Weise sorgt der Entwurf (Art. 237 Abs. 2, 3) auch dafür, daß die einzelnen Aktionäre, wenn eine Generalversammlung berufen ist, Gegenstände auf die Tagesordnung und daher zur Beschlußfassung bringen können. Auch hier sollen sie sich zwar erst in einer von ihnen unterzeichneten Eingabe unter Anführung des Zwecks und der Gründe an diejenigen wenden, welche die Generalversammlung berufen oder zu berufen haben; unterlassen die letzteren aber die verlangte Ankündigung, so sollen die Aktionäre bei dem Handelsgericht den Antrag stellen können, sie zur Ankündigung des Gegenstandes für die Generalversammlung zu ermächtigen.

Die Ausübung beider Befugnisse kann leicht das Vertrauen der Gesellschaft zu ihren Organen und den Kredit der Gesellschaft gefährden, auch für die Gesellschaft mit erheblichen Kosten verbunden sein. Es konnte deshalb nicht räthlich erscheinen, den Antrag auf Berufung oder Ankündigung jedem einzelnen Aktionär oder den Aktionären ohne Rücksicht auf den Betrag ihres Antheils am Grundkapitale zu gewähren. Insofern bleibt daher der Entwurf beim geltenden Recht stehen;[1]) allein er ermäßigt den Betrag der Antheile, an welche das Recht, die Berufung einer Generalversammlung oder die Ankündigung eines Gegenstandes der Tagesordnung zu verlangen, geknüpft ist. Der Betrag von einem Zehntheil des Grundkapitals erscheint so hoch, daß die Ausübung des Rechts dadurch fast vereitelt wird. Es soll deshalb genügen, wenn die Antheile zusammen den zwanzigsten Theil des Grundkapitals darstellen,[2]) und es soll das Recht im Gesellschaftsvertrage an den Besitz eines noch geringeren Antheils am Grundkapitale geknüpft werden dürfen. An diesen gesetzlichen Vorschriften aber soll der Gesellschaftsvertrag seine Grenze finden, so daß es unzulässig ist, zur Geltendmachung jener Befugnisse statutenmäßig den Besitz eines größeren Antheils am Grundkapitale zu verlangen (Art. 237 Abs. 1).

Inwieweit außerdem der Entwurf den Aktionären die Ausübung ihrer Rechte in der Generalversammlung durch Festsetzung von Minimalfristen für die Einberufung derselben und die Ankündigung der Tagesordnung zu sichern sucht, kann der Erörterung in den Spezialmotiven überlassen bleiben.

§. 14.
Bilanz.

I. Im Allgemeinen.

Mehr noch als für den Einzelkaufmann ist die Aufstellung einer ordentlichen und sicheren Bilanz für eine Aktiengesellschaft das Erforderniß eines soliden Geschäftsbetriebes. Dies beruht einmal auf den Umstand, daß die Verwaltung einer Aktiengesellschaft in der Regel viel verwickelter ist, als die Geschäftsführung des Einzelkaufmannes oder einer Kollektivgesellschaft, und eine Uebersicht über die Vermögenslage deshalb auch nur mit erheblicheren Schwierigkeiten gewonnen werden kann. Sodann und vornehmlich liegt bei Aktiengesellschaften die Gefahr nahe, daß der Gewinn zumeist sofort an die Aktionäre vertheilt wird, eine Vertheilung auf Grund überschätzten Gewinnes aber eine nicht zu gestattende Kürzung des Gesellschaftsvermögens zur Folge hat (Art. 218). Indeß auch abgesehen von der Gefahr einer übermäßigen Gewinnvertheilung, erfordert die Bedeutung des Grundkapitals eine Aufstellung der Bilanz nach den schärfsten Grundsätzen und mit der größten Uebersichtlichkeit. Denn das Grundkapital bildet die Grundlage für den Kredit der Aktiengesellschaft, es ist, wie oben §. 4 Nr. 1 entwickelt ist, das „Soll", welchem fortlaufend und zur öffentlichen Kenntnißnahme das „Haben" gegenübergestellt werden muß. Gerade nach dieser Richtung, wie nach der einer Vertheilung imaginären Gewinnes sind die Fehltritte in der letzten wirthschaftlichen Periode des ungemessenen

---

1) Das englische Recht (Compan. Act 1862 Normalstat. Anh. I A s. 32) verpflichtet die Direktoren zur Berufung einer außerordentlichen Generalversammlung, wenn dies von Aktionären in einem schriftlichen Antrage unter Angabe der Gründe verlangt wird. Geschieht die Berufung nicht binnen 20 Tagen nach Empfang des Antrags, so können die Antragsteller die Generalversammlung selbst berufen.

2) Der neueste österreichische Entwurf (Art. 237) läßt die zur Berufung Verpflichteten im Weigerungsfalle oder im Falle der Säumigkeit durch das Handelsgericht unter Hinweis auf die Strafe des Art. 249 Ziff. 5 (Arrest bis zu drei Monaten) dazu anhalten. Der neueste italienische Codice di commerico läßt die Generalversammlung bei Weigerung der Administratoren durch die sindaci, welche dazu angehalten werden können, berufen (Art. 159, 184 Ziff. 8). Die gleiche Bestimmung enthält das Handelsgesetzbuch von Venezuela (Codigo del commerc. Art. 211).

3) Nach dem ungarischen H. G. B. (§. 178) beruft das zuständige Gericht die Generalversammlung auf Antrag der Aktionäre, sofern die Berufung nicht von den Direktoren binnen acht Tagen nach Eingang des Antrags erfolgt.

---

1) Das englische Recht (Compan. Act 1862 Anhang I A s. 32) und der neueste italienische Codice di commerico (Art. 159, 184 Ziff. 8) verlangen den Besitz von einem Fünftel, das Handelsgesetzbuch von Venezuela (Codigo del com. Art. 211) von einem Drittel, der neueste österreichische Entwurf (Art. 237) und das ungarische H. G. B. (§. 178) von einem Zehntel aller Aktien.

2) Derselbe Betrag wird von Bavasseur in seinem projet de loi des sociétés (Art. 15) vorgeschlagen.

Aktienverkehrs so bedeutende gewesen, daß eine Abhülfe auf dem Wege der Gesetzgebung, soweit dies hier überhaupt möglich ist, sich als ein Gebot der Nothwendigkeit ergiebt.

Während sonst in Bezug auf die Geschäftsführung dem Vorstande der Gesellschaft ein erhöhtes Vertrauen entgegengebracht werden muß, weil ohne dasselbe jede Betheiligung bei einer Aktiengesellschaft unmöglich gemacht wird, muß die Rechnungslegung desselben der schärfsten Kontrole unterzogen und, soweit mit dem Geschäftsinteresse der Gesellschaft vereinbar, der weitesten Offenlegung unterbreitet werden.

In dieser Beziehung weist das bisherige Recht die erheblichsten Lücken auf, indem es die Regelung, in welcher Weise die Prüfung der Bilanz und Entlastung des Vorstandes erfolgen soll, fast völlig den Statuten überläßt, welche eine eigene Thätigkeit der Aktionäre und eine vor deren Genehmigung erfolgende Veröffentlichung ganz ausschließen können. Es ist eine der vornehmlichsten Aufgaben des Entwurfs, die Stellung des Vorstandes und Aufsichtsraths bei Legung und Prüfung der Bilanz auf das Genaueste zu präzisiren und den Aktionären die Möglichkeit zu eröffnen, durch Einsicht in die Bilanz und in die sie begleitenden und ergänzenden Schriftstücke sich selbst an dieser Prüfung zu betheiligen.

Die einzelnen Vorschläge indeß, welche darauf abzielen, das Verfahren zur Aufstellung, Prüfung und Abnahme der Bilanz zu regeln, werden ihre Besprechung besser an den betreffenden Stellen in der speziellen Begründung finden.

Von allgemeiner Bedeutung dagegen und durch den Zusammenhang der einzelnen formellen Vorschriften nicht bedingt sind die materiellen Grundsätze, welche für die Bilanz maßgebend sein sollen.

Nichtanordnung einer Semestral- oder Rohbilanz.

Nach dem Vorgange der englischen,[1] französischen[2] und belgischen[3] Gesetzgebung und im Hinblick auf die thatsächliche Uebung einer großen Anzahl von Aktiengesellschaften hat man zunächst es mehrfach als wünschenswerth bezeichnet,[4] daß dem Vorstande die Verpflichtung auferlegt werde, nach Ablauf der ersten Hälfte des Geschäftsjahres eine sogenannte Roh- oder Semestralbilanz zu veröffentlichen. Den Aktionären soll dadurch, wie man anführt, die Möglichkeit gegeben werden, den Gang der Geschäftsführung zu verfolgen und rechtzeitig Anträge auf Berufung einer Generalversammlung oder auf Untersuchung der Geschäftslage zu stellen.

Allein abgesehen davon, daß die im Laufe eines Geschäftsjahres eintretenden wichtigen Ereignisse, welche das Aktienunternehmen betreffen, auf anderem Wege, besonders durch die Presse, zur Kenntniß der Betheiligten rechtzeitig zu gelangen pflegen, läßt sich eine solche Bilanz zwar bei Bank- und Versicherungsgesellschaften meist unschwer durch Abschluß der Konten des Hauptbuchs aufstellen, dagegen würde nach sachverständiger Erklärung eine Semestralbilanz bei einer großen Anzahl von Unternehmungen bei annähernder Richtigkeit nur mit unverhältnißmäßigen Kosten und unverhältnißmäßigem Zeitaufwand ermöglicht werden können. Bei einer Reihe von Unternehmungen würde die Semestralbilanz aber auch kein richtiges Bild von der Geschäftslage gewähren, weil bei denselben sich die Geschäftsoperationen auf das Geschäftsjahr ungleich vertheilen, bei manchen Unternehmungen, beispielsweise bei Bergwerks- und Hüttenunternehmungen, würde die Aufstellung einer solchen Bilanz überhaupt jeder richtigen Grundlage entbehren, wenn eine Richtigstellung des Inventars durch die Jahreszeit verhindert würde. Für den Eingeweihten kann eine Semestralbilanz daher nur von geringem Nutzen sein, für den Nichteingeweihten könnte sie dagegen leicht Anlaß zu Täuschungen geben und zu ungerechtfertigter Spekulation und Agiotage anregen.

Man wird deshalb von der gesetzlichen Vorschrift einer Semestralbilanz Abstand nehmen müssen. Desto dringender aber erscheint es, dafür Sorge zu tragen, daß die Jahresbilanz vorsichtig und zutreffend aufgestellt werde.

II. Materielle Grundsätze für die Jahresbilanz.

Im Allgemeinen.

Die in Artikel 239a des Handelsgesetzbuchs enthaltenen Vorschriften der Novelle von 1870 verfolgten die richtige Absicht, bei dem Wegfalle des staatlichen Genehmigungs- und Aufsichtsrechts der Tendenz entgegenzuwirken, daß von den Aktiengesellschaften zu hohe Dividenden vertheilt würden.[1] Die Vorschriften haben, wie fast allseitig anerkannt wird, den erwarteten Erfolg nicht gehabt. Zugleich wird ihnen vorgeworfen, daß sie einzelne Aktiengesellschaften übermäßig beengen oder gar außer Stand setzen, sachgemäße Bilanzen aufzustellen. So muß auch jetzt noch die Frage, ob es zweckmäßig ist, für die Aktiengesellschaften im Wege der Gesetzgebung materielle Grundsätze für die Aufstellung der Bilanz zu geben, zu den bestrittensten gerechnet werden. Die Gegner verweisen darauf, daß sich bei der Verschiedenheit des Gesellschaftszwecks allgemeine Regeln für die Bilanzansätze nicht aufstellen lassen und daß der Mangel solcher Regeln im Handelsgesetzbuche für die Kommanditgesellschaft auf Aktien nicht als Lücke empfunden sei.[2] Zum Theil erachtet man auch die Vorschriften in Artikel 31 des Handelsgesetzbuches bezüglich der Aktiengesellschaft für ausreichend,[3] zum Theil will man sich mit der ganz allgemeinen Bestimmung begnügen, daß die Bilanz nach kaufmännisch solide zu erachtenden Grundsätzen aufgestellt werden müsse, wobei die Erwerbs- und Selbstkostenpreise die obere Grenze der Ansätze zu bilden hätten.[4] Von dritter Seite[5] endlich wird für die Hauptarten der Aktiengesellschaften die gesetzliche Aufstellung von Bilanzformularen als wünschenswerth bezeichnet, welche im Einzelfalle durch den Gesellschaftsvorstand oder die Kontrolbehörde ergänzt werden könnten.

Bilanzformulare.

Was zunächst den letzteren Vorschlag betrifft, so leuchtet ein, daß die Vorschrift nur dann einen Werth haben kann, wenn das Formular für die Gesellschaften maßgebend ist; eine Befugniß derselben, es im Einzelfalle zu ändern, würde der Vorschrift jeden Werth nehmen und der Willkür Thür und Thor öffnen. Ein Vorgang für Bilanzformulare findet sich im englischen und im italienischen Rechte; dort wird die Jahresbilanz nach einem gesetzlich vorgeschriebenen Schema oder doch in einer demselben möglichst entsprechenden Weise gefordert[6] und das neue italienische Handelsgesetzbuch (Art. 177) verlangt wenigstens, daß Bankunternehmungen monatlich einen Status nach einem durch Königliche Verordnung festgestellten Formulare dem Handelsgericht einreichen.[7] Der Nutzen, den

[1] Compan. Act 1862 s. 44 und Anh. D zu schedul. I.
[2] Gesetz vom 24. Juli 1867 Art. 34.
[3] Gesetz vom 18. Mai 1873 Art. 54.
[4] Löwenfeld a. a. O. Abschn. IX §. 9 S. 364; Hecht, Börsen- und Aktienwesen der Gegenwart S. 122.

[1] Motive zur Novelle vom 11. Juni 1870 a. a. O. S. 657.
[2] Oechelhäuser, die Nachtheile des Aktienwesens S. 78; Keyßner, die Aktiengesellschaften und die Kommanditgesellschaften auf Aktien S. 255; Endemann, Komm. zum Ges. vom 11. Juni 1870 S. 44; Renaud a. a. O. §. 59 S. 561.
[3] Keyßner a. a. O. S. 255.
[4] Oechelhäuser a. a. O. S. 78 ff.
[5] Hecht, Börsen- und Aktienwesen S. 121. In seiner neuesten Schrift „zur Reform des Aktienrechts" S. 19 hat jedoch Hecht diese Ansicht wesentlich modifizirt.
[6] Compan. Act 1862 Anhang I A s. 81 und das dazu gegebene Bilanzschema.
[7] Die anderen ausländischen Gesetzgebungen enthalten sich theils aller Vorschriften über die Aufstellung der Bilanz, wie die holländische, französische und belgische Gesetzgebung, theils stellen sie wesentlich dieselben Grundsätze wie das deutsche Handelsgesetzbuch auf, unter theilweiser Erweiterung derselben, wie das ungarische Handelsgesetzbuch (§. 199), das schweizerische Gesetz über das Obligationenrecht (Art. 656) und die österreichischen Entwürfe (Art. 185a, 239).

die Möglichkeit der Aufstellung von allgemeinen Bilanzformularen haben muß, liegt auf der Hand, ein in das Einzelne gehendes, für alle Gesellschaften einer Kategorie gleiches Formular wird etwaigen Versuchen einer Gesellschaft, die wahre Vermögenslage durch die Art der Ansätze und der Zahlengruppirungen zu verschleiern, mit Erfolg steuern und dazu beitragen, dem Publikum schneller und klarer einen richtigen Einblick in die Geschäftslage der Gesellschaft zu gewähren. Nur kann bei der Mannichfaltigkeit und Biegsamkeit der Vermögens- und Geschäftsverhältnisse von Aktiengesellschaften es sich nicht empfehlen, für die Aufstellung von Formularen den Weg der Gesetzgebung zu beschreiten. Der Entwurf (Art. 239b, 185a Abs. 2) legt daher dem Bundesrath die Befugniß bei, soweit ihm dies thunlich und ein Bedürfniß dazu vorzuliegen scheint, für gewisse Arten von Aktienunternehmungen Formulare aufzustellen, nach welchen die Gesellschaften dieser Art die Bilanz, sowie die Gewinn- und Verlustrechnung einzurichten haben. Dabei wird insbesondere zu bestimmen sein, in welcher Weise und in welchem Umfang eine Klarlegung der Vermögensbestände nach Gattungen, Effekten rc. zu erfolgen hat. Dem Einwande, daß Bilanz und Buchführung untrennbar und jede Vorschrift für letztere bei der Eigenartigkeit der einzelnen Unternehmungen undurchführbar sei, kann durchschlagende Bedeutung nicht beigelegt werden; denn wenn es möglich erscheint, für die Bilanz ein bestimmtes Formular vorzuschreiben, so ist es ebenso möglich, daß die Gesellschaft hiernach ihre Buchführung einrichtet. Zuzugeben ist nur, daß kein erschöpfendes Formular und nicht für alle Arten von Aktienunternehmungen ein Formular erwartet werden darf; allein dies ist kein Grund, von einem Versuche abzustehen.

An das Gesetz selbst hingegen tritt die Aufgabe heran, diejenigen Normen zu fixiren, welche als ein Gebot der Solidität an alle Aktiengesellschaften unbedingt zu stellen sind. Läßt sich auch hier Vollkommenes nicht erreichen, so darf doch die Gesetzgebung sich nicht jeder Einwirkung auf die Bilanzaufstellung enthalten, wenn nicht gewissenlose Ueberschätzung der Vermögensstücke unter dem Scheine kaufmännischer Usance soll erleichtert und das auf das Grundkapital gestützte Vertrauen des öffentlichen Kredits soll mißbraucht werden können. Der Entwurf mußte sich daher zum Ziele setzen, die materiellen Grundsätze der Novelle an der Hand der Erfahrung nach den geltend gemachten Gesichtspunkten zu ergänzen.

Besondere Grundsätze:

1. für den gemeinen Werth; Anschaffungspreis.

1. Als leitenden Grundsatz stellt der Entwurf im Anschluß an Artikel 31 des Handelsgesetzbuchs die Bestimmung auf, daß alle Vermögensstücke zum gemeinen Werthe zur Zeit der Bilanzaufstellung, jedoch nicht höher als zu dem Anschaffungs- oder Herstellungspreise anzusetzen sind (Art. 185a Ziff. 2, 239b). Die letztere Einschränkung ist dem Artikel 31 fremd, findet aber in dem Wesen der Aktiengesellschaft ihre Rechtfertigung, weil mit Rücksicht auf die regelmäßig eintretende Vertheilung des Reingewinnes verhindert werden muß, daß nicht schon ein zwar nominell vorhandener, thatsächlich aber noch nicht durch Verkauf der betreffenden Vermögensstücke verwirklichter Gewinn zur Vertheilung gelangt.[1])

Von diesem Grundsatze ist, sofern nicht die noch unter b zu erörternde Ausnahme vorliegt, auch bei der Schätzung von Einlagen und Uebernahmen im Sinne des Artikels 209b auszugehen, so daß auch für sie der wirkliche Erwerbspreis die nicht zu überschreitende Grenze darstellt.

Der Erwerbspreis soll allgemein die Grenze bilden; innerhalb derselben kommt aber zunächst der gemeine Werth in Betracht, welchen der Gegenstand und zwar zur Zeit der Bilanzaufstellung hat. In dieser Zeitbestimmung liegt enthalten, daß für Gegenstände, welche nach ihrer Natur der Abnutzung unterliegen, ein der letzteren entsprechender Betrag von dem Werthe, den ein gleichartiger neuer Gegenstand hat, in Abzug gebracht werden muß.

Von der vorstehend erörterten allgemeinen Regel sind jedoch zwei Ausnahmen zu machen.

Börsen- oder Marktpreis.

a. Die erste macht im Wesentlichen schon das bisherige Recht, indem es, einem allgemeinen kaufmännischen Brauche folgend, für kurshabende Papiere in dem Kurswerthe, welchen dieselben zur Zeit der Bilanzaufstellung haben (Art. 239a Ziff. 1 H. G. B.), eine Schranke zieht. Ein höherer Ansatz ist unzulässig. Die Reformbestrebungen auf dem Gebiete des Aktienwesens haben sich indeß auch gegen diesen Ansatz gerichtet. Man hat geltend gemacht: der Tageskurs könne keinen zutreffenden Werthmesser bilden, weil Gründe der verschiedensten Art, namentlich Börsenmanöver, welche sich der Wahrnehmung entzögen, ein plötzliches Steigen des Kurses veranlassen, ohne daß dafür ein sachlich gerechtfertigter Grund vorliege. Man hat deshalb vorgeschlagen, den Ansatz kurshabender Papiere nur zu dem Durchschnittskurse eines längeren, vorausgegangenen Zeitraums und in keinem Fall zu einem höheren, als dem Selbstkostenpreise zu gestatten, weil in einem solchen Zeitraum die Kursschwankungen ihre Ausgleichung fänden, der Selbstkostenpreis aber maßgebend sein müsse, da die Aktiengesellschaft erst durch den Verkauf der Papiere den eine Dividendenvertheilung zulassenden Gewinn mache.[1]) Die schweizerische Gesetzgebung ist diesem Vorschlage in seinem ersteren Theile gefolgt.[2]) Allein gerade eine solche Vorschrift erscheint bedenklich, da ein Durchschnittskurs bei Werthpapieren, welche erheblichen Kursschwankungen unterliegen, häufig fehl gehen müßte. Der Entwurf (Art. 185a Ziff. 1) hält daher an dem Kurse vom Tage der Bilanzaufstellung fest. Dagegen adoptirt er im Interesse größerer Solidität die fernere Schranke, daß bei dem Ansatze niemals der Anschaffungspreis überschritten werden darf. Die bloße Kurssteigerung gewährt noch keinen zur Vertheilung geeigneten Gewinn; der Kurs kann wieder weichen und selbst, wenn dies nicht anzunehmen ist, würde doch der Schluß gewagt sein, daß die Gesellschaft unbedingt in der Lage wäre, durch einen Verkauf des Werthpapiers den am Tage der Bilanzaufstellung notirten Kurs zu realisiren; denn sehr häufig würde dieser Kurs gerade durch einen solchen Verkauf geworfen werden. Erscheint dies aber der Gesellschaft nicht der Fall und will sie die Kurssteigerung für die Bilanz bezw. Dividendenvertheilung verwerthen, so mag sie in der That das Papier verkaufen. Deshalb kann in der Vorschrift auch nicht eine ungerechtfertigte Härte gefunden werden. Nach der anderen Seite schließt die getroffene Vorschrift natürlich nicht aus, Papiere, welche nach dem Tage der Bilanzaufstellung einen Kursrückgang erfahren haben, nur zu diesem niedrigeren Kurse anzusetzen, vielmehr fordert dies die von den Gesellschaftsorganen zu prästirende Sorgfalt eines ordentlichen Geschäftsmannes. Dasselbe gilt, wenn die Gesellschaftsorgane aus thatsächlichen Umständen zu der Ueberzeugung gelangen müssen, daß der an sich zulässige Ansatz den wirklichen Werth übersteigt.

Nicht anders verhält es sich mit Waaren, welche einen Marktpreis haben. Der Entwurf hat deshalb in Ergänzung des bisherigen Rechts für sie als höchsten Ansatz den Marktpreis am Tage der Bilanzaufstellung mit der gleichen Be-

---

[1]) Löwenfeld a. a. O. S. 434, 435; Strombeck, Zeitschr. für das gesammte Handelsr. Bd. 26 S. 459 §§. 2 und 4.

[1]) Löwenfeld a. a. O. S. 429 ff.

[2]) Schweizer. Bundesges. über das Obligationenrecht Art. 656 Ziff. 3. Dasselbe läßt den Durchschnittskurs des letzten Monats vor dem Bilanztage maßgebend sein.

schränkung, daß dabei nie der Anschaffungs- oder Herstellungspreis überschritten werden darf, bestimmt.[1])

Kosten dauernder Anlagen.

b. Eine weitere Ausnahme von der zu 1 aufgestellten Regel läßt der Entwurf (Art. 185a Ziff. 3 239b) in Betreff der **Anlagen und sonstigen Gegenstände zu, welche nicht zur Weiterveräußerung, sondern dauernd zum Geschäftsbetriebe der Gesellschaft bestimmt sind.** Gegenstände dieser Art, deren Besitz zur Erreichung des Gesellschaftszwecks für die Gesellschaft meist unentbehrlich ist und die deshalb bei ihrem Abgange durch neue gleicher Art ersetzt werden müssen, treten vollständig an Stelle des darin festgelegten Betrages des Grundkapitals. Wäre die Gesellschaft genöthigt, in den Jahresbilanzen auch für diese Gegenstände, deren Verkaufswerth je nach dem Verhältniß von Angebot und Nachfrage erheblichen Preisschwankungen unterliegen kann, ohne daß sich ihr Nutzungswerth zu ändern braucht, den zeitigen Verkaufswerth zum Ansatze zu bringen, so würde sich vielfach eine völlig unrichtige Gewinnvertheilung ergeben; denn es würde bei gesteigertem Preise das als Dividende vertheilt werden, was bei richtiger Auffassung der Sachlage, namentlich aber bei sinkendem Preise sich als unzulässige Verwendung des Grundkapitals ergiebt. In anderen Fällen, z. B. bei Eisenbahnen, haben gewisse Anlagen als solche überhaupt keinen Verkehrs- oder Veräußerungswerth, und der gemeine Werth, welchen etwa die einzelnen Theile haben, aus denen die Anlage sich zusammensetzt, bietet für die Werthschätzung der letzteren durchaus keinen Maßstab; es müßten daher für sie völlig willkürliche, jeder festen Grundlage entbehrende Werthzahlen in die Bilanz eingerückt werden.

Der Natur solcher, gleichsam einen eisernen Bestand bildenden Anlagen und Gegenstände entspricht es ohne Rücksicht auf deren zur Zeit vielleicht niedrigeren Werth, die für ihre Anschaffung oder Herstellung von der Gesellschaft aufgewendeten Beträge der Berechnung zum Grunde zu legen, zumal dieselben meist von vornherein im Gesellschaftsvertrage oder durch späteren Beschluß der Generalversammlung genau festgestellt sind und das wahre Sachverhältniß deshalb denjenigen, welche mit der Gesellschaft Verträge eingehen, nicht wohl unbekannt sein kann, eine Täuschung des Publikums daher kaum möglich ist.[2])

Soll indessen ein solcher Ansatz nicht zu Unrichtigkeiten führen, so muß derselbe der stetigen Abnutzung der Gegenstände durch den Gebrauch und der dadurch herbeigeführten Werthverringerung, sowie der durch ihre Erhaltung im tauglichen Zustande entstehenden Kosten Rechnung tragen, sei es durch Abschreibung eines der Abnutzung gleichkommenden Betrages von dem Anschaffungs- oder Herstellungspreise oder durch Bildung eines der Instandhaltung oder Erneuerung entsprechenden, als Passivum zum Ansatz zu bringenden Erneuerungsfonds.[3]) Unter dieser Maßgabe gestattet daher der Entwurf, in Anlehnung an eine bei Eisenbahngesellschaften schon bisher, selbst mit Genehmigung der staatlichen Aufsichtsbehörden, dauernd geübte, von der Doktrin und Rechtsprechung[4]) gebilligte Praxis, den Aktiengesellschaften Anlagen oder sonstige Gegenstände der gedachten Art zu dem

[1]) Dieselbe Vorschrift findet sich im schweizer. Bundesgesetz über das Obligationenrecht (Art. 656 Ziff. 4).

[2]) Oechelhäuser, die Nachtheile des Aktienwesens S. 79; Keyßner in Busch, Arch. Bd. 32 S. 138 ff.; Strombeck ebend. Bd. 37 S. 13 und in der Zeitschr. für das gesammte Handelsrecht Bd. 26 S. 459 ff., §§. 2, 4, 5; Druckbeilagen der Verhandlungen des preußischen Abgeordnetenhauses Session 1873/74 S. 1629, 1655.

[3]) Keyßner a. a. O.; Strombeck in Busch, Arch. Bd. 37 S. 13; Druckbeilagen der Verhandlungen des preußischen Abgeordnetenhauses Session 1873/74 S. 1629 ff., 1655 ff.; Löwenfeld a. a. O. S. 410 ff.

[4]) Entsch. des Reichs-Oberhandelsgerichts Bd. 25 S. 317, 322 ff.

Anschaffungs- oder Herstellungspreise anzusetzen, ohne diesen Ansatz indeß vorzuschreiben. Wird hiernach von dieser Befugniß kein Gebrauch gemacht, so tritt auch für solche Gegenstände die oben erörterte Regel (Art. 185a Ziff. 2) in Kraft.

2. für Organisations- und Verwaltungskosten.

Das bestehende Recht (H. G. B. Art. 239a Ziff. 2) schreibt vor, daß die Kosten der Organisation und Verwaltung nicht unter die Aktiva aufgeführt werden dürfen, vielmehr ihrem vollen Betrage nach in der Jahresrechnung als Ausgabe erscheinen müssen. In Betreff der Verwaltungskosten rechtfertigt sich die Bestimmung von selbst, da Reingewinn (Art. 217 Abs. 1) nicht vorhanden ist, bevor nicht die Kosten, welche zur Erzielung desselben nothwendig haben aufgewendet werden müssen, gedeckt sind. Dagegen hat man in der Vorschrift, soweit sie die Organisationskosten betrifft, von fachmännischer wie juristischer Seite mehrfach eine ungerechtfertigte Härte erblickt und die Zulassung einer Vertheilung dieser Kosten auf einen mehrjährigen Zeitraum, so daß jährlich nur ein bestimmter Betrag derselben unter die Passiva aufzunehmen ist, wenigstens insoweit, als dieselben einen dauernden Ertrag zu sichern bestimmt sind, als wünschenswerth bezeichnet.[1]) Man hebt hervor, daß die Organisationskosten, welche von der Aktiengesellschaft so wenig wie vom Einzelkaufmann oder der offenen Handelsgesellschaft vermieden werden können, in dem rationell organisirten Betriebe das Aequivalent für das zu ihrer Bestreitung verausgabte Grundkapital fänden. Daher könne nur die Amortisation solcher Kosten binnen kurz bemessener Frist gefordert werden. Der Entwurf hat sich dieser Ansicht nicht anzuschließen vermocht. Zunächst fehlt es an einem Einverständniß darüber, welche Kosten zu den Organisationskosten zu rechnen sind. Das schweizerische Bundesgesetz über das Obligationenrecht (Art. 656) gestattet allgemein die Vertheilung von Kosten, welche in den Statuten oder Beschlüssen der Generalversammlung, sei es für die ursprüngliche Einrichtung, sei es für einen später hinzugekommenen Geschäftszweig oder eine Geschäftsausdehnung, vorgesehen sind, auf einen Zeitraum von fünf Jahren. Das ungarische Handelsgesetzbuch (Art. 199) läßt nur zu, daß Kosten der ersten Organisation, der österreichische Entwurf (§. 185a Ziff. 3) nur, daß die Stempelgebühren, welche aus Anlaß der Errichtung des Gesellschaftsvertrages und der ersten Einrichtung bestritten sind, auf die ersten fünf Jahre vertheilt werden. Das Statut der Reichsbank vom 21. Mai 1875 (§. 13 Ziff. 2 — Reichs-Gesetzbl. S. 206 —) kennt endlich eine solche Vertheilung nur hinsichtlich der Ausgaben für die Herstellung der Banknoten. Daß sich durch die Praxis in kurzer Zeit der Begriff der Organisationskosten feststellen werde, steht bei der Verschiedenartigkeit der einzelnen Unternehmungen nicht zu hoffen. Außerdem bleibt zweifelhaft, ob die Zulassung einer solchen Vertheilung auf die Kosten der ersten Organisation zu beschränken oder auch auf die durch eine spätere Erhöhung des Grundkapitals nothwendig gewordenen Einrichtungskosten zu erstrecken und ob es nicht geboten sein würde, den Betrag derselben im Verhältniß zum Grundkapital oder dessen späterer Erhöhung prozentual zu begrenzen. Prinzipiell aber bleibt nicht zu verkennen, daß die Organisationskosten kein eigentliches Gesellschaftsaktivum bilden, da ihr Werth erst aus den durch sie herbeigeführten Erträgnissen erhellt.[2]) Einem so wenig geklärten Verlangen vermag der Entwurf daher nicht Folge zu geben. Seine Berücksichtigung könnte leicht eine Handhabe zur Ver-

[1]) Gutachten der Aeltesten der Berliner Kaufmannschaft vom 17. November 1873 Abschn. XV; Hecht a. a. O. S. 353 ff.; Behrend, Eisenacher Gutachten a. a. O. S. 79; Auerbach, Aktienwesen S. 286; Keyßner, Handelsgesetzbuch zu Art. 239a Note 3.

[2]) Motive zur Novelle vom 11. Juni 1870 S. 657.

theilung ungerechtfertigter Dividenden und zur Anfachung der Spekulation bieten, während die Vorschrift des bestehenden Rechts zu wirklichen Härten und Uebelständen nicht geführt hat.

3. für Unterpari-Emission.

3. Die Vorschrift des bisherigen Artikels 239a Ziffer 3, daß der Betrag des Grundkapitals unter die Passiva aufzunehmen ist, läßt es zweifelhaft, in welcher Weise der Ansatz bei einer Emission über oder unter Pari zu erfolgen hat.

Der Zweck der Vorschrift ist, daß durch den Ansatz des Grundkapitals festgestellt werden soll, ob eine Minderung desselben stattgefunden hat, oder richtiger ausgedrückt, ob ihm noch das nach Abzug der Gesellschaftsschulden verbleibende Gesellschaftsvermögen entspricht.

Uebersteigt der einzuzahlende Betrag den Nominalbetrag der Aktien, so kann allerdings darüber kein Zweifel bestehen, daß der Nominalbetrag maßgebend sein muß, während der diesen Betrag überschießende Betrag nach Artikel 185b dem Reservefonds zuzuführen ist und in der Höhe, in welcher der letztere unter die Passiva einzustellen ist, seinen Ausdruck findet.[1])

Aber auch in dem Falle, daß bei einer Erhöhung des Grundkapitals der Emissionspreis niedriger als der Nominalbetrag ist, muß für den Ansatz in der Bilanz dieser und nicht der geringere einzuzahlende Betrag entscheidend sein. Denn die Kreditbasis soll der Nominalbetrag bilden und vor einer Dividendenvertheilung muß die einer Minderung des Grundkapitals gleichstehende Differenz beider Beträge aus dem Gewinne ergänzt sein (vergl. oben die Begründung §. 11). Man wird dies zwar als schon jetzt geltendes Recht ansehen dürfen; bei der Wichtigkeit der Frage und den gegen die wirthschaftliche Zulässigkeit einer Emission unter Pari geltend gemachten Bedenken will der Entwurf jedoch keinen Zweifel übrig lassen.[2])

III. Reservefonds.

Zu den Passivposten, nach deren Abzug von den Aktivposten erst der Gewinn oder Verlust des Jahres sich ergiebt, gehören die Reservefonds, deren eine Gesellschaft mehrere zu verschiedenen Zwecken anlegen kann. Damit die jedesmalige Höhe und die Verwendung der verschiedenen Fonds besser kontrolirt werden kann, schreibt der Entwurf (Art. 185a Ziff. 5) vor, daß die einzelnen Reserve- und Erneuerungsfonds in ihren Beträgen von einander gesondert aufzuführen sind.

Wichtiger ist die Frage, ob und zu welchen Zwecken die Aktiengesellschaften zur Bildung eines Reservefonds genöthigt werden sollen.

Jeder sorgsame Geschäftsmann pflegt, da sich im geschäftlichen Leben Verluste nicht vermeiden lassen, von dem in guten Jahren erzielten Gewinne eine Rücklage zu machen, um damit in schlechteren Zeiten eintretende Verluste ausgleichen zu können. Für die Aktiengesellschaft erscheint eine solche Rücklage um so nöthiger, weil bei ihr nur das Gesellschaftsvermögen den Gläubigern haftet, und diese bei Verlusten an demselben Mangels einer Rücklage unmittelbar gefährdet werden. Eine Reihe ausländischer Gesetze und Entwürfe trägt diesem Gesichtspunkt Rechnung und schreibt die Anlegung eines Reservefonds für die Aktiengesellschaften vor.[1]) Die gleiche Anordnung ist in Preußen bezüglich der Eisenbahnunternehmungen getroffen[2]) und auch sonst pflegen Statuten die Sammlung eines Reservefonds vorzusehen.[3]) Diesen Vorgängen ist der Entwurf (Art. 239b, 185b) gefolgt, indem er die im Handelsgesetzbuche Artikel 239a Ziffer 3 nur fakultativ zugelassene Aufsparung eines Reservefonds für alle Aktiengesellschaften obligatorisch macht. Bedenklich könnte eine solche Vorschrift höchstens in Betreff der gemeinnützigen Aktiengesellschaften mit nur geringem Grundvermögen erscheinen, namentlich wenn der Gesellschaftszweck überhaupt erhebliche Dividenden nicht erzielen läßt. Allein auch bei solchen Gesellschaften sind Verluste, wenn auch weniger häufig, doch nicht ausgeschlossen, und auch bei ihnen wird eine Rücklage die Solidität des Unternehmens erhöhen, während die Aktionäre für den Ausfall an Dividende durch den in Folge der Rücklage gesteigerten Kurs der Aktien entschädigt werden.[4]) Zudem ließe sich, wenn selbst erwünscht wäre, gewisse Gesellschaften von der Vorschrift auszunehmen, eine sichere Grenze für die auszunehmenden Kategorien im Wege des Gesetzes kaum ziehen.

Hinsichtlich der Höhe und Art der Bildung des Reservefonds schreibt der Entwurf im Anschluß an die bewährten Bestimmungen des französischen und belgischen Rechts vor, daß diesem Fonds von dem jährlichen Reingewinne mindestens der zwanzigste Theil zugeführt werde, und zwar so lange, als nicht der Reservefonds den zehnten Theil des Grundkapitals überschreitet. Das letztere Verhältniß wird nicht zu hoch erscheinen, und wenn die Erreichung desselben nicht in zu ferne Zukunft hinausgerückt werden soll, wird auch der angeordnete Abzug von 5 Prozent des Reingewinnes nicht zu hoch bemessen sein. Selbstverständlich muß den Gesellschaften überlassen bleiben, sowohl diesen Abzug, als die Grenze des Reservefonds höher zu fixiren. Selbstverständlich ist auch, daß, wenn die gesetzlich oder statutarisch fixirte Grenze erreicht, demnächst aber der Reservefonds unter dieselbe in Folge eingetretener Verluste herabgesunken ist, die Verpflichtung des Gewinnabzugs wieder eintritt. Wenn aber außerdem der Entwurf verlangt, daß der Gewinn, welcher bei Errichtung der Gesellschaft oder bei einer Erhöhung des Grundkapitals durch Ausgabe der Aktien über Pari (Art. 209a Ziff. 2, 215a Abs. 2) erzielt wird, ohne Rücksicht auf die schon erreichte Höhe des Reservefonds diesem zugewiesen wird, so rechtfertigt sich dies daraus, daß ein solcher Gewinn nicht im gewöhnlichen Geschäftslaufe erzielt ist und deshalb nicht zur Vertheilung als Dividende geeignet erscheint. Auch soll verhindert werden, daß die Erhöhung des Grundkapitals lediglich in der Hand einer Koterie zur Agiotage benutzt wird.

Der so gebildete Reservefonds soll zunächst Verwendung finden können, um Verluste, welche sich aus der Bilanz ergeben, auszugleichen. Dies muß der Hauptzweck sein.[5]) Vorausgesetzt ist also, daß bei Jahresschluß sich eine Unterbilanz herausstellt, gleichviel zufolge welcher Verluste. Danach soll der Reservefonds mit den Kapitalsüberschüssen

---

[1]) Bei noch nicht vollständig erfolgter Einzahlung des Grundkapitals macht es materiell keinen Unterschied, ob der ganze Betrag des Grundkapitals oder die Erhöhung unter die Passiva und der noch rückständige Betrag als Forderung unter die Aktiva aufgenommen, oder ob nur der bereits eingeforderte und eingezahlte Betrag unter die Passiva gestellt wird; Keyßner, Handelsgesetzbuch Art. 239a Note 4; Thöl, Handelsrecht Bd. 1 S. 496; Auerbach a. a. O. S. 286, 287; Entsch. des Reichs-Oberhandelsgerichts Bd. 30 S. 242.

[2]) Daher muß in diesem Falle auch bei noch nicht erfolgter Volleinzahlung des von der Generalversammlung festgesetzten Einzahlungsbetrages stets der volle Nominalbetrag unter die Passiva, der noch einzuzahlende Betrag dagegen als Forderung der Gesellschaft unter die Aktiva aufgenommen werden.

[1]) Bereits das französische Gesetz vom 23. Mai 1863 ordnet für die Gesellschaften mit beschränkter Haft die Anlegung eines solchen Reservefonds durch Verwendung von fünf Prozent des jährlichen Reingewinns an, bis der letztere die Höhe von einem Zehntel des Grundkapitals erreicht hatte; das Gesetz vom 24. Juli 1867 Art. 36 hat diese Bestimmung wiederholt. Eine gleiche Vorschrift enthält das belgische Gesetz vom 18. Mai 1873 Art. 62. Der neue italienische Codice di comm. Art. 182 bestimmt, daß der Reservefonds mindestens ein Fünftel des Grundkapitals erreichen soll.

[2]) Vergl. die preußische Cirkularverordnung vom 29. März 1856 Nr. 45.

[3]) Renaud, Recht der Aktiengesellschaften 2. Aufl. S. 655.

[4]) Auerbach a. a. O. S. 273; Löwenfeld a. a. O. Abschn. XII §. 6 S. 447.

[5]) Nach dem neuesten österreichischen Entwurf (Art. 217a) der alleinige Zweck.

der einen Jahre die Kapitalsverluste der anderen ausgleichend reguliren. Auf sachverständigen Vorschlag läßt der Entwurf indessen einen Zurückgriff auf den Reservefonds auch ohne eine Unterbilanz zur Deckung von Verlusten zu, welche nicht aus der Art des Unternehmens entspringen und gewöhnlich vorzukommen pflegen, vielmehr außerordentlicher Natur sind, und welche erst im Laufe des betreffenden Geschäftsjahres stattgefunden haben. Es erscheint wirthschaftlicher, die Ausgleichung derartiger Verluste aus dem Reservefonds zuzulassen, als ihre Deckung Jahre hinaus auf den Reingewinn anzuweisen und dadurch ein oft ebenso ungerechtfertigtes als der Agiotage dienliches Schwanken in dem Kurse der Aktien hervorzurufen. Auch in Preußen ist während der bestehenden Staatsaufsicht von der Regierung die Anlegung eines Reservefonds nie ausschließlich zur Deckung von Ausfällen am Grundkapital verlangt worden. Nach Vorstehendem ist insbesondere im Falle einer Erhöhung des Grundkapitals durch Ausgabe der Aktien unter Pari eine Verwendung des Reservefonds zur Ausgleichung der Differenz zwischen Emissionspreis und Nominalerhöhung nicht ausgeschlossen, selbst insoweit durch den Ansatz der vollen Nominalerhöhung eine Unterbilanz nicht entsteht; denn auch insoweit stellt die Differenz sich als einen außerordentlichen Verlust dar. Ebenso wird, wenn die neue Emission gleichzeitig verschiedene Gattungen von Aktien umfaßt, von denen die einen über, die anderen unter Pari ausgegeben werden, die Operation als derart einheitlich erscheinen, daß das Agio nur insoweit, als es nicht zur Deckung des Disagio erforderlich ist, als Gewinn zu betrachten und daher dem Reservefonds zuzuführen ist. Aber immer enthält eine Verwendung des Reservefonds zur Deckung außerordentlicher Verluste die Gefahr, daß er seinem eigentlichen Zwecke, zur Deckung von Verlusten am Grundkapitale zu dienen, entzogen wird. Um dieser Gefahr vorzubeugen, bestimmt der Entwurf, daß der Reservefonds, soweit nicht eine Unterbilanz zu decken ist, für außergewöhnliche Verluste des Jahres nicht höher als bis zu einem Zehntheile seines Bestandes in Anspruch genommen werden kann.

Natürlich stellt das Gesetz kein Gebot auf, die bezeichneten Verluste durch den Reservefonds zu decken; in den gegebenen Fällen mag die Gesellschaft entscheiden, ob und inwieweit eine Verwendung desselben erfolgen soll; nur will der Entwurf die freie Entschließung der Gesellschaft insofern beschränken, als er aus dem oben hervorgehobenen Grunde für jede Verwendung zu Verlusten ohne Unterbilanz die Zustimmung des Aufsichtsraths und die Genehmigung durch die Generalversammlung der Aktionäre mittels einer Mehrheit von drei Viertheilen des in derselben vertretenen Grundkapitals verlangt. Aber der Schwerpunkt der gesetzlichen Bestimmung beruht darauf, daß in ihr ein Verbot enthalten ist, den Reservefonds, dessen Bildung das Gesetz in der bezeichneten Weise vorgeschrieben hat, für andere Zwecke zu verwenden. Für letztere mag der Gesellschaftsvertrag die Anlegung besonderer Reserven anordnen. Sollte eine Verwendung des gesetzlich bestimmten Fonds zu anderen Zwecken, namentlich blos zu dem Zweck, um Dividendenzahlungen zu ermöglichen oder zu erhöhen, beschlossen werden, so würde ein solcher Beschluß wegen Verletzung des Gesetzes als ungültig angefochten werden können.

Bestimmungen über die Anlegung des Reservefonds entziehen sich der Gesetzgebung, der Werth von solchen ist je nach dem konkreten Falle ein verschiedener. Der Entwurf hat deshalb die Festsetzung der hinsichtlich der Anlegung inne zu haltenden Grundsätze dem Gesellschaftsvertrage überlassen (Art. 185c Abs. 2). Dabei wird es die Aufgabe der verantwortlichen Gesellschaftsorgane sein, dafür Sorge zu tragen, daß die Anlage des Reservefonds, soweit dies nach den Umständen nothwendig ist, nicht lediglich in einer bloßen Buchoperation besteht, sondern daß derselbe in Wirklichkeit und in leicht realisirbaren Werthen vorhanden ist, um jederzeit auch den sachlichen Zweck, zu welchem er bestimmt ist, erfüllen zu können.

Diese Erwägungen sind in gleicher Weise auch für den Erneuerungsfonds maßgebend.

§. 15.

Die Kommanditgesellschaften auf Aktien.

I. Standpunkt und Wirkung der Reform von 1870.

Bereits in dem Entwurf zur Novelle vom 11. Juni 1870 ist die Frage zur Erörterung gezogen, inwieweit die für Aktiengesellschaften erlassenen Vorschriften auch für Kommanditgesellschaften auf Aktien zu treffen sein. Das Ergebniß der damaligen Erwägungen führte jedoch dahin, diese Gesellschaften im Wesentlichen von der Reform auszuschließen, einerseits weil man annahm, daß dieselben schon durch das Handelsgesetzbuch die ausreichende Ausbildung erfahren hätten, andererseits weil man nach Aufhebung der staatlichen Genehmigung für die Errichtung von Aktiengesellschaften erwarten zu müssen glaubte, daß die Bedeutung der Kommanditgesellschaften auf Aktien sich noch mehr verringern würde. Als politischer Grund trat noch hinzu, daß man die Rechtseinheit mit den Süddeutschen Staaten nicht allzusehr durchbrechen wollte.[1])

Die lebhaft bekämpfte[2]) Annahme von der Verringerung der Aktien-Kommanditgesellschaften hat allerdings in den Thatsachen ihre Bestätigung gefunden. Die Zahl der Kommanditgesellschaften auf Aktien, welche vor der Novelle vom 11. Juni 1870 ins Leben gerufen waren, überstieg bei Weitem die Zahl der Gründungen nach dieser Zeit. Während nach den in der Anlage B beigefügten statistischen Erhebungen in Preußen vor dem Jahre 1871 im Ganzen 32 Aktien-Kommanditgesellschaften neben 178 Aktiengesellschaften bestanden, wurden neben den allein im Jahre 1872 errichteten 382 Aktiengesellschaften nur 6 Kommanditgesellschaften auf Aktien und in den fünf Jahren nach 1871 neben 990 Aktiengesellschaften nur 11 Aktien-Kommanditgesellschaften gegründet. Besonders stark zeigt sich der Abstand zwischen den beiden Gesellschaftsformen in Berlin; hier[3]) betrug Ende 1867 die Zahl der Kommanditgesellschaften auf Aktien 18, die der Aktiengesellschaften 30, im Jahre 1875 waren dagegen die letzteren — mit Ausschluß der in Liquidation befindlichen Gesellschaften, der Versicherungs- und Eisenbahngesellschaften — auf 292 gestiegen, während die ersteren auf 14 gesunken waren. Die Mehrzahl der vor dem Jahre 1871 gegründeten Kommanditgesellschaften auf Aktien hat freilich nur Mißerfolge aufzuweisen. Von 12 in Liquidation gerathenen Gesellschaften dieser Art gehören 8 nach ihrer Errichtung dem Zeitraum vor 1871 an, von den 10 Gesellschaften, über deren Vermögen Konkurs eröffnet wurde, sind 9 vor 1871 errichtet worden.

Diese Zahlen lassen die Annahme gerechtfertigt erscheinen, daß von den vor dem Jahre 1871 gegründeten Kommanditgesellschaften auf Aktien viele die letztere Form der Kapitalsvereinigung nur zur Umgehung der staatlichen Genehmigung gewählt hatten und eigentlich für die Aktiengesellschaft bestimmt gewesen wären, — eine Annahme, welche ihre Bestätigung in einer Reihe von Statuten findet, in denen die Wahl der persönlich haftenden Gesellschafter, gleich den abhängigen Organen einer Aktiengesellschaft, der Generalversammlung der Kommanditisten vorbehalten war, während sich naturgemäß diese um einen von vornherein feststehenden Geschäftsherrn zu schaaren haben.[4])

[1]) Drucks. des Reichstags 1. Leg. Per. 1870 Nr. 158 S. 31.

[2]) Stenogr. Ber. 1870 S. 1061 bis 1065.

[3]) Anschütz und v. Völderndorff, Komm. Bd. 2 S. 401 Anm. 16, S. 339 Anm. 19.

[4]) Keyßner, Erhaltung der Handelsgesellschaft 1870 S. 95, 97, 99 ff.; vergl. Renaud, das Recht der Kommanditgesellschaft, Juli 1881 S. 661 ff.

Lag vor der Reform im Jahre 1870 ein Mißstand offenbar darin, daß in den meisten Bundesstaaten[1]) die Kommanditgesellschaften auf Aktien ohne staatliche Genehmigung, die Aktiengesellschaften nur vermöge dieser gegründet werden konnten, und war somit das Kapital oftmals durch die Gesetzgebung verleitet, falsche Wege einzuschlagen, so hat andererseits die bloße Gleichstellung beider Gesellschaftsformen in dieser Hinsicht nicht genügt, das vorher bestandene Mißverhältniß zu beseitigen. Vielmehr hat die Lösung der Aktiengesellschaft von den Fesseln der Staatsaufsicht und ihre freiere Gestaltung ohne eine weitere Reform der Aktien-Kommanditgesellschaft nunmehr der ersteren ein allzu großes und deshalb schädliches Uebergewicht verschafft. Denn für eine nicht unbeträchtliche Zahl der nach dem Jahre 1871 gegründeten Aktiengesellschaften wäre zweifellos, wenn das Unternehmen sich überhaupt zu einer Betheiligung mittelst Aktien geeignet hätte, die Form der Kommanditgesellschaft auf Aktien die wirthschaftlich gebotene gewesen. Dahin gehören namentlich viele Gründungen, welche aus Privatunternehmungen hervorgegangen und, obwohl sie als solche zu überaus günstigen Ergebnissen gelangt waren, nach ihrer Umwandlung in Aktiengesellschaften mit dem Wegfall des persönlich haftbaren Geschäftsherrn trotz des vergrößerten Betriebskapitals allmälig verfielen und nicht mehr emporkommen konnten.[2])

II. Standpunkt des Entwurfs im Allgemeinen.

Diese Vorgänge vor und nach dem Jahre 1870 lassen den nahen Zusammenhang beider Gesellschaftsformen auf dem wirthschaftlichen Gebiete klar erkennen. Die Berührung ist eine so innige, daß jede gesetzgeberische Reform der einen Gattung ohne Weiteres auch auf die andere ihren Einfluß äußert und daß jede Reform unvollkommen ist, wenn sie nicht gleichzeitig beide Arten ergreift. Der Entwurf konnte sich deshalb nicht genügen lassen, seine Vorschläge nur für die Aktiengesellschaft zu treffen, er mußte seine Aufmerksamkeit in gleichem Grade der Kommanditgesellschaft auf Aktien zuwenden.

Fraglich konnte nur sein, welche Richtung die Reform einzuschlagen hat. Die Vorfrage ist:

> ob heut zu Tage neben der Aktiengesellschaft die Form der Aktien-Kommanditgesellschaft überhaupt noch eine Existenzberechtigung hat,

und im Bejahungsfalle ist zu entscheiden:

> ob dann die letztere in formell möglichster Uebereinstimmung mit der Aktiengesellschaft zu gestalten

oder

> ob die besondere Gestaltung der Kommanditgesellschaft auf Aktien beizubehalten und nach den im Handelsgesetzbuch enthaltenen Grundzügen weiter auszubilden ist.

Stellung der Kommanditgesellschaft.
Im Handelsgesetzbuch.

Das Handelsgesetzbuch behandelt nach dem Vorgang des Code de commerce die Kommanditgesellschaft auf Aktien als eine Unterart der einfachen Kommanditgesellschaft, hatte jedoch schon nach dem Vorschlage Preußens auf den Nürnberger Konferenzen mit Rücksicht auf die kurz vorher in Frankreich gemachten schlimmen Erfahrungen[3]) auf diese Gesellschaftsform eine Reihe der für die Aktiengesellschaften gegebenen Kautelarvorschriften übertragen, namentlich ein Ausschreiten beider Vereinsarten durch das Erforderniß der staatlichen Genehmigung zu verhindern gesucht, jedoch mit dem Vorbehalt für die Landesgesetzgebung, auch hier von der Konzessionspflicht abzusehen. Abgesehen von diesem Erforderniß haben an dem bezeichneten Standpunkt die Vorschriften des Gesetzes vom 11. Juni 1870 nichts geändert.

In der ausländischen Gesetzgebung.

Neuere Gesetzgebungen und Entwürfe des Auslandes haben dagegen im Anschluß an das französische Gesetz vom 24. Juli 1867, welches den Gesichtspunkt des Code de commerce völlig aufgegeben hat, die Kommanditgesellschaft auf Aktien lediglich als eine Unterart der Aktiengesellschaft behandelt und deshalb die für die letzteren gegebenen Vorschriften nur mit geringfügigen Abänderungen auf die ersteren übertragen, so das belgische Gesetz vom 18. Mai 1873, das schweizerische Bundesgesetz über das Obligationenrecht vom 14. Juni 1881, der italienische Codice di commercio vom Jahre 1882 und die österreichischen Entwürfe. In England beginnt man erst in neuester Zeit Aktiengesellschaften zu gründen, an deren Spitze persönlich haftbare Direktoren stehen, während das ungarische Handelsgesetzbuch die Kommanditgesellschaften auf Aktien überhaupt beseitigt hat.

Beibehaltung der Kommandit-Aktiengesellschaft.

Die Auffassung des letztgedachten Gesetzes, daß mit dem Wegfall der staatlichen Genehmigung für die Aktiengesellschaften überhaupt kein Raum für die Aktienkommandite übrig bleibe, hat sich mindestens in Deutschland nicht als richtig erwiesen. Nach den von Christians[1]) angestellten Ermittelungen bestehen noch immer im Deutschen Reich 52 Kommanditgesellschaften auf Aktien, darunter 30 Banken und 22 Industriegesellschaften, von denen nicht wenige einen höchst bedeutenden Aufschwung genommen haben. Tritt ihre Gesammtzahl auch den eigentlichen Aktiengesellschaften gegenüber erheblich in den Hintergrund, so ist sie doch groß genug, um die wirthschaftliche Selbständigkeit dieser Gesellschaftsform darzuthun, namentlich wenn man erwägt, wie maßlos die Gründungen der Aktiengesellschaften gewesen sind und für wie viele unter ihnen die Form der Aktienkommandite die gebotene oder doch zweckmäßigere gewesen wäre.[2])

Beibehaltung ihrer eigenartigen Gestaltung.

In gleicher Weise, wie sich deshalb der Entwurf für die Beibehaltung der Kommanditgesellschaft auf Aktien entschieden hat, glaubt er in Bezug auf deren juristische Gestaltung und ihr Verhältniß zur Aktiengesellschaft auf dem Boden des Handelsgesetzbuchs verharren zu sollen.

Hiernach sind die Aktiengesellschaft und die Kommanditgesellschaft auf Aktien zwei wesentlich verschiedene Gesellschaftsformen, von denen jede den Bedürfnissen des vielgestalteten wirthschaftlichen Lebens nach einer anderen Richtung genügen soll. Während in der Aktiengesellschaft gewissermaßen ein „republikanisches Prinzip" zum Ausdruck gelangt, in ihr nur das Kapital als solches den alleinigen Träger aller Rechte und Verbindlichkeiten darstellt, und die Leitung der Gesellschaft lediglich durch Organe erfolgt, welche der Generalversammlung als Vertreterin der Kapitalsantheile untergeordnet sind, prägt sich in dem persönlich haftenden Gesellschafter der Kommanditgesellschaft auf Aktien eine die Kommanditisten weithin überragende „monarchische Spitze" aus.[3]) Wie der Komplementar bei ihr nach außen hin der unbeschränkte Gebieter über die Mittel der Gesellschaft ist, so fällt auch die persönliche Verhaftung desselben gegenüber den Gesellschaftsgläubigern schwer ins Gewicht.

Deshalb erscheint die Aktiengesellschaft als die geeignetere Form der Kapitalsvereinigung für solche wirthschaftliche Unternehmungen, welche einerseits bedeutende Kapitalien zu ihrer Durchführung fordern, bei denen es aber andererseits

---

[1]) v. Wächter, Handelsrecht Bd. 2 S. 74 Anm. 3; Renaud a. a. O. S. 694 Anm. 9.
[2]) Vergl. Löwenfeld a. a. O. S. 27, 35.
[3]) Renaud a. a. O. S. 65 bis 68.

[1]) Deutsche Börsenpapiere Berlin 1880.
[2]) Vergl. noch Löwenfeld a. a. O. S. 35 ff.
[3]) Vergl. Behrend in seiner Zeitschrift für Gesetzgebung und Rechtspflege in Preußen Bd. 5 S. 231, 237 ff.; Keyßner, die Erhaltung der Handelsgesellschaft S. 100.

weniger auf die persönliche Kraft und Initiative des Leiters ankommt. Die Kommanditgesellschaft auf Aktien eignet sich dagegen für Unternehmungen, welche neben den erforderlichen Geldmitteln, um empor zu blühen, der persönlichen Tüchtigkeit und Kreditwürdigkeit eines Geschäftsherrn bedürfen, der mit seiner ganzen Individualität und mit seinem ganzen Vermögen bei dem Unternehmen interessirt ist.[1]) Die Form der Kommandite giebt diesem allein die karakteristische Gestaltung. Keineswegs ist danach in der Aktienkommandite blos eine Aktiengesellschaft enthalten,[2]) noch stellt jene eine Verbindung dieser mit einem Komplementar[3]) oder einer einfachen Kollektivgesellschaft dar.[4]) Vielmehr bleibt die Aktien-Kommanditgesellschaft immer eine Kommanditgesellschaft, wenngleich bei ihr rechtlich der Gesammtbetrag der Einlagen der Kommanditisten in Aktien zerlegt ist[5]) und thatsächlich vermöge der Höhe und der Zerlegung des Kommanditistenkapitals gegenüber der einfachen Kommandite der Karakter des Kapitalvereins vorherrscht.

Ziele der Reform.

Vermag die Gesetzgebung nicht nach der Art oder dem Gegenstande des Unternehmens vorzuschreiben, ob für dasselbe eine Kommanditgesellschaft auf Aktien oder eine Aktiengesellschaft zu bilden ist, so berechtigt sie nur eine streng juristische Auseinanderhaltung beider Gesellschaftsformen in ihrer Wesenheit zu der Anforderung an die Betheiligten, daß diese selbst bei der Gründung reiflich erwägen, welche Form der Vergesellschaftung für das Unternehmen nach der Natur und Bestimmung desselben die geeignetste sei.[6]) Wollte man die wirthschaftlichen Verschiedenheiten durch eine juristische Uniformirung nivelliren, so thäte man besser, die Form der Kommandit-Aktiengesellschaft gänzlich aufzugeben. Es muß das erste Ziel der Reform sein, die wirthschaftliche Verschiedenheit beider Formen durch ihre juristische Gestaltung schärfer als bisher auszuprägen. Im Zusammenhange damit steht die Aufgabe des Entwurfs, zu verhüten, daß nicht etwa die für die Aktiengesellschaft gegebenen strengeren Vorschriften durch die Wahl der Aktien-Kommanditgesellschaft für die künftige Kapitalsvereinigung umgangen werden. Diese Aufgabe führt hinwiederum zu dem zweiten Ziele, welches die Reform zu nehmen hat, nämlich: die beiden Formen da gleichmäßig zu gestalten, wo wirthschaftlich ein Unterschied zwischen ihnen nicht besteht.

1. Verschiedenheit der Kommandit-Aktiengesellschaft von der Aktiengesellschaft.

a) Stellung des Komplementars zum Gesellschaftsvermögen.

Die Verschiedenheit liegt in der Stellung der persönlich haftenden Gesellschafter. Ihre naturgemäße Stellung als Geschäftsherren muß davor gesichert werden, daß sie nicht nach Art der Organisation einer Aktiengesellschaft zu einer bloßen Direktion herabgedrückt werden und das Schwergewicht des Unternehmens nicht vorzugsweise in den Aufsichtsrath oder die Generalversammlung der Kommanditisten falle.

Dies setzt einen festen Verband der persönlich haftenden Gesellschafter mit der Gesellschaft voraus. Derselbe ist in Folge der durch die Novelle von 1870 getroffenen Abänderung des Artikels 199 gelockert worden. Danach ist das Verbleiben des persönlich haftenden Gesellschafters, auf dessen Persönlichkeit vielleicht nicht blos die Kommanditisten, sondern namentlich auch die Gläubiger der Gesellschaft ein besonderes Vertrauen gesetzt haben, ein unsicheres. Schon als das Amendement, dem der jetzige Artikel 199 seine Entstehung verdankt, im Reichstag eingebracht wurde, ist auf das Bedenken hingewiesen, welches dadurch für die Zukunft der Kommandit-Aktiengesellschaften entstehen könnte.[1]) Wenn nun auch die damals für das Amendement geltend gemachten Gründe noch heutzutage soweit als berechtigt anzuerkennen sind, daß nicht die Existenz der Gesellschaft von dem Verbleiben des einmal bei der Gründung vorhandenen Komplementars abhängig gemacht werden darf, so ist doch jedenfalls ein Gegengewicht gegen ein allzu leichtes Ausscheiden desselben erforderlich. Die Gefahr dadurch eintretender Schwankungen und die Möglichkeit einer Kollusion des persönlich haftenden Gesellschafters mit der vielleicht unschwer aufzubringenden Mehrheit der Kommanditisten zum Nachtheil des Publikums läge auf der Hand. Hiergegen wird nicht einzuwenden sein, daß Mißstände dieser Art seit der Novelle von 1870 nicht eingetreten sind; denn die Erfahrungen auf dem Gebiete der Aktien-Kommanditgesellschaften sind nur von geringer Bedeutung, eben weil anstatt der Gründung der letzteren oft zum Schaden der Einzelnen und des allgemeinen Wohls die Form der Aktiengesellschaft gewählt worden ist. Wird aber nach dem Inkrafttreten des Entwurfs die Gründung der Kommandit-Aktiengesellschaften auf den ihnen zukommenden Bereich sich erstrecken, dann kann es nicht ausbleiben, daß die Vorschrift des Artikels 199 ohne die Schaffung einer Kautel als fühlbarer Mangel hervortreten würde. Ein solches Gegengewicht liegt in der dauernden Betheiligung der persönlich haftenden Gesellschafter am Gesellschaftsvermögen. Diesem Gesichtspunkt wird schon jetzt in den Statuten der meisten Aktien-Kommanditgesellschaften Rechnung getragen,[2]) aber es empfiehlt sich, denselben nicht lediglich dem Ermessen der Betheiligten zu überlassen, sondern die Pflicht der Betheiligung in bestimmter Abgrenzung in das Gesetz aufzunehmen, wozu um so mehr Anlaß vorliegt, als einzelne Gesellschaften von einem derartigen Erforderniß abgesehen haben.[3]) Der Entwurf (Art. 174a) stellt daher die Betheiligung der ersten persönlich haftenden Gesellschafter als Erforderniß der Gründung einer Aktien-Kommanditgesellschaft auf. Die Vorschrift wird nicht blos am wirksamsten verhindern, daß die Gründer blos zu dem Zweck, um den für die Gründung einer Aktiengesellschaft gegebenen Bestimmungen sich zu entziehen, die Form der Aktienkommandite ergreifen; sie entspricht auch dem Wesen der letzteren. Die dauernde Betheiligung giebt dem Publikum die erforderliche wirthschaftliche Gewähr für den Bestand der Gesellschaft. Es kann hier nicht genügen, blos eine Kapazität zu finden, um ihr die Leitung eines mit großem Kapital betriebenen Geschäftes anzuvertrauen, sondern die persönlich haftenden Gesellschafter müssen auch vermögend genug sein, um das Publikum zu bestimmen, daß es auf ihre Haftbarkeit Gewicht legt.[4]) Wirthschaftliche und juristische Bedeutung kann aber die Betheiligung erst dadurch gewinnen, daß der Minimalbetrag derselben im Verhältniß zum Gesellschaftsvermögen durch das Gesetz bestimmt wird. Die Bestimmung lediglich dem Gesellschaftsvertrage zu überlassen, würde eine Umgehung der gesetzgeberischen Absicht durch Fixirung eines Minimalbetrages ermöglichen. Nach der Vorschrift des Entwurfs sollen die Einlagen der ersten persönlich haftenden Gesellschafter in einem gewissen Verhältniß zu dem Gesammtkapital der Kommanditisten stehen; sie müssen zusammen mindestens den zehnten Theil desselben und, wenn dieses drei Millionen

---

[1]) Renaud, über die Handelsgesellschaften 1872 S. 19 ff.; das Recht der Kommanditgesellschaft 1881 S. 696; Keyßner, die Erhaltung der Handelsgesellschaft S. 100; vergl. auch Löwenfeld a. a. O. S. 29.
[2]) Regensburger in der Zeitschrift für das gesammte Handelsrecht Bd. 6 S. 478.
[3]) Kuntze, ebenda Bd. 6 S. 340.
[4]) Endemann, Handelsrecht §. 67; Stobbe, deutsches Privatrecht Bd. 1 S. 394, 395.
[5]) Ausgeführt von Renaud, Recht der Kommanditgesellschaft S. 112, 113.
[6]) Stenogr. Berichte 1870 S. 1061 bis 1065.

[1]) Stenogr. Berichte des Reichstags 1870 S. 1064.
[2]) Vergl. Renaud, Recht der Kommanditgesellschaft S. 638 f.
[3]) Vergl. Anschütz und v. Völdernborff II S. 438 Anm. 3; Löwenfeld a. a. O. S. 34.
[4]) Vergl. Nürnberger Protokolle S. 376.

Mark übersteigt, für den übersteigenden Betrag den zwanzigsten Theil des Gesammtkapitals darstellen. Dieses Verhältniß wird in allen Fällen für genügend erachtet werden, um den persönlichen Gesellschaftern selbst und der Gesellschaft die nothwendige Kreditwürdigkeit und das erforderliche Ansehen zu verschaffen. Die Normirung kann aber auch nicht als zu hoch bezeichnet werden. Für die Umwandlung eines Privatunternehmens in eine Kommandit-Aktiengesellschaft — ein Fall, welcher wirthschaftlich vorzugsweise in Betracht zu ziehen ist — wird eine solche Betheiligung Schwierigkeiten nicht finden. Aber auch in den anderen Fällen wird die Quote von allen Komplementaren zusammen nicht unschwer aufgebracht werden können. Etwaigen Schwierigkeiten wird in allen Fällen durch die Bestimmung des Entwurfs begegnet, wonach die Quote nicht nothwendig außerhalb des Kommanditistenkapitals aufgebracht werden muß, sondern auch durch eine Betheiligung an diesem selbst und nach dem Maße der Aufbringung desselben erfolgen kann. Durch diese Vorschrift wird zugleich eine Unklarheit des bestehenden Rechts beseitigt. Es fragt sich, ob die gesellschaftlichen Kapitalantheile des Komplementars, deren Unveräußerlichkeit der jetzige Artikel 181 festsetzt, Antheile am Kommanditistenkapitale sein können; obwohl das Gesetz wohl kaum letzteres ausschließt,[1]) hat sich in der Praxis zum Theil die entgegengesetzte Auffassung des Gesetzes entwickelt[2]) und in vielen Statuten entbehren die diesbezüglichen Festsetzungen der Klarheit.[3]) Der Entwurf trägt den konkreten Verhältnissen dadurch Rechnung, daß er es dem Gesellschaftsvertrage überläßt, in welcher Weise die vom Gesetze vorgeschriebene oder die zu einem höheren Betrage übernommene Betheiligung der Komplementare erfolgen soll. Diese Festsetzung namentlich auch in Höhe und Art der Einlage ist ein Essentiale des Statuts (Art. 175 Ziff. 1), welches demgemäß in der konstituirenden Generalversammlung nur unter Zustimmung aller erschienenen Kommanditisten abgeändert werden kann (Art. 175e), und die Prüfung über den Gründungshergang hat sich besonders darauf zu erstrecken, ob und wie die persönlich haftenden Gesellschafter der ihnen auferlegten Pflicht zur Betheiligung nachgekommen sind (Art. 175d). Auch muß in dem zu veröffentlichenden Auszug des Gesellschaftsvertrages die über die Betheiligung der Komplementare getroffene Festsetzung enthalten sein (Art. 177). Der Entwurf mußte zugleich Bedacht nehmen, die über die Betheiligung der persönlich haftenden Gesellschafter gegebene Vorschrift gegen eine Umgehung zu sichern, welche dadurch möglich wäre, daß das ursprüngliche Grundkapital ganz niedrig bemessen und nach Betheiligung der Komplementare mit einer geringen Summe sofort erhöht werden würde. Wie deshalb der Entwurf überhaupt die Erhöhung innerhalb des tempus clausum von zwei Jahren besonderen Kautelen unterwirft, so verordnet er auch, daß sich die persönlich haftenden Gesellschafter an dem in diesem Zeitraum neu emittirten Kapital zu betheiligen haben. Es soll jedoch so angesehen werden, als ob das erhöhte Kapital schon in die Zeit der Errichtung fällt und es wird daher dasselbe mit dem bisherigen Gesammtkapital zusammengerechnet, um in Gemäßheit des §. 174a die Quote zu ermitteln, an welcher sich die Komplementare überhaupt zu betheiligen haben. Sie haben daher auch — und dies ist in dem Erhöhungsbeschluß erkennbar zu machen — nur die bereits gemachten Einlagen bis zu dem Betrage zu ergänzen (Art. 180g Abs. 3), welcher der gesetzlichen Quote entspricht.

In weiterer Konsequenz des entwickelten Gedankens muß die vorerwähnte Bestimmung des jetzigen Artikels 181 ausgebildet werden. Sollen die Antheile der persönlich haftenden Gesellschafter den Gläubigern der Gesellschaft eine reale Garantie bieten, so darf diese nicht durch ein Ausscheiden des Komplementars, welches jederzeit und unmittelbar nach Errichtung der Gesellschaft zufolge Vereinbarung mit derselben erfolgen kann, hinfällig gemacht werden können; die Antheile müssen vielmehr nicht blos während des Verbleibens des Komplementars in seiner Stellung, sondern bis zum Ablauf eines gewissen Zeitraums auch im Falle seines Ausscheidens unveräußerlich sein. Die für diese Beschränkung vorgeschlagene Zeitdauer von fünf Jahren seit diesem Ausscheiden, höchstens aber von zehn Jahren seit der Existenz der Gesellschaft ist zwar an sich eine willkürliche, doch entspricht der fünfjährige Zeitraum dem der Verjährung zu erhebender Ansprüche (Art. 146 H.-G.-B.), auch muß die Frist jedenfalls so bemessen werden, daß als Regelfall angenommen werden kann, es habe sich nach deren Ablauf die Gesellschaft wirthschaftlich genügend bewährt, um das Kapital des persönlich haftenden Gesellschafters mit dessen Ausscheiden entbehren zu können. Die weitere Ausführung der für den dauernden Verband der ersten Geschäftsinhaber erforderlichen Bestimmungen mag in den Spezialmotiven ihre Erörterung finden.

b) Stellung des Komplementars in der Gesellschaft.

Haben diese Bestimmungen aber dem Vertrauen zu den persönlich haftenden Gesellschaftern eine dasselbe rechtfertigende materielle Basis verliehen, so kann und muß das Gesetz den letzteren auch die wirthschaftlich ihnen gebührende Stellung in der Gesellschaft wahren. Es ergiebt sich dann, daß eine ganze Reihe von Bestimmungen welche bei den Aktiengesellschaften die Art und Weise der Geschäftsführung regeln sollen, gegenüber dem selbständigen und selbstverantwortlichen Geschäftsherrn der Kommanditgesellschaft auf Aktien keine Anwendung finden können. Während bei der Aktiengesellschaft eine Gruppe von Kapitalisten sich zu einem gemeinsam geplanten Unternehmen vereinigt und erst, wenn dieses gesichert ist, die Beamten aussucht, die nach ihren Intentionen und von ihrem Willen abhängig dasselbe leiten sollen, ruft folgerichtig bei der Aktienkommandite der persönlich haftende Gesellschafter allein das Unternehmen ins Leben; nicht er wird von den Kapitalisten gesucht, sondern er sammelt diese um sich, sei es weil er einen neuen Gedanken mit größeren Kräften verwerthen will, oder weil ein eigenes hohes Vermögensinteresse gesichert werden soll. Jedenfalls ist, mag auch die thatsächliche Entstehung der Gesellschaft anders vor sich gehen, er der Geschäftsherr. Die Garantien, welche bei der Aktiengesellschaft das Gesetz durch Kautelen mancherlei Art dem personenlosen Kapital gegen die eigenen Beamten und Organe zu gewähren bemüht ist, werden bei der Kommanditgesellschaft auf Aktien durch die Persönlichkeit und Haftung des Komplementars erübrigt. Wer sich in Zukunft als Kommanditist betheiligt, soll von vornherein wissen, daß die Kommanditgesellschaft auf Aktien ihm einerseits in dem persönlich haftenden Gesellschafter eine energische und tüchtige Leitung der Geschäfte und ein gegründetes Vertrauen zu der Person des Geschäftsherrn bietet, andererseits aber auch ihm einen minderen Einfluß auf die Führung und Aufsicht der Geschäfte gestattet und ihm nicht die Individualrechte oder die Kautelen zur Ausübung der Mitgliedschaftsrechte in der Fülle gewährt, wie sie der Entwurf für die Aktiengesellschaften aufzustellen genöthigt ist.[1])

Dies Alles ist durch die innere Verschiedenheit der beiden Gesellschaftsformen bedingt.

---

[1]) Nürnberger Protokolle S. 383 ff.
[2]) Renaud a. a. O. S. 638.
[3]) Vergl. Renaud a. a. O. S. 639 Anm. 2.

[1]) Vergl. Anschütz und v. Völdernborff Bd. 2 S. 396; Strey a. a. O. S. 184 ff.

2. Aehnlichkeit der Kommandit-Aktiengesellschaft mit der Aktiengesellschaft.

Eine gleiche Behandlung derselben ist lediglich für die Aktionäre untereinander angezeigt und geboten; hier ist ein Unterschied zwischen Kommanditaktionären und Aktionären nicht zu finden. In diesem Verhältniß der Kommanditisten zu einander muß deshalb die Kommanditgesellschaft auf Aktien ihre wesentlichen Bestimmungen der Aktiengesellschaft entnehmen.

Hieraus könnte zunächst zwar gefolgert werden, daß für die Kommanditgesellschaften auf Aktien die Zulassung von Inhaberaktien auszusprechen wäre. Allein es würde schon mit dem Karakter des Entwurfs nicht im Einklang stehen, da eine Neuerung einzuführen, wo sich bisher in keiner Weise ein wirthschaftliches Bedürfniß gezeigt hat. Auch läßt sich nicht läugnen, daß, wenngleich die Namensaktie durch Indossirung mittelst Blankogiro nahezu dieselbe Umlaufsfähigkeit wie die Inhaberaktie erlangt, immerhin die Namensaktie geeigneter ist, den Aktionär näher mit der Gesellschaft zu verknüpfen und daß sie auch mehr dem Vertrauensverhältniß entspricht, in welchem naturgemäß der Kommanditist zu dem Komplementar steht.

Abgesehen hiervon aber hat der Entwurf rücksichtlich der Gleichstellung der beiden Gesellschaftsformen die volle Konsequenz gezogen. Die Höhe der Aktien, die Haftung der Zeichner, der zeitigen und gewesenen Aktionäre, die Natur ihrer Einlagen, ob sie in Geld oder in anderen Vermögensstücken gemacht werden, die Art, wie der Gewinn zu berechnen oder zu vertheilen ist, das Stimmrecht und die Abstimmung, die Rechtsgültigkeit eines von der Generalversammlung gefaßten Beschlusses — alle diese Verhältnisse berühren nicht so sehr die Beziehungen zum Komplementar, als sie vielmehr die Theilnahmerechte der Kommanditisten regeln.

Diese Verhältnisse beschränken sich aber, wie aus ihrer vorstehenden Aufzählung zu ersehen ist, nicht auf die Zeit während der Geschäftsführung der errichteten Gesellschaft, sie greifen auch und wesentlich auf die Zeit und Art ihrer Gründung zurück. Hier Verschiedenheiten bestehen zu lassen, welche die Kommanditaktionäre schlechter stellen, als die Theilnehmer einer Aktiengesellschaft, würde zum Schaden wirthschaftlicher Interessen das Kapital aus der gebotenen Bahn der Kommanditaktien- in die der Aktiengesellschaft drängen. Hier andererseits die Kommanditgesellschaft auf Aktien günstiger zu behandeln, würde in Gefährdung des öffentlichen Interesses dahin führen, daß die für die Aktiengesellschaft gegebenen Kautelarvorschriften durch Wahl der ersteren Form würden umgangen werden.

Die Anzahl derjenigen Vorschriften, welche demgemäß für beide Gesellschaftsarten gleichmäßig in Anwendung kommen müssen, ist eine nicht unbedeutende. Der Entwurf hat nach den erörterten allgemeinen Gesichtspunkten bei jeder einzelnen Vorschrift zu prüfen gehabt, ob sich ihre Uebertragung von der Aktiengesellschaft auf die Aktienkommandite rechtfertigt.

Formelle Behandlung der Aufgabe.

Der Ausgangs- und Schwerpunkt der Reform liegt immer bei der Aktiengesellschaft. Es wäre deshalb, was die formelle Behandlung der Reform betrifft, an sich empfehlenswerther gewesen, den Abschnitt über die Aktiengesellschaften an die Spitze zu stellen und demselben die Vorschriften für die Kommanditgesellschaften auf Aktien folgen zu lassen, um bei ihnen auf die vorangegangenen und anwendbaren Vorschriften verweisen zu können. Eine derartige Behandlung würde manche Wiederholungen vermieden haben. Der Entwurf ist indessen bestimmt, in den Rahmen des Handelsgesetzbuchs eingefügt zu werden, den zweiten Abschnitt vom zweiten Titel und den dritten Titel im zweiten Buch desselben zu ersetzen. Diese Reihenfolge, nach welcher die Kommanditgesellschaft auf Aktien der Aktiengesellschaft voraufgeht, zu ändern, mußte deshalb bedenklich erscheinen. Zudem will der Entwurf, gleichwie das Handelsgesetzbuch, die Aktienkommandite als eine Unterart der einfachen Kommanditgesellschaft und im Anschluß an diese regeln.

Aus den hervorgehobenen Gründen ergab sich aber eine verschiedene Behandlung des Gesetzestextes und der Begründung. Im Texte sind die den beiden Gesellschaftsarten gemeinsamen Vorschriften bei der Kommanditgesellschaft auf Aktien aufgestellt und auf dieselben in dem Abschnitt über die Aktiengesellschaften verwiesen worden, soweit nicht Zweckmäßigkeitsgründe ein Anderes erforderten. In der Begründung dagegen erschien es geboten, diejenigen Bestimmungen, welche nur in Bezug auf die Aktiengesellschaft ihre volle Würdigung erhalten können, für diese vorweg oder im Einzelnen bei ihnen zu behandeln.

§. 16.

Die ausländischen Aktiengesellschaften und Kommanditgesellschaften auf Aktien.

I. Bisherige Behandlung der ausländischen Aktiengesellschaften.

Im Allgemeinen.

Während im internationalen Privatrecht der Grundsatz fast allgemein Anerkennung gefunden hat, daß die Rechts- und Handlungsfähigkeit einer physischen Person sich nach den Gesetzen des Staates richtet, welchem die Person durch Wohnsitz oder Nationalität angehört, hat man Bedenken getragen, diesem Grundsatz Geltung in Bezug auf juristische Personen, namentlich auf Aktiengesellschaften zuzuerkennen, ihnen vielmehr eine besondere Behandlung zu Theil werden lassen.

II. Besondere Darstellung.

A. Ausländisches Recht.

Das ausländische Recht wird im Wesentlichen von zwei sich entgegenstehenden Auffassungen beherrscht.

1. Versagung der rechtlichen Existenz.

1. Die eine Auffassung, nach welcher die Rechtsfähigkeit der Aktiengesellschaft mit den Grenzen des Staates, in dem sie entstanden ist, aufhört, versagt der ausländischen Aktiengesellschaft die rechtliche Anerkennung so lange, bis sie die Rechtsfähigkeit nach inländischem Recht erlangt hat.

Vereinigte Staaten von Amerika.

Am schärfsten findet sich diese Auffassung in der Gesetzgebung der Vereinigten Staaten von Amerika vertreten, nach welcher selbst innerhalb der Union die in dem einen Bundesstaat errichtete Gesellschaft in dem anderen keine rechtliche Anerkennung genießt und nicht als Rechtssubjekt auftreten kann.[1])

Frankreich.

Zu einer gleichen, wenn auch etwas gemilderten Anschauung ist jetzt das französische Recht, während es früher allgemein Aktiengesellschaften, wie andere juristische Personen des Auslandes auch innerhalb Frankreichs anerkannte,[2]) in Folge des durch die Rechtsprechung des belgischen Kassationshofes, welcher den französischen Aktiengesellschaften die Rechtsfähigkeit in Belgien absprach,[3]) veranlaßten Gesetzes vom 30. Mai 1857[4]) gelangt. Nach diesem, im Wortlaut nicht ganz unzweifelhaften, aber nach der Entstehungsgeschichte und den Motiven[5])

[1]) Phillimore, commentaries upon the internat., Law 1874 IV No. 202; Wharton, treatise of the conflict of laws 1872 §. 48a; David Dudley Field, Draft outlines of an international Code 1872 Art. 545.

[2]) Merlin, Repert. s. v. Mainmorte §. 7 art. 2; Foelix, Droit internat. I No. 31.

[3]) Arrêt de la cour de cassation de Belgique vom 22. Juli 1847 bei Dalloz, Réceuil périodique 1847 II pag. 172.

[4]) Bull. des lois sér. XI No. 4578 — loi, qui autorise les sociétés anonymes et autres associations commerciales, industrielles ou financières légalement constituées en Belgique à exercer leurs droits en France.

[5]) Vgl. Dalloz, Réceuil périodique 1857 IV pag. 75 sqq. Strenger wird das Gesetz vom 30. Mai 1857 von Thaller, Professor in Lyon, ausgelegt, der dasselbe dann ausschließt, wenn die Gesellschaften des Auslandes schon durch das Gesetz und nicht durch eine besondere Ermächtigung

klarzustellenden Gesetze bedürfen alle ausländischen Aktiengesellschaften ohne Rücksicht darauf, ob sie nach der Gesetzgebung ihres Heimathstaates eine Ermächtigung desselben zu ihrer Bildung nöthig haben,

à exercer tous leurs droits et ester en justice en France

der ausdrücklichen Zulassung durch die französische Regierung, sei es, daß ihnen dieselbe durch ein von dem Staatsoberhaupt im Staatsrath zu erlassendes Dekret oder durch einen besonderen Staatsvertrag ertheilt wird.[1]) Mit einer solchen rechtlichen Anerkennung der ausländischen Gesellschaft tritt von selbst ihre Zulassung zum Geschäftsbetrieb in Frankreich ein, so daß dieselbe — abgesehen von den Lebensversicherungsgesellschaften, welche ohne Ausnahme, ob sie im Inlande oder Auslande ihren Sitz haben, der besonderen staatlichen Genehmigung bedürfen,[2]) ohne Weiteres als ermächtigt gilt, ihre Geschäfte gleich einer inländischen Gesellschaft zu betreiben. Einer nicht anerkannten ausländischen Gesellschaft können zwar seitens der Verwaltungsbehörden nur geringfügige Hindernisse bereitet werden;[3]) dagegen wird ihr von den französischen Gerichten das Recht versagt, als Klägerin aufzutreten;[4]) streitig ist nur, ob sie nicht als société de fait auf Grund des Artikels 14 des Code civil von Franzosen verklagt werden kann, was entgegen der Ansicht des Kassationshofes von einzelnen französischen Gerichten zugelassen wird.[5]) Für den besonderen Fall, daß eine ausländische Aktiengesellschaft in Frankreich eine Zweigniederlassung errichten will, stehen sich zur Zeit noch zwei Ansichten unvermittelt gegenüber. Die strengere Meinung nimmt an, daß die Gesellschaft allen Bedingungen genügen muß, welche das französische Gesetz für die Neugründung einheimischer Aktiengesellschaften aufstellt, während die mildere Meinung nur die Vorschriften, welche für die Errichtung von Zweigniederlassungen französischer Gesellschaften bestehen, für anwendbar erklärt.[6]) Einig ist man nur darüber, daß jedenfalls die Vorschriften des französischen Rechts allein entscheidend sind, wenn die Gesellschaft ihren Sitz nur zum Schein im Auslande genommen hat, um unter Benutzung der minder strengen Normativbedingungen des fremden Staates Frankreich durch Zweigniederlassungen auszubeuten, sowie ferner, daß für die Emission neuer Aktien in Frankreich seitens der ausländischen Gesellschaft die Vorschriften des französischen Rechts beobachtet werden müssen. Die französische Gesetzgebung ist

der Regierung Rechtsbeständigkeit erlangen. Journal des sociétés civiles et commerciales 1881 pag. 50 ff., 106 ff., 312 ff.; 1882 pag. 32 bis 35. Anderer Ansicht sind Renault in demselben Journal 1880 pag. 152, Révue critique 1881 Juillet; Lyon-Caën, De la condition légale des sociétés étrangères en France 1870 No. 25, 26. Lescoeur, Essai historique et critique sur la législation des sociétés commerciales en France et à l'étranger 1877 No. 154 ff.; Rousseau, des sociétés commerciales et étrangères t. II 1873 No. 2137; Buchère in Clunet, Journal du droit international privé 1882 pag. 35 bis 54. Für die Thallersche Ansicht hat sich neuerdings der Appellationsgerichtshof zu Paris in seinem Urtheil vom 9. Juli 1881 erklärt.

[1]) Vergl. Arrêt de la cour de cassation vom 19. Mai 1863 bei Sirey, Réceuil périodique 1863 I pag. 353. Solche Dekrete sind für die meisten Länder ergangen, s. Rivière, Codes franç. et lois usuelles 1881 II pag. 446 Anm. 2.

[2]) Gesetz vom 24. Juli 1867 Art. 66.

[3]) Vergl. z. B. Lyon-Caën a. a. O. Nr. 8 ff.

[4]) Vergl. u. A. Arrêt de la cour de cassation vom 19. Mai 1863, Sirey, Réceuil périodique 1863 I pag. 353 sqq.; Arrêt de la cour de cassation vom 14. November 1864, Sirey, Réceuil 1865 I pag. 135; Lyon-Caën a. a. O. Nr. 63 ff.; Rousseau a. a. O. Nr. 2133 ff.; Lescoeur a. a. O. Nr. 150 bis 152.

[5]) Arrêt de la cour d'appel d'Aix vom 17. Januar 1861, Sirey, Réceuil 1861 II pag. 325; Arrêt de la cour d'appel de Paris vom 15. Mai 1863, Sirey, Réceuil 1863 I pag. 353 not. a; Arrêt de la cour de cassation vom 10. April 1863, Sirey, Réceuil 1863 I pag. 353.

[6]) Vergl. Vavasseur in Clunet, Journ. du droit internat. 1875 p. 345; Foelix, Droit internat. privé I p. 31; Lyon-Caën a. a. O. Nr. 45 ff., Nr. 88 ff.; Dalloz, Jurispr. gén. s. v. sociétés No. 1278.

jedoch noch nicht zu einem Abschluß gediehen, vielmehr ist in der vom Justizminister zur Revision des Gesetzes vom 24. Juli 1867 einberufenen außerparlamentarischen Kommission auch die Frage über die Stellung der ausländischen Gesellschaften in Frankreich zur Anregung gekommen. Eine Entscheidung der Kommission ist noch nicht bekannt geworden.[1])

2. Rechtliche Anerkennung, aber Versagung des Gewerbebetriebes.

2. Die zweite, ungleich mildere und in der Mehrzahl der Staaten vertretene Auffassung über die Stellung ausländischer Aktiengesellschaften unterscheidet im Wesentlichen die Rechts- und Handlungsfähigkeit der Aktiengesellschaft des Auslandes von der gewerbepolizeilichen Zulassung derselben zum Geschäftsbetriebe im Inlande. Die Rechtsentwickelung neigt sich zur rechtlichen Anerkennung der ausländischen Gesellschaften, während das wirthschaftliche Interesse sie von dem Gewerbebetriebe auszuschließen und die inländischen Aktiengesellschaften gegen deren Konkurrenz zu schützen sucht. Allerdings weichen im Einzelnen die Staaten von einander ab.

Großbritannien.

Großbritannien hat allgemein den Grundsatz anerkannt, daß ausländische Korporationen mit Einschluß der Aktiengesellschaften die Rechtsfähigkeit und Rechtsbeständigkeit im Vereinigten Königreich beanspruchen können,[2]) und hat denselben auch in mehreren völkerrechtlichen Vereinbarungen zur Geltung gebracht, insbesondere mit Frankreich, Belgien, Italien und Deutschland,[3]) so daß die Aktiengesellschaften dieser Länder in privatrechtlicher Beziehung den gleichen Schutz, wie die einheimischen genießen.[4]) Bezüglich der Frage, inwieweit ausländische Aktiengesellschaften eine Zweigniederlassung unter ihrer Firma in England errichten können, fehlt es an besonderen Vorschriften; indem man davon ausgeht, daß eine englische Gesellschaft, welche im Auslande Geschäfte betreibt, rücksichtlich dieser den Gesetzen des Auslandes unterworfen sei, nimmt man an, daß auf Zweigniederlassungen ausländischer Gesellschaften die Wohlthaten des englischen Rechts nicht angewendet werden können.[5])

Belgien.

Das belgische Gesetz vom 18. Mai 1873 erkennt nicht blos die im Auslande errichteten Aktiengesellschaften rechtlich an, sondern gestattet ihnen auch, in Belgien ihre Geschäfte zu betreiben (faire leurs opérations). Errichten ausländische Gesellschaften eine Zweigniederlassung, so haben sie sich den dort geltenden Vorschriften über die Veröffentlichung des Gesellschaftsvertrages und der Bilanz zu unterwerfen, und sich in Gemäßheit des Artikels 66 des erwähnten Gesetzes in allen Schriftstücken, Fakturen und Veröffentlichungen als anonyme Gesellschaft zu bezeichnen.[6])

Niederlande.

In den Niederlanden ist die Stellung ausländischer Gesellschaften durch ein ausdrückliches Gesetz nicht geregelt. Die

[1]) Vergl. Journal des sociétés civiles et commerciales 1882 p. 244 248 sqq.

[2]) Selim, Aperçu de la loi anglaise 1880 p. 108 sq.: Buckley, Law and practice under the companies acts 1875 p. 4 f.; Thring, the law and practice of Joint-Stock and other publ. comp. (III. edition by Fitzgerald) p. 91 ff.: Foote, a concise treatise on priv. intern. Jurisprudence, based on the decisions in the english courts 1878 p. 71 ff., p. 77 ff; Foote bei Clunet, Journal du droit internat. privé 1882 p. 473 sqq.

[3]) Abgedruckt bei Buckley S. 644.

[4]) Vergl. Keyßner im deutschen Handelsblatt Bd. 3. S. 129; Lesse in Busch, Archiv Bd. 29 S. 21.

[5]) „That a foreign partnership actually complete and existing in a foreign country no could be brought within the pourview of the English Act of Parliament." Vergl. Foote a. a. O. S. 78, sowie bei Clunet a. a. O. S. 487 und die übrigen oben S. 186 Anmerk. 4 zitirten Schriftsteller.

[6]) Art. 128 bis 130.

Rechtsprechung war ursprünglich schwankend und nahm zum Theil an, daß auch ausländische Gesellschaften zu ihrer Rechtsfähigkeit einer Königlichen Ermächtigung bedürften. Diese Ansicht wurde im Jahre 1866 von dem höchsten Gerichtshof (hooghe Raad) verworfen, und seit dieser Zeit haben die Niederlande mehrfach Verträge mit anderen Staaten abgeschlossen, wonach den anonymen Gesellschaften das Recht „d'ester en justice" ausdrücklich zugesichert wurde.[1])

Italien.

Das in Italien früher geltende Recht enthielt Vorschriften über ausländische Aktiengesellschaften nicht. Die Rechtsprechung ging jedoch davon aus, daß eine fingirte Person hinsichtlich der Beurtheilung ihrer Rechtsfähigkeit keinen anderen Vorschriften, als eine physische Person unterworfen sei.[2])

Auch in dem neuesten italienischen Handelsgesetzbuch ist dieser Grundsatz insofern anerkannt worden, als er die Errichtung von Zweigniederlassungen ausländischer Aktiengesellschaften zuläßt, dieselben nur den Vorschriften des Gesetzes über die Hinterlegung und Veröffentlichung der Statuten unterwirft[3]) und ihre Verwalter Dritten gegenüber, wie die Vorstände einheimischer Gesellschaften, verantwortlich macht.

3. Besondere Regelung der Stellung ausländischer Aktiengesellschaften in Oesterreich-Ungarn.

3. Eine besondere Stellung in der voliegenden Frage nehmen die Gesetzgebungen von Oesterreich und Ungarn ein, insofern sie die Rechtslage der ausländischen Gesellschaften bis in die Einzelheiten geregelt haben.

Oesterreich.

Die Kaiserliche Verordnung vom 29. November 1865[4]) macht für Oesterreich die Zulassung ausländischer Aktien- und Kommanditgesellschaften auf Aktien zum Geschäftsbetriebe in Oesterreich mit Ausnahme der Versicherungsgesellschaften von folgenden Voraussetzungen abhängig:

a) Die Gesellschaft muß in dem Staate, in welchem sie rechtsgültig entstanden ist, einen regelmäßigen Geschäftsbetrieb unterhalten;
b) in diesem Staate muß in Betreff der österreichischen Aktiengesellschaften oder Kommanditgesellschaften auf Aktien Gegenseitigkeit bestehen;
c) der Zweck und die Statuten der ausländischen Gesellschaft dürfen den für die Sicherheit des Verkehrs maßgebenden Grundsätzen der österreichischen Gesetze nicht zuwiderlaufen;
d) die Gesellschaft muß sich statutenmäßig verpflichten, bei der Ausübung ihres Geschäftsbetriebes in Oesterreich den österreichischen Gesetzen, insbesondere den Bestimmungen der Verordnung vom 29. November 1865 nachzukommen;
e) die Entscheidung über das Vorhandensein dieser Voraussetzungen steht den Behörden zu, welchen betreffs der österreichischen Aktiengesellschaften die Prüfung und Konzessionsertheilung obliegt. Die Zulassung der ausländischen Gesellschaft kann für die ganze statutenmäßige Dauer der letzteren oder für einen kürzeren Zeitraum ausgesprochen werden. Statutenänderungen unterliegen der behördlichen Prüfung und müssen in Oesterreich bekannt gemacht werden;
f) die ausländische Gesellschaft hat eine von der österreichischen Regierung zu genehmigende Repräsentanz zu bestimmen, welche ihren Wohnsitz in Oesterreich zu nehmen und die Gesellschaft gerichtlich und außergerichtlich zu vertreten hat. Dieselbe muß sich bezüglich der in Oesterreich geschlossenen Geschäfte den österreichischen Gesetzen unterwerfen;
g) die Repräsentanz hat der politischen Landesstelle innerhalb der ersten drei Monate eines jeden Geschäftsjahres

die Protokolle der abgehaltenen Generalversammlungen, die Generalbilanz der Gesellschaft und die Spezialbilanz von den in Oesterreich geführten Geschäften und daselbst besessenen Betriebsanlagen,

zu überreichen.

Die Wirksamkeit der Zulassungserklärung erlischt:

1. wenn der Geschäftsbetrieb in Oesterreich nicht binnen sechs Monaten nach erfolgter Zulassung eröffnet oder wenn er über drei Monate eingestellt wird;
2. wenn die Gesellschaft in dem Heimathstaate zu bestehen aufhört oder ihre Rechtsfähigkeit verliert;
3. mit Ablauf der Zeit, für welche die Zulassung erfolgt ist.

Die Zulassung kann widerrufen werden:

wenn der Heimathstaat der Gesellschaft in der Beobachtung der Gegenseitigkeit für österreichische Gesellschaften gleicher Art eine nachtheilige Aenderung eintreten läßt; oder

wenn die ausländische Gesellschaft sich Uebertretungen der Verordnung vom 29. November 1865 zu Schulden kommen läßt.

Ungarn.

Nach dem ungarischen Handelsgesetzbuche[1]) können auswärtige Aktiengesellschaften in den Ländern der ungarischen Krone Geschäfte unter eigener Firma durch Zweigniederlassung oder Agentschaft unter folgenden Bedingungen betreiben:

1. Sie haben vor Beginn des Geschäftsbetriebes ihre Firma bei dem Gerichtshofe eintragen zu lassen, in dessen Sprengel sie eine Zweigniederlassung oder Agentschaft zu errichten beabsichtigen.
2. Dem Gesuche um Eintragung müssen die Statuten und der Nachweis beigefügt sein, daß
   a) die Gesellschaft sich den Gesetzen ihres Landes gemäß konstituirt hat und thatsächlich Geschäfte betreibt;
   b) das zur Führung ihrer Geschäfte in Ungarn bestimmte Kapital in Ungarn angelegt ist;
   c) sie sich in ihren Geschäften in Ungarn den Vorschriften des ungarischen Handelsgesetzbuchs unterwirft und sich verpflichtet, die Rechtshandlungen ihrer Vertretung in Ungarn anzuerkennen;
   d) die Vertretung zur gültigen Zeichnung der Firma der Zweigniederlassung der Gesellschaft berechtigt;
   e) sie sich in allen aus den von der Vertretung geschlossenen Geschäften entstehenden Streitsachen den ungarischen Gesetzen und Gerichten unterwirft;
   f) der ausländische Staat, in welchem die Gesellschaft errichtet ist, den ungarischen Aktiengesellschaften gegenüber Reziprozität beobachtet.

Vom Registerrichter ist neben der erfolgten Eintragung die Vertretung der Gesellschaft für Ungarn und der Betrag des in Ungarn angelegten Kapitals zu veröffentlichen. Ueber die in Ungarn geschlossenen Geschäfte müssen besondere Bücher geführt und dem kompetenten Gerichtshofe die Generalversammlungsprotokolle, die Hauptbilanz und die Spezialbilanz über die ungarischen Geschäfte binnen zwei Monaten

---

[1]) Vergl. Hingst in der Revue du droit internat. Bd. 13 S. 401 ff., 406 ff.

[2]) Urtheil des Appellationsgerichtshofes in Rom vom 7. Februar 1872 bei Fiore, droit internat. privé (edit. de Pradier-Fodéré 1875 p. 639).

[3]) Art. 230, 231.

[4]) Reichsgesetz- und Regierungsblatt S. 363.

[1]) §§. 210 bis 217.

nach der Generalversammlung vorgelegt und beide Bilanzen in den Gesellschaftsblättern veröffentlicht werden.

Beschlüsse der Generalversammlung über Aenderung des Gegenstandes der Unternehmung, Auflösung der Gesellschaft oder Fusion gelten für Ungarn erst mit der erfolgten Eintragung in das Handelsfirmenregister.

Die Löschung der Gesellschaft in letzterem kann erfolgen, wenn nachgewiesen wird, daß die Gesellschaft ihren Geschäftsbetrieb im Heimathsstaate eingestellt hat oder des Verfügungsrechts über ihr Vermögen verlustig gegangen ist, wenn sie keine inländische Repräsentanz bestellt hat oder ihrer Verbindlichkeit betreffs der Buchführung und Vorlegung der Generalversammlungsprotokolle wie der Bilanzen nicht nachkommt, der Heimathstaat die Grundsätze der Reziprozität verletzt, gegen die Gesellschaft oder deren ungarische Zweigniederlassung eine Exekution fruchtlos ausgefallen ist oder die Gesellschaft das zur Führung des Geschäftsbetriebes in Ungarn angelegte Kapital ganz oder theilweise aus Ungarn gezogen hat.

B. Geltendes Recht in Deutschland.

Für Deutschland kann es als ein dem bürgerlichen Rechte der einzelnen Bundesstaaten gemeinsamer Grundsatz bezeichnet werden, daß die Rechts- und Handlungsfähigkeit einer auswärtigen Aktien- oder Kommandit-Aktiengesellschaft nach den Gesetzen des Staates, in welchem sie ihren Sitz hat, zu beurtheilen beziehungsweise anzuerkennen ist.[1] In Elsaß-Lothringen gilt landesrechtlich noch das oben zu 1 besprochene französische Recht.[2])

Mit Rücksicht auf jenen Zustand des bürgerlichen Rechts enthielt man sich bei Abfassung des Handelsgesetzbuchs[3]) rücksichtlich der auswärtigen Gesellschaften, abgesehen von den die Zweigniederlassungen der letzteren umfassenden Artikeln 179, 212, jedes gesetzlichen Eingriffs, da, soweit die Landesgesetzgebung nicht ein Anderes bestimme, in der Anerkennung der civilen Rechtsbeständigkeit einer auswärtigen Gesellschaft auch in dem Falle kein Bedenken gefunden wurde, daß nach dem Rechte des Heimathstaates die Gründung von Aktiengesellschaften nicht von einer staatlichen Genehmigung abhängig wäre, und weil, zum Unterschiede von der privatrechtlichen Anerkennung, die Zulassung zum Gewerbebetriebe wesentlich staatspolizeilicher Natur sei, deren Entscheidung nicht in das Handelsgesetzbuch gehöre.[4])

Was den Gewerbebetrieb ausländischer Gesellschaften betrifft, so hat §. 12 der Gewerbeordnung vom 21. Juni 1869[5]) es lediglich bei den, meist die Zulassung beschränkenden landesgesetzlichen Vorschriften belassen.

Ebenso hat §. 3 der Novelle zum Handelsgesetzbuch vom 11. Juni 1870 die landesgesetzlichen Vorschriften, nach welchen der Gegenstand des Unternehmens von — inländischen oder ausländischen — Gesellschaften, z. B. von Versicherungs- oder Eisenbahngesellschaften, der staatlichen Genehmigung bedarf und das Unternehmen der staatlichen Beaufsichtigung unterliegt, aufrechterhalten.

---

1) Entsch. des preuß. Ober-Tribunals Bd. 20 S. 326 und des R. O. H. G. Bd. 22 S. 147. 148; Verordn. des Königl. sächsischen Justizministeriums vom 4. April 1862 (Goldschmidt, Zeitschr. Bd. 6 S. 581).

2) Vergl. Ministerial-Erlaß vom 11. März 1881 — Nr. 62 der Elſ.-Lothr. Ztg. — und Ministerial-Erlaß vom 16. Mai 1881 — Nr. 118 des Elſ. Journals —. Vergl. auch die gesetzliche Stellung der französischen Aktiengesellschaften, insbesondere der Versicherungsgesellschaften in Elsaß-Lothringen. Denkschrift der Rechtsanwälte Schneegans, Kaufmann und Leiber 1881. Journal du droit internat. privé 1882 p. 130 bis 153. 209 bis 214. 260 bis 270. Urth. vom 14. April 1882; Entsch. des Reichsgerichts in Civilsachen Bd. 6 S. 134. Révue du droit internat. Bd. 14 p. 220.

3) Protokolle S. 371.

4) Hier zuerst wurde diese Unterscheidung mit Klarheit hervorgehoben. Vergl. übrigens Renaud a. a. O. S. 193, 645; Anschütz und v. Völderndorff, Komm. I S. 180 ff.

5) Bundes-Gesetzblatt S. 248.

In Verfolg dieser Unterscheidung haben auch die vom Deutschen Reich mit der Schweiz,[1]) Großbritannien,[2]) Belgien[3]), Italien[4]), Serbien[5]) und Spanien[6]) abgeschlossenen Vereinbarungen nur die rechtliche Anerkennung der gegenseitigen Aktiengesellschaften geregelt, dagegen die Vorschriften der einzelnen Landesgesetze über die Befugniß zum Geschäftsbetriebe, sowie über die wegen des Gegenstandes des Unternehmens erforderliche staatliche Konzession und Aufsicht unberührt gelassen. Dasselbe findet sich in Artikel 19 der Handelsverträge mit Oesterreich-Ungarn vom 16. Dezember 1878[7]) und vom 23. Mai 1881[8]) ausgesprochen.

III. Stellung des Entwurfs.

1. Im Allgemeinen.

Der Entwurf hält eine Aenderung des bestehenden Rechtszustandes im Allgemeinen nicht für geboten; denn durch denselben erscheinen bei freier Anerkennung der Grundsätze des internationalen Privatrechts die einheimischen Interessen ausreichend gewahrt.

Zunächst kann es keinem Zweifel unterliegen, daß Aktiengesellschaften, welche, wenngleich von Ausländern im Auslande gegründet, ihren Sitz im Reichsgebiete nehmen, als inländische Gesellschaften zu gelten haben und daher in jeder Beziehung den Bestimmungen des deutschen Rechts unterworfen sind.[9])

Ebenso unbedenklich kann die Frage, inwieweit eine ausländische Aktiengesellschaft im Reichsgebiete als Rechtssubjekt anzuerkennen ist, wie bisher dem bürgerlichen Recht überlassen bleiben. Wenn demzufolge, nach dem oben erwähnten Landesrecht, im Allgemeinen die Rechtspersönlichkeit dieser Gesellschaften und ihre Befugniß, vor Gericht aufzutreten, Anerkennung findet, so schützt gegen Ausschreitungen und eine Umgehung der einheimischen Gesetzgebung durch ausländische Gesellschaften nach wie vor die Bestimmung in §. 12 der Gewerbeordnung und in Elsaß-Lothringen das Gesetz vom 30. Mai 1857. Die einzelnen Bundesstaaten sind danach in der Lage, die Garantien zu bestimmen, welche sie zum Schutze ihrer Angehörigen gegenüber dem Gewerbebetriebe durch ausländische Gesellschaften für erforderlich erachten[10]) oder den Gewerbebetrieb derselben sogar von ihrem Gebiete auszuschließen. Auch verbleibt es dabei, daß die zum Gewerbebetrieb zuzulassenden ausländischen Gesellschaften sich den dafür bestehenden landesgesetzlichen Vorschriften unterzuordnen haben; und dies gilt namentlich von den Vorschriften, welche mit Rücksicht auf den Gegenstand des Unternehmens die staatliche Genehmigung und Aufsicht bedingen. Deshalb darf auch der Registerrichter, wie der Entwurf in Anerkennung dieser Grundsätze ausdrücklich anordnet, in dem

---

1) Bundesraths-Drucks. 1869 Nr. 102, Prot. §§. 289. 318,

2) Centralblatt für das Deutsche Reich 1874 S. 143; Bundesraths-Drucksache Nr. 83 Prot. §. 293 von 1873.

3) Centralblatt für das Deutsche Reich 1873 S. 380; Bundesraths-Drucks. Nr. 166 Prot. §. 568 von 1873.

4) Centralblatt für das Deutsche Reich 1873 S. 288; Bundesraths-Drucks. Nr. 144 Prot. §. 527 von 1873. Vgl. auch Handels- und Schifffahrtsvertrag zwischen dem deutschen Reich und Italien vom 4. Mai 1883 (R. G. B. S. 109) Art. II. und Schlußprotokoll zu diesem.

5) Handelsvertrag zwischen dem deutschen Reich und Serbien vom 6. Januar 1883 (R. G. Bl. S. 41) Art. 2 und Schlußprotokoll zu diesem.

6) Handels- und Schiffahrtsvertrag zwischen dem deutschen Reich und Spanien vom 12. Juli 1883 (R. G. Bl. S. 307) Art. 4.

7) Reichs-Gesetzbl. S. 371. Vergl. noch Bundesraths-Drucks. Nr. 7 und Prot. §. 333 von 1872.

8) Reichs-Gesetzbl. S. 129. In Serbien können jedoch deutsche Aktiengesellschaften ihr Gewerbe ausüben. Vgl. Schlußprotokoll zu Art. II.

9) Renaud a. a. O. 2. Aufl. S. 192.

10) Allgemeine Bestimmungen finden sich nur in dem bremischen Einf. Ges. zum H. G. B. vom 6. Juni 1864 §§. 23 bis 25, in dem hamburgischen vom 22. Dezember 1865 §. 28 und in dem württembergischen vom 13. August 1865.

Falle, daß der Gegenstand des Unternehmens oder die Zulassung zum Gewerbebetriebe im Inland der staatlichen Genehmigung bedarf, die Eintragung einer Zweigniederlassung vor dem Nachweis dieser Genehmigung nicht vornehmen.

2. Zweigniederlassungen.

Auch im Uebrigen und allgemein muß der Fall, daß ausländische Gesellschaften Zweigniederlassungen innerhalb des Deutschen Reichs errichten, näher erwogen werden.

In diesem Falle war das bisherige Recht unzureichend oder gab wenigstens zu Zweifeln Anlaß.

Der Artikel 212, welcher in der bisherigen Fassung zwischen inländischen und ausländischen Gesellschaften nicht unterscheidet, verwies wegen der Anmeldung behufs Eintragung der Zweigniederlassung in das Handelsregister lediglich auf die in Artikel 210 Absatz 2 und 3 der bisherigen Fassung bezeichneten Angaben, ohne die durch das Gesetz vom 11. Juni 1870 zum Ersatz der Staatsgenehmigung eingeführten Kautelarvorschriften des Artikels 210a zu erwähnen. Es fragte sich daher, ob die Beobachtung der letzteren zur Eintragung der Zweigniederlassung einer ausländischen Gesellschaft nachgewiesen werden mußte oder gänzlich unterbleiben konnte. Rücksichtlich der Zweigniederlassungen einer inländischen Gesellschaft fand die Frage durch Artikel 211 und 21 ihre völlige Lösung. Denn nach Artikel 211 Satz 1 besteht vor erfolgter Eintragung in das Handelsregister die Aktiengesellschaft als solche nicht, und nach Artikel 21 Absatz 3 des Handelsgesetzbuchs findet die Eintragung bei dem Handelsgericht der Zweigniederlassung nicht statt, bevor nachgewiesen ist, daß die Eintragung bei dem Handelsgericht der Hauptniederlassung geschehen ist. Hierdurch wurde für inländische Gesellschaften die Befolgung der die Eintragung der Hauptniederlassung bedingenden Vorschriften des Artikels 210a gesichert. Die Vorschrift des Artikels 211 konnte dagegen, der oben dargelegten Auffassung gemäß, auf ausländische Gesellschaften nicht ausgedehnt werden, der Vorschrift des Artikels 21 aber würden dieselben nur selten genügen können, und wenn sie es auch formell könnten, insofern als in dem ausländischen Staate ein Handelsregister bestände und in dasselbe die Hauptniederlassung eingetragen wäre, so würde diese Eintragung der Hauptniederlassung jedenfalls unter anderen Bedingungen erfolgt sein, als das deutsche Recht aufstellt. Man hat deshalb schon unter der Herrschaft des bisherigen Rechts angenommen, daß von den ausländischen Gesellschaften nicht der Nachweis einer Eintragung ihrer Hauptniederlassung in dem Heimathstaate, sondern der Nachweis zu verlangen sei, daß sie nach der Gesetzgebung ihres Staates in rechtsbeständiger Weise entstanden und dort zum selbständigen Gewerbebetrieb zugelassen seien. Verlor somit für die Zweigniederlassungen ausländischer Gesellschaften der Artikel 210a seine mittelbare Geltung, so bildete sich auf der einen Seite die Auffassung, daß, in Gemäßheit des Artikels 212 und auf Grund der Anerkennung der rechtlichen Existenz der Gesellschaft, ohne Weiteres die Eintragung der Zweigniederlassung in das diesseitige Handelsregister erfolgen könne. Auf der anderen Seite unterschied man die Existenz der Gesellschaft von dem staatlichen Schutze, den die Eintragung der Zweigniederlassung in das Handelsregister gewähre, und suchte dem Artikel 210a unmittelbar dahin Geltung zu verschaffen, daß man folgerte: die Anerkennung der ausländischen Gesellschaft als Rechtssubjekt könne ihr kein Vorrecht vor den einheimischen Gesellschaften beilegen, und da es unthunlich sei, die hiesige Niederlassung als Zweigniederlassung nach Maßgabe des Artikels 21 Absatz 3 zu behandeln, so sei ihre Eintragung in das inländische Handelsregister, gleich als ob es sich um eine Hauptniederlassung handle, von der Erfüllung der für diese gegebenen Normativbestimmungen abhängig; die letzteren würden sonst willkürlich dadurch vereitelt werden können, daß diejenigen Gesellschaften, welche sich ihnen nicht fügen wollen, ihre Hauptniederlassung thatsächlich oder vorgeblich in das Ausland verlegen und im Inland eine Zweigniederlassung errichten.[1])

Diese Erwägungen erscheinen vom gesetzgeberischen Standpunkt gewiß beachtenswerth, und der Entwurf trägt ihnen durch die Erweiterung der nach der jetzigen Fassung des Artikels 210c Absatz 2 zu machenden Angaben Rechnung.

Soll indeß in den Rechtssatz, daß die Existenz der nach ausländischem Recht gebildeten Gesellschaft im Inland anzuerkennen sei, nicht eingegriffen werden, so wird man nicht verlangen können, daß die Bildung derselben, soweit die darauf bezüglichen inländischen Vorschriften abweichen, nach diesen nachgeholt werde. Es müssen daher die Voraussetzungen außer Betracht bleiben, welche das diesseitige Recht für die Errichtung einer Gesellschaft materiell und formell aufstellt, und insbesondere läßt sich nicht ein Nachweis darüber fordern, ob das Grundkapital durch Zeichnung und eine Einzahlung gesichert sei, die Zeichnungsscheine den Vorschriften des Artikels 209d entsprechen, die Prüfung des Gründungshergangs durch die Organe der Gesellschaft bewirkt, die Errichtung der Gesellschaft in Gemäßheit des Artikels 209c oder im Falle der Sukzessivgründung in einer gerichtlichen konstituirenden Versammlung (Art. 210a) erfolgt sei u. s. w. Wohl aber kann und muß als Bedingung für die Eintragung der inländischen Zweigniederlassung einer nach dem Recht des Auslandes gültig errichteten ausländischen Gesellschaft die thunlichste Offenlegung des Hergangs ihrer Gründung verlangt werden. Außer der bisher vorgesehenen Angabe des Datums und der Essentialien des Gesellschaftsvertrages — Firma und Sitz der Gesellschaft, Gegenstand und Zeitdauer des Unternehmens, Höhe des Grundkapitals, Höhe und Art der Aktien, Form der Zusammenberufungen und Bekanntmachungen — fordert der Entwurf deshalb in den Artikeln 179 Abs. 2, 212 Abs. 3 die Angaben bezüglich verschiedener Gattungen von Aktien, die Angabe, ob und in welchem Umfang besondere Vortheile für einzelne Aktionäre bedungen, auf das Grundkapital Anlagen oder sonstige Vermögensstücke eingelegt oder übernommen oder Aufwendungen gemacht sind, ferner die Angabe über die als Gründer anzusehenden Personen und die Gesellschaftsorgane, sowie darüber, ob die Aktien sämmtlich von den Gründern übernommen sind. Diese Angaben erschöpfen im Wesentlichen das für die Kreditwürdigung Wissenswerthe, namentlich für die weniger durchsichtige Form der qualifizirten Gründung. Sie erfolgen unter der Verantwortlichkeit der sämmtlichen Mitglieder des Vorstandes. Fehlt eine der zu machenden Angaben, so unterbleibt die Eintragung; sind sie unrichtig, so treten die civilrechtlichen und strafrechtlichen Folgen ein, wie sie vom Entwurf normirt sind. Im Allgemeinen muß dies genügen. Eine Prüfung der Richtigkeit der Angaben kann dem Registerrichter nicht auferlegt werden, um so weniger, als ihm dies nicht einmal behufs Eintragung einer Hauptniederlassung obliegt, wohl aber fällt es ihm zu, nach jeder Richtung auf die Vollständigkeit der Angaben zu dringen.

Sollte trotz dieser Regelung das inländische Publikum nicht ausreichend vor der Zulassung von Zweigniederlassungen unsolider im Auslande gegründeter Gesellschaften oder vor einem unsoliden Geschäftsbetriebe von Zweigniederlassungen

[1]) Vergl. über die Frage: Agricola in Siebenhaars Archiv für deutsches Wechsel- und Handelsrecht Bd. 12 S. 318; Makower, Komm. zum Handelsgesetzbuch zu Art. 21 Anm. 18c; Erk. des obersten österr. Gerichtshofes vom 4. August 1864 in Goldschmidts Zeitschr. Bd. 8 S. 553 ff.; die Verfügung des Königlich sächs. Justizministeriums vom 4. April 1862 in Goldschmidts Zeitschr. Bd. 6 S. 581 und die Einführungsgesetze zum Handelsgesetzbuch von Bremen §. 8, Hannover §. 9, Mecklenburg §. 14, Hamburg §. 8, Holstein, Schleswig, Lauenburg §. 8, §. 20.

ausländischer Gesellschaften geschützt sein, so bliebe der Landesgesetzgebung immer noch das in §. 12 der Gewerbeordnung vorbehaltene Mittel übrig, solchen Mißständen Abhülfe zu schaffen.

Für die Zuständigkeit der inländischen Gerichte wegen der Streitigkeiten aus den von der inländischen Zweigniederlassung geschlossenen Geschäften hat §. 22 der Civilprozeßordnung Vorsorge getroffen.

3. Beschränkung des Börsenhandels mit Aktien.

Nur die Frage bleibt noch in Erwägung zu ziehen, ob es sich nicht empfehlen möchte, den Handel an der Börse mit Aktien ausländischer Gesellschaften, welche den Vorschriften des Entwurfs über die Errichtung von Aktien- bezw. Kommandit-Aktiengesellschaften nicht entsprechen, im Wege der Gesetzgebung ausdrücklich auszuschließen oder zu beschränken.

Auch in dieser Beziehung finden sich Vorgänge in der ausländischen Gesetzgebung bei allgemeiner Regelung des Börsenverkehrs und des Börsenhandels mit Effekten.

In Frankreich, wo die Börsenverhältnisse schon frühzeitig im Wege des Gesetzes geregelt wurden, war ursprünglich der Handel an der Börse mit anderen Effekten, als mit inländischen Staatsschuldscheinen (effets royaux) und Wechseln verboten.[1]) Später wurde dieses Verbot für Staatspapiere[2]) und Eisenbahnaktien[3]) aufgehoben, doch wurde der Börsenhandel gewissen Kautelarvorschriften unterworfen, die zuletzt durch das Dekret vom 8. Februar 1880 neu bestimmt und verallgemeinert sind.[4])

Hiernach ist in Anlehnung an die früher bezüglich der inländischen Papiere ergangenen Vorschriften,[5]) die Zulassung des Handels mit ausländischen Aktien oder sonstigen Werthpapieren an der Börse in das Ermessen der chambre syndicale des agents de change gestellt, welche letztere den Handel allein vermitteln dürfen. Mit dem Gesuch um Zulassung sind der Kammer alle auf die Entstehung der ausländischen Aktiengesellschaft bezüglichen Papiere vorzulegen und nachzuweisen, daß die Gesellschaft in ihrem Heimathslande gültig errichtet und daß deren Aktien offiziell zum Kurse an der heimathlichen Börse zugelassen sind. Die Kammer ist befugt, sich alle sonstigen Aufklärungen zu verschaffen. Gesetzlich ausgeschlossen ist der Handel mit ausländischen Aktien, welche den von der französischen Gesetzgebung vorgesehenen Minimalbetrag (100 bezw. 500 Frcs.) nicht erreichen oder welche nicht bis zu einem Viertheil eingezahlt sind. Außerdem kann der Finanzminister jeder Zeit den Handel in einem ausländischen Werthpapier untersagen. Der Ausschluß bezieht sich jedoch nur auf den Handel an der Börse, nicht aber wird durch das Verbot das einzelne Rechtsgeschäft ungültig.[6]) Neuerdings hat der Zusammenbruch der Aktiengesellschaft „Union générale" wieder die Meinung bekräftigt, daß die vorgedachten Bestimmungen keinen ausreichenden Schutz gewähren, und es sind zur Verstärkung desselben mehrfache Vorschläge dem gesetzgebenden Körper gemacht, ohne daß bis jetzt ein Beschluß zu Stande gekommen ist.[1]) Auch seitens der vom Justizminister berufenen außerparlamentarischen Kommission behufs Revision des Gesetzes vom 24. Juli 1867 ist die Frage zur Berathung gestellt,[2]) ein Beschluß indeß noch nicht bekannt geworden.

Ingleichen liegt an der Londoner Börse die Zulassung von inländischen und ausländischen Werthen zum Handel in der Kompetenz des Börsenvorstandes (Committee for general purposes). Die endgültige Entscheidung desselben erfolgt, nachdem der Sekretär des Share and Loan Department das Material gesammelt und die sonstigen vorbereitenden Schritte gethan hat. Das Gesuch um Zulassung, welches mindestens von einem Makler unterzeichnet sein muß, wird von dem Sekretär bekannt gemacht und das Publikum durch die Presse hiervon in Kenntniß gesetzt, um etwaige Einwendungen anzubringen. Für die Zulassung von Aktien zum Kurse sind strenge Bedingungen in Bezug auf Größe des Unternehmens, Oeffentlichkeit des Prospekts, Zeichnung und Einzahlung des Grundkapitals und gewisse Bestimmungen in den Statuten aufgestellt, für auswärtige Aktiengesellschaften wird in der Regel außerdem noch verlangt, daß sie an ihren heimathlichen Börsen Eingang in den offiziellen Kurszettel gefunden haben.[3]) Wenngleich in den 16 Jahren 1862 bis 1877 einer Zahl von etwa 100 Gesellschaften die offizielle Anerkennung gänzlich oder zum Theil versagt wurde, ist das Komitee in vielen Fällen doch nicht vor Täuschungen und das Aktienwesen in England nicht vor Excessen bewahrt worden.[4])

Immerhin mögen diese gesetzgeberischen Versuche den Weg zeigen, welchen der Staat gegenüber den Ausschreitungen auf diesem Gebiete der materiellen Interessen einzuschlagen hat. Aber es geht zugleich aus ihnen hervor, daß die aufgeworfene Frage bei ihrer handelspolitischen Tragweite nur in dem Rahmen eines umfassenden Börsengesetzes für alle an der Börse zum Handel kommenden Werthe und nicht nebenher in einem Aktienreformgesetz geordnet werden kann. Eine lediglich auf die Aktiengesellschaften beschränkte Maßregel könnte nicht nur internationale Störungen hervorrufen, sondern auch den Verkehr mit inländischen Effekten in eine unnatürliche und gekünstelte Strömung leiten. Auch hat der Mangel einer gesetzlichen Beschränkung sich bisher im Deutschen Reich nicht in dem Maße fühlbar gemacht, daß eine Regelung der Zulassung von ausländischen Aktien zum Handel an der Börse ein dringenderes Bedürfniß wäre, als die von ausländischen Staatsanleihen und die von Aktien einheimischer Gesellschaften. Der Entwurf hat sich deshalb enthalten, einseitige Vorschriften, die nicht den ganzen Börsenverkehr umfassen konnten, zu erlassen. Nach den meisten Börsenordnungen in Deutschland entscheiden die Börsenvorstände über die Zulassung neuer Werthpapiere nach freiem Ermessen und gewähren im Allgemeinen den Zutritt, wenn nichts Unsolides bekannt, das Grundkapital nicht zu unbedeutend ist und ein lebhafter Umsatz der Aktien stattfindet. Bis zu dem Erlaß eines allgemeinen Börsengesetzes liegt es daher in der Pflicht der Börsenvorstände, gegen eine Ueberschwemmung des deutschen Marktes mit unsoliden ausländischen Gesellschaften das Publikum zu schützen. Dieses selbst aber wird, abgesehen von den Prüfungen der Lage im einzelnen Fall, überhaupt zu untersuchen haben, ob die Gesetzgebung des Auslandes diejenigen Garantien gewährt, welche im Inlande von allen Seiten gewünscht und deren Verwirklichung von dem vorliegenden Entwurf angestrebt ist.

---

1) Staatsrathsbeschluß vom 5. August 1785; Dalloz, Réc. s. v. Bourse de commerce No. 19, 231; Staatsrathsbeschluß vom 22. September 1786 und 14. Juli 1787; Dalloz a. a. O. Nr. 32 Anm. 1 und 2.

2) Ordonn. vom 12./18. November 1823.

3) Décr. vom 22. Mai 1858; Bull. des lois série XI No. 5588; vergl. Lescoeur, Essai hist. et crit. sur la législation des sociétés comm. pag. 117 ff.; Rousseau, des sociétés comm. II No. 2156 sqq.; Décr. vom 16. August 1859; Bull. des lois série XI No. 6876.

4) Journ. des sociétés civiles et comm. 1880 pag. 414.

5) Ordonn. vom 29. Mai 1816 Art. 1; Décr. vom 2. Juli 1862; vergl. M. Block, Dict. de l'admin. s. v. Agents de change No. 83.

6) Rousseau, questions nouvelles sur les sociétés comm. 1882 pag. 228 sqq.

---

1) Vorschlag des Deputirten Naquet — Journ. des sociétés 1882 pag. 194, 251, 261 —, des Deputirten Laroche Joubert — Journ. des sociétés 1882 pag. 262 —, des Deputirten Sourigues — Journ. officiel über die Sitzung vom 23. Februar 1882 annexe 455.

2) Journal des sociétés 1882 pag. 248.

3) Das Nähere bei Struck, die Effektenbörse, eine Vergleichung deutscher und englischer Zustände, 1881 S. 130 ff.

4) Vergl. Struck a. a. O. S. 146 ff., 141 ff.

Besondere Begründung.

Zweiter Titel.

Zweiter Abschnitt.

Von der Kommanditgesellschaft auf Aktien.

Artikel 173

enthält eine redaktionelle Aenderung, indem das Einlagekapital der Kommanditisten vom Entwurfe wie auch später in den Artikeln 173a, 174a, 175c, 175d, 175e, 176, 180, 180a, 180d, 180f, 180g, 181, 181a, 185b, 188, 203, 204, 4, 206 technisch mit demselben Ausdruck als Gesammtkapital bezeichnet wird, während die bisherige Fassung des Gesetzes eine solche technische Uebereinstimmung vermissen ließ und dadurch vielfach zu Mißverständnissen Anlaß gab.[1])

Artikel 173a.

Hinsichtlich der Höhe der Namensaktien kann ein Unterschied zwischen Aktiengesellschaften und Kommanditgesellschaften auf Aktien nicht gemacht werden. Dieser Artikel befindet sich daher im Einklang mit Artikel 207a. Vergleiche die allgemeine Begründung §. 4 Nr. 3 S. 247 bis 250.

Artikel 174a.

Die in der allgemeinen Begründung §. 15 S. 308 ff. gerechtfertigte Verpflichtung einer Betheiligung mit Einlagen, welche zusammen mindestens den zehnten Theil des Gesammtkapitals der Kommanditisten, und wenn dieses drei Millionen Mark übersteigt, den zwanzigsten Theil von dem übersteigenden Betrag darstellen, wird den persönlich haftenden Gesellschaftern insgesammt auferlegt. Ist daher eine Mehrheit von Komplementaren vorhanden, so unterliegt es deren freiem Ermessen, wie sie untereinander die Antheile von dieser Quote aufbringen wollen. Der Entwurf legt in dieser Beziehung ihrer Vereinbarung keine Schranken auf, so daß die Antheile der Einzelnen gleich oder ungleich sein oder nur die Einen sich betheiligen und die Anderen nichts einlegen können (vergl. H. G. B. Art. 157). Daraus aber, daß die Verpflichtung zur Einlage der Gesellschaft gegenüber eine Solidarschuld ist, folgt andererseits die Haftung jedes Komplementars für die Erfüllung der Verpflichtung Aller.

Die Folgen der Verpflichtung werden zu Artikel 181 erörtert werden.

Artikel 175.

Es ist bereits in §. 15 S. 307 ff. der allgemeinen Begründung auseinandergesetzt worden, wie der Entwurf unter Würdigung der wirthschaftlichen Verhältnisse davon ausgeht, daß bei der Gründung einer Kommanditgesellschaft auf Aktien der zukünftige persönlich haftende Gesellschafter es sein wird, welcher Kapitalisten zur Betheiligung bei seinem Unternehmen als Kommanditisten auffordert und an welchen diese sich demnach, wie bei der Aktiengesellschaft die Zeichner an die Gründer, anschließen. Der Entwurf verhehlt sich nicht, daß juristisch auch die Simultangründung einer Aktienkommandite möglich sein würde, indem sich mehrere Personen als Komplementare und Kommanditisten zur Errichtung einer solchen Gesellschaft zusammenfinden, den Gesellschaftsvertrag errichten, sämmtliche Aktien übernehmen und alsdann den persönlich haftenden Gesellschafter wählen könnten — ein Vorgang, der sich nicht selten unter der Herrschaft des bisherigen Rechts abgespielt hat.[1]) Eine solche Art der Gesellschaftsbildung entspricht indessen nicht dem hervorgehobenen wirthschaftlichen Wesen der Kommanditgesellschaft auf Aktien. Nach demselben sind es naturgemäß zwei Theile, die von einander getrennt sind, die sich sukzessiv zusammenfinden und deren Persönlichkeiten von dem einen wie dem anderen Theile in getrennter Prüfung beurtheilt werden mögen. Dies fordert eine gesonderte Entschließung über die Errichtung der Gesellschaft und das Recht des Rücktritts bis zum Augenblicke derselben. Namentlich gilt dies für die Fälle des Artikels 175b, für welche schon das bestehende Recht (Art. 180) die Prüfung und Genehmigung durch wiederholten Beschluß der Generalversammlung der Kommanditisten vorsieht. Jetzt tritt noch die Wahrung der Einlagepflicht der Komplementare hinzu. Der Entwurf erkennt deshalb für die Kommanditgesellschaft auf Aktien ausschließlich die Form der Sukzessivgründung an und gewährt einem Eingreifen von Gründern im technischen Sinne keinen Raum. Die Rolle von Gründern soll nur Komplementaren zufallen, und diese ausschließlich die Pflicht haben, das Statut festzustellen, auf Grund dessen der Gesellschaftsvertrag vereinbart werden soll.

Die wesentlichen Bestandtheile des Statuts decken sich fast vollständig mit den für den Gesellschaftsvertrag einer Aktiengesellschaft aufgestellten Erfordernissen und es kann daher lediglich auf die allgemeine Begründung derselben §. 7 S. 262 ff. verwiesen werden. Die persönlich haftenden Gesellschafter treten nicht blos an die Stelle der Gründer, sondern auch, soweit anwendbar, an Stelle des Vorstandes. Hervorgehoben ist noch besonders, daß der Gesellschaftsvertrag die Höhe und Art der Einlage jedes persönlich haftenden Gesellschafters zu bestimmen hat.

Artikel 175a

entspricht in seinem Inhalt im Allgemeinen dem Artikel 209a; vergl. die besondere Begründung bei diesem. Die Ziffer 5 ist eine Folge der in Artikel 199 Absatz 2 vorgesehenen Bestimmung und mußte hier gleichzeitig mit den Ziffern 1 bis 4 aufgeführt werden, weil sie wie diese für die Gesellschaft nur durch ausdrückliche Aufnahme in den Gesellschaftsvertrag bindende Kraft hat. Dagegen war hier die Vorschrift wegen Umwandlung der Aktien fortzulassen, da eine solche bei Kommanditgesellschaften auf Aktien nicht vorkommen kann. Wegen der bei der Errichtung der Gesellschaft zugelassenen Ueberpari-Emission vergl. allgem. Begründung §. 11 S. 283.

Artikel 175b

stimmt inhaltlich mit den für die Aktiengesellschaften in Artikel 209b gegebenen Bestimmungen, welche in der allgemeinen Begründung §. 7 S. 263 bis 266 ihre Besprechung gefunden haben, überein; insoweit es sich um die Bildung des Gesammtkapitals handelt, müssen die gleichen Grundsätze wie bei der Aktiengesellschaft gelten.

Von diesem Gesichtspunkt rechtfertigt es sich, daß der Entwurf auch die bezüglich der Uebernahme von vorhandenen oder herzustellenden Anlagen oder sonstigen Vermögensstücken für die Aktiengesellschaft aufgestellten Kautelen auf die Aktien-Kommanditgesellschaft ausdehnt. Damit tritt dem bisherigen

---

[1]) Vergl. z. B. Art. 173, 180 und 188 der bisherigen Fassung.

[1]) Vergl. Renaud, Recht der Kommanditgesellschaft S. 661 ff.

Recht gegenüber eine wesentliche Verschärfung ein. Nach dem Handelsgesetzbuch war die Uebernahme von Anlagen seitens der zu errichtenden Kommandit-Aktiengesellschaft nicht mit den besonderen Sicherheitsvorschriften umgeben worden, wie sie in Bezug auf Einlagen und Gründungsvortheile für erforderlich erachtet sind.[1]) Im Allgemeinen mögen auch diese Sicherheitsvorschriften hier weniger bringlich sein, weil sich in dem in Rede stehenden Falle meistentheils das eigene Interesse des Komplementars mit dem der Gesellschaft deckt und er persönlich für die im Uebernahmevertrag eingegangenen Verbindlichkeiten haftet. Dessenungeachtet kann aber nicht in Abrede gestellt werden, daß auch ein unredlicher Komplementar bei der Uebernahme von Anlagen zum Nachtheil der Gesellschaft kolludiren kann. Mit dieser Möglichkeit hat der Entwurf um so mehr zu rechnen, als er prinzipiell vermeiden will, die Bildung der Kapitalsassoziation in der Form der Aktien-Kommanditgesellschaft mit geringerer Strenge zu behandeln, als in der Form der Aktiengesellschaft. Dementsprechend mußte auch in Bezug auf die durch Uebernahmen erfolgte Schädigung der Gesellschaft die Haftung des Komplementars analog der des Gründers einer Aktiengesellschaft gestaltet werden (Art. 180 Abs. 1). Ingleichen war zur Verhütung von sogenannten Nachgründungen eine dem Artikel 213d entsprechende Norm für die Kommanditgesellschaft auf Aktien aufzunehmen (Art. 180d).

Artikel 175c.

Die Form der Aktienzeichnung, der Inhalt des Zeichnungsscheines, die Verpflichtung zu einer doppelten Ausstellung desselben und die Wirkungen einer nicht den gesetzlichen Erfordernissen entsprechenden Zeichnung oder einer in dem Zeichnungsschein nicht enthaltenen Beschränkung der Verpflichtung des Zeichners mußten auf Grund der allgemeinen Erörterungen (§. 15 S. 310, 311) für beide Gesellschaftsformen gleichmäßig bestimmt werden. Der Inhalt aller dieser Vorschriften hat in der allgemeinen Begründung §. 8 S. 267 bis 271 seine Rechtfertigung gefunden.

Artikel 175d

hat im Wesentlichen die Bestimmungen der für die Aktiengesellschaften gegebenen Artikel 209e und 209f auf die Aktienkommandite für anwendbar erklärt.

Es handelt sich bei ihr nur um die Wahl eines Aufsichtsraths. Dieselbe muß stets in einer Generalversammlung der Kommanditisten stattfinden, weil der Aufsichtsrath nur das Organ dieser gegenüber dem Komplementar ist (allg. Begr. §. 9 S. 270 ff.).

Auch hier hat der konstituirenden Generalversammlung eine Prüfung des Gründungshergangs voraufzugehen, da schon in diesem Stadium die Kommanditisten nicht minder wie die Aktionäre einer Aktiengesellschaft seiner Vertretung ihrer Interessen dem Komplementar gegenüber bedürfen. Deshalb muß sich hier wie dort die Prüfung dieses Hergangs auf dieselben Gegenstände, nämlich auf die Zeichnung und Einzahlung des Gesammtkapitals, auf etwaige Einlagen und Uebernahmen, die nicht in baarem Gelde bestehen, auf die für einzelne Gesellschafter gewährten Sondervortheile und auf den gesammten Gründungsaufwand erstrecken (vergl. §. 9 allg. Begr. S. 271 bis 274).

Mit Rücksicht auf die Bestimmung in Artikel 174a muß die Prüfung sich auch darauf erstrecken, ob die persönlich haftenden Gesellschafter der ihnen auferlegten Verpflichtung zur Betheiligung an dem Unternehmen nachgekommen sind (vergl. allg. Begr. §. 15 S. 308 ff.).

Es braucht kaum bemerkt zu werden, daß Prüfung und Bericht nur von dem Aufsichtsrath ausgehen können, da der Komplementar seine eigene Handlung einer Prüfung nicht unterwerfen kann. Einer Bestellung von Stellvertretern bedarf es hier nicht, da die bei der Aktiengesellschaft als Hauptfall anzusehende Möglichkeit, daß Gründer Mitglieder des Aufsichtsraths werden, bei der Kommanditgesellschaft auf Aktien zufolge Artikel 191 Absatz 1 wegfällt.

Daß endlich die Berufung der Generalversammlungen nur dem letzteren zusteht, folgt aus der Stellung desselben von selbst.

Artikel 175e.

Für den Abschluß des Gesellschaftsvertrages fehlte es nach dem bisherigen Recht an einer allgemein maßgebenden Vorschrift. Nur für den Fall der qualifizirten Gründung sah der Artikel 180 H. G. B. die Beschlußfassung der Kommanditisten vor, von welcher die Perfektion des Gesellschaftsvertrages abhing. Außer diesem Falle hätte streng genommen eine Vereinbarung des Komplementars über den Gesellschaftsvertrag und die Errichtung der Gesellschaft mit sämmtlichen Kommanditisten erfolgen müssen. Man hat aber auch die Verlautbarung des Vertrages nur durch einige Betheiligte zugelassen und sich im Uebrigen mit der Zeichnung der Kommanditisten als Beitritt zu einem solchen Vertrag begnügt.[1]) Diese Unbestimmtheit und Unsicherheit bedrohte die Interessen der Kommanditisten. Wenn Mißstände nicht in dem Umfange wie bei der Gründung von Aktiengesellschaften vor den Richter gebracht sind, so läßt sich dies nur aus der erheblich geringeren Zahl der Kommandit-Aktiengesellschaften erklären. Der Entwurf sucht dem Mangel in derselben Weise abzuhelfen, wie dies hinsichtlich der Aktiengesellschaft geschehen ist. Zum Schutze der Kommanditisten verlangt er in allen Fällen zur Vereinbarung über den Gesellschaftsvertrag eine konstituirende Generalversammlung. Wegen der Nothwendigkeit derselben kann auf die allgemeine Begründung §. 8 S. 269, 270 und die Bemerkung zum Artikel 175 verwiesen werden. Abweichend jedoch war Berufung und Leitung derselben lediglich dem persönlich haftenden Gesellschafter zu überlassen. Nicht blos, daß bei der Aktiengesellschaft das Interesse der Gründer und dasjenige der Gesellschaft häufig genug verschieden sind, während eine solche Verschiedenheit bei Komplementar und Kommanditisten seltener vorliegt, ist die Rolle der Gründer eine nur vorübergehende, die der persönlich haftenden Gesellschafter dagegen eine dauernde. Einer Leitung des Richters in der konstituirenden Versammlung bedarf es hier daher nicht; vielmehr würde jede zu weitgehende Kontrole des persönlich haftenden Gesellschafters sich als eine lästige Fessel seiner Initiative darstellen. Selbstredend hat sich derselbe innerhalb der gesetzlichen und vertraglichen Grenzen, soweit er nicht ausdrücklich Vorbehalte gemacht hat, dem Konstituirungsbeschluß der Kommanditisten zu unterwerfen; er kann seine auf Grund des Statuts gemachte Offerte nicht zurückziehen.

Die Grundsätze bezüglich der Beschlußfassung sind mit den in Artikel 210a für die Aktiengesellschaft aufgestellten gleichlautend und verallgemeinern die bisher für die qualifizirte Gründung im Artikel 180 enthaltene Bestimmung; die hier vorgesehene erste, die Abschätzung und Prüfung anordnende Generalversammlung, deren Werth zweifelhaft war, wird durch die vorherige Wahl des Aufsichtsraths und Prüfung seitens desselben ersetzt.

Als Konsequenz der vorstehenden Erwägungen mußte

Artikel 175f

ebenfalls in Einklang mit Artikel 210b gebracht werden.

[1]) Behrend in seiner Zeitschr. Bd. 5 S. 229 Ziff. 6; Renaud, Kommanditgesellschaft S. 723.

[1]) Vergl. Renaud, Kommanditgesellschaft S. 657 ff.

Artikel 176.

Die Anmeldung des Gesellschaftsvertrages behufs Eintragung in das Handelsregister kann selbstverständlich nur von dem persönlich haftenden Gesellschafter und von den sämmtlichen Mitgliedern des Aufsichtsraths erfolgen. Im Uebrigen mußten auch hier die für die Aktiengesellschaft in Artikel 210 aufgestellten Vorschriften aus den für die Begründung derselben §. 9 S. 273 bis 277 angeführten Gründen übernommen werden, da sie die Sicherstellung der Kommanditisten und der Gläubiger darüber bezwecken, daß die Bildung des Gesammtkapitals in der vom Gesetz gewollten Weise vor sich gegangen ist und in dieser Beziehung den persönlich haftenden Gesellschafter alle Pflichten und die volle Verantwortlichkeit eines Gründers treffen müssen.

Was die erfolgte Betheiligung der persönlich haftenden Gesellschafter anbetrifft, so ist hierfür neben dem Gesellschaftsvertrage ein Nachweis dem Registerrichter nicht zu erbringen, soweit sie sich auf das Gesellschaftsvermögen außerhalb des Kommanditistenkapitals erstreckt. Hier muß die Prüfung durch den Aufsichtsrath in Verbindung mit den Bestimmungen des Gesellschaftsvertrages genügen. Ein Nachweis für den Registerrichter würde leicht zu derselben Förmlichkeit herabsinken, wie die nach dem bisherigen Recht bei Gründung der Aktiengesellschaft erforderte Bescheinigung über die Einzahlung des Grundkapitals. Soweit dagegen die Betheiligung an dem Gesammtkapital stattfindet, ist hierfür Zeichnung und Einzahlung in derselben Weise nachzuweisen, wie dies bezüglich der Kommanditisten geschieht.

Artikel 177.

Die übereinstimmende Regelung der auszugsweisen Veröffentlichung des Gesellschaftsvertrages bei der Aktiengesellschaft und bei der Kommanditgesellschaft auf Aktien ergiebt sich mit Nothwendigkeit aus der gleichmäßigen Regelung der Anmeldung beider Gesellschaften zum Handelsregister und aus dem gleichen mit der Veröffentlichung verfolgten Zweck. Ein Unterschied von Artikel 210c liegt inhaltlich nur insoweit vor, als auch, wie dies bereits in der allgemeinen Begründung §. 15 S. 308, 309 erwähnt worden ist, die Bestimmung des Gesellschaftsvertrages über die Betheiligung des persönlich haftenden Gesellschafters zu veröffentlichen ist. Sodann erübrigte es sich hier, eine besondere Vorschrift für die Form der Willenserklärungen des Komplementars zu treffen.

Im Uebrigen haben die hier gegebenen Vorschriften in §. 9 S. 275, 276 ihre Begründung gefunden.

Artikel 179

Vgl. Allg. Begründung §. 16 S. 314 ff. und die besondere Begründung zu §. 212.

Bezüglich der

Artikel 180, 180a, 180b, 180c

ist bereits bei Besprechung des Artikels 175 darauf hingewiesen worden, daß die den Gründer einer Aktiengesellschaft treffende Verantwortlichkeit hier auf den persönlich haftenden Gesellschafter nach der ihm von dem Entwurf bei der Gründung zugewiesenen Stellung zu übertragen war. Hinsichtlich der Haftung der Mitglieder des Aufsichtsraths ergiebt sich für beide Gesellschaftsformen dieselbe Regelung; Artikel 180b stimmt in dieser Beziehung mit Artikel 213c überein.

Die allgemeine Begründung dieser Bestimmungen ist in §. 10 S. 276 ff. enthalten.

Artikel 180d

enthält in dem Artikel 175b seine Rechtfertigung, mit dessen Inhalt er nothwendig zusammenhängt (vergl. die allg. Begr. zu Art. 213e S. 282 und die bes. Begr. zu Art. 175b).

Artikel 180e, 180f.

Die Vorschriften in Betreff der Aenderungen des Gesellschaftsvertrages mußten, weil die in Artikel 180g getroffene Vorschrift über die Erhöhung des Gesammtkapitals der Kommanditisten regelmäßig eine Aenderung des Gesellschaftsvertrages enthält, schon an dieser Stelle ihren Platz finden. Artikel 180e entspricht dem bisherigen Artikel 198, Artikel 180f im Allgemeinen dem für die Aktiengesellschaften vorgeschlagenen Artikel 215.

Selbstverständlich setzt eine inhaltliche Abänderung des Gesellschaftsvertrages eine Vereinbarung zwischen dem persönlich haftenden Gesellschafter und dem Kommanditisten voraus,[1]) und es erscheint daher die Aufnahme einer ausdrücklichen Vorschrift überflüssig. Streitig war nur bisher, ob zu einer solchen Abänderung die Einstimmigkeit sämmtlicher Kommanditisten erforderlich ist,[2]) oder ein Mehrheitsbeschluß der Generalversammlung genügt.[3]) Diese Streitfrage hat schon durch die Bestimmung des Entwurfs über die Errichtung der Gesellschaft ihre Lösung gefunden. Die Generalversammlung der erschienenen Kommanditisten ist dadurch von vornherein als die Vertreterin sämmtlicher Kommanditisten bezeichnet (vergl. auch Art. 186). Es konnte demgemäß nur in Frage kommen, ob für die Aenderung des Gesellschaftsvertrages besondere Erforderniße hinsichtlich der Beschlußfassung aufzustellen waren, oder ob schon die einfache Mehrheit der erschienenen Kommanditisten genügen sollte. Da es sich hier um Beschlüsse der Generalversammlung handelt, so können andere Grundsätze, als bei der Aktiengesellschaft, nicht maßgebend sein, und es waren daher die für die letztere aufgestellten Vorschriften für die Kommanditgesellschaft auf Aktien zu übernehmen (vergl. die bes. Begr. zu Art. 215).

Wenn der Entwurf diese Vorschriften einerseits für genügend hält, so glaubt er andrerseits den Statuten keine Abschwächung derselben gestatten zu dürfen. In Abänderung des bisherigen Rechts müssen daher Statutenveränderungen stets einer Vereinbarung der persönlich haftenden Gesellschafter mit der Generalversammlung vorbehalten bleiben; eine Delegation der Befugniße der letzteren an den Aufsichtsrath soll fortan unzulässig sein. Indem der Entwurf auch in dieser Beziehung die Aktien-Kommanditgesellschaft der Aktiengesellschaft gleichstellt, geht er von der Erwägung aus, daß, wenn auch die Stellung des Komplementars als Geschäftsherrn ein schnelles und freies Handeln bedingt, dies doch nicht dahin führen darf, den Grundvertrag, auf welchem die Betheiligung der Kommanditisten beruht, ohne deren selbständige Zustimmung umgestalten zu lassen. Bezüglich blos redaktioneller Aenderungen läßt dagegen der Entwurf, wie bei den Aktiengesellschaften, eine Delegation zu. Vergl. die Begründung zu Artikel 215.

Eine weitere Abweichung von dem bisherigen Recht tritt ferner noch darin ein, daß Bestimmungen, welche sich auf die Fortsetzung der Gesellschaft beziehen, ohne gerade eine Abänderung des Gesellschaftsvertrages zu enthalten, den für letztere rücksichtlich der Beurkundung und Eintragung festgesetzten Normen unterworfen werden. Dies war für die Aktiengesellschaft bereits Rechtens, und es ist ein Grund für eine verschiedenartige Behandlung dieses Falles bei den beiden Gesellschaftsformen nicht erfindlich.

Artikel 180g, 180h.

Wie bei der Aktiengesellschaft geht der Entwurf von dem leitenden Gedanken aus, daß die Erhöhung des Gesammtkapitals im Allgemeinen der Bildung desselben bei Gründung der Gesellschaft entsprechen müsse.[4]) Es genügt

[1]) Vergl. Puchelt, Komm. zu Art. 198 Anm. 5.
[2]) Renaud, Recht der Kommanditgesellschaft S. 697.
[3]) Anschütz und v. Völdernborff, Komm. Bd. 2 S. 456; Puchelt a. a. O. S. 385 Anm. 5.
[4]) Urth. des R. O. H. G. Bd. 9 S. 303; Renaud, Recht der Kommanditgesellschaft S. 701 ff.

daher, auf die allgemeine Begründung §. 11 S. 283 bis 286 und die besondere Begründung zu Artikel 215c a. E. zu verweisen.

Selbstverständlich ist auch hier, daß der Beschluß der Kommanditisten für die Erhöhung allein nicht genügt, sondern daß derselbe noch der Zustimmung des Komplementars bedarf. Die in Artikel 215a rücksichtlich der Versicherungsgesellschaften getroffene Ausnahme mußte auch in Artikel 180g Absatz 1 berücksichtigt werden. Zwar bestehen zur Zeit Versicherungsgesellschaften in Form der Aktienkommandite nicht,[1]) allein die rechtliche Möglichkeit, daß sich solche in dieser Form bilden können, ist nicht ausgeschlossen und jedenfalls ist es nicht Aufgabe des vorliegenden Entwurfs, sondern eines Versicherungsgesetzes, die Frage zu entscheiden, ob Versicherungsgesellschaften sich als Kommanditgesellschaften auf Aktien bilden dürfen oder nicht.

Artikel 181

zieht die gesetzlichen Folgen der Pflicht der Komplementare, sich dauernd an dem Gesellschaftsvermögen zu betheiligen (vergl. allg. Begr. §. 15 S. 308 f. und besondere Begr. zu Art. 174a).

Die Bestimmungen umfassen nicht blos diejenigen Einlagen, welche die persönlich haftenden Gesellschafter bis zur Höhe der gesetzlichen Minimalquote des Gesammtkapitals mit Einfluß der in den ersten zwei Jahren beschlossenen Erhöhung zu leisten haben, sondern, sofern im Gesellschaftsvertrage ein höherer Betrag vereinbart ist, auch die weiteren von ihnen hiernach übernommenen Einlagen. Die gesammte, auch die letztere Betheiligung, welche die Komplementare bei der Einrichtung der Gesellschaft übernommen haben, muß als für diese grundlegend erachtet werden; daß sie dauernd sei und nicht jederzeit zurückgenommen werden könne, darauf muß das mit der Gesellschaft in Geschäftsverkehr tretende Publikum rechnen dürfen. Wollen persönlich haftende Gesellschafter mit einem höheren Betrage, als ihnen gesetzlich obliegt, sich betheiligen, ohne ihn der angedeuteten Beschränkung zu unterwerfen, so liegt es in ihrer Hand, diese Betheiligung nicht zum Gegenstand des Gesellschaftsvertrages zu machen und, sei es bei der Errichtung der Gesellschaft, auf das Kommanditkapital Aktien zu zeichnen oder später außerhalb desselben Einlagen zu leisten. Der Entwurf bringt diese Auffassung dadurch zum Ausdruck, daß er die Bestimmungen auf diejenigen Einlagen erstreckt, mit welchen der Gesellschafter sich „in Gemäßheit der Artikel 174a, 180g Absatz 3 betheiligt hat".

Erfolgt die Betheiligung des persönlich haftenden Gesellschafters außerhalb des Kommanditistenkapitals, so ist selbstverständlich die von ihm übernommene Leistung spätestens mit der Errichtung der Gesellschaft fällig, sofern nicht in dem Gesellschaftsvertrage Fristen für die Erfüllung bewilligt sind. Daß hierbei das Interesse der Gesellschaft und deren Gläubiger gewahrt werde, darauf hat der Aufsichtsrath bei Prüfung des Gründungshergangs sein Augenmerk zu richten. Durch die Erfüllung erwirbt der Komplementar den festgesetzten Antheil an dem Gesellschaftsvermögen, mag seine Einlage in baarem Gelde oder nicht in baarem Gelde bestehen; sie scheidet aus seinem Vermögen aus und geht in das der Gesellschaft über, welche sich derselben vertragsmäßig bedienen kann.

Betheiligt sich dagegen der persönlich haftende Gesellschafter an dem Kommanditistenkapital, so kann dies nur im Wege der Zeichnung geschehen, und es treffen ihn alle Pflichten, welche sich aus der Zeichnung der Aktien ergeben. Sofern daher der Komplementar sich in dem Gesellschaftsvertrage nicht zu weitergehenden Leistungen verpflichtet hat, ist von ihm vor Eintragung des Gesellschaftsvertrages in das Handelsregister nur dieselbe Einzahlung, wie von den Kommanditisten zu machen. Gleich diesen ist er ferner für die Zahlung der später eingeforderten Beträge verhaftet und dem Kaduzirungsverfahren unterworfen (Art. 184 bis 184c); außer den hiernach der Gesellschaft zustehenden Rechten kann dieselbe gegen ihn aber auch ihre Rechte aus dem Illationsvertrage auf Ergänzung der Einlage geltend machen. Andererseits ergiebt sich der Antheil des Komplementars an dem zum Gesellschaftsvermögen gehörigen Kommanditkapitale von selbst aus der Höhe der gezeichneten und eingezahlten Beträge oder, wenn die Einlage nicht in baarem Gelde besteht, aus der Höhe der ihm für dieselbe im Gesellschaftsvertrage festgesetzten Beträge.

Mag nun die Betheiligung des Komplementars an dem Kommanditkapital oder dem sonstigen Vermögen der Gesellschaft erfolgen, in beiden Fällen soll sie bis zu einer gewissen Dauer für seine persönliche Haftbarkeit gegenüber den Gesellschaftsgläubigern eine reale Garantie bieten. Zu dem Zwecke müssen Verfügungen darüber zum Nachtheile der Gesellschaft und deren Gläubiger ausgeschlossen werden.

Eine Verminderung der übernommenen Einlagepflicht findet daher auch mit Einwilligung der übrigen persönlich haftenden Gesellschafter und der Kommanditisten nicht statt (vergl. H. G. B. Art. 108 Abs. 1, 165 Abs. 2, 197 Abs. 1); das als Einlage Gegebene oder Gezahlte darf ihm nicht zurückgegeben, und, was noch als Einlage rückständig ist, ihm nicht erlassen werden. Zuwiderhandlungen würden den Gläubigern gegenüber unwirksam sein und die Gesellschaftsorgane zum Ersatz verpflichten (Entw. Art. 204 Z. 1).

Ingleichen muß der dem Komplementar für die Erfüllung der Einlagepflicht zufallende Antheil am Gesellschaftsvermögen einer die Gläubiger beeinträchtigenden Verfügung entzogen werden. Selbstverständlich unterliegt dieser Beschränkung nur der Antheil selbst, nicht auch der aus demselben gezogene oder zu ziehende Gewinn, soweit nicht durch Zuschreibung des letzteren der Antheil vergrößert wird. Die Verfügung über den Antheil aber ist nicht blos auf so lange zu beschränken, als der Berechtigte persönlich haftender Gesellschafter bleibt. Vielmehr ist hier auch der Fall eines frühzeitigen Ausscheidens des Komplementars in Betracht zu ziehen. In der allgemeinen Begründung §. 15 ist dargethan, daß und warum hierfür fünf Jahre seit dem Ausscheiden bezw. die ersten zehn Jahre seit der Eintragung des Gesellschaftsvertrages in das Handelsregister als Sperrzeit gelten sollen. Innerhalb derselben soll zwar ein Ausscheiden des Komplementars aus der bisherigen Stellung und eine Auseinandersetzung zwischen ihm und der Gesellschaft auf Grund der Vermögenslage derselben zur Zeit dieses Ausscheidens nicht versagt werden. Aber bis zum Ablaufe der Sperrjahre soll er in gleicher Weise wie bisher in der Verfügung über das, was ihm hierbei zukommt, beschränkt bleiben. Bei dem vorher stattfindenden Ausscheiden ist also der Antheil zu ermitteln. In dem Falle, daß die Betheiligung des Komplementars am Kommanditkapital erfolgt war, bedarf es allerdings einer besonderen Feststellung der Höhe seines Antheils nicht, da derselbe seinen präzisen Ausdruck in dem ihm am Kommanditkapital zugewiesenen Betrage findet; nach diesem regelt sich auch der Anspruch des Ausgeschiedenen auf Gewinn und seine Theilnahme am Verlust, da er in diesen Beziehungen den Kommanditisten gleichsteht. Soweit seine Betheiligung dagegen außerhalb des Kommanditkapitals stattgefunden hat, muß der Antheil des Ausscheidenden erst nach der Geschäftslage der Gesellschaft berechnet werden und derselbe wandelt sich mit dem erfolgten Ausscheiden in die bei der Auseinandersetzung ihm zugewiesenen Geldsummen, Sachen, Forderungen 2c. um. Der Entwurf nennt auch dieses Guthaben des Ausscheidenden an die Gesellschaft kurz-

[1]) Vergl. u. A. Cristians, deutsche Börsenpapiere 1880.

weg den „Antheil" des Ausscheidenden. Es bleibt dabei klar, daß den letzteren ein späterer Verlust oder Gewinn der Gesellschaft nicht berührt, auch daß er, ebenso wie ein aus einer offenen Gesellschaft ausscheidender Gesellschafter, einen Anspruch auf Zinsen nur dann hat, wenn er sich solche im Gesellschaftsvertrage oder durch ein sonstiges Abkommen mit der Gesellschaft ausbedungen hat.

Der Tendenz der Vorschrift entsprechend unterliegt der Antheil zuvörderst einem Veräußerungsverbote. Aus der zum Artikel 174a entwickelten Natur der Betheiligungspflicht als einer allen persönlich haftenden Gesellschaftern auferlegten Solidarschuld folgt aber, daß das schon im jetzigen Artikel 181 enthaltene Veräußerungsverbot nur insoweit aufrecht zu erhalten ist, als nicht die Veräußerung an einen anderen persönlich haftenden Gesellschafter erfolgt; durch die Veräußerung an einen solchen wird die Garantie, welche der Gesellschaft und ihren Gläubigern geboten werden soll, nicht beeinträchtigt.

Innerhalb der Sperrzeit darf der Antheil aber weder dem berechtigten Komplementar noch seinem Rechtsnachfolger von der Gesellschaft ausgeliefert werden. Der Komplementar muß daher auch in dem Falle, daß er vor Ablauf der Sperrzeit ausscheidet, seinen Antheil, mag er in Kommanditantheilen oder in sonstigem Vermögen bestehen, zurücklassen und zwar ohne besondere Sicherheit, sofern im Gesellschaftsvertrage nicht ein Anderes bestimmt ist.

Endlich muß der Antheil dem Zugriff der Privatgläubiger des Berechtigten entzogen sein (vergl. H. G. B. Art. 126). Damit indeß dieselben nicht dadurch beschädigt werden, daß der Komplementar zu ihrem Nachtheil sofort mit Wegfall der gesetzlichen Beschränkung verfügt und damit auch nicht mit dem Augenblick dieses Wegfalls durch das Zusammentreffen verschiedener Privatgläubiger lediglich der Zufall entscheidet, welchem von ihnen es gelingt, dem Anderen in der Pfändung zuvorzukommen, läßt der Entwurf auch schon während der Sperrzeit eine Pfändung der dem persönlich haftenden Gesellschafter zustehenden oder ihm bei der Auseinandersetzung zufallenden Antheile durch die Privatgläubiger insoweit zu, als diese Gegenstände nicht bis zum Ablauf der Sperrzeit wegen Forderungen der Gesellschaft oder der Gesellschaftsgläubiger verwendet oder gepfändet sind. Eine derartige Pfändung kann also niemals der Gesellschaft oder deren Gläubiger zum Nachtheil gereichen. Neben der in diesem Artikel getroffenen Vorschrift bleibt natürlich die allgemeine Bestimmung in Artikel 119 des H. G. B. bestehen; dieselbe behält bis zum Ausscheiden und zur Auseinandersetzung des persönlich haftenden Gesellschafters Anwendung; aber an dem, was dem ausscheidenden Gesellschafter bei der Auseinandersetzung zukommt, werden die Rechte der Privatgläubiger noch weiter in Gemäßheit des Entwurfs beschränkt.

Daß dagegen die Gesellschaftsgläubiger nach Maßgabe der bestehenden Bestimmungen schon während des Verbleibens des Komplementars in der Gesellschaft und die bei dem Ausscheiden vorhandenen Gläubiger während der Verjährungszeit sich an den Antheil halten können, bedarf nach dem Vorausgeschickten kaum der besonderen Hervorhebung, ebenso wie, daß wegen der nach dem Ausscheiden des persönlich haftenden Gesellschafters begründeten Gesellschaftsschulden ein Rückgriff auf den Antheil unzulässig ist.

Zu erwägen ist nur noch eine praktisch wichtige Folge des Verbots der Verfügung über den Antheil, soweit derselbe Einlagen des persönlich haftenden Gesellschafters auf das Kommanditkapital betrifft. Es fragt sich, ob, wie nach Artikel 181 des bisherigen Rechts anzunehmen ist, auch fernerhin für die Antheile am Kommanditkapital, welche auf jene Einlagen des Komplementars fallen, die Ausgabe von Aktien verboten sein soll. Eine Uebertretung des Verbots nach Inhalt des jetzigen Artikels 181 muß die Nichtigkeit der ausgegebenen Aktie auch dem gutgläubigen Erwerber und jedem redlichen Rechtsnachfolger gegenüber zur Folge haben. Eine so weitgehende Wirkung kann nicht erwünscht sein. Durch die bisherige Bestimmung wurde zwar das Interesse der Gesellschaft und deren Gläubiger gegen die Unredlichkeiten des Komplementars bezw. des Aufsichtsraths geschützt, das Publikum dagegen, welches bei dem Erwerb der Aktie von dem fraudulosen Vorgehen keine Kenntniß haben konnte, blieb den Kollusionen der Gesellschaftsorgane gegenüber schutzlos. Diese Hintansetzung der Interessen des Publikums und des allgemeinen Verkehrs gegenüber denen der Gesellschaft ist ungerechtfertigt. Nur die Nichtigkeit einer Veräußerung seitens des Gesellschafters kann aufrecht erhalten und gegen eine solche muß das Publikum wenigstens soweit geschützt werden, als sich dies erreichen läßt. Der Entwurf ordnet deshalb die Ausfertigung von Aktien an, gebietet aber, daß dieselben von dem Aufsichtsrath mit dem Vermerk „unveräußerlich" versehen und in Verwahrung genommen werden sollen. Ist die auf den Aktien ruhende Beschränkung weggefallen, dann kann der Vermerk von dem Aufsichtsrath gelöscht werden. Wenn auch hiernach eine Täuschung des gutgläubigen Publikums nicht gänzlich ausgeschlossen ist, nämlich dann, wenn die vorgedachten Aktien überhaupt nicht mit dem Vermerk bezeichnet werden oder der letztere zu Unrecht gelöscht wird, so wird doch eine solche Zuwiderhandlung seltener vorkommen, als eine Zuwiderhandlung gegen das Verbot der Ausgabe von Aktien, welche, da diese jederzeit nach der Errichtung der Gesellschaft und, sofern nicht der Gesellschaftsvertrag ein Anderes vorsieht, seitens der persönlich haftenden Gesellschafter allein erfolgen kann, sich leichter der Kontrole entzieht. Jedenfalls wird durch die Bestimmung des Entwurfs eine Beeinträchtigung des Publikums auf den ersten Erwerber beschränkt und der Erwerb von Aktien, welche als unveräußerlich bezeichnet sind, verhindert werden. Die Ausfertigung von Aktien empfiehlt sich aber auch aus praktischen Rücksichten; sie ist schon jetzt wegen der Gewinn- und Verlustberechnung für wünschenswerth erachtet.[1])

Artikel 181a

umfaßt wie bezüglich der Aktiengesellschaften Artikel 215c die bisher zerstreuten Bestimmungen über die unzulässige Ausgabe von Aktien, Promessen und Interimsscheinen und deren Wirkung (vergl. Art. 173, 178 der alten Fassung).

Artikel 183a

korrespondirt bezüglich der Eintragung und Uebertragung von Promessen und Interimsscheinen mit dem Artikel 220.

Bezüglich des zweiten Absatzes kann auf die Begründung zu Artikel 215c Absatz 3 verwiesen werden.

Artikel 183b

stellt für die Verpflichtung der Kommanditisten der Gesellschaft gegenüber denselben Grundsatz auf, welcher in Artikel 219 Absatz 1 für die entsprechende Verpflichtung der Aktionäre vorgeschrieben ist. Es kann daher auf die Begründung zu der letztgedachten Bestimmung verwiesen werden.

Artikel 184, 184a, 184b, 184c

betreffen die Haftung aus der Aktie und sind in der allgemeinen Begründung §. 5 S. 255 bis 259 gerechtfertigt worden.

Artikel 184d.

Bezüglich der Aktiengesellschaft findet das von dem Entwurf geregelte Verbot des Erwerbes und der Pfandnahme eigener Aktien in der Begründung des Artikels 215d seine Rechtfertigung.

---

[1]) Renaud, Kommanditgesellschaft S. 639.

Die Gründe, welche für dieses Verbot geltend gemacht werden, treffen nicht minder bei der Kommanditgesellschaft auf Aktien zu. Zwar wird schon der persönlich haftende Gesellschafter im eigenen Interesse, um das Vertrauen der Kommanditisten zu rechtfertigen, sich von Manipulationen der gedachten Art fernhalten. Eine vorsichtige Gesetzgebung darf jedoch gerade auf dem hier vorliegenden Gebiet die Kautelen des Publikums nicht lediglich in Treu und Glauben der betheiligten Persönlichkeiten suchen. Es erscheint daher ein ausdrückliches Verbot empfehlenswerth.

Artikel 185.

Während für die Aktiengesellschaft durch den Entwurf besondere Kautelarvorschriften getroffen sind (Art. 239), welche eine größere und sichere Kontrole des Vorstandes bei Vorlegung der Bilanz ermöglichen sollen, glaubt der Entwurf mit Rücksicht auf die dem persönlichen Gesellschafter als Geschäftsherrn gebührende Selbständigkeit und Vertrauensstellung sich bezüglich der Kommanditgesellschaften auf Aktien einer solchen Regelung im Allgemeinen enthalten zu sollen. Nur schien es wünschenswerth, auch der Generalversammlung der Kommanditisten einen klaren Einblick in die Lage der Gesellschaft dadurch zu sichern, daß den Komplementären zur Pflicht gemacht wird, außer der Bilanz eine Gewinn- und Verlustrechnung und einen vollständigen, über die Verhältnisse der Gesellschaft Auskunft gebenden Geschäftsbericht vorzulegen. Sodann aber erschien es geboten, die in

Artikel 185a, 185b, 185c

enthaltenen, in der allgemeinen Begründung §. 14 S. 301 bis 306 besprochenen Normativbestimmungen für die Aufstellung der Bilanz, wie für die Aktiengesellschaften, so auch für die Kommandit-Aktiengesellschaften zu geben. Denn auch bei ihnen bedürfen, wenngleich die solidarische Haftpflicht des Komplementars für die Schulden der Gesellschaft und daher sein eigenes Interesse die Gefahr verringern, die Gläubiger der Gesellschaft eines Schutzes gegen die Gefahr, daß durch zu hohe Dividendenvertheilung das Kapital der Kommanditisten, welches vielleicht und sogar zumeist das wesentlichste Haftobjekt bildet, angegriffen wird. Aus gleichem Grunde und in Folge eines von sachverständiger Seite ausgesprochenen Wunsches glaubt der Entwurf auch die über die Bildung des Reservefonds gegebenen Vorschriften auf die Kommandit-Aktiengesellschaften anwenden, und endlich die in der Praxis schon meist beobachtete Verpflichtung des persönlich haftenden Gesellschafters zu sofortiger Veröffentlichung der Bilanz, der Gewinn- und Verlustrechnung und des Entlastungsbeschlusses, sowie zur Einreichung dieser Urkunden zum Handelsregister im Gesetz selbst aussprechen zu sollen.

Sonstige Grundsätze, welche die Gesellschaften über die Aufstellung der Bilanz, die Bildung von Reservefonds und ihre Verwendung, sowie über die Art der Abnahme der Bilanz bestimmen wollen, müssen durch den Gesellschaftsvertrag festgestellt werden. Auch in dieser Beziehung ist ein Unterschied zwischen Aktiengesellschaft und Aktienkommandite wegen des gleichen Interesses aller Betheiligten nicht zu machen.

Artikel 186.

Der Schlußsatz des Absatz 1 hat die bei Artikel 221 Absatz 1 näher begründete redaktionelle Aenderung gefunden.

Artikel 187.

Vergl. Artikel 236. Wie dort, ist der erste Absatz aus dem folgenden Artikel hierher gezogen.

Artikel 188.

Vergl. Artikel 237 und die allgemeine Begründung §. 13 S. 300 f. Wenn das Recht der Minorität, bezüglich deren es für Kommanditisten bei dem bisherigen Zehntheil verbleiben kann, irgend eine Wirksamkeit haben soll, so muß auch hier der Antrag auf gerichtliche Ermächtigung zur Berufung der Generalversammlung gewährt werden.

Dagegen hat zu

Artikel 189,

bezüglich der Fristbestimmung und des Rechts auf Ankündigung von Gegenständen zur Beschlußfassung, der Entwurf nicht geglaubt, eine Gleichstellung zwischen Aktiengesellschaft und Kommanditgesellschaft auf Aktien eintreten lassen zu sollen.

Die Aufstellung einer gesetzlichen Frist, welche dort für die Berufung der Generalversammlung inne zu halten ist, mußte hier schon mit dem Hauptanlaß zu derselben wegfallen, da hinsichtlich der Prüfung der Bilanz durch die Generalversammlung der Entwurf die für die Aktiengesellschaft vorgeschlagenen Vorschriften aus den bei Artikel 185 hervorgehobenen Erwägungen auf die Kommanditgesellschaft auf Aktien nicht ausgedehnt hat.

Artikel 190.

Die bereits in der allgemeinen Begründung §. 15 erörterten Gesichtspunkte rechtfertigen in Bezug auf die Ausübung des Stimmrechts in der Generalversammlung eine Gleichstellung beider Arten von Gesellschaften. (Vergl. die allg. Begr. §. 13 S. 293 bis 294.)

Schon aus der Natur des Verhältnisses ergiebt sich, daß der persönlich haftende Gesellschafter nicht von einem Kommanditisten zum Bevollmächtigten bestellt werden kann, da jeder Generalversammlungsbeschluß auf eine Vereinbarung zwischen Komplementar und der in der Generalversammlung vertretenen Gesammtheit der Kommanditisten hinzielt, eine derartige Bevollmächtigung daher zu einer unzulässigen Kollision der Interessen führen würde. Aus diesem Verhältnisse aber, welches schon im Artikel 186 seinen Ausdruck darin findet, daß dort die Generalversammlung der Kommanditisten in allen ihr zugewiesenen Funktionen den persönlich haftenden Gesellschaftern gegenübergestellt wird, folgt zugleich, daß die letzteren auch für sich, sei es, wenn sie sich am Kommanditkapital betheiligt, sei es, wenn sie Aktien anderweitig erworben haben, ein Stimmrecht weder selbst noch durch Andere ausüben dürfen. Trotz des Besitzes von Kommanditaktien hört der persönlich haftende Gesellschafter nicht auf, solcher zu sein, und wird er nicht Kommanditist, d. h. ein „sich nur mit Vermögenseinlagen betheiligender Gesellschafter" (vergl. Art. 150 Abs. 1). Seine Stimme bleibt ihm außerhalb der Generalversammlung der Kommanditisten und unabhängig von derselben in allen Angelegenheiten der Gesellschaft völlig gewahrt.

Zur Beseitigung der in der Praxis hervorgetretenen Zweifel und anderen Auffassung und bei der Wichtigkeit dieses Grundsatzes erschien es erforderlich, eine ausdrückliche Vorschrift in das Gesetz aufzunehmen.

Artikel 190a, 190b.

Bei der Frage, inwieweit die bei der Aktiengesellschaft erfolgte Regelung und Zulassung von Individualrechten (vergl. allg. Begr. §. 13 III) auch auf Kommandit-Aktiengesellschaften anwendbar sein soll, so schafft, wie bereits in der allgemeinen Begründung §. 13 S. 296 ff. hervorgehoben ist, der Entwurf in Bezug auf die Anfechtung des Beschlusses der Generalversammlung kein neues Recht, sondern regulirt nur die bestehende Befugniß. Hierbei kommt das Verhältniß der Kommanditisten unter einander in höherem Grade in Frage, als ihre Beziehung zu dem Komplementar und es erschien daher eine gleiche Behandlung der beiden Gesellschaftsformen durchaus angezeigt. Was aber die sonstigen sog. Individualrechte anlangt, so dürfen dem persönlich haftenden Gesellschafter nicht Schranken auferlegt werden, die es wünschenswerth erscheinen lassen, sie zu vermeiden und an Stelle der an sich gegebenen Aktienkommandite eine Aktiengesellschaft zu gründen. Der größeren Bindung des Vermögens, wie sie durch Artikel 174a vorgesehen ist, muß eine größere Freiheit des Komplementars den Kommanditisten gegenüber entsprechen. Die Befugniß einzelner Aktionäre, auf Ernennung von Revisoren zur Untersuchung des Gründungshergangs oder der Geschäftsführung anzutragen, erscheint zwar Beamten nicht aber Geschäftsherren gegenüber am Platz. Ebensowenig darf der Minderheit in der Generalversammlung nach Maßgabe der für die Aktiengesellschaft gegebenen Vorschriften das Recht eingeräumt werden, die Ansprüche der Gesellschaft aus Gründung, Verwaltung und Liquidation auf gerichtlichem Wege geltend zu machen; dies würde dem im Handelsgesetzbuch und im Entwurf gewahrten juristischen und wirthschaftlichen Karakter der Kommandit-Aktiengesellschaft widersprechen, bei welcher die Rechte und Pflichten zwischen dem Komplementar und der Gesammtheit der Kommanditisten getheilt sind. Dieses naturgemäße Verhältniß würde erschüttert werden, wenn das Klagerecht der Kommanditisten gegen den Komplementar nicht mehr der Generalversammlung, sondern schon einer Minorität eingeräumt würde. Der Komplementar wäre alsdann nichts anderes als ein persönlich haftender Direktor einer Aktiengesellschaft, und für die eigenartige Gestaltung einer Aktien-Kommanditgesellschaft gäbe es keinen Raum mehr.

Artikel 191, 192.

Vergl. Artikel 224 und die allgemeine Begründung §. 12 S. 286 ff., 289 ff.

Artikel 193.

Eine Veränderung gegenüber dem bisherigen Recht liegt nur in den letzten beiden Absätzen, welche mit Artikel 225 Absatz 3 und 4 wörtlich übereinstimmen. Vergl. die allgemeine Begründung §. 12 S. 292.

Artikel 194, 195, 196

sind unverändert geblieben.

Artikel 196a.

Die Vorschriften der Artikel 96 und 97 des Handelsgesetzbuchs über den eigenmächtigen Betrieb von Geschäften in dem Handelszweige der Gesellschaft sowie über die nicht genehmigte Theilnahme an einer anderen gleichartigen Gesellschaft waren schon nach Artikel 157 auf die Kommanditgesellschaft und demnach auch auf die Aktienkommandite anwendbar. In Bezug auf die persönlich haftenden Gesellschafter untereinander stand der Anwendung nichts entgegen. Zweifelhaft wird aber die Anwendung gegenüber den Kommanditisten. Die im Artikel 96 Absatz 2 bezüglich der offenen Gesellschaft für die Genehmigung zur Theilnahme an einer anderen gleichartigen offenen Handelsgesellschaft aufgestellte Vermuthung erscheint für die Aktien-Kommanditgesellschaft schon mit Rücksicht auf die Menge der Kommanditisten und deren von dem Verhältniß der offenen Gesellschafter zu einander wesentlich verschiedenen Stellung zu den Komplementaren nicht ohne Weiteres anwendbar; vielmehr muß seitens der Kommanditisten die Genehmigung im Voraus oder nachträglich ausdrücklich erfolgen. Der Entwurf weist für sie die Ertheilung der Genehmigung der Generalversammlung zu, gestattet indeß eine Delegation an den Aufsichtsrath; bezüglich der Genehmigung seitens der übrigen persönlich haftenden Gesellschafter kann es bei der Vorschrift des Artikels 96 Absatz 2 bewenden. Die Präklusivfrist zur Ausübung der Rechte aus den erwähnten unzulässigen Geschäften eines Gesellschafters ist ferner im Artikel 97 auf drei Monate seit dem Zeitpunkte berechnet, in welchem die Gesellschaft von dem Abschlusse des Geschäfts Kenntniß erhalten hat. Die Kenntniß der ganzen Kommandit-Aktiengesellschaft als solcher wird sich schwerlich auf einen bestimmten Zeitpunkt zurückführen lassen. Als maßgebend für die ganze Gesellschaft ist der Zeitpunkt anzunehmen, in welchem die übrigen persönlich haftenden Gesellschafter und auch der Aufsichtsrath die bezügliche Kenntniß erlangt hat. Diese Thatsache wird das richterliche Ermessen leichter feststellen können. Allgemeine entscheidende Bestimmungen lassen sich darüber nicht treffen. Jedenfalls würde es zu weit gehen, wenn gefordert würde, daß alle Aufsichtsrathsmitglieder den Abschluß erfahren haben, vielmehr wird es für ausreichend zu erachten sein, daß eine zur Beschlußfassung genügende Anzahl derselben den Abschluß kannte, da solchenfalls der Aufsichtsrath in der Lage war, von dem der Gesellschaft beigelegten Rechte Gebrauch zu machen.

Artikel 197.

Die redaktionellen Aenderungen in dem zweiten Absatz hängen mit der Vorschrift, daß Aktien nicht blos die Kommanditisten sondern auch der Komplementar besitzen kann, sowie mit der gleichen Fassung des Artikels 217 und, was den Reservefonds betrifft, mit der ausdrücklichen Vorschrift in Artikel 185a Ziffer 5 zusammen.

Der Absatz 3 des bisherigen Artikels 197 ist zum

Artikel 198

gemacht worden und hat mit Rücksicht auf die Fassung des zweiten Absatzes im vorigen Artikel eine nur redaktionelle Veränderung erfahren.

Die Bestimmungen des bisherigen Artikels 198 haben in den Artikeln 180e und 180f die bereits besprochene Aufnahme gefunden.

Artikel 199, 200.

Die hauptsächlichsten Kontroversen, zu welchen der ursprüngliche Artikel 199 des Handelsgesetzbuchs Anlaß gegeben hatte,[1]) sind durch die Novelle von 1870 als beseitigt anzusehen. Einige Zweifel sind freilich auch nach der geänderten Fassung übrig geblieben, doch haben sie ihre Lösung größtentheils schon in der Literatur und Praxis gefunden.

Insbesondere wird angenommen, daß die Vereinbarung über das Austreten eines oder mehrerer persönlich haftender Gesellschafter und das gleichzeitige Fortbestehen der Gesellschaft dann, wenn die Form einer Statutenänderung nicht beobachtet ist, nicht blos als nicht geschehen anzusehen sei, sondern die Auflösung der Gesellschaft zur Folge habe. Ferner werden die Bestimmungen des Absatz 2 über die Möglichkeit des Fortbestandes der Gesellschaft nicht blos auf den Fall des Austritts in Folge gegenseitiger Uebereinkunft, sondern auf alle Fälle bezogen, in denen aus irgend welchem Grunde der Gesellschaftsverband für einen oder mehrere Komplementare gelöst wird. Ebenso wird das Recht der übrigen Komplementare und der Generalversammlung, die Ausschließung des einen von mehreren Komplementaren zu verlangen, ohne Uebereinkunft mit dem Ausscheidenden und ohne statutarische Veränderung aufrecht erhalten.[2]) Bezüglich der Eintragung endlich wird mit Rücksicht auf die allgemeine Vorschrift des Artikels 13 allgemein anerkannt, daß neben der Eintragung auch die Bekanntmachung erforderlich ist. Aber es ist streitig geblieben, ob nur der Austritt als solcher oder auch die den

[1]) Vergl. Anschütz und v. Völderndorff, Komm. 1870 II S. 457 bis 466.

[2]) Vergl. Behrend in seiner Zeitschr. Bd. 5 S. 232 bis 237; Puchelt, Komm. zum H. G. B. Anm. 4 bis 6 zu Art. 199; wegen der Verhütung von etwaigen Kollusionen zur Umgehung der Vorschrift des Art. 199 vergl. v. Hahn, Komm. Bd. I S. 638; Keyßner, Erhalt. S. 137; Renaud, Recht der Kommanditgesellschaft S. 795 ff.

Austritt des Gesellschafters für zulässig erklärende Vertragsbestimmung unter das Präjudiz des Artikels 129 Absatz 5 fällt.[1])

Gegen die letzterwähnte Ansicht wird der Wortlaut und der Umstand geltend gemacht, daß eine Abweichung von der Behandlung der übrigen zu veröffentlichenden Vertragsbestimmungen in dem Gesetze einen deutlicheren Ausdruck hätte finden müssen. Die Rechtssicherheit gegenüber Dritten müsse aber durch die unter dem Präjudiz der Artikel 129 und 25 erfolgende Bekanntmachung des Austritts selbst genügend gewahrt erscheinen.[2])

Der Zweifel erschien wichtig genug, um eine Entscheidung durch den Entwurf im Sinne der ersten Alternative zu rechtfertigen. Es konnte dies am Besten durch Weglassung des Schlußsatzes in Artikel 199 und durch Einfügung von Artikel 129 in den Schlußsatz des Artikels 200 geschehen. In Folge dieser Veränderung wird es keinem Bedenken mehr unterliegen können, daß die Bekanntmachung des Austritts selbst genügt, um denselben Dritten gegenüber wirksam zu machen und daß diese Wirkung nicht auch noch von der Veröffentlichung der Vertragsbestimmung selbst abhängig ist.

Die Weglassung der Worte in Absatz 2: „oder durch einen denselben abändernden Vertrag" ist lediglich eine redaktionelle, da unter Gesellschaftsvertrag im Sinne dieses Entwurfes nicht blos der ursprünglich errichtete, sondern auch der später abgeänderte zu verstehen ist.

Durch die Einfügung dieses Artikels 129 in den Schlußsatz des Artikels 200 war aber gleichzeitig der bisherige Artikel 201, welcher die Eintragung der Auflösung der Gesellschaft anordnete, überflüssig geworden. Freilich bewirkt die Einschaltung des Artikels 129, daß nunmehr das Präjudiz seines fünften Absatzes auch auf die Auflösung der Gesellschaft anwendbar wird — eine Vorschrift, welche bei der Aktiengesellschaft (Art. 243) mit Rücksicht auf Artikel 233 Absatz 2 nicht getroffen zu werden braucht.

In Anwendung des bei §. 212 erörterten Grundsatzes mußte wegen dieser Rechtswirkung gegen Dritte auch noch die Eintragung in dem Handelsregister der Zweigniederlassung angeordnet, gleichzeitig aber zur Begegnung von Zweifeln ausgesprochen werden, daß die Eintragung bei dem Handelsgericht der Hauptniederlassung entscheidend sein soll.

Artikel 201, 202

geben unverändert den Inhalt der bisher in dem Artikel 202 zusammengefaßten Bestimmungen wieder.

Artikel 203.

Bezüglich der Kommanditgesellschaften auf Aktien trifft die bisherige Vorschrift des Artikels 203 zum Schutze der Gläubiger nur Vorsorge für den Fall der theilweisen Zurückzahlung des Kapitals; dasselbe galt in der ursprünglichen Fassung des Artikels 248 auch hinsichtlich der Aktiengesellschaften; nach den Beschlüssen der Nürnberger Konferenz war in diesem Punkte eine Gleichstellung der beiden Gesellschaftsarten beabsichtigt.[3]) Erst durch die Novelle vom 11. Juni 1870 ist für die Aktiengesellschaften in Artikel 248 ein Zusatz über die Herabsetzung des Grundkapitals eingefügt worden, während eine gleiche Vorschrift für die Kommanditgesellschaften auf Aktien nicht getroffen wurde. Es liegt indessen kein Anhalt für die Annahme vor, daß hierdurch absichtlich ein neuer Unterschied zwischen Aktien- und Kommandit-Aktiengesellschaften hat eingeführt werden sollen. Denn eine Verminderung des Nominalwerthes der Aktien muß bei beiden Gesellschaftsarten zu dem gleichen Ergebniß führen. Anscheinend unterblieb eine gleichzeitige Aenderung des Artikels 203 zufolge der Auffassung, welche man von dem gänzlichen Zurücktreten der Kommanditgesellschaften auf Aktien gegenüber den von der staatlichen Ermächtigung befreiten Aktiengesellschaften hegte.[1]) Für den Entwurf ist es aber geboten, die Herabsetzung des Grundkapitals bei diesen Gesellschaften ebenfalls den für die theilweise Zurückzahlung gegebenen Bestimmungen zu unterwerfen. Wie hinsichtlich der Aktiengesellschaften erfordert auch für die Kommandit-Aktiengesellschaften der Entwurf, daß die Bestimmung über Herabsetzung oder Zurückzahlung des Grundkapitals gleichzeitig die Art und die zu ihrer Durchführung erforderlichen Maßregeln festzusetzen hat und er trifft hinsichtlich der Beschlußfassung der Generalversammlung die gleichen Kautelen. Vergl. die Begründung zu Artikel 248.

Aus gleichem Grunde trifft der Entwurf für die Amortisation dieselben Vorschriften wie in Artikel 215d Absatz 2 für die Aktiengesellschaften. Vergl. Begründung zu diesem.

Daß in allen diesen Fällen eine Vereinbarung der Generalversammlung mit den persönlich haftenden Gesellschaftern zu erfolgen hat, ist wiederum selbstverständlich.

Artikel 204.

Der erste Absatz stellt für den Aufsichtsrath einer Aktien-Kommanditgesellschaft die gleiche Pflicht für die Anwendung der Sorgfalt eines ordentlichen Geschäftsmannes wie hinsichtlich der Aktiengesellschaft auf, da er bei beiden Gesellschaften dasselbe Vertrauensorgan der Aktionäre ist und dieselbe Stellung einnimmt.

Auch hier müssen, wie bei der Aktiengesellschaft (Art. 226) die Mitglieder des Aufsichtsraths dafür verantwortlich gemacht werden, wenn mit ihrem Wissen und ohne ihr Einschreiten eine Herabsetzung des Grundkapitals oder eine Amortisation der Aktien ohne Beobachtung der gesetzlichen Bestimmungen erfolgt ist.

Dieser Erweiterung entspricht die redaktionelle Aenderung in dem ersten Absatz, indem an Stelle der bisherigen Worte „zur Erstattung geleisteter Zahlungen" die Worte „zum Ersatz" gesetzt sind, da z. B. bei einer Herabsetzung des Grundkapitals Zahlungen nicht geleistet werden müssen.

Die Ausdehnung der Haftung auf den verbotenen Erwerb oder die verbotene Pfandnahme eigener Aktien ergiebt sich aus der Vorschrift des Artikels 184d.

In den im Artikel 204 zusammengefaßten Fällen wird endlich auch bei der Kommanditgesellschaft auf Aktien den Gläubigern ein subsidiäres aber direktes Klagerecht einzuräumen sein. Zwar sind die Gläubiger einer Aktienkommandite insofern mehr geschützt, als sie stets den persönlich haftenden Gesellschafter in Anspruch nehmen können, dessen Haftung jedenfalls wirksamere Garantien bietet, als diejenige des Vorstandes einer Aktiengesellschaft. Allein die Sicherheit für die Pflichterfüllung des Aufsichtsraths, auf welche nicht minder bei der Kommandit-Aktiengesellschaft Gewicht gelegt werden muß, verlangt es, daß er auch unmittelbar den Gläubigern gegenüber haftbar gemacht wird. Indem der Entwurf diesem Grundsatz besonderen Ausdruck verlieh, hat er dadurch gleichzeitig die Streitfrage des bisherigen Rechts über diese Haftung beseitigt.[2])

Im Uebrigen vergleiche allgemeine Begründung §. 12 Nr. 4 S. 290 ff. und besondere Begründung zu Artikel 226.

---

[1]) So Endemann, Ges. vom 11. Juni 1870 mit Erläuterungen, Berlin 1870 S. 18 ff.

[2]) Vergl. v. Hahn, Komm. zum H. G. B. 2. Aufl. §. 4 zu Art. 199; Buchelt a. a. O. Anm. 8 zu demselben Artikel.

[3]) Vergl. Protokolle S. 1127.

[1]) Stenogr. Ber. 1870 S. 1063, 1064. Vergl. oben allgemeine Begründung §. 15 S. 306 ff.

[2]) Vergl., gestützt auf den preuß. Entwurf, Art. 177 und dessen Mot. S. 89; Buchelt zu Art. 204 Anm. 3; v. Hahn zu demselben Artikel S. 580; dagegen Renaud, Recht der Kommanditgesellschaft S. 775, 759.

Artikel 205
ist unverändert in den Entwurf übernommen.

Artikel 206
entspricht dem Artikel 244, dessen Begründung auch für ihn gilt.

Dritter Titel.
Von der Aktiengesellschaft.

Erster Abschnitt.
Allgemeine Grundsätze.

Artikel 207.

1. In der allgemeinen Begründung §. 4 (S. 247) ist der begriffliche Unterschied zwischen dem in baarem Gelde oder zwar in Werthgegenständen bestehenden, aber kapitalmäßig normirten Einlagekapital, mit welchem die Gesellschaft gegründet wird (Grundkapital), und dem Vermögen der Gesellschaft entwickelt worden und die wirthschaftliche Nothwendigkeit, von Beginn und während des Fortbestehens der Gesellschaft, diesem an Bestandtheilen und im Werthe stets wechselnden Vermögen jenes fixirte Grundkapital dauernd gegenüberzustellen. In der jetzigen Fassung läßt das Gesetz diese Unterscheidung nicht mit der gebotenen Schärfe hervortreten, Artikel 207 Absatz 2, Artikel 217, 240, 245, 247, 248. Der allerdings nur redaktionelle Mangel ist namentlich in dem einleitenden Artikel geeignet, Irrthümer hervorzurufen. Der Entwurf wird deshalb hier und an den anderen Stellen suchen müssen, dem Mangel abzuhelfen. Demgemäß ist in Absatz 2 der bisherige Ausdruck „Gesellschaftskapital", welcher leicht mit dem in anderen Artikeln gebrauchten Ausdruck „Gesellschaftsvermögen" verwechselt werden kann, durch „Einlagekapital (Grundkapital)" ersetzt worden.

2. Das Handelsgesetzbuch läßt die Zerlegung des Grundkapitals außer in Aktien auch in Aktienantheile zu. Letztere verdanken ihre Aufnahme in die deutsche Gesetzgebung offenbar dem französischen Rechte, welches bereits in Artikel 34 des Code de commerce neben den actions noch die „coupons d'actions" aufführte. Dieselben sind auch in dem Gesetz vom 24. Juli 1867 sur les sociétés Artikel 1 und 24 beibehalten und in andere neuere Gesetzgebungen, z. B. in das belgische Gesetz vom 18. Mai 1873 Artikel 35 und 36, übergegangen. Die Zerlegung in Aktienantheile soll bei einem hohen Nominalbetrage der eigentlichen Aktien eine Theilung in geringere, dem Bedürfniß entsprechende Beträge bezwecken.[1]) Dieser Zweck, welcher nicht dahin führen darf, die Vorschrift des gesetzlichen Mindestbetrages zu umgehen, kann aber auch dadurch erreicht werden, daß für die Aktie selbst ein geringerer Nominalbetrag von der Gesellschaft bestimmt wird. Die Zerlegung in Aktienantheile ist deshalb in Deutschland kaum gebräuchlich. Sie steht im Zusammenhange mit dem Stimmrecht in der Generalversammlung.[2]) Dem Inhaber des einzelnen Antheils sollen nur Bezugsrechte verliehen sein, nicht aber ein selbständiges, antheiliges Stimmrecht, vielmehr soll statutenmäßig letzteres nur für die sämmtlichen Antheile vereint ausgeübt werden können. Wird aber nach dem Vorschlage des Entwurfs zu Artikel 190, 221 gesetzlich vorgeschrieben, daß jeder antheilsberechtigte Aktionär ein Stimmrecht haben soll und damit den Gesellschaften die Bestimmung, daß nur der Besitz mehrerer Aktien dasselbe gewähre, entzogen, so muß auch die Möglichkeit einer Zerlegung der Aktie in Aktienantheile beseitigt werden; denn sonst würde durch eine solche leicht jene Vorschrift zu umgehen sein. Der Entwurf gestattet daher fortan die Zerlegung in Aktienantheile nicht.

3. Der letzte Absatz bringt das unbedingte Verbot einer Stellung von Promessen oder Interimsscheinen auf Inhaber zum Ausdruck. Dasselbe ist bereits in der allgemeinen Begründung §. 5 S. 256 besprochen (vgl. bisher Art. 222 Z. 1 und 3).

Artikel 207a.

1. Die Erhöhung des Minimalbetrages der Aktie ist in der allgemeinen Begründung §. 4 S. 247 bis 250 gerechtfertigt worden. Durch die erhebliche Erhöhung erübrigt sich die bisherige Sondervorschrift für Versicherungsgesellschaften.

Die Anwendung der in Artikel 207a enthaltenen Bestimmungen auf die Promessen und Interimsscheine entspricht dem bisherigen Recht und bedarf keiner weiteren Rechtfertigung.

Die Rechtsfolgen einer Uebertretung der in diesem Artikel gegebenen Vorschriften sind mit den gleichartigen, bisher zerstreut behandelten Fragen im Artikel 215c zusammengefaßt.

2. Was dagegen die bisherige Bestimmung betrifft, daß der Nominalbetrag der Aktie während des Bestehens der Gesellschaft weder vermindert, noch erhöht werden dürfe, so glaubt der Entwurf diese Bestimmung nicht beibehalten zu sollen. Die materielle Seite der Frage hat bereits vor dem Reichstag eine Besprechung gefunden, als es sich um den von dem Abgeordneten Stenglein und Genossen unter dem 12. November 1874 eingebrachten Antrag[1]) handelte, welcher später zu dem Gesetz vom 16. Dezember 1875 — Reichs-Gesetzbl. S. 317 — führte.

Man war und ist[2]) einig darüber, daß auch ohne ausdrückliche Vorschrift jede fiktive Verminderung und Erhöhung der Aktien, welche den Betrag des Grundkapitals anders erscheinen läßt, als er der Wirklichkeit entspricht, ausgeschlossen ist. Ihr steht schon die Vorschrift entgegen, daß das Einlagekapital in Aktien zerlegt wird (Art. 207 Abs. 2), ferner die Vorschrift, daß unter die Passiva der Bilanzen der Betrag des Grundkapitals aufzunehmen ist (Art. 239c, 185a Ziff. 5), außerdem im Falle der Verminderung die Vorschrift des Artikels 248 und im Falle fiktiver Erhöhung die Schlußbestimmung in Artikel 215b.

Ebenso aber konnte es als zweifellos gelten, daß trotz der unbedingten Fassung der bisherigen Vorschrift eine wirkliche Verminderung der Aktie auf dem im Artikel 248 bezeichneten Wege einer theilweisen Liquidation nicht ausgeschlossen werde.[3])

Dagegen hielt man es für zweifelhaft, ob auch im Falle einer Vermehrung oder Beibehaltung des Grundkapitals durch entsprechende Erhöhung oder durch anderweitige Eintheilung der Nominalbetrag der Aktien verändert werden könne.

Nur dieser Punkt kann für die Aufgabe des Entwurfs in Betracht kommen. Man wird hierbei die Stellung der Gläubiger und der Aktionäre zu beachten haben. Bleibt das Grundkapital in der bisherigen Höhe erhalten oder wird es

---

[1]) Anschütz und v. Völdernborff, Komm. zum Handelsgesetzbuch Bd. 2 S. 405.

[2]) Renaud, Recht der Aktiengesellschaften 2. Aufl. S. 471; v. Hahn, Komm. zum Handelsgesetzbuch 2. Aufl. Note 4 zu Art. 224

---

[1]) Drucks. des Reichstags 2. Leg. Per. II Session 1874 Nr. 39; vergl. stenogr. Ber. 1874 S. 588 bis 590; Bericht der X. Kommission, Drucks. a. a. O. Nr. 155; stenogr. Berichte a. a. O. S. 1399 bis 1405; Drucks. des Reichstags, 2. Leg. Per. III. Session 1875 Nr. 23, 36; stenogr. Ber. 1875 S. 127 bis 130, 170 bis 175, 298 bis 301.

[2]) Vergl. Goldschmidt, Zeitschrift für das gesammte Handelsrecht Bd. 21 S. 440 ff. und die dort angeführte Literatur.

[3]) Vergl. auch Bescheid des Reichs-Oberhandelsgerichts vom 19. Mai 1876, Entsch. Bd. 20 S. 94.

erhöht, so kann den Gläubigern eine Veränderung des Nominalbetrages der Aktien niemals zum Schaden gereichen; von diesem Gesichtspunkte aus liegt daher kein Grund vor, eine solche Veränderung gesetzgeberisch zu untersagen. Auf die Stellung der Aktionäre gesehen, wird aber die Zulässigkeit der Veränderung sich nach anderen Bestimmungen richten. Soll durch Erhöhung des Nominalbetrages der für die Aktie statutenmäßig zu leistende Beitrag erhöht werden, so trifft Artikel 219 die maßgebende Bestimmung. Auch eine Verminderung des Nominalbetrages bei Vermehrung der Anzahl der Aktien, sowie eine Erhöhung des Nominalbetrages unter Zusammenlegung mehrerer Aktien ist vom Standpunkte einer Aenderung der Statuten und der Sonderrechte der einzelnen Aktionäre zu beurtheilen.[1])

Als selbständige Prohibitivvorschrift erscheint für den Absatz 3 des bisherigen Artikels 207a kein Raum.

Selbstverständlich ist es, daß eine Veränderung des Nominalbetrages nur unter Innehaltung der gesetzlichen Mindestbeträge erfolgen kann.

Artikel 209.

In Gemäßheit der in der allgemeinen Begründung §. 7 S. 262 f. entwickelten Grundsätze stellt der zweite Absatz des Artikels 209 den zur Existenz der Gesellschaft nothwendigen Inhalt der Statuten in sieben, den Nummern 1, 2, 4, 5, 8, 9, 12 der bisherigen Fassung entsprechenden Nummern zusammen.

Ohne Firma und Sitz kann die Aktiengesellschaft nicht als selbständiges Rechtssubjekt im Handelsverkehr auftreten. Durch den Gegenstand des Unternehmens erhält die Aktiengesellschaft ihre individuelle Bestimmung und die für die Firma erforderliche Grundlage (H. G. B. Art. 18). Auch die Höhe des Grundkapitals und der einzelnen Aktien sind für das Wesen der Gesellschaft von grundlegender Bedeutung, weil das bestimmte Grundkapital den alleinigen Träger aller Rechte und Verbindlichkeiten der Gesellschaft bildet und die Höhe der Aktien bis zur erfolgten Einzahlung den Maßstab für die Verbindlichkeiten und auch später den Maßstab für die Theilnahmerechte der Aktionäre abgiebt; ebenso ist für das Rechtsverhältniß der Aktionäre zur Gesellschaft die Art der Aktien, ob sie auf Inhaber oder auf Namen lauten, sowie die Zahl der einen oder anderen Art entscheidend. Auch die Art der Bestellung und Zusammensetzung des Vorstandes ist durch den Gesellschaftsvertrag zu bestimmen, einerseits weil die Bildung des geschäftsführenden Organs für das Schicksal der Gesellschaft von grundlegender Bedeutung ist, und andererseits weil der Entwurf sich enthält, gesetzliche Vorschriften für die Bildung des Vorstandes aufzustellen (vgl. Allg. Begründung S. 287). Was den ferneren Inhalt der bisherigen Nummer 8 betrifft, so ist die Legitimation und Zeichnung seiner Mitglieder in Artikel 210c Absatz 3, 228 und 229, die Bestellung von Prokuristen in Artikel 234 behandelt; im Uebrigen soll, um die Formen für die Legitimation sonstiger Beamten der Gesellschaft gültig zu bestimmen, eine Aufnahme der Bestimmung in die Statuten nicht erforderlich sein (vgl. Art. 235). Endlich muß der Gesellschaftsvertrag eine Bestimmung über die Form enthalten, in welcher die Zusammenberufung der Generalversammlung der Aktionäre geschieht, sowie über die Form, in welcher die Bekanntmachungen der Gesellschaft erfolgen sollen.

In Verfolg einer von sachverständiger Seite gegebenen Anregung setzt der Entwurf für Bekanntmachungen, welche durch Einrückung in öffentliche Blätter stattfinden, den Deutschen Reichsanzeiger als obligatorisches Publikationsorgan ein. Die Vorschrift wird nicht blos die wünschenswerthe Folge haben, daß die Bewegung des Aktienwesens von den betheiligten Kreisen genau beobachtet werden kann, sondern sie verschafft namentlich auch den Aktionären und Gläubigern die Sicherheit, daß ihnen durch Einsicht eines einzigen Blattes nichts Erhebliches in dem Schicksal der Gesellschaften entgehen kann. Diese Erwägung hat bereits bei Erlaß der Reichs-Prozeßordnungen dahin geführt, für die von ihnen vorgesehenen Veröffentlichungen die Einrückung in den Reichsanzeiger vorzuschreiben. Es bleibt selbstverständlich den Gesellschaften unbenommen, sich mit dem Reichsanzeiger als Publikationsorgan zu begnügen oder neben diesem noch andere Blätter für ihre Publikationen anzuordnen. In letzterem Falle muß diese Anordnung im Gesellschaftsvertrage festgesetzt werden.

Durch die Hervorhebung der gedachten Punkte als unbedingt wesentlicher ist für den Registerrichter eine feste Norm für die Frage der Eintragung des Gesellschaftsvertrages geschaffen.

Artikel 209a.

Während die im vorigen Artikel erwähnten Punkte die Essentialien für den Inhalt eines jeden Gesellschaftsvertrages darstellen, giebt es einzelne an sich nicht nothwendige, aber für das Wesen der Gesellschaften so wichtige Abweichungen von Naturalien der gewöhnlichen Art, daß die Aufnahme solcher Akzidentalien in den Gesellschaftsvertrag nicht entbehrt werden kann, um für die Gesellschaft verbindlich zu sein.

Diese Bestimmungen betreffen

1. die Zeitdauer des Unternehmens.

Die Aufnahme der Zeitdauer in den Gesellschaftsvertrag nach Art. 209 Nr. 3 der bisherigen Fassung erfolgte, wie die Verhandlungen der Nürnberger Konferenz ergeben (Prot. S. 327, 1030), in Abänderung einer Bestimmung des preußischen Entwurfs, wonach Aktiengesellschaften nur auf Zeit gestattet werden sollten. Das bestehende Recht geht hiernach von der Regel aus, daß, wenn keine Bestimmung getroffen ist, die Aktiengesellschaft ohne Zeitbeschränkung dauert. Hieran hält der Entwurf fest. Die Vereinbarung einer Zeitbeschränkung ist aber eine so wesentliche Ausnahme von der Regel, daß sie in dem Gesellschaftsvertrage ihre Stelle finden muß.

2. Die Zulässigkeit der Ueberpari-Emission bei der Errichtung der Gesellschaft hat bereits in §. 11 der Allgemeinen Begründung ihre Erörterung gefunden. Dort ist auch gerechtfertigt worden, weswegen es im Falle dieser Zulassung der Aufnahme einer entsprechenden Bestimmung in den Gesellschaftsvertrag bedarf. Ingleichen ist bei derselben Gelegenheit das in Absatz 2 ausdrücklich angeordnete Verbot einer Unterpari-Emission besprochen worden.

3. Ferner ist zum vorigen Artikel schon bemerkt, daß die Art der Aktien für das Rechtsverhältniß der Aktionäre zur Gesellschaft entscheidend ist. Um von der in den Statuten geschehenen und durch Ausgabe der Aktien in Ausführung gebrachten Festsetzung bezüglich der Art der Aktien abgehen und Namensaktien in Inhaberaktien oder letztere in erstere umwandeln zu können, ist daher erforderlich, daß eine die Umwandlung gestattende Bestimmung in die Statuten aufgenommen ist.

4. Sodann sind — wie dies bereits in der allgemeinen Begründung S. 250 ff. gerechtfertigt worden ist — die bei Ausgabe von Aktien mit verschiedener Berechtigung eintretenden Rechtsverhältnisse ebenfalls nur durch den Gesellschaftsvertrag festzusetzen, da sie eine Ausnahme von dem Prinzip, daß jede Aktie gleiche Rechte gewähren soll, darstellen.

5. Endlich bilden Bestimmungen, durch welche die Beschlußfassung in der Generalversammlung nach einer größeren Stimmenmehrheit als nach der einfachen, oder nach anderen Er-

[1]) Vergl. Entsch. des Reichs-Oberhandelsgerichts Bd. 20 S. 96 ff.; Ladenburg in Busch, Archiv für Handelsrecht Bd. 34 S. 65 u. A.

forderniſſen, z. B. Beſchlußfaſſung in der zweiten Generalverſammlung, erfolgen ſoll, eine ſolche die Grundrechte der Aktionäre berührende Ausnahme von der geſetzlichen Regel, daß ſich ihre Aufnahme in den Geſellſchaftsvertrag rechtfertigt.

Die Beſtimmungen über eine Umwandlung und eine verſchiedene Berechtigung der Aktien (3, 4) müſſen vor deren Ausgabe vorgeſehen ſein, die beiden Beſtimmungen zu 1 und 5 können zu jeder Zeit, und bis auf eine Emiſſion der erſten Aktien über Pari können alle dieſe Beſtimmungen ſowohl bei der urſprünglichen Aufſtellung der Statuten, als ſpäter in Abänderung oder Ergänzung derſelben getroffen werden. Da ſie alle aber als grundlegend meiſt von Anfang an werden in die Statuten aufgenommen werden, erſchien es mit Rückſicht auf eine mögliche Abänderung derſelben in der konſtituirenden Generalverſammlung (vgl. Art. 210a Abſatz 4) wünſchenswerth, dieſe Beſtimmungen in Artikel 209a voranzuſchicken. Die übrigen Beſtimmungen, welche in gleicher Weiſe, um für die Geſellſchaft Kraft zu erlangen, der Aufnahme in den Geſellſchaftsvertrag bedürfen, werden beſſer in Verbindung mit den geſetzlichen Vorſchriften an betreffender Stelle erwähnt. Dies gilt insbeſondere von den Nummern 6, 7, 10 in Artikel 209 der bisherigen Faſſung. Die Beſtellung eines Aufſichtsraths (Nr. 6) iſt vom Entwurf geſetzlich vorgeſchrieben (Art. 209e, 210 Nr. 3, Art. 225, 191, 192). Nur ſoweit das Geſetz Abweichungen geſtattet, giebt der Geſellſchaftsvertrag für ſie Raum. Dies gilt auch von demjenigen Theil der bisherigen Nummer 8, welcher nicht in Nummer 5 von Artikel 209 des Entwurfs aufgenommen iſt (vgl. oben S. 325). Ueber Aufnahme und Prüfung der Bilanz vergl. Artikel 239 bis 239b, 185a bis 185c und über die Bedingungen und die Form für die Ausübung des Stimmrechts Artikel 221, 190.

Aehnliche Bezugnahmen auf die Statuten finden ſich noch an mehreren Stellen des Entwurfs, vergl. z. B. Artikel 215a Abſatz 1, 215d Abſatz 2, 217 Abſatz 2, 219 Abſatz 2, 236, 237.

Die

Artikel 209b, 209c, 209d

ſind vollſtändig in der allgemeinen Begründung §. 7 S. 263 ff., §. 8 S. 266 ff. erörtert worden.

Artikel 209e.

Der Entwurf verlangt ein thätiges Eingreifen des Vorſtandes und des Aufſichtsraths der zukünftigen Geſellſchaft ſchon in dem erſten Stadium der Gründung — eine Vorſchrift, welche bereits in der allgemeinen Begründung §. 9 (S. 270 bis 273) ihre Rechtfertigung gefunden hat. Es mußte daher ſchon an dieſer Stelle der Grundſatz über die Nothwendigkeit dieſer Organe ausgeſprochen werden, während die ſonſtigen Vorſchriften bezüglich derſelben im Anſchluß an die bisherige Faſſung des Handelsgeſetzbuchs auf die Artikel 209 Nr. 5, 225 ff. und 227 ff. zu verweiſen waren. Dieſelben beſtimmen namentlich die Art der Beſtellung, und zwar geht Artikel 227 davon aus, daß der Vorſtand regelmäßig von den Aktionären gewählt werde, läßt aber eine anderweite Beſtimmung des Geſellſchaftsvertrages, insbeſondere Beſtellung des Vorſtandes durch den Aufſichtsrath, durch Behörden ꝛc. zu. Bezüglich des Aufſichtsraths dagegen ſchreibt Artikel 225 (191 Abſ. 1) ſtets die Wahl durch die Aktionäre vor.

Sache der Gründer iſt es, den geſetzlichen und ſtatutariſchen Beſtimmungen entſprechend rechtzeitig die Beſtellung von Vorſtand und Aufſichtsrath herbeizuführen.

Artikel 209f.

Die Gegenſtände, welche von dem Entwurf der Prüfung des Aufſichtsraths und Vorſtandes zugewieſen werden, ſind bereits in der allgemeinen Begründung §. 9 S. 274 bis 278 auseinandergeſetzt worden. Hier bleibt noch zu bemerken, daß die Stellvertreter, welche die bei der Gründung oder bei den in Artikel 209b bezeichneten Feſtſetzungen betheiligten und deshalb zur Prüfung nicht geeigneten Mitglieder des Vorſtandes und Aufſichtsraths zu erſetzen haben, in derſelben Weiſe zu beſtellen ſind, wie die Beſtellung der Mitglieder, für welche ſie eintreten, zu erfolgen hat; fällt alſo z. B. bei der Sukzeſſivgründung ein Mitglied des Aufſichtsraths, weil er zugleich Gründer iſt, fort, ſo muß ſein Stellvertreter ebenfalls von der Generalverſammlung gewählt werden. Rückſichtlich der Prüfung ſtehen die Erſatzmänner in jeder Beziehung an Stelle eines Mitgliedes des Vorſtandes beziehungsweiſe des Aufſichtsraths; ſie haben deshalb auch dieſelben Rechte und Pflichten wie dieſes.

Die Aenderungen im

Artikel 210

ſind §. 9 S. 273 ff. der allgemeinen Begründung gerechtfertigt.

Artikel 210a, 210b.

Betreffs der konſtituirenden Generalverſammlung ſind die Erörterungen in der allgemeinen Begründung §. 8 S. 269 und §. 9 S. 274 zu vergleichen. Hier iſt im Einzelnen hervorzuheben:

1. Der Artikel 209c der bisherigen Faſſung wendete die in dem Geſellſchaftsvertrag für die Zeit nach der Errichtung der Geſellſchaft enthaltenen Beſtimmungen nur auf die Zuſammenberufung der konſtituirenden Generalverſammlung an. Es kann indeß keinem Zweifel unterliegen, daß in gleicher Weiſe auch auf die Beſchlußfaſſung die ſpäteren ſtatutariſchen und geſetzlichen Beſtimmungen Anwendung zu finden haben, ſoweit nicht für die konſtituirende Verſammlung beſondere Vorſchriften zu geben ſind. Dadurch erübrigt ſich auch die bisher in Artikel 209b Abſatz 3 des Handelsgeſetzbuchs beſonders aufgenommene Beſtimmung, daß der betheiligte Aktionär kein Stimmrecht hat (vergl. Entw. Art. 190 Abſ. 3).

2. Einer beſonderen Vorſchrift aber bedarf es rückſichtlich einer Abänderung des Statuts. Wie in der allgemeinen Begründung der Karakter der konſtituirenden Verſammlung entwickelt iſt, kann es nicht in der Abſicht des Entwurfs liegen, das der Zeichnung zum Grunde gelegte Statut als ein- für allemal unabänderlich hinzuſtellen. Dagegen wird freilich einer Mehrheit der konſtituirenden Verſammlung die Befugniß nicht ertheilt werden dürfen, die wichtigſten Beſtimmungen des Statuts mit bindender Wirkung für die nicht erſchienenen Zeichner abzuändern, denn jede Zeichnung enthält eine ganz beſtimmte Offerte auf Grund abgegrenzter Beſtimmungen. Soll daher an den Eſſentialien (Art. 209 Ziff. 1 bis 5) oder den im Artikel 209a bezeichneten grundlegenden Beſtimmungen des Vertrages etwas geändert werden, ſo muß die Zuſtimmung aller erſchienenen Zeichner gefordert werden. Ihre Einſtimmigkeit kann den Abweſenden binden; dieſer wird ſich um ſo weniger darüber beklagen dürfen, als er nach dem Geſetze auf einen ſolchen Beſchluß gefaßt ſein mußte. Eine Abweichung von der im Statut getroffenen Vorſchrift über die Form der Berufung der Generalverſammlung oder die Form der Bekanntmachungen (Art. 209 Ziff. 6, 7 und Abſ. 3) kann als eine im vorgedachten Sinne weſentliche Aenderung des Vertrages nicht angeſehen, und ebenſo kann einer Veränderung der in Artikel 209b getroffenen Feſtſetzung nur inſofern eine weſentliche Bedeutung beigelegt werden, als hierdurch eine Erweiterung zu Laſten der Geſellſchaft erfolgen ſoll; tritt eine Verringerung derſelben ein, ſo kann ſich Niemand über eine ſolche Aenderung des Statuts beſchweren.

3. Der Beſchlußfaſſung über die Errichtung der Ge-

sellschaft soll die Prüfung des Gründungshergangs vorhergehen. Zu dem Zweck haben sich Vorstand und Aufsichtsrath sowie die für sie fungirenden Stellvertreter vorher auf Grund ihres Berichts zu erklären. Dafür, daß dies geschehe, selbst wenn die Generalversammlung darauf verzichten wollte, hat der die Versammlung leitende Richter zu sorgen. Allerdings ist nicht erforderlich, das jedes Mitglied dieser Organe eine Erklärung abgiebt, es genügt, wenn je eines Namens des Organes, welchem er zugehört, sich erklärt. Es muß aber einem jeden Mitgliede des Vorstandes und des Aufsichtsraths gestattet sein, eine von der Majorität der prüfenden Organe abweichende Ansicht zu äußern, auch vor und trotz der Anmeldung schriftliche Ausstellungen einzureichen und dadurch die Prüfung der Bedenken anzuregen. Ist solche Befugniß geeignet, in dem Fortgange des Verfahrens eine Störung zu verhüten, welche eintreten würde, wenn die Mitglieder der Kontrolorgane kein anderes Mittel hätten, ihren Bedenken Geltung zu verschaffen, als die Unterzeichnung der Anmeldung zu verweigern, so ist es ein nothwendiges Korrelat hierzu, jedem Mitgliede das Recht zu geben, im Laufe der Verhandlung bis zur Beschlußfassung die von ihm geschehene Unterzeichnung der Anmeldung zurückzuziehen. Denn dieses Recht ist zugleich eine Pflicht; die Zurückziehung muß erfolgen, wenn die früher oder in der Verhandlung gemachte Ausstellung nicht erledigt wird; sonst würde das Mitglied sich verantwortlich machen; es kann bei der früheren Ausstellung sich nicht beruhigen. Zieht ein Mitglied seine Unterzeichnung zurück, so verliert die geschehene Anmeldung ihre Kraft, und die Generalversammlung selbst, welcher nunmehr ihre gesetzliche Grundlage fehlt, wird gegenstandslos. Es bedarf einer neuen Anmeldung und einer neu zu berufenden Generalversammlung, wenn die Gründung weiter fortgesetzt werden soll.

4. Die Erörterung des Gründungshergangs kann es erforderlich machen, die Beschlußfassung zu vertagen. Dem Richter die Machtvollkommenheit einer Vertagung zu geben, wäre bedenklich; er soll nicht in die Entschließung der Betheiligten, ob die Gesellschaft errichtet werden soll, aus eigener Macht eingreifen; es wäre dies doppelt bedenklich gegenüber einer in den Zeichnungsscheinen enthaltenen Fristbestimmung, bei welcher eine Vertagung das Scheitern der Errichtung bewirken kann. Die Betheiligten selbst müssen über die Vertagung beschließen. Der Richter kann diese Beschlußfassung herbeiführen und hat die Vertagung auszusprechen, wenn es mit einfacher Stimmenmehrheit von den erschienenen Aktionären verlangt wird.

Artikel 210c.

Vergl. allgemeine Begründung §. 9 S. 276 ff.

Artikel 212.

Mit Ausnahme der hinsichtlich der Zweigniederlassung einer ausländischen Gesellschaft getroffenen Bestimmungen — vergl. hierüber allgemeine Begründung S. 314 ff. — giebt die Vorschrift des Entwurfs im Allgemeinen das bisherige Recht wieder. In Berücksichtigung einer aus den betheiligten Kreisen ergangenen Anregung glaubt dabei der Entwurf jeden Zweifel darüber abschneiden zu sollen, daß der Registerrichter rücksichtlich der erfolgten Eintragung der Hauptniederlassung (Art. 21 Abs. 3) in keine Untersuchung, ob auch die für diese vorgeschriebenen Erfordernisse beobachtet sind, einzutreten hat. Das jetzige Gesetz ermangelt ferner besonderer Vorschriften darüber, ob und in wie weit die später in dem Handelsregister der Hauptniederlassung vorgenommenen Eintragungen in das Handelsregister der Zweigniederlassung gelangen sollen. Die Regelung dieses Punktes blieb vielmehr der Partikulargesetzgebung und der Praxis überlassen, welche hierbei von sehr verschiedenen Grundsätzen ausgegangen sind. Der Entwurf mußte bestrebt sein, wenigstens auf dem ihm vorliegenden Gebiet diese Lücke zu beseitigen. Mit Rücksicht auf die Sicherheit des Verkehrs ist deshalb die Anordnung getroffen, daß soweit die Rechtsverhältnisse Dritter von der Eintragung berührt werden, dieselbe auch in dem Handelsregister der Zweigniederlassung stattzufinden hat. (Vgl. Art. 214, 215a Abs. 3, 215b, 222 (190a), 228, 233, 243 Abs. 1, 244 Abs. 3, 248). Stehen solche Verhältnisse nicht in Frage, wie z. B. bei der Einreichung der Bilanz und der Gewinn- und Verlustrechnung, so hat der Entwurf von der Vorschrift einer weiteren Eintragung Abstand genommen.

Die

Artikel 213a bis 213e,

welche die Verantwortlichkeit aus der Gründung betreffen, sind in der allgemeinen Begründung §. 10 S. 276 bis 282 besprochen.

Artikel 214

hat eine nur redaktionelle Aenderung erfahren. Da der Entwurf die Vorschrift des bisherigen Rechts, wonach die im Absatz 1 erwähnten Beschlüsse der Generalversammlung einer gerichtlichen oder notariellen Beurkundung bedurften, verallgemeinert und auf alle Beschlüsse ausgedehnt hat (vergl. Art. 238a Abs. 1), so war diese Vorschrift hier fortzulassen. Die Veränderung der bisherigen Fassung des Absatz 1 in den Worten „eine Abänderung der Bestimmungen des Gesellschaftsvertrages" hängt mit dem folgenden Artikel zusammen.

Artikel 215

der alten und neuen Fassung behandelt die materiellen Erfordernisse für eine Statutenänderung.

Daß an und für sich eine Abänderung des Gesellschaftsvertrages nicht außerhalb der Zuständigkeit des sich durch Mehrheitsbeschlüsse bethätigenden Willensorgans der Gesellschaft, der Generalversammlung, liege, kann heutzutage als eine allgemeine Auffassung bezeichnet werden.[1]) Der Entwurf läßt demgemäß Statutenänderungen zu, auch ohne daß der Gesellschaftsvertrag sie vorgesehen hat. Auf diesen Inhalt beschränkt, würde eine Vorschrift kaum nothwendig erscheinen; es sind aber zugleich zwei andere, zweifelhaftere Fragen zu entscheiden, nämlich:

1. sollen Statutenänderungen anders als durch Generalversammlungsbeschlüsse erfolgen können?
2. soll das Gesetz zu Statutenänderungen einfache Mehrheitsbeschlüsse zulassen?

In beiden Beziehungen gilt es, in der Praxis hervorgetretene Mißstände zu beseitigen.

Zu 1. Einzelne Statuten sind in der Autonomie der Gesellschaft so weit gegangen, daß sie namentlich dem Aufsichtsrath oder ähnlichen Ausschüssen Funktionen übertragen haben, welche an sich nur der Generalversammlung zukommen. Man hat in einzelnen Grundgesetzen das Verhältniß von Aufsichtsrath und Generalversammlung geradezu umgekehrt und bestimmt, daß der Aufsichtsrath in allen Angelegenheiten der Gesellschaft zu beschließen habe, welche nicht ausdrücklich der Generalversammlung vorbehalten sind.[2]) Die hierdurch erwachsenen Mißstände zeigten sich nicht blos darin, daß der Aufsichtsrath einen ganz anderen als den durch das Gesetz gewollten Karakter annahm, sondern solche Vollmachten begünstigten auch die Bildung von Koterien zur Verfolgung selbstsüchtiger und der Gesellschaft

[1]) v. Hahn, Komm. 2. Aufl. Bd. 1 S. 615 ff., S. 664 §. 4; Anschütz und v. Völderndorff, Komm. Bd. 2 S. 439 ff., 534; Auerbach, Aktienwesen S. 183; Entsch. des preuß. Ober-Tribunals bei Striethorst's Archiv Bd. 72 S. 228; Entsch. des Reichs-Oberhandelsgerichts Bd. 14 S. 366, Bd. 20 S. 43 ff.; dagegen Renaud, Recht der Aktiengesellschaften 2. Aufl. S. 508 ff.; Löwenfeld a. a. O. S. 459 bis 471; vergl. auch Behrend im Eisenacher Gutachten a. a. O. S. 74 ff.

[2]) Vergl. Renaud a. a. O. S. 631; Strey, das deutsche Handelsgesellschaftsrecht S. 250.

nachtheiliger Interessen, selbst wenn die Einräumung der Befugnisse, wie nicht selten, ohne Hintergedanken geschah. Diesen Mißgriffen ist zunächst durch die Vorschrift, daß Aenderungen des Inhalts des Gesellschaftsvertrages nicht anders als durch Beschluß der Generalversammlung erfolgen dürfen, vorzubeugen. Stehen freilich nur redaktionelle Aenderungen in Frage, wie solche z. B. nicht selten von dem Registerrichter vor Eintragung des Vertrages verlangt werden, so muß, wenn nicht durch Neuberufung der Generalversammlung das Inslebentreten oder Funktioniren der Gesellschaft unnöthig erschwert werden soll, eine Ermächtigung der leitenden Organe zur Vornahme der Aenderung gestattet sein.

Mit dieser Vorkehr darf der Entwurf sich jedoch nicht begnügen.

Zu 2. Nach französischem Gesetz vom 24. Juli 1867 Artikel 31 bedarf es zur Statutenänderung der Vertretung der Hälfte des Grundkapitals; der Beschluß wird dann mit einfacher Stimmenmehrheit gefaßt. Das belgische Gesetz vom 18. Mai 1873 Artikel 59 verlangt zunächst dieselbe Vertretung der Hälfte des Grundkapitals, läßt aber Mangels derselben eine zweite Generalversammlung zu, bei welcher es auf die Höhe der Vertretung des Grundkapitals nicht ankommt, erfordert aber immer eine Stimmenmehrheit von ³/₄ der Erschienenen. Die englische Joint-Stock-Company-Act von 1862 sect. 50/51 erfordert zur Statutenänderung eine special resolution durch eine Mehrheit von ³/₄ der erschienenen Aktionäre und die nochmalige Bestätigung des von diesen gefaßten Beschlusses in einer zweiten nach zwei bis vier Wochen zu berufenden Generalversammlung. Nur das ungarische Handelsgesetzbuch §. 64 läßt die Statutenänderung durch einfachen Mehrheitsbeschluß der Generalversammlung erfolgen. Das schweizerische Gesetz über das Obligationenrecht vom 14. Juni 1881 Artikel 626, 627 steht im Allgemeinen auf dem Boden des deutschen Handelsgesetzbuchs, für Erweiterung und Verringerung des Geschäftsbereichs und für eine Fusion ist die Vertretung von ²/₃ des Grundkapitals nöthig, in sonstigen Fällen der Statutenänderung entscheidet die einfache Mehrheit der erschienenen Aktionäre. Nach dem neuesten italienischen Codice di commercio (Art. 157, 158) ist die für die regelmäßigen Beschlüsse der Generalversammlung erforderte Vertretung der Hälfte des Grundkapitals für eine Statutenänderung, abgesehen von entgegenstehenden Vorschriften des Gesellschaftsvertrages, auf drei Viertheile erhöht und die Mehrheit der Beschließenden auf zwei Drittheile der Erschienenen festgesetzt. Die österreichischen Entwürfe (Art. 215) verlangen ebenfalls statt der im Allgemeinen für jede Generalversammlung genügenden Vertretung von einem Viertel des Grundkapitals (Art. 238) für eine Abänderung des Gesellschaftsvertrages, sofern nicht in diesem selbst ein Anderes bestimmt ist, die Vertretung der Hälfte des Grundkapitals und für den Beschluß eine Mehrheit von zwei Dritteln der abgegebenen Stimmen.

Im Anschluß an diese Vorgänge hebt der Entwurf von den Beschlußfassungen der Generalversammlung diejenige heraus, welche eine Statutenänderung zum Gegenstande haben. Allerdings darf die Auffassung, daß die wichtigsten Grundlagen des Gesellschaftsvertrages nicht der einfachen Mehrheit der zufällig in der Generalversammlung erschienenen Aktionäre Preis gegeben werden dürfen, nicht zu einer Verkürzung der in dem Gesellschaftsvertrage selbst geregelten Autonomie der Gesellschaft führen. Dieser muß zu allernächst überlassen werden, selbst ihr Funktioniren zu bestimmen, auch wird der Prüfung des Aktionärs vor seiner Betheiligung anheimzugeben sein, ob er auf Grund der statutarischen Bestimmungen Aktienrechte erwerben will oder nicht. Der Entwurf behält daher der Regel nach dem Gesellschaftsvertrage die Möglichkeit vor, für die Abänderung statuarischer Festsetzungen gewisse Erfordernisse vorzuschreiben, insbesondere die Aenderung auch von der Zustimmung einer einfachen Mehrheit abhängig zu machen, — was sich namentlich für Satzungen von mehr geschäftlicher Natur, z. B. die Wahl der Gesellschaftsblätter u. s. w., empfehlen mag, — aber er verlangt, daß diese Vorschriften im Gesellschaftsvertrage für bestimmte Satzungen desselben getroffen werden und geht, soweit dies nicht geschehen, von der Norm aus, daß dann zur Abänderung ein qualifizirter Beschluß erforderlich sei. Hiernach stellt der Entwurf (Art. 215 Abs. 2) die Regel auf, daß, sofern der Gesellschaftsvertrag für eine Abänderung derjenigen Bestimmung, welche den Gegenstand der Beschlußfassung bildet, nicht andere Erfordernisse festgesetzt hat, der Beschluß mit einer Mehrheit nicht zwar von drei Viertheilen der abgegebenen Stimmen (vergl. Art. 190 Abs. 1), aber doch von drei Viertheilen des in der Generalversammlung vertretenen Grundkapitals gefaßt werden muß. In den besonderen Fällen, daß der Gegenstand des Unternehmens abgeändert oder eine Fusion beschlossen werden soll (Art. 215 Abs. 3, 4), schreibt der Entwurf diese Mehrheit zum Mindesten vor, überläßt aber dem Gesellschaftsvertrage, noch schwerere Erfordernisse hierfür, die Zustimmung einer höheren Quote des vertretenen oder des gesammten Grundkapitals oder einen doppelten Beschluß der Generalversammlung u. dergl. mehr zu verlangen.

Der Entwurf sieht in diesen Fällen und im Allgemeinen von größeren Anforderungen ab, weil sonst zu befürchten stände, daß mit ihnen die Möglichkeit einer Statutenänderung geradezu versagt wäre. Auch der erwähnte Vorgang einzelner Gesetzgebungen des Auslandes, in erster Linie strengere Bestimmungen ins Auge zu fassen und für den Fall, daß sie nicht erreicht werden, eine zweite Generalversammlung mit geringeren oder den gewöhnlichen Erfordernissen zuzulassen, erscheint nicht nachahmenswerth; Vorschriften dieser Art führen nur Verzögerungen herbei, ohne gegen den thatsächlichen Einfluß, welchen der größere Aktienbesitz immerhin gewähren muß, genügend zu schützen. Außerdem legt der Entwurf den Schutz der Minderheit in eine Reihe von anderen Vorschriften, welche wie die Artikel 190a, 222 ff. wirksamer sind, als eine noch so erhebliche Strenge in den Erfordernissen für die Beschlußfähigkeit der Generalversammlung.

Welche Gesichtspunkte maßgebend sind, wenn verschieden berechtigte Gattungen von Aktien ausgegeben wurden, ist bereits in der allgemeinen Begründung §. 4 S. 252 ff. gerechtfertigt worden.

Artikel 215a, 215b,

über die Erhöhung des Grundkapitals, sind in §. 11 der allgemeinen Begründung S. 282 bis 286 gerechtfertigt.

Artikel 215c

faßt die bisher zerstreuten Vorschriften über die Ausgabe von Aktien, Promessen und Interimsscheinen zusammen.

Der unbedingte Ausschluß von Promessen und Interimsscheinen auf Inhaber — vergl. Artikel 222 Ziffer 1 und 3 der bisherigen Fassung — ist in der allgemeinen Begründung §. 5 S. 256 ff., gerechtfertigt und oben zu Artikel 207 S. 324 erwähnt; hier waren nur die Folgen der Zuwiderhandlung entsprechend dem bestehenden Rechte festzusetzen.

Absatz 2 entspricht in seinem ersten, den gesetzlichen Nominalbetrag der Aktien, Promessen und Interimsscheine betreffenden Theile dem bisherigen Artikel 207a Absatz 2 und 4, im zweiten Theile dagegen, welcher die Ausgabe von Aktien vor der Eintragung des Gesellschaftsvertrages in das Handelsregister untersagt, dem bisherigen Artikel 211 Absatz 1 Satz 2. Der Entwurf dehnt diese Vorschrift auf die vorzeitige Ausgabe von Promessen und Interimsscheinen aus, da solche vor der Eintragung durch den Verkehr nicht gefordert, wohl aber zur Agiotage mißbraucht werden.

Absatz 3 enthält im ersten Satze das Verbot der Ausgabe von Namens- oder Inhaberaktien vor Vollzahlung des Nominalbetrages bezw. des statt desselben festgesetzten Betrages. Der Entwurf weicht in dieser Beziehung von dem bestehenden Rechte ab; nach dem letzteren, welches allerdings nur für Inhaberaktien eine Vorschrift enthält und auch hier nicht ausdrücklich ein Präjudiz ausspricht (Art. 222 Ziff. 1), wird man annehmen müssen, daß die vor Einzahlung des ganzen Nominalbetrages ausgegebenen Aktien nichtig sind. Die absolute, sich auch gegen den gutgläubigen und auch gegen den zweiten und folgenden Erwerber richtende Nichtigkeit ist im Stande, den allgemeinen Kredit zu gefährden. Es dürfte wohl kaum vorkommen, daß die Gesellschaftsorgane, obwohl die letzte Rate auf die Aktien überhaupt noch nicht ausgeschrieben ist, Vollaktien ausgeben; dagegen läßt es sich denken, daß nach Ausschreibung der letzten Rate unvorsichtiger oder sonst unzulässiger Weise einzelne, im Hinblick auf die fällige Vollzahlung von den Organen unterzeichnete Aktien vorzeitig zur Ausgabe gelangen. Nur in den seltensten Fällen ist bei dem Erwerbe solcher Aktien das Publikum in der Lage, zu prüfen, ob die vollständige Einzahlung derselben stattgefunden hat, zumal das Handelsregister für diese Prüfung keinen Anhalt bietet. Die Rücksicht auf das Publikum muß daher der Besorgniß einer Schädigung der Gesellschaft voranstehen. Deshalb erkennt der Entwurf die vorzeitig ausgegebenen Aktien der Gesellschaft gegenüber für gültig an, verpflichtet dagegen die Mitglieder der Verwaltungsorgane solidarisch, der Gesellschaft, ohne daß es des Nachweises eines Schadens bedarf, den an der Vollzahlung fehlenden Betrag zu erstatten (Art. 226 Abs. 2 Ziff. 4, 241 Abs. 3), und bedroht dieselben zugleich für den Fall der Zuwiderhandlung gegen das Verbot mit Strafe (Art. 249b Ziff. 2).

In gleicher Weise stellt Artikel 215c am Schlusse das Verbot auf, in dem Fall einer Erhöhung des Grundkapitals vor deren Eintragung in das Handelsregister Aktien, Promessen oder Interimsscheine auszugeben (s. Art. 226 Abs. 2 Ziff. 4, 241, 249c Ziff. 3). In dem bisherigen Recht fehlt überhaupt eine Bestimmung. Eine solche ist nothwendig, und die vorgeschlagene rechtfertigt sich, weil, wenn auch aus dem Handelsregister bei näherer Prüfung der Eintragung und ihrer Vergleichung mit der betreffenden Aktienurkunde ersehen werden könnte, ob die stattgefundene Erhöhung bereits eingetragen ist, das Publikum auf eine solche Prüfung und Vergleichung bei dem Erwerbe der Aktien, sowie dieser naturgemäß nach dem Handelsgebrauch sich vollzieht, nicht verwiesen werden kann, namentlich wenn bereits mehrere Fälle einer Erhöhung des Grundkapitals vorausgegangen und schon mehrere, vielleicht mit den neu ausgegebenen gleichberechtigte Serien von Aktien im Umlaufe waren.

Artikel 215d.

Durch die Novelle vom 11. Juni 1870 ist für die Aktiengesellschaften ein zweifaches Verbot ausgesprochen worden:

1. das des Erwerbs eigener Aktien und
2. das einer Amortisation derselben, sofern diese nicht durch den ursprünglichen Gesellschaftsvertrag oder einen den letzteren abändernden, vor Ausgabe der Aktien gefaßten Beschluß zugelassen ist.

Beide Vorschriften sind mehrfacher Anfechtung ausgesetzt gewesen.

Zu 1. Die Motive zur Novelle[1]) erachten es für erforderlich, daß dem hin und wieder hervorgetretenen Versuche der Aktiengesellschaften, eigene Aktien, sei es aus dem Kapitalvermögen, sei es aus dem Reservefonds oder den Reinerträgen anzukaufen, entgegengewirkt werde. Als Gründe werden angeführt, daß ein derartiger Ankauf mit dem Wesen der Aktiengesellschaft nicht im Einklang stehe, weil die Aktien die Berechtigung des einzelnen Theilhabers an der Gesellschaft darstellten und diese nicht als eine von den Aktionären zu unterscheidende Persönlichkeit und dann selbst wieder als Aktionär erscheinen könnte. Vom praktischen Standpunkt wird besonders hervorgehoben, daß der Reservefonds nicht aus eigenen Aktien gebildet werden dürfe, sowie daß der Ankauf von nur theilweise eingezahlten Aktien hinsichtlich des Erlasses des noch schuldigen Betrages, und der Ankauf aus dem nicht zu den Reinerträgen gehörigen Vermögen unter den Begriff einer Rückzahlung an die Aktionäre fielen.

[1]) Drucks. des Reichstags 1. Leg. Per. 1870 Nr. 158 S. 31.

Die gegen die Vorschrift erhobenen Bedenken bestehen einerseits darin, daß sich die Vorschrift nach ihrer Fassung als lex imperfecta darstelle, weil die ausdrückliche Nichtigkeitserklärung dem Gesetz fehle und daß daher eine Verletzung nur gegen die zuwiderhandelnden Mitglieder des Vorstandes und des Aufsichtsraths einen Anspruch auf Schadensersatz begründe.[1]) Andererseits wurde das Verbot von dem entgegengesetzten Standpunkt, daß es die civilrechtliche Ungültigkeit des Erwerbs zur Folge habe, sachlich angegriffen, weil diese Folge Unzuträglichkeiten im Verkehr mit sich führe. Zugleich erachtete man die Vorschrift theils als zu eng, insofern sie nicht auch die Beleihung eigener Aktien verbiete, theils als zu weit, insofern sie es unmöglich mache, daß die Gesellschaft eigene Aktien solutionis causa im Wege der Zwangsvollstreckung oder im Wege der Schenkung erwerben könne, und insofern sie bei Aktiengesellschaften, die Bankgeschäfte betreiben, den Kommissionsverkehr in eigenen Aktien verhindere.[2])

Die juristischen Bedenken gegen die bisherige Fassung können nach der neuesten Rechtsprechung als beseitigt gelten, seitdem das vormalige Reichs-Oberhandelsgericht durch Urtheil vom 7. Mai 1875[3]) ausgesprochen hat, daß das Verbot nicht blos eine instruktionelle Vorschrift enthalte, sondern Rechtsgeschäfte, die demselben entgegen abgeschlossen werden, ungültig mache. In demselben Urtheil, sowie in dem vom 13. Juli 1876[4]) ist auch entschieden, daß eine Verpflichtung, verkaufte Aktien wieder zurückzukaufen und Reportirungsgeschäfte nicht unter das Verbot fallen. Erheblicher sind die übrigen gegen die civilrechtliche Ungültigkeit des Erwerbs erhobenen Angriffe. Von ähnlichen Bedenken geleitet, haben neuere Gesetzgebungen und Entwürfe sich von der Aufnahme eines absoluten Verbotes ferngehalten. Bei der Berathung des französischen und englischen Gesetzes von 1867 wurden zwar im corps législatif und Parlament Anträge gestellt, den Ankauf eigener Aktien durch Aktiengesellschaften zu verbieten, von beiden gesetzgebenden Versammlungen aber abgelehnt.[5]) Das belgische Gesetz vom 18. Mai 1873 Artikel 134 stellt nur eine Strafvorschrift gegen diejenigen auf, welche:

> auront sciemment racheté des actions ou parts sociales, si ce n'est au moyen d'un prélèvement net sur les bénéfices réels, opérés conformément aux statuts ou aux délibérations de l'assemblée générale.

Nach Artikel 118 ist im Fall der Liquidation der Gesellschaft nach Befriedigung der Gläubiger mit Genehmigung der Generalversammlung der Ankauf eigener Aktien gestattet. — Auch die österreichischen Entwürfe Artikel 249 Nr. 4 bedrohen die Mitglieder des Vorstandes, wenn sie eigene Aktien

[1]) Hecht a. a. O. S. 85; Bekker in Goldschmidt's Zeitschrift Bd. 17 S. 459.
[2]) Behrend im Eisenacher Gutachten S. 82 ff.; Auerbach a. a. O. S. 92.
[3]) Entsch. Bd. 17 S. 381
[4]) Entsch. Bd. 22 S. 191.
[5]) Mittermaier in Goldschmidt's Zeitschrift Bd. 12 (Beilageheft S. 45).

der Gesellschaft erwerben oder als Pfand annehmen, mit Strafen, führen aber in Artikel 213a drei Fälle auf, in denen ein solcher Erwerb statthaft sein soll, nämlich sofern er nach dem Gesellschaftsvertrag zum Behuf der Tilgung des Grundkapitals vollzogen wird, oder im Exekutionswege zur Verwirklichung von Forderungen der Gesellschaft erfolgt, oder endlich, wenn er mit dem Betrieb eines zum Gegenstand des Unternehmens gehörigen Wechslergeschäfts verbunden ist und ein Prozent des Grundkapitals nicht übersteigt. In den letzten beiden Fällen müssen jedoch die erworbenen Aktien schleunigst weiterveräußert und Erwerb und Veräußerung im Jahresbericht sichtlich gemacht werden. Fast ganz diesem Vorbilde folgt das schweizer Gesetz über das Obligationenrecht vom 14. Juni 1881 in den Artikeln 628 und 670.

Zunächst kann es nicht in der Absicht des Gesetzes liegen, an sich legitime Geschäfte von dem Betrieb der Gesellschaften auszuschließen und es mußte daher, namentlich mit Rücksicht auf die von sachverständiger Seite geäußerten Wünsche die Einkaufskommission, ausdrücklich von dem Verbote ausgenommen werden. Abgesehen von dieser Ausnahme verbietet der Entwurf den Erwerb eigener Aktien &c. und stellt dafür allgemein die Verantwortlichkeit der Gesellschaftsorgane auf, welche für eine Uebertretung des Verbots zu haften haben (Art. 226 Ziff. 1, Art. 241 Abs. 4). Hinsichtlich der Rechtswirkung Dritten gegenüber muß aber zwischen dem Erwerb eigener Aktien einerseits und eigener Promessen und Interimsscheine andererseits unterschieden werden. Es würde eine zu große Beschränkung des Verkehrs sein, wollte man den Verkäufer verpflichten, sich bei einem Verkauf von Vollaktien jedesmal zu vergewissern, wer sein Käufer ist oder ob etwa die Gesellschaft für sich gekauft hat oder ob nur eine Kommission zum Einkaufe vorliegt. Auch würde es die Interessen der Gesellschaft schädigen, wenn diese verpflichtet sein sollte, dem Aktienverkäufer ihren Kommittenten namhaft zu machen. Ferner würde eine mit dem Karakter des absoluten Verbots bekleidete Vorschrift auch dem Gegenkontrahenten das Recht verleihen, seinerseits die Ungültigkeit der Geschäfte geltend zu machen und diese Befugniß kann bei steigenden Kursen leicht Unzuträglichkeiten mit sich führen. Aus diesen Gründen läßt der Entwurf das Rechtsgeschäft als solches bestehen. Anders verhält es sich mit dem Erwerb eigener Promessen und Interimsscheine durch die Gesellschaft; hier muß wegen der Gefahr, daß die Gründer und ersten Zeichner sich ihres Einflusses auf die Gesellschaftsorgane bedienen könnten, um durch Uebertragung ihrer Promessen an die Gesellschaft von ihren Verpflichtungen gegen diese befreit zu werden, an diesen Erwerb jedenfalls die Nichtigkeit geknüpft werden.

Uebrigens beschränkt der Entwurf gegenüber dem Wortlaut der bisherigen Vorschrift, aber im Sinne derselben, das Verbot des Erwerbs auf den geschäftlichen Betrieb, so daß unter dasselbe weder der schenkungsweise Erwerb eigener Aktien, noch ein im Wege der Zwangsvollstreckung erfolgter fällt. Endlich ist, um Umgehungen der Vorschrift zu verhindern, dem Erwerb ausdrücklich die Pfandnahme gleichgestellt worden; daß als eine solche die Ausübung des Retentionsrechts nicht anzusehen ist, wird nicht bezweifelt werden. Selbstverständlich bringt das in diesem Artikel aufgestellte Verbot es mit sich, daß der Reservefonds der Gesellschaft weder ganz noch theilweise in eigenen Aktien angelegt werden darf.

Zu 2. Was die Amortisation eigener Aktien anlangt, so mußte zunächst eine Streitfrage ins Auge gefaßt werden, die sich an die bisherige Vorschrift knüpft. Nach der einen Ansicht hat der Erwerb eigener Aktien zum Zweck der Verminderung des Grundkapitals als eine Art der Amortisation außer der Beobachtung der Vorschrift in Artikel 248 eine Bestimmung im Gesellschaftsvertrag oder einen Generalversammlungsbeschluß vor Ausgabe der zu amortisirenden Aktien zur nothwendigen Voraussetzung.[1]) Die andere Ansicht dagegen hält schon nach bestehendem Recht ohne die Bestimmung im Gesellschaftsvertrag oder den erwähnten Generalversammlungsbeschluß die Amortisation durch Erwerb eigener Aktien unter Beobachtung des Artikels 248 für gestattet.[2]) Die erste Ansicht hat auch im Reichstage eine Vertretung bei dem von dem Abgeordneten Mosle und Genossen gestellten Antrag auf Deklaration des Artikels 215 des Handelsgesetzbuchs für sich gehabt — ein Antrag, der jedoch zu einer Berathung im Plenum wegen Schlusses der Session nicht gelangt ist.[3]) Die zweite Ansicht hat die Unterstützung des vormaligen Reichs-Oberhandelsgerichts gefunden, welches durch Urtheil vom 4. Februar 1876[4]) ausgesprochen hat, daß der Erwerb eigener Aktien als Mittel zum Zweck der unter Beobachtung der Artikel 245, 248 zu bewirkenden Minderung des Grundkapitals durch Artikel 215 nicht untersagt sei.[5]) Bei dieser Lage der Sache erschien eine Entscheidung der Streitfrage durch den Entwurf um so mehr geboten, als praktische und in Zeiten der Geschäftskrisen sehr wichtige Interessen eine präzise Vorschrift verlangen. Das Bedürfniß des Verkehrs aber gebietet es, die höchst zweckmäßige Art der Verminderung des Grundkapitals durch freihändigen Ankauf unter Beobachtung der für die Reduktion im Interesse der Gläubiger gegebenen Vorschriften zuzulassen. In diesem weiteren Sinne hat der Entwurf die Bestimmung im ersteren Satze des zweiten Absatzes getroffen. Sobald die Abstoßung aller Schulden erfolgt, besteht kein öffentliches Interesse, zur theilweisen Auflösung der Gesellschaft, wie sie in der Amortisation enthalten ist, eine statutarische Ankündigung, daß solche eintreten könne, vor Ausgabe der Aktien zu verlangen.

Dagegen erscheint eine Verschärfung der Vorschrift nach der entgegesetzten Richtung wünschenswerth. Das geltende Recht läßt ohne Beobachtung der Kautelen des Artikels 248 die Amortisation zu, sofern diese vor Ausgabe der Aktien statutarisch vorgesehen ist. An dieser Voraussetzung ist zwar festzuhalten; die Gesellschaft muß sich, bevor sie auf das eingetragene und veröffentlichte Grundkapital hin Kredit erhält, die Ausscheidung einzelner Gesellschaftsantheile vorbehalten haben. Aber dieser Vorbehalt genügt nicht allein. Aus dem Grundkapital selbst oder aus Gewinnüberschüssen, die an sich zur Wiederergänzung verloren gegangenen Grundkapitals zu verwenden wären, darf eine Heimzahlung der eingezahlten oder eine Liberirung der noch nicht voll eingezahlten Aktien nicht, wie dies nach bisherigem Recht möglich ist,[6]) zulässig sein. Eine solche Amortisation verleiht der Gesellschaft die Möglichkeit, sich von ihren Schulden zu befreien. Dazu darf das Gesetz die Hand nicht bieten, um so weniger, als, wenn auch von der Gesellschaft vorher auf den Eintritt dieser Benachtheiligung hingewiesen war, kaum anzunehmen sein wird, daß dies die Gläubiger thatsächlich erfahren haben. Der Entwurf gestattet daher im Falle vorheriger Ankündigung die Amortisation nur insoweit, als sich nach der jährlichen Bilanz bei Gegenüberstellung des ganzen Grundkapitals ein Gewinn ergiebt.

---

[1]) Endemann, das Recht der Aktiengesellschaften (Nachtrag zum deutschen Handelsrecht) S. 60; v. Hahn, Komm. 2. Aufl. Bd. I S. 623 f.; Goldschmidt in seiner Zeitschrift Bd. 21 S. 1 ff.

[2]) Keyßner, Aktiengesellschaften S. 231 ff.; v. Kräwell in Busch's Archiv N. F. IV (Bd. 29) S. 12 ff.; Molle, Recht der Aktiengesellschaften S. 53, 54, 147; Makower in Gruchot's Beitr. Bd. 21 (3. F. Bd. 1) S. 870.

[3]) Drucksachen des Reichstags, 2. Leg. Per. 1. Session 1874 Nr. 167.

[4]) Entscheidungen Bd. 18 S. 423; vergl. auch Bd. 20 S. 93.

[5]) Vergl. auch Löwenfeld a. a. O. S. 480 ff.

[6]) Vergl. Entscheidungen des Reichs-Oberhandelsgerichts Bd. 18 S. 423.

Zweiter Abschnitt.

Rechtsverhältniß der Aktionäre.

Artikel 216 bis 218

sind in ihrem Inhalt unverändert geblieben. Der

Artikel 217

hat nur eine redaktionelle Abänderung erfahren, welche durch die Vorschläge zu Artikel 239b (185a) veranlaßt ist. Der Hinweis auf die Bilanz und somit auf die über die Aufstellung derselben vorgesehenen Grundsätze erübrigt es, hier — wie es in der bisherigen Fassung geschehen — auszusprechen, daß vor Festsetzung des Gewinnes der Reservefonds abzuziehen ist und daß vor Wiederergänzung des durch Verlust „verminderten" Grundkapitals die Aktionäre keine Dividenden erhalten dürfen.

Die in Absatz 2 übernommene Vorschrift des Handelsgesetzbuchs über die Zulässigkeit der sogenannten Bauzinsen hat zu Zweifeln Veranlassung gegeben, ob die Angabe einer bestimmten kalendermäßigen Maximalfrist, bis zu welcher die Verzinsung stattzufinden habe, vorausgesetzt ist. Das vormalige Reichs-Oberhandelsgericht, von welchem zuerst 1874[1]) die Frage verneint war, hat in seiner Plenarentscheidung vom 31. März 1877 — Bd. 22 S. 12 — die Vorschrift in dem einschränkenden Sinne aufgefaßt, wonach zur Gültigkeit des Ausbedingens von Zinsen bestimmter Höhe erforderlich ist, daß der Zeitraum der Vorbereitung des Unternehmens im Gesellschaftsvertrage kalendermäßig festbestimmt sei. Durch diese Entscheidung darf die Kontroverse als beigelegt betrachtet werden. Die Zulässigkeit solcher Zinsversprechen an sich findet auch heute noch dieselbe Rechtfertigung, welche ihr in den Motiven zum preußischen Entwurf eines Handelsgesetzbuchs S. 90 zu Theil geworden ist, „daß das Zustandekommen mancher im öffentlichen Interesse wünschenswerther Aktienunternehmungen erschwert würde, wenn das Gesetz Bauzinsen nicht gestattete". Mit Recht wird die Zahlung der Bauzinsen nicht als eine Minderung des Grundkapitals angesehen, da bei der Berechnung des Werths baulicher Anlagen nicht nur das darauf verwendete Kapital, sondern auch die Zinsen desselben in Anschlag zu ziehen sind. Auch ist nicht in Abrede zu stellen, daß das vollendete Ganze des betriebsfähigen Geschäftsunternehmens einen höheren Werth, als die aus dem Grundkapital darin gemachten Verwendungen hat, so daß dieser Mehrwerth auf die Zahlung von Zinsen bis zum Beginn des Betriebs verwendet werden kann.[2])

In demselben Sinne spricht sich der Bericht der Spezialkommission für die Untersuchung des Eisenbahnkonzessionswesens in Preußen aus.[3]) Auch in den neueren Gesetzen und Entwürfen ist die Zulässigkeit von Bauzinsen anerkannt worden. So haben die österreichischen Entwürfe in Artikel 217 die bisherige Bestimmung des Handelsgesetzbuchs vollständig aufrecht erhalten. Ebenso hat das neue italienische Handelsgesetzbuch Artikel 181 sich im Anschluß an den früheren Codice di commercio Artikel 144 für die Beibehaltung der Bauzinsen erklärt und nur bestimmt, daß dieselben nicht auf länger als drei Jahre bewilligt und 5 Prozent nicht übersteigen dürfen. Dieselbe Vorschrift enthält auch der Codigo di com. von Venezuela Artikel 203, während das schweizer Gesetz über das Obligationenrecht vom 14. Juni 1881 Artikel 630 fast wörtlich die Bestimmung des deutschen Handelsgesetzbuchs wiederholt. Auch außerhalb der Gesetzgebung hat man die Beschränkung auf einen festzusetzenden höchsten Zinsfuß befürwortet. So der erwähnte Bericht der preußischen Spezialkommission a. a. O. S. 136, welcher verlangt, daß die Zinsen einen bestimmten höchsten, nach dem Emissionsbetrage zu bemessenden Prozentsatz nicht übersteigen. Andere verlangen, daß der Gesetzgeber selbst diesen Satz auf nicht höher als etwa 3 Prozent bestimme.[1]) Allein zu einer solchen Beschränkung sind zwingende Gründe nicht gegeben; das Handelsgesetzbuch kennt eine Beschränkung der Zinshöhe nicht, und auch auf diesem Gebiete liegt kein Grund vor, der eine solche rechtfertigen könnte. Die Anordnung wegen der Zinsen muß im Gesellschaftsvertrag getroffen sein; dieselbe nach ihrer Berechtigung und nach ihrem Nutzen zu prüfen, ist die Pflicht der für die Prüfung des Gründungsherganges bestellten Organe bezw. der Aktionäre selbst.

Artikel 219.

Mit der Neuregelung der Beitragspflicht des zeitigen Aktionärs, des Zeichners und der Zwischenmänner, wie solche in §. 5 der allgemeinen Begründung (S. 255 bis 259) gerechtfertigt ist, erschien es wünschenswerth, die Haftung des Aktionärs nicht, wie bisher blos in negativer, sondern in positiver Fassung zu begrenzen. Die Redaktion mußte zugleich berücksichtigen, daß der Entwurf die Ausgabe der Aktien in Gemäßheit der Artikel 209a Ziffer 2, 215a Absatz 2 zu einem anderen als dem Nominalbetrage gestattet.

Im zweiten Absatze konnte der Entwurf bei der gleichen Behandlung der Beitragspflicht für Kommandit-Aktien- wie für Aktiengesellschaften an Stelle der bisherigen Artikel 220 bis 223 auf die bei den Kommandit-Aktiengesellschaften in den Artikeln 184 bis 184b gegebenen Vorschriften verweisen.

Artikel 220

ersetzt den bisherigen Absatz 1 des Artikel 223, welcher fortan auf die Eintragung und Uebertragung von Promessen und Interimsscheinen durchweg anwendbar ist, mag die Vollaktie auf Namen oder auf Inhaber gestellt werden sollen (vergl. allg. Begr. §. 5 S. 255 ff.).

Es entscheidet zugleich die Kontroverse, ob Promessen und Interimsscheine durch Indossament, namentlich Blankogiro, übertragbar sind,[2]) im bejahenden Sinne.

Artikel 221.

Die Bestimmungen dieses Artikels (bisher 224) haben bereits in der allgemeinen Begründung §. 13 S. 293 ff. ihre Besprechung gefunden. Es bleibt nur noch hinzuzufügen, daß Absatz 1 durch eine präzisere Fassung den Gedanken zum Ausdruck bringen soll, welcher im Handelsgesetzbuch nicht klar erhelle, daß schon durch die in der Generalversammlung erschienenen Aktionäre wirksame Beschlüsse in Angelegenheiten der Gesellschaft gefaßt werden können.

Artikel 222, 222a und 223

behandeln die sogenannten Individualrechte, vergl. allg. Begründung §. 13 S. 294 ff.

Artikel 224.

Die Begründung des Artikels findet sich in der allgemeinen Begründung §. 12 S. 286 und §. 13 S. 298, 299.

Es ist vorgeschlagen worden,[2]) für den Aufsichtsrath die Wählbarkeit von Personen, welche sich nicht im Vollbesitze der bürgerlichen Ehre befinden oder in Konkurs verfallen sind, durch gesetzliche Vorschrift auszuschließen. Die Aufnahme einer solchen Bestimmung in das Gesetz erscheint jedoch abgesehen davon, daß die beiden Fälle verschieden zu behandeln sein

[1]) Entscheidungen Bd. 13 S. 126.

[2]) Keyßner, Aktiengesellschaften S. 263 ff. und in Busch's Archiv Bd. 32 S. 99 und 131, v. Hahn, Komm. 2. Aufl. S. 629; Renaud a. a. O. S. 693 ff.

[3]) Drucksachen des preußischen Abgeordnetenhauses 1873/74 Nr. 11 S. 136.

[1]) Zimmermann in Busch's Archiv Bd. 31 S. 277, 278.

[2]) Behrend, Eisenacher Gutachten a. a. O. S. 68.

würden, nicht rathsam. Die Generalversammlung wird es schwerlich mit den Interessen der Gesellschaft vereinbar halten, die bezeichneten Personen zu wählen, oder, wenn der fragliche Umstand erst nach der Wahl eintreten oder bekannt werden sollte, beizubehalten. In der vom Entwurfe zugelassenen jederzeitigen Widerruflichkeit der Bestellung ist der Generalversammlung die Möglichkeit gegeben, solche Mitglieder ohne Schwierigkeit zu beseitigen.

Artikel 225, 225a.

Vergl. allgemeine Begründung §. 12 S. 288 ff.

Artikel 226.

Zu der allgemeinen Erörterung über die Verantwortlichkeit des Aufsichtsraths (allg. Begr. §. 12 Nr. 4) bleibt nur nachzutragen, daß der Entwurf den in der Novelle von 1870 aufgestellten Fällen einer Schmälerung des Grundkapitals (Art. 225b H. G. B.)

zu 1 (jetzt 3) neben dem Erwerbe noch die Lombardirung eigener Aktien,

zu 3 (jetzt 5) neben der Herabsetzung ꝛc. des Grundkapitals noch die vorschriftswidrige Fusion des Vermögens zweier Gesellschaften (Art. 215 Abs. 4, 247 Ziff. 3),

und zu 4 die Ausgabe von Atien vor der vollen Leistung des Nominalbetrages oder des statt desselben in den Fällen der Artikel 209a Ziffer 2, 215a Absatz 2 festgesetzten Betrages, sowie die Ausgabe von Aktien, Promessen oder Interimsscheinen im Falle stattgefundener Erhöhung des Grundkapitals vor deren Eintragung in das Handelsregister (Art. 215a Abs. 3, Art. 210 Abs. 1)

hinzugefügt und zur Beseitigung möglicher Zweifel mit Rücksicht auf die Bestimmungen der Artikel 215c, 215d in Ziffer 3 den eigenen Aktien die eigenen Promessen und Interimsscheine ausdrücklich gleichgestellt, sowie im Eingange des zweiten Absatzes allgemein ausgesprochen hat, daß die Mitglieder des Aufsichtsraths in den bezeichneten Fällen mit den Mitgliedern des Vorstandes solidarisch nicht blos subsidiarisch haften.

Zugleich hat der Artikel in redaktioneller Hinsicht eine seine Bestimmungen zusammenfassende Kürze erfahren.

Dritter Abschnitt.

Rechte und Pflichten des Vorstandes.

Artikel 227.

Die Begründung des Artikels ist im §. 12 S. 287 bis 289 erfolgt. Zu bemerken bleibt:

1. Die redaktionelle Aenderung in Absatz 1 war durch die Verweisung des bisherigen ersten Satzes in Artikel 209e des Entwurfs geboten.

Erwogen ist aber

2. die Aufnahme einer Vorschrift über Sicherheitsleistung. Eine Reihe neuerer Gesetzgebungen machen die Gültigkeit der Wahl zum Mitgliede des Vorstandes einer Aktiengesellschaft davon abhängig, daß von den Gewählten der Gesellschaft Sicherheit durch Hinterlegung einer gewissen Anzahl Aktien derselben bestellt wird.[1])

Es ist nicht zu verkennen, daß bei den weitgehenden Befugnissen, welche das Gesetz dem Vorstande beilegt, durch eine Sicherheitsleistung eine sorgfältigere Verwaltung verbürgt und der Gesellschaft ein nicht zu unterschätzender Schutz gegen Veruntreuungen gewährt wird; gerade eine in Aktien der Gesellschaft geleistete Kaution erhöht das Interesse der Vorstandsmitglieder an der gedeihlichen Entwickelung der letzteren. Der Entwurf hat jedoch geglaubt, von der obligatorischen Anordnung einer Sicherheitsleistung absehen zu müssen und vielmehr in jedem einzelnen Fall der Gesellschaft selbst überlassen zu sollen, ob sie eine solche Sicherheitsleistung seitens ihrer Vorstandsmitglieder für erforderlich hält. Würde eine Sicherheitsleistung vom Gesetz vorgeschrieben, so müßte ihr Betrag ein entsprechend hoher sein, wenn die Vorschrift nicht eine illusorische sein soll. Dadurch verringert sich aber der Kreis der zu Mitgliedern des Vorstandes geeigneten Personen ungemein; die Folge hiervon würde in vielen Fällen die Wahl von Personen sein, denen nicht die Qualifikation zur Leitung des Unternehmens in ausreichendem Maße innewohnt. Wird dagegen vom Gesetze, um diese bedenkliche Folge zu vermeiden, der Erlaß der Sicherheit im Einzelfalle, wenn auch nach vorheriger Prüfung gestattet, so wird eine solche Vorschrift stets zu einer praktisch bedeutungslosen herabsinken, da fast in allen Fällen das gewählte Vorstandsmitglied die Annahme der Wahl von dem Erlasse der Sicherheitsleistung abhängig machen und von der Generalversammlung erhalten wird, wenn die letztere auf die getroffene Wahl Gewicht legt.

Artikel 228 bis 230

sind unverändert geblieben, nur ist in Artikel 228 Absatz 1 auf die Artikel 210 und 212 Bezug genommen, um dadurch außer Zweifel zu stellen, daß die Anmeldung zur Eintragung sowohl bei dem Handelsregister der Hauptniederlassung wie jeder Zweigniederlassung der Gesellschaft zu verfolgen hat.

Artikel 231.

Die Aenderung in Absatz 2, wonach die Worte „eines Verwaltungsrathes" fortgelassen und statt der Worte „eines Aufsichtsrathes oder eines anderen Organes" gesetzt ist „des Aufsichtsraths oder eines anderen Organes der Gesellschaft", ist bereits in der allgemeinen Begründung §. 12 S. 289 f. gerechtfertigt worden.

Artikel 232.

Das Interesse der Gesellschaft erfordert, daß der Vorstand, soweit ihn nicht die Generalversammlung davon entbunden hat, seine Thätigkeit und Sachkenntniß der Gesellschaft und ihrer Verwaltung ausschließlich widmet.

So selbstverständlich an sich dieser Grundsatz erscheint, so nothwendig ist die Festsetzung der aus diesem Grundsatze herzuleitenden Folgen einer Konkurrenz, welche etwa der Gesellschaft von Mitgliedern des Vorstandes ohne Genehmigung der Generalversammlung für eigene oder fremde Rechnung gemacht wird. In Zeiten ruhiger Entwickelung des Aktienwesens besteht allerdings keine Gefahr solcher Konkurrenz. Sind dagegen die Grenzen einer natürlichen Bewegung überschritten, so drängen sich, wie die Erfahrung gelehrt hat, Personen, um das eigene Interesse zu verfolgen, in den Vorstand von Aktiengesellschaften, und es ist ein Bedürfniß, gegen die bezeichnete Art einer Ausbeutung des Vertrauens der Gesellschaft Vorsorge zu treffen.

[1]) Nach französischem Rechte (Ges. vom 24. Juli 1867 Art. 26) müssen die Administratoren Eigenthümer einer durch das Statut zu bestimmenden Zahl Aktien sein. Dieselben dienen als Kollektivsicherheit für alle vom Vorstande vorgenommenen Verwaltungsakte und sind zu diesem Zweck von den Administratoren zu hinterlegen. Nach belgischem Gesetz vom 18. Mai 1873 Art. 48 hat jedes im Statut bestellte Vorstandsmitglied den fünfzigsten Theil des Grundkapitals, jedoch nicht mehr als 50 000 Frcs., in Aktien der Gesellschaft als Sicherheit zu hinterlegen, während für andere Vorstandsmitglieder die Höhe der Sicherheit das Statut zu bestimmen hat. Der Codice di commercio vom Jahre 1882 (Art. 123) schreibt 1/50 des Grundkapitals für jedes Mitglied des Vorstandes als Kaution vor; im Gesellschaftsvertrage kann jedoch bestimmt werden, daß dieselbe nicht 50 000 Lire oder diesen Betrag in Aktien der Gesellschaft, zum Nominalbetrage gerechnet, übersteigen soll.

Aus diesem Grunde hat der Entwurf die vom Handelsgesetzbuche in Artikel 96 Absatz 1 für die offene Gesellschaft gegebene Vorschrift auf die Mitglieder des Vorstandes einer Aktiengesellschaft übertragen und in Anschluß daran auch die Vorschrift des Artikels 97 Absatz 1 für entsprechend anwendbar erklärt. Danach hat die Gesellschaft, wenn ein Vorstandsmitglied ohne Genehmigung der Gesellschaft in ihrem Geschäftszweige für eigene oder dritte Rechnung Geschäfte macht oder an einer anderen gleichartigen Gesellschaft als offener Gesellschafter Theil nimmt, die Wahl, zu verlangen, daß entweder solche Geschäfte als für ihre Rechnung gemacht angesehen werden und der dadurch entstandene Gewinn ihr zufließt, oder daß ihr von dem Mitgliede Ersatz des ihr dadurch entstandenen Schadens geleistet werde. Die Modifikationen, welche der Artikel 96 Absatz 2 betreffs der Genehmigung der Theilnahme und der Artikel 97 Absatz 2 betreffs des Beginns der Frist erfahren muß, sind dieselben wie bei der Kommanditgesellschaft auf Aktien im Falle des Artikels 196a, auf dessen Begründung daher verwiesen werden kann.

Die unbefugte Betheiligung eines Vorstandsmitgliedes in der bezeichneten Weise kann zugleich den Thatbestand einer Untreue gegen die Gesellschaft im Sinne von Artikel 249 des Entwurfs und danach die Strafbarkeit des Mitgliedes begründen.

Einzelne Gesetzgebungen treffen indeß noch besondere Vorschriften, um eine Kollusion der Interessen der Mitglieder des Vorstandes und derjenigen der Gesellschaft möglichst zu verhüten und arglistige Benachtheiligungen der Gesellschaft durch die Mitglieder des Vorstandes zu verhindern, indem sie entweder die Eingehung von Geschäften seitens eines Vorstandsmitgliedes mit der Gesellschaft überhaupt verbieten [1]) oder die Gültigkeit derselben von der Genehmigung der Gesellschaft oder eines Organes derselben abhängig machen. [2]) Der Entwurf hat jedoch diesen Vorgängen nicht zu folgen vermocht, weil Bestimmungen dieser Art ebenso leicht zu einer nicht zu rechtfertigenden Schädigung der Interessen der Gesellschaft führen können, indem durch solche Kautelen der Abschluß von völlig soliden und für die Gesellschaft gewinnbringenden Geschäften verhindert werden kann.

Den Artikel 232 des Handelsgesetzbuchs, wonach Eide Namens der Gesellschaft durch den Vorstand geleistet werden, hat der Entwurf nicht aufgenommen. In Bezug auf bürgerliche Rechtsstreitigkeiten ist der Rechtssatz durch die Vorschriften der §§. 435 ff. der Civilprozeßordnung ersetzt worden und für die durch die letztere nicht betroffenen Fälle ist der Rechtssatz selbstverständlich, weil die Gesellschaft sowohl gerichtlich, wie außergerichtlich durch den Vorstand vertreten wird (Art. 227 Abs. 1).

Artikel 233.

ist ebenfalls bis auf die Einschiebung der Parenthese (Art. 210 und 212), für welche das zu Artikel 228 Gesagte gilt, und den Schlußsatz unverändert geblieben.

Artikel 234.

Mit Rücksicht auf die Nürnberger Konferenzen, [3]) in welchen ein Antrag auf Zulassung von Prokuristen für Aktiengesellschaften durch den Hinweis darauf abgelehnt wurde, daß das Recht der Bestellung eines solchen nur als Attribut einer physischen Person betrachtet werden könne, da es einen Prinzipal von unbeschränkter Willensfähigkeit voraussetze, hat man bis in die Neuzeit der Aktiengesellschaft die Befugniß abgesprochen, sich durch Prokuristen vertreten zu lassen. [1]) Diese Ansicht blieb jedoch nicht unangefochten. Man stellte ihr die Bestimmung des Artikels 5 des Handelsgesetzbuchs, wonach die für die Kaufleute im Handelsgesetzbuche gegebenen Bestimmungen in gleicher Weise in Betreff der Handelsgesellschaften, namentlich auch der Aktiengesellschaften gelten, und die allgemeine Fassung des Artikels 234 des Handelsgesetzbuchs entgegen. [2]) Auch das Reichs-Oberhandelsgericht hat in seinem Urtheile vom 4. Januar 1873 [3]) die Zulässigkeit der Bestellung von Prokuristen für die Aktiengesellschaft bejaht.

Da es sich bei der Entscheidung dieser Streitfrage nicht blos um interne Angelegenheiten der Gesellschaft, sondern um die Rechtsgültigkeit von Rechtsgeschäften mit dritten Personen handelt, so glaubte der Entwurf die Schlichtung derselben nicht lediglich der Rechtsprechung überlassen, sondern eine endgültige Festsetzung treffen zu sollen. Für die von ihm im Sinne der bejahenden Meinung getroffene Entscheidung war namentlich die Rücksicht auf das Bedürfniß maßgebend, welches bei Aktiengesellschaften, deren Geschäftsbetrieb an verschiedenen Orten belegene Anlagen oder Zweigniederlassungen umfaßt, nicht geleugnet werden kann. Vom wirthschaftlichen Standpunkte konnte freilich eingewendet werden, daß die Ernennung eines Prokuristen dahin führen könne, die gesetzlichen Kautelen über das gemeinsame Handeln des kollegialischen Vorstandes zu beseitigen. Der Einwand träfe indessen nicht zu, denn abgesehen davon, daß die Befugnisse des Prokuristen objektiv beschränktere sind (vergl. Art. 42 d. H. G. B.), wird durch die Bestellung von Prokuristen die Verantwortlichkeit des Vorstandes für deren Handlungen weder gegenüber der Gesellschaft, noch in Fällen des Artikels 241 Absatz 3 Satz 2 den Gläubigern gegenüber beseitigt.

Hinsichtlich der Art der Bestellung ist die Ansicht aufgestellt worden, [4]) daß sie nur im Gesellschaftsvertrage oder durch die Generalversammlung als dem eigentlichen Geschäftsherrn gültig erfolgen könne. Diese Ansicht verkennt jedoch die Stellung des Vorstandes, welche sich auch nach dem Entwurfe über die eines einfachen Angestellten der Gesellschaft erhebt (vergl. Art. 241 Abs. 3).

Der Entwurf hat deshalb die Bestellung von Prokuristen in die Hand des Vorstandes gelegt, damit derselbe in der Lage ist, die ertheilte Prokura jederzeit zu widerrufen, sobald dies rathsam erscheint, er hat jedoch, wie schon in §. 12 der allgemeinen Motive erwähnt worden ist, die Gültigkeit der Bestellung im einzelnen Falle von der Zustimmung des Aufsichtsraths abhängig gemacht, um dadurch die Gesellschaft gegen eine unzweckmäßige Bestellung von Prokuristen zu sichern und ihr eine größere Gewähr für die Auswahl tüchtiger Persönlichkeiten zu geben. Das Gesetz kann jedoch nur eine subsidiäre Rechtsvorschrift aufstellen. In erster Reihe muß die Autonomie der Gesellschaft entscheiden. Danach muß sowohl zulässig bleiben, daß durch den Gesellschaftsvertrag oder durch Beschluß der Generalversammlung der Vorstand ermächtigt wird, die Bestellung von Prokuristen

---

1) So das englische Recht, Comp. Act 1862 s. 57.

2) So das französische Gesetz vom 24. Juli 1867 Art. 40 und das belgische Gesetz vom 18. Mai 1873 Art. 50, sowie der neue italienische Codice di commercio Art. 150.

3) Protokolle S. 348, 1057, 1063.

1) Koch, Komm. Art. 324 Anm. 118; Busch's Archiv Bd. 2 S. 142; Erkenntniß des obersten Gerichtshofes zu Wien in Löhr's Centralorgan N. F. I S. 53, 54.

2) Renaud a. a. O. 2. Aufl. S. 640, 641; Anschütz und v. Völdernborff, Komm. Art. 234 Anm. 1 (II S. 527); Thöl, Handelsrecht I §. 171; Endemann, Handelsrecht 2. Aufl. §. 60 IV (S. 313); Weinhagen, Aktiengesellschaft S. 231; Puchelt, Komm. Art. 234 Anm. 1; v. Hahn, Komm. Art. 234 §. 5; Keyßner, Handelsgesetzbuch Art. 234 Note 1; Instruktion des preuß. Justizministeriums vom 12. Dezember 1861 (Preuß. Just.-Minist.-Bl. S. 337) §. 40 Ziff. 3; Busch's Archiv Bd. 23 S. 258; Strey, Handelsgesellschaftsrecht S. 236.

3) Entscheidungen des Reichs-Oberhandelsgerichts Bd. 8 S. 339.

4) Thöl, Handelsrecht Bd. 1 §. 171; Strey a. a. O. S. 236.

selbständig ohne die Zustimmung des Aufsichtsraths vorzunehmen, als auch, daß auf diese Weise die Befugniß des Vorstandes noch weiter eingeschränkt, namentlich von der Zustimmung der Generalversammlung abhängig gemacht oder eine Bestellung von Prokuristen ganz untersagt wird. Daß eine solche von der Gesellschaft selbst ausgehende weitere Beschränkung des Vorstandes nur denselben zu ihrer Einhaltung der Gesellschaft gegenüber verpflichtet, gegen dritte Personen dagegen keine rechtliche Wirkung hat, bedarf nach Artikel 231 Absatz 2 keiner Ausführung. Aber auch der vom Entwurf subsidiär aufgestellten gesetzlichen Beschränkung, der geforderten Zustimmung des Aufsichtsraths, kann, sobald die Eintragung des Prokuristen in das Handelsregister erfolgt ist, eine andere Wirkung nicht beigelegt werden, wenn nicht die Rechtssicherheit des Verkehrs empfindlich beeinträchtigt werden soll. Selbstredend wird jedoch dadurch weder die Befugniß und Pflicht des Registerrichters berührt, die Berechtigung des Vorstandes zur Bestellung von Prokuristen einer Prüfung zu unterziehen und im Mangel derselben die Eintragung der Prokura in das Handelsregister abzulehnen, noch die Befugniß des Aufsichtsraths oder der Generalversammlung, wenn die Eintragung der Prokura gesetz- oder statutenwidrig erfolgt ist, deren Löschung herbeizuführen.

Artikel 235.

Der Artikel 234 H. G. B. ist vom Entwurf als Artikel 235 beibehalten worden, dagegen ist vom Entwurfe der bisherige Artikel 235, wonach es zur Behändigung von Vorladungen und anderen Zustellungen an die Gesellschaft genügen sollte, wenn dieselbe an ein Mitglied des Vorstandes, welches zu zeichnen oder mitzuzeichnen befugt ist, oder an einen Beamten der Gesellschaft, welcher dieselbe vor Gericht zu vertreten berechtigt ist, geschieht, nicht aufgenommen. Die fragliche Vorschrift hatte zu einem doppelten Bedenken Anlaß gegeben. Man hatte aus derselben einerseits gefolgert, daß einzelne Mitglieder von der Vertretung der Gesellschaft ausgeschlossen werden könnten, andererseits bezweifelt, ob die Behändigung an ein Vorstandsmitglied, welches nur eine Kollektivunterschrift abzugeben berechtigt ist, wirksam stattfinden könne,[1]) obwohl die Folgerung wie der Zweifel durch die Protokolle der Nürnberger Konferenzen ihre Widerlegung fanden.[2])

Für bürgerliche Rechtsstreitigkeiten ist die Vorschrift des §. 157 der Civilprozeßordnung an die Stelle des bisherigen Artikels 235 getreten und für die von der Civilprozeßordnung nicht getroffenen Fälle erübrigt sich die Vorschrift; auch soweit die Landesgesetzgebungen auf dieselben nicht die Vorschriften der Civilprozeßordnung für anwendbar erklärt haben, versteht die Vorschrift sich von selbst, da bei der Aktiengesellschaft jedes Mitglied des Vorstandes befugt ist, die Firma zu zeichnen oder mitzuzeichnen.

Artikel 236.

Die redaktionelle Einführung der Worte „nach dem Gesetze oder" in Absatz 1 und „Gesetze oder im" in Absatz 2 hat ihren Grund in der Bestimmung des Artikels 225 Absatz 2.

Artikel 237.

Vergl. allgemeine Begründung §. 13 S. 301.

Artikel 238.

Mag die Berufung der Generalversammlung durch die Gesellschaftsorgane oder auf Grund gerichtlicher Ermächtigung durch die Aktionäre (Art. 237) erfolgen, so muß die Frist zwischen der Berufung und dem Zusammentritte der Generalversammlung eine genügende Vorbereitung der Aktionäre ermöglichen und eine Ueberraschung derselben verhüten. Bisher stand die Abmessung der Frist in dem Belieben des die Versammlung Berufenden. Diesem Belieben setzt der Entwurf eine Schranke. Es soll eine Frist von mindestens zwei Wochen frei bleiben; dieselbe beginnt also erst von der letzten Einrückung. Die Wahrung einer solchen Frist reicht indessen allein nicht aus. Es muß zugleich Vorkehr getroffen werden gegen die oft vorkommenden statutarischen Festsetzungen eines Zeitpunktes, bis zu welchem die Aktien behufs Ausübung des Stimmrechts vor der Generalversammlung hinterlegt werden müssen. Die verlangte zweiwöchige Berufungsfrist würde in einem solchen Falle für sämmtliche Aktionäre, welche durch die kurz bemessene Hinterlegungsfrist gehindert waren, ihre Aktien rechtzeitig zu hinterlegen, illusorisch sein, da ihnen die Möglichkeit, das Stimmrecht auszuüben, entzogen wäre. In Folge sachverständiger Anregung bestimmt deshalb der Entwurf, daß für diesen Fall die Berufungsfrist derart zu bemessen ist, daß für die Hinterlegung mindestens zwei Wochen frei bleiben. Es verlängert sich daher, sofern der Gesellschaftsvertrag nicht eine längere Frist bestimmt, die zweiwöchige Berufungsfrist um denjenigen Zeitraum, welcher zwischen dem im Gesellschaftsvertrag für die Hinterlegung bestimmten Endtermin und der Generalversammlung liegt. Wäre beispielsweise im Statute bestimmt, daß die Aktien zur Ausübung des Stimmrechts spätestens drei Tage vor der Generalversammlung zu hinterlegen seien, so würde die Berufung mit einer Frist von mindestens siebenzehn Tagen erfolgen müssen.

In gleicher Weise bestimmt der Entwurf eine Minimalfrist für die Ankündigung der Gegenstände, über welche in der Generalversammlung Beschluß gefaßt werden soll. Nach der jetzigen Fassung des Artikels 238 „muß" jederzeit der Zweck der Generalversammlung schon bei der Berufung bekannt gemacht werden. Angesichts der im Artikel 237 eingeführten Befugniß der einzelnen Aktionäre zur selbständigen Ankündigung von Gegenständen der Beschlußfassung ist diese unbedingte Vorschrift nicht aufrecht zu erhalten; als instruktionelle Regel mag sie bestehen bleiben; darum setzt der Entwurf an Stelle des essentiellen „muß" das imperative „soll"; essentiell aber führt der Entwurf die Frist für die Ankündigung ein. Dieselbe muß geringer sein, als die Frist für die Berufung der Generalversammlung, damit die Aktionäre die Möglichkeit haben, noch nach erfolgter Berufung der Generalversammlung eigene Anträge für die Tagesordnung einzubringen und im Falle der Ablehnung der Bekanntmachung durch die Gesellschaftsorgane noch rechtzeitig die gerichtliche Ermächtigung zur eigenen Bekanntmachung nachzusuchen.[1])

Artikel 238a.

Um formell jede Ungewißheit über einen von der Generalversammlung gefaßten Beschluß auszuschließen, ist es schon jetzt in der Praxis allgemein üblich,[2]) die vom

---

[1]) Anschütz und v. Völderndorff, Komm. Bd. 2 S. 521, 522, 528, 529; Puchelt, Komm. Art. 235 Anm. 2; Renaud a. a. O. S. 584; Laband in Goldschmidt's Zeitschrift für das gesammte Handelsrecht Bd. 9 S. 218; Thöl, Handelsrecht Bd. 2 §. 170; Endemann, Handelsrecht S. 589 ff.; v. Hahn, Komm. Art. 235 Anmerkung und Art. 117 §. 6.

[2]) Prot. S. 348, 349, 1064; Weinhagen in Busch's Archiv Bd. 6 S. 483 ff., und Recht der Aktiengesellschaften S. 215; Puchelt a. a. O. Art. 235 Anm. 2; v. Hahn a. a. O.

[1]) In ähnlicher Weise ordnen einzelne ausländische Gesetzgebungen die Frist für die Einberufung der Generalversammlung, ohne jedoch eine Frist für die Ankündigung der Gegenstände der Tagesordnung festzusetzen. So hat nach englischem Recht (Comp. Act 1862 Anh. I A. s. 35) die Berufung der Generalversammlung mindestens sieben Tage, nach belg. Recht (Gesetz vom 18. Mai 1873 Art. 60) spätestens acht Tage, nach dem neuen italienischen Codice di commercio (Art. 155) mindestens vierzehn Tage vor dem Zusammentritt derselben zu erfolgen.

[2]) Strey, Handelsgesellschaftsr. S. 127.

Handelsgesetzbuche nur für den Abschluß des Gesellschaftsvertrages (Art. 209a, 209b), die Fortsetzung der Gesellschaft oder die Aenderung der Statuten (Art. 214) und die Auflösung der Gesellschaft (Art. 242 Ziff. 2) vorgeschriebene gerichtliche oder notarielle Beurkundung der Beschlüsse der Generalversammlung bei allen Beschlüssen derselben eintreten zu lassen.[1] Bei der Wichtigkeit der Beschlüsse für die Aktionäre, die Verwaltungsorgane und die Gesellschaftsgläubiger folgt der Entwurf diesem allgemeinen Brauche und schreibt die gerichtliche oder notarielle Beurkundung für alle Beschlüsse der Generalversammlung vor. Die Anwesenheit eines Richters oder Notars in der Generalversammlung wird zugleich dazu beitragen, daß Gesetz und Statut bei den Beschlüssen sorgfältiger beobachtet werden. Schwierigkeiten, welche sich aus der Frage der Anwendbarkeit formaler Vorschriften einzelner Notariatsordnungen ergeben,[2] können leicht durch entsprechende Bestimmungen des Gesellschaftsvertrages beseitigt werden. Dabei hat der Entwurf geglaubt, nach dem Vorgange der preußischen Grundbuchordnung vom 5. Mai 1872 §. 33 zweckmäßig eine Vereinfachung der notariellen Beurkundung der Beschlüsse der Generalversammlung dadurch herbeiführen zu können, daß er die Zuziehung von Zeugen zu derselben nicht für erforderlich erklärt. Mit dieser Form der Beurkundung verbindet der Entwurf gleichzeitig die Vorschrift, daß eine beglaubigte Abschrift jedes Beschlusses der Generalversammlung ohne Verzug von dem Vorstande zu dem Handelsregister einzureichen ist (Art. 238d Abs. 2). Diese Vorschrift bezweckt, die Kenntnißnahme von der Lage der Gesellschaft für alle Betheiligte zu erleichtern und die Veränderungen, welche die Rechtslage der Gesellschaft erfahren hat, in den Registerakten ersichtlich zu machen. Das Handelsregister wird durch diese Vorschrift wesentlich an Bedeutung gewinnen, indem es künftighin einen fortlaufenden Ueberblick über die Vermögensverhältnisse (vergl. Art. 239b) und den Rechtszustand der Gesellschaft zu gewähren im Stande ist.[3]

Artikel 239 bis 239b.

In Betreff der Bilanz (vergl. allg. Begr. §. 14 S. 301 ff.) müssen die Aktionäre, wenn sie in der Lage sein sollen, die wichtige Pflicht der Prüfung und Abnahme gewissenhaft zu erfüllen, rechtzeitig die Möglichkeit haben, sich den erforderlichen Aufschluß über die einzelnen Ansätze zu verschaffen. Nur bei einer gehörigen Vorbereitung des Prüfungsverfahrens darf erwartet werden, daß dasselbe zu einer dem wahren Interesse der Gesellschaft entsprechenden gründlichen Prüfung der ganzen Verwaltung während des Bilanzjahres führen wird.

Die Vorschriften des Handelsgesetzbuchs tragen der Vorbereitung des Prüfungsverfahrens nicht in ausreichender Weise Rechnung, auch ist im Artikel 239 des Handelsgesetzbuchs weder das bei der Prüfung innezuhaltende Verfahren geregelt, noch eine Mitwirkung des Aufsichtsraths angeordnet, obwohl diese dabei als unentbehrlich erachtet werden muß. Der Artikel 239 legt nur dem Vorstande die Pflicht auf, eine Bilanz des verflossenen Geschäftsjahres innerhalb der

1) Ebenso der österr. Entw. Art. 238b.

2) Solche Schwierigkeiten können nach der preuß. Notariatsordnung vom 11. Juli 1845 (Gesetz-Samml. S. 487) §. 10 Ziff. 3, 13 und 41 eintreten, weil das Protokoll von den Interessenten unterschrieben bezw. mit Handzeichen versehen werden muß, um die Eigenschaft einer notariellen Urkunde zu haben. Dieser Mißstand ist bereits in den Nürnberger Konferenzen zur Sprache gekommen, jedoch bei der ersten, wie bei der zweiten Lesung des Handelsgesetzbuchs für unerheblich erklärt worden, weil das Protokoll entweder von den anwesenden Aktionären unterschrieben oder im Gesellschaftsvertrage festgesetzt werden könne, daß die Urkunde nur von einer gewissen Anzahl von Aktionären unterzeichnet zu werden brauche (Nürnberger Prot. S. 331 und 1040 zu Art. 184 Entw. des H. G. B. (jetzt Art. 214); v. Hahn, Komm. zu Art. 214 §. 10.

3) Das englische Recht (Compan. Act 1862 s. 67) schreibt die Sammlung aller Beschlüsse der Generalversammlung in einem besonderen Protokollbuche vor.

ersten sechs Monate des folgenden Geschäftsjahres vorzulegen, und schließt von der Mitwirkung bei der Entlastung des Vorstandes Personen aus, welche auf irgend eine Weise an der Geschäftsführung selbst Theil genommen haben. Alles Uebrige ist der Vereinbarung im Gesellschaftsvertrage überlassen. Eine solche Knappheit, welche die wichtigste Seite der Verwaltung in das Belieben der das Statut entwerfenden Gründer stellt, findet sich in den meisten anderen Gesetzgebungen nicht, vielmehr wird theils den Aktionären vor der Generalversammlung die Einsicht in die Bilanz ermöglicht,[1] theils ist eine vorgängige Prüfung durch die Aufsichtsorgane und eine Offenlegung des Berichts derselben vorgeschrieben.[2]

Auch der Entwurf legt Gewicht auf die Prüfung durch den Aufsichtsrath, will aber gleichzeitig den Aktionären Gelegenheit zur Selbstprüfung gewähren. Unter Vereinigung beider Zwecke sucht er eine gründliche Prüfung der Bilanz dadurch zu erreichen, daß er (Art. 239 Abs. 2)

1. den Vorstand verpflichtet, in der durch den Gesellschaftsvertrag bestimmten, nicht über die ersten sechs Monate des neuen Geschäftsjahres hinaus erstreckbaren Frist und in Ermangelung einer solchen Bestimmung in den ersten drei Monaten die Bilanz, die den Jahresabschluß des Gewinn- und Verlustkontos bildende Gewinn- und Verlustrechnung, sowie einen den Vermögensbestand und die Verhältnisse der Gesellschaft entwickelnden und somit die Ansätze der Bilanz erläuternden Bericht, den sogenannten Geschäftsbericht, dem Aufsichtsrathe und nach Prüfung durch denselben mit dessen Bemerkungen versehen der Generalversammlung vorzulegen;
2. vorschreibt, daß diese Vorlagen mindestens zwei Wochen vor der Generalversammlung in dem Geschäftslokale der Gesellschaft vom Vorstande zur Einsicht der Aktionäre auszulegen sind;
3. die Aktionäre berechtigt, auf ihre Kosten eine Abschrift der Bilanz, sowie der Gewinn- und Verlustrechnung und des Geschäftsberichts zu verlangen.

Durch die Bestimmung zu 1 wird die dem Vorstande vom bestehenden Rechte gewährte Frist zur Vorlegung der Bilanz[3] regelmäßig eingeschränkt. Erfahrungsmäßig reicht indessen die vom Entwurfe vorgesehene dreimonatige Frist zur Aufstellung einer ordnungsmäßigen Bilanz und Gewinn- und Verlustrechnung nebst dem Verwaltungsberichte, sowie zur Prüfung desselben durch den Aufsichtsrath für die Mehrzahl der Fälle aus, da selbst die größten Aktiengesellschaften der verschiedensten Art, namentlich auch Eisenbahnunternehmungen, bei denen die Abrechnung mit fremden Bahnen oft sehr zeitraubend ist, schon jetzt diese Frist in ihren Statuten vorgeschrieben haben.[4] Für diejenigen Fälle, in denen die Frist nicht ausreicht, wie

1) So das englische Recht (Compan. Act 1862 s. 44), das französische Gesetz vom 24. Juli 1867 Art. 34, das ungarische Handelsgesetzbuch §. 189 und die österreichischen Entwürfe Art. 239, 239a.

2) So das belgische Gesetz vom 18. Mai 1873 Art. 51, 57; das schweizerische Bundesgesetz über das Obligationenrecht Art. 641, 644, 656 und der neue italienische Codice di com. Art. 176, 178, 179.

3) Nach Art. 249 H. G. B. in der Fassung vor der Novelle vom 11. Juni 1870 konnte die sechsmonatliche Frist des Artikels 239 sogar auf zwölf Monate ausgedehnt werden.

4) Eine dreimonatliche Frist schreiben beispielsweise die Statuten von folgenden Aktiengesellschaften vor: des bergischen Gruben- und Hüttenvereins §. 14 (Preuß. Gesetz-Samml. von 1856 S. 157), der Tilsit-Insterburger Eisenbahn §. 26 (a. a. O. Jahrg. 1863 S. 18), der preußisch-niederländischen Verbindungsbahn §. 16 (ebend. S. 680), der Berlin-Görlitzer Eisenbahn §. 26 (ebend. Jahrg. 1864 S. 499), der preußischen Hypotheken-Aktienbank zu Berlin §. 42 (ebend. S. 251), der Reichsbank §. 15 (Reichs-Gesetzbl. von 1875 S. 206), der Tarnowitzer Aktiengesellschaft für Bergbau und Hüttenbetrieb §. 35 (Preuß. Gesetz-Samml. Jahrg. 1856 S. 194), der Mülheim-Essener Eisenbahn §. 17 (ebend. Jahrg. 1854 S. 129), der Cölnischen Privatbank §§. 39, 44, 45 (ebend. Jahrg. 1855 S. 731, 733).

z. B. bei überseeischen Transportgesellschaften, mag im Gesellschaftsvertrage von der zugelassenen Verlängerung der Frist Gebrauch gemacht werden. Offenbar liegt es im Interesse der Aktionäre, daß die Aufstellung und Prüfung der Bilanz so schnell, als dies mit einem ordnungsmäßigen Verfahren vereinbar ist, nach dem Ablaufe des Geschäftsjahres erfolgt.

Weiter als zu 3 geschehen ist, glaubte der Entwurf in Beziehung auf die Veröffentlichung der Beilagen zur Bilanz nicht gehen zu dürfen, wenn nicht der Vorstand mit Schreibwerk überlastet und durch zu allgemeines Bekanntwerden der übrigen Beilagen, namentlich des Inventars das Interesse der Gesellschaft einer Schädigung ausgesetzt werden soll. Dem Aufsichtsrathe wird dagegen wie nach bisherigem Rechte auch nach dem Entwurfe vom Vorstande ein detaillirter Nachweis der einzelnen Bilanzposten geliefert werden müssen (Art. 225).

Außer der nöthigen Klarlegung der Geschäftslage der Gesellschaft verfolgt die Vorlegung der Bilanz den Zweck, die Entlastung des Vorstandes wegen seiner Geschäftsführung zur Entscheidung der Generalversammlung zu bringen.

Es hat allerdings in neuerer Zeit nicht an Stimmen gefehlt,[1]) welche eine Entlastung des Vorstandes überhaupt nicht eintreten, sondern die Verhaftung desselben aus seiner Geschäftsführung während der ganzen ordentlichen Verjährungszeit andauern lassen wollen. Wenn es auch richtig ist, daß ein Vorstand, welcher sich von Schuld frei fühlt, der Entlastung nicht bedarf, daß dieselbe dagegen für einen schuldbewußten Vorstand leicht ein Mittel sein kann, begangene Unredlichkeiten zu sanktioniren, so läßt sich doch nicht verkennen, daß der Vorstand nach ordnungsmäßig gelegter Rechnung einen Anspruch auf Abnahme derselben und auf Entlastung hat, soweit Erinnerungen gegen die Rechnung nicht gezogen werden. Den Mitgliedern des Vorstandes kann nicht zugemuthet werden, sich die Belege für ihre Geschäftsführung auf die ganze Dauer der Verjährungsfrist zu sichern, ja es würde dies ihnen bei der jederzeitigen Widerruflichkeit der Bestellung vielfach unmöglich sein; auch darf bezweifelt werden, daß tüchtige Geschäftsleute bereit sein werden, das Amt eines Vorstandsmitgliedes zu übernehmen, wenn sie gewärtigen müßten, nach unbemängelt gebliebener Rechnungslegung während der ganzen Dauer der Verjährung außer wegen Arglist auch wegen Irrthums oder wegen eines Rechenfehlers aus der Geschäftsführung in Anspruch genommen zu werden.

Desto mehr freilich muß für die Möglichkeit einer ausreichenden Vorbereitung der Aktionäre gesorgt sein. Die bisher erörterten Mittel werden nicht überall genügen, um die Aktionäre in den Stand zu setzen, sich in der Generalversammlung über die Genehmigung der Bilanz zu entscheiden. Es kann und mag daher statutenmäßig eine weitergehende Prüfung der Bilanz durch Revisoren als ein besonderes Organ der Gesellschaft vorgesehen werden. Ebenso kann von der Generalversammlung im Einzelfalle die Prüfung der Bilanz durch besonders gewählte Revisoren oder eine ernannte Kommission beschlossen und zu diesem Zwecke die Generalversammlung vertagt werden. Dies soll auch durch entgegenstehende statutarische Bestimmungen nicht ausgeschlossen werden dürfen; der Entwurf (Art. 239a Abs. 1) will vielmehr die Möglichkeit der Bestellung besonderer Revisoren unter allen Umständen sichern. Gesetzlich ist ferner Vorsorge für den Fall zu treffen, daß die Mehrheit in der Generalversammlung sich für die Genehmigung der Bilanz entscheidet, die Minderheit dagegen derselben widerspricht. Vom Standpunkte des Gesetzgebers aus erscheint jede erreichbare Aufklärung nicht nur wünschenswerth, sondern wegen der nachtheiligen Folgen, welche unrichtige Bilanzen herbeiführen können, nothwendig, nur dürfen sich unter den erhobenen Bedenken nicht unlautere Zwecke verbergen. Deshalb läßt der Entwurf (Art. 239a Abs. 2) die einmalige Vertagung der Verhandlung nicht blos auf einfachen Mehrheitsbeschluß, sondern auch auf Verlangen der Minderheit zu, wenn deren Antheile mindestens den zehnten Theil des Grundkapitals darstellen, macht in diesem letzteren Falle jedoch zur Verhütung von Mißbräuchen und um für das weitere Verfahren eine geeignete Grundlage zu gewinnen, die Vertagung davon abhängig, daß das Verlangen unter Bemängelung bestimmter Ansätze der Bilanz gestellt wird. Soweit die Ansätze nicht von der Minderheit bemängelt worden sind, tritt eine Vertagung der Verhandlung nicht ein, gilt vielmehr die Entlastung des Vorstandes als erfolgt (Art. 239a Abs. 4). Finden die bemängelten Ansätze nicht genügende Aufklärung, so kann die Minderheit gegebenen Falls von der ihr in Gemäßheit des Artikels 222a allgemein gewährten Befugniß, eine Prüfung des fraglichen Hergangs herbeizuführen, Gebrauch machen. Eines weiteren Schutzes bedarf sie nicht.

Artikel 240.

Die redaktionelle Aenderung im ersten Absatze folgt aus der in §. 4 Nr. 2 der allgemeinen Begründung erörterten Bedeutung des Grundkapitals. Es war schon in Artikel 239a Ziffer 3 der bisherigen Fassung vorgeschrieben, daß das Grundkapital nach seinem vollen Nominalbetrage unter die Passiva der Bilanz aufzunehmen sei. Nicht das Grundkapital, sondern das Vermögen der Gesellschaft zeigt sich durch eine Unterbilanz vermindert; die letztere ergiebt nur, daß um dieselbe das nominelle Grundkapital dem Gesellschaftsvermögen nicht mehr entspricht. Wenn man sich gestattet, von einer unmittelbaren Verminderung des Grundkapitals zu reden, so ist dies eine bequeme Ausdrucksweise, die aber im Gesetze selbst nicht stattfinden darf.

Dabei ließ der Ausdruck des Handelsgesetzbuchs „aus der letzten Bilanz" zweifelhaft, ob darunter nur die Bilanz von dem letzten Geschäftsjahre (Art. 239 Abs. 2) oder auch eine Bilanz zu verstehen sei, welche der Vorstand im Laufe des Geschäftsjahres gezogen hat. Der Eintritt von außerordentlichen Umständen, insbesondere Verlusten, kann es dem Vorstande zur Pflicht machen, schon vor Ablauf des Geschäftsjahres eine Bilanz aufzustellen, um Klarheit über den Stand des Vermögens zu gewinnen. Wann solche Bilanzen geboten sind, kann das Gesetz nicht bestimmen. Ergiebt aber eine außer der Zeit aufgenommene Bilanz eine so erhebliche Verminderung des Vermögens, wie sie der erste Absatz in Artikel 240 vorsieht, so erheischt die Gefahr für den Fortbestand der Gesellschaft die sofortige Zusammenberufung der Generalversammlung. Der Entwurf hat dies bei Aenderung des Wortlauts berücksichtigt.

Deckt das Vermögen der Gesellschaft, zu welchem auch der Reserve- oder ein Erneuerungsfonds und der auf ein nicht voll eingezahltes Grundkapital noch einzufordernde Betrag gehört, nicht mehr die Schulden der Gesellschaft, d. h. die Schulden gegen die Gesellschaftsgläubiger außer den nur als Passiva der Bilanz figurirenden Rücklagen für die Aktionäre, so erlangt die Unterbilanz, aus dem Kreise des Gesellschaftsinteresses heraustretend, ein öffentliches Interesse. Deshalb schreibt die Konkursordnung in §. 193 vor, daß über das Vermögen einer Aktiengesellschaft außer dem Falle der Zahlungsunfähigkeit das Konkursverfahren in dem Falle der Ueberschuldung stattfinde. Da das Konkursverfahren nach der Konkursordnung §. 95 nur auf Antrag eröffnet wird, so ist es korrekter, den Vorstand statt „zur Anzeige der Ueberschuldung" jetzt „zur Stellung des Antrags auf

[1]) S. u. a. Hecht, vom Börsen- und Aktienwesen S. 113.

Konkurseröffnung" zu verpflichten. Er hat den Antrag unverzüglich zu stellen, sobald die Ueberschuldung sich ergiebt. Leistet er von diesem Zeitpunkt ab trotzdem noch Zahlungen, so macht er sich der Gesellschaft und den Gesellschaftsgläubigern gegenüber ersatzpflichtig.[1]) Bei der prinzipiellen Bedeutung aber, welche die Konkursordnung der Zahlungsunfähigkeit beilegt, und welche die letztere auch thatsächlich für die Aktiengesellschaften hat, muß in gleicher Weise der Vorstand verpflichtet werden, die Konkurseröffnung zu beantragen, sobald, wenn auch ohne Ueberschuldung die Zahlungsunfähigkeit der Gesellschaft eintritt, die Gesellschaft insbesondere ihre Zahlungen einstellt. Diese Verpflichtung war den Vorstehern der Aktiengesellschaften schon durch §. 307 der preußischen Konkursordnung, sowie durch andere Landesgesetze, unter Strafandrohung auferlegt worden, und es sieht auch jetzt im Falle der Zahlungsunfähigkeit der Gesellschaft für nachträgliche Begünstigungen von Gläubigern die Reichs-Konkursordnung in §§. 214, 211 die Bestrafung der Vorstandsmitglieder vor. Die Strafbarkeit derselben bei unterlassenem Konkursantrag im Falle der Zahlungsunfähigkeit oder Ueberschuldung wird vom Entwurf durch Artikel 249c Ziffer 2 bestimmt.

Artikel 241.

Die Grundzüge über die Stellung des Vorstandes sind in Verbindung mit der des Aufsichtsraths in §. 12 der allgemeinen Begründung dargelegt.

Es bleibt noch die Verantwortlichkeit der Mitglieder des Vorstandes aus seiner Geschäftsführung der Gesellschaft und deren Gläubigern gegenüber zu besprechen.

Das bisherige Recht trifft in dieser Beziehung keine durchgreifenden Vorschriften. Nach Artikel 241 des Handelsgesetzbuchs haften Mitglieder des Vorstandes, welche außer den Grenzen ihres Auftrages den Vorschriften des Gesetzes oder des Gesellschaftsvertrages entgegenhandeln, persönlich und solidarisch. Namentlich soll dies der Fall sein, wenn sie der Vorschrift des Artikels 217 des Handelsgesetzbuchs entgegen an die Aktionäre Dividenden oder Zinsen zahlen, oder wenn sie zu einer Zeit noch Zahlungen leisten, in welcher ihnen die Zahlungsunfähigkeit der Gesellschaft hätte bekannt sein müssen.

Dieselbe Verhaftung soll nach Artikel 245 und 248 des Handelsgesetzbuchs eintreten, wenn sie die Vertheilung des Vermögens der aufgelösten Gesellschaft vor Ablauf des in Artikel 245 Absatz 2 angeordneten Sperrjahres oder eine theilweise Zurückzahlung des Grundkapitals an die Aktionäre oder eine Herabsetzung desselben ohne vorgängigen Beschluß der Generalversammlung und ohne Beobachtung der für die Vertheilung des Gesellschaftsvermögens im Falle der Auflösung der Gesellschaft gegebenen Bestimmungen vornehmen.

Allseitig ist man darüber einverstanden, daß durch diese Bestimmungen die Verantwortlichkeit der Mitglieder des Vorstandes der Gesellschaft gegenüber nicht hat vollständig erledigt werden sollen, daß sich vielmehr dieselbe in allen übrigen Fällen nach den allgemeinen Rechtsgrundsätzen regelt[2]) und daß die Mitglieder des Vorstandes danach der Gesellschaft für allen Schaden einzustehen haben, welcher derselben aus der Unterlassung oder nicht gehörigen Erfüllung der ihnen nach dem Gesetze, dem Gesellschaftsvertrage oder den Beschlüssen der Generalversammlung obliegenden Pflichten erwächst. Meinungsverschiedenheit besteht dagegen darüber, welcher Grad von Sorgfalt von ihnen zu vertreten ist. Die herrschende Meinung läßt sie als Mandatare für omnis culpa und zwar nach Artikel 282 des Handelsgesetzbuchs für die Sorgfalt eines ordentlichen Kaufmanns haften,[1]) nach einer allerdings nur vereinzelten Gegenmeinung[2]) sollen dagegen Vorstandsmitglieder, welche zugleich Aktionäre sind, wie Gesellschafter nach Artikel 94 nur für diligentia quam in suis rebus einzustehen haben.

Die gesetzliche Regelung der Verantwortlichkeit des Vorstandes erscheint daher im Anschluß an die rücksichtlich des Aufsichtsraths getroffenen Bestimmungen geboten.

Nach dem Entwurf sollen die Mitglieder des Vorstandes in Betreff ihrer Geschäftsführung:

I. der Gesellschaft gegenüber für die Sorgfalt eines ordentlichen Geschäftsmannes haften. Trotz dieser prinzipiellen Gleichstellung mit den Mitgliedern des Aufsichtsraths gestaltet sich nach Lage der Sache thatsächlich die Verantwortlichkeit der Mitglieder des Vorstandes im Allgemeinen strenger. Während von den Mitgliedern des Aufsichtsraths, wenn sie wegen Schadensersatzes in Anspruch genommen werden, um sich zu entlasten, regelmäßig blos nachzuweisen ist, daß sie die Sorgfalt eines ordentlichen Geschäftsmannes auf die ihnen meist nur obliegende kontrolirende Thätigkeit angewendet haben, müssen die Mitglieder des Vorstandes für ein mißglücktes oder schadenbringendes Geschäft einstehen, wenn sie nicht den Beweis führen, daß von ihnen die Eingehung und Abwickelung des Geschäfts selbst mit der bezeichneten Sorgfalt erfolgt ist.[3]) Nur soweit dem Vorstand eine bloße Nachprüfung zur Pflicht gemacht worden ist, wie in Betreff des Gründungshergangs (Art. 209f), ist die Verhaftung der Mitglieder beider Verwaltungsorgane völlig dieselbe (Art. 213c).

Daß die Mitglieder des Vorstandes, soweit sie ihre Obliegenheiten verletzen, solidarisch für den dadurch entstandenen Schaden haften, ist bereits bestehendes Recht.

Ebenso müssen selbstredend die Mitglieder des Vorstandes in den Fällen der Ziffern 1 bis 5 Absatz 2 des Artikels 226 mindestens in gleicher Weise, wie die Mitglieder des Aufsichtsraths, wenn diese die dort vorgesehenen Zahlungen, Lombardirungen, Amortisirungen 2c. wissentlich dulden, ohne daß es auf den Nachweis eines Schadens ankommen kann, zu dem Ersatz solcher Zahlungen 2c. verpflichtet sein, wenn und soweit sie dieselben leisten oder zulassen. Bei den Mitgliedern des Vorstandes muß überdies die Ersatzpflicht auch dann eintreten, wenn dieselben entgegen der Vorschrift des Artikels 240 Absatz 2 noch Zahlungen aus dem Vermögen der Gesellschaft leisten, obwohl von ihnen die Eröffnung des Konkurses beantragt werden mußte. Aus denselben Gründen wie bei den Mitgliedern des Aufsichtsraths schließt der Entwurf endlich die Haftpflicht der Mitglieder des Vorstandes in den bezeichneten Fällen der Gesellschaft gegenüber aus, wenn die Handlung auf einem gesetz- oder statutenwidrigen Beschlusse der Generalversammlung beruht.

Den einzelnen Aktionären steht auch nach dem Entwurf ein Klagerecht gegen die Mitglieder des Vorstandes an sich nicht zu. Dieses kann nur die Gesellschaft geltend machen, weil die Geschäftsführung des Vorstandes nicht für die einzelnen Aktionäre, sondern für die Gesellschaft erfolgt.[4])

II. Schon das bestehende Recht kennt die Verhaftung der Mitglieder des Vorstandes den Gesellschaftsgläubigern

---

[1]) Vergl. Art. 241.

[2]) Thöl, Handelsr. Bd. 1 §. 157; Puchelt, Komm. zu Art. 241 Anm. 1 und 2; v. Hahn, Komm. ebend. §. 1; Bekker in Goldschmidt's Zeitschr. für das gesammte Handelsr. Bd. 17 S. 439 ff.; Renaud a. a. O. §. 62 S. 600 ff.; Reingannum, die Rechte der Aktionäre S. 18, 19; Auerbach, das Aktienwesen S. 197 ff. II.

[1]) Renaud a. a. O.; Behrend, im Eisenacher Gutachten a. a. O. S. 88; Bekker a. a. O. Der österreichische Entwurf (Art. 225a und 241) läßt die Vorstandsmitglieder für vorsätzliche und fahrlässige Nichterfüllung ihrer Obliegenheiten haften. Aehnlich Art. 44 des franz. Ges. vom 24. Juli 1867 und Art. 52 des belg. Ges. vom 18. Mai 1873.

[2]) Pöhls, Aktiengesellschaft S. 190 ff.

[3]) Die Entscheidung des Reichs-Oberhandelsgerichts Bd. 6 S. 215 folgert diese Beweispflicht schon aus der Rechenschaftspflicht der Vorstandsmitglieder als Mandatare der Gesellschaft nach allgemeinen Grundsätzen des bürgerlichen Rechts.

[4]) Entscheidung des Reichs-Oberhandelsgerichts Bd. 19 S. 178.

gegenüber und setzt dieselbe im Artikel 248 des Handelsgesetzbuchs Absatz 3 ausdrücklich für den Fall fest, daß die Mitglieder des Vorstandes bei der Zurückzahlung des Grundkapitals an die Aktionäre oder bei der Herabsetzung desselben der gesetzlichen Vorschrift zuwiderhandeln.[1] Ueber den Umfang dieser Verantwortlichkeit nach dem bestehenden Recht herrscht jedoch Streit. Offenbar würde es zu weit gehen, würde man die Mitglieder des Vorstandes auch für eine bloße kulpose Geschäftsführung und für jedes statutenwidrige Handeln den Gesellschaftsgläubigern verantwortlich erklären, da nicht gefordert werden kann, daß die Mitglieder des Vorstandes sich ungeachtet der ihnen von der Gesellschaft ertheilten Entlastung noch nach Jahren Gläubigern gegenüber wegen ihrer Geschäftsführung verantworten sollen. Der Entwurf läßt deshalb aus den beim Aufsichtsrath entwickelten Gründen in den Fällen der Ziffern 1 bis 5 Absatz 2 des Artikels 226 und in dem Falle, daß sie entgegen der Vorschrift des Artikels 240 Absatz 2 Zahlungen an die Aktionäre leisten, für die Mitglieder des Vorstandes nur dieselbe subsidiarische Verhaftung wie für die Mitglieder des Aufsichtsraths den Gesellschaftsgläubigern gegenüber eintreten (Vergl. allg. Begr. S. 292).

Vierter Abschnitt.

Auflösung der Gesellschaft.

Artikel 242.

Das Handelsgesetzbuch Artikel 242 führt in der Fassung der Novelle vom 11. Juni 1870 als Gründe, aus denen die Auflösung der Gesellschaft eintreten soll, nur den Ablauf der im Gesellschaftsvertrage bestimmten Zeit, einen notariell oder gerichtlich beurkundeten Beschluß der Aktionäre und die Eröffnung des Konkurses auf. Wie der Absatz 2 des Artikels ergiebt, hat dadurch indessen der Kreis der Auflösungsgründe nicht erschöpft werden sollen, vielmehr treten denselben schon nach den Artikeln 215 und 247 die Amortisation der Aktien und die Fusion hinzu. Meinungsverschiedenheit besteht darüber, ob nach den Bestimmungen des Handelsgesetzbuchs der einzelne Aktionär das Recht hat, im Wege der Klage die Auflösung der Gesellschaft durch richterliches Urtheil herbeizuführen. Während von der einen Seite ein solches Klagerecht dem Aktionär gänzlich abgesprochen wird,[2] nimmt eine andere Meinung ein solches in Anlehnung an Artikel 125 für den Fall an, daß der statutenmäßige Zweck der Gesellschaft nicht mehr erreicht werden kann.[3] Eine dritte Meinung will ein solches Klagerecht, wie bei der offenen Gesellschaft, in allen Fällen zugelassen wissen, in denen wichtige Gründe vorliegen.[4] Einzelne ausländische Gesetzgebungen beschränken dasselbe auf gewisse Gründe, wie Nichtbeginn des Geschäftsbetriebes innerhalb einer bestimmten Frist oder längere Unterbrechung desselben, erhebliche Verminderung des Grundkapitals u. s. w.[5] Nur das englische Recht läßt die Auflösung der Gesellschaft außerdem eintreten,

1) Nürnb. Prot. S. 358; v. Hahn, Komm. zu Art. 241 §. 4; Puchelt, Komm. zu Art. 241 Noten 1 und 2.

2) Endemann, Handelsrecht §. 65 S. 340; Puchelt, Komm. Art. 242 Anm. 3; Keyßner, Handelsgesetzbuch ebendas. Anm. 4.

3) Anschütz und v. Völderndorff, Komm. zu Art. 242 III. Nr. 2 S. 535.

4) v. Hahn, Komm. Art. 242 §. 12.

5) Nach französischem Recht (Gesetz vom 24. Juli 1867 Art. 37, 38), vergl. Bédarride, comm. No. 461, 462, hat der Aktionär ein solches Klagerecht, wenn drei Viertheile des Grundkapitals verloren sind und die Administratoren die Zusammenberufung der Generalversammlung unterlassen haben, oder die berufene Generalversammlung nicht beschlußfähig ist, oder die Zahl der Aktionäre ein Jahr lang unter sieben betrug. Ebenso nach dem Codigo del commerc. von Venezuela Art. 186 und 204 Abs. 2. Nach belgischem Recht hat der Aktionär ein Klagerecht schon, wenn die Zahl der Aktionäre sechs Monate lang weniger als sieben betrug (belgisches Gesetz vom 18. Mai 1873 Art. 73).

wenn das Gericht dieselbe auf Klage eines Aktionärs für recht und billig (just and equitable) hält.[1]

Gesetzlich ein solches Klagerecht dem einzelnen Aktionär oder einer bestimmten Mehrheit von Aktionären zu gewähren, erscheint indessen höchst bedenklich, da dasselbe der Chikane, Erpressung und Spekulation Thür und Thor öffnen und, selbst, wenn die Klage abgewiesen würde, das Gedeihen der Gesellschaft wie die Interessen der Aktionäre auf das Erheblichste gefährden würde. Jedenfalls müßten für dasselbe die engsten Schranken gezogen werden. Solche lassen sich indessen weder vom rechtlichen, noch vom wirthschaftlichen Standpunkte aus ziehen, da die Fälle zu verschiedenartig sich gestalten können. Namentlich gestattet die Vorschrift des Artikel 125 H. G. B. eine entsprechende Anwendung auf Aktiengesellschaften nicht. Die Fälle der Ziffern 2 bis 5 daselbst passen für Aktiengesellschaften nicht, und eine Beurtheilung, ob der Gesellschaftszweck unerreichbar geworden (Ziffer 1) oder ob sonst ein „wichtiger Grund" für die Auflösung anzunehmen ist, kann wohl bei einer offenen oder Kommanditgesellschaft, nicht aber bei den verwickelten und weitverzweigten Verhältnissen einer Aktiengesellschaft zur Entscheidung des Richters gestellt werden. Zudem ist bei jener der Lage des Gesellschafters Rechnung zu tragen, der nicht jederzeit ohne Zustimmung der übrigen Gesellschafter aus der Gesellschaft austreten kann, wogegen der Aktionär sich stets durch Veräußerung der Aktien von seiner Mitgliedschaft befreien kann. Der Entwurf hat deshalb davon abgesehen, dem einzelnen Aktionär oder einer bestimmten Mehrheit von Aktionären ein Klagerecht beizulegen. Er geht vielmehr von der Ansicht aus, daß im einzelnen Falle nur die Generalversammlung die Entscheidung treffen kann, ob die Auflösung der Gesellschaft zweckmäßig zu beschließen sei. In geeigneten Fällen wird den Aktionären, welche die Auflösung für wünschenswerth halten, das im Artikel 222a des Entwurfs eingeführte Recht auf eine Revision die Handhabe bieten, sich die erforderliche Unterlage für die Herbeiführung des Auflösungsbeschlusses der Generalversammlung zu beschaffen.

Artikel 244, 244a.

Die Streitfrage, ob die Aktiengesellschaft durch den Eintritt in den Liquidationszustand auch ihrem rechtlichen Bestande nach aufgelöst[2] oder in ihrer Organisation während des Liquidationszustandes forterhalten[3] wird, darf mit Rücksicht auf die Verhandlungen der Nürnberger Konferenz[4] und auf die Rechtsprechung des früheren Reichs-Oberhandelsgerichts[5] als im letzteren Sinne gelöst gelten. Es ist dies auch der Standpunkt der Konkursordnung in den Bestimmungen der §§. 193 ff.,[6] sowie der neueren Gesetze und Gesetzesentwürfe des Auslandes.[7] Auch der Entwurf muß die Organisation der Gesellschaft während der Liquidation fortbestehen

1) Comp. Act 1862 ss. 48, 73, 83, 84, 86. Außerdem hat nach englischem Recht hiernach der Aktionär ein Klagerecht auf Auflösung der Gesellschaft, wenn dieselbe ihren Geschäftsbetrieb nicht innerhalb Jahresfrist nach Eintragung in das Gesellschaftsregister begonnen oder ein Jahr lang ausgesetzt hat, oder die Zahl der Aktionäre unter sieben herabsinkt, oder die Gesellschaft zahlungsunfähig wird.

2) Renaud a. a. O. S. 841 ff.; Stobbe, deutsches Privatrecht Bd. 1 S. 394; Bekker in Goldschmidt's Zeitschr. für das gesammte Handelsrecht Bd. 17 S. 433; vergl. Busch's Archiv Bd. 29 S. 304.

3) Grünhut, zur Reform des Aktiengesellschaftsrechts, in seiner Zeitschrift Bd. 1 S. 110 ff.; v. Hahn, Komm. zu Art. 241 §. 1; Puchelt, Komm. zu Art. 241 S. 450; Keyßner in Busch's Arch. Bd. 31 S. 311 ff.; derselbe in seinem Handelsgesetzbuch Anm. 6 zu Art. 242; Löwenfeld, Recht der Aktiengesellschaft (Abschn. XIV §. 2 S. 514 ff.).

4) Nürnb. Prot. S. 4543.

5) Entscheidungen des Reichs-Oberhandelsgerichts Bd. 16 S. 284, Bd. 17 S. 45, Bd. 19 S. 163 und 195, Bd. 22 S. 137 und 243.

6) Vergl. die Motive zu §§. 193 ff., 196, 198 ff.

7) Comp. Act 1862 ss. 111, 131 ff., 139, 142, 143; belg. Gesetz vom 18. Mai 1873 Art. 120; ungar. Handelsgesetzbuch §. 203; neuer österr. Entwurf Art. 142 ff.; neuer italien. Codice di commercio Art. 198, 215.

lassen, um die Interessen der Gläubiger und Aktionäre während derselben zu schützen und den Aktionären den ihnen zukommenden Einfluß auf das Liquidationsverfahren zu sichern (vergl. Art. 244a Abs. 1 in Verbindung mit Art. 144). Die Liquidation ist wie nach dem bisherigen Rechte durch die Mitglieder des Vorstandes zu bewirken, wenn dieselbe nicht durch den Gesellschaftsvertrag oder Beschluß der Generalversammlung an andere Personen übertragen wird. In beiden Fällen ist für den Vorstand als solchen kein Raum mehr; auch wenn die Vorstandsmitglieder als Liquidatoren zu fungiren haben, endigt die Thätigkeit des Vorstandes mit der Anmeldung der ersten Liquidatoren zur Eintragung in das Handelsregister (Art. 244 Abs. 1, 3). Aus den zu den Artikeln 212 und 228 hervorgehobenen Gründen ordnet der Entwurf durch die Allegirung des Artikels 212 auch hier die Anmeldung bei dem Handelsregister der Zweigniederlassungen an.

Nach dem bestehenden Rechte findet im Gegensatze zu der offenen Handelsgesellschaft und einfachen Kommanditgesellschaft bei der Aktiengesellschaft eine richterliche Ernennung oder Abberufung von Liquidatoren nicht statt.[1]) Die Erfahrung hat jedoch gezeigt, daß auch bei den sogenannten Entgründungen von Aktiengesellschaften Mißbräuche nicht minder schwerer Art, wie bei den Gründungen derselben vorzukommen pflegen, insofern dieselben von Interessenten dazu benutzt werden, sich mit Hülfe gefügiger Liquidatoren auf Kosten der Gesellschaftsgläubiger und der Aktionäre zu bereichern.[2]) Solchen Mißbräuchen kann nur dadurch mit Erfolg gesteuert werden, daß dem Handelsgerichte, wie der Entwurf (Art. 244 Abs. 2, 4) vorschlägt, die Befugniß gegeben wird, auf Antrag Liquidatoren zu bestellen oder abzuberufen; auch können sonstige Fälle vorkommen, in denen nur durch ein solches richterliches Recht zweckmäßige Abhülfe eintreten kann.

Der Antrag auf richterliche Bestellung oder Abberufung von Liquidatoren muß nach dem Entwurfe von dem Aufsichtsrathe oder von Aktionären ausgehen, deren Antheile zusammen den zwanzigsten Theil des Grundkapitals darstellen. Dem einzelnen Aktionär, wie dies im österreichischen Entwurfe geschehen ist,[3]) uneingeschränkt ein solches Antragsrecht beizulegen, erscheint bedenklich, da dasselbe leicht zur Verfolgung unlauterer Zwecke mißbraucht werden kann.

Aus den zu Artikel 242 und 242a erörterten Gründen hat auch hier der Entwurf unterlassen, die einzelnen für die Bestellung oder Abberufung als ausreichend zu erachtenden Gründe aufzuzählen und vielmehr die Entscheidung im Einzelfalle dem pflichtmäßigen Ermessen des Richters überlassen.

Bei der offenen Handelsgesellschaft läßt das bestehende Recht (Art. 134 H. G. B.) auch die Abberufung des vom Richter bestellten Liquidators durch einstimmigen Beschluß aller Gesellschafter zu. Das Erforderniß der Zustimmung sämmtlicher Gesellschafter schließt hier jede Chikane und eine Vergewaltigung einer Minderheit durch die Mehrheit der Gesellschafter von selbst aus, auch kann durch eine einstimmig von den Gesellschaftern beschlossene Abberufung der richterlichen Autorität nicht zu nahe getreten werden, da die Bestellung des Liquidators durch den Richter nicht in einem vormundschaftlichen Aufsichtsrechte, sondern in der Entscheidung eines Streites über die Person des Liquidators auf Anrufen eines oder mehrerer Gesellschafter beruht.[4])

[1]) Strey, Handelsgesellschaftsvertrag S. 152 Nr. 3, S. 158 Nr. 15; Entscheidungen des Reichs-Oberhandelsgerichts Bd. 17 S. 44; Keyßner, Handelsgesetzbuch Art. 244 Anm. 3; v. Hahn, Komm. §. 2 zu Art. 244; nur Auerbach (Aktienwesen S. 302) nimmt diese Befugniß auf Grund von Art. 133 Handelsgesetzbuch als bestehendes Recht an.

[2]) Löwenfeld a. a. O. Abschn. XIV §. 1 S. 517 ff.

[3]) Oesterr. Ent. Art. 244a.

[4]) v. Hahn, Komm. Art. 145 §. 3; Strey, Handelsgesellschaftsvr. S. 152 Nr. 3.

Anders gestaltet sich das Verhältniß bei der Aktiengesellschaft. Nach der Natur derselben läßt sich ein einstimmiger Beschluß aller oder der erschienenen Aktionäre nicht gesetzlich verlangen; ebensowenig kann das Gesetz, wenn die praktische Ausführbarkeit nicht außer Acht bleiben soll, für das Zustandekommen des Beschlusses eine Mehrheit vorschreiben, welche mehr als neunzehn Zwanzigtheile des Grundkapitals darstellte, und dazu noch die Zustimmung des Aufsichtsraths erfordere. Man müßte es bei dem Beschlusse einer erheblich niedriger qualifizirten, wenn auch nicht der einfachen Mehrheit bewenden lassen. Da aber auch gegen den Willen einer so qualifizirten Mehrheit die gerichtliche Ernennung des Liquidators auf den Antrag jener Minderheit von Aktionären oder des Aufsichtsraths erfolgt sein kann, so würde der hierdurch vom Entwurf beabsichtigte Schutz der Gesellschaft gegen eine Vergewaltigung der allgemeinen Interessen durch eine herrschende Koterie leicht illusorisch gemacht und damit nothwendig auch die richterliche Autorität gefährdet werden können. Es wäre sogar nicht unmöglich, daß ein fortwährender Wechsel in Einsetzung und Abberufung des Liquidators eintrete. Der Entwurf (Art. 244 Abs. 5) läßt deshalb nur die Abberufung der nicht vom Richter ernannten Liquidatoren jederzeit durch die Generalversammlung zu, versagt dagegen die Abberufung des richterlich ernannten Liquidators auf andere Weise, als durch den Richter.

Die Liquidatoren treten an die Stelle des Vorstandes. Der Entwurf (Art. 244a Abs. 2) überträgt auf sie dessen Rechte und Pflichten. Sie haben die Liquidation unter entsprechender Anwendung der bei der offenen Handelsgesellschaft gegebenen Bestimmungen auszuführen. Nur wenige Sonderbestimmungen sind erforderlich. Abgesehen von den schon erörterten Vorschriften in Artikel 244 bleiben die Bestimmungen des Artikels 135 analog anwendbar; ebenso der Artikel 136; eine Ausnahme von dem Grundsatze, daß die Liquidatoren gemeinschaftlich handeln müssen, kann nur auf einer Bestimmung des Gesellschaftsvertrages oder der Generalversammlung beruhen. Auch bezüglich der Befugnisse der Liquidatoren können die Artikel 137, 138 anwendbar bleiben, danach ist ihnen die Eingehung neuer Geschäfte nur behufs Abwickelung schwebender Geschäfte gestattet.[1]) Mehrseitig ist eine Abänderung dieser Vorschrift als einer den Verkehr lähmenden Bestimmung für wünschenswerth erachtet[2]) und vorgeschlagen, dieselbe unter Ausschluß einer Wirkung gegen Dritte blos als Instruktion für die Liquidatoren beizubehalten. Der Entwurf hat jedoch geglaubt, von einer Aenderung der bestehenden Vorschriften schon mit Rücksicht darauf absehen zu müssen, weil der hier in Rede stehende Grundsatz auch bei anderen Gesellschaftsarten des Handelsgesetzbuchs, sowie bei Genossenschaften[3]) in Geltung ist und eine theilweise Aufhebung desselben bei der Aktien- und der Kommanditgesellschaft auf Aktien ohne Grund Rechtsungleichheiten hervorrufen würde. — Zur freihändigen Veräußerung unbeweglicher Sachen (Art. 137 Abs. 2) kann nicht die einstimmige Beschlußfassung gesetzlich vorgeschrieben werden; es muß die einfache Mehrheit genügen, wenn nicht die Statuten eine größere Mehrheit oder Einstimmigkeit erfordern. In gleicher Weise die Liquidatoren in der Veräußerung be-

[1]) Löwenfeld a. a. O. Abschn. XIV S. 533 ff.; Keyßner, Handelsgesetzbuch Art. 137 Note 4; v. Hahn, Komm. Art. 244 §. 6 und Art. 137 §§. 3 und 4. In gleicher Weise beschränken der österr. Entwurf (Art. 244c) und das schweizer. Bundesgesetz über das Obligationenrecht (Art. 666 und 582) die Liquidatoren. Der neue italien. Codice di commercio verbietet denselben sogar die Eingehung neuer Geschäfte gänzlich bei solidarischer Verhaftung (Art. 201), wogegen das belg. Gesetz vom 18. Mai 1873 (Art. 114, 115) nur die Vornahme einzelner Geschäfte seitens der Liquidatoren von der Genehmigung der Generalversammlung abhängig macht.

[2]) Löwenfeld a. a. O. S. 533 ff.; Keyßner a. a. O. Note 5.

[3]) Gesetz vom 4. Juli 1868 §. 43, Bundes-Gesetzbl. S. 426.

weglicher Sachen zu beschränken, wie mehrfach vorgeschlagen ist, empfahl sich nicht. Die Liquidation würde dadurch nur erschwert werden, ohne daß das Interesse der Aktionäre oder Gesellschaftsgläubiger gewönne. Es muß dem pflichtgemäßen Ermessen der Liquidatoren überlassen bleiben, die geeignetste Weise der Versilberung zu wählen. Ihre Verantwortlichkeit schützt die Betheiligten hinreichend. — Die Artikel 141, 142, 145 des Handelsgesetzbuchs über die Zulässigkeit vorläufiger Vertheilungen und die schließliche Vertheilung des Gesellschaftsvermögens unter die Gesellschafter, sowie über die Aufbewahrung der Bücher ꝛc. nach beendigter Liquidation werden durch die Artikel 245, 246 des Entwurfs ersetzt. Der Fall des Artikels 143 des Handelsgesetzbuchs kann bei der Aktiengesellschaft überhaupt nicht eintreten, weil der Aktionär, welcher Sachen in die Gesellschaft eingebracht hat, bereits durch Zutheilung der dafür bedungenen Aktien entschädigt worden ist (Art. 209b). — Die entsprechende Anwendung von Artikel 144 bedeutet nichts anderes als die Fortsetzung der bisherigen Rechtsverhältnisse, sowohl der Aktionäre unter einander (vergl. namentlich Artikel 221 bis 223, 236 bis 238a), als der Gesellschaft zu Dritten, soweit nicht aus dem Wesen der Liquidation sich ein anderes ergiebt oder in diesem Abschnitte ein anderes bestimmt ist. Die Zulässigkeit von Zustellungen an einen der Liquidatoren rechtfertigt sich sowohl aus der Anwendbarkeit des dritten Absatzes in Artikel 144, als aus der Vorschrift des Entwurfs, daß die Liquidatoren die Rechte und Pflichten des Vorstandes haben sollen. Nach der letzteren Vorschrift bestimmt sich auch die Verpflichtung der Liquidatoren, gegenüber der Gesellschaft die Beschränkungen einzuhalten, welche in dem Gesellschaftsvertrage oder durch Beschlüsse der Generalversammlung für den Umfang ihrer Befugnisse zur Vertretung der Gesellschaft festgesetzt sind, vergleiche Artikel 231. Maßgebend sind ferner namentlich die Vorschriften in Artikel 236, 240, 241 des Entwurfs. Dagegen entziehen sich die Vorschriften in Artikel 232 über die eigenen Geschäfte der Liquidatoren und in Artikel 234 über die Bestellung von Prokuristen und Bevollmächtigten der Anwendbarkeit, da diese Vorschriften nur für die erwerbende Gesellschaft gegeben sind; der Entwurf läßt daher diese Artikel auf die Liquidatoren keine Anwendung finden. — Die Aufstellung einer Bilanz ist den Liquidatoren sofort bei Beginn der Liquidation zur Pflicht gemacht (Art. 244a Abs. 3)[1]; sie haben dieselbe durch die Gesellschaftsblätter zu veröffentlichen und zum Handelsregister der Hauptniederlassung einzureichen; auch dies erfordert das Interesse der Aktionäre und Gesellschaftsgläubiger. Für die Aufstellung der weiteren Bilanzen ist nicht das Geschäfts-, sondern das Liquidationsjahr maßgebend.

Artikel 245.

Die drei ersten Absätze des Artikels wiederholen die Vorschriften des bisherigen Artikels 245 Absatz 1 bis 3.

Ergeben sich bei der Durchführung der Vertheilung Streitigkeiten, so mögen dieselben im Wege des Prozesses zum Austrage gebracht werden. Ein solches Streitverfahren empfiehlt sich mehr als ein vereinzelt in Vorschlag gekommenes Aufgebotsverfahren, durch welches die Aktionäre genöthigt werden sollen, innerhalb einer bestimmten Präklusivfrist ihre Einwendungen gegen den Plan geltend zu machen.[2]

[1]) Auch das spanische Handelsgesetzbuch (Art. 339); die österr. Entwürfe (Art. 224b) und der neue italien. Codice di commercio (Art. 200, 213) verpflichten die Liquidatoren, bei Beginn der Liquidation eine Bilanz aufzunehmen.

[2]) Löwenfeld a. a. O. Abschn. XIV §. 6 S. 546 ff. Nur der neue italienische Codice di commercio (Art. 215) kennt ein außergerichtliches Verfahren, indem er die Liquidatoren ermächtigt, mittelst öffentlicher Aufforderung die Aktionäre zu nöthigen, ihren etwaigen Widerspruch gegen den von den Liquidatoren aufgestellten Theilungsplan binnen einmonatiger Frist geltend zu machen.

Auch eine Verkürzung der in Absatz 2 bestimmten einjährigen Frist, um eine schnellere Vertheilung des Gesellschaftsvermögens unter die Aktionäre zu ermöglichen,[1]) erscheint nicht zweckmäßig, da es sich vor allem darum handeln muß, die Gläubiger der Gesellschaft den Aktionären gegenüber zu sichern, bei den meistentheils weitverzweigten Geschäftsverbindungen der Aktiengesellschaften aber denselben nothwendig eine nicht zu kurz bemessene Frist zur Geltendmachung ihrer Ansprüche gelassen werden muß.

Die Bestimmung des Artikels 245 Absatz 4 des Handelsgesetzbuchs über die persönliche und solidarische Verpflichtung der Liquidatoren zur Erstattung gesetzwidrig geleisteter Zahlungen brauchte nicht weiter ausgesprochen werden, da diese Ersatzpflicht durch Artikel 241 in Verbindung mit Artikel 244a Absatz 2 geregelt ist.

Eine Bekanntmachung der Beendigung der Liquidation war dem bisherigen Rechte fremd; sie empfiehlt sich aber sowohl im Interesse der nicht in der Generalversammlung zur Genehmigung der Schlußrechnung erschienenen Aktionäre, als auch der sonstigen Betheiligten.

Artikel 246.

Absatz 1 giebt den bisherigen Artikel 246 unverändert wieder.

Dagegen fehlt es im Handelsgesetzbuche an einer Bestimmung über das Recht der Aktionäre und der Gesellschaftsgläubiger, die Bücher einzusehen. Der Entwurf ergänzt diese Lücke, indem er unter Gleichstellung der Gesellschaftsgläubiger mit den Aktionären wegen ihres möglichen Interesse die Einsicht der Bücher seitens beider und deren Rechtsnachfolger von der Ermächtigung des Handelsgerichts abhängig macht. Eine Befugniß jederzeitiger Einsicht wäre leicht geeignet, die Vermögensinteressen von Personen, welche mit der Aktiengesellschaft in Geschäftsverbindung gestanden haben, bloßzustellen.[2]) Das Handelsgericht wird deshalb vor Ertheilung der Ermächtigung zu prüfen haben, ob von dem Aktionär oder dessen Rechtsnachfolger beziehungsweise dem Gläubiger ein berechtigtes Interesse wahrscheinlich gemacht ist.

Eine Bestimmung wegen der Handelsschriften zu treffen, erübrigte sich, da schon das Handelsgesetzbuch dieselben unter dem Ausdruck „Handelsbücher" mitbegreift (vergl. Art. 145 H. G. B.).

Artikel 247.

Die Einfügung der Mithaft der Mitglieder des Aufsichtsraths in Ziffer 3 für die getrennte Vermögensverwaltung im Falle der Fusion hat ihren Grund in der Bestimmung des Artikels 226 Absatz 2 des Entwurfs.

Die Ersetzung der Worte „der Vorstand" in Ziffer 3 der bisherigen Fassung durch die Worte „die Mitglieder des Vorstandes" bezw. des „Aufsichtsraths" soll nur in Anschluß an Artikel 226 und 241 zum Ausdruck bringen, daß nicht den Vorstand als solchen, sondern dessen Mitglieder die Verantwortlichkeit trifft.

Artikel 248.

Der erste Absatz des Entwurfs faßt die Absätze 1 und 2 des bisherigen Artikels 248 redaktionell zusammen.

Der bisherige dritte Absatz ist durch Artikel 241 (vergl. Art. 226) ersetzt worden.

In einem neuen zweiten Absatze bezweckt der Entwurf die Beseitigung mannichfacher Mißstände, welche nach dem bestehenden Rechte zwar nicht im Falle der theilweisen Zurückzahlung des Grundkapitals, wohl aber im Falle der Herabsetzung desselben zu Tage getreten sind.

[1]) Löwenfeld schlägt eine solche Verkürzung a. a. O. S. 542 ff. vor. Das ungarische Handelsgesetzbuch (§§. 202, 204) bestimmt nur eine sechsmonatige Sperrfrist.

[2]) Löwenfeld a. a. O. Abschn. XIV S. 553 ff.

Nach dem bisherigen Rechte konnte die Herabsetzung des Grundkapitals entweder durch Liberirung von noch ausstehenden Einzahlungen auf das Grundkapital (Art. 222 Abs. 3 H. G. B.) geschehen oder durch Herabsetzung des Nominalbetrages voll eingezahlter Aktien oder durch Verminderung der Zahl der vorhandenen Aktien, sei es mittelst Zurückerwerb und Vernichtung, oder Amortisirung einer Anzahl derselben, sei es mittelst Zusammenlegung mehrerer Aktien zu einer neuen Aktie von geringerem Gesammtbetrage.[1] Schwierigkeiten sind entstanden im Falle der Herabsetzung des Nominalbetrages oder der Zusammenlegung mehrerer Aktien durch die Bestimmung des Artikels 207a Absatz 3 des Handelsgesetzbuchs, wonach der Nominalbetrag der Aktien während des Bestehens der Gesellschaft nicht vermindert werden durfte, sowie durch die Bestimmung des Artikels 207a Absatz 1, 2 über den Mindestbetrag der Aktien, und für die Zusammenlegung in dem Falle, daß ein Aktionär nicht die zur Zusammenlegung erforderliche Anzahl Aktien besaß, durch die Vorschrift des Artikels 219 H. G. B., nach welcher ein Aktionär nicht genöthigt werden kann, zu den Zwecken der Gesellschaft und zur Erfüllung ihrer Verbindlichkeiten mehr als den auf die Aktie statutenmäßig zu leistenden Betrag beizutragen; endlich im Falle des Vorhandenseins von Aktien verschiedener Berechtigung.[2]

Der Entwurf hat die Bestimmung des Artikels 207a Absatz 3 nicht übernommen. Dagegen hat derselbe von den neuen, in Artikel 207a über die Minimalhöhe der Aktien getroffenen Vorschriften, welche auf allgemeinen wirthschaftlichen Erwägungen und Gründen des öffentlichen Interesse beruhen, für den Fall der Herabsetzung des Grundkapitals ebensowenig wie das bisherige Recht eine Ausnahme zulassen können, und ebenso hat er den aus dem Wesen der Aktiengesellschaft folgenden Grundsatz des bisherigen Artikels 219 beibehalten müssen.

Innerhalb dieser gesetzlichen Grenzen muß, was bisher streitig geblieben ist, die Generalversammlung und zwar diese selbst, ohne das Recht einer Delegation der Befugniß, nicht nur die Zurückzahlung oder Herabsetzung des Grundkapitals, sondern auch jede der Eingangs angeführten Arten einer Herabsetzung und auch die zur Durchführung der gewählten Art erforderlichen Maßregeln mit verbindlicher Kraft gegen alle Aktionäre beschließen können.

Für den Vermögensstand der Aktiengesellschaft ist die in Gemäßheit des Artikels 185a aufgenommene Bilanz maßgebend (Art. 239c). Das Ergebniß der von dem Aufsichtsrathe und der Generalversammlung geprüften Bilanz muß der einzelne Aktionär wider sich gelten lassen (Art. 239, 239a, 239b). Er hat daher auch den durch die Bilanz ausgewiesenen Verlust am Gesellschaftsvermögen anzuerkennen, und diesem Verluste entspricht die Herabsetzung des Grundkapitals, welche nichts als eine rechnungsmäßige Folge des thatsächlich von der Gesellschaft erlittenen Verlustes ist. Hierbei kann es keinen Unterschied machen, ob der Verlust auf besonderen Ereignissen oder auf einer Entwerthung oder einer bei der Errichtung der Gesellschaft oder dem späteren Erwerb erfolgten Ueberschätzung von Vermögenswerthen beruht. Die Aktie giebt dem einzelnen Aktionär nur einen verhältnißmäßigen Antheil an dem Vermögen der Gesellschaft, dem Reingewinn und Erlöse, und ein entsprechendes Stimmrecht. „In Folge des eingetretenen Kapitalverlustes, welcher gleichmäßig auf alle Aktien entfällt, ist nunmehr Jeder als in Bezug auf seinen Antheil entsprechend in Verlust gerathen und nur noch nach Maßgabe eines entsprechend geringeren Betrages als betheiligt zu erachten. Ob man bei der Herabsetzung des Grundkapitals die alten Betheiligungseinheiten „oder die alten Nominalbeträge" aufrecht erhält oder sie durch neue ersetzt, ändert die Betheiligungsquoten nicht",[1] vorausgesetzt, daß eine gleichmäßige Reduktion der Mitgliedschaftsrechte aller Aktionäre nach dem bisherigen Verhältnisse eintritt. Ein Sonderrecht hat der einzelne Aktionär weder auf die unveränderte Erhaltung des Grundkapitals noch der festgesetzten Theilung desselben. Danach muß er sich dem Beschlusse der Gesellschaft sowohl über die Vornahme und den Umfang der Kapitalsherabsetzung als auch über die Art derselben unterwerfen; das Eine läßt sich von dem Anderen nicht trennen, und eine Beschränkung der Gesellschaft in der Art der Reduktion würde oft ihre Befugniß, diese selbst zu beschließen, illusorisch machen. Daraus folgt aber auch, daß der Wille der Gesellschaft für den einzelnen Aktionär ebenso maßgebend sein muß insoweit, als es sich um die zur Durchführung der am zweckmäßigsten befundenen Art erforderlichen Maßregeln handelt. Hier hat man auf Grund des bisherigen Rechts angenommen, daß nur eine solche Durchführung der Reduktion gültig beschlossen werden könne, welche es jedem Aktionär ermögliche, von derselben ohne Zuschüsse Gebrauch zu machen,[2] oder man hat wenigstens in Ansehung des einzelnen Aktionärs, welcher nach Lage seines Aktienbesitzes Aufwendungen machen müßte, um an der beschlossenen Neugestaltung Theil zu nehmen, ein Sonderrecht als durch den Beschluß verletzt erachtet,[3] und zwar sind diese Auffassungen in dem Falle der Reduktion durch Zusammenlegung mehrerer Aktien in eine Aktie geltend gemacht, ein Fall, der gerade in Zukunft in Folge der durch den Entwurf vorgeschlagenen Erhöhung des Minimalbetrages der Aktien von großer Bedeutung sein wird. Es mag dahingestellt bleiben, ob nach dem bisherigen Recht die gedachte Auffassung begründet erscheint, der Entwurf vermag das behauptete Sonderrecht auch in dieser Beziehung nicht anzuerkennen. Die einzelnen Aktionäre können allerdings nicht gezwungen werden, über den Aktienbetrag hinausgehende Aufwendungen zu machen und neue Aktien zu erwerben, wohl aber können sie wider ihren Willen in die Lage versetzt werden, Aktien zu veräußern. Dies gilt wie bisher unangefochten im Fall der Reduktion mittelst Amortisation durch zwangsweisen Ankauf, so auch im Fall einer Reduktion mittelst Zusammenlegung von Aktien. Sobald in irgend einem der Fälle den einzelnen Aktionären bei der Durchführung der Maßregel ein abwendbarer Verlust drohen würde, ist es Sache der Gesellschaft, zur Abwendung desselben die geeigneten Maßregeln zu beschließen. Insbesondere hat, wenn eine Zusammenlegung beschlossen wird, der Beschluß Bestimmungen über die Verwerthung der die zusammenzulegende Zahl nicht erreichenden Aktien zu treffen, beispielsweise dahin, daß die Gesellschaft diese Aktien sämmtlich für Rechnung der Besitzer zu verkaufen und den Erlös unter sie verhältnißmäßig zu vertheilen habe. Kaum eine der möglichen Arten einer Kapitalsreduktion wird in ihrer Anwendung so einfach sein, daß nicht zu ihrer Durchführung gewisse Maßregeln erforderlich wären. Der Reduktionsbeschluß soll auch die nähere Bestimmung dieser letzteren enthalten. Der gesammte Inhalt des Beschlusses ist verbindlich für alle Aktionäre, auch für die dissentirende Minderheit.

Versagt der Entwurf sonach ein individuelles Widerspruchsrecht, so behandelt er, gleichwie den Fall einer Kapitalserhöhung, auch die Fälle einer Zurückzahlung oder Herabsetzung des Grundkapitals selbst dann, wenn solche schon in dem Gesellschaftsvertrage vorgesehen ist, stets nach Art einer

---

[1] Renaud a. a. O. S. 83 ff., S. 532.

[2] Renaud a. a. O. S. 83 ff. Entsch. des Reichs-Oberhandelsgerichts XXV S. 260 ff., Beschluß desselben Gerichtshofes XX S. 94 ff.

[1] Entsch. des Reichs-Oberhandelsgerichts vom 28. Januar 1879, Entsch. Bd. 25 S. 260 ff.

[2] Beschwerdebescheid des Reichs-Oberhandelsgerichts vom 19. Mai 1876, Entsch. Bd. 20 S. 96 ff.

[3] Entsch. des Reichs-Oberhandelsgerichts vom 28. Januar 1879, Entsch. Bd. 25 S. 262 ff.

Abänderung des Gesellschaftsvertrages. Er verlangt daher für die Beschlußfassung die Erfüllung der Erfordernisse, welche das Statut für einen Reduktionsbeschluß besonders bestimmt hat, und in Ermangelung solcher besonderen Bestimmungen eine Mehrheit von drei Viertheilen des in der Generalversammlung vertretenen Grundkapitals (Art. 215 Abs. 2), ferner in dem Falle, daß mehrere Gattungen von Aktien mit verschiedener Berechtigung vorhanden sind, zu dem von der gemeinschaftlichen Generalversammlung gefaßten Beschlusse die in gleicher Weise zu fassenden Zustimmungsbeschlüsse der sämmtlichen besonderen Generalversammlungen, zu welchen die einzelnen Gattungen der Sonderaktionäre zusammenzutreten haben, es sei denn, daß eine dieser Gattungen von der beschlossenen Herabsetzung des Grundkapitals völlig unberührt bleibt (Art. 180f Abs. 3, Art. 215 Abs. 6).

Nicht minder sollen auf die Eintragung des Reduktionsbeschlusses zum Handelsregister in allen Fällen die Vorschriften des Artikels 214 Anwendung finden.

Vierter Titel.

Strafbestimmungen.

I. Im Allgemeinen.

Die Ausschreitungen auf dem Gebiete des Aktienwesens haben bisher eine nicht ausreichende strafrechtliche Repression erfahren. Die von der Novelle vom 11. Juni 1870 an Stelle der Strafbestimmungen der verschiedenen Einführungsgesetze zum Handelsgesetzbuche in den Artikeln 206, 249 und 209a gegen die persönlich haftenden Gesellschafter und die Mitglieder des Aufsichtsraths einer Kommanditgesellschaft auf Aktien, sowie gegen die Mitglieder des Vorstandes und des Aufsichtsraths einer Aktiengesellschaft getroffenen Strafbestimmungen betreffen zum Theil Pflichtwidrigkeiten durch Unterlassung von Handlungen, mit denen eine erhebliche Schädigung der Gesellschaft oder der Gesellschaftsgläubiger verbunden sein kann (Art. 206 Nr. 2, 249 Nr. 2, 249a), zum Theil falsche Angaben ohne Rücksicht darauf, ob dadurch ein Irrthum erregt oder ein Schade entstanden ist (Art. 206 Nr. 1 und 3, Art. 249 Nr. 1 und 3). Daß die Vorschriften des gemeinen Strafrechts auf diesem Gebiete nicht ausreichten, war hiermit anerkannt. Die Begriffsbestimmung des Betruges genügt für die gewöhnlichen Lebensverhältnisse, ihre Anwendung versagt dagegen auf dem Gebiete des Aktienwesens, namentlich wenn in Zeiten hochgehender geschäftlicher Unternehmungen sich die Zahl der Gründungen in das Ungemessene steigert und die Aktien den Geldmarkt beherrschen. Verkäufe und Käufe vollziehen sich einerseits meist ohne schriftliche Fixirung der Verbindlichkeiten der Kontrahenten, andererseits treten dabei so viele Personen handelnd auf, daß es fast stets unmöglich ist, einer bestimmten einzelnen Person die Verantwortlichkeit für einzelne Akte nachzuweisen. Je leichter sich aber der Einzelne der Verantwortlichkeit für seine Mitwirkung bei derartigen Geschäften entziehen kann, desto verlockender wird die Ueberschreitung der Grenzen des Erlaubten durch falsche Versicherungen, unwahre Anpreisungen und Verschweigung von Thatsachen, welche für die Beurtheilung des Werths eines Aktienunternehmens von wesentlichem Einflusse sind. Die Anwendbarkeit der Betrugsstrafe auf Fälle dieser Art wird kaum je zutreffen; denn nur selten läßt sich ein ursächlicher Zusammenhang zwischen der Täuschung und der Vermögensbeschädigung nachweisen. Ein großer Theil der in Folge der Gründerausschreitungen erhobenen Untersuchungen ist an diesen Lücken der bestehenden Strafgesetzgebung gescheitert,[1]) weil die ersten Aktienzeichner die Aktien ohne Verlust, meist sogar mit Gewinn weiter begeben, die geschädigten späteren Aktionäre aber dieselben nicht auf Grund des von den Gründern erlassenen unrichtigen Prospekts, sondern entweder mit voller Kenntniß der wahren Sachlage in der Hoffnung gewinnreicher Wiederveräußerung oder getäuscht durch den hohen Kursstand erworben hatten. War der letztere selbst durch künstliche, auf Täuschung berechnete Mittel, sei es durch die eigentlichen Gründer, sei es durch Aktienbesitzer, namentlich Konsortialbetheiligte, welche sich ihres Aktienbesitzes mit Gewinn entledigen wollten, herbeigeführt worden, so versagte doch auch hier die Anwendung des strafrechtlichen Begriffs des Betruges, weil die Urheber der künstlichen Kurssteigerung nicht immer die Aktienverkäufer waren oder eine Anzahl Zwischenpersonen mitgewirkt hatten, deren Eingreifen es verhinderte, die Vermögensbeschädigung der späteren Aktienerwerber auf die Thätigkeit jener Personen zurückzuführen. Ein solcher Rechtszustand widerstreitet der öffentlichen Moral. Wenngleich im Verkehrsleben ein Recht auf Wahrheit sich nicht überall erzwingen läßt, so darf es doch nicht ohne Strafandrohung möglich sein, daß Aktienunternehmungen unter dem trügerischen Scheine, daß den gesetzlichen Bedingungen genügt sei, in das Leben gerufen werden und daß das Publikum zum Erwerbe von Aktien, denen nur ein Scheinwerth anhaftet, durch betrügliche Manöver verleitet wird.

Damit derartigen Ausschreitungen mit Erfolg entgegengetreten werden kann, muß auf dem hier vorliegenden Gebiete der Thatbestand des Betruges zerlegt und schon das betrügerische Manöver an sich ohne Rücksicht auf den nachweisbaren Zusammenhang desselben mit der Schädigung als strafbar hingestellt werden. In Anlehnung an die Strafbestimmungen der Artikel 206 Nr. 1 und 249 Nr. 1 des Handelsgesetzbuchs hat deshalb der Entwurf auf dem Gebiete des Aktienwesens Verfehlungen mit Strafe bedroht, welche von dem Thatbestande des Betruges nur einzelne Momente entlehnen, in der Ueberzeugung, daß hier der Gesetzgeber dem Volksbewußtsein Rechnung zu tragen hat (f. Art. 249a Ziff. 1 bis 3, 249d Ziff. 1 und 2).

Außerdem hat der Entwurf die ersterwähnte Klasse von Pflichtwidrigkeiten der die Gesellschaft leitenden Persönlichkeiten, welche schon das bestehende Recht (f. Art. 206 Ziff. 2 und 3, Art. 249 Ziff. 2 und 3 und Art. 249a) als Ordnungswidrigkeiten mit Strafe bedroht, mit wesentlich höheren Strafen belegt, weil dieselben zum Theil Täuschungen der bedenklichsten und das Bestehen der Gesellschaft gefährdenden Art enthalten. Der Entwurf folgt auch hier einem vielfach zum Ausdruck gebrachten Verlangen[1]) (f. Art. 249, 249b, 249c).

Endlich trifft der Entwurf in den Artikeln 249d Ziffer 3, 249e Strafbestimmungen zur Verhütung einer Fälschung des Mehrheitswillens in der Generalversammlung.

Bei der Arbitrirung der Strafen hat der Entwurf vielfach den vom Strafgesetzbuche festgehaltenen Höchstbetrag der Geldstrafe in Anschluß an die Gesetzgebungen anderer Staaten erheblich überschritten.[2])

Gleichzeitig blieb in einer Reihe von Fällen die Zulässigkeit der Verhängung von Ordnungsstrafen durch das Handelsgericht gegen die persönlich haftenden Gesellschafter, die Mitglieder des Vorstandes und die Liquidatoren auszusprechen, um das Handelsgericht in den Stand zu setzen, die Befolgung gewisser im öffentlichen Interesse gegebenen Vorschriften zu erzwingen. Die hierher gehörigen Fälle sind im Artikel 249f zusammengestellt worden.

[1]) Justinus Möller, Gründerprozesse S. 62 ff.

[1]) Grünhut, in seiner Zeitschrift für das Privatrecht und das öffentliche Recht der Gegenwart Bd. 1 S. 90; Bekker in Goldschmidt's Zeitschrift für das gesammte Handelsrecht Bd. 17 S. 457; Renaud a. a. O. §. 65 S. 620 ff.

[2]) Das französische und belgische Recht (franz. Gesetz vom 24. Juli 1867 Art. 15 und 45 und belg. Gesetz vom 18. Mai 1873 Art. 131).

Es mag endlich darauf hingewiesen werden, daß die Zusammenfassung der Strafbestimmungen für die Kommandit-Aktiengesellschaften und die Aktiengesellschaften es erforderlich macht, an Stelle des bisherigen fünften Abschnitts des dritten, lediglich die Aktiengesellschaften betreffenden Titels einen besonderen vierten Titel einzuschalten.

II. Im Besonderen.

Artikel 249

enthält den allgemeinsten Thatbestand. Er lehnt sich an §. 266 des Strafgesetzbuchs an. Der letztere bedroht in Ziffer 2 wegen Untreue mit Gefängniß, neben welchem auf Verlust der bürgerlichen Ehrenrechte und, wenn die That begangen wird, um sich oder einem Anderen einen Vermögensvortheil zu verschaffen, eventuell zugleich auf Geldstrafe bis zu dreitausend Mark erkannt werden kann, „Bevollmächtigte, welche über Forderungen oder andere Vermögensstücke des Auftraggebers absichtlich zum Nachtheile desselben verfügen". Es ist in der Praxis streitig geworden, ob diese Strafbestimmung auf die Mitglieder des Vorstandes und des Aufsichtsrathes einer Aktiengesellschaft, sowie die Liquidatoren einer Kommanditgesellschaft auf Aktien und einer Aktiengesellschaft zur Anwendung gebracht werden könne. Die Praxis hat zwar die Frage überwiegend bejaht, weil die genannten Personen ihrer rechtlichen Stellung nach als Bevollmächtigte der von ihnen vertretenen Gesellschaften zu betrachten seien.[1]) Der Mangel einer ausdrücklichen Bestimmung ist aber mißlich, da eine analoge Anwendung von Strafbestimmungen nicht zulässig erscheint. Die angewendete Ziffer 2 erscheint außerdem zu eng. Den weiteren Thatbestand enthält die Ziffer 1 des §. 266, nach welcher sich „Vormünder, Kuratoren, Güterpfleger, Sequester, Massenverwalter, Vollstrecker letztwilliger Verfügungen und Verwalter von Stiftungen" der Untreue schuldig machen, „wenn sie absichtlich zum Nachtheil der ihrer Aufsicht anvertrauten Personen oder Sachen handeln". Der für diese Ausdehnung des Thatbestandes maßgebend gewesene Grund [2]) bestand in der amtlichen Stellung der aufgeführten Personen. Dieser Grund schloß daher für die Praxis eine Anwendung der Ziffer 1 auf die Vorsteher und Liquidatoren der Aktien- und Kommandit-Aktiengesellschaften aus. Legislativ aber kann, zumal das Strafgesetzbuch die von dem früheren preußischen Recht aufgestellte Beschränkung des Begriffs der Untreue auf Verhältnisse mit öffentlichem Karakter [3]) durch die Hinzufügung der Ziffer 2 aufgegeben hat, ein Unterschied zwischen einem Massenverwalter und dem Vorstande einer Aktiengesellschaft nicht aufrecht erhalten werden. Nicht wesentlich anders verhält es sich endlich mit dem persönlich haftenden Gesellschafter einer Kommanditgesellschaft auf Aktien. Wenngleich er rechtlich nicht bloßer Bevollmächtigter der Gesellschaft ist, vielmehr zugleich seine eigenen Angelegenheiten führt, so ist doch der Inhalt seiner Verrichtungen und seine Vertrauensstellung gegenüber den Kommanditisten die nämliche, wie die des Vorstandes einer Aktiengesellschaft, und ein Vertrauensbruch von seiner Seite gefährdet die Interessen der Kommanditgesellschaft auf Aktien nicht minder, wie ein Vertrauensbruch des Vorstandes der Aktiengesellschaft die Interessen der letzteren. Es erscheint deshalb geboten, in beiden Fällen dieselbe Strafvorschrift zur Anwendung zu bringen. Die Anwendung auf die persönlich haftenden Gesellschafter rechtfertigt sich um so mehr, als die Praxis nicht einmal aus der Stellung eines offenen Handelsgesellschafters Bedenken gefunden hat, auf eine von letzterem begangene Zueignung vom Gesellschaftsvermögen den Thatbestand der Unterschlagung anzuwenden.[1])

Von diesen Erwägungen geleitet, hat der Entwurf den Thatbestand der Untreue der persönlich haftenden Gesellschafter, der Mitglieder des Aufsichtsraths und der Liquidatoren einer Kommanditgesellschaft auf Aktien, sowie der Mitglieder des Vorstandes und des Aufsichtsraths und der Liquidatoren einer Aktiengesellschaft in der oben bezeichneten Erweiterung zu einem besonderen Vergehen gestaltet und in Anbetracht, daß fast ausnahmslos in den vorgedachten Fällen die That aus gewinnsüchtiger Absicht hervorgeht, die Strafe des §. 266 durch eine zusätzliche erhebliche Geldstrafe verschärft, ohne daß es auf den Nachweis ankommen soll, ob die Handlung vom Thäter in der Absicht begangen ist, sich oder einem Anderen einen Vermögensvortheil zu verschaffen oder nicht.

Artikel 249a.

Um zu verhindern, daß Kommanditgesellschaften auf Aktien oder Aktiengesellschaften, bei denen die gesetzlichen Bedingungen hinsichtlich der Sicherung des Gesammtkapitals der Kommanditisten bezw. des Grundkapitals nicht erfüllt sind, in Folge falscher Versicherungen der zur Abgabe der Erklärung verpflichteten Personen durch Eintragung des Gesellschaftsvertrages in das Handelsregister zur Existenz gelangen, bedroht das Handelsgesetzbuch in Artikel 206 Ziffer 1 und 249 Ziffer 1 die persönlich haftenden Gesellschafter und die Mitglieder des Vorstandes und Aufsichtsraths mit Gefängnißstrafe bis zu drei Monaten, wenn sie vorsätzlich behufs Eintragung des Gesellschaftsvertrages in das Handelsregister falsche Angaben über die Zeichnung oder Einzahlung des Kapitals der Kommanditisten bezw. des Grundkapitals machen.

Mit Rücksicht auf das zu I. Gesagte hat der Entwurf die Strafbestimmung nicht nur beibehalten, sondern wesentlich erweitert.

Er unterstellt derselben zunächst auch die Gründer, da bei der Aktiengesellschaft nach Artikel 210 Absatz 4 die Anmeldung des Gesellschaftsvertrages zum Handelsregister auch von ihnen zu bewirken ist.

Er dehnt sodann die strafrechtliche Haftung für falsche Angaben auch auf solche aus, die bezüglich der Einlagen, Anlagen, Gründervortheile und den Gründungsaufwand gemacht werden. Das bestehende Recht ließ sich nach dem Wortlaut der Bestimmung nicht einmal auf die sogenannten Apports anwenden.[2]) Ein Unterschied kann aber nach der Ausbringung, Zusammensetzung oder Belegung des Grundkapitals nicht gemacht werden. Falsche Angaben behufs Eintragung müssen in allen Fällen als strafbar angesehen werden.

Ebenso läßt der Wortlaut der bisherigen Strafbestimmung es zweifelhaft, ob dieselbe auch Anwendung zu finden hat, wenn von den verpflichteten Personen vorsätzlich falsche Angaben behufs einer Erhöhung des Gesammtkapitals der Kommanditisten oder des Grundkapitals über die Zeichnung und Einzahlung desselben gemacht werden. Die Rechtsprechung hat

---

[1]) Erk. des früheren preuß. Ober-Tribunals vom 30. November 1875, 8. März und 27. November 1876 (Oppenhoff's Rechtspr. Bd. 16 S. 762, Bd. 19 S. 130 und 547); Erk. des früheren Ober-Appellationsgerichts zu Dresden vom 23. Juni 1875 und 25. März 1878 (sächs. Ger.-Ztg. Bd. 20 S. 68 und Stenglein's Zeitschr. für Gerichtspraxis Bd. 8 S. 233). Erk. des Reichsgerichts wider Carpentier und Gen. vom 21. November 1882 $\left(\frac{2437/1882}{\text{VII. } 2492}\right)$, vergl. auch Erk. des Reichsger., I. Straffen., vom 8. Januar 1883 — $\frac{\text{D. } 3134.\ 82}{\text{VI. } 55}$.

[2]) S. Motive zu §. 261 des Entw. des Reichs-Strafgesetzbuchs S. 78.

[3]) Preuß. Strafgesetzbuch §. 246 und Goltdammer's Mater. dazu S. 560.

[1]) Urtheil des Reichgerichts vom 5. Juli 1882, Beilage 9 zum Reichs-Anzeiger vom 27. September 1882.

[2]) Entscheidung des früheren preuß. Ober-Tribunals vom 10. März 1876 in Oppenhoff's Rechtsprechung Bd. 17 S. 197; Entscheidung desselben Gerichtshofes vom 19. September 1877, ebendas. Bd. 18 S. 576 und Goltdammer's Archiv Bd. 25 S. 587; Stenglein's Zeitschrift Bd. 8 S. 50; Renaud a. a. O. S. 621; Keyßner, Aktiengesellschaft und Kommanditgesellschaft auf Aktien S. 272 Anm. 1.

auch diese Frage mehrfach im bejahenden Sinne entschieden.[1]) Doch ist die Beseitigung des Zweifels dringend geboten. Der Entwurf hat deshalb, sowie er in den civilrechtlichen Kautelarbestimmungen die Erhöhung des Grundkapitals vom Gesichtspunkt einer Neugründung behandelt, auch strafrechtlich diesen Standpunkt einnehmen müssen und daher auch die falschen Angaben hinsichtlich der Einzahlung des bisherigen Gesammtkapitals oder Grundkapitals, sowie hinsichtlich der Zeichnung und Einzahlung auf das zu erhöhende Kapital unter die Strafsanktion einbegriffen.

Die Gründe ferner, welche dazu geführt haben, in Artikel 180a und 213b des Entwurfs die sogenannten Emittenten zur Prüfung der Angaben rücksichtlich der Zeichnung und Einzahlung des Gesammt- bezw. Grundkapitals, sowie rücksichtlich der in Artikel 175b und 209b vorgesehenen Festsetzungen zu verpflichten, rechtfertigen es, dieselben auch strafrechtlich zur Verantwortung zu ziehen, wenn sie in der öffentlichen Ankündigung in Betreff der bezeichneten Thatsachen wissentlich falsche Angaben machen.

Bei der erheblichen Gefahr, welche für den öffentlichen Kredit und das Publikum durch die Gründung unsolider, auf betrügerischen Grundlagen ruhenden Aktienunternehmungen entsteht, muß sodann die von der Novelle vom 11. Juni 1870 verordnete Gefängnißstrafe bis zu drei Monaten, wie die Erfahrung während der Gründerperiode bestätigt hat, viel zu gering bemessen erscheinen, als daß eine wirksame Abschreckung und Repression davon erwartet werden könnte. Das französische und belgische Recht[2]) greifen wesentlich den Fall heraus, daß sich Jemand unter dem fälschlichen Vorgeben erhaltener Zeichnungen oder Einzahlungen für eine anonyme Gesellschaft oder eine Kommanditgesellschaft auf Aktien wider besseres Wissen Zeichnungen auf Aktien verschafft oder zu verschaffen versucht, und lassen dafür die Strafe des Betruges eintreten.

Mag immerhin die Gleichstellung der Thäter in den vorgesehenen drei Fällen mit dem Betrüger dem Rechtsbewußtsein zu entsprechen scheinen, so mußte doch der Entwurf Bedenken tragen, die bezeichneten Verfehlungen dem Artikel 263 des Strafgesetzbuchs als eine besondere Art des Betruges anzureihen. Einerseits karakterisiren sich dieselben als Spezialdelikte auf dem Gebiete des Aktienwesens und entfernen sich von dem Betrugsbegriff des gemeinen Strafrechts, weil die Strafbarkeit nicht davon abhängig ist, daß ein Irrthum wirklich erregt und dadurch eine Vermögensbeschädigung herbeigeführt ist; andererseits erschien es geboten, mit Rücksicht auf die Höhe des Gewinnes, welcher von den Thätern für sich oder für Andere durch die Verwerthung der auszugebenden Aktien meist beabsichtigt wird, sowie im Hinblick auf die Gefährlichkeit der Reate für den öffentlichen Kredit im Strafmaße über die Betrugsstrafe durch Erhöhung der zulässigen Geldstrafe bis zu zwanzigtausend Mark wesentlich hinauszugehen.

Mit der Betrugsstrafe dagegen hat das hier vorgesehene Delikt die Freiheitsstrafe, sowie die Zulässigkeit der Aberkennung der bürgerlichen Ehrenrechte und den Umstand gemein, daß im Falle mildernder Umstände von der Freiheitsstrafe abgesehen und lediglich auf die Geldstrafe erkannt werden kann.

Eine Bestimmung betreffs der Strafbarkeit des Versuches bedurfte es nicht, weil jede wissentlich falsche Angabe bereits das vollendete Vergehen enthält.

Redaktionell hat der Entwurf die bisherige Fassung des Artikels 249 Ziffer 1 im Uebrigen nur insofern geändert, als er das Wort „vorsätzlich" durch „wissentlich" ersetzt hat, weil der strafrechtliche Dolus darin zu finden ist, daß der Thäter sich bei seinen Angaben der Unrichtigkeiten derselben bewußt ist.

Artikel 249b

giebt in Ziffer 1 die Strafvorschrift der bisherigen Artikel 206 Ziffer 3 und 249 Ziffer 3 wieder, verschärft jedoch die Strafe (Gefängniß bis zu drei Monaten, im Falle mildernder Umstände Geldstrafe bis zu 3 000 *M*), welche sich in der Gründerperiode als unzureichend erwiesen hat, in erheblicher Weise, um wirksamer die wissentliche Aufstellung unrichtiger Bilanzen und die Täuschung der Aktionäre bezw. des Publikums durch absichtliche unwahre Darstellungen oder Verschleierungen des wirklichen Standes der Verhältnisse der Gesellschaft zu treffen.

Der gleichen Strafvorschrift werden die Liquidatoren einer Kommanditgesellschaft auf Aktien und einer Aktiengesellschaft unterworfen.

Die Ziffer 1 unter Strafe gestellten Handlungen stellen sich im Vergleich zu den im Artikel 249a bedrohten als minder schwer bar, weil es sich vorliegendenfalls nicht um eine betrügliche Täuschung der Aktionäre und des Publikums über die fundamentalen Grundlagen der Gesellschaft, vielmehr nur um Täuschungen handelt, welche die Gesellschaft weniger schädigen und bei einer größeren Theilnahme der Aktionäre an der Kontrole leicht entdeckt werden können. Eine geringere Strafe erscheint deshalb aus allgemeinen strafpolitischen Gründen gerechtfertigt, wie dies auch bereits in der Novelle vom 11. Juni 1870 anerkannt war. Von dem gleichen Gesichtspunkt gehen die ausländischen Gesetzgebungen[1]) aus.

Ziffer 2 und 3 bedrohen mit derselben Strafe die Ausgabe von Aktien vor voller Einzahlung des Nominalbetrages oder des für denselben festgesetzten Betrages, sowie die Ausgabe von Aktien, Promessen oder Interimsscheinen im Falle der Erhöhung des Gesammt- oder des Grundkapitals vor erfolgter Eintragung der stattgefundenen Erhöhung in das Handelsregister. Zur Begründung dieser Vorschrift kann auf das zu Artikel 215c Absatz 3 Ausgeführte Bezug genommen werden.

Für die Reate in Ziffer 1 bis 3 ist die Aberkennung der bürgerlichen Ehrenrechte neben der ordentlichen Strafe zugelassen worden, um den Strafrichter in den Stand zu setzen, dieselben in denjenigen Fällen, in denen die Handlung aus ehrloser Gesinnung, namentlich aus gewinnsüchtiger Absicht hervorgegangen ist, dem Thäter entziehen zu können.

Artikel 249c.

Die Strafbestimmungen der Artikel 206 Ziffer 2, 249 Ziffer 2 und 249a sind vom Entwurfe ebenfalls beibehalten und zugleich auf die Liquidatoren ausgedehnt worden, weil während der Liquidation die frühere Organisation der Gesellschaft bestehen bleibt (Art. 244, 244a), und ebenso auch den Liquidatoren (nach Art. 240 Abs. 2 und 244a Abs. 2) der Antrag auf Eröffnung des Konkurses obliegt, wenn sich im Laufe der Liquidation Ueberschuldung oder Zahlungsunfähigkeit der Gesellschaft herausstellt.

Der Entwurf hat die bisherige Strafe (Gefängniß bis zu drei Monaten), um sie wirksamer zu machen, durch eine erhebliche Geldstrafe als Nebenstrafe verschärft, läßt dafür aber, um der richterlichen Beurtheilung im einzelnen Falle möglichst weiten Spielraum zu gewähren, im Gegensatze

[1]) Erkenntniß des früheren Dresd. Ober-Appellationsgerichts vom 23. Juni 1875, sächs. Gerichts-Zeitung Bd. 20 S. 70 und Goltdammer's Archiv Bd. 25 S. 617.

[2]) Französ. Gesetz vom 24. Juli 1867 Art. 15 und 45; belg. Gesetz vom 18. Mai 1873 Art. 131.

[1]) Das ungar. Handelsgesetzbuch (§. 219 Ziff. 2) und der neue österr. Entwurf (Art. 249 Ziff. 2) drohen Haft bezw. Arrest bis zu drei Monaten an, das erstere im Falle mildernder Umstände nur Geldstrafe bis zu 1 000 Fl. Der neue italien. Codice di commercio (Art. 247 Ziff. 1) läßt Geldstrafe bis 5 000 Lire eintreten.

zum bisherigen Rechte auch im Falle der Ziffer 2 mildernde Umstände zu.

Die redaktionelle Aenderung zu Ziffer 2 schließt sich der Vorschrift des Artikels 240 Absatz 2 an.

Die Vorschrift des letzten Absatzes hat gegenüber dem Absatz 2 des früheren Artikels 249a lediglich eine präzisere Wortfassung erhalten.

Artikel 249d.

Während die Artikel 249 bis 249c sich gegen die Pflichtverletzungen der die Gründung oder Geschäftsführung der Gesellschaft leitenden Personen gerichtet haben, wendet sich der Artikel 249d gegen Jedermann, der in allgemein gefährdender Weise auf dem Gebiete des Aktienverkehrs Schwindeleien begeht.

Die Ziffer 1 bedroht betrügerische Verleitungen des Publikums zur Betheiligung an einem beabsichtigten oder bestehenden Aktienunternehmen durch öffentliche, namentlich mittelst der Presse erfolgende Darstellungen, welche eine übertriebene Meinung von dem Werthe desselben erregen oder erhalten sollen.

In dem Aktienverkehr ist eine Offerte von Person zu Person selten. In der Regel wenden sich Gründer und Emittenten vermittelst allgemeiner Offerten an das Publikum als solches. Eben deshalb muß von der Irrthumserregung bei einer bestimmten Person abgesehen werden. Die Gefährlichkeit und Strafbarkeit liegt hier schon in der öffentlichen Bekanntmachung selbst, welche durch Vorspiegelung falscher oder Entstellung wahrer Thatsachen die Betheiligung an einem Aktienunternehmen herbeizuführen bezweckt. Von dem gleichen Gesichtspunkt ausgehend haben auch ausländische Gesetzgebungen die Werbung von Betheiligungen an Aktienunternehmungen mittelst betrüglicher Prospekte ohne Rücksicht auf das Vorhandensein der sonstigen Requisite des Betruges unter Strafe gestellt.[1]) Dagegen kann allerdings die Strafe nicht schon dann eintreten, wenn wahre Thatsachen nur unterdrückt sind. Die absichtliche Unterdrückung von Thatsachen begründet den Thatbestand des Betruges nach §. 263 des Strafgesetzbuchs in Verbindung mit der nachweisbaren Irrthumserregung. Muß von der letzteren abgesehen werden, so reicht die erstere hier zur Begründung eines Reates nicht aus. Eine Verantwortlichkeit für die Hervorhebung aller etwa wichtig erscheinenden Thatsachen hat der Entwurf nicht einmal civilrechtlich verlangen können; was dem Einen wichtig erscheint, ist dem Anderen unwesentlich; um so weniger kann eine strafrechtliche Verantwortlichkeit aufgestellt werden.

Ziffer 2 sucht dem betrüglichen Einwirken auf den Kurs von Aktien entgegenzutreten. Dasselbe ist ein so gefährlicher Mißbrauch des Börsenverkehrs, daß, wenn ihm nicht Einhalt gethan werden kann, jede Aktiengesetzreform nur geringen Erfolg haben würde. Es ist darauf schon in §. 2 der allgemeinen Begründung S. 241 ff. hingewiesen worden; dabei hat freilich bemerkt werden müssen, daß es nicht in der Hand des Gesetzgebers, jedenfalls nicht in dem Rahmen dieses Entwurfes liegen kann, eine allgemeine Abhülfe zu gewähren. Vielmehr muß sich der letztere damit begnügen, nur den schwersten Auswüchsen, wie sie sich in dem Aktienverkehr gezeigt haben, mit Strafe zu begegnen, ohne gleichzeitig in die Freiheit des erlaubten Verkehrs einzugreifen. Der Gesetzgeber kann im Allgemeinen die Umstände nicht beeinflussen, welche für den Kurs der Aktien maßgebend sind. Die einzelnen hierauf einwirkenden Operationen entziehen sich meist jeder Erkennbarkeit und es läßt sich deshalb in vielen Fällen nicht unterscheiden, inwieweit dieselben lauterer oder unlauterer Natur sind. Wohl aber wird der Gesetzgeber verlangen müssen, daß nicht durch Mittel, welche auf Täuschung des Publikums berechnet sind, und zum Zwecke der Ausbeute desselben künstlich ein Kurs für Aktien herbeizuführen gesucht wird, welcher dem durch freie Konkurrenz gebildeten Börsenpreise nicht entspricht, mögen solche Operationen eine künstliche Steigerung oder Minderung des dem wahren Werthe entsprechenden Kurses oder die Schaffung eines in Wirklichkeit überhaupt nicht vorhandenen Kurses zum Ziel haben. Mißbräuche dieser Art,[1]) deren ausgedehntester Umfang zu vermuthen ist, sind nicht selten an das Licht gezogen; es sind in den strafgerichtlichen Untersuchungen verschiedene Fälle aufgedeckt worden, in denen Scheinkäufe stattgefunden hatten, um nominellen Kursen Eingang in maßgebende Kurszettel zu verschaffen und dadurch bei dem Publikum den Glauben zu erwecken, daß die Kursnotiz den Werth der zum Schein gehandelten Aktien zum Ausdruck bringe. Fälle solcher Art lassen sich ebenfalls schwer als strafbarer Betrug im Sinne des Strafgesetzbuchs behandeln, weil das schadenbringende Geschäft nicht lediglich als Wirkung jener Operationen anzusehen und die geschädigte Person noch ungewiß oder unbekannt ist. Desto mehr erscheint eine besondere strafrechtliche Repression geboten, da aus der Straflosigkeit nicht nur materielle Schädigungen des Publikums und des öffentlichen Kredits hervorgehen müssen, sondern auch eine Schädigung der öffentlichen Moral entsteht. Fremde Gesetzgebungen bedrohen deshalb derartige Manöver mit Strafe.[2]) Der Entwurf, welcher ihnen gefolgt ist, sucht einerseits zu vermeiden, dem Börsenverkehr, soweit dessen Manipulationen sich mit der öffentlichen Moral vereinbaren lassen, Fesseln anzulegen, und fordert deshalb zum Thatbestand des Vergehens, daß objektiv auf Täuschung berechnete Mittel angewendet sind, um auf den Kurs von Aktien einzuwirken, und subjektiv vom Thäter beabsichtigt ist, sich oder einem Anderen dadurch einen rechtswidrigen Vermögensvortheil zu verschaffen oder Andere zu benachtheiligen. Um über die Richtung dieser unlauteren Absicht jeden Zweifel auszuschließen, bezeichnet der Entwurf dieselbe in Anlehnung an §. 265 Strafgesetzbuch als „betrügerische Absicht", ohne damit die Voraussetzungen des Betruges erfordern zu wollen.[3]) Der Entwurf verkennt andererseits nicht, daß die gleiche Strafwürdigkeit auch bei derartigen Einwirkungen auf den Kurs- oder Marktpreis anderer Gegenstände des Börsenverkehrs außer den Aktien geltend zu machen wäre, allein die Beschränkung des Entwurfes auf die Reform der Aktiengesetzgebung vermag den durch den Aktienverkehr gezogenen Rahmen nicht zu überschreiten und muß sich mit der Anregung zu einer allgemeineren Strafvorschrift im gegebenen Falle begnügen.

---

[1]) Das ungar. Handelsgesetzbuch (§. 219 Ziff. 1) läßt gegen Gründer, welche im Prospekte wissentlich falsche Angaben machen, Haft bis zu drei Monaten eintreten. Nach französischem und belgischem Rechte (französisches Gesetz vom 24. Juli 1867 Art. 15 und 45 und belg. Gesetz vom 18. Mai 1873 Art. 132), sowie nach dem neuen italien. Codice di commerc. (Art. 246) werden mit der Strafe des Betruges diejenigen bestraft, welche unter dem fälschlichen Vorgeben erhaltener Zeichnungen oder Einzahlungen für eine Kommanditgesellschaft auf Aktien oder eine anonyme Gesellschaft oder durch fälschliche Veröffentlichung sonstiger Thatsachen sich Zeichnungen oder Einzahlungen verschafft oder zu verschaffen versucht haben, sowie diejenigen, welche zur Erlangung von Zeichnungen oder Einzahlungen wider besseres Wissen die Namen von Personen als solche, welche zur Gesellschaft in Beziehung stehen oder gestanden haben, veröffentlichen.

[1]) Hecht, das Börsen- und Aktienwesen der Gegenwart S. 11 bis 13.

[2]) Das französische Recht (Code pénal art. 419) und der belgische Code pénal (Art. 311) bedrohen, und zwar ersteres mit Gefängniß von einem Monate bis zu einem Jahre und einer Geldstrafe von 500 bis 10 000 Frcs., neben welchen auf Polizeiaufsicht von 2 bis 5 Jahren erkannt werden kann, letzterer mit Gefängniß von einem Monate bis zu 2 Jahren und einer Geldstrafe von 300 bis 1 000 Frcs. diejenigen, welche durch betrügerische Wege oder Mittel das Steigen oder Fallen von Staatspapieren oder Effekten über oder unter die Preise der natürlichen und freien Konkurrenz bewirken.

[3]) Oppenhoff, Strafgesetzbuch §. 265 Note 1 und 2.

Die im Entwurfe bestimmte Strafe läßt dem richterlichen Ermessen genügenden Raum, um die Strafe der Verschuldung entsprechend zu arbitriren. Bei idealer Konkurrenz mit dem Thatbestande des Betrugs hat selbstverständlich die strengere Strafe des letzteren nach §. 73 Strafgesetzbuchs einzutreten.

Die gleiche Strafe läßt der Entwurf bei den unter Ziffer 3 bezeichneten Handlungen eintreten. Die hier gegebene Strafvorschrift richtet sich gegen das Einwirken auf das Stimmverhältniß in Generalversammlungen mittelst urkundlicher Fälschungen oder unrichtiger Bescheinigungen. Sie betrifft die Fälle, in welchen die Statuten der Gesellschaft den Nachweis des Stimmrechts in der Generalversammlung von einer Bescheinigung über die Hinterlegung der Aktien bei dem Vorstande oder an bestimmten Verwahrungsstellen abhängig machen und bedroht die wissentlich falsche Ausstellung oder Fälschung einer solchen Bescheinigung oder die wissentliche Benutzung derselben zur Ausübung des Stimmrechts mit Strafe. In diesem Thatbestande liegt die Gefahr einer Fälschung des Mehrheitswillens. Auf den Erfolg kann es nicht ankommen. Die falsche Ausstellung begreift sowohl den Fall, daß die Bescheinigung von anderen Personen, als den zu ihrer Ausstellung berechtigten, unter dem Schein, als ob sie von diesen herrühre, ausgestellt worden, als auch den Fall, daß die Ausstellung von den berechtigten Personen mit falschem Inhalt erfolgt ist.

Eine Strafbestimmung kann hier um so weniger entbehrt werden, als in vielen Fällen der allgemeine Thatbestand der Urkundenfälschung oder des Betruges nicht vorliegt. Allerdings kann darüber kein Zweifel bestehen, daß eine solche Bescheinigung eine Urkunde im Sinne des §. 267 Strafgesetzbuchs ist.[1]) Dessenungeachtet wird vielfach die Anwendung der §§. 267, 270 ff. ausgeschlossen bleiben müssen,[2]) sofern die Personen, welche die Bescheinigung wahrheitswidrig ausgestellt haben, zur Ausstellung derselben berufen waren, eine fälschliche Anfertigung sonach nicht vorlag, oder wenn die sämmtlichen Betheiligten wußten, daß die Bescheinigung wahrheitswidrig war, oder wenn sonst nicht anzunehmen ist, daß der Gebrauch der Bescheinigung eine Täuschung bezwecken sollte, oder überhaupt ein Gebrauch nicht erfolgt ist.

Soweit dagegen zugleich der Thatbestand der Urkundenfälschung oder des Betruges vorliegt, müssen die schwereren Strafen der §§. 267 ff. und 263 ff. Strafgesetzbuchs nach §. 73 ebenda zur Anwendung kommen.

In unmittelbarem Anschluß an den Fall der Nr. 3 steht die Strafvorschrift des

Artikel 249e.

Jede Entscheidung der Generalversammlung beruht auf einem Mehrheitsbeschlusse der anwesenden Kommanditisten oder Aktionäre und wirkt, soweit sie nicht mit Erfolg angefochten wird (Art. 222), zwingend sowohl gegen die in der Generalversammlung Ueberstimmten, als auch gegen die nicht Erschienenen. Der fälschlich erzeugte Mehrheitsbeschluß greift deshalb in die Rechtssphäre der übrigen Kommanditisten oder Aktionäre ein und verletzt deren Rechte. Ein Schutz dagegen muß auf dem strafrechtlichen Gebiete gesucht werden. Freilich läßt sich die Strafbarkeit nur an gewisse äußere Vorgänge knüpfen, da sich die Gründe, aus welchen ein Betheiligter für oder gegen einen bestimmten Antrag gestimmt hat, der strafrichterlichen Beurtheilung entziehen. Von diesen Erwägungen ausgehend, bedrohen das französische und belgische Recht, sowie der österreichische Entwurf diejenigen mit Strafe, welche in einer Generalversammlung auf Grund ihnen nicht gehöriger Aktien ein Stimmrecht dadurch ausüben, daß sie sich fälschlich als deren Eigenthümer ausgeben, und zugleich diejenigen, welche ihnen die Aktien zu diesem Zweck überlassen haben.[1]) Ein Erfolg läßt sich indessen von einer solchen Strafvorschrift kaum erwarten, weil bei Inhaberaktien der bloße Besitz der Aktie zur Ausübung der mit derselben verbundenen Rechte und folgeweise auch des Stimmrechts legitimirt, bei Namensaktien aber eine solche Strafbestimmung leicht durch Bevollmächtigung des Inhabers seitens des Kommanditisten oder Aktionärs umgangen werden kann. Zudem entstände die Gefahr, mit simulirten Geschäften auch ehrliche zu treffen.

Der Entwurf sucht, indem er von anderen schwer nachweisbaren Fälschungen des Mehrheitswillens absieht, durch die Strafvorschrift des Artikels 249e einer Fälschung desselben mittelst Einwirkung auf die Abstimmung entgegenzuwirken.

Nur unter der Annahme, daß alle Aktionäre sich bei der Abstimmung in der Generalversammlung durch das Interesse der Gesellschaft leiten lassen, rechtfertigt es sich, die Generalversammlung als dasjenige Organ der Gesellschaft anzusehen, in welcher der wahre Wille der Gesellschaft zum Ausdruck kommt. Daher widerstreitet es dem Wesen der Gesellschaft, wenn ein Aktionär sich besondere Vortheile dafür gewähren oder versprechen läßt, daß er in der Generalversammlung in einem bestimmten Sinne stimmt. Präsumtiv läßt ein solcher Aktionär sich bei seiner Abstimmung nicht durch das Interesse der Gesellschaft, sondern lediglich durch den gewährten oder versprochenen Vortheil leiten. Indessen kann den inneren Beweggründen nicht nachgeforscht werden. Als unlauter und im Hinblick auf die Zwangsnatur des Mehrheitsbeschlusses als strafbar erscheint es schon, daß der Aktionär seine Stimme durch Geld oder sonstige Vortheile hat kaufen lassen. Selbstverständlich gilt dasselbe von einem Kommanditisten, ebenso aber auch von einem Bevollmächtigten oder Vertreter, welcher zur Ausübung des Stimmrechts befugt ist. Die Fälle sind durchweg denjenigen gleichartig, für welche die Konkursordnung in §. 213 die Strafvorschrift aufstellt. Der Entwurf hat sich daher auch im Strafmaß derselben angeschlossen.

Artikel 249f.

Von den Fällen, in denen in diesem Artikel die Verhängung von Ordnungsstrafen durch das Handelsgericht zugelassen ist, bestand dieses Recht schon nach dem Handelsgesetzbuche betreffs der Artikel 179, 212, 228, 233 Absatz 1, 243 Absatz 1, 244 Absatz 3 und 247 Ziffer 4. In den übrigen Fällen ist dieses Recht erst durch den Entwurf bestimmt und am betreffenden Orte besprochen worden.

Uebergangsbestimmungen.

Der Entwurf kann die Wirkungen seiner Reform nicht auf die Gesellschaften beschränken, deren Gründung erst nach seinem Inkrafttreten erfolgt, er will vielmehr thunlichst auch die wirthschaftlichen Mißstände beseitigen, welche bei den bereits bestehenden Gesellschaften hervorgetreten sind. Zwei Wege bieten sich dar, dieses Ziel zu erreichen. Entweder den bereits bestehenden Gesellschaften die Befugniß zu gewähren, sich den wesentlichen Vorschriften des neuen Gesetzes in ihrer Verfassung und Verwaltung zu unterwerfen — wie

[1]) Oppenhoff, Komm. zum Reichs-Strafgesetzbuch Ausg. 7 Noten 39 und 40 zu §. 267.

[2]) Ebenda zu §. 267 Noten 11 bis 19.

[1]) Das französische Gesetz vom 24. Juli 1867 (Art. 15 und 45) läßt Geldstrafe von 500 bis 10000 Frcs. eintreten, neben welcher auf Gefängniß von vierzehn Tagen bis zu sechs Monaten erkannt werden kann, das belgische Gesetz vom 18. Mai 1873 (Art. 131) Geldstrafe von 50 bis 10000 Frcs., der neueste österreichische Entwurf (Art. 249) Arreststrafe bis zu drei Monaten.

dies in den französischen und belgischen Reformgesetzen geschehen ist[1]) — oder die Bestimmungen des Entwurfs auch auf die beim Inkrafttreten des Gesetzes bereits bestehenden Gesellschaften für anwendbar zu erklären, soweit nicht deren Rechtsverhältnisse auf vertragsmäßiger Grundlage beruhen und dadurch bereits begründete Rechte verletzt werden würden.

Dieser Weg ist vorzuziehen; er trägt dem öffentlichen Interesse Rechnung und beseitigt zugleich Rechtsungleichheiten zwischen den bereits vor dem Inkrafttreten des neuen Gesetzes gegründeten und den erst später entstehenden Gesellschaften. Derselbe entspricht überdies den Interessen der Aktionäre wie der Gesellschaftsgläubiger, welche dadurch einen stärkeren Schutz gegen Uebergriffe und Mißwirthschaft der Verwaltungsorgane erhalten. Dieser Standpunkt hat auch bereits in verschiedenen Einführungsgesetzen zum Handelsgesetzbuche ein Vorbild,[2]) namentlich hat derselbe in der Novelle vom 11. Juni 1870 in Bezug auf die Aktiengesellschaft Anerkennung gefunden.[3])

Ein Zweifel gegen die sofortige Anwendbarkeit des neuen Gesetzes kann nicht bestehen, soweit seine Bestimmungen theils in Ergänzung von Vorschriften des bisherigen Rechts ergangen sind, theils das öffentliche Interesse berühren. Dies gilt beispielsweise von den Anordnungen hinsichtlich der Amortisation von Aktien (Art. 215d Abs. 2), hinsichtlich der Zuständigkeit und Beschlußfassung der Generalversammlung (Art. 215, Art. 221 Abs. 1, Art. 186, Art. 222 bis 223, 190a, 190b, 237, Art. 188, Art. 238, 238a), hinsichtlich der Pflichten und Haftung von Aufsichtsrath und Vorstand (Art. 225, 226, Art. 204, Art. 234, 240, 241), hinsichtlich der Liquidation (Art. 244 ff.) u. dergl. m. Inwieweit freilich in Folge der in Wirksamkeit tretenden neuen Bestimmungen des Gesetzes Statutenänderungen erforderlich werden, hängt von der Beschaffenheit des einzelnen Falles ab und entzieht sich an diesem Ort einer näheren Auseinandersetzung.

Was die Strafbestimmungen anlangt, so ist für deren Anwendung §. 2 Absatz 2 des Strafgesetzbuchs maßgebend.

Dagegen bedarf es einiger besonderer Uebergangsbestimmungen (§§. 2 bis 6):

§. 2.

1. Es ist zwar selbstverständlich, daß die Vorschriften des Entwurfs über die Gründung auf die bei seinem Inkrafttreten bereits bestehenden Gesellschaften keine Anwendung finden können, aber die Frage, wann eine Gesellschaft als bestehend anzusehen ist, kann zu Zweifeln Anlaß geben. Dieselbe erheischt eine Lösung durch den Gesetzgeber.

Formell ist das rechtliche Bestehen einer Gesellschaft erst von ihrer juristischen Existenz, d. h. von der Eintragung des Gesellschaftsvertrages in das Handelsregister (Art. 178, 211) zu datiren. So fest an diesem Grundsatze gehalten werden muß, wenn es sich um das Auftreten der Gesellschaft nach außen handelt, so sehr würde die Annahme desselben in Bezug auf die hier vorliegende Frage in wohlerworbene Rechte zerstörend eingreifen. Jedenfalls müßte der Eintragung selbst die in Gemäßheit des bisherigen Rechts erfolgte Anmeldung und Einreichung sämmtlicher für dieselbe erforderlichen Urkunden und Bescheinigungen gleichgestellt werden, da nicht von der größeren oder geringeren Schnelligkeit, mit welcher der Eintragungsakt vollzogen wird, die wichtigsten Rechte unter den Parteien, deren Einwirkung jener Akt entzogen ist, abhängig gemacht werden können. Aber auch auf die Erfüllung aller dieser Förmlichkeiten kann nicht das entscheidende Gewicht gelegt werden. Zwar ist die vor dem Inkrafttreten des Gesetzes erfolgte Anmeldung nothwendige Voraussetzung für die Ausschließung desselben. Bis zur Anmeldung fehlt es an der äußeren Erkennbarkeit, ob eine Gründung materiell abgeschlossen ist oder nicht, auch läge die Gefahr nahe, daß von den Betheiligten bei Gründungen unsicherer Art, um sich den strengeren Vorschriften des neuen Gesetzes rücksichtlich des Gründungshergangs zu entziehen, Vordatirungen der nach Maßgabe der Artikel 177 und 210a des bisherigen Rechts behufs Eintragung des Gesellschaftsvertrages beizubringenden Bescheinigungen vorgenommen werden.

Im Uebrigen aber kann es nur darauf ankommen, daß bei dem Inkrafttreten des neuen Gesetzes neben der Anmeldung materiell die Voraussetzungen erfüllt sind, an welche das bisherige Recht die Eintragung des Gesellschaftsvertrages in das Handelsregister knüpft. Für die Betheiligten ist damit die Bildung der Gesellschaft abgeschlossen. Das Statut ist vereinbart, die Aktien sind übernommen oder durch Zeichnungen das Grundkapital gedeckt, die konstituirende Generalversammlung hat bereits stattgefunden. Nachdem durch diese Akte nicht nur unter den Betheiligten Rechte und Pflichten begründet, sondern die Gesellschaft materiell unter ihnen bereits besteht, wird man dieselben nicht aufs Neue einer Gründung nach den Vorschriften des neuen Gesetzes unterwerfen können. Bei der vertraglichen Gebundenheit der Betheiligten darf denselben die Eintragung, die sie unter der Fortdauer des bisherigen Rechts würden fordern können, nach dem Inkrafttreten des neuen Gesetzes ebensowenig versagt werden, als die Beobachtung des letzteren von ihnen gefordert werden kann. Von diesem Standpunkte aber können etwaige formelle Mängel einzelner beigebrachter Bescheinigungen nicht in Betracht kommen.

Diese in dem Entwurf zum Ausdruck gelangte Auffassung, welche die unter der Herrschaft des alten Gesetzes wohl erworbenen Rechte ausreichend schützt, birgt auch keinerlei wirthschaftliche Gefahren in sich. Dem Publikum wird ein solcher Gründungshergang bei einiger Aufmerksamkeit nicht entgehen. Es weiß, daß das neue Gesetz in Kraft tritt oder in Kraft getreten ist, und wird zu beurtheilen haben, ob es sich an einer unmittelbar vor diesem Zeitpunkte ins Werk gesetzten Gründung betheiligen will. Fälle dieser Art werden voraussichtlich nur vereinzelt vorkommen. Mit Recht darf angenommen werden, daß einer solchen Gesellschaft vom Publikum ein geringeres Vertrauen entgegengebracht werden wird, weil der Gründung die von dem neuen Gesetze angeordneten Kautelen und Verantwortlichkeiten fehlen und daß alle vor dem Inkrafttreten des neuen Gesetzes in Bildung begriffenen Gesellschaften es vorziehen werden, sich den Vorschriften desselben zu unterwerfen.

2. Aus der Exemtion der in Gemäßheit der vorstehenden Erörterung schon angemeldeten, wie der bestehenden Gesellschaften von den Bestimmungen des Entwurfs über die Gründung ergiebt sich von selbst, daß auf diese Gesellschaften auch die Vorschriften über die Gründerverantwortlichkeit unanwendbar sind; denn diese Verantwortlichkeit setzt den dem bisherigen Rechte fehlenden gesetzlichen Begriff der Gründer voraus und bedingt, daß von den Gründern oder den sonstigen bei der Gründung betheiligten Personen bestimmte, ihnen durch den Entwurf auferlegte Pflichten verletzt worden sind. Das bisherige Recht kennt zwar in dem durch die Novelle vom 11. Juni 1870 dem Handelsgesetzbuch eingefügten Artikel 209b ähnliche Vorschriften wie der Artikel 209b des Entwurfs, setzt jedoch nicht eine Verantwortlichkeit bestimmter Personen der Gesellschaft gegenüber für deren Erfüllung fest.

Zweifelhaft könnte es nur sein, ob nicht auf die zur Zeit des Inkrafttretens des neuen Gesetzes bereits bestehenden und die ihnen gleichgestellten, in der Gründung abgeschlossenen

[1]) Franz. Gesetz vom 24. Juli 1867 Art. 46 und belg. Gesetz vom 18. Mai 1873 Art. 139.

[2]) S. Lutz, die Einführungsgesetze zum Handelsgesetzbuche.

[3]) Novelle vom 11. Juni 1870 §§. 4 und 5.

Gesellschaften die Vorschriften des Entwurfes über die Emissionshäuser und die Unzulässigkeit von Verzichten und Vergleichen, sowie hinsichtlich des Erwerbs von Anlagen innerhalb der Sperrfrist und hinsichtlich der Beschränkung der persönlich haftenden Gesellschafter einer Kommanditgesellschaft auf Aktien, über ihre Kapitalsantheile zu verfügen (Art. 180a bis 180d, 181, 213b bis 213e des Entw.), Anwendung zu finden haben. Eine wörtliche Auslegung der Vorschriften des Entwurfs stände einer solchen Anwendung nicht entgegen; wohl aber würde letztere eine ungerechtfertigte Härte enthalten und bestehende thatsächliche Verhältnisse in einen inneren Widerspruch zu den Bestimmungen des neuen Gesetzes bringen. Denn die über die Gründungsverantwortlichkeit gegebenen Vorschriften stehen mit den Anordnungen des Entwurfs über die Gründung im engsten Zusammenhange. Die Verantwortlichkeit der Emissionshäuser beruht auf ihrer Prüfungspflicht, und diese wiederum hat die von dem Entwurf besonders normirte Prüfung des Aufsichtsraths und die Gestaltung des Gründungsverfahrens zur nothwendigen Grundlage. Die Vorschriften der Artikel 180c, 180d, 213d und 213e sollen eine Umgehung der Bestimmungen des Entwurfs verhindern und nur in diesem Zusammenhang finden sie ihre Rechtfertigung; von ihm losgelöst entbehren sie jedes Anhalts. Eine Anwendung des Artikels 181 auf die zur Zeit des Inkrafttretens des neuen Gesetzes bereits bestehenden Kommanditgesellschaften auf Aktien endlich würde vertraglich begründete Rechte verletzen und die meisten dieser Gesellschaften zur Auflösung zwingen.

3. Ein anderer Gesichtspunkt muß dagegen bezüglich der Ausgabe von Promessen und Interimsscheinen maßgebend sein. Der Entwurf verbietet fortan im öffentlichen Interesse deren Ausgabe vor der Eintragung des Gesellschaftsvertrages in das Handelsregister. Auch solchen Gesellschaften, welche schon alle Voraussetzungen für die Eintragung nach dem bisherigen Rechte erfüllt haben, kann und muß untersagt werden, nach dem Inkrafttreten des neuen Gesetzes Promessen rc. vor der Eintragung auszugeben.

§. 3.

In Uebereinstimmung mit den in der Begründung zu dem vorigen Paragraphen entwickelten Grundsätzen ist auch die Erhöhung des Grundkapitals für die bestehenden und die ihnen gleichgestellten Gesellschaften zu regeln. Auch hier kann die formelle Erledigung der Erhöhung nicht entscheidend sein, vielmehr gilt es, in analoger Anwendung der für die Gründung getroffenen Vorschriften, den Zeitpunkt gesetzlich zu bestimmen, in welchem materiell die Erhöhung als vollzogen und als rechtsbegründend für die Betheiligten anzusehen ist. Eine solche Wirkung ist dem bloßen Beschluß auf Erhöhung nicht zuzuschreiben, zumal derselbe nach dem bestehenden Recht nicht immer eine Statutenänderung enthält, oft nicht einmal von der Generalversammlung selbst beschlossen zu werden braucht. Der Erhöhungsbeschluß bekundet nur die Absicht, das Grundkapital zu erhöhen, er ist eine interne Angelegenheit der Gesellschaft und erzeugt nach Außen eine rechtliche Wirkung nicht. Ebensowenig darf die Zeichnung der neuen Aktien als genügend erachtet werden. Denn auch die Gründung, deren Vorgang der Entwurf in vielen Punkten bei den Vorschriften über die Erhöhung gefolgt ist, gilt erst mit der geforderten Einzahlung als vollendet. Deshalb läßt der Entwurf für die erwähnten Gesellschaften bei der Erhöhung ihres Grundkapitals die Vorschriften des neuen Gesetzes außer Anwendung, wenn mit dem Inkrafttreten desselben die geforderte Einzahlung bereits erfolgt ist. Es kann auch nicht genügen, daß die Einzahlung der gesetzlichen Mindestquote (10 Prozent) geschehen ist, sobald in dem Erhöhungsbeschluß eine höhere festgesetzt ist, da erst mit der Einzahlung der geforderten höheren Quote nach dem Willen der Gesellschaft die Erhöhung als perfekt anzusehen ist.

§. 4.

Die Vorschriften in Artikel 190 Absatz 1 und 4 bezw. Artikel 221 Absatz 2 über das Stimmrecht der persönlich haftenden Gesellschafter einer Kommanditgesellschaft auf Aktien, der Kommanditisten und der Aktionäre können nicht unbedingte Anwendung auf die bestehenden und die in §. 2 Absatz 1 bezeichneten Gesellschaften finden, wenn nicht in die auf vertragsmäßiger Grundlage beruhenden, bereits begründeten Rechtsverhältnisse eingegriffen werden soll. Soweit vielmehr der Gesellschaftsvertrag schon vor dem Inkrafttreten des Entwurfs den persönlich haftenden Gesellschaftern ein Stimmrecht in der Generalversammlung der Kommanditisten gewährt oder den Kommanditisten und den Aktionären ein solches versagt hat, muß es auch nach dem Inkrafttreten des Entwurfs dabei sein Bewenden behalten. Nach diesem Zeitpunkte allerdings dürfen Aenderungen des Gesellschaftsvertrages entgegen den gesetzlichen Vorschriften auch von den bezeichneten Gesellschaften nicht mehr vorgenommen werden. Auch würden statutarische Bestimmungen, welche etwa einzelnen, mit Stimmrecht nicht bekleideten Aktionären zugleich den Besuch der Generalversammlung verböten, gegenüber der Vorschrift in Artikel 190a ihre Kraft verlieren.

§. 5.

Von besonderer Wichtigkeit ist die Frage der Anwendbarkeit des Entwurfs auf die von einer zur Zeit des Inkrafttretens desselben bestehenden oder in Gemäßheit des §. 2 Absatz 1 errichteten Gesellschaft begründeten Aktienrechte, auf welche die zu leistende Zahlung noch nicht vollständig erfolgt ist.

1. Darin allerdings stimmt der Entwurf mit dem geltenden Recht überein, daß die Aktienurkunde nicht vor der Vollzahlung ausgegeben werden darf. War dies bisher ausdrücklich nur in Artikel 222 Nr. 1 für den Fall der Inhaberaktie vorgesehen, so kann die Aufstellung des gleichen Grundsatzes für den Fall der Namensaktie doch nur als eine Deklaration des bestehenden Rechts angesehen werden. In dem Entwurfe (Art. 181a, 215c) neu ist nur die Sanktion, welche für die Befolgung des Grundsatzes aufgestellt ist. Es kann daher keinem Bedenken unterliegen, diese Vorschrift auf die geschehenen Aktienzeichnungen anzuwenden.

2. Wesentlich abweichend von dem bestehenden Recht sind aber die Vorschriften des Entwurfs über die Haftpflicht aus der Aktienzeichnung, die Haftpflicht des ursprünglichen Zeichners, des zeitigen Aktionärs im Falle des Besitzwechsels und der Zwischenerwerber, über die Liberirung und Ausgabe von Promessen oder Interimsscheinen auf Inhaber, sowie über die Kaduzirung.

Zwar kann hier nicht zweifelhaft sein, daß, wenn bereits vor dem Inkrafttreten des Gesetzes eine Liberirung und Ausgabe von Inhaberpromessen u. s. w. in Gemäßheit des bisherigen Artikels 222 Ziffer 3, oder die Liberirung bei einer Namensaktie in Gemäßheit des bisherigen Artikels 223 Absatz 2 oder eine Kaduzirung in Gemäßheit des bisherigen Artikels 220 Absatz 2, 221 Absatz 2 erfolgt ist, es hierbei mit allen Wirkungen des bisherigen Rechts bewenden muß. Es liegt hier eine bereits vollzogene Thatsache vor, nach welcher die Haftpflicht sich erledigt.

Es erscheint aber nicht minder als Folge allgemeiner Rechtsgrundsätze und zugleich als der Absicht der Parteien thatsächlich entsprechend, daß auch dann, wenn solche erledigende Thatsachen noch nicht eingetreten sind und die Nichtleistung der früher geforderten Einzahlung oder die Einforderung einer Zahlung auf die Aktie erst nach dem Inkrafttreten des neuen Gesetzes eintritt, das bisherige Recht zur

Anwendung gelangt. Es handelt sich um den Umfang der Erfüllungspflicht einer perfekten Obligation, um die Mittel, die Erfüllung zu sichern, und die Folgen einer Nichterfüllung, mit einem Wort um die Wirkung der unter der Herrschaft des bisherigen Rechts geschehenen Aktienzeichnung. Die Gesellschaft hat das Recht erworben, wegen aller auf die Aktie noch ausstehenden Einzahlungen neben dem zeitigen Aktionär solidarisch den Zeichner in Anspruch zu nehmen; in dieses Recht kann das Gesetz nicht dadurch eingreifen, daß es dem Zeichner gestattete, sich auf eine subsidiäre, durch Aushändigung der Aktie und durch Fristbestimmung beschränkte Haftpflicht nach Maßgabe des neuen Rechts zu berufen. Umgekehrt hat der Kommanditist gezeichnet, ohne daß er durch eine Kaduzirung seiner Einzahlungen und Aktienrechte verlustig gehen könnte, und dem Aktionär droht nur, wenn der Gesellschaftsvertrag die Kaduzirung vorsah, der Verlust seiner Rechte ohne eine Haftung für nachträgliche Einforderungen; die Gesellschaft kann nicht die durch das damalige Recht begrenzte Haftpflicht des zeitigen Inhabers oder der Vormänner, welche für den Fall der Kaduzirung der Aktie — abgesehen von der unbedingten Haftung des Zeichners einer Inhaberaktie in Höhe von 40 Prozent — befreit werden, dadurch erweitern, daß sie eine Kaduzirung nach den Vorschriften und mit den Wirkungen des neuen Gesetzes in Anspruch nimmt. Daran kann auch der Umstand nichts ändern, daß eine Veräußerung der Aktie erst nach dem Inkrafttreten des neuen Gesetzes erfolgt, denn der Umfang der Verpflichtung wird auch für den Erwerber durch den Inhalt des unter der Herrschaft des früheren Gesetzes geschaffenen Aktienrechts bestimmt.

3. Anders liegt die Frage, ob mit dem Inkrafttreten des Entwurfs noch eine Liberirung des Zeichners nach Maßgabe des bisherigen Artikels 222 Ziffer 3 und die Ausstellung von Promessen und Interimsscheinen auf Inhaber soll eintreten dürfen. Wenngleich im Gesellschaftsvertrage die Zulässigkeit einer Befreiung des Zeichners von der Haftung für weitere Einzahlungen als 40 Prozent zugestanden ist, so haftet der Zeichner doch rechtlich bis zur ausgesprochenen Befreiung. Er hat keinen Rechtsanspruch auf dieselbe erworben. Die Gesellschaft kann — sofern hier etwa gegenüber den Gläubigern von einem Recht überhaupt die Rede sein kann — die Befreiung nach eigenem Ermessen vornehmen oder unterlassen. Der Entwurf hat diese Vorschrift des Artikels 222 Ziffer 3 im öffentlichen Interesse aufgegeben. Es ist daher statthaft und geboten, fortan die Vornahme der Liberirung den Gesellschaften zu untersagen. Nur insoweit schon vorher die Liberirung gültig erfolgt ist, kann das dadurch dem Zeichner gewährte Recht nicht wieder entzogen und nur insoweit dürfen deshalb über die geleisteten Einzahlungen nach Artikel 222 Ziffer 3 des bisherigen Rechts auf Inhaber lautende Promessen oder Interimsscheine noch ausgestellt werden.

§. 6.

Was die Organisation der Gesellschaft betrifft, so hat der Entwurf sich im Wesentlichen dem geltenden Recht angeschlossen, die Abänderungen im Einzelnen sind im öffentlichen Interesse erfolgt, wohlerworbene Rechte stehen der Anwendbarkeit der neuen Vorschriften auf die bereits bestehenden Gesellschaften nicht entgegen; dieselbe stimmt vielmehr mit deren Interesse überein.

Einige Punkte bedürfen jedoch der Festsetzung.

1. Die Vorschriften über die Unvereinbarkeit der Mitgliedschaft in Aufsichtsrath und Vorstand (Art. 225a) ruhen auf dem Boden des früheren Rechts; sie können daher ohne Weiteres auf die unter der Herrschaft des letzteren errichteten Aktiengesellschaften Anwendung finden. Anders stehen dagegen die Gesellschaften, welche bereits vor der Geltung des Handelsgesetzbuchs errichtet sind. Bei Einführung des letzteren haben einzelne Bundesstaaten theils ausdrücklich[1]) in den erlassenen Einführungsgesetzen die Bestimmungen des Handelsgesetzbuchs, abgesehen von den Vorschriften über die Anmeldung des Gesellschaftsvertrages zum Handelsregister und von einzelnen anderen nicht hierher gehörigen Vorschriften, auf die vor dem Inkrafttreten des Handelsgesetzbuchs gültig errichteten Aktiengesellschaften für nicht anwendbar erklärt, insoweit die Statuten dieser Gesellschaften abweichende Bestimmungen enthielten, theils ist die Aufrechterhaltung solcher Bestimmungen aus den von einzelnen Bundesstaaten erlassenen Vorschriften zu folgern.[2]) Die Novelle vom 11. Juni 1870 hat in dieser Beziehung nichts geändert, da sie nur einzelne Artikel des Handelsgesetzbuchs durch neue ersetzt hat (§. 1 Novelle vom 11. Juni 1870, Bundes-Gesetzbl. S. 375). Nachdem dies geschehen, kann es nicht im öffentlichen Interesse liegen, in eine bisher geschonte und durch mehrere Jahrzehnte bewährte Organisation einer solchen Gesellschaft einzugreifen und dadurch das Bestehen der letzteren zu gefährden. Deshalb will der §. 6 die Anwendbarkeit des neuen Artikels 225a auf Gesellschaften, welche vor der Geltung des Handelsgesetzbuchs errichtet sind, insoweit ausschließen, als der Gesellschaftsvertrag zur Zeit des Inkrafttretens des Entwurfs bereits abweichende Bestimmungen enthält und die letzteren „nach Maßgabe der früheren Vorschriften", also diesen entsprechend entweder vor der Geltung des Handelsgesetzbuchs oder zwar nachher aber auf Grund einer Aufrechterhaltung der früheren Vorschriften getroffen sind. Dagegen glaubt der Entwurf auch hier, wie im Falle des §. 4, nur die schon erworbenen Rechte wahren, nicht aber gestatten zu sollen, daß die alten Gesellschaften noch nach dem Inkrafttreten des Entwurfs sich durch Abänderungen ihres Gesellschaftsvertrages die früheren Vorschriften nutzbar machen.

2. Selbstverständlich ist es, daß die Vorschriften in Artikel 191 Absatz 2 und in Artikel 224 über die Dauer der Funktion des ersten Aufsichtsraths auf einen unter der Herrschaft des bisherigen Rechts bestellten Aufsichtsrath nicht bezogen werden kann.

3. Einer Beschränkung bedarf aber noch die Anwendung der Artikel 196a und 232 des Entwurfs auf die bestehenden und die ihnen im §. 2 Absatz 1 gleichgestellten Aktiengesellschaften. Nach denselben wird den Vorstandsmitgliedern die Betreibung eines Konkurrenzgeschäftes oder die Theilnahme an einem solchen als offene Gesellschafter ohne Genehmigung der Generalversammlung oder des zu ihrer Ertheilung ermächtigten Aufsichtsraths untersagt. Diese Vorschrift läßt, wenn nicht die nach dem bisherigen Rechte erworbene rechtliche Stellung der Vorstandsmitglieder der bestehenden Gesellschaften verletzt werden soll, Anwendung nur auf solche Vorstandsmitglieder zu, welche erst nach dem Inkrafttreten des Entwurfes bestellt werden. Als eine Neubestellung ist nicht blos die Wahl einer anderen Person, sondern auch die Wiederwahl derselben Person anzusehen, wenn diese nach Ablauf des von der Gesellschaft geschlossenen Dienstvertrages wieder gewählt wird, nicht aber, wenn die Gesellschaft nur von dem ihr zustehenden Kündigungsrechte Gebrauch zu machen unterläßt. Letzterenfalls fungirt ein solches Mitglied bis zur Auflösung des Dienstverhältnisses auf Grund der vor dem Eintritte des neuen Gesetzes erfolgten Bestellung.

---

[1]) Hamburger Einführ. Gesetz zum Handelsgesetzbuch vom 22. Dezember 1865, Uebergangsbestimmungen §. 5 (s. Prot. der Kommission zur Berathung eines allgemeinen deutschen Handelsgesetzbuchs, herausgegeben von von Lutz, Beilagebd., III. Th. S. 275; Lübeckisches Einführ. Ges. vom 26. Oktober 1863 Art. 24 (a. a. O. S. 356).

[2]) Siehe die Einführ. Ges. zum Handelsgesetzbuche mit Ausnahme der Einführungsgesetze von Hamburg und Lübeck a. a. O. S. 1 bis 200 und 219 bis 494; vergl. dagegen §. 28 des Einführ. Ges. zum H. G. B. vom Königreich Württemberg vom 13. August 1865, ebend. S. XX.

Was dagegen die Kommanditgesellschaften auf Aktien betrifft, so ist die Vorschrift des Artikels 196a auf die Geschäftsinhaber der älteren Gesellschaften unbedingt anwendbar, denn dieser Artikel enthält, wie bei seiner Begründung schon hervorgehoben ist, nur eine Fortbildung des bisherigen Rechts.

§. 7.

Nach den erörterten Grundsätzen müssen an sich die Vorschriften des Entwurfs über die Aufstellung, Prüfung und Abnahme der Bilanz, sowie über die Anlegung eines Reservefonds (Art. 185a, 185b, 239 bis 239b) mit dem Inkrafttreten des neuen Gesetzes auch auf die bereits bestehenden Gesellschaften Anwendung finden, weil diese Vorschriften theils im Interesse des allgemeinen Kredits gegeben und theils dazu bestimmt sind, die Vorschriften des bisherigen Rechts zu deklariren oder zweckmäßiger zu gestalten, von einem Eingriffe in begründete Rechte der Kommanditisten oder der Aktionäre aber um deshalb nicht die Rede sein kann, weil diese ein Recht auf eine bestimmte Dividende erst mit deren Festsetzung erlangen (Art. 239 H. G. B.).[1]) Einer sofortigen Geltung des neuen Rechts für die bestehenden Gesellschaften stehen jedoch auch in dem vorliegenden Falle thatsächliche Schwierigkeiten entgegen, denn die bestehenden Gesellschaften würden dadurch vielfach genöthigt werden, bereits aufgestellte Bilanzen zu verwerfen oder zur Prüfung der Bilanz anberaumte Generalversammlungen wieder aufzuheben und neue Kalkulationen vor Aufstellung der neuen Bilanz vorzunehmen. Aus diesen Gründen erklärt §. 7 die fraglichen Vorschriften des Entwurfs im Allgemeinen erst vom Beginne des nach dem Inkrafttreten des Gesetzes folgenden Geschäftsjahres für anwendbar.

Dabei waren jedoch zwei Einschränkungen zu machen:

1. Wenn von der in Artikel 180g, 215a des Entwurfs zugelassenen Ausgabe neuer Aktien unter dem Nominalbetrage seitens der bestehenden Gesellschaften in dem laufenden Geschäftsjahre Gebrauch gemacht wird, so ist erforderlich, daß schon für die Bilanz dieses Geschäftsjahres in Gemäßheit von Artikel 185a Ziffer 5 und 239c der Nominalbetrag des erhöhten Kapitals unter die Passiva aufgenommen wird. In gleicher Weise ist bei einer Emission über Pari der Ueberschuß in Gemäßheit der Artikel 185b, 239b sofort in den Reservefonds abzuführen.

2. Der Entwurf will ferner den bestehenden Gesellschaften auch das im Artikel 185a Ziffer 3, 239b gegebene Recht zugänglich machen und ihnen gestatten, in Abweichung von ihrer bisherigen Bilanzaufstellung Gegenstände, welche dauernd zum Geschäftsbetriebe der Gesellschaft bestimmt sind, zu dem Anschaffungs- oder Herstellungspreise unter Abzug eines der Abnutzung gleichkommenden Betrages oder unter Bildung eines entsprechenden Erneuerungsfonds in der Jahresbilanz des auf das Inkrafttreten dieses Gesetzes folgenden Geschäftsjahres in Ansatz zu bringen. Haben indessen die Anschaffungs- oder Herstellungskosten selbst nach Abzug des Betrages der Abnutzung oder des angelegten Erneuerungsfonds den Betrag überschritten, welcher nach bisherigem Recht als der gemeine Werth dieser Gegenstände zur Zeit der Bilanzaufstellung hat angenommen werden müssen, so ist eine Einschränkung geboten. Sonst würden die Gesellschaften in der Lage sein, die dadurch sich im Verhältniß zu dem früheren Ansatze ergebende Differenz als Zinsen oder Dividende zu vertheilen, obgleich in einer solchen Vertheilung Rückzahlungen aus dem Grundkapitale enthalten sein können. Dies tritt besonders hervor in dem Falle, daß die frühere Bilanz bei dem vollen Ansatz des Grundkapitals auf der Passivseite und dem geringeren Ansatz des Werths der Anlagen auf der Aktivseite eine Unterbilanz ergeben hatte. In diesem Falle blieb der Gesellschaft, um Dividenden vertheilen zu können, nur der Weg übrig, das Grundkapital herabzusetzen und dementsprechend den Gläubigern Befriedigung anzubieten. Jetzt will das Gesetz der Gesellschaft den zweiten Weg einer Erhöhung des Ansatzes auf der Aktivseite eröffnen. Dies darf aber nicht geschehen, um fiktive Werthsansätze und die Vertheilung von fiktiven Dividenden zuzulassen, sondern nur soweit sich ergiebt, daß der erhöhte Ansatz dem wirklichen Stande des Vermögens und des Kredits der Gesellschaft entspricht. Demgemäß wird die Gesellschaft, auch wenn sie diesen zweiten Weg beschreiten will, den Gläubigern Befriedigung anbieten müssen; dieselben mögen sich entscheiden, ob sie bei der Annahme der Gesellschaft, daß der erhöhte Ansatz den wirklichen Werth darstellt, sich beruhigen wollen. Der Entwurf schreibt deshalb zur Verhütung einer Schädigung der Gesellschaftsgläubiger vor, daß Zins- oder Dividendenzahlungen, welche auf der Erhöhung des Ansatzes beruhen, nicht anders als unter Beobachtung der für eine Herabsetzung des Grundkapitals gegebenen Vorschriften geleistet werden dürfen. Um aber zu verhindern, daß nicht im Hinblick auf den Eintritt des neuen Gesetzes zur Umgehung der obengedachten Bestimmung sofort bei Aufstellung der Bilanz oder der Bilanzen vor dem Eintritt des neuen Gesetzes derartige Anlagen und Vermögensstücke zu einem den gemeinen Werth übersteigenden Betrage eingestellt werden, muß die Festsetzung desjenigen Geschäftsjahres vor dem Eintritte des neuen Gesetzes, dessen Bilanz zur Vergleichung mit der unter der Herrschaft desselben aufgenommenen Bilanz entscheidend sein soll, den späteren Stadien der Gesetzgebung vorbehalten werden.

---

[1]) Bornemann a. a. O. S. 1 u. 2; Entscheidungen des Reichs-Oberhandelsgerichts Bd. 9 S. 274 ff.; Bd. 11 S. 119 ff.; Auerbach, Aktienwesen S. 219; Meier im Centralorgan N. F. Bd. 9 S. 422; vergl. jedoch Renaud, Recht der Aktiengesellschaften S. 659.

Anlage A.

Ausländisches Aktienrecht.

I. Reform des Aktienrechts in Oesterreich.

Die Bestrebungen einer rechtlichen Neugestaltung der Kapitalsassoziation gehen in Oesterreich auf das Jahr 1869 zurück. In diesem Jahre wurde dem österreichischen Abgeordnetenhause ein Entwurf vorgelegt, welcher sowohl die Erwerbs- und Wirthschaftsgenossenschaften, als auch die Aktiengesellschaften zum Gegenstande hatte. Eine Berathung des Entwurfs unterblieb wegen Schlusses der Session und es trat eine Trennung der vorgedachten Materien ein, aus welcher zunächst das Gesetz über die Erwerbs- und Wirthschaftsgenossenschaften vom 9. April 1873 hervorging. Zugleich hatte die Regierung einen neuen Entwurf über die Kommanditgesellschaften auf Aktien und die Aktiengesellschaften ausarbeiten lassen. Derselbe wurde nach der im Sommer 1873 eingetretenen Krisis umgearbeitet und im Jahre 1874 dem österreichischen Abgeordnetenhause vorgelegt. Dort gelangte er nach Durchberathung in einer Kommission unter verschiedenen Abänderungen zur Annahme. Er ist auch an das Herrenhaus gelangt, zum Gesetz aber nicht erhoben. Vielmehr blieben die Reformarbeiten mehrere Jahre unterbrochen. Erst im Jahre 1882 brachte die Regierung bei dem Abgeordnetenhause einen neuen Entwurf — Nr. 616 der Beilagen zu den stenographischen Berichten des Abgeordnetenhauses IX. Session — ein, welcher im Wesentlichen auf der durch die Beschlüsse des Abgeordnetenhauses abgeänderten früheren Vorlage beruht, aber nicht unwichtige Zusätze erhalten hat. Dieser Entwurf enthält eine umfassende Revision der Artikel 173 bis 249 des Handelsgesetzbuchs.

Die Hauptbestimmungen, in welchen dieser Entwurf von der Gesetzgebung des Deutschen Reichs abweicht, sollen hier hervorgehoben und nur noch bemerkt werden, daß nach §. 2 des projektirten Einführungsgesetzes die bisherige staatliche Genehmigung oder Beaufsichtigung aufgehoben wird. Hiervon sind nur solche Gesellschaften ausgenommen, bei denen der Gegenstand des Unternehmens eine staatliche Einwirkung verlangt (§. 3). Außerdem zieht das Einführungsgesetz noch verschiedene Bestimmungen des allgemeinen Vereinsrechts in seinen Bereich, so z. B. die Anordnung, daß Aktiengesellschaften und Kommanditgesellschaften auf Aktien durch Verfügung der Verwaltungsbehörde aufgelöst werden können, wenn die Gesellschaft ihre Thätigkeit auf politische Angelegenheiten ausgedehnt und daher als politischer Verein angesehen ist, sowie wenn das gesellschaftliche Unternehmen in einer das öffentliche Wohl gefährdenden Weise betrieben wird (§. 11).

A. Aktiengesellschaften.

I. Gründung.

Der Gesellschaftsvertrag muß außer dem bisherigen Inhalt noch die folgenden Punkte aufführen:

a) die Bestimmung, ob zur Beschlußfähigkeit des Aufsichtsraths Anwesenheit aller Mitglieder nothwendig ist oder die einer Mehrheit genügt,

b) die Befugnisse des Verwaltungsraths, sofern ein solches Organ dem Vorstand beigegeben wird,

c) die Angabe, ob und welche Ausnahmen von den gesetzlichen Bestimmungen über die Voraussetzungen und die Art der Beschlußfassung in der Generalversammlung gelten sollen,

d) jeden zu Gunsten eines Gründers oder einer anderen Person bedungenen besonderen Vortheil, namentlich bei Neuemissionen, sowie den Werth übernommener Anlagen und den hierfür baar oder in Aktien gewährten Preis

(Art. 209 Nr. 6, 8, 11).

Der Entwurf schließt sich der Prospektstheorie an. Danach haben die Gründer jedem zur Aufnahme von Zeichnungen bestimmten Bogen einen eigenhändig unterzeichneten Prospekt beizufügen, in welchem Gegenstand und Zeitdauer des Unternehmens, Höhe des Grundkapitals und der einzelnen Aktien, sowie die etwa ausbedungenen Sondervortheile angegeben sein müssen. Außerdem muß der Prospekt den Termin enthalten, bis zu welchem die Gesellschaft bei Vermeidung der Unwirksamkeit der Zeichnungen in das Handelsregister eingetragen sein muß.

Bei Apportgesellschaften, sowie wenn zu Gunsten eines Zeichners besondere Vortheile ausbedungen sind, muß der Prospekt vierzehn Tage vor Beginn der Zeichnung in den zukünftigen Gesellschaftsorganen drei Mal veröffentlicht werden (Art. 209a).

Geschieht die Einlage bezw. die Ausbedingung des Sondervortheils nach Eintragung der Aktiengesellschaft in das Handelsregister, so sind zwei Generalversammlungen zur Prüfung und Genehmigung sowie die Eintragung des Beschlusses in das Handelsregister und die Veröffentlichung desselben erforderlich. Die Genehmigung kann nur mit Einstimmigkeit der erschienenen Aktionäre bei einer Vertretung von mindestens der Hälfte des Grundkapitals erfolgen (Art. 215).

Der von dem Handelsgericht zu veröffentlichende Auszug aus dem Gesellschaftsvertrage muß den wesentlichen Inhalt der Bestimmungen bezw. des Apports und Sondervortheile wiedergeben. Auch muß mit dem Auszuge veröffentlicht werden, in welchem Betrage, wo, wann und womit die Einzahlung auf das Grundkapital geschehen ist (Art. 210 Nr. 7 u. a. E.).

Die Beilagen, welche der Anmeldung zum Handelsregister beizufügen sind, haben inhaltlich dem deutschen Gesetze gegenüber eine Erweiterung erfahren. Die Bescheinigung über die Zeichnung des gesammten Grundkapitals muß die Liste der sämmtlichen Zeichner mit Anführung ihres Namens, Wohnorts, Standes, sowie die Zahl der von Jedem gezeichneten Aktien enthalten. Es bedarf der Bescheinigung der Einzahlung auf jede Aktie und der Angabe, wo, wann und womit diese Einzahlung erfolgt ist. Die Einzahlung ist je nach Höhe und Art der Aktien verschieden. Inhaberaktien bis 200 Gulden und Namensaktien bis 100 Gulden einschließlich müssen sofort voll einbezahlt werden; bei Inhaberaktien zwischen 200 und 400 Gulden und bei Namensaktien zwischen 100 und 200 Gulden sind 100 Gulden und bei Nominalbeträgen, welche die hier erwähnten Grenzen übersteigen, mindestens 50 Prozent auf jede Aktie einzuzahlen. Bei Apportgesellschaften ist ferner der Nachweis der dreimaligen Bekanntmachung (Art. 209a) zu erbringen.

Die Bescheinigungen über die erfolgte Aktienzeichnung und Einzahlung werden durch gerichtlich oder notariell beglaubigte Erklärungen sämmtlicher Mitglieder des Vorstandes und des Aufsichtsraths geliefert (Art. 210a).

Die Feststellung der Zeichnungen und Einzahlungen seitens einer Generalversammlung (Art. 209a des deutschen H. G. B.) ist in Wegfall gekommen. Dagegen ist nach Zeichnung des Grundkapitals eine Generalversammlung der Zeichner zu berufen, in welcher der Vorstand — falls derselbe nicht schon in dem Gesellschaftsvertrage bestellt worden — und die Mitglieder des Aufsichtsraths zu wählen sind (Art. 209b, 210a Nr. 3).

Die vor Eintragung der Aktiengesellschaft ausgegebenen Interimsscheine oder Promessen sind nichtig (Art. 211).

II. Aktien.

Der Minimalbetrag von Namensaktien ist 100 Gulden, von Inhaberaktien 200 Gulden, eine Ausstellung von Aktien auf 50 bezw. 100 Gulden ist zulässig, wenn das Grundkapital 500 000 Gulden nicht übersteigt. Dasselbe darf nicht erhöht werden. Ohne Rücksicht auf die Art der Aktie und die Höhe des Grundkapitals muß der Nominalbetrag mindestens auf 500 Gulden gestellt werden, wenn zum Gegenstand des Unternehmens der Betrieb von Bankier- und Geldwechslergeschäften gehört. Eine Herabsetzung des Nominalbetrages kann nur in den gesetzlich bestimmten Fällen stattfinden.

Aktien oder Aktienantheile, welche bei derselben Gesellschaft über den gleichen Betrag lauten müssen, haben, abgesehen von den erforderlichen Unterschriften, zu enthalten:

a) Nummer,
b) Bezeichnung als Aktie oder Aktienantheil, bei Namensaktien den Namen des Aktionärs, sonst die Angabe, daß die Aktie auf den Inhaber gestellt ist,
c) Nominalbetrag,
d) Firma und Sitz der Gesellschaft,
e) Datum des Gesellschaftsvertrages und Zahl der Verfügung, durch welche die Eintragung beim Handelsgerichte erfolgte,
f) Höhe des Grundkapitals und der einzelnen Antheile,
g) die zur Zeit der Ausgabe geleistete Einzahlung, sofern der Nominalbetrag noch nicht vollständig eingezahlt ist,
h) das Datum der Ausgabe

(Art. 207a). Sofern die Ausgabe von Prioritätsaktien zugelassen wird, muß der Gesellschaftsvertrag oder der spätere Beschluß der Generalversammlung die während des Bestandes und nach Auflösung der Gesellschaft diesen Aktien zustehenden Vorrechte genau angeben. Zu dem Beschluß ist die oben (S. 267) erwähnte Einstimmigkeit der Aktionäre und die Vertretung der Hälfte des Grundkapitals erforderlich (Art. 215c).

Während zweier Jahre vom Tage der Eintragung der Aktiengesellschaft in das Handelsregister haftet der Zeichner für die Einzahlung des ganzen Nominalbetrages. Die Haftung besteht auch dann, wenn das Papier wegen versäumter Einzahlung für vernichtet erklärt und ein neues auch diese Einzahlung umfassendes ausgegeben wird. Den Zeichner trifft in solchen Fällen ohne Rücksicht auf frühere Theilzahlungen der Ersatz desjenigen Betrages, um welchen der Erlös des begebenen Papiers hinter dem Nominalbetrage aller Einzahlungen, die dasselbe umfaßt, zurückbleibt. Vor Ablauf der zwei Jahre kann der Zeichner von dieser Verpflichtung nicht durch Beschluß der Generalversammlung entlastet werden, wohl aber kann dies nach jener Frist geschehen. Alsdann erhält der Aktionär für seine geleistete Einzahlung Inhaberaktien (Art. 222).

Es kann aber auch im Gesellschaftsvertrage bei nicht erfolgter Nachzahlung die Kaduzirung des bisherigen Betrages ausgesprochen und eine neue Aktie mit Umfassung der bisherigen Einzahlung ausgegeben werden (Art. 220).

So lange nicht der ganze Nominalbetrag der bereits ausgegeben Aktien eingezahlt oder die Verpflichtung zur Einzahlung erloschen ist (Art. 222), kann eine neue Emmission — zu welcher sonst noch der Beschluß der Generalversammlung erforderlich ist — nicht erfolgen (Art. 215a).

Die Emission unter Pari ist Aktiengesellschaften gestattet, bei welchen der Gegenstand des Unternehmens nicht in Bankier- oder Geldwechslergeschäften besteht. Der Beschluß gilt als Abänderung des Gesellschaftsvertrages; der durch eine solche Emission sich ergebende Verlust an Grundkapital ist binnen längstens 5 Jahren in gleichen Jahresraten zur Abschreibung zu bringen (Art. 215b).

Regel ist das Verbot des Erwerbes von eigenen Aktien zum Eigenthum oder Pfand. Eine Ausnahme ist nur zugelassen:

a) behufs theilweiser oder gänzlicher Tilgung des Grundkapitals in Gemäßheit des Gesellschaftsvertrages und der gesetzlichen Vorschriften,
b) im Exekutionswege behufs Hereinbringung eigener Forderungen der Gesellschaft,
c) bei Betrieb eines Wechslergeschäfts, wenn der Erwerb 1 Prozent des Grundkapitals nicht überschreitet.

Im Falle von b und c ist für schleunige Weiterveräußerung zu sorgen und es ist im Jahresbericht stets über die Erwerbungen und Veräußerungen eigener Aktien Bericht zu erstatten. Zur Ausübung eines Stimmrechts mit eigenen Aktien ist die Gesellschaft nicht befugt (Art. 213a).

Die Reduktion des Grundkapitals geschieht, wie bisher, durch Beschluß der Generalversammlung. Die Zurückzahlung erfolgt wie eine Theilung des Gesellschaftsvermögens bei Auflösung der Gesellschaft. Dasselbe gilt für eine Minderung zufolge Entlassung der ersten Zeichner vor Ablauf der zweijährigen Frist und bei Herabsetzung des Nominalbetrages der Aktien (Art. 248, 222).

III. Organisation.

a. Vorstand.

Die Wahl des Vorstandes erfolgt stets — mit Ausnahme des ersten — durch die Generalversammlung. Nach Ablauf des ersten Jahres muß eine Neuwahl stattfinden, später kann die Amtsdauer eine längere sein, aber niemals über drei Jahre.

Bei Wegfall eines Vorstandsmitgliedes innerhalb der Wahlperiode kann nach dem Gesellschaftsvertrage bestimmt werden, daß die Stelle durch den Aufsichtsrath oder die übrigen Mitglieder des Vorstandes besetzt werde (Art. 227).

Von der Stellung als Vorstand sind ausgeschlossen:

1. Gemeinschuldner während der Dauer des Konkurses und wenn sie wegen schuldbarer Krida verurtheilt sind, auch noch nach Aufhebung desselben bis zum Ablauf von 3 Jahren seit verbüßter Strafe;
2. diejenigen, welche wegen strafgerichtlicher Verurtheilung von der Wählbarkeit in die Gemeindevertretung ausgeschlossen sind, während der Dauer dieser Ausschließung;
3. diejenigen, welche wegen Schleichhandels oder Zollübertretung von der Fortsetzung oder dem Beginn eines Handels- oder Gewerbebetriebs ausgeschlossen sind.

Die Mitglieder des Aufsichtsraths haben hierüber zu wachen und dem Handelsgericht Anzeige zu machen (Art. 191a, 228a).

Im Falle des Abschlusses von Rechtsgeschäften mit der Gesellschaft haben sich die Vorstandsmitglieder ihres Amtes zu enthalten (Art. 230).

Außer der Sorge für die ordentliche Führung der für die Gesellschaft erforderlichen Bücher liegt dem Vorstande ob:

a) innerhalb der ersten 6 Monate eines Geschäftsjahres die Vorlage einer gesetzmäßig aufgestellten Bilanz nebst Jahresrechnung und Jahresbericht an den Aufsichtsrath und die Aktionäre,
b) kostenfreie Mittheilung der Schriftstücke ad a spätestens innerhalb 8 Tage vor der Generalversammlung,
c) Ueberreichung der genehmigten Bilanz nebst Jahresbericht binnen 8 Tagen nach der Genehmigung zu den Registerakten,

d) Einreichung einer Abschrift des Gesellschaftsvertrages, einer jeden Aenderung desselben, sowie der genehmigten Jahresrechnung und Bilanz an die politischen Behörden,
e) Mittheilung der Schriftstücke zu d an jedem Aktionär auf Verlangen und gegen Erstattung der Kopialien,

(Art. 239, 239a).

Für die Aufstellung der Bilanz sind folgende Grundsätze maßgebend:

a) Gegenstände, welche zur Veräußerung bestimmt sind, dürfen nicht mit einem den Selbstkostenpreis übersteigenden Betrag in die Bilanz eingestellt werden. Der Selbstkostenpreis solcher vertretbaren Gegenstände derselben Art, welche zu verschiedenen Preisen erworben wurden, darf auf dem Wege der Durchschnittsberechnung ermittelt werden,
b) die Ansetzung des Preises von Gegenständen, welche einen Börsen- oder Marktpreis haben, erfolgt vorbehaltlich der Bestimmung zu a höchstens nach der Zeit der Bilanz,
c) die Gründungs- und Verwaltungskosten sind abgesondert ersichtlich zu machen; sie dürfen nicht unter den Aktiven aufgeführt werden, müssen vielmehr ihrem ganzen Betrage nach als Ausgabe erscheinen. Nur die Stempelgebühren der Errichtung und der Einlagen können auf die ersten 5 Jahre vertheilt werden,
d) der Betrag des Aktienkapitals, soweit die auf dasselbe zu leistenden Einzahlungen zur Zeit der Aufstellung der Bilanz bereits erfolgt oder doch fällig sind, ferner die zur Bildung eines Reservefonds zu verwendende Summe ist unter die Passiva aufzunehmen; rückständige Einzahlungen sind unter Angabe ihrer ziffermäßigen Höhe ersichtlich zu machen,
e) von den zum Geschäftsbetrieb dauernd verwendeten Gegenständen sind entsprechende Abschreibungen vorzunehmen bezw. ein besonderer Erneuerungsfonds zu bilden, welcher unter die Passiva aufzunehmen ist;
f) der sich ergebende Gewinn oder Verlust ist am Schluß besonders hervorzuheben

(Art. 185a).

Die Bildung eines Reservekapitals aus dem zwanzigsten Theil der Reinerträgnisse, bis dasselbe den fünften Theil des Grundkapitals erreicht hat, ist für die Aktiengesellschaften obligatorisch. Dieser Reservefonds darf nur zur Ergänzung von Verlusten am Grundkapital verwendet werden (Art. 217a).

Die Haftung der Vorstandsmitglieder auf Schadensersatz ist verschärft. Dieselben haften persönlich und solidarisch auch dann, wenn sie zu einer Zeit Zahlungen leisten, zu der ihnen die Zahlungsunfähigkeit der Gesellschaft hätte bekannt sein müssen. In den Fällen des Artikels 225a (Zurückzahlung von Einlagen an Aktionäre, Zahlung von gesetzwidrigen Zinsen und Dividenden, Vertheilung oder Verminderung des Gesellschaftsvermögens) sind die Vorstandsmitglieder zur Erstattung der mit ihrem Willen geleisteten Zahlungen verpflichtet, ohne daß ihnen ein Schaden der Gesellschaft nachgewiesen zu werden braucht (Art. 241).

b. Aufsichtsrath.

Der Aufsichtsrath, dessen Wahl in der Generalversammlung gemäß der Bestimmungen des Gesellschaftsvertrages erfolgt (Art. 209 Nr. 6, 209b), hat lediglich ein Aufsichts- und Ueberwachungsrecht; die Mitglieder desselben dürfen weder dem Vorstand noch dem Verwaltungsrath angehören, noch in irgend einer anderen Art an der Geschäftsführung der Gesellschaft Theil nehmen. Sie dürfen auch nicht beanspruchen, mit Unterhandlungen über einzelne Geschäfte bekannt gemacht zu werden, welche noch nicht zum Abschlusse gediehen sind (Art. 225, vergl. Art. 231 a. E.). Von der Wahl zum Aufsichtsrath sind dieselben Personen ausgeschlossen, welche auch unfähig zur Bekleidung der Vorstandschaft sind (Art. 225, 191a, vergl. oben S. 252).

Die Mitglieder des Aufsichtsraths stehen persönlich und solidarisch für den Schaden ein, welchen sie durch vorsätzliche oder fahrlässige Nichterfüllung ihrer Obliegenheiten verursachen; sie haften persönlich und solidarisch, ohne den Nachweis eines Schadens, für Rückerstattung der geleisteten Zahlungen, wenn mit ihrem Wissen und ohne ihr Einschreiten

a) Einlagen an die Aktionäre zurückgezahlt sind oder den Bestimmungen, betreffend den Erwerb eigener Aktien (Art. 213a), zuwider gehandelt ist,
b) Zinsen oder Dividenden widerrechtlich (Art. 217) gezahlt sind,
c) die Vertheilung des Gesellschaftsvermögens oder Verminderung des Grundkapitals ohne Beobachtung der gesetzlichen Bestimmung (Art. 245, 248) erfolgt ist (Art. 225a).

c. Generalversammlung.

Der Vorsitzende nimmt mangels abweichender Bestimmungen im Gesellschaftsvertrage an der Abstimmung Theil und entscheidet bei Stimmengleichheit (Art. 224a). Sollen Beschlüsse gefaßt werden, welche die Verantwortlichkeit des Vorstandes berühren, so kann auf Antrag eines Stimmberechtigten für den Gegenstand dieser Verhandlung ein anderer Vorsitzender gewählt werden (Art. 224c).

Ueber jede Generalversammlung ist ein notarielles Protokoll zu führen und nach den für die Handelsbücher gegebenen Bestimmungen aufzubewahren (Art. 238b).

Zur Beschlußfähigkeit ist mangels einer weitergehenden Beschränkung erforderlich, daß in der Generalversammlung mindestens ein Zehntel des Grundkapitals vertreten ist (Art. 224a Abs. 1, Art. 224d).

Bei Beschlußunfähigkeit ist, wenn der Gesellschaftsvertrag nicht ein Anderes bestimmt, eine neue Versammlung zu berufen, welche ohne Rücksicht auf die Höhe des vertretenen Kapitals beschlußfähig ist, aber auf die Gegenstände beschränkt bleibt, für welche die vereitelte Generalversammlung berufen war (Art. 224c).

Die Vertretung der Hälfte des Grundkapitals und eine Mehrheit von zwei Drittel der abgegebenen Stimmen ist erforderlich:

1. bei Abänderung des Gesellschaftsvertrages, bei Fortsetzung der Gesellschaft über die im Vertrage bestimmte Zeit,
2. bei Auflösung und bei Fusion der Gesellschaft mit einer anderen.

Einstimmigkeit, bei Vertretung der Hälfte des Grundkapitals, ist erforderlich, wenn an Stelle des vertragsmäßigen ein anderer Gegenstand der Unternehmung treten soll (Art. 224b).

Die im Falle der Beschlußunfähigkeit zu berufende zweite Versammlung unterliegt den für die Abstimmung gegebenen strengeren Erfordernissen der ersten, wenn es sich um Nachgründungen, Ausgabe von Prioritätsaktien und Aenderung des Gegenstandes des Unternehmens handelt (Art. 224c Abs. 2).

Die zur Berufung der Generalversammlung Verpflichteten können erforderlichenfalls dazu vom Handelsgericht angehalten werden; Ungehorsam gegen dessen Befehl zieht Arreststrafe bis zu drei Monaten nach sich (Art. 237, 249 Ziff. 5). — Jede Aktie hat eine Stimme; ist jedoch im Gesellschaftsvertrage die Ausübung des Stimmrechts an den Besitz einer

Mehrheit von Aktien geknüpft, so können Aktionäre, welche eine geringere Anzahl von Aktien besitzen, einen gemeinsamen Bevollmächtigten bestellen, welchem nach Maßgabe der von ihm vertretenen Aktien das Stimmrecht in der Generalversammlung zusteht (Art. 224 Abs. 4).

Ein unter Verletzung von Gesetz oder Gesellschaftsvertrag gefaßter Beschluß kann innerhalb 45 Tagen nach der Beschlußfassung von den einzelnen beeinträchtigten Aktionären im Wege der Klage angefochten werden. Es ist das Verfahren geregelt, wonach sich die übrigen Aktionäre als Streitgenossen betheiligen können und es hat das Handelsgericht nach Erhebung der Klage auf Antrag über die vorläufige Suspension der Ausführung des angefochtenen Beschlusses zu entscheiden. Um frivolen Anträgen vorzubeugen, sollen Aktionäre, welche die Nichtigkeitserklärung des Beschlusses muthwillig begehrt haben, von dem erkennenden Gericht mit einer Geldstrafe von 50 bis 1 000 Gulden belegt werden (Art. 224f).

IV. Auflösung.

Die Bestellung und Abberufung eines Liquidators kann aus wichtigen Gründen vom Richter erfolgen (Art. 224 letzt. Abs., Art. 244a). Ungeachtet der Auflösung der Gesellschaft gelten die Bestimmungen über Bestand und Wirksamkeit von Aufsichtsrath und Generalversammlung auch für die Dauer der Liquidation, sowie auch die Vorschriften für die bestehende Gesellschaft weiter in Anwendung kommen (Art. 244b, 244c).

Im Falle der Fusion sind außer den Mitgliedern des Vorstandes die Mitglieder des Aufsichtsraths der anderen Gesellschaft, wenn sie die ihnen betreffs der getrennten Verwaltung obliegenden Pflichten nicht erfüllen, den Gläubigern der aufgelösten Gesellschaft persönlich und solidarisch verantwortlich (Art. 247).

V. Schutz der Aktionäre.

Außer den schon hervorgehobenen Bestimmungen, insbesondere denen über die Beschlußfähigkeit der Generalversammlung, die vorherige Mittheilung von Bilanz und Jahresbericht, das Recht zur Anfechtung ungültiger Beschlüsse u. s. w., ist zu bemerken:

a) das Recht eines oder mehrerer Aktionäre, deren Aktienbesitz ein Zehntel des Grundkapitals ausmacht, bei dem Handelsgericht eine außerordentliche Revision zu beantragen (Art. 224g);
b) der Zwang zur Berufung einer Generalversammlung seitens des Gerichts, wenn Besitzer von ein Zehntel des Grundkapitals dies beantragen (Art. 237);
c) das Recht eines jeden Aktionärs, im Wege der Klage sein Ausscheiden gegen Empfang des ihm gebührenden Antheils durchzusetzen, wenn er nachweist, daß die Erreichung des gesellschaftlichen Zwecks nach den Vorschriften des Gesetzes oder durch äußere Umstände unmöglich geworden ist. Jedoch werden muthwillige Klageanträge mit Geldstrafe von 50 bis 1 000 Gulden bedroht (Art. 226a);
d) das Recht der Minderheit, ihren Kandidaten in den Aufsichtsrath zu wählen, sofern bei allen Wahlgängen mindestens der dritte Theil der Stimmenden sich für diesen Kandidaten erklärt hat (Art. 191, 225).

VI. Strafbestimmungen.

Abgesehen von den Fällen, in welchen nach dem allgemeinen Strafgesetzbuch eine schwerere Strafe verwirkt ist, tritt Strafe bis zu 3 Monaten Arrest für die Mitglieder des Vorstandes, Aufsichtsraths bezw. die Liquidatoren ein,

a) wenn sie „aus Anlaß" der Eintragung des Gesellschaftsvertrages wissentlich falsche Angaben über Zeichnung oder Einzahlung des Grundkapitals machen;
b) wenn sie in ihren Darstellungen über den Stand der Verhältnisse der Gesellschaft wissentlich falsche oder entstellte Angaben machen oder wenn sie hierbei ihnen bekannte Umstände, welche für die Beurtheilung der Lage der Gesellschaft oder für die Entscheidung über eine bestimmte Angelegenheit wesentlich sind, verheimlichen;
c) wenn sie wissentlich gegen die Vorschriften des Gesetzes ungültige Aktien oder Aktienantheile ausgeben, für die Gesellschaft eigene Aktien erwerben oder als Pfand annehmen, neue Aktien oder Aktienantheile ausgeben, Zinsen oder Dividenden gegen die Bestimmung des Gesetzes zahlen, vorzeitig Aktien ausgeben, die Anzeige zu machen unterlassen, daß das Vermögen nicht mehr die Schulden deckt, die Vertheilung des Gesellschaftsvermögens oder Verminderung des Grundkapitals durch theilweise Rückzahlung oder durch Befreiung der Zeichner oder Aktionäre vornehmen;
d) wenn sie der Anordnung des Handelsgerichts, die Generalversammlung einzuberufen oder die Ausführung eines als nichtig angefochtenen Beschlusses der Generalversammlung zu unterlassen, keine Folge leisten, oder einen als nichtig erkannten Beschluß der Generalversammlung ausführen.

Ebenso werden Gründer bestraft, welche die über den Prospekt gegebenen Vorschriften (Art. 209a) nicht befolgen oder in den Prospekt wissentlich falsche Angaben aufnehmen (Art. 249).

Die gleiche Strafe trifft diejenigen, welche behufs Ausübung eines Stimmrechts in der Generalversammlung fälschlich sich oder einen Dritten als Eigenthümer von Aktien ausgeben oder solche zu diesem Zwecke an Andere überlassen (Art. 249a).

Endlich droht Artikel 249b eine Reihe von Ordnungsstrafen an.

B. Kommanditgesellschaften auf Aktien.

Der Entwurf sucht in nachstehenden Punkten eine Uebereinstimmung zwischen den Kommanditgesellschaften auf Aktien und den Aktiengesellschaften herbeizuführen.

I. Gründung.

1. Erforderniß der notariellen Errichtung des Gesellschaftsvertrages (Art. 174 — Art. 208).
2. Aufnahme folgender Bestimmungen in den Gesellschaftsvertrag:
   über die Beschlußfähigkeit des Aufsichtsraths (Art. 175 Nr. 6 — Art. 209 Nr. 6),
   über die Bedingungen des Stimmrechts der Kommanditisten (Art. 175 Nr. 8 — Art. 209 Nr. 10),
   über die Beschlußfassung der Generalversammlung (Art. 175 Nr. 9 — Art. 209 Nr. 11),
   über die Sondervortheile der einzelnen Kommanditisten und über die Einwerfung von Anlagen, die nicht in baarem Gelde bestehen (Art. 175 Nr. 11 — Art. 209 Nr. 13).
3. Erste Zeichnerversammlung, welche zur Wahl der Mitglieder des Aufsichtsraths berufen wird, ihre Voraussetzung, Zusammenberufung und Abstimmung (Art. 175b — Art. 209b).

4. Veröffentlichung der im Gesellschaftsvertrage enthaltenen Bestimmungen über die Sondervortheile und über die nicht in baarem Gelde bestehenden Einlagen vor und nach Eintragung (Art. 175a — Art. 209a, Art. 176 Ziff. 6 — Art. 210 Ziff. 7). Dagegen ist sonst die Veröffentlichung eines Prospekts bei der Kommanditgesellschaft auf Aktien nicht vorgesehen.
5. Genehmigung der nach Eintragung der Gesellschaft gemachten nicht in baarem Gelde bestehenden Einlagen (Art. 180 — Art. 215).
6. Inhalt der Aktienurkunde (Art. 173 — Art. 207a), deren Nominalbetrag mindestens 100 Gulden und bei Gesellschaften, welche Bankier- und Geldwechslergeschäfte betreiben, mindestens 500 Gulden betragen muß. Auch sind bei Kommanditgesellschaften nur Namensaktien zulässig.
7. Verbot der Ausgabe von Promessen und Interimsscheinen vor der Eintragung der Gesellschaft (Art. 178 — Art. 211).

II. **Rechtsverhältniß der Kommanditisten.**

8. Verbot des Bezuges von Dividenden vor der Wiederergänzung des durch Verlust verminderten Gesammtbetrages der Einlagen (Art. 197 Abs. 2 — Art. 217 Abs. 1).

III. **Aufsichtsrath.**

9. Wahl, Fähigkeit, Vergütung und Geschäftsüberwachung des Aufsichtsraths (Art. 191 bis 193; — Art. 225).
10. Haftung des Aufsichtsraths (Art. 204 — Art. 225a).

IV. **Generalversammlung.**

11. Verpflichtung zur Berufung der Generalversammlung (Art. 188 Schlußabs. — Art. 237 Schlußabs.).
12. Vertretung bestimmter Quoten des Einlagebetrages, besonders bei Aenderung des Gesellschaftsvertrages, bei Fortsetzung oder Auflösung der Gesellschaft (Art. 190a — Art. 224a Schlußabs., Art. 190b — Art. 224b).
13. Neuberufung und Beschlußfähigkeit der Generalversammlung, sofern die erste beschlußunfähig war (Art. 190c, 190d — Art. 224c, 224d).
14. Protokollirung der Beschlüsse der Generalversammlung (Art. 190e — Art. 238b).

V. **Bilanz.**

15. Die Grundsätze über die Vorlegung der Bilanz, die Aufstellung derselben, sowie deren Einreichung an die politischen Behörden (Art. 185, 185a, 185b — Art. 239, 239a, 239b).

VI. **Reduktion des Grundkapitals.**

16. Anwendung der Grundsätze auf die theilweise Befreiung der ersten Zeichner (Art. 203 Abs. 3 — Art. 248 Abs. 3).

VII. **Sonderrechte der Kommanditisten.**

17. Anfechtung von gesetz- oder statutenwidrigen Beschlüssen der Generalversammlung durch einzelne Kommanditisten (Art. 186a — Art. 224f).

VIII. **Strafbestimmungen.**

18. Bestrafung des persönlich haftenden Gesellschafters und der Mitglieder des Aufsichtsraths (Art. 206 — Art. 249).
19. Bestrafung für wissentliche Herbeiführung falscher Abstimmungen (Art. 206a — Art. 249a).
20. Bestrafung von Ordnungswidrigkeiten (Art. 206b — Art. 249b).

II. Ungarisches Aktienrecht.

Das ungarische Handelsgesetzbuch, publizirt am 18./19. Mai 1875,[1]) behandelt das Aktienrecht im zehnten Titel, in den §§. 147 bis 222. Die Kommanditgesellschaften auf Aktien haben eine Aufnahme in das Gesetz nicht gefunden. Hierfür war einerseits der Umstand maßgebend, daß diese Gattung von Gesellschaften in Ungarn thatsächlich nicht bestand, andererseits die Erwägung, daß der Hauptgrund für ihre Entstehung in Frankreich und Deutschland, die Umgehung der für Aktiengesellschaften erforderlichen staatlichen Genehmigung, mit der Beseitigung des Konzessionszwangs sich erledigte. Bezüglich der Aktiengesellschaften sind im Wesentlichen die Bestimmungen des deutschen Handelsgesetzbuchs und der Novelle vom 11. Juni 1870 angenommen worden. Die Abweichungen beschränken sich auf folgende Punkte:

I. Gründung.

Behufs Zeichnung des Grundkapitals — Stammkapitals — muß von den Gründern, deren Zahl gesetzlich nicht näher bestimmt ist, jederzeit ein Prospekt aufgestellt werden, auch wenn die Gründer sämmtliche Aktien zeichnen.

Der Prospekt muß enthalten:

1. den Gegenstand und die Dauer der Unternehmung;
2. die Höhe des Stammkapitals;
3. die Anzahl und den Nominalbetrag der Aktien, sowie der eventuell gleichzeitig zu emittirenden Prioritätsobligationen;
4. den Schlußtermin der Zeichnung;
5. sofern Gründer oder Andere sich mit einer nicht in baarem Gelde bestehenden Einlage zu betheiligen beabsichtigen, diese Einlage und deren Werth;
6. die Vortheile, welche den Gründern oder anderen Personen zugesichert werden sollen.

Der Prospekt ist von den Gründern unter Angabe ihres Standes und Wohnorts zu unterzeichnen und in jeden Zeichnungsbogen aufzunehmen.

Die Gründer haften für die Richtigkeit der im Prospekte enthaltenen Angaben solidarisch (§§. 149, 150).

Sofern der Gesellschaftsvertrag nicht einen höheren Betrag bestimmt, müssen zur Vermeidung der Nichtigkeit der Zeichnung von jedem Zeichner bei derselben 10 Prozent des Nominalbetrages der gezeichneten Aktien eingezahlt werden.

Für diesen eingezahlten Betrag haften die Gründer den Zeichnern solidarisch, bis sie durch Beschluß der Generalversammlung davon entbunden werden (§§. 151, 152).

Innerhalb zweier Monate vom Schlußtermin der Zeichnung haben die Gründer eine Generalversammlung der Zeichner zu berufen.

In dieser haben die Zeichner:

1. sich die Ueberzeugung zu verschaffen, daß das Stammkapital durch gehörige Zeichnung und Einzahlung gesichert ist;
2. das Statut festzustellen und über die mit den Gründern oder Dritten getroffenen Vereinbarungen Beschluß zu fassen;
3. über die Konstituirung der Gesellschaft zu beschließen;

[1]) Vergl. über die Entstehung desselben den Kommentar von Dr. Julius v. Schnierer (Budapest 1877 im Verlage des Franklin-Vereins, Einleitung S. 5 bis 10).

4. die Direktion (den Vorstand des Deutschen Handelsgesetzbuchs) und das Aufsichtskomitee (den Aufsichtsrath) zu wählen, sofern die Direktion nicht im Prospekt bestimmt worden ist.

Gleichzeitig haben die Zeichner in dieser Versammlung über die Verantwortlichkeit der Gründer hinsichtlich der geleisteten Einzahlungen Beschluß zu fassen.

Wird die Generalversammlung der Zeichner von den Gründern nicht innerhalb der zweimonatigen Frist berufen oder nicht das gesammte Stammkapital gezeichnet, so sind die Gründer den Zeichnern für die unverkürzte Rückzahlung der geleisteten Einzahlung solidarisch verhaftet (§. 154).

Die vorstehende Generalversammlung ist nur beschlußfähig, wenn in derselben wenigstens 7 Aktionäre anwesend sind, welche mindestens den vierten Theil des Stammkapitals vertreten. Jede Aktie gewährt eine Stimme, doch kann Niemand mehr als 10 Stimmen geltend machen (§. 155).

Die konstituirende Generalversammlung hat den Werth einer nicht in baarem Gelde bestehenden Einlage und die Zahl der dafür dem Zeichner zu gewährenden Aktien, sowie den Preis, für welchen Gegenstände von der Gesellschaft übernommen werden sollen, zu bestimmen, sie kann jedoch den im Prospekt festgesetzten Werth oder Preis nicht erhöhen.

Die diesbezüglichen Vereinbarungen, sowie die besonderen Vortheile, welche den Gründern oder anderen Personen gewährt werden sollen und ebenfalls das im Prospekt festgesetzte Maß nicht überschreiten dürfen, müssen in die Statuten aufgenommen werden, wenn sie für die Gesellschaft bindende Kraft haben sollen.

Bei der Fassung des Festsetzungsbeschlusses hat der betheiligte Zeichner kein Stimmrecht (§. 156).

Abgesehen von den in Artikel 209 des deutschen Handelsgesetzbuchs bestimmten Punkten müssen die Statuten Bestimmung treffen über:

a) die Art und Weise der auf die Aktien zu leistenden Einzahlungen und die Folgen der Einzahlungsversäumniß;
b) die Vereinbarungen in Betreff der in baarem Gelde zu machenden Einlagen, der von der Gesellschaft zu übernehmenden Gegenstände und der den Gründern oder Dritten zu gewährenden besonderen Vortheile;
c) die Anzahl und den Nominalwerth der eventuell gleichzeitig mit den Aktien zu emittirenden Prioritätsobligationen, die Höhe der darauf zu zahlenden Zinsen, die Tilgungsart, sowie die Vorrechte, welche den Besitzern solcher Prioritätsobligationen zustehen sollen;
d) den Ort und die Zeit der Abhaltung, den Wirkungskreis der Generalversammlung, die Verhandlungsordnung und die Art und Weise der Beschlußfassung derselben, sowie darüber, was im Fall der Beschlußunfähigkeit derselben zu geschehen hat;
e) das Stimmrecht der Aktionäre und die Art der Ausübung derselben;
f) die Art und Weise der Wahl der Direktoren, deren Wirkungskreis und die Zeitdauer ihrer Wirksamkeit;
g) die Organisation des Aufsichtskomitees und die Zeitdauer seiner Wirksamkeit,
h) die Art und Weise der Firmenzeichnung

(§. 156).

Behufs Eintragung der Gesellschaft in das Handelsregister haben die Direktionsmitglieder in einer eigenhändig unterzeichneten oder in beglaubigter Form einzureichenden Eingabe dem Handelsgerichte neben dem Nachweise, daß das ganze Stammkapital durch Zeichnung gesichert und die Wahl der Direktion, sowie des Aufsichtskomitees stattgefunden haben, darzulegen, daß

1. die Einberufung der Zeichner zur konstituirenden Generalversammlung rechtzeitig erfolgt sei;
2. auf das gesicherte Stammkapital nach den einzelnen Aktien mindestens 30 Prozent thatsächlich eingezahlt worden seien;
3. die Gesellschaft thatsächlich konstituirt und die Vereinbarungen betreffs der nicht in baarem Gelde bestehenden Einlagen, der von der Gesellschaft zu übernehmenden Gegenstände und der den Gründern oder anderen Personen bedungenen besonderen Vortheile von der Generalversammlung genehmigt seien

(§. 159).

Der nach Eintragung der Gesellschaft in das Handelsregister vom Gericht zu veröffentlichende Auszug hat außer den im Artikel 210 des deutschen Handelsgesetzbuchs festgesetzten Punkten

die Zahl und den Nominalwerth der eventuell zu emittirenden Prioritätsobligationen, sowie die Art der Firmenzeichnung zu enthalten

(§. 158).

II. Aktien.

Eine Minimalhöhe der Aktien ist nicht festgesetzt worden; vielmehr müssen nur sowohl die Namen- als auch die Inhaberaktien über einen bestimmten Geldbetrag lauten (§. 164).

Prioritätsobligationen dürfen wieder eingelöst und für dieselben jährliche Zinsen im Voraus bestimmt werden.

Die Vortheile, welche den Prioritätsobligationen gegenüber den Aktien zukommen sollen, müssen durch die Statuten und bei später zu emittirenden Obligationen durch die Generalversammlung bestimmt werden (§. 166).

Wird eine Aktie wegen versäumter Einzahlung für nichtig erklärt, so bleibt der Zeichner selbst im Fall erfolgter Weiterbegebung bis zum Belauf von 50 Prozent des Nominalbetrags der Aktie verhaftet (§. 171).

Eine Rückforderung der von den Aktionären in gutem Glauben erhobenen Dividenden findet insoweit statt, als der in Gemäßheit eines Generalversammlungsbeschlusses auf die Jahresdividende abschläglich gezahlte Betrag die den Aktionären nach der Jahresbilanz zukommende Dividende übersteigt (§. 167).

Die Reduktion des Stammkapitals kann durch Rückerwerbung und Amortisirung eigener Aktien, durch Nachlaß der noch ausständigen Theilzahlungen, durch Rückzahlung in baarem Gelde und durch Reduktion des Nominalwerthes der Aktien erfolgen.

Geschieht eine derartige Reduktion nicht auf dem Wege einer in den ursprünglichen Statuten festgesetzten Ausloosung, so ist zu derselben stets ein Generalversammlungsbeschluß und die Bewilligung des kompetenten Gerichtshofes erforderlich.

Der Gerichtshof kann dieselbe nur bewilligen, wenn er auf Grund der neuesten Bilanz und eventueller Anhörung der mittelst Kundmachung vorzuladenden Gläubiger sich die Ueberzeugung verschafft hat, daß die Gesellschaft auch mit dem reduzirten Stammkapital allen ihren Verbindlichkeiten nachkommen kann (§. 209).

III. Organisation.

a. Vorstand.

Die Direktion kann von den Gründern auf höchstens 3 Jahre im Prospekt ernannt werden (§. 183).

Im Uebrigen steht die Wahl der Direktion der Generalversammlung zu (§. 179).

Ist die Zahl der Direktionsmitglieder auf die zur Beschlußfähigkeit statutenmäßig festgesetzte Anzahl herabgesunken, so können die Direktionsmitglieder nur in einer Generalversammlung abdanken (§. 192).

Wenn die Mitglieder der Direktion die Grenzen ihres Auftrags überschreiten, oder den Bestimmungen des Handelsgesetzbuchs oder den Statuten entgegenhandeln, so haften sie dem Beschädigten solidarisch für den dadurch entstandenen Schaden, auch wenn die mit dem Gesetze oder den Statuten im Widerspruch stehende Verfügung auf einem Generalversammlungsbeschlusse beruht (§. 189).

Frei von der Verantwortlichkeit für die Beschlüsse und Verfügungen der Direktion ist nur das Mitglied, welches an denselben nicht Theil genommen, nach erlangter Kenntniß hiervon Einsprache erhoben und dem Aufsichtskomitee Mittheilung gemacht hat (§. 191).

Bilanz.

Bei Aufstellung der Bilanz ist

1. das Gesellschaftsvermögen in dem Werthe anzunehmen, welcher dem Werthe der einzelnen Gegenstände am letzten Tage des Geschäftsjahres entspricht;
2. kurshabende Papiere dürfen höchstens zu dem Kurse, den sie an diesem Tage haben, aufgenommen werden;
3. von den Kosten der ersten Organisation kann nur soviel unter die Forderungen aufgenommen werden, als bei einer Vertheilung derselben auf höchstens fünf Jahre nach dem betreffenden Geschäftsjahr übrig bleibt;
4. das Stammkapital und der etwaige Reservefonds der Gesellschaft sind unter die Passiva einzustellen;
5. zweifelhafte Forderungen sind nach ihrem wahrscheinlichen Werthe in Rechnung zu stellen, uneinbringliche Forderungen dagegen abzuschreiben.

Die Bestimmung der Nr. 4 des Artikel 239a des deutschen Handelsgesetzbuchs ist beibehalten (§. 199).

Die durch das Aufsichtskomitee geprüfte Jahresbilanz ist mit dem der Generalversammlung vorzulegenden Berichte von der Direktion acht Tage vor der Generalversammlung zu veröffentlichen und ein Originalexemplar der von der Generalversammlung genehmigten Bilanz dem kompetenten Gerichtshofe unverzüglich bei Vermeidung von Ordnungsstrafen vorzulegen.

Die vorgelegte Bilanz kann von Jedermann eingesehen werden (§. 198).

Für die richtige Aufstellung der der Generalversammlung vorgelegten Jahresbilanz haften die Mitglieder der Direktion und des Aufsichtskomitees solidarisch (§. 200).

b. Aufsichtskomitee.

Das Aufsichtskomitee, welches, wie der Aufsichtsrath des deutschen Handelsgesetzbuchs, aus mindestens 3 Mitgliedern bestehen muß und stets von der Generalversammlung zu wählen ist, kann das erste Mal höchstens auf ein Jahr, später nur auf höchstens 3 Jahre gewählt werden (§§. 179, 194).

Die Mitglieder des Aufsichtskomitees können unter Aufrechterhaltung ihrer Schadensersatzansprüche wie die Direktionsmitglieder jederzeit von der Generalversammlung ihrer Stellung enthoben werden (§. 194).

Das Aufsichtskomitee bildet nur eine Kontrolbehörde und hat allein die Geschäftsführung der Gesellschaft in allen Zweigen zu überwachen, sowie die Jahresrechnungen, die Bilanz und die Vorschläge zur Gewinnvertheilung zu prüfen. Andere Funktionen können ihm nicht übertragen werden (§. 195).

Die Mitglieder des Aufsichtskomitees sind solidarisch zum Schadensersatze verpflichtet, wenn sie die Einberufung einer Generalversammlung unterlassen, sobald sie in ihrer Amtswirksamkeit gesetz- oder statutenwidrige Verfügungen oder die Interessen der Gesellschaft schädigende Unterlassungen oder Mißstände wahrnehmen (§§. 195, 196).

c. Generalversammlung.

Die Generalversammlung der Aktionäre ist jährlich mindestens ein Mal zu berufen.

Ein oder mehrere Aktionäre, welche ein Zehntel des Stammkapitals vertreten, können, sofern die Statuten dieses Recht nicht schon von einem geringeren Aktienbetrage abhängig machen, unter Angabe des Grundes und Zweckes jederzeit die Zusammenberufung der Generalversammlung verlangen. Erfolgt diese auf ihren Antrag durch das berechtigte Gesellschaftsorgan nicht innerhalb acht Tagen, so hat das Gericht auf Ansuchen der Betheiligten die Berufung zu bewirken (§. 178).

Der Beschlußfassung durch die Generalversammlung können außer der Wahl und Enthebung der Direktion (soweit es sich nicht um die erste Einsetzung handelt) und des Aufsichtskomitees nicht entzogen werden:

1. die Prüfung der Rechnungen, die Feststellung der Bilanz und die Vertheilung des Gewinnes;
2. die Fusion mit einer anderen Gesellschaft;
3. der Abschluß von Kartelverträgen mit einer anderen Gesellschaft, welche die Führung aller Geschäfte mit derselben auf gemeinsamen Nutzen bezwecken;
4. die Reduktion oder Erhöhung des Stammkapitals;
5. die Auflösung der Gesellschaft und die Bestellung der Liquidatoren;
6. die Abänderung der Statuten.

Bestimmungen, welche in die letzteren aus dem Prospekt übernommen sind, können, soweit dies nicht durch die konstituirende Gesellschaft geschieht, selbst nicht durch Beschluß der Generalversammlung abgeändert werden. Dies gilt namentlich von der Aenderung des Zwecks der Gesellschaft, der Dauer derselben, sofern in den Statuten eine Verlängerung nicht vorgesehen ist, der Erhöhung oder Herabminderung der Begünstigungen der Gründer und Zeichner (§. 179).

Ueber jede Generalversammlung ist ein Protokoll zu führen, in welches die Namen der anwesenden Aktionäre und die Anzahl der von denselben vertretenen Aktien aufzunehmen sind. Dasselbe ist von der Direktion unverzüglich dem kompetenten Gerichte in Urschrift oder in beglaubigter Abschrift vorzulegen (§. 180).

Beschlüsse der Generalversammlung, welche die Abänderung der Statuten, die Auflösung der Gesellschaft oder deren Fusion mit einer anderen Gesellschaft betreffen, müssen von der Direktion bei dem Gerichtshofe behufs Eintragung in das Handelsfirmenregister angemeldet werden und haben vor erfolgter Eintragung keine rechtliche Wirksamkeit. Die Kundmachung der Eintragung ist dagegen nur dann erforderlich, wenn durch dieselbe bezüglich des Inhalts früherer Kundmachungen eine Aenderung eintritt (§. 184).

Vor vollständiger Einzahlung der ursprünglich emittirten Aktien dürfen neue Aktien von der Gesellschaft nicht emittirt werden.

Die dem entgegen ausgegebenen neuen Aktien sind nichtig und deren Ausgeber für jeden aus der Ausgabe erwachsenden Schaden mit ihrem ganzen Vermögen solidarisch verhaftet (§. 162).

IV. Auflösung der Gesellschaft.

Im Wesentlichen sind die Bestimmungen des Deutschen Handelsgesetzbuchs aufgenommen. Die Fusion ist als besonderer Auflösungsgrund aufgeführt und die einjährige Frist des Artikels 245 des Deutschen Handelsgesetzbuchs auf sechs Monate abgekürzt worden (§§. 201, 202, 204).

Die aus den Büchern der Gesellschaft ersichtlichen oder sonst bekannten Gläubiger derselben müssen neben der öffentlichen Aufforderung der Gläubiger zur Geltendmachung ihrer Forderungen mittelst besonderer Kundmachung zur Wahrnehmung ihrer Rechte aufgefordert werden und sind im Falle der Erfolglosigkeit die Beträge ihrer Forderungen in baarem Gelde bei dem kompetenten Gerichtshofe zu hinterlegen. Dasselbe gilt in Ansehung der noch schwebenden Verbindlichkeiten und streitigen Forderungen, soweit nicht die Aussetzung der Vertheilung des Gesellschaftsvermögens bis zur Tilgung dieser Verbindlichkeiten oder Forderungen ausgesetzt wird.

Die Liquidatoren und die Mitglieder der Direktion haben für die diesen Bestimmungen entgegen geleisteten Zahlungen solidarisch einzustehen (§. 205).

Die Liquidation hat, ausgenommen in den Fällen des Konkurses und der Fusion, bei eintretender Auflösung der Gesellschaft stattzufinden.

Während ihrer Dauer besteht die Pflicht des Aufsichtskomitees zur Ueberwachung fort (§. 203).

Die Liquidatoren haben mindestens jährlich einen Ausweis über die Abwickelung der Gesellschaftsangelegenheiten und bei Beendigung der Liquidation deren Ergebniß zu veröffentlichen (§. 206).

V. Schutz der Aktionäre.

1. Jeder einzelne Aktionär hat ein Klagerecht gegen einen Generalversammlungsbeschluß, wenn der letztere mit dem Gesetze oder mit den Statuten im Widerspruche steht.

Erfolgt die Anfechtung eines solchen Beschlusses, weil dabei die durch das Gesetz oder durch die Statuten vorgeschriebenen Förmlichkeiten außer Acht gelassen sind, so muß das Klagerecht binnen 15 Tagen, von der bei dem kompetenten Gerichtshofe erfolgten Einreichung des den Beschwerdepunkt enthaltenden Protokolls an gerechnet, geltend gemacht werden, widrigenfalls dasselbe erlischt (§. 175).

2. Ein oder mehrere Aktionäre, die ein Zehntheil des Stammkapitals vertreten, können gegen vorherigen Erlag der Kosten und Hinterlegung ihrer Aktien von dem kompetenten Gerichtshofe die Prüfung der Geschäftsgebahrung der Gesellschaft durch Sachverständige und die Mittheilung des Ergebnisses der Untersuchung verlangen. Die hinterlegten Aktien sind vom Gerichtshofe bis zum Abschluß der Untersuchung zurückzuhalten (§. 175).

VI. Strafbestimmungen.

A. Die Mitglieder der Direktion werden, sofern ihre Handlung oder Unterlassung nicht unter das Strafgesetz fällt, mit Haft bis zu 3 Monaten bestraft:

1. wenn sie behufs Eintragung der Statuten in das Handelsfirmenregister bezüglich der Zeichnung und Einzahlung auf das Stammkapital wissentlich falsche Angaben machen;
2. wenn wegen ihrer schuldbaren Unterlassung die Gesellschaft länger als 3 Monate überhaupt ohne Aufsichtskomitee oder dasselbe in ungenügender Anzahl gewesen ist;
3. wenn sie bei Aufstellung der Bilanz gesetzwidrig vorgehen, oder wenn sie den Stand der Gesellschaft in den Vorlagen an die Generalversammlung wissentlich falsch darstellen oder deren Lage verheimlichen;
4. wenn sie die Generalversammlungs-Protokolle vorsätzlich falsch führen lassen;
5. wenn sie eigene Aktien der Gesellschaft außer im Fall der Reduktion des Stammkapitals erwerben oder belehnen;
6. wenn sie den Aktionären in ungehöriger Weise (vergl. Art. 217 des Deutschen Handelsgesetzbuchs) Dividende oder Zinsen zahlen;
7. wenn sie in dem Fall des Artikels 240 des Deutschen Handelsgesetzbuchs die Berufung der Generalversammlung, bezw. die Beantragung der Konkurseröffnung unterlassen;
8. wenn sie in den der Generalversammlung vorbehaltenen Angelegenheiten eigenmächtig vorgehen.

(§. 218.)

Der gleichen Strafe unterliegen:

1. die Gründer, welche im Prospekte wissentlich falsche Angaben machen;
2. die Mitglieder des Aufsichtskomitees, wenn sie ihren Bericht an die Generalversammlung über die Jahresrechnungen, über die Bilanz und über die Vertheilung des Gewinnes wissentlich auf falsche Angaben gründen;
3. die Vertreter ausländischer Aktiengesellschaften in Ungarn, wenn sie das zur Führung des Geschäftes in Ungarn bestimmte Kapital einem anderen Zwecke zuwenden oder aus dem Lande fortziehen lassen.

(§. 219.)

In allen vorhergehenden Straffällen kann bei Vorhandensein mildernder Umstände an Stelle der Haftstrafe auf eine Geldstrafe bis 1000 Fl. erkannt werden (§. 220).

B. Mit Geldstrafe bis 1000 Fl. werden bestraft:

1. die Mitglieder der Direktion, wenn sie die Bilanz und ihren Bericht nicht 8 Tage vor der Generalversammlung veröffentlichen, oder die Generalversammlungs-Protokolle dem kompetenten Gerichte einzureichen unterlassen, oder die Interimsaktien über einen höheren, als den thatsächlich eingezahlten Betrag ausstellen;
2. das zur Einberufung der Generalversammlung verpflichtete Organ, wenn es dieselbe nicht wenigstens einmal jährlich beruft;
3. die Liquidatoren, wenn sie nicht mindestens einmal jährlich Bericht über den Verlauf der Liquidation der Generalversammlung erstatten oder wenn sie das Endresultat der Liquidation kundzumachen unterlassen;
4. die Vertreter ausländischer Aktiengesellschaften in Ungarn, wenn sie die Bestimmungen über Einreichung der Generalversammlungs-Protokolle und der Bilanzen bei dem kompetenten Gerichtshofe oder die Veröffentlichung der Bilanzen unterlassen.

(§. 221.)

VII. Bestimmungen hinsichtlich der ausländischen Aktiengesellschaften.

Eine ausländische Aktiengesellschaft, welche in den Ländern der ungarischen Krone unter eigener Firma durch Zweigniederlassung oder Agentschaft Geschäfte treiben will, hat vor dem Beginn ihres Geschäftsbetriebes ihre Firma bei dem Gerichtshofe eintragen zu lassen, in dessen Sprengel sie die Zweigniederlassung oder Agentschaft zu errichten beabsichtigt (§. 210).

Zu diesem Zweck hat sie dem Gerichtshofe ihre Statuten behufs Aufnahme in das Handelsfirmenregister in beglaubigter Form vorzulegen und den Nachweis zu liefern, daß

1. sie sich den Gesetzen ihres Landes gemäß konstituirt habe und thatsächlich Geschäfte betreibt;

2. sie zur Führung ihrer Geschäfte in Ungarn eine dort domizilirende Vertretung bestellt habe;
3. das zur Führung ihrer Geschäfte in Ungarn bestimmte Kapital in Ungarn angelegt sei;
4. sie sich verpflichtet habe, sich in ihren ungarischen Geschäften den Vorschriften des ungarischen Handelsgesetzbuchs zu unterwerfen und die Rechtshandlungen ihrer Vertretung in Ungarn anzuerkennen;
5. die Vertretung zur gültigen Zeichnung der Firma der Zweigniederlassung der Gesellschaft berechtigt worden sei;
6. sie sich in allen aus den von der Vertretung geschlossenen Geschäften entstehenden Streitsachen den ungarischen Gesetzen und Gerichten unterwerfe;
7. der ausländische Staat, in welchem die Gesellschaft gegründet ist, den ungarischen Aktiengesellschaften gegenüber dem Grundsatze der Reziprozität gemäß verfahre.

Die Punkte unter 2 bis 5 müssen mittelst rechtsgültig gefaßten und, sofern es sich um bestehende Staatsverträge handelt, von Seiten der Staatsgewalt zu genehmigenden Beschlusses nachgewiesen werden [1]) (§. 211).

In der Kundmachung der Eintragung in das Handelsregister muß zugleich die Vertretung in Ungarn benannt und die Höhe des in Ungarn angelegten Kapitals angegeben werden (§. 212).

Ueber die in Ungarn gemachten Geschäfte sind von der ausländischen Aktiengesellschaft besondere Bücher zu führen (§. 213).

Die Vertretung der Gesellschaft in Ungarn muß dem kompetenten Gerichtshofe die Generalversammlungs-Protokolle, die Hauptbilanz der Gesellschaft und die Spezialbilanz über den Geschäftsbetrieb in Ungarn innerhalb zwei Monate nach der Generalversammlung in je einem Originalexemplare vorlegen. Beide Bilanzen sind überdies in den für die gesellschaftlichen Kundmachungen bestimmten Blättern, eventuell im Amtsblatte zu veröffentlichen (§. 214).

Die Mitglieder der Vertretung haften für den aus der Nichteinhaltung dieser Bestimmungen entspringenden Schaden solidarisch (§. 215).

Beschlüsse ausländischer Aktiengesellschaften, durch welche über die Aenderung des Gegenstandes der Unternehmung oder über die Auflösung oder Fusion der Gesellschaft Verfügung getroffen wird, äußern, auch wenn sie nach dem ausländischen Gesetze rechtsgültig zu Stande gekommen sind, Wirksamkeit hinsichtlich des Geschäftsbetriebes der ungarischen Zweigniederlassung nur von dem Zeitpunkte an, in welchem dieselben durch den kompetenten ungarischen Gerichtshof in das Handelsfirmenregister eingetragen worden sind (§. 216).

Die Löschung der Eintragung der ausländischen Aktiengesellschaft hat auf jedwedes Verlangen zu erfolgen, sofern nachgewiesen wird, daß
1. die Gesellschaft in ihrem eigenen Lande ihre Thätigkeit eingestellt habe oder des Verfügungsrechts über ihr Vermögen verlustig gegangen ist;
2. die Gesellschaft nicht zur Führung ihrer Geschäfte in Ungarn eine dort domizilirende Vertretung bestellt habe oder die dort bestellte Vertretung nicht ihrer Verpflichtung hinsichtlich der Führung besonderer Bücher über die in Ungarn gemachten Geschäfte der Gesellschaft oder über Vorlegung und Bekanntmachung der Bilanzen, bezw. des Generalversammlungsbeschlusses nachgekommen sei;
3. der auswärtige Staat, in welchem sich der Sitz der Gesellschaft befindet, den ungarischen Aktiengesellschaften gegenüber vom Grundsatz der Reziprozität abgewichen sei;
4. eine gegen die Gesellschaft oder deren Zweigniederlassung in Ungarn angeordnete Exekution erfolglos geblieben sei;
5. die Gesellschaft das zur Führung des Geschäftsbetriebes in Ungarn bestimmte und in Ungarn angelegte Kapital ganz oder zum Theil aus dem Lande gezogen habe.

(§. 217.)

III. Aktienrecht in der Schweiz.

Das bisher in den Kantonen der Schweiz geltend gewesene Aktienrecht war ebenso verschiedenartig und schwer zu ermitteln, wie das übrige Privatrecht [1]).

Es begannen deshalb schon nach Abfassung des Deutschen Handelsgesetzbuchs auch in der Schweiz Versuche zu einer Kodifikation in der gleichen Richtung, die aber zu einem wesentlichen Ergebnisse nicht führten, da sie nicht im Wege der Bundesgesetzgebung, sondern nur mittelst Vereinbarungen zwischen den einzelnen Kantonen unternommen werden konnten [2]).

Der bundesgesetzliche Weg konnte erst beschritten werden, als durch Artikel 64 der schweizerischen Bundesverfassung vom 29. Mai 1874 dem Bunde die Gesetzgebung über alle auf den Handel und Mobiliarverkehr bezüglichen Rechtsverhältnisse (Obligationenrecht, mit Inbegriff des Handels- und Wechselrechts) überwiesen wurde.

Das Ergebniß der verschiedenen Bearbeitungen bildete der in der Botschaft des Bundesraths vorgelegte Entwurf eines schweizerischen Obligationen- und Handelsrechts. Derselbe behandelt die Aktiengesellschaft (Anonyme Gesellschaft) in den Artikeln 623 bis 688. Wie in der vorerwähnten Botschaft S. 53 bemerkt wird, hat zur Grundlage dieser Bestimmungen das deutsche Aktiengesetz vom 11. Juni 1870 gedient.

Von prinzipiellen Abweichungen, welche der Entwurf gegenüber der deutschrechtlichen Gestaltung der Aktiengesellschaft enthält und, durch welche er den Mißbräuchen dieser Rechtsform vorzugsweise entgegen zu wirken versucht, hebt die Botschaft insbesondere folgende hervor:

a) Nach Artikel 646 und 647 des Entwurfs haftet der Zeichner einer Inhaberaktie für den ganzen Nominalbetrag.
b) Nach Artikel 683 und 688 sind nicht blos die Personen, welche Mitglieder des Vorstandes oder Aufsichtsraths gewesen sind, sondern auch alle übrigen Personen, welche irgendwie bei der Gründung der Gesellschaft mitgewirkt haben, für eine Reihe von wissentlichen Verschuldungen, durch welche die das Publikum schützenden Formvorschriften illusorisch gemacht werden können (Art. 629 und 632 des Entw.) für schadenersatzpflichtig und in besonders schweren Fällen für strafbar erklärt.
c) Die Haftbarkeit für diese Verschuldungen (Art. 683 des Entw.) sowie die aller Vereinsorgane für dolose Verletzung ihrer Verpflichtungen kann nicht blos von der Gesellschaft selbst, sondern auch von jedem einzelnen Aktionär und von den Gesellschafts-

[1]) Wie aus den Materialien erhellt, ist indessen hier der Punkt 2 nur durch einen Druckfehler in das Gesetz aufgenommen worden; vergl. v. Schnierer Anm. 3 zu §. 211.

[1]) Vergl. Fick, Krit. Uebersicht der schweizer. Handels- und Wechselgesetzgebung 1862; Goldschmidt, Zeitschrift Bd. 13 S. 409.

[2]) Vergl. Botschaft des Bundesraths an die schweizer. Bundesversammlung vom 27. November 1879 S. 7 bis 15.

gläubigern direkt geltend gemacht werden. Selbst ein entlastender Beschluß der Generalversammlung soll dem einzelnen Aktionär, welcher nicht für die Entlastung gestimmt hat, nicht präjudiziren (Art. 687).

Nach einer Prüfung in den Kommissionen des Ständeraths und des Nationalraths ging die Vorlage noch einmal zur Umarbeitung einzelner Materien, unter denen sich auch das Aktienrecht befand, an den Bundesrath zurück, welcher den revidirten Text aufs Neue den gesetzgebenden Körperschaften im Frühjahr 1881 wieder vorlegen konnte. Am 14. Juni 1881 wurde der Entwurf en bloc von der Bundesversammlung angenommen. Die nach der Bundesverfassung zur Einsprache gegen die definitive Geltung offenstehende Frist von drei Monaten ist, ohne daß eine solche Einsprache erhoben worden ist, verlaufen.[1])

Im Allgemeinen stellt sich das Aktienrecht des Gesetzes, wie folgt, dar:

A. Aktiengesellschaften.

I. Gründung.

Der Gesellschaftsvertrag kann in einer Privaturkunde errichtet werden, wenn diese von sämmtlichen Aktionären unterzeichnet ist. Desgleichen genügt für die Aktienzeichnung eine schriftliche Erklärung, doch muß dieselbe auf den Gesellschaftsvertrag Bezug nehmen und unbedingt sein (Artikel 615, 617).

Der Inhalt des Gesellschaftsvertrages, auch bezüglich der Apports, bestimmt sich nach Vorschriften, welche im Wesentlichen denen der Artikel 209, 209b des D. H. G. B. entlehnt sind (Art. 616, 619).

Nach der Zeichnung findet die Generalversammlung, wie nach Artikel 209a des H. G. B. statt (Art. 618).

Die Eintragung in das Handelsregister, die der Anmeldung beizufügenden Anlagen, die Veröffentlichung des Auszuges aus dem Gesellschaftsvertrage sind den Vorschriften des H. G. B. Artikel 210, 210a, 211 entsprechend geregelt, so jedoch, daß die Bescheinigung einer Einlage von 20 Prozent erfordert wird und daß auch Geschäfte, welche vor erfolgter Eintragung im Namen der Aktiengesellschaft abgeschlossen sind — abgesehen von Apports — von dieser innerhalb einer Frist von drei Monaten nach der Eintragung übernommen werden können (Art. 621 bis 623).

Wer irgendwie bei der Gründung einer Aktiengesellschaft thätig war, haftet sowohl der Gesellschaft selbst als den einzelnen Aktionären auf Schadenersatz,

a) wenn er wissentlich unwahre Angaben in Prospekten oder Zirkularen gemacht oder verbreitet hat;
b) wenn er wissentlich dabei mitwirkte, daß eine Einlage oder Uebernahme an Vermögensstücken oder eine Begünstigung einzelner Aktionäre entgegen der gesetzlichen Vorschrift (Art. 619 Abs. 1) im Gesellschaftsvertrage verschwiegen oder verschleiert wurde;
c) wenn er wissentlich dazu beigetragen hat, daß die Einschreibung der Aktiengesellschaft im Handelsregister auf Grund einer Bescheinigung oder Urkunde vorgenommen wurde, welche thatsächlich unwahre Angaben enthielt.

Die Schadenssumme wird nach freiem richterlichen Ermessen bestimmt (Art. 671 bis 675).

II. Aktien.

Die Aktien können auf den Inhaber oder Namen lauten (Art. 614 Abs. 1); sie sind hinsichtlich ihrer Höhe keiner gesetzlichen Beschränkung unterworfen, nur darf der Nominalbetrag während des Bestehens der Gesellschaft weder vermindert noch erhöht werden, sofern dadurch der Nominalbetrag des Grundkapitals eine Veränderung erleidet (Art. 614).

Es kann jedoch zum Zweck einer im Gesellschaftsvertrag selbst vorgesehenen Amortisation die Gesellschaft eigene Aktien erwerben (Art. 628 Nr. 1), und es kann eine theilweise Zurückzahlung des Grundkapitals an die Aktionäre oder eine Herabsetzung desselben auf Grund eines Beschlusses der Generalversammlung erfolgen, wobei jedoch dieselben Bestimmungen wie für die Vertheilung des Gesellschaftsvermögens im Falle der Auflösung maßgebend sind (Art. 670).

Inhaberaktien sollten nach dem Entwurf nicht vor Einzahlung des gesammten Nominalbetrages ausgegeben, ebenso auch über geleistete Theilzahlungen keine Promessen auf den Inhaber ꝛc. ausgestellt werden. Das Gesetz läßt jedoch die Ausgabe von Inhaberaktien schon nach Einzahlung von fünfzig Prozent zu. Bis zu dieser Einzahlung blieb der Zeichner nach dem Entwurf wie der Namensaktionär verhaftet. Nach dem Gesetz haftet der Zeichner unbedingt und ungeachtet einer etwaigen Uebertragung auf die Zahlung von fünfzig Prozent, wegen des Ueberrestes kann er, sofern in den ursprünglichen Statuten dies vorgesehen ist, entlastet werden (Entw. Art. 646, Ges. Art. 636). Zu Verzugszinsen und Konventionalstrafen ist der Säumige wie nach dem D. H. G. B. verpflichtet; nach denselben Grundsätzen ist auch die Kaduzität geregelt (Art. 634).

Bezüglich der Namensaktien ist zu bemerken, daß die Uebertragung durch Indossament geschieht, aber zur Eintragung in das Aktienbuch anzumelden ist, daß ferner der Aktionär durch Uebertragung seines Anrechts befreit wird, wenn der Erwerber von der Gesellschaft als Aktionär angenommen wird, daß dessenungeachtet aber der ursprüngliche Zeichner subsidiär für den ganzen Rückstand haftet, wenn die Gesellschaft innerhalb eines Jahres seit seiner Entlassung in Konkurs geräth (Art. 637).

III. Organisation.

a. Vorstand (Direktion).

Die Vorschriften über den Vorstand schließen sich, abgesehen von der Bestimmung, daß nur Aktionäre in der Verwaltung thätig sein dürfen (Art. 649), fast wörtlich den entsprechenden Vorschriften des Handelsgesetzbuchs an; abweichend ist nur in Artikel 656 die Aufstellung der Bilanz geregelt, bei welcher folgende Grundsätze zu beachten sind:

a) Gründungs-, Organisations- und Verwaltungskosten sind in der Jahresrechnung vollständig in Ausgabe zu bringen. Ausnahmsweise dürfen Organisationskosten, welche in den Statuten oder in den Beschlüssen der Generalversammlung, sei es für die ursprüngliche Einrichtung, sei es für einen später hinzugekommenen Geschäftszweig oder eine Geschäftsausdehnung, vorgesehen sind, auf einen Zeitraum von höchstens 5 Jahren in dem Sinne vertheilt werden, daß in jedem Jahre mindestens der entsprechende Bruchtheil als Ausgabe zu verrechnen ist;
b) Grundstücke, Gebäude, Maschinen sind höchstens nach den Anschaffungskosten mit Abzug der erforderlichen und den Umständen angemessenen Abschreibungen anzusetzen, für den Fall der Versicherung derselben ist auch die Versicherungssumme anzumerken;
c) Kurshabende Papiere dürfen höchstens zu dem Kurswerthe angesetzt werden, den dieselben durchschnittlich in dem letzten Monat vor dem Bilanztage gehabt haben;
d) Waarenvorräthe dürfen höchstens zum Kostenpreise, und falls dieser höher als der Marktpreis ist, höchstens zu diesem angesetzt werden;

[1]) Vergl. über die Entstehungsgeschichte das Vorwort zu dem Kommentar des Gesetzes von Schneider und Fick, Zürich 1882.

e) die Gesammtsumme der zweifelhaften Posten und die Gesammtsumme der vorgenommenen Abschreibungen sind anzugeben;
f) der Betrag des Grundkapitals und des Reserve- und Erneuerungsfonds ist unter die Passiva aufzunehmen;
g) von der Gesellschaft ausgegebene Obligationen sind zu dem vollen Betrage, zu welchem sie zurückbezahlt werden müssen, anzusetzen. Dagegen kann der Kursverlust bei der Emission, welcher durch jährliche Abschreibungen bis zum Verfalltage zu amortisiren ist, unter die Aktiven aufgenommen werden.

Jedes Mitglied des Vorstandes haftet:
a) soweit es bei der Gründung betheiligt war, nach den bereits erörterten Grundsätzen;
ferner
b) persönlich und solidarisch:
bei Nichtbeobachtung der für die Herabsetzung oder Verminderung des Grundkapitals gegebenen Vorschriften (Art. 670);
und im Allgemeinen:
der Gesellschaft bei Nichterfüllung seiner Pflichten, ohne daß bestimmte Grade des Versehens unterschieden werden (Art. 673);
bei doloser Verletzung auch gegenüber den einzelnen Aktionären und Gläubigern subsidiarisch (Art. 674).

Nach dem Entwurf (Art. 688) trat in besonders schweren Fällen Geldbuße bis 10 000 Francs, eventuell Gefängnißstafe ein; diese Bestimmung ist jedoch in das Gesetz nicht übergegangen.

b. Aufsichtsrath.

In Bezug auf die Kontrole besteht zwischen dem Entwurf des Bundesraths und dem vereinbarten Gesetz ein erheblicher Unterschied. Nach dem Entwurf (Art. 668 bis 671) war für diese Materie das Deutsche Handelsgesetzbuch Vorbild. Es wurde jedoch dem Gesellschaftsvertrag die Bestimmung überlassen, daß nicht blos neben dem Aufsichtsrathe, sondern auch an dessen Stelle alljährlich in der Generalversammlung besondere sachverständige Kommissare gewählt werden könnten, welche die Jahresrechnungen, Bilanzen und Inventare prüfen und an die Generalversammlung Bericht erstatten sollten. Wahlfähig zu solchen Kommissaren sollten auch Nichtaktionäre sein, ebenso konnte die Ernennung einer Handelskammer oder einem Gerichte überlassen werden. Die Kommissare sollten Einsicht von den Büchern und Korrespondenzen der Gesellschaft nehmen dürfen (Art. 674).

Der Aufsichtsrath hatte ferner nach dem Entwurfe nicht blos eine überwachende Thätigkeit zu üben, sondern er sollte auch an der Geschäftsführung des Vorstandes Theil nehmen können, in welchem Falle für das betreffende Mitglied das Stimmrecht im Aufsichtsrathe ruhte (Art. 673).

Namentlich konnten nach dem Entwurf durch die Statuten oder durch Beschluß der Generalversammlung dem Aufsichtsrathe folgende Befugnisse ertheilt werden:
das Recht der Genehmigung bestimmter Rechtsgeschäfte;
die Erlassung reglementarer Vorschriften für den Vorstand;
die Wahl der Direktoren, die Ernennung und Entlassung von Beamten;
die Bestellung eines Verwaltungsraths oder einer geschäftsleitenden Kommission.

Dagegen sollte der Aufsichtsrath niemals ermächtigt werden dürfen
zur Erlassung oder Abänderung der Statuten;
zur Genehmigung der Bilanz und der Dividenden;
zur Befreiung der Direktoren oder der übrigen bei der Geschäftsführung Betheiligten von ihrer Verantwortlichkeit gegen die Aktionäre.
(Art. 672.)

Das Gesetz dagegen sieht von einem ständigen Aufsichtsorgan, als dem Regelfall, ab und läßt vielmehr durch die Generalversammlung Revisoren, die nicht Mitglieder der Gesellschaft zu sein brauchen, behufs Berichterstattung über die Bilanz und die von der Verwaltung vorgelegten Rechnungen erwählt werden. Außerdem kann die Generalversammlung jederzeit zur Prüfung der Geschäftsführung oder einzelner Theile Kommissare oder Sachverständige ernennen. Die Revisoren haben das Recht, die Bücher und Beläge einzusehen und den Kassenbestand festzustellen (Art. 659 bis 661). Im Uebrigen bleibt den Statuten vorbehalten, die Aufsichtsstelle anderweitig zu organisiren und die Befugnisse und Pflichten derselben weiter auszudehnen (Art. 662), doch kann die Kontrolstelle das erste Mal nicht länger als für ein Jahr und später nicht länger als für fünf Jahre besetzt werden (Art. 663).

Die Haftung der Mitglieder des Aufsichtsraths wegen kulposer und doloser Vertragswidrigkeit und ihre Strafbarkeit ist analog derjenigen der Mitglieder des Vorstandes bestimmt (Art. 673, 674).

c. Generalversammlung.

Die Generalversammlungen, welche durch den Vorstand oder Aufsichtsrath berufen werden, sind ordentliche oder außerordentliche. Erstere sollen alljährlich innerhalb sechs Monaten nach dem Schlusse des Geschäftsjahres zur Beschlußfassung über die Bilanz und deren Ergebniß stattfinden. Eine Berufung ist nothwendig behufs
a) Wahl der Verwaltung und Besetzung der Kontrolstelle;
b) zur Beschlußfassung über die Statuten und deren Abänderung;
c) zur Beschlußfassung über die durch gesetzliche Bestimmungen oder durch die Statuten ihr vorbehaltenen Gegenstände.
(Art. 644.)

Die Art der Berufung unter Ankündigung des Zweckes und die Art der Beschlußfassung, sowie die Vorschrift, daß eine Berufung eintreten soll, wenn Aktionäre, deren Aktien ein Zehntel des Grundkapitals ausmachen, dies verlangen, stimmt im Allgemeinen mit den Vorschriften des Deutschen Handelsgesetzbuchs überein (Art. 645 bis 648, 626, 657). Als besondere Abweichung von den letzteren muß hervorgehoben werden, daß jeder Aktionär mindestens eine Stimme haben muß und daß kein einzelner Aktionär mehr als den fünften Theil der sämmtlichen vertretenen Stimmen in sich vereinigen darf (Art. 640). Auch kann die Generalversammlung durch Mehrheitsbeschluß weder den Aktionären wohlerworbene Rechte entziehen, noch den Zweck der Gesellschaft abändern. Eine Erweiterung oder Verengerung des Geschäftsbereiches, und die Fusion mit einer anderen Gesellschaft ist dagegen durch Beschluß der Generalversammlung möglich, wenn in dieser zwei Drittel des Aktienkapitals vertreten ist. Kommt ein solche Vertretung nicht zu Stande, so kann auf einen mindestens 30 Tage späteren Termin zur Beschlußfassung eine neue Generalversammlung berufen werden, in welcher die Vertretung des dritten Theils des Grundkapitals genügt (Art. 627).

d. Vorwegnahme von Zinsen und Erwerb eigener Aktien.

Zwar dürfen für das Aktienkapital keine Zinsen, sondern nur Dividenden aus dem reinen Gewinn bezahlt werden.

Es können jedoch den Aktionären für den in den Statuten angegebenen Zeitraum, in welchem das Unternehmen vorbereitet wird, Zinsen von bestimmter Höhe — die von dem Entwurf gezogene Maximalgrenze von 4 Prozent (Art. 640) ist von der Kommission des Ständeraths gestrichen worden — bewilligt werden (Art. 630).

Das Verbot des Erwerbes eigener Aktien besteht mit folgenden Ausnahmen:

a) wenn der Erwerb zum Zweck einer im Gesellschaftsvertrage vorgesehenen Amortisation geschieht;
b) wenn er zum Zweck der theilweisen Zurückzahlung des Grundkapitals vorgenommen, von der Generalversammlung beschlossen und nach den Grundsätzen der Vermögensvertheilung bei einer Auflösung vorgenommen wird (Art. 670);
c) wenn der Erwerb im Exekutionswege zur Befriedigung eigener Forderungen der Gesellschaft erfolgt;
d) wenn er mit dem Betrieb eines zum Gegenstand des Unternehmens gehörigen Geschäftszweiges verbunden ist.

In den ersten beiden Fällen sind die erworbenen Aktien zu vernichten, in den letzten schleunigst weiter zu veräußern und im Jahresbericht Erwerb und Verkauf hervorzuheben (Art. 628).

IV. Auflösung.

Die Grundsätze des Gesetzes über die Pflicht des Vorstandes zur Berufung einer Generalversammlung bei Verminderung des Grundkapitals um die Hälfte, und über die Pflicht zur Anmeldung des Konkurses, ferner über die Gründe der Auflösung, die Liquidation und Fusion stimmen bis auf unwesentliche Abweichungen mit den Vorschriften des H. G. B. überein (Art. 657, 664 bis 670).

V. Schutz der Gläubiger und Aktionäre.

Es ist bereits bemerkt worden, daß das neue Gesetz in dieser Hinsicht schärfere Bestimmungen als das Deutsche Handelsgesetzbuch getroffen hat. Nämlich:

1. spätestens 8 Tage vor der Generalversammlung ist den Aktionären Bilanz und Rechnung über Gewinn und Verlust nebst Revisionsbericht zur Einsicht offen vorzulegen, und zwar ist die Anzeige bei Namensaktien den Aktionären persönlich zuzustellen, bei Inhaberaktien durch öffentliche Blätter bekannt zu machen. Die Aktionäre können Aufsichtsrath und Kontrolkommission auf zweifelhafte Sätze aufmerksam machen, auch sonstigen Aufschluß begehren. Eine Einsicht in Bücher und Korrespondenzen ist ihnen aber nur mit Erlaubniß des Aufsichtsraths, auf Beschluß der Generalversammlung oder Anordnung des Gerichts gestattet. Dieses Recht kann durch die Statuten nicht entzogen oder geschmälert werden (Art. 641);
2. die bereits erwähnte Haftung der Gründer nicht blos der Gesellschaft, sondern auch einzelnen Aktionären und Geschäftsgläubigern gegenüber (Artikel 671, 673);
3. die Haftung der Direktoren, Verwaltungs- und Aufsichtsräthe gegenüber den einzelnen Aktionären und Gesellschaftsgläubigern wegen absichtlicher Verletzung ihrer Obliegenheiten (Art. 675).

Dem Aktionär kann gegen seine Klage eine Decharge der Generalversammlung nur entgegengehalten werden, wenn er dem Beschlusse derselben zugestimmt, oder 6 Monate nach erhaltener Kenntniß keinen Einspruch erhoben, oder die Aktien mit Kenntniß des Beschlusses gekauft hat.

Der Gläubiger kann sein Klagerecht nur geltend machen, wenn über die Aktiengesellschaft der Konkurs eröffnet ist, außer wenn es sich um Forderungen aus Inhaberpapieren handelt (Art. 675).

Dagegen finden sich Sonderstrafbestimmungen — der Entwurf enthielt solche in der Androhung von Geldstrafen bis zu 10 000 Francs — in dem Gesetz nicht mehr. Es finden also nur die allgemeinen Vorschriften der kantonalen Strafgesetzbücher Anwendung.

B. Kommanditgesellschaften auf Aktien.

Das Gesetz betrachtet die Kommanditgesellschaft auf Aktien lediglich als Modifikation der Aktiengesellschaft im engeren Sinne. Es hat deshalb die gesonderte Behandlung der ersteren fallen gelassen in der Annahme, daß diese Absonderung nur äußerlich durch die Art der Entwickelung dieser Gesellschaften in Frankreich entstanden sei.[1])

Für die Kommanditgesellschaften auf Aktien wird jedoch von dem Gesichtspunkte ausgegangen, als ob die Mitglieder des Vorstandes eine subsidiäre Solidarhaft für die Schulden der von ihnen vertretenen Gesellschaft übernehmen. Danach sind die Besonderheiten der Kommanditgesellschaft auf Aktien folgende:

1. die unbeschränkt haftenden Mitglieder bilden für sich allein jederzeit den Vorstand;
2. die Mitglieder des Vorstandes haften den Gesellschaftsgläubigern mit ihrem ganzen Vermögen und solidarisch für die Schulden, wie die unbeschränkt haftenden Gesellschafter in der Kommanditgesellschaft, d. h. subsidiär;[2])
3. die Vollmacht der Vorstandsmitglieder, die Firma zu führen, kann nicht durch die Generalversammlung oder den Aufsichtsrath jederzeit widerrufen, sondern nur unter denselben Voraussetzungen entzogen werden, unter welchen es einem geschäftsführenden Kollektivgesellschafter gegenüber geschehen darf (vergl. Art. 539).
4. die unbeschränkt haftenden Mitglieder des Vorstandes sind verpflichtet, die statutenmäßig bestimmte Anzahl ihrer Aktien zu deponiren, und dürfen dieselben, so lange sie der Gesellschaft verantwortlich bleiben, nicht veräußern;
5. für die Kommandit-Aktiengesellschaft ist ein Aufsichtsrath nothwendig. Der Aufsichtsrath kann Namens der Gesellschaft die Mitglieder des Vorstandes zur Rechenschaft ziehen und nöthigenfalls vor Gericht belangen. Der Aufsichtsrath ist, soweit seine eigene Verantwortlichkeit reicht oder wenn Vorstandsmitglieder arglistig handeln, berechtigt, sogar gegen den Willen der Generalversammlung den Prozeß wider dieselben einzuleiten und durchzuführen;
6. die Generalversammlung ernennt die Bevollmächtigten zur Prozeßführung Namens der Gesellschaft gegen die Mitglieder des Vorstandes oder des Aufsichtsraths;
7. die Kommandit-Aktiengesellschaft wird beendigt, wenn sämmtliche Mitglieder des Vorstandes durch Austritt, Tod oder eingetretene Handlungsunfähigkeit verhindert werden, die Geschäfte fortzuführen. Die Auflösung muß bei der Registerbehörde angemeldet werden.

(Art. 676).

[1]) Botschaft des Bundesraths a. a. O. S. 53.
[2]) Art. 601: Der einzelne unbeschränkt haftende Gesellschafter kann für eine Gesellschaftsschuld erst dann persönlich belangt werden, wenn die Gesellschaft aufgelöst oder erfolglos betrieben worden ist.

IV. Englisches Aktienrecht.

Gesellschaften, denen durch Königlichen Freibrief (royal charter) oder Parlamentsakte Korporationsrechte verliehen wurden, und deren Kapital in Aktien (Shares) getheilt war, gab es in England schon im 17. Jahrhundert. Die bekannteste unter ihnen ist die nach dem Vorbilde der holländisch-ostindischen Kompagnie im Jahre 1599 gegründete und im Jahre 1613 neu organisirte „Englisch-Ostindische Kompagnie".

Im Laufe der Zeit bildeten sich jedoch auch ohne solche Privilegien Gesellschaften, welche die Haftpflicht ihrer Mitglieder durch Ausgabe von Aktien auf den Inhaber beschränkten. Das schwindelhafte Treiben eines Theiles dieser Institute gab Anlaß zum ersten Einschreiten der Gesetzgebung. Unter der Regierung Georg I. erging das unter dem Namen des Bubble Act[1]) bekannte Verbotsgesetz, welches die Gründung von Erwerbsgesellschaften mit Uebertragbarkeit der Antheile als eine strafbare Anmaßung von Hoheitsrechten untersagte, dieselben indessen nicht zu beseitigen vermochte.

Für alle Gesellschaften dieser Art war der Grundsatz des common law maßgebend, daß jede Vereinigung von zwei oder mehreren Personen als partnership, d. h. als eine Sozietät betrachtet wird, bei der ein von den solidarisch haftenden Theilnehmern gesondertes Vermögenssubjekt nicht vorhanden ist und daß jeder Theilnehmer für die Schulden der Gesellschaft haftet. Dieser Zustand dauerte bis zum Jahre 1825, in welchem durch 4/5 Geo. IV c. 91 der Bubble Act wieder aufgehoben und der Krone das Recht beigelegt wurde, einer Gesellschaft die Rechte einer juristischen Person zu ertheilen, daneben aber die Haftbarkeit ihrer Mitglieder für die Verbindlichkeiten der Gesellschaft fortbestehen zu lassen.

Durch das Gesetz 7 und 8 Victor vom Jahre 1844 s. 110 wurde es ermöglicht, eine Gesellschaft ohne Königliches Patent oder Parlamentsakte durch Erfüllung gewisser Förmlichkeiten bei einer hierzu bestellten Behörde als „incorporated company" zu errichten. Bankgesellschaften konnten die Rechte einer juristischen Person indessen nur durch Königliches Patent erlangen (7 und 8 Vict. s. 113).

Die Mitglieder der auf Grund von 7 und 8 Victor. s. 110 errichteten Gesellschaften hafteten für die Verbindlichkeiten der Gesellschaft unbeschränkt, dagegen konnte die Gesellschaft als solche klagen und verklagt werden.

Erst im Jahre 1855 wurde diesen Gesellschaften gestattet, die Haftung ihrer Mitglieder einzuschränken, Bankgesellschaften jedoch von diesem Rechte ausgeschlossen. Letztere erlangten das Recht der Registrirung und Beschränkung der Haftung ihrer Mitglieder erst im Jahre 1858.

Eine umfassende Gesetzgebung über Aktiengesellschaften brachten die Jahre 1856 und 1857. Die Joint-Stock-Companies Acts dieser beiden Jahre sind seitdem zwar formell beseitigt, bilden aber noch die materielle Grundlage des heutigen Rechts. Ein Abschluß war durch dieselben hauptsächlich deshalb nicht gewonnen, weil sie nicht auf alle Gesellschaften Anwendung fanden, vielmehr Banken und Versicherungsgesellschaften ausschlossen, und weil eine große Menge der früheren Gesellschaften, welche nicht genöthigt waren, von dem neuen Gesetz Gebrauch zu machen, unter der Herrschaft der alten Gesetze verblieben.[1]) Es erwies sich aus diesen Gründen bald als nothwendig, ein sämmtliche Erwerbs- und andere Gesellschaften umfassendes Gesetz zu schaffen.

Dies geschah durch die Akte 25 & 26 Vict. C. 89, betitelt:

„An Act for the Incorporation, Regulation and Winding-up of Trading Companies and other Associations",

welche gewöhnlich als The companies Act 1862 zitirt wird.

Auch weiterhin blieb die Gesetzgebung über die Aktiengesellschaften in andauernder Thätigkeit. Abgesehen von den für Banken, Versicherungsgesellschaften, Genossenschaften (Industrial and Provident Societies) ergangenen Spezialgesetzen kommen als allgemeine Ergänzungsgesetze der Companies-Act von 1862 die folgenden in Betracht:

1. An Act to amend the Companies Act 1862 — 30/31 Vict. C. 131 — mit dem kurzen Titel The Companies Act 1867.
2. An Act to facilitate compromises and arrangements between creditors and shareholders of Joint-Stock- and other Companies in liquidation, 33/34 Vict. C. 104 — mit dem kurzen Titel The Joint-Stock-Companies Arrangement Act 1870.
3. An act to amend the Companies Act of 1862 and 1867, 40 & 41 Vict. C. 26 — mit dem kurzen Titel The Companies Act 1877.[2])
4. An act to amend the law with respect to the liability of members of Banking and other Joint-Stock-Companies and for other purposes, 42 & 43 Vict. C. 76 — mit dem kurzen Titel Companies Act 1879.

Die sehr umfangreiche Companies Act 1862 zerfällt in 9 Theile, von welchen jedoch für den vorliegenden Zweck nur die ersten 5 Theile von Interesse sind. Sie beziehen sich auf die Bildung und Verfassung der Gesellschaften, die Eintheilung des Kapitals und die Haftbarkeit der Mitglieder, den Betrieb und die Verwaltung der Gesellschaften, die Liquidation (Winding-up) und das Registeramt (Registration-Office). In den drei Anhängen (Schedules) des Gesetzes sind Normalstatuten, Formulare, Gebührentaxen und ein Verzeichniß der durch die Akte aufgehobenen Gesetze enthalten.

Das Gesetz bezieht sich auf alle Vereinigungen (associations) mit einem gemeinsamen Kapital (Joint-Stock) im weitesten Sinne, mag der Gegenstand des Unternehmens ein Handelsgeschäft oder überhaupt ein Erwerbszweck oder irgend ein anderer erlaubter Zweck sein, und mag das Kapital in Aktien zerlegt sein oder nicht.

Zwangsweise sind dem Gesetze unterworfen

1. alle Vereinigungen von zehn oder mehr Personen zu Bankgeschäften und
2. alle Vereinigungen von zwanzig oder mehr Personen zu anderen Erwerbszwecken mit alleiniger Ausnahme der durch Parlamentsakte oder Königliche Verleihung (Royal Charter oder Letters Patent) inkorporirten

---

[1]) Stat. 6 Geo. I c. 18.

[1]) Die wesentlichsten, das Gesellschaftsrecht betreffenden Gesetze bis zum Jahre 1862 sind folgende:

1. The first Joint-Stock-Companies Act 1844 (7 & 8 Vict. C. 110). Dieselbe bezog sich nicht auf Bankgesellschaften. Für letztere erging
2. An Act for Regulation of Banking Companies (7 & 8 Vict. C. 113).
3. The Winding-up Act (11 & 12 Vict. C. 45). Eine Kodifikation wurde zuerst versucht durch
4. The Joint-Stock-Companies Act (19 & Vict. C. 47) mit ihren Nachträgen aus den Jahren 1856 und 1857.
5. The Banking Acts 20 & 21 Vict. C. 49 & 21 & 22 Vict. C. 91.

[2]) Dieses Gesetz enthält nur einige zusätzliche Bestimmungen in Betreff der Reduktion des Grundkapitals.

Gesellschaften[1]) und der unter der Gerichtsbarkeit der Courts of Stannaries stehenden Zinngruben-Gesellschaften.

Für jede andere Vereinigung von sieben und mehr Personen zu einem gesetzlich erlaubten Zweck (lawful purpose) ist es fakultativ, ob sie sich den Vorschriften des Gesetzes unterwerfen und dadurch Korporationsrechte erlangen will (ss. 4 und 6).

Im Zweifel findet auch nach der Companies Act 1862 solidarische Haftbarkeit aller Gesellschaftsmitglieder statt; es ist jedoch gestattet, bei der Gründung die beschränkte Haftbarkeit festzusetzen. Dieselbe muß aber durch den Zusatz „limited" am Schluß der Gesellschaftsfirma für Jedermann kenntlich gemacht werden. Die Beschränkung der Haftpflicht kann in doppelter Weise stattfinden, entweder

durch den Ausschluß der Haftung über den Betrag der gezeichneten und voll einzuzahlenden Aktien hinaus (company limited by shares) oder durch die Verpflichtung der Mitglieder im Falle der Liquidation zu der Liquidationsmasse der Gesellschaft (assets), jedoch nicht über eine bestimmte Summe hinaus, beizutragen (company limited by guarantee).[2])

Es sind sonach drei große Klassen von Joint-Stock-Companies zu unterscheiden:

1. die Gesellschaft mit unbeschränkter Haftbarkeit (with unlimited liability);[3])
2. die Company limited by guarantee;
3. die Company limited by shares.

Von ihnen zerfallen die erste und zweite Klasse wieder in zwei Unterabtheilungen, je nachdem ihr Kapital in Aktien zerlegt ist oder nicht, so daß im Ganzen sich fünf Klassen von Joint-Stock-Companies unterscheiden lassen, von denen drei ein Aktienkapital (Capital divided by shares) besitzen. Dem deutsch-französischen Begriffe der Aktiengesellschaft entspricht allein diejenige Gesellschaft, welche ein Aktienkapital hat und deren Mitglieder ihre Haftbarkeit auf den vollen Betrag der von ihnen gezeichneten Aktien beschränkt haben, die Company limited by shares.[4]) Nur von dieser ist fortan die Rede.

1. Gründung.

Eine den Bestimmungen der Companies Act unterworfene Gesellschaft entsteht als solche nicht vor der Eintragung in das Gesellschaftsregister.[5]) Die Eintragung setzt nicht, wie nach deutschem und französischem Recht, die Zeichnung des ganzen statutenmäßigen Grundkapitals voraus; vielmehr ist zur Gründung und Eintragung der Gesellschaft nichts weiter erforderlich, als die Unterzeichnung einer Gründungsurkunde, des sog. memorandum of association, durch mindestens sieben Aktionäre, von denen jeder wenigstens eine Aktie übernehmen muß. Das memorandum hat zu enthalten:

1. den Namen (Firma) der Gesellschaft, welcher mit dem Worte „limited" endigen muß;
2. die Angabe, in welchem Theile des vereinigten Königreichs das registered office der Gesellschaft sich befindet;
3. den Zweck der Gesellschaft;
4. die Angabe, daß die Haftbarkeit der Mitglieder eine beschränkte ist;
5. die Höhe des Aktienkapitals, sowie die Anzahl und den Betrag der einzelnen Aktien;
6. den Namen, Wohnort und Stand der Unterzeichner. Jeder derselben hat seinem Namen gegenüber die Anzahl der von ihm übernommenen Aktien anzugeben. Die Unterschriften müssen von mindestens einem Zeugen beglaubigt sein.

Das memorandum of association ist für die rechtliche Existenz der Gesellschaft maßgebend. Demselben können noch besondere Statuten, articles of association, beigefügt sein. Nöthig ist dies nicht;[1]) vielmehr gilt beim Mangel eines besonderen Gesellschaftsvertrages oder wenn das memorandum of association nichts Gegentheiliges enthält, das der Companies Act 1862 in Sched. I beigefügte Normalstatut (C. A. 1862 s 15).

Nach der Einreichung des memorandum, beziehungsweise der articles of association, ertheilt der Registrar ein Zertifikat über die erfolgte Registrirung. Durch die Ausstellung dieses Zertifikats tritt die Gesellschaft als solche ins Leben. Die Gründer bilden nunmehr eine juristische Person (body corporate), welche befähigt ist, alle Befugnisse einer durch Parlamentsakte oder Privilegium (Lettres Patent) genehmigten Gesellschaft auszuüben.

Das volle statutenmäßige Grundkapital herbeizuschaffen ist demnächst Sache der Gesellschaft. Um Benachtheiligungen der späteren Aktienzeichner durch heimliche Abmachungen der Gründer (promoters) zu verhindern, ist bestimmt, daß jeder Prospekt und jede Bekanntmachung, durch welche zur Zeichnung von Aktien aufgefordert wird, das Datum und die Person der Kontrahenten aller Verträge angeben, welche vor Ausgabe des Prospekts oder der Aufforderung in Bezug auf die Gründung der Gesellschaft geschlossen sind. Ein Prospekt oder eine Aufforderung, welche dieser Mittheilungen ermangelt, wird als betrügerischer (fraudulent) Akt derjenigen Gründer oder Vorstandsmitglieder und Gesellschaftsbeamten angesehen, welche sich wissentlich an der Veröffentlichung betheiligt haben.

In Folge dessen kann Jemand, welcher auf Grund eines solchen Prospekts oder einer solchen Aufforderung Aktien der Gesellschaft erworben hat, eine Klage ex delicto gegen die vorgedachten Personen erheben; von seiner Verpflichtung aus der Zeichnung der Aktien wird er der Gesellschaft gegenüber nach der Praxis der Gerichte nicht befreit.

Die Bestimmungen der Gesetze von 1862 und 1867, welche sich auf die Gründung der Aktiengesellschaft beziehen, sind in England wiederholt der Gegenstand lebhafter Angriffe gewesen. Namentlich ist die Unklarheit und Unzulänglichkeit der zuletzt erwähnten Vorschriften in Bezug auf die Verträge der Gründer, sowie der Mangel einer genügenden Kontrole über die wirkliche Sicherung des statutenmäßigen Grundkapitals getadelt worden. Um diesen Mißständen abzuhelfen, legte die Regierung im Jahre 1876 dem Unterhause einen neuen Gesetzentwurf (a bill to amend the

[1]) Die Genehmigung durch eine bill of parliament müssen nachsuchen die sogenannten „Companies of Parliamentary Works", d. h. alle Eisenbahn-, Kanal-, Brücken-, Tunnelbau-, Wasserleitungs- und ähnliche Gesellschaften, deren Anlagen dem öffentlichen Interesse dienen sollen.

[2]) Dies kommt hauptsächlich bei Versicherungsgesellschaften auf Gegenseitigkeit mit beschränkter Haftbarkeit der Mitglieder vor.

[3]) Mit der Umwandlung solcher Gesellschaften in Gesellschaften mit beschränkter Haftbarkeit befaßt sich hauptsächlich das oben zitirte neueste Gesetz von 1879. Nach diesem Gesetze (s. 5 Abs. 2 und 3) kann die Verpflichtung, Einzahlungen zu leisten, ganz oder theilweise auf den Fall der Liquidation eingeschränkt werden, wodurch es ermöglicht wird, daß eine Gesellschaft mit einem kleinen Kapitale arbeitet, dennoch aber ihren Gläubigern eine große Sicherheit bietet, da das nicht eingezahlte Kapital lediglich zu ihrer Sicherheit dient (reserve liability).

[4]) Auch bei einer solchen Gesellschaft tritt indessen die unbeschränkte Haftbarkeit der Mitglieder in folgenden Fällen ein:

a) bei Zettelbanken für die Einlösung der Noten — C. A. 1862 s. 182; C. A. 1879 s. 6 —;
b) bei Gesellschaften, welche ihre Geschäfte fortsetzen, nachdem ihre Mitgliederzahl unter 7 herabgesunken ist, in Betreff aller während dieser Zeit gemachten Schulden — C. A. 1862 s. 48 —.

[5]) Die Registrirung hat in dem Theile des vereinigten Königreichs zu erfolgen, in welchem ihr Hauptgeschäftslokal (registered office) gelegen ist. Die Registerämter (registration offices) sind dem Handelsamt unterstellt und das letztere bestimmt je nach dem Bedürfniß die Plätze, an denen solche Aemter eingerichtet werden sollen. Mindestens muß sich in jedem der drei Theile des vereinigten Königreiches ein registration office befinden.

[1]) Dagegen ist bei der company limited by guarantee und bei der Gesellschaft mit unbeschränkter Haft die Einreichung besonderer Gesellschaftsstatuten nothwendig.

Companies Acts 1862 und 1867) vor. Derselbe enthielt im Wesentlichen folgende Vorschläge:

1. Vor Eintragung der Gesellschaft darf keinerlei Prospekt oder Aufforderung zur Aktienzeichnung ergehen. Alle später ergehenden Prospekte oder Aufforderungen müssen eine Abschrift des memorandum of association enthalten, und das Datum, die Person der Kontrahenten, sowie den wesentlichen Inhalt aller von der Gesellschaft oder für dieselbe von Gründern, Direktoren oder Bevollmächtigten (trustees) abgeschlossenen Verträge angeben. Soll die Gesellschaft Grundstücke übernehmen, so ist außerdem mitzutheilen, ob die Verkäufer schon früher Eigenthümer waren oder ob sie das Grundstück nur erworben haben, um es an die Gesellschaft zu veräußern. Ferner soll der Prospekt alle Personen bezeichnen, die in Bezug auf die Gründung der Gesellschaft oder in Bezug auf die Zeichnung oder die Ausgabe von Aktien irgend eine Provision, Kurtage oder Agenturgebühr erhalten, sowie den Betrag dieser Vergütungen und die Person des Zahlungspflichtigen angeben. Endlich soll der Prospekt auch noch festsetzen, wieviel von dem zur Zeichnung aufgelegten Kapital mindestens gezeichnet werden muß, damit die Gesellschaft ihre Geschäfte beginnen kann. Wenigstens muß dies die Hälfte des aufgelegten Kapitals sein.

   Auf Grund eines Prospekts oder einer Aufforderung zur Zeichnung, welche diesen Erfordernissen nicht entspricht, kann Jeder, der in dem Vertrauen auf die Richtigkeit der darin enthaltenen Angaben Aktien gezeichnet hat, gegen jeden Gründer, Direktor, Bevollmächtigten (trustee) oder Beamten der Gesellschaft, der wissentlich den Prospekt erlassen oder zur Erlassung mitgewirkt hat, Ansprüche wegen Betruges erheben.

2. Die Zeichnung ist für den Zeichner nur verbindlich, wenn die effektiven Zeichnungen das im Prospekt festgesetzte, event. das ganze zur Zeichnung aufgelegte Aktienkapital erreichen, und wenn die Zutheilung der Aktien innerhalb zweier Monate nach Bekanntmachung des Prospekts oder innerhalb vier Wochen nach der Uebergabe des Zeichnungsscheins erfolgt. Binnen sieben Tagen nach der Zutheilung an den Zeichner soll diesem von der Gesellschaft ein Verzeichniß aller übrigen Zeichner mit deren Namen und Wohnort mitgetheilt werden.

Weiter enthält der Gesetzentwurf noch Bestimmungen über die Aufstellung und Einrichtung der Bilanz, des Gewinn- und Verlustkontos und des Verwaltungsberichts, sowie über die Einreichung dieser Schriftstücke beim Registeramt und die Mittheilung derselben an die Aktionäre. Ein obligatorisches Formular der Jahresbilanz und des Gewinn- und Verlustkontos ist dem Entwurf als Anlage beigefügt.

Das Unterhaus beschloß, ohne in eine Debatte über den Entwurf einzutreten, zunächst die Niedersetzung einer Kommission, um über die Wirkungen der Companies Acts von 1862 und 1867 eine Untersuchung anzustellen und darüber zu berichten.

Nach einer sehr eingehenden Enquete erstattete die Kommission dem Hause unter dem 26. Juli 1877 Bericht.

Sie ist der Ansicht, daß der Zweck der Companies Acts, den Mitgliedern der Gesellschaft das Recht zu gewähren, ohne Verhaftung ihres ganzen Vermögens, durch die Gesellschaft Geschäfte zu machen, erreicht worden sei. Dagegen sei nicht genügend dafür gesorgt, daß Jeder, der sich bei einer neu gegründeten Aktiengesellschaft betheiligen wolle, vorher die Natur des Unternehmens und den Karakter und Kredit der Unternehmer einer sorgfältigen Prüfung unterwerfen könne. Die Kommission hält es deshalb für erforderlich, soweit als möglich, bei der Gründung einer Gesellschaft Alles aufzudecken, was auf den Entschluß, eine Aktie zu nehmen, von Einfluß sein kann, und ist der Ansicht, daß in dieser Richtung weitere Vorschriften zweckmäßig seien. Die Kommission empfiehlt zwei Eintragungen der Gesellschaft in das Register:

1. eine vorläufige zum Zwecke der Ausgabe des Prospekts und Auflegung der Zeichnungen;
2. die endgültige Eintragung, die erst stattfinden soll, sobald das im Prospekt angegebene Kapital gezeichnet und die festgesetzte Einzahlung auf diese Aktien wirklich geleistet ist.

Vor dieser zweiten Eintragung soll keine Gesellschaft ihre Geschäfte beginnen dürfen.

Der von der Regierung vorgelegte Entwurf ist in den Verhandlungen vor der Kommission vielfach ungünstig beurtheilt worden, und die Kommission selbst hat demnächst dem Unterhause vorgeschlagen, daß der Entwurf nicht weiter verhandelt werde. Derselbe ist dementsprechend ohne weitere Debatte bei Seite gelegt worden.

II. Aktien.

Für den Nominalbetrag der Aktien ist eine Minimalgrenze gesetzlich nicht vorgeschrieben. Auch ist eine spätere Erhöhung oder Verminderung des Nominalbetrages nicht unbedingt ausgeschlossen.

Jeder Aktionär haftet der Gesellschaft für Einzahlung des vollen Betrages der Aktie.[1]) Von dieser Verpflichtung befreit ihn weder der Austritt aus der Gesellschaft, noch die Uebertragung der Aktien auf einen Dritten. Auch die früheren Mitglieder können deshalb bei der Liquidation behufs Befriedigung der Gesellschaftsgläubiger zu Beiträgen herangezogen werden. Doch gelten hierfür folgende Beschränkungen:

1. kein Mitglied ist beitragspflichtig, welches mindestens ein Jahr vor dem Beginn der Liquidation ausgeschieden ist;
2. kein Mitglied haftet für diejenigen Schulden und Verbindlichkeiten, welche nach seinem Ausscheiden von der Gesellschaft kontrahirt sind;
3. kein früheres Mitglied kann zu einem Beitrage herangezogen werden, wenn nicht erhellt, daß die gegenwärtigen Mitglieder zahlungsunfähig sind.

(C. A. 1862 s. 38.)

Die Aktien sollen nach der Companies Act 1862 nur auf Namen lauten, das Normalstatut läßt eine Uebertragung zu. Dieselbe ist im Aktienbuch zu vermerken und kann mit Ausnahme der Uebertragung an den Kurator des Konkurses beanstandet werden, wenn die ausgeschriebenen Einzahlungen nicht geleistet sind oder das übertragende Mitglied der Gesellschaft sonst verschuldet ist. So lange die Uebertragung nicht im Aktienbuche vermerkt ist, bleibt der alte Inhaber der Gesellschaft für die Einzahlungen prinzipaliter verhaftet (Comp. Act 1862 Sched. I Tab. A No. 8, 10, 13).

Seit dem Gesetz von 1867 sind auch Aktien auf den Inhaber zugelassen. Diese Ausgabe der Inhaberurkunden (share warrants) ist aber erst nach erfolgter Volleinzahlung der Aktien, und sofern dies im Statute oder durch Spezialbeschluß vorgesehen ist, gestattet. Der Besitzer solcher Warrants ist zwar, wenn das Gesellschaftsstatut dies zuläßt, vollberechtigter Aktionär, jedoch nicht befähigt, solche Aemter der Gesellschaft zu bekleiden, zu deren Ausübung der Besitz von Aktien vorgeschrieben ist. Der Inhaber eines solchen Warrant kann jederzeit dasselbe zur Vernichtung an die Gesellschaft

[1]) Die Einzahlungen können sowohl in baarem Gelde wie in anderen Vermögenswerthen geleistet werden.

einreichen und seinen Namen in das Mitgliederverzeichniß eintragen lassen (C. A. 1862 ss. 12 u. 19, C. A. 1867 ss. 27 bis 36).

Aktien, auf welche die ausgeschriebenen Einzahlungen (calls) nicht geleistet sind, können, sofern das Statut nicht das Gegentheil vorschreibt, nach gehöriger Bekanntmachung in Verfall (forfeiture) erklärt werden. Die kaduzirten Aktien werden Eigenthum der Gesellschaft, doch bleibt der säumige Aktionär für die ausgeschriebenen Einzahlungen trotzdem Schuldner derselben[1]) (C. A. 1862 Sched. I Tab. A. No. 4 bis 7, 17 bis 22).

Volleingezahlte Aktien können mit Genehmigung der Generalversammlung in „Stock" umgewandelt werden.[2]) Die „Stockholders" partizipiren an dem nicht in Aktien eingetheilten Kapital der Gesellschaft (Stock) und dessen Erträgen, während der Rest der Nutzungen des Stock der Gesellschaft zufließt. Die Stockholders bleiben übrigens Aktionäre und üben die den Aktionären zustehenden Rechte bei Abstimmung u. s. w. aus[3]) (a. a. O. Nr. 23 bis 25).

Wird von der Generalversammlung eine Erhöhung (increase) des Aktienkapitals beschlossen, so haben in Ermangelung anderer Bestimmungen die Besitzer der alten Aktien das Bezugsrecht der jungen Aktien nach Maßgabe des Verhältnisses ihres Aktienbesitzes. Dies Recht muß jedoch innerhalb der im einzelnen Fall dafür bestimmten Frist ausgeübt werden, widrigenfalls die Gesellschaft über die nicht bezogenen Aktien anderweit verfügen kann (Sched. I. Tab. A. No. 26, 27).

III. Organisation.

a. Aufsichtsräthe (directors).

Zahl und Namen der ersten directors sollen von den Unterzeichnern des memorandum of association bestimmt werden. Bis das geschehen, fungiren die Unterzeichner desselben selbst als directors. In beiden Fällen findet in der ersten ordentlichen Generalversammlung die Neuwahl des ganzen Direktoriums statt. Von da ab erfolgt eine periodische Ergänzung in der Weise, daß alljährlich ein Drittheil oder die diesem Bruchtheile zunächst kommende Zahl ausscheidet. Eine Wiederwahl ist zulässig.

Ein director hört auf, dies zu sein, wenn er ein anderes besoldetes Amt bei der Gesellschaft annimmt oder an den Vortheilen eines mit der Gesellschaft geschlossenen Vertrages partizipirt oder Mitkontrahent ist.[4]) Unfähig ist ferner, wer seine Zahlungen eingestellt hat.

Die Remuneration der directors wird durch die Generalversammlung bestimmt, welche auch jederzeit einen director durch special resolution absetzen kann (Sched. I Tab. A. No. 52 bis 54, 58 bis 65).

Die directors haben ihre Geschäftsordnung zu bestimmen. Sie können einen Vorsitzenden wählen, ihre Befugnisse auch einem Ausschusse (committee) delegiren (a. a. O. Nr. 66 bis 71).

[1]) Das Recht der Kaduzirung muß den Direktoren in den Statuten ausdrücklich beigelegt sein. Die Kaduzirung darf nicht etwa nur zu dem Zweck geschehen, um säumige Mitglieder ihrer Verbindlichkeit der Gesellschaft gegenüber zu entheben. In solchem Falle ist die Kaduzirung nichtig.

[2]) Die Umwandlung muß dem Registrar of Joint Stock Companies angezeigt werden (C. A. 1862 s. 29).

[3]) Die Company limited by shares muß von Anfang an ihr Kapital in shares zerlegen, darf aber, wenn dieselben ganz einbezahlt sind, das Kapital in Stock umwandeln. Danach modifizirt sich die Ansicht bei Goldschmidt, Ztschr. Bd. 13 S. 191.

[4]) Es ist nicht vorgeschrieben, daß ein director eine bestimmte Anzahl von Aktien besitzen müsse, auch nicht, daß die Namen der directors dem Registrar angezeigt werden müssen. Beides ist in den Protokollen der parl. Untersuchungskommission von den Sachverständigen wiederholt als der Abhülfe bedürftig bezeichnet worden.

Die directors haben die Geschäfte der Gesellschaft zu führen, soweit solche nicht der Generalversammlung übertragen oder vorbehalten sind. Insbesondere haben sie die Bücher und Rechnungen zu führen und mindestens einmal im Jahre der Gesellschaft einen Status und eine Bilanz vorzulegen, welche nicht länger als drei Monate vor der ordentlichen Generalversammlung aufgemacht sein dürfen (Sched. I Tab. A. No. 55, 78).

Die directors vertreten die Gesellschaft nach außen und verpflichten die Gesellschaft durch ihre Erklärungen, soweit sie innerhalb ihrer Vollmacht (power) handeln. Alle Akte, welche ihre Vollmacht überschreiten, sind in Ansehung der Gesellschaft nichtig; ob sie persönlich dem Mitkontrahenten haften, hängt von den Umständen des Falles ab. — Jedenfalls sind sie für den dolus verantwortlich.[1])

Die directors des englischen Rechts stehen mehr dem deutschen Verwaltungsrath als dem Vorstand gleich; sie haben eine aus Aufsicht, Kontrole und Verwaltung gemischte Stellung. Neben ihnen findet sich noch häufig ein manager, d. h. ein Beamter der Gesellschaft, welcher im Allgemeinen dem Vorstand des deutschen Rechts entspricht.

b. Generalversammlung (general meeting).

Die erste Generalversammlung muß spätestens sechs Monate nach Eintragung der Gesellschaft stattfinden, widrigenfalls die Gesellschaft für sich, die directors und Unterzeichner der Gründungsurkunde bei wissentlicher Versäumung in eine Geldstrafe von 5 Pfund Sterling für jeden Tag Versäumniß verfallen (C. A. 1867 s. 39).

Alsdann muß jedes Jahr wenigstens Eine ordentliche Generalversammlung, und zwar in Ermangelung anderer Bestimmungen am ersten Montag des Monats Februar abgehalten werden. (C. A. 1862 s. 49.)

Außerordentliche Generalversammlungen können von den directors jederzeit und müssen zusammenberufen werden, wenn ein Fünftheil der Mitglieder es verlangt (Sched. I Tab. A. No. 32). Solche Generalversammlungen sind mindestens 7 Tage vorher gehörig bekannt zu machen.[2]) Erfolgt die Zusammenberufung seitens der directors auf den Antrag der Mitglieder nicht, so haben diese selbst das Recht, die Generalversammlung zu berufen (a. a. O. No. 34).

In der Generalversammlung darf, mit Ausnahme des Beschlusses über Vertheilung der Dividende, kein Geschäft verhandelt werden, wenn nicht mindestens die beschlußfähige Zahl (das sog. „Quorum") anwesend ist. Dieses beträgt 5 bei 10 Aktionären und Einen mehr für je 5 bei einer Anzahl von höchstens 50 Aktionären, über diese Zahl hinaus wird für je 10 Aktionäre das Quorum um Einen vergrößert, doch sollen für dasselbe nie mehr als 20 erfordert werden. Ist die beschlußfähige Zahl eine Stunde nach Beginn noch nicht gegenwärtig, so ist die Versammlung, wenn sie auf Antrag der Mitglieder einberufen war, aufgelöst, andernfalls wird sie auf denselben Tag der nächsten Woche, und wenn auch dann eine beschlußfähige Anzahl nicht erscheint, sine die vertagt (Sched. I Tab. A No. 29 bis 39).

[1]) Die directors werden, soweit die Geschäfte, welche sie für die Gesellschaft schließen, innerhalb ihrer Vollmacht liegen, persönlich aus denselben nicht verpflichtet. Eine solche Verpflichtung tritt jedoch nach Comp. Act. 1862 s. 42 ein, wenn ein director oder sonstiger Beamter einer Gesellschaft mit beschränkter Haftbarkeit für die Gesellschaft ein Schriftstück zeichnet, in welchem die Firma der Gesellschaft ohne den Zusatz „limited" enthalten ist. Ferner ist es durch die Comp. Act. 1867 für zulässig erklärt, daß directors mit unbeschränkter Haftpflicht für die Gesellschaftsschulden angestellt werden (Sect. 4, 8). In diesem Falle besteht ein der deutsch-französischen Aktien-Kommanditgesellschaft ähnliches Verhältniß.

[2]) In Ermangelung einer anderen Vorschrift muß jedes Mitglied persönlich geladen werden. Zur Feststellung der Ladung genügt jedoch der Nachweis, daß der richtig adressirte und frankirte Brief zur gehörigen Zeit auf die Post gegeben ist (Sched. I Tab. A. No. 95 bis 97).

Als Vorsitzender (chairman) fungirt der Vorsitzende der directors, ist ein solcher nicht vorhanden oder nicht binnen fünfzehn Minuten nach der für den Beginn der Generalversammlung festgesetzten Zeit erschienen, so ist der Vorsitzende aus der Mitte der Mitglieder zu wählen.

Bei der Abstimmung hat nach dem Gesetz Mangels statutarischer Bestimmung jeder Aktionär Eine Stimme, das Normalstatut regelt jedoch das Stimmverhältniß derartig, daß im Fall eines Aktienbesitzes bis zu zehn Aktien jede Aktie eine Stimme; darüber hinaus bis zu 100 Aktien je 5 Aktien, und bei mehr als 100 Aktien je 10 Aktien eine weitere Stimme geben. Die Abstimmung durch Vertreter (proxies) ist zulässig, wenn dieselben Mitglieder der Gesellschaft und durch gehörig beglaubigte Vollmacht legitimirt sind; auch muß die Vollmacht mindestens 72 Stunden vor der Versammlung im Office der Gesellschaft niedergelegt worden sein (C. A. 1862 s. 52 Sched. I Tab. A. No. 39 bis 51).

Die Beschlüsse der Generalversammlung müssen in ein Protokollbuch eingetragen werden (C. A. 1862 s. 67); desgleichen ist über die Sitzungen der directors und der Exekutivbeamten der Gesellschaft, wenn solche vorhanden sind, ein Protokoll zu führen (a. a. O.).

Das memorandum und die articles of association können nur durch special resolution abgeändert werden (C. A. 1862 s. 12, 50), ersteres jedoch nur in Bezug auf folgende Punkte:

1. das Grundkapital kann erhöht werden;
2. dasselbe kann in Aktien von höherem Betrage, als anfänglich bestimmt war, zerlegt werden;
3. die voll eingezahlten Aktien können ganz oder theilweise in stock umgewandelt werden (a. a. O. s. 12);
4. der Name der Gesellschaft kann geändert werden (a. a. O. s. 13);
5. nach dem Gesetze von 1867 kann bestimmt werden, daß die directors oder die Exekutivbeamten (managers) oder das als Exekutivbeamter fungirende Mitglied der directors ohne Einschränkung für die Schulden der Gesellschaft haften sollen (vgl. S. 366 Anm. 1), sowie, daß das Grundkapital herabgesetzt werden soll (s. 9.), daß die Aktien in Aktien von kleinerem Betrage zerlegt werden sollen;
6. nach dem act to amend the Companies Acts of 1862 and 1867 vom 23. Juli 1877 kann beschlossen werden, daß unbegebene Aktien vernichtet werden sollen.

Zu einer solchen gehört eine Majorität von drei Viertel der anwesenden oder vertretenen Mitglieder einer gehörig geladenen Generalversammlung und die Bestätigung dieses Beschlusses durch die absolute Majorität einer zweiten Generalversammlung, die nicht früher als 14 Tage und nicht später als einen Monat nach der ersten Generalversammlung abgehalten werden darf.[1])

Jeder Beschluß, welcher eine Aenderung der Statuten enthält, muß bei dem Registeramt zur Eintragung eingereicht werden.[2]) Doch ist die Gültigkeit oder Wirksamkeit des Beschlusses nicht von der Registrirung abhängig; die Unterlassung der Einreichung ist nur mit einer Ordnungsstrafe für jeden Tag der Verzögerung bedroht.

Das englische Recht kennt zwei Arten der Herabsetzung des Grundkapitals, eine eigentliche und eine uneigentliche. Die letztere ist durch den Joint stock Comp. Act vom 24. März 1880 zugelassen, wenn durch Rückzahlung der Betrag des eingezahlten Grundkapitals um einen bestimmten Betrag vermindert, der des noch nicht eingezahlten Grundkapitals um den gleichen Betrag erhöht wird. Eine solche Reduktion muß durch special resolution beschlossen und vom Registeramte eingetragen werden (C. A. 1880 s. 3 und 4).

Die eigentliche Herabsetzung erfordert, sofern sie nicht in dem Statute ausdrücklich vorgesehen ist, ebenfalls special resolution. Für die bereits unter Ziffer 6 erwähnte Kapitalsherabsetzung durch Vernichtung unbegebener Aktien sind weitere Förmlichkeiten nicht vorgeschrieben. In den übrigen Fällen der eigentlichen Herabsetzung bedarf der Spezialbeschluß über die Aenderung des memorandum of association zu seiner Gültigkeit der Bestätigung durch das zuständige Gericht (C. A. 1867 s. 9 und 11).

Soll die Herabsetzung durch Rückzahlung in baarem Gelde oder durch Herabsetzung des auf das Grundkapital noch nicht eingezahlten Betrages oder in beiderlei Weise erfolgen, so muß sofort nach beschlossener Abänderung des memorandum of association, also bereits vor Nachsuchung der gerichtlichen Bestätigung des Abänderungsbeschlusses der Firma der Gesellschaft hinter dem Worte limited der Zusatz „and reduced" hinzugefügt werden. Die Dauer der Beibehaltung desselben hat das Gericht zu bestimmen (C. A. 1867 s. 10). Behufs der Bestätigung des Herabsetzungsbeschlusses hat das Gericht durch Ediktalladung oder auf andere Weise zu ermitteln, ob Gläubiger der Gesellschaft vorhanden sind, welche der Herabsetzung nicht beistimmen, und eine Liste derselben aufzustellen. Die Genehmigung kann vom Gerichte trotz des Widerspruchs von Gläubigern ertheilt werden, indem für dieselben ein bestimmter Betrag sichergestellt wird. Bei streitigen Forderungen kann das Gericht zugleich den Rechtsstreit entscheiden (a. a. O. s. 10, 11, 13 und 14). Findet die Herabsetzung des Grundkapitals dagegen zum Zweck der Ausgleichung von Verlust oder eingetretener Entwerthung von Vermögensstücken der Gesellschaft statt, so ist die Hinzufügung der Bezeichnung „and reduced" zur Firma vor Nachsuchung der richterlichen Bestätigung nicht nothwendig, vielmehr hat das Gericht zu bestimmen, ob sie später hinzuzufügen ist. Die Einwilligung der Gläubiger in die Herabsetzung ist in diesem Fall nur erforderlich, wenn das Gericht dies bestimmt (C. A. 1877 s. 4 Abs. 2).

In beiden Fällen kann das Gericht anordnen, daß über die Veranlassungsgründe für die Herabsetzung des Grundkapitals oder die mit derselben zusammenhängenden Verhältnisse eine öffentliche Bekanntmachung von der Gesellschaft erlassen wird (C. A. 1877 s. 4 Abs. 3). Nach gerichtlicher Bestätigung des Herabsetzungsbeschlusses hat die Eintragung der Herabsetzung in das Gesellschaftsregister zu erfolgen. Zu diesem Zwecke sind dem Registrar von der Gesellschaft das richterliche Bestätigungsdekret und ein gerichtlich genehmigtes Protokoll vorzulegen, in welchem die Einzelheiten über die Herabsetzung nach einem gesetzlich vorgeschriebenen Schema (C. A. 1867 s. 15, C. A. 1877 s. 4 Abs. 4) enthalten sein müssen. Ueber die Veröffentlichung der Eintragung hat das Gericht das Nähere zu bestimmen.

Erst nach erfolgter Eintragung gilt die Herabsetzung als vollzogen (C. A. 1867 s. 15). Wenn ein Gläubiger von der beschlossenen Herabsetzung oder ihrer Wirkung auf seine Forderung keine Kenntniß erlangt hat und in Folge dessen nicht in die gerichtliche Gläubigerliste aufgenommen ist, so bleibt ihm, sofern die Gesellschaft ihn nach erfolgter Herabsetzung nicht befriedigen kann, jedes Mitglied der Gesellschaft in Höhe der Summe verhaftet, für welche es verhaftet ge-

[1]) Einer special resolution bedarf es übrigens noch in einer Reihe anderer Fälle, insbesondere zur Bestellung von Direktoren mit unbeschränkter Haftpflicht (vergl. S. 366 Anm. 1), zur Ernennung von außerordentlichen Inspektoren durch die Gesellschaft (C. A. 1862 s. 60), zur freiwilligen Liquidation (C. A. 1862 s. 129), zum Abschluß eines Akkords (ibid. s. 136) u. s. w. In einzelnen dieser Fälle kann eine sogenannte extraordinary resolution stattfinden, bei welcher das Erforderniß der Genehmigung durch eine zweite Generalversammlung wegfällt.

[2]) Das Gleiche gilt auch für sonstige special resolutions, und zwar muß die Einreichung spätestens binnen 14 Tagen nach der Fassung des Beschlusses in gedruckter Form stattfinden (C. A. 1862 s. 53).

wesen wäre, wenn die Gesellschaft vor erfolgter Herabsetzung in Liquidation getreten wäre (a. a. O. s. 17). Beamte der Gesellschaft, welche in doloser Weise die Namen von Gläubigern verheimlichen, welche berechtigt wären, der Herabsetzung zu widersprechen, machen sich eines strafrechtlich verfolgbaren Vergehens (misdemeanor) schuldig (C. A. 1867 s. 19).

IV. Liquidation (Winding-up).

Die Liquidation geht nach englischem Recht der eigentlichen Auflösung der Gesellschaft voraus. Das Liquidationsverfahren tritt zugleich an die Stelle des Konkursverfahrens, da nach englischem Rechte Aktiengesellschaften nicht den Konkursgesetzen unterworfen sind. Auch das neuerdings erlassene Gesetz the Bankruptcy Act von 1883 hat in dieser Beziehung nichts geändert (cf. s. 123 der bankruptcy Act von 1883).

Das Gesetz kennt drei Arten der Liquidation:[1])

a) gerichtliche Liquidation (Winding-up by the Court),
b) freiwillige Liquidation (voluntary Winding-up),
c) Liquidation unter gerichtlicher Aufsicht (Winding-up subject to the supervision of the Court).

Bei allen drei Arten der Liquidation treten Liquidatoren an die Stelle der directors mit der Aufgabe, das Vermögen der Gesellschaft zu versilbern und unter die Gläubiger bezw. die Aktionäre zu vertheilen.

Der Unterschied zwischen der gerichtlichen oder zwangsweisen (compulsory) und der freiwilligen (voluntary) Liquidation besteht vornehmlich darin, daß im ersten Falle die Liquidatoren vom Gericht ernannt werden (official liquidators), gewisse Befugnisse nur mit Genehmigung des Gerichts ausüben können, sofern sie nicht davon dispensirt worden sind, während sie bei der freiwilligen Liquidation von der Gesellschaft bestellt werden. In beiden Fällen sind die Liquidatoren trustees der Gläubiger. Bestellt das Gericht im Falle der gerichtlichen Liquidation keine Liquidatoren, so hat es die Liquidation selbst zu übernehmen. So lange als bei der gerichtlichen Liquidation gerichtliche Liquidatoren nicht bestellt sind, geht das Eigenthum des Gesellschaftsvermögens an das Gericht über. Bei der Liquidation unter gerichtlicher Aufsicht werden die Liquidatoren zwar ebenfalls von der Gesellschaft bestellt, sind aber der gerichtlichen Kontrole unterworfen.

1. Die zwangsweise (gerichtliche) Liquidation findet auf Antrag statt:

a) wenn die Gesellschaft sie durch Spezialresolution beschlossen hat;
b) wenn die Gesellschaft innerhalb eines Jahres nach ihrer Eintragung ihre Geschäfte nicht beginnt, oder sie ein Jahr lang suspendirt;
c) wenn die Zahl der Aktionäre unter 7 herabsinkt;
d) wenn die Gesellschaft zahlungsunfähig ist;
e) wenn der Gerichtshof die Liquidation für recht und billig (just and equitable) hält. (C. A. 1862 s. 79).

Der Antrag (petition) auf Liquidation steht der Gesellschaft selbst, sowie jedem Gläubiger und Beitragspflichtigen[2]) zu. Der Gerichtshof kann bis auf definitive Entscheidung eine interimistische Verfügung auf Antrag erlassen, daß Prozesse gegen die Gesellschaft zu suspendiren sind, auch, wenn Gefahr im Verzuge ist, nach eigenem Befinden einen provisorischen Liquidator bestellen (C. A. 1862 s. 65). Der Gerichtshof kann den Antrag auch abweisen und bis zur Entscheidung interimistische Verfügungen treffen (a. a. O. s. 86).

Das vom Gericht erlassene Liquidationsdekret bewirkt:

1. daß alle seitens der Gesellschaft getroffenen Verfügungen über Sachen oder Forderungsrechte, alle Uebertragungen von Aktien und jede Aenderung in Bezug auf die rechtliche Stellung irgend eines Mitgliedes zur Gesellschaft, welche zwischen der Einreichung der petition und dem Datum des Liquidationsdekrets erfolgt sind, nichtig sind, soweit nicht das Gericht das Gegentheil bestimmt (C. A. 1862 s. 153);
2. daß jede seit der Einreichung der petition ausgeführte Exekutionsmaßregel in Bezug auf das Vermögen der Gesellschaft a. a. O. s. 163 (attachement, sequestration, distress or execution) unwirksam wird;
3. daß alle Vermögensübertragungen, Verpfändungen, Veräußerungen zu Gunsten eines Gläubigers, welche im Falle des Konkurses eines Einzelkaufmanns als betrügerische Bevorzugungen dieses Gläubigers anzusehen wären, nach den Vorschriften der Konkursordnung anfechtbar werden (C. A. 1862 ss. 153, 163, 164);
4. daß alle gegen die Gesellschaft schwebenden Prozesse sistirt werden (C. A. 1862 s. 87), es sei denn, daß das Gericht die Fortsetzung oder die Eröffnung eines Prozesses gestattet.

Auch kann der Gerichtshof schon vor Beginn der Liquidation die Einstellung schwebender Prozesse anordnen (C. A. 1862 s. 85).

Die Liquidatoren haben das Vermögen der Gesellschaft in Obhut zu nehmen, von den Beitragspflichtigen, deren Liste das Gericht feststellt, ihre Beiträge einzuziehen und die Gläubiger der Gesellschaft zu befriedigen. Für die Eintreibung der Beiträge ist ein summarisches Umlageverfahren gestattet (C. A. 1862 ss. 94, 98, 99, 101, 102, 109, 115, 118, 120).

Nach Beendigung der Liquidation spricht der Gerichtshof die Auflösung der Gesellschaft aus. Die Auflösung datirt vom Tage dieser Verfügung. Dieselbe ist ebenso wie die Eröffnung der Liquidation bei dem Registeramt anzumelden (s. 111, 88, 112).

2. Die freiwillige Liquidation findet statt:

a) bei Eintritt des in den Articles of association vorgesehenen Zeitablaufs oder eines sonstigen, die Auflösung bedingenden Ereignisses, sobald die Gesellschaft die Liquidation in einer Generalversammlung beschlossen hat;
b) zu jeder Zeit auch sonst, sobald die Gesellschaft die Liquidation durch Spezialresolution beschließt, insbesondere
c) sobald die Gesellschaft in einer außerordentlichen Resolution beschließt, daß sie wegen ihrer Verbindlichkeiten die Geschäfte nicht fortsetzen könne und daher die Liquidation zweckmäßig (advisable) sei. (C. A. 1862 s. 129.)

Wird die freiwillige Auflösung der Gesellschaft beschlossen, so muß dies durch eine im Gesetze bestimmte Zeitung bekannt gemacht werden (C. A. 1862 s. 132). Die Liquidation gilt als an dem Tage eröffnet, an welchem der Beschluß gefaßt worden ist (a. a. O. s. 130).

Die Liquidation bewirkt, daß:

1. angefangene Geschäfte von der Gesellschaft nur in-

[1]) Das Ganze im Folgenden angedeutete Liquidationssystem ist in den Protokollen der Kommission des Unterhauses scharf angegriffen und von der Kommission selbst für „unsatisfactory" erklärt. Die Angriffe richten sich namentlich gegen den Mangel an Kontrole seitens des Gerichts, der Gesellschaft und der Gläubiger, sowie gegen die Schwerfälligkeit und Kostspieligkeit des Verfahrens.

[2]) Es sind dies:
a) die gegenwärtig registrirten Mitglieder (Sect. 38),
b) Personen, welche sich verpflichtet haben, Mitglieder zu werden, aber noch nicht als solche registrirt sind, namentlich Zeichner, welchen Aktien zugetheilt sind (allottees) und Promesseninhaber (scripholders),
c) Mitglieder, welche vor weniger als einem Jahre ausgeschieden sind (Sect. 38),
d) die sogenannten representative contributories, welche nicht persönlich, sondern als Vertreter verstorbener, bankerotter oder weiblicher Mitglieder herangezogen werden (ss. 76 bis 78, 99, 105, 106).

sofern festgesetzt werden können, als es für deren vortheilhafte Liquidation erforderlich ist, und alle Uebertragungen von Aktien, welche nicht mit Genehmigung der Liquidatoren erfolgen, nichtig sind;
2. in Bezug auf Zahlungen und Vermögensübertragungen an einzelne Gläubiger mit der Absicht, diese zu bevorzugen, die für die gerichtliche Liquidation in dieser Beziehung geltenden Grundsätze zur Anwendung kommen.

Ein Akkord (arrangement), welchen eine in freiwilliger Liquidation begriffene Gesellschaft mit ihren Gläubigern abschließt, ist bindend, wenn er von der Gesellschaft durch extraordinary resolution und von den Gläubigern durch drei Viertheil derselben (75 pCt. nach Anzahl und Betrag der Forderungen) genehmigt worden ist und das Gericht, an welches dagegen binnen drei Wochen appellirt werden kann, denselben im Falle der Anrufung nicht umgestoßen hat (C. A. 1862 s. 136, 137). Nach dem Act to facilitate Compromises and Arrangements between Creditors and Shareholders of Joint Stock Companies in Liquidation vom 10. August 1870 s. 1, 2) kann das Gericht auf Antrag von Gläubigern oder des Liquidators wie bei der gerichtlichen Liquidation eine Gläubigerversammlung zum Zweck des Abschlusses eines arrangement berufen. Wird dasselbe in derselben von den anwesenden Aktionären mit den vorbezeichneten Mehrheiten angenommen und gerichtlich bestätigt, so bindet dasselbe sowohl die Gläubiger wie die Gesellschaft.

Die Liquidatoren werden von der Gesellschaft bestellt oder durch die Gläubiger oder einen Gläubigerausschuß ernannt, wenn ihnen die Gesellschaft dieses Recht durch Spezialbeschluß übertragen hat (C. A. 1862 s. 133 Ziff. 3 und s. 135) und genießen dieselben Befugnisse wie die amtlichen (official) Liquidatoren. Sie und jeder Beitragspflichtige sind berechtigt, die Intervention des Gerichtshofes anzurufen, wenn es sich darum handelt, streitige Fragen, die bei der Liquidation sich erheben, zu entscheiden, oder Einzahlungen zu erzwingen, und in allen Fällen übt der Gerichtshof auf Anrufen dieselben Befugnisse aus, welche ihm bei der zwangsweisen Liquidation zustehen (s. 138).

Nach vollständiger Abwickelung der Geschäfte haben die Liquidatoren eine Generalversammlung zu berufen, um derselben über die Liquidation Bericht zu erstatten und Rechnung zu legen. Ueber die Abhaltung der Generalversammlung ist von den Liquidatoren an den registrar zu berichten und nach 3 Monaten, von dem Tage dieses Berichts ab gerechnet, gilt die Gesellschaft für aufgelöst (C. A. 1862 ss. 142, 143).

3. Die Liquidation unter gerichtlicher Aufsicht findet statt, wenn der Gerichtshof auf Antrag eines Gläubigers oder Beitragspflichtigen beschließt, die begonnene freiwillige Liquidation einer Gesellschaft unter Aufsicht zu nehmen. Von der gerichtlichen Liquidation unterscheidet sich diese Form dadurch, daß die Liquidatoren nicht fortwährend an den Gerichtshof zu berichten und die eingehenden Gelder an diesen abzuführen haben: von der freiwilligen dadurch, daß das Gericht auf Anrufen der Gläubiger oder Beitragspflichtigen die Anordnungen der Liquidatoren aufheben und nöthigenfalls das Verfahren in ein gerichtliches umleiten kann (C. A. 1862 ss. 147 bis 152).

Die Gesellschaft besteht als solche mit ihren Korporationsrechten (its corporate state and all its corporate powers) bis zur Beendigung der Liquidation fort (C. A. 1862 ss. 131, 95).

Besondere Bestimmungen gelten für den Fall der Auflösung einer Gesellschaft durch gänzliche oder theilweise Veräußerung ihres Geschäfts oder Vermögens an eine andere Gesellschaft. Die Companies Act von 1862 gewährt hier den einzelnen Aktionären, welche bei der Beschlußfassung überstimmt worden sind, unter gewissen Voraussetzungen ein Recht des Widerspruchs, daß nur durch Ankauf der Antheilsrechte der Widersprechenden beseitigt werden kann (Sect. 161, 162). Für die Fusion von Lebensversicherungsgesellschaften sind aus Anlaß des bekannten Bankerutts der Gesellschaft „Albert" in der Life-Assurance Companies Act von 1870 noch besondere Kautelvorschriften getroffen worden.

Nach dem Gesetze vom 24. März 1880 s. 7 kann der Registrar unter Innehaltung gewisser Förmlichkeiten Gesellschaften, von denen er Grund hat, anzunehmen, daß sie keine Geschäfte treiben, auflösen und ihre Firma im Gesellschaftsregister streichen.

V. Schutz der Aktionäre und Gesellschaftsgläubiger.

Publizität in Betreff der Vermögenslage der Gesellschaften und Revision der Geschäftsführung gelten nach englischem Recht als die hauptsächlichsten Mittel, um das Publikum, welches bei Aktiengesellschaften betheiligt ist, vor Schädigungen zu bewahren.

Im Hauptgeschäftslokal (registered office) der Gesellschaft müssen bei Strafe zur Einsicht der Aktionäre und Gesellschaftsgläubiger zu einer angemessenen Tageszeit und während mindestens zwei Stunden täglich offen liegen:

a) das Mitgliederverzeichniß (C. A. 1862 s. 32);
b) das Pfandbuch (register of mortgages) (ibid. s. 43);
c) bei Banken, Versicherungs- und Sparkassengesellschaften (deposit, provident or benefit societies) ein Status, aus welchem sich das Aktienkapital, die Zahl der ausgegebenen Aktien, die Summe der Einzahlungen und die Aktiva und Passiva der Gesellschaft ergeben. Diese Uebersicht, für welche ein Formular im Anhang zur Companies Act 1862 vorgeschrieben ist, muß zum ersten Mal vor Beginn der Geschäfte und sodann halbjährlich am ersten Montag im Februar und August jedes Jahres aufgemacht werden. Sie ist auch an dem Hauptsitz und an jeder Zweigniederlassung der Gesellschaft an einem ins Auge fallenden Platze des Geschäftslokals auszuhängen (C. A. 1862 s. 44). Aktionären wie Fremden muß eine Abschrift oder ein Auszug des Mitgliederverzeichnisses, Aktionären und Gläubigern eine Abschrift des letzten Status auf Verlangen gegen eine mäßige Schreibgebühr mitgetheilt werden (a. a. O. s. 32, 44).

Jedem Aktionär ist sieben Tage vor der Generalversammlung ein gedrucktes Exemplar der Jahresbilanz zuzustellen; auch müssen die Bücher der Gesellschaft jedem Aktionär auf Verlangen zur Einsicht vorgelegt werden (Sched. I Tab. A. No. 78, 81, 82).

Ferner ist alljährlich dem Registeramt eine vierzehn Tage nach der ordentlichen Generalversammlung aufzustellende Liste der Mitglieder einzureichen, welche enthalten muß:

a) Namen, Wohnort und Stand eines jeden Mitgliedes, sowie die Anzahl seiner Aktien;
b) das Grundkapital und die Zahl der Aktien;
c) die Anzahl der seit Beginn der Gesellschaft übernommenen Aktien;
d) den Betrag der auf jede Aktie ausgeschriebenen Einzahlungen (Calls);
e) die Gesammtziffer sowohl der geleisteten, als der nicht geleisteten Einzahlungen;
f) den Gesammtbetrag der wegen Nichteinzahlung verfallenen (forfeited) Aktien;
g) Namen, Wohnort und Stand derjenigen Personen, welche seit Aufstellung der letzten Liste aus der Gesellschaft ausgeschieden sind.

(C. A. 1862 s. 26.)

Werden Inhaberaktien ausgegeben, so muß das Verzeichniß die Gesammtanzahl der Aktien, für welche Warrants laufen, ferner die Zahl der ausgegebenen und wieder zurückgereichten Warrants, und die Anzahl von Aktien, welche jedes Warrant umfaßt, enthalten.

Mindestens einmal im Jahre müssen die Rechnungen der Gesellschaften durch Revisoren (Auditors) geprüft werden, welche die Generalversammlung bestellt. Findet die Wahl der Revisoren nicht statt, so kann das Handelsamt auf Antrag von mindestens 5 Aktionären solche auf Kosten der Gesellschaft ernennen. Jeder director und Beamte ist verpflichtet, den Revisoren auf Erfordern Auskunft über die Geschäfte der Gesellschaft zu geben und ihnen die Bücher und Rechnungen vorzulegen. Der Bericht der Revisoren ist in der Generalversammlung vorzulesen (Sched. I Tab. A. No. 83 bis 94).

Endlich kann das Handelsamt Inspektoren zur Prüfung der Geschäftslage ernennen, wenn

a) bei Bankgesellschaften Mitglieder im Besitz von einem Drittel,
b) bei anderen Aktiengesellschaften Mitglieder im Besitz von einem Fünftel des Aktienkapitals

es verlangen und das Handelsamt die Ueberzeugung gewinnt, daß die Antragsteller aus guten Gründen, nicht aus böswilligen Motiven zu ihrem Verlangen bestimmt worden sind, auch kann es den Antragstellern die Bestellung einer Kostenkaution auferlegen (C. A. 1862 ss. 56, 57).

Den Inspektoren sind alle Bücher und Dokumente der Gesellschaft vorzulegen. Sie sind befugt, die Beamten und Agenten der Gesellschaft eidlich zu vernehmen und haben dem Handelsamt oder der Gesellschaft Bericht über das Resultat ihrer Untersuchung abzustatten[1]) (C. A. 1862 ss. 58 bis 61).

Dieser Bericht wird nach Anweisung des Handelsamts geschrieben oder gedruckt der Gesellschaft und den Antragstellern zugesandt, und kann als Beweismittel für das Resultat der Untersuchung in jedem Verfahren benutzt werden.

In Betreff der Unterzeichnung der Bilanzen, welche der Generalversammlung vorgelegt werden, giebt der Comp. Act von 1879 genaue Vorschriften. Die Praxis giebt dem Aktionär aber auch das Recht, auf Vernichtung solcher Generalversammlungsbeschlüsse zu klagen, welche gesetzliche oder statutarische Bestimmungen verletzen.

Schlußbemerkung.

Kommanditgesellschaften auf Aktien

im Sinne der festländischen Gesetzgebungen giebt es nach englischem Recht nicht. Es ist jedoch bereits bemerkt, daß die Companies Act von 1867 s. 4 neuzubildenden Gesellschaften gestattet, in der Gründungsurkunde (memorandum of association) zu bestimmen, daß, während die Aktionäre nur beschränkt verhaftet sind, die directors unbeschränkt haften sollen. Derartige Gesellschaften ähneln scheinbar den Kommanditgesellschaften, sind indessen in Wirklichkeit von denselben wesentlich verschieden.

V. Französisches Aktienrecht.

Bereits im 17. Jahrhundert entstanden in Frankreich nach dem Muster der holländischen und der englisch-ostindischen Kompagnie Aktienvereinigungen behufs Förderung des Welthandels.[2])

[1]) Der Gehorsam gegen die Inspektoren wird, wie bei ähnlichen Vorschriften des Gesetzes, durch schwere Ordnungsstrafen erzwungen (vergl. C. A. 1862 ss. 19, 32, 54, 58).

[2]) So die compagnie des Indes occidentales, gegründet 1628, und die compagnie des Indes orientales, gegründet 1664, welche sich später mit der im Jahre 1717 gegründeten compagnie d'Occident — compagnie des Indes, Mississippigesellschaft — vereinigte.

Diese Gesellschaftsverbindungen beruhten im Wesentlichen auf Königlichem Privileg, waren beständig den Eingriffen der Staatsgewalt ausgesetzt und entbehrten der gesetzlichen Regelung.

Eine solche versuchte zuerst, freilich in sehr kurzen Umrissen, der Code de commerce. Er unterscheidet, abgesehen von der société en participation (der Gelegenheitsgesellschaft des Deutschen Handelsgesetzbuchs), drei Gesellschaftsformen:

1. die société en nom colletif, die offene Handelsgesellschaft;
2. die société en commandite, die Kommanditgesellschaft;
3. die société anonyme, die Aktiengesellschaft (Art. 19).

Die société anonyme erfordert staatliche Genehmigung (Art. 37). Sie darf weder einen Gesellschaftsnamen führen, noch durch den Namen eines ihrer Mitglieder bezeichnet werden, ist vielmehr nach dem Gegenstande des Unternehmens zu benennen (Art. 29, 30).

Der Gesellschaftsvertrag muß mittelst öffentlicher Urkunde errichtet werden, ist nebst der staatlichen Genehmigungsurkunde bei dem zuständigen Handelsgerichte zu hinterlegen und dort drei Monate lang auszuhängen (Art. 40 und 45).

Die Aktien (actions) brauchen nicht von gleicher Höhe zu sein, wohl aber die Aktienantheile (coupons d'actions), in welche eine Aktie zerlegt werden kann (Art. 34).

Die Aktien können auf Inhaber oder auf Namen gestellt werden. Bei den ersteren vollzieht sich die Eigenthumsübertragung durch die Uebergabe der Aktie, bei den letzteren durch eine vom Cedenten in das Aktienregister der Gesellschaft eingeschriebene Erklärung (Art. 35, 36).

Die Vertretung der Gesellschaft geschieht durch Bevollmächtigte (mandataires à temps), welche nicht Gesellschafter zu sein brauchen, besoldet oder unbesoldet sein können. Ihre Ernennung erfolgt auf Zeit und ist stets widerruflich.

Die mandataires sind Verwalter (administrateurs) des Gesellschaftsvermögens, werden durch die von ihnen im Namen der Gesellschaft vorgenommenen Handlungen nicht persönlich verpflichtet und haften nach den Regeln des Mandats (Art. 31, 32).

Die Aktionäre haben für die Schulden der Gesellschaft nur bis zum Betrage ihres Antheils am Gesellschaftsvermögen aufzukommen (Art. 33).

Da der Code de commerce der Kommanditgesellschaft die Ausgabe von Aktien ohne Einschränkungen und namentlich ohne staatliche Genehmigung gestattete, so wandte sich die Spekulation vor allem dieser Gesellschaftsform zu.[1]) Um dem mit der Form der Aktien-Kommanditgesellschaft getriebenen Unwesen zu steuern, ordnete das Gesetz vom 17. Juli 1856 (loi des sociétés en commandite par actions) die Oeffentlichkeit für die Errichtung solcher Gesellschaften an, verschärfte die civil- und strafrechtliche Haftung der Gründer, führte das Institut des Aufsichtsraths (conseil de surveillance) ein und gab neue Vorschriften über den Betrag, die Zeichnung und die Ausgabe von Aktien. In kurzer Zeit sank der Betrag des Aktienkapitals der Kommanditgesellschaften erheblich. Zugleich führte die Konkurrenz der nach dem englisch-französischen Handelsvertrage in Frankreich unbeschränkt zugelassenen freieren englischen Aktien-

[1]) Wie Bédarride berichtet (comment de la loi du 24 juillet 1867, Paris 1871 Bd. II S. 10 bis 12), gab es in Frankreich bereits im Jahre 1838 im Ganzen 1 039 Kommanditgesellschaften auf Aktien mit einem nominellen Aktienkapital von mehr als 1 Milliarde Frcs., welches in 1 508 686 Aktien zerlegt war. In den Jahren 1855 und 1856 wurden allein 776 neue Kommanditgesellschaften auf Aktien mit einem Gesellschaftskapital von 2 889 672 000 Frcs. gegründet, während die Zahl der eigentlichen Aktiengesellschaften (société anonymes) im Jahre 1856 in Frankreich nur 351 mit einem Aktienkapital von allerdings 1 929 Millionen Frcs. errichte.

gesellschaften den Ausbruch zahlreicher Konkurse herbei und es wurde das in wesentlichen Punkten der englischen Joint-Stock-Companies-Act vom Jahre 1862 nachgebildete Gesetz über die Gesellschaften mit beschränkter Haftpflicht (loi des sociétés à responsabilité limitée) vom 23. Mai 1863, erlassen. Dasselbe bezog sich indeß nur auf Handelsgesellschaften und beschränkte das Grundkapital auf ein Maximum von 20 Millionen Francs.

Dies sind die Vorgänge des jetzt geltenden Gesetzes vom 24. Juli 1867 — loi sur les sociétés en commandite par actions, anonymes et coopératives —, welches an die Stelle der Artikel 31, 37, 40 und 42 bis 46 des Code de commerce, sowie der Gesetze vom 17. Juli 1856 und 23. Mai 1863 getreten ist. Dasselbe schließt sich im Wesentlichen dem letzteren Gesetze an. Es zerfällt in fünf Titel. Der erste Titel behandelt die Kommanditgesellschaft auf Aktien (société en commandite par actions), der zweite die Aktiengesellschaft (société anonyme), der dritte die neu eingeführte, der Form der Genossenschaft ähnliche Gesellschaft mit veränderlichem Grundkapital (société à capital variable), deren Betrachtung hier ausscheiden kann, der vierte Titel die Art und Weise der Veröffentlichung der Gesellschaftsakte (dispositions relatives à la publication des actes de société), der fünfte die Tontinen und Versicherungsgesellschaften (des tontines et des sociétés d'assurances).

Um mit einer Darstellung der

A. Aktiengesellschaft

zu beginnen, so ist dieselbe von jeder staatlichen Autorisation befreit (Art. 21). Die

I. Gründung

setzt voraus:

1. daß der Gesellschaftsvertrag (statut constitutif) von mindestens 7 Personen (fondateurs) in notarieller oder handschriftlicher Form errichtet worden ist. Bei handschriftlicher Form bedarf es der Untersiegelung und müssen 2 Vertragsexemplare gefertigt werden (Erleichterung gegen die Vorschrift des Code civil Art. 1325);
2. daß das gesammte Grundkapital (capital social) durch Zeichnungen gedeckt ist und 25 Prozent auf jede Aktie eingezahlt sind (Art. 24 und 1).

Daß den Erfordernissen zu 1 und 2 genügt sei, hat eine von den Gründern zu berufende Generalversammlung der Zeichner in notarieller Urkunde festzustellen (Art. 1 und 24).

Wird von einem Aktionär eine nicht in baarem Gelde bestehende Einlage (apport qui ne consiste pas en numéraire) gemacht, oder bedingt sich ein Aktionär besondere Vortheile (avantages particuliers), so hat die erste von den Gründern berufene Generalversammlung den Werth dieser Einlage oder den Grund der bedungenen Sondervortheile einer Würderung zu unterziehen (apprécier), eine zweite zu berufende Generalversammlung dagegen die von der ersteren erfolgte Würderung (appreciation) zu genehmigen. Die Genehmigung darf nur stattfinden, wenn:

1. mindestens 5 Tage vor der zweiten Generalversammlung ein gedruckter Bericht über die Würderung zur Verfügung der Aktionäre ausgelegen hat;
2. die zustimmende Mehrheit mindestens ein Viertel der sämmtlichen Aktionäre begreift und der Betrag ihrer Aktien mindestens ein Viertel des gesammten Grundkapitals darstellt.

Bei der Abstimmung haben die Aktionäre, welche die Einlage gemacht oder sich die Sondervortheile ausbedungen haben, kein Stimmrecht. Wird die Genehmigung der Würderung von der Generalversammlung versagt, so bleibt die Gesellschaft in Ansehung aller Betheiligten wirkungslos (Art. 24, 4, 7).

Die zur Verifikation der Zeichnung des Grundkapitals und der erfolgten Einzahlung der 25 Prozent berufene Generalversammlung hat zugleich die Mitglieder des Vorstandes (les administrateurs), sofern dies noch nicht im Gesellschaftsvertrage geschehen ist, und die zur Aufsichtsführung bestimmten Kommissare (les commissaires) zu ernennen. Mit der Annahmeerklärung der in der Versammlung anwesenden gewählten Vorstandsmitglieder und Kommissare, welche im Sitzungsprotokolle konstatirt werden muß, ist die Gesellschaft definitiv konstituirt (Art. 25).

Folgen der Nichtigkeit der Gesellschaft oder der von der Gesellschaft gefaßten Beschlüsse.

Wird die Nichtigkeit der Gesellschaft oder ihrer Beschlüsse wegen Nichtbeobachtung der in Artikel 22, 23, 24 und 25 vorgeschriebenen Förmlichkeiten ausgesprochen, so sind die Gründer, welchen die Nichtigkeit beizumessen ist, sowie diejenigen Vorstandsmitglieder, welche zur Zeit der begangenen Nichtigkeit in Funktion gewesen sind, Dritten gegenüber solidarisch verantwortlich. Die Rechte der Aktionäre gegen sie werden dadurch nicht berührt.

Dieselbe Verantwortlichkeit kann vom Richter denjenigen Aktionären auferlegt werden, deren Apports oder Sondervortheile nicht vorschriftsmäßig verifizirt und genehmigt sind (Art. 42).

II. Veröffentlichung der Gesellschaftsakte.

Ein Handelsregister existirt in Frankreich nicht. Der Gesellschaftsvertrag muß aber spätestens innerhalb eines Monats nach Errichtung der Aktiengesellschaft auf der Gerichtsschreiberei des Handels- und des Friedensgerichts desjenigen Bezirks niedergelegt werden, in welchem die Gesellschaft ihren Sitz hat.

Dem Gesellschaftsvertrage müssen angeheftet sein:

1. eine Ausfertigung der notariellen Urkunde, in welcher die Zeichnung des Aktienkapitals und die Einzahlung von 25 Prozent festgestellt worden ist;
2. eine beglaubigte Abschrift der nach Artikel 4 und 24 von der Generalversammlung im Hinblick hierauf gefaßten Beschlüsse;
3. eine beglaubigte Liste, welche den Namen, Vornamen, Stand und Wohnort der einzelnen Zeichner und die Anzahl der von jedem derselben gezeichneten Aktien ergiebt (Art. 55).

Innerhalb derselben Frist ist von der Gesellschaft der Gesellschaftsvertrag auszugsweise in einem der für die amtlichen Bekanntmachungen bestimmten Blätter zu veröffentlichen.

Der Auszug muß ergeben:

1. die Art, die Firma und den Sitz der Gesellschaft;
2. den Namen der Vorstandsmitglieder oder Bevollmächtigten;
3. den Betrag des Grundkapitals und den Betrag der Einzahlungen;
4. den Zeitpunkt des Beginnes der Gesellschaft und die Zeitdauer derselben;
5. den Tag, an welchem die Niederlegung der Gesellschaftsurkunden auf der Gerichtsschreiberei erfolgt ist;
6. den Betrag der jährlich zum Reservefonds zu verwendenden Gewinnsquote.

Die Belagsblätter über die Veröffentlichung sind vom Drucker zu beglaubigen, vom Bürgermeister zu legalisiren und einzuregistriren (Art. 56, 57, 58).

Hat die Gesellschaft in verschiedenen Arrondissements Handelsniederlassungen, so muß die Niederlegung des Gesellschaftsvertrages auf der Gerichtsschreiberei und die auszugsweise Veröffentlichung desselben in jedem dieser Arrondissements erfolgen.

Die Unterlassung einer dieser Förmlichkeiten hat die Nichtigkeit des Gesellschaftsvertrages den Gesellschaftern, nicht aber Dritten gegenüber zur Folge. Die versäumte Förmlichkeit kann indessen bis zur Anstellung der Nichtigkeitsklage nachgeholt werden (Art. 56).

In derselben Weise sind auf der Gerichtsschreiberei niederzulegen und zu veröffentlichen:

1. alle späteren Statutenänderungen;
2. alle Beschlüsse über die Firmenänderung und über solche Gesellschaftsangelegenheiten, welche nur mit einer vorgeschriebenen Mehrheit beschlossen werden können (Art. 19, 37, 46, 47 und 49);
3. alle Beschlüsse, welche die Art der Liquidation betreffen (Art. 61).

In allen Urkunden, Fakturen, Anzeigen, Bekanntmachungen und anderen gedruckten oder autographirten Schriftstücken, welche von einer Aktiengesellschaft ausgehen, muß unmittelbar hinter der Firma die vollausgeschriebene leserliche Bezeichnung „société anonyme" hinzugefügt und der Betrag des Grundkapitals angegeben sein. Jede Zuwiderhandlung wird mit einer Geldstrafe von 50 bis 1 000 Francs geahndet (Art. 64).

Jedermann kann auf der Gerichtsschreiberei von den seitens der Aktiengesellschaften hinterlegten Urkunden Einsicht nehmen und Abschrift derselben verlangen. Außerdem müssen diese Urkunden in dem Geschäftszimmer der Gesellschaft an einem in die Augen fallenden Platze ausgehängt sein, auch ist die Gesellschaft verpflichtet, von ihren Statuten gegen Zahlung einer Gebühr, die 1 Franc nicht übersteigen darf, Abschrift zu ertheilen (Art. 63).

III. Aktien.

Die Aktien müssen bei Gesellschaften, deren Grundkapital weniger als 200 000 Francs beträgt, über mindestens 100 Francs, bei Gesellschaften mit größerem Grundkapitale über mindestens 500 Francs lauten (Art. 24 und 1).

Die Aktien sind Namensaktien (actions nominatives). Nach Einzahlung von 50 Prozent auf sämmtliche Aktien kann jedoch deren Umwandlung in Inhaberaktien (actions au porteur) stattfinden, wenn dies im Gesellschaftsvertrage ausdrücklich vorbehalten ist (Art. 24 und 3).

Vor Einzahlung von 25 Prozent dürfen die Aktien nicht gehandelt werden. Aktionäre, welche die von ihnen gezeichneten Aktien vor Einzahlung der Hälfte veräußert haben, sowie die Erwerber solcher Aktien bleiben, auch wenn statutengemäß die Umwandlung der Aktien nach Einzahlung von 50 Prozent in Inhaberaktien stattgefunden hat, zwei Jahre lang, seit dem Beschlusse der Generalversammlung, durch welchen die Umwandlung stattfand, für die Vollzahlung der Aktien verhaftet (Art. 2, 3 und 24).

IV. Organisation.

a. Vorstand.

Die Leitung der Geschäfte erfolgt durch den Vorstand. Die Mitglieder des Vorstandes (les administrateurs) gelten ihrer rechtlichen Stellung nach der Gesellschaft gegenüber als Mandatare. Sie können nur aus der Zahl der Aktionäre gewählt werden, und zwar auf höchstens 6 Jahre, wogegen eine Bestellung derselben im Gesellschaftsvertrage mit Ausschluß der Genehmigung der Generalversammlung nur auf höchstens 3 Jahre zulässig ist. Die Wahl auf einen längeren Zeitraum ist nichtig. Die Wahl ist zu jeder Zeit widerruflich.

Die Mitglieder des Vorstandes können unter sich einen Direktor wählen oder, wenn die Statuten es gestatten, sich einen Nichtaktionär als Mandatar substituiren. Sie sind aber im letzteren Falle der Gesellschaft für dessen Amtshandlungen unbedingt verantwortlich (Art. 22, 25, 26).

Jedes Vorstandsmitglied muß bei Vermeidung unbeschränkter persönlicher Haftung die im Statut bestimmte Anzahl Aktien der Gesellschaft besitzen. Diese Aktien dürfen nur Namensaktien sein und sind mit einem ihre Unveräußerlichkeit bezeichneten Stempel zu versehen. Sie werden in der Gesellschaftskasse aufbewahrt und haften der Gesellschaft als Gesammtunterpfand für die Verwaltung des Vorstandes überhaupt (Art. 26).

Die Vorstandsmitglieder sind nach den Artikeln 1991 und 1997 des Code civil individuell oder solidarisch der Gesellschaft oder Dritten für alle Verstöße gegen das Gesetz, sowie für alle bei ihrer Amtsführung begangenen Versehen, namentlich für die Auszahlung fiktiver Dividenden (Art. 44) verantwortlich.

Sie bedürfen der Genehmigung der Generalversammlung zu allen Unternehmungen oder Handelsgeschäften (entreprises ou marchés), welche von ihnen mit der Gesellschaft oder für deren Rechnung eingegangen werden, sofern sie dabei ein unmittelbares oder mittelbares Interesse haben. Ueber die Ausführung der genehmigten derartigen Geschäfte haben sie jährlich spezielle Rechnung zu legen (Art. 40).

b. Kommissare.

In der ersten (konstituirenden) Generalversammlung (Art. 25, 32) sind neben dem Vorstande ein oder mehrere Kommissarien (commissaires), welche nicht Aktionäre zu sein brauchen, für das erste Geschäftsjahr zu ernennen. Ihre Aufgabe ist es, der ordentlichen Generalversammlung des nächsten Jahres über die Lage der Gesellschaft, über die Bilanz und die Rechnungen des Vorstandes Bericht zu erstatten.

Die ohne Verlesung ihres Berichts erfolgte Genehmigung der Bilanz und Dechargeertheilung an den Vorstand hinsichtlich der gelegten Rechnung ist nichtig.

Die Verantwortlichkeit der Kommissarien besteht nur der Gesellschaft gegenüber und bestimmt sich gleichfalls nach den Regeln des Vollmachtsauftrages (Art. 32, 43).

Ist die Ernennung von Kommissarien durch die Generalversammlung unterblieben, so kann der Präsident des Handelsgerichts, welches für den Sitz der Gesellschaft zuständig ist, auf Ansuchen eines jeden Betheiligten nach Anhörung des Vorstandes einen oder mehrere Kommissarien ernennen. Dasselbe gilt für den Fall, daß die gewählten Kommissarien die Uebernahme des Amtes ablehnen oder an derselben verhindert sind (Art. 32).

Die Kommissarien sind berechtigt, jederzeit in dem der ordentlichen Generalversammlung vorausgehenden Vierteljahre die Bücher der Gesellschaft einzusehen und die Geschäftsoperationen der letzteren zu prüfen.

Der halbjährlich aufzumachende Status der Gesellschaft, sowie das nach Artikel 9 des Code de commerce vom Vorstande jährlich zu errichtende Gesellschaftsinventar sind nebst der Bilanz und der Gewinn- und Verlustrechnung mindestens 40 Tage vor der ordentlichen Generalversammlung zur Verfügung der Kommissarien zu stellen (Art. 33, 34).

Nöthigenfalls können die Kommissarien eine Generalversammlung einberufen (Art. 33).

c. Generalversammlung.

In jedem Jahre muß zu der im Statut bestimmten Zeit eine ordentliche Generalversammlung der Aktionäre abgehalten werden, in welcher die Bilanz zu genehmigen ist. Außerdem können weitere Generalversammlungen zusammenberufen werden (Art. 27, 35).

In dem Gesellschaftsvertrage ist zu bestimmen, wie viel Aktien jeder Aktionär, sei es als Eigenthümer oder Bevollmächtigter, besitzen muß, um in der Generalversammlung ein Stimmrecht auszuüben; und wieviel Stimmen ihm nach Maßgabe seines Aktienbesitzes zukommen.

In den Generalversammlungen, welche nach Artikel 24 und 4 die Aufgabe haben, die nicht in Gelde bestehenden Einlagen zu würdern, die Vorstandsmitglieder zu ernennen und die Erklärungen der Gründer über die Zeichnung des Grundkapitals und die erfolgte Einzahlung von 25 Prozent auf die Aktien zu prüfen, hat jeder Aktionär, gleichviel welche Zahl von Aktien er besitzt, das Recht, mitzustimmen, und kann kein Aktionär mehr als 10 Stimmen führen (Art. 27).

In jeder Generalversammlung muß eine Präsenzliste (feuille de présence) geführt werden, aus welcher sich der Name und Wohnort der Aktionäre, sowie die Anzahl der Aktien, für welche sie ein Stimmrecht geltend gemacht haben, ergeben muß. Diese Liste ist vom Büreau der Generalversammlung zu beglaubigen und an dem Sitze der Gesellschaft zur Einsicht offen zu halten (Art. 28).

Die Abstimmung in den Generalversammlungen erfolgt regelmäßig nach einfacher Stimmenmehrheit, doch muß zur gültigen Beschlußfassung von den erschienenen Aktionären mindestens ein Viertel des Grundkapitals vertreten sein. Die Hälfte des Grundkapitals muß vertreten sein:

a) in den Generalversammlungen, welche die Zeichnung des Grundkapitals und die erfolgte Einzahlung von 25 Prozent der gezeichneten Aktien zu konstatiren, die Wahl der Gesellschaftsorgane, sowie die Würderung und Festsetzung der Apports und Sondervortheile vorzunehmen haben; die Aktien der Aktionäre, deren Apports der Abschätzung unterliegen, werden auch hierbei nicht mitgezählt;

b) in Generalversammlungen, in welchen eine Aenderung des Gesellschaftsvertrages, die Verlängerung der Dauer der Gesellschaft oder eine vorzeitige Auflösung der Gesellschaft beschlossen werden soll (Art. 28 bis 31).

Ist in einer Generalversammlung nicht der vorschriftsmäßige Betrag des Grundkapitals vertreten, so ist eine neue Generalversammlung in den statutenmäßigen Fristen und Formen zu berufen, in welcher alsdann ohne Rücksicht auf den vertretenen Betrag des Grundkapitals über die Gegenstände der Tagesordnung der früheren Generalversammlung gültig beschlossen werden kann.

Eine Ausnahme machen die unter a und b aufgeführten Generalversammlungen. Ist in einer konstituirenden Generalversammlung nicht die Hälfte des Grundkapitals vertreten, so können in derselben von den erschienenen Aktionären nur provisorische Beschlüsse gefaßt werden, welche alsdann wenigstens einen Monat vor Zusammentritt der neuen Generalversammlung mit einem Zwischenraum von acht Tagen zweimal in einem der zur Aufnahme amtlicher Bekanntmachungen bestimmten Blätter zu veröffentlichen sind. Die neue Generalversammlung kann die provisorisch gefaßten Beschlüsse nur wirksam genehmigen, wenn in ihr mindestens ein Fünftel des Grundkapitals vertreten ist (Art. 30). Eine Generalversammlung zu dem unter b erwähnten Zwecke (Art. 31) muß so oft berufen werden, bis die Hälfte des Grundkapitals vertreten ist.

Von dem jährlichen Reingewinn ist mindestens ein Zwanzigstel zur Bildung eines Reservefonds zu verwenden, bis dieser die Höhe von mindestens ein Zehntel des Grundkapitals erreicht hat (Art. 36).

Eine einmal gezahlte Dividende kann von den Aktionären nur zurückgefordert werden, wenn die Vertheilung

entweder ohne daß überhaupt ein Inventar (art. 9 Code de comm. und Art. 10, 34 und 45 des Gesetzes vom 24. Juli 1867) aufgestellt war,

oder unter Nichtbeachtung des Ergebnisses des Inventars (dehors des résultats constatés par l'inventaire)

beschlossen und erfolgt ist.

Die Klage auf Rückzahlung solcher fiktiven Dividenden verjährt in fünf Jahren vom Tage der Zahlung ab.

V. Auflösung.

Die Auflösung der Gesellschaft kann erfolgen:

a) durch Beschluß der Generalversammlung, wenn drei Viertel des Grundkapitals verloren gegangen sind.
Die Generalversammlung ist in diesem Fall vom Vorstande einzuberufen und ihr Beschluß bekannt zu machen.
Unterläßt der Vorstand die Zusammenberufung, oder war die Generalversammlung nicht beschlußfähig, so kann auf Anrufen eines jeden Betheiligten die Auflösung durch das Gericht ausgesprochen werden;

b) wenn seit einem Jahre die Zahl der Aktionäre auf weniger als 7 herabgesunken ist.
Die Auflösung findet auch in diesem Falle, wenn sie nicht von den Aktionären selbst beschlossen wird, nur auf Anrufen eines Interessenten statt (Art. 37, 38).

VI. Schutz der Aktionäre.

1. Außer dem jährlich aufzustellenden vollständigen Inventar (des beweglichen und unbeweglichen Vermögens, der Forderungen und der Schulden) muß halbjährlich eine summarische Uebersicht der finanziellen Lage der Gesellschaft aufgestellt und Beides, sowie die Liste der Aktionäre und die Bilanz mindestens 14 Tage vor der ordentlichen Generalversammlung jedem Aktionär zugänglich gemacht werden (Art. 34).

2. Aktionäre, deren Aktien zusammen mindestens ein Zwanzigstel des Grundkapitals darstellen, können bei gemeinschaftlichem Interesse sich durch einen oder mehrere Mandatarien in Prozessen gegen die Vorstandsmitglieder und Kommissarien vertreten lassen, unbeschadet des Rechtes jedes Aktionärs zur Erhebung der Klage im eigenen Namen (Art. 39, 17).

VII. Strafbestimmungen.

Mit einer Strafe von 500 bis 10 000 Frcs. werden bestraft:

a) diejenigen, welche Aktien oder Aktienantheile einer noch nicht konstituirten Gesellschaft ausgeben (Art. 1, 2, 3, 45);

b) diejenigen, welche dadurch, daß sie ihnen nicht gehörige Aktien oder Aktienantheile als ihnen eigenthümlich vorlegten, betrügerischer Weise eine künstliche Mehrheit in der Generalversammlung herbeigeführt haben;

c) diejenigen, welche die Aktien zu solchem Gebrauche hergegeben haben,
in den Fällen zu b und c kann zugleich auf Gefängniß bis zu sechs Monaten erkannt werden;

d) die Begebung von Aktien oder Aktienantheilen, welche nicht der in Artikel 1, 2 und 3 vorgeschriebenen Form entsprechen, oder auf welche nicht 25 Prozent eingezahlt sind;

c) jede Theilnahme an einer solchen Begebung und jede Bekanntmachung, welche den Werth solcher Aktien betrifft (Art. 13, 14, 45).

Wegen Prellerei (escroquerie) werden mit der Strafe des Code pénal Art. 405, d. i. Gefängniß von 1 bis 5 Jahren und Geldstrafe von 50 bis 3 000 Frcs., neben welcher Strafe die Untersagung der bürgerlichen Ehrenrechte auf 5 bis 10 Jahre ausgesprochen werden kann, belegt:

a) diejenigen, welche durch fälschliche Vorspiegelung von Aktienzeichnungen oder Einzahlungen oder durch wissentlich falsche Bekanntmachung über nicht existirende Zeichnungen oder Einzahlungen oder durch andere fälschliche Vorspiegelungen Zeichnungen oder Einzahlungen auf Aktien erlangt oder zu erlangen versucht haben;
b) diejenigen, welche wider besseres Wissen, um Zeichnungen oder Einzahlungen auf Aktien zu erlangen, der Wahrheit zuwider, Namen von Personen mit der Gesellschaft unter irgend einem Titel verbunden oder als solche, welche mit derselben verbunden werden sollen, veröffentlicht haben;
c) die Vorstandsmitglieder, welche ohne Inventar oder mittelst betrügerischer Inventarien die Vertheilung unrichtiger Dividenden bewirkt haben (Art. 15, 45).

B. Spezialbestimmungen über Tontinen und Versicherungsgesellschaften (des tontines et des sociétés d'assurance) (Art. 66 und 67, sowie Reglement vom 22. Januar 1868).

1. Versicherungs-Aktiengesellschaften — mit Ausnahme der nur mit Staatsgenehmigung zu errichtenden Lebensversicherungs- und Leibrenten-Aktiengesellschaften — müssen mindestens die Einzahlung von 50 000 Frcs. nachweisen, auch wenn das Aktienkapital unter 200 000 Frcs. beträgt. (Die Form der soc. à cap. var. ist für solche Gesellschaften ausgeschlossen.)

Die Aktien dürfen auf den Inhaber erst dann gestellt werden, wenn der Reservefonds dem noch nicht eingezahlten Theile des Grundkapitals gleichkommt.

Zum Reservefonds muß jährlich mindestens ein Fünftel des Reingewinns verwendet werden, bis er ein Fünftel des Grundkapitals erreicht. Das nicht zum Geschäftsbetriebe bestimmte Kapital muß in Grundbesitz oder in bestimmten Werthpapieren (Art. 5 des Reglements) angelegt werden.

Jede Police muß ergeben:
1. den Betrag des Grundkapitals;
2. den bereits eingezahlten oder eingeforderten Betrag dieses Kapitals und eventuell den Beschluß über die Verwandlung dieser Aktien in Inhaberpapiere;
3. das Maximum des von der Gesellschaft ohne Rückversicherung zu übernehmenden Risiko;
4. in dem Falle, wenn ein und dasselbe Kapital statutenmäßig verschiedene Arten von Risiko decken soll, den Betrag dieses Kapitals und die Aufzählung der Arten des Risiko (Art. 1 bis 7 des Reglements).

2. Bei Versicherungsgesellschaften auf Gegenseitigkeit müssen die Statuten ergeben:
a) den Gegenstand, die Dauer, den Sitz, die Benennung der Gesellschaft und den territorialen Umfang ihres Geschäftsbetriebes;
b) die Klasseneintheilung des Risiko, die Tarife für jede Klasse und die Formen, in welchen Klassen und Tarife geändert werden können;
c) die Zahl der Mitglieder, das Minimum der Werthe, welche zur Versicherung gestellt sein müssen, bevor die Gesellschaft in das Leben treten kann, und den Betrag der für das erste Jahr auf die Beiträge vorweg zu leistenden Einzahlungen.

Nach Erfüllung dieser Bedingungen sind dieselben von den Gründern in einem notariellen Akt zu konstatiren; diesem Akte sind beizufügen:
aa) die Liste der Mitglieder,
bb) das Duplikat bezüglich der Ausfertigung des Gesellschaftsvertrages,
cc) der Status der Einzahlungen (Art. 8 bis 11 des Reglements).

3. An Stelle der administrateurs tritt ein Verwaltungsrath (conseil d'administration), oder ein Direktor (directeur), dem der Verwaltungsrath zur Seite steht (Art. 14, 15 des Reglements).

4. Jeder Gesellschafter sowie die Gesellschaft selbst können den Vertrag mit sechsmonatlicher Frist aufkündigen. Außerdem giebt eine Veränderung der Statuten bezüglich des übernommenen Risiko oder des räumlichen Umkreises der Geschäfte jedem Gesellschafter das Recht, aus der Gesellschaft auszutreten. Dasselbe muß innerhalb dreier Monate nach der Bekanntmachung der Statuten ausgeübt werden (Art. 25, 26 des Reglements).

5. Auch bei Versicherungsgesellschaften auf Gegenseitigkeit kann ein Reservefonds gebildet werden, dessen Höhe in Ermangelung statutarischer Vorschriften alle 5 Jahre durch die Generalversammlung festzusetzen ist. In keinem Falle darf mehr als die Hälfte dieses Fonds in Einem Jahr zur Schadensvergütung verwendet werden.

Bei Auflösung der Gesellschaft entscheidet die Generalversammlung auf Vorschlag des Verwaltungsraths über die Verwendung der Fonds. Der Beschluß bedarf der Bestätigung des Ministers des Handels (Art. 32 des Reglements).

6. In Bezug auf die Niederlegung der Gesellschaftsakte tritt bei Versicherungsgesellschaften auf Gegenseitigkeit das Civiltribunal an die Stelle des Handelsgerichts (Art. 38 des Reglements).

C. Kommanditgesellschaften auf Aktien.

Das Gesetz vom 24. Juli 1867 wendet die für Aktiengesellschaften gegebenen Vorschriften über die Errichtung der Gesellschaft, über die Veröffentlichung der Gesellschaftsakte, über die Verhaftung aus der Aktienzeichnung, über die Rückforderung der Dividenden, über die Berechtigung einer Anzahl von Aktionären zur Ernennung von Prozeßbevollmächtigten, sowie endlich die Strafbestimmungen (oben S. 306 bis 312) in gleicher Weise auf die Kommanditgesellschaften auf Aktien an (Art. 1 bis 4, 10 §. 3 ff., 17, 13 bis 16 — Art. 24, 17, 45 — Art. 55 ff.). Es sind jedoch bezüglich der Kommanditgesellschaften folgende Vorschriften hervorzuheben:

1. Aufsichtsrath. Jede Kommanditgesellschaft auf Aktien muß einen Aufsichtsrath von mindestens drei Aktionären haben, welcher sofort von der Generalversammlung nach definitiver Konstituirung der Gesellschaft und vor jeder geschäftlichen Thätigkeit ernannt werden muß. Die Mitglieder sind wieder wählbar; ihre Amtsdauer richtet sich nach den Bestimmungen des Gesellschaftsvertrages, so jedoch, daß der erste Aufsichtsrath auf nicht länger als auf ein Jahr gewählt werden darf. Diesem ersten Aufsichtsrath ist auch die besondere Verpflichtung auferlegt, die Vorgänge bei der Gründung und die Beobachtung der hierfür gegebenen gesetzlichen Vorschriften einer genauen Prüfung zu unterwerfen (Art. 5, 6).

Der Aufsichtsrath hat die Pflicht, die Bücher, Kasse und den Effektenbestand der Gesellschaft zu kontroliren und muß alljährlich der Generalversammlung einen Bericht erstatten, in welchem er etwaige Unregelmäßigkeiten und Ungenauigkeiten in dem Inventar anzugeben und die Gründe geltend zu machen hat für den Fall, daß er sich der Vertheilung der Dividenden, wie sie von dem persönlich haftenden Gesellschafter vorgeschlagen ist, widersetzt (Art. 10). Der Aufsichtsrath hat das Recht, die Generalversammlung zusammenzuberufen und die Auflösung der Gesellschaft bei den Gerichten herbeizuführen (Art. 11, Bédarride a. a. O. I p. 320). Die Mitglieder des Aufsichtsraths gelten als Mandatare der Gesellschaft und haften danach für ihr persönliches Verschulden in der Ausführung ihres Auftrags; sie sind für die Akte der Verwaltung selbst und deren Ergebnisse nicht verantwortlich (Art. 9).

2. Rechte der Kommanditisten. Jeder Kommanditist hat das Recht, spätestens 14 Tage vor Beginn der Generalversammlung selbst oder durch einen Bevollmächtigten am Sitze der Gesellschaft Einsicht von der Bilanz, den Inventarien und dem Bericht des Aufsichtsraths zu nehmen (Art. 12).

3. Die Generalversammlung. Die bei der einfachen Kommanditgesellschaft den Kommanditisten zustehenden Rechte können nur von der Gesammtheit der Aktionäre in der Generalversammlung ausgeübt werden. Ueber die Berufung, Beschlußfassung und das Stimmrecht in der Generalversammlung wird bei den Kommanditgesellschaften auf Aktien nichts weiter bestimmt, als daß sie einmal im Jahre zusammentreten müssen, um den Bericht des Aufsichtsraths entgegen zu nehmen. Hiernach muß die Organisation der Generalversammlung und die Abstimmung in derselben lediglich in den Statuten näher geregelt werden.[1])

4. Folgen der Nichtbeobachtung der für die Gründung gegebenen Vorschriften. Sind die für die Gründung gegebenen Vorschriften einschließlich der Anordnung über die Wahl des Aufsichtsraths (Art. 5) nicht beobachtet, so ist die Gesellschaft unter den Betheiligten ohne jede rechtliche Wirkung (Art. 7). Im Falle der Nichtigkeit können die Mitglieder des Aufsichtsraths und der persönlich haftende Gesellschafter den Kommanditisten und Dritten für den etwaigen Schaden verantwortlich gemacht werden. Ebenso machen sich diejenigen Kommanditisten verantwortlich, deren nicht in baarem Gelde bestehenden Einlagen nicht den gesetzlichen Vorschriften gemäß geschätzt, geprüft und genehmigt sind (Art. 8).

VI. Belgisches Aktienrecht.

Das belgische Aktienrecht hat sich auf der Grundlage des französischen Rechts entwickelt. Das neue Gesetz vom 18. Mai 1873

loi contenant le titre IX livre I du Code de commerce, relatif aux sociétés,

welches nach langer und sorgfältiger Vorbereitung bei der das ganze Handelsrecht umfassenden Revision des Code de commerce erlassen wurde und das gesammte Gesellschaftsrecht kodifizirt, hat jedoch nicht blos die französischen, sondern auch die englischen Gesetzeswerke berücksichtigt und namentlich bezüglich der Kommanditgesellschaften auf Aktien einen gegenüber dem französischen Rechte selbständigen Standpunkt eingenommen.

[1]) Vergl. Lescoeur, Essai hist. et critique sur la legislat. des sociétés commerciales 1877 No. 340, 53 ff.

A. Aktiengesellschaften.

I. Gründung.

Die Errichtung des Gesellschaftsvertrages kann nur durch eine öffentliche Urkunde erfolgen. Die Nichtbeobachtung dieser Förmlichkeit hat die Nichtigkeit des Vertrages, jedoch nur zwischen den Gesellschaftern selbst und erst von dem Tage der Anstellung der Nichtigkeitsklage ab, zur Folge (Art. 4).

Die Errichtung der Aktiengesellschaft bedingt (Art. 29):
1. das Vorhandensein von mindestens 7 Gründern (fondateurs);
2. die vollständige Zeichnung des Grundkapitals;
3. die Einzahlung von einem Zwanzigstel des Grundkapitals, soweit dasselbe in baarem Gelde besteht, und zwar auf den von jedem Aktionär bezeichneten Betrag.

Wird das Vorhandensein dieser Erfordernisse durch authentische Urkunden, bei deren Aufnahme sämmtliche Gründer betheiligt sind, nachgewiesen, so ist die Gesellschaft konstituirt (Art. 30).

Die Gesellschaft kann auch im Wege der Subskription errichtet werden. In diesem Falle ist vor Beginn der Subskription (préalablement) der Gesellschaftsvertrag als Entwurf (à titre de projet) zu veröffentlichen. Die Zeichnungsbogen müssen doppelt gefertigt sein und ergeben:
1. das Datum des Gesellschaftsvertrages und seiner Veröffentlichung;
2. den Gegenstand des Unternehmens, den Betrag des Grundkapitals und die Anzahl der Aktien, in welche dasselbe zerlegt ist;
3. die Einlagen, welche nicht in baarem Gelde bestehen (apports), und die Bedingungen, unter denen sie gemacht werden;
4. die Sondervortheile der Gründer;
5. die Einzahlung des zwanzigsten Theils auf jede Aktie.

Zugleich müssen die Subskriptionslisten die Einladung zu einer innerhalb drei Monaten abzuhaltenden Generalversammlung enthalten.

In dieser vor einem Notar abzuhaltenden Generalversammlung haben die Gründer das Vorhandensein der Erfordernisse des Artikels 29 nachzuweisen und können, falls nicht die Majorität der Zeichner Einspruch erhebt, die Gesellschaft definitiv für konstituirt erklären.

Das Notariatsprotokoll, in welchem die Liste der Zeichner und der Nachweis der Einzahlungen enthalten sein muß, ist alsdann der acte constitutif der Gesellschaft (Art. 31, 32).

Unterlassung oder Unrichtigkeit der vorstehenden Angaben hat ebenso wie der Mangel eines förmlichen Gesellschaftsvertrages oder eines der Erfordernisse des Artikels 29 die Nichtigkeit der Gesellschaft sowohl den Gesellschaftern und Zeichnern als Dritten gegenüber zur Folge; die Gründer haften in solchem Falle solidarisch nach Civilrecht (Art. 34).

Bei Emission neuer Aktien müssen die Subskriptionslisten die gleichen Angaben enthalten, nur fällt die Einladung zur Generalversammlung fort (Art. 33).

II. Veröffentlichung der Gesellschaftsakte.

Wie in Frankreich und England ist die Hinterlegung des Gesellschaftsvertrages bei den dazu bestimmten Behörden (Verordnung vom 21. Mai 1873) innerhalb 14 Tagen nach dessen Abschlusse vorgeschrieben.

Die Veröffentlichung des Gesellschaftsvertrages liegt der Behörde ob. Sie soll innerhalb 10 Tagen nach der Niederlegung erfolgen. Erst 5 Tage nach erfolgter Veröffentlichung wird die Gesellschaft als solche für bestehend erachtet.

Wie der Gesellschaftsvertrag selbst muß auch jede Abänderung desselben gehörig publizirt werden.

Aus allen von der Gesellschaft ausgehenden Schriftstücken muß ferner der Charakter der Gesellschaft als Aktiengesellschaft ersichtlich sein (Art. 67).

III. Aktien.

Die Aktien oder Aktienantheile (coupures d'action), für welche weder ein Höchst- oder Mindestbetrag, noch ein gleicher Werth vorgeschrieben ist, sind arithmetisch zu numeriren (Art. 35, 36).

Sie lauten entweder auf Namen oder auf den Inhaber. Im ersteren Falle wird die Aktie durch eine im Aktienbuche der Gesellschaft von beiden Theilen zu unterschreibende Erklärung übertragen und über den Uebergang dem Uebernehmer ein Zertifikat ausgefertigt (Art. 37).

Die Aktien können erst nach erfolgter vollständiger Einzahlung auf den Inhaber gestellt werden (Art. 40).

Die Inhaberaktie, welche von mindestens 2 Vorstandsmitgliedern gezeichnet sein muß, muß enthalten:

a) das Datum des acte constitutif und seiner Veröffentlichung;
b) die Zahl und Natur der Aktien, ihren Nominalwerth oder den Bruchtheil des Gesellschaftsvermögens, welchen jede Aktie darstellt;
c) die Angabe der apports und ihrer Einlagebedingungen;
d) die Sondervortheile der Gründer;
e) die Dauer der Gesellschaft;
f) den Tag und die Stunde der jährlichen ordentlichen Generalversammlung.

(Art. 38.)

Die Zeichner sind, ungeachtet jeder abweichenden Bestimmung des Gesellschaftsvertrages, für die Vollzahlung des ganzen Betrages ihrer Aktien verhaftet. Die Weiterbegebung derselben, welche überhaupt nicht vor der definitiven Konstituirung der Gesellschaft und der Einzahlung von 20 Prozent zulässig ist, kann sie von dieser Haftung nicht befreien (Art. 40, 42).

Der Uebertragende hat jedoch seinen Rückgriff sowohl gegen seinen Cessionar, als auch gegen die weiteren Cessionarien zu nehmen.

Der Gesellschaft ist der Rückkauf eigener Aktien nur zum Zwecke der Liquidation gestattet (Art. 118).

IV. Prämienanleihen.

Die Ausgabe von Prämienanleihen darf nur unter folgenden Bedingungen stattfinden:

a) sie ist erst nach Konstituirung der Gesellschaft zulässig;
b) der Betrag der Anleihe darf das eingezahlte Grundkapital nicht übersteigen;
c) die Zinsen dürfen nicht unter 3 Prozent betragen;
d) der Einlösungsbetrag muß für alle Obligationen derselbe sein;
e) der Betrag der Verzinsung und Amortisation muß von Anfang an bestimmt und in jedem Jahre derselbe sein.

Unter diesen Bedingungen dürfen die Obgationen auch auf den Inhaber gestellt werden. Für andere Anleihen ist der Aktiengesellschaft vollständige Vertragsfreiheit gewährt.

Im Falle der Liquidation sind die ausgegebenen Obligationen in der Weise zu kapitalisiren, daß der Betrag der noch zu zahlenden Zinsen und Amortisationen mit fünf Prozent kapitalisirt, das Fazit durch die Anzahl der noch nicht eingelösten Obligationen dividirt und der Quotient wiederum mit fünf Prozent kapitalisirt wird.

Die Inhaber der Obligationen haben das Recht, von den für die Aktionäre ausliegenden Schriftstücken Einsicht zu fordern und an den Generalversammlungen mit berathender Stimme Theil zu nehmen (Art. 68 bis 70).

V. Organisation.

a. Vorstand.

Die Gesellschaft wird durch ihren Vorstand (administrateurs) vertreten. Dieselben gelten als Mandatare. Ihre Vollmacht bemißt sich nach dem Gründungsakt oder den späteren Beschlüssen (Art. 13, 43).

In Ermangelung anderer Vorschriften sind die administrateurs berechtigt, alle Verwaltungsakte vorzunehmen und die Gesellschaft vor Gericht als Kläger oder Beklagte zu vertreten (Art. 44).

Die Zahl der administrateurs ist auf mindestens drei festgesetzt. Ihre Ernennung erfolgt, wenn sie nicht bereits im Gründungsakte geschehen ist, durch die Generalversammlung, und zwar wie im französischen Rechte, längstens auf sechs Jahre, mit der Maßgabe, daß die Generalversammlung sie jeden Augenblick absetzen kann. Nach Ablauf ihres Mandats sind sie wieder wählbar.

Tritt innerhalb der Wahlzeit eine Vakanz ein, so sind die in ein Kollegium zu vereinigenden übrigen Administratoren und Kommissarien (siehe unten) berechtigt, provisorisch für Ersatz zu sorgen. Die definitive Ersatzwahl erfolgt in der nächsten Generalversammlung (Art. 45, 46).

Jedes Vorstandsmitglied muß eine gewisse Anzahl Aktien als Sicherheit (garantie) für seine Geschäftsführung verpfänden (affecter par privilège). Diese Sicherheit beträgt bei Vorstandsmitgliedern, welche bereits im Statut ernannt sind (Art. 48), den fünfzigsten Theil des Grundkapitals, jedoch nicht über 50 000 Francs Nominalwerth der Aktien. Der Betrag, welchen die durch die Generalversammlung ernannten Vorstandsmitglieder zu hinterlegen haben, wird durch die Statuten festgesetzt. Daß die Aktien Eigenthum des Vorstandsmitgliedes sind, ist nicht nöthig, jedoch muß bei Aktien auf Namen der Eigenthümer die Verpfändung im Aktienbuche vermerken, während die Inhaberaktien in der Kasse der Gesellschaft oder bei einem von der Generalversammlung oder durch das Statut bezeichneten Dritten hinterlegt werden. Der Name des Eigenthümers ist der ersten Generalversammlung mitzutheilen. Wenn ein Vorstandsmitglied den Vorschriften über die Sicherheitsbestellung nicht innerhalb eines Monats nach der Gründung der Gesellschaft, wenn er bereits im acte consistutif ernannt ist, oder innerhalb eines Monats nach seiner Ernennung, wenn er von der Generalversammlung ernannt ist, nachkommt, so wird angenommen, daß es seine Stellung niedergelegt hätte (Art. 47 bis 49).

Die Vorstandsmitglieder gehen durch die von ihnen für die Gesellschaft geschlossenen Verträge keine persönliche Verbindlichkeit ein.

Sie haften individuell, nach den Regeln des Zivilrechts für die bei Ausführung ihres Auftrages begangenen Versehen, dagegen solidarisch sowohl der Gesellschaft, als auch Dritten gegenüber für alle Zuwiderhandlungen (infractions) gegen das Gesetz oder Statut.

Von dieser Verhaftung sind sie nur befreit, wenn sie sich an der Zuwiderhandlung nicht betheiligt und dieselbe zugleich nach erlangter Kenntniß der nächsten Generalversammlung angezeigt haben (Art. 51, 52).

Ein Mitglied des Vorstandes, welches an einem der Genehmigung des letzteren unterworfenen Geschäft ein mit den Interessen der Gesellschaft in Widerstreit stehendes Interesse hat, muß dem Vorstand hiervon Kenntniß geben und diese Benachrichtigung im Sitzungsprotokolle vermerken lassen. An der Abstimmung über die Genehmigung darf das Vorstandsmitglied nicht Theil nehmen. In der ersten darauf folgenden Generalversammlung muß vor Eintritt in die Tagesordnung über solche Operationen, bei welcher ein Vorstandsmitglied ein kollidirendes Interesse hat, Bericht erstattet werden (Art. 50).

Die eigentliche Geschäftsführung und die Vertretung der Gesellschaft in allen Angelegenheiten, welche diese Geschäftsführung betreffen, kann Direktoren (gerants) oder anderen Agenten übertragen werden, welche nicht zu den Aktionären zu gehören brauchen. Dieselben haften solchenfalls der Gesellschaft nach den Regeln des Mandats (Art. 53).

b. Kommissare.

Die Ueberwachung der Gesellschaft wird durch einen oder mehrere Kommissare ausgeübt, welche nicht Aktionäre zu sein brauchen. Sie können wie die Vorstandsmitglieder durch das Statut oder die Generalversammlung höchstens auf sechs Jahre unter Vorbehalt des jederzeitigen Widerrufs ernannt werden. Ihr Gehalt darf nicht über ein Drittel des Gehalts der Administratoren betragen. Auch sie haben eine der Höhe nach im Statut zu bestimmende Sicherheit mit Aktien der Gesellschaft zu leisten (Art. 47, 48, 54 und 58).

Den Kommissaren steht ein unbeschränktes Recht der Aufsicht über die Operationen der Gesellschaft zu; zu diesem Behufe können sie jederzeit an Ort und Stelle Einsicht von allen Büchern und Schriftstücken der Gesellschaft nehmen.

Nach Ablauf eines jeden halben Jahres ist ihnen eine Uebersicht der finanziellen Lage der Gesellschaft, sowie einen Monat vor der ordentlichen Generalversammlung das Inventar nebst der Bilanz und der Rechnungsaufstellung vorzulegen. Sie haben das Ergebniß ihrer Prüfung nebst ihren Vorschlägen der Generalversammlung zu unterbreiten und zugleich darzulegen, in welcher Weise sie das Inventar geprüft haben.

Die Kommissare und Administratoren können nach den Statuten zusammen den „Conseil général“ bilden (Art. 54 bis 57, 62).

c. Generalversammlung.

In jedem Jahre ist wenigstens eine Generalversammlung, und zwar in der Gemeinde, in welcher die Gesellschaft ihren Sitz hat, und an dem durch die Statuten festgesetzten Zeitpunkte, abzuhalten.

Außerdem können sowohl der conseil d'administration als die Kommissare eine Generalversammlung einberufen. Sie müssen dies, wenn Aktionäre, welche ein Fünftel des Grundkapitals vertreten, es verlangen.

Die Einladungen zur Generalversammlung, welche die Tagesordnung enthalten müssen, sind mindestens zweimal, mit einem Zwischenraum von 8 Tagen und wenigstens 8 Tage vor dem Zusammentritt der Generalversammlung, im Moniteur Belge, in einem Journal von Brüssel und einem Journal derjenigen Provinz, in deren Bezirk die Gesellschaft ihren Sitz hat, einzurücken.

Außerdem sind den im Aktienbuch aufgeführten Aktionären briefliche Einladungen zuzustellen, ohne daß jedoch die Befolgung dieser Vorschrift wesentlich ist.

Lauten alle Aktien auf Namen, so genügt die Einladung der Aktionäre durch Briefe.

An der Abstimmung in der Generalversammlung kann jeder Aktionär selbst oder durch Stellvertreter Theil nehmen, jedoch kann Niemand ein Stimmrecht für mehr als den fünften Theil der emittirten Aktien, oder für mehr als zwei Fünftel der Aktien, welche an der Abstimmung Theil nehmen, ausüben (Art. 60, 61).

Die Generalversammlung hat das ausgedehnteste Recht, alle die Gesellschaft betreffenden Handlungen vorzunehmen oder zu genehmigen.

Die Generalversammlung kann — vorbehaltlich entgegengesetzter Satzungen — die Statuten, nicht aber den wesentlichen Gegenstand der Unternehmung, unter Beobachtung der nachstehenden Förmlichkeiten abändern:

a) die vorgeschlagene Aenderung muß in der Einladung zur Versammlung bekannt gemacht werden;
b) in der Versammlung muß mindestens die Hälfte des Aktienkapitals vertreten sein;
c) zum Beschlusse einer Statutenänderung sind drei Viertel der Stimmen erforderlich. Ist in der ersten Generalversammlung die beschlußfähige Zahl von Aktien nicht vertreten, so ist eine neue Generalversammlung einzuberufen, welche ohne Rücksicht auf die Höhe des in ihr vertretenen Bruchtheils des Aktienkapitals beschließt (Art. 59).

Die Hauptaufgabe der ordentlichen Generalversammlung besteht in der Prüfung des Inventars und der Bilanz.

Das in jedem Jahre von dem Vorstande aufzustellende Inventar muß den Werth des beweglichen und unbeweglichen Eigenthums, sowie alle ausstehenden Forderungen, und in einem Anhang eine kurze Uebersicht aller schwebenden Verpflichtungen (engagements) der Gesellschaft enthalten. Zugleich ist die Bilanz, sowie die Gewinn- und Verlustrechnung aufzustellen, bei welcher die nothwendigen Abschreibungen (amortissements) zu machen sind.

Den Aktionären sind von diesen Schriftstücken die Bilanz, die Gewinn- und Verlustrechnung und die Liste der Aktionäre 14 Tage vor der Generalversammlung am Sitze der Gesellschaft zugänglich zu machen.

Den im Aktienbuch eingetragenen Aktionären sind mit der Einladung zur Generalversammlung die Bilanz und die Rechnungsaufstellung, sowie der Bericht der Kommissare zu übersenden, der letztere jedoch nur, wenn darin nicht die vollständige Annahme der Bilanz beantragt wird.

Der Verwaltungsrath kann die Generalversammlung während der Sitzung vertagen. Die Vertagung hebt alle bereits gefaßten Beschlüsse der Versammlung auf. In einem solchen Falle muß spätestens nach 3 Wochen eine neue Generalversammlung berufen werden, welche alsdann definitiv die Bilanz festzustellen hat.

Vierzehn Tage nach der Genehmigung durch die Generalversammlung haben die Vorstandsmitglieder die Bilanz, sowie die Gewinn- und Verlustrechnung in den öffentlichen Blättern nach Vorschrift des Artikels 10 bekannt zu machen.

Von dem jährlichen Reingewinn ist ein Zwanzigstel zur Bildung eines Reservefonds mindestens so lange zu verwenden, bis dieser Fonds ein Zehntheil des Aktienkapitals beträgt (Art. 62 bis 65).

VI. Auflösung.

Eine Aktiengesellschaft kann nicht auf länger als 30 Jahre abgeschlossen werden. Ausgenommen von dieser Bestimmung sind diejenigen Gesellschaften, welche eine ihnen von der Staatsregierung auf längere Zeit ertheilte Konzession ausbeuten.

Soll nach Ablauf von 30 Jahren die Gesellschaft verlängert werden, so kann dies nur nach Maßgabe der Vorschriften über Statutenänderungen geschehen (Art. 71).

Sobald das Grundkapital um die Hälfte vermindert ist, haben die Vorstandsmitglieder die Frage der Auflösung einer Generalversammlung zu unterbreiten.

Erreicht der Verlust drei Viertel des Aktienkapitals, so genügt zur Herbeiführung des Auflösungsbeschlusses das Votum eines Viertels des in der Versammlung vertretenen Aktienkapitals.

Der einzelne Aktionär — sowie jeder andere Interessent — ist zur Anstellung einer Klage auf Auflösung nur in dem Falle berechtigt, wenn die Zahl der Aktionäre länger als ein halbes Jahr unter sieben gesunken ist (Art. 72, 73).

Durch den Auflösungsbeschluß hört die Gesellschaft an sich nicht auf, bleibt vielmehr während der Liquidation fortbestehen.

Daß die Gesellschaft in Liquidation befindlich ist, muß ebenso wie ihr Karakter als Aktiengesellschaft aus allen von ihr ausgehenden Schriftstücken ersichtlich sein (Art. 67, 111).

Zum Zwecke der Liquidation sind Liquidatoren von der Generalversammlung, und im Falle der Nichtigkeit der Gesellschaft vom Gericht zu bestellen.

Sind keine Liquidatoren ernannt worden, so werden die Vorstandsmitglieder Dritten gegenüber als Liquidatoren erachtet.

Die Befugnisse der Liquidatoren sind nach dem Vorbilde des englischen Aktiengesetzes speziell in den Artikeln 114 bis 118 aufgeführt worden. Die Liquidatoren haften auch den Gläubigern für die Ausführung ihres Mandats (Art. 119).

Während der Liquidation haben die Liquidatoren jährlich der Generalversammlung über das Ergebniß ihrer Thätigkeit, sowie über die Gründe, welche die Beendigung der Liquidation verhinderten, Bericht zu erstatten und die aufgestellte Bilanz bekannt zu machen.

Nach Beendigung der Liquidation haben die Liquidatoren der Generalversammlung einen Schlußbericht unter Legung der Schlußrechnung zu erstatten. Zur Prüfung derselben sind von der Generalversammlung Kommissare zu ernennen. Auf Grund des Berichts der letzteren hat eine neue Generalversammlung über die Entlastung der Liquidatoren Beschluß zu fassen.

Die Beendigung der Liquidation ist öffentlich bekannt zu machen (Art. 120, 121).

VII. Schutz der Aktionäre und Gläubiger.

1. Die Genehmigung der Bilanz durch die Generalversammlung entlastet die Vorstandsmitglieder und Kommissare nur insoweit, als die Generalversammlung keinen Vorbehalt gemacht hat, und die Bilanz keine Omission oder keine, die wirkliche Lage der Gesellschaft verhüllende falsche Angabe enthält.

Nicht erschienenen Aktionären kann die Genehmigung statutenwidriger Handlungen durch die Generalversammlung nur dann entgegengesetzt werden, wenn diese Handlungen in der Einladung zur Generalversammlung speziell angegeben waren.

Die Klage eines Aktionärs gegen den dechargirten Vorstand verjährt jedoch in einem Jahre, von Ertheilung der Decharge ab gerechnet (Art. 64, 127).

2. Unter besonderen Umständen kann das Handelsgericht auf Antrag von Aktionären, welche ein Fünftheil des Grundkapitals vertreten, Kommissare zur Prüfung der Bücher und Rechnungen ernennen. In dem Beschluß sind die Punkte, auf welche die Untersuchung sich erstrecken soll, zu bezeichnen. Der Bericht der Kommissare ist auf der Gerichtsschreiberei niederzulegen (Art. 124).

3. Den Gläubigern der Gesellschaft steht das Recht zu, die auf die Aktien fälligen Einzahlungen sowohl durch Klage gegen die Gesellschaft, als gegen den einzelnen Aktionär herbeizuführen.

4. Bei Verletzung der Vorschrift, daß bei allen von der Gesellschaft ausgehenden Schriftstücken hinter dem Namen der Gesellschaft in leserlicher Schrift die Worte: „Société anonyme" stehen müssen, kann jeder Unterzeichner eines solchen Schriftstücks als persönlich haftbar für die von der Gesellschaft in dem Schriftstücke eingegangenen Verpflichtungen erklärt werden.

Ist dabei das Grundkapital zu hoch angegeben, so kann jeder Dritte, wenn die Gesellschaft ihren Verpflichtungen nicht nachkommt, von dem Unterzeichner so viel gezahlt verlangen, als nothwendig ist, um das angegebene Grundkapital zu erreichen (Art. 66, 67).

VIII. Strafbestimmungen.

Mit einer Strafe von 50 bis 10000 Frcs. werden belegt:

1. diejenigen, welche als vorgebliche Eigenthümer ihnen nicht gehöriger Aktien an der Abstimmung in einer Generalversammlung Theil genommen haben;
2. diejenigen, welche die Aktien wissentlich zu diesem Zwecke hergegeben haben (Art. 131);
3. diejenigen, welche als Vorstandsmitglieder oder Geranten ohne Inventar, oder dem Inventar zuwider, oder mittelst falscher Inventarien die Vertheilung fiktiver Dividenden oder Zinsen bewirkt haben (Art. 133);
4. diejenigen, welche als Vorstandsmitglieder, Kommissare, Geranten oder Aufsichtsrathsmitglieder wissentlich:
   a) Aktien oder Gesellschaftsantheile anders als mittelst wirklicher Gewinnüberschüsse und den Statuten oder Generalversammlungs-Beschlüssen entsprechend, zurückgekauft;
   b) Aktien oder Gesellschaftsantheile aus dem Gesellschaftsvermögen beliehen;
   c) auf Kosten der Gesellschaft Einzahlungen gemacht oder zugelassen haben, welche nicht wirklich in der vorgeschriebenen Art und Zeit geleistet sind.

Neben der Geldbuße kann zugleich auf Gefängniß von 1 Monat bis zu 1 Jahr erkannt werden (Art. 134).

Wegen Prellerei (escroquerie) werden mit der Strafe des Code pénal Artikel 405 (Gefängniß von 1 bis 5 Jahren und Geldstrafe von 50 bis 3000 Frcs., neben welcher Strafe die Untersagung der bürgerlichen Ehrenrechte auf 5 bis 10 Jahre ausgesprochen werden kann) diejenigen belegt:

a) welche durch simulirte Subskriptionen oder Einzahlungen oder wissentlich falsche Veröffentlichung über nicht existirende Zeichnungen oder Einzahlungen oder durch ähnliche Mittel Subskriptionen oder Einzahlungen auf Aktien erhalten oder zu erhalten versucht haben;
b) welche, um Subskriptionen oder Einzahlungen zu erhalten, wider besseres Wissen wahrheitswidrig die Namen von Personen als solche, die der Gesellschaft unter irgend einem Titel angehören oder angehören sollen, veröffentlicht haben (Art. 132).

B. Kommanditgesellschaften auf Aktien.

Der ursprüngliche Regierungsentwurf hatte die Kommanditgesellschaften auf Aktien überhaupt nicht aufgenommen, sondern im Gegensatz zu der Vorschrift des Code de commerce Artikel 38 die Zerlegung der Kommanditantheile in Aktien geradezu untersagt. Die Kommission von 1864 dagegen wollte eine solche Zerlegung in Namensaktien für zulässig erklären, während die Deputirtenkammer auch Inhaberaktien nicht ausschließen wollte, und nur bezüglich der Kommanditgesellschaft mit Inhaberaktien besondere Vorsichtsmaßregeln erforderte. Der neue Entwurf der Regierung vom Jahre 1870 schlug endlich vor, auch diesen Unterschied zu beseitigen und die Kommanditgesellschaften auf Aktien als Unterart der Aktiengesellschaften zu behandeln. Zu diesem Behufe zählte der Entwurf in einem Artikel diejenigen Bestimmungen auf, welche die Kommanditgesellschaft auf Aktien mit der Aktiengesellschaft gemeinsam haben sollte. Da hiernach nur wenige Sondervorschriften für die erstere übrig blieben, so schlug man zuletzt auf Anregung des Abgeordnetenhauses den umgekehrten Weg ein, indem man die Kommanditgesellschaft auf Aktien den für die Aktiengesellschaften gegebenen Regeln unterwarf und ihre Besonderheiten in einzelnen Artikeln zusammenstellte.[1])

Das Gesetz giebt eine Definition der Kommanditgesellschaft auf Aktien (Art. 74), Vorschriften über die Firmenbezeichnung (Art. 75) und ordnet an, daß die Gesellschaft in allen ihren Akten und Veröffentlichungen sich als société commandite par actions bezeichnen müsse (Art. 83).

Die Besonderheiten der Kommanditgesellschaften auf Aktien sind folgende:

1. Die persönlich haftenden, geschäftsführenden Gesellschafter (associés gérants) müssen in dem Statut bezeichnet werden und gelten rücksichtlich ihrer Verantwortlichkeit bei Errichtung der Gesellschaft als Gründer; sie haben die ihnen in den Statuten ertheilten Rechte (Art. 77, 79).

   Mit dem Tode eines solchen Gesellschafters endigt, sofern im Statut nicht ein Anderes bestimmt ist, die Gesellschaft. Die Kommissäre (Aufsichtsräthe) können jedoch mangels statutarischer Bestimmung im Falle des Todes oder gesetzlicher Unfähigkeit oder sonstiger den geschäftsführenden Gesellschafter treffenden Hindernisse, einen Administrator, der nicht Aktionär zu sein braucht, ernennen. Dieser hat bis zum Zusammentritt der Generalversammlung die unaufschiebbaren Handlungen und sonstigen einfachen Verwaltungsakte vorzunehmen und muß innerhalb vierzehn Tagen nach seiner Ernennung die Generalversammlung berufen.

   Seine Verantwortlichkeit richtet sich lediglich nach dem Inhalt seines Auftrages (Art. 84).

2. Der Aufsichtsrath muß mindestens aus drei Mitgliedern (commissaires) bestehen (Art. 80); er kann sein Gutachten bezüglich derjenigen Akte abgeben, welche ihm die geschäftsführenden Gesellschafter unterbreiten, und letztere zu denjenigen Handlungen ermächtigen, die im Statut besonders vorgesehen sind (Art. 81 Abs. 1).

3. Die Generalversammlung vertritt die Kommanditisten gegenüber den geschäftsführenden Gesellschaftern und kann Akte der letzteren, soweit sie die Rechte Dritter betreffen, nur im Einverständniß mit den geschäftsführenden Mitgliedern gutheißen, in gleicher Weise auch nur zu einer Aenderung der Statuten schreiten. In diesen können jedoch abweichende Vorschriften getroffen werden (Art. 82).

4. Der Kommanditist, welcher die Firma der Gesellschaft anders als per procura führt, oder dessen Namen in der Firma figurirt, wird Dritten gegenüber aus den Verbindlichkeiten der Gesellschaft solidarisch verantwortlich (Art. 81 Abs. 2).

5. Die Aktienurkunde muß durch die geschäftsführenden Gesellschafter und zwei Kommissarien unterzeichnet sein und zwar hat diese Unterzeichnung mindestens von einem geschäftsführenden Gesellschafter und einem Kommissar eigenhändig stattzufinden, während sie von den übrigen metallographisch erfolgen kann (Art. 78).

VII. Italienisches Aktienrecht.

Das italienische Handelsgesetzbuch (Codice di commercio del regno d'Italia) vom 25. Juni 1865 schloß sich im Wesentlichen an das sardinische (Codice di commercio Albertino) an, welches seinerseits ein Abbild des französischen Code de commerce war. Der siebente Titel jedoch, welcher von den Handelsgesellschaften handelte, war von dem französischen Vorbild unabhängiger und entstammte einem im Jahre 1862 von dem Justizministerium, später von der Deputirtenkammer (Berichterstatter Corsini) ausgearbeiteten Entwurf, der die Grundlage der späteren Artikel 106 bis 187 bildete.[1])

Die allein auf die Aktiengesellschaft (società anonima) bezüglichen Artikel 129 bis 131 ordneten allerdings Neues nicht an, es wurde nur der Begriff gegeben, sowie festgesetzt, daß die Gesellschaft von Vorstandspersonen (administratori) verwaltet werde, die bei ihren Obligationen nicht sich, sondern die Gesellschaft verpflichten, und endlich, daß sich das Grundkapital in Aktien zerlegt. Die übrigen Artikel enthielten Vorschriften, welche theils der Aktiengesellschaft[2]) und der in den Artikeln 126 bis 128 vorweg behandelten Kommanditgesellschaft auf Aktien (società in accommandita divisa per azioni) — Artikel 132 bis 154 — theils solche, welche allen Gesellschaftsformen — Eingehung (Art. 155 bis 165), Auflösung und Liquidation (Art. 166 bis 171) — gemeinsam waren.

Das Schwergewicht des bisherigen Rechts lag in der Königlichen Genehmigung, welche für die Errichtung einer Aktiengesellschaft erforderlich war (Art. 156), und in der damit verbundenen Staatsaufsicht über die bestehende Gesellschaft. Die Staatsaufsicht bildete den Angelpunkt, um welchen sich die weitere Entwickelung des Aktienrechts bewegte. Der italienischen Gesetzgebung war es vorbehalten, die verschiedensten Seiten dieser Staatsaufsicht auszubilden, indem dieselbe bald den Behörden allein, bald denselben unter Mitbetheiligung der interessirten Kreise übertragen wurde. Für die Beurtheilung dieses Prinzips ist es nicht ohne Bedeutung, den weiteren Gang der Entwickelung in Italien genauer zu verfolgen.

Die näheren Anordnungen enthielten Königliche Dekrete, von denen die wichtigsten folgende waren:

1. Regio decreto contenente norme relative all' autorizzazione delle Società anonime ed in accomandita perazioni ed alla sorveglianza governativa sulle medesime vom 30. Dezember 1865 — Raccolta ufficiale p. 3863 ff. —.

---

[1]) Nicht ohne Einfluß war hierbei das Auftreten des Justizministers Bara, welcher wiederholt erklärt hatte, daß der Umstand, wonach bei der Kommanditgesellschaft auf Aktien statt eines Vorstandes ein persönlich haftender Gesellschafter vorhanden sei, sie nur zu einer Abart der Aktiengesellschaft mache, und daß die durch den letzteren gebotenen Garantien bei Weitem diejenigen nicht erreichten, welche das Gesetz für die Aktiengesellschaften nach Aufhebung der staatlichen Genehmigung für erforderlich halte.

Sachs, die Revision des Handelsrechts in Belgien (Beilageheft zu Bd. XXI der Zeitschrift für das gesammte Handelsrecht) 1876 S. 110 f., 172 ff.

[1]) Zeitschr. für H. R. Bd. XI S. 324 ff.

[2]) Die Anzahl der italienischen Aktiengesellschaften ist nicht unbedeutend. Sie betrugen nach dem Bericht des Handelsministers Castagnola vom 8. Dezember 1871 im Jahre 1866: 238 mit einem Kapital von 1 411 Millionen Lire, im Jahre 1870: 424 mit einem Kapital von 1 671 Millionen Lire, und vermehrten sich in den ersten 9 Monaten des Jahres 1871 um 50 mit einem Kapital von 148 Millionen Lire (vergl. Atti della commissione incaricata di studiare le modificazioni da introdursi nel codice di commercico del regno d'Italia IV p. 176). Bemerkt muß jedoch werden, daß in diesen Zahlen wahrscheinlich auch die Kommanditgesellschaften auf Aktien einbegriffen sind.

Hiernach unterstanden die Aktiengesellschaften und Kommanditgesellschaften auf Aktien der Oberaufsicht des Ministers für Ackerbau, Gewerbe und Handel. An ihn waren die Gesuche um Ermächtigung zu richten, welche begleitet sein mußten:

a) von dem in Privatschrift oder öffentlicher Urkunde abgefaßten Gesellschaftsvertrag;
b) von den durch die Gründer bestätigten Zeichnerlisten;
c) von der Erklärung der Gründer über die Richtigkeit der erfolgten Einzahlungen und über die Kasse, wo die Fonds niedergelegt sind;
d) von dem Protokoll über die erste Generalversammlung.

Die Ueberwachung der Gesellschaften fand durch die Distriktskommissariate (Uffizi commissariali del distretto) statt, deren Kosten von den Gesellschaften nach Verhältniß bestritten wurden. Der Kommissar wachte über Ausführung und Beobachtung der Gesetze und des Statuts, ohne jedoch an der Geschäftsführung selbst Theil zu nehmen. Er hatte das Recht zur Einsicht in die Gesellschaftsbücher und zur Prüfung der Kasse, ihm waren auf Erfordern die zur Information nöthigen Schriftstücke vorzulegen. Der Kommissar konnte allen Generalversammlungen beiwohnen und mußte es auf Einladung der Administratoren oder einer bedeutenden Anzahl von Aktionären; ihm wurden die Protokolle überreicht, er hatte, unter Bericht an den Minister, die Gesellschaft aufzufordern, beschlossene Maßregeln, sofern sie gegen Gesetze, Dekrete oder Statuten waren, zu suspendiren.

Auf Klagen der Aktionäre oder bei Bedenken gegen die Geschäftsführung konnte der Kommissar Versammlungen des Vorstandes berufen und er mußte, falls die Beschwerden oder Verdachtsgründe sich als wahr erwiesen, an den Minister berichten, der die Ermächtigung zur Berufung einer Generalversammlung unter Feststellung der Tagesordnung ertheilen konnte.

Der Kommissar überwachte die Emission der Aktien, die Umwandlung der Interimsscheine in Obligationen, die erforderlichen Veröffentlichungen u. dergl. m.

Besondere Vorschriften waren noch für Lebensversicherungen und für auswärtige Gesellschaften gegeben.

2. Das Dekret vom 27. Mai 1866 — Raccolta uffiz. p. 697 — hat die Aufsicht über die Aktiengesellschaften dem Finanzminister übertragen.

3. Regio decreto con cui l'ispezione alle Società commerziali ed agli Istituti di credito é affidata ad un Ufficio di sindacato istituito presso il Ministero delle Finanze vom 27. Mai 1866 — Raccolta uffiz. p. 703 —.

Hiernach wurde zur Beaufsichtigung der Aktiengesellschaften bei dem Finanzministerium ein Syndikatsamt geschaffen und es wurden die Distriktskommissariate aufgehoben. Das Syndikatsamt wurde von einem Zentralzensor geleitet, unter welchem 1 Generalinspektor, Inspektoren und Lokaldelegirte standen. Letztere konnten auch anderweit angestellte Beamte sein. Diesem Syndikatsamt wurde außer den Obliegenheiten der früheren Kommissariate noch eine besondere Ueberwachung der Kreditinstitute aufgetragen (Emission, Reservefonds, Finanzlage, Kassenbestand u. s. w.). Die Kommissare der Regierung bei den Banken konnten Beschlüsse derselben provisorisch bis zur Entscheidung des Ministers suspendiren.

4. Das Dekret vom 4. November 1866 — Raccolta uffiz. p. 2097 — übertrug die Oberaufsicht wiederum dem Minister für Ackerbau, Gewerbe und Handel, veranlaßte aber das Syndikatsamt, seine Berichte auch dem Finanzminister einzureichen.

5. Regio decreto che supprime gli Uffici di sindacato sulle Societ à commerciali e sugli Istituti di credito vom 5. September 1869 — Raccolta uffiz. p. 1525 —

Das Syndikatsamt wurde aufgehoben und an deren Stelle Provinzialaufsichtsämter eingerichtet, welche aus dem Präfekten (bezw. Unterpräfekten) und zwei von der Handelskammer gewählten Mitgliedern bestand. Sodann wurde angeordnet, daß alle Aktiengesellschaften ihre Rechenschaftsberichte veröffentlichen müssen, die Kreditinstitute allmonatlich.

Eine Revision durch die Aemter sollte lediglich auf Betreiben der Aktionäre, Versicherten oder Deponenten geschehen und zwar nur aus folgenden Gründen, wenn

a) Operationen gegen das Gesellschaftsstatut gemacht;
b) eine Bestimmung des Handelsgesetzbuchs verletzt wurde;
c) die Rechenschaftsberichte und Prospekte ungenau waren.

Ging der Antrag von Aktionären aus, so mußten dieselben mindestens ein Zehntel des Aktienkapitals vertreten. Das Provinzialamt erstattete über seine Untersuchung Bericht an die Gesellschaft, die Antragsteller und den Minister.

Weigerte das Provinzialamt die Untersuchung, so fand Rekurs an den Minister statt.

Der Minister konnte die Revision auch durch einen besonderen Delegirten vornehmen.

In Folge der Einverleibung Venetiens war Italien mit dem daselbst in Geltung befindlichen deutschen Handelsgesetzbuch in unmittelbare Berührung getreten. Auf Anregung des Deputirten Mancini wurde mit Hinweis auf das deutsche Gesetz vom 8. September 1869 eine Kommission zu einer neuen Kodifikation des Handelsrechts einberufen. Bezüglich der Aktiengesellschaften lag der Kommission eine Denkschrift des Ministers Minghetti vor, auf welche gestützt man zur Aufhebung der staatlichen Genehmigung gelangte, der Staatsaufsicht die Selbstthätigkeit der Aktionäre substituirte und diese durch möglichste Publizität und Durchsichtigkeit der Verwaltung zu ermöglichen suchte.[1])

Der Entwurf der Kommission ist im Jahre 1873 veröffentlicht (Projetto preliminare per la riforma del Codice di Commercio del regno d'Italia. Firenze 1873). Auf Grund der durch den Justizminister (Vigliani) von den obersten Gerichtshöfen, den Juristenfakultäten und Handelskammern erforderten Berichte wurde alsdann seitens der Regierung unter dem 8. Dezember 1874 ein Gesetzentwurf nur über die Handelsgesellschaften dem Senat und demnächst der Deputirtenkammer vorgelegt, ohne daß der Entwurf in dieser zur Berathung kam. Nach eingetretenem Wechsel im Ministerium nahm der Justizminister (Mancini) die Legislation des gesammten Handelsrechts wieder auf und berief am 6. Oktober 1876 eine neue Kommission, welche ihrerseits den Text des Entwurfes feststellte. Derselbe wurde am 18. Juni 1877 dem Senat vorgelegt, gelangte indeß wiederum nicht zu einer Durchberathung. Dieser sogenannte Mancinische Entwurf eines Handelsgesetzbuchs ist von dem neugebildeten Ministerium, dem Minister der Justiz (Tajani) und des Handels (Majorana-Calatabiana) am 13. Februar 1879 von neuem den gesetzgebenden Körperschaften vorgelegt worden; er unterlag der Berathung einer von der Deputirtenkammer am 2. Juli 1880 gewählten Spezialkommission.[2]) Die parlamentarischen Berathungen dauerten bis zum Jahre 1882. Durch Gesetz vom 2. April 1882 (Raccolta uffiz. 3ª Ser. No. 681) wurde die Regierung ermächtigt, den Text des Handelsgesetzbuchs, das spätestens am 1. Januar 1883 in Kraft treten sollte, wie er aus den Berathungen des Parlaments hervor-

[1]) Zeitschr. für das gesammte Handelsr. XVIII S. 616.
[2]) Vergl. Sacerdoti in der Revue de droit international XII p. 70 bis 89, 154 bis 186, XIII p. 357 ff.

gegangen war, einer Revision zu unterziehen, um die Bestimmungen desselben mit den übrigen Gesetzen in Einklang zu bringen. Die Revision wurde von einer durch die Regierung berufenen Kommission vorgenommen und auf deren Vorschläge der neue Codice di commercio durch Königliches Dekret vom 31. Oktober 1882 als Gesetz verkündet.[1]) Die Gesetzeskraft wurde auf den 1. Januar 1883 festgesetzt. In Bezug auf die Gesellschaften ist das System des früheren Gesetzbuchs beibehalten. Die Artikel 76 bis 104, 186 bis 207 enthalten allgemeine, für alle Gesellschaften geltende Vorschriften, Artikel 114 bis 120 treffen für die Kommanditgesellschaften, Artikel 121 bis 125 für die Aktiengesellschaften besondere Bestimmungen und Artikel 126 bis 185, 210 bis 218 gemeinsame Regeln für die Kommandit-Aktien- und Aktiengesellschaften. Hiernach stellt sich das geltende Recht folgendermaßen dar:

A. Aktiengesellschaften.

I. Gründung.

Zur Errichtung der Gesellschaft wird ein öffentlicher Vertrag (atto publico) verlangt.

Derselbe muß enthalten:

1. Firma, Sitz, Etablissements und sonstige Vertretungen (rappresentanze) der Gesellschaft;
2. Gegenstand des Unternehmens;
3. Höhe des gezeichneten und des eingezahlten Kapitals;
4. Zahl und Betrag der Aktien und ihre Eigenschaft, ob sie auf Namen oder auf Inhaber lauten und ob eine Umwandlung der einen in die andere Art stattfinden kann, sowie die Bestimmungen über den Verfall der Aktien und über die von den Aktionären zu machenden Einzahlungen;
5. den Betrag der eingebrachten Forderungen oder sonstigen eingebrachten Vermögensstücke;
6. die Grundsätze über Aufstellung der Bilanz und über die Berechnung und Vertheilung der Dividenden;
7. die Vortheile und Sonderrechte, welche den Gründern bewilligt sind;
8. die Zahl der Vorstandsmitglieder, ihre Rechte und Pflichten, insbesondere die Befugniß zur Firmenzeichnung; bei letzterer ist stets die Summe der auf die Aktien erfolgten Einzahlungen in Gemäßheit der letzten Bilanz anzugeben (Art. 104);
9. die Zahl der Mitglieder des Aufsichtsraths (sindaci);
10. die Befugnisse der Generalversammlung und die Bedingungen für die Gültigkeit der Berathungen und für die Ausübung des Stimmrechts.

Dem Statut müssen die Zeichnungsscheine beigefügt sein, sowie die Quittungen über die erste geleistete Einzahlung.

Ein Auszug aus dem Gesellschaftsvertrag ist von dem Notar innerhalb 14 Tagen nach dem Abschluß bei dem Handelsgericht einzureichen und dort in das Gesellschaftsregister einzutragen und durch Aushang im Gerichtshause, Rathhaus und an der Börse bekannt zu machen. Eintragung und Veröffentlichung erfolgt jedoch erst, nachdem das Gericht die Beobachtung der gesetzlichen Bedingungen geprüft hat (Art. 87, 89 bis 91).

Abschriften des Gesellschaftsvertrages und seiner Anhänge sind innerhalb eines Monats nach der gerichtlichen Verfügung in den für die Bekanntmachungen des Gerichts, in dessen Bezirk die Gesellschaft ihren Sitz hat, bestimmten Blättern durch den Vorstand zu veröffentlichen; eine gleiche Veröffentlichung erfolgt in einer besonderen Beilage zum Staatsanzeiger unter dem Titel „Bolletino uffiziale delle società per azioni" (Art. 94, 95). Vor Erfüllung dieser Förmlichkeiten ist die Gesellschaft nicht errichtet; war in ihrem Namen gehandelt, so haften die Handelnden solidarisch. Erfolgt innerhalb dreier Monate nach Ablauf des gesetzlichen Termins nicht die Hinterlegung des Gesellschaftsvertrages bei Gericht, so können die Zeichner ihre Befreiung von ihren Verpflichtungen verlangen (Art. 98, 99). Was von dem Gesellschaftsvertrag vorgeschrieben ist, gilt auch von dessen Abänderungen (Art. 100).

Die Haftbarkeit der Gründer für die von ihnen geschlossenen Verträge, sowie die Bestimmung über die Beschaffenheit der Apports und die Gründervortheile ist aus dem bisherigen Recht fast vollständig in den Entwurf übernommen. Danach sind die Gründer solidarisch für die Verbindlichkeiten verhaftet, welche sie zur Gründung der Gesellschaft vorbehaltlich ihres Regresses gegen diese eingehen. Sie übernehmen Gefahr und Kosten für die zur Errichtung der Gesellschaft erforderlichen Handlungen und können, wenn die Gesellschaft nicht zu Stande kommt, einen Ersatz von den Zeichnern nicht verlangen. Bei Errichtung der Gesellschaft können die Gründer für sich einen Sondervortheil irgend welcher Art nicht in Anspruch nehmen. Nichtig sind sogar die von den Gründern gemachten Versprechungen von Kommissionsgebühren für Unterbringung der Aktien. Als Gründervortheil ist allein gestattet der Vorbehalt von einem Zehntel des Reingewinns auf die Dauer von höchstens fünf Jahren und nicht über den dritten Theil der Dauer der Gesellschaft hinaus. Die Auszahlung darf vor Genehmigung der Bilanz nicht stattfinden. Auch ist der ganze Vorbehalt von der Genehmigung der ersten Generalversammlung abhängig (Art. 126, 127, 134 — C. d. comm. von 1865 Art. 132 bis 134 —).

Die Gründer müssen, sofern das Aktienkapital nicht von sämmtlichen Gründern gezeichnet ist (Art. 128), einen Prospekt (programma) verfassen, welcher den Zweck des Unternehmens, das Kapital, die Hauptbestimmung des Gesellschaftsvertrags, die für sie reservirten Vortheile enthält oder das Projekt des Statuts anführt. Der Prospekt muß von den Gründern unterzeichnet sein und einen von dem oben erwähnten gesetzlichen Termin abweichenden enthalten, an welchem bei Nichtzustandekommen der Gesellschaft die Verpflichtung der Zeichner erlischt; gleichzeitig hat er den Vorsitzenden für die erste Generalversammlung zu bezeichnen. Der Prospekt muß vor der Veröffentlichung mit den authentischen Unterschriften der Gründer bei dem Handelsgericht niedergelegt werden (Art. 129).

Die Zeichnung der Aktien hat in besonderen Zeichnungsscheinen stattzufinden, an deren Anfang der Gründungsprospekt oder Statutenentwurf stehen muß. Die Zeichnung geschieht unter genauer Angabe von Namen, Vornamen, Stand, Wohnort der Zeichner, Zahl der zu entnehmenden Aktien, und unter der Erklärung, daß der Zeichner das Programm oder Statut kennt und akzeptirt.

Es kann aber auch die Aktienzeichnung in besonderen von den Zeichnern an die Gründer zu richtenden Briefen geschehen, welche den obengedachten Inhalt haben müssen. Die Zeichnungen müssen notariell beglaubigt sein.

Register und Zeichenscheine sind von den Gründern dem Vorstand zu übertragen, dies auch im Notariatsprotokoll zu vermerken.

Gründer und Vorstand haften für die Erfüllung der Förmlichkeiten bei der Zeichnung (Art. 130, 139, 147).

Es muß das ganze Aktienkapital gezeichnet und drei Zehntel von jedem Aktionär in Bezug auf die von ihm gemachten Zeichnungen baar eingezahlt sein, sofern das Statut nicht die Quote der Einzahlung erhöht hat.

Auch ist die Ausgabe neuer Aktien, bevor eine Volleinzahlung auf die früheren stattgefunden hat, sowie die

[1]) Bericht des Justizministers Zanardelli an den König und das Königliche Dekret vom 31. Oktober 1882 in der Gazetta Ufficiale del regno d'Italia vom 6. November 1882 (Nr. 259).

Emission von Aktien unter dem Nominalwerth verboten. Bei Versicherungsgesellschaften genügt die Einzahlung von einem Zehntel (Art. 131).

Nach erfolgter Zeichnung haben die Gründer in der Gazetta Ufficiale und in den für die gerichtlichen Veröffentlichungen an dem zukünftigen Sitz der Gesellschaft bestimmten Blättern einen Termin bekannt zu machen, bis zu welchem die noch nicht bewirkten Zahlungen von den Zeichnern zu leisten sind. Bei fruchtlosem Verlauf desselben haben die Gründer entweder das Recht, die Zeichner von der übernommenen Verbindlichkeit zu befreien oder sie zur Zahlung zu zwingen. Ersterenfalls kann jedoch vor erfolgter Ergänzung der Zeichnung und vor Unterbringung der Aktien nicht zur Errichtung der Gesellschaft geschritten werden (Art. 132).

Die Einzahlungen sind bei der öffentlichen Hinterlegungskasse (cassa dei depositi e prestiti) oder bei einer gesetzlich errichteten Emissionsanstalt [1]) derart zu leisten, daß die Gründer keinen Betrag, sei es auch nur als Kosten oder Auslagen, erheben können; vielmehr ist die Summe nach gehöriger Legitimation den Mitgliedern des Vorstandes oder, falls die Gesellschaft nicht zu Stande kommt, den Zeichnern auszuhändigen (Art. 133).

Nach vorschriftsmäßiger Zeichnung und Einzahlung haben die Gründer, sofern nicht im Statut ein Anderes bestimmt ist, innerhalb 14 Tagen seit dem Ablauf des Einzahlungstermins die Aktionäre in den gewöhnlichen Formen zu einer Generalversammlung einzuberufen. Letztere entscheidet über die gemachten Einzahlungen und den Werth der nicht in baarem Gelde bestehenden Einlagen, über die Gründervorbehalte sowie über das Statut, wenn es nicht schon bei den Zeichnungen angenommen ist, und ernennt den Vorstand und die Aufsichtsräthe (sindaci). Behufs Abschätzung der Einlagen hat die Versammlung das Recht, Sachverständige zu ernennen und deren Bericht abzuwarten (Art. 134).

Die Vertagung der Generalversammlung auf drei Tage kann wie nach bisherigem Recht eintreten, wenn ein Zeichner erklärt, daß er noch nicht genügend informirt sei; sie muß eintreten, wenn der Antrag von Zeichnern, welche den vierten Theil des vertretenen Grundkapitals darstellen, unterstützt wird. Die Mehrheit der Erschienenen entscheidet über eine längere Vertagung, letztere darf jedoch, außer bei Zustimmung von drei Viertel der Aktionäre, über einen Monat hinaus nicht stattfinden (Art. 135 — C. d. comm. 1865 art. 187 —).

Jede Uebertragung von Aktien seitens der Zeichner vor gesetzlicher Errichtung der Gesellschaft ist nichtig und berechtigt den Käufer zur Rückforderung der gezahlten Summe. Dagegen ist die Zulassung eines Dritten zur Theilnahme an den Rechten und Pflichten der Aktionäre ohne Agio und Prämie nicht verboten (Art. 137).

II. Aktien.

Die Höhe der Aktien ist auch in dem neuen Gesetzbuch wie in dem bisherigen Recht nach dem Minimum und Maximum unbeschränkt geblieben. Die Aktien müssen jedoch den gleichen Nominalwerth haben und, sofern im Gesellschaftsvertrag nicht ein Anderes bestimmt ist, den Inhabern gleiche Rechte verleihen und stets jedem Aktionär ein Stimmrecht in der Generalversammlung gewähren. Die Aktien sind entweder Namen- oder Inhaberaktien (Art. 164), deren Urkunden folgenden Inhalt haben müssen:

a) die Firma der Gesellschaft;
b) das Datum des Errichtungsaktes und seiner Publikation mit der Anzeige des Ortes, wo sie erfolgt ist,
c) die Höhe des Aktienkapitals, Zahl und Totalsumme der Aktien;
d) die Dauer der Gesellschaft.

[1]) Vergl. das Gesetz vom 30. April 1874.

Sie sind von zwei Mitgliedern des Vorstandes, wenn dieser aus mehreren Personen besteht, zu unterzeichnen (Art. 165).

Vor der Vollzahlung können nur Aktien auf den Namen ausgestellt werden (Art. 166). Die Bestimmung des früheren Entwurfs, daß diese durch Beschluß der Generalversammlung auf den Inhaber gestellt werden können, wenn wenigstens die Hälfte des Nominalwerthes eingezahlt ist und das Statut eine höhere Quote nicht verlangt (Art. 166 des Entw. von 1873), hat in das neue Gesetzbuch keine Aufnahme gefunden.

Der jährliche Gesellschaftsbericht muß die gemachten Einzahlungen, die Zahl der verfallenen und nicht in Umlauf gesetzten Aktien, sowie die hierauf erfolgten Zahlungen genau bezeichnen (Art. 167).

Die Zeichner und deren Rechtsnachfolger bleiben für den ganzen Betrag der von ihnen gezeichneten Aktien verhaftet (Art. 166).

In Anlehnung an das bisherige Recht (C. d. comm. von 1865 Art. 153, 154, 150) kann auch nach dem neuen Handelsgesetzbuch die Gesellschaft vorbehaltlich ihrer Klage gegen die Zeichner und deren Rechtsnachfolger das Aktienrecht auf Gefahr und Rechnung des Säumigen 14 Tage nach erfolgter Aufforderung in der Gazetta ufficiale zum Marktpreise verkaufen lassen. Kann der Verkauf wegen Mangels an Käufern nicht bewirkt werden, so kann die Gesellschaft das Aktienrecht für verfallen erklären und die hierauf geleisteten Zahlungen zurückbehalten oder auch gegen den Zeichner und dessen Rechtsnachfolger klagend Regreß nehmen (Art. 168).

Die Uebertragung der Aktien erfolgt wie nach Deutschem Handelsgesetzbuch (Art. 169).

Emission von Obligationen.

Inhaberobligationen können nicht vor der Konstituirung und nicht über das eingezahlte Gesellschaftskapital hinaus, ausgegeben werden, auch bedarf es immer der Zustimmung einer Generalversammlung, in welcher drei Viertheile des Grundkapitals vertreten sind und in dieser der Mehrheit von Aktionären, deren Aktienbesitz zwei Drittheile des in der Generalversammlung vorhandenen Kapitals ausmacht. Höhere Summen können nur emittirt werden, sofern sie durch Schuldverschreibungen von Provinzen oder Kommunen garantirt sind. Die Ausgabe von Bankbillets ist durch ein besonderes Gesetz geregelt [1]) (Art. 171, 158).

Vor der Emission haben die Vorstandsmitglieder eine Erklärung zu veröffentlichen, welche die genauen Daten über die Gesellschaft und deren finanzielle Lage, sowie den Betrag des zu emittirenden Kapitals, die Art der Sicherheit und Tilgung und den Zustimmungsbeschluß der Generalversammlung enthalten muß (Art. 173).

Eine Abschrift dieser Erklärung ist bei der Handelskammer zu hinterlegen, auch müssen die Zeichnungsbogen und die Urkunden selbst den Text derselben enthalten (Art. 172, 174, 175).

III. Organisation.

a. Vorstand.

Der Vorstand besteht aus jederzeit widerruflichen, auf Zeit ernannten Administratoren, welche nicht Aktionäre zu sein brauchen, besoldet oder nicht besoldet sein können (Art. 121 — C. di comm. von 1865 Art. 130). Nach dem bisherigen Recht (C. di comm. von 1865 Art. 138 Abs. 2 und 3) waren der Bankier, der Baumeister, die Lieferanten und Unterlieferanten der Gesellschaft von der Wahl zum Vorstand ausgeschlossen. Das neue Handelsgesetzbuch hat diese Vorschrift nicht übernommen, bestimmt dagegen, daß jedes Mit-

[1]) Gegenwärtig durch das Gesetz vom 30. April 1874 (Raccolta Uffiz. No. 1920 p. 791).

glied des Vorstandes oder des Aufsichtsraths von Rechtswegen aus seiner Stellung scheidet, wenn er für fallit erklärt, entmündigt, zu einer Kriminalstrafe oder wegen Bestechung, Fälschung, Diebstahls oder Betrugs zu einer Korrektionsstrafe verurtheilt worden ist (Art. 151).

Neu ist ferner die Anordnung, daß die Vorstandsmitglieder als Garantie für ihre Geschäftsleitung eine Zahl Aktien hinterlegen müssen, die ein Fünfzigstel des Aktienkapitals für jedes Mitglied beträgt. Im Gesellschaftsvertrag kann jedoch bestimmt werden, daß die Höhe der Kaution 50 000 Lire in baarem Gelde oder im Nennwerth der Aktien nicht übersteige — den Ort der Hinterlegung bestimmt die Generalversammlung. Während der Entwurf von 1873 (Art. 130) ein Mitglied, welches die Kaution nicht hinterlegte, als Demissionär von Rechtswegen bezeichnete, hat das neue Handelsgesetzbuch sich jeder Vorschrift über die Folgen der Nichthinterlegung enthalten (Art 123).

Die Ernennung der Vorstandsmitglieder erfolgt durch die Generalversammlung; für das erste Mal können sie in dem Statut bestimmt sein, doch nicht länger als auf vier Jahre. Ist die Dauer nicht bestimmt, so beträgt sie gesetzlich nur zwei Jahre, wobei jedesmal die Hälfte mit Ablauf der ersten Hälfte der Amtsdauer ausscheidet. Bei Wegfall eines Vorstandsmitgliedes während der Amtsdauer wird die Stelle durch die Uebrigen im Verein mit dem Aufsichtsrath besetzt, bis die nächste Generalversammlung zusammentritt. Ist nur ein Mitglied vorhanden, so ist bei Niederlegung seines Amts eine Generalversammlung zu berufen; im Fall des Todes oder eines ähnlichen physischen Verhinderungsgrundes erfolgt die provisorische Ernennung durch den Aufsichtsrath (Art. 125).

Ferner sucht das Gesetz eine Sicherung der Verwaltung in der Anordnung, daß bei einer Mehrzahl von Vorstandsmitgliedern zur Gültigkeit ihrer Berathungen wenigstens die Anwesenheit der Hälfte von ihnen erforderlich ist, wenn nicht der Gesellschaftsvertrag eine größere Anzahl fordert (Art. 141).

Der Vorstand erhält von den Gründern alle auf die Gründung bezüglichen Urkunden, Zeichnungsscheine &c. (Artikel 139) und muß genaue Register der Aktionäre, und der von ihnen gemachten Einzahlungen, der Sitzungen des Vorstandes und der Generalversammlung führen. Das erst- und letztgedachte Register ist jedem Aktionär zur Einsicht vorzulegen, auch darf ein solcher auf seine Kosten Abschriften entnehmen (Art. 140, 142).

Der Vorstand ernennt die Gesellschaftsbeamten (Art. 143).

Die Vorstandsmitglieder dürfen für Rechnung der Gesellschaft nicht eigene Aktien derselben erwerben, es sei denn, daß der Erwerb von der Generalversammlung genehmigt wird und aus den regelmäßig gewonnenen Nutzungen nach Volleinzahlung der Aktien erfolgt (Art. 144).

Für die Lebensversicherungsgesellschaften und Tontinen ist der Erwerb von Staatspapieren oder anderen durch Königliches Dekret bestimmten Werthpapieren verordnet (Art. 145).

Persönlich sind die Vorstandsmitglieder Dritten und den Aktionären wie nach dem bisherigen Recht nach den Grundsätzen des Mandats verantwortlich (Art. 122 — C. d. comm. art. 139). Insbesondere haften sie den Aktionären und Dritten solidarisch:

- für die Richtigkeit der Einzahlungen,
- für die wirkliche Existenz der bezahlten Dividenden,
- für die Führung der vom Gesetz bestimmten Bücher und Register,
- für die vollständige Erfüllung der Beschlüsse der Generalversammlung, sowie
- für alle ihnen durch Gesetz oder Gesellschaftsvertrag auferlegten Verpflichtungen (Art. 147).

Diese Verpflichtung erstreckt sich auch auf einen Direktor, der nicht zum Vorstand gehört. Frei von Verantwortung wird dasjenige Mitglied, welches ohne eigene Schuld ist und seinen Widerspruch gegen die Maßregel unverzüglich in das Berathungsregister eintragen läßt und dem Aufsichtsrath schriftlich anzeigt. Hat ein Mitglied des Vorstandes bei einem Geschäft ein von dem der Gesellschaft verschiedenes Interesse, so muß er hiervon den übrigen Mitgliedern und dem Aufsichtsrath Anzeige machen, sich selbst aber jeglicher Abstimmung enthalten. Mißbilligt der Aufsichtsrath den wegen des Geschäfts ihm vorgelegten Beschluß, so haften bei Zuwiderhandlungen die betheiligten Vorstandsmitglieder für allen der Gesellschaft erwachsenden Schaden (Art. 148 bis 150).

Bilanz.

Der Vorstand hat alljährlich spätestens einen Monat vor der ordentlichen Generalversammlung den Aufsichtsräthen eine Bilanz nebst ihren schriftlichen Grundlagen vorzulegen, welche genau enthalten muß:

a) das Gesellschaftskapital;
b) das gezeichnete Kapital;
c) die Summe der gemachten Einzahlungen;
d) die Summe der rückständigen Einzahlungen;
e) Zahl und Gesammtbetrag der verfallenen Aktien.

Sie muß mit Klarheit Gewinn und Verlust angeben. Bei Lebensversicherungsgesellschaften und Tontinen ist auch in der Bilanz ein Beweis für die Erfüllung der gesetzlichen Vorschriften über die Anlage des Vermögens zu erbringen (Art. 174, 167, 145).

Aktiengesellschaften, deren Hauptgegenstand Kreditgeschäfte sind (che hanno per principale oggetto l'esercizio del credito), müssen innerhalb der ersten 8 Tage jeden Monats bei dem Handelsgericht einen Geschäftsbericht über den verflossenen Monat nach Maßgabe eines durch Königliches Dekret festzustellenden Musters hinterlegen. Ebenso müssen Versicherungsgesellschaften ihre Bilanz nach einem in gleicher Weise vorzuschreibenden Formular abfassen (Art. 177).

Nach Genehmigung der Bilanz ist dieselbe nebst dem Protokoll über die Beschlußfassung der Generalversammlung und dem Bericht der Aufsichtsräthe in Abschrift von dem Vorstand binnen 10 Tagen bei dem Handelsgericht niederzulegen, auch in den betreffenden Zeitungen zu veröffentlichen (Art. 180, 91, 94, 95).

Das Verbot fiktiver Dividendenzahlungen mit der Ausnahme hinsichtlich der sogenannten Bauzinsen ist aus dem früheren Recht übernommen; dieselben dürfen jedoch 5 Prozent nicht übersteigen, nicht über einen Zeitraum von 3 Jahren hinausgehen und müssen später auf die wirklichen Dividenden verrechnet werden (Art. 181 — Cod. di comm. 1865 art. 141).

Alljährlich muß endlich mindestens der zwanzigste Theil des Reingewinns zur Bildung eines Reservefonds verwendet werden, bis derselbe den fünften Theil des Grundkapitals erreicht (Art. 180).

b. Aufsichtsrath (Sindaci).

In der alljährlichen ordentlichen Generalversammlung (einschließlich der ersten) müssen 3 bis 5 Sindaci und zwei Stellvertreter für die Ueberwachung der geschäftlichen Operationen und für die Revision der Bilanz gewählt werden. Zur Wahl können auch Nichtaktionäre gelangen, eine Wiederwahl ist allezeit statthaft. Nicht wählbar sind Verwandte und Verschwägerte der Vorstandsmitglieder bis zum vierten Grade. Im Falle des Todes, Verzichts oder Absetzung folgen die Stellvertreter nach ihrem Alter, und wenn auch so die Ergänzung nicht vorgenommen werden kann, so wird sie in derselben Weise, wie die des Vorstandes herbeigeführt (Art. 183, 125).

Die Pflichten der Aufsichtsräthe sind:

a) in Gemeinschaft mit dem Vorstande die Form der Bilanz und der Verhältnisse der Aktien (delle situazioni delle azioni) festzustellen;
b) wenigstens alle drei Monate von den Büchern der Gesellschaft Einsicht zu nehmen;
c) mindestens alle drei Monate Kassenüberschläge zu machen;
d) sich wenigstens einmal im Monat an der Hand der Gesellschaftsbücher über die Depositen, Pfänder, Kautionen der Gesellschaft zu vergewissern;
e) die Erfüllung der Bedingungen, welche im Errichtungsakt oder Statut hinsichtlich der Betheiligung der Aktionäre an der Generalversammlung aufgestellt sind, zu beobachten;
f) die Bilanz zu prüfen, ihren Bericht darüber zu erstatten und denselben mindestens 14 Tage vor der Generalversammlung zur Einsicht aufzulegen (Art. 154, 179);
g) die Liquidation zu überwachen;
h) außerordentliche Generalversammlungen zu berufen (Art. 155) und die jährliche ordentliche, sofern dies von dem Vorstande unterlassen wird;
i) in allen ordentlichen und außerordentlichen Generalversammlungen zu erscheinen, um in den ersteren Bericht über den Stand der Gesellschaft und die Bilanz zu erstatten, in den letzteren die erforderliche Auskunft zu ertheilen (Art. 178);
k) im Allgemeinen den Vorstand hinsichtlich der Erfüllung der diesem obliegenden Verbindlichkeiten zu überwachen.

Sie können mit Ausnahme der oben (S. 383) erwähnten Fälle des Artikels 177 von dem Vorstande fordern, daß er jeden Monat einen Status über Aktiva und Passiva aufnehme; sie können den Versammlungen des Vorstandes beiwohnen und sowohl auf die Tagesordnung dieser Sitzungen, wie auf diejenige der ordentlichen und außerordentlichen Generalversammlungen Anträge, die sie für geeignet halten, setzen.

Die Aufsichtsräthe haften der Gesellschaft nach den Regeln des Mandats; ihr Honorar wird durch das Statut, eventuell durch die Generalversammlung bestimmt (Art. 183 bis 185, 154).

c. Generalversammlung.

Die ordentliche Generalversammlung muß alljährlich, nicht später als 3 Monate nach Schluß der Bilanz stattfinden, sie hat

a) nach Anhörung des Aufsichtsraths über die Bilanz zu beschließen;
b) den Vorstand eventuell zu ergänzen;
c) den Aufsichtsrath zu ernennen und dessen Entschädigung festzusetzen

(Art. 154). Außerordentliche Generalversammlungen finden im Falle eines Bedürfnisses statt. Ein solches gilt als vorliegend, sobald sich das Grundkapital um den dritten Theil vermindert hat. In der zu berufenden Generalversammlung haben sich die Aktionäre zu entscheiden, ob sie das fehlende Kapital ergänzen oder die Gesellschaft auflösen sollen (Art. 146).

Die Einberufung geschieht 14 Tage vorher im Staatsanzeiger, sowie in den Gesellschaftsblättern und unter Bestimmung der Tagesordnung. Eine Berathung und Beschlußfassung über einen nicht auf die Tagesordnung gesetzten Gegenstand ist ohne rechtliche Wirkung (Art. 155).

Die Zusammenberufung der ersten und der späteren Generalversammlung erfolgt Mangels anderweiter Festsetzung im Statut durch die im Prospekt für den Vorsitz bestimmte Person oder durch den Vorstand. In der Zeichnerversammlung hat jeder Zeichner ohne Rücksicht auf die Zahl der von ihm gezeichneten Aktien eine Stimme; für die Gültigkeit der in derselben gefaßten Beschlüsse ist Anwesenheit der Hälfte der Zeichner und die Zustimmung der absoluten Mehrheit der Anwesenden erforderlich (Art. 156).

Für die späteren Generalversammlungen genügt in der Regel zur Beschlußfähigkeit die Vertretung der Hälfte des Grundkapitals. Das Stimmenverhältniß ist vorbehaltlich anderweiter Anordnung im Statut derartig geregelt, daß der Besitz von 1 bis 5 Aktien eine Stimme gewährt, bei einem Besitz von 5 bis 100 Aktien deren je 5, und bei einem größeren Besitz je 25 Aktien eine Stimme. Beschlüsse werden nach absoluter Mehrheit gefaßt. Kommt eine Generalversammlung wegen mangelnder Höhe des vertretenen Kapitals nicht zu Stande, so kann über die Gegenstände der Tagesordnung von einer zweiten Generalversammlung, welche mit achttägigem Zwischenraume einberufen werden kann, ohne Rücksicht auf das vertretene Grundkapital Beschluß gefaßt werden (Art. 157).

Eine Vertretung von drei Viertheilen des Grundkapitals und eine Zustimmung von Aktionären, welche die Hälfte desselben darstellen, ist, sofern im Statut nicht ein Anderes bestimmt ist, erforderlich zur:

a) vorzeitigen Auflösung oder Fusion der Gesellschaft, oder Erstreckung ihrer Dauer;
b) Reduktion, Ergänzung oder Vermehrung des Grundkapitals;
c) Abänderung des Gegenstandes der Unternehmung, sowie überhaupt zu jeder anderen Statutenänderung.

Sofern der Gesellschaftsvertrag nicht das Gegentheil enthält, haben Aktionäre, welche mit der Fusion, der Ergänzung oder Vermehrung des Grundkapitals, mit der Abänderung des Gegenstandes oder der Erstreckung der Dauer der Gesellschaft nicht einverstanden sind, das Recht aus der Gesellschaft zu scheiden und im Verhältniß zu den Aktiven der Gesellschaft eine Auszahlung ihrer Aktien zu verlangen. Der Rücktritt muß von den in der Generalversammlung Erschienenen binnen 24 Stunden nach Schluß derselben und von den übrigen Aktionären binnen einem Monat seit der Veröffentlichung des Beschlusses in den Gesellschaftsblättern dem Vorstand angezeigt werden (Art. 158).

Aktionäre, deren Besitz ein Fünftel des Aktienkapitals repräsentirt, können von dem Vorstande die Berufung einer außerordentlichen Generalversammlung verlangen; sie müssen die Gegenstände der Tagesordnung gleichzeitig bezeichnen. Der Entwurf von 1873 enthielt die Vorschrift, daß bei Weigerung des Vorstandes die Generalversammlung von dem Aufsichtsrath und bei dessen Ablehnung mit richterlicher Hülfe berufen werden konnte (Art. 160).

Das gegenwärtige Gesetz verpflichtet zwar den Aufsichtsrath bei Weigerung des Vorstandes die Generalversammlung zu berufen (Art. 184 Ziff. 8), enthält aber keine Vorschrift, wie das Verlangen der Aktionäre verwirklicht werden soll, wenn auch der Aufsichtsrath demselben nicht nachkommt (Art. 159). Die Aktionäre können sich in der Generalversammlung durch Stellvertreter vertreten lassen, doch dürfen diese nicht Mitglieder des Vorstandes sein. Daß der Vertreter Aktionär ist, wird nicht gefordert. Die Vorstandsmitglieder dürfen nicht mitstimmen:

1. bei Genehmigung der Bilanz,
2. bei Beschlüssen, welche ihre Verantwortlichkeit betreffen.

Wenn ein Drittel der erschienenen Aktionäre oder auch eine geringere Zahl derselben, sofern sie nur die Hälfte des Grundkapitals besitzt, nicht genügend über die Gegenstände der Berathung unterrichtet zu sein glaubt und eine Vertagung auf drei Tage verlangt, so können sich die anderen Aktionäre diesem Verlangen nicht widersetzen. Doch darf eine solche Vertagung wegen desselben Gegenstandes nur einmal verlangt werden. Auf die konstituirende Generalversammlung, für welche Artikel 135 in Betracht kommt, gilt die vorstehende Vorschrift nicht (Art. 160 bis 162 — C. di comm. 1865 art. 147, 148, 146).

Die Stellvertretungsbefugniß kann jedoch durch das Statut ausgeschlossen werden.

Gegen Beschlüsse, welche offenbar gegen das Gesetz oder Bestimmungen des Gesellschaftsvertrages verstoßen, kann von jedem Aktionär Einspruch erhoben werden und der Präsident des Handelsgerichts kann nach Anhörung des Vorstandes und des Aufsichtsraths die Ausführung solcher Beschlüsse suspendiren (Art. 163).

IV. Auflösung und Liquidation.

Dieselbe muß bei Verminderung des Aktienkapitals um zwei Drittel und kann bei einer Verringerung auf ein Drittel eintreten, sofern das fehlende Grundkapital nicht ergänzt oder auf die noch übrig bleibende Summe reduzirt wird (Art. 146, 189 — C. di comm. 1865 art. 142).

Die allgemeinen Auflösungsgründe, welche alle Gesellschaften treffen (Ablauf der Zeit, Wegfall des Gegenstandes, Erreichung des beabsichtigten Zweckes, Konkurs, Verlust des Grundkapitals, Beschluß der Generalversammlung, Fusion), sind dem früheren Recht entnommen (Art. 189 — Cod. di comm.).

Im Falle der Fusion müssen die Gesellschaften vorher ihre Schlußbilanz veröffentlichen und die Mittel angeben, wie sie ihre Passiva tilgen wollen (Art. 194, 91, 94, 95, 101).

Innerhalb dreier Monate nach dieser Bekanntmachung können die Gläubiger Einspruch gegen dieselbe erheben mit der Wirkung, daß die Ausführung bis zur Befriedigung suspendirt bleibt.

Vor Ablauf des gedachten Termins findet die Fusion nicht statt, wenn nicht

entweder die Bezahlung der Gesellschaftsschulden bezw. Hinterlegung einer gleichen Summe erfolgt, oder schriftlicher Konsens der Gläubiger vorliegt.

Die Deposition muß öffentlich bekannt gemacht werden. Auch nach der Fusion übernimmt die bleibende Gesellschaft die Schulden der erloschenen von Rechtswegen (Art. 194 bis 196).

Die allgemeinen für die Liquidation aller Handelsgesellschaften gegebenen Vorschriften regeln nur die Vertretung der Gesellschaft durch die Liquidation und deren allgemeine Befugnisse (Art. 197 bis 207).

Bezüglich der Aktiengesellschaften erfolgt die Ernennung der Liquidatoren und die Beendigung ihrer Befugnisse, wenn im Statut nicht ein Anderes bestimmt ist, durch die Generalversammlung. Für die Wahl der ersten Liquidatoren, sowie für deren Ersatz, falls die erstgenannten durch Tod, Verzicht, Widerruf ausscheiden, ist die Gegenwart von Aktionären, welche drei Viertel des Grundkapitals, und die Zustimmung von Aktionären, welche die Hälfte desselben darstellen, erforderlich. Können diese Beträge nicht erreicht werden, so erfolgen die Wahlen durch das Gericht. Die Befugnisse des Vorstandes hören auf, doch muß derselbe den Liquidatoren die nöthige Unterstützung gewähren (Artikel 210, 211).

Erstreckt sich die Liquidation über die Dauer eines Geschäftsjahres, so müssen die Liquidatoren alljährlich nach den gesetzlichen Vorschriften die Bilanz aufmachen und dieselbe genehmigen lassen (Art. 214).

Nach Beendigung der Liquidation haben die Liquidatoren eine Schlußbilanz nebst Vertheilungsplan aufzustellen und zur Beschlußfassung hierüber eine Generalversammlung einzuberufen. Vor Ablauf eines Monats seit Veröffentlichung der genehmigten Schlußbilanz und des Vertheilungsplans darf den Aktionären auf ihren Antheil nichts ausbezahlt werden. Nicht eingeforderte Beträge werden bei der Hinterlegungskasse aufbewahrt. Die Handelsbücher werden dem Handelsgericht auf die Dauer von 5 Jahren übergeben und können von jedem Interessenten eingesehen werden (Art. 215 bis 218).

V. Schutz der Gläubiger und Aktionäre.

Außer den bereits erörterten Bestimmungen sind noch folgende hervorzuheben:

a) Der Beschluß auf Reduktion des Kapitals ist bei dem Handelsgericht zu veröffentlichen und kann erst nach 3 Monaten ausgeführt werden. Innerhalb dieser Zeit hat jeder Gläubiger ein Einspruchsrecht bis er befriedigt, oder sein Einspruch von dem Gericht verworfen wird (Art. 101).

b) Die Klage gegen den Vorstand wegen der ihm obliegenden Verbindlichkeiten steht der Generalversammlung zu, welche sie durch die Aufsichtsräthe anstellt. Jeder Aktionär hat das Recht, den letzteren die tadelnswerthen Handlungen des Vorstandes mitzutheilen, und diese haben das Recht, davon der Generalversammlung Mittheilung zu machen. Sie müssen dies thun, wenn die Anzeige von Aktionären ausgeht, welche ein Zehntel des Grundkapitals repräsentiren. Die Anzeigenden müssen bis zum Ende der nächsten Generalversammlung ihre Besitztitel bei einer der gesetzlich bezeichneten Emissionsanstalten oder bei einem Notar oder den Aufsichtsräthen hinterlegen. Die Aktien bleiben bis zu Ende der nächsten Generalversammlung hinterlegt und dienen auch zur Legitimation der Hinterleger für die Theilnahme an der Versammlung.

Gegebenen Falles können auf solche Anzeigen die Aufsichtsräthe sofort eine Generalversammlung berufen (Art. 152).

c) Wenn irgendwie ein Verdacht begründet ist, daß eine schwere Unregelmäßigkeit (grave irregolarità) seitens des Vorstandes oder Aufsichtsraths vorgefallen ist, so können hiervon in der sub b geschilderten Weise Aktionäre, welche den achten Theil des Grundkapitals darstellen, dem Handelsgericht Anzeige machen. Dieses kann nach Anhörung des Vorstandes und Aufsichtsraths, oder im Fall der Dringlichkeit vor Einberufung der Generalversammlung, die Einsicht der Bücher der Gesellschaft durch einen oder mehrere von ihm auf Kosten der Antragsteller ernannten Kommissarien anordnen. Der Bericht der Kommissarien ist auf der Gerichtsschreiberei zu hinterlegen und wird von dem Gericht einer Prüfung unterzogen. Stellt sich der Verdacht als unbegründet heraus, so kann das Gericht die Veröffentlichung des ganzen Berichts oder eines Auszuges in den für die gerichtlichen Anzeigen bestimmten öffentlichen Blättern anordnen. Im entgegengesetzten Fall bestimmt das Gericht die erforderlichen dringlichen Maßregeln und die schleunige Berufung der Generalversammlung. Die Anordnung des Gerichts ist sofort vollstreckbar und wird durch Einspruch nicht aufgehalten (Art. 153).

B. Kommanditgesellschaften auf Aktien.

Die Kommanditgesellschaften auf Aktien werden in dem neuen Handelsgesetzbuch gemeinschaftlich mit den eigentlichen

Aktiengesellschaften behandelt, so daß sie durchgehends den für diese gegebenen Vorschriften folgen. Besondere Bestimmungen sind nur bezüglich des Verhältnisses des persönlich haftenden, geschäftsführenden Gesellschafters (amministratore) zu der Generalversammlung erlassen. Dieser kann nämlich von der Generalversammlung abberufen werden, sofern in derselben drei Viertel des Grundkapitals vertreten ist, und Kommanditisten, welche die Hälfte dieses Kapitals darstellen, sich für die Abberufung erklären. Kommanditisten, welche hierbei in der Minorität bleiben, haben das Recht, den Rückkauf ihrer Aktien zu verlangen (Art. 158). Das abberufene Mitglied hat in dem Falle, daß gute Gründe für die Abberufung nicht vorliegen, Anspruch auf Entschädigung. Hervorgehoben ist noch, daß die Rechte Dritter durch die Abberufung nicht berührt werden (Art. 119).

Die gleiche Majorität ist erforderlich für die Neuwahl des geschäftsführenden Gesellschafters, wenn der bisherige durch Widerruf, Tod, Entmündigung oder Unfähigkeit wegfällt. Sofern aber mehrere geschäftsführende Mitglieder vorhanden sind, bedarf bei Wegfall des einen der Neugewählte der Zustimmung der übrigen (Art. 120).

VIII. Niederländisches Aktienrecht.

Das „Wetboek van Koophandel van het Koningrijk der Neederlanden" vom 10. April 1838 handelt in den Artikeln 36 bis 56 von den Handels-Aktiengesellschaften (naamlooze vennootschap van Koophandel). Der Inhalt dieser kurzen Bestimmungen ist folgender:

I. Gründung.

Der Gesellschaftsvertrag ist bei Strafe der Nichtigkeit vor einem Notar aufzunehmen (Art. 38).

Jede Gesellschaft bedarf der Königlichen Ermächtigung; sie muß daher ihren Konstituirungsakt, sowie etwa Veränderungen desselben dem Könige zur Bestätigung einreichen (Art. 36).

Diese soll bewilligt werden, wenn die Gesellschaft nicht gegen die gute Sitte verstößt und der Gesellschaftsvertrag den gesetzlichen Bestimmungen nicht zuwiderläuft (Art. 37).

Vor der Königlichen Genehmigung ist erforderlich, daß mindestens ein Fünftel des Grundkapitals untergebracht ist, auch bestimmt der König die Frist, binnen welcher der Rest untergebracht werden muß (Art. 50).

Erst wenn ein Zehntel des Grundkapitals wirklich eingezahlt ist, kann die Gesellschaft beginnen (Art. 51).

Sie muß nebst dem Königlichen Dekret in das Handelsregister eingetragen werden. Eine Veröffentlichung im Amtsblatt hat zu erfolgen (Art. 38).

II. Aktien.

Hinsichtlich der Höhe ist die Ausgabe der Aktien an keine Schranken gebunden. Die Aktien lauten entweder auf Namen oder auf Inhaber (in blanco) (Art. 40).

Inhaberaktien dürfen jedoch nur nach gänzlicher Vollzahlung des Grundkapitals ausgegeben werden (Art. 41).

Die Uebertragung der Namensaktien erfolgt entweder in der im Statut angegebenen Weise oder durch eine Erklärung des Erwerbers und Veräußerers, welche dem Vorstand zugestellt oder in das Aktienbuch eingetragen wird (Art. 42).

Der Zeichner einer Namensaktie bleibt für den vollen Betrag verhaftet, es sei denn, daß der Vorstand und die Kommissarien, sofern solche vorhanden sind, ausdrücklich den neuen Erwerber anerkannt und den Veräußerer von seiner Verantlichwortkeit entlassen hätten (Art. 43).

III. Organisation.

a. Vorstand und Aufsichtsrath.

Die Mitglieder des Vorstandes werden von den Aktionären gewählt, sie können selbst Aktionäre oder andere Personen, besoldet oder unbesoldet sein. Ihr Amt, stets widerruflich, gilt als Mandat. So weit erstreckt sich auch nur ihre Haftung, es sei denn, daß sie die Bestimmungen des Gesellschaftsvertrages verletzen, in welchem Falle sie persönlich auch Dritten gegenüber verhaftet sind (Art. 44, 45).

Es kann dem Vorstand zur Ueberwachung ein Aufsichtsrath (commissaires) an die Seite gestellt werden. Wenn die Thätigkeit der Kommissarien sich lediglich auf die Ueberwachung beschränkt und diese an der Verwaltung keinen Theil nehmen, so können sie in dem Gesellschaftsvertrage mit der Rechnungsabnahme und der Entlastung des Vorstandes beauftragt werden (Art. 52).

Die Art der Rechnungsablegung ist im Gesellschaftsvertrage festzusetzen. Jedoch muß der Vorstand jährlich einmal den Aktionären einen Bericht über Gewinn und Verlust der Gesellschaft vorlegen. Dies geschieht entweder in einer Generalversammlung, oder durch Uebersendung, oder durch Auslegung des Rechenschaftsberichts während einer bestimmten Zeit (Art. 55).

Die Zahlung fester Zinsen an Aktionäre ist untersagt (Art. 49).

Zur Ergänzung etwa verlorenen Grundkapitals kann in dem Gesellschaftsvertrage ein Reservefonds bestimmt werden (Art. 48).

b. Generalversammlung.

Der Gesellschaftsvertrag hat die näheren Angaben über das Stimmrecht der Aktionäre zu enthalten. Besteht die Gesellschaft aus 100 und mehr Aktien, so darf Niemand mehr als sechs Stimmen, bei einer geringeren Zahl von Aktien Niemand mehr als drei Stimmen führen. Vorstand und Kommissarien haben ein Stimmrecht nicht (Art. 54).

IV. Auflösung und Liquidation.

Da die Aktiengesellschaft nur auf eine bestimmte Zeit eingegangen werden kann, so endet sie mit dem Ablauf derselben (Art. 46).

Ist das Grundkapital um die Hälfte vermindert, so müssen die Vorstandsmitglieder dies in ein öffentliches Register eintragen lassen und in den Zeitungen veröffentlichen.

Erreicht der Verlust drei Viertel des Grundkapitals, so ist die Gesellschaft von Rechtswegen aufgelöst und der Vorstand macht sich persönlich für alle Geschäfte verantwortlich, die er, nachdem ihm jenes Defizit hätte bekannt sein müssen, abschließt (Art. 47).

Die Liquidation erfolgt durch den Vorstand, wenn nicht im Gesellschaftsvertrage ein Anderes bestimmt worden ist (Art. 56).

IX. Spanisches Aktienrecht.

Das spanische Handelsgesetzbuch (Codigo de comercio) von Ferdinand VII. unter dem 30. Mai 1829 mit Gesetzeskraft vom 1. Januar 1830 erlassen, enthält im 2. Titel des 2. Buches Vorschriften über Handelsgesellschaften im Allgemeinen, ohne die einzelnen Arten derselben von einander zu trennen. Diesen Vorschriften unterliegen auch die Aktiengesellschaften, welche Handelsgeschäfte betreiben (compañia mercantil por acciones); für diese sind noch einige besondere, im Titel zerstreute Bestimmungen gegeben. Den Vorschriften dieses H. G. B. unterliegen alle bis zum Erlaß des noch zu erwähnenden Gesetzes vom 19. Oktober 1869 gegründeten Gesellschaften, während die nachher errichteten unter dieses Gesetz fallen. Es sollen daher zunächst die Bestimmungen des H. G. B. und sodann diejenigen des Gesetzes vom 19. Oktober 1869 kurz erörtert werden.

A. Aelteres Recht.

I. Gründung.

Nach dem H. G. B. mußte der Gesellschaftsvertrag in öffentlicher Urkunde errichtet (Art. 284) und in öffentliche Register eingetragen werden (Art. 293) und das Statut nebst allen auf die Verwaltung und Geschäftsführung bezüglichen Reglements bedurfte der Bestätigung des Gerichts erster Instanz am Sitz der Gesellschaft (Art. 293). Die mit einem Königlichen Privilegium ausgestatteten Gesellschaften hatten ihre Statuten der Königlichen Bestätigung zu unterbreiten (Art. 294).

II. Aktien.

Ueber die Höhe war eine gesetzliche Vorschrift nicht gegeben. Die Antheile der Aktionäre konnten theils in Aktien bestehen und alsdann durften dieselben vor Volleinzahlung nicht ausgegeben werden (Art. 281), theils nur durch Eintragungen in die Bücher der Gesellschaft begründet werden. Letzterenfalls konnte eine Uebertragung der Anrechte nur durch eine in das Aktienbuch erfolgte Eintragung geschehen (Art. 282), ungeachtet welcher der Cedent noch für den Ueberrest der Zahlungen der Gesellschaft verhaftet blieb (Art. 283).

III. Organisation.

a. Vorstand.

Der Vorstand der Gesellschaft wurde in den Formen des Gesellschaftsvertrages gewählt und war nur persönlich für die Ausführung der ihm durch denselben auferlegten Verpflichtungen verantwortlich (Art. 277).

b. Rechte der Aktionäre.

Gesetzliche Vorschriften über die Generalversammlungen der Aktionäre sind nicht vorhanden. Es findet sich nur die Bestimmung, daß im Gegensatz zu den Theilnehmern bei anderen Gesellschaften die Aktionäre selbst keine Prüfung bezüglich der Verwaltung anstellen können (Art. 309), daß vielmehr in dem Gesellschaftsvertrag oder den sonstigen Reglements eine Bestimmung getroffen werden soll, in welcher Weise diese Rechnungslegung erfolgt (Art. 310).

IV. Auflösung und Liquidation.

Als Auflösungsgründe für eine Aktiengesellschaft werden folgende angegeben:

1. Ablauf der Zeit oder Erreichung des vorgesetzten Zweckes, zu welchem sie gegründet wurde,
2. gänzlicher Verlust des Gesellschaftskapitals (Art. 330, 329 Nr. 1 und 2).

Ist in dem Gesellschaftsvertrage eine Bestimmung über die Art der Liquidation nicht getroffen, so erfolgt dieselbe durch den Vorstand. Die genauen für alle Gesellschaften gegebenen Vorschriften enthalten für die Aktiengesellschaft keine Besonderheit (Art. 336 f.).

B. Neueres Recht.

Eine Veränderung trat erst durch das Gesetz vom 19. Oktober 1869 über Kreditgesellschaften und Banken (sociedades de credito y bancos) ein (Ley de 19 de Octobre de 1869 declarando libro su creacion y establecimiento). Dasselbe erklärte die Bildung von Banken und sonstigen Industrie- und Handelsgesellschaften für frei. Verlangt wird nur, daß der Gesellschaftsvertrag in öffentlicher Urkunde errichtet werde, und im Uebrigen die Wahl der Gesellschaftsform den Gesellschaften frei gelassen. Die Konstituirung der Gesellschaft muß aus einer notariellen Urkunde hervorgehen und durch die Theilnehmer oder deren Bevollmächtigte festgestellt werden, welche mindestens die Hälfte des Grundkapitals oder die im Statut festgesetzte Ziffer darstellen. Innerhalb 14 Tagen nach Konstituirung hat der Vorstand eine beglaubigte Abschrift des Gesellschaftsvertrages und der Statuten dem Gouverneur der Provinz, in welcher die Gesellschaft ihren Sitz hat, einzureichen, welcher sie dem Handelsminister übersendet. Gleichzeitig sind dieselben Urkunden von dem Vorstand in der Madrider Zeitung und dem amtlichen Blatt (Boletin oficial) der Provinz zu veröffentlichen. Betreibt die Gesellschaft Handelsgeschäfte, so ist sie auch in das Handelsregister einzutragen. Alljährlich ist die von der Generalversammlung genehmigte Bilanz nebst Inventar und dem genehmigenden Beschluß ebenfalls dem Gouverneur zu übersenden, welcher sie innerhalb 30 Tagen nach Abhaltung der Generalversammlung an die Minister einzureichen hat. In der gleichen Frist sind diese Schriftstücke in den erwähnten Blättern zu veröffentlichen. Die Beobachtung dieser Vorschriften kann seitens der Verwaltungsbehörde gegen die Mitglieder des Vorstandes durch Strafen von 100 bis 1000 escudi erzwungen werden. Die von den Gesellschaften ausgegebenen Aktien können auf Inhaber oder auf Namen lauten, jedoch muß dies außer in dem Gesellschaftsvertrag auch in den Urkunden erwähnt und in den letzteren auch die Summe angegeben sein, welche auf das Grundkapital eingezahlt ist. Ist bei Namensaktien das ganze Grundkapital noch nicht voll eingezahlt, so muß bei der Uebertragung derselben in der Cessionsurkunde ausdrücklich erwähnt sein, daß der Cedent für die noch rückständigen Einzahlungen subsidiarisch hafte. Bezüglich der Banken sind noch besondere Vorschriften für die Ausgabe von Kassenanweisungen auf den Inhaber getroffen. — Die seit Erlaß des Gesetzes errichteten Gesellschaften sind der Aufsicht des Staates nicht mehr unterworfen, sondern alle Streitigkeiten der Gesellschafter untereinander, ihre Rechte und Pflichten unterliegen lediglich der gerichtlichen Zuständigkeit. — Uebergangsbestimmungen regeln die Möglichkeit für die bestehenden Gesellschaften, sich dem Gesetz zu unterwerfen.

C. Der neueste Entwurf [1]

eines Handelsgesetzbuchs, welcher auf Grund des Gesetzes vom 7. Mai 1880 von einer besonderen Kommission ausgearbeitet und im Jahre 1881 in der offiziellen Gaceta de Madrid erschienen ist, hat im Allgemeinen die im geltenden Codigo beliebte Behandlung der Aktiengesellschaften beibehalten. Sie folgen zunächst den allgemeinen für sämmtliche Handelsgesellschaften gegebenen Regeln und unterliegen nur einzelnen noch besonders für sie aufgestellten Vorschriften. Diese letzteren betreffen namentlich:

1. die Errichtung,
2. die Stellung des Vorstandes zur Gesellschaft,
3. die Haftung der Zeichner und deren Rechtsnachfolger,
4. den Erwerb und die Beleihung eigener Aktien, sowie
5. die Reduktion des Grundkapitals.

Zu 1. Die Errichtungsurkunde muß enthalten:

Vor- und Zunamen und Wohnort der Kontrahenten;
Bezeichnung (Firma) der Gesellschaft;
Ernennung des Vorstandes und die Art der Wahl bei eintretender Vakanz;
den Betrag des Grundkapitals unter Angabe des Werths für die nicht in baarem Gelde bestehenden Einlagen, oder die Grundlagen, nach denen deren Schätzung vorzunehmen ist;
die Zahl der Aktien;
die Frist, in welcher der zur Errichtung der Gesellschaft erforderliche Betrag einzuzahlen ist;
die Dauer der Gesellschaft;
den Zweck des Unternehmens;
die Fristen und Formen für Zusammenberufung und Abhaltung der ordentlichen und außerordentlichen Generalversammlung;
die Unterwerfung unter die Mehrheitsbeschlüsse einer ordnungsmäßig berufenen Versammlung bezüglich der für sie bestimmten Angelegenheiten;
die Art der Abstimmung behufs Feststellung des Mehrheitsbeschlusses in den ordentlichen und außerordentlichen Generalversammlungen (Art. 168).

Hiernach scheint nur eine Simultangründung möglich zu sein.

Diese Bestimmungen finden ihre Wahrung durch die über die Eintragung der Gesellschaften in das Handelsregister bestimmten Vorschriften (Art. 138, 19, 26).

Zu 2. Der Vorstand (Administradores) gilt als Mandatar der Gesellschaft und haftet demgemäß für die Namens derselben vorgenommenen Geschäfte Dritten gegenüber nicht. Er ist der Gesellschaft für die Beobachtung der Gesetze und Statuten verantwortlich; wenn er aus einer Mehrheit von Personen besteht, jedoch nicht solidarisch, sondern nur antheilsweise (Art. 173). Die Aufsicht der Geschäftsführung und Bilanz regelt sich lediglich nach den Statuten (Art. 174).

Zu 3. Ueber die Aktien, welche sowohl auf den Inhaber als auf den Namen gestellt sein können, werden Register bei der Gesellschaft geführt. Die Namenaktien und die Uebertragung derselben wird in ein von der Gesellschaft zu haltendes Buch vermerkt, die Inhaberaktien sind zu numeriren und werden mit Talons versehen, deren Stock (matriz) bei der Gesellschaft verbleibt (Art. 182 bis 185). Bis zur Vollzahlung der Aktie bleiben der Gesellschaft der erste Zeichner, sein Rechtsnachfolger und alle weiteren Erwerber solidarisch verhaftet. Doch darf bei einmal angestellter Klage die Gesellschaft eine andere ihr verhaftete Person erst nach Feststellung der Zahlungsunfähigkeit des Verklagten in Anspruch nehmen (Art. 186).

Zu 4. Der Erwerb eigener Aktien wird nur gestattet:

a) aus dem Reingewinn oder einem Reservefonds,
b) aus dem Grundkapital, sofern die über die Reduktion desselben gegebenen Vorschriften beobachtet werden.

Die Beleihung eigener Aktien wird nur bis in Höhe von einem Zehntel des Grundkapitals, nicht über zwei Monate und nur unter Annahme der beliehenen Aktien zu 60 Prozent des Kurswerthes (del 60 por 100 del valor, que dichas acciones tuvieren entonces en la plaza) erlaubt. Bei Verfall derselben ist öffentlicher Verkauf an der Börse, und, falls ein solcher nicht erreicht werden kann, Vernichtung und Reduktion des Grundkapitals vorgeschrieben. — Erwerb und Beleihung sind nur bezüglich volleingezahlter Aktien zulässig (Art. 187 bis 189).

Zu 5. Die Reduktion des Grundkapitals erfolgt nur auf Beschluß der Generalversammlung. Dieselbe ist von dem Vorstand unverzüglich auszuführen, wenn das nach der Reduktion noch verbleibende Grundkapital um 75 Prozent den Betrag der Schulden der Gesellschaft übersteigt. Andernfalls kann ohne Zustimmung der Gläubiger die Reduktion nur nach Tilgung sämmtlicher Passiva vorgenommen werden. Deshalb ist vor der Reduktion dem Gericht von dem Vorstande ein Inventar nach bestimmten Schätzungsgrundsätzen einzureichen, aus welchem die gedachten Voraussetzungen klar erhellen müssen (Art. 190).

Im Allgemeinen ist noch zu bemerken, daß der Entwurf die Bildung sämmtlicher Gesellschaften an keine Genehmigung und Aufsicht mehr knüpft, ausgenommen, daß Bankbillets und hypothekarische Inhaberurkunden nur auf Grund besonderer gesetzlicher Ermächtigung ausgegeben werden dürfen (Art. 136). Dagegen hat der Entwurf noch für die einzelnen nach ihrem Geschäftsbetrieb eingetheilten Gesellschaften besondere Vorschriften aufgestellt (Art. 192 bis 239). Es werden von ihm unterschieden:

a) Kreditgesellschaften (compañias de credito), für welche die Ausgabe von Obligationen an bestimmte Bedingungen geknüpft ist;
b) Diskontobanken (banco de emision y descuento), für welche die Sicherheiten und Fristen vorgeschrieben sind, unter welchen ihre Operationen stattfinden dürfen;
c) Eisenbahngesellschaften und Gesellschaften zur Ausführung öffentlicher Arbeiten (compañias de ferrocarriles y demas obras públicas), für deren Gründung im Allgemeinen höhere Einzahlung erfordert wird und denen gewisse Privilegien gegen die Aktieninhaber gewährt werden;
d) Niederlagegesellschaften (compañias del almacenes generales de deposito) behufs Aufbewahrung von Getreide und Waaren und Ausstellung von Inhaberscheinen;
e) Hypothekenbanken (compañias de credito territorial);
f) Landwirthschaftliche Banken (Bancos y Sociedades agricolas), besondes zur Beleihung für die Produkte des Grundbesitzes.

---

[1] Proyecto de Código de commercio publicado en la Gaceta de Madrid para los efectos del articulo 1º de la ley de 7 de mayo de 1880. Madrid, administracion de la rivista de los tribunales 1881.

Reichs-Gesetzblatt.

№ 22.

(Nr. 1559.) Gesetz, betreffend die Kommanditgesellschaften auf Aktien und die Aktiengesellschaften. Vom 18. Juli 1884.

Wir Wilhelm, von Gottes Gnaden Deutscher Kaiser, König von Preußen ꝛc.

verordnen im Namen des Reichs, nach erfolgter Zustimmung des Bundesraths und des Reichstags, was folgt:

§. 1.

Die Bestimmungen im zweiten Abschnitte des zweiten Titels und im dritten Titel vom zweiten Buche des Handelsgesetzbuchs, Artikel 173 bis 249a, werden durch nachstehende Bestimmungen ersetzt.

Zweiter Abschnitt.

Von der Kommanditgesellschaft auf Aktien insbesondere.

Artikel 173.

Das Gesammtkapital der Kommanditisten kann in Aktien zerlegt werden.

Die Aktien sind untheilbar.

Dieselben können auf Inhaber oder auf Namen lauten.

Antheilscheine, in welchen der Bezug von Aktien zugesichert wird, oder welche sonst über das Antheilsrecht der Kommanditisten vor Ausgabe der Aktien ausgestellt werden (Interimsscheine), dürfen nicht auf Inhaber lauten.

Artikel 173a.

Die Aktien müssen auf einen Betrag von mindestens eintausend Mark gestellt werden.

Für ein gemeinnütziges Unternehmen kann im Falle eines besonderen örtlichen Bedürfnisses der Bundesrath die Ausgabe von Aktien, welche auf Namen

Ausgegeben zu Berlin den 31. Juli 1884.

lauten, zu einem geringeren, jedoch mindestens zweihundert Mark erreichenden Betrage zulassen. Die gleiche Genehmigung kann in dem Falle ertheilt werden, daß für ein Unternehmen das Reich oder ein Bundesstaat, ein Provinzial-, Kreis- oder Amtsverband oder eine sonstige öffentliche Korporation auf die Aktien einen bestimmten Ertrag bedingungslos und ohne Zeitbeschränkung gewährleistet hat.

Auf Namen lautende Aktien, deren Uebertragung an die Einwilligung der Gesellschaft gebunden ist, dürfen auf einen Betrag von weniger als eintausend, jedoch nicht von weniger als zweihundert Mark gestellt werden.

Die vorstehenden Bestimmungen gelten auch von Interimsscheinen.

Artikel 174.

Eine Kommanditgesellschaft auf Aktien gilt als Handelsgesellschaft, auch wenn der Gegenstand des Unternehmens nicht in Handelsgeschäften besteht.

Artikel 174a.

Die persönlich haftenden Gesellschafter haben sich bei Errichtung der Gesellschaft mit Einlagen zu betheiligen, welche zusammen mindestens den zehnten Theil des Gesammtkapitals der Kommanditisten und, wenn dieses drei Millionen Mark übersteigt, für den übersteigenden Betrag den fünfzigsten Theil desselben darstellen.

Artikel 175.

Der Inhalt des Gesellschaftsvertrages (Statut) muß durch die persönlich haftenden Gesellschafter in gerichtlicher oder notarieller Verhandlung festgestellt werden.

Der Gesellschaftsvertrag muß enthalten:

1. den Namen, Vornamen, Stand und Wohnort, sowie die Höhe und Art der Einlage jedes persönlich haftenden Gesellschafters;
2. die Firma der Gesellschaft und den Ort, wo sie ihren Sitz hat;
3. den Gegenstand des Unternehmens;
4. die Zahl und den Betrag der Aktien;
5. die Art der Aktien, ob sie auf Inhaber oder auf Namen lauten, und im Falle der Ausgabe beider Arten die Zahl der Aktien einer jeden Art;
6. die Form, in welcher die Zusammenberufung der Generalversammlung der Kommanditisten geschieht;
7. die Form, in welcher die von der Gesellschaft ausgehenden Bekanntmachungen erfolgen.

Bekanntmachungen, welche durch öffentliche Blätter erfolgen sollen, sind in den Deutschen Reichsanzeiger einzurücken. Andere Blätter außer diesem hat der Gesellschaftsvertrag zu bestimmen.

Artikel 175a.

Der Aufnahme in den Gesellschaftsvertrag bedürfen Bestimmungen, nach welchen

1. das Unternehmen auf eine gewisse Zeit beschränkt wird;
2. Aktien für einen höheren als den Nominalbetrag ausgegeben werden;
3. eine Umwandlung der Aktien rücksichtlich ihrer Art statthaft ist;
4. für einzelne Gattungen von Aktien verschiedene Rechte, insbesondere betreffs der Zinsen oder Dividenden oder des Antheils am Gesellschaftsvermögen, gewährt werden;
5. über gewisse Gegenstände die Generalversammlung der Kommanditisten nicht schon durch einfache Stimmenmehrheit, sondern nur durch eine größere Stimmenmehrheit oder nach anderen Erfordernissen Beschluß fassen kann;
6. ein Austreten einzelner persönlich haftender Gesellschafter die Auflösung der Gesellschaft nicht zur Folge hat.

Für einen geringeren als den Nominalbetrag darf die Ausgabe der Aktien nicht festgesetzt werden.

Artikel 175b.

Jeder zu Gunsten einzelner Gesellschafter bedungene besondere Vortheil muß in dem Gesellschaftsvertrage unter Bezeichnung des Berechtigten festgesetzt werden.

Werden von persönlich haftenden Gesellschaftern oder von Kommanditisten Einlagen, welche nicht durch Baarzahlung zu leisten sind, gemacht, so müssen die Person des Gesellschafters, der Gegenstand der Einlage und der für sie zu gewährende Antheil an dem Gesammtkapital der Kommanditisten oder dem sonstigen Gesellschaftsvermögen in dem Gesellschaftsvertrage festgesetzt werden. Ingleichen sind, falls seitens der zu errichtenden Gesellschaft vorhandene oder herzustellende Anlagen oder sonstige Vermögensstücke übernommen werden, die Person des Kontrahenten, der Gegenstand der Uebernahme und die für ihn zu gewährende Vergütung festzusetzen.

Von diesen Festsetzungen gesondert ist der Gesammtaufwand, welcher zu Lasten der Gesellschaft an Gesellschafter oder Andere als Entschädigung oder Belohnung für die Gründung oder deren Vorbereitung gewährt wird, in dem Gesellschaftsvertrage festzusetzen.

Jedes Abkommen der persönlich haftenden Gesellschafter über die vorbezeichneten Gegenstände, welches nicht die vorgeschriebene Festsetzung in dem Gesellschaftsvertrage gefunden hat, ist der Gesellschaft gegenüber unwirksam.

Artikel 175c.

Die Zeichnung der Aktien erfolgt durch schriftliche Erklärung, aus welcher die Betheiligung nach Anzahl und, im Falle einer Verschiedenheit der Aktien, nach Betrag, Art oder Gattung derselben hervorgehen muß.

Die Erklärung (Zeichnungsschein), welche in zwei Exemplaren unterzeichnet werden soll, hat zu enthalten:

1. das Datum des Statuts, die im Artikel 175 Absatz 2, 175b vorgesehenen Festsetzungen und im Falle verschiedener Gattungen von Aktien den Gesammtbetrag einer jeden;
2. den Betrag, für welchen die Ausgabe der Aktie stattfindet, und den Betrag der festgesetzten Einzahlungen;
3. den Zeitpunkt, mit dessen Eintritt die Zeichnung unverbindlich wird, sofern nicht bis dahin die Errichtung der Gesellschaft beschlossen ist.

Zeichnungsscheine, welche diesen Inhalt nicht vollständig haben oder außer dem unter Ziffer 3 bezeichneten Vorbehalte Beschränkungen in der Verpflichtung des Zeichners enthalten, sind ungültig. Ist ungeachtet eines hiernach ungültigen Zeichnungsscheines die Eintragung des Gesellschaftsvertrages in das Handelsregister erfolgt, so ist der Zeichner, wenn er auf Grund einer dem ersten Absatze entsprechenden Erklärung in der zur Beschlußfassung über die Errichtung der Gesellschaft berufenen Generalversammlung gestimmt oder später als Kommanditist Rechte ausgeübt oder Verpflichtungen erfüllt hat, der Gesellschaft wie aus einem gültigen Zeichnungsscheine verpflichtet.

Jede nicht in dem Zeichnungsscheine enthaltene Beschränkung ist der Gesellschaft gegenüber unwirksam.

Artikel 175d.

Die persönlich haftenden Gesellschafter haben in dem Falle des Artikels 175b Absatz 2 in einer von ihnen zu unterzeichnenden Erklärung die Umstände darzulegen, mit Rücksicht auf welche ihnen die Höhe der für die eingelegten oder übernommenen Gegenstände gewährten Beträge gerechtfertigt erscheint. Hierbei haben sie insbesondere die dem Erwerbe der Gesellschaft vorausgegangenen Rechtsgeschäfte, welche auf denselben hingezielt haben, sowie die früheren Erwerbs- und Herstellungspreise aus den letzten zwei Jahren anzugeben.

Artikel 175e.

Jede Kommanditgesellschaft auf Aktien muß einen Aufsichtsrath haben.

Zur Wahl des ersten Aufsichtsraths ist die Generalversammlung der Kommanditisten sofort nach der Zeichnung des Gesammtkapitals von den persönlich haftenden Gesellschaftern zu berufen.

Die Mitglieder des Aufsichtsraths haben den Hergang der Gründung zu prüfen. Die Prüfung hat sich auf die im Artikel 174a bestimmte Betheiligung sowie auf die Richtigkeit und Vollständigkeit der Angaben zu erstrecken, welche rücksichtlich der Zeichnung und Einzahlung des Gesammtkapitals der Kommanditisten und rücksichtlich der im Artikel 175b vorgesehenen Festsetzungen von den persönlich haftenden Gesellschaftern,* insbesondere in der im Artikel 175d vorgeschriebenen Erklärung, gemacht sind.

Ueber die Prüfung ist unter Darlegung der im vorstehenden Absatze bezeichneten Umstände schriftlich Bericht zu erstatten.

Artikel 175f.

Ueber die Errichtung der Gesellschaft muß in einer durch die persönlich haftenden Gesellschafter zu berufenden Generalversammlung der Kommanditisten Beschluß gefaßt werden.

Vor der Beschlußfassung hat sich der Aufsichtsrath über die Ergebnisse der ihm rücksichtlich der Gründung obliegenden Prüfung auf Grund seines Berichts und dessen urkundlichen Grundlagen zu erklären.

Die der Errichtung der Gesellschaft zustimmende Mehrheit muß mindestens ein Viertheil der sämmtlichen berufenen oder als Rechtsnachfolger derselben in der Generalversammlung zugelassenen Kommanditisten begreifen, und der Betrag ihrer Antheile muß mindestens ein Viertheil des Gesammtkapitals darstellen. Die Zustimmung aller erschienenen Kommanditisten ist erforderlich, wenn die in den Artikeln 175 Ziffer 1 bis 5 und 175a bezeichneten Bestimmungen des Gesellschaftsvertrages abgeändert oder die im Artikel 175b vorgesehenen Festsetzungen zu Lasten der Gesellschaft erweitert werden sollen.

Artikel 175g.

Auf die Berufung und Beschlußfassung der im Artikel 175e und 175f bezeichneten Generalversammlungen finden, soweit nicht in letzterem Artikel ein Anderes bestimmt ist, die Regeln entsprechende Anwendung, welche für die Gesellschaft nach der Eintragung maßgebend sind.

Artikel 176.

Der Gesellschaftsvertrag muß bei dem Handelsgerichte, in dessen Bezirke die Gesellschaft ihren Sitz hat, in das Handelsregister eingetragen werden.

Der Anmeldung behufs der Eintragung in das Handelsregister müssen beigefügt sein:

1. in dem Falle des Artikels 175b die den bezeichneten Festsetzungen zum Grunde liegenden oder zu ihrer Ausführung geschlossenen Verträge, die im Artikel 175d vorgesehene Erklärung und eine Berechnung des Gründungsaufwandes, in welcher die Vergütungen nach Art und Höhe und die Empfänger einzeln aufzuführen sind;
2. zum Nachweise der Zeichnung des Gesammtkapitals der Kommanditisten die Duplikate der Zeichnungsscheine und ein von den persönlich haftenden

Gesellschaftern in beglaubigter Form unterschriebenes Verzeichniß der sämmtlichen Kommanditisten, welches die auf jeden entfallenen Aktien, sowie die auf letztere geschehenen Einzahlungen angiebt;

3. die Urkunden über die Bestellung des Aufsichtsraths und der in Gemäßheit des Artikels 175e erstattete Bericht nebst dessen urkundlichen Grundlagen;

4. in dem Falle, daß der Gegenstand des Unternehmens der staatlichen Genehmigung bedarf, sowie in den Fällen des Artikels 173a Absatz 2 die Genehmigungsurkunde.

In der Anmeldung ist die Erklärung abzugeben, daß auf jede Aktie, soweit nicht andere als durch Baarzahlung zu leistende Einlagen gemacht sind, der eingeforderte Betrag baar eingezahlt und im Besitze der persönlich haftenden Gesellschafter sei. Die Einforderung muß mindestens ein Viertheil des Nominalbetrages und im Falle einer Ausgabe der Aktien für einen höheren als den Nominalbetrag auch den Mehrbetrag umfassen. Als Baarzahlung gilt die Zahlung in deutschem Gelde, in Reichskassenscheinen, sowie in gesetzlich zugelassenen Noten deutscher Banken.

Die Anmeldung muß von sämmtlichen persönlich haftenden Gesellschaftern und sämmtlichen Mitgliedern des Aufsichtsraths vor dem Handelsgerichte unterzeichnet oder in beglaubigter Form eingereicht werden.

Die der Anmeldung beigefügten Schriftstücke werden bei dem Handelsgerichte in Urschrift oder in beglaubigter Abschrift aufbewahrt.

Artikel 177.

Der eingetragene Gesellschaftsvertrag ist im Auszuge von dem Handelsgerichte zu veröffentlichen.

Die Veröffentlichung muß enthalten:

1. das Datum des Gesellschaftsvertrages und die im Artikel 175 Absatz 2 und 3, 175a Ziffer 1, 4 und 6 und 175b bezeichneten Festsetzungen;
2. den Namen, Stand und Wohnort der Mitglieder des Aufsichtsraths.

Artikel 178.

Vor erfolgter Eintragung in das Handelsregister besteht die Kommanditgesellschaft als solche nicht.

Ist vor der Eintragung im Namen der Gesellschaft gehandelt worden, so haften die Handelnden persönlich und solidarisch.

Artikel 179.

Die Vorschriften der Artikel 152 und 153 sind auch bei der Kommanditgesellschaft auf Aktien zu befolgen.

Die Anmeldung der Zweigniederlassung muß die im Artikel 177 Absatz 2 bezeichneten Angaben und den Nachweis der Eintragung des Gesellschaftsvertrages bei dem Handelsgerichte der Hauptniederlassung enthalten. Eines Nachweises, daß die für diese im Artikel 176 vorgeschriebenen Erfordernisse beobachtet sind, bedarf es nicht.

Befindet sich die Hauptniederlassung im Auslande, so hat die Anmeldung der Zweigniederlassung außer dem Nachweise des Bestehens der Kommanditgesellschaft auf Aktien als solcher die im Artikel 177 Absatz 2 bezeichneten Angaben und in dem Falle, daß der Gegenstand des Unternehmens oder die Zulassung zum Gewerbebetriebe im Inlande der staatlichen Genehmigung bedarf, den Nachweis der ertheilten Genehmigung zu enthalten.

Artikel 180.

Der Gesellschaft sind die persönlich haftenden Gesellschafter für die Richtigkeit und Vollständigkeit der Angaben, welche sie rücksichtlich der Zeichnung und Einzahlung des Kapitals der Kommanditisten sowie rücksichtlich der im Artikel 175b vorgesehenen Festsetzungen behufs Eintragung des Gesellschaftsvertrages in das Handelsregister machen, solidarisch verhaftet; sie haben unbeschadet der Verpflichtung zum Ersatze des sonst etwa entstandenen Schadens insbesondere einen an der Zeichnung des Gesammtkapitals der Kommanditisten fehlenden Betrag zu übernehmen, fehlende Einzahlungen zu leisten und eine Vergütung, welche nicht unter den zu bezeichnenden Gründungsaufwand aufgenommen ist, zu ersetzen. Imgleichen sind der Gesellschaft in dem Falle, daß sie von persönlich haftenden Gesellschaftern durch Einlagen oder Uebernahmen der im Artikel 175b bezeichneten Art böslicherweise geschädigt ist, die sämmtlichen persönlich haftenden Gesellschafter zum Ersatze des entstandenen Schadens solidarisch verpflichtet.

Von dieser Verbindlichkeit ist ein persönlich haftender Gesellschafter befreit, wenn er beweist, daß er die Unrichtigkeit oder Unvollständigkeit der Angabe oder die bösliche Schädigung weder gekannt habe, noch bei Anwendung der Sorgfalt eines ordentlichen Kaufmanns habe kennen müssen.

Entsteht durch Zahlungsunfähigkeit eines Kommanditisten der Gesellschaft ein Ausfall, so sind ihr die persönlich haftenden Gesellschafter, welche bei der Anmeldung des Gesellschaftsvertrages die Zahlungsunfähigkeit kannten, zum Ersatze solidarisch verpflichtet.

Außer den persönlich haftenden Gesellschaftern sind der Gesellschaft zum Schadensersatze solidarisch verpflichtet:

1. in dem Falle, daß eine Vergütung nicht unter den zu bezeichnenden Gründungsaufwand aufgenommen ist, der Empfänger, wenn er zur Zeit des Empfanges wußte oder nach den Umständen annehmen mußte, daß die Verheimlichung beabsichtigt oder erfolgt war, und jeder Dritte, welcher zur Verheimlichung wissentlich mitgewirkt hat;
2. in dem Falle einer böslichen Schädigung durch Einlagen oder Uebernahmen jeder Dritte, welcher zu derselben wissentlich mitgewirkt hat.

Artikel 180a.

Wer vor der Eintragung des Gesellschaftsvertrages in das Handelsregister oder in den ersten zwei Jahren nach der Eintragung, um Aktien in den Verkehr einzuführen, eine öffentliche Ankündigung derselben erläßt, ist der Gesellschaft im Falle der Unrichtigkeit oder Unvollständigkeit von Angaben, welche die persönlich haftenden Gesellschafter rücksichtlich der Zeichnung oder Einzahlung des Gesammtkapitals der Kommanditisten oder der im Artikel 175b vorgesehenen Festsetzungen behufs Eintragung des Gesellschaftsvertrages in das Handelsregister gemacht haben, sowie in dem Falle einer böslichen Schädigung der Gesellschaft durch Einlagen oder Uebernahmen für den Ersatz des ihr daraus entstandenen Schadens neben den im Artikel 180 bezeichneten Personen solidarisch verhaftet, sofern ihm nachgewiesen wird, daß er die Unrichtigkeit oder Unvollständigkeit der Angaben oder die bösliche Schädigung gekannt hat oder bei Anwendung der Sorgfalt eines ordentlichen Geschäftsmanns hat kennen müssen.

Artikel 180b.

Mitglieder des Aufsichtsraths, welchen nachgewiesen wird, daß sie bei der ihnen durch Artikel 175e Absatz 3 auferlegten Prüfung die Sorgfalt eines ordentlichen Geschäftsmanns verletzt haben, haften der Gesellschaft solidarisch für den ihr daraus entstandenen Schaden, soweit der Ersatz desselben von den in Gemäßheit der Artikel 180, 180a verpflichteten Personen nicht zu erlangen ist.

Artikel 180c.

Vergleiche oder Verzichtleistungen, welche die der Gesellschaft aus der Gründung zustehenden Ansprüche gegen die in Gemäßheit der Artikel 180 bis 180b verpflichteten Personen betreffen, sind erst nach Ablauf von drei Jahren seit Eintragung des Gesellschaftsvertrages in das Handelsregister und nur mit Zustimmung der Generalversammlung der Kommanditisten zulässig. Die Zeitbeschränkung findet nicht Anwendung, sofern der Verpflichtete im Falle der Zahlungsunfähigkeit zur Abwendung oder Beseitigung des Konkursverfahrens mit seinen Gläubigern sich vergleicht.

Artikel 180d.

Die Ansprüche der Gesellschaft gegen die in Gemäßheit der Artikel 180 bis 180b verpflichteten Personen verjähren in fünf Jahren seit Eintragung des Gesellschaftsvertrages in das Handelsregister.

Artikel 180e.

Werden vor Ablauf von zwei Jahren seit Eintragung des Gesellschaftsvertrages in das Handelsregister seitens der Gesellschaft Verträge geschlossen, durch welche sie vorhandene oder herzustellende Anlagen oder unbewegliche Gegenstände für eine den zehnten Theil des Gesammtkapitals der Kommanditisten übersteigende

Vergütung erwerben soll, so bedürfen dieselben zu ihrer Gültigkeit der Zustimmung der Generalversammlung der Kommanditisten.

Vor der Beschlußfassung hat der Aufsichtsrath den Vertrag zu prüfen und über die Ergebnisse seiner Prüfung schriftlich Bericht zu erstatten.

Die Antheile der zustimmenden Mehrheit der Kommanditisten müssen in dem Falle, daß der Vertrag im ersten Jahre geschlossen wird, mindestens ein Viertheil des Gesammtkapitals, anderenfalls mindestens drei Viertheile des in der Generalversammlung vertretenen Gesammtkapitals darstellen.

Der genehmigte Vertrag ist in Urschrift oder in beglaubigter Abschrift mit dem Berichte des Aufsichtsraths nebst dessen urkundlichen Grundlagen und mit dem Nachweise über die Beschlußfassung zum Handelsregister einzureichen.

Hat der Erwerb in Ausführung einer vor der Errichtung der Gesellschaft von den persönlich haftenden Gesellschaftern getroffenen Vereinbarung stattgefunden, so kommen in Betreff der Rechte der Gesellschaft auf Entschädigung und in Betreff der ersatzpflichtigen Personen die Vorschriften der Artikel 180 und 180c zur Anwendung.

Die vorstehenden Bestimmungen finden auf den Erwerb unbeweglicher Gegenstände nicht Anwendung, sofern auf ihn der Gegenstand des Unternehmens gerichtet ist oder der Erwerb im Wege der Zwangsvollstreckung geschieht.

Artikel 180f.

Jede Bestimmung, welche die Fortsetzung der Gesellschaft oder eine Abänderung des Inhalts des Gesellschaftsvertrages zum Gegenstande hat, bedarf zu ihrer Gültigkeit der notariellen oder gerichtlichen Abfassung.

Die Bestimmung muß in das Handelsregister eingetragen und in gleicher Weise wie der ursprüngliche Vertrag veröffentlicht werden (Art. 177, 179). Dieselbe hat keine rechtliche Wirkung, bevor sie bei dem Handelsgerichte, in dessen Bezirke die Gesellschaft ihren Sitz hat, in das Handelsregister eingetragen ist.

Artikel 180g.

Die Abänderung des Inhalts des Gesellschaftsvertrages kann nicht ohne Beschluß der Generalversammlung der Kommanditisten erfolgen. Sofern der Gesellschaftsvertrag für eine Abänderung derjenigen Bestimmung, welche den Gegenstand der Beschlußfassung bildet, nicht andere Erfordernisse aufstellt, bedarf der Beschluß einer Mehrheit von drei Viertheilen des in der Generalversammlung vertretenen Gesammtkapitals.

Diese Vorschrift findet auch dann Anwendung, wenn mehrere Gattungen von Aktien mit verschiedener Berechtigung ausgegeben sind.

Soll durch die Beschlußfassung das bisherige Rechtsverhältniß unter den verschiedenen Gattungen zum Nachtheile einer derselben abgeändert werden, so bedarf es zu dem von der gemeinschaftlichen Generalversammlung gefaßten Beschlusse der Zustimmung einer besonderen Generalversammlung der benachtheiligten Kommanditisten, deren Beschlußfassung gleichfalls nach der Vorschrift des ersten Absatzes sich richtet.

Die Bestimmung des Gesellschaftsvertrages, Inhalts deren die Uebertragung von Aktien, welche in Gemäßheit des Artikels 173a Absatz 3 auf einen geringeren Betrag als eintausend Mark gestellt sind, an die Einwilligung der Gesellschaft gebunden ist, kann nicht abgeändert werden.

Artikel 180h.

Eine Erhöhung des Gesammtkapitals der Kommanditisten darf nicht vor der vollen Einzahlung desselben erfolgen. Für Versicherungsgesellschaften kann der Gesellschaftsvertrag ein Anderes bestimmen.

Die Erhöhung kann nicht ohne Beschluß der Generalversammlung der Kommanditisten stattfinden. Für die neu auszugebenden Aktien kann die Leistung eines höheren als des Nominalbetrages festgesetzt werden; der Beschluß hat den Mindestbetrag zu bezeichnen, für welchen die Aktien auszugeben sind. Ein geringerer als der Nominalbetrag darf nicht festgesetzt werden.

Auf eine Erhöhung, welche in den ersten zwei Jahren seit Eintragung des Gesellschaftsvertrages in das Handelsregister beschlossen wird, findet die Vorschrift im Artikel 174a über die Betheiligung der persönlich haftenden Gesellschafter mit der Maßgabe Anwendung, daß die Betheiligung nach dem Gesammtkapital einschließlich dessen Erhöhung zu bemessen ist und aus dem Beschlusse hervorgehen muß, welche Einlagen demzufolge noch gemacht werden.

Die Beschlußfassung unterliegt den Vorschriften im Artikel 180g Absatz 1 und 3. Die Bestimmung über die Erhöhung ist in das Handelsregister einzutragen. Die Anmeldung hat die Angabe zu enthalten, daß das bisherige Gesammtkapital eingezahlt sei, für Versicherungsgesellschaften, inwieweit die Einzahlung desselben stattgefunden habe. Auf die Abfassung und die Eintragung finden die Vorschriften im Artikel 180f Anwendung.

Eine Zusicherung von Rechten auf den Bezug neu auszugebender Aktien, welche vor dem Beschlusse auf Erhöhung des Gesammtkapitals erfolgt, ist der Gesellschaft gegenüber unwirksam.

Artikel 180i.

Die Zeichnung der neu auszugebenden Aktien erfolgt durch schriftliche Erklärung, welche in zwei Exemplaren unterzeichnet werden soll.

Die stattgefundene Erhöhung des Kapitals der Kommanditisten ist behufs der Eintragung in das Handelsregister anzumelden. Die Vorschriften im Artikel 176 und 179 finden entsprechende Anwendung.

Vor der Eintragung der stattgefundenen Erhöhung in das Handelsregister desjenigen Gerichts, in dessen Bezirke die Gesellschaft ihren Sitz hat, sollen Aktien oder Interimsscheine nicht ausgegeben werden.

Artikel 181.

Die Einlagen, mit welchen ein persönlich haftender Gesellschafter sich in Gemäßheit der Artikel 174a, 180h Absatz 3 betheiligt hat, dürfen ihm weder ganz noch theilweise zurückgegeben oder erlassen werden.

Er darf den Antheil, welcher ihm am Gesellschaftsvermögen einschließlich des Gesammtkapitals der Kommanditisten auf solche Einlagen zugewiesen ist, nur an andere persönlich haftende Gesellschafter veräußern. In gleicher Weise ist, wenn er als persönlich haftender Gesellschafter ausscheidet, die Veräußerung desjenigen, was ihm auf solche Einlagen bei der Auseinandersetzung zugewiesen ist, bis zum Ablauf von drei Jahren seit dem Ausscheiden, jedoch nicht länger als bis zum Ablauf von zehn Jahren seit Eintragung des Gesellschaftsvertrages in das Handelsregister beschränkt. Während der Dauer dieser Beschränkung darf der Antheil des Gesellschafters oder dasjenige, was ihm bei der Auseinandersetzung zugewiesen ist, nicht ausgeliefert und für Privatgläubiger desselben nur insoweit gepfändet werden, als diese Gegenstände nicht bis zum Ablauf der Zeitbeschränkung wegen Forderungen der Gesellschaft oder solcher Gesellschaftsgläubiger, deren Ansprüche vor dem Ausscheiden des persönlich haftenden Gesellschafters entstanden waren, verwendet oder gepfändet sind.

Soweit die Einlagen auf das Gesammtkapital der Kommanditisten gemacht sind, hat der Aufsichtsrath die hierfür auszustellenden Aktien oder Interimsscheine in Verwahrung zu nehmen und mit dem Vermerk „unveräußerlich" zu versehen. Die Löschung des Vermerkes findet durch den Aufsichtsrath nach dem Wegfalle der bezeichneten Beschränkung statt.

Artikel 181a.

Interimsscheine, welche auf Inhaber lauten, sind nichtig. Die Ausgeber haften den Besitzern solidarisch für allen durch die Ausgabe verursachten Schaden.

Das Gleiche gilt, wenn Aktien oder Interimsscheine auf einen geringeren als den nach Artikel 173a zugelassenen Betrag gestellt sind oder ausgegeben werden, bevor der Gesellschaftsvertrag bei dem Handelsgerichte, in dessen Bezirke die Gesellschaft ihren Sitz hat, in das Handelsregister eingetragen ist.

Aus Aktien und Interimsscheinen, welche in Gemäßheit des Artikels 173a auf einen Betrag von weniger als eintausend Mark gestellt sind, sollen im Falle des zweiten Absatzes des bezeichneten Artikels die ertheilte Genehmigung, im Falle des dritten Absatzes die Beschränkungen hervorgehen, welchen die Kommanditisten in Bezug auf die Form einer Uebertragung ihrer Rechte und die Einwilligung der Gesellschaft in dieselbe unterworfen sind.

Artikel 182.

Aktien, welche auf Namen lauten, müssen mit genauer Bezeichnung des Inhabers nach Namen, Wohnort und Stand in das Aktienbuch der Gesellschaft eingetragen werden.

Sie können, soweit nicht der Artikel 181 oder der Gesellschaftsvertrag ein Anderes bestimmt, ohne Einwilligung der Gesellschaft auf andere Personen übertragen werden. Zu der im Gesellschaftsvertrage vorbehaltenen Einwilligung der Gesellschaft in die Uebertragung von Aktien, welche auf einen Betrag von weniger als eintausend Mark gestellt sind, ist die Zustimmung des Aufsichtsraths und der

Generalversammlung erforderlich. Die Uebertragung dieser Aktien bedarf zu ihrer Gültigkeit einer die Person des Erwerbers bezeichnenden gerichtlich oder notariell beglaubigten Erklärung.

Die Uebertragung anderer Aktien, welche auf Namen lauten, kann durch Indossament geschehen. In Betreff der Form desselben kommen die Bestimmungen der Artikel 11 bis 13 der Deutschen Wechselordnung zur Anwendung.

Artikel 183.

Wenn das Eigenthum der auf Namen lautenden Aktie auf einen Anderen übergeht, so ist dies, unter Vorlegung der Aktie und des Nachweises des Ueberganges, bei der Gesellschaft anzumelden und im Aktienbuche zu bemerken.

Im Verhältnisse zu der Gesellschaft werden nur diejenigen als die Eigenthümer angesehen, welche als solche im Aktienbuche verzeichnet sind.

Zur Prüfung der Legitimation ist die Gesellschaft berechtigt, aber nicht verpflichtet.

Artikel 183a.

Die im Artikel 182 und 183 enthaltenen Bestimmungen finden auf die Eintragung der Interimsscheine und die Uebertragung derselben auf andere Personen Anwendung.

Vor der vollen Leistung des Nominalbetrages oder des in den Fällen der Artikel 175a Ziffer 2, 180h Absatz 2 festgesetzten Betrages soll die Aktie nicht ausgegeben werden.

Artikel 183b.

Die Verpflichtung des Kommanditisten, zu den Zwecken der Gesellschaft und zur Erfüllung ihrer Verbindlichkeiten beizutragen, wird durch den Nominalbetrag der Aktie, in den Fällen der Artikel 175a Ziffer 2, 180h Absatz 2 durch den Betrag, für welchen die Aktie ausgegeben ist, begrenzt.

Artikel 184.

Ein Gesellschafter, welcher den auf die Aktie eingeforderten Betrag nicht zur rechten Zeit einzahlt, ist zur Zahlung von Verzugszinsen von Rechtswegen verpflichtet.

Im Gesellschaftsvertrage können für den Fall der verzögerten Einzahlung Konventionalstrafen ohne Rücksicht auf die sonst stattfindenden gesetzlichen Einschränkungen festgesetzt werden.

Ist im Gesellschaftsvertrage keine besondere Form, wie die Aufforderung zur Einzahlung geschehen soll, bestimmt, so geschieht dieselbe in der Form, in welcher die Bekanntmachungen der Gesellschaft nach dem Gesellschaftsvertrage überhaupt erfolgen müssen.

Artikel 184a.

Im Falle verzögerter Einzahlung kann an die säumigen Gesellschafter eine erneute Aufforderung zur Zahlung unter Androhung ihres Ausschlusses mit dem Antheilsrechte erlassen werden. Die Aufforderung hat mindestens dreimal durch

Bekanntmachung in den hierzu bestimmten öffentlichen Blättern, die erste Bekanntmachung mindestens drei Monate und die letzte Bekanntmachung mindestens vier Wochen vor Ablauf der für die Einzahlung gesetzten Nachfrist zu erfolgen. Statt der Bekanntmachungen in den öffentlichen Blättern genügt, falls das Antheilsrecht nicht ohne Einwilligung der Gesellschaft übertragbar ist, die Bekanntmachung der Aufforderung mit einer vier Wochen übersteigenden Nachfrist durch besonderen Erlaß an die säumigen Gesellschafter.

Ein Gesellschafter, welcher den auf die Aktie zu leistenden Betrag nicht einzahlt, obwohl die im vorstehenden Absatze bezeichnete Aufforderung stattgefunden hat, ist seiner Anrechte aus der Zeichnung der Aktie und der geleisteten Theilzahlungen zu Gunsten der Gesellschaft verlustig zu erklären. Die den Ausschluß bewirkende Erklärung erfolgt mittelst Bekanntmachung durch die hierzu bestimmten öffentlichen Blätter. An Stelle der bisherigen Urkunde ist eine neue auszugeben, welche außer den früher geleisteten Theilzahlungen den eingeforderten Betrag zu umfassen hat. Wegen des Ausfalls, welchen die Gesellschaft an diesem Betrage oder den später eingeforderten Beträgen erleidet, bleibt ihr der ausgeschlossene Gesellschafter verhaftet.

Von den vorstehenden Rechtsfolgen kann der Gesellschafter nicht befreit werden.

Artikel 184b.

Soweit der ausgeschlossene Gesellschafter den eingeforderten Betrag nicht gezahlt hat, ist für denselben der Gesellschaft der letzte und jeder frühere, in dem Aktienbuche verzeichnete Rechtsvorgänger verhaftet, ein früherer Rechtsvorgänger, soweit die Zahlung von dessen Rechtsnachfolger nicht zu erlangen ist. Dies ist bis zum Nachweise des Gegentheils anzunehmen, soweit von letzterem die Zahlung nicht bis zum Ablauf von vier Wochen geleistet wird, nachdem an ihn die Zahlungsaufforderung und an den Rechtsvorgänger die Benachrichtigung von derselben erfolgt ist. Der Rechtsvorgänger erhält gegen Zahlung des rückständigen Betrages die neu auszugebende Urkunde.

Die Haftpflicht des Rechtsvorgängers ist auf die innerhalb der Frist von zwei Jahren auf die Aktien eingeforderten Beträge beschränkt. Die Frist beginnt mit dem Tage, an welchem die Uebertragung des Antheilsrechts zum Aktienbuche der Gesellschaft angemeldet ist.

Von der vorstehenden Verbindlichkeit können die Rechtsvorgänger nicht befreit werden.

Ist die Zahlung des rückständigen Betrages von Rechtsvorgängern nicht zu erlangen, so kann die Gesellschaft das Antheilsrecht zum Börsenpreise und in Ermangelung eines solchen durch öffentliche Versteigerung verkaufen.

Artikel 184c.

Die Gesellschafter können gegen die ihnen in Gemäßheit der Artikel 184 bis 184b obliegenden Zahlungen eine Aufrechnung nicht geltend machen. Ebensowenig findet an dem Gegenstande einer zu leistenden Einlage wegen Forderungen, welche sich nicht auf dieselbe beziehen, ein Zurückbehaltungsrecht statt.

Artikel 184d.

Die Gesellschaft soll eigene Aktien im geschäftlichen Betriebe, sofern nicht eine Kommission zum Einkauf ausgeführt wird, weder erwerben noch zum Pfande nehmen. Sie darf eigene Interimsscheine im geschäftlichen Betriebe auch in Ausführung einer Einkaufskommission weder erwerben noch zum Pfande nehmen.

Artikel 185.

Die persönlich haftenden Gesellschafter sind verpflichtet, spätestens in den ersten sechs Monaten jedes Geschäftsjahres für das verflossene Geschäftsjahr eine Bilanz, eine Gewinn- und Verlustrechnung, sowie einen den Vermögensstand und die Verhältnisse der Gesellschaft entwickelnden Bericht dem Aufsichtsrathe und mit dessen Bemerkungen der Generalversammlung der Kommanditisten vorzulegen.

Artikel 185a.

Für die Aufstellung der Bilanz kommen die allgemeinen Vorschriften des Artikels 31 mit folgenden Maßgaben zur Anwendung:

1. Werthpapiere und Waaren, welche einen Börsen- oder Marktpreis haben, dürfen höchstens zu dem Börsen- oder Marktpreise zur Zeit der Bilanzaufstellung, sofern dieser jedoch den Anschaffungs- oder Herstellungspreis übersteigt, höchstens zu letzterem angesetzt werden;
2. andere Vermögensgegenstände sind höchstens zu dem Anschaffungs- oder Herstellungspreise anzusetzen;
3. Anlagen und sonstige Gegenstände, welche nicht zur Weiterveräußerung, vielmehr dauernd zum Geschäftsbetriebe der Gesellschaft bestimmt sind, dürfen ohne Rücksicht auf einen geringeren Werth zu dem Anschaffungs- oder Herstellungspreise angesetzt werden, sofern ein der Abnutzung gleichkommender Betrag in Abzug gebracht oder ein derselben entsprechender Erneuerungsfonds in Ansatz gebracht wird;
4. die Kosten der Organisation und Verwaltung dürfen nicht als Aktiva, müssen vielmehr ihrem vollen Betrage nach in der Jahresrechnung als Ausgabe erscheinen;
5. der Betrag des Gesammtkapitals der Kommanditisten, der Antheil der persönlich haftenden Gesellschafter am sonstigen Gesellschaftsvermögen und der Betrag eines jeden Reserve- und Erneuerungsfonds sind unter die Passiva aufzunehmen;
6. der aus der Vergleichung sämmtlicher Aktiva und sämmtlicher Passiva sich ergebende Gewinn oder Verlust muß am Schlusse der Bilanz besonders angegeben werden.

Artikel 185b.

Zur Deckung eines aus der Bilanz sich ergebenden Verlustes ist ein Reservefonds zu bilden; in denselben ist einzustellen:

1. von dem jährlichen Reingewinne mindestens der zwanzigste Theil solange, als der Reservefonds den zehnten oder den im Gesellschaftsvertrage bestimmten höheren Theil des Gesammtkapitals nicht überschreitet;
2. der Gewinn, welcher bei Errichtung der Gesellschaft oder einer Erhöhung des Gesammtkapitals durch Ausgabe der Aktien für einen höheren als den Nominalbetrag erzielt wird.

Artikel 185c.

Nach erfolgter Genehmigung durch die Generalversammlung sind die Bilanz, sowie die Gewinn- und Verlustrechnung ohne Verzug von den persönlich haftenden Gesellschaftern in den hierzu bestimmten öffentlichen Blättern bekannt zu machen und zu dem Handelsregister einzureichen.

Im Uebrigen werden die Grundsätze, nach welchen die Bilanz aufzunehmen, Reservefonds zu bilden und anzulegen sind und die Prüfung der Bilanz zu erfolgen hat, durch den Gesellschaftsvertrag bestimmt.

Artikel 186.

Die Rechte, welche den Kommanditisten gegenüber den persönlich haftenden Gesellschaftern nach dem Gesellschaftsvertrage oder nach den Bestimmungen des vorigen Abschnitts in Beziehung auf die Führung der Geschäfte, die Einsicht und Prüfung der Bilanz, die Bestimmung der Gewinnvertheilung, die Auflösung oder Kündigung der Gesellschaft und die Befugniß, das Ausscheiden eines persönlich haftenden Gesellschafters zu verlangen, zustehen, werden in der Generalversammlung durch Beschlußfassung der erschienenen Kommanditisten ausgeübt.

Die Beschlüsse der Generalversammlung werden durch den Aufsichtsrath ausgeführt, wenn nicht im Gesellschaftsvertrage ein Anderes bestimmt ist.

Artikel 187.

Die Generalversammlung der Kommanditisten wird durch die persönlich haftenden Gesellschafter oder durch den Aufsichtsrath berufen, sofern nicht nach dem Gesetze oder dem Gesellschaftsvertrage auch andere Personen dazu befugt sind.

Die Generalversammlung ist außer den im Gesetze oder im Gesellschaftsvertrage ausdrücklich bestimmten Fällen zu berufen, wenn dies im Interesse der Gesellschaft erforderlich erscheint.

Artikel 188.

Die Generalversammlung muß berufen werden, wenn dies von Kommanditisten, deren Antheile zusammen den zehnten Theil des Gesammtkapitals darstellen, in einer von ihnen unterzeichneten Eingabe unter Angabe des Zwecks und der Gründe verlangt wird. Ist im Gesellschaftsvertrage das Recht, die Berufung der Generalversammlung zu verlangen, an den Besitz eines geringeren Antheils am Gesammtkapital geknüpft, so hat es hierbei sein Bewenden.

Wird dem Verlangen nicht entsprochen, so kann das Handelsgericht die Kommanditisten, welche das Verlangen gestellt haben, zur Berufung der Generalversammlung ermächtigen. Mit der Berufung ist die gerichtliche Ermächtigung zu veröffentlichen.

Artikel 189.

Die Berufung der Generalversammlung hat in der durch das Gesetz und den Gesellschaftsvertrag bestimmten Weise zu erfolgen.

Der Zweck der Generalversammlung muß jederzeit bei der Berufung bekannt gemacht werden. Ueber Gegenstände, deren Verhandlung nicht in dieser Weise angekündigt ist, können Beschlüsse nicht gefaßt werden; hiervon ist jedoch der Beschluß über den in der Generalversammlung gestellten Antrag auf Berufung einer außerordentlichen Generalversammlung ausgenommen.

Zur Stellung von Anträgen und zu Verhandlungen ohne Beschlußfassung bedarf es der Ankündigung nicht.

Artikel 190.

Jede Aktie gewährt das Stimmrecht. Dasselbe wird nach den Aktienbeträgen ausgeübt. Der Gesellschaftsvertrag kann für den Fall, daß ein Kommanditist mehrere Aktien besitzt, die Ausübung des Stimmrechts für dieselben durch einen Höchstbetrag oder in Abstufungen oder nach Gattungen beschränken.

Vollmachten erfordern zu ihrer Gültigkeit die schriftliche Form, sie bleiben in der Verwahrung der Gesellschaft.

Wer durch die Beschlußfassung entlastet oder von einer Verpflichtung befreit werden soll, hat hierbei kein Stimmrecht und darf ein solches auch nicht für Andere ausüben. Dasselbe gilt von einer Beschlußfassung, welche die Eingehung eines Rechtsgeschäfts mit ihm betrifft.

Persönlich haftende Gesellschafter, welchen in Gemäßheit der Artikel 174a, 180h Absatz 3 Antheile am Gesammtkapital der Kommanditisten zustehen oder welche sonst Aktien erwerben, haben kein Stimmrecht.

Im Uebrigen ist für die Bedingungen des Stimmrechts und die Form, in welcher dasselbe auszuüben ist, der Gesellschaftsvertrag maßgebend.

Artikel 190a.

Ein Beschluß der Generalversammlung kann wegen Verletzung des Gesetzes oder des Gesellschaftsvertrages als ungültig im Wege der Klage angefochten werden. Dieselbe findet nur binnen der Frist von einem Monate statt. Zur Anfechtung befugt ist außer persönlich haftenden Gesellschaftern jeder in der Generalversammlung erschienene Kommanditist, sofern er gegen den Beschluß

Widerspruch zum Protokoll erklärt hat, und jeder nicht erschienene Kommanditist, sofern er die Anfechtung darauf gründet, daß die Berufung der Generalversammlung oder die Ankündigung des Gegenstandes der Beschlußfassung nicht gehörig erfolgt war.

Die Klage ist gegen die persönlich haftenden Gesellschafter, soweit sie nicht selbst klagen, und gegen den Aufsichtsrath zu richten. Zuständig für die Klage ist ausschließlich das Landgericht, in dessen Bezirke die Gesellschaft ihren Sitz hat. Die mündliche Verhandlung erfolgt nicht vor Ablauf der im ersten Absatze bezeichneten Frist. Mehrere Anfechtungsprozesse sind zur gleichzeitigen Verhandlung und Entscheidung zu verbinden.

Ein klagender Kommanditist hat seine Aktien gerichtlich zu hinterlegen und auf Verlangen der Gesellschaft wegen der ihr drohenden Nachtheile eine nach freiem Ermessen des Gerichts zu bestimmende Sicherheit zu leisten. Das Verlangen ist als prozeßhindernde Einrede geltend zu machen. Wird die Sicherheit binnen der vom Gerichte gestellten Frist nicht geleistet, so ist die Klage auf Antrag für zurückgenommen zu erklären.

Die persönlich haftenden Gesellschafter haben die Erhebung einer jeden Klage sowie den Termin zur mündlichen Verhandlung ohne Verzug in den für die Bekanntmachungen der Gesellschaft bestimmten Blättern zu veröffentlichen.

Soweit durch ein Urtheil rechtskräftig der Beschluß für ungültig erklärt ist, wirkt es auch gegenüber den Kommanditisten, welche nicht Partei sind. Dasselbe ist von den persönlich haftenden Gesellschaftern ohne Verzug zu dem Handelsregister einzureichen. War der Beschluß in dasselbe eingetragen, so ist auch das Urtheil einzutragen und in gleicher Weise wie der Beschluß zu veröffentlichen (Art. 177, 179).

Artikel 190b.

Für einen durch unbegründete Anfechtung des Beschlusses (Art. 190a) der Gesellschaft entstandenen Schaden haften ihr solidarisch die Kläger, welchen bei Erhebung der Klage eine bösliche Handlungsweise zur Last fällt.

Artikel 191.

Der Aufsichtsrath besteht, sofern nicht der Gesellschaftsvertrag eine höhere Zahl festsetzt, aus drei von der Generalversammlung der Kommanditisten zu wählenden Mitgliedern. Persönlich haftende Gesellschafter können nicht Mitglieder des Aufsichtsraths sein.

Die Wahl des ersten Aufsichtsraths gilt für die Dauer des ersten Geschäftsjahres und, wenn dasselbe auf einen kürzeren Zeitraum als ein Jahr seit Eintragung des Gesellschaftsvertrages in das Handelsregister bemessen ist, bis zum Ablauf des am Ende dieses Jahres laufenden Geschäftsjahres.

Später kann der Aufsichtsrath nicht auf länger als fünf Geschäftsjahre gewählt werden. Insoweit die Wahl auf einen längeren Zeitraum geschieht, ist dieselbe ohne rechtliche Wirkung.

Die Bestellung zum Mitgliede des Aufsichtsraths kann auch vor Ablauf des Zeitraums, für welchen dasselbe gewählt ist, durch die Generalversammlung widerrufen werden. Der Beschluß bedarf einer Mehrheit von drei Viertheilen des in der Generalversammlung vertretenen Gesammtkapitals.

Artikel 192.

Den Mitgliedern des ersten Aufsichtsraths darf eine Vergütung für die Ausübung ihrer Thätigkeit nur durch die Generalversammlung nach Ablauf des Zeitraums, für welchen er gewählt ist, bewilligt werden.

Artikel 193.

Der Aufsichtsrath hat die Geschäftsführung der Gesellschaft in allen Zweigen der Verwaltung zu überwachen und zu dem Zweck sich von dem Gange der Angelegenheiten der Gesellschaft zu unterrichten. Er kann jederzeit über dieselben Berichterstattung von den persönlich haftenden Gesellschaftern verlangen und selbst oder durch einzelne von ihm zu bestimmende Mitglieder die Bücher und Schriften der Gesellschaft einsehen, sowie den Bestand der Gesellschaftskasse und die Bestände an Effekten, Handelspapieren und Waaren untersuchen.

Er hat die Jahresrechnungen, die Bilanzen und die Vorschläge zur Gewinnvertheilung zu prüfen und darüber der Generalversammlung Bericht zu erstatten.

Weitere Obliegenheiten des Aufsichtsraths werden durch den Gesellschaftsvertrag bestimmt.

Die Mitglieder des Aufsichtsraths können die Ausübung ihrer Obliegenheiten nicht anderen Personen übertragen.

Artikel 194.

Der Aufsichtsrath ist ermächtigt, gegen die persönlich haftenden Gesellschafter die Prozesse zu führen, welche die Generalversammlung beschließt.

Handelt es sich um die Verantwortlichkeit der Mitglieder des Aufsichtsraths, so kann letzterer ohne und selbst gegen den Beschluß der Generalversammlung gegen die persönlich haftenden Gesellschafter klagen.

Artikel 195.

Wenn die Kommanditisten selbst in Gesammtheit und im gemeinsamen Interesse gegen die persönlich haftenden Gesellschafter auftreten wollen oder gegen die Mitglieder des Aufsichtsraths einen Prozeß zu führen haben, so werden sie durch Bevollmächtigte vertreten, welche in der Generalversammlung gewählt werden.

Falls aus irgend einem Grunde die Bestellung von Bevollmächtigten durch Wahl in der Generalversammlung gehindert wird, kann das Handelsgericht auf Antrag die Bevollmächtigten ernennen.

Artikel 196.

Die Gesellschaft wird durch die persönlich haftenden Gesellschafter berechtigt und verpflichtet; sie wird durch dieselben vor Gericht vertreten.

Zur Behändigung von Vorladungen und anderen Zustellungen an die Gesellschaft genügt es, wenn dieselbe an einen der zur Vertretung befugten Gesellschafter geschieht.

Die Bestimmung des Artikels 167 in Betreff des Kommanditisten, welcher für die Gesellschaft Geschäfte schließt, findet bei der Kommanditgesellschaft auf Aktien keine Anwendung.

Artikel 196a.

Die Bestimmungen der Artikel 96 und 97 über den Betrieb von Geschäften in dem Handelszweige der Gesellschaft sowie über die Theilnahme an einer anderen gleichartigen Gesellschaft finden auf die persönlich haftenden Gesellschafter mit der Maßgabe Anwendung, daß

1. die Genehmigung seitens der Kommanditisten durch die Generalversammlung erfolgt, sofern nicht die Befugniß zur Ertheilung durch den Gesellschaftsvertrag oder durch Beschluß der Generalversammlung dem Aufsichtsrath übertragen worden ist;
2. das Recht der Gesellschaft, in ein von einem persönlich haftenden Gesellschafter für eigene Rechnung gemachtes Geschäft einzutreten oder Schadensersatz zu fordern, nach drei Monaten von dem Zeitpunkte an erlischt, in welchem die übrigen persönlich haftenden Gesellschafter und der Aufsichtsrath von dem Abschlusse des Geschäfts Kenntniß erhalten haben.

Artikel 197.

Die Einlagen können den Kommanditisten, solange die Gesellschaft besteht, nicht zurückgezahlt werden.

Zinsen von bestimmter Höhe können für die Aktien nicht bedungen noch ausbezahlt werden; es darf nur dasjenige auf sie vertheilt werden, was sich nach der jährlichen Bilanz als reiner Gewinn ergiebt.

Artikel 198.

Die Kommanditisten haften für die Verbindlichkeiten der Gesellschaft, wenn und insoweit sie den gesetzlichen Bestimmungen entgegen Zahlungen von der Gesellschaft empfangen haben; sie sind jedoch nicht verpflichtet, die in gutem Glauben bezogenen Dividenden zurückzuzahlen.

Artikel 199.

Eine Uebereinkunft, durch welche das Austreten eines oder mehrerer persönlich haftender Gesellschafter bestimmt wird, steht der Auflösung der Gesellschaft gleich. Zu derselben bedarf es der Zustimmung der Generalversammlung der Kommanditisten.

Es kann jedoch durch den Gesellschaftsvertrag bestimmt werden, daß das Austreten eines oder mehrerer persönlich haftender Gesellschafter die Auflösung der Gesellschaft dann nicht zur Folge habe, wenn mindestens noch ein persönlich haftender Gesellschafter bleibt.

Artikel 200.

Wenn ein Kommanditist stirbt oder in Konkurs verfällt, oder zur Verwaltung seines Vermögens rechtlich unfähig wird, so hat dies die Auflösung der Gesellschaft nicht zur Folge. Der Artikel 126 findet in Bezug auf die Privatgläubiger eines Kommanditisten keine Anwendung. Im Uebrigen gelten die Artikel 123 bis 129 auch für die Kommanditgesellschaft auf Aktien. Die im Artikel 129 vorgesehene Eintragung ist auch bei dem Handelsgerichte einer jeden Zweigniederlassung zu bewirken; Dritten gegenüber entscheidet die Eintragung bei dem Handelsgerichte, in dessen Bezirke die Gesellschaft ihren Sitz hat.

Artikel 201.

Bei der Auflösung einer Kommanditgesellschaft auf Aktien, welche außer dem Falle der Eröffnung des Konkurses erfolgt, darf die Vertheilung des Vermögens unter die Gesellschafter nicht eher vollzogen werden, als nach Verlauf eines Jahres von dem Tage an gerechnet, an welchem die Auflösung der Gesellschaft in das Handelsregister eingetragen ist.

Artikel 202.

Die aus den Handelsbüchern der Gesellschaft ersichtlichen oder in anderer Weise bekannten Gläubiger sind durch besondere Erlasse aufzufordern, sich zu melden; unterlassen sie dies, so ist der Betrag ihrer Forderungen gerichtlich zu hinterlegen.

Das letztere muß auch in Ansehung der noch schwebenden Verbindlichkeiten und streitigen Forderungen geschehen, sofern nicht die Vertheilung des Gesellschaftsvermögens bis zu deren Erledigung ausgesetzt bleibt, oder den Gläubigern eine angemessene Sicherheit bestellt wird.

Artikel 203.

Eine theilweise Zurückzahlung des Kapitals der Kommanditisten oder eine Herabsetzung desselben kann nicht ohne Beschluß der Generalversammlung der Kommanditisten und nur unter Beobachtung derselben Vorschriften erfolgen, welche für die Vertheilung des Gesellschaftsvermögens im Falle der Auflösung maßgebend sind. Die Bestimmung über die Zurückzahlung oder Herabsetzung hat zugleich die Art, in welcher dieselbe erfolgen soll, und die zu ihrer Durchführung erforderlichen Maßregeln festzusetzen. Die Bestimmung ist in das Handelsregister einzutragen. Auf die Eintragung und die Beschlußfassung finden die Vorschriften im Artikel 180f und im Artikel 180g Absatz 1 und 3 entsprechende Anwendung.

Die gleichen Erfordernisse gelten für eine Amortisation der Aktien. Ohne Beobachtung dieser Erfordernisse darf die Gesellschaft ihre Aktien nur aus dem nach der jährlichen Bilanz sich ergebenden Gewinne und nur in dem Falle amortisiren, daß dies durch den ursprünglichen Gesellschaftsvertrag oder durch einen, den letzteren vor Ausgabe der Aktien abändernden Vertrag zugelassen ist.

Artikel 204.

Die Mitglieder des Aufsichtsraths haben bei Erfüllung der ihnen nach Artikel 193 zugewiesenen Obliegenheiten die Sorgfalt eines ordentlichen Geschäftsmanns anzuwenden.

Sie sind der Gesellschaft neben den persönlich haftenden Gesellschaftern solidarisch zum Ersatze verpflichtet, wenn mit ihrem Wissen und ohne ihr Einschreiten entgegen den gesetzlichen Bestimmungen

1. Einlagen an persönlich haftende Gesellschafter oder an Kommanditisten zurückgezahlt,
2. Zinsen oder Dividenden gezahlt,
3. eigene Aktien oder Interimsscheine der Gesellschaft erworben oder zum Pfande genommen,
4. Aktien vor der vollen Leistung des Nominalbetrages oder des in den Fällen der Artikel 175a Ziffer 2, 180h Absatz 2 festgesetzten Betrages, oder Aktien oder Interimsscheine im Falle einer stattgefundenen Erhöhung des Gesammtkapitals vor Eintragung derselben in das Handelsregister (Art. 180i Abs. 3) ausgegeben sind,
5. die Vertheilung des Gesellschaftsvermögens, eine theilweise Zurückzahlung oder eine Herabsetzung des Kapitals der Kommanditisten oder eine Amortisation von Aktien erfolgt ist.

Der Ersatzanspruch kann in den Fällen des zweiten Absatzes auch von den Gläubigern der Gesellschaft, soweit sie von dieser ihre Befriedigung nicht erlangen können, selbständig geltend gemacht werden. Die Ersatzpflicht wird ihnen gegenüber dadurch nicht aufgehoben, daß die Handlung auf einem Beschlusse der Generalversammlung beruht.

Die Ansprüche auf Grund der vorstehenden Bestimmungen verjähren in fünf Jahren.

Artikel 205.

Die Liquidation erfolgt, sofern der Gesellschaftsvertrag nicht ein Anderes bestimmt, durch sämmtliche persönlich haftende Gesellschafter und eine oder mehrere von der Generalversammlung der Kommanditisten gewählte Personen.

Auf die Anmeldung der Liquidatoren und die Zeichnung ihrer Unterschrift bei dem Handelsgerichte einer Zweigniederlassung findet die Vorschrift im Schlußsatze des Artikels 200 Anwendung.

Die Liquidatoren haben bei Beginn der Liquidation eine Bilanz aufzustellen. Dieselbe ist von ihnen ohne Verzug in den hierzu bestimmten öffentlichen Blättern bekannt zu machen und zu dem Handelsregister einzureichen.

Artikel 206.

Zu dem Antrage auf Ernennung von Liquidatoren durch den Richter sind außer jedem persönlich haftenden Gesellschafter und der Generalversammlung der Kommanditisten auch der Aufsichtsrath sowie Kommanditisten befugt, deren Antheile zusammen den zwanzigsten Theil des Gesammtkapitals darstellen. Die Kommanditisten haben bei Stellung des Antrages glaubhaft zu machen, daß sie die Aktien seit mindestens sechs Monaten besitzen.

Die Abberufung der Liquidatoren kann durch den Richter unter denselben Voraussetzungen, wie die Bestellung erfolgen. Vom Richter ernannte Liquidatoren können nur durch diesen abberufen werden.

Artikel 206a.

Die Gesellschaft kann sich in eine Aktiengesellschaft umwandeln, sofern dies durch den Gesellschaftsvertrag zugelassen ist.

Die Uebereinkunft über die Umwandlung bedarf zu ihrer Gültigkeit der notariellen oder gerichtlichen Abfassung und der Zustimmung einer Generalversammlung der Kommanditisten; die Antheile der zustimmenden Mehrheit müssen mindestens ein Viertheil des Gesammtkapitals darstellen. Die Uebereinkunft hat die zur Durchführung der Umwandlung erforderlichen Maßregeln, insbesondere die Firma sowie die Art der Bestellung und Zusammensetzung des Vorstandes, zu enthalten.

Die Uebereinkunft und die in Gemäßheit derselben vollzogene Bestellung der Mitglieder des Vorstandes ist unter Beifügung der Legitimation der letzteren behufs der Eintragung in das Handelsregister (Art. 177, 179) durch die persönlich haftenden Gesellschafter anzumelden. Zugleich haben diese eine Bilanz von dem Tage der Anmeldung einzureichen und in den hierzu bestimmten öffentlichen Blättern bekannt zu machen. Auf die Eintragung der Uebereinkunft findet die Vorschrift im Schlußsatze des Artikels 180f Anwendung.

Mit der Eintragung gelten die persönlich haftenden Gesellschafter als ausgeschieden und die Gesellschaft als Aktiengesellschaft fortbestehend. Die Beschränkungen, welchen persönlich haftende Gesellschafter nach der Vorschrift im Artikel 181 Absatz 2 unterworfen sind, dauern nach Maßgabe der letzteren fort.

In Ansehung der bisherigen Gläubiger der Gesellschaft sind die Vorschriften im Artikel 202 zu beobachten. Für die Beobachtung derselben sind den Gläubigern die Mitglieder des Vorstandes und des Aufsichtsraths persönlich und solidarisch verantwortlich, die Mitglieder des Aufsichtsraths, soweit die Befriedigung oder Sicherstellung mit ihrem Wissen und ohne ihr Einschreiten unterlassen ist. Die Ersatzpflicht wird dadurch nicht aufgehoben, daß die Unterlassung auf einem Beschlusse der Generalversammlung beruht.

Dritter Titel.

Von der Aktiengesellschaft.

Erster Abschnitt.

Allgemeine Grundsätze.

Artikel 207.

Eine Gesellschaft ist eine Aktiengesellschaft, wenn sich die sämmtlichen Gesellschafter nur mit Einlagen betheiligen, ohne persönlich für die Verbindlichkeiten der Gesellschaft zu haften.

Das Einlagekapital (Grundkapital) wird in Aktien zerlegt.

Die Aktien sind untheilbar.

Dieselben können auf Inhaber oder auf Namen lauten.

Antheilscheine, in welchen der Bezug der Aktien zugesichert wird oder welche sonst über das Antheilsrecht des Aktionärs vor Ausgabe der Aktien ausgestellt werden (Interimsscheine), dürfen nicht auf Inhaber lauten.

Artikel 207a.

Die Aktien müssen auf einen Betrag von mindestens eintausend Mark gestellt werden.

Für ein gemeinnütziges Unternehmen kann im Falle eines besonderen örtlichen Bedürfnisses der Bundesrath die Ausgabe von Aktien, welche auf Namen lauten, zu einem geringeren, jedoch mindestens zweihundert Mark erreichenden Betrage zulassen. Die gleiche Genehmigung kann in dem Falle ertheilt werden, daß für ein Unternehmen das Reich oder ein Bundesstaat oder ein Provinzial-, Kreis- oder Amtsverband oder eine sonstige öffentliche Korporation auf die Aktien einen bestimmten Ertrag bedingungslos und ohne Zeitbeschränkung gewährleistet hat.

Auf Namen lautende Aktien, deren Uebertragung an die Einwilligung der Gesellschaft gebunden ist, dürfen auf einen Betrag von weniger als eintausend, jedoch nicht von weniger als zweihundert Mark gestellt werden.

Die vorstehenden Bestimmungen gelten auch von Interimsscheinen.

Artikel 208.

Eine Aktiengesellschaft gilt als Handelsgesellschaft, auch wenn der Gegenstand des Unternehmens nicht in Handelsgeschäften besteht.

Artikel 209.

Der Inhalt des Gesellschaftsvertrages (Statut) muß durch mindestens fünf Personen, welche Aktien übernehmen, in gerichtlicher oder notarieller Verhandlung festgestellt werden. In derselben ist zugleich der Betrag der von jedem Einzelnen übernommenen Aktien anzugeben.

Der Gesellschaftsvertrag muß bestimmen:

1. die Firma und den Sitz der Gesellschaft;
2. den Gegenstand des Unternehmens;
3. die Höhe des Grundkapitals und der einzelnen Aktien;
4. die Art der Aktien, ob sie auf Inhaber oder auf Namen lauten, und im Falle der Ausgabe beider Arten die Zahl der Aktien einer jeden Art;
5. die Art der Bestellung und Zusammensetzung des Vorstandes;
6. die Form, in welcher die Zusammenberufung der Generalversammlung der Aktionäre geschieht;
7. die Form, in welcher die von der Gesellschaft ausgehenden Bekanntmachungen erfolgen.

Bekanntmachungen, welche durch öffentliche Blätter erfolgen sollen, sind in den Deutschen Reichsanzeiger einzurücken. Andere Blätter außer diesem hat der Gesellschaftsvertrag zu bestimmen.

Artikel 209a.

Der Aufnahme in den Gesellschaftsvertrag bedürfen Bestimmungen, nach welchen

1. das Unternehmen auf eine gewisse Zeit beschränkt wird;
2. Aktien für einen höheren als den Nominalbetrag ausgegeben werden;
3. eine Umwandlung der Aktien rücksichtlich ihrer Art statthaft ist;
4. für einzelne Gattungen von Aktien verschiedene Rechte, insbesondere betreffs der Zinsen oder Dividenden oder des Antheils am Gesellschaftsvermögen, gewährt werden;
5. über gewisse Gegenstände die Generalversammlung der Aktionäre nicht schon durch einfache Stimmenmehrheit, sondern nur durch eine größere Stimmenmehrheit oder nach anderen Erfordernissen Beschluß fassen kann.

Für einen geringeren als den Nominalbetrag darf die Ausgabe der Aktien nicht festgesetzt werden.

Artikel 209b.

Jeder zu Gunsten einzelner Aktionäre bedungene besondere Vortheil muß in dem Gesellschaftsvertrage unter Bezeichnung des Berechtigten festgesetzt werden.

Werden auf das Grundkapital von Aktionären Einlagen, welche nicht durch Baarzahlung zu leisten sind, gemacht oder seitens der zu errichtenden Gesellschaft vorhandene oder herzustellende Anlagen oder sonstige Vermögensstücke übernommen, so müssen die Person des Aktionärs oder des Kontrahenten, der Gegenstand der Einlage oder der Uebernahme und der Betrag der für die Einlage zu gewährenden Aktien oder die für den übernommenen Gegenstand zu gewährende Vergütung in dem Gesellschaftsvertrage festgesetzt werden.

Von diesen Festsetzungen gesondert ist der Gesammtaufwand, welcher zu Lasten der Gesellschaft an Aktionäre oder Andere als Entschädigung oder Belohnung für die Gründung oder deren Vorbereitung gewährt wird, in dem Gesellschaftsvertrage festzusetzen.

Jedes Abkommen über die vorbezeichneten Gegenstände, welches nicht die vorgeschriebene Festsetzung in dem Gesellschaftsvertrage gefunden hat, ist der Gesellschaft gegenüber unwirksam.

Artikel 209c.

Die Aktionäre, welche das Statut festgestellt haben, oder welche andere als durch Baarzahlung zu leistende Einlagen machen, gelten als die Gründer der Gesellschaft.

Artikel 209d.

In dem Falle, daß sämmtliche Aktien durch die Gründer übernommen werden, gilt mit der Uebernahme die Gesellschaft als errichtet.

Soweit die Uebernahme nicht schon bei Feststellung des Statuts erfolgt ist, kann sie in einer besonderen gerichtlichen oder notariellen Verhandlung unter Angabe der Beträge, welche die einzelnen Gründer noch übernehmen, bewirkt werden.

Artikel 209e.

Werden nicht sämmtliche Aktien durch die Gründer übernommen, so muß der Errichtung der Gesellschaft die Zeichnung der übrigen Aktien vorhergehen. Die Zeichnung erfolgt durch schriftliche Erklärung, aus welcher die Betheiligung nach Anzahl und, im Falle einer Verschiedenheit der Aktien, nach Betrag, Art oder Gattung derselben hervorgehen muß.

Die Erklärung (Zeichnungsschein), welche in zwei Exemplaren unterzeichnet werden soll, hat zu enthalten:

1. das Datum des Statuts, die im Artikel 209 Absatz 2, 209b vorgesehenen Festsetzungen und im Falle verschiedener Gattungen von Aktien den Gesammtbetrag einer jeden;
2. den Namen, Stand und Wohnort der Gründer;
3. den Betrag, für welchen die Ausgabe der Aktie stattfindet, und den Betrag der festgesetzten Einzahlungen;
4. den Zeitpunkt, mit dessen Eintritt die Zeichnung unverbindlich wird, sofern nicht bis dahin die Errichtung der Gesellschaft beschlossen ist.

Zeichnungsscheine, welche diesen Inhalt nicht vollständig haben oder außer dem unter Ziffer 4 bezeichneten Vorbehalte Beschränkungen in der Verpflichtung des Zeichners enthalten, sind ungültig. Ist ungeachtet eines hiernach ungültigen Zeichnungsscheines die Eintragung des Gesellschaftsvertrages in das Handelsregister erfolgt, so ist der Zeichner, wenn er auf Grund einer dem ersten Absatze entsprechenden Erklärung in der zur Beschlußfassung über die Errichtung der Gesellschaft berufenen Generalversammlung gestimmt oder später als Aktionär Rechte ausgeübt oder Verpflichtungen erfüllt hat, der Gesellschaft wie aus einem gültigen Zeichnungsscheine verpflichtet.

Jede nicht in dem Zeichnungsscheine enthaltene Beschränkung ist der Gesellschaft gegenüber unwirksam.

Artikel 209f.

Jede Aktiengesellschaft muß außer dem Vorstande einen Aufsichtsrath haben.

Artikel 209g.

Die Gründer haben in dem Falle des Artikels 209b Absatz 2 in einer von ihnen zu unterzeichnenden Erklärung die Umstände darzulegen, mit Rücksicht auf welche ihnen die Höhe der für die eingelegten oder übernommenen Gegenstände gewährten Beträge gerechtfertigt erscheint. Hierbei haben sie insbesondere die dem Erwerbe der Gesellschaft vorausgegangenen Rechtsgeschäfte, welche auf denselben hingezielt haben, sowie die früheren Erwerbs- und Herstellungspreise aus den letzten zwei Jahren anzugeben.

Artikel 209h.

Die Mitglieder des Vorstandes und des Aufsichtsraths haben den Hergang der Gründung zu prüfen. Sind Mitglieder zugleich Gründer oder haben sie der Gesellschaft ein Vermögensstück überlassen oder sich einen besonderen Vortheil ausbedungen (Art. 209b), so muß außerdem eine Prüfung durch besondere Revisoren stattfinden, welche das für die Vertretung des Handelsstandes berufene Organ und in Ermangelung eines solchen der Vorstand und der Aufsichtsrath zu bestellen hat.

Die Prüfung hat sich auf die Richtigkeit und Vollständigkeit der Angaben zu erstrecken, welche rücksichtlich der Zeichnung und Einzahlung des Grundkapitals und der im Artikel 209b vorgesehenen Festsetzungen von den Gründern, insbesondere in der im Artikel 209g vorgeschriebenen Erklärung, gemacht sind.

Ueber die Prüfung ist unter Darlegung der im vorstehenden Absatze bezeichneten Umstände schriftlich Bericht zu erstatten.

Artikel 210.

Der Gesellschaftsvertrag muß bei dem Handelsgerichte, in dessen Bezirke die Gesellschaft ihren Sitz hat, in das Handelsregister eingetragen werden.

Der Anmeldung behufs der Eintragung in das Handelsregister müssen beigefügt sein:

1. in dem Falle des Artikels 209b die den bezeichneten Festsetzungen zum Grunde liegenden oder zu ihrer Ausführung geschlossenen Verträge, die Artikel 209g vorgesehene Erklärung und eine Berechnung des Gründungsaufwandes, in welcher die Vergütungen nach Art und Höhe und die Empfänger einzeln aufzuführen sind;
2. in dem Falle, daß nicht alle Aktien von den Gründern übernommen sind, zum Nachweise der Zeichnung des Grundkapitals die Duplikate der

Zeichnungsscheine und ein von den Gründern in beglaubigter Form unterschriebenes Verzeichniß der sämmtlichen Aktionäre, welches die auf jeden entfallenen Aktien sowie die auf letztere geschehenen Einzahlungen angiebt;

3. die Urkunden über die Bestellung des Vorstandes und des Aufsichtsraths, die in Gemäßheit des Artikels 209h erstatteten Berichte nebst deren urkundlichen Grundlagen;

4. in dem Falle, daß der Gegenstand des Unternehmens der staatlichen Genehmigung bedarf, sowie in den Fällen des Artikels 207a Absatz 2 die Genehmigungsurkunde.

In der Anmeldung ist die Erklärung abzugeben, daß auf jede Aktie, soweit nicht andere als durch Baarzahlung zu leistende Einlagen gemacht sind, der eingeforderte Betrag baar eingezahlt und im Besitze des Vorstandes sei. Die Einforderung muß mindestens ein Viertheil des Nominalbetrages, und im Falle einer Ausgabe der Aktien für einen höheren als den Nominalbetrag auch den Mehrbetrag umfassen. Als Baarzahlung gilt die Zahlung in deutschem Gelde, in Reichskassenscheinen, sowie in gesetzlich zugelassenen Noten deutscher Banken.

Die Anmeldung muß von sämmtlichen Gründern und Mitgliedern des Vorstandes und Aufsichtsraths vor dem Handelsgerichte unterzeichnet oder in beglaubigter Form eingereicht werden.

Die der Anmeldung beigefügten Schriftstücke werden bei dem Handelsgerichte in Urschrift oder in beglaubigter Abschrift aufbewahrt.

Artikel 210a.

In dem Falle, daß die Gründer nicht alle Aktien übernommen haben, beruft das Handelsgericht ohne Verzug eine Generalversammlung der in dem Verzeichnisse aufgeführten Aktionäre zur Beschlußfassung über die Errichtung der Gesellschaft.

Die Versammlung findet unter der Leitung des Gerichts statt.

Vorstand und Aufsichtsrath haben sich über die Ergebnisse der ihnen rücksichtlich der Gründung obliegenden Prüfung auf Grund der Berichte (Art. 209h) und deren urkundlichen Grundlagen zu erklären. Jedes Mitglied des Vorstandes und des Aufsichtsraths kann bis zur Beschlußfassung die Unterzeichnung der Anmeldung zurückziehen.

Die der Errichtung der Gesellschaft zustimmende Mehrheit muß mindestens ein Viertheil sämmtlicher in dem Verzeichnisse aufgeführten oder als Rechtsnachfolger derselben in der Generalversammlung zugelassenen Aktionäre begreifen, und der Betrag ihrer Antheile muß mindestens ein Viertheil des gesammten Grundkapitals darstellen. Die Zustimmung aller erschienenen Aktionäre ist erforderlich, wenn die im Artikel 209 Ziffer 1 bis 5 und 209a bezeichneten Bestimmungen des Gesellschaftsvertrages abgeändert oder die im Artikel 209b vorgesehenen Festsetzungen zu Lasten der Gesellschaft erweitert werden sollen.

Die Beschlußfassung ist zu vertagen, wenn es von den Aktionären mit einfacher Stimmenmehrheit verlangt wird.

Artikel 210b.

Auf die Berufung und Beschlußfassung der vor der Eintragung des Gesellschaftsvertrages stattfindenden Generalversammlungen kommen, soweit nicht im Artikel 210a ein Anderes bestimmt ist, die Regeln zur entsprechenden Anwendung, welche für die Gesellschaft nach der Eintragung maßgebend sind.

Artikel 210c.

Der eingetragene Gesellschaftsvertrag ist im Auszuge von dem Handelsgerichte zu veröffentlichen.

Die Veröffentlichung muß enthalten:

1. das Datum des Gesellschaftsvertrages und die im Artikel 209 Absatz 2 und 3, 209a Ziffer 1 und 4 und 209b bezeichneten Festsetzungen;
2. den Namen, Stand und Wohnort der Gründer und die Angabe, ob sie die sämmtlichen Aktien übernommen haben;
3. den Namen, Stand und Wohnort der Mitglieder des Vorstandes und des Aufsichtsraths sowie der in Gemäßheit des Artikels 209h bestellten Revisoren.

Ist im Gesellschaftsvertrage eine Form bestimmt, in welcher der Vorstand seine Willenserklärungen kundgiebt und für die Gesellschaft zeichnet, so ist auch diese Bestimmung zu veröffentlichen.

Artikel 211.

Vor erfolgter Eintragung in das Handelsregister besteht die Aktiengesellschaft als solche nicht.

Ist vor der Eintragung im Namen der Gesellschaft gehandelt worden, so haften die Handelnden persönlich und solidarisch.

Artikel 212.

Jede Zweigniederlassung muß bei dem Handelsgerichte, in dessen Bezirke sie sich befindet, behufs der Eintragung in das Handelsregister angemeldet werden.

Die Anmeldung ist von sämmtlichen Mitgliedern des Vorstandes vor dem Handelsgerichte zu unterzeichnen oder in beglaubigter Form einzureichen.

Dieselbe hat die im Artikel 210c Absatz 2 und 3 bezeichneten Angaben zu enthalten. Im Uebrigen finden die Vorschriften im Artikel 179 Absatz 2 und 3 Anwendung.

Artikel 213.

Die Aktiengesellschaft als solche hat selbständig ihre Rechte und Pflichten; sie kann Eigenthum und andere dingliche Rechte an Grundstücken erwerben, sie kann vor Gericht klagen und verklagt werden.

Ihr ordentlicher Gerichtsstand ist bei dem Gerichte, in dessen Bezirke sie ihren Sitz hat.

Artikel 213a.

Der Gesellschaft sind die Gründer für die Richtigkeit und Vollständigkeit der Angaben, welche sie rücksichtlich der Zeichnung und Einzahlung des Grundkapitals sowie rücksichtlich der im Artikel 209b vorgesehenen Festsetzungen behufs Eintragung des Gesellschaftsvertrages in das Handelsregister machen, solidarisch verhaftet; sie haben unbeschadet der Verpflichtung zum Ersatze des sonst etwa entstandenen Schadens insbesondere einen an der Zeichnung des Grundkapitals fehlenden Betrag zu übernehmen, fehlende Einzahlungen zu leisten und eine Vergütung, welche nicht unter den zu bezeichnenden Gründungsaufwand aufgenommen ist, zu ersetzen. Imgleichen sind der Gesellschaft in dem Falle, daß sie von Gründern durch Einlagen oder Uebernahmen der im Artikel 209b bezeichneten Art böslicherweise geschädigt ist, die sämmtlichen Gründer für den Ersatz des entstandenen Schadens solidarisch verpflichtet.

Von dieser Verbindlichkeit ist ein Gründer befreit, wenn er beweist, daß er die Unrichtigkeit oder Unvollständigkeit der Angabe oder die bösliche Schädigung weder gekannt habe, noch bei Anwendung der Sorgfalt eines ordentlichen Geschäftsmanns habe kennen müssen.

Entsteht durch Zahlungsunfähigkeit eines Aktionärs der Gesellschaft ein Ausfall, so sind ihr die Gründer, welche bei der Anmeldung des Gesellschaftsvertrages die Zahlungsunfähigkeit kannten, zum Ersatze solidarisch verpflichtet.

Außer den Gründern sind der Gesellschaft zum Schadensersatze solidarisch verpflichtet:

1. in dem Falle, daß eine Vergütung nicht unter den zu bezeichnenden Gründungsaufwand aufgenommen ist, der Empfänger, wenn er zur Zeit des Empfanges wußte oder nach den Umständen annehmen mußte, daß die Verheimlichung beabsichtigt oder erfolgt war, und jeder Dritte, welcher zur Verheimlichung wissentlich mitgewirkt hat;
2. in dem Falle einer böslichen Schädigung durch Einlagen oder Uebernahmen jeder Dritte, welcher zu derselben wissentlich mitgewirkt hat.

Artikel 213b.

Wer vor der Eintragung des Gesellschaftsvertrages in das Handelsregister oder in den ersten zwei Jahren nach der Eintragung, um Aktien in den Verkehr einzuführen, eine öffentliche Ankündigung derselben erläßt, ist der Gesellschaft im Falle der Unrichtigkeit oder Unvollständigkeit von Angaben, welche die Gründer rücksichtlich der Zeichnung oder Einzahlung des Grundkapitals oder der im Artikel 209b vorgesehenen Festsetzungen behufs Eintragung des Gesellschaftsvertrages in das Handelsregister gemacht haben, sowie in dem Falle einer böslichen Schädigung der Gesellschaft durch Einlagen oder Uebernahmen für den Ersatz des ihr daraus entstandenen Schadens neben den im Artikel 213a bezeichneten Personen solidarisch verhaftet, sofern ihm nachgewiesen wird, daß er die Unrichtigkeit oder Unvollständigkeit der Angaben oder die bösliche Schädigung gekannt hat oder bei Anwendung der Sorgfalt eines ordentlichen Geschäftsmanns hat kennen müssen.

Artikel 213c.

Mitglieder des Vorstandes und des Aufsichtsraths, welchen nachgewiesen wird, daß sie bei der ihnen durch Artikel 209h auferlegten Prüfung die Sorgfalt eines ordentlichen Geschäftsmanns verletzt haben, haften der Gesellschaft solidarisch für den ihr daraus entstandenen Schaden, soweit der Ersatz desselben von den in Gemäßheit der Artikel 213a und 213b verpflichteten Personen nicht zu erlangen ist.

Artikel 213d.

Vergleiche oder Verzichtleistungen, welche die der Gesellschaft aus der Gründung zustehenden Ansprüche gegen die in Gemäßheit der Artikel 213a bis 213c verpflichteten Personen betreffen, sind erst nach Ablauf von drei Jahren seit Eintragung des Gesellschaftsvertrages in das Handelsregister und nur mit Zustimmung der Generalversammlung zulässig; sie sind unzulässig, soweit in der Versammlung eine Minderheit, deren Antheile den fünften Theil des Grundkapitals darstellen, Widerspruch erhebt. Die Zeitbeschränkung findet nicht Anwendung, sofern der Verpflichtete im Falle der Zahlungsunfähigkeit zur Abwendung oder Beseitigung des Konkursverfahrens mit seinen Gläubigern sich vergleicht.

Artikel 213e.

Die Ansprüche der Gesellschaft gegen die in Gemäßheit der Artikel 213a bis 213c verpflichteten Personen verjähren in fünf Jahren seit Eintragung des Gesellschaftsvertrages in das Handelsregister.

Artikel 213f.

Werden vor Ablauf von zwei Jahren seit Eintragung des Gesellschaftsvertrages in das Handelsregister seitens der Gesellschaft Verträge geschlossen, durch welche sie vorhandene oder herzustellende Anlagen oder unbewegliche Gegenstände für eine den zehnten Theil des Grundkapitals übersteigende Vergütung erwerben soll, so bedürfen dieselben zu ihrer Gültigkeit der Zustimmung der Generalversammlung.

Vor der Beschlußfassung hat der Aufsichtsrath den Vertrag zu prüfen und über die Ergebnisse seiner Prüfung schriftlich Bericht zu erstatten.

Die Antheile der zustimmenden Mehrheit müssen in dem Falle, daß der Vertrag im ersten Jahre geschlossen wird, mindestens ein Viertheil des Grundkapitals, anderenfalls mindestens drei Viertheile des in der Generalversammlung vertretenen Grundkapitals darstellen.

Der genehmigte Vertrag ist in Urschrift oder in beglaubigter Abschrift mit dem Berichte des Aufsichtsraths nebst dessen urkundlichen Grundlagen und mit dem Nachweise über die Beschlußfassung zum Handelsregister einzureichen.

Hat der Erwerb in Ausführung einer vor der Errichtung der Gesellschaft von den Gründern getroffenen Vereinbarung stattgefunden, so kommen in Betreff der Rechte der Gesellschaft auf Entschädigung und in Betreff der ersatzpflichtigen Personen die Vorschriften der Artikel 213a und 213d zur Anwendung.

Die vorstehenden Bestimmungen finden auf den Erwerb unbeweglicher Gegenstände nicht Anwendung, sofern auf ihn der Gegenstand des Unternehmens gerichtet ist oder der Erwerb im Wege der Zwangsvollstreckung geschieht.

Artikel 214.

Jeder Beschluß der Generalversammlung, welcher die Fortsetzung der Gesellschaft oder eine Abänderung des Inhalts des Gesellschaftsvertrages zum Gegenstande hat, muß in das Handelsregister eingetragen und in gleicher Weise, wie der ursprüngliche Vertrag, veröffentlicht werden (Art. 210c, 212).

Der Beschluß hat keine rechtliche Wirkung, bevor derselbe bei dem Handelsgerichte, in dessen Bezirke die Gesellschaft ihren Sitz hat, in das Handelsregister eingetragen ist.

Artikel 215.

Die Abänderung des Inhalts des Gesellschaftsvertrages kann nicht anders als durch Beschluß der Generalversammlung erfolgen.

Sofern der Gesellschaftsvertrag für eine Abänderung derjenigen Bestimmung, welche den Gegenstand der Beschlußfassung bildet, nicht andere Erfordernisse aufstellt, erfolgt der Beschluß durch eine Mehrheit von drei Viertheilen des in der Generalversammlung vertretenen Grundkapitals.

Für eine Abänderung des Gegenstandes des Unternehmens muß diese Mehrheit erreicht sein; der Gesellschaftsvertrag kann außer derselben noch andere Erfordernisse aufstellen.

Dasselbe gilt von dem Falle, wenn die Gesellschaft durch Uebertragung ihres Vermögens und ihrer Schulden an eine andere Aktiengesellschaft gegen Gewährung von Aktien der letzteren aufgelöst werden soll.

Die vorstehenden Bestimmungen gelten auch dann, wenn mehrere Gattungen von Aktien mit verschiedener Berechtigung ausgegeben sind.

Soll durch die Beschlußfassung das bisherige Rechtsverhältniß unter den verschiedenen Gattungen zum Nachtheile einer derselben abgeändert werden, so bedarf es zu dem von der gemeinschaftlichen Generalversammlung gefaßten Beschlusse der Zustimmung einer besonderen Generalversammlung der benachtheiligten Aktionäre, deren Beschlußfassung gleichfalls nach der Vorschrift des zweiten Absatzes sich richtet.

Die Bestimmung des Gesellschaftsvertrages, Inhalts deren die Uebertragung von Aktien, welche in Gemäßheit des Artikels 207a Absatz 3 auf einen geringeren Betrag als eintausend Mark gestellt sind, an die Einwilligung der Gesellschaft gebunden ist, kann nicht abgeändert werden.

Artikel 215a.

Eine Erhöhung des Grundkapitals der Gesellschaft darf nicht vor der vollen Einzahlung desselben erfolgen. Für Versicherungsgesellschaften kann der Gesellschaftsvertrag ein Anderes bestimmen.

Ueber die Erhöhung hat die Generalversammlung zu beschließen. Für die neu auszugebenden Aktien kann die Leistung eines höheren als des Nominalbetrages festgesetzt werden; der Beschluß hat den Mindestbetrag zu bezeichnen, für welchen die Aktien auszugeben sind. Ein geringerer als der Nominalbetrag darf nicht festgesetzt werden. Die Beschlußfassung unterliegt den Vorschriften im Artikel 215 Absatz 2 und 6.

Der Beschluß ist in das Handelsregister einzutragen. Die Anmeldung hat die Angabe zu enthalten, daß das bisherige Grundkapital eingezahlt sei, für Versicherungsgesellschaften, inwieweit die Einzahlung desselben stattgefunden habe. Auf die Eintragung finden die Vorschriften im Artikel 214 Anwendung.

Eine Zusicherung von Rechten auf den Bezug neu auszugebender Aktien, welche vor dem Beschlusse auf Erhöhung des Grundkapitals erfolgt, ist der Gesellschaft gegenüber unwirksam.

Artikel 215b.

Die Zeichnung der neu auszugebenden Aktien erfolgt durch schriftliche Erklärung, welche in zwei Exemplaren unterzeichnet werden soll.

Die stattgefundene Erhöhung des Grundkapitals ist behufs der Eintragung in das Handelsregister anzumelden. Die Vorschriften im Artikel 210 und 212 finden entsprechende Anwendung.

Artikel 215c.

Interimsscheine, welche auf Inhaber lauten, sind nichtig; die Ausgeber haften den Besitzern solidarisch für allen durch die Ausgabe verursachten Schaden.

Das Gleiche gilt, wenn Aktien oder Interimsscheine auf einen geringeren als den nach Artikel 207a zugelassenen Betrag gestellt sind, oder wenn sie ausgegeben werden, bevor der Gesellschaftsvertrag bei dem Handelsgerichte, in dessen Bezirke die Gesellschaft ihren Sitz hat, in das Handelsregister eingetragen ist.

Vor der vollen Leistung des Nominalbetrages oder des in den Fällen der Artikel 209a Ziffer 2, 215a Absatz 2 festgesetzten Betrages soll die Aktie nicht ausgegeben werden. Imgleichen sollen im Falle einer stattgefundenen Erhöhung des Grundkapitals vor Eintragung derselben in das Handelsregister des im vorigen Absatze bezeichneten Gerichts Aktien oder Interimsscheine nicht ausgegeben werden.

Aus Aktien und Interimsscheinen, welche in Gemäßheit des Artikels 207a auf einen Betrag von weniger als eintausend Mark gestellt sind, sollen im Falle des zweiten Absatzes des bezeichneten Artikels die ertheilte Genehmigung, im Falle des dritten Absatzes die Beschränkungen hervorgehen, welchen die Aktionäre in

Bezug auf die Form einer Uebertragung ihrer Rechte und die Einwilligung der Gesellschaft in dieselbe unterworfen sind.

Artikel 215d.

Die Aktiengesellschaft soll eigene Aktien im geschäftlichen Betriebe, sofern nicht eine Kommission zum Einkauf ausgeführt wird, weder erwerben noch zum Pfande nehmen. Sie darf eigene Interimsscheine im geschäftlichen Betriebe auch in Ausführung einer Einkaufskommission weder erwerben noch zum Pfande nehmen.

Eine Amortisation der Aktien ist zulässig, sofern sie unter Beobachtung der für die Zurückzahlung oder Herabsetzung des Grundkapitals maßgebenden Vorschriften erfolgt. Ohne Beobachtung derselben darf die Gesellschaft ihre Aktien nur aus dem nach der jährlichen Bilanz sich ergebenden Gewinne und nur in dem Falle amortisiren, daß dies durch den ursprünglichen Gesellschaftsvertrag oder durch einen, den letzteren vor Ausgabe der Aktien abändernden Beschluß zugelassen ist.

Zweiter Abschnitt.

Rechtsverhältniß der Aktionäre.

Artikel 216.

Jeder Aktionär hat einen verhältnißmäßigen Antheil an dem Vermögen der Gesellschaft.

Er kann den eingezahlten Betrag nicht zurückfordern und hat, solange die Gesellschaft besteht, nur einen Anspruch auf den reinen Gewinn, soweit dieser nach dem Gesellschaftsvertrage zur Vertheilung unter die Aktionäre bestimmt ist.

Artikel 217.

Zinsen von bestimmter Höhe dürfen für die Aktionäre nicht bedungen, noch ausbezahlt werden; es darf nur dasjenige unter sie vertheilt werden, was sich nach der jährlichen Bilanz als reiner Gewinn ergiebt.

Jedoch können für den in dem Gesellschaftsvertrage angegebenen Zeitraum, welchen die Vorbereitung des Unternehmens bis zum Anfange des vollen Betriebes erfordert, den Aktionären Zinsen von bestimmter Höhe bedungen werden.

Artikel 218.

Der Aktionär ist in keinem Falle verpflichtet, die in gutem Glauben empfangenen Zinsen und Dividenden zurückzugeben.

Artikel 219.

Die Verpflichtung des Aktionärs, zu den Zwecken der Gesellschaft und zur Erfüllung ihrer Verbindlichkeiten beizutragen, wird durch den Nominalbetrag der Aktie, in den Fällen der Artikel 209a Ziffer 2, 215a Absatz 2 durch den Betrag, für welchen die Aktie ausgegeben ist, begrenzt.

Rücksichtlich der Einzahlung der auf die Aktie zu leistenden Beträge, sowie rücksichtlich einer zu leistenden Einlage finden die Bestimmungen der Artikel 184 bis 184c auf den Aktionär und die Rechtsvorgänger desselben Anwendung.

Artikel 220.

Für die Eintragung der Interimsscheine und der auf Namen gestellten Aktien in das Aktienbuch, sowie für die Uebertragung derselben auf andere Personen sind die Vorschriften der Artikel 182 und 183 maßgebend.

Artikel 221.

Die Rechte, welche den Aktionären in den Angelegenheiten der Gesellschaft, insbesondere in Beziehung auf die Führung der Geschäfte, die Prüfung der Bilanz und die Bestimmung der Gewinnvertheilung zustehen, werden in der Generalversammlung durch Beschlußfassung der erschienenen Aktionäre ausgeübt.

Rücksichtlich der Bedingungen und der Ausübung des Stimmrechts kommen die Vorschriften im Artikel 190 zur Anwendung.

Artikel 222.

Die Vorschriften im Artikel 190a, 190b über die Anfechtung eines Beschlusses der Generalversammlung finden mit der Maßgabe Anwendung, daß an die Stelle der persönlich haftenden Gesellschafter der Vorstand tritt.

Artikel 222a.

Auf Antrag von Aktionären, deren Antheile zusammen den zehnten Theil des Grundkapitals darstellen, kann das Landgericht, in dessen Bezirke die Gesellschaft ihren Sitz hat, zur Prüfung eines Herganges bei der Gründung oder eines nicht mehr als zwei Jahre zurückliegenden Herganges bei der Geschäftsführung oder Liquidation der Gesellschaft Revisoren ernennen, sofern ein in der Generalversammlung gestellter Antrag auf Prüfung abgelehnt ist und dem Gerichte glaubhaft gemacht wird, daß bei dem Hergange Unredlichkeiten oder grobe Verletzungen des Gesetzes oder des Gesellschaftsvertrages stattgefunden haben. Die Antragsteller haben zugleich die Aktien bis zur Entscheidung über den Antrag gerichtlich zu hinterlegen und glaubhaft zu machen, daß sie dieselben seit mindestens sechs Monaten, von der Generalversammlung zurückgerechnet, besitzen.

Vor der Anordnung sind der Vorstand oder die Liquidatoren, sowie der Aufsichtsrath zu hören. Die Anordnung ist von einer nach freiem Ermessen zu bestimmenden Sicherheitsleistung abhängig zu machen.

Der Vorstand hat den Revisoren die Einsicht der Bücher und Schriften der Gesellschaft und die Untersuchung des Bestandes der Gesellschaftskasse, wie der Bestände an Effekten, Handelspapieren und Waaren zu gestatten.

Der Bericht über das Ergebniß der Prüfung ist von den Revisoren zu dem Handelsregister einzureichen und von dem Vorstande bei der Berufung der nächsten Generalversammlung als Gegenstand der Beschlußfassung anzukündigen.

Ist der Antrag auf Ernennung von Revisoren zurückgewiesen oder erweist er sich nach dem Ergebnisse der Prüfung als unbegründet, so sind die Aktionäre, welchen eine bösliche Handlungsweise bei Stellung des Antrages zur Last fällt, solidarisch verpflichtet, einen durch die Stellung desselben der Gesellschaft entstandenen Schaden zu ersetzen.

Artikel 223.

Die Ansprüche der Gesellschaft aus der Gründung gegen die in Gemäßheit der Artikel 213a bis 213c verpflichteten Personen oder aus der Geschäftsführung gegen die Mitglieder des Vorstandes und des Aufsichtsraths, sowie aus der Liquidation gegen die Liquidatoren und die Mitglieder des Aufsichtsraths sind zu erheben, wenn in der Generalversammlung dies mit einfacher Stimmenmehrheit beschlossen oder von einer Minderheit, deren Antheile den fünften Theil des Grundkapitals darstellen, verlangt wird.

Die Erhebung des Anspruchs auf Verlangen der Minderheit muß binnen drei Monaten seit der Generalversammlung erfolgen. Die von der Minderheit bezeichneten Personen können durch das Handelsgericht als Bevollmächtigte der Gesellschaft zur Führung des Prozesses ernannt werden. Der Klage ist das Protokoll der Generalversammlung, soweit dasselbe die Erhebung des Anspruchs betrifft, in beglaubigter Abschrift beizufügen. Die Minderheit hat den fünften Theil des Grundkapitals in Aktien der Gesellschaft für die Dauer des Prozesses gerichtlich zu hinterlegen und dem Gerichte glaubhaft zu machen, daß sie dieselben seit mindestens sechs Monaten, von der Generalversammlung zurückgerechnet, besitzt. Sie hat auf Verlangen der Beklagten wegen der denselben drohenden Nachtheile eine nach freiem Ermessen des Gerichts zu bestimmende Sicherheit zu leisten. Das Verlangen ist als prozeßhindernde Einrede geltend zu machen. Wird die Sicherheit binnen der vom Gerichte gestellten Frist nicht geleistet, so ist die Klage auf Antrag für zurückgenommen zu erklären. Die Minderheit ist verpflichtet, die der Gesellschaft auferlegten Prozeßkosten ihr zu erstatten. Für den Schaden, welcher durch eine unbegründete Klage den Beklagten entstanden ist, haften ihnen solidarisch die Aktionäre, welchen bei Erhebung des Anspruchs eine bösliche Handlungsweise zur Last fällt.

Im Uebrigen kommen die Bestimmungen der Artikel 194 und 195 zur entsprechenden Anwendung.

Artikel 224.

Die für den Aufsichtsrath einer Kommanditgesellschaft auf Aktien in den Artikeln 191 und 192 gegebenen Bestimmungen finden auf den Aufsichtsrath einer Aktiengesellschaft Anwendung.

Artikel 225.

Der Aufsichtsrath hat den Vorstand bei seiner Geschäftsführung in allen Zweigen der Verwaltung zu überwachen und zu dem Zweck sich von dem Gange der Angelegenheiten der Gesellschaft zu unterrichten. Er kann jederzeit über dieselben Berichterstattung von dem Vorstande verlangen und selbst oder durch einzelne von ihm zu bestimmende Mitglieder die Bücher und Schriften der Gesellschaft einsehen, sowie den Bestand der Gesellschaftskasse und die Bestände an Effekten,

Handelspapieren und Waaren untersuchen. Er hat die Jahresrechnungen, die Bilanzen und die Vorschläge zur Gewinnvertheilung zu prüfen und darüber der Generalversammlung der Aktionäre Bericht zu erstatten.

Er hat eine Generalversammlung zu berufen, wenn dies im Interesse der Gesellschaft erforderlich ist.

Weitere Obliegenheiten des Aufsichtsraths werden durch den Gesellschaftsvertrag bestimmt.

Die Mitglieder des Aufsichtsraths können die Ausübung ihrer Obliegenheiten nicht anderen Personen übertragen.

Artikel 225a.

Die Mitglieder des Aufsichtsraths dürfen nicht zugleich Mitglieder des Vorstandes oder dauernd Stellvertreter derselben sein, auch nicht als Beamte die Geschäfte der Gesellschaft führen. Nur für einen im voraus begrenzten Zeitraum kann der Aufsichtsrath einzelne seiner Mitglieder zu Stellvertretern von behinderten Mitgliedern des Vorstandes bestellen; während dieses Zeitraums und bis zur ertheilten Entlastung des Vertreters darf der letztere eine Thätigkeit als Mitglied des Aufsichtsraths nicht ausüben.

Scheiden aus dem Vorstande Mitglieder aus, so dürfen dieselben nicht vor ertheilter Entlastung in den Aufsichtsrath gewählt werden.

Artikel 226.

Die Mitglieder des Aufsichtsraths haben bei Erfüllung der ihnen nach Artikel 225 zugewiesenen Obliegenheiten die Sorgfalt eines ordentlichen Geschäftsmanns anzuwenden.

Dieselben sind der Gesellschaft neben den Mitgliedern des Vorstandes persönlich und solidarisch zum Ersatze verpflichtet, wenn mit ihrem Wissen und ohne ihr Einschreiten entgegen den gesetzlichen Bestimmungen:

1. Einlagen an die Aktionäre zurückgezahlt;
2. Zinsen oder Dividenden gezahlt;
3. eigene Aktien oder Interimsscheine der Gesellschaft erworben, zum Pfande genommen oder amortisirt worden;
4. Aktien vor der vollen Leistung des Nominalbetrages oder des in den Fällen der Artikel 209a Ziffer 2, 215a Absatz 2 festgesetzten Betrages, oder Aktien oder Interimsscheine im Falle einer stattgefundenen Erhöhung des Grundkapitals vor Eintragung derselben in das Handelsregister desjenigen Gerichts, in dessen Bezirke die Gesellschaft ihren Sitz hat, ausgegeben sind;
5. die Vertheilung des Gesellschaftsvermögens, eine theilweise Zurückzahlung oder eine Herabsetzung des Grundkapitals oder im Falle des Artikels 215 Absatz 4 die Vereinigung der Vermögen der beiden Gesellschaften erfolgt ist.

Der Ersatzanspruch kann in den Fällen des zweiten Absatzes auch von den Gläubigern der Gesellschaft, soweit sie von dieser ihre Befriedigung nicht erlangen können, selbständig geltend gemacht werden. Die Ersatzpflicht wird ihnen gegenüber dadurch nicht aufgehoben, daß die Handlung auf einem Beschlusse der Generalversammlung beruht.

Die Ansprüche auf Grund der vorstehenden Bestimmungen verjähren in fünf Jahren.

Dritter Abschnitt.

Rechte und Pflichten des Vorstandes.

Artikel 227.

Die Aktiengesellschaft wird durch den Vorstand gerichtlich und außergerichtlich vertreten.

Der Vorstand kann aus einer oder mehreren Personen bestehen; diese können besoldet oder unbesoldet, Aktionäre oder Andere sein.

Ihre Bestellung ist zu jeder Zeit widerruflich, unbeschadet der Entschädigungsansprüche aus bestehenden Verträgen.

Artikel 228.

Die jeweiligen Mitglieder des Vorstandes müssen alsbald nach ihrer Bestellung zur Eintragung in das Handelsregister (Art. 210, 212) angemeldet werden. Der Anmeldung ist ihre Legitimation beizufügen.

Sie haben ihre Unterschrift vor dem Handelsgerichte zu zeichnen, oder die Zeichnung derselben in beglaubigter Form einzureichen.

Artikel 229.

Der Vorstand hat in der durch den Gesellschaftsvertrag bestimmten Form seine Willenserklärungen kundzugeben und für die Gesellschaft zu zeichnen. Ist nichts darüber bestimmt, so ist die Zeichnung durch sämmtliche Mitglieder des Vorstandes erforderlich.

Die Zeichnung geschieht in der Weise, daß die Zeichnenden zu der Firma der Gesellschaft oder zu der Benennung des Vorstandes ihre Unterschrift hinzufügen.

Artikel 230.

Die Gesellschaft wird durch die von dem Vorstande in ihrem Namen geschlossenen Rechtsgeschäfte berechtigt und verpflichtet; es ist gleichgültig, ob das Geschäft ausdrücklich im Namen der Gesellschaft geschlossen worden ist, oder ob die Umstände ergeben, daß es nach dem Willen der Kontrahenten für die Gesellschaft geschlossen werden sollte.

Artikel 231.

Der Vorstand ist der Gesellschaft gegenüber verpflichtet, die Beschränkungen einzuhalten, welche in dem Gesellschaftsvertrage oder durch Beschlüsse der Generalversammlung für den Umfang seiner Befugniß, die Gesellschaft zu vertreten, festgesetzt sind.

Gegen dritte Personen hat jedoch eine Beschränkung der Befugniß des Vorstandes, die Gesellschaft zu vertreten, keine rechtliche Wirkung. Dies gilt insbesondere für den Fall, daß die Vertretung sich nur auf gewisse Geschäfte oder Arten von Geschäften erstrecken, oder nur unter gewissen Umständen oder für eine gewisse Zeit oder an einzelnen Orten stattfinden soll, oder daß für einzelne Geschäfte die Zustimmung der Generalversammlung, des Aufsichtsraths oder eines anderen Organs der Gesellschaft erfordert ist.

Artikel 232.

Die Bestimmungen des Artikels 196a über den Betrieb von Geschäften in dem Handelszweige der Gesellschaft, sowie über die Theilnahme an einer anderen gleichartigen Gesellschaft finden auf die Mitglieder des Vorstandes entsprechende Anwendung.

Artikel 232a.

Die für Mitglieder des Vorstandes gegebenen Bestimmungen gelten auch für Stellvertreter von Mitgliedern.

Artikel 233.

Jede Aenderung in der Zusammensetzung des Vorstandes muß zur Eintragung in das Handelsregister (Art. 210, 212) angemeldet werden.

Dritten Personen kann die Aenderung nur insofern entgegengesetzt werden, als in Betreff dieser Aenderung die im Artikel 46 in Betreff des Erlöschens der Prokura bezeichneten Voraussetzungen vorhanden sind. Entscheidend hierfür ist die Eintragung bei dem Handelsgerichte, in dessen Bezirke die Gesellschaft ihren Sitz hat.

Artikel 234.

Der Vorstand kann, sofern nicht durch den Gesellschaftsvertrag oder durch Beschluß der Generalversammlung ein Anderes bestimmt ist, einen Prokuristen nur mit Zustimmung des Aufsichtsraths bestellen. Diese Beschränkung hat Dritten gegenüber keine rechtliche Wirkung.

Artikel 235.

Der Betrieb von Geschäften der Gesellschaft, sowie die Vertretung der Gesellschaft in Bezug auf diese Geschäftsführung kann auch sonstigen Bevollmächtigten oder Beamten der Gesellschaft zugewiesen werden. In diesem Falle bestimmt sich die Befugniß derselben nach der ihnen ertheilten Vollmacht; sie erstreckt sich im Zweifel auf alle Rechtshandlungen, welche die Ausführung derartiger Geschäfte gewöhnlich mit sich bringt.

Artikel 236.

Die Generalversammlung der Aktionäre wird durch den Vorstand berufen, soweit nicht nach dem Gesetze oder dem Gesellschaftsvertrage auch andere Personen dazu befugt sind.

Die Generalversammlung ist, außer den im Gesetze oder im Gesellschaftsvertrage ausdrücklich bestimmten Fällen, zu berufen, wenn es im Interesse der Gesellschaft erforderlich erscheint.

Artikel 237.

Aktionäre, deren Antheile zusammen den zwanzigsten Theil des Grundkapitals darstellen, sind berechtigt, in einer von ihnen unterzeichneten Eingabe unter Angabe des Zwecks und der Gründe die Berufung der Generalversammlung zu verlangen. Ist in dem Gesellschaftsvertrage das Recht, die Berufung der Generalversammlung zu verlangen, an den Besitz eines geringeren Antheils am Grundkapital geknüpft, so hat es hierbei sein Bewenden.

In gleicher Weise haben die Aktionäre das Recht, zu verlangen, daß Gegenstände zur Beschlußfassung einer Generalversammlung angekündigt werden.

Wird dem Verlangen nicht entsprochen, so kann das Handelsgericht die Aktionäre, welche das Verlangen gestellt haben, zur Berufung der Generalversammlung oder zur Ankündigung des Gegenstandes ermächtigen. Mit der Berufung oder Ankündigung ist die gerichtliche Ermächtigung zu veröffentlichen.

Artikel 238.

Die Berufung der Generalversammlung hat in der durch den Gesellschaftsvertrag bestimmten Weise mit einer Frist von mindestens zwei Wochen zu erfolgen. Ist in dem Gesellschaftsvertrage die Ausübung des Stimmrechts davon abhängig gemacht, daß die Aktien bis zu einem bestimmten Zeitpunkte vor der Generalversammlung hinterlegt werden, so ist die Frist derart zu bemessen, daß für die Hinterlegung mindestens zwei Wochen frei bleiben.

Der Zweck der Generalversammlung soll jederzeit bei der Berufung bekannt gemacht werden. Ueber Gegenstände, deren Verhandlung nicht in der durch den Gesellschaftsvertrag oder durch Artikel 237 Absatz 3 vorgesehenen Weise mindestens eine Woche vor dem Tage der Generalversammlung angekündigt ist, können Beschlüsse nicht gefaßt werden; hiervon ist jedoch der Beschluß über den in einer Generalversammlung gestellten Antrag auf Berufung einer außerordentlichen Generalversammlung ausgenommen.

Zur Stellung von Anträgen und zu Verhandlungen ohne Beschlußfassung bedarf es der Ankündigung nicht.

Artikel 238a.

Jeder Beschluß der Generalversammlung bedarf zu seiner Gültigkeit der gerichtlichen oder notariellen Beurkundung. Die Zuziehung von Zeugen ist nicht erforderlich.

Eine beglaubigte Abschrift der Urkunde ist ohne Verzug nach der Generalversammlung von dem Vorstande zu dem Handelsregister einzureichen.

Artikel 239.

Der Vorstand ist verpflichtet, Sorge zu tragen, daß die erforderlichen Bücher der Gesellschaft geführt werden.

Er muß in der durch den Gesellschaftsvertrag bestimmten Frist, welche über die ersten sechs Monate des Geschäftsjahres nicht erstreckt werden kann, und in Ermangelung einer solchen Frist in den ersten drei Monaten desselben für das verflossene Geschäftsjahr eine Bilanz, eine Gewinn- und Verlustrechnung, sowie einen den Vermögensstand und die Verhältnisse der Gesellschaft entwickelnden Bericht dem Aufsichtsrath und mit dessen Bemerkungen der Generalversammlung vorlegen. Er hat die Vorlagen mindestens zwei Wochen vor der Versammlung in dem Geschäftslokale der Gesellschaft zur Einsicht der Aktionäre auszulegen. Jeder Aktionär ist berechtigt, auf seine Kosten eine Abschrift der Bilanz, der Gewinn- und Verlustrechnung, sowie des Geschäftsberichts zu verlangen.

Artikel 239a.

Zur Prüfung der Bilanz können durch die Generalversammlung besondere Revisoren bestellt werden.

Die Verhandlung ist zu vertagen, wenn dies mit einfacher Stimmenmehrheit beschlossen oder von einer Minderheit, deren Antheile den zehnten Theil des Grundkapitals darstellen, verlangt wird, auf Verlangen der Minderheit jedoch nur, soweit von ihr bestimmte Ansätze der Bilanz bemängelt werden.

Ist die Verhandlung auf Verlangen der Minderheit vertagt, so gilt bezüglich der nicht bemängelten Ansätze der Bilanz die Entlastung des Vorstandes als erfolgt.

Artikel 239b.

Die Vorschriften der Artikel 185a, 185b, 185c über die Bilanz und den Reservefonds finden entsprechende Anwendung.

Artikel 240.

Erreicht der Verlust, welcher aus der Jahresbilanz oder einer im Laufe des Geschäftsjahres aufgestellten Bilanz sich ergiebt, die Hälfte des Grundkapitals, so muß der Vorstand unverzüglich die Generalversammlung berufen und dieser davon Anzeige machen.

Sobald Zahlungsunfähigkeit der Gesellschaft eintritt, muß der Vorstand die Eröffnung des Konkurses beantragen; dasselbe gilt, wenn aus der Jahresbilanz oder einer im Laufe des Geschäftsjahres aufgestellten Bilanz sich ergiebt, daß das Vermögen nicht mehr die Schulden deckt.

Artikel 241.

Die Mitglieder des Vorstandes sind aus den von ihnen im Namen der Gesellschaft vorgenommenen Rechtshandlungen Dritten gegenüber für die Verbindlichkeiten der Gesellschaft persönlich nicht verpflichtet.

Die Mitglieder des Vorstandes haben bei ihrer Geschäftsführung die Sorgfalt eines ordentlichen Geschäftsmanns anzuwenden.

Mitglieder, welche ihre Obliegenheiten verletzen, haften der Gesellschaft solidarisch für den dadurch entstandenen Schaden. Insbesondere sind sie in den Fällen des Artikels 226 Ziffer 1 bis 5, sowie in dem Falle einer nach der Zahlungsunfähigkeit oder Ueberschuldung der Gesellschaft (Art. 240 Abs. 2) geleisteten Zahlung zum Ersatze verpflichtet.

In den vorbezeichneten Fällen kann der Ersatzanspruch auch von den Gläubigern der Gesellschaft, soweit sie von dieser ihre Befriedigung nicht erlangen können, selbständig geltend gemacht werden. Die Ersatzpflicht wird ihnen gegenüber dadurch nicht aufgehoben, daß die Handlung auf einem Beschlusse der Generalversammlung beruht.

Die Ansprüche auf Grund der vorstehenden Bestimmungen verjähren in fünf Jahren.

Vierter Abschnitt.

Auflösung der Gesellschaft.

Artikel 242.

Die Aktiengesellschaft wird aufgelöst:

1. durch Ablauf der im Gesellschaftsvertrage bestimmten Zeit;
2. durch Beschluß der Generalversammlung; der Beschluß bedarf einer Mehrheit von drei Viertheilen des in der Generalversammlung vertretenen Grundkapitals. Der Gesellschaftsvertrag kann außer dieser Mehrheit noch andere Erfordernisse aufstellen;
3. durch Eröffnung des Konkurses.

Wenn die Auflösung einer Aktiengesellschaft aus anderen Gründen erfolgt, so finden die Bestimmungen dieses Abschnittes ebenfalls Anwendung.

Artikel 243.

Die Auflösung der Gesellschaft muß, wenn sie nicht eine Folge des eröffneten Konkurses ist, durch den Vorstand zur Eintragung in das Handelsregister (Art. 210, 212) angemeldet werden; sie muß zu drei verschiedenen Malen durch die hierzu bestimmten öffentlichen Blätter bekannt gemacht werden.

Durch diese Bekanntmachung müssen zugleich die Gläubiger aufgefordert werden, sich bei der Gesellschaft zu melden.

Artikel 244.

Die Liquidation geschieht durch den Vorstand, wenn nicht dieselbe durch den Gesellschaftsvertrag oder einen Beschluß der Generalversammlung an andere Personen übertragen wird.

Auf den Antrag des Aufsichtsraths oder von Aktionären, deren Antheile zusammen den zwanzigsten Theil des Grundkapitals darstellen, kann die Ernennung von Liquidatoren durch den Richter erfolgen. Die Aktionäre haben bei Stellung des Antrages glaubhaft zu machen, daß sie die Aktien seit mindestens sechs Monaten besitzen.

Die Anmeldung der ersten Liquidatoren zur Eintragung in das Handelsregister (Art. 210, 212) ist durch den Vorstand zu machen.

Die Abberufung der Liquidatoren kann durch den Richter unter denselben Voraussetzungen, wie die Bestellung erfolgen. Liquidatoren, welche nicht vom Richter ernannt sind, können auch durch die Generalversammlung vor Ablauf des Zeitraums, für welchen sie bestellt sind, abberufen werden.

Artikel 244a.

Auf die Liquidation finden, soweit nicht in diesem Abschnitte ein Anderes bestimmt ist, die für die Liquidation einer offenen Handelsgesellschaft gegebenen Bestimmungen entsprechende Anwendung.

Die Liquidatoren haben die Rechte und Pflichten des Vorstandes und unterliegen gleich diesem der Ueberwachung des Aufsichtsraths. Die Beschränkungen des Artikels 232 und die im Artikel 234 zugelassene Bestellung von Prokuristen finden nicht statt.

Die Liquidatoren haben bei Beginn der Liquidation eine Bilanz aufzustellen. Dieselbe ist von ihnen ohne Verzug in den hierzu bestimmten öffentlichen Blättern bekannt zu machen und zu dem Handelsregister einzureichen.

Die Veräußerung unbeweglicher Sachen kann durch die Liquidatoren, sofern nicht der Gesellschaftsvertrag oder ein Beschluß der Generalversammlung anders bestimmt, nur durch öffentliche Versteigerung bewirkt werden.

Artikel 245.

Das Vermögen einer aufgelösten Aktiengesellschaft wird nach Tilgung ihrer Schulden unter die Aktionäre nach Verhältniß ihrer Aktien vertheilt.

Die Vertheilung darf nicht eher vollzogen werden, als nach Ablauf eines Jahres von dem Tage an gerechnet, an welchem die Bekanntmachung in den öffentlichen Blättern (Art. 243) zum dritten Male erfolgt ist.

In Ansehung der aus den Handelsbüchern ersichtlichen oder in anderer Weise bekannten Gläubiger und in Ansehung der noch schwebenden Verbindlichkeiten und streitigen Forderungen kommen die bei der Kommanditgesellschaft auf Aktien gegebenen Bestimmungen (Art. 202) zur Anwendung.

Nach gelegter Schlußrechnung ist die Beendigung der Liquidation von den Liquidatoren in den hierzu bestimmten öffentlichen Blättern bekannt zu machen.

Artikel 246.

Die Handelsbücher der aufgelösten Gesellschaft sind nach der Bekanntmachung von der Beendigung der Liquidation an einem von dem Handelsgerichte zu bestimmenden sicheren Orte zur Aufbewahrung auf die Dauer von zehn Jahren niederzulegen.

Die Aktionäre und die Gläubiger können zur Einsicht der Handelsbücher vom Handelsgerichte ermächtigt werden.

Artikel 247.

Bei der Auflösung einer Aktiengesellschaft durch Vereinigung derselben mit einer anderen Aktiengesellschaft (Art. 215) kommen folgende Bestimmungen zur Anwendung:

1. Das Vermögen der aufzulösenden Gesellschaft ist solange getrennt zu verwalten, bis die Befriedigung oder Sicherstellung ihrer Gläubiger erfolgt ist.
2. Der bisherige Gerichtsstand der Gesellschaft bleibt für die Dauer der getrennten Vermögensverwaltung bestehen, dagegen wird die Verwaltung von der anderen Gesellschaft geführt.
3. Die Mitglieder des Vorstandes und des Aufsichtsraths der letzteren Gesellschaft sind den Gläubigern der aufgelösten Gesellschaft für die Ausführung der getrennten Verwaltung persönlich und solidarisch verantwortlich, die Mitglieder des Aufsichtsraths, soweit eine Vereinigung der Vermögen beider Gesellschaften mit ihrem Wissen und ohne ihr Einschreiten erfolgt ist.
4. Die Auflösung der Gesellschaft ist zur Eintragung in das Handelsregister anzumelden.
5. Die öffentliche Aufforderung der Gläubiger der aufgelösten Gesellschaft (Art. 243) kann unterlassen oder auf einen späteren Zeitpunkt verschoben werden. Jedoch ist die Vereinigung der Vermögen der beiden Gesellschaften erst in dem Zeitpunkte zulässig, in welchem eine Vertheilung des Vermögens einer aufgelösten Aktiengesellschaft unter die Aktionäre erfolgen darf (Art. 245).

Artikel 248.

Eine theilweise Zurückzahlung des Grundkapitals an die Aktionäre oder eine Herabsetzung desselben kann nur auf Beschluß der Generalversammlung und nur unter Beobachtung derselben Bestimmungen erfolgen, welche für die Vertheilung des Gesellschaftsvermögens im Falle der Auflösung maßgebend sind (Art. 243, 245). Der Beschluß hat zugleich die Art, in welcher die Zurückzahlung oder Herabsetzung erfolgen soll, und die zu ihrer Durchführung erforderlichen Maßregeln festzusetzen. Er muß, sofern der Gesellschaftsvertrag für die Beschlußfassung nicht noch andere Erfordernisse aufstellt, durch eine Mehrheit von drei Viertheilen des in der Generalversammlung vertretenen Grundkapitals erfolgen. Sind verschiedene Gattungen von Aktien ausgegeben, so bedarf es zu dem von der gemeinschaftlichen Generalversammlung gefaßten Beschlusse der Zustimmung einer besonderen Generalversammlung der benachtheiligten Aktionäre, deren Beschlußfassung derselben Vorschrift unterliegt.

Der Beschluß ist in das Handelsregister einzutragen; auf die Eintragung finden die Vorschriften im Artikel 214 Anwendung.

Vierter Titel.

Strafbestimmungen.

Artikel 249.

Persönlich haftende Gesellschafter, Mitglieder des Aufsichtsraths und Liquidatoren einer Kommanditgesellschaft auf Aktien, sowie Mitglieder des Vorstandes und des Aufsichtsraths und Liquidatoren einer Aktiengesellschaft werden, wenn sie absichtlich zum Nachtheile der Gesellschaft handeln, mit Gefängniß und zugleich mit Geldstrafe bis zu zwanzigtausend Mark bestraft.

Zugleich kann auf Verlust der bürgerlichen Ehrenrechte erkannt werden.

Artikel 249a.

Mit Gefängniß und zugleich mit Geldstrafe bis zu zwanzigtausend Mark werden bestraft:

1. persönlich haftende Gesellschafter oder Mitglieder des Aufsichtsraths einer Kommanditgesellschaft auf Aktien, sowie Gründer, Mitglieder des Vorstandes oder des Aufsichtsraths einer Aktiengesellschaft, welche behufs Eintragung des Gesellschaftsvertrages in das Handelsregister rücksichtlich der Zeichnung oder Einzahlung des Gesammtkapitals der Kommanditisten oder des Grundkapitals der Aktiengesellschaft oder der im Artikel 175b oder 209b vorgesehenen Festsetzungen wissentlich falsche Angaben machen;
2. diejenigen, welche rücksichtlich der bezeichneten Thatsachen wissentlich falsche Angaben in einer im Artikel 180a, 213b vorgesehenen Ankündigung von Aktien machen;
3. persönlich haftende Gesellschafter oder Mitglieder des Aufsichtsraths einer Kommanditgesellschaft auf Aktien, sowie Mitglieder des Vorstandes und des Aufsichtsraths einer Aktiengesellschaft, welche behufs Eintragung einer Erhöhung des Gesammtkapitals der Kommanditisten oder des Grundkapitals der Aktiengesellschaft in das Handelsregister (Art. 180h und 180i, 215a und 215b) rücksichtlich der Einzahlung des bisherigen oder rücksichtlich der Zeichnung oder Einzahlung des erhöhten Kapitals wissentlich falsche Angaben machen.

Zugleich kann auf Verlust der bürgerlichen Ehrenrechte erkannt werden.

Sind mildernde Umstände vorhanden, so tritt ausschließlich die Geldstrafe ein.

Artikel 249b.

Persönlich haftende Gesellschafter, Mitglieder des Aufsichtsraths und Liquidatoren einer Kommanditgesellschaft auf Aktien, sowie Mitglieder des Vorstandes und des Aufsichtsraths und Liquidatoren einer Aktiengesellschaft werden mit Gefängniß bis zu einem Jahre und zugleich mit Geldstrafe bis zu zwanzigtausend Mark bestraft:

1. wenn sie wissentlich in ihren Darstellungen, in ihren Uebersichten über den Vermögensstand der Gesellschaft oder in den in der General-

versammlung gehaltenen Vorträgen den Stand der Verhältnisse der Gesellschaft unwahr darstellen oder verschleiern;

2. wenn sie vor der vollen Leistung des Nominalbetrages der Aktien oder des in den Fällen der Artikel 175a Ziffer 2, 180h Absatz 2, 209a Ziffer 2, 215a Absatz 2 festgesetzten Betrages Aktien ausgeben;

3. wenn sie in dem Falle einer stattgefundenen Erhöhung des Gesammtkapitals oder des Grundkapitals vor Eintragung derselben in das Handelsregister (Art. 180i Abs. 3, 215c Abs. 3) Aktien oder Interimsscheine ausgeben;

4. wenn sie auf einen geringeren Betrag als eintausend Mark gestellte Aktien oder Interimsscheine ausgeben, welche nicht die im Artikel 181a Absatz 3, 215c Absatz 4 vorgeschriebenen Angaben enthalten.

Im Falle der Ziffer 1 kann zugleich auf Verlust der bürgerlichen Ehrenrechte erkannt werden.

Sind mildernde Umstände vorhanden, so tritt ausschließlich die Geldstrafe ein.

Artikel 249c.

Mit Gefängniß bis zu drei Monaten und zugleich mit Geldstrafe bis zu fünftausend Mark werden bestraft:

1. die persönlich haftenden Gesellschafter, die Mitglieder des Aufsichtsraths und die Liquidatoren einer Kommanditgesellschaft auf Aktien, sowie die Mitglieder des Vorstandes und des Aufsichtsraths und die Liquidatoren einer Aktiengesellschaft, wenn länger als drei Monate die Gesellschaft ohne Aufsichtsrath geblieben ist oder in dem letzteren die zur Beschlußfähigkeit erforderliche Zahl von Mitgliedern gefehlt hat;

2. die Mitglieder des Vorstandes und die Liquidatoren einer Aktiengesellschaft, wenn sie entgegen der Vorschrift des Artikels 240 Absatz 2 es unterlassen haben, die Eröffnung des Konkurses zu beantragen.

Sind mildernde Umstände vorhanden, so ist auf die Geldstrafe ausschließlich zu erkennen.

Die Strafe tritt nicht gegen denjenigen ein, welcher nachweist, daß die Bestellung oder Ergänzung des Aufsichtsraths oder der Eröffnungsantrag ohne sein Verschulden unterblieben ist.

Artikel 249d.

Mit Gefängniß bis zu einem Jahre und zugleich mit Geldstrafe bis zu zehntausend Mark wird bestraft:

1. wer in öffentlichen Bekanntmachungen wissentlich falsche Thatsachen vorspiegelt oder wahre Thatsachen entstellt, um zur Betheiligung an einem Aktienunternehmen zu bestimmen;

2. wer in betrügerischer Absicht auf Täuschung berechnete Mittel anwendet, um auf den Kurs von Aktien einzuwirken;
3. wer über die Hinterlegung von Aktien oder Interimsscheinen Bescheinigungen, welche zum Nachweise des Stimmrechts in einer Generalversammlung dienen sollen, wissentlich falsch ausstellt oder verfälscht, oder von einer solchen Bescheinigung, wissend, daß sie falsch oder verfälscht ist, zur Ausübung des Stimmrechts Gebrauch macht.

Zugleich kann auf Verlust der bürgerlichen Ehrenrechte erkannt werden.

Sind mildernde Umstände vorhanden, so tritt ausschließlich die Geldstrafe ein.

Ist die öffentliche Bekanntmachung ad 1 im Inseratentheil einer periodischen Druckschrift erfolgt und der Verfasser des Inserates nicht nur unter demselben genannt, sondern auch in dem Bereiche der richterlichen Gewalt eines deutschen Bundesstaates, so findet §. 20 Alinea 2 des Gesetzes über die Presse vom 7. Mai 1874 (Reichs-Gesetzbl. S. 65) keine Anwendung.

Artikel 249e.

Wer sich besondere Vortheile dafür hat gewähren oder versprechen lassen daß er bei einer Abstimmung in der Generalversammlung von Kommanditisten oder Aktionären in einem gewissen Sinne stimme, wird mit Geldstrafe bis zu dreitausend Mark oder mit Gefängniß bis zu einem Jahre bestraft.

Artikel 249f.

Wer in der Generalversammlung die Aktien eines Anderen, zu dessen Vertretung er nicht befugt ist, ohne dessen Einwilligung zur Ausübung des Stimmrechts benutzt, wird mit einer Geldstrafe von zehn bis dreißig Mark für jede der Aktien, jedoch nicht unter eintausend Mark, bestraft. Die gleiche Strafe trifft denjenigen, welcher Aktien eines Anderen gegen Entgelt leiht und für diese das Stimmrecht ausübt, sowie denjenigen, welcher hierzu durch Verleihung der Aktien wissentlich mitgewirkt hat.

Artikel 249g.

Die persönlich haftenden Gesellschafter und die Liquidatoren einer Kommanditgesellschaft auf Aktien sind zur Befolgung der in den Artikeln 179, 185, 185c, 190a Absatz 4 und 5, 193 Absatz 2 und 205 Absatz 3 enthaltenen Vorschriften von dem Handelsgerichte durch Ordnungsstrafen anzuhalten.

In gleicher Weise sind die Mitglieder des Vorstandes und die Liquidatoren einer Aktiengesellschaft zur Befolgung der in den Artikeln 212, 213f Absatz 4, 222 (Art. 190a Abs. 4, 5), 222a Absatz 3 und 4, 225 Absatz 1, 228, 233 Absatz 1, 238a Absatz 2, 239 Absatz 2, 239b (Art. 185c), 240 Absatz 1, 243 Absatz 1, 244 Absatz 3, 244a Absatz 3 und 247 Ziffer 4 enthaltenen Vorschriften anzuhalten.

§. 2.

Die in den Artikeln 173, 173a, 174a, 175 Absatz 1 und 2, 175a bis 177, 180 und 207, 207a, 209 Absatz 1 und 2, 209a bis 210c, 213a der neuen Fassung enthaltenen Bestimmungen finden auf Gesellschaften, welche vor dem Tage des Inkrafttretens dieses Gesetzes angemeldet sind, aber erst an oder nach diesem Tage zur Eintragung in das Handelsregister gelangen, keine Anwendung, sofern schon vor dem bezeichneten Tage die Voraussetzungen erfüllt sind, an deren Nachweis die bisherigen Bestimmungen die Eintragung knüpfen.

Dasselbe gilt für diese Gesellschaften sowie für die schon bestehenden Gesellschaften von den Vorschriften der Artikel 180a bis 180e, 181 und 213b bis 213f.

Die Vorschrift im Artikel 181a und 215c über die Unzulässigkeit der Ausgabe von Interimsscheinen vor der Eintragung des Gesellschaftsvertrages in das Handelsregister findet auf die im ersten Absatze bezeichneten Gesellschaften Anwendung.

§. 3.

Auf eine Erhöhung des Gesammtkapitals der Kommanditisten oder des Grundkapitals bestehender Gesellschaften kommen die Bestimmungen dieses Gesetzes nicht zur Anwendung, sofern der auf die neu auszugebenden Aktien eingeforderte Betrag vor dem Inkrafttreten dieses Gesetzes geleistet ist.

§. 4.

Die Vorschriften im Artikel 190 Absatz 1 und 4 (Art. 221) über das Stimmrecht finden auf die bestehenden und die im §. 2 Absatz 1 bezeichneten Gesellschaften nicht Anwendung, soweit der Gesellschaftsvertrag zur Zeit des Inkrafttretens dieses Gesetzes andere Bestimmungen enthält.

§. 5.

Die bestehenden und die im §. 2 Absatz 1 bezeichneten Gesellschaften dürfen auf Grund des Artikels 222 Ziffer 3 der alten Fassung von dem Inkrafttreten dieses Gesetzes ab die Zeichner nicht vollständig eingezahlter Aktien von der Haftung für weitere Einzahlungen nicht befreien und Interimsscheine, welche auf Inhaber lauten, nur insoweit ausstellen, als die Befreiung des Zeichners schon vor diesem Tage eingetreten ist.

§. 6.

Die Vorschrift des Artikels 225a der neuen Fassung findet auf die vor der Geltung des Handelsgesetzbuchs errichteten Gesellschaften keine Anwendung, soweit der Gesellschaftsvertrag nach Maßgabe der früheren Vorschriften abweichende Bestimmungen enthält.

Die Vorschriften der Artikel 196a, 232 finden auf Mitglieder des Vorstandes einer bestehenden oder einer im §. 2 Absatz 1 bezeichneten Gesellschaft keine

Anwendung, sofern die Bestellung des Mitgliedes vor dem Inkrafttreten dieses Gesetzes erfolgt ist.

§. 7.

Die Vorschriften im Artikel 185b Ziffer 2 (Art. 239b) über den Gewinn aus einer Erhöhung des Kapitals finden auf die bestehenden Gesellschaften schon für das beim Inkrafttreten des Gesetzes laufende Geschäftsjahr, die übrigen Vorschriften über Bilanz und Reservefonds (Art. 185a bis 185c, Art. 239 bis 239b der neuen Fassung) erst vom Beginn des folgenden Geschäftsjahres Anwendung.

Für Werthpapiere und Waaren, welche die Gesellschaft schon in dem letzten Geschäftsjahre vor dem Inkrafttreten dieses Gesetzes besessen hat, kann an Stelle des Anschaffungs- oder Herstellungspreises der Betrag angesetzt werden, mit welchem sie in der Bilanz des vorbezeichneten Geschäftsjahres enthalten sind.

Werden in Gemäßheit der Vorschrift im Artikel 185a Ziffer 3 und 239b dauernd zum Geschäftsbetriebe der Gesellschaft bestimmte Gegenstände unter Zugrundelegung des Anschaffungs- oder Herstellungspreises zu einem Betrage angesetzt, welcher den Werth übersteigt, mit welchem sie in der Bilanz des letzten Geschäftsjahres vor dem 1. Oktober 1883 enthalten sind, so dürfen hierauf beruhende Dividenden nur unter Beobachtung der Vorschriften gezahlt werden, welche für eine Herabsetzung des Kapitals der Kommanditisten oder des Grundkapitals maßgebend sind.

Urkundlich unter Unserer Höchsteigenhändigen Unterschrift und beigedrucktem Kaiserlichen Insiegel.

Gegeben Bad Gastein, den 18. Juli 1884.

(L. S.) Wilhelm.

Fürst von Bismarck.

Herausgegeben im Reichsamt des Innern.

Berlin, gedruckt in der Reichsdruckerei.

E. Übersicht über die aktienrechtliche Literatur*

zusammengestellt von stud. iur. Susanne Kingreen

I. Systematische Darstellungen des Aktienrechts

Behrend, Jacob-Friedrich, Lehrbuch des Handelsrechts, 3. Kapitel: 1. Abschnitt: Die Aktiengesellschaft (1892).

Bing, Felix, La société anonyme en droit allemand. Étude systématique d'après la loi du 18 juillet 1884, Berlin 1892.

Cosack, Conrad, Lehrbuch des Handelsrechts, §§ 91–99, 2. Aufl., Stuttgart 1893.

Endemann, Wilhelm, Das deutsche Handelsrecht (die AG: §§ 61–74) 4. Aufl., Leipzig 1887.

Gareis, Karl, Das deutsche Handelsrecht (die AG: §§ 35–40) 4. Aufl., Berlin 1892.

Großfeld, Bernhard, Aktiengesellschaft, Unternehmenskonzentration und Kleinaktionär, Tübingen 1968.

Großfeld, Bernhard, Die rechtspolitische Bedeutung der Aktiengesellschaft im 19. Jahrhundert, in: Coing/Wilhelm (Hrsg.), Wissenschaft und Kodifikation des Privatrechts im 19. Jahrhundert, Bd. IV, Frankfurt/Main 1979.

Hahn/Mugdan (Hrsg.), Die gesammelten Materialien zu den Reichsjustizgesetzen, Bd. 6, Materialien zum Handelsgesetzbuch Berlin 1897.

Horn, Norbert, Aktienrechtliche Unternehmensorganisation in der Hochindustrialisierung (1860 bis 1920), in: Horn/Kocka (Hrsg.), Recht und Entwicklung der Großunternehmen im 19. und frühen 20. Jahrhundert, Göttingen 1979.

Hueck, Götz, Gesellschaftsrecht, 18. Aufl., München 1983.

Kübler, Friedrich, Gesellschaftsrecht, Heidelberg/Karlsruhe 1981.

Primker, Die Aktiengesellschaft, in: Endemanns Handbuch des deutschen Handels-, See- und Wechselrechts I, Leipzig 1881, S. 471–685.

Raiser, Thomas, Recht der Kapitalgesellschaften, München 1983.

Reich, Norbert, Die Entwicklung des deutschen Aktienrechtes im 19. Jahrhundert in: Coing (Hrsg.), Ius commune, Bd. 2, Frankfurt/Main 1969.

Renaud, Achilles, Das Recht der Aktiengesellschaften, 1. Aufl., Leipzig 1863, 2. Aufl., Leipzig 1875.

Richter, Ferdinand Hugo, Das Recht der AG in der Fassung des Gesetzes vom 18. Juli 1884, unter Berücksichtigung von Doktrin und Praxis dargestellt und erläutert, Leipzig 1891.

Schubert, Werner, Die Abschaffung des Konzessionssystems durch die Aktienrechtsnovelle von 1870, ZGR 1981, S. 285.

Thöl, Heinrich, Das Handelsrecht, die AG, 6. Aufl., Leipzig 1879.

Wagner, Adolf, Aktiengesellschafts-

* Das in den Fußnoten benutzte Stichwort des Titels ist kursiv gedruckt.

wesen, in: Schriften des Vereins für Socialpolitik, Verhandlungen von 1873, Leipzig 1874.
Wiedemann, Herbert, Gesellschaftsrecht, München 1980.

II. Kommentare zum Allgemeinen Deutschen Handelsgesetzbuch

Düringer/Hachenburg, Das Handelsgesetzbuch vom 10. Mai 1897, Bd. 3, 1. Teil, Einleitung: Die Aktiengesellschaft im Leben der Wirtschaft und §§ 178–230 a, 3. Aufl., Mannheim/Berlin/Leipzig 1934.
Gareis/Fuchsberger, Das Allgemeine deutsche Handelsgesetzbuch, Berlin 1891.
v. Hahn, Friedrich, Kommentar zum Allgemeinen deutschen HGB, Bd. I, 3. Aufl., Braunschweig 1877, 4. Aufl., Braunschweig 1895.
Keyssner, Hugo, Allgemeines deutsches HGB, nach Rechtsprechung und Wissenschaft erläutert, Stuttgart 1878.
Makower, Hermann, Das allgemeine deutsche Handelsgesetzbuch, 11. Aufl., Berlin 1893.
Puchelt, Ernst Sigismund, Kommentar zum Allgemeinen deutschen Handelsgesetzbuch, 4. Aufl., 1893, bearbeitet von Förtsch, R., Leipzig 1892–1894.
Staub, Hermann, Kommentar zum Allgemeinen deutschen Handelsgesetzbuch, 3. Aufl., Berlin 1895.
Willensbücher, Heinrich, Das Allgemeine deutsche Handelsgesetzbuch, für die Praxis erläutert, Berlin 1891.

III. Reformliteratur

1. Allgemein

Endemann, Wilhelm, Zur Reform des Aktienrechts, Volkswirthschaftliche Zeitfragen, Heft 25, Berlin 1882.
v. Ihering, Rudolf, Der Zweck im Recht, 1. Aufl., Leipzig 1975, 5. Aufl., Leipzig 1916.
Hecht, Felix, Das Börsen- und Aktienwesen der Gegenwart und die Reform des Aktiengesellschaftsrecht, Mannheim 1874.
Hecht, Felix, Zur Reform der Aktiengesetzgebung, Frankfurt/Main 1884.
Löwenfeld, Hermann, Das Recht der Actien-Gesellschaften, Kritik und Reformvorschläge, Berlin 1879.
Oechelhäuser, Wilhelm, Die Nachtheile des Aktienwesens und die Reform der Aktiengesetzgebung, Berlin 1884.
Perrot, Franz, Das Aktienunwesen – eine historisch kritische Untersuchung, Rostock 1875.
Perrot, Franz, Ein parlamentarisches *Votum über das Aktienwesen,* Heidelberg 1884.
Silberschlag, R., Über ein Reformbedürfnis des Gesetzes vom 11. Juni 1870, JW 1875, S. 150.
Strombeck, v. J., Ein Votum zur Reform der deutschen Aktiengesetzgebung, Berlin 1874.
Tellkampf, Johann Louis, Vorschläge zur Verbesserung des Aktienwesens, Berlin 1876.
Wiener, Heinrich, Aktiengesellschaftswesen, in: Schriften des Vereins für Socialpolitik, Verhandlungen von 1873, Leipzig 1874.

2. Gründungsrecht

Plathner, Die Entstehung der AG und Vorschläge zur Ergänzung der Art. 209 a und 209 b, Gruchot's Beiträge 21 (1877), S. 364.
Stenglein/Mittelstädt, Gutachten über das Verschweigen des Gründergewinns bei Gründung von AG, Verhandlungen des 14. Deutschen Juristentages, Bd. 2, S. 89, Berlin 1879.
Wiener, Heinrich, Die Errichtung der AG und die Gründerverantwortlichkeit, ZHR 24 (1879), S. 1, 450, ZHR 25 (1880) S. 1.

Organisationsverfassung
a) Vorstand

Sachs, E., Nothwendige Beschaffenheit des Vorstandes einer deutschen Aktiengesellschaft, ZHR 29 (1883), S. 50.

b) Auffsichtsrath

Perl, Joseph, Das Recht des Auffsichtsraths einer AG, Gruchot's Beiträge 27 (1883), S. 338, 621.

c) Generalversammlung

Bennecke, Karl Heinrich Hans, Die Rechte und Pflichten der Generalversammlungen, Diss. Halle 1882.

4. Individual- und Minderheitenschutz

Glünicke, Carl, Die Klagen der einzelnen Aktionäre gegen Vorstand und Auffsichtsrath, Diss. Berlin 1884.
Reinganum, Paul, Die Rechte der Aktionäre, Frankfurt/Main 1881.

IV. Literatur zum Aktiengesetz 1884

1. Allgemein

Bähr, Otto, Zum neuen Aktiengesetz, Ihering's Jahrbücher, 21 (1883), S. 431.
Baure, Josef, Das Aktiengesetz, Rathgeber für Aktionäre, Direktoren und Auffsichtsräthe von AG mit Benutzung der Motive auf Grund des Gesetzes vom 18. Juli 1884, Leipzig 1889.
Delbrück, A., Bemerkungen zu dem Entwurf eines Reichsgesetzes betreffend die Kommanditgesellschaft auf Aktien und die AG, Berlin 1884.
Esser II., Robert, Der Entwurf eines Gesetzes betreffend die Kommanditgesellschaft auf Aktien und die Aktiengesellschaft unter besonderer Berücksichtigung der vom Deutschen Handelstage gestellten Fragen, Köln 1884.
Frühauf, Julius, Der Aktiengesetzentwurf, Deutsches Handelsblatt 1883, S. 398.
Gareis, Karl, Der Entwurf eines Reichsgesetzes betreffend die Kommanditgesellschaft auf Aktien die Aktiengesellschaft, Schmoller's Jahrbuch, 8. Jahrgang (1884), S. 423.
Goldschmidt, Levin, Die *Reform des Aktiengesellschaftsrechts,* ZHR 30 (1885), S. 69.
Klein, Franz, Die neueren Entwicklungen in Verfassung und Recht der Aktiengesellschaft, Wien 1904.
Löwenfeld, Hermann, Der Entwurf des neuen Aktiengesetzes in seinen Grundzügen betrachtet, Berlin 1884.
Renaud, Achilles, Der Entwurf eines Reichsgesetzes betreffend die Kommanditgesellschaften auf Aktien und die Aktiengesellschaften, Busch's Archiv 45 (1884), S. 1, 629.
Ring, Viktor, Das Reichsgesetz betreffend die Kommanditgesellschaften auf Aktien und die Aktiengesellschaften, 2. Aufl., Berlin 1893.
Ring, Viktor, Zu dem *Entwurf* eines neuen Aktiengesetzes, Busch's Archiv 45 (1884), S. 72.
Scherer, Martin, Der Entwurf eines Gesetzes betreffend die Kommanditgesellschaft auf Aktien und die Aktiengesellschaft, JW 1884, Nr. 16–19, S. 125, 144, Nr. 26/27, S. 205.
Simon, Heinrich Veit, Der Entwurf eines Gesetzes betreffend die Kommanditgesellschaften auf Aktien und die Aktiengesellschaften, ZHR 29 (1884), S. 445.
Simon, Heinrich Veit, Die Bilanzen der Aktiengesellschaften und Kommanditgesellschaften auf Aktien, Berlin/Leipzig 1886.
Wiener, Heinrich, Der Aktiengesetzentwurf, Betrachtungen und Vorschläge, Leipzig 1884.

2. *Gründungsrecht*

Hecht, Felix / Levy, M., Haben sich die durch die Aktiennovelle vom 18. Juli 1884 geschaffenen Cautelen gegen unsolide Gründungen von Aktiengesellschaften bewährt oder empfiehlt sich eine anderweitige Gestaltung derselben? Zwei Gutachten, Verhandlungen des 22. Deutschen Juristentages, Gutachten, Bd. I, Berlin 1892.

Hergenhahn, Theodor, Gründer-Erklärung und Prüfung des Gründungsherganges nach Art. 209 g und 209 h, Gruchot's Beiträge 36 (1892), S. 611, 737, 37 (1893), S. 289, 585.

Heßberger, Karl, Die Volkswirthschaftlichen Wirkungen der Aktiengesetznovelle vom 18. Juli 1884 auf die Gründung von Aktiengesellschaften, Diss. München 1889.

Landauer, Ludwig, Über die Errichtung von AG, Diss. Erlangen 1891.

Lehmann, Karl, Gründungsmängel und Eintragung der AG, Ihering's Jahrbücher 33 (1894), S. 389.

Sattler, Heinrich, Die Revision bei Gründung von Aktiengesellschaften, Berlin 1893.

Schmidt, Richard, Die civilrechtliche Gründerverantwortlichkeit nach dem deutschen Aktienrechte, München 1888.

3. *Organisationsverfassung*

Hoeland, Ernst, Die Organe der AG, Diss. Erlangen 1886.

a) Vorstand

Bodewig, Eine Streitfrage über die Vertretung der AG, Holdheim's Monatszeitschrift 4 (1895), S. 166.

Hergenhahn, Theodor, Zu Art. 225 a des AG, Busch's Archiv 47 (1887), S. 113.

Hergenhahn, Theodor, Der Vorstand der AG, Leipzig/Zittau 1892; vgl. auch Zeitschrift für das gesamte Aktienwesen 1892, Nr. 1 ff.

Lauterbach, Eugen, Die rechtliche Stellung des Vorstandes einer AG, Diss. Göttingen, 1890.

Renaud, Achilles, Über die rechtliche Stellung des Vorstandes im Verhältnis zur Aktiengesellschaft und zu Dritten, Rechtliches Gutachten, S. 322, Mannheim 1886.

v. Völderndorff, Otto, Zu Art. 225 a Aktiengesetz, Busch's Archiv 47 (1887), S. 1.

b) Auffsichtsrath

Bauer, Josef, Der Auffsichtsrath. Rechte und Pflichten der Mitglieder von AG und Kommanditgesellschaften auf Aktien, Leipzig 1891.

Hergenhahn, Theodor, Zu Art. 225 a des AG, Busch's Archiv 47 (1887), S. 113 ff.

c) Generalversammlung

Hergenhahn, Theodor, Berufung und Thätigkeit der Generalversammlung der Aktiengesellschaft nach dem Reichsgesetze vom 18. Juli 1884, Berlin 1888.

Hergenhahn, Theodor, Zur Auslegung des Art. 215 Abs. 2, Holdheim's Monatszeitschrift 1 (1892), S. 280.

Holdheim, Paul, Tagesordnung: Statutenänderungen, Holdheim's Monatszeitschrift 1 (1892), S. 151.

Holdheim, Paul, Delegationsbefugnis zu Statutenänderungen, Holdheim's Monatszeitschrift 2 (1893), S. 57.

Riesenfeld, Ernst-Conrad, Der Einfluß des neuen Aktienrechts auf die Statuten der bestehenden Gesellschaften, Berlin 1889.

4. *Individual- und Minderheitenschutz*

Alexander, Edmund, Die Sonderrechte der Aktionäre, Berlin 1892.

Hallier, Eduard, Die Sonderrechte der Aktionäre, Diss. Göttingen 1892.

Lehmann, Carl, Einzelrecht und Mehrheitswille in der AG, Archiv für bürgerliches Recht 9 (1894), S. 297.

Lubszynski, Julius, Welche Rechte hat die Minderheit der Aktionäre gegenüber der Gesellschaft? Berlin 1892.

Pemsel, Das Recht der Mehrheit gegenüber dem ursprünglichen Gesellschaftsverträge, Holdheim's Monatsschrift 1 (1892), S. 141.

Siegfried, R., Die Rechte der Aktionäre und der Schutz ihrer Interessen nach dem neuen Aktiengesetz vom 18. Juli 1884, Berlin 1884.

V. Kommentare zum Aktiengesetz

Esser II, Robert, Das Gesetz betreffend die Kommanditgesellschaft auf Aktien und die Aktiengesellschaft vom 18. Juli 1884 mit Erläuterungen, 5. Aufl., Berlin 1891.

Hergenhahn, Theodor, Das Reichsgesetz betreffend die Kommanditgesellschaft auf Aktien und die Aktiengesellschaft vom 18. Juli 1884. Mit einer Einleitung über die Entwicklung der Aktienrechte und die Ergebnisse des Gesetzes erläutert, Berlin 1891.

Kayser, Paul, Gesetz betreffend der Kommanditgesellschaft auf Aktien und die Aktiengesellschaft vom 18. Juli 1884, 2. Aufl., Berlin1891.

Petersen, Julius / v. Pechmann, Wilhelm, Gesetz betreffend die Kommanditgesellschaft auf Aktien und die Aktiengesellschaft erläutert, Leipzig 1890.

Ring, Viktor, Das Reichsgesetz betreffend die Kommanditgesellschaft auf Aktien und die Aktiengesellschaft, 2. Aufl., Berlin 1893.

v. Völderndorff, Otto, Das Reichsgesetz betreffend die Kommanditgesellschaft auf Aktien und die Aktiengesellschaft vom 18. Juli 1884 erläutert, Erlangen 1884/85.

Weyl, L., Handbuch des Aktiengesellschaftsrechts für die Praxis, 1896.

VI. Sonstige Literatur

Janßen, Helge, Kapitalstrukturentscheidungen bei bilanzorientierter Finanzplanung, Wiesbaden 1978.

Kronstein/Claussen, Publizität und Gewinnverteilung im neuen Aktienrecht, 1960.

Kropff, Bruno, Textausgabe zum Aktiengesetz, 1965.

Lambsdorff, Otto Graf, Die Bedeutung der Aktie als Finanzierungsinstrument der Wirtschaft, ZGR 1981, S. 1.

Lutter, Marcus, Die Rechte der Gesellschafter bei fusionsähnlichen Verträgen, Düsseldorf 1974.

Matthes, Begründung zum Gesetz über Aktiengesellschaften und Kommanditgesellschaften auf Aktien vom 30. Januar 1937, 4. Teil, Verfassung der Aktiengesellschaft (§§ 70–124), Vorbemerkung, 1937.

Süchting, Joachim, Finanzmanagement, Theorie und Politik der Unternehmensfinanzierung, 3. Aufl., Wiesbaden 1980.

Vormbaum, Herbert, Finanzierung der Betriebe, 6. Aufl., Wiesbaden 1981.

G. Sachregister

Zusammengestellt von Referendar Thomas Mecke

Seitenkonkordanz (Aktenstück Nr. 21/ZGR-Sonderheft)

Aktenstück Nr. 21	ZGR-Sonderheft	Aktenstück Nr. 21	ZGR-Sonderheft	Aktenstück Nr. 21	ZGR-Sonderheft	Aktenstück Nr. 21	ZGR-Sonderheft
216	387	260	431	304	475	348	519
217	388	261	432	305	476	349	520
218	389	262	433	306	477	350	521
219	390	263	434	307	478	351	522
220	391	264	435	308	479	352	523
221	392	265	436	309	480	353	524
222	393	266	437	310	481	354	525
223	394	267	438	311	482	355	526
224	395	268	439	312	483	356	527
225	396	269	440	313	484	357	528
226	397	270	441	314	485	358	529
227	398	271	442	315	486	359	530
228	399	272	443	316	487	360	531
229	400	273	444	317	488	361	532
230	401	274	445	318	489	362	533
231	402	275	446	319	490	363	534
232	403	276	447	320	491	364	535
233	404	277	448	321	492	365	536
234	405	278	449	322	493	366	537
235	406	279	450	323	494	367	538
236	407	280	451	324	495	368	539
237	408	281	452	325	496	369	540
238	409	282	453	326	497	370	541
239	410	283	454	327	498	371	542
240	411	284	455	328	499	372	543
241	412	285	456	329	500	373	544
242	413	286	457	330	501	374	545
243	414	287	458	331	502	375	546
244	415	288	459	332	503	376	547
245	416	289	460	333	504	377	548
246	417	290	461	334	505	378	549
247	418	291	462	335	506	379	550
248	419	292	463	336	507	380	551
249	420	293	464	337	508	381	552
250	421	294	465	338	509	382	553
251	422	295	466	339	510	383	554
252	423	296	467	340	511	384	555
253	424	297	468	341	512	385	556
254	425	298	469	342	513	386	557
255	426	299	470	343	514	387	558
256	427	300	471	344	515	388	559
257	428	301	472	345	516		
258	429	302	473	346	517		
259	430	303	474	347	518		

Bei Fragen zur Produktsicherheit wenden Sie sich bitte an:
If you have any questions regarding product safety,
please contact:

Walter de Gruyter GmbH
Genthiner Straße 13
10785 Berlin
productsafety@degruyterbrill.com